本书是教育部人文社会科学重点研究基地华中师范大学

中国农村研究院 2016 年基地重大项目"海内外农村调查资料

整理、翻译与研究"项目的成果（16JJD810005）

满铁农村调查

（总第4卷·惯行类第4卷）

徐　勇　邓大才　主编

李俄宪　主译

吕卫清　李雪芬　译

邓大才　张晶晶　校订

中国社会科学出版社

图书在版编目（CIP）数据

满铁农村调查. 总第4卷, 惯行类. 第4卷 / 徐勇, 邓大才主编;
李俄宪主译; 吕卫清, 李雪芬译. —北京: 中国社会科学出版社,
2017.6

ISBN 978 - 7 - 5161 - 9896 - 4

Ⅰ.①满… Ⅱ.①徐…②邓…③李…④吕…⑤李… Ⅲ.①南满洲
铁道股份公司—农村调查—调查报告 Ⅳ.①D693.79

中国版本图书馆 CIP 数据核字（2017）第 038075 号

出 版 人	赵剑英
责任编辑	冯春凤
责任校对	张爱华
责任印制	张雪娇

出　　版	中国社会科学出版社
社　　址	北京鼓楼西大街甲 158 号
邮　　编	100720
网　　址	http: // www.csspw.cn
发 行 部	010 - 84083685
门 市 部	010 - 84029450
经　　销	新华书店及其他书店

印刷装订	北京市十月印刷有限公司
版　　次	2017 年 6 月第 1 版
印　　次	2017 年 6 月第 1 次印刷

开　　本	787 × 1092 1/16
印　　张	85
插　　页	2
字　　数	2013 千字
定　　价	548.00 元

凡购买中国社会科学出版社图书, 如有质量问题请与本社营销中心联系调换
电话:010 - 84083683

《满铁农村调查》编辑与翻译委员会

主　　编　徐　勇　邓大才

主　　译　李俄宪

编辑委员会成员（以姓氏笔画为序）

丁　文　邓大才　石　挺　冯春凤　刘义强　刘金海

刘筱红　李俄宪　李海金　任　路　肖盼晴　陆汉文

陈军亚　杨　嬛　张晶晶　郝亚光　徐　勇　徐　剑

徐增阳　黄振华　熊彩云　赵剑英

翻译委员会成员（以姓氏笔画为序）

王　霞　尹仙花　石桥一纪　汉　娜　吕卫清　李俄宪

李　莹　李雪芬　金英丹　娜仁图雅

翻译顾问　石桥一纪

本卷译者　吕卫清　李雪芬

本卷校订　邓大才　张晶晶

编 译 说 明

（第 4 卷）

在编译本套丛书的过程中，我们发现了一些具体问题，如文字表记、图表处理等。经编译委员会商量，决定对这些问题进行如下处理：

1. 原书中收录了大量的政府公文、民间文书（如分家单等），其表记方式为繁体汉字、竖排版。为适应现代阅读习惯，我们将其均转换为简体汉字、横排版。但为了避免改变原文语义，对这部分内容的处理方式是不断句、不加标点；

2. 为防止在重排图片时出错，将原书中比较清楚的图片，直接用于编译后的书稿中；

3. 原书中纵向排列的族谱、坟墓示意图等，均按原书标准进行纵向排列；

4. 表示图中方位的文字，按原书顺序排版；

5. 在原书中，调查员与应答者之间的问答是用"＝"隔开的。我们将"＝"前的问句，统一加了"？"；"＝"后的回答，统一加了"。"。

邓大才

2016 年 9 月

華北農村調査要圖

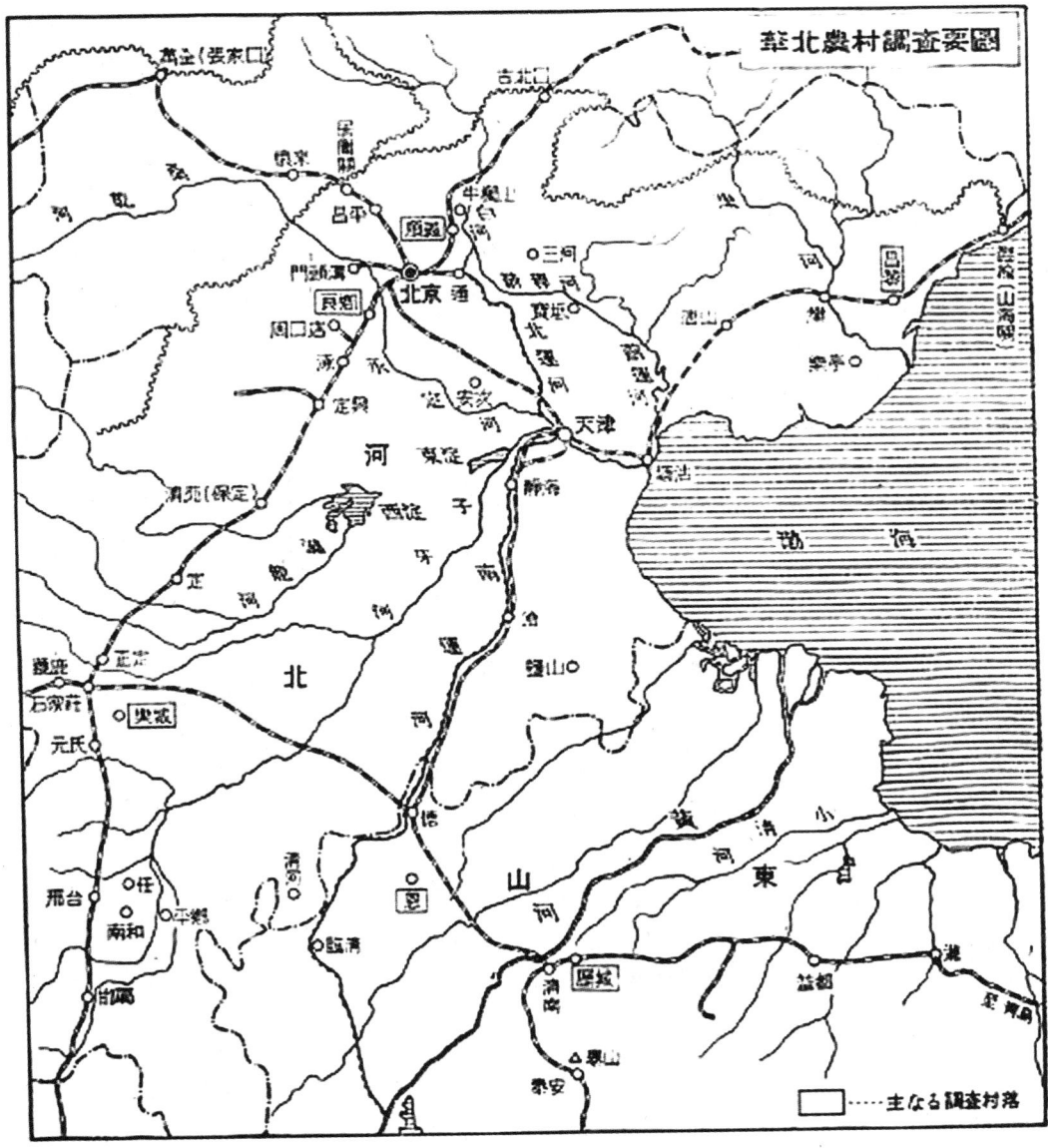

萬全(張家口)　古北口

居庸關　昌平　順義　三河　薊縣　南口

北京　通　寶坻

門頭溝　宛平　香河

周口店　房山

定興　安次　北運河　薊運河　天津

清苑(保定)　西淀　子牙河　南運河　塘沽

正定　渤海

河　北

石家莊　靈壽

元氏

邢台　任　清河　清河

南和　平鄉　臨清

山　東

威縣　博平　小清河

德州　益都　濰縣

東平

泰安　泰山

青島(山東)

□……主なる調査村落

村门

冷水沟庄入口。站着的人背后就是村门，秋冬夜晚村门关闭。

村公所（三圣堂）

冷水沟庄公所。

冷水沟小学

设于原孔子庙内。

村广场（冷水沟庄）

用于晾晒农作物之场地。正面是玉皇庙，村民们正好聚集在此举办葬礼。

玉皇庙（冷水沟庄）
求雨的地方。庙里有求雨的道具，
旁边的墙壁上贴着求雨的步骤。

望楼（冷水沟庄）
李家的大门，门上有枪眼。

村公所（苏家庄）
墙上写着"（公）看义坡"几个
大字，公示着本村村民共同看守
农作物的情况。

关帝庙（苏家庄）
离庄稍远。

目　录

本书目录

历城县

村落篇

家族篇

子　养子　过继子　兼桃　分家　养老地　分家　孩子的逐出　分家　嫁妆
分财产　养老地、养老粮　结婚的费用　分娩和娘家　土地的买卖　养老地
分家　过继　李永祥家的结构、家庭关系　分家　养老地　分财产　分家后的
家、家长　同族　族谱、祭祀　同族　同族会议　族长　同族活动　同族扶助
换家长和族长、庄长　同族　本村的同族　族家的称呼　本村的同族　祖茔地
家谱　墓　本村的同族　族谱　同族　同族墓地　阴亲　埋葬　墓　同族　亲
友　家产　朋友　承支　过继子　家长顺序　家长代理　家长不在和妻子离婚
家长顺序　妾　家长顺序　年少家长的辅佐人　下一代家长的指定　遗言、遗
书　家长　户口簿的户长　家庭成员的住处变更和家长　家庭成员入籍、复
籍、离籍和家长　家人的保护　同族的集会　家庭成员的抚养　家产　家长和
家庭成员　成年　家庭饮食　家庭成员的专有财产　家庭的居室　伙食　与他
姓同居　家产和家长　家长代理　嫂和妹的称呼　家庭成员的专有财产　家庭
成员的行为和家庭的同意　家庭成员的收入和家长　家庭成员的专有财产　家
庭成员的行为和家庭的同意　家产　分家与分财产　祖坟地与分家　父母生前
的分家　均分家产　分家和养子　家庭成员死后的专有财产　女性家长的丈夫
与家产　分家与债务　遗言、遗书　亲属　一族　家族　同族　亲戚　亲戚间
的称呼　同族　同族的集会　同族间的称呼　族长　支长　三代宗亲

妻子和父母、丈夫　家中伯母的地位　祭祀　过继子

租佃篇

租佃关系的称呼　租佃期间　租单　中间人的有无　实地勘察　四邻见证　种地——谷地、高粱地　水田——大水地　种地规则和税　土地的收获和租粮土地买卖和同一佃农的租单　租佃条件　有作物的土地买卖　佃户作物的处置租佃期间和土地买卖　租佃地买卖时的租单　租佃地买卖和作物的有无　租佃契约的中间人责任　有作物的土地买卖价格　租佃地买卖和租佃的继续　租佃地的买卖和佃农的同意　租佃地的买卖和佃农的地位　决定地价的要素　土地买卖和丈量　租佃地买卖和作物的归属　收获与地租的比例　转租佃　租佃契约和租佃地　债权担保　可否租佃权担保　租佃权和所有权　租佃权的转让转让租佃的例子　第三者耕作租佃地的一部分　一块土地和界限　一块土地的共同租佃和租单　这种情况中佃农的责任　租佃地的买卖和佃农的地位　买卖后佃农继续租佃的例子　永佃权的有无　典　典的相关称呼　典契　承典人的出租、转典　承典人的土地使用　采土的可否　典当期限　佃农的土地使用租佃结束时恢复现状　座典座租　中保人　与普通租佃的区别　座典座租和出租变更　承典地的出租和转典　出租给承典后的出典者　承典地的出租和租地承典地的出租期限　是否限制承典者出租　赎回和佃农的地位　期限前能否赎回　拒绝期限前的赎回　耕作典地　租佃地的耕作和作物　租佃地的买卖和佃农　赎回和佃农　座典座租的期限　座典座租和转租佃　地主和佃农的关系地主的援助　地主佃农的赠答　村内的佃农　分成租佃　租佃兼自耕　自耕兼租佃　佃农和肥料农具的贷给　开垦租佃　地主在耕作上的指挥　垅的变更租佃成约的送礼等　租佃契约的定金等　租佃契约和土地交付　租佃契约的公示　关于长工　长工的工资　长工　工资支付时间与计算　长工的雇用契约长工的实物支付　长工的保证人　长工的住所、工作　长工的伙食、宿舍　关

于短工　短工的雇用单位　短工　短工的工资·　短工的资格　关于短工集市
短工集市的时间和雇佣　短工集市的例子和特色　短工工资的支付　短工的住
宿　租佃地的田赋和交纳　田赋的负担　田赋以外地主的负担　制作租单　天
灾和免除地租　租佃契约和土地调查　佃农和四邻　地租交纳和延期　佃农和
农具等的借贷　佃农的送礼、帮忙　地租的交纳、计量　地租的决定和交纳期
滞纳地租的交纳　租佃地相关赋役的负担　在租佃地挖井　租佃地的作物　更
新租佃契约　村里的地主和所在　村里的佃户　中保人　地主的管理人　无法
制作租单的情况　不在地主　制作租单　作物和租粮　分成租佃的分种和租单
分种的平分方式　村内的分种地户　同族间、他人间的租佃　地主的耕作及其
他指令　租佃契约的时期　租佃地的管理、耕作　租佃地的分割　租佃契约的
承继　不定期的租佃　滞纳地租的征收　收回租佃地　滞纳地租的处理　地租
的交纳期限　现金交纳地租　地租的滞纳　地租的换纳　地主佃农的纷争　地
租的增加与减免　租佃期满和继续　租佃的开始期间和结束期间　租佃结束和
土地返还　租佃证书的例子

人　租粮的交纳期限　不纳——滞纳　租粮的搬运　计量租粮的斗　减租粮的
情况　租的减额和延期　丰年凶年　虫害　天灾——蝗灾等情况下免租　驱虫
方法　不在地主的情况　检验人

蔬菜的自给和购入　在市集上购买的东西　间和甲　短工和耕作能力　贫民与
其生计　看坡及其收入　看坡的酬劳和负担　看坡人和看坡区域　看坡人酬劳
的负担　看坡人的副业　租单记载的摊款比例　佃农的摊款——钱粮的负担
银两　根据土地交付钱粮的比例　现金支付钱粮　有水田的村子　市集和济南
为贩卖而种稻　水利——泉　水的使用关系　水稻和旱稻　给地主的礼物　返
还租佃地　租佃时间与土地收回　因卖地导致的土地收回　其他情况下可否收
回土地　转租和回地　滞纳导致的收回　土地收回的时间和理由　近来土地收
回的倾向　地租的推移和收成　分收成的比例

村里的户数、地主　旱地、租地的比例　佃户　租佃相关的称呼　佃户的明细
地主与经商　没有土地的人的租佃　旱田和水田的优缺点　旱田和稻田的租粮
租粮与收成　无土地人们的家庭与租地　制作租单　租佃期限　租子和钱粮
交租的方法　现金交纳的情况　粮食交纳和现金交纳　现金交纳代替粮食交纳
的情况　村里粮食、现金交纳的比例　分种的比例　座典座租和租单　为了还
债的佣工　农具等的借贷　地租的第二年转账

能担任间长和保甲长的人　首事　首事的选定　有无佃户的参加　调停佃户纷
争　告知摊款等决定　农民日夜的工作　地主的情况　当佃户的原因　长、短
工的工钱　村里雇用长、短工的地方　租佃期间的土地买卖　耕作时的赔偿
卖地通知　卖地时租单的处理　拖欠租子的情况　拖欠的请求和土地交付　有
作物情况下的交付　作物、肥料等的估价和赔偿　租地和耕作方法等的规定
更新期限的手续

县科员等　中学、在校生　县职员的出生地、学历　中学毕业生和找工作　中
学学费　历城县和济南市的分离　政府职员工资　济南市和县的内外　县里命
令的传达路径　民国以后的山东省状况　县内的贸易与市集　蔬菜的生产地
园地与水井　菜贩　蔬菜的生产和贸易　粮食的市价　菜园的栽培

历城县冷水沟庄农家个别调查表（租佃）

土地面积　租佃相关的称呼　租钱、粮食作钱　有无租单　制作租单　保人及

土地买卖篇

农村金融及贸易篇

地使钱结束　再担保的重押　转担保　登记　公示方法　土地的先买权　贷主
的权利　典　回赎和转典　典的期限　转典的条件　典当的情况　典地的手续
典地的税契　卖契的典地　租契的典地　典地的目的物　典地的期限　典地的
期限的意义　回赎程序　回赎和期限前后　典主的回赎请求　转典和地主承诺
无期限典地　典价和地价　追加典价的要求——爬崖　典价和利息　出典地的
使用收益　坐典作租　典主土地使用限制　典屋的修理　典地的租税费用负担
转典时的回赎　转典价　典权转让　典主先买权　租佃地的出典　佃户承典权
典权消失　卖出典地和回赎　动产担保——押　以人为质　农具担保

无期限的借贷——通融　长期借贷　典期长的原因　期限长短的不同　期限的
意义　日贷、月贷　支付利息和转入本金　强制回收　利息的决定　利息的形
态　劳动换算方法　预扣利息　利息计算方法　3 年本利停　一本一利　利息
限制法　利息的减免等　利息提高　契约利息和实际支付额　利率的变迁　借
入手续——中介人　保钱人的谢礼　证书的意义　制作证书和金钱收受　证书
名称　手续进行——保钱人　制作证书的监督　证书数量、署名按印　家长和
家人　佃农的情况　无署名证书　证书和事实不一致　要求增加担保　收据
担保交付　利息的先缴、后缴、分期交纳　利息的滞纳和催收　本息分期付款
代物偿还　物价的变动和还款　劳动还款　债权让渡　债权担保　借主去还款
还是贷主去征收　期限内无法偿还的处置　期限后的利息　偿还请求诉讼　担
保物的处置——保钱人　无担保情况的处置　无法处置的财产　查抄　破产
连夜跑路　催收纠纷和解决　时效　父债子还　保证债务的继承　否认父债
儿子的债务　有限的保证债务

交易方法　市集　市集交易　交易对象　商人　经纪人——贩子　合作社的交
易　村里卖的东西　稻草交易　物物交换　藁绳　蔬菜　家鸭、鸡蛋　牛　粮
食——粮食的交换　饲料、肥料　衣料　杂货——买杂货的地方　运送　卖掉
作物的时期　商品作物　作物的转换　增加水田　决定作物价格　卖价和市价
济南和市集的差距　必需品的购买地点　购买的时间　有无赊账　物价的相互
关系　同一个店里的买卖　事变前后的变化　收获前的作物买卖　卖青田　借
钱还粮　委托贩卖——行户　收买和搬运　家畜交易　市集的时间　市集的范
围　市集的交易量　市集的售金决算　市集的规则　土地使用费　市集的税金
掉落和过斗　征收牙税　卖出原料粮食　村内交易　有无物物交换　挑着卖
粮食等的搬运　经纪人　和购入人的关系　购入品不足、瑕疵　共同购入　合
作社的斡旋　交易上纠纷

市集　有无牲畜市　东王庄的豆饼　村民的购买地点　在市集贩卖的东西　庙会与其市集　村民在庙会上卖的东西　卖粮的时间　村里的作物　每亩产量　面积、度量衡　五尺杆　丈量先生　槩——斗　衡——称　市集的斗　斗的不统一　以前的斗　牙税的今昔　量斗——地方　官斗　官亩　张宗昌、韩复榘　事变前的通货　凭证上的价格表示　市集交易价格的决定　谷价的高低和市集的买家　村民的职业　村民的副业　藁绳　来村里收购的人　来村里贩卖的人　村内的粮食交易　市集覆盖的范围　牲畜市场　市集交易场所　地摊费——收费人　中介者—经纪　牙税的交易　经纪的说合　牲畜的价格　牲畜的价钱结算　牲畜交易的保人　农闲时的工作　村里的财主　普通村民拥有的地亩　日常食物　其他食物　燃料　肥料　小麦、大米的产量、价格　肥料的使用

含义 承典地的指地使钱 金融手段和面子 出典和同族、地邻 典的永续性
先买权及顺序

典契和失迷字 写失迷字的情况 凭证署名者 见证人 画押人 画押的要否
代字人和朗读 长期典当 典契上的期限 期限后的回赎 期限写法 制作典契
的张数 期限内的转典和地主 转典和典契的呈示 转典的税契 典当结束 承
典者卖地 催典不催赎 典字用纸 所辖里书和更名 里书的手续费 土地买卖
手续费 多个中人的情况 利滚利——复利 债权让渡 取钱立字日期 取钱期
限 期限前偿还和利息 偿还日计算利息的方法 利息的预扣 保钱人代还 指
地使钱的保钱人的情况 代还时和借主的关系 借主有地的时候 代还和证书
证书不一致——日期 金额不一致 再担保 指地使钱和地契 债权担保 期限
前的偿还请求 大还账和期限前后 利息的增减免 到期不履行时的延期、减免
天灾的情况 三年本利平 一本一利 动产、牲畜担保 用劳动偿还借款 无期
借款 无产者的借款能力 借主死亡后的债务 保钱人死亡和保证债务 借主死
亡和同族 债务继承 保证相关的变迁 存款 所要时的资金调度 买地钱不够
时的方法 替人还债 有作物的典地卖出方法 典主的同意 丰年凶年和借钱
粮食不足的村民 贩卖作物和粮食 粮食价格的涨跌 农民的粮食卖出时期 粮
食价格和需要 根据粮食斗不同 粮食贩子 粮食集买店的集买价格 蔬菜贩子
物物交换 拉脚 村民冬天的工作 农事的季节

庙地的出典 庙地和村的管理 庙的费用和摊款 村费和征收 摊花项 定期
和临时 村费的借钱 借村费的地方——钱铺 形式和担保 借村费的决定
摊花项的粮食的换价 庄长的任期、酬劳 典相关的称呼 中友人——介绍人
中友人的工作和责任 当中友人的人 座典座租 凭证的例子 取钱——指地
使钱 到期不履行的情况 催告 有保钱人的情况 有两个保钱人的情况 保
钱人的相互关系 各保证人的责任 保证人相互的分担 转典和业主商量 期
限内卖出出典地 押典不押卖 房子借主的地位 家庭成员单独借钱 家庭成
员取钱、借钱 家庭成员借钱和家长 家长的取钱和继承 财产的偿还领取和
顺序 活契、死契 典当期限的延期 典契的税契——登记 村里的典和税契
村民买的东西 合作社 新民会的金融

赋 税 篇

赋税的种类 临时摊款 区乡村费 账簿的种类 田赋相关的土地等级 地券
面积和课税面积 不用交税的土地 田赋的征收手续 督促交田赋——政务警

土地买卖的手续　买卖当事人的费用　契税　土地买卖的相关文件　土地买卖的中介人　契税的偷税漏税　不实地检证　不减免契税　粮食的牙税　粮食的牙税征收手续　包税人的牙税　对牙税偷税漏税的处置　交易上牙纪的职责村里的粮贩　屠宰税　屠宰税的包税人　牲畜税　牲畜税的征收手续　征收牲畜税的相关文件　牲畜税不偷税漏税　杂税和商会　县里的临时摊款和分配方法　征收县保甲费　保甲自卫团　军草、军役　接待军官　壮丁招募　出役的分配　小清河挖掘时征募壮丁　县公署备品和实物课征　军队的课征

田赋的正税和附税　漕米　契税　牙税　屠宰税　牲畜税　杂捐、当税　县里的临时摊款　田赋附加税　田赋相关账簿　田赋征收方法　田赋征收区域　里书　里书的职务　征收处的组织　与赋税有关的档案　包税制度　包税人的选定方法　政务警　粮柜　征税的监督　田赋的征收时期　田赋的减免、缓期对偷税漏税与滞纳的处置　免税地　清丈　契税　过拨

历城县财政收支状况表　历城县田赋征收处组织系统表　历城县赋税征收处办事细则　历城县公署推收处寸各柜应管区域里分一览表　历城县公署省县各款及物品出纳账簿组织系统表

需要丈量的情况　丈量专家　丈量方法　买卖土地和丈量　丈量的手续费　没有地籍　地亩札子　没有田面权、田底权　税契、过户场所及目的　黑地　丈量增加的土地——空地　逃亡、放弃的土地　没有无主地　土地整理、没有陈报　红契　税契股　红契的发放和效力　验契　红契丢失　土地陈报　白契立契的方法　白契的效力　税契和效力　官契纸和白契　房屋的税契　分家和税契　税契的费用　对偷税漏税、滞纳的处置　没有见证人　契税的税率　税契的手续　继承、赠与和税契　税契的效果　过户和里书　补契　补契的效果登记

没有地籍　田赋的征册　土地权利移动手续——税契、过户　税契、过户的效果　底札、征册的保管　制作底札、征册　黑地、浮多地　官有地　新旧河床地的归属关系　土地整理　税契的起源　税契的种类、目的　管理税契的机关税契的目的　收取税契的机关　税契的省和县　税契相关账簿　税契和过户税契的种类和额度　税契的事务处理方法　税契的效果

过割、拨粮　过户的目的和手续　里书　过户的效果　过户的费用　过户的时期　里书制度　验契　补契

概　况　篇

恩县

村 落 篇

保长、牌 村名、沿革 面积 边界 土质 山川、气候、树木 位置 密居

家　族　篇

租　佃　篇

土地买卖篇

土地的返还　纠纷时的定夺与辈分　受赠土地的处理期限　相反的情况　红契
交付的买卖——朋友之间　过割与买卖的效力　进行买卖的时期　买卖与买
回、追价　出售长有作物的土地　当地时期　出当长有作物的土地　由出典者
耕作的情况　买卖的原因　缺钱用时，处理土地的顺序　村内当地的比例　出
当对象　村民的承典　出当常见的理由　买卖原因的比重　续当　到期前的赎
回　找价与条件　提高当钱与买卖　买卖当地与文书　长期典当与赎回　死地
活口　买主处理土地的限制　死地活口

长不在时的土地买卖　税契与买回　正当理由与手续　文书上的证明　养老地
的买卖与名义　养老地文书的保管　死后的分配　分配与补契　养老地的买卖
与子女　分家后子女的土地买卖与父母　定钱　不能买卖的情形与原因　定钱
与先买权　先买权的顺序　先买时期　给中人的手续费　买卖的各种费用　请
客　地钱交付　部分支付与耕作　典地的买卖　不能赎回与中人的责任　指地
借钱与保人　房基地的买卖　房子的买卖与基地　分别所有与买卖　家与土地
分离的分单上的例子　房子的买卖与使用　只卖房子的含义　分离买卖的记入
树木　只买卖地基　土地买卖与公示

赋　税　篇

总　序

　　我们华中师范大学中国农村研究院是专门从事农村问题研究的机构，并以调查为基本方法。我们将满铁农村调查资料翻译成中文出版的设想已有 10 多年。

　　满铁农村调查资料是指 20 世纪上半期由日本"南满洲铁道株式会社"（简称"满铁"）支持的对中国调查形成的资料。由"满铁"支持的中国调查长达 40 多年，形成了内容极其庞大的调查资料。"满铁调查"的目的是出于长期侵占中国的需要，但由这一调查资料的形成对于了解当时的中国有重要的参考价值，其调查方法也有其独特性。

　　中国是世界农业文明古国，也是世界农村大国，但从学理上对中国农村进行专门和系统的研究时间不长，有影响的论著还不多。10 多年前，一系列由美国籍学者撰写的关于中国农村研究的专著被翻译成中文，并在学界引起很大反响，成为专业领域研究的必读书。如黄宗智的《长江三角洲的小农家庭与乡村发展》《华北的小农经济与社会变迁》，杜赞奇的《文化、权力与国家：1900—1942 年的华北农村》，马若孟的《中国农民经济——1890—1949：河北和山东的农民发展》等。这些书的共同特点是在利用日本满铁调查资料基础上写成的。日本满铁调查也因此广泛进入当今中国学界的视野。一时间甚至有人表示："中国农村在中国，中国农村调查在日本；中国农村在中国，中国农村研究在美国。"无论这一说法是否成立，但满铁农村调查的影响却是不可忽视的。只是美国学者运用的满铁资料都是日文的，中国学者在阅读和了解日文资料方面有困难。尽管有国内出版社出版了部分满铁调查资料，但也主要是日文的影印版，仍然难以让更多学者使用。为此，我们有了将满铁农村调查资料翻译成中文，让更多学者充分阅读和使用这一资料的念头。

　　与此同时，我们华中师范大学中国农村研究院在整合过往的农村调查基础上，于 2006 年开启了"百村观察计划"，对中国农村进行大规模调查和持续不断的跟踪观察。为了实施这一调查计划，我们邀请了国内外学者进行有关方法论的训练，同时也希望借鉴更多的调查资料和方法。日本满铁调查资料的翻译出版进一步进入我们的视野。在 2006 年启动"百村观察计划"时，我们甚至提出在农村调查方面要"达到满铁，超越满铁"的雄心勃勃的目标。翻译满铁调查资料的想法更加明晰。当本人将这一想法告知时任华中师范大学社会科学处处长的石挺先生时，得到他积极的赞同。但这项工程的重点是日汉翻译，需要一个高水平的强有力的翻译团队，于是他引荐了华中师范大学外国语学院副院长、日语系主任李俄宪教授，同时还给了一定的经费支持。此事得到专门从事日本语教学和研究的李俄宪教授的积极响应，并同意率领其团队参与这项工作。受华中师范大学中国农村研究院的委托，时任副教授的刘义强负责联系保存有满铁日文资料的国内相关机构，并得到支持，正式翻译工作得以启动。由于原文资料识别困难，最初的翻译进展较为缓慢，几经比对审核。进入出版程序之后，得到了中国社会科学出版社社长赵剑英先生的鼎力支持，该出版社的编辑室主任冯春凤女士特别用心，还专门请专家校订和核实。2013 年底，负责编辑翻译资料的刘义强教授出国访学。2014 年，时任华中师范大学中国农村研究院执行院长的邓大才教授具体负责推进翻译出版联系工作。在各方面努力下，由华中师范大学中国农村研究院和黑龙江档案馆联合编译的《满铁调查》一书，于 2015 年 1 月由中国社会科学出版社正式出版。

100 多万字的《满铁调查》出版后，中国学者得以从较大范围一睹满铁调查资料的真容，这在中国学界也是一件大事。2015 年 1 月 23 日，由华中师范大学中国农村研究院与中国社会科学出版社共同主办的《满铁调查》中文版出版发行学术研讨及新闻发布会在北京召开。此次会议非常重要。来自中国农业博物馆、南开大学、北京交通大学等高校和科研机构的"满铁调查"研究专家参加了会议，并提了很好的建议。其中，南开大学的张思先生长期利用满铁调查资料从事研究，并有丰硕成果。特别是在中国农业博物馆工作的曹幸穗先生，长期从事满铁资料的整理和研究，并专门著有以满铁调查资料为基础撰写的《旧中国苏南农家经济》一书。在他看来，"满铁对农户的调查项目之详尽，可以说是旧中国的众多调查中绝无仅有的"。此次会议的重大收获是，曹幸穗先生建议我们主要翻译满铁农村调查方面的资料。

曹先生的建议引起我们高度重视。2015 年 1 月 26 日，华中师范大学中国农村研究院专门召开了满铁调查翻译出版推介会，调整和重新确立了翻译的主要方向和顺序，形成了新的翻译计划。新的计划定位为"满铁农村调查"，主要翻译"满铁调查"中有关农村方面的内容，并从著名的中国农村惯行调查资料翻译开始。这之后，我们又先后邀请曹幸穗先生和张思先生到华中师范大学讲学，他们对新的翻译计划提出了进一步的建议。曹先生还多次无私地向我们提供了相关资料目录和线索，供我们翻译出版使用。同时，我们也从整体上充实和加强了资料收集和翻译编辑的力量。

《满铁农村调查》翻译出版计划是在已出版的《满铁调查》一书基础上形成的，但已是全新的设计，资料来源更为广泛和直接，翻译出版的进展也大大加快。同时，它也是与由华中师范大学中国农村研究院主持的 2015 版大型中国农村调查工程相辅助的翻译计划。我们希望能够通过《满铁农村调查》的翻译为我们正在实施的中国农村调查及其学界提供有益的借鉴。

《满铁农村调查》的翻译出版是一个庞大的计划，付诸实施难度很大，特别是没有固定的经费支持。但我们认为，中国是一个正在崛起的大国，理应有相应的文化工程。好在主持与参与《满铁农村调查》翻译出版的人都有些许明知有难而为之的理想主义精神，愿意为此事作出贡献。特别是由华中师范大学日语系主任李俄宪教授担任主译的翻译团队在翻译方面作出了巨大贡献。李教授团队可以说是举全系师生之力，包括日籍教授，来从事这一工作。他们不是简单的翻译，而是将其作为一项事业。在翻译过程中，他们遇到了《满铁调查》中使用的语言、专业词汇、地名等大量难题，但本着对事业高度负责的精神，认真校核，精心推敲，力求准确。这项事业的推进凝聚了翻译团队的大量心血。目前，这一得到多方面支持和多人参与其中的浩大工程已步入快车道，现已翻译 2000 万字，计划为 1 亿字左右。

我们向参加这一工程的人员表示真诚的谢意和敬意！为这一工程作出任何贡献的人士都将镌刻在这一工程史册之中！

徐　勇

2015 年 7 月 15 日

导　读

惯行与治理：历城县冷水沟庄的调查

—— 满铁惯行调查第四卷导读之一

　　满铁农村调查第四卷包括三个村庄的调查报告：一是历城县冷水沟乡的冷水沟庄；二是历城县董家区梁王乡路家庄；三是恩县后夏寨庄。因为冷水沟庄调查难度加大，满铁调查员转到了董家区的梁王庄乡的路家庄（庄其实就是村）。最后又转到恩县六合乡的后夏寨村。为了对一个村庄形成一个完整的印象，我以每个村为单元整理专题和撰写导读。

　　冷水沟庄位于济南和青岛之间，从济南出发乘坐火车向青岛方面行驶一个小时就到达了历城站。历城县设置在一个叫王舍人庄的集镇，集镇没有城墙，只有远离集镇的县公署有围墙。冷水沟庄在距离县公署的西面约 3 公里的地方。

　　据说冷水沟因泉水而得名，以前在小学所在地方有泉水，所以称为冷水沟，后来有一个积水池，现在也没有积水了。实际上是庄里有一条从东南流向西北的弯曲小河，平时没有水，相当于一条水沟，所以就叫冷水沟庄。从李姓家谱记载来看，冷水沟最早的居民是明朝洪武年间为开发山东从河北枣强迁移而来，现在有 376 户人家。华北地区平均每个村 100 户左右，冷水沟庄算是一个大村。有的家庭还有白色的高墙。与华北其他村庄一样，冷水沟也是密居制。

　　冷水沟庄是一个杂姓村庄，376 户中有李、杨、任、谢等十多个姓，其中李姓 188 户（关于此数据有两个说法，说法有些差异）；杨姓 50 户左右；谢姓 40 户左右；李姓占了全村的一半；三个姓占了全村人口的七成多。冷水沟庄有一定的同族聚居的特点。李姓还有一座家庙。

　　。冷水沟庄南北长 1.5 公里，东西宽 1 公里，面积为 42 顷。其中稻田 14 顷，旱地 28 顷。每户房基平均 4 分，370 户共 1500 分，家周围的空地 500 分，其他道路加起来有 280 亩，约为旱地面积的十分之一。旱地包括了道路和墓地。村庄 42 公顷土地基本归村民平均所有。100 亩以上的只有 1 户，50 亩以上的约 10 户左右，完全没有土地的人很少，拥有 10 亩左右土地的农户比较多。[1] 村民大多数是自耕农，自耕农兼佃农约 25 户。村庄没有不种地的地主，地主的土地大半自耕自种，剩下的出租的大约有 10 户左右。本村的贫富差距比较小，生存和生活没有问题。在华北平原算是一个比较富裕的村庄。

---

〔1〕　这里的亩是指大亩，一亩约为亩方规定一亩的 2.5 倍。

。村民以农业为生，同时也兼营副业。农业主要种植作物是水稻、小麦、高粱、谷子等常见农作物，其中水稻比较很大，这在北方是一大特点。副业主要是做草绳，几乎每家都做草绳。农闲时有百数十人外出打工，很多人去打短工，或者去济南工厂干活，但是很少有举家外迁而放弃务农的。

。在冷水沟，没有荒地、湿地、林地、沙地，但是有碱地，约 14 顷，可以种高粱，但是收成不好。全村的耕地可以分为上、中、下三个等级，各有 14 顷，分布在各处。虽然土地分等级，但税收相同。三种不同的耕地有不同的颜色，碱地是白色，不能种菜，每亩价格四五百元。在王舍人庄土地是红色，每亩 700 元左右。不同类型土地的收成差别也较大，冷水沟庄的碱地每亩收 2 斗左右，王舍人庄的土地每亩收 4 斗。

。冷水沟庄距离济南 50 里，步行 4 个小时；距离商埠 30 里。每天有两三人至七八人去济南或者商埠。村内有通往村外的道路。王舍人庄的公路去年修好，以前是马车道。大车道通往杨家屯、滩头庄和沙河。有从济南经过王舍人庄开往章丘的汽车，每天往返一趟，往返济南、商埠乘车的人很少，一般是步行。村庄有 10 人有自行车。冷水沟庄没有邮局，往来的信件要寄到历城站的邮筒，然后去历城站附近的代办所取信，信件也可以加急，但是需要支付小费。村庄也没有电话。

。全村有 50 口水井。一半在村内；一半在旱地。由于雨水比较多，担心水多，不担心水少，因此水井不多。灌溉除了水田冒水外，主要是利用井水灌溉。三、四、五月每个月要灌溉 3 次。地下水比较丰富，地表下 5 尺就有水，但是挖井一般在一丈深左右。一口水井可以灌溉 10 亩地。一般井深三四尺，有的地方要挖五尺才会有水。

。冷水沟庄没有旗地，也没有屯田。庙产过去有一点，但是道士不好，将庙产卖了一些，现在庙产建筑归村里所有，没有地券，也没有在县公署登记。学田 2.5 亩，离小学一里的距离。村庄以庙为基地建成了小学，操场比较小，就将学田与小学周围的地进行对换，扩大操场面积。冷水沟的学田没有纳入县有财产，学田及其收入归学校，用于学校的维持费和经营费。以前的学田采取的租佃方式出租经营。学田属于下等地，种植高粱，由本村一位寡妇租种。冷水沟庄没有祭田、义田，也没有放牧地、砍柴地、苇塘。没有村庄所有的采土的土地，但是有一块私人所有地，所有者想将此地变成水田，允许别人采土。全村的沟渠均为私有，属于沟渠附近的土地所有者。在冷水沟庄没有会几个共同购置的共有土地。

一　村庄与治理

（一）村庄治理结构

1. 基层治理架构

历城县的基层治理历史有三个阶段：第一个阶段，首事制度。晚清时期冷水沟庄分为 8 段，每段一名首事，在首事中推举一名庄长，负责全村事务。第二个阶段，邻闾制度。

民国初期实施邻闾制，25 家为一闾，全村分为 14 个闾，每闾一名闾长，各户投票选出闾长。在闾长中推举一人为庄长，负责组织全庄事务。第三个阶段，保甲制度。每 10 户为一甲，每 10 甲为一保。冷水沟分为 4 个保，每保推荐 1 人为保长，共有 4 名保长，全村推选一位村庄负责人。按照保甲制，多保的村庄负责人叫总保长，冷水沟庄民依然称为庄长。

2. 基层治理层级

满铁调查时期，历城县分为六个治理层级，县—区—乡—村—保—甲，县里有县公署，负责人为知事；区里有区公所，负责人为区长；乡里有乡公所，负责人为乡长；村里有村公所，负责人为总保长（冷水沟人称为庄长，其实就是村长）。全县有 14 个区；冷水沟所在区由 13 个乡构成；冷水沟所在的乡由 4 个村构成。总保长由选举产生，乡长、区长由各个村、乡推选产生。

3. 庄长

冷水沟庄的村长名称经过三次变化，在首事制、邻闾制时期称为庄长；在保甲制时期是总保长。由于习惯，不管是保长、闾长，村民都称其为庄长，其实就是村长。庄长有如下职责：一是收税。过去庄长只是催缴税收，不负责具体的收税工作。在调查时要收税，收齐后交给县里；二是协助户口调查。庄第要协助警察做户口调查工作；三是填写保甲簿。每年庄长要找 10 位左右的人花几天时间调查，登记保甲簿，再交给县里；四是调整村民之间的纠纷；五是接待视察人员；六是召集集会。集会主要有两类：一类是村里有威望的人开会，如甲长、保长；一类是召集全体村民开会。七是主持修缮道路、庙和学校；八是分摊村费及分摊县、区、乡的各类摊派；九是参加爱护村、新民会、县公署的会议。

4. 庄长的权限

庄长没有单独可以决定的事情，很多事情要么是执行，要么与村民，特别是保甲长、邻闾长商量。一是治安要联系县警卫队；二是婚丧嫁娶，大家会邀请庄长，庄长坐在长辈之上。葬礼时，庄长给予指导；三是村里的活动，庄长组织；四是与邻村有纠纷，如边界问题，庄长出面调解，但是没有纠纷。与邻村没有共同的建设，也没有共同的防御；五是接受乡长、区长、县长的命令，传达给村民；六是接受上级的命令，维修公路，庄长自己不能决定；七是村民会绝对服从庄长的命令，村民可以反对，但是从来没有反对过；八是村民不能直接与区县交涉，通过庄长向区县反映情况；九是庄长只有仲裁权，没有处罚权，庄长的命令，如果村民不执行、不服从，也不能处分。另外，庄长也不会指导大家务农或做副业。

5. 庄长、乡长资格

区长、乡长一般需要有学问的人担任。村长主要是选人缘好、讲信用、积极热心、公正、跟谁都能无话不谈的人。庄长没有年龄、财产、识字的限制。冷水沟庄现任庄长就不识字，家里也只有 2 亩地，250 只鸭，没有财产。家庭生活一般。不过民国以前，庄长必须是有土地的人。在首事制度时期，有财产者且有声望者任庄长。民国十多年以后，有想当庄长的人，也有不想当庄长的人。有钱、有实力的人不想当庄长，因为征收摊款太麻烦；想当庄长的是没有固定职业，有些嗜好的人，如一些吸鸦片的、赌博的人。

6. 庄长报酬

庄长没有薪水，反而还要自己垫钱交税。在山东省历城县，土地买卖与庄长没有关系，庄长不能当担保人。但是在年底时，各闾长或甲长会商量给庄长送钱，每年最多 120 元。这个钱由全村人按照土地亩数均摊。庄长的报酬，在首事时期由首事决定；在闾长时期由闾长们决定；在保甲长时期由保长决定。从冷水沟来看，庄长的报酬在逐渐增加。调查的三年前只有 50 元。

7. 庄长助手

庄长不能单独决定事情，需要与保甲长商量，特别冷水村的庄长不识字，更需要助手。但是庄长是县公署和村民共同认可的人。调查时的这任庄长，虽然辞职了 3 次，最后还是被选为庄长。4 位保长协助庄长工作，其中 1 位保长帮助记账。庄长还有一位助手——地保，属于杂工，负责做一些行政事务。

8. 地保或庄丁

地保属于给庄长跑腿的人，或者说是庄长的助手，属于村里的杂工，也称为庄丁。地保主要职能有三项，一是协助庄长工作。如向各户发放田赋通知，通知保甲长开会，分发选票；二是参与接待。如果县政务警来催收田赋，地保与庄长共同陪同和接待；三是参与调解。地保也会参与村民之间纠纷的调解工作，但是必须与庄长、首事们共同进行。地保的工作没有报酬，但是缴纳田赋的农户会给其一些小麦小米，一年合计 3 石左右。地保的职位一般是世袭的，如果地保没有儿子，就推荐其他人。地保的地位不高，相当于长工、杂工之类的，有些村庄的地保由无赖之人担任。

9. 村公所、乡公所、区公所

冷水沟庄的村公所设在三圣堂，乡公所设在关于玉皇庙。村公所、乡公所都没有办公设施，也没有账簿。保甲长开会一般在村公所，如果是人数比较多的村民会议则在小学举行。庄长会议一般在乡公所召开，但实际办公地点一般在庄长家中。区里有区公所，区公所有区长、助理员、秘书。

10. 村界

村庄没有村界，也没有村碑，但是村民自己的土地界线会有变化。村民将土地卖给外村人时，土地就不再算本村的土地了，税费也交给买家所在村的村庄。村民在外村购买了土地，土地就变成本村的了。所以村庄的土地是变动的，村界也会随着变动。

11. 本村人

如果地和房均在本村，则是本村人。如果在外村买了地，但是房在本村，属于本村人，再在外面买房居住在外村，则成为外村人。如果寄住在外村，但是地在本村，且向本村交纳附加和摊款，属于本村人。在外村所拥的土地称为"外庄地"。村庄土地是指本村人所拥有的土地。本村人所拥的土地都向本村缴纳摊费。一个外村人成为本村人有两个条件：一是在本村购买土地、房子；二是住了很长时间，如十几年，也就自然成为了本村人。

12. 离村者

本村人带着家人搬到他村就不算本村人。如果那人的土地、房子、墓地还在本村则属于本村人。即使很多年没有回来，但房子、土地还在，而且还交纳摊款，依然是本村人。搬出去的人会委托亲友管理土地，交纳摊款。如果只留下墓地，家人、房子、土地都没有了，不算本村人。

13. 归村者

曾经是本村人，后来搬到了他乡，最后又回来了。这种人即使没有房子、土地，也算是本村人。

14. 世居

所谓世居就是很多代就居住一个地方。对于世居而言，世代数不限，三代左右都在本村居住，且在本村有墓地，就算得上世居。两代左右不算世居。世居的家庭和不是世居的家庭在村里的生活没有差别。

15. 寄住及寄住者

外村人在本村没有房子而临时住在其他人家，称为寄住，这些人称为"客庄户"。只要是本村人就不称为寄住，即使：一是自己没有房子，在别人家住，也不是寄住；二是在别人家寄食不属于寄住。寄住是在本村没有村籍且没有房子的人。寄住需要保证人，也需要庄长同意。如果购买了房子、土地，在庄长同意的情况下可以成为本村人。如果客庄户在本村偷盗，保证人必须赔偿损失。在保甲制前寄住不算一户，但是保甲制后算一户，要在保甲簿上登记。客庄户与本村人没有太大的区别。客庄户不用缴纳田赋，交摊款，也不承担劳役。

16. 家和户

在冷水沟庄家和户是一样的，家比户常用。村民认为，户是清代使用的词。财主就称为大户，和家相同。如一个院子里，分家后，父亲、兄、弟，称为三户，也是三家。没有分家在一个院里称为一户、一家。

17. 灶户

分家就会分灶，灶就是户，有门有户就是灶户，乞丐也算是灶户。户要登记在保甲簿上的。

（二）保甲制

1. 保甲制

1942 年历城县实施保甲制，邻近的 10 户为一甲，每 10 甲为一保。冷水沟庄分为四保，有 4 名保长，负责人为总保长，由县里任命。冷水沟庄的庄长为总保长，统一管理全村事务；冷水沟乡的乡长是联保主任，统一管理全乡事务。村与村之间的保甲没有联系。乡与村下面的保与甲也没有联系。保甲制是一个监视和共同防御的组织制度。按照规定保甲制下的各甲居民有一定的连带责任，但是如果发现问题能够及时报告，则可以免除连带责任。

2. 保甲长

保甲长都是公推产生，甲长从 10 户中推选，保长从 10 甲中推选。保甲长没有任期，也没有报酬。有才能、识字的人可以担任保长，家里有无财产关系不大。保甲长由原来的闾长转任，在村里地位比普通村民略高。保甲长的工作是：上遵命令，下听民意。协助庄长做村民纠纷的调解，做户口簿，向庄公所报告外乡人的出入，庄公所再向县公署报告。县公署向庄公所、庄公所向保甲长下命令或者委托。有些时候区公所、乡公所也向庄公所下达命令，保甲长的工作大多由县区安排。如果村里有坏人，从甲长、保长、庄长、乡长、区长到县知事，依次报告，紧急时可以由乡向县知事报告。保甲制下的户长主要义务是报告外来者及家人外出情况。冷水沟庄分为 4 保，38 甲，有 4 名保长、38 名甲长。

3. 保甲自由团

按照县里命令，村庄成立了保甲自由团，一家出一人，年龄在 18—30 岁，家里没有适合的人可以不参加。自卫团成员没有制服，主要工作是值夜班，每晚 30 人左右轮流值班，值班时拿着白蜡杆子（棒子）、杆（枪一样的东西）。

4. 保甲费

实施保甲制需要经费，经费由全村按照所有土地分摊。费用有两种：一是向上交的保甲费，每亩（小亩）一分五，春秋三分，由县里收取，作为保甲指导部的经费，如春季的纸张费、笔墨费和差旅费，秋天的门牌费和旗账费。费用由县里决定，村庄只是传达和征收。向县里交纳的费用不会发给村庄，村里还要买三份保甲簿，一份交给县里，一份交给区里，一份村里留存；二是村里保甲自卫团的支出，如购买保甲簿、调查记录费等需要150 元，由花户分摊（花户是有土地需要纳税的农户），其实还有保甲自卫团的训练费等也由花户分摊。

5. 连庄会

在保甲自由团以前，村民自发组织自卫活动，称为连庄会，村里的壮丁全部参加，每组 8 个人至 10 个人，拿着火炮，每晚交换警戒。如果发生匪患，就敲钟召集村民。冷水沟公推会长。连庄会主要是村庄的自我保护组织，没有部署，也没有训练，不需要费用。后来为保甲自卫团取代。

6. 爱路青年团

保甲制之前有爱路青年团、少年团，保甲制后废除了。这些组织主要是保护铁路，所需费用由各庄分摊。以前的保护区有十几个庄，现在扩大到 60 多个庄。这个爱护区在冷水沟乡编成，李家庄 1 人，沙河 4 人，冷水沟庄 4 人，共 9 人通宵守护铁路。晚上 3 人睡觉，6 人巡逻，然后交换。每人每月报酬是 21 元。如果雇用外村人需要保证人。冷水沟庄负责的 4 人均是本村人，看护铁路成了本职工作，经费每月合计 84 元。在 9 人中，3 位是少年，5 位是年龄较大点的青年人，这些人每月一、三、五、九日要去历城训练，训练时每人每天费用 1 元，共 96 元，每村需出一匹马，经费 200 元。

7. 闾长

历城县于 1935 年实施邻闾制，每 25 户为一闾，闾有闾长。没有任期，没有报酬。闾长可由庄长推荐讲信用的人，然后 25 户商量决定，不用投票。在调查时，庄长表示，闾是由 25 户记名投票选出来的，在本闾某个家里开会投票。一般是有声望、讲信用的人就可以担任闾长。保甲制后闾长变成了保甲长。其实首事、闾长、保甲长，只是名字变了，工作没有变。闾长的主要工作是协助庄长工作，上传下达，参会村庄会议，协商村务。闾与闾之间没有共同作业、共同防卫、相互帮助、连带责任。村民反映，保甲制小，方便管理，邻闾制太大了，有点麻烦。

8. 邻长

邻闾制时，除了闾长，每 5 户有一邻长。闾长因为要协助庄长工作，事很多，很忙，但是邻长基本没有事，只是一个名称而已。后来邻闾制为保甲制取代，闾长变成了保甲长。在邻闾制时，邻和闾也是分配役畜、村费的单元。邻闾内没有自发的活动，没有以闾或者邻为单位的共同生产、活动。同一邻或者闾之间也不见得会更亲密。可见邻、闾只是一个工作单位，并不是一个生活生产共同体。

9. 首事

在邻闾制之前，是首事制度。冷水沟庄分为 8 个段，每段的家庭不固定，每段有 1 名首事，首事也可以称为会首。一是首事产生。各段的人商量，公举出合适的人选。庄长一般不反对段里推出的人选。首事没有任期限制。如果年纪太大，首事就会提出辞职。如果做了坏事，段里就会向庄长申请免职；二是首事的职责。首事与闾长、保甲长的职责相同，主要是上传下达，参与村庄决策，选举庄长，协助庄长工作，比如求雨、征收摊款。庄长不在时小事可以由首事决定。1928 年庄长是由 8 位首事公推产生，并不是投票选举。首事代表各段的名义，先与段里人商量，内定庄长人选，然后 8 位首事商量推选庄长；三是参与调解。首事还有一个重要职责是参与纠纷调解，首事调解不仅仅限于本段，小纠纷首事个人可以调解，如果比较大的纠纷需要与庄长一起调解；四是首事的资格。首事主要有三个条件：地多、有能力，而且都是世居的人；五是首事开会的地点。全村的首事商量工作时在庄公所，即现在的小学内进行，各段的人开会在首事家里进行。各段开会时，由家长参会，如果不能参加就让代理人参加，女人和孩子不能参加，即使是女家长也不能参加。

（三）乡、区治理

1. 区长、乡长和庄长的选任

乡长和庄长均是投票选举产生。区长从乡长中公选或者推选；乡长从保长中公选或者推选。一是庄长产生。庄长由全庄村民投票选举产生；二是选民资格。只要是花户（田赋纳税人），即使是雇农、佃农、贱民、乞丐也能够投票。一般一户一票，由家长投票，如果家长没有时间，可以委托代理人投票。女家长也可以投票；三是选举地点。投票选举在小学进行；四是选票填写。投票时会提前发选票，大家可以在家里填写好，再去小学投票。在选票正面写上被选举人姓名，反面写上选举人姓名；五是选举组织。投票时县里或者区里要派人组织选举，结束后区公所向县公署报告；六是其他规定。在投票前候选人有时会去拉票。庄长、前任庄长不能推荐某人直接担任职务，县公署也不能直接安排人选，必须选举，然后由县公署"加委"。

2. 乡与编村

所谓编村就是几个村庄编成一个乡，一般一千户左右为一乡。冷水沟乡第一次编村由冷水庄、杨家屯、孟家庄、李家庄、水坡五个村组成。第二次由冷水沟庄、东西沙河庄、李家庄四个村组成。除了超越村庄的乡的结合外，村与村之间没有其他共同关系，比如联合防卫、设立学校、开设集市。保甲自卫团也是以村为单位行动，没有形成联村自卫团，乡长也没有当过联合自卫团长。

3. 里与乡

民国以前，乡村最基层的行政单位是"里"。冷水沟属于闵孝三里，2 名里长分管 17 个庄。里长归县长直接管理。冷水沟乡公所设在西沙河庄。一般乡长在哪个庄，乡公所就设在哪个庄。在前清时期，与乡对应的是里，区下面的行政单元是里，第二区由五个里组成，冷水沟庄属于闵孝三里。里长与现在的乡长差不多，管几个村庄。

4. 区

区是县公署的代理机构，由几个乡组成。全县划分为 14 个区，区里有区长。

5. 村与庄

村庄名字有村的就是村，有庄的就是庄，前者治理人称为村长；后者治理人称为庄长。编村以后称为庄长或者总保长。对于庄长，村民除了称呼他为庄长外，也称他为大爷、哥哥，或者叔叔的。

6. 村与村关系

村庄与村庄之间不发生横向联系。各个村之间既没有共同的公共设施建设，如水利、道路，也没有共同的防御，更没有共同的生产合作。各个村之间相互独立，互不隶属，互不往来。既使被编村为一联保或者联乡，也不会有横向的合作。村庄之间发生了纠纷，村长或者庄长出面调查，如果调解不成功的，就由乡长向县公署提出仲裁。仲裁后，如果两村达成了协议，要向县上交仲裁者同意的呈文，还要交和解保证书。村庄之间的纠纷一般不打官司，因为打官司需要很多钱，因此往往申请仲裁。冷水沟庄旁边的李家庄是一个例外，因为村小，学校、治安、求雨等都与冷水沟庄发生联系。

7. 乡丁

在乡里有一位乡丁，杂工兼书记，以前工资 6 元，现在 10 元。每天都要去乡公所上班。主要工作也是协助乡长，如向上反映情况，向下传达信息。在冷水沟所在庄、乡的庄丁、乡丁都是老实人，很讲信用，由各庄长、乡长决定。当然也有些乡村的乡丁是无赖地痞。

8. 县与村、民的联系

县里的命令以县、区、乡、庄（村）、保、甲、户的顺序向下依次传达。县里的命令不能直接传达到农户，必须通过庄长传达。村民向县里反映情况，按照庄（村）、乡、区、县的顺序依次反映。如果村民不满庄长的调解，可以直接向县里投诉。县里不会直接农民发生关系。田赋由县经缴处让庄长拿着串票通知村民，村民不会直接交给县（但是在清朝和民国初年农民直接交到县里）。田赋附加、保甲费、修路费由各村分摊。除了保甲和修路外，县里不会干预村庄事务。

（四）村庄治理

1. 村民会议

村里有重大的事情就会召开村民会议商量决定。一是会议内容。这些事情包括：村庄道路和桥梁的修整；村费的征收；村费的分派；偷盗事情的处理；收割后牛马放牧的问题、治理兔子和鼹鼠灾害问题等。村民会议不会讨论产业发展、合作问题，也不会讨论财务监督、社会救济问题，因为救济是同族的责任。1942 年对冷水沟庄召开了 2 次村民会议，均是为了解决经费问题开会；二是会议类型。会议有村民会议、保甲长会议，在冷水沟，没有地主会议、佃农会议、商人会议。但是佃农私下讨论倒是有，主要是讨论租佃条件，讨论后请庄长与地主交涉；三是会议时间。不管是县、区、乡，还是村庄，会议均是在晚上召开；四是会议参与人员。村民会议原则上所有人都能够参加，如果一人参会则为家长。当然实际上有所不同。一家不限一人，两三个也可以。具体来说参加村民会议的人有庄长、甲长及其他村民。一般有四五十人参加。这些人都是村里见多识广的人。甲长、庄长是确定好了，甲长以外的人随意参加。拥有土地少的人也可参加，拥有土地多的人没有不参加的。有意思的是，女家长可以参与投票选举庄长，但是村务会议一般不邀请她们参加，而且女性都不参加会议。如果是征税会议，只需要家长参加，没有土地的人可以不参加。开会没有规定人数，但是有一半人以上就行了。重要的事情只需要保甲长参加，再由保甲长向各户通知结果。不出席会议也不会受到处罚；五是会议管理。会议一般由庄长主持，大家都可以自由发言，村民也可以反对庄长的意见，但是冷水沟庄没有出现过。发言最多的都是有威望的人，普通村民一般只听。议事也不是少数服从多数的原则，由庄长酌情决定，即使反对者比较多也是如此；六是会议结果。会议结果由地保通知、传话，或者农民自己打听。从理论上讲农民可以反对会议结论，但是没有发生过。村民也可以违反结论，但是也没有发生过，就是违反了也没有惩罚。村民会议及其决定的事情，县、区、乡也不会干涉；七是紧急事情的处理。紧急情况无法开会，先由庄长决定，然后通知村民。如果需要花钱，庄长先垫付，或者借钱，再向农民收钱。但是需要花钱的事情一般都需要开会讨论，再筹集。另外，在历城没有乡民大会，过去曾经有县民会议，也称为民众大会。

2. 村庄监察

在村庄没有监察委员会，也没有做监察的人。如果庄长有不当行为，也不向县里反映，村庄内部开会解决。当然村民说，没有发生庄长有不当行为的情况。如万一庄长有不当行为，可以反对，还可以通过开会解决问题。有重要的事情，庄长与保甲长或者间长商量，不会让庄长一人担责。

3. 纠纷与调解

整体来看，冷水沟庄很和谐，纠纷比较少。一是纠纷类型。占用界线、窃取作物、借钱纠纷等，每年都会有一两件；二是调解人。调解人一般是德高望重、讲信用的人，如保甲长（间长）、庄长、学校老师，还有四邻，同族中辈分高的人；三是调解形式。调解一般是几个人一起开会讨论。调解人之间没有区别，没有什么主持人，大家商量解决；四是调解地点。一般在当事人家中调解。大多会提前商量，再去当事人家中解决；五是调解受理。有时是当事人委托，有时调解人主动调解，有时不得已必须出面调解；六是调解顺序。家长不作为等事由同族调解，夫妻吵架由四邻调解。一般顺序：首先是四邻调解；其次是首事、保甲长调解；最后是庄长调解。庄长调解不了，就去县里诉讼，但是即使是诉讼，最后还得回庄里调解。因为打官司要花很多钱，俗话说："穷死不做贼，屈死不告状。"村民一般不需要打官司；七是调解原则。调解的原则是以和为主，如果偷盗，就将偷盗物拿回，或者赔偿。如果比较严重，就得交罚金，罚金归村公所；八是调解程序。受害者告诉庄长，庄长向受害人或者四邻了解情况，再调查另外一方当事人，接下来再商议，最后解决问题。调解后，村民一般会接受调解意见，如果不接受就去告状；九是特殊调解。如家长不作为，或者女家长的事情由同族调解。本村村民与外村村民发生纠纷由庄长出面进行调解；十是调解结束后，当事方需要出饭茶烟等费用接待调解人，没有硬性要求，根据家里情况自己决定。如果庄长和村民发生纠纷，由保甲长调解，保甲长不会故意偏向庄长，会公平处理；十一是连带责任。农民之间的纠纷，相关人员不会受到牵连，保与甲之内也不负连带责任。未成年人发生的损害，家长要负责；涉及老人，全家负责；十二是调解执行。一般由庄长安排人执行，要东西就给东西，赔偿就给钱；十三是纠纷的自求。如果欠钱不还可以搬东西，有时可以安排力气大的人去搬；十四是纠纷诉讼。如果村民不服调解，当事人可以向法院提起诉讼，庄长无法干涉。诉讼不会影响村庄，但是诉讼者会花很多钱，因此很少有人提起诉讼。

4. 账簿和预算

村公所有收支总账，乡公所有收支总簿、附记总账。用流水账、日记账记下日期和收支金额。摊款记在总账上。村庄没有预算，发生多少经费征收多少，需要多少经费就收多少。先按亩数从各地征收，用完后不够再收。有时先用后收，可由庄长垫付，也可向地主借款。

5. 村费分摊

村费按照各花户地亩分摊。村费分为三类，一是村本身发生的费用分摊；二是区乡分摊的费用；三是县分摊的费用。向县里交摊款，按亩计算，春天每亩 4 角，麦田每亩三合，秋天每亩 6 角（有人说是 2 元）。没有土地的人不用交村费。当然请人求雨时，是按照灶户来收取，没有土地也要交纳。调查者反映，张宗昌时期收得比较多，韩复渠时期收得比较少。向上级交纳的村费，1941 年是 3000 元。1942 年已经交了 4000 元，合计 6000元（也有人说是 2 万元，仅 10 月就交了 2000 元，说事变前每年 4000 元左右，分 3 次缴纳，1942 年已经交纳了 5 次）。交给区的摊款会有收据。村费滞纳不会处罚，到时补上即可。村费与田赋不同，前者有粮无地不交，后者则需要缴纳。不缴纳会被县公署拘留，家人交纳后才能够回家。每年村庄会用黄纸公示总收支；四是村费的征收。没有专门的征收人，庄长安排甲长征收，也有人自己交过来的。收后记在总账上，写上姓名、亩数、金额、交清（缺）。村费统计后一起征收。原来田赋是由专门人来征收，但是以后由村长或者庄长负责征收；五是征收方式。有定期征收和临时征收，定期征收一年 2 次，临时征收有很多次，根据支出来收取；六是借村费。如果急需花钱，可以向有钱人借钱。借钱的对象一般是村内的人，如果村内借不到时再向村外人借。借钱时要立字据，一般以庄长的名义借钱，村公所的人担保。借据与普通的借据没有区别，有时也需要以地指钱，主要是用庄长的地作为担保。如果庄长生病或者不在村庄时，可以由副庄长或者副保长负责。偿还时也由庄长偿还；七是收粮食的处理。向农民主要是收粮食，然后出售后还账，出售和还账均由庄长负责。

6. 村庄公产及管理

冷水沟庄的公产比较少，只有三圣堂和三官庙各有 7 分土地，关帝庙和学校有 6 分土地。庙和学校有一些建筑。房地均没有契约。本村也没有债务。涉及财产问题，庄长不能一人决定，要开会决定。如之前买操场，乡长、庄长、校长决定后，再开庄会得到大家同意。庙产由庄长、保长协商管理。学校由庄长和 4 位学校管理员管理。如果庙校需要维修，需要向农民摊款。

7. 共同耕作和指导

农民不会在一起耕作，没有潘青会、治蝗会等，也不会一起兴修水利，如池塘、井等。农民不会一起使用设备、农具、施肥，也不会相互借钱。在农忙时，村庄劳动力不足会向外请短工。村庄的老农、村老和官员、合作社、水利合作社及农作物包商、购商不会指导农业生产，耕作和生产完全是农民自己的事情。

8. 新民会贷款

新民会是一个合作组织，有经济、社会等功能。加入新民会要交 2 元会费，会员可以优先购买合作社的石油、柴火、盐等商品。新民会收购粮食，也给会员贷款。据调查，冷水沟庄有新民会员 6 人，合作社员 195 人（没有具体介绍，这说明新民会是一个比较大的组织，合作社是下面的一个组织）。在冷水沟庄没有打井贷款，但是有春耕贷款。农民为了购买农具、役畜、肥料，会向新民会贷款。有地的人最多可贷款 60 元，全村 5 人共贷款 300 元，月息为一分二厘，贷款不需要抵押，但需要 6—10 人连环担保。新民会不会免费发种子、奖励稻作及其他农作物。

9. 公路和桥梁建设

为了警备、产业需要，冷水沟修建过道路和桥梁。修建工作由县公署下令，庄长负责组织，村民出力、出材料，没有摊款。一是土地。道路占用地主的土地，土从道路两边的沟里挖掘，相当于地主承担道路所占地；二是人力。每户都出劳务，一般每户出一人，也有的出两三人。一天 500 人，4 天就完成了公路和桥梁的建设。每人从沟里挖 2 米的土地，一共 4 米。如果家里没有男人，就请有男人的家里帮忙，以后再还工，不用出钱；三是决策。土木工程不能由庄长单独决定，必须与村民商量，材料和劳力分摊由庄长决定，在修建过程中没有人捐赠，也没有花费金钱，只有劳动力和材料；四是管理和维修。公路需要修理时，县公署会下发通知，庄公所让上户（地比较多家户）出力。桥梁还没有维修过，如果需要维修，就由桥附近的人维修，需要重建由庄里负责。

10. 小学教育

冷水沟庄有一所小学，此小学由以前的很学识的县督学建议建设。一是学校性质及费用，后来小学改成县立小学。以前学校经费全部由村费负责，改为县立小学后，学校每个月支付 140 元。修理费由冷水沟负责。修理学校时不收费，年底年节时会请老师吃饭；二是学生情况，学生主要是冷水沟的，也有其他村的学生，不收学费，学生只出书本费。穷人也能够上学，同族会准备书本费。学校没有女生，因为如果有女生就得有女老师，又要增加成本。很少有人会缺课，生病、婚丧的时候可以请假；三是教师情况，教师由县公署任免，工资由县里发。4 位教师中有 2 位是本村人，在本村还有地。有 1 位日语老师；四是教师与村民的关系，本村的老师会参与村里的纠纷调解，老师会参加学生家的冠婚，其他老师与本村没有关系，老师们住在学校。村民对老师会稍稍尊重些。学校有一位校勤杂人员，本村人，地不够，为学校做事，以卖学校的粪赚钱；五是学生毕业情况，村里人大多是小学毕业，有两成儿童因为家里困难上不起学。上学的人识字的占八成，会写名字占九成，三成能够看报纸，一成的人能够看懂公文、布告；六是政府与教育，冷水沟小学本身就是县立小学，由县公署负责，县里还鼓励儿童、女孩子上学；七是村里鼓励村民识字，以前小学有夜班，教成年人学习，现在已经取消。

11. 村庄表彰

以前村庄会表彰孝子，但是数量不多。村里节妇比较多，现在还剩下 4 个石碑。表彰由村长推荐，要花费很多钱，民国以后就没有表彰了。

12. 义桥义地

冷水沟庄没有义仓社仓，也没有义井，村庄也没有共同储存谷物的组织和谷仓，以预备荒年。村庄有一座义桥，大家公用。有两块义地，村西三分，村南半亩，也称为乱葬岗子、舍地。这块地没有管理者，村民不会去使用，主要是安葬乞丐。

13. 村民救济

村里有七八家以乞讨为生，有的家庭虽然有地，但是吃不饱，村民会救济这些穷人，同族也会救济。发生天灾时，村里没有统一的组织，如果有人乞讨会给吃给穿。这都是自愿。村庄没有固定的救济规定，也不会临时搭棚安置灾民。

14. 看坡

看坡就是在庄稼成熟期间看护庄稼，在顺义县沙井村又称为看青。看坡的人称为"看坡的""看坡人"。一是看坡人的决定，看坡的人由庄长（行政架构为段时期）决定，8 个段每段雇请 1 人看坡；二是看坡人选择，看坡人一般是比较穷的人，也有比较坏的人。前者是想照顾穷人，后者是想给坏人一些事做，避免做坏事。看坡人不交押金，但是需要保证人；三是看坡时间，看坡一般一年 2 次，第一次是 3 月到 5 月，小麦成熟时候；第二次是在休息一个月后，6—9 月，秋天作物成熟时候；四是看坡人负责区域，8 位看坡人自己协商决定，要保证全庄的庄稼安全，划分看坡区域与庄长没有关系，决定区域后也不告诉地主，看坡人会在负责区域里找一个面向道路，方便看护的地方挖一个二尺四见方的坑，村民就知道了看坡人已经决定，这种称为"号坡"；五是看坡人的酬劳，负责区域的地主给看坡人报酬，主要是粮食，5 月每亩半斤小麦，10 月每亩半斤小米，看坡人上门找各户收取。8 人一起收取，然后平分；六是看坡及看坡人的关系，看坡人自己看自己的区域，互相之间没协助，看坡人之间没有为头的人，权利和义务平等；七是偷盗处理，看坡人所在区域的作物被偷后，由看坡的保证人来赔偿，每位看坡人有一位保证人，看坡人的报酬不会减少。虽然有赔偿条款，但是冷水沟庄没有发生过偷盗的事；八是外村土地看护，如果外村有本村的土地，请外村的看坡人看护，要给外村人两倍于本村的报酬。同理，外村人在本村的土地，也请本村的看坡人看护，并付两倍于本村人的报酬；九是看坡结束仪式，看坡结束后，看坡人会到玉皇庙集合礼拜，感谢顺利完成一年的工作，然后 8 人在庙的前院吃饭。这已经形成了习惯；十是庄长与看坡，庄长的主要职责就是确定看坡人，其他一概不管，各个庄之间的庄长也没有相互商量看坡事宜。

每年全村土地都列入看坡范围，但是如果有些土地比较难看，看坡人就会与庄长说，看不了，地主自己看坡。如果是分成地租，看坡费由双方负担；座典座租，借钱的人不负责；出典地由承典者负责。看坡人均有土地，在不看坡时打短工或收粪便。

15. 义坡

看坡效果不好，庄长和首事们商量，取消看坡，实行义坡。按照拥有土地的多少为依据，安排人力义务看护村里庄稼，因为是义务看护所以称为"义坡"。其实义坡在晚清时期就已经开始，县里也曾经要求实施义坡，因为看坡人素质太差，弊端较多。民国九年，冷水沟庄曾经实施过义坡。义务看护庄稼制度，地主和看坡的时候一样，按照每亩小麦、小米各斗升，交给庄公所。庄公所卖掉这些粮食后作为村费。为了规范义坡，县里还规定了义坡的规则，称为"义坡定章"。

16. 连坡

看坡人会与外村人联系，即相邻各庄的看坡人在玉皇庙聚集在一起，商量相互联系之事，就叫连坡。连坡达成后，看坡人每晚巡视的时候要与外村的看坡人联系，否则就表示看坡人偷懒，会受到指责。连坡也会一起商量互相看坡的报酬，但是没有谈拢。连坡是看坡人之间的相互联络，与庄长没有关系。

17. 打更

在看坡结束后，从 10 月到年底，为了防火防盗，需要安排人巡逻打更，打更之人称为"更夫"。一是打更的决定，由庄长提议，庄长与保甲长商量决定；二是打更安排，冷水沟打更是全村村民义务参与，每晚 80 人，10 人一组，分成 8 组，巡视原来的 8 段。每个组分成 2 组，一组休息，一组巡逻；三是更夫选择，更夫按照地亩选择（周边小村按照户出更夫），每 5 亩（官亩）出一人，10 天为一期，村里有打更值班表。没有地的人不打更。打更主要是年轻的男人，如果家里没有男人，可以让同族、亲戚、朋友代劳，或者雇人打更，或者女人来打更；四是更夫没有武器，携带着棒子；五是雇用打更人，村民义务打更的同时还雇用 4 人来监督打更的人，每 2 组分配一位雇用打更人，负责这两段的打更监督，监督、督促义务打更的村民；六是打更与保甲自卫团，本来在有保甲自卫团的地方，应该是自卫团打更，但是冷水沟庄自卫团员很多人没有地，不会安排打更，另外没有地的人很穷，在外面过夜没有衣服很冷，特别自卫团中也有靠不住的人。因此在冷水沟庄就没有用自卫团打更，而是组织有地之人打更。

18. 求雨

求雨是村里的大事。一是求雨的提出者。一般是庄长提出，庄长和保甲们商量确定，确定求雨日期、分工、临时摊款分配和收纳；二是求雨的组织者。求雨的组织者是庄长、保甲长及村里德高望重的长老。求雨期间每天都会召开保甲长会议；三是求雨参与者。求雨是一项重要的集体工作，很多村民都会参加，要么参与做事，要么参与游行，要么参与跪坐，大部分的村民会参与；四是他村参与者，当雨轿到了邻村后，邻村的村民会帮忙抬轿，如果下了雨，会给钱粮，主要是烧纸钱，上贡品。外村的没有一起求过雨，但是李家庄会来帮忙。求雨时李家庄不会出钱，但是下雨后，谢神表演时会出钱；五是求雨的费用。每户收 30 钱（也有说 50 钱），因为经费不够，所以作为普通摊款追加了每亩 20 钱。求雨一般是自愿参与，有地的都会参与，没有地不交费，当然有些有地的人如果不交费，也不会惩罚，像是捐助。捐助者的名字会在玉皇庙贴出来。求雨也要给道士谢礼，3 个道士 46 元，道士在求雨的三天和收钱粮的三天，共工作六天；六是其他特殊规定，女性不能参与游行、跪坐，因为村民认为女性不干净。下雨后，女性可以参与谢神。求雨时有讲究，不能吃牛羊肉、猪肉、葱蒜，男女不能同寝。不能吃葱蒜是因为这些菜味重，属荤。因此不能吃。

19. 火灾与赔偿、支援关系

如果有家庭引起了火灾，还将别人房子或者财物也烧掉了，要根据不同的情况及家里的财力处理：一是如果故意或者大意引起的火灾，就要道歉；二是如果家里条件好还要赔偿受牵连的家庭，没有钱的可以不赔偿。火灾不会让同族负连带责任，不让人替代赔偿。道歉信要贴在玉皇庙的墙壁上，第一行写道歉话语；第二行写本人姓名及失火原因，最后要写"特此鸣谢"。对于受火灾的家庭，村里不会援助，但是同族、朋友等会给建筑材料、金钱、谷物，给多少随意。

20. 旱灾与支援

旱灾发生后粮食产量很低，村里不会特别照顾，也没有储谷会、钱会之类的组织或者准备以备荒年之需。农民家庭自己想办法，家庭之间会一些相互帮助。

21. 公共设施及使用

没有公共泉水、公共灌溉水井，泉水都可以使用，水井为私人所有，周围的人可以使用，可以不给谢礼，水井由主人维修，周围的人不用出钱，是否出工也不清楚。不能将鸭、猪放在别人收获的田地里。田埂上的草，谁都可以拔走，即使是外村的也行。地里的高粱秆别人不能拔，但是主人拔剩下的可以。村里没有公共的挖土的地，也没有公共用的碾子、打谷场，可以向别人借碾子、打谷场。

22. 植树

每年春天历城县有植树的习惯，用村费种植的树都在村公有土地上，也就是庙地、学校、公路等，所以都属于村有财产。村里的树，个人不能随意砍伐，但是可以砍树卖钱来修庙。

23. 庙及捐款

冷水沟庄有五座庙——关帝庙、玉皇庙、三官庙、三圣堂、观音庙，村民去庙里祭祀的人比较少。葬礼、求雨时去玉皇庙，请当会的给病人祈祷去观音庙祭拜。祭拜时不需要交钱，只需要烧香，上贡品。发起人主要是庄长和首事（闹哄闾长、保甲长）等有势力的人会劝说各户捐款。

24. 香火地与看庙人

冷水沟庄虽然庙多，但是没有庙产等香火地。有一位看庙人，看庙人睡在庙里，但是不以供品和香火捐赠为生，自己有一点地，平时还打点短工。看庙人主要职责就是别让庙被破坏了。冷水沟庄相对比较富裕，以村费来维修，由庄长负责组织，与看庙的无关。本村修庙时，其他村不会送钱，会送礼品；但是外村修庙，本村会送钱。这是关系比较好的村庄之间的往来。

25. 村庄处罚

村庄没有处罚权力，村民不服从庄长的命令，也不能处罚。抓到小偷，一般不会挨打，但是要退回财物，交罚金。如果是看坡人抓住偷盗者，则交给庄长，庄长听取保甲长的意见进行处分。如果不交罚金，可以交给县里。如果偷盗者是外村人，在所在村庄的村长或者其他人保证的前提下，可以放回家。如果偷盗者是本村人，不能参加庄长选举，因为偷盗者，家里本身就很穷，原本也不会参加选举。

26. 看、修铁路

村里要安排人去看护铁路或者维修铁路，冷水沟安排 3 人看护铁路，每人每天 1 元补助。看护铁路的人晚上在铁道旁边的小屋睡觉，白天回村。根据县、区要求，村里还要安排人员为铁道服务，一般村里会花 2 元雇用村民，车站再出 70 钱。

27. 县与村的关系

县与村的关系，一是县向下传递信息和通知，其路径是：县、区、乡、庄、保、甲、户。如果是通知到村，传达到村后，在比较显眼的地方张贴出来。如果是通知到户，由通知到庄长，由庄长通知到户；二是农民向上反映情况，原则上农民可以直接向县反映，但是往往也是逐级反映，即甲、庄、乡、区、县。

28. 县对下的职能

县里一般不直接处理村庄的事情，也不干预村庄的事情，只有保甲和

二　农村社会

（一）钱会

1. 钱会

以出钱形成互相帮助的一种社会组织，发起为个会称为请会。主要是村民因为婚礼、葬礼、买农具和牲口、肥料等急需要用钱的农民参加。钱会有很多种类型，有亡社会、喜社会等，村庄的会很多。一是根据出钱情况来看，钱会分为5元、10元、15元等不同类型的会，可以按次交钱。在苏家庄村，钱是为一年交四次，交三四年，10元以上称为大会，5元的称为小会；二是根据组成人员来看，也有分不同的会，由16人组成的居多，还有10人、24人、32人的会；三是根据参加会的性别来看，有男会和女会，女会会请男人为会头；四是发起会的人一般要品行比较好、家里条件比较好，否则没有人愿意参加，也没有人愿意帮助他；五是请会的高峰时期在春天比较多，因为结婚、家畜被盗、葬礼等时候，大家会因为同情而出手相助；六是请会的程序，发起者在得到大家同意后就发出帖子，请参加者在自己家里聚会，吃饭后发起者进行说明，如需要100元，参加者10人，每人拿出10元，帮助发起者。也有人称为"虎头会"；七是拔会，每年大家聚集在一起共三次或者四次，如果是三次分别是三、七、十一月，如果是四次，则是正月、四月、七月、十月；八是会规和会账，发起人有会账，会规会写在上面，甚至连请客吃饭均会详细说明，其他人按照同样的规格请吃饭。会账为第一次集会时制作，会有会友的名字。第一页写上规则，再写会友的名字，最后当天吃饭的种类。每二次集会时给大家看。第一次集会场面会比较大，以后都比照第一次；九是集会的地点及保人，首次集会在发起人家中，从第二次开始就在会员的某个人家中，由上一次请会决定。第二次请会的人需要2个保证人，第二次请会决定第三次请会的地点，决定在哪里请会的行为称为"拔会"，或者说确定谁得会称为拔会。这个得会的人称为"得会人"；十是转摆和坐摆，得会人使用下次收集上来的钱称为转摆，即上拔下使；得会人使用本次会上收集来的钱称为坐拔，即现拔现使；十一是保证人，第二次请会时需要有保证人，因为他拿了一次钱后，以后都得出钱，所以需要担保。担保分为内保和外保，内保就是内部的会友担保；外保就是会友以外的人担保。保人必须得有田地。

2. 拔会及程序

所谓拔会就是确定决定得会人的方法。满铁调查员在问请会的同时，又专门问了拔会

的方法。访谈者说得很详细，但是有些地方逻辑不清，在此以原文为基础整理。假设 10 人入会，牵头人称为会头，会头以外的 9 人随意用手指头表示出 1 个数，形成一个总数，这个数字超过 9 就可以了。如果这个数是 15，从第 2 个人开始循环数数，15 就落到了第 7 人头上（这里不明白为什么会落到第 7 人头上），这个人就称为头儿，从头儿开始，拿着 3 根筷子，以 1 元（底钱的一成）为坐根（最低金额），首先转 1 根筷子，想要用钱的人说 10 钱或者 20 钱，如果是 20 钱，加上底钱就有了 1 元 20 钱。第一回结束；第二回转动 2 根筷子，第 2 回的底钱是 1 元 20 钱。想要用钱的人加 10 钱或者 20 钱，如果是 20 钱，就变成了 1 元 40 钱；第三回转动 3 根筷子，假设 4 号再加 10 钱，就变成了 1 元 50 钱。如果再也没有人加钱，且最后的人也不擎会，那么最后得会人就是 3 号。如果最后的人想用钱，他可以擎会，即根据规则他也可以加 20 钱，这就变成了 1 元 70 钱，最后这个擎会的人成为得会人。所谓擎会就是最后一个人加钱，成为得会人，只有排在最后的人才可以擎会。

3. 会头及职责

钱会的牵头者或者首先借钱者称为会首或者会头。钱会没有契约，但是会首制作钱簿或会账，里面写作会友、会期和金额等规定，以及某月某日某人借出多少，会簿放在会首那里。参加钱会的不见得都是家长，但是会首必须是家长。有些人为了筹集更多的经费，可以参加几个钱会。一个人不可能担任几个钱会的会首。会头主要职责：一是牵头组织并维持运转；二是负责督促交钱，如果无法交钱，可能还要垫付；三是有时还要充当保人。会首一般是信用比较好且家里条件比较好的人。没有信用的人或者家里没有财产的人想牵头组织钱会，没有人愿意参加。

4. 短牌和长牌

每次集会都有会单，写首哪位是短牌等内容。所谓短牌就是没有使用过钱的人；所谓长牌就是已经使用过钱的人。比如上次得会人以 1 元 20 钱拔会，则长牌每人每次拿出 10 元，短牌每人每次拿出 8 元 80 钱，从中可以发现以多少钱拔会，就是短牌每次少出的钱，也是长牌每次多出的钱。所以拔会的程序就是决定长牌和短牌出钱的数量。

5. 死会和活会

死会又称为善会，纯粹依靠别人的帮助得到钱，不用还钱，与钱会没有关系。在济南存在这样的会，但是在农村很少。所谓活会就是钱会，用钱后需要还钱的，大家所得与所出还是相同的。

6. 明拔和暗拔

如前面用筷子转动的方式确定得会人的方式称为明拔；大家在纸片上写下希望的金额，然后一起打开看，以确定谁得会，这类似于投票决定。这种方式就是暗拔（没有具体的程序）。

7. 擎会、得会人和加会

最后一个人称为擎会，如果最后一个加钱，成为得会人，收下钱。得会人就是得到了会钱的人。每次都是得会人得到钱，其他会友出钱。筷子转过来，表达想要用钱的希望，这称为加会。

8. 会底钱及其他规则

会底就是会头最先需要的金额，如每人出 10 元，这就是会底钱。坐根就是会底钱的一成，10 元的会底，坐根就是 1 元。行走就是每次加会的时候的加钱，如自己想用钱，每次加 10 钱或者 20 钱就称为行走。擎会的时候，如 10 元的底钱，一般加 30 钱或者 50 钱。这些规则都是第一次商量而定的。

9. 请会的额度

请会最高的额度是 240 元，如会底是 10 元，24 人总计为 240 元。最低是 30 元，1 人 3 元，10 人合计为 30 元。一般在 30—240 元之间，会友为 10—24 人之间。如果人数太多，很难得管理。

10. 缺席与代理

如果短牌有事缺席，可以委托代理人。代理人只要拿钱来就行了。长牌缺度也采用代理人制度。如果代理人没有参加，或者没有钱，由直接从保人处拿钱。

11. 内收和外缺

短牌和长牌不能带钱来时，有两个办法：一是内收，所谓内收就是在会前两三天，去得会人处告诉他这次没有钱，过四五天后再交。会头会将这个钱交上。二是外缺，就是没有提前申明且不带钱过来，会头负有催要责任，也可以垫付。

12. 会帖和与会原则

所谓会帖就是告知会期的纸，只要亮出纸，就不会来催促。钱会的基本原则是：概不催请。

13. 亡社会

山东有些地方也称为孝帽子会，主要是家里有老人的家庭，一起入会，以便筹集购买棺材的经费。因为棺材购买经费比较大，有老人的家庭往往一起成立一个亡社会，只要家里有老人去世了，大家都给一定的钱给这家人购买棺材，将所有人都拿到一次钱后，亡社会就解散了。亡社会主要是众筹棺材钱，而不是葬礼费用。在亡社会中大家都得到相同的经费，所以不需要还钱。在冷水沟庄有 70 多户，以前每人一吊，现在每人一元，已经运行了三四年了。亡社会有会首，主要是讲信用有能力的人，由这些人牵头组织大家就会相信。

14. 喜社会

与亡社会的性质一样，只是筹集经费的目标不同。预计未来家里有婚礼的家庭将参加喜社会，如果某家有人结婚需要经费，其他会员就出一定的钱给过事的家庭，依次进行，入会的人都享受一次筹资后且得到相同的金额后就解散了。喜社会主要是结婚所需要的费用，包括婚礼费用、彩礼费用等。冷水沟有亡社会，但是没有喜社会。外人或者寄住的人不能参加，只有世居的家庭可以参加。

（二）邻居与朋友

1. 朋友

朋友是指关系"不错"的人。同族之人不见得都是朋友，当然"不错"的同族人也有些是朋友。财产差别大、职位差别大的人也可以成为朋友，如果邻居是乡长也可以成为朋友。但是年龄相关比较悬殊的人一般不会成为朋友。朋友可以参加结婚典礼或者葬礼，但是不通知就不会参加。朋友参加这些典礼时，和家人一样，可以发表意见。当家人和朋友意见不同时，如果家人的意见不正确，可以根据朋友的提议来商量。田地买卖时，朋友可以成为保证人，在不履行契约的情况下，朋友与亲戚一样承担责任。朋友之间也相互赠送礼物，结婚典礼称为喜礼，葬礼是吊唁，既可以是现金，也可是物品。有人表示，朋友无厚薄，但有远近。

2. 街坊辈分

在冷水沟，街坊之间也会如同族之间一样，具有辈分。街坊辈分最初按照年龄来确定，如父亲同辈就称为叔伯，如自己同辈就称为哥哥、弟弟。也有辈分按照与父母辈分来确定街坊辈分。称呼也可以带姓，如李家哥哥，李家伯伯，不过带姓的很少。街坊辈分绝对不会出现错位的情况。街坊之间，晚辈一定要要称呼长辈的辈分，如叔叔、伯伯等，但是长辈可以直呼晚辈的名字。另外，同族的辈分是死的，由血缘关系确定的，而街坊的辈分是活的，如果是初次见面，可以根据年龄来确定，自己的子女则根据自己的父母来确定。陌生人见面，年龄又大体相当，往往以兄弟相称。

（三）红白喜事

1. 婚丧中的各类关系

婚丧时可以看出家与家的关系：一是送礼，有关系的就送钱粮，没有关系的就不送。送金一般在 1 元以下；葬礼比较少，3 角左右。因为办事的家庭要招待客人，会亏损。所以大家要送礼；二是帮忙，婚丧事时，同族、近邻、熟人会帮忙，不是每户必定要出一人帮忙。一般是关系好的同族，亲戚，及关系好的朋友会帮忙；三是庄长保甲长参加，如果不通知庄长保甲长，就不会参加；通知了肯定会参加，也会送礼；四是婚丧的主持，如果亲戚同族有擅长的就让亲戚或者同族人来主持，如没有就让邻居来主持；五是坐席的安排，年长者坐首座，亲戚中有年长者，但是他们不是客人；六是结婚宴席，村民、同族会参加，但是新娘方不出席。客人中有男有女。婚丧时没有人会排除在外。

2. 红白喜事与请客

结婚时，朋友、亲戚、邻居会送现金、布匹、酒肉等礼品和礼金，称为"喜仪"。如送现金，朋友为两三元，亲戚多至五元，邻居不送现金，略送少量的礼品。娶媳妇两三日后，新婚夫妇要去亲戚朋友家磕头，一次得50钱或1元。生孩子时，邻居、亲戚、朋友送饼米、鸡蛋等有营养的礼品。葬礼主要是现金、烧纸、馒头、酒肉等，称为"吊仪"。生小孩子一般不请客，但是亲友会送礼。生日只吃寿面。结婚或者葬礼，家里贫穷的只请亲友，富裕的会请全村。

（四）换工和帮忙

1. 帮忙

村民之间会相互扶助，主要是婚礼和葬礼时，葬礼时帮忙抬棺、挖墓及帮忙招待客人。婚礼时帮忙抬轿子、拿灯笼等。给礼金不算帮忙，这是朋友同族的祝福。

（五）信仰

1. 占卜

在冷水沟庄，有三种情况下，需要占卜，以考虑风水：一是建房子需要占卜；二是选拔坟墓时需要占卜；三是结婚时需要占卜以便确定良辰吉日。占卜之人称为风水先生。占卜时，阴宅依据玉天经，阳宅依据阳宅大全。占卜阳宅时要以门的方向为中心，要看门的方向以便避免"太岁"。所谓"太岁头上动土"就是这个意思。

2. 信仰

村民信仰神和玉皇大帝，村内有三座庙，即玉皇庙、三圣堂、关帝庙，都是道教的庙，只有三圣堂有一个道士，道士主要卖丧葬用品，不念经。村内有一个观音堂，路边有个很小的佛堂。村民遇到事或者一些日期会去庙里祭拜，祭拜时只烧香，不给钱，不上供。生病了去哪个庙祭都行。祭拜时有时会上供钱和书籍。即使是丰年也不会上供粮食。玉皇庙主要是用来求雨。另外，冷水沟庄民还信风水，本村没有风水先生，但是王舍人庄有，如果婚丧、建房时会请风水先生占卜。给风水先生的谢礼比较随意，不给钱，只送一些东西。

（六）其他社会

1. 亲戚

女儿嫁给别人家就形成了亲戚关系，即亲戚是指姻亲关系。亲戚关系可以包括两类，一是媳妇形成的亲戚，祖母的娘家、母亲的娘家、妻子的娘家、儿媳的娘家；二是女儿形成的亲戚，包括各代女儿（五代以内）的婆家。这些构成了亲戚关系。

2. 学名与乳名

人生有几个名字，小时候的名字为乳名；六七岁就会有学名，即上学就会取学名，学名一般请先生取。先生根据辈分取学名。因此从名字中也就能够知道同族之间的辈分的高低。

3. 名与号

人们除了乳名、学名外，还有号。七八岁取学名，十七八岁取号。号一般请先生来取。也有在写婚书时，请写婚书的人取号。几种情况下要说号而不说名：一是与陌生人来往时，只说号不说名。二是人死后，只说号不说名。三是朋友之间称呼，只说号不说名。四是外出交往多的人，往往取号。五是在写婚书时要写上自己的号。冷水沟的人每人都有号。

4. 教育和娱乐

晚清时，村里有七八所私塾，每所有两三个学生，全村有一百多个学生，没有女生。现在还有两个私塾先生在教书。私塾主要是教授"四书""五经"，《百家姓》，《三字经》，《千字文》。七八岁入私塾，学完"四书""五经"后大约十八九岁。本村出过举人和秀才，学生读私塾的也有考试的目标。但是大部分没有能力继续上学。既没有学风，也没有时间。在冷水私塾学习的一些人以后也会继续当私塾老师。民国三年建立了初级小学，后来孟庄的初级小学因为没有经费，与冷水沟通合并为一所包括初级和高级的小学，毕业后也没有继续求学的。在冷水沟，只有少数人下象棋，没有其他的娱乐活动。实际上农民仅干农活就精疲力竭了，没有农闲，即使冬天也必须收集肥料和豆子叶，没有其他的娱乐活动。如果父母有知识会教孩子们学算盘。

5. 当会的

专门给人祈祷的一种组织或者人员。人们得病后先看中医，中医治不好后，就去找当会的。冷水沟有当会的，生病的人可以去找当会的，也可将当会的请到家里来，当会的给病人从早到晚祈祷，病人需要跪坐在祈祷者前，也有人说家庭年长的跪坐，主要读《观音救世经》。病人找当会的需要上香费还要供豆腐、白菜等。病人痊愈后，要带贡品去送礼。谢礼比较随便，大体是三五角的。

三　家计与家族

（一）家长及家产

1. 家长

满铁调查员没有对家长定义，但是根据访谈可以对家长做一个基本的界定，家长就是一个家庭中当家事理事之人。家长有权利，也有义务。其权利包括：一是家长代表全家处理家庭内外的事情，如村庄有命令直接通知家长，村庄开会，家长负责参加，家长参加不了，代理人参加；二是家长代表全家占有和处理财产，并对外负责，如劳动力、费用直接由家长负担；三是家长安排家务活动；四是家长代表家庭参加同族的活动，如果家长参加不了，代理人参加。家长有责任保护家庭财产的安全，也要保护家庭成员，承担家庭支出，代表家庭与社会和国家交往。家长在吃住方面没有太多的特权，如家庭成员、长工吃一样的东西。家长的行为必须符合当地的惯例，如果不符合家庭成员可以不认可。但是在财产处理方面、家庭成员的行为方面，家长具有否决权和独断权。

2. 代理家长

家长年纪比较大，由家中比较聪明，有经验的人，代理家长。代理家长一般是儿子，但是如果几个儿子均想做代理家长时，就得协商。当家长生病时，妻子可以代理家长，但是如果儿子年满20岁，则让儿子代理。没有女儿代理家长的情况，因为女儿20岁时，一般都已经出嫁了。

3. 家长与家人的关系

家里的事情全家人一起做，家长是指挥，家人要服从家长的安排。一是收入由家长保管，日常开支也由家长支付。一年有结余的钱用来买地；二是家人在外面挣的钱全部要交给家长，需要零花钱时，再找家长要。也有的家人在外面挣钱了，说花了多少，向家长少交钱，但是大部分的还是老实交给家长；三是零花钱，家长会给家人一些零花钱，如果非家长的儿子需要零花钱，拜托自己的父母找家长要钱。有些家人甚至一年也花不一文钱，即使是喝酒抽烟也是如此；四是儿媳要回娘家，丈夫同意，家长不同意，不能前往。家长弟弟的儿子外出，不需要家长同意。如果家长弟弟孙子想外出，侄儿侄媳同意，弟弟和弟媳也同意，如果家长不同意，也不能外出（与前面的说法相悖）；五是家长的父亲与自己的儿子意见对立时，儿媳一般会采取中立的态度，如果跟着丈夫会很不好；六是当儿子有一定的年纪后，家庭事务会与儿子商量，但是决定权在家长手里；七是当家长的意见与所有家人不一致时，大家会反对家长，但是家长仍然有决定权；八是娶妻时，家里人都同意，家长不同意，也无法结婚；九是父母与孩子发生纠纷的情况很少，如果发生了，家长可以单方决定，也可以请庄长和邻居调解，家庭内部如果儿媳比较通情达理，也可以调解父母与丈夫的矛盾；十是家人擅自向外人借钱，家长没有责任。如果借钱不还，被警察带走，家长也可以不承担责任，但是要承担道德责任。有些人在好友或者邻居的相劝下，可以替家人还债，但是这不是责任。这一点与顺义不同，顺义是子债父还；栾城也是如此，只是一个破产机制；十一是妻子要外出做工或被雇用，需要得到丈夫、父母和家长的同意，家长和丈夫的父母同意，但是丈夫不同意，不可以；不过可以请本家、族长、分家的家长说服丈夫；十二是某人的婚姻，本人结婚与否都可，家长同意，但是其他人反对，这桩婚姻也可行。但是如果本人不同意，这桩婚姻不可以；十三是家长想借钱，即使全家都反对，家长依然能够借钱。

4. 家长与收入

家庭所有成员的收入都要交给家长，变成家庭财产。家庭成员在村庄外面工作，这种家庭成员的财产不需要交给家长，但是一般情况下家庭成员会向家长交一部分收入，必要时会全部交给家长。如果家庭成员生病后，家长会保障其生活。

5. 家长与财产

没有以家庭成员的名义存在的土地，但是有当家人以自己的名义所持有的土地，不过这些土地为家庭成员共有。地契、典契、租单等由家长保管。这些财产没有经过家长同意是不能进行处理的。保管在家长名下的这些财产，在家长去世后转到下任家长的名下，如果分家则均分给各位兄弟。墓地、家庭成员的私放地、家庭成员个人的衣物、钱物，以及成员个人所饲养的家畜等，家长不能随意处理。如果处理了，要说明情况并索回。家庭所有财产以家长的名义占有、使用、登记。家庭收入或者财产收入也归到家长名下（实际为全体家庭成员所有），当然家庭生产和管理所发生的费用，也由家长支付。对外借贷也以家长的名义进行。

6. 家长与代理

家长不能抛弃自己的资格和地位。家长因为得病或者其他原因不能履行家长责任时，当家的代替行使。在冷水沟没有反对家长的地位和否认家长的情况，也没有不服从家长的情况。家长不能由外家庭成员以外的人代理自己的地位。家长因为未成年、精神病或者其他疾病、失踪、服刑役等不能履行家长职务时，可以选择家长代理人，但是不变更家长的地位和权利。家长任性或者浪费时，近亲者和同族给予提醒。

7. 家长与当家人

家长是一家之长，就像名义的法人代表一样，一般是家庭中辈分最高，年龄最大之人；当家人就是当家理事之人，就像企业的经理一样，是有能力处理家务的人。在一般情况下，家长与当家人是同一个人，但是有几种情况下，家长与当家人不一致：一是家长年迈，不能当家时就需要选择或者任命当家人。如果不任命，自然由长子作为当家人；二是家长生病时需要选择当家人；三是家长长期外出时需要选择当家人；四是有时家长能力不如孩子的情况，也可以选择当家人。立了新的当家人后不需要通知四邻，大家自然明白。在既有家长，也有当家人的情况下，家长是名义的，当家人当家理事。但是当家里有重大事务时，也要经过家长同意。当家长与当家人意见不一致时，以家长的意见为准，这类事情主要包括土地买卖、借贷、结婚等，这些重大事情即使当家同意，而家长不同意也办不到。家长是外面的人称呼，当家人是自己家人的称呼。

8. 家长责任

家长一般有三个责任，一是统筹家务；二是继承和管理财产；三是祭祀。其实，家长最重要的工作是财产的管理，钱不够时家长要想办法筹措。再就是统筹家务。祭祀，一年只有两三次，不是最重要的职责。

9. 家长、家长意见

对于一个人的行为，如果父母同意，而作为家长的父母的哥哥不同意，不能行为。对于一个人妻子的行为，如果丈夫和父母都同意，而作为家长的父母的哥哥不同意，妻子不能行为。如果某个家庭成员的行为，家长反对，其他家庭成员都赞成，这个家庭成员不能行为。家长可以不受其他家庭成员的约束，自行决定。如家产，家长可以自行决定买卖、租佃，但是一般家长会与家人商量。

10. 家长接任顺序

家长一般是最年长、男性年长者、辈分高的男性成为家长：一是家长去世后（假设家长妻子已去世），留下一个 12 岁的男孩，由男孩接任家长；二是家长去世后（假设妻子已去世），有男 20 岁和女 22 岁两个儿女，儿子接任家长；三是家长如果去世后（假设妻子和儿子均已去世），儿子的妻子 43 岁，儿子的儿子（家长的孙子）17 岁，家长的女儿 19 岁，去世儿子的妻子接任家长；四是家长去世后（家长的妻子和长子、次子已经去世）三子已经成为别人的养子，可以再把养子当成养子。如果当养子三子没有儿子，可以从同族收养，若族也没有，家里香火就绝了；五是家长去世后（妻子已经去世），只有一个女儿，女婿倒插门时，女婿成为家长；六是家长去世（妻子已经去世），家长的弟弟的儿子 30 岁，其妻子 31 岁，家长的儿子 25 岁，其妻子 32 岁，他们的孩子 10 岁情况下，家长弟弟的儿子接任家长；七是家长去世后（妻子和妾已经去世），正妻的女儿 20 岁，妾的儿子 15 岁，由妾的儿子接任家长；八是家长去世（妻和妾已经去世），妻的儿子 15 岁，妾的儿子 20 岁，由妾的儿子接任家长。妻子和妾的儿子在担任家长时资格上没有差异；九是妻子生的全是女儿，妾生的是儿子，由妾的儿子接任家长；十是叔父 25 岁，侄子 30 岁的情况下，叔父为家长；叔母 25 岁，侄子 30 岁时，叔母为家长；丈夫 50 岁，妻子 55 岁，丈夫为家长；十一是家长的长子 30 岁，次子 15 岁，长女 17 岁，次女 16 岁，可以成为家长依次为长子、次子、长女、次女。

11. 特殊情况下的家长

如果有三个儿子，长子懒惰，挥金如土，父亲为了家庭未来考虑，可以将家长位置传给次子。如果次子与三子能力、品格相差不大，则由父亲决定将家长位置传给次子还是三子。如果三个儿子能力、品格相差不大，则要按照惯行确定家长。家长确定时，同辈人按照惯例，不能打破辈分。

12. 代理家长

家长行踪不明，生病，被处以刑罚长期服役时，不能履行家长职务时，不会重新选家长，而是会确定代理家长。代理家长也称为当家，是指家中实际行使家长权力的人。代理家长不管年龄和性别，往往是有工作能力，又识时务的人。家长行踪不明，长期服役的情况下，妻子不能离婚，应该等到确定死亡或服役结束以后。

13. 女家长及丈夫

如果丈夫去世了，没有其他长辈，也没有其他男性，妻子成为女家长。如果家长是女性，家长与丈夫结婚后，丈夫就成为了家长，原家长即妻子名下的财产全部转移到丈夫的名下，但是可以不更名。

14. 年少家长的辅佐

在家长年少时，可由同族人或者年幼家长关系最近的照料和辅佐。如果家长 14 岁，姐姐 19 岁，或者家长 14 岁，侄子 23 岁时，可以由姐姐、侄子辅佐。

15. 遗嘱及遵守

有人在临死时将许多事情写出留下来的材料称为遗言或者遗书。遗言一般要书写出来，否则没有证据常常引起纷争。遗书没有确定的格式。相关尽力遵守遗书。如果遗言是家长擅自决定，即不按照规定留下遗书，可以否决遗书中指定的家长。如果家长不按照惯例，而是以遗言方式指定家长，遗言无效，家人也不会接受。家长不按照惯例安排分家，如有些兄弟财产多，有些少，也会不被接受。

16. 家庭成员住处变更

家庭成员不经家长同意不能变更住址，否则将会受到家长处罚。冷水沟的人们外出打工均得到了家长许可。

17. 家庭成员的入籍、复籍、离籍

有新成员要加入家庭，需要得到家长的同意，但是如果有家庭成员不同意，也会产生家庭矛盾，如果家庭所有成员都反对，也不能入住家庭。离婚或者离缘也要得到家长的同意。

18. 家庭成员的监督和教育

家长是一家之主，从世代祖先接过监督、保护、教育家庭成员的责任，这也是家长重要的工作，家长掌握家庭的一切。当家庭成员因为其他人的加入有损害时，家长有赔偿的义务。

19. 家产

家产称为"我们财产"。以孩子名义的财产，如果家长不知道，是个人私产；如果家长知道，就变成了家产。在家里，不承认私产，分家后承认。不明确属于谁的财产都属于家长的财产，也就是全体家庭成员的财产。因为家长支配的财产中，除去家长个人的财

产，其他都是家庭成员的共同财产。家长不能以孩子的名义购买土地。也不能以妻子的名义购买土地。

20. 个人私产

因为不允许家庭成员拥有财产，但是有几种情况可以在家庭中保留私产。一是家庭成员自己挣钱，在外地购买的土地，此时地契由购买者保管；二是结婚时妻子从娘家带来或者购买的土地，这种土地叫私放地。此时的土地，不需要告之家长，丈夫买卖，土地契约以丈夫的名义，但是地契由妻子保管。买卖费用可以由妻子直接交给卖主；三是结婚时妻子得到的钱和财产，由自己保管，如果信任丈夫可以交给丈夫保管。没有家长保管妻子带来的财产的情况。妻子结婚时带来的财产，不需要家长承认，妻子自由使用；四是妻子自己可以饲养少量的鸡、鸭，其收入归自己所有，但是如果数量多了，需要更多的饲料，也需要更多的精力，影响操持家务。所以少量饲养也需要丈夫还有家长同意。如果丈夫同意但是家长不同意时，妻子不能饲养；五是妻子会将结婚时在正月里给丈夫的弟弟两三元，弟弟可以不将此钱向家长报告，也不上交。

21. 私放地

用妻子陪嫁的钱买的地，叫作私放地。家长只有一个儿子时陪嫁购买的土地，不叫私放地。私放地是以丈夫的名义购买。买卖、租佃私放地时，丈夫可以与家长商量，也可以不与家长商量。买卖私放地时，丈夫必须与妻子商量。私放地一般出租，收入归夫妻所有。也可以由全家耕种，给家庭其他成员一些耕作费，剩下的归私放地所有者，如收获 10斗，2 斗给家庭成员，其余归私放地所有者。

22. 私房钱

妻子陪嫁过来的钱，也称为私房钱。私房钱由丈夫保管，可以不告诉家长，夫妇可以不与家长商量就自由使用。丈夫可以自由使用，当然一般会与妻子商量。家庭成员自己积攒的零用钱也称为私房钱，自己养鸡的一些收入也称为私房钱。个人可以不与家长商量，自由支配自己的私房钱。

23. 年轻人与老年人的关系

冷水沟的人一般认为，年轻人反应快，年老人反应慢。一是家庭内部，对于年轻人做的事情或者想法，如果家长不理解，就不会认同；如果年轻人是正确的，家长又能够理解，则会认同。但是在家还是家长说了算；二是村庄内部，村庄行政事务，不能无视年轻人的意见，但是也不能照着年轻人的想法来办；三是青年团，虽然村庄成立了青年团，村庄事务或者其他事情也不能完全按照年轻人的想法来办，还要看庄长和其他人的意见。

24. 家长与家庭商量

家里有大事需要商量时，家长与谁进行商量，首先家长与弟弟、弟媳妇进行商量；然后与儿子们进行商量。家长一般不与儿子的媳妇商量。也不是专门与弟媳妇商量，而是将大家聚集在一起商量。

25. 家长与子孙管教

年幼的孩子不听话，要打屁股。如果孙子不听话，一般让孙子的父母来打，家长一般不打，因为孙子由父母监管。当然如果家长打了，父母也不会有意见。访谈者认为，孙子与作为爷爷的家长之间不可能会闹矛盾。如果孩子做了恶作剧，可能其他人会打孩子。即使如此也不会产生矛盾，父母会打自己的孩子。

26. 夫妻吵架和家长

夫妻之间吵架，丈夫有时会打妻子。如果妻子做了不好的事情，丈夫也会打妻子，但是作为公公的家长不能打儿媳妇。如果妻子受了委屈，或者挨了打一般会找婆婆投诉，不会找公公投诉。

（二）家庭生活

1. 吃饭

家庭成员吃饭在一张桌子上吃，家长与家庭成员、长工吃同样的饮食。一般男人先吃，然后女人再吃。冬天在厨房吃饭，夏天在凉快的地方吃饭。有时农忙时男人在地里吃饭。按照规定，父亲不能与儿媳一起吃饭，即使是祭祀和新年也是如此。女性也不能跟其他的外人一起吃饭。总之，男的只跟男的一起吃饭，女的只跟女的一起吃饭。老年夫妇可以一起吃饭，年轻夫妇不能一起吃饭。

2. 家庭指挥

家庭指挥和工作安排一般由家长进行，如果家长与当家人不一致，当家人也可以安排。主要安排不同的家庭成员干什么工作，或者早上吃什么食物。家庭成员要服从家长或者当家人的安排。

3. 家庭分工

男人和女人做不同的工作，母亲和妻子的工作差不多相同，母亲每天监管孩子、做饭、做衣服，妻子也制衣做饭，农忙时帮忙干农活，主要是不需要力气的农活。以上工作主要是妻子在做。做饭由母亲指挥，妻子不能单独做饭，必须与母亲商量。

4. 儿媳商量

儿媳如果有事要找人商量，一般找婆婆商量。主要商量自己父母的婚、葬、祭等事情，一般不找公公商量。如回娘家与婆婆商量就行了。媳妇春秋各回娘家一次，回家 10—30 天。

5. 家庭团聚

除了吃饭，家庭很少在一起团聚。饭后父母与儿子聚在一起聊天，但是妹妹和媳妇不行。因为公公与儿女不能同席，而妹妹没有必要参加。父亲与儿子也不经常聚集在一起，只是有事时才会在一起商量。兄弟成家后，弟弟和母亲可以进自己的房间，父亲和妹妹不行。母亲有事就过来，弟弟在成年前可以，成年后就不过来了。大约9点或者10点工作结束以后大家回各自的房间休息。

6. 儿媳妇的指挥

一般由婆婆指挥儿女工作，如做饭、制衣等。有婆婆在，公公一般不指挥儿媳妇。如果婆婆不在，公公与儿子说，让儿子转达给媳妇。公公几乎不指挥儿媳妇，儿子很少指挥媳妇的。

7. 家庭财务支出

物品买进和卖出时，由家长父亲做主。儿子偶尔代理。家里的钱财由家长父亲保管，母亲、儿子很少参与。如果家长外出，依然由家长管理。家长外出后，家里需要钱，可以向邻居借，等父亲回来后再还。

8. 零用钱与支出

家庭成员不从家长那儿拿零花钱。如果需要钱，就找家长要。妻子在农忙时帮忙了，父亲会给一点零花钱，妻子可以用这点零花钱买自己想买的东西。妻子如果想给丈夫或者孩子添置衣服，则通过母亲找家长父亲要钱购买。如果丈夫想给妻子买衣服，则会向父亲说自己需要购买衣服。家长父亲一般会给家人一些购置必要物品的零花钱。公公家长与儿媳妇一般不直接发生关系，如果儿媳妇要零花钱，一是向婆婆说，婆婆与公公说，公公将零花钱让婆婆转给儿媳妇；二是向丈夫说，丈夫向婆婆说，婆婆再向公公说，公公将零花钱让婆婆转给儿媳妇。

9. 家庭协商

对于丈夫和公婆的意见，妻子更重视公婆的意见，因为要尊重长辈。如果父母与儿子发生了争执，媳妇一般站在公婆这一边，也有中立的时候，但是如果站在丈夫这一边不太好。对于妻子的意见，丈夫与婆婆不一致的时候，丈夫和婆婆商量，一般会支持母亲的主张。

10. 伯母与家庭

如果伯伯去世，只有伯母，而且没有分家。伯母可以指挥侄媳妇，但是家长及其妻子不能指挥嫂子，有事一起商量。伯父的祭祀一般由父亲和侄子来做，主要是周年祭祀，去墓地烧纸、供点心、祭酒和挂面。时间是清明节（也称为寒食节）、七月十五、十月初一、死去的第四天。

11. 妻与妾的工作

家中有妻和妾时，一般是妻指挥妾，两人一起做事，主要的工作有烧饭、推磨、洗衣服、做衣服、下田。妾的儿子由妻子抚养，妻可以直接管教妾生的孩子。

12. 夫妻关系

在历城县夫妻之间，一般妻子比丈夫年龄大，夫妻之间的事，妻的地位高，但仍受夫支配，家庭内部的事务妻也掌有实权。也就是说按照纲常，夫为妻纲，但是在很多家庭，实际上妻的地位并不是如此低。另外，一般妻比夫的年龄大，主要的考虑还是家里人手不足，娶一位年龄大的媳妇可以多做事，少请短工。

（二）婚姻与生育

1. 结婚及夫妻关系

一是订婚，冷水沟庄按照惯例，12 岁订婚，15 岁结婚。同姓之间可以结婚，但是数量不多。大体上是本村内部姓氏之间不能通婚，与外村通婚的不多；二是调查，订婚时不会调查财产，只调查家世。如果男方家变穷了，女方家也不会资助；三是矛盾，夫妻之间有矛盾主要是两家之间的经济差异较大，妻子很丑等。虽然如此，但是也很少有离婚的情况。因为如果离婚，会成为他村人的笑柄。即使丈夫不喜欢妻子也只能忍耐。没钱无法找小妾；四是夫妇不和时，会向家长投诉，如果家长解决不了，再请邻居调解。一般而言，夫妇不和时，向婆婆投拆的比较多，不向公公投拆；五是结婚时，妻子家条件比较好，会给很多嫁妆，岳母来时也会给五元、十元的不等；六是如果丈夫失踪或者进监狱，妻子也只能留在家中，不能改嫁，否则会不光彩，即使被判无期徒刑，也要给丈夫送饭。

2. 父母与子女婚姻

子女订婚时，家长不与子女商量，也不会让子女知道。只有占卜人确定吉日成婚后，子女才知道。冷水沟的人认为，订婚时与子女商量是有违廉耻的。虽然子女们不服父母订的婚约，但是也没有办法。订婚后男女之间也不见面。同村订婚可以不相亲。男孩一般十三四岁结婚，女孩一般二十一二岁结婚，大体上女孩比男孩大三四岁，因为要女孩子做家务才娶进来的。

3. 妾与及妻妾的关系

一是娶妾的理由。当妻子没有生男孩时，男子在 40 岁以后可以娶妾。在冷水沟庄也有一户人家妻子身体不好娶妾做家务活的；二是谁愿意为妾，妾一般不是本村的，都是给媒人一些钱，让他从外县带过来。妾的年龄一般在 20—30 岁之间，多是再婚。做妾主要是经济原因，丈夫要给妾的娘家 300 元左右；三是娶妾时不举行婚礼，只有简单的仪式，也不请客，只会购买两三斤猪肉吃顿饭；四是妻妾关系，在同一家里，妻与妾分开住，因为妾是为了生孩子才娶的，不会多漂亮，两者分开居住，也不会不和，因此一般妻与妾能够相互理解。如果发生矛盾，受委屈的一方会回娘家住几天，然后再回来。因为妾没有太大的权利，所以妾一般不会生事端，往往是妻受委屈后回娘家的比较多；五是丈夫死后，如果妾有孩子，与妻住在一起；如果妾没有孩子可以住丈夫家，也可以回娘家。一般情况下，如果妾没有孩子大多回娘家；六是称呼，外人称妻为"大夫人"，妾为"二夫人""二太太""姨太太"，或者"二房"。丈夫称妻、妾均为"我家""某某孩子他妈"，也有对外人称"大的""小的"。孩子称正妻为"娘"，称自己的妈为"妈"。也可以称妻为"大妈"，称自己的妈为"妈"。妾的孩子尊称妻子为"义母"。妾称妻为"姐姐"，妻称妾为"妹妹"。丈夫的弟弟、妹妹称妻、妾分别为"大嫂""二嫂"；七是妾有的住在东西厢房，也有的住正房，当妾有孩子后，丈夫一般与妾住在一起。因为没有用钱的地方，家长或者丈夫不会给妾工资或者零花钱；八是妾的地位，妾不能参与婚丧嫁娶，家里由妻掌权，即使丈夫宠爱妾或者妾有了孩子不能掌权，依然由妻掌权；九是纠纷与调解，夫妻之间、妻妾之间的纷争，妻子一般去找族长或四邻商量，不会再去找媒人，因为一旦完婚就与媒人没有关系了；十是族谱上正妻就写"显妣"，妾写"嫡妣"或"继妣"。妾生了男孩，记为正妻的孩子，妾生了女孩，一般会嫁出去，所以女孩一般视为别人家的人；十一是如果妾没有生孩子，可以再娶；要是妾生了三个女孩，同族人会允许收过继子，但是不会同意收养子；十二是妾没有权利，生了男孩后，妾可以免除体力劳动。在丈夫和妻子均去世后，家中没有男孩时，妾可以成为家长，但是不能将家产变卖回娘家，因为同族不允许，会让其招过继子。在农村，如果夫妻之间没有男孩，招过继子比较多，娶妾比较少；十三是因为冷水沟的姑娘不愿意做妾，因此村里人比较轻视妾。虽然娶妾是为了要孩子，但认为是不光彩的事情。这一点与顺义县的沙井村明显不同。

4. 订婚及男女方关系

订亲又称为订婚，也要写婚书。订婚时要招待近亲四邻吃饭，男女分开吃饭。订亲的日子一般请风水先生占卜确定。订婚一般是门当户对的。订婚后男女不能见面，结婚后才初次见面。如果不守规矩就会被驱逐出去。女方一般十五六岁定婚，男的一般十四五岁。订亲一般六月有六，二月二比较多。订亲需要媒人，媒人可以是男人，也可以是女人，也可以夫妻两口都是媒人。如果订婚后，女的死亡，把女的葬在男的家族墓地，男的再结婚后，最后三人合葬。男的在婚约后死亡，男的要埋葬在女的家旁边，然后找阴亲。女的死亡后，男女双方家庭还是亲戚关系，但是男的死亡后，就没有亲戚关系了。

5. 结婚费用

结婚一般有两种费用，一是男方给女方的礼金或者礼物；二是结婚仪式所需要。因为男女双方一般是门当户对，如果是冷水沟平均 17 亩左右的家庭，男方会给女方 30 元礼钱，男方要花费 200 元左右；如果是 50 亩的家庭，男方会给女方 40 元的礼钱，结婚费用大约是 400 元左右。女方一般会带自己穿的衣服，还有衣橱、桌子、椅子、镜子、茶壶、茶碗、方柜子、大立柜、两个蒲团。财主家也是这些东西，只不过质量会好些。穷人家也许只带两个蒲团。结婚第二天，夫妇要一起去娘家，丈夫家要拿出 20 元（17 亩左右的家庭）招待娘家的近亲吃饭，不够部分由娘家负担。

6. 生育与娘家

女儿生孩子后，娘家会送鸡蛋、米饼、小米等，有些家庭还有生孩子后一个月只吃娘家送的东西的习惯。不管生男孩，还是女孩，娘家送的东西都是一样的。

7. 媒人

男女订婚需要媒人，媒人一般外姓的比较多，可以是男的，也可以是女的，还可以是夫妻两口子。媒人只是双方订亲时做介绍，只要结婚后就与媒人没有关系了。

8. 离婚

冷水沟庄的人们不愿意离婚，一方面是娶亲不容易；另一方面离婚后觉得不光彩，即使是没有一点感情，也得忍着一起过日子。离婚主要有如下几种原因：盗窃、奸淫、不孝、不顺。最多是奸淫而离婚；其次为盗窃；再次为不孝。冷水沟庄没有离婚的，离婚又称为休妻，休妻要写休书的。离婚要与双方的家长及本家家庭成员商量。

9. 成年与结婚

男子 15 岁算是成年了。其实男女结婚就算成年。女儿嫁到别人家需要劳动，因此一般是 16 岁以上结婚。

10. 后妻与前后妻娘家关系

在冷水沟，在妻子病重可能无治时，就有人开始上门给丈夫介绍后妻了，当然在介绍时是偷偷的，不会让病重的妻子知道。其实，在冷水沟普遍如此，所以即使不让人知道，大家也心知肚明。这样介绍后妻是为了不妨碍家务。但是如果生病的妻子好了，要立刻取消。前妻娘家将后妻认作自己的女儿继承，称为续亲。前妻娘家的父母叫后妻为续闺女；后妻那边叫前妻娘家的父母为续妈家。前妻娘家要对后妻的出嫁准备礼品。后妻把续妈家当作自己的娘家，在归省、正月等时候，甚至比自己的娘家还要来往得多。另外一个访谈者则表示，娶了后妻后，后妻与前妻的娘家没有太多的关系。也许是个案，也许后妻与前妻的关系取决于丈夫和后妻待人接物。

11. 续弦的婚礼

前妻去世后，娶第二个太太称为续弦。续弦时，婚礼与前妻的婚礼不同。一般不请客，同族、街坊也不送贺礼，也不向亲友发请帖。

（三）过继和抱养

1. 过继和退继

当夫妻两口子没有儿子时，可以从兄弟或者同宗同门中过继一位来作为儿子。一般是从近亲到远亲的顺序过继，如果同宗同姓没有适合的男孩就从外姓抱养，不过这种情况很少，因为家族不希望财产分给别人。如果有女儿也可招赘，入赘女婿称为招赘子。如果是父亲来招就是过继子，如果是爷爷帮助父亲来招就是过继孙。过继后，也可以断绝父子关系，称为退继。如果没有结婚，直接退继；如果已经结婚，退继时夫妻均要回家，一般是女方的家（原文如此）。但是一旦过继子结婚，特别生育了后代后就不能退继了。过继子一般年龄有 20 岁左右，如果丈夫死了，妻子也可过继 30 岁左右的过继子。领养过继子一般是 40—60 岁的人，估计无法生育男孩后才考虑过继。领养过继子时不需要介绍人，但是需要监督人，族长、亲友、姻亲、朋友、街坊邻居可以成为监督人。过继并不需要仪式，只需要一起喝酒吃饭就行了。

2. 兄弟与过继

两兄弟，哥哥没有孩子，弟弟有两个孩子，弟弟将长子过继给哥哥。哥哥有两个孩子，弟弟没有孩子，将哥哥的次子过继给弟弟。如果两兄弟都没有男孩，哥哥娶妾，或者过继子。

3. 抱养和养子

自己没有孩子，同族中也没有可过继的孩子，从他姓领养后嗣称为抱养，抱养的孩子称为养子。可以发现从本族抱养称为过继；从外族抱领养称为抱养；为女儿招一个上门女婿称为入赘。

4. 兼祧

如果几兄弟只有一个男孩，则将这个男孩子过继给没有男孩的兄弟，有几个兄弟就给这个孩子娶几个妻子，这些妻子生的孩子就是没有儿子的孙子。这男孩成为几兄弟的后代。这种情况称为兼祧。兼祧的原因是避免分家，避免财产变成别人的财产。在冷水沟兼祧的比过继的要多。兼祧可以保证"一子两不绝"。如果有三兄弟，只有一个兄弟有孩子，给这个孩子娶三个妻子，也称为兼祧。当地俗话称为"借种"。

5. 主继人

所谓过继人就是主持过继事宜的人。

6. 过继单

过继时要写过继单，过继单有两张，一般是"长次两兄各执一纸"。过继单主要写过继的理由，过继人员以及事由，过继单具有法律依据。过继时还有很多参与者，主要包括：街坊邻居、亲戚、族人，还有书写过继单的人。过继单还是骑缝继券。

7. 阴亲与过继子

如果男孩 20 岁没有结婚，但是死了，可以领养过继子。这有两种情况，一是没有结阴亲，直接领养过继子。二是结阴亲，再领养过继子，结了阴亲后一定要领养过继子。如果领养的过继子死了，可以根据死者的年龄来确定是否可以领养第二个过继子。如果过继子在 10 岁以前就死了，可以领养第二个过继子。如果过继子年龄比较大，可以直接给死者领过继子。

（四）分家

1. 分家

分家就是兄弟之间分割财产并分灶吃饭。其中分割财产是分家的最重要的标志。分灶吃饭也是判定是否分家的重要依据。分居与分家不同，分居是在外地工作，与家庭其他成员不住在一起，没有分割财产。

2. 分家的理由

有以下几种情况会分家，一是兄弟不和时一般会分家，只要有一兄弟提出分家，就表明家里出现了不和，就会分家；二是家里比较穷，很难维持生活，家长无法承担责任，儿子们又比较多时，便分家让孩子自立门户，独立劳动。另外，有一个调查对象从人的关系角度将分家的理由分为四种：一是妯娌不和；二是婆媳不和；三是兄弟相争；四是父子不和；在四者中最多是婆媳不和，其次是妯娌不和，再次是兄弟相争，父子不和的比较少。访谈者认为，分家最终还是女人因素，即十有八九是女人问题。

3. 分家的选择

一是如果兄弟要分家，父亲不同意，不能分家；二是如果家长想分家，儿子们不同意，不能分家。冷水沟没有出现这种情况；三是如果一个孩子希望分家，其他人不同意分家，如有养老地情况下可以分家，如没有就会将想分家的孩子"赶出去"；四是两兄弟，哥哥去世后，哥哥的儿子希望分家，可以分家，叔侄平分财产；五是长孙希望分家，次孙不想分家时，这是孙辈与叔父的问题，等长孙 30 岁左右时，就算叔父是家长，也可以分家，不能反对。

4. 分家的时机

分家一般在四种情况下出现，一是父母去世；二是父亲去世，母亲健在；三是母亲去世，父亲健在；四是父母均健在。分家最多的是父母均去世；其次是母亲健在，父亲去世；再次是父亲健在，母亲去世。父母均健在时分家的比较少，但是也存在。

5. 如何分家

分家主要是分财产，包括土地、钱物、住房等所有的财产。分家一定是平均分配所有的财产，按照兄弟数量分成相同的份额，然后抽签决定。女儿与家庭财产无关，不参与分家。如果土地很少，要按照地价来分割。分家里首先要留出养老田，如果有姐妹，其嫁妆也从养老费中支付。如果家里没有田，兄弟们要负责赡养父母，并负责姐妹的嫁妆。如果家里残疾的孩子，也一视同仁，当然也有父母悄悄为残疾孩子留下一点钱，但不能公开做。如果兄弟中有没娶妻的，可以多拿两三百元作为结婚费用。

6. 分家单

分家时要写分家单，有几个兄弟就写几份分家单。分家单上写明财产、土地及养老田，如果有养老田也要写在分家单上。分家单由会写字的人撰写，写完后要展示给亲戚、附近的人看，还要呈给村长。分家不分地契，红契依然以父亲的名义纳税。

7. 分家与家长

分家后父亲是家长，如果父亲去世后，母亲是家长。长子只有等父母均去世后才能够成为家长。如果有三个孩子，年纪都比较小，土地由父亲管理，如果变更后，由某人管理，三个儿子不能称为家长。只有结婚后各自分开伙食后才能成为家长。三个儿子小，与父母在一起吃饭，三个儿子家没有家长，也不被看为一家。三个儿子一起在次子家里吃饭时，三个儿子均是次子家庭成员。此时也是分家。三个儿子各自从父母或者次子家里独立出来，自立门户，就称为"自己过日子"，或者称"自己过"，或者称"各过各的"。分家了，虽然与父母、兄弟一起吃饭也是分家。可见分家是以分割财产为标志。三个儿子在次子家长大，结婚时由父亲做主，不需要得到次子同意。三个儿子在分家前的财产由父亲管理，如果分家后在次子家一起吃饭，其财产由次子管理，与父亲无关。

8. 分家与债务

分家时财产平均分配，债务也平均分摊。债务由几兄弟平均负担，同时父母的养老地也要承担部分债务。如果家长是为了个人利益而产生的债务，可以不由其他人分担，但是也有同情家长而分担的情况。即使家产全部还债后都不够，也不能免除债务。

9. 祖坟地与分家

祖坟地的面积由风水先生决定，祖坟所在地，或者坟包周围的土地叫作护坟地。分家时坟包不能分，但是护坟地可以分割。祖坟地也可以由分家者们共同所有并一起管理。

10. 分家与财产分配

一是分地。如果家长有两个孩子，一个弟弟，家长去世后分家，先是家长与弟弟分家，各两亩；然后家长的两个孩子分家，各一亩。如果家长弟弟有一个孩子，则这个男孩得到家长弟弟的两亩地；二是特殊财产，马匹等不好分割的财产，由一个人得到马匹，然后按照马匹当时的价格二分之一或三分之一，再分给其他兄弟。房子也要按照兄弟数量平均分配，但是不设界线。三是地契保管，地契没有必要指定保管人，也不一定是长子保管，选出一个保管就行了。分家后地契可以不变，保持原样。保管地契的人虽然只有一部分土地，但是他也无法利用保管地契之利，变卖土地，因为土地买卖时要请四邻到场作证并进行丈量的。分家后某位兄弟出卖自己的土地，不需要得到其他兄弟的同意，但是这时要设置土地界线；四是不能分割的财产，除了墓地（祖坟）、家谱、私放地、家庭成员的衣物、钱物外，其他的财产均应分割。

11. 分家与灵牌、家谱

分家后，父母持有的灵牌分别由兄弟们持有。但是父母的灵牌由长子持有。分家后，家谱原来放在哪里就由分得这间房子的人持有，不能挪动。祭祀时，聚集在老宅就行了。在冷水沟没有明确家长有祭祀的责任，每个兄弟都应祭祀祖先和父母。

12. 去世家庭成员的财产与分配

在家庭中一般不允许有个人财产，但是也会有些私放地等少许财产。如果家庭成员去世后，这个人的私放地、衣物、钱物、工具等由妻子继承，而其他物品为家长所有，但实际上都为妻子所有。

13. 分家人

分家人是平分财产的人，一般由有过分家经验的亲属来担任，也可是四邻来做分家人。只有极少数家庭分家时由父亲来分家。在冷水沟还没有人不同意分家人的分配的。

14. 分家后祭祀

分家后祖先的灵位供奉在长子家，每年费用大约三四元，由兄弟年底分摊。祭祀主要是叩头拜祭。

15. 分家参与者

分家被称为破产，因此一般人不请不去参加。但是分家需要 3 名保证人，一般是亲戚 1 人，友人 2 人，亲戚一般是姻亲。分家时一般参与者三老龄化人。分家时四邻不参加。只是参加者聚集在一起吃饭。

16. 分家后关系

一旦分家，兄弟虽然还是兄弟，但是在感情上就不是很好，但因为面子还得交往。山东有句谚语：“分家三年愁。”分家因为兄弟分离，一般认为比较凄惨。

17. 分家仪式

分家里，在院里立上石头，将此看作是天地的神，焚香烧纸，分家的人三叩首，然后抽签。签上写好房子、田地和家具，抽签确定。有几兄弟就做几个签，将签做好后放在陶器中，各人依顺序从中抽取。抽签时，由长子先抽。因为分家人已经将财产分配好，一旦抽中不可反悔。

18. 分家后的称呼

分家后，称呼原来的家为"老宅子"，或者兄弟家，哥哥家，弟弟家。不叫老家，或者本家。

19. 分家后的家长

分家后，如果父母与某个兄弟住在一起，父亲在，则父亲是家长；如果母亲在，则母亲是家长，这位兄弟是当家的。如果父母亲去了其他兄弟家，则离开这家的兄弟变成了家长，另外的兄弟则将家长之位让给父母，自己成了当家的。家长改变理论上要向庄长报告并更换门牌，但是没有经历过。

20. 分家后的有关决策

分家后，如分成了三家，母亲住在大哥家，如果二弟结婚，虽然二弟本人是家长，也要请示母亲；哥哥的女儿结婚，即使自己是家长，也要请示母亲；母亲住在哥哥家，三弟的女儿结婚要请示母亲。请示主要是尊重母亲。母亲不在了，哥哥卖地时，可以与弟弟商量，但是不商量也可以；哥哥的女儿结婚，也可以与弟弟商量，即使是弟弟反对自己也可以做主。

（四）养老

1. 养老地

分家时首先要划出养老地。如10亩地，3个儿子，平均每个儿子3亩，剩下一亩为养老地。这一亩地要写进分家单的。如果家里有20亩时将6亩作为养老地。如果只有父母某一方健在，则留四五亩地作为养老地。如果父母健在且有一位未出嫁的女儿，也要留6亩左右。如果用粮食代替土地称为养老粮。养老地在父母某一方去世后，也不会减少，只有父母均去世后，兄弟平分。如果土地比较少，要折算成钱后再平均分配。如果有姐妹没有出嫁，以养老田置办嫁妆。

2. 分家与养老方式

分家时父母可能存在三种情况，一是父母仍然有自己耕种土地的可能性；二是父母不愿意自己耕作时，接受来自孩子的养老粮；三是父母没有耕种的能力时，必须接受养老粮，或者兄弟轮流供养。虽然留出了养老地，但是父母不愿意耕种时，可以出租给儿子，按照市场价格出租。如果提供养老粮，分家时孩子们商量好一定的时间，交替给父母粮食，也有父母轮流住在各个儿子家。父母养老留下养老地的最多。因为有养老地，父母的生活就有保障。分家后父母的零花钱自在养老粮中，如果父母辗转于孩子家，轮流照养，父母的零花钱每兄弟按月负担。父母有养老地，女儿的嫁妆从养老地筹集。

3. 轮流管饭

所谓轮流管饭就是父母轮流到孩子家去吃饭。有时也是父母轮流去儿子家拿饭。如果父母与儿子们的住处离得远，则将饭放在圆形的容器中，然后将饭菜带回来。

4. 分家与胭粉钱

分家后为姐妹筹集出嫁费用的钱称为胭粉钱。如果父母有养老地，胭粉钱从养老地中支付；如果没有养老地，则包括在养老粮中；如果家里不富裕，分家时事先取出来。胭粉费用一般在五六十元至 200 元左右。有养老地时，就不会有胭粉钱。出嫁费用包括两个部分，一是嫁妆约 200 元左右；二是婚宴费用约 200 元左右。父母均去世后，养老地称为胭粉钱，为姐妹出嫁筹集嫁妆。如果兄弟们愿意分摊嫁妆，则给钱，不给地。

5. 驱逐孩子

驱逐孩子也称为将孩子赶出去。兄弟关系不好，特别是某个兄弟不能与其他兄弟相处时，父母会让其独立，有时甚至会将其驱逐。被驱逐的孩子自立门户，成为家长，可以在村里租佃土地。被驱逐的孩子不称为分家，因为无法回家见父母。如果这个被驱逐的孩子在外面赚了钱，购买了土地，实际上成了父亲家的财产（原话如此），不过在冷水沟没有这样的例子。在冷水沟庄，被驱赶的孩子有几个继母与媳妇关系不好，被赶出去的。被赶出去的孩子在父亲去世后，可以回来参加葬礼，葬礼结束后分家，不会回家当家长。

（五）家族

1. 族长

根据族谱，同族中辈分最高的人为族长，如果同等辈分中有好几个人，那么其中年龄最高的则为族长，族长通常为男性。族长不换届，如果辈分高，年轻也可以当族长。族长没有报酬。家长更换后，也没有必要向族长报告或者拜访族长。其实冷水沟很多家族没有族长。

2. 长支

冷水沟没有如南方一样族、房、支的家族系统，族下称为支，没有房与门的说法。与南方宗族社会对应，长门的这一支称为长支；二门的称为二支；三门的称为三支。不分家就不分支，分家后才形成支。支也是一种血缘的关系。

3. 支长

每个家族可以分为若干支，每个支有支长。支长的地位仅次于族长，协助管理同族事物的人称为支长。结婚、卖地不需要通知或者与支长商量。支长也不召集五代以内的人商量事情。

4. 同族

同宗同姓的人称为同族，也可以说有同一祖先的人称为同族。也有人认为，有族谱的是同族，没有族谱的也有的是同族的。同族中关系最近的称为本家，也有自家、本族、族家的说法。一般以自己为中心，将五代以内的同族称为本家（或自家）；五代以外的称为族家。同族也称为当家子、一家。异性一定不是同宗，同姓不一定同宗，而同宗一定同姓。没有"一族""亲属""亲族""家族"的说法。同族有一个族长。同族之间仅仅是制作族谱，没有特别的关系。一般在年底时记载族谱。同族之间，除了特别亲近的人或者住得比较近的人以外，跟一般的村里人没有什么不同。姻亲和四邻比同族远亲更亲。因为同族意识不太强，因此没有出现同族会更亲，或者同族与其他族对抗的情况。

5. 族产

在冷水沟，同族很少有族产，有些家族会有些坟地，而坟地也只有少数有护坟地，即可以用来耕种的土地。除此之外没有宗祠，也没有家庙（只有李家一支有家庙，但是也没有使用过，更没有一起进行祭祀）。所以虽然为同族，但是并没有族产等公共财产。

6. 三代宗亲

以自己为中心的父亲、祖父、曾祖父、祖父的兄弟及父亲的兄弟。

7. 同族集会

同族中几乎没有集会，只有十月一日扫墓时会集会。另外对同族中贫困者的接济、结婚或葬礼，以那个人五代以内的同族聚集。富裕人家在婚丧仪式上也会邀请本族人。如果某个堂叔兄弟贫困，但是他很有信用，五代以内的同族都会帮忙。帮忙时会聚集在需要帮忙的家庭中。在冷水沟庄，同族之间没有同族会议。很少有同族能够全部集中在一起的情形。

8. 祭祀

在冷水沟庄，也祭祀祖先，祭祀分为两种，一是家祭，除夕的晚上在家门口祭祀祖先。也有人说是正月初一的早晨进行祭祀，两者的说法有矛盾。祭祀时只祭祀八代以内的祖先，这称为"老祖宗"。祭祀时各自在长孙家祭祀。祭祀时供奉鱼、肉、酒、馒头等，同族带上烧纸和香。这些费用由长孙和同族共同负担；二是墓祭，主要有三个时间点，清明节或者寒食扫墓，七月十五的祭祀，十月初一的祭祀。另外，埋葬后四天也要墓祭。如果有护坟地，大家可能一起去祭祀，但是这种情况比较少。如果没有护坟地，各家各户自己去墓祭。祭祀时也不见得就是家长主祭祀，如果家长有事，也可以让儿子祭祀。

9. 族谱

族谱也称为家谱。在冷水沟庄，有些家族有族谱，有些没有族谱，族谱一般供奉在长孙家中，放在族谱箱中，而族谱箱可放在正房空闲的地方，也可以放在没有自觉睡觉的房子里。谱箱一般要上锁。年底时记载族谱。正月初一向族谱叩头。拿出族谱时要选一个比较好的日子。族谱不能由他带到其他地方，必须由家族的长子带去。

10. 同族援助

同族之间相互援助没有特别，既会援助本族比较穷的人，也会援助外族比较穷的人。这说明了在冷水沟庄，同族之间的关系与其他族相比没有特别亲。同族或者四邻会在春节、端午等节日给非常贫穷的人以物质帮助。

11. 同族纠纷及调解

同族纠纷一般族长出面调解，族长调解不了时，就请保长、庄长出面调停。

12. 族家的称呼

五代以内叫族家，过了五代叫族家兄弟，第五代也叫堂叔兄弟，五代以内不叫族家某某，六代以下的叫族家伯父、族家叔父。一般称呼的时候，仅仅是哥哥、弟弟，特别问候时，可以称为某某兄弟。五代以内的人称为本家。没有他家的叫法，只称为老李家、老张家等。

（六）埋葬和坟地

1. 祖茔

祖坟又称为祖茔、祖坟、老坟、祖坟地，冷水沟庄有祖坟的不多。祖坟一般族中最穷的人耕种，收获为其所有，但是要在十月一日同族扫墓时，购买烧纸。坟茔地的耕种由族长和族家商量决定。

2. 坟地买卖

如果是祖坟，产权归同族人所有，族长管理。坟地一般不买卖，因为卖墓地，会被人看不起。但实在没有办法了，也会卖家族的墓地。只是卖时要除去坟包，如果只有一两座坟就不除，如果多了就除去坟墓。卖了坟地后，卖主还是可以在坟包周围栽树，买主也不能干涉。买主购买了坟茔地后，不能破坏坟地，但是如果多年没有人祭祀，坟地会自然变小。

3. 祖坟祭祀

清明节和十月初一祭祀祖坟，祭祀时要烧纸钱、烧香，进献供品。除夕也祭祀祖先，但是不是墓祭，而是晚上在路边烧纸并祭酒，即安慰亡灵，请祖先吃饭。

4. 墓地

孩子墓地是小的，3岁以下孩子的墓是平的，如果墓地长久没有人祭祀，也会变成平地。如果风水先生觉得风水不好，会建议家人用瓦将坟围起来，这种为坨。如果夫妻在同一个墓中，夫左，妻右。如果有妾，则妻在左边，妾在右边。有墓的土地一般不出租，自己耕种。出租或者出卖时，佃农或者买主不能破坏坟墓。女儿去世后不能埋在祖坟，因为女性应该埋葬在别人的坟地中。埋葬时，辈分高的在前面，然后按照世代由左向右排列。按照道理坟墓要有墓碑，但是很多人没有钱，就没有立碑，时间久了，就不知道谁的辈分高，谁的辈分低了，所以一起拜祭。

5. 祖坟和护坟地

坟地如果面积比较大叫护坟地，面积比较小叫坟地。护坟地是可以耕种的，坟地一般已经无法耕种。在冷水沟庄，有护坟地的家族不多。护坟地一般不卖，分家时也很少有分割的。这样就变成公共坟地，成为了同族的共同财产。当祖坟无法埋葬时，就会在另外地方埋葬，形成家坟。护坟地可以耕种，耕种时按照辈分从大到小耕种，或者按照贫富，从贫到富进行耕种。耕种者一年提供两次祭祀的费用。但是一般不吃饭。护坟地也可以出租，出租时不一定非要租给同族的贫穷者，也可以租给外人，出租者的选择主要是族长决定。

6. 家坟

所谓家坟就是祖坟不够用时，开辟的新坟地。祖坟是埋葬的辈分比较高的前辈，家坟则是非分比较低的长辈。在清明、七月十五、十月初一祭祀时，既要祭祀祖坟，也要祭祀家坟。但是祭祀时不是统一进行，各家各户单独祭祀。

7. 未成年人的埋葬

如果小孩在七八岁左右死了，不管是男孩子还是女孩子都不能埋葬在祖坟或者正坟里，要等着结阴亲。女孩要埋葬在别人的坟地，女子不结婚就不能成为合格的女人。如果孩子在七八岁以下死了，会做一个坟，但很小甚至是平的，通常会进行耕作。这样小孩子死后，就像扔掉一样。10岁以下的孩子死后，不埋进家坟；15岁要埋进家坟；五六十岁没有结婚，但是死后也要进家坟。

8. 迁坟

迁坟也称为起坟、挪坟、移坟，当同族墓地太小不够时，就迁移到自家的坟地。这只是另外地方建立不同于祖坟的家坟。同一个访谈对象表示，已经埋在祖坟不能再迁移到家坟的。从调查记录来看，迁坟其实就是新建一个新的坟地，用"迁坟"又有些牵强。如果未成年或者未结婚就死，也没有结阴亲，但是在后来安排过继子后，可以移入祖坟，这也称为迁坟。

9. 阴亲与埋葬

死后结婚。未婚女死后，埋在订婚男方的坟地，等男方去世后再合葬在一起。如果没有订婚的人，则要找一个男人合葬。结阴亲时也要有媒人，双方也是亲戚往来，双方称为亲家，但是两家没有经济往来。结阴亲时没有年龄的问题、死亡先后的问题，也没有地域限制。死了十多年后都可以。结阴亲埋葬时也要看风水。一般媒人也会找门当户对的家庭，或者家境条件相当的家庭。阴亲时会抬着轿子去拿遗牌回来，仪式在坟地中举行。

10. 坟的类型

在历城县，坟墓有两种类型，一是人字葬，人字葬适合人数不多的家庭。二是排骨葬，适合人数比较多的家庭。不管是人字葬，还是排骨葬，都是以死人仰天而睡为参照，左上右下。如果是夫妻合葬，则丈夫在左边，妻子在右边。如果丈夫与妻妾合葬，丈夫在中间，妻在左边，妾在右边。夫妻的坟一定要做神道碑。

（七）葬礼和服丧

1. 讣闻

人去世后要通知同族、亲戚、朋友，这种称为讣闻，也称为报丧帖。一是讣闻的用纸。讣闻的信封为白色或黄色，比普通的稍大，将纸三折之后在表面写上"讣闻"；二是讣闻的范围。讣闻发给全部的亲戚和朋友，在本村的朋友不发。亲戚也有一定的范围，如妻子的妹妹的女儿家就不再是亲戚，不用发讣闻。同族会让儿子们去挨家挨户通知；三是讣闻的落款。讣闻一般只写晚辈的名字，如果是父亲去世，落款为孤儿，母亲为哀子，父母都去世为孤哀子。如果父亲先死，母亲后死，落款也是孤哀子。如果是哥哥去世，弟弟可以称为期服弟，但是弟弟与哥哥是同辈，不在讣闻上落款。按照不同的辈分可以分为：孤哀子、期服侄、齐期孙、五月曾孙。女儿的名字不写进讣闻，因为女儿是要嫁到别人家的。丈夫去世后，妻子也不能出现在讣闻上；四是特殊情况。如果有孩子，讣闻会写孩子的名字，如果没有孩子也不能写妻子的名字，有甥侄可以写甥侄的名字，如果甥侄也没有，就写上"寒门不幸"；五是讣闻的格式，讣闻如果比较多，可以印刷，如果比较少就手写。

2. 葬礼

人去世后要安葬，安葬要举行的礼仪称为葬礼。葬礼的时间要选择吉日，一般可以安排两三天或者六七天，一般为四五天。葬礼主要以孩子为主。哥哥葬礼，弟弟是重要的主事人。主办葬礼的家长叫丧主。

3. 讣闻的解释

讣闻有一些特殊的词汇，能够反映对死者的尊敬。一是承重孙，重是指重量，三年服丧的意思，后来延伸为代替父亲服丧的孙子；二是死的说法，男性死了是正寝，女性死了是内寝；三是死者年龄的大小，60 岁以下为艾寿；60 岁以上为耆寿；80 岁以上为耋寿；90 岁以上为耄寿；百岁以上为期颐。要注意，30 岁以下不能称为寿；四是成主家，指制作灵牌进行祭祀；五是扬幡，是指在家门口树立旗子，一般男左女右。在送葬的路上举的旗子称为引魂旗；六是扶枢与发引，前者是指人抬着棺材，一边前行一边抚摸，表示依依不舍。后者表示将棺材指引到要埋葬的地方；七是殁荣存感，指死者光荣，生者感恩；八是有些名字是红色的字体，表示这些人家里没有白事。

4. 服丧

服丧一般是晚辈对长辈服丧，长辈不对晚辈服丧，同辈也不服丧，只限于葬礼期间。具体而言：一是父母去世后，子女要服丧三年，但是一般两年多就停止了。不过有文化、守规矩的会服丧三年，否则别人会笑话。儿女在葬礼期间要穿戴白衣白帽白鞋，女儿还要戴麻绳，称为"披麻戴孝"。白色表示给父母报恩。女儿在葬礼结束后白衣、白帽、麻绳就可以脱了，但是白鞋要穿三年，但是儿子一直要服丧三年。服丧开始的头一个月内不理发。服丧期间不能穿戴大红大紫的衣服，不能饮酒，不能进入别人家，也不能去别人家拜年。不能贴春联，如果要贴春联，只能贴蓝色的纸，且用白色或者黑色的字书写；二是祖父祖母的服丧期是一年，也是穿戴白衣、白帽、白鞋；三是曾祖父母可以不服丧，要服丧也只有一个月；四是妻子为丈夫服丧三年，但是丈夫不为妻子服丧，但是丈夫在妻子葬礼期间要穿孝衣，戴白帽；五是弟弟不用为哥哥服丧，出嫁后的姐姐也是如此，但是兄弟之间稍有差别，在葬礼期间，弟弟要穿孝衣、白鞋、白帽，而哥哥只戴白帽；六是孙子服丧则穿花花服，也称为五月曾孙，即指出棺就自由的意思。

5. 护葬

帮忙料理丧葬事宜称为护葬。一般是死者的弟弟帮助料理丧事。弟弟在讣闻中称为"护丧期服弟"。在哥哥的葬礼上，弟弟没有特别服丧，只是葬礼期间戴白帽，穿孝衣就行了。

6. 家长的葬礼与长子

父亲葬礼时，兄弟们的服装相同，即使长子成为家长，也与其他兄弟没有区别。只是在出殡时，长子抱着灵牌，走在出殡队伍的中间，两边由兄弟搀扶。

四　家与村的经济

（一）劳动力使用

1. 长工

长期被一家固定雇佣的人称为长工。地多的家庭会雇佣长工，也称为伙计。长工主要是耕种和养牲口。长工雇佣时需要中间人，也需要签订契约。一是雇佣长工需要介绍人，但是不需要保证人，也需要签订契约。长工和雇主都不给介绍人谢礼；二是长工一般是家里比较贫穷，没有土地，生活困难的人；三是长工一般是 20 岁以上的人；四是长工工作的时间是 12 月初一到第二年的 12 月初一；五是长工的工资根据年龄不同有差异，一年至少有 20 元，多的 50、60 元，一般是 40 元。一般年底支付工资。长工是给现金的，可以年底一次性给，也可以先给一部分，或者需要时再找东家要就行了。如果工作了多年，也可以提前支付一年薪水的；六是雇主会给长工被子，但是衣物要长工自己准备，一年会给 2 斤烟草，一般在麦子收割时给 1 斤，在收割豆子时给 1 斤；立夏的 4 月上旬会给 1 个夏天的帽子和一块手巾；夏天会给瓜吃；七是长工与雇主一起吃饭，饮食完全一样，同样作息时间；八是长工睡在牛棚旁边的房间。如果是本村的长工，也可以回家睡觉，但是外村的一般在雇主家里睡觉；九是长工主要的工作是拉土、割草、打草、打绳子、拉、打水、磨面、喂牛等，长工要参与耕作；十是长工的工资一般是年底支付，如果中途生病，如 9 月份就回家了，此时收割已经全部完成，可以付全部工资；如果是 6 月生病回家，则按日计算工资；十一是如果长工是外村人，一个月可以回家一两次。距离家比较近，长工也可以经常回家，距离家比较远，在不忙时也可以回家四五天；十二是如果结婚或者丧事可以休假一个月，照常给薪水；十三是长工签订合同一般是每年的 8 月 15 日签订；十四是如果长工比较好，村民会将其当成普通村民，但是不会邀请他参加集会。婚丧的时候，长工不用自己送礼物贡品，只需要帮主人的东西送到就可以了。如果办事的家庭是长工的熟人或者朋友，长工就请假前往；十五是长工不能擅自从事副业；十六是长工的类型。根据年龄和能力，长工分为一等、二等、三等，也可以称为大伙计、二伙计、三伙计。不同等级的长工，收入是不同的。40 岁以上的人一般是大伙计，年龄越大，收入越高，但是在 50 岁以后收入会下降，会从大伙计变成二伙计。15 岁以下的人不能做长工。一般大伙计指导二、三伙计工作；十七是长工职责。长工只做农活和养牲口，不做劳役。在冷水沟，本村民有 3 个长工，其中 2 人在本村干活。21 个外乡人在本村的 15 家干活，有 4 人在同一家干活。大部分是附近村庄的人，有 2 个保证人。

2. 长工与雇主的称呼

长工与雇主之家称呼有讲究。长工一般称雇主为掌柜，不能称为弟或者老弟。如果雇主为长工的祖父辈，则称为大爷，也可称为老掌柜的；如果雇主为长工的叔父辈，则称为叔叔；如果雇主与哥哥相当，则称为哥或者掌柜。如果雇主为女性，不能年龄太小，均称为老太太，不能称为老嫂。雇主家的孩子叫长工，称为伙计，不用敬称，也不用带上姓。长工称呼未成年的雇主家的孩子，十五六岁时可以称呼乳名，如果 20 岁以上或者结婚者则称小掌柜的。吃饭时长工与雇主家在同一桌吃饭。不熟悉的情况，一般称为掌柜、老掌柜、少掌柜、二掌柜的，但是如果是熟悉的，则以街坊辈分来称呼。短工时间短，一般以掌柜来相称。

3. 短工

短工也称为日工，每天雇佣，每天付薪，一般是晚饭后付薪，也有连续工作几天付薪的，但是雇佣是按照天来计算的。一是雇佣的季节。一般农忙期人手不足时雇佣，五月收小麦的时候，收割高粱、谷子地时候，需要更多的劳动力，因此就雇请短工。每家需要短工数量要根据自家土地的数量和家庭人数来定；二是短工工作休息的时间。短工3点去短工市场，日出开始工作，日落时结束。正午时吃饭，休息2个小时。上午和下午各休息2次，主要是喝茶、抽烟；三是短工的伙食。短工一日三餐均在雇主家吃饭；四是短工的工资。工资每天都不同，夏天比较高，每天七八十钱，其他时间四五十钱。因为物价上涨，短工的工资也在上涨。有时还会给一点烟叶；五是雇佣短工的标准。雇佣短工时主要考虑经验、能力、身体强健等因素，也会考虑工资要求低的人选，不会考虑住宿与雇主的关系等。短工与长工不同，长工是家里比较贫穷的人；短工则是家里农活做完了，有空闲的人。短工不在雇主家睡觉，远道而来的短工则睡在关帝庙，不用付费，第二天继续干活。

4. 短工市场

在历城县有短工市场，主要有杨家屯的关帝庙和王舍人庄的真武庙。每天凌晨3点的时候去，日出时开始工作。做短工的人就去这两个地点，雇主也去短工市场寻找，当面直接交涉，约好后就带回家，如果还需要一个短工，就让已经约好的短工，再找一个一同回家。一般而言，在短工市场的工资会适当高些。短工聚集在这两个地点是历史上形成的。没有人管理，也没有人收费，短工们也不需要给庙里交费，也不捐助。两个短工市场有一定差异，杨家屯一般是会种田的短工比较，王舍人庄会种田的少些。

5. 外出务工

冷水沟庄有四五人去济南水泥厂打工。这些人只有两三亩地，生活比较困难。还有十多人在店当学徒。这些人要么与店里有关系，要么家里困难。外村来本村打工的有七八人，他们主要是做佣人，已经有很多年了。200多人会在空闲时节外去做工，其中有120—130人哪里工资高就去哪儿。

（二）土地租佃

1. 佃农与地主的关系

一是佃农不会给地方送礼，相反也是如此；二是佃农不会从地主那儿借农具、牛马、种苗、肥料等，要借也从自己的亲戚朋友家借；三是除地租外，土地上生产的蔬菜、水果、鸡蛋等也不会拿出给地主；四是地主家如需要修缮房屋，佃农不会因为租地就去帮忙，要帮忙也是以村民或者邻居身份去帮忙；五是地主家有红白喜事，也不会因为租地就会刻意改变村民之间或者邻居之间或者同族之间的关系，如果要送礼，也是以村民或邻居或同族之间的关系送礼；六是佃农去地主家交租，地主也不会额外招待；七是佃农家婆媳妇也不用与地主商量。结婚仪式也没有必要请地主参加。如果地主是邻居，则以四邻之礼招待；八是佃农去地主家会比招待一般人稍稍热情些，地主去佃农家，佃农会比其他人更尊重和热情些；九是地主直呼佃农的姓名，佃农会叫地主为大爷；十是地主和佃农家的孩子会一起玩，但是佃农家孩子是否有顾虑，不太清楚。

2. 租佃土地的限制

一是不能在田地里种植水果；二是不能将宽垄改为窄垄。反之也是如此；三是不能种植庄稼的土地改为养鸡，因为熟地会变得荒芜；四是农民可以在田地挖井，但是交地时要恢复原状，不过在冷水沟没有出现这种情况；五是租佃的土地可以更改作物，但是因为是实物地租，如果作物差别太大是不允许的，如种粟的改为种高粱问题不大，但是如果种植小麦的改为种高粱就不允许；六是一般租佃情况下，地主不会就肥料、除草、耕作方法干涉佃农，但是发现对收获会有明显影响时就另当别论。

3. 中保人及其资格

土地租佃需要中保人。中保人一般是 2 人。只要比较讲信用，且有一些财产，谁都可以做中保人，如邻居、亲人、朋友，女人也可以，只是没有女人做中保人的先例。如果佃农出现了滞纳，可以请中保人催促，甚至代替交租粮。中人或者中保人只对地租负责。不过在冷水沟庄没有让中保人代交租粮的，也没有发生纠纷的事情，更没有因为租粮比较高不缴纳租粮的情况。如果保人死亡，租单要重写。如果 2 个保人，其中 1 位死亡，如果还有 1 位保人信用好，可以不得写租单。过了期限，如果不重写租单，保人还有责任。当然如果保证人以过期不负责，就会变成纠纷，根据村里的习惯都是保人的错，庄长会调解。

4. 租单

租单又称为租佃契约，也称为租契地。租单主要写佃农、地主姓名，地亩数、租粮数、缴纳日期、保人、代笔人、中人，有时还有保人。租单一般是 1 份，佃农制作，交给地主。很少有地主制作租单交给佃农的情况。也有一式两份的，地主和佃农各持有 1 份，如果土地返还回时，一起烧掉租单。如果是亲戚、同族、亲友可以不制作租单。如果租期结束后，继续租佃，可以不写租单，但是如果地主在济南，则需要重写租单，以前的租单作废。如果地主和佃农不识写，可以请中间人写租单。如果中间人不会写字，则请其他人写。租佃契约一般是正月、二月没有作物时签订。租单署名：中人、保人、代笔人。租佃契约达成时，地主不会请佃农吃饭，佃农也不会请地主吃饭。在冷水沟没有押租，也没有预交地租。契约签订后，不会通知其他村民，也不会向村庄报告。

其他的访谈人反映；同村之间土地租佃凭信用，不需要租单。不同村庄之间的土地租佃，有些有租单，有些没有租单。访谈者说，没有租单也没有发生过纠纷。这位反映者说，没有出现佃户集会与地主谈租佃条件的事情。

5. 分成租佃

所谓分成租佃是土地的收获由地主和佃农平分的一种租佃方式，又称为分种地户。分成租佃可以不制作租单，因为租粮在现场公证，且与地主在田地时平分，不用担心滞纳。租种米、麦、杰、高粱、豆等作物，按照带穗的作物一起平分（高粱只带穗，茎归分种地户所有）。分成租佃基本是平均分配，没有地主多占或者少占的情况。同族之间租佃基本是分成租佃，济南地主没有佃农分成租种情况。非同族之间即可分成租佃，也可以普通租地。

一访谈者认为，分成租佃也称为分种、分粮食、分种地，分种将粮食从土地运到佃农家中，然后叫地主过来，让其带一半回去。分种不能带穗。他认为分种的第一年地主会去地里看产量，但是此后很少有地主去田地看产量的。从这个访谈可以发现，冷水沟庄的地主和佃农的关系比较好。对于佃农而言，分种收益较大，比较喜欢分种。

6. 租佃与其他

佃户分家时，租佃土地也可以分割。如果家长去世了，其继承人可以继续租佃。此时不需要重写租单。

7. 地租

在冷水沟，地租又称为租粮、租米、租麦。地租可以分为普通地租和分成地租，又称为分成地户，前者按照契约约定缴纳地租；后者地主和佃农平分收获物。地租还可以分为实物地租和现金地租，大部分是前者，后者比较少，有时可以将实物地租转换为现金地租，要以当时作物的价格进行转换（极少）。租单上规定了缴纳作物，就一定要按照规定缴纳，但是也有互换的，如租单规定缴纳粟，但是如果粟不够，也可以申请价格更高的高粱。如果发生天灾可以免除地租。正常年份如果不缴纳地租，地主就会收回租地，但是先缴纳一点，来年再缴纳也是可以的。地租由佃农送到地主家，在地主家称重。米、麦、高粱带皮送过去。地主收了地租不会开收据，也不会记在账面上。如果作物是两种，地租也是两种。在冷水沟庄，没有地主在契约内提高租粮的，但是有因为天灾受损，而减免租粮的，地主与佃农之间尚没有发生过纠纷。在冷水沟租粮一般为每亩：高粱地4斗；豆子地2斗；麦子地1斗半；粟5斗，大米为每亩5斗到7斗，很久以前就形成这种惯例。与顺义、栾城不同，最近一段时间，地主也没有提高地租。在冷水沟，高粱、麦子、豆子、粟在旱地生产，土质不同对产量影响不大。但是水稻的产量与要依据土地质量的好坏。另外，白、黑、红、黄四种类型的地与租粮没有关系。

8. 土地与地租、田赋和价格

土地类型与地租、田赋没有关系（水稻田除外），但是土地类型与土地买卖价格有很大的关系，优质土地，买卖价格高，否则价格就低。土地等级可以分为5等，但是冷水沟的土地都是二等地。另外，土地的产量也会因泉的有无而不同，即泉水也是影响土地产量的重要因素。

9. 水稻田的地租率

水稻产生有9斗（4袋15袋）、10斗（5袋16袋）、12斗（6袋17袋），地租分别为5、6、7斗。地租率分别为5/9、6/10、7/12。

10. 地租缴纳期限

租单上会写明地租交纳期限，一般的期限是十月初到十五，征得地主同意，可以分两次交纳，但是也必须在这之前交纳，否则就是滞纳。不同的作物，交纳的时间点有差别：米是农历 10 月中旬；麦子是农历 5 月中旬；粟是农历 8 月中旬；高粱是农历 8 月中旬；豆子是农历 9 月中旬。如果迟于这些时间点就滞纳地租的交纳。如果佃农不能交纳地租，地主不会征收佃农的家财、工具，但是可以收回佃地。滞纳地租也不能转为借款。滞纳地租也不能征收利息。滞纳地租，万一交纳不了，在征得地主同意的情况下，可以给地主家做。

11. 租地期限

在冷水沟通，租地时间一般为 5 年，短的有 3 年。租佃期满，如果地主和佃农都不提的话，就按照原有条件继续租佃。租佃时间一般是在农历的正月、二月，租期结束后也在这个时间返还土地。

12. 地租交纳

一是交纳时间。地租交纳的时间是 8 月下旬到 11 月下旬；二是延期交纳。过了 11 月无法交纳，就得向地主请求延期交纳。延期交纳不会收取利息。延期交纳部分可以与第二年租粮一起交纳；三是租粮搬运，租粮一般是地主来收取，当场称重，如果地主在一个村有多个租户，也是各交纳各的租粮。因为收租时正是佃农正忙的时候；四是地租计量，称量时使用共用的枡，一般一个甲有一个枡，其容量是 30 斤。枡一般放在甲长家中；五是受灾减免，如果有天灾，农民可以向地主申请减免，地主因为收不到地租，也会减免。如果是外地的地主，如济南，则会安排信得过的人去看看，然后决定减免。

13. 租地的相关事项

租地时一般是佃农委托中间人询问地主，或者佃农直接询问地主。后一种情况比较少。没有地主、佃农、中人 3 人一起商量租佃的情况。缔结契约时，中间人和佃农会去查看土地，有时地主也会过去，但是不会丈量土地，也不会请四邻作证。

14. 佃地买卖

假设租佃契约是 5 年，2 年后地主将土地卖掉，买主允许佃农在剩下 3 年继续租佃，这时需要重新签订一个 3 年的契约。制作新的契约时，地主一般不做中间人，需要重新找中间人。此时租粮要重新商量决定。如果地主将土地及上面的作物一同卖掉，则土地上的庄稼归买主，但是地主要按价赔偿作物。一般而言，地主在出卖正在租佃的土地时，会与佃农商量。如果没有作物，可以不与佃农商量。租佃土地卖掉后，地主将租单交给佃农。如果租佃期限已到或者佃农滞纳地租，地主可以不与佃农商量，将土地卖掉。

15. 转租佃及租佃权担保

没有得到主要的许可，佃农不能将土地转租给其他人。如果佃农生病，可以将土地让其他人代耕，租粮以租佃者的名义直接交给地主。如果代耕者没有交租，租佃者承担责任。租佃农户也不能以租佃权为担保贷款。在冷水沟转租又称为"让给"，即佃户将租地转租给其他人，其他人将租粮直接交给第一任佃户。这种情况可以不告诉地主，但是此种情况极少出现。转租也要写租单，一般是熟人和关系友好的人之间转租，不以获得为目标。如地主有6亩，他希望将这块地直接租给一个人，而这个人只能耕种3亩，因此就会将3亩转租给他人。

16. 租地的类型

租佃分为四种：租地、坐租、分种、转租，农民主要选择前两种，后两种比较少。如果土地质量比较好，佃农愿意选择固定地租（即租地）；土地质量不太好，收成不确定，佃农愿意选择分成地租。

17. 地租减免

有访谈者说，如果遇到火灾、盗窃、洪水，粮食受损，可以与地主商量，可以减免或者不交地租。如果因为灾害减产，只有一半收获物，则只交纳一半的一半租粮。再如一亩正常年份可以收获9斗，租为7斗，若当年只收获8斗，可以少于7斗，但是至少要交5斗。但是只要不是天灾年份，必须全额交租。佃户不能欺骗地主。地租减免，一方面佃农申请减免；一方面地主也会主动减免。分种是自动减少租粮。说明了冷水沟比顺义、栾城地主和佃农的关系要好。

18. 天灾与地租

土地受到天灾，只有平时收获的六成就是天灾，天灾就得减免租粮。如果收成只有平时的二成以下就不用交租粮。这种约定可以写进租单，也可以不写进租单。

19. 转租和回地

所谓转租就是将佃地收回来转给其他人。所谓回地就是将佃地收回来，自己耕种。转租一般是佃农无法交纳地租，或者延期交纳地租，往往会转租土地，或者回地。

20. 租期与毁约

转租或者回地要讲规则，因为租地都有租期，地主不能随便在租期内收回土地。有如下几种情况：一是如果地主要卖出土地，即使在租期内，地主也有卖出的自由，佃农无法干涉；二是如果佃农无法交纳地租，或者延期交纳地租，地主可以收回土地；三是如果佃农近期交纳地租，或者地主以地主要种为由收回土地，佃农可以拒绝。如果地主强行中断租佃，佃农可以申请仲裁；四是如果佃农交了劣质的租粮，地主也会收回租地。

21. 租佃土地买卖

租佃土地可以买卖，一是如果土地上没有庄稼，地主可以不与佃农商量，直接买卖，卖后再告诉佃农，一般会先与佃农商量或者告知佃农；二是如果土地上有庄稼，一般地主会等庄稼收割后再交付土地，如果要立即交付土地，地主要赔偿农民的庄稼；三是如果土地已经施肥并已经有了作物，则地主要考虑赔偿。在后两种情况下，如果主佃双方没有谈拢，庄长、保甲长们会调解。

22. 佃地续租

如果租佃土地到期，地主没有说收回，佃农一般会主动向地主申请续租。如果有信用，续租不用再签订租单，即使续租五年也可以不用租单。当然也有在原有租单上写上续租的。当然也可以重新制定租单。

23. 一块地与界线

一块土地是一个地主所持有一个地方的土地。如果这块地是 100 亩是一块地，如果是半亩也是一块土地。如果一个将邻近的一块地购买后，将边界去除，两块地就变成了一块地。一块土地交给三个人租佃，但是中间没有界线，这也不能称为有三块地。所有地和邻接地有界线，将这两块地卖给一个人，这时只需要制作一份契约。如果一块土地租给甲乙两人，可以不分别制作契约，而是以某人制作契约，立约的人承担全部责任，如果另外一个人不交租，立约人负责代替交租。

（三）典地

1. 典地

在冷水沟，典出土地借款称为"典"，双方均称为典主，没有出典者、承典者之分（只有一个话语，究竟是否如此？）。典地的期限一般是 3 年或者 5 年，最短的 1 年。典地需要中保人，此人与立典契的人比较亲密。承典人可以自由使用土地，即可以自己耕种，也可以租佃出去。承典者可以租佃土地，但是不出卖土地，因为土地不属于承典者。承典者不能挖掘这块土地。

2. 座典座租

所谓座典座租就是出典者租佃出典地，但是要给承典者交地租。在签订出典契约的同时会签订租佃契约。普通租佃，地主可以随时出卖土地，但是从典坐租，承典者则无法随时出卖或者出租给他人。

3. 转典与典地担保借款

承典者可以再次将典地转给第三方。典价要低于第一次的典价，期限要在原有承典的期限之内。另外，承典者也可以典地进行抵押借款。

4. 典地赎回

典地到期后，出承者要赎回典地。如果出典只有半年，则不允许赎回。一般一年后可以赎回典地。

5. 田赋与村费

田赋和村费都由地主负担，一亩土地不管质量好坏，产量多少，一亩交 9 毛田赋，分三次缴纳。一亩地交村费 2 元。

五　农业生产

1. 农作物及单产

水稻亩产 150 斤；高粱亩产 100 斤，谷子亩产 90 斤；豆子亩产 100 斤，小麦亩产 120 斤；菽子、胡萝卜等家食用。

2. 农作物销售

以前将米卖到济南，现在卖给新民会。高粱、小米、豆类（黑豆）、小麦拿到王舍人的集市上去卖，但是量很少。冷水沟庄民不吃大米，全部卖掉，然后买别的粮食回来。集市在农历的每逢 2、7 日。

3. 肥料和农具

冷水沟庄，主要有两种肥料，一是豆粕，在滩头的油坊去买。二是大粪，去济南买。每个季度铁匠从章丘县过来，给需要的农户做农具。

4. 贸易

农民的日常生活必需品去市集购买，特殊物品（如婚丧用品）就去济南购买。村庄有小卖铺，卖一些油盐杂货，很多东西买不到，于是就去市集，甚至去济南，一般不去县城。村庄的小卖铺和市集的商品，如火柴、盐、布匹等杂货从济南进货。市集的商贩一部分来自于附近的村庄，一部分从济南过来。村民买卖东西时，把货物装在袋子里用肩扛着，或者背着，有时候用驴子驮，一般不用马车。

5. 寄居

在冷水沟庄有一批寄居户，一共有 8 户，有卖药的、贩卖的、做锅盖的、讨饭的、卖烧饭的、吹唢呐的、经商的。这些人寄住在村庄时，要有保证人，寄住某家或者某个地方，不加入保甲户口。这些人都居住了很多年，与本村人友好相处，不会受到村民的歧视，有时也会借钱给寄住户。村庄不会给寄住户承担义务。如果住某家，只给主人家干活。

6. 役畜

冷水沟庄 140 户有牛，其中 8 户有 2 头；6 户有驴，16 户有骡子，每户都只有 1 头。拉车的骡子共有 14 头，其中 5 户有 2 头，4 户有 1 头。

7. 副业

冷水沟庄的副业主要有如下几种：一是做草绳，大家在田里就地取材，用来做草绳。有 1 外乡人有 1 台制绳机。不能家家都买，否则产品供过于求。二是做席子，以稻草为原料来做草席子，全村有 300 户做席子，其中有 1 户以芦苇为原料。做席子是女人的活。三是做瓶子的草包装，约有 50 户在做草包，男女都做，需求量比较大。四是有糖坊 2 户，1 户以务农为主，1 户为做糖为主；小卖铺 5 家，2 家以务农为主，3 家以经商为主。副业主要是在有空时候进行，以女人劳动为主。

8. 小商业

村庄有小卖铺 3 家，卖油、酒、酱油、香烟、火柴、烧纸等。每个商店投资约二三百元。村庄原有饭馆 2 家，其中一家老板病倒关闭，现在只有一家在经营。商店和饭馆的商品和原料从济南或市集采购。商店和饭馆的生意不太好，农民大多从济南或者市集上采购商品。商店和饭馆都是自己经营，没有雇请人员。这些店铺家庭都有一些土地，杂货店家庭土地收入要高于商店收入，饭馆则是生意收入多些。

9. 手艺人

冷水沟庄有十多个木匠，建房子、做家具、做农具，还有 1 人带着弟弟在济南做棺材。村里有十多个瓦匠，也是建房子。这些都不是本职工作，是空闲时的工作。手艺人的工钱是每天 6 角，其人数有逐渐增多的趋势，仅能够吃饱肚子。虽然手艺人的经济条件不太好，但是村民没有叫他们穷人或者看不起他们。

10. 教员

冷水沟小学包括校长和教员共 4 人，2 人是本村人，2 人是外县人。校长工资是每月 32 元，教员中 1 人 28 元，2 人 25 元。校长工作时间是 19 小时，其他教员为 28—30 小时，除了学生回家吃饭外，教员从早到晚都在学校上课复习。校长和教员都是有学历的人。

11. 官员

冷水沟庄也有一些在政府机关上班，1 人在县公署上班，家里也有地，父亲耕种，虽然在县公署工作，但是村民不会特别尊重他，与普通村民一样。3 人在区公所工作，1 人的收入有十八九元，家里有 20 亩地。生活不是特别富裕。另外有 2 人为区丁，收入十一二元。两人家里均有地，生活压力比较大。还有 1 人在浏阳县公署警务局做保安股长，工资为 50 元。家里有较多的土地，比较富裕，此人受村民尊重。

12. 乞丐

冷水沟庄有 4 户要饭的或者讨吃的。有一家三口，包括妻子和儿子，原本两三亩地都卖了，春天和冬天外出乞讨，夏秋做短工。有一家因为吸鸦片，家产没了，身体也垮了，与儿子一起要饭。再有一人只有一亩地，无法养活人，所以乞讨。另外有一外乡女人，不久前过来，也以乞讨为生，住在地窖里。对于乞丐，村民不会觉得他们低贱，但会觉得他们可怜。

13. 学徒

冷水沟庄有 20 人左右在济南商铺当学徒。学徒一般是家里困难，想学手艺的人，有学木匠的，也有在腌菜店工作的。学徒没有工钱，但是认真干活，一季度有 5 元、10 元的生活补贴。学徒一年回家一两次，每次回家七八天。

14. 富农、中农和贫穷

在历城县，五口之家需要 20 亩地才能生活，一人需要 5 亩左右。完全租种别人的土地需要更多数量，只是没有这样的例子。所以具体不太清楚。家里土地比较少农户一般会外出打工，而不是租种土地，因为租种土地需要买役畜和农具。在冷水沟能够算得上富裕的只有 1 户，家里有百亩地，还在济南城外开了杂货铺和点心铺。有 50 亩以上的土地算得上中农，大约有 10 户。中农只需要务农不用做别的工作就能过日子。不到 10 亩的家庭算贫农，村里三分之二为贫农。

15. 地主

有田地的人统称为地主，冷水沟庄真正称得上地主的有两家，一是杨家，有 100 多亩地，有最大的房子，家里酿酒，请长工 4 人，短工不定。二是外出任姓地主，有 80 亩地，家住在济南，请人照管土地。除此 2 人外，其他家庭平均 11 亩田地，都有水田和旱地。冷水沟庄的贫富差距比较小。

16. 换工

冷水沟庄没有共同种地的情况，但是有换工。所谓换工，就是以自己的劳动换别人的劳动。主要是除草、割麦子。换工一般是耕种面积差不多的两家换工，你给我干一天活，我给你干一天活。如果一家的面积是另外一家的两倍，换工时就要出两倍的劳动力。另外，还有役畜和人的换工，一般是没有役畜的家庭和有役畜的家庭交换，如使用别人的牛耕种一天，则给别人帮忙一天或者二天。

17. 借用

如果不换工，没有农具、役畜的家庭会向有农具、役畜的家庭借用。只要有空闲，谁家的都可以借用。借用别人家的农具、役畜也不需要给钱，顶多在中秋端午时，请别人吃顿简单的饭。

18. 合具或合伙

所谓合具就是两家共有一些农具、役畜。也称为合伙。合具不同于换工，因为前者是持续的；后者是临时性的。合具一般是家庭条件相当且农具、役畜不足的家庭。根据经验，20 亩以上的家庭因为需要有全套农具、役畜。5 亩以下的家庭，土地太少没有必要，10 亩左右的家庭会用合具。合具时间比较长，有两三年，也有十几年的。但是随着一家衰败，或者一家兴旺，两家条件发生变化后合具就会解散。合具都是关系比较好的家庭，甚至比同族关系还要好，合具也不见得是同族。合具的家庭会共同劳动，家里有事也会主动帮忙，互相支持，如借钱等。合具家庭不会共同聚餐、祭祀，但是在农忙时会在一起吃饭。

19. 土地买卖

土地买卖会影响村界，也会影响村庄的收入，因此土地买卖必须先要卖给本村人，如果本村人不买时，就可以卖给外村人。但是如果外村人出价比本村人高，可以卖给外村人。从买卖的顺序来看，同等价格下同族先于本村人，本村人先于外村人。

20. 泉水的使用

冷水沟庄除了使用水井灌溉外，还使用泉水灌溉。如果自己田地里没有泉水，就使用其他人的泉水，使用不付费。当然如果泉水比较少，主人不会给别人使用。如果是这样，田地没有泉水的家庭就不会种植水稻。

21. 水井与灌溉

村内的饮用水井属于共有，其他的井均是私人所有。土地所有者挖井，近邻者帮忙。用水时所有者先使用，然后近邻可以使用。雨水少时，相互商量，交替使用，也不会产生纠纷。村内没有全村共挖的水井。对于饮用的共有水井，建设和维修时费用都是随意出的，出力或者出材料均可以。村内的水井都是在院子内，属于私有。建设和维修均由所有者负责。共同拥有的水井，不能单独出卖使用权。购买了耕地，能够自然而然的使用耕地周边的水井，虽然灌溉水井均为私有，但是没有给报酬的情况。耕地转让也包括使用周围的水井。灌溉时修建水路、水沟从井引水。灌溉农具属于井主的，有辘轳、水斗。村里挖一口井约 100 元。挖井可以向新民会借款 100 元，有人申请过，但是没有借到。即使同族共有水井，他姓也可以使用。佃农可以使用地主的水井，不用付费，有无水井，租佃条件也不会改变。因为在冷水沟庄，只有涝灾，没有旱灾，水比较丰富，灌溉并不是件难事。

因此，井与地价没有关系。

六   农村经济

（一）土地出租

1. 水田出租

冷水沟庄田地出租，80% 以上是水田。原因有两个：一是水田虽然收益较高，但是比较费时费工。二是水田投入成本比较高，每亩需要 20 个豆粕，每个豆粕 1.2 元，需要 20 多元的肥料成本。另外，在历城县农民将土地类型分为金银铜锡铁，土地质量依次下降，最好的为金地，最差为铁地。在冷水沟只有银地和铜地。

2. 赠送粮食和蔬菜

亲戚之间还会互相赠送粮食和蔬菜，如果亲戚赠送了我蔬菜，我就会给亲戚赠送大米或者其他亲戚没有的粮食，但是高粱和谷子不行，因为家家户户都有。反之亦然。只是亲戚之间互相赠送，同族之间没有。

3. 没有保人的调解

在有保人的情况下，租佃关系可以通过保人调解，如果没有保人，因为天灾影响，佃农大多向庄长反映希望能够减免，因为庄长是领导，地主也会同意。但是借贷不能向庄长反映，因为借贷是个人的事情。

（二）土地买卖

1. 卖地原因

卖地主要因婚礼、葬礼、还债需要费用；其次是家道中落，贫穷需要钱；最后是赌博、奢侈生活需要钱。卖地多是半亩一亩的卖，很少有整块整卖的。因为黄河改道，旱灾增多，旱地买卖增多。在历城县，典地比较少。

2. 买卖中人

土地买卖需要中人，中人也称为中间人、中友人。土地买卖一定需要中人，买卖双方不直接交易。中人一般是卖方中人，由卖方委托，即卖方拟一份草契，交给中人去找买主。中人一般是卖方比较熟悉且讲信用的人，同族可以当中人，但是兄弟不能当中人，因为不能做到公正。中人主要责任是见证买卖，调解纠纷。买主不付款时，因为买卖不会成立，中人没有责任。有时有中人，也有介绍人，有时一人兼两者，这时在契约上只写中人，这时中人兼任介绍人。冷水沟经常担任中人的有 8 人。中人选择没有什么先后顺序，选择自己信赖的人。如果有债价，签约后不吃饭会将债价交给中人；买主还会款待中人及参与签约的所有主体；第一个正月里招待中人，同时还有丈量人、代字人，土地的四邻。中人在买卖土地中会注意几个方面：一是如果是子女卖地，会注意与母亲沟通；二是会注意先买权，及时与相关主体交流和沟通；三是会监督土地丈量；四是督促各方落实买卖。

3. 债价

签订土地买卖契约后，买主必须履行契约，为了确保履行契约，可以让给买主给卖主支付一定的金钱，这就是债价。债价大约三五元，买主交给中间人，中间人交给卖主。债价与土地买价没有关系，也与违反契约的赔偿没有关系。签订实卖契后，卖主用债价请中间人吃饭，或者将债价交给中间人，前者比较多，后者较少。当然债价比较多时要从买价中扣除。

4. 丈量

土地买卖过程中，在签订实卖契（也称实契）前要丈量，丈量就是用一根带有刻度的长棒子量地，丈量时买主、卖主、中人、四邻要到位，四邻到位是要确定四至的边界，避免以后的纠纷。冷水沟有专门的丈量人，全村有五六人会丈量。丈量后埋下石头做标记。确定丈量时间后，会出帖，如果四邻看到出帖后，如果自己会丈量，就先丈量，如果不会丈量就在丈量的当天再丈量。首先丈量四邻的土地，再立是高粱秸秆，这样卖方地的界线就出来了；其次丈量卖方的土地；再次，如果卖方的地有错，就再丈量四邻的地，如果四邻的地没有钱，再丈量四邻的四邻，如果有错，可能有人占多了，或者移动了界石，如果四邻的四邻没有错，最后就只能减少卖方的面积，即由卖方负责。如果有四邻或者四邻的四邻移动了界石，一年之内的要罚 2 升粮食，动了界石 5 年的，要赔偿损失。但是大体都是村里人，只需要移动者请客吃饭、赔礼道歉就行了。丈量完后，丈量人、卖方、中人、四邻在买家家里吃饭。如果第一次测量不准确，要再测量第二次，第一天测量完成不了，第二天还得继续。第一次测量以买方为主，要明确购买的土地数量；第二次测量以卖方为主，要搞清楚为什么不正确。第二次测量时，四邻可以不参加，但是涉及自己土地的四邻还会参加，第二次或者第二天测量可以不吃饭。在第二年正月，买方还会请丈量人、中人吃饭，四邻会陪同参加。在北方，特别是冷水沟，"吃"是相当重要的一种赔偿、道歉、款待的方式。

5. 卖契签名及撰写

土地卖买参与主体有买主、卖主、中人、代写人、介绍人、丈量人。一般由卖主撰写草契、实契，但是如果卖主不会写字，就请中人撰写，如果中人不会写，就请代写人撰写。但是白契一般必须代笔人写，即使买主、卖主会写字，也必须请代笔人写，写契约时一般各参与主体去买主家，写完后，代笔人要读给大家听。如果写错了，就得重新再写，也有些字写错了，可以改写在旁边；如果数字写错了，必须重写契约。卖签签约与支付售金同时进行。一般是签约的同时要支付售金，一般不会出现先签约，再支付售金的情况，但是也有签约后支付一部分，然后在约定的时间再支付剩下部分的情况。

6. 卖契记载事项

卖契一般记载如下事项，一是土地的方位，包括四至边界；二是土地数量；三是土地类型，如水田、旱地和碱性地要写，不写上、中、下等；四是土地价格；五是其他记载事情，如坟、树、井等都得写清楚，否则卖主或者买主会毁掉；六是相当参与主体的签名和按手印；七是签约立契的时间。

7. 老契的处理

土地买卖后，老契可以烧掉，也可以由卖主留着，但是已经没有价值。卖主也可以将老契交给买主。即使卖主拿着老契也不能进行第二次出售，因为买卖必须丈量，丈量就要请四邻出席。不可能会出现第二次卖地的情况。当分家获得的土地，因为只出售了一部分土地，老契不能给卖主。分家时没有必要写契约，因为分家单上明确规定了兄弟们的土地数量、位置边界等。

8. 土地买卖纠纷

土地买卖要优先同族，如果没有优先同族，可能会产生纠纷，有如下几种情况可以中断买卖：一是买主还没有付代金，同族提出购买，可以中断买卖；二是已经签约，买主拿到卖契，也可以中断买卖；三是已经付了债价，也可以中断。只不过在后两种情况下，卖主要向买主赔偿，主要是给茶钱、烟钱，再将多余的钱退给买主。如果买主有意见，一般不直接与卖主交涉，而是通过中人交涉。反之也是如此，如果卖主对买主有意见，也是通过中人传达。另外，如果是丈量有误，边界有误，由卖方和中人负责赔偿。

9. 田房买卖呈报

田房买卖要呈报，呈报主要是在里书处呈报，让里书改粮照，即田赋纳税人姓名。一般是买主向里书呈报。如果甲卖给乙，乙卖给丙，丙卖给丁，不能丁直接呈报，需要各自事报，即乙、丙、丁分别到里书处呈报。向里书呈报改粮照需要给一两元的手续费。然后里书报给县公署的田赋征收处。田赋征收处下达纳税通知给买主。

10. 田房买卖契税

田房买卖先签订的是白契，要向契税处交契税，将白契变成红契。田房买卖的契税是买价的百分之六，出典是百分之三，由买主承担。主要的程序是，农民在契税处交纳契税，拿到契税领收书。然后契税处，拿出已经印制好的"买契纸"，"买契纸"的右边印刷有"存根"并"缴查"，在县知事的监督下写上序号，在右边贴上申请者的白契；在左边，县公署发行的"田房契约"里贴上记录必要事项的东西，本省发行的"契约"、白契和县发行的"田房卖契约"三者贴在一张纸上，这就形成了红契，20 天后农民拿着契税领收书换红契。除了契税外，农民还要支付县公署和省发行的买纸契 60 钱。

11. 土地买卖手续费

土地买卖要给中人手续费，一般是"成三破二"，即买家给三分，卖家给二分，100元手续费为 5 元。如果中人是 2 人或者 3 人，也是 5 元，2 人或者 3 人平分 5 元手续费。出典和借钱时，中人没有手续费。

12. 先买权

在历城县，对于田房买卖，有些人有先买权，第一是五服内的叔伯及其子孙的先买权；第二是同族的先买权；第三是出典者的先买权（有两位调查说有，有两位说没有，说有的一人还说，只问问）；第四是四邻的先买权；第五是本村的先买权。亲戚与其他人一样，没有先买权。如果违反，这些人会反对，中人有责任。这些只是在出价相等的条件下的先买权，如果价格高，卖者可以选择价格高的买主。如果指地借款，如果借款比较多时候，也具有一定的先买权，如土地价格是 700 元，贷主借了 600 元，则贷主具有一定的先买权。

13. 草契、实契、白契和红契

一个完整的土地买卖程序会形成四种契约：一是草契是卖家书写，交给中人去找买主的契约，上面写是期望的卖价，可以不写上卖主和买主的姓名；二是实契是找到了买主，写下买主的名字，即称为"落名"，确定买卖实际价格，这时的契约就变成了实契；三是后丈量，在实契上签名，交付售金，形成了白契；四是买家拿着白契去税契处，购买"买契纸"，将"买契纸"、白契、"田房卖契约"三者贴在一张上，盖上印，形成红契。

14. 田房买卖程序

在历城县，田房买卖的程序如下：一是找中人，写草契，委托中人找买主；二是中人拿着草契，先依次找同族、四邻、本村人，如没有人购买，最后找其他人；三是找到买主后，就落名，写下买主姓名，并交部分定金；四是中人拿着买主姓名和实际价格的实契向卖主报告，并获得债价；五是大约 10 天左右，一般会选择一个吉日，请丈量人丈量，丈量时，卖主、中人、买主和四邻会参加；六是丈量后即签约，实契变成白契，签约后会请相关人员吃饭，同时买家交付售金，并得到白契；七是向里书呈报，改粮照，即纳粮人的姓名；八是契税，白契变成红契；九是第二年正月，感谢中人，并邀请丈量人、土地四邻吃饭。买卖最终结束。

15. 毁约和定金

将实契交付买主后，如果买主不想买了，不能毁约，必须购买。如果付了定钱，如300 元的地价，付了 100 元，毁约后，定金不能拿回。如果家里有人出事，没有钱了，也得卖地、借钱购买。总之签订实契后，不允许反悔。当然买主也可以请村长吃饭，请他调停。如果卖主毁约，一般不允许，除非在实契签订前，同族要求购买。如果万一要毁约，除了退回定金，还得进行一定的赔偿。当然卖主也可以请村长调停，买主看在村长的面子上放弃。一般而言，不管是买主，还是卖主，中人都不会允许。特别如果有人说，实契不见，这样全村都会知道，自己就会成为没有信用的人。

16. 卖地的时间

一年之中卖地比较多的是秋天到年底，一般农历十一、十二月。因为过年了就不需要花钱，也不会卖地。在冷水沟，民国十年因为水灾卖地多，民国二十六年因为旱灾卖地多。农民一般不愿意卖地，有钱人家不卖地还要考虑面子问题。

17. 典期出售

土地出典期间也能卖地，有俗话说："典不押卖。"如果五年的典期，只出典一年也可以卖地。如果卖地，地上有作物，出典者必须赔偿。对于出典的契税，有访谈者说，不需要这些费用。另外，据访谈者介绍，只有本村的承典者才有"先买权"，外村的没有，俗语说："当庄收当庄富。"

18. 里书与过割

里书是负责田赋底册的人。里书并不是政府工作人员，是社会人员承担政府的工作。冷水沟的里书是花费了250元购买的岗位。一是里书职责。里书不催缴和征收田赋，其工作为：钱粮过割；书写底册；田赋征册及册单的书写。其中，底册的用纸钱是里书负担；田赋征册及册单的用纸是县公署支付。分管冷水沟、孟家庄、李家庄的里书负责757户，可以收到用纸钱4元60钱，不过一顷土地还要向堆放处交纳30钱；二是里书的报酬。里书没有固定的官方报酬，但是土地买卖过割时会收手续费，一亩大约1元，如果土地买卖比较多，会稍微多点，5亩就是5元50钱，10亩就是12元。手续费主要是买主，有的多给，有的少给；三是修改底册，即过割。修改田赋底册主要有两个方面：一方面，买家找到两边的里书更改底册；另一方面，里书在每年纳税前前往本辖区有土地买卖的涉及的里书，与其他里书对照修改。然后在纳税前向征收处交钱粮底册；四是分家与过割。分家可以不契税，也不过割，按照原有家长的名义交钱粮就可以了。分家如果过割称为"均退"，同样要缴纳更名手续费。另外，这位访谈者又提出了一个概念"均粮"，即如有兄弟三人，要过割则需写三张"分粮单"或者"均粮条"，某位兄弟拿着给里书，然后里书才会给"均粮"，即更名。因分家而分摊钱粮称为"分粮""均粮"；非分家土地买卖而更名粮册称为"拔粮"。前者比较少，给里书交的手续费比较多，有五六元的；后者比较多手续费稍微少点，过去大亩1元，现在小亩1元。

19. 地价与土地类型

在土地买卖中，首先要看土地类型，属于水田还是旱地，在水田和旱地中有可以分为上中下等地。如水田是否方便给水和排水，如果用水方便则是好地，价格就会高。如果有水井也要写明有水井一口，这样可以灌溉，价格也会高点。"抬牛地"由于位置不太好，价格会适当便宜。

20. 兄弟之间土地买卖

兄弟分家后，土地契约由长兄保管，各兄弟的土地可以立界石，也可以不立界石；土地可以过割，也可以不过割。如果要进行土地买卖，有两种选择：一是如果是兄长卖给弟弟，直接将契约给弟弟即可，如果是弟弟卖给兄长，则不需要办手续；二是可以办过割手续，即去里书处办"均粮"或者"分粮"手续。另外，兄弟之间的土地买卖，同样要找中人，同样要写草契，因为兄弟之间不好谈价格，写草契是卖方希望的土地价格，找中人是为了方便谈价。但是兄弟之间买卖可以不写白契。但是最好有文书，这样日后好证明买卖为真。但是调查员没有问，这个文书是"实契"，还是"白契"。另外，如果是分家的叔侄等也可以采取这种方式。有些兄弟之间、叔侄之间的土地买卖可以在分家单上写明，但也有不写的。如果是护坟地，兄弟、叔侄之间买卖一定要有文书。

21. 土地买卖商量

如果一个家庭土地要买卖，如果母亲健在，先与母亲商量；再与兄弟商量；再与妻子商量；最后与儿子商量。卖地不与女儿商量。

22. 均粮与拔粮

所谓均粮就是兄弟之间分家后，要将钱粮分摊缴纳，称为均粮，也称为分粮。拔粮是土地买卖一定要去里书处更名，这就称为拔粮。均粮是由一家分为多家；拔粮是由一家转为另一家。

（三）界线和界标

1. 水沟边界

在冷水沟，所有的水沟都属于私人所有，水沟的边界以水深线为界线。因为即使沟本身会变化，但是沟不会变，所以以水深线为界线。

畦草。一般而言，畦草可以自由采取，但是旱地的畦草中有谷物，孩子分不清，不允许采取。道路边的草、墓地的草都可以采取。

2. 土地界标

分家或土地买卖后要设置界标，如果是旱地，可以埋下石头，或者在上面种植马兰草。如果是水田，埋下灰顶，打下木桩，形成空穴，在里面填满石灰，然后在两个连接线上修成垅（畦道）买卖土地时，界标设置费用由买家负担，但是为两家共有。

3. 抬牛地

所谓抬牛地，就是自己的地被其他的地包围，只能人自由进去，牛和车不能进去。旱地的抬牛地如果种植高粱，在高粱还矮时，不能把牛牵进去，长熟后可以牵牛进去，但是车依然不能进去。抬牛地一般会先于邻地耕作。抬牛地经过四邻土地时可以与所有者商量，也可以不商量，但是经过后需要整理一下。抬牛地不能借地修道，与四邻商量后人可以自由通行。因为总是从邻地通过，不太方便，所有者一般会将抬牛地卖掉。

4. 相邻地通行

如果从自己的地到公路去，如有作物时，必须绕行；没有作物，可以自由通行。婚丧时，如果要通过邻地，得到邻地所有者许可，叩头后可以自由进入，一般不会给报酬。如果在界线或者其附近建造房屋的时候，需要进入或者使用邻地，要是七八月有庄稼，拒绝使用；其他时间可以使用，使用不会给报酬。

5. 相邻地的使用

邻地的树枝或者树根越过界线，对于树枝，请求所有者砍掉；对于树根，可以自由砍掉。如果砍掉会导致树木枯萎，则请所有者处理。要是果树的果子长到邻地上方，可以摘掉。

6. 建筑物的相邻关系

建筑物的建设要离境界线大约 5 寸，这称为滴水管。从屋檐流下的水不能直接到邻地上。如果是房屋还必须建造一步半的伙巷，形成能够走路的私家小道，房屋高度没有限制。如果挖井要离界线 1 尽左右，水井的深度没有限制。地窖、厕所在自家院里，不会影响邻居。肥料池建在场院。石栏、囤都没有限制。如果某家的建筑物地基动摇，产生危险，所有者有修理的责任。但是冷水沟庄没有发生过这样的事情。农民都是按照惯行行为，一般不会违反。

7. 房基、场园的界标

房屋的地基以围墙为界线，埋下石头界标。场园也是在界线下埋下石头。土地相邻，盖房子时以已经建好的邻家的围墙为界线。如果围墙坏了，由先建的人负担。

8. 公私有地的界线

在冷水沟庄，庙与其他的土地没有界线。玉皇庙与后面的房子有界标，但是与前面的土地没有界标。虽然没有界标，但是不会被侵占。

9. 墓地的界线

墓地都是在自家所有地内，没有界标。但如果是公茔地，选择一块做坟地，则需要界标，埋下石头。墓地一般不可以挖树，但是谁都可以割草。在冷水沟庄，墓地周围的土地逐渐被侵占，坟地越来越小，区划越来越狭窄。

10. 水田与旱地界线

水田与旱地的有界标，一般是埋石灰的棒。

11. 旱地与地基界线

旱地与地基之间主要是在界线上埋石头。

12. 河的界线

在冷水沟庄有一条龙背河，有时在一家的土地流过，有时在两家的土地流过，如果在两家的土地流过，以河中心为界限。流向小清河的水沟水深五六尺，宽约 5 尺，以河中心为界线（与前面有些差异，前面说以水深沟为界线）。

13. 道路界线

在冷水沟，道路和沟都是私有，一般以道路中心、沟为中心确定界线。水沟的话在进入自家土地和出自家土地的位置设置界标。如果道路两侧均有房子，则道路中心线靠自己的这边为自家所有；如果只有一侧有房子，全部归自家所有。如果房子没有在道路旁边，则一定要修建伙巷。只要是不在道路旁边修建房子，必须修建伙巷。

（三）农村金融和借贷

1. 借款机构及融资

在事变之前，借款有两个渠道，一是村内借款，可向财主借 10 吊、20 吊的；二是在济南钱铺借款。但是"五三济南事件"后钱铺垮了。农民需要资金只能村内拆借。"五三事变"后虽然有中国、日本的银行，但是借款金额要大，而且还要一两个店铺做抵押，所以农民不会找银行借款了，也借不了款。"五三事件"前在济南有当铺，事件后就没有了，王舍人庄、冷水沟庄事变前后都没有当铺。农民需要钱可以从钱铺借，如 10 吊钱，1 天 150 文利息。钱铺的利息是按照天来计算的，虽然可以是 5 个月、10 个月，但是随时可以还钱。民国以前从钱铺借款的就不太多。现在村庄中的利息，是 2.5 分，在济南是 3 分；在事变前，1 个月以上，村庄是 1.5 分，最高 2 分；在济南是 2 分，2.5 分。在济南利率要比村内高些。

2. 信用借款

在冷水沟借款分为三种：信用借款、有担保借款和指地借款，大部分家庭都借款。信用借款也称为无偿借款，属于亲友之间的小额、临时借款。当地农民称为"通融"。一是借款原因，婚丧嫁娶大事、春天没有粮食吃、春耕贷款，如借款买肥料，还有经商和小手工业的农民借款也比较多；二是借款额度，一般是 10—30 元左右，再多就必须是担保借款或者指地借款；三是借款利率，一般临时性借款没有利息；四是借款对象，一般性临时借款是亲友、同族之间的相互帮助。少数也向村外的亲友借款。同族之间借款最多；五是借款期限，一般是一个月以内；六是纠纷，主要纠纷是到期无法偿还导致的纠纷；七是担保，小额信用借款，没有担保。也没有保证书。

3. 有偿借款

亲友之间的小额借款不需要担保，也不支付利息，但是这无法解决一部分农户的资金需求，因此就会人担保借款。如果需要较长时间、较大额借款就是有偿借款了。一是金额，需要金额比较大，如四五十元以上；二是时间，需要时间比较长，但是即使是有偿借款也是当年借，当年还；三是利率，一般是 2 分、2 分半、3 分，按照 3 分计算，即月率为 3 分，即年利率 36%；四是还款，年底或者 1 年期限后，本利一起偿还。当然如果没有钱，也可以先支付利息，然后再延长借款期限的。5 个月、10 个月的比较多。借款金额多，利率越低；有担保人，利率相对低些；五是借款对象，有偿借款也是亲友之间的的拆借。在历城县没有银行，也没有当铺，因此没有银行借款。与顺义县不同，小商店太小，赊购也不多。另外，佃农向地主借款也不多；六是担保，有偿借款需要保证人，或者以土地担保，也需要有保证书，如果借款人偿还不了，需要保证人偿还，或者需要借款人卖地、卖房偿还。没有以农具、房子作为担保来借款的；七是借款的后果，借款可以缓解资金不足的困难，但是也有因为借款而卖地变成佃农的情况。还有些到期无法还款，家长出逃的。

4. 借款的顺序

为了解决资金困难，冷水沟的农民如果有粮食就卖粮食，如果没有粮食就向人借款。如果一个人借了不够，就多向几个人借款。通过处理财产筹钱，其顺序是最先典当土地，其次卖土地，再是卖牲口。没有用牲口和房子抵押借款的，房子和农具要留下来住和生产。从借款的对象来说，首先向本家借款；其次从朋友借钱。一般不向亲戚特别是儿女亲戚借错，这样太没有面子了。哪怕典当土地也不会向亲戚借钱。最后向放高利贷的人借款。

5. 借款与家庭成员

家庭借款有一个基本原则：父债子还，子债父不还。因为家长是一家之主，为家庭的法人代表，因此他以家长名义，为家庭事情而借的款，兄弟们要负责偿还。当然如果父亲借款不是为了家庭事情，则兄弟们可以不偿还。儿子在父亲不知道的情况下，或者弟弟在家长哥哥不知情的情况下的借款，家长父亲或者家长哥哥可以不偿还。

6. 钱铺融资：活期和定期

如果在村庄中借不到款，可以向钱铺借款。向钱铺借款要设定保人。从钱铺拿单，借主和保人一起署名，盖章。一般是铺保，个人不能担保，即店铺来提供担保，还必须有信用的店铺。借贷利息要按照钱铺的规则，主要有活期和定期两种。所谓活期就是年底一次性连本带利一次性算清，有钱的时候随时还钱，需要钱的时候随时借钱，利率每个月都变，根据月初的利率计算月末的利息，然后加入到下个月的本金中，然后一年清算一次。所谓定期就是要确定期限，类似 3 个月、5 个月的期限，利率是当时借贷时决定的。金融景气时利息就高，萧条时就低，临近年底时利率就高，低的时候三四厘，高的时候有 2 分多。

7. 新民会贷款

春耕、盘井贷款是新民会的合作社贷款。在历城县春耕贷款总共贷出 45000 元，申请者很多。贷出金额是每人 60 元，第二年一二月回收。没有一直都无法偿还的人。利息是每天 2 钱 5 厘，一年 9 分。保证人是 6 人，10 人负连带责任。一个人可借 60 元，6 个人相互保证能够借 360 元。由村长、庄长担保。盘井贷款根据井的大小分为 50 元、100 元、150 元三种，期限三月末。利息与春耕贷款一样，不需要担保。

8. 计息的时间

如果借款期限是 5 个月，3 个月就有钱了，可以还钱，只计息 3 个月。三月初五借钱，五月初十还钱，计息 2 个月，5 天可以不要息。五月十五还钱，也按照 2 个月计息。五月二十日还钱，计息 2 个半月。五月二十五日还钱，仍然计息 2 个半月。五月三十一日还，计息 2 个月 20 天，剩下 5 天可以不计息。六月一日还依然是计息 2 个月 20 天。

9. 倒座利息

借 1 元 10 天内每天还 6 角，分三次偿还，有中人（也称为过付人），没有担保人。还有借 10 元，当时拿到 7 元，到期偿还 10 元。期限为 1 个月。也是有中人（过付人），没有担保。

10. 高利贷与家人借款

想借钱，但是又不想让家长知道，这时就借高利贷。土地由家长管理，不承担家里其他人的借款责任。家长一般不会为了家事而借高利贷，一般会卖地筹钱。家人之间不会存在"通融"。不通过家长是不能借款的，因为不让家长知道，家长可以不偿还。

11. 借款保证人及责任

借款一般需要保证人，也称为保钱人。保证人一般为一位，也可以有两位，但是比较少见。一是保证人资格，保证人一般是有财产，有地，信用比较好的人。保证人与借款人多是关系好的亲友，也与贷主比较熟悉；二是职责，具有督促还款并负责赔偿责任；三是借款，借款时贷主将钱交给保证人，保证人交给借款人，因为有时保证人还不认识借款人；四是偿还责任，如果贷主不能还款，保证人要负责偿还，保证人只负责偿还本金，不负责偿还利息。如果有两位保证人，则两位保证人有同等的偿还义务。如果只有一位有钱，则两位保证人商量，一位偿还后，另外一位也要出钱；五是保证人与贷主的关系，如果保证人偿还了借款，则保证人有向借主索要还款的权利，即有索赔权。保证人可以索还垫付款，但是不能索要利息；六是保证人与贷款人均有地的情况下，先卖贷款人的土地还款，再卖保证人的土地；七是大额借款一般既需要保证人，也需要财产担保。担保借款的贷主不可以将担保土地再担保借款。

12. 双保人的责任

在借钱时一般只有一个保人，如果有两个保人，当借主无法偿还本息时，两个保人分别承担偿还责任。如贷款 100 元，借主无法偿还，两个保人分别偿还 50 元。但是另外一位访谈者说，如果有 2 位保钱人，2 位都有钱，则 2 位平均负担；如果 2 位均没有钱，都有土地，则典地或者卖地负担；如果 2 位只有 1 位有钱，则有钱的保钱人代还全部债务，如果另外 1 位保钱人有钱后，在两三年内可以让其承担一半，但是时间久了，就不了了之了。如果借主有钱了，保证人可以向借主催还，催还时只能要本金，不能要利息。如果借主有财产、耕牛、土地时，应该出售这些财产来还债，不应找保人代还。

13. 过付人

过付人也称经手人，一般是与借主和贷主都熟悉的人。过付人从其他人借钱转手借给另外的人。如果存在过付人，过付人的债主和过付人的借主没有经济关系，也可以相互不认识。过付人与中介人、中间人大不相同，后者仅仅是介绍，前者责有经济责任，其实是两个借贷关系。过付人在一个借贷关系中是借主，在另一借贷关系中是贷主。中间人可以出现过继、土地租佃、土地买卖等多种经济关系中，而过付人只能出现在金钱的借贷中。例如，甲向乙拜托借钱，乙自己没有钱就去丙那儿，丙将钱借给乙，让乙负全责，乙再将钱交给甲。但是在借据上，贷主是丙，借主是甲。乙作为保钱人（保证人）出现在借据上。程序：甲拜托乙，乙同意；甲写好借据，乙带给丙。签订好契约后，丙将钱交给乙，乙再将钱转交给丙。利息也按照这种程序来转交。

14. 借贷担保

在冷水沟没有用房子做担保借款的，但是在济南有。坟地不适合做担保借款。买地时，如果钱不够，不能用已经买的部分做担保。对于洼地、沙地、地基、院地是否可以担任，访谈者没有说明，只是说村里没有这样的土地。用土地作担保借款期限为 5 个月或者 10 个月。如果非担保借款，必须写还款期限，支付利息的借款至少是 3 个月，没有只借 10 天半月的。借 10 元，还 11 元也没有。

15. 赊账与信用

在历城县或者冷水沟庄一般是现金交易不赊购。赊购需要两个条件，一是熟人；二是有信用。如果不认识，不能赊购；如果认识，但是没有信用，也不能赊购。在冷水沟庄有一个商店可以赊购商品。赊购后一般一个月内还钱，但是也有赊购比较长，在几个节日还钱的，如端午、中秋、春节前一定要还钱。赊购的价格，按照当时购买时的价格，即使在还钱时，涨价或者降价了，依然按照购买时的价格结算。赊购的店老板会有一个流水账，赊购者也会有一个总金额。如果赊购后万一无法付款，即使天天见面也不给钱，也就算了，金额不是特别大。按照赊账规则，赊账金额不能大于自己拥有的财产，但是实际上冷水沟的商店都是小商店，赊账的金额都不大。

16. 借钱与取钱

借钱就是不要担保，不要利息的朋友之间临时的小额借款。取钱就是"真正"的借款，需要担保，需要保人，也需要支付利息。借款的期限比较短，如 10 天、15 天，最多一个月；取钱则是 5 个月或者 10 个月，期限比较长。借钱时没有保人，不需要财产担保；取钱时需要保人，也需要财产担保。取钱者大多以土地为担保。当然取钱时也可以信用借款，即如果借款人信用比较好，即使没有财产担保也可以借到五六十元。济南钱铺是日利，所以什么时候还都可以，一般是 5 个月或者 10 个月。取钱多少与期限没有关系。

17. 家人的取钱

一般而言，家人是不能借钱，更不能取钱的。但是在家长允许，有赚钱的方法，在有担保的情况下，家人可以借款，不过借款后，如果家长无法偿还，家长可以不偿还。一般情况下，如果得到许可，孩子们还不了账，债主会每天都会讨债，让人头痛，也有些亲戚朋友会做工作，有些邻居和亲戚会相劝，家长会还账，有时会偷偷给钱还账，但也有家长不还账的。如果家人擅自贷款，即使还不了钱，保人、贷主也不会找家长，否则会被骂一通，只能等家长去世后，儿子继承家产再还账。按照家规，女性是不能借款的。

18. 无法偿还借款处理

担保借款可以用担保物来还款，有保钱人借款可以由保钱人来还款。如果没有担保，也没有保钱人，则可以用借款人的地来还款，如卖地、给地来偿还。如果没有地，可以用除祭祀以外的所有家具、农具还款。如果一个人向两个人借款，则两人平均分配财产；如果其中一人有指地借款或者抵押借款，则要优先指地借款或抵押借款的借款人。也有些借款者无法还款而逃跑的，面对这种情况，借款者不能强抢妻女抵债。债务过了多少年都得偿还，如果父亲死了，儿子负责偿还；如果保钱人死了，儿子要偿还责任。

19. 本金偿还与利息支付

借款期限一般是 5 个月或者 10 个月，到期后偿还本金和利息，但是如果没有钱，可以先偿还利息，再延借 5 个月。偿还本金时必须一次性付清，不能分期偿还本息。如果在借据上写，利息可以用粮食来支付，也可以支付粮食。

20. 借主死亡的债务

如果在借贷期限内，借主死亡，且没有儿子和财产，保人负责偿还。如果借主有财产，但是没有儿子，出售财产还债。如果借主有儿子，则由儿子偿还债务，即使儿子不知道，也得偿还。即使没有借据，儿子也不抵赖不偿还。另外，贷主死亡，其儿子可以向借主要求偿还。

21. 还债的连带责任

父债子还有如下规矩，一是如果父亲死后，儿子还债；二是父亲死了，儿子死了，儿子的儿子，即孙子还债；三是如果孙子年龄尚小，则儿媳妇偿还债务；四是这些都还不了，就得保钱人代还，如果保钱人死了，就保钱人的儿子偿还；五是如果保钱人死了，保钱人家里无钱，只有地，则卖地代还债。如果父亲死了，有两个儿子，两个儿子平分债务，负责偿还。如果父亲死了，儿子偿还，如果家里没有至亲，找族人出卖土地、房产，其顺序是：首先是出卖土地；其次是房子；再次是牲口；最后是农具。如果这些出卖后仍然不足还债，则不再偿还。

22. 赊账债权和请求

农民也有在杂货铺和饭馆赊账的情况，赊账一般会偿还，如果不偿还，过年时店铺会催讨。如果赊账人外出打工，几年后回来，也应还钱。欠账不管多久，都有效。只是多年后，还一部分就可以了。如果一直都收不到款的债务称为瞎账。

23. 大还账

所谓大还账，就是欠债比较多，即使将家里财产卖掉后也还不清时，就进行"大还账"。一是分配者，主要是有能力、有威望同族人和邻居参加，同族中最有威望和有能力人担任分配的主持人或者调停人，不一定是族长（但是王舍人庄的说只是邻居参加，同族人不参加）。庄长、乡长和介绍人也会参加。借主一般不参加偿还分配会议；二是分配标准，财产卖掉后按照负债比例来分配，比如负债 20000 元，但是财产收入只有 2000 元，各个债主按照债务比重进行分配。如果有典地则先全部还清典地债务。指地代钱是有担保的，可以比没有担保的多得一些，如没有担保的还一成，有担保的则三成（王舍人庄说法有一定差异，所有债务一视同仁）；三是财产出售顺序，首先出售土地；其次售房子；最后出售牲口等财产（王舍人庄不卖农具和牲口）。如果家里有父母，可以适当留些土地和房子居住。四是手续，借主向拜托调停人，商量分配还债方案后，请介绍人将还账事宜向告诉贷主，债主同意后实施大还账。借主卖掉土地和房产，然后向债主发出帖，邀请来家里偿还债务；也有不写帖，由借钱的介绍人口头通知债主，债主一般没有反对的，只是走个形式而已。四是债主拿到分得的钱后，将借据交给借主，借主当场烧掉。五是大还账后，主持人或调停人、四邻、介绍人及债主、借主要一起吃顿。

24. 债务融资及其他还款

在冷水沟庄不能用债权担保借款，既不能用借条借款。也不能拿典契借款。指地借款得来的耕种土地是别人的，也不能用来借款，或者再次指地借款。如果借款人欠账不能让太太或者孩子们去打工还钱。在冷水沟不能用牲畜质押借款。

25. 担保物的处理

如果是指地借款，到了还款期限如果不能还款，就将土地交给贷主耕种。在冷水沟借贷时即使是指地借款也不将地券交给贷主。农民认为有没有地券都是一样。说明了当地的借贷惯行都在被人遵守。债主耕作这块土地不管多少年都不能变成自己的土地，只要借主拿钱并支付耕种前的利息就可以拿回土地。到期还不了账时，也可以转为出典，但是债主不会强迫。债主不能将借主的土地出租，只能自己耕种。也不存在债主将土地再出租给借主的情况。借主有土地时，保证人不代还本息。到期后无法偿还债务，一般会卖掉土地还债。债主即使拥有借主的地券也不能卖掉土地。在借款人卖掉担保土地时，在价格相等的情况下，债主有一定的先卖权，抵押土地有卖给债主的情况，但是比较少见。

26. 借据签字与还账

借据也称为字据，就是指借款的凭证。一般而言，借据必须借主签字，调查的当时也要按手印，如在一个十字或者○上面按上手印。也有不签字，也不按手印的借条。据农民说，即使这样的借条也没有人要赖不认账的。如果借款的是父亲去世了，儿子们也要还账，因为有中人，如果儿子不还账，则会产生纠纷。如果贷主强势，一般会要到账，如果借主家强势一般不会还账。

27. 同族、亲友借款及担保、利息、期限

向同族借款，如果是小额的、临时性借钱，不需要担保，也不给利息。但是如果金额比较大，时间比较长，且超过了一个月，虽然最初没有谈利息，但是在还款时，也应带上利息，如果贷主不要就拿回来。朋友亲密的也是如此。直接向朋友借短期小额的款，可以不要利息，但是间接向人借款，需要支付利息。向亲戚朋友借款，一般没有确定的期限，但是有大致的期限，平常也就是 10 天或 15 天左右就会还钱。

28. 保证的变迁

借贷需要保人，保人有一个变化，开始称为保证人，是对人的保证，即对借主保证，如果借主不能还账，将借主引到贷主就行了。后来保人变成了保钱人，是对钱的保证，如果无法借主无力还账，则由保钱人偿还。

29. 担保物及还账

不是所有财物均可以作为担保物，只有土地、房产可以作为担保物。家具、农具、牲口不能做担保。因为牲口需要吃饲料。也没有用劳动抵债的情况，更不能用妻女还债。

30. 替人还债

如果甲无法向乙还债，丙替甲还债，在乙收到钱后，烧掉借据。甲与丙签订新的借据，丙凭借此据再向甲收款。

31. 地主与佃农的借贷

具有常年租佃关系的佃农也会向地主借钱，地主会帮助佃农，不要中人、保人，也没有字据，不会收利息，期限还是按照惯行 5 年或者 10 年。有时佃农需要肥料或者农具的时候，或者佃农家的婚丧，地主也会帮忙。

32. 东家与短工、长工的借贷

有时经常在某个地主家做短工，如果家需要钱，也会向地主家借贷，如借给短工粮食，从当年的工资中扣除，10 元的谷物按照 7.5 元价格计算。长工在地主家打工多年，如长工需要钱，地主也会借给他，并不收利息。只有这位访谈都说到这种情况，看来地主与佃农、东家与短工、长工之间的这么和谐的关系并不多。

33. 借粮

在春季里，没有粮的家庭会向有粮的家庭借粮。借粮后还粮，不需要字据，也不需要中人，更不需要利息。在收获后再偿还，借多少还多少。借粮一般是从邻居借得比较多；其次是朋友，从亲戚那里借得比较少。因为与朋友和邻居关系比较好，借得多。亲戚因为不好催还，很没有面子。如果去借，家里有钱也说没钱。其实更多的时候是借钱买粮。

（四）指地借钱

1. 指地借款定义

土地担保金融有两种情况，一种是典；一种是指地借款。指地借款又称为指地使钱，就是以土地做为担保来借款，如果到时无法偿还借款，将土地交给贷主使用和管理，直到还款为止。在土地担保金融中，十有八九是指地借款，典地只十之一二。指地借款是借款金额比较大时的一种选择。

2. 指地借款期限

指地借款的期限一般是 5 个月或者 10 个月。如果能够偿还利息，则可再延期还款一二期，即 5 个月或者 10 个月，不能持续不还款。

3. 指地借款限制

土地一般都能够指地借款，坟地要除去坟包，未交纳地租的土地不能指地借款。如果是以房子借款称为"指房借款"。

4. 指地借款的额度

指地借款一般可以借到地价的 80%。

5. 无法偿还的处理

指地借款在还款期限内，贷主无法使用土地，但是过了还款期限，可以使用土地及获得土地收益。如果贷主可以使用土地及收获收益，则不再支付利息。如果到了期限，应该向贷主给付土地，但是借主还在耕作，此时借主如同佃农，向贷主交租。虽然如此，但地契不会交给贷主。如果万一再无法偿还，借主要卖地还债。如果卖地偿还仍然不够，将宣布"破产"，不过调查者没有继续追问，如何破产？另外，还有指房借款，但是没有指牲口借款的。

6. 指地借款与保钱人

指地借款，如果借主还不了，贷主可以耕种土地，这与保钱人没有关系。但是如果贷主不愿意耕种土地，则保钱人代还，贷主将借据交给保钱，保钱人凭借据向借主讨账，同时保钱人耕种土地，直到借主还账。指地借钱时，保钱人会劝借主卖地还账。

7. 指地借钱与出典

指地借钱后，也可以将土地出典给其他人，在出典之前，要偿还指地借款，然后再出典。

（五）典地

对于贷主来说，最喜欢的是土地出典，即借主和贷主签订典契，以土地收益来借款，即将土地及其收益交给典主，出典者获得借款。

1. 典约

出典土地一定要签订契约，以契约规定相关内容，典契有介绍人、代笔人。典约又称为典字，字据等。借贷可以写字据，但是出典土地必须写字据。出典土地需要介绍人，也称为中人，介绍人必须在字据上签名。立字日就是交钱日，即立字就得交钱。当然本村可以先立字，再缓几日交钱，外村必须签字就交钱。家长出典土地不需要画押，但是如果叔叔去世了，侄儿出典土地，必须画押。出典土地不需要丈量，但是要去地里看看土地的界线。出典土地时不需要出示地契。如果承典者丢失了典字，写好"失迷字"后，交给出典者，主要是为了之后找到了引起纷争，不会让出典者重新写典字。典约只制作1份，交给承典人。

2. 典限

在冷水沟，出典一般是3年，也有5年和10年典期的，最多不能超过30年，最短的期限为1年。如果到期不能回赎，则变成无期限的出典。尽管如此，承典者也不拥有土地的所有权。因为典契上没有四面的界线，地邻也不会证明。典契与租约不同，后者可以不写期限，但是前者必须写明期限。

3. 典税

在历城县或者冷水沟庄，出典一般不会契税。因为出典时间比较短，如果时间比较长，需要税契。一般 5 年或者 10 年需要契税。这是县里的命令，如果不遵守，典字没有法律效力。大多数情况下没有契税，也不登记。

4. 典价

所谓典价，就是出典土地所借得的钱。典价低于土地卖价，一般为土地买卖价格的七成左右。如土地价格为 1000 元，典价可以为 700 元。如果地价涨，出典者可以申请增价，冷水沟称为"爬崖"。

5. 回赎

在典期结束后交付典价就可以拿回土地，称为回赎。回赎结束，如果典期未到，一般不能回赎，但是如果关系好，也会同意回赎。如果典期是 3 年，出典本人要求回赎，在一年后可以回赎，但是其他人，即使是同族人也不能回赎。但是承典者不同意提前回赎，也不能回赎。如果典期到了，不能回赎，自动延续。也不需要再确定典期，出典者有钱后可以随时回赎。在土地上有庄稼时不能回赎土地，一般而言，麦地不过年，春地不过清明。收割完庄稼后可以回赎土地。回赎土地时，可以逐步还钱，但是不能还一部分钱拿回一部分土地。回赎一般是出典者提出，承典者一般不会主动提出。赎回时双方将介绍人请过来，一手交钱，一手交典字，出典者将交给介绍人，介绍人数过后交给承典者。

6. 转典

如果典主需要钱，一方面可以建议出典人回赎土地；另一方面可以转典，在期限内转典，可以不与出典者商量，如果典期结束，则要与出典人商量。转典的价格一般低于原典价。转典主与出典人之间没有关系，如果要回赎，原典主向转典主回赎土地，然后出典人向典主回赎土地。转典时也要介绍人，还要立转典契约。转典期限在原典期限之内。转典主也可以再转典，因为期限短，价格低，所以这样的情况比较少。转典时可以只转典一部分土地。转典必须征得出典者同意，转典时典主要给转典主看典契。

7. 典权的让渡

如果出典者无法回赎土地，承典者可以让渡典权，土地交给接受典权者耕种。如果是在期限可以不与出典者商量，但是在期限之内要征求出典者的意见。

8. 增价

在冷水沟称为"爬崖"，即要增加典价，如果土地价格上涨，出典者要求"爬崖"，典主也会同意。如果地价上涨，承典者不同意"爬崖"，出典者可以出典给别人。不过在期限内不能再出典。但是地价下降时，承典者不能收回部分钱，但是出典者可以转典。"爬崖"一般是秋天结束后从十月、十一月到第二年春天，有庄稼时不能"爬崖"。

9. 座典座租

出典者将土地出典给其他人后，自己仍然耕种土地，每年给承典者交租。这种情况称为座典座租。这时要双方还要立租约，也称为租单。一般的土地租佃可以写租单，但是座典座租一定要写租单。如果出典一年后，出典者将典地租种过来时就是普通的租佃，不再称为座典座租。

10. 出典地的出卖

出典地不能卖给别人，如果想卖，必须先回赎后再出卖。如果出典者没有钱，可以先向买者拿到钱，赎回土地后，再出卖。出典地买卖时，一般是出典者、承典者、买方和两位介绍在一起时进行。买主看着将钱交给承典者。如果土地上有作物，在年前地主支付典主肥料和种子费用，指导作物一起出卖。如果是年后出卖，则买主和典主平均分配收获物。这时出典者可以不支付肥料和种子费用。清明节前均可以采用上述方法处理，但是清明节后，典主一般不会同意。一般而言，出典者出卖土地时，不管是在期限内，还是期限外都可以不通知典主，有一个习俗：典不押卖，或者押典不押卖。

11. 出典地使用限制

不能将旱地变成水田，也不能将耕地变成非耕地。其他人作物种植，典主自己决定。承典地上可以挖井，但是坟地有风水，不能挖井。如果没有向出典者商量自己挖井，则由承典者负担，如果与出典者商量，费用可以商量分摊。如果不经出典者同意挖井，回赎时要承典者要填埋水井。如果原来有井被埋起来了，疏通费用，可以与出典者商量，双方共同负担。如果没有与出典者商量，就由承典者负担。井的维修费用，承典者与出典者商量时，可以双方承担。

12. 不能出典的土地

养老地不能出典，如果父母自己出典则可以。坟地不能出典，但是坟周围的地可以出典。

13. 典地钱粮与摊派

出典地的钱粮，除非契约规定，一般由出典者承担，但是如有约定，则典主按照约定承担。附加和公摊费用均由出典者承担。在冷水沟庄，典主要承担钱粮，过去是每亩负担 3 角，事变前是五六十钱，现在是每亩 1 元。这是村庄里决定的。典主承担的费用要写进典契的。

14. 出典与佃农关系

出典与佃农没有关系，出典人可以不告诉佃农，但是也可以告诉佃农。一般而言，如果土地上有庄稼，要通知佃农；如果没有庄稼，也可通知佃户。如果是典主耕种土地，即使地主不通知佃农，佃农也会明白。也可以请介绍人通知佃农。在土地出典前，地主也可以通知佃农，如果佃农有钱，可以将土地出典给佃农。一般情况，介绍人会问佃农承典的意愿，如果是外村人，住得比较远，不会与佃农商量。也就是说，佃农有优先的承典权。

15. 典地的特殊情况

一是承典地的指地使钱。承典地也可以指地使钱，但是必须在原有典价和期限之内进行；二是典的永续性，除了赎回出典地外，没有其他取消典的关系的方法。不管过了多久，出典地都是地主的土地，典主只有耕种的权利，没有处置的权利；三是典地出卖时的先卖权，价格相同的情况下，同族有先买权，其次是承典者，再次是四邻；四是典地时可以不通知同族，但是出卖时必须征求同族的意见。

16. 押与质

以动产为担保借款称为押。将土地给人使用借款称为典。在冷水沟没有以人为质的借款，只有在少数情况下，如果欠款还不了，去贷主家干活的情况，劳动力干活还钱，只能还利息，不能还本金。可以以农具为抵押借款，抵押农具交给贷主使用，如果损坏要负责修理和赔偿。如果无法还款，则将农具拿走。

17. 典与指地借钱

家里困难，短时间内没有可能偿还的，就选择出典土地，有可能近期偿还的，就选择指地借钱。在卖地、典地、指地借钱、信用借钱四者之间，借钱最好；其次是指地借钱；再次是典地；最后是卖地。

18. 典与画押

典地只在最后写上介绍人的名字，但是不画押。卖地时，介绍人、中人不画押。典地、卖地时，如果不会写字，可以请代笔人，代笔人要写上名字，但是不画押。只有分家单、过继单要画押。

（六）交易关系

1. 集市

在历城县有几处集市，不同的集市赶集的时间不同，集市开市的时间一般是早晨 8 点到中午结束，最迟下午一点结束。赶集人的范围是距离集市 6 里以内，大约都是集市周边的村庄。农民根据不同的商品去不同的集市，蔬菜或普通日用品去王舍人庄，买豆饼去东王庄，买牲畜去坝子。集市没有大小之别，只有商品之有无。坝子和东王庄一年四季都有牲畜买卖，王舍人庄只有秋天才有畜牧集市。除了集市外，还有庙会，庙会也会有集市，买卖的商品与集市大体相同。

2. 商品交易

商品交易主要有三个地方：一是家口的买卖；二是集市的买卖；三是农民在济南买卖。一般而言，自己家里的粮食等要卖个高价就去济南；婚丧等重要的用品和大板车轮周围的铁等就去济南去买。不买这些东西时不去济南，因为要检查良民证，比较麻烦。

3. 商人

在集市里农民与商人之间买卖，商人就是收购商品或销售商品的人。农民卖自家制的棉、棉布不属于商人之列。商人有巡回的商人，农民称他们为掌柜的。

4. 贩子

有一类商人，专门进行贩买赎卖，他们又称为经纪人。如菜贩子、粮贩子。前者低价收获蔬菜，高价卖出。后者主要是收集杂粮卖给济南的谷商。绳子和稻草经纪人是济南人，住在村里。粮食经纪人是要村地少的人。有人扛着蔬菜、洋油、豆芽、洋火、馒头，还有布来村里叫卖，其价格不见得会比集市低。也有人用驴给别人拉磨，代替劳动力，以此换取大蒜。妇女经常这样做。

5. 合作社交易

新民会合作社收购大米，冷水沟三分之一的大米为合作社收购。在王舍人庄的赶集日里过来，买米，然后卖给济南的日本人谷物商。也买洋火、面粉、石油、肥皂等，最近开始买鸡蛋和蔬菜。

6. 稻草交易

冷水沟庄的稻草，除了自家使用外，由经纪人收购后运到济南销售。1 捆叫作 1 个草，3 斤，值 5 分，经纪人的运送费为 2 元，2 人用一辆大板牛马车运送，一天能够赚 8 元，收购 5 元，伙食 1.5 元，剩下 1.5 元。这些运送的人被称为"拉脚"，冷水沟有 12 人。

7. 物物交换

在历城县，在冷水沟庄，物物交换不多，有高粱草与砖头交换的，1600 斤草能换 1000 块砖头。还有高粱和大豆交换，因为两者的价格差不多，不过家家户户都有，物物交换的也不多。村庄的大米是用来卖的，麦子可以用高粱来换。交换地点在集市，一斗麦子相当于 10 天的粮食，与 2 斗的高粱交换，这样就会有 30 天的粮食。

8. 商品购买

农民从集市购买豆子、豆饼，用来做家畜的饲料；从济南购买大粪。在集市里，买衣料，自家做的样式不好，但是耐穿，但是自制很少。杂货大部分在集市购买，也有少数的如洋火、洋油、纸在村里的杂货铺购买一些，大部分在集市购买。日用杂货在集市和村小铺购买，木制农具在集市购买，章丘人会将铁制的农具销售到村里。去济南购买大粪肥料，然后再加点灰就会凝固，农民把凝固的固体打碎加点土就是肥料。粪一般在3月购买。1000斤为25元。也可以集市购买豆饼做肥料。事变前后，主要是新民会合作社开始购买大米。另外，在冷水沟商量购买没有共同进行的，都各家分别进行。

9. 农作物销售时间和地点

一般的农民在农产品收获后就会出售，但是也有一部分农民等待价高后再销售。正月货物缺乏，价格会上涨。一般而言，5月卖麦子，8月卖杂粮，9月卖大米，10月到12月送草，6月末和7月赶牛，年底卖鸭。集市的蔬菜便宜，济南的鱼便宜，杂粮在集市里稍便宜，虽然如此，农民基本在集市上卖。米有2/3在济南出售，1/3卖给合作社。在冷水沟没有在作物成熟前就约好贩卖的事情，佃农再缺少钱也不能卖青苗田。

10. 地摊费

一整年都在别人土地上摆摊，要支付使用费，而且还要送礼物。根据买卖的大小，占用费有所不同。大体上杂货商为三四元，粮食商为二三元。一般是年底支付。购买商品的农民不交地摊费。地摊费交给土地所有者。

11. 集市的税金

在历城县，集市牙税不太普遍，大部分的商品不交牙税，只有少数商品才交牙税。杂粮要交牙税，1斗2分。牙税由买主支付。另外，在粮食交易方面还有两个专门的词：掉落和过斗。所谓掉落就是掉在地下的粮食；过斗就是计量的意思。粮食没有牙税，但牲畜都有牙税，如猪的牙税为总价的2%。

12. 粮食搬运

农民销售粮食一般有几种搬运方式：一是用大板车将米运到新民会；二是用牲畜（多为牛）运输；三是自己挑或者用小车推。没有借板车或者牛来搬运的情况。

13. 计量工具

在历城县，面积为五尺杆子，容量为斗，重量用秤。集市的斗过去都是和尚做的，被官方认可，称为官斗。但是没有官尺。冷水沟庄有很多丈量人。其实也有官亩，即240步。一直没有实施过。

14. 牲口交易

牲口交易都是现金交易，一手交钱，一手交货，但是如果有保证人，可以推迟10天左右再交钱。如果不交钱，保证人就带人去购买者家里去。如果牲口不见，就打官司，关押买家。正因为风险比较大，保人一般不愿意做保。牲口交易特别牛马骡等大牲口，一是需要保人；二是需要保障期；三是需要定金，一般是成数，如先付一二成等，其余延期付款。如果在保障期内牲口生病就退给卖家，如果没有生病就给经纪人全额价款。如果在保障期内死了，由卖家负责。如果超过了保障期，虽然没有付款，也由买家负责，必须付全款。如保障期是 5 天，付款期是 10 天，在第 7 天死掉，也是买家损失。

15. 婚丧费用

一般结婚和丧葬花费都是在 100—200 元之间，多的也不超过 300 元。如果婚礼是 100元，50 元请客，50 元是聘礼。如果葬礼是 100 元，50 元请客，20 元购买棺材，其他的用来挖坟或者其他杂费。

16. 区长及区公所

区长由乡长推选，县长发委任状。区长没有任期。区长不是官吏，县里不给报酬，由区里负担。区长每年月薪水 70 元（另有一处为 50 元）。区里有区公所，有一名办事员，也称为区长助理，薪水是每月 30 元。区长一般是有财产和讲信用的人。区长的主要工作，一是田赋督促，主要是督促乡长；二是预借田赋，当县里急需用钱时，就会向各区预借田赋，由区长负责。区长与警察分所没有关系。区公所主要有区长 1 人、助理 1 人、会计 1人、文案 1 人、书记 1 人，勤务（区丁）6 人。每月从乡收集的经费五六百元，300 元为工资，其他为办公经费。

17. 乡长及乡公所

各区以下是乡，乡有乡长，在乡公所办公。乡长由各庄长推选，县长委任。乡长接受县公署、区公所的命令，包括看铁路、修路、栽树、催粮、区公所的经费、爱护村的事情、新民会的工作等，概括起来就是三个；催交田赋、催民夫、催摊款。乡公所接到命令后传达给庄公所，重要的事情要开庄长会议，这些事情包括看铁路、修汽车路、摊民夫等。乡公所催粮主要是通知，因为政务警会催粮，但政务警过来时要提供饭、支付烟卷费，每次约二三元。乡公所全年的经费 6000 元左右，每月 300—400 元，具体明细，区公所费 160 元、乡公所费 80 元、爱护村费 60 元。乡公所的办公经费主要包括乡丁的工资、零星的纸张费用、请客费等。临时摊派的费用不确定，调查当年是 200 元。乡公所摊款均按照地亩分摊，每月一次从各庄劈账。

18. 预借田赋

如果县里经费不足，会向各区预借田赋，各区向各乡、各乡向各庄预借。预借数量各区可能一致，也可能不一致。预借田赋要退返的，所以多一点、少一点没有关系。有些预借写有"抵完"的字样，就不退还，而是用收据直接抵田赋。预借与预征不同，后者是提供征收田赋，征收后不退还的。预借田赋时，县长要召集庄长开会。预借时，县里通知区里，区里通知乡里，乡里通知县里，庄长收齐后，可以直接交给县里，也可以交给乡里，然后由乡交给县里。

19. 预借恤金

恤金就是县警察队死人时来救恤其遗族的费用。按照各个区乡庄的顺序来收取，县公署按照户数收取，各个庄按照地亩收取。这笔款不能返还，也不能抵完，也不会有收据，其实就是一种摊款。

20. 摊款及层级

历城县的摊款比田赋要多，概括起来主要有如下几类：一是县里的摊款，纳入预算的有田赋附加和附捐，没有纳入预算的是赈捐，主要警备队、警务局、日军的临时补充费；二是区公所的人员、办公经费及招待费用，由各乡摊派；三是乡公所的人员、办公经费及招待费用由各庄摊派；四是爱护村、新民会也会有一些摊款，这些摊款通过乡摊派，也有些直接向各庄摊派，县里不干涉；五是各庄本身的人员、办公、招待费用，由各户摊派，而且前四个层级的摊派全部由有地的农民负担。

21. 摊派及方式

从县到村的这些摊款，其内容和方式主要有如下几类：一是摊派内容，摊现金、摊人夫、摊实物，实物主要包括柴草、马车、电线杆等。摊人夫主要是修河、修路及给日军搬运货物；二是摊派标准，各级的摊派均按照地亩负担；三是摊派的顺序，县里的摊派下给区里，区里的摊派下给乡里，乡里的摊派下给庄里，庄里的摊派下乡有地农户。重要的、大额的摊派要召开庄长会议；四是摊派夫一般不给报酬，有时会有一点点劳务。

22. 杂费摊款

村庄也会有杂费需要摊派，因为村庄没有预算，因此随收随支，或者先垫支，再征收，征收也没有固定的日期。杂费摊派按照地亩征收，没有地的佃农不负担。村庄杂费收支也有账簿，由保长掌管，但是保长不识字，由会写字的记录。垫支时由土地比较多的财主垫付。保长并不富有。杂费有青年团、青少年团费用，保甲自卫团、应酬费等。村庄出苦力，每天要2元，由杂费支付。自卫团训练，每日要支出2元5角。青年团、少年团的训练时的饭费等。全年杂费每亩约三四元左右。每年底时会用表格贴出来进行分示。找农民收杂费时不仅要告诉金额，还要告诉原因，农民也没有报怨的情况。

23. 村庄费用

民国二十九年摊款5次，金额分别为：二月1毛五；三月3毛；五月麦子3合；六月5毛；十一月1元6角。村费主要包括：摊款、花费、花项、摊花项。民国二十六年全村村费3000元左右；民国二十八年6000元左右；民国二十九年7000元左右，民国三十年（调查的当年）至今已经超过7000元，全年需10000万元，其中铁路摊款有2000多元。村费按照地亩分摊，没有土地的农民不负担摊款。村庄费用包括：一是政务警等公务人员来后的饭费；二是送函件的人的小费一二元；三是村里人去县里、铁路开会的饭费；四是看护铁路人的补助；五是修理庙宇的费用；六是请人看风水的费用；七是自卫团受训练的费用，主要是吃饭补贴；八是修理学校的费用。

24. 土地征用

历城县公署和城墙的修建要占用民地，因此需要征用。征用价格是 120 元/每亩，但是市场价格是 500 元/每亩。

25. 政务警

政务警由财政科任命，主要任务是催粮、传票，处理钱粮纠纷，揭发不法事件。还将有些事务传达给各个区。政务警催粮只找乡长、庄长，不直接去粮户。钱粮开征后，政务警不许随便下乡。传案也只是将事情交给县长，政务警不做审判工作。政务警去庄里拿着训令、指令、红谕、手谕。指令和训令留在庄里，红谕和手谕要带回来。政务警下到乡、村，需要提供饭，烟卷费，大约二三元。政务警只做与钱粮有关的事务，刑事案件由警察所负责。政务警和警察均直属于县长。全县有政务警察 34 人，警长 1 人。

26. 警察所

警察所隶属于县长，负责治理和刑事案件。警察所不进行裁判，交给县长处理，大案子要移交给法院。

27. 地保

地保也称为地方，都是一些地位比较低微的人，穷人居多。地保负责跑腿。在钱粮开征时，在发放了通知单后在村中巡回打锣。地保由庄长选择，呈文于县长。地保没有固定的收入。

28. 里书

县公署称为总房，乡村称为里书。一是里书的职责，里书主要是拨粮，或者赋税过户，里书要负责整理辖区内的田亩札子，即田亩底册，也称为粮册（钱粮征册），还有订传票（地丁通知单）；二是里书的选择。里书一般是世袭的。冷水沟的里书估计出了 300 元购买获得这个岗位。里书一般是兼业的，自己还有其他的职业。当然里书也可以请人帮忙，请的人不叫里书，称为“请先生帮忙”；三是里书的资格。只要会读、会写、会算，且有信用就可以担任里书，不见得要有多少财产，大户不会做里书；四是里书的性质。里书并不是财政人员，而是社会人员，负责土地买卖的田赋过户，没有固定的工资收入；五是里书的收入。里书每年春秋两季去村里过户，过户时每亩 1 元手续费。这个手续费还负责粮册费用。田赋过户或拨粮时不给吃饭。也可以买家向里书申请，带着契约，然后拨粮，卖家可以不在场。因为里书为专门的村服务，每年麦秋时，村庄会给里书送二三斗小麦。在冷水沟小麦由十甲长收取。各户根据土地数量承担。佃户不交田赋，也就承担这笔费用；六是里书和推收处。如果买家和卖家不是一个里书负责，要去买家所在的里书拨粮。如果买卖家的里书认识，可以相互收和退。如果不认识，买家的里书就会拿个"条子"去县推收处，卖家的里书也在推收处拿到"条子"，找到"退主"；七是里书拨粮的程序。一般程序是，买家将有关买地情况向庄长报告，庄长汇总，每年秋天庄长委托地方（或地保）将里书请过来拨粮，当场支付手续费，拨粮者不请里书吃饭，里书可在庄长家吃饭，一天即可以完成。整理不完的，第二年春天可再来一次；八是里书与庄长、征收处的关系。里书与庄长没有关系。里书做完粮册和通知单后，带去征收处，临近开征时，征收处发放通知单，规定在一定的时期提交。里书也不会在县公署办公，而是在家里工作。有时县长会召集里书讨论粮册的编造方法和过户的事情，但是没有里书单独的会议；九是历城县里书的情况。历城县有 108 个里，有 108 册钱粮册，包括一个外县的里及钱粮册。全县有 97 个里书。里有大小，有的里大，可能有几个里书；有的里书，可能管几个里。

29. 拨粮

就是将田赋缴纳户头由卖家转到买家。由买家去找里书拨粮。或者里书春秋两季去里过拨后，记载在推收册上带到县里去。农民也仅有过拨，但是不契税的。

30. 税契

其实就是土地买卖成立后，买家前往县公署地财务科去交契税。交契税就是国家认可以土地买卖，确认了所有权。也有人说，白契只是确认了横向的权利；红契，即交了契税后的契约，则是国家认可了财产权利，可以对抗国家。

31. 拨粮和契税的程序

过拨时将条子交给里书，里书拿着推收册去推收股，然后推收股制作传票，催促契税，在传票来之前，农民会交纳契税。可见，过拨在契税之前。

32. 钱粮征收及程序

开征前，征收处会通知庄长，召集地保，分发各户的传票，然后把这些传票分发到各户。开征时，征收处把谕单分发给庄长，地保把这谕单贴到管辖的各个庄子。农民自己自封投柜，即自己前去缴纳。但是如果过期，则委托庄长去缴纳，庄长先汇总，然后再向征收处缴纳。庄长有一个接收钱粮簿，记录过期没有缴纳的名册。在催收钱粮时，由政务警催庄长，庄长让地方催促没有交纳的农户。政务警一般不会直接催促各户。如果有些农户万一交纳不了，庄长会垫付。然后向各户催交。如果万一交不了，就从村庄杂费中扣除。庄长垫付钱粮因为时间比较短，没有利息。如果农民交纳不了，庄长又没有能力垫付，庄长会被县里扣押。

33. 屠户及屠宰税

在冷水沟庄有四位屠夫。农民过年或者丧葬、婚姻时，宰杀牲口一般请屠夫。请屠夫宰杀一般不给钱，只是给猪毛、胰子、腰子，小肠不给，大约价值在 2 元左右。也有 1 人说，毛和小肠作为礼物给屠户，其中小肠作为屠宰税，毛可以赚到五六元。给了礼物，一般不吃饭。如果屠宰的猪比较多，比如 5 头，毛也归屠户，但是屠户要出 5 元买回猪毛。宰杀猪的人家要交 30 钱的屠宰税，交给屠夫，后者去集市交给包税人。屠夫一般不会少交，因为如果发现后要惩罚的。杀猪一般是节日、结婚、葬礼时比较多。农民自己杀猪自己吃，也有不交屠宰税的。在王舍人庄有一个人收屠宰税，收税后在猪肉上盖章，每头猪交 30 钱的屠宰税。收税后不给收据。

34. 民众看家

邻间制时期，在农历 10 月到年底，要组织人员看家，称为民众看家。一是由庄长组织，每次每间出按照地亩出工，因为土地数量不等，每间或出 3 人、或 4 人、或 5 人，然后从中选 1 人在全村巡逻，冷水沟 14 间就有 14 人，每间剩下的 3 人或 2 人在本间巡逻，如果有人休息就替补上去；二是民众看家主要是冬季，因为冬季没有事做，小偷多，夏季可以打工，每天有 30 钱、50 钱的，没有人会做小偷；三是巡逻时农民自带土炮，来四五个小偷都不怕；四是民众看家按照地亩数量出工，一般 5 亩一个工，地多多出工，地少少出工，没有地的不出工，出工看家一般是一个月一轮或者 20 天一轮。有时 3 亩也会出 1 个工，3 亩以下就不出工。正好 3 亩，家里没有男性，可以不出工；五是出工看家一般是年轻男性，从 15 岁到 50 岁。也可让长工代为出工；六是如果家里没有男性，五六亩的人家可以不出工，但是超过 10 亩，一般会有长工，就请长工出工，如果没有长工就得出钱请人出工，一般 1 日 1 元 50 钱或者 1 元。生病时可以不出工，婚礼时可以暂缓一两天；六是在冷水沟有土地，但是不住在村里的不出工；七是庄长、地方做公事，可以不出工。

35. 保甲看家

保甲制以后，依然要看家，由保长负责组织，其规则与邻间制时看家大体一样，但是有些小区别：一是每天巡逻 80 人，除了 80 人外，还有 4 个带头人，每个带头人带领 20 人，分为 4 组。每晚 2 组 2 组轮换，即 2 组休息，2 组巡逻；二是巡逻时，1 组从南向北巡逻，1 组从北向南巡逻。每 10 天轮换一次；三是 2 组到达南北的庙后，轮换休息；四是 4 位领头的人是本村人，没有多少土地。在青年团受过训练，也有从区丁退下来的人。选择 4 人领头，主要是因为他的能力。4 人没有工作，土地又少，每天给补助 1 元；五是夜晚看家不吃饭，但是要烧炭，经费由庄公所支付。

36. 修路出工

修理汽车路会要各庄出工，从庄通知到保，保分配到甲，按照地亩分摊人数。民国二十九年修济南的汽车路，命令出车 80 辆，每辆车 2 个人，合计起来 300 人。有车的家庭出车，有人的家庭出人。如果距离比较远，则要管饭，由庄公所负担，当然最后按照地亩分摊给农民。除了修路，看铁路和车站，青年团、少年团训练也需要出工。

37. 看护铁路

每晚要安排人看护铁路，冷水沟和李家庄共出 3 人，其中冷水沟 2 个半人，李家庄半个人。每天每人补贴 1 元。看护铁路出工也是按照地亩分摊。

38. 爱护类费用

每年从区、乡公所还有爱护村费用、爱护区费用、爱护路费用，反正区、乡只管收，庄长们也不知哪个是爱护村费用，哪个是爱护路费用。除了这些直接收的现金外，还得摊工。

39. 庄务会

收取摊款时，庄长一般会召集保长、甲长开会，称为"庄务会"。主要按照收集摊派任务。然后由甲长通知到各户，交纳时各户交给甲长，甲长交给副保长，副保长交给庄长。

40. 本村土地

凡是本村人所有的土地，不管土地在本村，还是外村，都属于本村的土地，其摊款交给本村。即使本村人在很远的外村的土地，也属于本村的土地。

41. 村庄边界

本村的土地是按照本村人所有的土地来衡量边界，只要村庄边界的土地买卖，边界就会调整，因此村庄的边界会因土地买卖而进行调整。村庄的摊款也会因为土地买卖而变化。

42. 钱粮及摊款缴纳

在冷水沟，所有的钱粮、摊派均由地主缴纳；租地的钱粮、摊派由地主缴纳，但是看坡费，由租户支付；典地的钱粮、摊派由地主支付。

惯行与治理：历城县路家庄的调查

——满铁惯行调查第四卷导读之二

因为冷水沟村调查难度加大，满铁调查员转到了历城县董家区梁王庄乡的路家庄（其实就是村）。路家庄的北侧有一座平安桥，有了这座桥，与其他村就通了路，所以叫路家庄。根据关帝庙前的石碑记载，大约在200年前路家庄有姓路的人家。村庄以住房为中心，大概有方圆一里的规模。全村所有耕地11顷（包括本村所有的外庄地），其中水田20、30亩，在村的最西北角。荒地6、7亩。全村有131户，670人。种植麦子、粟、高粱、大豆、玉蜀黍（少量）、大麦（少量）、稻（少量）。村中有菜园17亩，分成3分、5分左右，为村民所有。小麦主要出售，因为土地不多，卖得比较少。

村庄地主有一二户，约有40亩左右的土地；纯粹的佃农一二户。土地分配比较平均，考虑赋税负担和其他因素，路家庄的农民生活绝不轻松。村庄最多土地为40亩，家中有20多人，人很多，生活很苦，最近要闹分家。无地农民约二三户；5亩左右的二三十户；10亩左右20户左右；30亩左右的比较少，其中10亩地左右的农户最多。土地出租给别人的没有，向别村租地的人也没有。没有土地的人做工，全村有大工2户、长工2户，小商人1户。5亩以下土地的人靠做短工为生。5口之家勉强度日需要4亩地，农民比较贫穷，一般卖出小麦，买进高粱。村庄没有长年吃小麦的农户。

全村有一户人家有长工，家里有十七八亩地。本村农户的土地不多，七八个家庭男劳动力不足，需要雇请短工。另外有二三人在济南店子里打工。除了济南外，没有去其他地方打工的人。村里小学老师1人，非本村人，居住在本村，他家在离本村6里地远的潭头村。村庄没有在县里工作的人，有一人在种畜厂工作，晚上回村居住。在路家庄，几乎没有副业。有人养猪，每家都会养二三只鸡，主要是为了肥料。村里过去有两户财主，虽然土地、收入都没有变化，但是税金高了，人口增加了，因此家里变穷了，现在已经不是财主了。村里没有乞丐。村庄婚礼花费三五百元；葬礼也要花费三五百元。

一　村庄治理

1. 治理变化。

村庄主要经历了三个时期：一是段首制，全庄分为四段，段有段长或者首事。一段有两名首事，没有正副之分。至于段按照什么标准划分不太清楚。家庭划归为某段一般不再进行调整。首事要由全体村民选举产生；二是邻间制，民国二十四五年，全村有 5 间，24 邻。间长 5 人。间长由村民选举产生，有一定的任期；三是保甲制，邻间制后，即日本人入侵事件后实行保甲制。全村有 1 个保长，13 个甲长。年龄分别为，60 岁以上的 3 人；50—60 岁上的 5 人；40—60 岁的 3 人；30—40 岁的 2 人。甲长由本甲选举产生，保长由甲长选举产生，实际上路家庄是由 13 甲长和 5 位合作社、新民会的人共同选举产生。

2. 集会
选举保长需要集会，修理道路、壕掘摊款等也需要集会。集会时除了甲长外，合作社和新民会的人也会参加。选举时会有村民集会，集会一般在小学进行。没有全甲的会议，但甲中的每户、每人要服从甲长的指挥。

3. 村长和甲长资格
担任村长和甲长的资格是要公平处事，并非要有土地。在以前是有土地的担任村长，不过在调查时有土地不是担任村长的条件。现在村长 30 岁，会处事，家里只有 5 亩地。5 位甲长，分别拥有的土地为 40 亩，37、38 亩，30 亩，20 亩，17 亩。在路家庄这样的较为贫穷的村庄，甲长们还是土地比较多的人。

4. 甲长的工作
甲长主要的工作是将县、乡、村的命令传达给本甲的 10 户。如挖沟或者交钱粮等命令传达到本甲各户。甲长也可裁决小的纷争，较大的纷争交给村长（其实为保长，农民愿意叫村长）调解，大的交给县里处理。纷争尽量在村里解决，不交给县里。甲长还负责征集村费后交给村长。

5. 征集村费
村费由甲长征收，然后交给保长（在路家庄，保长也叫村长，或者叫庄长）。村费征收前保长和甲长商量，然后以保长名义甲长去收取。一亩的村费约七八元（估计包括钱粮）。村费以区、乡公所的摊派为多，还有青年团、看铁路的费用。村费分 4 次交纳。村费又称为"秋民富儿"，收费称为"收杂款"。杂款按照所有地收取，佃户不缴纳，荒地和菜地都得缴纳。村费随买家而走，买家在哪个村，村费就交给哪个村。1941 年路家庄村费为五六千元，最多的为自卫团饭费、保安大队的食费、爱护区的经费、模范区的经费。

6. 外庄地
本村人在外村拥有的土地，称为外庄地。外庄地的摊款交给所有者所在的村。只有看坡费交给土地位置所在村。根据一般惯例，外庄地的村费摊款随买家走，看坡费用交给土地位置所在村庄。如果外庄地在本村东方，在地券上就会写上东什么庄。

7. 本村人
在本村有家、有地、生有孩子，且住得时间比较长，就成为本村人。从外村来的人经过七八年就可以变成本村人。本村人均有墓，但是日本人没有调查：墓是否是成为本村人的最重要的条件之一。

8. 看坡

每年庄稼成熟时需要请看坡人看坡。一是看坡人一般由庄长和甲长决定；二是看坡人一般是比较穷的人，土地比较少，在路家庄有 5 人看坡，每年都是这几个人；三是看坡主要有两个时期，春季四月，麦结穗时。其次是 7—9 月。本村看坡的范围没有发生过变化；四是看坡人的收入是地里的庄稼，一般是每亩 3 合。如果不给粮食也可以折算给钱。看坡的收入称为坡粮或者坡费。外庄地也要给粮食或者钱；五是看坡的区域按照沟、堤、坝等分为五份，面积各不相同，分区时村长和甲长会参加，由村长做签，然后抽签确定每个人的看坡区域；六是小偷偷盗后，由看坡人赔偿，但是如果看坡人比较认真负责，也不会让其赔偿；七是小偷被抓后，由受害人、小偷、看坡人、村长共同处分。一般不殴打小偷，这样会引起仇恨。有时盗贼会出钱请吃饭解决，或者盗贼发誓今后再犯就赔几倍以上的钱，然后再释放。一般会立下保证书，需要保证人。盗贼请人吃饭也比较简单，杯子有酒，盘子有菜就行；八是裁决地点在庄公所（观音庙），吃饭也在庙里，吃饭前由会长向神礼拜；九是小偷以本村人为多，如果小偷没有钱，可由"汇集人"出钱请吃饭。

9. 连坡

本村看坡的与外村看坡的一起商量看坡事宜，称为连坡。路家庄与周围徐家庄、胥家庄、梁庄和纸房为连坡区域，这些村之间也交换土地。五个区域的看坡人，每年春秋会召集一起开会，交换盗贼的信息，开会时会喝酒。

10. 连庄会

根据县公署的要求，各村之间要共同抵抗土匪。因此周边相邻的村庄会组成连庄会。如果某个村庄有土匪，就会发出警报，其他村庄就会来帮助。路家庄与周围的裴家营、杨庄是连庄会。全体村民都是自卫团员，也是连庄会员。

11. 打更

根据县公署的要求，各村要雇请人打更，打更时间一般是每年的 2—4 月，9—10 月。打更人由村里雇佣，由村长和全体村民开会决定。路家庄有 5 位打更人，都是本村人。每人每月一斗粟，不给钱，粟按照地亩数量收取。打更的人与看坡人性质大体一样。

12. 自卫团夜警

自卫团夜警是根据县公署要求成立的，有年轻人，也有老年人。全村有 20 人。根据土地数量出人守夜，地多的家庭每晚都要出人。有土地但男性不够的家庭，雇人出夜警。原则上是 5 亩一晚，也有 3—7 亩一晚的，7 亩半就要出两晚。农闲时每 15 日一晚，农忙时是每 5 日一晚。这些都在青年团的账上写着。夜警的时间是从正月到 4 月，9 月到 12

月。夏天村民都睡在外面，所以不需要夜警。夜警与打更有区别，打更是彻夜的值守，而自卫团夜警是督促打更的人是否在值班，一晚要看两三次。自卫团夜警由甲长按照顺序监督。自卫团值班时一般在村公所，有棒、枪和刀。

13. 纠纷和仲裁

村民之间发生了纠纷，一般在村庄内仲裁。一是仲裁人及其资格。村民之间的纠纷一般由会仲裁的人仲裁，全村有六七人有仲裁经验。这些人一般年纪较大，家里有土地，可以公平定评事情。如果这些人仲裁不了，就请村长来仲裁。一般不会到县里去解决纠纷，因为要花很多钱；二是纠纷的事件。土地边界纠纷最多，其中婚姻纠纷，再次为分家纠纷。分家纠纷，族长会参加，村长在有闲暇时会参加；三是仲裁地点。一般在掌事的人家里，不去村公所，因为去了村公所多少要花一些费用；四是仲裁回避。族人之间的非分家纠纷，同族人一般不参加，最好是同族以外的邻居参加。

二　村庄设施

1. 庙

路家庄里有三座庙，分别是观音庙、关帝庙、土地庙。观音庙最大；其次是关帝庙，土地庙最小，庙地属于庙产。3 个庙只有一个看守。庙的祭日不同，观音庙是 5 月 13 日和 6 月 24 日。祭祀日不会一起吃饭，仅仅是烧香。烧香不是集体参与，而是村长向村民每人收取 1 元，请看庙的买香上供，主要是祈求降雨和丰收。村民个人自己决定去庙里祈福。庙里有 2 亩地，由看庙人耕种，看庙人比较贫穷，不能生存时，村长会向富有家庭借钱给他度日。如果庙需要维修，由会首或者村长发起，向村民收钱来维修。

2. 义地

村里有七八分土地为墓地，也称为义地，为没有坟地、土地的贫穷家庭提供墓地，这块地是 200 年前冯姓捐给村里的。

3. 公共设施

村庄没有公共碾子，个人所有的碾子有七八个，没有碾子的村民可以借用，不需要付费。村里没有供村民取土烧砖的土地，也没有共同的取柴地。农民都将自己农作物的根作为柴草。如果有人去其他人地偷柴草，一般而言主人也不会出声。

4. 水井

全村有四五十口水井，包括饮用水井。水井全部为私人所有，其中有一户有 4 口水井。没有水井的家庭会借用在附近的水井，但不会给报酬。分家时，有井的地会分给兄长，弟弟如需使用，就要借用兄长的水井。

三　经济与金融

1. 共同饲养家畜。

在路家庄有共同饲养家畜的情况，这种"公有"或者"公买"。一般是两家共养，没有三家共养的情况，全村共有两组。其中有一组是叔侄两人，养的是牛。价格 150 元，各出 75 元。农闲时 10 天轮换喂养，农忙时 3 天一换，有时甚至 1 天一换。

2. 换工

在路家庄，换工一般是有土地和没有土地之间换工。全村有四五组，换工一般是两家一组。换工持续时间不长，仅仅是不得已才换工。换工一般要求两家感情比较好。同族之间很少有人换工，双方都有土地的家庭也很少组合换工。换工主要条件：一是换工家庭关系好。二是两家用工时间具有互补性质，即需要用工的时间能够错开。换工的家庭之间也会相互借钱，相互帮助。

3. 合伙

合伙也称为合具，就是两家一起做事。如两家各有一匹马，一家一匹马耕作比较困难，有马的两家就会合伙耕种。一家有牛，一家没有牛不能合伙。另外合伙只是两家，不可能是三家，两家也要求土地差不多。如果有一家购买了新的家畜或者土地增加，就会放弃合伙。只要是合伙一般很少换人，还是有一定的稳定性。合伙的家庭也会相互帮忙，相互借贷。

4. 土地买卖价格

1942 年路家庄土地买卖价格一般是：上等地每亩三百五六十元；中等地每亩二百元左右；下等地一百七八十元。上等地一般有水井。稻田价格比较贵，上等稻田七八百元；中等地五六百元；下等地四五百元。日本人入侵事变后土地买卖多了，农民表示，卖地多是因为雨水不足，收成不好，很多家庭没有饭吃，不得已卖地，主要卖给村内有钱人。

5. 土地买卖约束

土地买卖要先问同族，再问四邻，最后问本村人。如果本村人不买，可以卖给外村人，否则即使外村人买了，也无法耕种。如果外村人的价格稍高，本村人价格稍低，也会卖给本村人（这与其他地方有些区别，稍高是多少，不太清楚）。

6. 典地及其顺序

在路家庄家里有困难需要钱，会先典地，再卖地。一是典地对象。典地的对象主要是本村人，先是在同族、亲戚、朋友当中，这些人不承典土地时，再典给别人。一般是出典给本村人；二是典地中人。典地时一般需要中间人，也称为中见人、中人。由中人说定这件事后，再立字据（契约），然后再喝酒。如果出典期间，中人死了，中人的孩子继续做中人；三是典地价格。值100元的地，其典价最多为八九十元，最少为七八十元；四是典期。出典期一般是三年或者五年，典期不到，经商量也可以回赎。当然如承典者不同意也不能回赎。如果没有钱，承典人继续耕种，期限二三十年，甚至五十年也可以回赎土地；五是座典座租。出典者自己耕种出典土地称为座典座租。座典座租另外字据，如果出典期间，字据丢，要写"退字据"，"退字据"一般由持典契人写，回地时交出；六是爬崖。在协议期间，出典者向承典者要求提高典价称为爬崖。爬崖不会再立字据，只是添写在旧字据中。爬崖的最高限制是典价允许的最高额。如果承典者不同意，出典者会收回土地，再出典者其他出价更者；七是转典。如果承典者需要钱，可以再次将土地转典，转典必须在原有的典价、典期之内。转典不写期限，但是在原典期之内；八是典地出售。典地也可以出售，出售有两种方法，一种是出典者，赎回土地再出售，一种是直接出售后由买者赎回，如地价150元，典价120元，买者给卖者30元，卖者将老契交给买者，买者根据老契赎回土地；九是出典时节和赎回时节。出典一般在阴历十月，需要钱时，什么时候都可以出典。出典时如果土地里有农作物，典价会高些。赎回一般也是在秋天，农作物收获后赎回；十是赎回。典期到后，与中人一起付款赎回土地。赎回一般是在秋收以后，田地中没有作物时。有一个俗话："麦地不过年，春地不过寒（指清明）。"如果出典者钱不够，也可以部分赎回，如出典2亩，先赎回1亩，当然这必须承典者同意。

7. 取钱

取钱是农民融资方式的一种。一是定义。如果家里急需钱，可以以土地做担保借钱，每月支付利息；二是字据。取钱时，如果关系好，可以不立字据，否则要立字据；三是取钱中人，也称为保钱人。取钱时如果需要立字据，则需要中人，也称为中见人。不立字据，不需要中人。取钱中人一般是两人；四是取钱期限，三个月或者五个月，如果无力偿还，只要继续支付利息，可以延期，三五年都可以；五是无法还债。如果无法支付利息，家里有土地，中人就会建议将土地交给债主耕种。如果借款人没有土地，则由中人负责偿还。中人偿还后，字据交给中人，中人再向借款人还钱。取钱比典地更多；六是利息。取钱的利息一般是三分，即本金100元，月息支付3元，年息支付30元。利息与借款金额有关，金额越大，利息越低。最高的利息是3分。民国二十年时最高也只有2分息。

8. 借钱

如果只需要少量金钱，如10元、20元时，就采取借钱方式。所谓借钱方式就是没有利息，也没有中人，时间在一个月以内。如果一个月无法还债，则与债主商量延期。如果债主要求立即偿还，借款人则需要再向其他人借款还债。借钱一般是关系比较好的朋友、亲戚之间一种融资方式。在路家庄找妻子娘家借款的比较多，但一般不找自家人借款。在路家庄主要有四种借钱方式：借钱、取钱、典地（当）、请会，其中取钱比较多，请会比较少。在指地借钱和依靠中人借钱之中，指地借钱比较多。

9. 请会

请会是一种借钱方式。一是请会的原因。婚丧嫁娶、粮食不足、做买卖缺钱、买牲畜差钱时会进行请会。请会一般由需要借钱的人牵头发起；二是请会的人数。有 16 人的请会，也有 24 人的请会。一般是 24 人；三是会费。有 5 元的会，也有 10 元的会，凑够数后就结束了；四是请会的间隔。有两个月一次，也有三个月一次的；五是请帖。如果某人需要钱时，可以自己的名义发出请帖，邀请参加请会。在发请帖之前要和被邀请人进行商量，得到同意后发出请帖；六是会首。发出请帖的人称为会首或会头，其他参加的人称为会友；七是拔会。决定第二次使用会费人的方式称为拔会，拔会一般是给出最高利息的人。比如有人出 1 元的利息，则 5 元的会费，会友只带 4 元，但是会头每次都支付 5 元。拔会分为两种：上拔下使和现拔现使。用三只筷子，每人申告三次利息，利息最高者使用会费。会首不能使用；八是长分和短分。已经使用过钱的人称为长分（儿），没有用的称为短分（儿）；九是吃饭。每次使用钱的人支付吃饭的钱；十是保人。用过钱的人要有保人，保人一般为两人。保人主要是内保，即会友做保人；也有极少数外保人，即请非会友作为保人。如果用过钱的人无法支付以后的会费，则由保人支付；保人支付不了，则由会首支付。会首不能当保人；十一是会账。所谓会账就记录请会事项的账册。第一次聚会时就要做会账，主要记载会头、会友、拔会次数、会费及某年某月某日某人用多少利息，使用了钱，还有保人等也会记录在会账中。请会结束后，烧掉会账。在历城的路家庄有三四组请会。还有女会，做法与请会一样，只是利息不写在筷子上，而是写在纸上。女会一般是吃喝玩乐的会，有老年人会，也有年轻人会。

四　税契与过割

1. 里书与推收股

里书是负责土地买卖过割的人员。一是里书的产生。里书的一般由所负责村庄的村长们认可，然后接过工作，再去推收股（或处）去备案，即在姓名账簿上登记，推收股不会颁发任命状之类的证书，因此推收股知道里书的更换情况。二是里书与县长的关系。里书与县长没有关系，县长也不知道里书。三是通过推收股过割。里书负责登记的面积不是固定的，每年都在变动。土地买卖过割也有直接转交给推收股的，这种人一般是与推收股相熟悉的人，这样比较快的办理过割。土地过割的人就将"条子"交给推收股，推收股记录在推收簿里，再联系所管里书。一年通过推收股交给里书的全县大约有 100 件，大部分过割直接找里书办理。四是通过县过割。有些人还直接找县长，县长转交给推收股。推收股只收"条子"和登记，但是不收费，里书直接找买方收取手续费。五是有几个关键词。"领"，里书收取"串票"（旧时缴纳钱粮的依据）时写"领"。"交"，在串票上记入受持分，再次提交给征收处时会写上"交"。"领交"，里书记载着各个村的面积的账簿做成之初就写上"领交"。

2. 契税

田房买卖时的交税行为称为税契，其税收称为契税。只有上交纳了契税，土地买卖才会获得官方认可，使这种权利有了法律保障。历城县的契税分为两种，一是契纸费，典契每张为1角，卖契每张为5角；二是契税，按照买卖价格的6%，典价的3%缴纳。曾经在民国初年的阴历十月到第二年三月的半年期间减半征收。民国三十年撤销了这一政策。历城县人的土地买卖一般是立白契，不交契税，只有需要时才会去契税。写白契时也不用官契纸，因此在契税时只是将官方指定的契约用纸贴在白契上。按照法律规定，超过6个月再办理契税的需要处罚，如果农民主动契税，虽然超过了6个月，也不会处罚。所以民间田房买卖不税契的情况比较普遍。为了督促田房买卖税契，会派政务警去各村督促，这时政务警会让里书制作"推收"名簿，然后政务警拿着名簿直接找当事人督促其税契。政务警手持"传票"去督促，没有人敢反抗的。

3. 税契的账簿

税契有三种账簿，一是先在契税暂记簿上受理，同时收取契税；二是登记在契税红簿上；三是再根据缴款簿每日将现金送至会计处。

4. 补契

如果契约丢失，可以补契。补契时，请村长和四邻在场，代笔人作为"立补契人"写成文书。如果要税契，则使用"买契"用纸，只将内容改成"初契"字样即可。

惯行与治理：恩县后夏寨的调查

——满铁惯行调查第四卷导读之三

在历城县调查难以进行后，日本满铁调查员选择了恩县六合乡后夏寨进行调查。与历城县的冷水沟村、路家庄相比较，后夏寨调查还算比较成功，被调查对象比较配合，但是没有顺义的调查充分和完整。在后夏寨的调查中，调查员比较关注一些农村的基本概念，即从概念的角度来理解惯行和关系。

一　村庄的基本概况

（一）村庄情况

后夏寨离恩县县城约5里路。全村有127户，有5口井，其中2口井能够饮用。村庄采取密居制，两口水井刚好够用。村庄周围没有围墙。一是土地面积和质量。村庄面积有30公顷（也有人说32公顷）。本村好地有20顷，其他都是碱地和砂地。在恩县，后夏寨的土地质量比较差；二是河流、水沟、池。村庄没有河流、水沟，但是有3个水坑，村内一个，村外2个；三是自然气候。九月降霜，二月结束。本地雨水充足，但是春天播种时雨水也有不足的时候，六月降雨最多。10年有5年会发生旱灾。阴历正、二、三、四月风比较大；四是集市。集市主要是县城南关集市，相隔5里，单数日期为集市。村内商店四家，主要是出售食物、烟草、杂货等。商品很少，农民不常去。每天有从邻村来的卖油和烟草的行脚商。村民购买物品主要去县城的南关市场，此市场为隔日集市（奇数日）。村民平均每月去集市四五次，多的达10次左右。一般步行去集市。全村只有一辆自行车，是棉花收购人的；五是外出务工。后夏寨外出务的有二三十人，前往东北地区（当时称为满洲国）的10人，去邻近的固县做篮筐的五六人。外出务工人员比以前少了，因为不方便将钱从满洲国带回来；六是长工和短工。本村有4名长工，长工又称为"抗活"，农闲时会有不少人打短工，短工称为"打短"。五、六、九月是比较忙的季节，短工需求最多，做短工的一般是本村比较贫穷的劳力。女性也得干活，帮助除草、收割等（是否打短工没有调查）。

（二）村庄作物

后夏寨种植如下作物：一是作物种类。本村种植谷子、小麦、落花生、棉花、玉米、大豆、高粱、甘薯等；水果有梨、杏、桃等；二是作物产量。土地产量，上等地高粱产量130斤；谷子200斤；棉花60斤；玉米100斤；大豆80斤；小麦80斤左右。一般而言，高粱80斤左右；棉花三四十斤；三是作物种植时期，高粱阴历三月，小麦八月，谷子四月，棉花三月十五左右；四是作物收割时期，谷子、高粱七月，小麦五月上旬，棉花八月下旬到九月；五是作物食用和出售。村民们出售棉花和落花生，谷子、玉米、高粱、小麦自己食用。

（三）村庄沿革

据说后夏寨的居民是明朝永乐年间从山西洪洞县迁移过来的。当时有一寡妇带一个儿子，移居前夏寨，后来繁衍，有一支迁移到了后夏寨。寨是因为本村曾经有过军队在本村驻屯，所以就有了"下寨"之称。邻近的前夏寨有过军户（卫兵），还有过军地（卫地）。村内有口康熙年间的钟的铭文上写作"后夏寨"。被访者认为，因为"下"与"夏"同音，后来就改为了"后夏寨"。至于为什么从山西洪洞县迁移过来，大家都不知道原因。据被访谈者介绍，在先祖从山西过来时，这里的居民姓韩，20多年前已经没有韩姓人家了。先祖姓王。民国初年，后夏寨有100户左右，现在已经接近130户（1942年）。

（四）村庄灾害

村庄发生过许多灾害，民国七年遭遇过土匪，邻村很多人被抓走当人质，因此由村里出钱换回人质。这件事情后，几个村打算共同防御，但是作用不大，最后大家都到城里避难。民国二十三年发生了蝗虫灾害，吃光了所有的作物，虽然挖了壕沟（壕沟由谁建的不清楚），但是无济于事。民国二十六年（事变之年，即日本入侵之年）发生过水灾，低地作物全部被淹，但是房屋少有受损。最近两年发生过冰雹灾害、蝗虫灾害。

（五）村庄边界

村与村之间没有明显的边界，只是居住一起的住户的土地增多了，才会有大致的边界。但是这个边界经常会变动，因为土地买卖，一些土地会变成其他村的土地；一些土地会在其他村。所以村庄土地面积、村庄边界每年都会变动。土地属于买主所在的村庄，向该村纳税和摊款，不过看坡费用属于土地位置所在村。

（六）土地占有

在后夏寨村，家家户户都多少有些土地，包括开店铺的家庭都有地。全村拥有土地最多的有2户，约40亩地；大部分人家为20亩地左右；10亩以下的自耕农占全村的一半。租佃别人土地的有10户左右，因为本村土地少，想租佃也没有土地。没有耕作出典后的土地（典地称为"当地"）的现象。租种他人的土地称为"租地"，租地的家庭比较少。

总体而言，在后夏寨自耕的家庭比较多，即使是土地较多的地主也是自己耕种，没有完全雇佣长工或者短工耕作的家庭。在后夏寨当时的条件下，如果要让一家 6 口人过上普通人的生活需要 30 亩地。因此，大部分的家庭无法满足生活的需要，因此需要去做行商，做篮筐，或者做短工补贴家用。

（七）生活费用

在后夏寒，一家 6 口的中等收入的农家，在事变前一年的生活费用约是 600 元，如果不行商，不做短工，需要 40 亩地；事变后生活费用 1000 元左右，大约需要 50 亩地。

二　村庄治理

（一）治理架构

1. 治理结构

在庄长制时期，村庄有庄长 1 人，牌长 3 人，另外还有首事 1 人（相当于副保长），乡保 1 人（相当于地方）。牌长、首事、乡保协助庄长工作，庄长与这些辅助者共同组织村务，管理村庄。后夏寨村有过邻间制方案，但是没有实施。在保甲制时期，有保长 1 人，副保长 1 人，甲长 13 人，地方 1 人，学校管理人员 1 人。这些人共同构成了村庄的治理架构。除此以外，还有 1 位看路人。

2. 庄长

在保甲制以前是庄长制，庄长其实就村长，在清朝时庄长下面分为牌，在后夏寨有三个牌。恩县制定过邻间制，但没有实施。庄长也是选举产生的，只有一个庄长，没有副庄长。大庄有庄长和副庄长，但是后夏寨只有庄长一人。决策时庄长和牌长一起商量决定，庄长不能单独决定。如果非常重大的事情，会击鼓召集村民开会，但是没有出现过这种情况。村庄修建设施、举行仪式一般由庄长指挥。主要是事前分配相关工作，编排所有参与人员。庄长一般是由有财产的人担任，在后夏寨没有世代世袭庄长的情况。

3. 保长的资格和责任

担任保长需要一定的条件。一是资格。保长一般是人品正直，会做事的人。是否有财产、是否识字没有关系。从实际当选者来看，保长、庄长都是土地比较多的人，5 个保长、庄长有 4 位土地在 30 亩，一位有 50 亩，在村里都算土地比较多的人；二是保长的职责。收取田赋，商量并决议村中相关事务；村庄职务的分配；与学校管理人员一起管理学校；从事户口调查；组织植树、修路；组织村里的警备工作，主要是保甲自卫团的指挥。宗庙祭祀的司仪，祭祀在真武庙，每年三月三日举行；负责村内纷争的调解及县、区、镇来人的接待工作；三是任期，庄长一般没有任期，但是保长有任期，基本上年年都会选举保长，保长任期短主要在于生病、做坏事、外出等理由；四是辞职，庄长和保长要辞职，向区公所和县公安局提交辞职书（被访谈者表示是公安局），批准后可以辞职。庄长或者保长辞职可以不与村民商量，因为县里马上有官员来选定继任的庄长或保长；五是辞退，如果村民不满意庄长或者保长，村代表拿着村民的联名呈文去区和县，请求辞退保长或者庄长。也有不问村民意见直接辞退庄长或保长的情况，但是这些事情，后夏寨都没有发生过；六是报酬，保长或庄长均没有报酬，也没有津贴。为村民办事后也不会得到礼物。只有帮忙土地买卖或者充当分家证明人时，当事人会私下给二三斤肉，或者小礼品作为谢礼，但是村里不会另外给物品。保长、甲长开会时，会供饭，当然这也不算额外报酬。平均每月二三次吃饭。一般是吃馒头和肉，不喝酒；七是权限，保长或者庄长不能单独决定某件事情，保长要与甲长一起商量，甲长再与全甲的人一起商量；八是与上级联络，保长负责与镇、区、县联络，要按照区、镇、庄的顺序，依次传达县里的指令和分配摊款。有时联络事宜也可以交给地方办理；九是办事地点，保长办公的地点称为保长办公处，在后夏寨不称为村公所。如果村民不能缴纳田赋和县摊款，保长要负责做催收，如果实在无法缴纳，保长要代垫；十是村民不遵从保长指令时，保长也不能随意处罚，要向县里申诉后请求处罚，主要有如下几种情况时可以向县里申诉：不交税，不同意修路，或者勾通匪贼。保长做出的决定，村民一般会服从。在村民婚丧嫁娶事件中，保长不是指挥者，只是普通的帮忙者。不管是谁有事，保长都要参加并帮忙，主要是写字、买东西，商量一切事情，村民也会听取保长的建议。当然这种建议是作为一个帮忙者提出建议，而不是以保长的名义提出建议。

4. 保长选举

保长是由全村居民选举产生的。一是选民资格，有土地的且负担摊款的村民均有选举权；二是选民单位，每户家长去投票，如果家长没有空，可以由20岁以上的儿子投票，女人和小孩不能参加，即使是女户主也没有投票权；三是候选人推举，在后夏寨的选举中没有候选人，由有资格的选民直接选举产生。县里没有推行候选人，乡村有威望的人也没有推选；四是参加投票的人数，每次参与投票的人数大约有一半人，当年的选举有60多人参加投票。有投票权的人不参加投票也可以；五是选票的书写，选票由村民自己书写，不会写字的过去可以由会写字村民代写，但是当年的选举由在场的官员代写；六是选举监督，每次选举时，县、区、镇各安排1名官员到场，监督和指导选举；七是点票，投票结束后当场点票，票多者当选为保长，其次为副保长。保甲制后后夏寨设置了副保长。计票后当场宣布结果，不用再向县里报告；八是当选者的选择，当选者如果有病，可以向县里申请解任，得到许可后可以拒绝就任。其他理由不行。九是任命，县里向当选者发委任状；十是罢免，如果庄长做了坏事或者不当行为，村民开会商量罢免，然后由村民代表申告到县公署，县里命令警察或区公所秘密进行调查，查明情况后给以适当的处罚，免职，还会罚款。最易发生不当行为的是职务分配和摊款；十一是监督，保长主要是由村民监督，由镇长、区长进行外部监督。

5. 保长或庄长与村民

在后夏寨，保长或庄长与村民关系比较友好，一是村民家里有婚礼、葬礼，保长或庄长一般会参加。按照惯例，保长或庄长会参加葬礼。贫民家庭更希望保长参加自己家里的婚礼或者葬礼；二是保长或庄长参加婚礼、葬礼的和有学识的人一样，都安排在最好的席位。村民喜欢保长或庄长参加自己家里婚礼或葬礼，因为他们受人尊敬；三是分家纠纷会请保长或庄长调停，就算不服从保长或庄长调停，也会按照他的指示来解决问题。因为如果把事情闹大，申诉到县里，会花很多钱；四是本村的老年乞丐因为生活问题也会找庄长或者保长商量，这时保长或庄长会给老年乞丐一些食物；五是有些村民拜托保长或者庄长写信，商量土地买卖的事情。保长一般在新建的办公处办公；庄长一般在家里处理事情。

6. 保长辅助者

保长要做好工作，依赖于几位辅助者。一是副保长。副保长协助保长工作，经常和保长一起商量事情。副保长由村民选举产生，票数排在第二位人当选为副保长；二是甲长。甲长由本甲所在的家庭推选产生。甲长传达保长的指令，与保长一起商量村庄事务；负责征收本甲的摊款；三是地方。地方接受保长的命令后联络甲长，不用向村里每家每户传达命令。也受保长委托前去区公所陈情和汇报工作。现在地方每月有 2 元的工资，一年有300 斤谷子，从本村获得；四是学校管理员。主要是对学校相关设施进行维修，购买学校所需必需品，教师的选任等。学校管理员由保长任命。学校所需费用由村庄摊派筹集，但是教师的工资由学生所交学费及县里每年 40 元的补助解决。保长的辅助者有不当行为，保长可以罢免，有时也会罚款。

7. 庄长辅助者

在庄长制时，庄长也有几位辅助者，一是首事，相当于副保长；二是牌长，主要是摊派费用；三是乡保，相当于村警察，有犯人就带到县里去。但是不联络和传达村中事务。事变之前都存在乡保。牌长、甲长、首事都没有工资。乡保平时务农，也没有工资，但是后夏寨每年给他 500 斤左右的谷子。

8. 村代表

保长代表村庄交涉事件就是村代表。主要是祈雨、防范土匪、修路等，主要由庄长或者保长来代表。与别的村庄发生纠纷也由庄长或者保长代表本村与他村进行交涉。一是向下传达命令，县里命令的传达。县里有命令时，直接传达给保长，保长经过甲长传达给各户；二是向上陈情汇报，向县里汇报由庄长或者保长直接前往，如果是区公所，一般就由地方代理保长去。不允许村民不经保长同意而直接去县里陈情；三是如果村民想辞退保长或庄长，可以有由本村有学问、有名望的人作为临时代表去陈情汇报。这种陈情汇报因为有村民联名签名，县里一般会承认；四是本村村民与外村村民发生了纷争时，一般找一个合适的人去调解，如果问题比较严重，则由各村保长出来仲裁。

（二）传统治理

1. 牌

事变前本村有庄长，庄长下面 3 个牌长。牌起源于清朝。牌长协助庄长办理公事。庄长有事通知牌长，牌长通知各花户。后夏寨有 3 牌，东、中、西部各一个牌。牌是以区域来划分的。

2. 牌长

庄长制时期类似于甲长的基层单元管理者。牌长不由庄长任命，而是由本牌各户户长选举产生。如果牌长做了坏事，也可以罢免，但是庄长不能署名牌长，只能由本牌户长投票确定。罢免之后马上选举继任牌长。牌长一般由各牌家庭口头选举产生，其实有影响力的还是各牌中能够说得起话的人，他们的推荐很重要。牌长一般由有土地、经济上较为富足的人担任。牌长协助庄长管理村务，主要是商量村庄中的事务，向本牌居民传达指令，同时也将本牌的想法传达给庄长。牌长不是世袭的，但是也有父子相继的情况。

3. 首事

首事是庄长制时的一个职务，选举时票数最多的人担任首事。首事与庄长、牌长等商量决定村庄事务。因为首事由选举产生，因此不可世袭。首事没有工资收入。

（三）防卫

1. 保甲自卫团

按照县里规定，调查的前一年成立了保甲自卫团。保长是团长，甲长是班长，18 岁和 45 岁的男子是团员。团员要进行训练。训练时主要佩带红枪、青龙刀。保长也参加过新民会的训练。团员训练时没有补贴。后夏寨村的保甲自卫团成立后就没有出去过。按照当地农民话说，保甲自卫团与红枪会是一样的。

2. 红枪会

被调查者说，后夏寨有红枪会，也叫同心会、白吉会。红枪会拜真武，也有说信仰祖神爷。加入红枪会的称为"在道的"，其成员称为"徒弟""壮丁"。一是红枪会的起因。因为民国十四年有匪贼，很多年轻人都成为了红枪会会员；二是红枪会的老师。红枪会有会长，也称为老师，经过老师教导后接受老师的信仰就成为了徒弟，也就加入红枪会。后夏寨的会长或者老师是德平县人。会员不向老师交钱，也不交会费。老师来后在村里住一个晚上，费用由会员承担。另外，某些会巫术的人也可以成为老师。老师也不向徒弟下达命令；三是红枪会信仰祖神爷，虽然不将画像挂在家里，但是会放牌位供奉。信仰比较好的人称为"功夫好的"；四是红枪会的指导者。后夏寨红枪会的指导者是庄长，附近几个村的会长都是庄长；五是集会。红枪会每天傍晚聚集在一起祭拜，后夏寨集中在本村房子比较大的一家中祭拜、烧香，费用由村里承担；六是信仰。加入红枪会的会员相信，只要坚持祭拜，打仗就不死。祭拜不唱经文，主要是默拜，也称为"打坐"，每天大约 3 个小时。50 岁以上的会员就不祭拜了；七是戒律，会员不可图财、骂人、做土匪。一、三、六、九、十五日不可与妻子共寝。后夏寨有 70 人加入了红枪会，老师有两个，一个是德平县人，一个是前夏寨有点巫术的人。后夏寨的红枪会因为死亡或者外出，会员在减少。有些人就参加前夏寨的红枪会集会，每月向前夏寨交一元的祭拜费用，由村里支付。

3. 看路人

1941 年后夏寨与周边的村庄形成了爱护村，设置了看路人这一职位。看路人由爱护村的村长选任。看路人每月去爱护村的区域内巡视一次，如果有破损，就向爱护村长报告，小破损就自己维修。看路人的工资是 15 元，由爱护村来发放。爱护村的费用由各村每月按照地亩数量上交，一亩大约一元。主要用于爱护村的联合会议，特别是接待费用。

4. 眺望楼

维持治安还有两类设施，一是眺望楼；二是鼓。眺望楼为 3 户人家所有，其中有一家在事变前两三年修建，当时家里有土地 90 亩左右。为了保卫自家修建了眺望楼。修建眺望楼需要 80 元到 100 元。钱由修建者出，但是村民会去帮忙。修建者会提供帮忙人的伙食。一个眺望楼每天需要 20 人，需要 20 天才能够完成，约 400 人次。修建时，因为是农闲时分，全村的人都会去帮忙。眺望楼修好后只有自家人才能上去。调查员问，为什么大家都愿意去帮忙呢？农民回答，后夏寨有一个习惯，一家有事，全村人帮忙。当然修建眺望楼只是关系好的人去帮忙。

5. 击鼓

调查前 4 年村庄里做了鼓，2 里远的地方都能够听到。如果有匪贼袭击，就会击鼓，外村人也会听到，听到后前来帮忙。在恩县每个村都会有报警的鼓。一只鼓大约 20 元左右。村民约定，平时不击鼓，只有重大事情才击鼓。

6. 打更

村庄每晚都有人值班，称为打更。事变前每晚十人左右打更；事变后每晚 30 人打更。时间是 9 点到 12 点有 15 人，12 点到 5 点有 15 人，轮流值班。打更的人有老年人，也有年轻人。如果家里没有适合的人，可以找人代替。打更的人又称更夫，或者打更的，带着红枪和钟。打更的人不会停在一个地方，而是交替不断地在村内巡视。更夫由有土地的人承担，10 亩出一个人，20 亩出 2 人，每 10 亩加一人。值班打更的记录在轮流值日簿上。村庄不为更夫提供伙食，自己解决。如果家里有事，向甲长说明情况后，可以不参加。如果遇到可疑人就带回村公所。每晚打更人在村公所集合和休息。后夏寨打更还有相关规定，写在轮流值日簿上。这个规定由当时的保长和甲长等商量后决定。地方每日会通知打更人。如果地方通知，镇公所查验不到者要重罚，曾经有两人被罚。打更的与外村没有联系，只有需要帮助时才会击鼓联络。

7. 公看义坡

后夏寨村有公看义坡，公看义坡禁止羊或家禽进入耕地，防止偷盗。公看义坡是村民义务照管，看青是雇人照管作物。在后夏寨周围的村庄都是公看义坡。义坡主要在阴历五月上旬到八月下旬实行。每天照看的人也不固定，各人分开照管自己的田地，同时也注意别人家的田地。公看义坡如果发现有人破坏庄稼，会抓起来，说教一番，但是不会处罚，也不会赔偿作物损失。虽然后夏寨有公看义坡，但是没有专门看青人，也没有负责人，没有青苗会，更没有看坡规定。

8. 联保

后夏寨所在的六合乡镇长朱长河是六合乡的联保主任，六合乡由 17 个村组成。

（四）村费

1. 管账

后夏寨客账先生是王庆昌，从民国九年到民国二十三年，主要管村公所和乡社的账。一是将各种收支记入账簿；二是与庄长去城内的银号借钱，向银号借钱利息为三分，秋后还钱，需要签订借帖，但是不需要担保和保证人。民国二十五六年银号没有了，调查时需要钱就只能摊派，即麦秋、大秋时超额征收一些。管账要做流水账，五、八、十二月各一次，三次都要将清单贴在村公所的墙上。管账先生受保长委托，没有报酬，自己家里有钱，生活不成问题。管账先生一般选择家里没有困难且有作用的人担任。

2. 村费账簿

后夏寨有记录村费收支的账簿，称为"公乡杂费支收账"。但是调查的当年没有，准备口头向村民报告。为什么没有记账，解释比较勉强，说现在是现金支付，不准赊账，所以没有记账。调查对象是后夏寨的地方，他说，村费没有预算，也没有决算。以前有过精算，又称为"清单"，可能就是流水账。"清单"也不贴出来，由庄长口头说明。地方表示，虽然如此，村民也没有不满意的。庄长、牌长、首事怎么决定，村民就怎么办。

3. 村费分摊

村费分摊一般是庄长、首事、牌长或保长、甲长共同商量确定，分摊主要是按照田亩数量。佃户不缴纳摊派款。小生意人也是按照所有地的数量缴纳摊派款。摊派数量由甲长通知各花户，甲长负责收齐，然后交给保长。

4. 摊款

村里有不少摊款，摊款由所有土地负担。1942 年一亩 3 元 60 钱，1941 年一亩 6 元 50

钱。摊款的总类包括：银子钱、兵花费、自卫团费、爱护村费、政务警花费、学校费。摊款分大秋和麦秋摊款，分多次收集。

5. 摊工

摊工也是按照所有地摊派，租地不负担。1941 年摊工 70 次。10 亩一人，13 亩也是一人，15 亩到 20 亩是两人。对于租地的家庭不摊工，也不摊款。

6. 庙地

后夏寨村有庙地 49 亩，为了支付学校工资，即先生的月薪典当了 5 亩。庙地可以典当，典当时由村长、副乡长（也就是村长）、甲长一起商量决定，农民一般不会参加协商。以乡长、副乡长的名义典当，有时也会写上甲长的名字。在万不得已时，庙地也可以出售，出售时也是乡长、副乡长和甲长们共同商议，契约上写上这些人的名字。

（五）村庄资格

1. 本村人的资格

要成为本村人必须有土地、房子，一般还有墓地。在后夏寨从民国以后就没有人成为本村人。与本村人相对应的是外村人，或者异乡人。

2. 入住本村的程序

要想入住后夏寨村，需要保证人，保证人向保长、甲长申请，得到他们同意后可入住本村。

3. 住房的

没有土地和房屋，只是暂时入住本村称为"住房的"。

4. 世居的

长期住在本村的称为"世居的"。世居的在本村拥有墓地。世居的与"世代"没有关系。

三　农业与职业

（一）农业情况

1. 肥料

在后夏寨以土粪为主，还用豆粕（各村有制作豆粕的地方），如落花生的豆粕，20 斤豆粕需要四五元钱。县里会配给棉花用的硫铵，但是不适合后夏寨的土地。肥料基本是自家自制的土粪，将人粪、畜粪和土混在一起作成，土和粪各占 50%。每亩需要土粪 2000斤，价格约是 20 元。基本上每家都能够做土粪。没有牲畜和人手的家庭就从城内购买。后夏寨约有四五家家境稍宽裕的家庭购买肥料。白地施肥 1000 斤，黑地施肥 500 斤。一般有钱人家会多施肥。

2. 役畜和农具

在后夏寨，拥有比较齐全役畜和农具的家庭有四五户。村里没有马，骡子 3 匹，驴八头，牛 38 头，大车 19 辆，犁杖 34 个，耙 13 个。农具主要在南边斜王庄的木匠处或者南关市场购买。除了农耕的役畜外，全村有羊 10 只，猪二三十头，没有家鸭。20 亩左右的人家养小牛，30 亩以上的人养大牛。

3. 伙买

一起共同购买役畜，然后一起使用称为伙买。伙买主要是穷人家三五户结成对子，共同购买耕畜。伙买各户共同出资，轮流饲养，分别使用。在农忙，大家都需要用牛时，可以先帮助一家耕种，以省时间。伙买一般在关系好的农户之间进行。

4. 借用

农民之间也会相互借用农具，如犁、耙、耧等，农具又称为"家伙"。借用不需要给钱，也不需要送礼。全村只有三四户不需要借农具，其他农户均需要相互借用农具。自耕土地百亩左右才能够买得起必要的农具和役畜，在后夏寨有这些农具和役畜的只有四五户，都是以前购买的。本村很多家庭役畜不够用，因此需要借用。一般两头牛一天可以耕种 5 亩左右，一头牛和一头驴也是 5 亩左右，两匹马耕 7 亩左右。后夏寨村没有一个家庭有 2 头役畜的。没有役畜的家庭向别人借用，主要是向关系好的家庭借用，也有不愿意出借役畜的。借用的家庭中秋节会送些零食或者水果，不给钱，有时也会去做点劳动，以示补偿；也有人说在正月、八月，送些点心、馒头、糕点等。在借用期间，借用者负责饲料，也有人说因为借用者家里穷，主人负担饲料。

5. 副业

后夏寨的副业主要是做篮筐和小买卖。做篮筐就是用柳枝做笊篱和篮筐，然后拿到城里去卖。篮筐每个 50 钱，笊篱每个 15 钱，柳枝从县城东边的村子购买，因为此地有河，生长柳树。副业主要在秋天到冬天农闲时节。全村做副业的有七八户，都是比较贫穷的家庭。整个冬天一个人的利润约为 10 元左右。做篮筐需要有比较熟悉的技术，加上行脚商也销售篮筐，所以不可能容纳太多的人。

6. 帮忙

劳动力不足时，一般会雇佣短工，也会请近邻帮忙，或者借役畜和农具来协助。协助就叫帮忙。帮忙不需要送礼。后夏寨村民有帮忙的习惯，一家有事，全村人特别是关系好的人就会去帮忙。帮忙主要是耕作、建筑、婚丧等大事。建筑时全村都会去帮忙；婚丧时只有与当事人交往好的人去帮忙；耕作时亲友或者平时借用农具和役畜的人家会相互帮忙。在当地相互帮忙称为"老乡亲"，表示同村人之间的亲密感。老乡亲还体现在借牛、农具时，家里农忙、事忙需要帮忙时。

7. 井及维修

后夏寨有 5 口水井，只有 2 口在使用。全部是饮用水井，没有灌溉水井。1942 年县里要求再打 13 口井。全村人都可使用 2 口水井，旱年时，水会变少。因此需要挖深，挖深水井时要摊款和摊工。3 年前曾经维修过水井，买了大框和粗绳，共计 50 元左右，按照地亩数量分摊。维修水井的劳动力按照人数分摊，每户必须出一人，如果没有成年男子可以不出，有 7 个劳力的家庭必须出两人。每个劳力下井时每人两元的报酬。女人、小孩、老人不用挖井。费用分摊由保长和甲长商量决定，一般在村公所开会决定。

（二）村庄职业

1. 短工。

后夏寨村民几乎都做短工，保长有时也会做短工。短工每日工资 30 钱，在雇佣者家吃饭。较少有季节性短工。如果请同族人或者近邻，只吃饭，不会给钱，即帮忙。在后夏寨村没有一边做雇工，一边存钱扩大土地规模的例子，说明以雇工发财比较困难。

2. 雇农

给别人家做农活的人称为雇农。雇农包括短工，也包括长工。雇农有不同的称呼，大伙计，能力最好，30 至 40 岁；二伙计，能力次于大伙计，年龄不定；三伙计，能力次于二伙计，多不到 20 岁；小伙计，能力次于三伙计，一般是小孩子。对于长工而言，大伙计报酬是每年一百二三十元；二伙计 50、60 元；三伙计 20、30 元；小伙计 10 元左右。由于生活困难，做雇农的人增加了。

3. 小店

后夏寨有 4 家店铺，卖茶、杂货的两家，卖豆腐的两家。开店铺的经费约 10 元左右。茶和杂货从城内买，然后在村内卖。店铺没有雇工，自家人照看。村里有一半人会去小店购买商品。小店的价格比县城要贵些。如果没有钱可以赊账，村民都可以赊账，每年的正月、端午节、中秋节三次可以还赊账款。

4. 棉花贩子

村里有 6 人从事棉花贩运，主要是棉花出来时节来做，其他时间务农。这些人买本村的棉花，再运到城里卖给商人，也有直接将自家棉花拿到市场上去卖的。

5. 水果贩子

本村有些农户还做水果贩运，从西南的丰庄购买，再拿到城内的南关市场去卖。贩卖数量不太多，约为一个人能够担得起的量，大约五六十斤。只有穷人才做水果贩卖。

6. 木匠

后夏寨有两三个木匠，一边做木匠，一边做务农。有等着村民找他们干活的木匠，也有在自家干活的木匠。如果上门干活，每日供木匠三餐饭，再付70钱。主要做桌子、床、椅子等。30年前有个木匠从河北南宫县来到本村，本村的很多木匠都是他的徒弟。现在有3位木匠，1位是本村人，2位是外村人。一般而言，每个村都会有木匠。

7. 木匠徒弟

木匠会带徒弟。徒弟的学习是3年，3年一共可得20吊钱，相当于当时的七八十元。徒弟期满后，也可以跟着师傅学习，这样日薪70钱，师傅供应伙食。学徒期满称"满徒"。在夏后寨有一位徒弟跟着师傅，满徒后继续跟着师傅做事。师傅去逝后，十个师亲兄弟一起在村子干活，每年收入大约为200元，这比跟着师傅干活收入要好些。木工主要制作桌子、椅子和棺材等。材料在城里购买，或者砍自己的树。

8. 教员

本村有一位小学教员，姓王，原来在县城西关做老师，3年前回到了本村小学任教。他是本村秀才的父亲拜托他过来当教员的。事变前老师的工资是150元左右，现在是120元，没有伙食费。老师不参加村里的会议，只是村民在办婚礼或者丧事拜托他写字。村民比较尊重王老师。王老师有10亩地，在县城当老师时往返村庄和县城。王老师的10亩地没有出租，而是由叔父耕种，自己供叔父伙食。

9. 乞丐

后夏寨有一位乞丐，有两间房子，家里只有4亩砂地，自己上了年纪，妻子有眼疾，有一位10岁左右的儿子，无法耕种，土地无法维持生活，从4年前开始乞讨。本村村民会给一些饼子、甘薯等。他也去外村乞讨，也是给食物，不会给钱。这位乞丐原来在天津做苦力，寄些钱给母亲，年老后就回家了，无法继续做苦力。

10. 外出务工

后夏寨外出务工的人比较多，主要是去两个地方：一是东北地区（满洲国），去做苦力，也有买卖人。原来可以汇款回家，一年汇款五六十元左右。外出务工的人寄回家都是作为生活费的，无法存钱。去落地做买卖的也有些摆摊，没有太大的利润。去东北的人长年住在当地；二是去武城县做篮筐，5年前本村有些人去那里学习，一年可寄回100元左右，去的人就住在那儿，现在也没有回来。

11. 无业游民

在调查前几年后夏寨有四五人是无业游民，10 年前去哈尔滨打工，现在村里没有游民了。所谓无业游民就是做生意失败，一直无所事事，讨厌务农，整天只是玩。这些人平时不赌博，做生意亏损后就去东北（满洲）了。

12. 行脚商

农民在农闲时会在周围的村庄去贩卖商品，这种人称为行脚商。行脚商主要销售落花生、野菜、豆腐等。甲长马万年就卖豆腐，一家 4 人都在做豆腐。从秋到冬的收入大约有 40 元左右。豆腐的原料主要是自家种植的豆子，不够时从别人家购买，一斤 30 钱左右。豆腐一般在本村内卖，新年也在邻村卖。落花生主要是自家产的，在城内卖。野菜在城内购买然后在村庄卖。梨、桃也是在夏津县买了再到附近的村庄卖。

四　土地租佃

（一）租佃类型

1. 分种

分种又称为大份，就是佃租人租种土地，收获物主佃平均分配。将土地分种出去的是土地比较多，劳力不足的家庭。分种在南方称为分成地租。分种要立一份文书（租约），交给地主。文书上写着所有者姓名，地亩数，粮食数量，交纳日期，保证人（1 人），契约期限（3 年）。文书上会写上如果不能交纳由保证人代替交纳。分种的期限一般是为 3 年，最多是 5 年。分种时不能用钱代替地租，柴火也是对半分配。一收获就必须交纳地租。交纳时，佃农将地主叫来，称好后给地主看，然后租地人将地租运到地主家。大份时地主和佃农协商种植的作物。

2. 租地

租地就是租了地主的土地，然后向地主交固定地租，剩下的归佃农所有。在当地佃农称为租地人，地主称为东家。租地也会写文书，包括所有者姓名、土地亩数、柴火数量、交纳日期（秋）、保人、不能交纳时由保证人代为交纳和契约期限。契约期限一般是三年，到期后还可以续约。保证人只有一位。签订文书时会指定一种作物交纳的数量，但是地主不干涉租地人的种植自由，租地人可以自由选择耕种的作物，交租时只要按照当时的价格，折算成文书规定交纳作物的价值相当的作物就行了，当然也可以交纳与文书规定作物价格相当的其他作物。租地一般每亩交纳五六十斤地租，租地人可以得到 40 斤左右的剩余。对于收获物，地主和租地人约为六四分成。租地人一般不向地主借农具、种子。在后夏寨，一亩黑地的地租约为百斤左右谷子，百斤左右的柴火，如果不要柴火，可以多交 10

斤粮食。一亩白地的地租为 60 斤谷子，60 斤柴火。无论种植什么都需要交柴火，如果种植柴火比较少的作物，如山药、花生、谷子，还得购买柴火交给地主。另外，交纳的作物是在租约中约定好的，不过可以在交纳时商量，如谷子交 50 斤，则可以交 54 斤高粱。这要得到地主的许可。

3. 二八份子

地主家缺少劳力，但是佃农除了劳动力外什么都没有的情况下，就会采取"二八份子"。"二八份子"的学名就是分成地租。所谓"二八份子"就是地主出耕地、农具、马、种子、肥料，租地人只负责出劳务耕种作物，收成的八成归地主，二成归出劳力者，出劳力者不叫佃农，而是叫"种份子"。份子不能以钱交纳，以份子形式耕作的都是穷人，没有钱交纳地租。份子耕作时一般不写文书，耕作四五年算是长的。份子使用地主的农具、种子，如果农具坏了，由地主负责承担和维修。份子耕作由地主指定种植作物。在后夏寨，采取份子经营形式的只有 2 户，租地的 4 户，分种的 2 户。在以前，分种最多，其次是租地，再次是份子。"二八份子"时，佃农在地主家吃饭，主要是三四月份。有时佃农也睡在地主家。如果佃农是外村的，三月到十月全家都吃、住在地主家，当收获后全部返还。

4. 三七份子

与"二八份子"相比，"三七份子"只有两件事情不同：一是不在地主家吃饭；二是不给地主做其他的工作，如修理房子等。佃农只管种地，不负责做其他的工作。

（二）租佃要件

1. 租期

在后夏寨，土地出租的租期一般是 3 年，据被调查者说，每年都会调整，也有提前结束租期的，也有到期再续租的。如果租期是 5 年，佃农去世后，儿子向地主告知后，可以继续耕种。这种情况下可以不重写文书。

2. 码钱

码钱又称为定金，因为租地人先给地主交两三元的码钱，这样地主就不会将土地再租给其他人了。如果是亲戚关系或者比较要好的熟人不需要交码钱。

3. 押租

在后夏寨村，有时租地也要提前交租，称为押租，押租一般是"先上一半"。有时每亩 50 斤，任何谷物都可以。分种时不需要交押租。

4. 月粮

进行份子时，不仅不交押租，地主每个月还给佃户月粮。因这佃户家穷，地主每月给一斗粮食。收获后，佃农还给地主。

5. 保人

不同的租佃方式对保人的要求不同，租地必须要有保人，且保人要人品好，家里有土地。大份也要保人，必须要人品好；份子时不需要保人。租地时，如果佃农无法缴纳地租，保人有义务代为交纳。在后夏寨，保人一般是人品好的人，如村长和副村长担任。租种亲戚和朋友的土地有时不需要保人。

6. 续租

租约到期后，如果信用好，可以继续租地。这时可以签订文书，也可以不签订文书。如果重新签订文书，保人因为已经有信用，继续当保人。这又分为两种，一是在原有契约上更改；二是签订新文书，烧掉老文书。

7. 转租

在后夏寨，不存在转租的情况，即签订租约是 5 年，3 年后佃农将佃权出租，没有这种情况。如果佃农不种后就直接交给地主。

（三）租佃减免及纷争

1. 歉收与减免

在后夏寨，如果出现了水旱灾害，地租是可以减免的。"二八份子"时，如果一点收成都没有，可以不交租，但是只要有一点收获，均采取二八分成的方式分配。如果分种，也是如此，如果有一些收成，按照对半分配的方式缴纳。如果是租地，则要区别对待。文书会约定，歉收可以减免一半，只交原有产量的一半。其实也并不是如此，如果租金是 60 斤，收获量超过 60 斤，则不减免；如果低于 60 斤，则减免，如只有 40 斤收获量，则只交 20 斤。一般是收获后必须立即纳租，种植棉花的佃户可以晚两个月，没有人将地租延期到第二年的现象。即使再穷，没有饭吃，也不能不向地主交纳地租。减免的时，一般是佃农自己向地主申请，也有委托保人申请的，还有与保人一起前往的。一个地主有几个佃农时，虽然有佃农一起找地主的现象，但是这种现象比较少。

2. 欠交与纷争

如果佃农欠交地租，不能没收佃农的农具。如果租约尚未到期，地主要收回出租土地，农民比较穷无力打官司时，只能由地主收回；如果佃农请保甲长调解，可以让佃农继续耕种。一般情况下，地主要求提高租金，只能按照地主的要求。农民和地主之间有纷争，但是没有诉讼。因为农民打不起官司，一次官司需要 200 元左右的成本。纷争多是地主要求提高地租额引起。

3. 座价

对于拖欠多年的地租，地主让其写欠条，约定两三年之内偿还称为"座价"。座价可以写在文书上，也可以另写欠条。座价计算是根据滞纳到当时的物价来计算。座价只可能发生在租地的情况下，"二八份子"和分种都是收获时交地租，不存在拖欠地租的问题。

4. 收回土地

地主收回在租约期间的土地必须有正当的理由，否则不能收回。一是如果佃农没有按质按量交纳地租可以收回土地；二是有时地主以佃农没有给其修理房子，没有给地里浇水收回土地；三是地主以生活困难要自己耕种为理由收回土地。不管怎样，地主提出的理由如果正当，佃农一般会同意；如果理由不正当，佃农的性情又比较固执，会拒绝其收回土地。

（四）租佃主体关系

1. 租佃关系

后夏寨的租佃农户不多，只有几户出租土地，也只有几户租地，出租土地的人大约有10亩左右。租地与出租土地的家庭都是彼此熟悉且关系比较好的家庭，多向本村农户出租土地。因此不会延期交纳地租，如果延期交纳，就会收回土地。即使文书上写了租种3年，也会立即收回土地。在不交地租情况下，地主会通知保人和租地人。在后夏寨，佃户喜欢"二八份子"，地主喜欢租地。因为佃农缺少资金、农具，地主将地交给佃农后，可以干别人事。

2. 主佃关系

租地和分种的情况下，地主家结婚，佃农一定会去随礼，约一二元；地主家有丧事，佃农会去烧纸。不管佃农与地主是否为亲戚，是否是本村，地主是否叫唤，佃农都会前往地主家。如果地主家有事需要做，如修房子、盖房子，佃农也会去帮忙，只吃饭，不给工钱。如果有多名佃农，大家一般都会去。另外，除了随礼、帮忙外，正月、端午节、中秋节时佃农也会去问候和拜节。"二八份子"时，除了上述的主佃关系外，佃农还得给地主喂养牲畜，修理房屋和坑，赶大车，出粪，运土等。这些都是无偿劳动。

3. 地主、佃农和保人

如果佃农不能交纳地租，首先佃农会请保人向地主申请，延缓交纳；保人会与地主进行协商，万一佃农交不了，佃农会请求保人代交部分地租，然后自己打工来挣钱还账。地主也可以向保人要求代交地租，这时保人不好拒绝，只能全部代交。保人代交后，地主向保人开具收条，然后佃农通过打工挣钱还给保人，当账还清后，保人烧掉收据。保人有经济责任，没有人愿意担任保人。一般只有亲戚朋友担任租地的保人。一般而言，如果地主提出要求保人代交地租，保人必须代交。保人由佃户选择。有时即使佃农找到保人，地主也有拒绝租地的情况。佃户选择的保人，必须与地主认识，且有一定的土地，没有土地不能做保人。如果收取好，在租地、分种情况下，交纳地租后，佃农会请保人、地主吃饭；收成不好时不请吃饭，在租约签订时也不请。租地需要保人，而且要求保人老实且有土地。份子时只要人老实就行，不需要土地，因为交租是收获后立即分配，不会出现地租拖欠的情况。保人重在信用、人品，信用相当好，即使没有土地，也可以当租地保人。

4. 租佃与同族、亲友关系

如果同族、亲戚、朋友租佃时，可以不交码钱，也可以不交押租。份子主要是在穷人间进行。同族之间主要是分种比较多。与外村人分种时不需要与同族打招呼。亲戚帮助耕种土地，可以将粮食作为谢礼。佃户租种亲戚的土地，因亲戚人手不够再去帮忙耕种时，亲戚会送东西，如点心、衣服、供面、一点钱、猪肉等。

（五）租地出售

在土地租约没有到期，地主可以出售土地，出售前地主会通知佃农。当土地上还有庄稼时不能出售，要等没有庄稼后再出售。有时地主为了出售，可将地里的庄稼一同买下来。地主要出售土地，可以中止租佃协议的。租地出售时，如果地里有作物，尚未成熟，地主会支付种子费用和肥料款。如果作物就要收割了，地主则要按照作物的价格购买。至于价格都取决于地主，即使保人和保长参与调解，也由地主决定。租地一旦出售，无论租期是否已到期都会结束租佃。

五　土地买卖

（一）土地买卖的概况

1. 土地买卖的原因

土地买卖一般是婚丧、诉讼、灾害。在卖地之前，会考虑指地借款；如果借不到，会考虑当地；如果当地不能解决问题，就卖地。卖地是最后的选择。

2. 土地买卖的季节

土地买卖一般在十月至清明节之间，因为这段期间土地上没有作物。当然如果遇到特殊情况，如土匪绑架了人质等急需钱的时候，也会出卖土地。

（二）土地买卖的程序

1. 先买权

卖地一般有如下顺序：第一，兄弟；第二，近族；第三，四邻；第四，远族；第五，承典人，即当主；第六，本村人；第七，外村人。卖主要找到中人，依次咨询各位的想法。同等价格下，具有先买权的优先购买。否则价格高者优先购买。

2. 定钱

买卖土地过程中，如果买卖双方敲定后就要交定钱，定钱也称为定码。交了定钱后就不能不买，也不能不卖。定钱将从卖价中扣除。如果买主不买了，定钱不能要回。如果卖主不卖了，一般不允许，如果同意也必须双倍退回定钱。

3. 草契及老契、新契

土地买卖时涉及三种契约，草契就是双方说好土地买卖后就签署草契，会在草契写上"收地价若干元"。这份草契交给买主。在打地后就要签约，这时的契约是白契，也就是新立的契约。上面要记载契约中的所有内容。白契进行税契并过割后就成为了红契。土地买卖完成后，原来的老契已经没有用，可以烧掉，也可以自己保存，但是价值不大。因为不可能再以此契买卖，因为四邻会作证的。也不可能以此来进行抵押借款。有农民表示，除非蒙骗不知情的人，否则老契已没有任何价值。

4. 丈量

土地买卖一般要丈量，丈量也称为打地。丈量在交涉后长则一个月，短则半个月后进行。丈量时要请丈量先生，丈量人称为先生，也称又算地人。丈量时还要请四邻和中人，卖主、买主也参加。四邻要拿来地契，丈量土地时白契要依红契。如果丈量时自己的土地是红契，别人是白契，丈量多了，就要占别人的地了；如果自己是白契，别人是红契，丈量少了，就得少地。如果丈量时土地数量与地契不一致，就出现了"空粮"，即有粮无地。如果丈量的土地多于地契记载的数量，则必须去派书处补粮。

5. 签约

一般是吃饭后签约，签约后就交钱。契约主要记载：一是卖地的理由；二是买卖双方的姓名；三是土地的位置；四是土地的四至；五是土地的性质；六是承诺；七是价款支付；八是保人姓名。

6. 请客吃饭

土地买卖在打地结束后，卖方、买方、中人、先生、四邻要一起吃饭。吃饭费用由买主承担。吃饭一般在打地的当日，也可以在第二日进行。

7. 地钱交付

卖地价款一般契约当天交付，文书会写上"当日交足"。如果不能交付或者只能将会一部分要商量。实际情况没有发生过，被访谈对象说，这要依个人信用而定。如果价款500元，只付了300元，谁来耕种，访谈对象说，应该是买者耕种。交款时，买主先交给中人，中人再转交给卖主。

8. 印契

印契也称为税契，即交纳契税，从白契变成红契。按照民国政府的法律要求所有的土地买卖都必须印契。但是在后夏寨，5 人中只有一人印契。如果不印契，发生了纠纷，契约没有法律效力。没有印契的白契在当地称为"白头文书"。因为当地人都认可白契，加上印契要交税。因此很多人不印契。人们用白契也能够担保借款。

9. 过割

过割又称为过粮、拨粮、拨粮单儿，即土地买卖后就要让派书（有些地方称为里书）处拨粮，即将纳税户头从卖者更改为买者。春天买卖土地，秋天过割；秋天买卖土地，当时就可以过割。一般是从先年的十月到第二年的寒食节期间进行过割。因为在春天所有的纳税单都写好了，买者只能以卖者的名义纳税，或者买者将钱粮交给卖者，由卖者交纳。过割的手续费少的每亩 1 元，多的每亩二三元，派书收取。农民一般会过割，因为过割后就会安心。只有亲兄弟之间、父子之间进行土地买卖时不过割，其他的都要过割。兄弟之间如果是祖产，分家后买卖分得的祖产，可以不过割，但是如果是分家后购买的土地，必须过割。

（三）买卖主体的关系

1. 卖地与各主体关系

土地买卖涉及了多个主体：一是中人。卖地时，必须有中人，买卖双方不直接交易；也必须让中人征求先买人的意见，如族人、四邻、承典人。中人有职业中人和非职业中人，在后夏寨村，没有职业中人，因此一般都不收钱，只是买方给谢礼。如果是职业中人，必须给钱，在当地一般是"两分佣"，即一百元给两元的"佣钱"；二是打地人或者丈量人或者算地人。土地买卖必须有丈量人或者算地人，丈量先生一般不要钱，给谢礼，由买主负担；三是四邻。买卖土地要通知四邻，否则无法打地和写文书，打地先生也不会打地。如果四邻不在，可以通知家人参加，即使家人不在，也要通知管理土地的人参加。四邻参加打地不会给钱，但是会请客吃饭；四是族长、村长。土地买卖时可以不通知族长、村长，即土地买卖与族长、村长没有关系。

2. 典地买卖及纠纷

典地的买卖承典者一般会知道，因为出典者会知告承典者，如果不买就卖给其他人了。典地卖后要赎回土地。如果不赎回土地交给买主，而是将地价款私吞了，中人要承担责任，中人与卖主打官司。此事与承典者没有关系。买主与中人说，没有拿到土地，中人找卖主，这样引起官司。这不是卖主与买主的关系，而是卖主与中人，买主与中人的关系。因此中人与卖主打官司。官司费用由卖主承担。

3. 卖地与兄弟关系

如果兄弟俩没有分家，哥哥外出打工。弟弟想卖地，如果知道哥哥的地址，必须与哥哥商量，否则卖地会有争议，买地人也不敢买。如果哥哥不想卖，就寄些钱回家急用。如果不知道哥哥的地址，有正当理由且在没有与哥哥商量的情况下也可以卖地。这种情况则可以得到哥哥的谅解。如果没有征求哥哥的意见卖地了，交易已经完成，哥哥再想要地，也无法买回，但是兄弟之间会起争执。

（四）土地买卖类型

1. 养老地买卖

父母在的时候，兄弟不能卖养老地，但是父母去世后可以卖养老地。卖出时一般以哥哥的名义卖出。如果不卖，得到土地的人可以给兄弟一些钱。如果父母去世后，养老地由兄弟共有，文书一般由哥哥保管。但是可以补契，即各自立契。父母本身也可以卖养老地，但是卖之前要与儿子们商量，如果儿子们能够拿出钱，就不卖地了，如果拿不出就卖地。养老地的文书由父母保管。分家后，父亲也能够卖儿子们的土地，要卖就几兄弟一起卖，不能只卖一人的土地，这种情况以父亲的名义卖地。父亲去世后，可以以母亲的名义卖地。可以不写"奉母命"。

2. 受赠土地

兄弟两人已分家，弟弟过世，侄子家过得不好，哥哥给侄子一定的土地。这种情况不过割，文书也不会交给侄子保管。侄子以叔父的名义纳税，过去是直接交到县里，调查时是直接交给村长。如果侄子日子过好了，可以将土地退还给叔父。如果叔父的日子过得不好了，经过中人说和侄子还给叔父。如果叔父还是如此，侄子家只是稍稍好点，这种情况也不会要求侄子还地。如果叔父和侄子发生纠纷，侄子一般赢不了，因为叔父辈分高。侄子不能将受赠土地卖掉。反之有些差别，如侄子家条件好，叔父家条件不好，侄子会赠送土地耕作，还会代叔父纳税。如果侄子家条件好，不可以要回土地。如果侄子家条件不好了，但是叔父家如果过得比侄子还要好，可以经过中人说和，要回土地；如果叔父家比侄子家还差，不可以要回土地。如果叔父去世时也按照上述习惯处理。

3. 房与基分卖

一般而言，房子与地基一起出卖，但是有些时候房和基可分离，也可分离买卖。现有两个概念：一是空宅，即只有地基，上面没有房子；二是老宅，既有地基，也有房子。第一种情况，兄弟分家时可能出现房与基分离的情况。如一家人有 1 处空宅，也有 1 处老宅，老宅上面有 6 间房子。这两样兄弟两人各分得：1 处地基，3 间房子。哥哥分得了老宅及地基，这样弟弟的 3 间房子就在哥哥的地基上。弟弟可以拆走自己的 3 间房子，地基归哥哥；哥哥也可以帮忙给弟弟在空宅上盖 3 间房子，老宅房子让给弟弟，否则弟弟不会搬走。第一种情况，无儿无女的老人，可以先将地基卖掉，这样老人可以继续住在已经卖掉的地基上，老人去世后，同族人将房子拆掉办理丧事，地基归买主。第二种情况要等卖主去世后才能够收回地基。当然买主在选择时一般都是老人。

4. 死地活口

日本人在调查中两次提到这个概念，但是并不是十分清晰，与当地有关。主要的意思是：土地出典时，如果立了典契（当地称为当契），就视同买卖，只有出典人才能够回赎。会在契约中写上"死地活口"。卖主出卖这块地时，买主出于可怜，将来卖主有钱了，会同意回赎。这种情况下多是穷人，也称为"死地活口"。按照字面意思理解，土地已经卖了，但是如果有钱后，可以赎回来。

六　农村金融

1. 请会。

请会一般是需要钱的家庭向外借钱的一种方式，主要是婚丧、做生意、建房等缺少钱的家庭。向外发出请会的帖子，收到帖子的人就会前往发起人家里。发起人称为会首，参加者称为会社人，参加者一般是熟人或者朋友。请会一般是 10 人或者 16 人，会费一般是 5 元或者 10 元。根据会帖，参加者会来到会首家吃饭，可以在吃饭前将会费给会首，也可以吃饭后再给。会首在 5 年内再还给各位会社人。还钱时，10 元还 8 元或 6 元，所还之钱要少于所借之钱。5 年后就会结束。请会一般是朋友关系，没有保证人，也没有利息。

2. 借钱

借钱是普遍的融资方式：一是借钱原因。一般买牲口、农具、粮食的时候就借钱。结婚一般是卖地，丧事先借钱再卖地（因为一下卖不出去）。办丧事后卖地一般不会卖给借钱人，因为借钱人担心别人说闲话，说趁机压低地价。二是借钱类型。从四邻借两三元称为"借情钱"。借情钱，时间短，金额小，不需要利息。有句俗语：借情不过月，利息不过年。如果需要利息，就称为"借钱"。三是借钱利息。一般是两分利息，不按月计，而是按年计算利息。本村最高利息是三分。借钱少，利息就高；借钱多，利息就低。一般是本金和利息一起支付。借钱时没有将利息从本金中扣除的。四是借帖。借钱时要写文书，也称为借帖。一般是 100 元以上要写借帖；一年以上也要写借帖；如果借给不信任的人，特别是穷人要写借帖。如果是亲友或者信任的人，即使是超过 100 元或者一年以上都不写借帖。五是保人。借钱如果比较多或者超过一年就需要保人。借钱是保人，买卖土地是中人。保人应是为人正直、讲信用，贷主相信的人。如果借主到期还不了账，由保人负责偿还。有一种人，不是保人，但是如果借贷双方发生了纠纷，可以请他调停，这种人称为"喜事明人"。保人会写入借帖，喜事明人则不会。保人也可以有多个，称为连环保人，如甲请乙做保人，但是贷主不相信乙，于是乙就请丙为自己做保人，这就形成了连环保人。如果借主到期无法偿还，则由保人偿还，保人只偿还本金。如果是两个保人，则平均偿还本金。六是借款期限，借款 5 元、10 元，一般是 10 天内偿还，不付利息都不会借得太长，数量也不会太大。如果支付利息，一般是一年，不会超过 2 年。短期借款如果是向商人借款，即使很少也会有利息，一般的期限是 3 个月。七是计息方式，100 元借款，三分的利率，一年的利息是 36 元。没有利滚利的情况。如果借钱一个月超过几天，则只付一个月的利息；如果超过 10 天，则算一个半月的利息，也有些算两个月利息的。村内最高利息为五分，城内为八分。在后夏寨没有借帖上写 100 元，只给 80 元的情况。八是如果父亲无法偿还债务，首先是保人调停，或者保人偿还，但是如果保人不愿意偿还，借主就会提出贷主耕种自己的土地。如果没有土地，则由后代负责偿还。对于父亲欠下的债务，后代必须偿还。如果无法还账，不能做工来还账。九是借钱的对象，借钱一般是找方便的人，例如本村做生意、有点小钱的人，如卖烧饭的、点心和杂货的。急需要钱的人会找他们借。一般是亲戚办红白喜事需要送礼而借钱，一般借两三元，四五天后偿还。10 元以内找本村的朋友借，如果朋友有钱可以直接借到，如果朋友没有钱会介绍自己朋友来借钱。如果只有三五天可能不需要利息，如果时间比较长就需要利息了。找城市商铺错钱，无论时间长短都得支付利息，而且按照月支付利息。十是找城里借钱，如向城市商铺借钱，需要保人，也需要写借帖，但是如果关系比较好，直接去借，也可以不需要保人和借帖。店铺会记账，但不会按手印。十一是借钱与同族、亲戚关系。一般是向有钱的人借钱，如果兄弟有钱，可以向兄弟借钱，不需要利息；向姻亲借钱，也不需要利息；向五服内的同族借钱，取决于平时的感情。十二是借钱的基本选择，如果是小额三四元借款，一般找四邻，或者村内小店铺，或者乡社，时间比较短，三五天或者十天以内可以还账；如果需要大额的经费，过去向银号借钱，但调查时没有银号了，只能向绅士借钱。如果绅士都借不到钱，就指地借钱或者当地，最后不得已就卖地。十三是如果借主无法还账，贷主请保人与贷主协商后以作物抵账。如果贷主家条件好还可以"还破账"，即贷主将大家召集起来商量，如果借了 100 元，还 80 元；借 50 元，还 40 元。以便借主可以不再偿还剩余部分，这称为"还破账"。后夏寨村比较穷，80% 的村民都要借钱，不借钱的只有 20 户左右。

3. 借钱名义及偿还

当家人借钱，以家庭的名义来借；家庭成员以个人的名义借钱。如果是父亲为当家人，父亲借的钱，儿子们负责偿还。家庭成员以个人名义借钱，家庭可以不承认。分家以后，父亲借的钱，儿子们也要承担。分家以后，弟弟或者哥哥借的钱，其他兄弟没有偿还责任。但是如果当家人哥哥借钱，尚未分家时，弟弟有偿还责任。分家与否要以分家单为证明。在分家时，以前写过借帖的债务，要将贷主请过来，当场明确兄弟各自承担的债务，一般是平均承担债务。也有一个儿子承担债务，就多分一点财产或者土地的情况。总之，分家时的债务由儿子们平均承担。以养老地为担保借的债务，卖地举办丧事，剩下的钱用来还账，如果不够，兄弟补足，如果有剩余的钱，兄弟平分。

4. 借粮食

农民有时也会借粮食，不过一般不会借很多，5 斤、10 斤、20 斤的。如果贷主比较急就会在三五天之内偿还。如果不急就秋后再还。借粮食只能还粮食，不能折算成现金来偿还，但是如果约定借粮食还钱也是可以的。如果借钱倒是可以折算成粮食偿还。这时要包括利息一并折算成粮食。

5. 指地借钱

农民可以以某块土地担保来借钱，如果借主到期无法偿还，则让贷主耕种这块土地。在后夏寨，指地借钱比较少，比较多的是当地，因为后者可以耕种土地。指地借钱的贷主不能再指地借钱，但是也有人说也可以，只要不高于原来所借金额。指地借钱一般是信用不够且需要大额经费的人使用。一般是春天借，秋天还。也有一位访谈对象表示，期限是1—3 年，但是大多是一年后偿还。指地借钱只是将地作为担保，与地价没有关系。坟地不适合指地借钱。贷主不能出售指地借钱的土地。如果借主要出售担保土地，贷主与普通买主一样，没有优先权。

6. 当地

农民需要大笔钱时，一般是先当地，万不得已才会卖地。因为土地一旦卖出就再也拿不回来了。因此农民一般会先当地。当地就是将土地交给别人耕种，别人借钱给当地的人。贷出钱的人称为"当主"；借钱的人称为"立当契人"；这个钱称为"当地钱"。根据一般原则，当地期限为 3 年，但是实际上一年就可以赎回。其次，当价。100 元的土地，可以借钱 70 元左右。再次，如果以后期望当价调高到 80 元，增加的 10 元，这就称为"找价"。"找价"主要是地价上涨，出典者希望增加典价，如果承典者不同意，出典者就出典给其他出价高的人。如果当主将当得土地再当出去，就称为"转当"。转当之前会与当地的商量，表示是否赎回，如不赎回就再次当出去了。转当价格可以高于第一次当地的价格。父子之间当地，可以不立契，但是分家的兄弟之间当地，要立契。当契一般是一份，也有写两份的。当主不能在当地中挖土、埋坟。如果土地出售，当地的有一定的优先权，但是排在同族、四邻之后。当地不印契，可以不交契税。如要赎回当地，通过中人沟通，一般是到期后赎回，如果关系好，不到期也可以赎回。赎回时一般将当地一起赎回；如果关系好，也可以先赎回一部分，然后有钱后再赎回一部分，不过这需要重新立契。当价高的是地价的七成，低的是两成三，一般是五成六。当主承担田赋、摊派，交纳时先交给当地的，由当地的转交给甲长。这种为"钱随地走"。

七　村庄社会

（一）会与社

1. 祖宗会

祖宗会也称为祖宗社、老坟社。没有固定的社头，大家轮流当老坟社的社头。正月初二，同族人聚在一起去老坟扫墓。收成好时会在一起吃饭，但是调查时已经不吃饭了。这种集会称为祖宗会、祖宗社，或者老坟社。社头从每户收取 20 钱。祭拜那天凌晨，全族的男女老少聚集在社头家后，一起前往老坟。祭拜时主要是上供，烧纸钱、焚香、放爆竹。调查时已不再吃饭，而是结束时社头给每户发 2 个馒头。后夏寨村只有马姓有祖宗会。除了扫墓以外，同族之间没有其他的相互帮助。祖宗会并非是关系好，而是一直以来的习惯。会与社的区别在于：社需要集资。

2. 三三社

三月三日村民们聚集在本村真武庙祭祀。祭拜后将真武爷的画像在西北砂地烧掉（因为神在西边）。所有的男人和已婚妇女都会去。祭拜主要是叩头。民国十五年以前还会演戏，雇一天的戏班子约 200 元左右。这个费用由村里摊派。如果不演戏，每户出 10 钱，贫穷农户出 5 钱，合起来约 15 元左右，主要用于置办供物和喇叭。外村人也会来祭祀，但是不摊派费用。三三社不吃饭，由庄长组织和指挥。

3. 阎王会

三月二十八日村民前往村东南十六里地的津期店的天齐庙朝拜，祈求健康。这称为阎王会。阎王会时有集市，很热闹。阎王会由愿意参加者自己申请组织，组织者提供一天自己的大车，参加阎王会的人不需要交钱。

4. 碗社

在后夏寨村周围有碗社，所谓碗社就是一些人自愿成立会社，凑钱购买碗、盘子和筷子等，供婚丧嫁娶办酒席的人家借用，借用时需要支付费用。这些费用就是碗社的收入。每次根据借出碗的数量确定收费。如果损坏要赔偿。后夏寨有两个碗社，能够保证全村的需要。一个社是每人出资 1 元或者 2 元，也有出 5 元的，穷人出少点，有钱人多出点。虽然出钱不同，但是利润分配是一样的。社的利润多的 50 多元，少的 20 多元。利润不用分摊，年终时每人分 6 元左右的饽饽（馒头）。碗社的主要目是方便村民。碗社有社头，平时这些设施就放在社头家。碗社一般 10 人左右，也有 20 多人的，有社头，其他为社友。碗社也有账簿（碗社簿），社头负责记账。乡社的社头都加入了碗社。碗社的会费可以出错，利息是二分，借钱人年底将利息和本金一并归还，社友都可以借支。偶尔也可以借给非社友或者外村人。社友没有共同信仰，也不会一起集会。加入碗社的一般是中下层家庭，有钱人不会加入。

5. 饽饽社

加入会社的社友每月存入 20 钱，在小麦便宜时购买，提前存放在饽饽店，新年时让店里做成馒头分给社友。后夏寨的饽饽社有 40 人左右。一般是一斤饽饽制作一斤馒头（自己做时一斤馒头可以做一斤二两馒头，二两差价就是店的利润）。社友能够分得的馒头要根据当年小麦的价格而定。社友的会费可以出钱来获取利息。饽饽社有社头，也有账簿，但是必须在当年结束。另外有一人说，饽饽社以前没有，调查当年才成立，由一位牵头人组织成立，然后劝导各位参加，现在有 34 人（有收入和支出表格），会费为一会（或一口）3 元，一人可以申请几个会，即一个人可以交两份或者多份钱，以便获得更多的利润。社友借支比较多，有人表示因为赌博而借钱。分配饽饽时，按照出钱多少来分配饽饽。

6. 乡社

本村人加入的会叫乡社。乡社的目的是祭祀泰山老母和祈求家庭平安、不生病。附近每个村庄都有乡社。本村没有固定的像和庙，只祭拜泰山老母的画像。祭拜时在社头家里，去年社头去逝了，还是聚集在他家，因为他家比较宽大，而且人格高尚。夏后寨有 50 多户，约 90 余人加入乡社。乡社与保甲没有关系经。一是入社。加入乡社时，每个月要出 10 钱，这就成为了社友。女人也可以加入乡社，有两三位寡妇参加。二是会费。会费主要是用来祭拜时烧纸和香。除了 10 钱的会费外（以前是 6 钱），另外还要再收 50 钱左右，用于社友的伙食费用。如果交了一年的会费，则不用每月参加聚会。每次聚会大约有 70 人左右。聚会主要是收会费。也会有滞纳会费的人，滞纳不会取消社友资格，交过来就行了。滞纳者要交三分的利息，在发驾时连同利息一起交过来，没有钱必须借钱交会费。三是发驾。祭拜是三年一次，即将泰山老母的画像放在泰山驾上祭拜，祭拜时还供奉馒头、肉、蔬菜、水果等。祭拜结束后在村东的砂山下焚烧画像（因为泰山在东边）。这就称为发驾。祭拜时，一家人交替跪坐。拿纸驾是 4 人，烧纸驾的人不受限制，谁都可以。四是吃饭。社友们会在村公所的庭院一起吃饭，发驾当天的白天和第二天白天吃两次饭，一般是白菜、肉、馒头等，没有酒。发驾时从乡社借钱的人务必还钱。社友期待发驾，觉得很开心。五是社头。乡社的负责人称为社头，因为事情多，一般有几位社头，后夏寨的乡社有 3 位社头，社头没有报酬。社头收会费并保管会费。六是会费出贷。收集起的会费可以外钱，外借时由 3 位社头商量决定，不允许一人独断。会费出借的利息是三分。一般借 5 元，也有借 20 元的，钱基本上都借出去了，没有多少剩余，一般而言借钱不会超过会费总额。外借时按照先申请先借的原则。会费一般只贷给社友，偶尔也会贷给社友之外的村民。社头由社友口头选举产生。只有前任社头辞任后选举继任社头。七是会费报告。社里的钱的收支不用每年报告，三年一次发驾后，计算了再报告。账由社头管理。现在的管账人因为家里病人多，自己主动申请无报酬的管账工作，以消除家人的病痛。八是社友。加入乡社的都是条件比较好的家庭，贫穷家庭加入的比较少。九是道士及回礼。发驾时要请道士，念皇经，从早上 3 点到 8 点。每日 15 钱，还要供应伙食，3 天约 50 钱。

（二）文化与信仰

1. 村庙

后夏寨的人信仰佛教和道教。各家在自家进门处供奉天地神。佛教祭拜南海大师，诵读《龙王真经》和《节王真经》。南海大师的庙在县城南关。南关虽然有南海大师，但是没有庙会。本村有 4 座庙：龙王庙、土地庙、白衣庙（有人称为菩萨庙）和真武庙。真武庙稍新，民国十年左右建设，按照当时的物价花费了千元左右。维修或者建设村庙里主要是本村捐款，但是外村也会少量的捐款。一是真武庙，是平安神，保佑人身体健康。三月三日是祭拜真武神，上午去朝拜，下午抬着神像在村中游行，村民要出来迎接祭拜。有时生病时也会去朝拜。二是菩萨庙，是慈悲之神，把人类当成孩子来保佑。祭拜日是二月十九日，一年一次，坐神轿，但是不游行，村内女善人会来念经。三是土地庙，每个村都有一个土地庙，土地神是收灵魂的神，灵魂收走后就送去城隍庙（城隍庙只有县城才有）。城隍神命令土地神取人命，取不了就是土地神的责任。人死就会去报庙，没有特别的祭日。四是龙王庙，祭拜日期是六月二十三日，主要是祈雨、上香、烧香、烧黄表，黄表就是黄纸。

2. 在门

自己祈祷，转世后即下辈子也能幸福。一般人不能祈祷，只有成了在门才能够祈祷，在祈祷时不是在门的还不能看。全村大约有二三十人。在门是女性多，主要是讲理说法，不拜神。在恩县大约三个村有一个在门，这个团队叫门头。有个说法：五门六道，门头就是其中一个门。在门究竟是什么，日本人没有调查清楚。

（三）村庄教育

在后夏寨村，40 年前就有学校，以前是私塾。民国二十五年前，约有 30 多人上学，现在有 40 多人。女孩子不上学，也不识字，在家里也不教女孩识字。有钱的人家每月要给老师交月酬，没有钱的可以不交，老师一年 200 元左右的收入，如果不够，村里会支付，费用计入摊派，学校所需村庄补贴的费用均按照田亩进行摊派。老师除了月酬外，五月和八月要给老师送礼，主要是一些肉、面条和点心。学校的设备由村庄负责，每年大约要 30 多元。学校没有周日，因为农民认为待在学校比待在家里好，每天上课时间是早晨 9 点到日落。学校没有学田，学生也没有成绩簿，只有极少数的学生能够考入高一级的职业学校。上学没有具体的年限，可长可短。当前学校的教师由学校管理员决定。管理员过去由庄长和牌长决定，现在由保长和甲长决定。后夏寨周围没有县立、镇立学校，都是村立或者庄立学校。老师由管理员聘请，即有本村人，也有外村人，如果距离本村 20 里左右的人，人品都清楚。其实老师也是由本村有权威的人推荐的，然后由管理人员聘请。

（四）村庄习俗

1. 拜年

新年要拜年。正月初一的拜年，先给家人拜年，然后去族长家拜年，再是村内的人。正月初二后就给远方的亲戚拜年。给祖先拜年主要是向祖先叩头。如果家里有家谱，就向家谱叩头；没有家谱就拜神位。家谱在同族家中轮流存放。互相拜年时，晚辈给长辈叩头。同族人各自前往族长去拜年。

2. 放灯

正月十五元宵节晚上时放灯。各自放灯，也有人拿着灯笼上街去耍。白天吃饺子，晚上没有什么特别，不做汤圆。

3. 打囤

二月十五打囤，从灶里取灰撒在庭院里，描绘成囤和梯子的形状，中间撒些粮食让鸡去吃，意为祈祷丰年。除了这个仪式外，吃饭没有特别之处。二月初二打双囤，打两层囤，也是为了祈祷丰年。

4. 宅神和灶神

有些家庭还供奉着宅神，以保佑一家平安。每家都会供奉灶神，这是厨房之神。

（五）社会关系

1. 乡绅、财主及名望

在后夏寨，代代都有财产，有名望，备受尊敬的人没有。一是财主。有财产的人称为财主。二是绅士。有财产，又受人尊重，且有名望的人是绅士。三是先生或秀才。受人尊敬的人，但是没有财产的人只叫先生或者秀才。后夏寨有一位秀才，先是做私塾的教师，后是当医生。这种人称为先生或者秀才，但不是绅士。四是获得名望的条件。绅士除了有财产外，还必须要有名望，这种名望包括向困难的村民借钱，为村里办事。有些人家有财产，但是不帮助村里的人，就没有名望，也没有实力。后夏寨以前有两个财主，40 多年前有 100 亩地和两个眺望楼。虽然家里有钱，但是不为村里出钱，所以没有名望，也就没有实力。

2. 街坊辈分

街坊也是有辈分的，从小按照父亲的称呼来称呼，即根据父亲的年龄来确定辈分。这叫论辈或者按辈。同辈人就根据年龄称为哥哥、弟弟。但是婚姻会改变一些辈分。如自己的弟弟娶了自己同学的女儿，则自己要降辈分，叫自己的同学为叔了，同学叫自己为侄子。长辈叫晚辈直呼其名，晚辈叫长辈要用街坊辈分。

3. 大号

每人都有一个乳名，也称为小名。在 7 岁左右时，再起一个吉利的名字，比如凤翔、凤梧等。大号就是学名，一般是两个字。上学时请老师来起大号。有些人有 3 个名字，一是小名；二是学名，也就是大号；三是儒名，成年后由老师起名。如一人的小名叫西海，学名叫凤翔，儒名叫翔霄。

4. 院里

同族的人称为院里，也称为一家子，只不过前者用得多。一般不叫同族，而说是院里的。在后夏寨同族的没有住在一起。同辈的人取名有的取同一个字，就能够看出辈分的大小。如果一个院里的迁移到其他地方去，辈分就会变得不清楚。

（六）分家与养老

1. 分家

一是分家的理由，主要有三个原因：兄弟不和，妯娌不和，生活困难。二是分家的时间，有父母离世后分家的风俗。一般是父亲去世后就分家。因为父亲去世后，母亲还在，也会分家，因为儿子们不太会听母亲的话。三是分家时见证人，分家时同族人、舅舅、村长要参加。如果有舅舅，一定要参加。这些人都要在分家单上签名。四是分家的顺序，分家的见证人来后，先吃饭，饭后商量分家的办法，然后抓阄，最后写分单。五是抓阄，一般用衣服包着，也有用碗盖着来抓的，大哥先抓。阄上写着房子、土地家具等。抓阄时全家都会到齐。六是家谱也是抓阄决定的，谁抓到老房子，就保管家谱。家谱也称为"老祖宗"。如果分家后各个兄弟有新家谱，"老祖宗"就轮流管理。七是分家一定是平均分配，父母不能强行确定，父母一般不主持分家。八是分家时要先留出养老田。

2. 养老田

分家时要先留出养老田，如20亩，两兄弟，则养老田为10亩。如果还有未出嫁的妹妹，则留两亩地购置嫁妆，也包含在养老地中。还有给粮食或者轮流供养的方式，一般每个儿子供养半个月。最稳定的养老还是养老田，因为如果儿子们不孝时，也可以耕种来维持生计。

（七）同族关系

1. 族长及其职权

同族一般都会有一位族长。族长只是在结婚、葬礼、分家时参与商量。如结婚时就年龄和财产商量；葬礼时就钱的事情商量；分家会参与分家事宜。大家会给族长拜年。可能会一起叩头，但是称呼各不相同。

2. 家谱社

村里没有人有书写的家谱，但是有家谱社，也有人称为宗子社。所谓家谱社就是同族人凑钱来上坟。上坟有3个时间，正月初二，清明节，十月初一的鬼节。上坟需要一些费用，因此需要凑钱，一般每户凑20钱。同族家庭比较多的会吃饭。一般是正月初二上坟后吃饭。女人不能参加。上坟后再回来聚餐，称为送神聚餐。如姓马就是"马家谱社"。聚餐时是各家轮流，吃饭时按照辈分来坐。上坟时族长先供线香，然后各自上香。上香时不会排队。

3. 家谱存放

在后夏寨，家谱不是固定的放在某个人家的，而同族各家轮流存放，正月初二上坟后就在这家聚餐。家谱一般不存放在家里没有北房的家庭；购买不起供物的家庭也不会存放家谱。烧纸的钱可由祖坟地的收入负担，供物则由轮流承担的家庭提供。

（八）祭祀与丧葬

1. 祖茔地

祖茔地就是同族的坟地，也称为老坟、祖坟。老坟中可以耕作的地称为坟田、祖田，坟田是个人所有的地，祖田是同族的坟所在的田。在后夏寨四个家族有坟田、祖田，但是数量都不太多，最多也只有4亩。一是祖茔地的经营。坟茔地一般是出租，出租给本族比较贫穷的家庭，不用交租，但是提供上坟的费用。祖茔地耕种会变化，今年是某个最穷的人耕种，如果明年有人更穷，则由更穷的人耕种。基本原则：较穷的让给更穷的；年轻的让给年老的。由同族人耕作还称为"白种""白种户"。二是祖茔地的出租。祖茔地不能由族长单独决定，而是族人共同商议决定，一般是正月初二上坟后决定耕作者。三是祖茔地的契约及保管，祖茔地的文书（老契约）放在耕作者手中，如果耕作者更换，文书也会易主保管。理由是田赋、摊款由耕作者缴纳。有些祖茔地也会签租约，租约一般在正月初二签订，由会写字的人书写，然后交给族长保管。四是祖茔地的税费，祖茔地的田赋和摊款由耕作者承担，村长找族长收，族长找耕作者收取。如果耕作者交纳不了，同族人共同分摊。有时有钱人会多出一点，但是不会让族长一人承担。五是祖茔地的典当，祖茔地一般不能典当，只有将祖茔地分给家庭后才可以典当，同族人共同所有时不能典当。

2. 上坟与伙饭

正月初二会去上坟，族人多的新年会聚餐，这叫伙饭。清明节会上坟，各自前去祭祀。如果有坟茔地，则出租给本族贫穷人家，不收租金，但是要支付上坟的费用。一般正月初二决定租佃人。

（九）埋葬与阴亲

1. 丧事。

人死后，首先将尸体搬至屋外，家人穿上丧服哭丧，去土地庙祭拜（称为上庙）。回来后坐在入棺的一侧（守灵）哭泣。早上、中午、下午各哭一次。早、中、晚拜3次庙，上庙是为了祈求死者复生。第三日亲戚来串丧。若是年轻的死者，串丧完毕即入土。如果是老年人，则在家中停放一两个月。若没有长久停放，则会招致不幸。第三日向亲戚通知出殡的日期。出殡当天，早上亲戚们聚集起来，共出丧钱，一起吃饭，正午过后出殡。丧事队伍一般是喇叭、孝子、棺材、女孝子、旗子。埋葬之后，稍微哭一会儿，将灵牌插在坟上就回家。埋葬时只有孝子到坟上去，其他人包括亲戚不出村外。抬棺木要请人，根据距离远近来确定报酬。一般而言，长辈不参加晚辈的葬礼，同辈也不参加，但是弟弟可以参加哥哥的葬礼，只着帽和鞋，送到村外。死后第七天称为"头七"；接着是二七、三七、四七、五七，到了五七就去上坟。第一百天称为"烧百日"。

2. 埋葬

成年人一般是葬入老坟。但是有几种特殊情况：一是寄埋。如果妻子先去世，先是寄葬其他地方，等丈夫去世后再合葬于祖坟。二是未婚者死后埋葬，15 岁以后可以葬入老坟。三是未嫁女孩，若是订了婚，葬入订婚男方的老坟中；如果没有订婚，葬到茔地以外。另外，未婚女性死后，葬在祖坟之外等待男性合葬，这样的坟称为坵子。

3. 阴亲

未结婚的男女死后，要娶阴亲。阴亲又称为鬼婚、阴婚、冥婚。娶阴亲和一般结婚的礼节是一样的，由男方出钱。结阴亲时，挑选比死者小一辈的孩子作为过继子，身着丧服乘轿去迎接死者的灵牌，伴着尸体来进行合葬。

（十）其他关系

1. 义仓与救济

后夏寨村没有义仓，荒年时农民自己考虑自己的事情，村里什么事也不会做。平时也没有储备以备荒年之用。

2. 赌博

后夏寨的人比较喜欢赌博，主要是打纸牌，每天输赢多的有 20 多元。农历正月十五前允许打牌。打牌特别是社友打牌多在马春荣家，4 人一组，马家可以容得下 6 组。全天都有人打牌，可以分为早、中、晚。输钱了就借饽饽社的钱，利息是二分，年底本息一起还。在马春荣家打牌赢了钱的人，要将所赢钱的一成交给社里，称为"头钱"。这也成为饽饽社会费的一个重要组成部分。

原书序

　　《中国农村惯行调查》前三卷的内容为河北省顺义、栾城两县的农村调查。该卷为第四卷，内容为山东省历城县冷水沟庄和恩县后夏寨等地的调查。调查时间从1940年到1942年，正值中国革命的前夜。历城县的上述村庄几乎没有大地主和不在地主，[1] 多为小自耕农或自耕农兼佃农。恩县的上述村庄同样也没有地主，基本上都是小自耕农，多靠外出打工、副业、行商维持生计。因此本卷农村调查的内容主要是与这些小农的一问一答。

　　本调查的目的在于生动地描述中国社会的特征。虽然着眼点在于法律方面的惯行，但除法学之外，正如古岛敏雄（后述）所言，本书还可以运用于其他相邻学科。在日本，一直存在着对华研究脱离实际的问题，本调查旨在从根本上弥补这种缺陷，了解中国农民的苦恼、愿望及其实力，以便真正认识中国社会。而且，一直以来都存在着一种试图从不合理的传统中寻求利益，从而为立法行政目的服务的做法。与此不同的是，本调查的出发点在于力求如实描述新旧两要素冲突下的"非连续线性涡流"（末弘博士），为分析农村社会内部的力量博弈情况提供资料。当然，本调查没有毛泽东湖南、江西农民调查中的那种积极面，但也不可避免地受到了战争下各种条件及方法上的制约。在征得古岛敏雄先生的同意下，本卷刊登了本书第一卷出版后其发表的评论文章。我们不能辜负了古岛先生善意的热情，古岛先生的评论实为难得，对本卷读者也颇有参考价值。正如古岛先生所言，本书并不是共同研究者们作为最终报告而汇总出来的一致见解，而只是一份素材。在这一点上，本书远比那些囫囵吞枣地汇总出来的东西更有利用价值（当然也有汇总得不错的）。但尽管如此，最终报告的出版也是刻不容缓的。

　　作为资料，本卷刊登了中村治兵卫拍摄的照片，这些照片恰好拍摄于本卷调查期间。本卷得到了文部省研究成果出版资金的资助。本书的出版还得到了各方面的支持，在此深表谢意。

中国农村惯行调查出版会

代表：仁井田陞[2]

1955年3月3日

---

〔1〕　译者注：不在地主，指不住在村里的地主。

〔2〕　译者注：仁井田陞（1904—1966），日本著名东洋法制史专家，主要著作有《中国法制史》等。

中国农村惯行调查出版委员会委员

（＊为编委）

（顾 问）	山 田 三 良	（以下旧满铁调查部惯行班）
（前会长）	末 弘 严 太 郎	杉 之 原 舜 一
	矶 田 进	安 藤 镇 正＊
	内 田 力 藏	内 田 智 雄
	戒 能 通 孝	小 沼 正＊
	德 田 良 治	佐 野 利 一
（代表者）	仁 井 田 陞＊	盐 见 金 五 郎
	平 野 义 太 郎	杉 浦 贯 一
	福 岛 正 夫＊	旗 田 巍＊
	我 妻 荣	早 川 保
	田 中 清 次 郎	本 田 悦 郎
	天 海 谦 三 郎	前 田 胜 太 郎＊
	伊 藤 武 雄	村 田 久 一
	押 川 一 郎	山 本 义 三
	幼 方 直 吉＊	山 本 斌

书　评

读《中国农村惯行调查》（第一卷）有感

古岛敏雄[1]

一

　　本书据序所言是"战争期间，在末弘严太郎博士的指导下，运用法社会学的方法比较翔实地记录了华北农村村落、土地所有、租佃、水利、赋税、金融及交易等农村社会所有生活规范的调查资料"。该调查主要由云集于东京大学东亚研究所第六调查委员会学术部委员会的法律专家与满铁调查部华北[2]经济调查所的学者们共同进行。本书为系列丛书的第一卷，并不是合作研究者们作为最终报告汇总出来的一致见解，而是以调查过程中发给合作研究者们的调查问答记录为主体，然后辑录了一些与东京方面、满铁方面及作为指导者的末弘博士的研究方针相关的小论文。据第一卷所言，调查始于 1940 年 11 月，止于 1944 年 8 月。第一辑为 1941 年 8 月河北省冀东道京山沿线农村的概况调查，共 114 辑，均用干式印刷出版发行。本书为第一卷，分为 15 辑，分别为河北省顺义县沙井村概况、村落、家庭情况报告及顺义县概况调查报告等。沙井村调查报告，除此之外还有 19 辑，内容涉及土地所有权、水、土地买卖、租佃、赋税、农村金融及贸易等，预计将于第二卷以后出版。纵观之后，我们可以从这一个村庄了解到本次调查研究的总体构想。调查期间内因受战火的影响，在调查计划的对象中，村庄内部调查得以进行的除沙井村之外，还有河北的 3 个村及山东的 2 个村。全面完成该出版计划是一件任重道远的事情，在此，我首先祝愿其成功，并希望这本由众多曾经属于该研究组、现在依然活跃于学术研究第一线的学者们呕心沥血讨论出来的报告能够顺利面世。笔者以为，与该资料集的出版相比，研究者的义务显得更为重要。

　　本调查中的"惯行"指的是"规范社会关系，并使其得以成立的法律习惯，即法律规范"。调查的目的并不是社会生活、经济生活各方面反映出来的各种惯行的具体形态，调查的重点在于弄清楚"人们的规范意识是什么样的"？基于此目的，东京的委员会对如何把握华北农村的法律习惯进行了理论研究并制定了调查项目，现场调查员们则根据调查

---

　　[1]　译者注：古岛敏雄（1912—1995），日本著名历史学家，主攻日本经济史、农业史。

　　[2]　译者注：原文为"北支"，为便于理解，本书统一译为"华北"。

经验，从调查实施者的角度出发准备了调查项目表。相互比较、研究之后，调查主要由满铁方面的委员负责推进。从本书所示的调查项目来看，满铁方面的问卷较为具体，而且现场口头调查时还准备了更加详细的问卷，在调查结果的整理阶段也制定了明确的统计、整理方针。本次调查目标明确、远大，如果没有这些，整理工作将会寸步难行，调查的总体目标也无从实现。这一点在本书中还难以充分体现出来。满铁方面的调查项目在着重了解规范意识方面还比较薄弱，但从问答记录可以看出，他们在家庭篇中设定了一些特殊条件，询问了村民如何处理这些情况，从而达到调查法律规范这一总体目的。

　　正文中的调查问答记录由顺义县概况调查及沙井村概况、村落、家庭调查构成。顺义县概况调查分为两次巡回调查及针对县城的县民政科科员和新民会[1]会员进行的口头调查。第一次巡回调查历时 10 天；第二次巡回调查历时 8 天，边走边调查，每天调查一两个村庄，主要是对村里有权有势的人就所有调查项目进行简单的口头询问。为了在沙井村开展调查，1940 年 11—12 月在村里长住了 36 天；1941 年 3—4 月长住了 25 天；1944 年 8 月底又住了 3 天，另外还进行了 4 次 2—10 天的调查。在简单地调查了全村的家庭、分家情况、拥有土地的面积、农业经营面积等情况之外，还对少数人进行了口头调查。口头调查的内容根据受访者在村里的地位、作用而设定了不同的重点，同时尽量深入地问及了所有调查项目。这种做法在类似调查中实属当然，但本书将问答记录原封不动地出版时，难免会碰到同一问题反复出现的情况。这一点，对于中国问题研究领域之外的其他读者而言，也许会不胜其烦。

　　战火纷飞下的外国情况调查被称为"点与线的占领"，往往伴随着未亲临其境的人无法想象的困难。虽然调查报告中写着当地治安状况良好，但是调查人员在县内走村串户时总是跟着治安工作组，或者趁工作人员讲话时进行短时间的调查。书中还提到，若是与燕京道道尹同行，当地有权有势的人都会被动员起来接待道尹，从而导致调查无法进行。由此也可以知道，概况调查是对各地有权有势的人进行的口头调查。沙井村调查的时间长、次数多，因此调查对象广泛，但调查离不开翻译，这给调查工作带来了各种困难。

二

　　如上所述，本书是未经加工的调查问答记录，这让答应写书评的我颇感棘手。都怪我一时糊涂，不了解情况就答应了下来，而且也没有充分的时间来打开这本书阅读。我只是读过《太阳照在桑干河上》及《李家庄的变迁》等小说，略微浏览过毛泽东关于农村调查方面的论文，但并没有把中国农村的某个特定问题作为自己目前的研究课题。仁井田、福武等学者的研究业绩，我虽拜读过，但是并没有明确意识到与本次调查的关系。本书介绍的其他学者的众多研究成果，我则完全不知。作为读者，我认为本书是一份完整的报

---

　　〔1〕　译者注：为了推行"以华制华"政策，1937 年 12 月，在日本华北方面军特务机关的引导下，成立了日军操纵的所谓"民众团体"——新民会。

告，从中可以对华北农村的惯行窥见一斑。但我强烈地认为，在某种意义上，我并没有资格评论本书。能够阅读、利用、评价这些资料集的人是本身对某个特定问题感兴趣的人，或者是对利用这些资料的方法感兴趣的人。一般而言，只有这样才能兴致勃勃地阅读这些资料。

带着这样的困惑，我对本书的第一感觉是，首先，如上所述，问题设计者们完成了本总结报告，希望像我这样的读者能够从本调查中了解到革命前中国农村的面貌。编辑历史学史料集时，如果残存的史料过于庞大，则必须基于问题意识进行筛选。而最能有效地总体利用这些经过筛选的史料的，则是站在制作这些史料集的立场的人。对于其他人而言，一般只能利用部分史料，而如果能够看到全部的史料，利用起来则一定能更加有效。这实在令人扼腕叹息。

与史料筛选相比，调查这项工作更为抽象，更大地受到调查立场的制约。口头调查的结果，本来除了提问者或者非常了解其立场的调查者之外，是不可能进行总体统计的。机械地对填得满满的调查问卷进行统计，第三者也可以做到。但对于调查者而言，调查问卷包含了很多字面上并未体现出来的东西，调查项目相互之间的理论及实际联系有些是妙不可言的，是超过客观呈现出来的泛泛而谈的调查方针之上的。

三

正面阅读本书的方法是根据调查目标进行统计分析，但是目前我却做不到这一点。第二种方法是针对某一特定问题（并不需要与作为本次调查目标的法律规范有直接的联系），在认识到本次调查由方法带来的知识上的局限性的基础上，把本书作为资料加以利用。有些历史学家在使用资料时，经常出于与原始资料的制作目标不同的目的开展自己的研究工作。对这些历史学家而言，这些调查资料具有明确的调查目标和方法，最容易对资料进行批判，而且可以放心地使用。这个资料集为我们提供了获得了解太平洋战争期间华北农村面貌的重要线索。

我自己因为不存在这些问题，所以没有努力集中精力去仔细阅读这个资料集。但以下几点引起了我的注意，第一点，根据口头调查的结果，可以发现清末以来直到战争期间，作为基层行政组织的村子，其组织结构虽然发生了变化，但村中统治势力的结构并未从根本上发生转变。读完前面提到的两部小说，我的印象是村子里出头露面的人都是假的，轮流登台，幕后强有力的支配势力不停变换，相互姑息。由此可以看出，调查时村子里的上层结构自古代一直延续到战争期间。不过，前郝家疃这个村子虚构了一个叫李树明的人，并将其推举为村长上报到县里，但显而易见，实际上每年都在换人担任其职。其原因追究起来很简单，就是大家都不愿意担任村长的职务。其他村子也有这种情况，大家也都接受了这种局面。站在今天的角度来看，调查之所以能够进行，其原因之一是客观上作为占领者，背后有势力撑腰（稍微心术不正地来说的话，本报告中最有意思的是，这两个村子发生纠纷后，调查员作为调解员介入其中，这也说明了这个问题；另外，动用村费招待调查员，这一点也反映了当时人们的意识，值得深思）。但是，本次调查无助于行政目的，而且是纯学术性的，这种想法削弱了本次调查是作为占领者的一员而开展的这种反思。

第二点，调查对象主要是村子里出头露面的那些人。不仅调查了固定的惯行，还注意到了其变化及推动这些变化的人，但贫农阶层的情况则完全不清楚。这个希望在当时的那种条件下是很难实现的，但阅读时如何评价这个问题，我一直为找不到答案而耿耿于怀。

第三点，在某种意义上与上面一点有关，是关于追究规范意识的方法。我认为应该尽量弄清楚事实出现的地方，在变化中抓住问题。调查时，有时是直接询问受访者的想法，例如在调查家庭关系时，假设一些条件，然后提问等。虽然有很多实例分析，但是并没有根据阶层及各种不同的条件收集信息。因此，如果让第三者来统计分析的话，对假定条件的回答会极大影响到对该问题的理解。

第四点，关于调查的方法，即调查项目中的预想（这是末弘博士在第二篇论文中提到的臆测）出现了偏差时，如何就变换问题、找到了解原因的条件进行讨论并付诸实施。从东京方面提出的调查项目甲第一、第二中可以看出，受宗族、同族制度约束的家庭以及家庭制约下的个人是法律规范的主体，受身份血缘关系制约的土地所有形态是调查项目中的重大预想。这一点在丙第一中也很明显。正文的提问也充分体现了这种预想，但从回答情况来看，这一点在概况调查的各村中，其重要性受到了否定。了解到这个问题之后，是如何解决的，书中并没有明示。对既没有同族财产，也没有村有财产，族长缺乏实权的村子中的阶层关系、人们的想法，例如同族的辈分、街坊的辈分之类的情况，分析也略显薄弱。长期调查中有很多机会可以共同讨论，本书的内容也时时作为供人们讨论的材料，但我匆匆读过之后，并没有感觉到这方面努力的效果。如果看不到本书背后的这种努力，我们这些普通的读者则很难充分了解本书的价值。

作为一个单纯只是想泛泛地了解中国的读者，我为自己的无知及出言不逊表示抱歉。在那场惨无人道的战争中，调查者们留下了这项浩大而充满良知的工作。该调查的面世对今后将产生巨大的学术影响，并一定会成为进一步加深对中国的了解的契机。再次希望本计划顺利完成，希望这本最易于我们普通读者理解调查价值的报告顺利出版。特撰此文作为介绍。

（载于《历史学研究》第 166 辑）

调查资料目录

（仅包括本卷收录内容）

辑	篇	号	调查者姓名（［　］内为翻译）	调查年月	备注
23	村落	3	村田久一、刘钧仁	1940 年 11—12 月	山东省历城县
49	村落	6	山本义三［郭文山、杨立勋］	1941 年 11—12 月	冷水沟庄（下
50	村落	7	旗田巍［郭文山］	1941 年 11—12 月	同）
22	家族制度	3	内田智雄、早川保	1940 年 11—12 月	
36	家族制度	5	内田智雄［郭文山］	1941 年 5—6 月	
48	家族制度	7	早川保［刘峻山］	1941 年 11—12 月	
18	租佃	4	早川保	1940 年 12 月	
45	租佃	9	本田悦郎［刘峻山］	1941 年 10—11 月	
46	租佃	10	佐野利一	1941 年 10—11 月	
17	土地买卖	3	早川保	1940 年 12 月	
44	土地买卖	7	杉浦贯一［达光］	1941 年 11—12 月	
21	农村金融及贸易	3	村田久一、刘钧仁	1940 年 11 月	
35	农村金融及贸易	5	安藤镇正［刘峻山、郭文山］	1941 年 5—6 月	
19	赋税	4	村田久一、刘钧仁	1940 年 11 月	原土地所有权
20	赋税	5	村田久一、刘钧仁	1940 年 11—12 月	篇第 3 号水篇
20	赋税	特 3	村田久一、刘钧仁	1940 年 11—12 月	第 3 号
47 (1)	赋税	10—1	盐见金五郎［杨公为］	1941 年 10—11 月	
47 (2)	赋税	10—2	小沼正［杨立勋］	1941 年 11—12 月	
56	概况	7	旗田巍［徐颖］、内田智雄［傅宝龄］、本田悦郎［孙希中］、盐见金五郎［李佩杰］、安藤镇正［郭文山］	1942 年 2 月	山东省历城县路家庄
78	村落	11	山本义三［隋传绶］	1942 年 5—6 月	山东省恩县后夏寨（下同）
71	家族制度	10	内田智雄［达光、张庆普、隋传绶、杨立勋］	1942 年 5—6 月	
81	租佃	14	本田悦郎［杨公为］	1942 年 7 月	
79	土地买卖、农村金融及贸易	10 11	杉浦贯一、杉之原舜一［达光、孙希中］	1942 年 5—6 月	
80	赋税	14	本田悦郎［杨公为］	1942 年 6 月	

山东省历城县冷水沟庄概况

从济南出发坐火车前往青岛方向约一小时到达历城站。出了车站就有一个叫作王舍人庄的小城，市郊农田中有一个高墙围住的地方，正是县公署。华北的地方衙门一般都位于四周被城墙围起来的城里，而王舍人庄没有城墙，只有远离城区的县公署有围墙。冷水沟庄在由此往西北走 3 公里多的地方。

冷水沟庄在历史上默默无名，据说村民于明朝洪武年间由河北省枣强县迁移而来，现有约 370 户人家。华北地区平均每村 100 户，相比起来。冷水沟庄算是个大村。有的人家外观为白色高墙，看上去要比华北普通农村富裕。和其他村一样，冷水沟也是密居制，370 户中李姓 170 户，杨姓 50 户，谢姓 40 户，李姓占全村近一半，三大姓占了七成多，同族聚居这一点比其他村庄更为明显。李姓有家庙这一点也较为少见。

冷水沟庄的农作物也很有特色。村民共有土地约 42 顷，其中水田约 14 顷，用于种植水稻。与其他村子一样，冷水沟庄也种植小麦、高粱、谷子等常见农作物，但是水稻所占比重相当大，这是该村的一个重要特色。在种植大米这种经济作物的地区出现同姓聚居的现象，这一点值得关注。

村里的 42 顷土地基本归村民平均所有。100 亩以上的只有 1 户，50 亩以上的也屈指可数（10 户左右），完全没有土地的人也很少，拥有 10 亩前后土地的居多（这里的亩指的是大亩，一亩约为官方规定一亩的 2.5 倍）。所以村民大多为自耕农，自耕兼佃农仅约 25 户。没有完全不种地的地主，自家土地大半自耕自种，剩下的出租的大约只有 10 户。本村贫富差距很小，大多生活无忧，这也是本村的一个特色。总之，本村在当地是一个富裕的村子。

村民几乎都以做草绳为副业，农闲时有百数十人外出打工，很多人去打短工，或者去济南的工厂干活，但是很少有人举家外迁放弃务农的。

如上说述，冷水沟庄是一个比较富裕、安宁的村子，但战火的硝烟味道越来越浓。在上面的强制下成立了自卫团维持治安，村民被拉去加强铁路警备或挖战壕，粮食交易也受到了管制，战争直接影响到了农民的生活。日本军队势力强大的时候，农民的不满尚未表面化，但太平洋战争开始后，中国反攻势力扩大，日军势力减弱，农民的态度也因此出现了 180 度的大转弯。之前对满铁调查员虽然是表面上，但毕竟笑脸相迎的人，后来却对日本人避之不及，这种心理变化在其态度上表现得非常明显。我们的调查，尤其是后期的调查因此受到了很大的影响。这一点与第一卷、第二卷记录的河北省顺义县沙井村的情况有天壤之别。继冷水沟庄之后，又在路家庄开展了调查，这是因为在冷水沟庄的调查难以继续下去，所以才将调查对象改到路家庄的。

　　路家庄距历城站 30 多公里，共有 130 户左右人家。其中陈姓约 60 户，杨姓约 30 户，邢姓约 20 户，这三姓占绝大多数。同姓聚居的现象与冷水沟庄一样明显。村民大多拥有 10 亩左右的田地，而且自耕自作，这一点与冷水沟庄相同。但是路家庄没有冷水沟庄那种种植水稻的特色，与冷水沟庄相比，是一个穷乡僻壤。（旗田巍）

山东省恩县后夏寨概况

　　恩县是一个地处河北平原中部，位于河北和山东交界处的小县，大运河由本县北边向西南方向流过，津浦铁路南北贯穿东部与其接壤的德县和平原县。

　　该县自古以来多遭黄河水患，沙地居多，地势稍低的地带是碱地。

　　恩县县城位于县东南部，本次进村调查的后夏寨位于距县城约5里的西部。村里约有130户人家，700人，是个以农业为主的贫困村。村民说，本村面积约30顷，但由于生活贫困，渐渐把土地卖给了外村人，因此土地比民国初年少了。根据分家的情况，多少有些出入，但根据卷末的户别调查表等其他资料，现将总户数、姓别户数、土地所有关系等大致汇总如下。

家庭总户数

每户人数	1	2	3	4	5	6	7	8	9	10	11	12	14	总计
户数	7	10	13	23	28	15	12	7	1	4	6	2	2	130
人数	7	20	39	92	140	90	84	56	9	40	66	24	28	695

姓别户数

姓	王	马	吴	李	魏	张	刘	田	孟	徐	赵	总计
户数	51	30	18	9	6	4	4	4	2	1	1	130

按拥有土地亩数划分的户数、面积及百分比

	户数	百分比	亩数	百分比
0—4.9	6	4.6	15.9	0.6
5.0—9.9	19	14.6	135.6	5.4
10.0—19.9	23	17.7	267.5	10.6
20.0—29.9	20	15.4	326.5	12.9
30.0—39.9	35	26.9	835.8	33.0
40.0—49.9	11	8.5	364.8	14.4

续表

	户数	百分比	亩数	百分比
50.0—	9	6.9	393.5	15.6
不明	3	2.3	190.0	7.5
	4	3.1	—	0
总计	130	100	2529.6	100

由此可以看出，户均人数为 5—6 人，多由分家后的直系亲属组成，含旁系亲属的大家庭很少。按姓氏来看，最多的是王姓 51 户；其次是马姓 30 户，吴姓 18 户，其他甚少，是华北地区常见的杂姓村落。嫁到这 130 户人家的 226 位妇女中，同姓（比如姓刘）有 12 人，其中 9 人都是王姓，这一点值得注意。

130 户中，除了 4 户情况不清楚之外，剩余 126 户拥有土地约 2530 亩，户均 20 亩左右。从回答情况来看，维持一个 6 口之家的基本生活需要 30 亩地，不搞副业则需要 50 亩。由此看来，本村土地明显短缺，因此农民们通过做买卖或者打短工来贴补家用。拥有 50 亩地以上的仅有 3 户，超过半数人家都是不足 30 亩的超小农，这些人或多或少地租赁一些土地或者搞点儿副业。租赁土地时，最好的情况是对半分种，除了四六分外，极端情况下还有"二八份子"。土地典当之后再转让的先当后卖，以及从县城等地贷款的情况也不少。以前有很多人去满洲打工，但由于汇款不便，所以最近去的人越来越少了。有 4 人做长工，有 6 户人家做一些香烟、茶、烧饼之类的小买卖，木匠两三人，讨饭为生的 1 人。做棉花中介的有 6 人，这也可以算作副业。

农作物方面，种植谷子、小麦、花生、棉花、玉米、大豆、高粱、红薯等作物，交易多于单数日在县城南关的市集进行。日用品除了可以在市集买，也可以去县城的商铺买。

社会生活方面值得注意的是，为了抗匪退贼等自卫的需要，有一个名为"红枪会"的信仰团体。如今会员相当之多，由此可以看出这个团体很早就存在了。有权有势人家的宅子上都建有望楼。村里的金融组织名为"乡社"或"请会"，兼有信仰和社交意义。另外，村里还有临时出借餐具的"碗社"和其他一些互扶互助的组织。

最后，本村的历史沿革与河北其他调查村一样，于明朝永乐年间由山西省洪洞县迁移而来。关于村名的由来，明朝的时候有兵营在村南驻扎过，所以称为"下寨"，清朝时改为同音的"夏寨"。迁移来的村民中最古老的是王姓，现在王氏子孙也最多。（安藤镇正）

凡　例

一、本卷的编辑方针与第一卷、第三卷凡例中提到的内容基本相同。

二、本卷主要收录了山东省历城县冷水沟庄及恩县后夏寨的各项调查资料。受当时治安状况等因素的影响，后夏寨调查仅在 1942 年开展过 1 次，其后便不得不停了下来。冷水沟庄调查在第 2 次之后，只有请村民到县公署来进行口头调查，因此第 3 次调查迫不得已地选择了情况较好的路家庄，作为补充，在路家庄进行了各项概况调查。特此说明。

三、基于上述原因，本卷未能像第一卷、第三卷那样在附录中附上村内区划详图及土地区划图。因此，本卷除了正文中插入的资料之外，附录里的相关资料仅有县公署制作的县地图、历城县村里人手写的地亩册及村内寺庙碑文集、恩县保甲簿及分户调查时制作的分户调查表。调查员当时拍摄的照片在停战前后不慎遗失，幸蒙当时在东亚研究所任职（现为九州大学副教授）的中村治兵卫先生将其在访问期间拍摄的照片借给我们刊登在卷首，在此表示感谢。

四、由于调查员业务不熟练，初期的调查资料是在调查之后整理出来的记录，因此有的没有写明日期，有的月份和日期顺序不对。正如每段正文在开头中声明的一样，内容都是照搬原资料不变。

五、不少情况下，人名、地名等使用了同音字代替，这并不是弄错了，而是农民们就是这么使用的。本卷基本都是照搬原资料，没有统一，这一点与第三卷相同。另外，在人名方面，有的农民有号，大多记下了其号，但是同样也有统一，保持了原样。

六、本卷所收录的第 20 辑本来是土地所有权篇第 3 号、水篇第 3 号和赋税篇第 5 号的合集。但由于调查项目的变更，决定将土地所有权并入赋税，前者改为赋税篇特第 3 号。

七、本文用语中的假名，一部分已尽量改成了新假名，但每个调查员使用的汉字或假名有所不同。为了避免订正及统一的麻烦，本卷多照搬原资料不变。

历 城 县

村 落 篇

1940 年 11—12 月

（华北农村惯行调查资料第 23 辑）

村落篇第 3 号　山东省历城县冷水沟庄
　　调查员　村田久一、刘钧仁

11 月 18 日

村落概况　庄长

应答者　杜凤山（庄长）、任富申（甲长）、李某（副保长）

【村名】是从什么时候开始叫冷水沟的？＝不知道。

后来村名变过吗？＝没有。

冷水沟这个名字是怎么来的？＝四十七八年前，在现在小学的那个地方有泉水，所以就叫冷水沟。后来成了一个积水池，保存至今。但是大部分平常是没有积水的。明朝古碑文上有冷水沟的名字（实地调查后并未发现）。

【村子起源】村子建于何时？＝不知道，最早住在这里的是王姓和杜姓。

最早来这里的是谁？在什么时候？＝明朝洪武年间，从河北省枣强县迁来的，应该是李姓。据说李姓和杨姓 500 年前就移居至此了。

为什么要迁来？＝山东地广人稀，所以朝廷下令迁来的。

附近还有和本村这种情况类似的村子吗？＝历城县的村子大多都是这样，不过不限李姓。

邻村李家庄都姓李，本村是从李家庄分过来的吗？＝不知道。

本村的村民有没有移居别地建了新村子的？＝南边的龙洞庄可能是，李姓很多。

有支村或者分村这种说法吗？＝没有。

为什么要迁出去？＝不知道，也不知道是什么时候。但是会有龙洞的人来冷水沟的墓前拜祭，他们都是李姓一家的。

本村和龙洞庄有特殊关系吗？＝没有其他瓜葛了。

【面积】现在总面积多少？＝村子南北长 1.5 里，东西宽 1 里，面积有 42 顷多。其中稻田 14 顷，旱田 28 顷。每户房基平均 4 分，370 户共 1500 分，家周围的空地 500 分，其他道路等加起来大概 280 亩，是旱地面积的 1710。旱地还包含了道路和墓地，总体比例不清楚。

以前总面积和现在一样吗？ = 每年多少有些变化，但是基本都是 42 顷。

【村界】有村界吗？有的话变过吗？ = 没有村界，但村民自己的土地界线有过变化。

村界不那么分明的话，有界碑吗？ = 没有。

村民把土地卖给他人时，那这个土地还算本村的地吗？还会计入本村总面积吗？ = 不会。

土地出让后，其税费还会交给本村吗？ = 不会，交给买家所在村的村公所。

【本村人】外人买了本村的土地，是否就成了本村人？ = 不是，没有任何关系。

搬到别的村子去住的村民还算本村人吗？ = 寄居在他村的话，地由本庄庄长管理，地不能带走。如果搬到他村定居（长住——拥有房子土地），则由该村村长管理土地，地带走。这个在邻村和济南都是一样的。现在寄居在济南的人也心甘情愿地向本村交纳附加摊款。

【密居制】村民的房子密集吗？ = 密集。但是 375 户里有 50 户离得稍远，他们住在一块。最开始由于风水原因建了 1 户，之后随着人口增加，在这里建房子的也越来越多。但是不清楚是什么时候的事了。

为什么村民的房子很密集？ = 为方便起见。

会有什么不方便吗？ = 不会。

不是为了便于防御匪患吗？ = 防御的时候，大家会聚过来。

【位置】位置是？ = 王舍人庄（县城）北偏西 6 里，距县公署 5 里。

地势如何？ = 平地，比周围稍高。

【气候】气候如何？ = 农历八月末九月初有霜。春天多大风，冬天则很少。"小雪"前后开始下雪。六七月多雨，"谷雨"播种高粱、小米，等等。没有出现过因为寒冷或者霜雪而伤害到小麦的情况。1937 年黄河发洪水，每年都因降雨过多引发虫灾。

【土地种类】有废耕地吗？ = 没有。

有荒地吗？ = 没有。

有湿地吗？ = 没有。

有森林和原野吗？ = 没有。

有沙地吗？ = 没有。

有碱地吗？ = 有 14 顷，种了高粱但是收成不太好。这种地，村里随处可见，不存在哪里多哪里少的问题。

耕地有上、中、下之分吗？分布状况如何？ = 有。上、中、下各 14 顷，分布在各处，并没有集中在某地。

上、中、下和赋税相关吗？ = 没有，都一视同仁。

耕地是什么颜色？ = 碱地是白色，春天刮风的时候会变成白茫茫的一片。这个时候就没法种菜园了，每亩四五百元。王舍人庄的土地是红色的，每亩 700 元哪。

土地的轻重软硬如何？ = 又轻又软。

每亩收成如何？＝冷水沟每亩收 2 斗，且质量很差，王舍人庄则可以收 4 斗，且质量上乘。

井有多深？＝三四尺，有的地方挖 5 尺才有水。

【交通状况】到济南多远？＝步行 4 小时，往返 50 里。到商埠地 30 里，不骑马，且行且去。每天有两三人到七八人来来往往。

到王舍人庄多远？＝步行 30 分钟，5 里路。

道路情况如何？＝村内有通往村外的道路。王舍人庄来的公路（汽车路）去年刚修好，还没有通到沙河。以前是马车道。大车道通往杨家屯、滩头庄和沙河，另外还有 1 条小道。纸房没有通路。

有人坐汽车去吗？＝很少。

为什么不坐车？＝去租车或者去车站要走 7 里路，懒得去坐。

公交呢？＝有从济南经过王舍人庄开往章丘站的车，每天往返一趟，各 2 辆车。但是村民不爱坐。

有自行车吗？＝10 个人有，都是农民。

有邮局吗？＝这个没有。

信件怎么办？＝寄到历城站的邮筒。取信的话去历城站附近的代办所，也可以收加急件，但是这个是需要支付小费的。

有电话吗？＝没有。

修建道路的目的是什么？＝为了给警察、公众以及产业提供方便。

村里有哪些产业？＝农业、养猪、养鸭。有 1 户养鸭，养了 250 只哪。

【农作物】农作物的种类、数量依次是？＝（1）水稻：亩产 150 斤；（2）高粱、谷子：高粱亩产 100 斤，谷子 90 斤；（3）豆子、小麦：豆子亩产 100 斤，小麦亩产 120 斤；（4）菽子（像小米，有黏性，过年时食用），胡萝卜：自家吃。

会把农作物卖给县城或邻村吗？＝以前有把米卖到济南的，现在卖给新民会。高粱、小米、豆类（黑豆）、小麦拿到王舍人的集市上去卖，但是量很少。我们不吃大米，所以把大米拿去卖了，然后买别的粮食回来。每逢农历二日、七日有集市。

【肥料】肥料怎么办？＝用豆粕。滩头有油坊。去市集上买。大粪呢，去济南买。

农具呢？＝会有铁匠从章丘县来，每个季度来给我们做农具。

【贸易】在哪里买生活必需品？＝去市集买，特殊物品（婚丧用）去济南买。

村子里有商店吗？＝有小卖铺，卖一些油盐杂货，很多东西买不到。

村里的商店和市集上的商品都是从哪进的货？＝火柴、盐、布匹等杂货是从济南来的。

会有行商之人去市集吗？＝除了附近村子的人，其他都是从济南来的。

村民们去县城、城里、其他村子买东西吗？＝只去市集呢。

买卖东西的时候，怎么搬运货物？＝把货物装在袋子里用肩扛着，或者背着，有时候用驴子驮。不用牛车马车，因为还不至于有那么多货。

【外出打工】村民会外出打工吗？＝有四五个人去济南的水泥厂打工。他们只有两三亩地，生活很困难。还有十来人去店里做学徒伙计，一般是和店里有关系，或者是因为家里人太多。

有别的村子的人来打工吗？＝有七八人。他们来农户家做佣人，都是做了很多年的，但并没有从家里搬出来。

有没有季节性外出打工的？＝没有。

【寄居】有外乡人吗？＝有，这种情况叫作"寄居"，一共 8 户。

1. 卖药的。不知道他姓什么，在村子里没有店，去市集上卖药。夫妻两口之家。

2. 刘。长清县人，没有土地，租地而耕。在市集上买鸡和鸡蛋，再拿到济南去倒卖。夫妻两口之家。

3. 刘。用高粱秆做锅盖，可能是曲阜人，没有土地也不租佃。夫妻俩带一个女儿。

4. 张。一个讨饭的女人。

5. 姜。河北人，卖烧饼，没有土地也不租佃。夫妻两口之家。

6. 王。齐东县人，婚丧时给人吹唢呐，没有土地也不做佃活。夫妻俩带一个儿子。

7. 田。不知道从哪里冒出来的，和姓王的职业一样，没有土地也不租佃。夫妻俩带一个儿子。

8. 商（见后记）。

入村的时候就默认了吗？还是有保证人？＝都住了十几年了。有保证人就能住进来，不加入保甲的户口。

他们会受到歧视吗？＝无论在待遇，还是在感情上，咱们都不会歧视他们的。

会借钱给他们吗？＝咱们村民们都很善良，会借给他们的。

卖药人之类的会受到村民尊敬吗？＝没人特别在意。

也要分配外乡人做义务劳动吗？＝不会的。雇主家里住有 8 个打工的人，只用给主人干活。

【信仰】村民信仰什么？＝神、玉皇大帝。

有几所庙？＝3 所，玉皇庙、三圣堂、关帝庙。

去祭拜哪个？＝哪个都去。

是什么庙？＝道教的庙。

没有佛教的庙吗？＝有观音堂，路边有个很小的佛堂。

有祭祀和庙会吗？＝没有。

庙里有道士吗？＝三圣堂有。卖葬礼上用的物品，不过不念经。

村民会给香火钱贡品之类的吗？＝只烧香，不给钱，不上供。

生病了会去庙里拜一拜吗？＝会，去哪个庙都行。

祭拜有效果了，会怎么做？＝去拜的时候，有时会上供钱和书籍。

丰年的时候，会上供粮食吗？＝不会。

在哪里求雨？＝玉皇庙。

有风水先生吗？＝咱们这儿没有。王舍人庄有，（婚丧、建房的时候）有很多冷水沟的人也会去找风水先生。不过，谢礼很随意，不出钱，送礼只送东西。

【传统节日】每年有哪些传统活动？＝正月初一祭祖，还祭门神、财神、宅神和灶神，要拜年，吃包子、饺子。正月初五是五马日，搞不清楚是什么日子，要吃包子。正月一直休息到初五，初六开始劳动。正月十四、十五、十六是灯节，要点龙灯、四蟹灯、六巧灯和骨牌灯，表演杂耍（武术），踩高跷（高脚舞）。这些都是一起自由出钱。这一天也叫元宵节，村民休息。二月二龙抬头是土地神的节日，这天过了以后开始下雨打雷。三月清明节要上坟。三月三没有孩子的女人会去卧牛山娃娃店求子。五月五日端午节，吃粽子。六月十九是玉皇庙（天帝）的诞辰，村民们要去祭拜。七月十五鬼神节，要上坟。八月十五是中秋节，吃饺子，晚上要向月亮上供贡品，男女都要叩头。十月一日上坟。十二月二十三日送灶神，为了让灶神在升天的时候向玉帝说些自家的好话，会供上灶饼灶糖。三十日是接神节，这一天要迎接灶神。

逢年过节村民休息吗？＝只有正月初五和灯节休息，端午节、中秋节不休息。

【财主】有钱又有名望的人多吗？＝没有。杨家有百亩地，属本村第一，但算不上有钱又有名望。家长还很年轻，没什么名望和势力。

有被称作退绅、乡绅、乡董、董绅、绅士之类的人吗？＝没有。杨家虽然出过两次举人，但是子孙并没有什么势力和名望。

杨家的百亩土地是怎么来的？＝祖父靠烧锅攒的钱便宜买来的。

【长工、短工】经营方法是什么？＝自家经营。一般长工三四人，短工七八人至十二三人。

长工和杨家有什么关系吗？＝没有特别的关系，让杨家做保证人，然后雇佣。

雇佣条件是什么？＝每年60元工钱，现金支付。衣服自己准备，伙食由主人提供，还会送一些旱烟、洋火之类的东西。

什么时候给工钱？＝先付一部分，剩下的最后付。

长工生病的话，有医药费吗？假期呢？＝医药费由长工自己承担，病久治不愈的话，则会让他回家休养。休养期间每月工钱照付。

短工呢？＝以前每天三四十钱，现在七八十钱。主人提供伙食，其他全部自己准备。

睡觉的地方呢？被子之类呢？＝长工由主人提供睡觉的地方，但是被子等物品需要自己准备，短工每天回家。

劳动时间、伙食怎么样？＝日出而作日落而息，和主人家同吃同喝。

有牛马、工具之类的吗？＝有一头牛和一辆大车。

有些什么作物？＝普通的作物都种。

生活富裕吗？搞一些副业，比如经商和贷款吗？＝没有地主那么有钱，除了务农什么也不干。

【地主】有人自己不种地、完全雇人种吗？＝没有纯粹的地主，女家长会把多数耕地交给佃农，男家长离自己的地很远（在村子范围内）的时候会雇佃农，但是都会尽量自己耕种。

有在外地的地主吗？＝有一个在济南。一个叫于王氏的寡妇在本村有12亩土地，交给李凤富租佃。于王氏是外村人，嫁到了济南，她的嫂子是本村杨家的女儿，于王氏的哥哥买了一块本村的土地，所以才在本村有地。后来兄弟俩分了土地，哥哥把土地卖了，弟弟没有卖，再后来弟弟去世，于是于王氏成了地主。于王氏虽然过了拨，但是她的地是通过嫂子杨氏得到的，所以并未将地籍迁往济南（没带走），仍然向本庄交纳田赋、附加税和摊款等。所以名义上保甲簿里没有，但是地亩册里还有她的名字。

【自耕、租佃】本村 375 户里有多少户没有土地？＝除本村 2 人、外村 17 人之外，都有土地，大部分是自耕农。

自己的地大部分自耕，小部分出租，这样的有几户？＝10 户左右。

经营地的大部分是自己的土地，耕种自己的那部分，别人的土地出租，这样的有几户？＝15 户左右。

和上面两种情况相反的有几户？＝10 户左右，剩下的都是耕种自家的地。

【役畜】多少户有役畜？＝有牛的，140 户，其中 8 户有 2 头，其他的都只有 1 头。驴 6 户，骡子 16 户，每户只有 1 头。拉车的骡子有 5 户有 2 头，4 户 1 头。

有没有特殊的农具？＝没有。

【副业】有什么副业？＝基本上全村都在做草绳，大家田里多少都有一点，就地取材。有的人也去买一点儿。

有制绳机吗？＝外乡人有 1 台，村民不会家家都买。

要是一起凑钱买制绳机呢？＝做多了的话就卖不出去了，供过于求。

席子呢？＝以稻草为原料的东西大家都做，大概有 300 户，都是女人的副业。有 1 户以芦苇为原料。用稻草做装瓶子的草包的有 50 户，男女都做，需求量大。

其他的副业呢？＝糖坊 2 户，一户以务农为主，一户以糖坊为主。村里有 5 家小卖铺，2 家以务农为主，3 户以经商为主。还有兄弟俩，一个在济南做生意；另一个在本村务农。

什么时候做这些副业？＝每年有空的时候。

【长工、短工】有人会出去做长工、短工吗？＝有 200 人会在农闲时去做，其中有一百二三十人哪儿给的工钱高就去哪儿。

有没有土地只租佃的人吗？＝有一户，寄居在朋友家（借住一部分房子）。

这也能算一户吗？＝当然，家计独立并且有灶就是一户。

长工的雇佣条件、生活状况、地位如何？＝长工每年签合同，一般都是在每年 8 月 15 日签。工钱每年 50 元到 70 元，伙食由主人负责，衣服需要自备。一两天就不说了，有事（自己结婚或者参加家人的丧礼）会有一个月的休假并且工钱照付。长工不管是本村人还是外村人都住在雇主家。因为长工主要工作是放牛，所以要和牛住一起。长工本来就没有家底，工钱一般都给家人或者亲戚。当然主人也负责除了衣物的其他全部开支。如果手脚勤快，主人会把他当作家里人对待，如果偷懒不干活就会被解雇。吃饭、作息都和主人家一样。如果长工人好的话，大家会把他当作普通村民，但是不会让他参加集会。婚丧的时候他们不用自己送礼物贡品，只需要把主人的东西送过去。如果是长工的熟人就请假自己去。他们不会擅自从事副业。本村民有 3 个长工，其中 2 个在本村的 2 家干活，另外那个在外面干活。有 21 个外乡人分别在本村的 15 家做长工。有 4 个人在同一家，其他大多一人一家。基本上都是附近村子来的，有 2 个保证人。

短工呢？＝每天临时雇佣。一般一天 5 角，伙食主人负责，衣物自备。每天从家里来，一般是在收割期间雇佣。他们的地很少，家里劳动力绰绰有余。雇短工的具体有几家，我不清楚，大概有 100 多户。

本村有工场雇人的吗？＝没有。

有本村的人去附近村子里的工场打工吗？＝没有，倒是有去济南水泥厂打工的。

本村还有其他工人吗？＝有一个姓商的，40 多岁，人很好，大家都叫他老商。他一个人寄住在刘家，有一次想自杀，大家救了他。

这也算一户吗？＝保甲簿上没有他。保甲调查的时候他寄住在杨家，没有算上他。最近搬到刘家的空房子去住了。

每天都工作吗？＝每天都工作，要是没有人雇，他就去财主那里帮忙混口饭吃。

他是哪里人？＝本村南边 12 里刘志远庙的人，来本村投靠亲戚，已经 20 年了。

劳动时间呢？＝日出而作，日落而息。

工钱多少？＝忙的时候 1 元，平常 5 角，由供需关系决定。

他搞副业吗？＝搞，冬天没活儿的时候就去卖些花生之类的，但是只够维持温饱。

他过去是干什么的？村民们怎么对待他？＝不知道他原来是何方神圣，但是因为他人很好，又来了很久，所以大家都很信任他，现在没有保证人就不能入村。

【商人】村里都有些什么商人？＝小卖铺（杂货铺）有 3 家，卖油、酒、酱油、香烟、火柴、烧纸等。

资金如何？＝有一二百元，归自己所有。

好像有饭馆？＝以前有 2 家的，现在只有 1 家小饭馆了。

那家为什么不做餐馆了？＝一年前老板病倒了。他们现在还住在村里，由妻女打理家里的地。

商品、原料在哪里采购？＝济南或市集。

他们的顾客是多了还是少了？客源有没有被城市抢走？或是被城里来小贩抢走？＝村民多在市集或济南买东西，几乎不怎么在村里买东西。

他们雇了人吗？＝没有。

他们有土地吗？收成如何？＝多少都有一点，自己耕种。开杂货铺的 3 户人家，只要不是荒年，土地的收入就多些。开饭馆的是生意上的收入多些。

有别的商人吗？＝有一个姓姚的人每 5 天会从济南来收购绳子。

会叫他中介（经纪人）吗？＝没有特殊的称呼，就叫他收买的。

他只收冷水沟的绳子吗？＝也收别村的。

【手艺人】村里有手艺人吗？＝有 10 多个木匠，建房子、做家具、做农具，有一人带着妻子和弟弟在济南做棺材，哥哥在本村务农。还有 10 多个瓦匠，建房子造墙壁。

是本职吗？＝只在空闲的时候，或者有人请的时候做。

从哪里购买材料？＝买村里的柳树，砖是从附近的炼砖厂（有一个）买的。

雇员工吗？＝不雇。

村里的商人、手艺人的变化情况如何？ = 人数比以前多了，因为人口增长了。

他们的生活水平如何？ = 仅够吃饱。如果土地够的话也不会做这些了。跟村里其他人比起来并没有很富裕，手艺人的工钱一天 6 角，以前三四角。

什么时候工作？ = 春天初十和十五，除此之外很少。

他们原来的住所、身份、职业、资产如何？ = 都是土生土长的本村人，木匠土地多的有 9 亩（1 人），其他人二三亩，瓦匠有一人（60 岁）有 40 亩，其他的只有 1 亩到 4 亩，但是村民不会叫他们穷人或者看不起他们，钱不够花了就去做短工、苦力。

【教员】小学有几名教员？待遇、地位如何？ = 校长和教员共 4 人，有 2 个是本村人，一个当县人，一个商河县人。校长工资 32 元，一人 28 元，两人 25 元。校长工作 19 小时，其他人工作 28 小时到 30 小时。学生除了回家吃饭外，从早到晚在学校上课复习，所以老师的工作时间很长。

学历、资格情况如何？ = 校长谢星海毕业于历城县单级教员培训所，任教多年，现 44 岁。罗涌泉毕业于济南师范及小学教职员培训所、济南宣抚班日语学校，今年 24 岁。程祥毕业于历程县立师范补习所，22 岁。路瑞庭毕业于山东省立平原乡村师范，29 岁。

有称得上是技师的人吗？ = 没有。

【官员】有官员吗？ = 有一人在县公署任职，叫高荣金。工资不清楚。每天从村里去上班。有五六亩地，父亲自己耕种。他的长子高小毕业。生活不如下面这个人富裕，收支平衡的样子。村民不会特别尊敬他，和普通村民一个待遇。世代居住在这里。有 3 人在区公所任职。李德符任文牍。工资不清楚，区长有 30 元的话，他应该不到十八九元。有 20 多亩地。上代人有百亩地，3 个孩子分了，有人卖了一些地，所以现在每人只剩 20 多亩。土地由叔伯父的儿子耕种，作物平分。除此之外没有现金之类的财产了。生活并不是很富裕。他有两个弟弟。一个住在北边，一个去世了，弟妹和哥哥住在一起，土地让叔伯父的儿子耕种。他本人毕业于济南单级师范。受到普通农民的尊敬，还懂医理（中医）会给人治病。但是不开药。世代居住在这里。杨汝洲是区丁，送些文书之类的。工资十一二元。家里有地，不知道多少亩，父亲耕种。没有副业，住在公所里。以前没有小学，在私塾念过书。家里有八九口人，有一定压力。他和普通农民地位一样，世代居住在这里。李长茂也是区丁，工资十一二元。各区有电话训练员。他也在县公署学习安装电话，住在公所里。虽然家人不多，但是只有一两亩地，生活困难。村民也不会觉得他是穷人，他是个好人，所以村民对他和大家一样。没有上过学，世代居住在这里。

还有其他拿工资的人吗？ = 村里没有了，有个叫谢长华的人在济阳县公署警务局做保安股长，工资有 50 元左右吧，会把一部分交给本村家里人，有几十亩地，家里的女人耕种，日子过得有点紧，谢长华毕业于本村高小，受村民尊敬（但是对警官的态度和日本人大同小异）。世代住在这里。

有人会特别受村民歧视吗？ = 没有。

【乞丐】有乞丐吗？ = 怎么称呼？有 4 户。叫他们要饭的、讨吃的。其中有个人姓李。一家三口，有妻子和儿子。本来有两三亩地，都给卖了。因为家里人太多，春天冬天外出乞讨，夏秋做短工苦力，孩子还太小，没法干活，世代居住在这里。有一个姓刘，65 岁。

父母那一辈时还有土地，家里也很富裕，后来吸鸦片身体垮了，和孩子一起乞讨，世代居住在这里。还有一个姓程，没有家人。以前土地就少，现在还有一亩，让同族耕种，平分收获。同族给他衣服什么的，天气好的话就去乞讨，有时候同族给他吃的，世代居住在这里。还有一个叫张婆的女乞丐，今年春天从外乡来的，住在地窖。

有其他乞丐吗？＝歉收的时候会有很多外村来的人，本村人没有其他的了。

会觉得乞丐很低贱吗？＝不会，只会觉得可怜。

乞丐是按每户算的吗？＝是的，按本村 370 户数的。但是张婆不算一户。

【外出打工人员、徒弟】有去济南、青岛、满洲等地打工的吗？＝没有。有不到 20 人在济南的商铺当学徒。

有在水泥厂、纺织厂打工的吗？＝没有。没有介绍人的话进不去。要进铁道需要考试，所以进不去。

学徒家里都是什么情况？＝除了家里困难的，还有想学手艺的。现在有学木匠的，也有在腌菜店的。

当学徒的条件是什么？＝4 年没有工钱，所以没法给家里钱。要是认真干活，一季度有 5 元、10 元的样子。

能回家吗？＝一年回一两次，每次住七八天。

有去外地做公职人员的吗？＝有一个在济阳县公安局任职，这是小学设立以来的第一例。

有搬到别处去住并且和村里保持联系的吗？＝没有

村里有没有人不务正业又没有钱但是很有势，村民们都怕他？＝没有。

有没有地痞无赖之流？＝没有。村民都很善良，要是干了坏事会很惭愧的。

【人口和土地】从本村现在的土地状况、劳动力、生计情况来看，户数人口会显得多或者少吗？＝人口过多。歉收的话日子很难过。土地少的家里会更艰难，这个时候就得去典当或者卖东西。

收成正常的时候，一人平均几亩地能过日子？＝5 口之家的话需要 20 亩。一人平均需要 5 亩。

佃农的话要租多少亩地？＝没有这种人。给别人耕地的自己多少都有点土地。

要借租多少土地才能过日子？＝不知道。一般不租地，会出去干活。要是做佃农的话还要买役畜和农具，所以一般不去租地，而是出去干活。

怎么区分富农、中农和贫农？＝能算上富农的只有杨云坡一户，他们家有百亩地，还在济南城外开了杂货铺和点心铺。有 50 亩地的算中农，有 10 户，只需要务农，不用做别的，就能过日子了。不到 10 亩地的算贫农，村里有 2/3 都是贫农。

【编村】行政上村叫乡还是庄？＝乡。

编入乡的村子一直都是这么多吗？＝变动过。

为什么？＝区公所随意决定的。

编入乡的村子之间有什么联系吗？＝除了划分，没有别的联系，各村都是独立的。

【庄长的称谓】

编村的村子是乡长吗？怎么称呼每个村庄的领导人？＝庄长或者总保长。

不叫村长吗？＝某某村叫村长。

除了庄长，还有指导村内政务的人吗？＝没有。就算有德高望重的人，也不能插手村内事务，村长有事也不会跟他商量。

村民怎么称呼庄长？＝有叫大爷、哥哥的，也有叫叔叔的，一般就叫庄长。

乡直属于县吗？＝不是，还有区和区长。

【选任】怎么定乡长和庄长？＝投票决定。

表面上投票实际上世袭轮替吗？＝不是。

投票的方法是什么？＝区长从 13 个乡长中公选，乡长从 4 个庄长里公选，庄长由每户投票，一户一票。

投票前有协议吗？＝由 14 个区长决定的人选会去 25 家拉票（也就是说，不会事先商量）。

投票方法、场所是？＝在选票的正面写上被选举人名，反面写上选举人名，在小学投票。

女家长也参加投票嘛？＝参加。

投票的时候县里或者区里会来见证人吗？＝区公所会派人来管理。结束后区公所会向县公署汇报。

区公所不来人还能投票嘛？＝不能。

只有家长才能投票嘛？＝家长或者代理人都可以。

不会写字的人怎么办？＝会提前发选票，所以可以在家里写好。

会不会只有保甲长或者间邻长投票？＝不会，没有邻长。

雇农、佃农、贱民、乞丐他们能投票吗？＝只要是花户（田赋纳税人）都能投票。

庄长能推荐决定有能力的人当选吗？＝不能。

前任能推荐下一任吗？＝不能。以前有过，但是现在需要县公署的委任。

县里会直接空降任命人员吗？＝不会。

当选者需要县里名义上的任命吗？＝必须要。要通知县公署"加委"。这就表示承认了。

【任期、卸任】任期有限制吗？＝没有。我们的庄长从 1927 年上任到现在了。

前庄长为什么不干了？＝76 岁逝世了。

村长空缺了怎么办？＝由保长一人代理。

有卸任的吗？为什么卸任？＝要去别的地方就卸任了。什么时候都能卸任，不过再参选的时候需要连任，所以还没有卸任的。

【资格】什么样的人才能当庄长？能推荐间长吗？＝可以，但是不一定当选。谁都能自由投票。

会选什么样的人？＝会选有学问的人当区长乡长、村长的话，就选人缘好的、讲信用的、积极热心的、公正的、跟谁都能无话不谈的人。

没有年龄、财产的限制，不要求会看书识字吗？＝不要求。现任庄长就不识字。清朝的时候，土地多的就能当庄长。民国后需要投票，现在也是。

现任庄长是怎么当选的？＝讲信用，能做事。张宗昌在山东的时候征收了很多财物，大家都很害怕，当时的庄长什么都不会，所以杜庄长上任了。

杜庄长有多少资产？＝有两亩地，没有财产。喂了250只家鸭。生活一般。弟弟也在喂鸭子，没有分家，住在一起。

【报酬】庄长有公家报酬吗？＝没有。还经常需要庄长自己掏钱。

有没有处理事务的礼金？比如当买卖土地的证人的时候，有收入吗？＝土地买卖和庄长没有关系，庄长不能当担保人。

没有任何报酬吗？＝年底的时候各闾长会商量着送钱，最多送120元。

这个钱从哪里来的？＝全村人按土地亩数均摊。

【职务】庄长有哪些工作？有没有庄长服务心得之类的东西？＝没有。

需要收齐村里的税然后交给县里吗？＝之前都是只催大家缴税，今年开始要把税收齐交给县里了。

需要调查土地户口然后向县里报告吗？＝不需要做土地调查。只需要协助警察做户口调查。

保甲簿怎么做出来的？＝十来个人花几天调查，在县里下发的保甲簿上登记，再上交。

经费怎么办？＝村里提供伙食，没有钱。

还有什么工作？＝爱护村关系和新民会关系的会议，县公署区公所的会议很多，所以很忙。

这些好像都是外部工作，有什么村内部的工作吗？需要调停纠纷吗？＝需要。还要接待视察人员，召集集会，主持，修缮道路、庙和学校。

怎么修缮？＝召集村民，经费大家出。

这些事情是村长自己决定的吗？＝应酬视察人员，分配警卫队的马粮是由村长自己决定的，其他事情都是大家一起商量。

和谁商量？＝召集闾长一起商量。

有消防设备吗？＝没有。发生火灾的话，大家一起扑灭。

有县里安排的任务吗？＝没有。只有修路这样的事。

12 月 9 日

行政组织

应答者　任福裕（保长）
　　　　任富申（甲长）

【庄长的权限】可以由村长单独决定的事情和需要跟大家商量的事情，两者有什么区别吗？＝没有。

怎样维持治安？＝庄长联系县警卫队。

会指导大家务农或者做副业吗？＝不会。

婚丧嫁娶的时候，庄长会指导吗？＝婚礼受到邀请就去，座位会安排在长辈之上。葬礼的话，村民都会参加，庄长指导。村里没有祭祀。节日的时候由村长组织。

村民会绝对服从庄长的指挥吗？＝会，庄长不会乱来的。

不服从的人会受罚吗？＝庄长没有这个权力。有需要的话可以交给县公署。

需要跟邻村合作的时候庄长会代表本村和邻村自由交涉吗？比如祭祀、维持治安、土木工程、共同财产等？＝是的。但是很少和邻村合作。修建道路的话，庄长会去商议，之后向村民报告。

共同防卫呢？＝没有。

和邻村敌对的时候怎么办，比如村子间的纠纷，两村村民的纠纷？＝村和村没有纠纷。两村村民的纠纷像是土地划界，庄长介入就能解决。

县和区的命令都是通过庄长向大家传达的吗？＝是的。

怎么催拖欠的田赋？＝不会拖欠。

申请过减税吗？＝田赋是固定的，不能申请。

附加税之类的呢？＝虽然觉得很多，但是不能申请减税。没有用的。

村民可以直接和县区交涉吗？＝不可以。

怎么直接向顾问投诉？＝事出突然的话，是可以的。

村民有权反对庄长决定的和外部的商定吗？＝可以，但是没有反对过。

怎么修的公路？＝上面下来的命令（批），无须庄长交涉。

怎么分配每个村子的修路工作？＝乡长决定的，无须庄长商议。

【助手】庄长有助手吗？＝没有，只有 4 个保长会帮忙。庄长不认字，任富申甲长暗地里帮忙处理一些事物，记记账什么的。现在的杜庄长想辞职 3 回了，间长们都说会帮忙的，所以还是干到现在了。

为什么要辞职？＝事务繁杂，加上庄长又生病了。

这些人有职位和工资吗？＝没有

【地保、杂工】除了上述人员，还有其他地保吗？＝有一个，是个杂工。

工资多少？＝只有在秋天各户给他点粮食。以前都是这样。

叫什么？家里情况如何？＝叫任富润，男，30 多岁，不识字。家里有母亲和妻子，有一亩地。没有别的了。

他每天都要到公所上班吗？＝有事的时候来上班。

乡公所也有这样的人吗？＝有一个乡丁，杂工兼书记，以前工资 6 元，现在 10 元。

叫什么？家里情况如何？＝叫李宗斌，小学毕业，20 岁，家里有父母和一个哥哥，十几亩地。哥哥李宗源参加过济南的训练班，之后在济阳县公署司法部门上班，和谢保长有姻亲。

都是什么样的人？怎么录取的？＝都是本村的老实人，很讲信用。由各乡长庄长决定。

【副乡长、副庄长】有没有副乡长和副庄长？＝有。李永祥副乡长和张增俊副庄长。李氏还兼任甲长，张氏兼任保长。事变前没有，事变后增加的。

以前是怎样的？＝以前25家为一间，投票选出间长，共14个间长。村长和间长商量处理村内事务。

保甲编成后14个间长怎么办？＝11人成了保长和甲长，3人离开了。

【段、首事】以前如何？＝清末民初，一村分为8段，每段一个首事。

怎么划分段？＝没有户口簿，先决定8个首事，再决定管辖范围。

那个时候怎么称呼庄长？＝8段的时候和14个间的时候都叫庄长，处理村内事务。实行保甲制后庄长什么的改称为总保长副保长了，但是我们还是叫庄长。

乡长呢？＝改成联保主任了，不过还是叫乡长。

要是庄长出现了职务上的过失或者不正当行为，村民会怎么做？弹劾他吗？还是向县里通告？＝没有过失和不正当行为。有的话就开村会解决，不会向县里通告。

有没有监察委员会？＝没有。

需要庄长承担责任的时候怎么办？＝有事情庄长都会和间长商量再处理，不会有需要庄长承担责任的时候。

【有权有势之人】村里有没有有权有势的人或团体？＝没有。

有财主吗？＝杨家有百亩地。虽然是最大的地主，但是当家只有20来岁，没有势力。

上一代人呢？＝上一代是开酒店的，没有处理过村里的事务，只是普通村民。

有声望的人需要避免当庄长吗？＝不需要。当庄长是一种荣誉，不能逃避需要花钱的事和麻烦事。杜村长是县区公署还有村民们都认同的人选。

有人来抢村长之位吗？＝没有。

【纠纷仲裁】庄长会调停家族间村民间的纠纷吗？＝会。

村民会绝对服从庄长的调停吗？＝会。像夫妻吵架啊，土地纠纷啊，大家都会听村长的调停。

谁帮村民们代读代写？＝大家都去找小学的老师。

【庄长的报酬】庄长能优先使用村里财产和公用设施吗？＝不能。

学校和庙呢？＝都是公共的谁都能进。庙都不能用。

庙是怎么建成的？＝太久了，不知道，碑是怎么建的也不知道。

学校呢？＝1914年建立的。那时学田只有35亩，卖了也不够，大家一起凑的钱。

学田在哪里？卖给谁了？＝不知道。

庄长的赋税和大家一样吗？＝一样。

庄长能放贷经商吗？庄长有什么好处吗？＝庄长只养了点家鸭，并没有什么好处。

前庄长现在怎么样了？＝是个医生，也在务农，没有放贷什么的。

【庄公所、乡公所】有庄公所吗？在哪儿？＝在三圣堂。也会在那里集会。

有什么设备吗？＝没有。也没有账簿。

乡公所呢？＝在玉皇庙。有保甲簿。

乡公所在庙里，实际办公场所在自己家里吗？ = 对。

【集会】村民会聚集在一起商议事情吗？ = 会。

这种行为叫什么？ = 会议或者开会。一般叫开会。

今年开过会吗？ = 开了两次。都是在村费不足的时候。只有在遇到经费问题时才开会。

【佃农集会】有没有地主会议、商人会议、佃农会议？ = 没有商人、地主会议。没有佃农会议，但是会私下集会。

在哪里？ = 不知道。

哪些佃农会去？是一个地主家的佃农还是各个地主的佃农？ = 没有大地主，所以不是一个地主家的佃农。大家在一起商量租佃条件。

会拿会议结果和地主交涉吗？ = 直接跟地主说很难，所以都是让庄长介入交涉。

地主会同意吗？ = 一般会。

要是佃农们的要求太大了怎么办？ = 庄长很了解佃农，所以会稍微折中一下。

【集会场所和时间】村里的会是定期开吗？ = 不定期。

在哪里开会？ = 大多在小学，今年开了两次都在小学。

在村公所开会吗？ = 开，人少的时候。

乡公所呢？ = 庄长会议的时候在乡公所。

一般几点开会？ = 只在晚上（因为县里的乡长会议、乡区长的行政会议都在晚上）。

祭祀的时候会开会吗？ = 村里没有祭祀。

开会要通知县区乡吗？ = 不需要。

【地保】村里开会怎么召集大家？ = 庄长作为地保召集大家。

地保的工作待遇如何？ = 工作有代庄长联络县区公署，按庄长命令召集保甲长，分发选票。职位世袭的，没有孩子就推举新的人。地位和长工、杂工类似。每年春秋两次到各户收粮食和麦子，算作工钱。数量随意。

【集会出席人员】每家派一人参加集会，还是一家随便多少人参加集会？ = 如果是一人，那个人是家长吗？一家不限一人。两三个人也可以。派代表也可以。

女户主呢？ = 不能出席。

保甲长、闾长会单独开会吗？ = 会。只派代表也可以。

会不会有时候需要限制出席人员？ = 重要的事情会，比如征税的会议只需要家长出席。

佃户、雇农家的家长都能出席吗？ = 没有土地的人不能出席。

开会有规定人数吗？ = 没有，一半人以上就行。重要事件只需要保甲长参加，之后通知大家结果。

不出席会受到惩罚吗？ = 没有。

【会议管理】会议有管理者吗？是谁？ = 庄长。

出席者能自由发言吗？ = 能自由讨论。

普通村民会反对庄长保长的意见吗？ = 会，如果有损村子的利益就会遭到反对。

有没有发言最多，能指导会议的人？ =贤能之人。普通村民只是在那里听着。

决议事务的时候是少数服从多数吗？ =不是，庄长酌情决定。

反对者多的话怎么办？ =一样。

有意见相反的情况吗？这种情况多吗？ =没有发生过。

【议事内容】开会解决什么事？ =修路、收割后牛马放牧问题、治理兔子鼹鼠灾害问题。

学校的事呢？ =县立学校的话只有修理校舍的问题。

会商量村里的会计、产业、相互扶助、公共事业吗？ =会商量经费问题。产业问题不会。救济穷人归同族人管。村里没有公共事业。

劳动力的交换呢？ =不会全村共同讨论。

开会时会实行会计监察吗？ =不会。

【决议通知】会议结果如何通知村民？由甲长通知吗？ =由地保通知、传话、或者去打听。

普通村民能反对决议吗？ =没有遇到过。

村民违反决议会有惩罚吗？ =没违反过。就算违反了也没有惩罚。

县里会干涉决议执行吗？ =不会。

能不开会就决定重要事项吗？ =紧急情况由村长决定，之后通知村民。

这种情况下，需要钱的时候怎么办？ =村长先垫付，或者先借钱，然后再收钱，但是需要钱的时候一般都会开会筹钱。

无视自己的意愿而由村长决定这事，村民能反对吗？ =能，但是村长不会做这种事。

【民众大会】国民政府时期开过乡民大会吗？ =事变前没有乡民大会。有县民大会，叫作民众大会。

【保甲】村里有小的区划吗？ =像间邻、保甲这样的？以前没有邻，有间。间长由公推（投票）决定。今年春天开始实行保甲制度。

具体怎么划分？ =相邻 10 户为甲。

怎么决定？ =从村子的东北边开始，面朝道路两侧的家不算，一边的连续 10 户算为一甲。

为什么要设立保甲制度？ =我们只是听上头的命令，具体不清楚。

怎么决定保甲长？ =总保长由县里任命，保长由总保长决定，甲长由保长决定（或者说，甲长公推决定。不是投票而是推举。保长由区公所任命）。

不能通过 10 户开会、10 甲长开会来决定甲长和保长吗？ =不行。

保甲算是单位或者集团吗？可以维持治安、解决纠纷、分摊使用经费、主持祭祀吗？ =不能。

保甲是村内的划分，还是和其他村一起来划分？ =村内的。庄长是总保长。

有联保组织吗？ =乡长也是联保主任，仅此而已。

庄和庄公所有组织的法令吗？ =没有。

保甲组织呢？＝应该有法令。

11 月 20 日

维持治安　司法　村费

应答者　李佩衡（乡长）

【保甲制】事变后本村治安情况有变化吗？＝没有。

有村民被绑架，物品被征收之类的伤害吗？＝没有，事变后第三天第三路军通过的时候，把供给柴米的人带走了，后来又放回来了。

以前没有保甲制吗？＝没有，闾邻制度也是从民国后开始有的。

有保甲簿、闾邻簿吗？＝村里有保甲簿，闾邻簿由区公所保管。

保甲怎么编制？＝十户为一甲，十甲为一保，庄长是总保长，统一管理全村事务，乡长是联保主任，统一管理一乡事务。

一乡庄与庄之间的保甲有联系吗？＝没有。

乡和乡之间的闾呢？＝没有联系。

【保甲自卫团】保甲有壮丁队吗？＝有自卫团。

怎么组织的？＝一家出一人，并没有什么组织。

一家要是有几个壮丁呢？＝在家的都要参加。

有年龄限制吗？＝18 岁到 30 岁。

家里没有壮丁怎么办？＝可以不参加。

自卫团的经费哪里来的？＝只是按照县里的命令成立的，不需要经费。

有训练吗？＝什么都不做。

有制服吗？＝没有，都是便服。

有什么工作？＝值夜班。30 人左右轮流值班。

会带着什么吗？＝拿着白蜡杆子（棒子）、杆（枪一样的东西）。

经费呢？＝都是各户有的东西，不需要经费。

工资、伙食怎么办？＝没有，自备。

有其他工作吗？＝没有，只需要值夜班。

【保甲长】保甲长是怎么选的？＝都是公推，甲长从十户中选，保长从十甲中选。

任期和报酬呢？＝都没有，政府没有规定。

有什么好处吗？＝有坏处还差不多，哪儿来的好处。

保甲长在村里地位如何？＝比普通村民稍高。

保甲长都有什么工作？＝上遵命令，下听民意。

实际的工作呢？＝临时任务是做户口簿，向庄公所汇报外乡人的出入。

庄公所会如何处置？＝转报给县公署。

上面的命令如何指派？＝县公署向庄公所，庄公所向保甲长下命令或者委托。有时候区、乡公所向庄公所下达命令，保甲长的工作大多是县区安排的。

保甲长的主要工作是什么？＝修路，调查户口，调停村民纠纷。但是都不多。

防御外敌呢？＝组织自卫团帮忙。但是没有遇到过。

是否需要监视村民出入，向乡区县汇报结果，协助搜捕军警的罪犯？＝没有发生过。村里没有需要监视的坏人。有的话需要从甲长、保长、庄长、乡长、区长到县知事依次向上汇报。紧急情况下由乡长向县长报告。

户长有什么义务？＝报告外来者。但是投宿不用报告。家里有人出村子也要报告。

我们来村子也需要报告吗？＝县公署提前通知过了，所以不需要。

【保甲合作、连带】保甲会成为一个团体一起合作相互扶持吗？＝除了共同防御共同监视外都是各做各的。

包括保甲在内的村民犯罪了要受连带责任吗？＝赌博的话会。

有实际上受过连带责任的吗？＝没有。

告密可以避免受连带责任吗？＝可以。

【保甲费】听说保甲费交给县里，是大家分摊吗？＝是的。

怎么征收？＝每亩（小亩）一分五，春秋三分。

有没有壮丁会影响保甲费吗？＝壮丁跟这个没有关系。

保甲费用来干什么？＝作为县里的保甲指导部的经费。春季是纸张费、笔墨费和差旅费，秋天是门牌费和旗账费。

谁来决定怎么分摊？＝我们只是给各户转达县里下达的分摊数额。

如何征收？＝甲长收了后交给保长，再向上交。

县里的保甲费会发一部分给村里吗？保甲簿呢？＝不会。村里会买三份保甲簿，一份交给县里，一份交给区里，一份村里留着。

购买费用和调查记录费用怎么办？＝需要150元，由花户分摊。

县里任命的有除了保甲以外的治安团体吗？＝事变后成立了良民自卫团，后来有了保甲就废除了。

【红枪会】有红枪会吗？＝村里没有。阎蒋战的时候，八里洼的红枪会来到了我们村，从兵匪手里保护了大家。

【爱路青年团】还有其他的组织吗？＝还有爱路青年团、少年团，保甲制度确立后就废除了。

经费哪里来的？＝爱护区让大家分摊的。以前爱护区有十几庄，现在扩大到六十多庄了。

本村怎么编成的？＝在冷水沟乡编成的。沙河4人，本村4人，李家庄1人，通宵守着铁路。晚上3人睡觉，6人巡逻，然后交换。每人一个月21元。雇佣外村人的时候需要保证人，本村负责的4个人都是本村人。这已经是他们的本职工作了。经费共84元。3个少年，5个大一点的青年每个月一、三、五、九日要去历城站训练，每人每天1元，共96元，每村需要出一匹马来送他们去历城站，经费200元。

【自卫组织】有非政府命令呼吁，而是村民自发的自卫活动吗？＝每组八个人或十个人，每晚交换警戒。只有在担心有匪患的时候。如果发生匪患，就敲钟召集村民。

发生过匪患吗？＝没有。

【联庄会】有联庄会吗？是各庄壮丁队的联合吗？＝各庄的自卫团就是连庄会。不用和别的村联系，拿着火炮晚上看家。村里的壮丁全都参加。

什么时候开始的？＝民国以后。

有会长吗？怎么任选？＝公推出杜庄长就是会长。但是没有投票。

经费呢？＝没有。

和县公署有什么关系吗？＝没有，自治的。

平常会有决议部署、训练之类的吗？＝没有。

【防卫设施】有城壕、望楼、警钟之类的防御、监视、警报设备吗？＝没有。在街口警戒。刘氏家里有钟。

村子南边的中央有望楼一类的建筑吧？＝是的，街口留下了一个。以前有很多，都在街口，在这里警戒的时候就关上门。

怎么建成的？＝村民一起建的，现在没人用了。现在留了一个，也不用了。

农家都有什么武器？＝没有。

经费呢？＝平摊。要买枪啊等必需品的时候，就临时筹钱。

自卫区域不分担吗？＝不会，他们保护着全村，所以有需要的时候就需要村民来分担了。

自卫团员有报酬吗？＝没有。

现在保甲自卫团和连庄会的壮丁队（自卫团）并存吗？＝没有。

有匪贼盗贼的话怎么自卫？＝抓起来交给县公署，有保证人就放了。

发生过这种事吗？＝没有。

有外乡人之类不认识的人来了怎么办？＝先询问，可疑分子交给乡公所，再跟县公署联系。有保证人就放了。

跟附近的村子一起防御吗？＝必要的时候会一起，但是还没出现过这种情况。

有红枪会、白旗会这些自卫组织吗？＝没有。

普通村民平常会为匪患做准备吗？＝不会。

会在房子的高处开洞，利用家里的结构来自卫吗？＝为了防御会在屋顶开洞，也会把墙壁建高一点。

有人会准备防御的武器和顶门棍吗？＝不会。

匪患的时候，村民会到有钱有势的人家避难吗？＝不会。

【纠纷犯罪的种类】村里的纠纷、犯罪都有哪些？＝占用界线、窃取作物这种每年都有一两件。庄长无法调停解决的话就交给县公署，但是没有闹出过官司。

要是到他人田里盗窃、诽谤、欺负妇女怎么办？＝没有，本村没有偷窃。

有人违反村规，违反庄长、间长、保甲长的命令吗？＝没有。

有金钱借贷、买卖贸易上的纠纷吗？＝有，但是很少。

怎么发生的？＝因为没法还钱，延期也没法还钱就会引起纠纷。有保钱人就让保钱人解决，没有的话就让近邻同族解决。关乎面子的一半都会还。

买卖贸易呢？＝高了不买，低了不卖，也不赊账，所以没有纠纷。村民都很好，我（任甲长）都 50 岁了，也没遇到过这种纠纷。还不起钱的话，就等到还钱。

地界纠纷呢？＝十几年前，杨汝栋的地减少了四分，他要求旁边的李文斗归还。李把自己地的四分让给了他，就解决了。这件事记录在了文书上，之后就没有纠纷了。

杨李之间买卖过土地吗？＝两人的地都是以前就有的，都有地契。

杨是怎么发现自己的地减少的？＝买卖旁边地的时候，也丈量了自己家的地。

没有界标吗？＝用水田来隔开，时间久了就不清楚了。

还有其他土地纠纷吗？＝李长华卖给了杜延年官亩两亩四分地。丈量了李的地发现少了点，这部分是被拥有邻地的杜延年给侵占了。然而李长华知道旁边的刘某占了自己的地，所以就以为这部分是刘某占的，所以让刘某归还这部分地，并且作为赔偿杜、李的损失请两家吃饭，就这么解决了。

谁来解决的？＝我（任甲长）和德高望重的人一起。

这样的事什么时候最多？＝收获后的土地买卖时期比较多。

哪个阶级、年龄层比较多？＝没有哪个比较多。也就女人为了孩子争吵下。

【村规】解决纠纷有村规吗？还是说随意处理？＝保甲规约就是村规。

从前呢？＝只有"偷窃庄稼"的村规。记在各处。

现在还有吗？是什么规定？＝没有了。像是"多者罚钱、少者还东西"。

还有其他的村规、条例吗？＝没有了。

谁制定的偷窃庄稼？＝很早就有了，不清楚。邻村、历城县内都是一样的。

村里管理和解决纠纷、犯罪有先例习惯可循吗？＝没有。随机应变，不听就起诉。

【调停】谁来调停解决？一个人还是几个人？＝有时候一个，有时候几个。德高望重之人、讲信用的人、学校老师、庄长、保甲长等都有。也有很多是族长、亲戚、近邻解决的。主要都是共同解决的，并没有什么主持人，大家一起解决。

这些人有过变动吗？＝现在是甲长、保甲长，还有四邻，一起是闾长。

调停的顺序是？＝有时候是当事人委托。有时候从旁边入手，有时候是不得已调停。

在哪里调停？＝事主家里（被害者或者当事人家里）。大多都是提前商量，然后去事主家解决。

开会解决过吗？＝有。有需要诉讼的大事就开会解决。解决不了就提起诉讼。

家族里的事情，例如分家怎么解决？＝族长、亲戚等家族内能解决的事情，就让街坊邻居（不同姓的近邻）帮忙解决。

纠纷、犯罪这类事件中，村里解决的和送到县里解决的有区别吗？＝没有，在村里解决不了的，就等县里解决，再带回村里解决。

什么情况下家族内的纷争会外部解决？＝家长不作为的情况，以及女家长的情况。

和外村、外村村民的交涉事件呢？＝庄长出面解决。外村村民的当事者出来解决。

犯罪事件的刑罚限度是？会鞭打罪犯吗？＝不会。偷盗的话就返还赃物，或者赔偿损失，严重的话需要交罚金。罚金归公（庄公所所有）。

当事人会绝对服从调停吗？可以向县里上诉吗？＝一般会服从，也可以上诉。

不服从的话会加以制裁吗？＝不会。

调停如何进行？＝受害者告诉庄长后，首先由庄长等人向受害者邻居（近邻）了解情况，再调查另一方，接下来调停者进行商议，最后解决问题。

当事人用出钱吗？出多少，怎么出？＝需要出饭茶烟等接待费用，根据家里情况自己决定出多少。

有规定当事人出多少吗？＝没有。

调停结束要请客吗？＝不一定。

调停者有损失的话怎么处理？＝可以请客来补偿，因为没法补偿钱。

被害者会因为费用过高而忍气吞声吗？＝费用不用花很多，都是随意出的，所以没遇到过这种情况。

会依照先例解决事情吗？＝没有先例，有的话要遵循，也要随机应变。

有势力的人、当官的犯罪了会不处罚吗？＝不会。

有势力的人、当官的和下层民众发生纠纷时，谁赢得多？＝庄长和农民发生纠纷的话，由保甲长们来调停，不会故意偏向庄长，会公平处理。

谁来执行调停？＝调停人中的一个。

被执行人只有本人吗，家族会受到牵连吗？保甲会受到牵连吗？什么时候会有连带责任？＝都会在调停的时候解决，未成年的话家长要负责，老人的话全家负责。保甲不会受连带责任。

执行方法呢？＝庄长派人执行，要还东西的话就让他还。

需要花经费的时候呢？＝不需要花。

当事人不服从裁定呢？＝当事人自己可以上诉。

发生过这种事吗？＝有，很少。

有实例吗？＝没有。

无法执行时会向县里汇报吗？＝调停者上诉，再由县里解决。

有土地纠纷无法解决然后上诉的情况吗？＝"穷死不做贼，屈死不告状"，没有上诉过。

为什么？＝因为要花钱请客。

有近邻之间解决纠纷犯罪的情况吗？＝有，比告诉庄长更多。

都是些什么事？＝都是些小事，比如口角打架。但是不多。

怎么解决？＝临时排解（随机应变地解决）。

会有什么处罚吗？＝没有。

【自救】纠纷当事人有不调停而自己解决的吗？＝如果是物品纠纷有自己去拿回来的。解决不了就告诉邻居，还解决不了就告诉庄长。如果还不起钱拿东西来抵的话，就很容易发生纠纷。还不起钱就一直等到还得起为止。

什么情况下这么做？＝借了东西还不起的时候，但是很少。

用什么方法？＝明明有东西有钱但是不还，就会强行拿回来。力气大的人去拿。

这种行为被认可吗？不会受到制裁吗？＝上述行为也是情非得已，所以可以接受，如果那个人没有东西也没有钱，就不能那么做了。

有实例吗？＝没有遇到过。因为还要给去拿东西的人谢礼。所以还是去上诉，但是上诉也要钱，所以就一直等着别人还。

【报仇】被害者会报仇吗？比如因为感情纠纷打架？＝没有，

农作物被盗，会导致作物被破坏？＝看坡（看守人）会负责，所以没有。

农具、家具被盗还能拿回来吗？＝发生过农具在田里被偷走的事情。发现就追回来。

院子、门口的农具家具被偷过吗？＝没有。

孩子太调皮被别人打，发生过这样的事吗？＝有。

那个孩子的父母会打对方的小孩吗？＝不会。对方要解释为什么打人。村子很小，不会发生这种事。

家族同族之间报仇过吗？＝有。一般都是族长、邻居调停，然后告诉村长。

【诉讼】有村民不服村内调停直接向法院提起诉讼的吗？＝有。

法院受理吗？＝受理。

上诉的事情有区别吗？＝没有。庄长无法干涉本人的意愿。

法院会认为它是越级上诉而予以处罚吗？＝不会。

村民向法院直接提起诉讼会保密吗？＝不会。也有保密的。

国家会干涉村内调停审判吗？＝没有上诉过，所以不太清楚。不会干涉。

有因为婚姻关系、虐待、离婚、侵占土地、界限不清等提起诉讼的吗？＝有，但是很少。因为钱的原因所以不会上诉。

【财务账簿】村里有收支明细簿吗？叫什么？＝庄公所有收支总账。乡公所有收支总簿、附记总账。用流水账、日记账记下日期和收支金额。摊款收款记在总账单上。

有预算吗？内容是什么？＝没有预算。先按亩数从各地征款，用完了再收。有时候也先用后收。庄长自己掏钱垫着，或者找地主借钱，然后再征收。

【村费分摊基准】怎么分摊费用？＝各花户按照拥有的亩数分摊。

户数、人头数、经商、捐赠、共有财产这些呢？＝没有。

是按田赋一两多少算吗？＝不是，按一亩多少算。今年征收三次。春天一亩收4毛4分，麦田一亩3合（去市集换价），秋天一亩6毛。

没有土地的人不用交村费吗？＝没有土地的小商人无力负担。请人来求雨的时候，每个灶户（比如家长）要出钱。金额随意。

会征收保甲费、学校庙宇修理费吗？＝临时征收过。但是不会特意征收这么个项目的费用。

【支出】支出项目和数额是？＝不固定。

县临时摊款的保甲费呢？＝这也是临时决定的，不知道明年有多少。

遇到天灾还用交摊款吗？＝没遇到过。

军阀强制征收情况如何？＝张宗昌时期征收很多，公债票、军用票、金库券、印花券，等等。韩复渠时期很少。每月需要交民生银行的基础金。红利交给县里了，但是县里把这笔钱作为预备金，没有给村里。

劳役分配呢？ ＝没有。

有用钱和物代替劳役吗？ ＝没有。

需要交现货吗？ ＝不需要。但是要交 3 合小麦。

金钱如何征收？ ＝根据亩数来征收。没钱的话就交杂粮。

数额是多少？ ＝去年 3000 多元，今年一月到十月交了 4000 元。到年底估计有 6000 元。

谁来决定分摊数额？ ＝庄长和保甲长一起决定。

分摊标准是什么？ ＝标准是地亩数，和地价、人头数、牛马数无关。

分摊标准会和支出项目不一样吗？ ＝没有。

有收据吗？ ＝不会给每个村民。交区摊款的时候区公所会开收据。

谁来保管？ ＝任甲长保管在自己的柜子里（任甲长否认了这一点，说自己只代庄长记账）。

【拖欠】不交钱会有处罚吗？ ＝没有这种做法。以后补上就行了。要是因此支出不够了就用别的补上。

有附加金或体罚吗？ ＝没有。

村费和国省县税有什么不同？ ＝村费的话，有粮无地的人不用交，有地的人才交，省县税有粮无地的人也要交。不交的话就会被县公署拘留，家人想办法交纳后才能回家。

出现过这种情况吗？ ＝没有。要是有的话，村长会先想办法垫付的。

村费的开支者固定吗？ ＝庄长、保甲长负责，但实际上是管账（任甲长）在做。

支出内容会向村民公示吗？ ＝年底会用黄纸公示总收支。

有青苗会费吗？ ＝叫作看坡。该本村人看守，按亩数交粮，一亩半斤。

有水利费、除虫费吗？ ＝没有，虫多了就打死。

村里公用的井有经费吗？ ＝没有公用的井。大家用的私人的井，修理费由使用者出。

按支出来征收费用吗？ ＝会多征一点。

向谁征收？怎么征收？ ＝向有地的人征收，大家平摊。

村民会反对交这个钱吗？ ＝不会。

【征收】有专门只管收钱的人吗？ ＝没有。庄长让保甲长收。

征收时间是？ ＝都是临时的，一般不会超过半个月。

怎么征收？是去收呢，还是做征收凭证？ ＝甲长去收，也有拿过来交的。没有钱的就先给他垫着。给交钱的人看总账单，然后记账。

怎么记？ ＝姓名、亩数、金额、交清（缺）。

有承包制度吗？ ＝没有。

是把所有村费加一起收钱还是按项目收钱？ ＝统计后一起收。

国税、省县税和村费一起收还是分开收？ ＝省县税由县里的人来专门收，村费由村长单独收。

省县税也是由村长收了后交给县里吗？ ＝下次就会由村长收了。

11 月 21 日

村内财产　产业　学校　庙

应答者　李佩衡（乡长）
*　　　　张增俊（保长）*

【村内财产】村里有财产吗？ ＝三圣堂和三官庙土地各 7 分，关帝庙和学校的土地 6 分，庙和学校还有一些建筑，就这些了，庙里没有租田也没有庙田。

这些有地契房契吗？ ＝没有。

名义上归谁所有？ ＝村有。

本村有债务吗？ ＝没有。

有个人名义的村内财产或债务吗？ ＝没有。

很久以前庙就是本村的财产吗？ ＝是的。

修建的原因和年代是？ ＝不知道，有碑。

是别人捐赠的吗？ ＝不是。

【获得方法】村子要获得财产的时候，需要经过村民同意吗？要开会吗？ ＝是的。之前买学校操场的时候，乡长、庄长、校长决定后，开了庄会，得到大家的同意。

学校运动场有多大？ ＝三厘地。以前旁边有程家的土地房子，后来跟庙地换了。

庙地有多少？ ＝村东北有两亩左右。程家只有女儿，所以地稍微多了一点，也给他们了。

村长能随意决定村子获得财产吗？ ＝不能。收集摊款需要村民同意。

有村民会反对吗？ ＝没有。

【管理】庙和学校由谁来管理？ ＝庙由庄长管理，学校由庄长和 4 位学校管理员管理。

学校管理是怎么决定的？是谁来决定的？ ＝公推了杨云坡、李德福、李佩衡、杨祝三 4 人。

如何管理？ ＝庙由庄长、保长协商管理，学校由庄长和 4 位管理员协商管理。

谁来负担管理所需的费用？ ＝庙是村里的经费，学校的费用由县里支付。但是修理费和设备费需要村里负担。

需要村里负担的钱从哪里来？ ＝摊款。

庙和学校的使用、收益是自由处理吗？ ＝是的。学校不收学费，没有收益，学习用品需要学生自付。

有身份和财产的限制吗？ ＝谁都能进学校。

卖过、借出过学校和庙吗？ ＝没有。

【农耕用具和设施】农耕用具呢？＝旱地有大耙、耕耙、耢、犁、耩子、二牛杆、三牛杆、砘子、拖车、锄、锹、镢、木耙、铁耙。水田除了有铁锹、稻镰、小耙以外，还有和旱地一样的农具。

农耕设施呢？＝石磙、场地（也叫场围，打谷，晒谷用的空地）、扇车、簸箕、簸箩、厦子、三股扠、排扠、扒子、扫帚、筛子（大小）、露囤、条圈、碾子、磨、碌碡、大车、小车、水井，（和轱辘等的附件一起）

【耕种顺序】耕作技术如何？旱地先耕地、耙平、耕平、耢、耩（以上指做陇，然后播种）、砘（为了防鸟、防虫把土压平）、搭苗、锄（三四次）、割（收割）、捆（扎起来）、干、压（麦子会从穗子上脱落）、碾（去壳）、磨（成粉）。水田要打水、稻镰、振一小把抄、插秧、锄草、施肥、割、收、坡田、晒、捆、场所、稻草、碌碡、碾。

【劳动力】农耕是家族耕作自家经营的土地吗？＝是的。

会借人手吗？＝很少。

借的人是同族或者雇农吗？＝不止同族。本村人占 7/10，外村人占 3/10。

【协同】会和近邻相互帮忙吗？＝有，很少。不超过 5％。

怎么帮忙？＝在别人家吃饭。但是不会因为这顿饭帮他。

会一起耕作吗？＝不会。

有看青会、治蝗会这类组织吗？＝没有（看坡、驱虫已经说过了）。

会一块修理沟渠、池塘、井吗？＝不会。

会一起用设备、用具、肥料之类的吗？＝要是别人家没用设备、用具的时候，可以借来用。肥料不会一块用。

会一起买这些东西吗？＝不会。

会互相借钱吗？＝不会，会借上面说的。

上述的共同作业、使本村和外村的联系减少了还是增加了？＝以前没有。现在多了，不过还是很少。公共事项很多。

比如说？＝修路啊、学校的事啊，等等。

有农业上的共同作业吗？＝以前和现在都没有。个别的人会有。

【指导】村老、老农会指导农耕或者公共事项吗？＝不会。老人也只会管自家的事。

地主会指导佃农吗？＝不会，佃农也是有自由的。但是要是荒废了土地，地主就要干涉了。

官厅、合作社、水利合作社会指导农耕吗？＝不会。

农作物包购商会指导吗？＝没有包购。新民会会收购粮食，其他的都是自由买卖。

【新民会贷款】新民会合作社的春耕贷款、打井贷款怎么样？＝本村没有打井贷款，春耕贷款的有 5 个人。

为什么要贷款？贷款条件有什么？＝为了买农具、役畜、肥料。有地的人最多可以贷 60 元。本村借了 300 元。日息一分二厘，6—10 人的连环保就不需要抵押。

会免费发种子、奖励稻作、奖励其他农作物吗？＝不会。

除了农业还为其他职业提供贷款吗？＝（除了调查中提到过的主业和副业外，没有其他的了。）

应答者　李良辅（甲长）

【土木工程】村里的土木工程和公共设施有哪些？＝只有道路桥梁，没有堤防、渡口、水闸、井之类的。

有特别施工的道路吗？＝叫什么？历沙公路，是一条马路。1939 年改造村道，把路扩宽到 8 米。

为什么要修这条路？＝费用哪里来的？县公署下令修建的。道路用地占了地主的地。土堆是从两边的沟里挖的，相当于地主来负担。

桥梁呢？＝小桥没有什么问题，用现成的材料修的，有一座大桥。

建设费、修理费从哪里来？＝建设费用村费，还没修理过。

公路建设时期劳动力怎么分摊？材料怎么分摊？＝每户都出力，材料只有土，不用出钱。当时一般一户出一个人，也有一户出两三个人的。一天有 500 人，4 天就完成了。每人从两侧的沟里挖 2 米的土，一共 4 米。

家里没男人怎么办？＝找有男人的家里帮忙，然后去给别人家帮点忙，不用出钱。

土木工程由庄长随意决定的吗？＝不是，要和村民商量。

劳动力和材料从村里调配还是从外面调配？＝从村里调配。

是直接由村民分摊，还是雇村民，还是买材料？＝直接由村民分摊。没有什么需要买材料的工程。

谁来决定直接由村民分摊？＝庄长。

有财主捐赠吗？＝没有。

县里有补助吗？＝修公路的时候没有。

谁来指挥？＝县里会来技师。

会把工程承包给别人吗？＝不会。

费用会向村民公示吗？＝没花过钱。

公路怎么管理？＝需要修理的时候，县公署会下发通知，庄公所让上户（地多的人）出力。

桥梁呢？＝没修过。需要的话，由附近的人来修；需要重建的话，就由村里来建。

公路建设的目的是？＝警备、产业两用。

公路能通大车吗？＝能。

【学校沿革】学校、私塾的沿革如何？＝只有历城县冷水沟小学。没有私塾。1913 年本庄建立了初级小学，到 1926 年改为初、高两级，改名为历城县第三区洛张乡县立第二小学。

到 1929 年增加了初级一室，改名为历城县第二区区立冷水沟小学。现在没有出资人了，1938 年改为历城县立冷水沟小学。

学校费用谁来承担？＝村费摊款。1938 年改为县立后，每月要支付 140 元，修理费设备费是村费。

有去邻村的学校私塾上学的吗？＝没有。

有邻村的来本村上学的吗？＝李家庄有来我们村的，但是不收学费。

修理学校的时候也不收钱吗？＝不收。年底、年节的时候会请老师吃饭，也不收钱。

【教员、学生数】有多少老师、勤杂工？＝校长 1 人，教师 3 人，勤杂工（工友）1 人。

有多少学生？＝150 人，初级 27 人，高级 23 人，都是男学生。

为什么没有女学生？＝有女学生的话，就要有女老师，经费不够。

谁提议建立小学的？＝杨铁三。

他是什么人？＝不是财主，但是很有学识，是县督学。现在住在济南，本村人，在本村有地，亲戚在这里住耕。亲戚虽然不是本村人，是县南村人，但是已经来了 10 年了，已经把他们当作本村人了。

有学田吗？＝（另载）

有学校合作社之类的组织吗？＝没有。

县里会规定学区吗？＝不会。

上学要花钱吗？＝只需要书本费。

穷人也能上学吗？＝都可以。同族会准备书本费。

【教员】教师的资格、学历、待遇如何？＝（上述）谢校长和程老师都是本村人，有地。他们的弟弟、孩子在家务农。

谁来任免教师？＝县公署教育科。

村民会排斥老师吗？为什么？怎么处理？＝做不好事、人品不好的话，就会排斥。告知县公署。

教师和村里有势力的人或者官员有特别的关系吗？＝除了都是本村人，没有其他关系，有的是县公署派过来的。

他们在村民家中借住会很方便吗？＝他们住学校。

婚丧嫁娶、赋税、纠纷、商议人事变动的时候，老师地位如何？＝学生家的冠婚要参加，村里的政事和老师无关。不过本村的两个老师能参加纠纷的调停。老师不用交赋税，但是有地就不一样了。

除了工资，村民会给老师送东西吗？老师能便宜买到村民的东西吗？＝不能。

村老等知识分子会教村民读书写字吗？＝不会。

会帮忙代读代写吗？＝经常有。大多找老师帮忙。

教师会受村民特别对待吗？＝没有，会尊敬一些。

【校仆】校仆是谁？财产、生活、地位如何？＝杨玉厚，40 多岁，有家人，地不够。卖学校的粪赚钱。

会被人瞧不起吗？＝不会，在学校也会叫他的姓。

村民知道孩子受教育的目的吗？＝为了让孩子独立。

是官吏教的吗？＝不是。

【毕业生】毕业生的住所、职业、身份如何？＝村里大多是毕业生。有当商人的，以前也有读上级学校的，事变后就没了。

学校分年级吗？＝初级三年，高级三年，现在改成高级一个班、初级两个班了。

【教材】教材是什么？＝事变前用的是商务印书馆编纂的教材；事变后用的教育部编审委员会编的教材。

【上课】怎么上课？＝高级是单式教授法；初级是复式教授法，现在初级是一、二年级一个班，三、四年级一个班；高级六年级一个班。每天早上集合训话，然后开始上课，监督人员（教师兼任）会随时纠正每个人，监护生（各班班长）和级长监督学生，有时候会家访。

有课程表吗？＝有。上午从 6 点到 9 点，然后回家吃饭，下午 12 点到 5 点，晚上 6 点到 8 点复习算盘等。

上学和放假呢？＝暑假改到秋田的农忙期了。星期天不上课，不过大家都会去学校玩。

有运动会、学艺会吗？村民能来看吗？＝不是每年都有，县公署要求就办。村民会来看。

【出勤率】上课缺课情况怎么样？为什么会缺课？＝很少有人缺课。生病、婚丧的时候休息。

【入学率】有多少儿童没上学？＝两成，因为家庭困难，买不起衣服、书籍。

有在校生、毕业生的名册吗？＝学校有。

有单独辅导的吗？＝没有。

【识字】识字的人占多少？＝八成。

认识多少字？＝九成会写名字，三成能看报纸，不知道能看懂小说的有多少。

看得懂县里的公文、布告的有多少？＝一成。

【读书】都看什么报纸？＝乡公所和小学各一份新民报。学校附近识字的人会来看。其他人不看报。

看杂志吗？＝不看。

识字的在家里也什么都不看吗？＝不看。没时间看。所以慢慢地也就不识字了。老人会看"太上感应篇"，也有的会召集年轻人，读给他们听。

"太上感应篇"是有意思的书吗？＝是讲道德规范的书。

这个老人是什么人？＝叫李登翰，六十六、七岁。很聪明，以前在村里的私塾上过学。

还看别的书吗？＝《济公传》一类的小说。

他的财产多少？村里地位如何？＝有十多亩地，很受尊敬。

尊敬是指跟他说话的时候吗？＝说话的时候都一样，但是尊敬是发自内心的，可以从态度看出来。

【日语】有人会日语吗？＝小学的罗老师会。他是济南宜抚班毕业的。

教小学吗？＝是的。

【表彰】会表彰孝子、节妇、热心务农者、慈善家的行为吗？＝会表彰孝子，但是不多。节妇很多。现在还剩四个石碑。但是民国以后就没表彰过了。我也不知道还有没有表彰别的。

表彰提倡建小学的人吗？＝不表彰。

怎么表彰？＝由村长推荐，但是要花费很多钱。

【政府教育方针】政府会参与村里学校教育吗？＝让儿童上学，让女孩子上学，不要缺课，这些县公署都不管（县里的顾问也是这样说的）。

会严格遵守县里的命令吗？＝会。

县里会给村里教育费补助吗？＝以前村费支出一百几十元，县里补助 20 元，成为县立小学后每个月有 40 元补助。现在不需要村费每个月固定支出，而是有需要了再支出。

村里会鼓励村民识字吗？＝以前小学有夜班，教成年人学习，现在没有了。

有开设演讲会、民觉会吗？＝新民会临时开设过演讲会，没有民觉会。

会有多少村民参加？＝很少。

有学术奖励金吗？＝没有。

会通过考试录取读书人当官吗？＝会录用成绩优秀的人。

有义仓社仓吗？＝以前有，现在没有了。

【义桥、义地】有义井、义桥、义塚吗？＝没有义井，有一个义桥。是公用的桥。有两块义地。村西三分，村南半亩。也叫乱葬岗子、舍地。

怎么管理利用？起源是什么？＝没有管理者。不知道起源。村民不会去用，是葬乞丐的地方。

会共同储存粮食以防荒年吗？＝不会。

【救济】村里救济过穷人吗？＝村里有七八家乞讨为生。有的有地，但是吃不饱，也会让老人去乞讨，会救济他们。有时同族也会救济他们。

天灾的时候还需要救济吗？＝不管本村人还是外村人，来乞讨的话都会给吃的穿的。也会给动不了的人一些，都是村民自愿的，村里没有固定的救济规定。

村里平常或者会临时建这种设施吗？＝不会。

【庙及祭神】有多少座庙？＝三座庙，一座观音堂。外村人不会来祭拜，本村人也不会去外村祭拜。

庙里供奉着什么神？＝村民都知道吗？知道（祭神另记）。玉皇庙供奉的是天上的皇帝玉皇大帝，天地水三管供奉在别的庙里。三圣堂供着老子、孔子、如来，前面有财神、牛王和土地神。关帝庙供着关羽。

灵验吗？什么时候去哪座庙？＝求雨、生病、算卦的时候去玉皇庙，关帝庙里也有学校，不是求什么的时候才去。三圣堂也不用去。没有儿子的女人去拜观音庙。

会向财神求发财吗？＝不会。

还会去求什么？＝祈求住在外地的人平安。河决堤了也去求。

求雨会灵验吗？＝会。

什么时候求雨？＝五六月的时候。

村民去拜哪个庙？＝都去，去玉皇庙的最多。

有人不去祭拜吗？＝没有。

服丧中的人呢？ ＝服丧中的人和孕妇不去祭拜，他们会不干净。

祭拜的日子固定吗？ ＝烧香日固定，祭拜随时都能去。

村民会一起去祭拜吗？ ＝求雨的时候会。

求雨的时候贡品有什么？ ＝鸡（公）、鱼、肉三牲，丸子、鱼、鸡肉肘五供。

普通村民在灵验后回去还愿吗？ ＝会，会烧纸香、黄表（元宝），不用给钱。

新年会去祭拜吗？ ＝村民自己会去，大家也会一起去。

各庙都是在什么时候建的？ ＝不知道，有碑文。

维护费用哪里来的？ ＝村费开支，也有财主会给。

有庙产吗？ ＝没有。

有维护的组织吗？ ＝没有。

11 月 22 日

相互扶助　村庄对外关系

应答者　李良甫（甲长）

【传统节日】什么时候祭祀？ ＝二月二日土地节，六月十六玉皇寿诞，五月十三关帝庙磨刀会，都要去祭拜。[1]

会有庙会表演吗？ ＝没有。

什么时候有表演？ ＝求雨灵验了会有谢雨戏。

在哪里表演？ ＝庙里吗？庙太窄了，在村西的旱地（空地）表演。

丰年有庆祝吗？ ＝没有。

端午、中秋、正月有祭祀吗？ ＝正月去庙里祭拜，雨节的时候有的人去，有的人不去。

为什么会有表演？ ＝为了感谢和表达喜悦。

参加者有限制吗？ ＝自由参加，不收入场费。

可以去参加外村的活动吗？ ＝外村可以来参加吗？我们村和李家庄一起求雨过，也有一起表演的，不过很少。

贡品怎么解决？ ＝自己带贡品来。

负责人是谁？ ＝庄长。

费用怎么解决？ ＝求雨的经费很少，由灶户负担。唱戏的话由地亩和灶户分摊。每亩两角，每灶一角。

近几年有吗？ ＝没有。以前举办四天的话，要花费五六百元。

灶户要摊款吗？ ＝只有地亩摊款，需要大家都摊款的时候灶户也要摊款。

---

〔1〕　译者注：按译者理解，此处日期应指农历。

祭祀、表演的时候市集会开吗？＝不会。

其他活动呢？＝（上述）

【婚丧】婚丧的时候，村民需要送钱粮吗？需要去帮忙吗？＝有关系的话就送钱粮，没关系的话有送的也有不送的。同族、近邻、熟人会帮忙。

一般送多少？＝一般 1 元以下。葬礼比较少，3 角左右。因为要招待客人，所以会亏损。

每户出一人帮忙吗？＝不一定。

出席婚丧的都是哪些人？＝亲戚朋友，村民的话就不限了，不一定都会去。

庄长还有那一家所属保甲的保甲长呢？＝通知了就出席。

需要送礼吗？＝送礼物和钱。

婚丧谁来主持？＝让擅长主持的人来做。

是亲戚、同族、庄长、老人吗？＝不一定。亲戚同族里没有擅长的话就让邻居来。

出席者的座次怎么分配？＝年长者坐首座。

亲戚里的年长者怎么办？＝他们不算客人。

结婚有婚宴吗？＝一样的，村民也会出席，新娘方不出席。

客人有男有女吗？＝都出席。

婚丧的时候会有人被排除在外吗？＝没有。

婚丧的时候不去帮忙会被排斥吗？＝不会，都会去帮忙的。

【与其他村子的合作】会去邻村参加祭祀吗？邻村会来本村参加祭祀吗？＝都会，去外村不用出钱。

也一起维持治安吗？＝以前有连庄会，现在也有。有事的话会互相帮助，土匪来了会互相通知。

有什么约定吗？＝没有。

会一起修建土木工程吗？＝修路的时候会分担。

会一起建学校、经营学校吗？＝不会。

本村的小孩会去邻村上学吗？＝不会，有从李家庄来我们村上学的。

和邻村有共同财产和债务吗？＝没有。

邻村的财产本村可以用吗，反过来呢？＝不行。

和邻村还有别的关系了吗？＝没有了。

水利上呢？＝也没有。

火灾的时候呢？＝只要发现火灾，不管是哪个村子的人都会去帮忙灭火。

这种事经常发生吗？＝很少。

除蝗虫呢？＝今年五月下旬，往南 12 里的牛王庄发生了虫害，拜托我们村帮忙，所以我们去了，杜庄长还把家鸭带去吃蝗虫了。

也去别的村子吗？＝都去。

求雨呢？＝和杨家庄、李家庄一起。冷水沟求雨的时候，本村的老人会邀请外村老人，来本村的玉皇庙一起磕头求雨。

由庄长执行这个协议吗？＝不是。

是由杨家庄李家庄发起的吗？＝这两个都是小村，不是他们。

经常求雨吗？＝大旱的时候求。

最近求过吗？＝没有。去年六月邀请这两村来求过。

什么时候开始一起举行活动的？＝很早以前。

有什么是以前有，现在没了的吗？＝没有。

有临时的吗？＝都是临时的。

一起举行活动时，谁来负责？＝庄长。但是求雨是老人负责。

为什么？＝德高望重。

谁去和外村联系？＝庄长。

有联姻多的村吗？＝和周围的邻村很多，隔村联姻不多。

有亲戚村吗？＝没有。

有和什么村关系特别近吗？＝李家庄只有七八十户人，学校、治安、求雨等都依靠我们村。

发生过村与村之间反目、排斥、争斗的吗？＝没有。

【编村】行政上的编村是怎么编的？＝县里的命令，编村是"一千户为乡"。这是十年前的事了，以前是里制，本庄是闵孝三里十七村中的一个。

编村和各村区划的关系，也就是乡和庄的关系是？＝数庄变为一乡。

有原来的一村被分到两乡的吗？＝没有。

村里的保甲、之前的间、段等和村组织的关系是？＝这都是酌情划分的。25家为一间，1931年实施，之前一村分为八段，每段户数不同，聚在一起的就划分在了一起。

保甲长、间长、首事的职务有变化吗？＝只有名称变了，职务相同。

【县里命令传达路径】县里的命令是怎么传到村里的？＝以县、区、乡、庄、保、甲、户的顺序下传。

县里的消息可以直接传给村民吗？＝不行。要是一个人的消息，或者紧急消息，就由庄长来传达。

村民或者集会向县里提出申告请愿也需要经过庄长吗？＝由庄长到乡长、再到区、最后到县传达，如果是村民不满意庄长的调停，可以直接向县里投诉。

有实例吗？＝没有。

有县里派来调停县和村民的吗？＝没有。

有里书吗？＝有，主管过户。

县里的官员会直接来村里处理事务吗？＝不会。

会来征收田赋吗？＝县里的经缴处会让庄长拿着串票通知村民，村民不会直接交给县。

其他的税、维持治安、公共事业等村里要交多少？＝田赋附加税、保甲费、修路的花费由各村分摊。

县里会经常干涉或指导村政吗？＝除了保甲制和修路，其他不会干涉。

村落组织、治安维持、司法、财政、产业、公共事业、宗教设施等方面政府的布告会下发到村里吗？还是由县里保管？＝是的，都是通过县来传达。

【区】区公所的工作是什么？＝代理机关。

庄长、保甲长会看政府的布告，那么发下来的布告要怎么保管利用？＝政府的报告根据县里的规定要在村里公示读出来。

为了让村民了解政府的政策，会不会开设演讲会、讲习会？村民出席状况如何？＝不会。"新民会"会开设。出席人数很多，很有效果。

村落是以人为单位的聚集集合，还是家、家族的集合？＝家的集合。

【家和户】家和户一样吗？＝一样，家更常用。户是清代用的词，那时候财主也叫大粮户。现在叫户口，和家相同。

一个院子会有很多户吗？＝分家了的话，父母、兄、弟各一户。称作三户，或者三家。

没有分家，弟弟又在别的院子里住，要怎么算？＝不算是灶户。家族所有人一家一户。

【灶户】什么是灶户？＝可以一家一户这样数。不分家就不会做灶。

乞丐也是灶户吗？＝是的，有门有户就是灶户。

保甲簿上算一户吗？＝算。

【同族】有同族形成村落的一个单位的吗？即没有同族，家聚集成村，或者有同族，同族成为了一个集团，多个集团聚集成为村？＝没有。

发生过同族间的对抗、一族干涉村庄这样的事吗？＝没有，同族间感情很好，来往也很多，和其他村民没有什么区别。

【家长】村集会需要每个人参加、家长参加，还是族长代表同族参加？＝一般家长参加。也有代理人参加的。

家长和家人共同出席过吗？＝很少。

劳动力、费用直接由个人负担还是由家长负担？＝家长负担。

村里向每个人下达命令时是告诉家长吗？＝本来是告诉家长的，也有告诉家人的。

要是女家长呢？＝女家长不参与。由男孩子来参加。如果没有男童就让女家长参加。

会专门把同族召集起来吗？＝不会。正月上坟的时候也不通知。

【同族集会】同族集会多吗？＝李家修宗祠做家谱的时候开过。清明节、中元节、十月一日同族 70 户会一起上坟，上贡品。

贡品经费哪里来的？＝用墓地（附属）的收入。墓地由族长这个年长者来管理，同族的困难户耕种。

12 月 6 日

新民会

应答者　杜凤山（村长）

　　　　李永祥（副乡长兼甲长）

【土地纠纷】本村村民把土地卖给其他村村民时发生争执的话，由哪村处理？＝土地的四邻有本村村民的话，由两位庄长解决。

和其他村村民的土地买卖多吗？＝多。

这种纠纷很多吗？＝就任庄长以来就遇到过一次。遇到的话就这么解决。

卖作物的时候车上会装很多人的东西吗？＝不会。

会称好后一起卖吗？＝不会。

【外庄地】在外村拥有的土地叫什么？＝外庄地。

【新民会】粮食全部卖给新民会吗？＝上面是这样命令的，但是有时候他们也不会全部买下来。而且只在集市的第五天收购，如果急需用钱的话就运到济南卖。

可以运到济南卖吗？＝可以。

新民会的收购价格很便宜吗？＝不便宜。因为要钱，所以不知道价格是高是低。

要是村民向新民会提意见呢？＝提过希望他们每天都能收购，但是没有同意。

还有其他的意见吗？＝没有。合作社相关的会议太多了，虽然很开心，还是有点困扰。

12 月 7 日

寄居

应答者　任富甲（甲长）、任福裕（保长）

【寄居】什么是寄居？＝外乡人临时住在别人的家里。

如果想永住时怎么办？＝不管自己有没有这个想法，没有房产租房子住就是寄居。

有房产的人即使把房子当了也叫寄居吗？＝是的。

本村人借别人一部分房子住是寄居吗？＝不是。

本村人在别人家寄食呢？＝不是寄居。

寄居算是一户吗？＝保甲编成前不算，现在算。

12 月 11 日

村费

应答者　任富甲（甲长）

【集会】有谁出席村里的会议？＝以前只有间长。

现在还有间长吗？＝没有。但是以前的间长没有变动过，所以留下来了。现在年底要换保甲长。

保甲制度还没有真正实施吗？＝是的。

村民会议呢？＝没有开过。

间长等的会议在哪里开的？＝在三圣堂的庄公所。去年庙修好前都在学校。

如何向村民通知会议的结果？＝间长告诉各家。

【摊款】什么时候收摊款？＝除了年底，都是月初收上个月的。12 月就收 11 月额度的两倍，算 11 月和 12 月的。

村里要承担多少第三中队（历城县警卫队）的开支？＝30 匹马和马具由本县负担，本村也承担了一部分。还负担了一部分必要的资金。

一共多少？＝不知道。

需要参加第三中队吗？＝不用。

那需要交钱吗？＝要，但是不清楚交了多少。

给了县警卫队什么吗？＝来本村换防（移庄）的话，需要准备伙食。

县公署给区公所打电话找村里人，区公所派人来村里喊人的时候，需要给那个人谢礼吗？＝他们都是骑自行车来的，有工资，不用给。

去年庄长被县里拘留的时候，送了五百元给县顾问，这个钱是大家平摊的吗？＝不是，因为有藏匿枪支的嫌疑被捕，释放后送了点礼金，是王家出的钱。

事情的经过是？＝事变后，剿匪司令部东临区第二支队驻留在王舍人庄，收缴了三王家的枪支。然而有人举报王家还有枪，那个时候王家已经逃亡了，所以他们才拘留了庄长。三王家感谢庄长的恩德，所以才送钱给他。

三王家很富裕吗？＝不是财主。

摊款除了按亩数，还会按别的征收吗？＝不会。

那么要是没有地，村经费就不用出了吗？＝不用。

【支出项目】村摊款中固定的和不固定的项目是？＝区经费、区杂费、乡经费、乡杂费、庄公所杂费、爱路区经费、杂费是肯定要交的，占摊款的四成。剩下六成是村里临时摊款，主要是招待费。

金额多少？＝现在不记得了，爱路区每月雇 5 人，1 人 1 元，爱路青少年每月逢一、三、五、九都要送人过去，一共 12 天，1 人 1 元。

村墓地面积多少？＝3 顷左右。

坟墓附属地多少？＝不多。由一族的困难户来耕种，清明节、其他节日烧纸烧香。

会有人觉得坟地过大吗？＝有，但是没有办法。

【间】间长怎么选？任期多长？＝25 家协议商量决定。不投票，一般是庄长推荐讲信用的人。没有任期。

酬劳多少？＝没有办公费，也没有好处。

职务是？＝也没有什么，派工（修路）、摊款、修理小清河这些都是开会决定的。

田赋、自卫团呢？＝庄长决定。

间长和县、区长的关系是？＝没有直接关系。有命令会交给庄长。

间与间的共同作业、共同防卫、相互帮助、连带责任如何？＝没有。

保甲和间的优劣是？＝保甲户数很少，方便管理，间的户数过多有点麻烦。

【编村】（村政、编村，特别是其法规，询问了县官员也不清楚。回答是按老规矩办事。虽然乡里根据法令进行编村，但是问到是否还有天然的组合关系，村民都回答不知道，各庄以前就是独立的，和其他庄没有关系。冷水沟乡第一次编村是冷水沟庄、杨家屯、孟家庄、李家庄、水坡五村编在一起；第二次是冷水沟庄、东西沙河庄、李家庄四村编在一起。除了乡的超结合关系，庄之间还有没有别的关系，比如数村联合防卫、设立学校、开设市集，等等，回答是没有。连庄会也只是在不是庄联合防卫组织的时期，有事才联络。现在的自卫团和其他村也没有联系，各庄团长独立，乡长也没有当过联合自卫团长。）

【里、区】乡（编村）是以前的行政组织中最基层的组织，民国前是里，民国后改为区。在冷水沟地区的闵孝三里，2名里长分管17个庄（据县志记载）。里长归县知事管。

【原住民的姓氏】（500年前李、杨家搬来之前，这里有原住民，姓王和杜，不知道他们是从哪里来的。以前有过红色苍蝇的灾害，大家都被毒死了，王杜两家在豆腐店里半夜做豆腐，家里都是烟，所以苍蝇没有进来，才活了下来。）

【李家的墓】（据说是从本村迁到龙洞的李家，墓地还是在本村，同族有人去世后都会葬到这里吗？回答是以前会这样，现在去世的人都葬到龙洞。本村村民是否会对这个墓怀有敬意？回答是并不是因为墓里葬着李氏的祖先而怀有敬意，而是因为不管是谁的祖先，都会怀有敬意。这个墓是考虑到风水才选到本村的吗？回答是应该是的，没有记录也没有碑文，他们家的人估计也都不知道。）

【不在地主】（有一个不在地主，叫任德宜，住在济南城，有资产，无职业。有七八十亩地，本村人在给他做佃农。在本村也有家，田赋什么的也都交给本村。家里住着李姓的老婆和儿子（死亡）的媳妇。但是她们不雇佃农，有三四亩地，自己耕种。）

【二厘五毛】（像乞丐刘（上述）这样的因为吸鸦片而丢了土地，沦落到乞讨的人叫"二厘五毛"。不是破落户，而是痞子。和北京话里的"二百五""二五八"是一个意思。）

【乞丐】（还有个乞丐叫李星山。家有一两亩地，有妻子和三个儿子。吃不饱饭，李星山50多岁，是个好人，在外村乞讨，妻儿在本村乞讨。弟弟星河在济南做油漆匠，也吃不饱，妻子和两个儿子在本村哥哥家里住，夏天在路边卖点心落花生，也吃不饱饭。）

【商人、饭馆】（挑着卖一点吃的、布、线、针之类的行商叫"花货郎"，本村没有。小饭馆儿（本村有3个）还有其他商业在本村都不多见。因为本村风水不好，商贸不发达，据说有很多人一辈子也攒不到300块钱。）

【娱乐】（村民会聚到小饭馆吃饭吗，回答是很少去，也很少晚上去喝酒，所以很少会聚在一起聊天。是不是没有可以聚在一起聊天的地方，回答是夏天南天门（位于东南街口）有很多乘凉的。去玉皇庙求雨会经过这个门，所以叫南天门。也没有聚到酒店喝酒的吗，回答是没有。村里感情不好的人多吗，回答是不多，就算发生冲突也能和好。村政上有什么矛盾吗，回答也是没有。我见到过有人在路上下象棋的，像这样的娱乐活动多吗？＝会在石头上画线，或者用纸做棋盘，和附近的人一起玩，但也只是在农闲期玩，没有别的娱乐了，也没有麻将。）

【照相馆】（王舍人庄县公署前的照相馆老板王鸿英是本村人，有五六亩地，母亲和妻子耕种，有一个还在上小学。)

【粮食买卖】（农作物价格上涨的话，农民会卖自家的食物吗？会，因为担心以后降价。卖粮食吗？农民回答先准备一年的粮食，如果还有多的就拿去卖，没遇到过这种情况。很多人会买粮食，是预测以后会涨才买的吗？回答是没有考虑是不是会涨，只是因为粮食收获后市集上就会有很多卖的，所以买了。)

【碱地】（关于碱性土地的改良政策，回答说就算用好土覆盖一尺厚，第二年就又被吹跑了，没有改良政策，但是十月、十一月还是会用这个方法，光绪年间挖了小清河之后，土地好多了，收成也多了。)

1941 年 11—12 月

（华北农村惯行调查资料第 49 辑）

村落篇第 6 号　山东省历城冷水沟庄
　　调查员　山本义三
　　翻　译　郭文山、杨立勋

11 月 21 日

村庄土地　村里的人

应答者　杜凤山（庄长）
地　　点　县公署

【村庄面积】冷水沟的面积是？ ＝水田 14 顷，旱地 28 顷，房地 2.8 顷（以上为官亩，约为大亩的一半）。

村庄面积以前就这么多吗？ ＝不是。

为什么会有变化？ ＝因为有土地买卖。

【村界】村界是固定的吗？ ＝不固定。

本村土地要是卖给外村人了呢？ ＝那就成了外村的地。

不管是卖了村界的地还是村里的地，就都成了外村的地了吗？ ＝是的，一样的。

【本村土地】本村人买了外村人的地呢？ ＝那就成了本村的地。

要是买了离村子很远的地呢？ ＝也成了冷水沟的地。

现在冷水沟中有外村人的地吗？ ＝村界附近有卖给了外村人的地，村里没有，现在住在济南的本村人有七八十亩地，算本村的地。

一般村民之间可以自由买卖土地吗？ ＝村里的地不行，村界附近的才行。[1]

村内土地买卖多吗？ ＝不会卖住的房子附近的，其他地方可以自由买卖。

除了冷水沟，周围的村子也能自由地把地卖给外村人吗？ ＝是的。

---

[1] 译者注：意思不明，但原文如此，故保持原貌

甲、乙两村进行土地交易的时候，土地证上的地址会变动吗？ ＝如果土地在村界，就把之前土地证上的甲村家南改为乙村家北。

【外庄地】如果买的不是村界的地，而是离村有点远的地，比如买了王舍人庄南边的地，要怎么写？ ＝那就在土地证上写王舍人庄南，这个叫外庄地。

【田赋摊款归属】本村人所有的外庄地也要交摊款吗？ ＝是的，交田赋的话摊款也要交。

要是在冷水沟住的人在王舍人庄有地，需要向王舍人庄交摊款吗？ ＝不需要。比方说，本村的李晓山在赵家庄有 18 亩 1 分的地，但因为他在本村住，所以这些地的摊款要交给本村。

村庄土地是指住在本村的人的所有土地吗？ ＝是的，但是只有向冷水沟交田赋的地才算，要是向别的村交田赋就不算了。

谁来决定向谁交田赋？ ＝土地所有者到县田赋征收处申请。也就是说，就算在很多地方有地，也可以只向一村交田赋。

如果一个村很穷，村民不断把土地卖给外村人，那么这个村的土地就会一直变少吗？ ＝是的。

这种情况下，还会向剩下的地收摊款吗？ ＝不管地少了多少，都要对剩下的地收摊款。

因为土地买卖，每年征收摊款的面积都会变动，不会觉得麻烦吗？ ＝是，但是没办法。

有想过让村摊款跟土地变动无关而固定村子地域吗？ ＝没有。

会和邻村商量调整摊款面积吗？ ＝村里对这种事情不感兴趣。

综上所述，村庄土地指的是什么？ ＝住在村子里的人拥有的土地，向村里交田赋和摊款的地都是村子的土地，和地在哪里无关。

对于住在村里的人来说，村民和外乡人有区别吗？ ＝有。

【寄庄户】怎么称呼在村子里的外乡人？ ＝寄庄户。

寄庄户是什么意思？ ＝刚来村里寄住的人。

在村里没有房子的人叫寄住吗？ ＝本村人的话不叫寄住。

【本村人】寄庄户怎么才能成为本村人？ ＝在本村有土地和房子就叫本村人。

外村人来本村很快买了房子土地就是本村人了吗？ ＝是的。

【入村手续】外乡人加入本村需要保证人吗？ ＝不需要，外乡人来本村当寄庄户需要保证人。

需要庄长的认可吗？ ＝只有庄长认可了才能进村。

有了保证人庄长就一定会同意吗？ ＝保证人是本村人的话都可以，庄长会直接同意。

本庄人做保证人时，是写文书还是口头保证？ ＝口头。

口头怎么说？ ＝叙述申请入村者的原籍、职业、经历，再说本人是他的朋友，他的人品有保障，要是他犯错了都由本人负责。

佃农做寄庄户的话，地主是保证人吗？ ＝一般是这样的。也有朋友做保证人的，不多。

寄庄户可能会做什么错事？＝吵架、偷盗，等等。

要是犯了金钱相关的错，保证人要怎么办？＝如果寄庄户在本村偷盗，保证人必须替他赔偿受害者。

本村发生过这种事吗？＝没有。

庄长会和村里有势力的人会不会商量是否认可寄庄户？＝一般会商量。现在庄长会和保长商量。

保甲制以前呢？＝庄长和闾长商量。

闾邻制以前呢？＝庄长和本村八段的首事商量。

【寄庄户】现在本村的寄庄户有多少？＝10户左右。

姓名和职业是？＝

一、姜某（卖烧饼的）

二、王某（鼓　手）

三、崔某（卖杂货的）

四、田某（鼓　手）

五、马某（中　医）

六、董某（卖杂货的）

七、刘某（编锅盖的）

八、陆某（卖猪头肉的）

九、吴某（卖馍馍的）卖馒头

十、陈某（铁　匠）他在临县章丘县住，家人在本村。

跟去年比，今年寄庄户有变化吗？＝有。

今年哪些是新来的？＝崔、马、董、陆、吴5人。

现在所有的寄庄户都没有自己的家吗？＝没有。

寄庄户也会在保甲上登记吗？＝会。

寄庄户和本村人在待遇上有区别吗？＝没有。寄庄户刚来的时候不认识本村人，必然导致交流范围很窄，熟了之后认识的人就多了，也就和本村人没有区别了。

【寄庄户的负担】寄庄户需要交摊款吗？＝不需要，一分钱也不需要出。

其他人都没意见吗？＝没有。他们没有交纳田赋，所以也不需要交摊款。

除了不交摊款，寄庄户用交别的财物吗？＝不用。

寄庄户入村的时候用交财物吗？＝什么都不用交。

寄庄户用服役吗？＝不用。

【本村人的资格】有人以前是寄庄户后来成为本村人的吗？＝有，最近杨、程、刘3人成了本村人。

是因为他们有了土地和房子吗？＝是的。

没有土地和房子也能成为本村人吗？＝可以。寄庄户在本村待得时间够长的话，就自然被大家看作是本村人了。

也就是说，本村人有两种，一种是有房子和地的；另一种是没有房子和地的？ = 是的，不一定。

寄庄户成为本村人需要庄长公示吗？ = 不需要。

不公示怎么知道他成了本村人？ = 就算庄长不说明，寄庄户也住了很多年了，和大家都很熟了，也就自然被当作本村人了。

寄庄户和大家变熟一般需要多久？ = 三四年就熟了，但是三四年还不能算是本村人。要花上 10 年才能被当作是本村人。

【离村者】本村人带着家人搬到他乡还能算是本村人吗？ = 不算。

如果那个人的土地、房子、墓地还留着村里呢？ = 那就还是本村人。带着全家搬到外乡，过了很多年也不回来，本村还有土地房子，也交田赋和摊款，就是本村人。

只留下了墓地，家人、土地、房子都没留下，还算本村人吗？ = 不算，只留下墓地不算本村人。

搬出去的人留下的地怎么收摊款？ = 搬出去的时候，会拜托本村的朋友或者同族亲戚来看管土地。所以摊款由管理者代为支付。像本村李晓山那样去满洲很多年不回来，他的叔父在帮他看管土地，用收入的一部分交摊款。

这种人有特殊的称呼吗？ = 没有。

【归村者】曾经是本村人，后来搬到他乡，最后又回来了，这种人还算是本村人吗？ = 算。

不是像李晓山那样，而是土地房子都没有留下，曾经不能算是本村人了，这种人再回来的话，直接就算是本村人，还是算为寄庄户？ = 直接算是本村人，因为以前是本村人。以前本村人回村，就算没有土地房子，也算是本村人。

这种寄庄户、本村人的区别方法是这一片地方通用的吗？ = 本村附近都是这样。

【世居】什么人能称得上世居？ = 世代数不限，三代左右都在本村居住，在本村有墓地，就算得上是世居。两代左右不算。

世居的人和不是世居的人在村里生活上有什么差别吗？ = 没有。

庄长家几代了？ = 很久了。本村最早的就是王姓和杜姓，庄长家是杜姓后代。

现在本村行政上的名称是什么？ = 历城县张马区冷水沟乡冷水沟庄。

什么时候开始实施乡制的？ = 1938 年。

以前叫什么？ = 第二区闵孝三里冷水沟。

【里】什么时候开始实行区制的？ = 记不清楚了。区下面是里，第二区由五个里组成。本庄属于闵孝三里。

五个里的名称是？ = 从闵孝一里到闵孝五里。

有里长吗？ = 有。

里长是做什么的？ = 和现在的乡长差不多，处于区和庄之间，管理几个村。

【闵孝】闵孝是以前的名称吗？ = 清代留下来的名称。

实行区制以前的名称是什么？ = 我年轻的时候就是区制，不知道之前是什么。

【冷水沟乡】现在的冷水沟乡有几个村？ = 冷水沟庄、东沙河庄、西沙河庄、李家庄四个村。

【乡公所】乡公所在哪儿？＝现在在西沙河庄。

为什么在西沙河庄？＝因为现在的乡长是西沙河庄人。

要是以后的乡长变成了别的庄的人，乡公所的位置也为跟着换吗？＝是的，乡公所就在乡长住的村里。

【庄长】你是什么时候开始当庄长的？＝1928 年 7 月。

之前的庄长是谁？＝现在的小学校长谢星海。他从光绪末年开始当了二三十年的庄长。

谢长礼为什么没当庄长了？＝去世了。

你是怎么当上庄长的？＝虽然不识字，但我很有声望，所以被推举为庄长了。

现在的乡长是谁？＝西沙河庄的贾文雁。

之前是谁？＝本村的李佩衡。他从事变那年到今天春天任乡长。

乡长有任期吗？＝任期不定。

11 月 23 日

庄长　首事　保甲　换工　合具

应答者　杜凤山（庄长）

【庄长选举】谁在 1928 年公举你为庄长的？＝本村的八段首事。是由他们商量后推举出来的，而不是投票选出来的。

当时村民不能选庄长吗？＝首事就代表各段村民的意见了。首事要先跟自己段里的人商量，内定人选，然后八位首事和议推举了我。

当时除了你，还有别的庄长候选人吗？＝没有了。

首事在哪里商量的事情？＝庄公所。当时的庄公所在现在的小学，关帝庙内。

各首事和各段的人是在哪里商量的？＝在首事家里。

当时各段家长都集合在一起了吗？＝家长一个人去的。

女家长呢？＝女家长不去。

家里除了女家长就只有孩子了怎么办？＝孩子不去。那就都不去。

可以让家人作为家长代理去吗？＝懂事的人就可以。

你在 1928 年就任以来，反对过连任吗？＝在职一年就申请连任了。

最开始任庄长县里有任命书吗？＝有。

现在还有吗？＝没有了。事变之后把这些书都烧了。

你为什么想辞职？＝家里人手不够。我没有儿子，以前也没有养子（现在有个过继的儿子，16 岁，已婚）。要是当庄长就没法养鸭了，生活就很困难了。我只有两亩地，以养鸭为主。现在有 300 只。

　　跟首事说了想辞职后，他们怎么说？　＝首事不同意，说如果让村民投票，自己又当选的话，辞职就很头疼了。

　　【投票】然后投票了吗？　＝投票了。1929 年、1930 年左右。

　　全村都投票了？　＝1 户 1 票。全村投票。

　　佃农也能投票吗？　＝是的。只要是本村人，都投票了。

　　住在本村的外乡人也投票了？　＝要看居住年份。刚入村的就不能投票。住了八年十年的能投票。

　　过了这么多年就成了本村人了吗？　＝是的。

　　在哪里选举的？　＝庄公所。

　　选举是用纸笔写的吗？　＝是的。

　　怎么写的？　＝写上想当庄长的人（被选举人）的名字和自己（选举人）的名字。

　　不会写字怎么办？　＝让别人帮忙写。

　　村民都把票投给你了吗？　＝2/3。

　　除了投给你，还投给谁了？　＝还在的第二位是任富申，第三位是张某。

　　一旦得票最多，就不能拒绝吗？　＝不能。只要住在村里，就没法拒绝大多数村民的意愿。

　　【县任命书】选举的时候，区里的公职人员来了吗？　＝区助理员来了。

　　要向区里报告选举决定的庄长吗？　＝要。当时我不想当庄长，跑到济南了，结果我不在的时候当选了，又被叫回来了。首事跟区里报告的，内容我不知道。

　　区会向县里报告吗？　＝我觉得会，不过我不清楚。

　　县里有任命书吗？　＝重新收到了任命书。

　　任命书的内容是？　＝现在没有实物了，我也不记得了，就是多少票当选，所以任命为庄长。

　　任命书没有写庄长的职务吗？　＝没有。

　　首事向县里联名推荐过庄长吗？　＝也许有过，我不知道。

　　【想当庄长的人】一般村里的人会愿意当庄长吗？　＝有人愿意也有人不愿意，不一定。

　　村里有势力的人想当庄长吗？　＝他们都不想。因为征收摊款很麻烦。

　　当庄长最麻烦的就是征收摊款吗？　＝是的，这个最辛苦了。其他的事都没什么。

　　什么人想当庄长？　＝没有固定职业，有点嗜好的人。

　　嗜好指什么？　＝吸鸦片啊，赌博什么的。

　　这种人叫什么？　＝土豪，或者无赖。

　　【土豪、无赖】本村有土豪吗？　＝没有。

　　附近的村子有土豪村长吗？　＝现在没有。

　　以前有吗？　＝以前也没有。以前比现在还好些。

　　有声望就能当庄长吗？　＝是的。

　　以前土豪能当里长吗？　＝里长比庄长重要，所以不行。

　　【保甲制】冷水沟的保甲制现在怎么样了？　＝冷水沟成了历城县张马区第五、六、七、八四保，冷水沟庄是第五保。第五保和甲、乙、丙、丁四保分开。

第五保的保长是谁？＝庄长。

村里保长都有谁？＝张增俊，甲保（十甲）

　　　　　　　　刘喜彻，乙保（十甲）

　　　　　　　　李凤坤，丙保（九甲）

　　　　　　　　任福裕，丁保（九甲）。

保甲制是从什么时候开始实施的？＝去年开始。

没有条例就不知道保甲制了吗？＝不知道具体情况。以为选保长和甲长就是保甲制。

其他地方也实行保甲制吗？＝也有的地方还是闾邻制。县城20里以外的地方好像都还是闾邻制。

【闾邻制】本村闾邻制的时候有多少闾？＝14闾。

闾长都是谁？都有多少地？＝

杜延年（20多亩）	程振声（6亩）
杨立权（20亩）	李长海（8亩）
李凤坤（20亩）	张增俊（35亩）
李兴长（40亩）	李忠浦（20亩）
谢长增（18亩）	李喜池（40亩）
李凤辈（18亩）	李永祥（26亩）
王起贵（60亩）	任福增（40亩）

闾长的资格是？＝不限富农，有声望即可。

闾长是选出来的吗？＝1闾25户记名投票选出。

在哪里投票？＝闾里大一点的家里。

五户之长邻长呢？＝由闾长指定。

闾长任期是多久？＝不定。

什么时候开始实行闾邻制的？＝1935年开始。

【首事】1935年后还有首事吗？＝有。

是每村分为八段，每段一个首事吗？＝是的。

以前就是分为八段吗？＝是的。

为什么关帝庙的碑文上写了很多首事的名字？＝以前的事我不清楚。

八位首事的姓名和土地面积是？＝我当庄长时候的首事情况如下：

李相龄（80亩）	李凤贵（20亩）
杨翰卿（80亩）	杨立德（30亩）
王维善（40亩）	李凤节（70亩）
任德轩（50亩）	李文汉（50亩）

上任庄长时期的首事呢？＝应该是下面8个人：

李相龄、李玉中、杨义升、任福增、刘茂雄、杨孝增、李凤鸣、王立亭。

首事是村里有势力的人吗？＝地多、有能力，而且都是世居。

首事都做些什么？＝虽然不能决定什么，但是可以和庄长商量村里的事务，选举庄长，求雨的时候给庄长帮忙。

首事和村里的看坡有关系吗？＝没有。

【换工】所有村民会一起种地吗？＝不会。

农家相互间会一起种地吗？＝会。

怎么一起做？＝换工。

什么是换工？＝除草割麦子的时候，2 户人家暂时相互帮忙。一起出力的时候，两家耕种面积差别不大就行，如果相差很大，比如甲家 10 亩乙家 5 亩，换工的时候乙家就要出两倍的劳动力。公平起见，甲家会去做些别的，乙家就要出两倍力。还有役畜和人的换工。有役畜的农家和没有役畜的农家会暂时互相帮忙。调整役畜和人的劳动力差异的方法不定，比如说，借别人家的马用一天，就要去别人家帮一天忙；借一头马去别人家干两三天的活；关系好的话可以无偿借（但是需要提供马饲料）。这些已经不算是换工了。

【借】如果不是换工，可以暂时借用别人家的役畜农具吗？＝也有很多是这样的。谁都可以找有役畜农具的家里借来用。

需要付什么吗？＝一般不用。顶多在中秋端午的时候请别人吃顿简单的饭。

这种临时找别人借农具役畜的情况叫什么就叫"借"，没有什么特别的词。

【合具、合伙】有像上面暂时的合作或借贷关系外的持续性合作吗？＝有。

叫什么？＝合具、合伙。

合具是什么？＝自己家里农具役畜不够，就和差不多条件的农家合作，就是合具。一起用两家所有的农具和役畜。合具的关系是持续的，和换工不同。

有 3 家以上合具的吗？＝没有。只在两家间合具。

什么样的农家会合具？＝一般家里有 20 亩以上的地的话，农具役畜就很齐全，不需要和别人合具。5 亩以下的地家里的农具役畜又不够，也不能合具。所以一般家里有 10 亩左右的地比较合适。

合具关系都是永久性的吗？＝只要两家关系不会变坏，就是永久性的。

【合具解散】什么情况下合具的关系会解散？＝比如甲、乙两家中，乙家逐渐败落，农具役畜数量越来越少，再合具也没有什么意义了，两家的合具就中止了。

有因为两家关系不和而停止合具的吗？＝没有。因为一旦停止合具，想再找一家很难。

冷水沟现在有多少组合具关系？＝具体不清楚，有三四十组。

【合具对象】一般是同族间合具吗？＝不一定。同族间的合具更少，异姓间的合具更多。

为什么？＝因为合具需要两家的经营状况相似。家里 10 亩地左右就找个差不多的。同族间的不一定条件很相似。

如果同族有条件相似的，会优先考虑同族吗？＝不一定。就算是同族，不是很亲近的话，还不如跟附近的关系好的异姓合具。

【合具人间的相互帮助】跟合具的家里关系是最好的吗？＝是的，有的像同族那么好。

合具人家里有婚丧嫁娶的话，会去帮忙并且出力最多吗？＝是的。

合具人和同族的人谁帮忙比较多？＝某家同族里关系好的人和合具人都会帮忙，但是合具人会帮到最后。合具人间相互帮忙不会敷衍。

要是需要借粮食也会先去合具人家里借吗？＝是的。

借钱呢？＝也是一样的。如果对方家里有钱，就去先去找对方借。

需要钱的时候也会先去找合具人吗？＝是的。

买卖土地的时候也会找合具人当中间人吗？＝这个时候不一样，中间人是村里决定的。

本村的中间人是谁？＝李凤福和谢长雄两人。

合具的两家人会一起吃饭吗？＝一般不会。祭礼的时候也不会，农忙的话有时候会在一家吃。

经常一起吃吗？＝很少。

以前就有合具吗？＝是的。

山东省合具很多吗？＝本村附近的村子都会这样。

11 月 24 日

合具　保甲制　看坡　义坡

应答者　任福裕（保长）

你有多少地？＝大亩 27 亩。

自己耕种吗？＝全部自己耕种。

有和哪家合具吗？＝没有。

如果农具役畜不够了怎么办？＝找有的人家里借。

一般找谁借？＝不一定。

借的时候需要谢礼吗？＝不需要。

【合具、合伙】村里有多少组合具的？＝八九十组。一般家里有七八亩到 15 亩的地。

合具和合伙是一个意思吗？是的，两种都可以说。

【持续年数】合具是永久性的吗？＝不一定，短的有两三年，长的 10 年都不变。

为什么两三年就不合具了？＝中途有一家土地增加或减少，两家不平衡了就中止了。一般家里有了 20 亩地就不会合具了。

停止合具两家会商量吗？＝商量。

会因此导致两家关系恶化吗？＝不会。

【合具对象】在村里容易找到新的合具对象吗？＝不好找。所以很多时候就算两家状况稍微不平衡，也还会继续合具。

会和其他村的人合具吗？＝不太方便所以不会。

同村直接合具一般找附近的人吗？＝是的。

合具的话，两家所有的役畜农具都能一起用吗？＝大家都有锄头一类的小农具，所以各用各的，车、犁杖、磨一类的大型农具，牛、马一起用。

要是必要的农具两家都没有怎么办？＝合具的时候肯定会有哪家有必要的农具，如果没有，一开始就没法合具。

要是有一家用对方家里的农具比较多，需要补偿吗？＝不需要。

合具能使两方共同获利吗？＝是的。双方都好。

为什么有 20 亩以上地的农家就不合具了？＝因为有 20 亩以上就有多的钱，可以买农具役畜了，也就不需要合具了。

合具的两家会一起买一些大型农具役畜吗？＝不会。

会一起耕种吗？＝除草和收割这种农忙期会互相帮忙。

有两户以上的合作关系吗？＝没有。

全村人会一起耕作吗？＝不会。

要是能一起耕作的话，会更好吗？＝不会。如果都一起耕种，容易出问题，所以我觉得不行。

【保甲制】你是保长吗？＝是的。

什么时候开始当保长的？＝去年春天开始。

什么时候决定甲长？＝稍微晚一点，去年的五六月份。

决定了保长和甲长，保甲制度就算是实施了吗？＝我觉得是的。我不太清楚制度的内容。

【保长的工作】保长需要做什么？＝有事的时候，庄长会叫你的。

都有些什么事？＝县里来命令了需要出人和物的时候叫我们过去商量怎么分摊。

最近都有什事？＝挖铁路沿线壕的人手，保甲簿的书写（县里的命令要写 20 册），还有修路等等。

当保长很忙吗？＝休息的时候很少。

保长有报酬吗？＝保长和甲长都是名誉职位。

为什么会当保长？＝庄长指名，我就答应了。

保长任期多久？＝不定。

甲长由谁来任命？＝庄长指名。保长和这个没关系。

【保长的资格】什么人才能当保长？＝有才能、识字的人。

财产不是问题吗？＝有点关系。

现在四位保长家里都有财产吗？＝多少有点。

【甲长的工作】甲长的工作是？＝把庄长的命令通知十家。命令一般是摊款服役相关的。

甲长会把 10 家的要求告诉庄长吗？＝会。

一般都是什么事？＝也不是 10 家全部的要求，一般是其中一两家不方便服役，希望能变更一下的时候，把这个事告诉庄长。

【保甲制度的评价】村里人怎么评价保甲制？＝大家都有疑惑。

村里通过保甲制能得到什么好处吗？＝没有。并不觉得实施保甲制后比以前好了。

工作增加了吗？＝是的。

怎么分的铁路沿线挖壕的工作？＝按土地亩数分配。

村里出多少人？＝现在县里正在计算。

需要出人给铁路警戒吗？＝每天都出人。每晚3人。李家庄1人，沙河庄3人。具体我也不清楚。

【首事的工作】以前本村的八段首事都有什么工作？＝协助庄长催交田赋，分配摊款。

还有别的工作吗？＝和村里所有重要的事都有关。

会和庄长商量吗？＝都要和庄长商量。

有只靠首事商量决定的事吗？＝庄长不在的时候，小事可以由首事商量决定。

以前就有首事吗？＝是的。

【会首】本村庙里的碑文上有几个地方写着会首，什么是会首？＝会首和首事是一个意思。

会首这个称呼平常也用吗？＝我小时候就是叫首事了。

【首事任免】谁来决定八段的首事？＝根据庄长的指示，各段自己决定。

首事的家里世代都是首事吗？＝不一定。

首事什么情况下会辞职？＝年纪太大了就会辞职。做了坏事也要辞职。

向庄长提出辞职吗？＝是的。

庄长会很快同意吗？＝是的，那个段的人已经告诉庄长这个事了，庄长会让他们进行下一任首事的公举。

各段怎么公举？＝各段的人商量（必须全户一半人以上到场），公举出合适的人选。

庄长能反对段的决议吗？＝公举出来的一般是很好的人，庄长也没理由反对。

首事做了坏事谁来把他免职？＝该段的人向庄长提出免职申请，庄长同意后下令免职。

有实例吗？＝我成年后没有实例。只有主动辞职的。以前好像有。

【八段】以前本村分为八段吗？＝是的。

为什么会分成八段？＝太久了我不知道。

八段的名称是什么？＝没有特别的名称。一、二、三这样用数字叫的。

八段的区划从以前就是固定的吗？＝区划是固定的。

【集会】各段除了公举首事的时候，还会有别的集会吗？＝没有。

以前村里怎么开会？＝以前是庄长和八个首事开会。没有所有村民的集会。现在也没有所有村民的集会。最多只有甲长以上级别的人开会，一般一两个月一次，商量服役、摊款的分配方法。

选举庄长也只是首事商量吗？＝是的，和普通村民没有关系。

首事时期、间长时期、现在的保长时期，哪个时期村里发展得更好？＝我觉得是首事时期。因为当时村里问题很少。当年村里一年的事情也就和现在一个月差不多。

【首事调解】首事会调解村民纷争吗？＝会。

只调解自己管辖段内的事务吗？＝不一定。

调解需要和庄长一起吗？＝小纠纷的话，首事就能解决，很复杂的事情就需要庄长和所有首事商量调解了。

只靠首事就能解决的纠纷是？＝小吵小闹。

金钱纠纷、土地纠纷需要庄长出面解决吗？＝是的。

有庄长解决不了需要到县里或者法院解决的纠纷吗？＝就我所知，没有。

【庄长的酬劳】据说庄长没有酬劳，但这么忙，庄长一点谢礼也没有吗？＝年底会从摊款里拿出 100 元左右给庄长作为车马费。

庄长以前就有车马费吗？＝是的。

跟以前相比，现在庄长的车马费增加了吗？＝是的，3 年前只有 50 元。

谁决定的庄长谢礼的金额？＝现在是保长和甲长开会决定，闾长的时候是闾长，首事的时候是首事决定。

卖契、典契的时候庄长不收手续费吗？＝没有固定的形式，所以不需要给庄长手续费。

【庄长的职责】庄长的职责有哪些？＝分配征收摊款，经办学校设施有关事宜，指挥求雨和治蝗、看坡等。

对区和乡有什么要求吗？＝没有，他们一般只是传达县里的命令。

现在县里有些什么命令？＝催交田赋，修路，出人参加青少年团、自卫团、看铁路，接待县里的官员，交纳军草（今年交了 2 次，第二次向县公署交了 2000 斤，没有草就买草交），等等。

庄长可以独自决定村里的事务吗？＝不行，现在要和保长、甲长等商量来着。

庄长会指导村民的日常生活吗？＝不会。

村民会绝对服从庄长的命令吗？＝会，不会有人不满。

会有人觉得庄长的做法不对而向县里告状吗？＝不会。

庄长可以惩罚村民吗？＝村长只有仲裁权，没权利惩罚村民。

【看坡】好像还需要看坡，什么是"看坡"？＝在农作物成熟期，为了防止偷盗，村里选出合适的人来巡逻。

巡逻的人叫什么？＝看坡的。

会说"看青"吗？＝会。

看坡和看青是一个意思吗？＝看坡是保护成熟期的作物，看青是保护还在成长的作物不被动物吃掉，意思不一样。

看坡的坡是什么意思？＝我不知道。

什么时候看坡？＝小麦成熟两周前到收割为止，也就是 4 月下旬到 5 月上旬。高粱、谷子、大豆等秋天的作物成长期开始到收割，也就是 6 月中旬到 9 月中旬要看坡。

【看坡的资格】选什么样的人去看坡？＝住在本村的、老实的、有闲功夫的人。

都是穷人吗？＝是的。

今年看坡人的姓名、职业是？＝

杜凤江（零售）

李全孝（短工）

李长庆（有半亩地，无其他职业）

李宗公（剃头）

李凤福（1 亩地，儿子是木匠）

谢怀岐（3 亩地，短工）

任福润（1 亩地，地保）

杨庆云（2 亩地，长子是保卫团班长）

看坡的每年 8 个人吗？＝是的。

【看坡的任期】看坡的每年会变吗？＝表现好的就下一年继续，不好就不让他做了。

上面 8 个人有谁是做了很多年的吗？＝李全孝做了 20 年左右，李宗公 4 年，杜凤江 5 年，他们做的时间比较长。

以前一段选一个看坡的吗？＝是的，八段，所以 8 个人。

现在也是这样吗？＝重要位置的一段和看坡地区的一段不一样。

【看坡的选任】谁来选定看坡的？＝现在是庄长。

以前呢？＝以前是各段首事先选，然后庄长同意。

当看坡的需要保证人吗？＝是的，需要。

什么人能当保证人？＝哪个段的都行，只要是本村的财主。

因为没有信用就不能成为保证人吗？＝是的。就算很穷，很讲信用的话也能当保证人。

上面那些看坡人很穷，但是很可靠对吗？＝有保证人，所以不要紧。

【看坡人的工作】看坡人的工作是什么？＝白天、晚上巡逻。特别是晚上要非常注意，所以有时候晚上需要睡在田里。

一人看护一片区域可以吗？＝没问题。

看坡的看护田地的时候会带着什么？＝白蜡杆子，就是白色的木棒。

白蜡杆子是村里的东西吗？＝是看坡人自己的。

会有个别人自己去看护吗？＝没有。

【看坡的报酬】看坡的报酬是什么？＝每家麦秋的时候每亩给半升小麦，大秋的时候给半升谷子。

8 个看坡人里有头儿吗？＝没有，每个人巡视自己的责任区域。

村里有看坡的相关规定吗？＝没有。

【偷盗作物】偷盗有惩罚吗？＝别的村可能有，我们村没有固定的规矩。

惩罚不分明，不会觉得有什么不方便吗？＝不觉得。

要怎么惩罚看坡人发现的犯人？＝一般犯人会马上逃走，所以抓不到。要是看坡的晚上巡视时发现田里有人，就会大声报警，小偷早就逃之夭夭了。

如果发生偷盗，会追究看坡人的责任吗？＝如果被偷的很少，看坡人去受害人家里道个歉就能解决。如果数量巨大，村民就会认为是看坡人监守自盗。

看坡人都是选的信得过的人，他们也会做坏事吗？ ＝经常会。

这种时候会让保证人来赔偿吗？ ＝不会，和保证人没有关系，保证人只是个形式。

那要怎么赔偿？ ＝从看坡人的酬劳里扣掉这部分。

这是庄长决定的赔偿方法吗？ ＝受害者会告诉庄长，庄长和赔偿无关，受害者直接找看坡人要求赔偿。

【义坡】本村关帝庙的碑文上刻着禁止饲养家禽家畜，其中有"义坡"这两个字，这是什么意思？ ＝义坡是指村民按亩数、按顺序看护村内作物。

历城县行政公署布告

为布告事，案据历城张马乡乡长会长康永祥呈称准本乡闵孝三里冷水沟本家庄长冷溪村函称，切缘二庄农业水陆并耕地，绝无山林薮泽可便刍牧，近有无赖棍徒，购养鸡鸭牛羊驴马，各畜肆行牧放，而又偷取菀丝豆哑稼秸青苗鲜叶等物，以作生刍，为害之烈，不减飞蝗，今由二庄公议，按照义坡定章，一律禁止，恐日久疏懈，视等具文，相应而咨贵会，转请县，给示严禁，勒石永垂，以维农业，不胜感激等因，到会准此，当经详细调查，该处田地窄狭，确无公共刍牧之场，祸害苗禾，实妨农业，除函复即行转请外，理合备文，呈请鉴核，准予出示严禁，勒石永存，实为公便等情，到县据此，除批准存案外，合行布告附近居民等知悉，自示之后，凡饲养鸡鸭牛羊驴马各户，概不准在禾地放牧，并不准刍取菀丝豆哑稼秸等物，尚敢不遵，一经查出，或被告发，定行传究，绝不宽贷，其各凛遵勿违，切切此布[1]

	历城县知事　靳巩
	李祥龄　杨义盛
	任福增　李盛忠
	李春和　杨　蓉
首事	李兴海　王为善
	李兴甲　李凤鸣
	李文汉　刘茂松
	杜登鳌

民国九年十一月　仲浣
　　　　　　　　　　　　　　　　公立

什么时候实行义坡？ ＝雇人看坡效果不好，所以有人来偷的时候，村民就会商量不要看坡的，而开始实行义坡。

从时间来看，义坡的历史更长一些，是吗？ ＝不是。义坡并没有持续很多年，而是时有时无。

根据碑文来看是不是有义坡规定？ ＝现在村里没有留下，我也不知道内容是什么。

---

〔1〕　译者注：此段文字为政府公文，为尽量忠实原文，译文沿用了原文中的标点符号。

（附记：见 12 月 2 日苏家庄调查记事）

这种村民合作看守作物的义坡为什么没有坚持下来？ ＝因为农忙的时候很难腾出人手，自然无法坚持。但是因为不方便，所以村民还是会找看坡的。

治蝗的时候怎么办？ ＝很多村民去赶蝗虫，叫"打蝗虫去"。

根据碑文所写，按照义坡规定，禁止私自放牧家禽、家畜，现在如何？ ＝以前的事，俺不清楚。现在只是把家禽、家畜从田里赶出去，提醒其主人注意。

要是出现损失，会找其主人赔偿吗？ ＝不会。

11 月 28 日

求雨巡游

应答者　任福裕
地　点　冷水沟庄公所

【求雨的榜示】本村玉皇庙内贴着如下榜示，这是求雨时的东西吗？ ＝是的，今年 6 月写的。

榜示（实际上姓名是横着写的，很长）

管理内账房	杜凤山、任福申、李凤坤、刘锡恩、任福裕、张增俊
修　表	李长泌、程德麟、谢星海、杨仲云、王慎三
请　神	李凤昌
修理玉轿	张福增、王春田
升　炮	杨立业、谢怀岐、李长河
打水、烧水	张学洪、学文、李长治
抱升水瓶	李凤雷、高文龙、李长雨、李兴云
随驾烧纸	高名远、谢保臣、谢长增、李宗任、李宗江
坛上烧纸跪坛	张延辉、李玉泉、王其贵
打　伞	李凤雨、李希武、李兴邦
跪　坛	李　贤、李玉德、李凤文、李玉青、李长贵、李凤俊、高金声、李凤疑、李宗岱、李玉泽、谢怀章、李文翰、刘锡瀛、杨恒修
随驾跪坛	李永茂、李凤桐、谢保田、李永荃、任福顺、王长成、李登鳌、李保清、李登翰、杜振声、李凤池、程德隆、杜延禄、杨立德
管理銮驾	李凤会、谢保林、李鸿儒
下转牌	刘化南、谢殿枫
法师随驾	李殿臣、刘万宝、李殿一
管理铜器	李延福、李长岱、李长达、李长德、李兴起、杜永财、谢殿选、李长林、任福财

管理旗账	杜凤江、李全孝、杨庆云、李凤福、李宗恭、任福润、李长庆、刘嘉祥
管理外账房	李凤祥、李凤年、任福裕、李长溪 ·
听 差	李长岐、李长英、李兴昌

这个榜示都写了些什么？＝公示了求雨时每个人的分工。

分工是谁决定的？＝庄长和保长商量决定的。

去年求雨了吗？＝没有。

前年呢？＝没有。3 年前，也就是 1938 年求过。

上次也和这次做法一样吗？＝是的。

以前都是这么做的吗？＝据我所知，清末以来都是这样的。

【管理内账房】请解释榜示中的分工。首先管理内账房是什么意思？＝就是担任会计的人，因为求雨需要现金支出。

求雨所需费用从哪里来？＝从村民那里临时征收摊款。

按亩征收吗？＝不是的。这种摊款和平常的摊款不一样，按门户收取。

不同的门户有区别？＝没有，都是每户 50 钱。

没有土地的人也要出吗？＝不管有没有土地，都要交一样多的钱。

村里的临时摊款都是按门户收取的吗？＝不是的。只有求雨的时候才这么做，这是按以前的惯例来的。

今年求雨实际上收了多少摊款？＝村民都交了，应该是一百七八十元。

求雨的所有开销够吗？＝不够。

不够的钱怎么办？＝庄长先垫着，然后从村费支出。

村里的摊款流水账中记录的求雨支出只有数十元，这是不够的那部分吗？＝是的。

【修表】上述榜示里有一个职务叫"修表"，这是什么意思？＝写向神求雨的祈愿书。担任这个职务的人是村里善于舞文弄墨的人，净身后穿着礼服跪着写祈愿书。

（附记：李长泌，号佩衡，是远近闻名的前任乡长；谢星海是现任小学校长。）

写在纸上吗？＝是的，写在黄表纸上，比普通的黄纸好一些。

祈愿文的内容是什么？＝俺不懂。

【请神】第三个工作请神是做什么的？＝把玉皇庙里的神像拿进拿出。在求雨游行的时候拿出来。

【修理玉轿】第四个修理玉轿是什么？＝事先修理、装饰安放神像的玉轿。

【升炮】第五个升炮是？＝燃放爆竹。玉轿从庙里出来、离开村子、到外村去、到达目的地白泉的时候，都要放爆竹。

到达目的地的时候，＝时常响起爆竹声。

是什么样的爆竹？＝铁炮式的爆竹，叫作神枪，开了三个洞，神枪只有一个。

神枪的弹药叫什么？＝枪药。

枪药在哪里买的？＝本村北边的滩头村，还有西边的卧牛山，我们是从卧牛山买的。

【打水、烧水】第六项打水烧水是什么？＝为了让队伍里的人有水喝，需要有人从村玉皇庙打水，烧水就是把水烧开的人。

【抱升水瓶】第七项抱升水瓶是什么？＝这个人要在白泉装一瓶水，再带回来装到玉皇庙的水瓶中，在白泉装水时还要捉一条泉中的鲫鱼。

为什么要捉一条鲫鱼？＝因为鲫鱼汉语发音和急雨相同，意思是带回急雨。

【随驾烧纸】第八项随驾烧纸是什么？＝负责烧玉桥前面的纸。

【坛上烧纸跪坛】第九项坛上烧纸跪坛是什么？＝队伍从白泉回来后，要有人烧三天三夜的纸钱并跪拜。

这3人是轮流烧纸跪拜吗？＝这3人和跪坛的14人一起。

【打伞】第十项打伞指？＝在玉桥前撑着伞走，为了不让太阳照到神像。

有什么特殊意义吗？＝表示敬意。

从本村到白泉往返都要撑着伞吗？＝是的。

【跪坛】第十一项跪坛是？＝和上面的坛上烧纸跪坛的3人一起在夜里念夜御经的时候礼拜。

【随驾跪坛】第十二项随驾跪坛是？＝去玉桥的路上，还有在目的地白泉礼拜神像的人，回到玉皇庙就没什么事了。

【管理銮驾】第十三项管理銮驾是什么？＝銮驾是指求雨队伍里拿着的各种道具，本村有16种道具，2对放在玉皇庙，负责排这些道具的人就是管理銮驾。

銮驾都有什么？＝有金瓜、月斧、朝天登、牌等，对叫法我也知道得不全。

榜示上没有写拿銮驾的人吗？＝是的，酌情安排村民来拿。

【下转牌】第十四项下转牌是什么？＝求雨后如果下雨了，说明玉皇庙的神来实地考察了，就要再列队一次，下转牌就是这种情况下走在队伍前面两里的地方，预告神已经来村里了，之前求雨取水的队伍里没有这个职务。

【法师随驾】第十五项法师随驾是？＝去玉桥的求雨队伍里的道士，3人都是本村人。

这3个道士以前在庙里吗？＝李殿臣和李殿一以前在玉皇庙，刘万宝在关帝庙，3人都是七八年前不做了。

为什么不做了？＝村里不需要道士。

村里会养着道士吗？＝每年给一些补助。

道士收入怎么样？＝不定。

有香火地吗？＝以前好像有，现在没了。

村民会施舍道士吗？＝给的话也很少。

那么道士怎么样养活自己？＝出去打短工。

在哪里学习经书？＝不知道，他们的父亲会教他们，父子两代都是道士。

【管理铜器】第十六项管理铜器是？＝管理铜锣、鼓这些乐器的人。

【管理旗章】第十七项是？＝管理旗子的人。

【管理外账房】第十八项是？＝负责收集临时摊款并交给内账房的人。

【听差】第十九项听差是？＝负责买仪式必需品的人。

以上职务有上下之分吗？＝职务不分好坏，按个人才能决定。

11 月 29 日

求雨

应答者　任福裕

【求雨的商量】今年降雨很少吗？＝正月到六月[1]只下了 2 次。

下几次雨最合适？＝三四次大雨。

今年的雨量会导致农作物收成不好吗？＝三月种高粱和谷子，五月收了麦子后种大豆，因为降水少，这几种作物长得都不好。

所以要全村一起求雨吗？＝是的。

有人会怀疑求雨不灵验吗？＝以前就有这个习惯，所以大家都赞成。

是谁提议今年求雨的？＝庄长提议，村民赞成。

是开村民会议商议的吗？＝没有，庄长召集保长商议。

什么时候商量的？＝六月上旬，求雨的 10 天前。

上述保甲长会议决定了求雨的全部事宜吗？＝是的，求雨日期、分工、临时摊款都定下来了。

村里的长老出席会议吗？＝求雨的时候要出席，今年李宝庆、王为善、李玉书、李登鳌四位老人出席了。

一直到求雨当天都开保甲长会议吗？＝每天都开。

【求雨的准备】什么时候征收临时摊款？＝仪式开始前 3 天，一般是村民自己来交钱。

仪式开始前要做什么？＝决定求雨日期，3 天前开始不吃肉，斋戒 3 天等待仪式开始。如果这几天有外村人来卖猪肉，就把他赶出去。此外，还要整理仪式要用的玉轿等道具。

庙里墙上的求雨工作安排是什么时候贴的？＝仪式开始几天前，因为要提前通知村民求雨的安排。

有人会因为榜示上没有自己的名字而觉得不公平吗？＝不会。

村里有势力的人会榜上无名吗？＝有时候因为本人有事而没有写上去，总体说来都是根据个人能力而安排的职务。

榜示上面为什么没有村里最大的地主杨云坡的名字？＝他去了济南，不在家。他们家族的中年男子也不在本村。

【仪式准备】仪式当天先做什么？＝在玉皇庙的前面准备玉轿，负责请神的李凤昌从庙里拿出神像，然后放到玉轿里。一个人没法拿神像，所以有帮忙的。这时已经定好了拿銮驾、铜器和旗章的人，队伍已经列好。

---

[1]　译者注：此处为农历月份。

【队伍顺序】队伍是什么顺序？＝最前面是村里的四位长老，李宝庆、王为善、李玉书和李登鳌。他们指挥队伍的行进路线。然后是拿旗子的人排两列（人数不定），再然后是跪坛的人排两列，再然后是三列，中间一列人拿着铜器，左右数名拿旗子接下来是撑伞的人，后面銮驾排两列再然后又是撑伞的，之后是玉轿左边站一个道士（还有一个道士不在队伍里，在玉皇庙烧香），最后是轮换抬轿子的十几个人。

村里有势力的人会在队伍里吗？＝不一定，想参加的话就到队伍里跪坛的人那块，跪坛人数很多。

女的会在队伍里吗？＝不会。

队伍里的人要穿很好的衣服吗？＝穿平常的衣服就行。

【游行路线】队伍的路线是？＝从冷水沟玉皇庙出发，到东边的斐家营（四支里），再北折到纸房（二支里），再从纸房到白泉（半里）。

出发的时候要做些什么？＝鸣3发神枪，表示要出发了。

途中呢？＝到别的村的时候要鸣枪。

经过的村子里的人会做什么吗？＝该村的村民会出来帮忙抬玉轿，表示该村村民迎送玉轿。有的会上贡品、烧香礼拜。

到白泉了做什么？＝放下玉轿、烧纸钱、礼拜，然后装一瓶白泉的水，再抓一条鲫鱼放到瓶里。把瓶子放到玉轿前跪拜一次，然后队伍就开始返程。

为什么回去的时候要到李家庄转一圈？＝因为转一圈就可以从冷水沟的西街加入到队伍里。去的时候从东街走，回来的时候就从西街进村，这样队伍就把全村走了一遍。

装了白泉的水和鲫鱼的瓶子也会和队伍一起回来吗？＝不，拿水瓶的人会走近路很快回到玉皇庙，几个人轮流把瓶子拿回来。

为什么要很快回来？＝因为怕瓶子里的鲫鱼会死掉，要是鱼死了就不会有急雨了。

【祈愿仪式】队伍回村后做什么？＝队伍到了玉皇庙后，先从玉轿里把神像回归原位，道士诵经烧香然后一起礼拜，每个人祈祷降雨做完后一起回家休息，晚饭后在庙里集合。道士烧纸钱、焚香，先读《三官经》，然后读《北斗经》。村民跪坐在庙内外听两部经读完后一起回家稍作休息，也有的人会小睡一会。半夜12点的时候众人到庙里集合，道士读《皇经》（这个过程叫过《皇经》），《皇经》是最重要的一本经书。这个时候，村民也要一起跪坐听经，《皇经》很长，读完天色已经发白。这么长的时间，村民要一直跪坐着。

给神的表怎么办？＝一样的表要做3遍，第一天（取水的日子）、第二天和第三天正午在玉皇庙烧掉，这个过程叫作升表。由庄长来升表，表装在长八寸、高两寸的小木箱中。这个箱子叫表匣，表匣里除了表还有上天梯（木头做的小梯子）、登云鞋（木头做的小鞋子）、小纸钱7个、上等茶叶少许、针7根、银硃少许、檀香少许，都用纸包好，表匣用黄纸包起来，包的时候黄纸要包成龙的样子，然后把表匣放在木盘上，盖上红布。庄长捧着到庙前，众人跪坐着，庄长把表匣放在庙前的火池（烧香所）的火上烧，这时要礼拜一次。

为什么要在表匣里放这么多东西？＝不知道。

第二天、第三天做什么？＝正午升表，晚饭后村民到庙里听道士念《三官经》和

《北斗经》，晚上过《皇经》和第一天一样。

【谢神的规定】祭礼的 3 天要是下雨了需要谢神吗？ ＝今年只是约定好了降雨了要给神很多贡品，要是进行谢神表演的话，花费太多，维持治安也很麻烦，所以不表演。

求雨有效果吗？ ＝今年运气很好，求雨第三天还有接下来的一天都下雨了，下得很大，村民都很开心。

下雨后马上就会谢神吗？ ＝当天上贡品，稍微晚点会给神做新的衣服，重新涂鎏殿。

除了这些还有别的吗？ ＝没有了，会收钱粮去。

【收钱粮去】是什么意思？ ＝下雨了就表示神来实地考察了，所以要去其他村收纸钱，叫做收钱粮去。

要怎么做？ ＝也要花 3 天，和取水的时候队伍相同（没有水瓶），到附近村子转一下。

第一天呢？ ＝主要去本村北边的村子转一下。

路线如下：

冷水沟—（4 支里）—东沙河—（2 里）—滩头—（半里）—坝子—（5 里）—苏家庄—（1 里）—朱家桥—（3 里）—北新庄—（2 里）—孟家庄—（1 里）—王家闸—（1 里）—西沙河—（3 里）—冷水沟

第二天呢？ ＝主要是转本村西边。路线如下：

冷水沟—（3 里）—小张马—（1 里）—水坡—（5 里）—洪家团—（6 里）—大辛庄—（3 里）—陈家张马—（半里）—许家张马—（4 里）—杨家屯—（1 里）—冷水沟

第三天呢？ ＝主要是转本村南边。路线如下：

冷水沟—（1 里）—杨家屯—（3 里）—周家庄—（半里）—靳家庄—（半里）—郭庄—（1 里）—张马屯—（4 里）—姜家庄—（2 里）—赵家庄—（2 里）—陈家庄—（半里）—玉皇台（这里有玉皇庙，白天在这里休息）—（半里）—王舍人庄—（1 里）—南苏家庄—（2 里）—赵家庄—（1 里）—李家庄—（1 里）—冷水沟

收钱粮去的队伍到别的村里，那个村的人要做什么？ ＝都要烧纸钱、上贡品，队伍经过一个村，这个村的人就要抬玉轿和开始取水的队伍是一样的。

通过这种收钱粮去队伍的游行，会加深冷水沟和别的村子的感情吗？ ＝确实会。

附近的村子没有玉皇庙吗？ ＝除了前面说的王舍人庄有玉皇庙台，其他都没有。

收钱粮去结束后做什么？ ＝把神像放到庙里一起礼拜，收拾道具，然后就结束了。

会召集一直参加求雨的村民吃饭吗？ ＝不会。

下雨后别的村的人会来本村的玉皇庙表达感谢，并且带上财物吗？ ＝除了收钱粮去的时候会烧纸上贡品，没有其他的了。

以前几个村子一起求过雨吗？ ＝以前就没有过。

没有玉皇庙的村子就不求雨了吗？ ＝不是，那个村子会去别的庙求雨。

今年没有玉皇庙的村子也求雨了吗？ ＝东西沙河庄和赵家庄在别的庙求雨了，但是都没有效果。

本村的全村大事只有求雨吗？ ＝是的。

你觉得求雨是大事吗？ ＝非常重要的事情。

今年县公署也在县里求雨了？＝是的，用县里的费用。本村也有 10 多人参加了，但是没有队伍，只有县城附近村的人参加了。

会给求雨的道士谢礼吗？＝3 个道士给 46 元，求雨的 3 天以及收钱粮去的时候，他们一共工作了 6 天，所以这个钱不算多。

11 月 30 日

求雨　摊款　看坡

应答者　任福申

【求雨】河北省的求雨队伍大家都会头上插柳枝，赤脚走，本村呢？＝本村头上也会插柳枝，但是不赤脚。

头上插柳枝是什么意思？＝如果戴帽子，怕被神误解不喜欢下雨，所以不戴帽子，为了避暑就用柳枝代替了，有的村如果求雨的队伍碰到了戴着帽子的人，就会上前把帽子打掉。

队伍的人怎么吃饭？＝大家随意带点便当。

十六种两队銮驾的名称是？＝金瓜、月斧、朝天登、龙头、虎牌、掌、大刀、钋、木棍、鞭，其他的不知道了。

求雨的时候你负责内账房吗？＝是的。

【求雨费用】求雨的临时摊款是按户交吗？＝是的。

任福裕说一户 50 钱，是这样吗？＝一户收 30 钱，因为不够，所以作为普通摊款追加了一亩 20 钱，不是一次一户收了 50 钱。

30 钱是由外账房去收取的吗？＝不是，各户自己拿到玉皇庙的。

今年村内每一户都交了吗？＝也有的贫民没有交。

村里的寄庄户要交吗？＝寄庄户不用交。

没有土地的人不用交吗？＝不交也可以。

一共收集了多少求雨摊款？＝不到 100 元。

你和任福裕说的不一样，哪个是对的？＝我说的是对的。

100 元不够吧？＝是的，所以不够的要从普通摊款里补，补道士的谢礼也是从里面补。

不出求雨摊款也不会被指责吗？＝不会，这个摊款和征收普通村费不同，是自愿的，有的人有地也不交只会觉得这种人不道德，但是不会有什么惩罚，没有土地的人可以不交。

那么这个摊款更像是捐助了？＝是的。

会把捐助者的名字贴在玉皇庙吗？＝以前每次都贴，今年因为求雨之后马上就下雨了，大家都忙着务农，没有时间贴。

张罗求雨的本村有势力的人会有吃会吗？＝本村一直没有，沙河还有附近其他村有势力的人会有。

求雨的时候村里会出什么问题吗？ ＝不会。

从半夜到黎明过皇经的时候大家都要跪坐吗？ ＝是的。

不辛苦吗？ ＝辛苦，所以大家会在把装了草的袋子放在膝盖下面。为了晚上不困，白天会睡一会，跪坐的时候必须很规矩地坐着。

【女性除外】女的会参加跪坐吗？ ＝不会。下雨后，谢神的时候，女的可以来。

为什么女的不能一开始就来？ ＝女的不干净。

【外村参加】会和邻村的李家庄一起求雨吗？ ＝没有一起求过，但是李家庄会有人来帮忙。

今年李家庄的人也来了吗？ ＝来了，在取水的队伍里。

他们做了什么？ ＝拿着铜器、鼓在队伍里走，跟随庄长、保长的队伍跪坛。

冷水沟也有铜器和鼓吧？ ＝有。

求雨的时候李家庄会出钱吗？ ＝求雨时不会，之后会，谢神表演的时候出钱。

还有别的村参加求雨吗？ ＝没有了。

除了求雨，本村和李家庄还一起做过别的吗？ ＝没有了。两村隔得很近，所以关系一直很好，只有求雨的时候一起，别的事不会。

一起防御过吗？ ＝没有。

关帝庙的碑文（上述）上写着民国九年和李家庄共同商议禁止放牧家禽家畜的事，这个呢？ ＝不记得了。

【联庄会】以前有联庄会吗？ ＝有必要的时候，几个庄会联合起来共同防卫。

联庄会有真正活动过吗？ ＝民国十七年，匪患猖獗，抓了很多附近村民，那时候多个庄子联合起来过。

联庄会有中心吗？ ＝并没有，不是一个明确的组织。如果匪贼来袭，别的村子的人会来帮忙。

之前有组织性较强的联庄会吗？ ＝没有。

【保卫团】现在是叫保卫团吗？ ＝县里叫自卫团，村里也这么叫。

村里的人要参加保卫团吗？ ＝看个人意愿，不是村里出人。

【首事、会首、社主】本村为什么以前被分为八段？ ＝不知道为什么。不了解以前的事情，每段有个首事。

村里的碑文上写的会首和首事不一样吗？ ＝一样的，也叫社首。

一般说首事吗？ ＝以前说社首和会首，现在一般说首事。

碑文上写着几十个会首的名字，这个和八段的首事不一样吗？ ＝碑文上的会首和八段首事意思不同，是指捐助修庙等的人。不把他们写成会首的话，他们会不乐意，所以把捐助者都写作会首了。

首事一直是 8 人吗？ ＝是的。

【首事的资格】什么样的人能当首事？ ＝地多的人。

首事是世袭的吗？ ＝也有父子相传的，但是因为分家、匪患等情况家里财产很容易变动，所以并不能算世袭。

【首事的工作】首事有什么工作？＝分配村里的摊款，村里有事的时候和庄长开会商量。

首事有酬劳吗？＝没有。

首事存在的意义是？＝村里急用钱的时候，有钱的首事就能先垫付。

现在会找村里的财主垫钱吗？＝不会，现在有需要就收摊款，没必要垫钱。

【摊款】会因为本村摊款太多而头疼吗？＝非常多。今年已经交了2万元，十月县区乡分配了2000元左右的任务，不只是县区乡的多，每次还要花10元以上接待从县公安局警备队来的四五个人。他们有的会自己来村里的饭馆子吃饭，让庄长请客，这笔钱由村里负担。县官员调动的话，要去钱别。官员的红白喜事要是通知了村子，也必须送钱。县长有时候也从村里借钱，去年借了100多元。

县长借的钱以后会还吗？＝要是继续在任还有可能还，调动了就不会还了。

今年收了几次摊款了？＝5次。

第一次阴历2月　每亩15钱

第二次　　5月　每亩 半斤麦子（约80钱）

第三次　　6月　每亩30钱（求雨摊款另算）

第四次　　7月　每亩50钱

第五次　　9月　每亩1元60钱

（到年底还要收一次）

事变前如何？＝村费一共4000元左右，征收3次，春天3月、麦秋，还有大秋以前，都是收3次。

村费有预算吗？＝没有。

决算呢？＝有决算，以前和现在都是在正月元宵节的时候由庄长计算一年的收入，做好决算书给村民看，由校长谢星海来写。

以前就有看坡和义坡吗？＝是的。

【看坡的】看坡是什么？＝村里每段雇一名看坡的来看守农作物。

谁来雇看坡的？＝庄长，不是首事，当看坡的需要保证人。

看坡的什么时候工作？＝一年2次，3月到5月，小麦成熟的时候，1月休息，6月到9月秋天的作物成熟的时候也要工作。

【看坡人的负责区域】谁来决定看坡人的负责区域？＝8个看坡的商量决定，和庄长没有关系，决定负责区域后不需要告诉地的主人，看坡的会在负责区域里找一个面朝道路，方便看人的地方挖一个二尺四方的坑，这样村民就知道看坡的已经定了。这个叫作号坡。

看坡人的工作是？＝春天小麦成熟收获的时候，从傍晚到半夜12点都要巡视在田里建一个小屋子，住在里面。

【看坡人的酬劳】看坡人的酬劳有多少？＝负责区域的地主会给他们粮食，5月一亩半斤小麦，10月一亩半斤小米，上门去找各户要。

8 个人一起看坡吗？＝自己看自己的，看坡结束了就到玉皇庙集合礼拜，感谢一年来顺利完成工作，然后 8 人在庙的前院吃饭。这是一直以来的习惯。

【受害的责任】农作物被盗需要看坡人赔偿吗？＝看坡人的保证人来负责，不会减少看坡人的酬劳。

赔偿的规矩是什么？＝没有，不一定。

怎么看守本村人的外庄地？＝请当地的人看坡会给本村两倍的谢礼，1 亩 1 升小麦、1 升小米。

冷水沟的看坡区域里要是有外村的土地呢？＝和上面一样，本村看坡的也能拿到两倍的酬劳，本村看坡区域里有不少外村的土地。

本村 8 个看坡人里有头目吗？＝没有。

看坡人会一个一个上门收谢礼吗？＝不会，8 人一起去，金额 8 人分。

【看坡人的人品】看坡人都是村里的穷人吗？＝是的，多为穷人和无赖。

雇看坡人也是为了救济贫民吗？＝不是。为了给无赖们一个正事，好让他们没法作恶。

让这种人看坡，村民不会头疼吗？＝还不至于。看坡的里面也有善良之辈。

这 8 个看坡人谁好谁坏？＝李全孝好，李长庆坏。

【连坡】看坡的会和外村人联系吗？＝会。本村、李家庄、东西沙河庄、杨家屯、水坡等村的看坡人在号坡后会聚集到冷水沟的玉皇庙，商量相互联系的事宜，这个叫连坡。连坡达成后，看坡人每晚巡视的时候都要和外村的看坡人联系，要是不联系就表示看坡人在偷懒，会受到指责。

连坡和庄长有关系吗？＝没有。

为了让外村人（土地外庄地）的看坡酬劳更加合理，连坡会商量这个事吗？＝现在不会商量。民国十年，本村和沙河庄的看坡人商量过，那时本村看坡人提议，沙河的冷水沟外庄地由本村人巡视，相对的村里的沙河庄人的外庄地也由沙河的看坡人负责，也就是自己村的看坡人负责自己村的地。但是本村在沙河的地比沙河在本村的地要多，要是按照提议那么做，沙河的看坡人收入将会减少，所以没有谈拢。

附近的庄长一起商量过合理看坡的事宜吗？＝没有。

既然村子之间没有村界，那么会把看坡区域当作村界吗？＝这个是看坡人决定的，和村公所没有关系，所以不算村界。

【义坡】什么是义坡？＝看坡的效果不好，第二年庄长就会和村里的首事商量，取消看坡，实行义坡，这时候就会按照拥有土地的亩数来出人，看守村里的作物因为是义务劳动，所以没有报酬。地主要和看坡的时候一样，按一亩小麦、小米各半升，交给庄公所。庄公所会把卖掉这些粮食的钱充当村费，和一般摊款一样。

一直都有义坡吗？＝清代就有了，以前都是县里下命令实行义坡。

为什么县里会下命令？＝因为看坡人的素质太差，导致诸多弊端。

关帝庙的碑上写着民国九年实施过义坡，这个也是县里的命令吗？＝是的。

什么是义坡定章？＝县里规定的义坡规则，现在没有了。

近年哪些地方实施义坡了？＝本村没有，本村南边3里的赵仙庄和苏家庄在1939年实施过。

也是县里的命令吗？＝不是，是庄长的提议。

有制定义坡的规则吗？＝别的村有，不清楚内容。

12 月 1 日

地方　打更　村庄间的纷争

应答者　任福申

【地方】庄长有助手吗？＝保长、甲长会帮忙，还有一个地方。

地方是谁？＝任福润，也是看坡人。

地方的工作是？＝给庄长跑腿，向各户发田赋通知书，县里的政务警来催田赋的时候，和村长一起听命。

村里给地方报酬吗？＝村里不给，但是各户交田赋的人会给他一些小麦小米，合计3石左右。

给村里干活也没有酬劳吗？＝没有。

地方还有别的工作吗？＝有时候村民纷争严重到要打官司的时候，会去调解。

地方能只靠仲裁调解成功吗？＝还需要庄长和首事（现在是保长）。

地方要是无赖之徒的话，会很麻烦吧？＝本村的任福润是好人。

【打更】村里晚上巡逻吗？＝巡逻。

叫什么？＝打更。

什么时候打更？＝看坡结束后，从十月到年底。

打更的目的是？＝防火防盗。

打更的人叫什么？＝打更的。

打更的和看坡的一样都是村里雇的吗？＝不是，打更由村民轮流值班。

【值班安排】怎么安排？＝今年是全村人参加，每晚出80人，10人一组，一共8组。这8组巡视原来八段的区域，一组，5人巡逻，5人休息，然后换班。

打更是按地亩数来的吗？＝是的。

怎么分的？＝每5亩（官亩）出一人，10天一期。本村人的地一共42顷，5亩一人的话大概840人，一天80人，一次打更10天。

没有地的人就不需要打更吗？＝不需要。

打更人有年龄限制吗？＝没有，大多是年轻人。

村里什么都不会给打更人吗？＝义务劳动，什么都没有。

要是家里没有男人，或者不方便怎么办？＝让同族、亲戚、朋友代劳，或者雇人打更，或者女的来打更。

一直都有打更这个习惯吗？＝以前的打更不会像今年规模这么大。以前都是在村里雇8 个官更在晚上巡逻，8 个官更分 4 组，每组巡逻 2 段。到去年都是这么做的，今年才开始让村民打更。

为什么今年打更变严格了？＝今年阴历八月，本村收摊款的时候，有六七个士兵假冒刘振东将军（在本村东北 20 里的归顺将军）部下，带着手枪到村里威胁庄长，抢走了1000 元，所以今年才会这么严格。

打更的有武器吗？＝只有棒子。

谁提议的打更？＝庄长提议，然后和保甲长商量决定。

今年打更的值班表出来了吗？＝出来了。

【雇用打更人】今年只靠村民打更，不雇用打更人了吗？＝雇了 4 个人。

雇用打更人的工作是？＝每 2 组义务打更人分配一个雇用打更人，负责这两段的打更监督，看义务打更的村民是否认真巡逻，还要叫村民去打更。

雇用打更人的酬劳是多少？＝一夜 1 元，村里出。

打更主要巡视村里什么地方？＝要注意村子出入口。

村南边有门，上面有个像望楼的东西是什么？＝那个是靠近门的李永茂的父亲为了保护自己家建的，不是村里建的南门，警戒很严。

以前匪患猖獗的时候，打更也很严吗？＝是的，但是没有今年这么严。

【保甲自卫团】保甲自卫团和打更有关系吗？＝没有，本来该自卫团打更，但自卫团里不少人没有地，没有地就会很穷，冬天的晚上没有能在外面过夜的衣服，自卫团里也有靠不住的人，所以本村没有用自卫团，而是组织了别人打更。

【村与村之间的纷争】本村和他村有过纠纷吗？＝没有。

附近的村子之间也没有过纷争吗？＝去年到今年本村北边的东沙河庄和它北边的苏家乡朱家庄之间发生了纠纷，两村间有一条东西流向的小清河，它的支流从东沙河向北流向朱家庄汇入。小清河支流很急，东沙河的人为了缓和水流，就在河里作了石塌因为他们认为水流很急会带走财运，六七月汛期的时候支流涨水，水从石塌落下发出隆隆的声音，朱家庄和苏家庄的人听了很担心，而且水流的冲撞导致北岸河堤不安全，还影响了北岸各村的风水，所以朱家庄让东沙河庄把石塌修低一点，东沙河庄不同意，所以朱家庄的乡长就向县公署提起诉讼了。

以乡长的名义起诉的吗？＝是的，朱家庄向同庄管辖的苏家乡的乡长提出，以乡长的名义起诉。

诉讼的结果如何？＝这个诉讼很麻烦，东沙河庄内部好像还有别的问题，结果按照朱家庄的要求修低石塌，纷争也就解决了。

你听谁说的这件事？＝修东沙河庄石塌的人擅自卖了自己庄里的学田，和庄长发生纠纷，冷水沟乡长和庄长调停此事，所以我也就了解了。

本庄乡长和庄长调停成功了吗？＝成功了，让卖了学田的人把田还给村里，就达成和解了。

当村与村之间发生纠纷，或者村内发生纠纷，外村的庄长来调停，是一直以来的惯例吗？＝以前经常会这样。

除了上述事件，还有别的例子吗？＝别的事情我不清楚。

和解成功后还有什么手续？＝要向县里上交仲裁者同意的呈文，同时双方要上交和解的保证书。

一般诉讼多吗？＝诉讼请律师很花钱，所以一般不会打官司。

（附记：这次事件是一个很好的村庄间纷争的实例，而且冷水沟的庄长还是调停人，文书记入了卷尾的附录，详细内容参见附录。）

12 月 2 日

苏家庄概况

提问人　山本义三　中村治兵卫（东亚研究所成员）

应答者　陈长厚（庄长）　陈长文（陈长厚堂弟）

地　点　庄长家

（苏家庄位于历城县公署西约半支里、冷水沟庄南约 2 华里）

庄长的年纪是？＝33 岁。

陈长文呢？＝31 岁。

陈长厚从什么时候开始当庄长的？＝事变前当了 3 年庄长，今年秋又被选为庄长。

你有几亩地？＝只有 3 亩。

本庄几户人？＝54 户。

各户姓氏情况如何？＝陈姓十六七户，住在本村北边和西边，万姓 10 户住在南边，苏姓 20 多户住在中间，董姓只有 3 户。

各姓都是同族吗？＝是的。

【族长】那么族里有族长吗？＝有，我们家族的族长是陈学仕。

陈学仕是族里辈分最高的人吗？＝是的。

多少岁？＝60 岁。

族长要做什么？＝没什么，只是个名分。

族长不代表族里参与村政吗？＝不会，现在是庄长和甲长商量处理，以前是庄长和间邻长处理，和族长无关。

【保甲制】现在保甲制是什么情况？＝本村分为五甲，和临村赵仙庄合为一保。

保长是哪庄人？＝赵仙庄的庄长是正保长，苏家庄的庄长是副保长。

本村以前就和赵仙庄关系很好吗？＝是的。

【庙】本村有什么公有物？＝村东边有关帝庙，西边有三圣堂，三圣堂旁边有观音堂，三圣堂和观音堂前有小块空地（附记：关帝庙在东边，三圣堂在西边，和冷水沟一样）。

这些庙的由来是？＝除了碑文上写的，其他我也不知道。

关帝庙里的碑文写着这个庙在明朝修建，之后清代嘉庆年间和民国三年重修，这个事村里知道些什么吗？ ＝不知道。

（附记：关帝庙里有几块明朝以来的碑文，民国三年重修时因为时间关系没有抄写碑文，作为参考，以下记录该碑文，碑文上写着两村人共同商议修庙事宜，但是无法确认两村是否为本村和赵仙庄。）

苏家庄关帝庙内一碑文

庙之始立也、自前清崇祯时、历百余年、至嘉庆重建焉、迄今又百有余载、土木摧残、金碧黯淡、两庄里人、感帝君之英灵、唯恐栋宇倾圮、共同商议、爰就庙中松杨二株沽钱百有余千文、补葺漏修整增添、所需未几、而殿宇门墙、不啻新建焉、是亦危必持颠必扶、鸠工告竣、爰为之记[1]

　　　　　　　首事人：孙锡龄、董连科、孙执诚、苏祥、陈学仕、路怀尧

　　　　　　　　　　　　　　　　　　　　　　×××撰文

　　　　　　　　　　　　　　　　　　　　　　×××书册

　　　　　　　　　　　　　　　　　　　　　　×××执铁

中华民国三年嘉平月上浣 谷旦

村里在庙里办公吗？ ＝在三圣堂办公。

有什么办公的特殊设施吗？ ＝没有。

【集会】会在这里开全体村民的会议吗？ ＝不会，有事的话，庄长和甲长商量。上面有什么指令都会传达给庄长，庄长传达给甲长，甲长传达给甲内各户。

三圣堂前的空地有什么用？ ＝平常没有什么用处，村里有活动的话，村民会在这里集合。

什么活动？ ＝表演，庙祭、求雨，等等。

今年有这些活动吗？ ＝没有。

会把这块空地当作脱谷场吗？ ＝不会。

本村有小学吗？ ＝没有，想上学的，可以去县公署前的王舍人庄的县立小学。

庙里有香火地吗？ ＝没有。

庙和观音堂里有道士和住持吗？ ＝没有，县公署东边的兴福寺和王舍人庄的回龙阁有。

【求雨】今年没有求雨，什么时候求过？ ＝五六年前求过一次。

本村参加了今年冷水沟的求雨仪式吗？ ＝没有。

冷水沟求雨后很快就下雨了，谢神的队伍也到本村来过，那时候本村做了什么？ ＝队伍要来的时候，我们敲锣通知村民，表示欢迎队伍到村街道，来了之后，本村人代冷水沟的人抬玉轿通过本村，抬玉轿是为了表示对玉轿的敬意、迎送玉轿，队伍在三圣堂

---

〔1〕　译者注：此处为石碑碑文，保持原文文字结构。

前的空地稍作休息，然后我们村会准备鸡鱼猪肉等贡品向玉轿上供、烧纸钱、行感谢礼拜。

　　除此之外还有别的对冷水沟求雨灵验了的表示吗？＝除此之外没有了。

　　【庙祭】本村人会去外村的庙里祭拜吗？＝不会。

　　本村的庙祭会很隆重吗？＝不会。

　　观音堂呢？＝只有每月一日和十五日会有人来上香。

　　【当会的、宿愿的】本村有祈祷病人好起来的当会的吗？＝本村没有当会的，有人会去找冷水沟的当会的祈祷。本村只有5个宿愿的，只求宿愿，不祈祷。他们和冷水沟的当会的没有关系，是乡宫庄（本村东15支里）老君堂的当会的会长教的，本村有不少去老君堂的人。

　　本村人要是得病了怎么办？＝得病了首先找中医看病吃药，如果没有好转，就去上面说的老君堂找会长祈祷。

　　要给会长多少谢礼？＝要出上香费，还要供豆腐和白菜。

　　老君堂的当会有多少个当会的？＝一般六七人，忙的时候会有当会的徒弟过来帮忙，一组5人，一共2组。

　　当会的会去病人家里吗？＝会，如果病人家里有需要的话，会到病人家里从早到晚祈祷，这个时候病人需要跪坐在祈祷者前。

　　这时读什么经文？＝观音救世经。

　　病人痊愈了要送什么谢礼？＝老君诞辰（三月二十三）要去送礼，要带着贡品。

　　病人不会去本村的观音堂祭拜吗？＝不会。

　　【打更】本村有自卫团吗？＝有，现在有。

　　和打更一样吗？＝一般就叫打更。

　　怎么安排人打更？＝每10户（一甲）每晚出1人打更，全村一晚5人，他们轮流巡视村内情况。

　　怎么轮换？＝每晚12点以前两三人，12点后三四人，酌情轮换，但是必须有1人看着道具，所以要在小屋子里待着。

　　打更有什么道具吗？＝有棒子和枪，没有灯火。

　　除了自卫团，还有打更的吗？＝一般只有自卫团特别需要戒备的时候会增加两三个自卫团成员。

　　冷水沟庄按地亩数出人打更，本村为什么要按10户出一人来呢？＝冷水沟户数多，有很多人有5亩以上的地，所以才能按地亩数来，我们村穷，每户的地都不多，所以没法像冷水沟那样。

　　什么时候打更？＝每年十月到正月。

　　【义坡】刚才我们在来贵府的路上，看见村里三甲第5户万氏家的墙上还有另一个地方贴着公看义坡的规定，本村今年实行义坡了吗？＝今年没有，两年前也就是民国二十八年实行过义坡，规则是那个时候定的。

　　义坡是和冷水沟一样，由村民义务轮流看守作物吗？＝是的。

　　规则是大家一起商量的，还是由县公署规定的？＝和县公署没有关系，是前任庄长和间长商量制定的。

　　上面写的按地轮流每一亩出一个看坡的，6 人组成一班，还有看坡的任务、处罚是按规则实行的吗？＝我那时候不是庄长，所以不太清楚，应该是按规则实行的。

　　几月到几月实行义坡？＝春天 3 月到 5 月看护小麦，6 月休息，7 月到 9 月看守小米、高粱等作物。

　　本村关帝庙石碑的背面用白色大字写着义坡，村南街的入口也用白色大字写着公看义坡，这是为什么呢，是表明驻扎地点：吗？＝不是的，用白字写那么显眼是为了警告路过的外村村民，本村实行了义坡，所以要是有人偷盗，本村村民就会抓住他并且处罚他，有的村没有实行义坡，而是雇人看坡，小偷被看坡人抓了不会被处罚，但是本村不会不处罚小偷，所以要把这件事公之于众。

　　　公看义坡规则[1]（苏家庄三甲第五户万氏家的墙上，以及另一个地方贴着）

　　　（1）苏家庄按地亩多寡、轮流出夫、每地一亩、出夫一个、以六人为一班

　　　（2）出夫时间、以一昼夜为一工、今朝七点上工、须于次晨七时、移交于应上工之人、惟签必须头晚先交、倘交签迟延者、共同议罚、大洋五元

　　　（3）如遇坡内损失禾稼、无论昼夜、均是上工值日之人负责、倘在个人值日时内损失、故为隐匿不报、移祸于接班之人、一经查实、从重议罚

　　　（4）值日人、如将盗禾之人拿获、须将人禾并送办公处、经庄间长酌量议罚、倘见而不拿、以及裁赃等、一经查实、加倍处罚

　　　（5）将盗禾之人、拿获议罚后、该罚款半入公款用、半发值日人、无论何人、概不准徇私送情、致使公项口中与拿获之口口无裨益、此后人众决议、望父老子弟、勿侵犯之

　　　民国二十八年 旧 四月　　日

　　　　　　　　　　　　　　　　　　　　　　　　　实贴苏家庄

　　【大坡】去年实行义坡了吗？＝没有，去年和今年实行的大坡。

　　大坡是看坡吗？＝是的，雇看坡的来看守作物。

　　看坡时期和义坡时期相同吗？＝是的，3 月到 5 月、7 月到 9 月。

　　今年雇了几个看坡的？＝村里分三段，但是只雇了两人。

　　村入口和另一个地方贴着的民国二十九年告示是看坡规则吗？＝是的。

---

　　〔1〕　译者注：此处为民间契约，保持原文文字结构。

告白[1]

四方亲友知悉本庄妇女老幼敬启者、今年因为秋末成熟、而有百姓亲睦、则守望相助、以为本庄民人以食为天、古者九一之法、南迁北陌、禾役毿毿、麻麦幪幪、间阎受年之乐者、开列于后定罚规

高粱	一穗	三角
豆子	一稞	一角
谷	一穗	一角
黍稷	一穗	一角
梆子	一个	四角

本庄庄长谨启

民国二十九年六月廿九日　具

上面的看坡规则写着庄长谨启，这个是由庄长决定的吗？＝是的。

雇看坡的也是由庄长决定的吗？＝是的，需要保证人。

去年和今年有被罚的人吗？＝有，但是大多数情况只罚了两三角的小额罚款，罚金都交给了受害者，如果罚款数额大，就要把一部分作为村公款。

看坡的会偷盗作物吗？＝有时候会。这种情况会让看坡人赔偿，如果无法赔偿，就让他的保证人负责。

村里一共多少地？＝一顷50大亩。

很少对吗？＝本村很穷，村民的地很少。

本村村民在外村有地吗？＝在村里还有村附近有。

本村村民在别的很远的地方有地吗？＝没有。

外村人在本村有地吗？＝很多。

【村界】村子的界限清楚吗？＝没有界限。

【村土地】村子的地是指本村人拥有的土地吗？＝是的。

外村人在本村的地不算是本村的地吗？＝属于土地所有人居住村子的地。

怎么征收摊款？＝按地亩数征收。

只收本村人的土地吗？＝是的。

随着本村土地的减少，征收村费会不会越来越难？＝非常难。

为了避免这种情况的发生，有考虑过固定村子的区域，而不是随着村民拥有土地面积的改变而改变吗？＝一直都是这么做的，所以没办法。

【摊款】一年收几次摊款？＝每月收一次，有县、区、镇、庄四种摊款。

本村村民和庄公所的墙壁上都贴着村费收支一览，每年都会这么做吗？＝每年都会在年底清算，然后公开这一年每月的收支。

【壕掘出夫】铁路沿线挖沟的劳动怎么分配的？＝根据县里的要求出5人。

---

[1] 译者注：此处为民间契约，保持原文文字结构。

实际上是怎么分配的？＝土地最多的按顺序出人。

该本人服役时找人代替呢？＝给代替的人 50 钱。

本村村民最多有几亩地？＝8 大亩。

一般有几亩？＝两三亩左右。

有多少佃农？＝本村没有佃农。

土地很少，又不做佃活，那怎么养活自己？＝除了耕种自己的地，还会去外村做一些除草、灌水等短工来养家。

【短工市场】想做短工的人要去短工市场吗？＝是的，去县城前王舍人庄的短工市场。

会把短工市场叫工夫市场吗？＝不会。

【相互扶助】农家会相互帮忙耕种吗？＝关系好的人家会互相借用人手、农具、役畜等。

你有需要的话也会去借别人家的吗？＝会。

互相借东西，互相帮忙的人家会固定下来吗？＝不一定，不用的农具谁都能借去用，作为补偿，借了东西的人会借东西给他帮忙，或者借东西给他用。

在冷水沟，家里有 10 来亩地的话，会两家一组成为合伙人，本村不会这样吗？＝不会，本村没有这种固定的合伙关系。

【借】在本村，向别人家借劳动力、农具、役畜等的行为叫什么？＝借。

会一起买农具役畜吗？＝不会。

【钱会】本村有钱会吗？＝有。

一般是什么钱会？＝5 元、10 元、15 元的钱会。

会的期限是？＝一年交 4 次，交三四年。

钱会的数量是？＝本村有 10 组左右。

你也参加了吗？＝是的。

一般什么情况才会开会？＝一般像葬礼、婚礼这种突发情况。

会有特殊名称吗？＝没有，就叫会出 10 元以上的叫大会，5 元的叫小会。

【女会】有会友全是女性的女会吗？＝有。

12 月 4 日

相互扶助　土木工程

应答者　谢星海（校长）

【相互扶助】有需要的时候，村民会互相帮助吗？＝会。

什么时候呢？＝主要是婚礼和葬礼人手不足的时候。

不会整个村子去帮忙吗？＝不会，村子太大了，一般是同族、朋友、近邻去帮忙。

婚礼怎么帮忙？＝帮忙抬轿子、拿灯笼。

出礼金也算是帮忙吗？＝不算，出礼金是朋友同族的祝福，不是帮忙。

葬礼怎么帮忙？＝帮忙抬棺、挖墓还帮忙接待客人。

【救济】会帮助村里没法过日子的贫民吗？＝会。

是以村的名义帮忙，还是以个人名义？＝个人。

会从村里的摊款中拿钱帮他吗？＝不会。

有外村人来本村乞讨吗？＝有，也会救济，今年也有几次有人来村里乞讨，会给他们点钱。

以个人名义吗？＝以个人名义，也用村费救济过。

村费救济会出多少钱？＝因救济人数和情况而不同，会给钱和粮食，有时候有二三十人一起来村里，今年给了受疾病折磨的人每人1元。

这种情况哪一年很多？＝不好说什么时候多，今年也有来的。

从远处的村子来的吗？＝是的。

会给从远处来的陌生人帮助吗？＝会。

【乞丐】本村有乞丐吗？＝现在有一个女乞丐，她有两个小孩。

村民会帮助她吗？＝村里的人会给她吃剩的饭菜。

不给她钱吗？＝不给。

她不干活吗？＝她还不到40岁，但是不干活。

别人不雇她干活吗？＝担心她会偷东西，所以没有人愿意雇她。

一直以来都有帮助外村人的习惯吗？＝是的。

【水灾】冷水沟有过很严重的荒年吗？＝有，清末发生过一次，那时候我还很小，民国二十六年的时候也很严重。

为什么会有荒年？＝因为多雨，民国二十六年[1]发了洪水。

哪条河发了洪水？＝北边的小清河。

洪水来了，村里的人怎么办？＝逃到洪水还没有淹没的稍高一点的地方（没有高地），在那里建个棚子，等洪水退去。

民国二十六年的时候呢？＝那年北边的沙河庄的房子都被水淹了，很多人逃到了我们村，我们村只有地被淹了，房子没有被淹所以收留了沙河来的难民。

跟沙河的难民不是朋友也会收留他们吗？＝不是朋友，但是认识的话会收留。

沙河庄的人会给谢礼吗？＝有人会给，但是不会要求他们给谢礼。

民国二十六年本村用村费帮助了沙河庄吗？＝没有。

本村有预防荒年的荒年储备吗？＝从来没有。

有社仓之类的东西？＝没有。

从来都没有吗？＝没有。

【义仓】民国后，县里没下令修义仓吗？＝有，但是是由县里来修。

村里需要向义仓交粮食吗？＝不交粮食，要交钱。

---

〔1〕　译者注：即公元1937年。

冷水沟的人能向义仓借粮吗？＝能。

有人借过吗？＝没有。

荒年也没人借吗？＝荒年的时候，庄公所会向县里请求救济，但是没有申请过义仓放粮，不知道义仓是怎么个情况。

那么交的义仓的钱和向县里交的摊款差不多了？＝是的。

【钱会】村里的钱会会相互帮助吗？＝会。

什么时候向钱会借钱？＝婚礼、葬礼，买农具、牲口、肥料这些急需用钱的时候。

一般钱会的会友都是朋友吗？＝不一定。

【亡社会、喜社会】山东有的地方有孝帽子会，本村有吗？＝本村没有孝帽子会，但是有亡社会，和孝帽子会是一样的，会一起出钱买棺材一起出结婚费的叫喜社会。

亡社、喜社的社是什么意思？＝和会一样，是集合的意思。

亡社会、喜社会的会期固定吗？＝不固定，亡社会的会员家里都有老人，早晚会买棺材，喜社会的会员家里都有早晚要结婚的子女。会友出一定的会费依次给有需要的会员，所有的会友都拿到一次钱后就解散了。

亡社会只出买棺材的费用，不出葬礼的钱吗？＝不出葬礼的钱。

那葬礼要用钱怎么办？＝找钱会借钱，或者卖地。

亡社会、喜社会要出多少钱？＝以前一人一吊，现在 1 元。

亡社会有多少会员？＝不一定，本村有 70 人左右，本村世居的人可以参加。

你也是会友吗？＝我不是。

棺材现在要多少钱？＝二三十元到四五百元。

本村有喜社会吗？＝没有。

喜社会是准备婚礼费用的吗？＝有婚礼费用，也有男方给女方的彩礼，用途不固定。

从亡社会和喜社会拿到的钱还用还吗？＝不用，本村的会友都是需要用钱的，会友出同样的金额依次给需要用钱的人，最后所有的会友都会拿到相同的金额，所以不需要还钱，这一点和一般的钱会不一样。

几十个会友都给一遍的话，要花很长时间吧？＝本村的亡社会已经三四十年了，终于快要结束了。

亡社会也会有会首吗？＝有，但我不是会友，所以不知道会首是谁。

本村人现在还能加入吗？＝不能，因为现在没有发起人。

不能成立新的亡社会是因为事变导致世态不稳吗？＝不是。

没有一个有信用的发起人来提议的话，就没法成立亡社会吗？＝是的。

附近的村里也有亡社会吗？＝好像有，我不清楚。

【火灾】村里引起火灾的人需要道歉和赔偿吗？＝要看火灾发生的原因和那个人家里的财力，要是故意的或者因为大意引起的火灾，就要道歉，不得已的话就不需要道歉，家里有钱的话就要赔偿受牵连的家里（连累者），没有钱的话就不需要赔偿。

同族的人需要代他赔偿吗？＝不需要。

怎么道歉？＝把道歉书贴在玉皇庙的墙壁上，我今天贴过一次。

道歉书的内容是？＝第一行写道歉书，第二行写谢某（本人名）；然后写失火的原因；最后写"特此鸣谢 某"。

村里会帮助不幸受火灾牵连的人吗？＝村里不会，但是同族、朋友等会给他建筑材料、金钱、粮食，给多少随意。

【土木工程】用村费修过哪些土木工程？＝修庙、修学校、修路、修桥等。

今年修过什么？＝修了三圣堂和学校。

学校怎么修的？＝重新粉刷了学校里、三圣堂、天井的墙壁。

除了村费，有收捐助吗？＝今年没有，民国二十八年修三圣堂的时候收了捐助，碑文上有记载，石头上刻了发起人姓名、捐助者姓名还有金额。

有一块刻着三圣堂里冷水沟西北下碱场东西公车道记（民国二十九年）的碑文，是你写的吗？＝是的。

冷水沟庄西北下碱场东西公车记[1]

　　本庄西北、任延明下碱场东西地贴东头一段、原为大众行车必需之处、历有年来车不通行、每值种收田禾、绕道而行、颇感不便、岁次庚辰冬、延明抱人己两便之心怀、便向大众宣言、请愿将自己该地贴东头一段大分（大亩之分）三分零二豪长可七十三步九分横可二步四分五厘、永远让众位街谊、及自己来往走车毫不阻挡、大众以为、此道为众人所公行、不忍令延明一人捐弃、于是共谋集费一百三十元、除立字版石十五元外、其余一百一十五元、送于延明名下、而延明情不可却、甘将该地征粮、永远仍归自己完纳、绝不发生纠葛、两情相感、诚善举也、特恐日久年深、字据失迷、故志其颠末、以示永久云

谢星海书
程祥绂撰

发起人	李长有	七元	崔盛	一元
	李凤文	十四元	李宗荣	五元
	李凤选	四元	张学广	五元
	李登科	十六元	任延祥	七元
	李登翰捐洋	七元五角	杨云坡捐洋	十元
	李登贵	七元	谢长山	十元
	李登峰	七元	谢保盛	六元五角
	李殿一	五元	杨长盛	八元
	李文汉	五元	杨长明	五元

中华民国二十九年十二月上浣 谷旦

---

〔1〕　译者注：此处为民间契约，保持原文文字结构。

上述公车道设置情况如何？＝那块地是村西北的任延明的碱场（碱性土地）的一部分改成的公车道，由于没有车道，碑文后面刻的发起人都是在这附近有地的人，经常要绕道，所以他们就商量着一起出了 130 元，其中 15 元是碑文制作费用，剩下的 115 元给任延明，让他把自己地的一部分改为车道。

碑文上写着一开始任延明自己提出要把自己的地改为公车道吗？＝不是，碑文有美化成分，他没有这么说上面那些人凑钱给他，请他把地改为车道。立碑也是为了防止任延明的子孙后人想擅自拿回曾经属于自己的车道。

任延明是个什么样的人？＝本村中等偏上的农民，有 30 多大亩的地，人品很好。

这个车道的设置和村里没有关系吗？＝是附近土地所有人商量的，和庄长没有关系，村里也没有出钱。

三圣堂里有买大东湖车道记的碑文，28 人集了 50 多元，买下了杨鸿修两分半的地，改成了车道，这也和上面一样，只有相关人员参与了吗？＝大致相同，这个事庄长也是发起人，村里好像出了点钱。

买大东湖车道记[1]

庄东大东湖、有本庄稻田数十亩、每至收割稻时、车道不通、颇感困难、于是大众公议、由公中买杨鸿修东西车道地一段大分二分半、用洋五十余元、此款除每亩捐洋一元外、余由公项听补、兹地可步及捐款人姓名列左

（发起人、捐款人名略）

民国二十五年十月下浣 谷旦立

【井】本村的井都是私有的吗？＝不是，有一口公井。

公井是指用村费挖的井吗？＝不是，使用者一起出钱一起挖的。

有官井吗？＝没有。

其他的井都是个人的吗？＝是的。

田里也有不少井，都是私人挖的吗？＝是的。

没有井的人怎么办？＝可以用附近的人的井。

可以用别人的井来灌溉吗？＝可以，主人没有用的时候都可以用。

经常用别人的井需要给谢礼吗？＝不用。

挖井需要多少钱？＝在我们村要花 100 元左右。

【植树】用村费植过树吗？＝每年农历二三月植树。

是县里的命令吗？＝有时候是命令，有时不是。

用村费种的树是村有财产吗？＝用村费种的树都种在村公有地，也就是庙、学校、公路等地，所以都属于村有财产。

个人不能随意砍伐？＝是的。

---

〔1〕 译者注：此处为民间契约，保持原文文字结构。

可以用砍了村里的树卖的钱修庙吗？＝经常这么做，本村也做过。

【庙】有人到本村的庙（关帝庙、玉皇庙、三官庙、三圣堂、观音堂）里祭拜吗？＝很少。

什么时候来祭拜？＝葬礼、求雨等去玉皇庙，其他庙里供奉的神的诞辰会去祭拜。

玉皇的诞辰—六月十九日

关帝的诞辰—五月十三日

三圣堂（土地庙）—二月初二

没有去三官庙祭拜的。

观音庙没有固定的祭拜日，当会的祈祷的时候会去观音庙，请当会的给病人祈祷也会去观音庙祭拜。祭拜的人要交钱吗？＝不用，只需要烧香，上贡品。

怎么给庙捐款？＝发起人劝说各户捐款。

发起人是什么人？＝庄长和首事（现在是保甲长）等村里有势力的人。

各家都会供奉点什么吗？＝是的，供奉佛像、财神、灶神、狐仙等。

庙里有香火地吗？＝以前好像有，现在没有了。

【香火地】香火地是什么时候没有了的？＝不知道。

现在学校前面的操场是以前关帝庙的香火地吗？＝不是，操场是三年前花村费买的。

没有香火地道士要怎么过日子？＝本村以前的道士李殿一自己有一点地，也有时候会去做短工。

他们的地是哪里来的？＝自己花钱买的。

道士花自己钱买的就是私人财产了吗？＝是的，不会算作庙里的财产。

本村修庙的时候，外村会送钱吗？＝本村相对富裕，所以外村不会送钱，会送物品。

送什么呢？＝今年修理三圣堂额时候，水坡村送了1000个土坯。

外村修庙的时候本村会送什么吗？＝会，比较穷的村子修庙的话我们村会送钱，今年五月北边的朱家桥庄修庙，本村捐助了5元修庙费。

这表明村子间关系比较好吗？＝是的。

【资料】村落间纷争和调停的相关参考资料

本案是发生在山东省历城县张马区内的小清河南岸冷水沟乡东沙河庄和北岸的苏家乡朱家庄之间的石塌纠纷，民国二十八年底，东沙河庄的土豪李日海、李长绪等在庄长不知情的情况下，出于个人迷信，擅自将庄内北流汇入小清河的水沟和汇入点附近修筑石塌，以减缓水沟水流，导致夏季涨水期水流漫过，石塌落下，直冲小清河北岸朱家庄，北岸诸村担心发生危险，要求其拆除石塌，修塌之人土豪拒绝拆除，且不回应县里的传讯，事件无法解决。于是，民国二十八年七月二十日，朱家庄、苏家庄、朱家桥庄等村约100名村民挖掉事件中的石塌，导致纷争更加激烈，事件也从县公署送由济南法院审理本卷宗，只有县里的处理方法为了修筑石塌，上述土豪非法卖出东沙河庄的学田，东沙河庄庄长为了赎回学田，将人告上了县里，冷水沟乡长和庄长负责调停此事，两方的和解也得到了县长的认可（到那时土豪并未履行和解条件）

为了了解本案结果，我们前往济南法院要求查阅文书，但是并未实现，县里的相关文书如下，以供参考。

历城县公所卷宗

件名："苏家乡长朱子程请阻止无端筑坝遗害邻村"

中华民国二十九年一月

卷宗番号　杂字第五号

文书目录

1. 朱子程呈状（朱家庄所属苏家乡乡长朱子程向县长呈请的阻止筑坝文书）

2. 训令张马区稿（县里对张马区发出的实情调查命令）

3. 张马区呈文（张马区对上述命令的回答，指责修坝者李日海、李长绪的不当行为）

4. 李圣和等呈状（东沙河庄庄长李圣和等人起诉修坝者李日海、李长绪等盗卖学田的情况）

5. 朱子程呈状（苏家乡乡长朱子程再次呈请拆除石坝）

6. 李佩衡等呈状（冷水沟乡长李佩衡及庄长杜凤山等人向县里呈请的东沙河庄偷卖学田事件和解文书）

7. 李圣和呈状（东沙河庄庄长回应乡长李佩衡的调停，承诺与李日海等和解的甘结）

8. 李日海等呈文（上述事件中盗卖者方的甘结）

9. 传票（在上述和解呈请以前，县里对盗卖学田事件的原告、被告、买地人发出的召唤书）

10. 李佩衡等呈状（针对学田事件，调停者乡长李佩衡再次呈请调解罢讼。因此获得了县里的承认）

11. 朱子程呈状（夏期已至，苏家乡乡长朱子程三次提出拆除石坝一事）

12. 都志励签呈（县建设科长针对前述石坝所写的调查报告，认为此坝必须迅速拆除）

13. 任烟波报告（政务警察任烟波的实地调查报告）

14. 李长绪等呈状（朱家庄、苏家庄等庄民大举破坏石坝。针对此事，修坝者李长绪等呈诉其行为不当。庄长与此事无关。）

15. 都志励签呈（纷争因破坏石坝事件而恶化，对此再次调查的报告。指出李长绪等并未履行返还学田这一和解条件，亦未回应传讯，无法无天。）

（文书第一　苏家乡乡长朱子程呈状）

具状人　朱子程，年龄三十岁，男，住所张马区苏家乡，业务乡长

　　呈为无端筑坝遗害邻村、仰恳设法阻止、救济民众生命事。窃因职乡在小清河北岸、东沙河在河南岸、二庄相对、只隔该河一道、东沙河庄东、旧有南北山水沟一条、每逢山水来际、田此沟流入小清河。该沟口原无任何设置、忽于上月间、有人在沟口修筑极高度之石坝、使山水此陡涨突高、直冲北岸。诚恐一旦决口、则朱家庄一带庄村、尽成泽国。且朱家庄暨附近各庄、每逢六七月小清河涨水之际、民众即不分昼夜、不避风雨、在河北岸、筑堤抢险、犹恐不保、今又加以南岸极高之石坝、使山

水陡涨、水流冲急、由上而下势如破竹、北岸之险、何可胜言。为此朱家庄民众、报告庄长、当由庄长转报前来、职为保护民众生命财产安全计、不得不亲往、查险属实。即于日昨、大赴东沙河庄、询诸该庄之当事者、对于修此石坝、于伊庄有何利益、据云此举实无利益、惟有庄中一二地痞土豪、硬行主持、好藉此以售卖有案之学田、冒费分肥。不第全庄人等、不敢通问、即庄长亦难阻当理论、职听闻之、下惟有仰恳

县长恩施、格外迅赐派员勘验、亦或传该庄长查询、严为禁止、以救济职乡之民众生命、即感德无涯矣

谨呈

县长帅

　　　　　具呈人　苏家乡乡长朱子程 程朱章子

　　　　　铺保　积忠堂　住南关大街二三号

中华民国二十九年一月

（批示）

令张马区查复

（文书第二　训令张马区稿）

历城县公署诉令　建字第　　　　号

令张马区

为令查事、案据苏家乡乡长朱子程呈称……（前述案卷所云）……云即感德无涯矣等情、据此、查该乡长所称各节、是否属书、本县无从查核、除批示派员勘查再给示遵外、合行令仰该区、即便遵照、详细调查、迅预具报、以凭核办、为要、切切此令

中华民国二十九年二月二十一日

（文书第三．张马区呈文）

呈为呈覆事　案奉

钧著建字第二二七号训令、略开为令查事、案据苏家乡乡长朱子程称、为职乡朱家庄在小清河北岸、东沙河庄在南岸、二装庄对、只隔该河一道、东沙河庄东、旧有南北上水沟一条、每逢山水来之际……（与前文的第一呈文相同）……即感德无涯等情、据此、查该乡长所称各节、是否属实、本县无从查核、除批示派员勘查再行示遵外、合行令仰该区、即便遵照、详细调查、迅预具报、以凭核办为要、切切此令等因、奉此当即派员前往东沙河庄、详密调查、据该庄花户声称、此坝系本庄李日海、李长绪承修、至于修坝之款、庄中亦未负担、闻系盗买（卖）学田充补坝费、自修此坝后、不但邻村有害、即本庄亦屡出不祥、村民畏其威势、莫敢质问等语、旋据该庄庄长李圣和及学董路鸿翊等呈称、本庄李日海、李长绪、盗卖学田、遗害青年、仰恳

传讯、务令交还等情、到区据此、随即传知、该李日海、李长绪来区妥拟办法、不意该二人屡传不到、想其不到原因、明系变卖学田、以修此益之坝、显然无疑、既招之不至、实属无法处理、惟有据情、将调查经过并检同李圣和等原呈一件、一并备文、呈覆

　　　　钧座鉴核施行，实为公便，谨呈

　　　　历城县知事　　帅

　　　　　　附呈东沙河庄长李圣和等原呈文一件

　　　　　　　　张马区　区长　黄用九　┌─┐九黄
　　　　　　　　　　　　　　　　　　　　　│章用│
　　　　　　　　　　　　　　　　　　　　　└─┘

　　中华民国二十九年三月

　　（批示）

　　传讯核办

（文书第四　李圣和等呈状）

　　呈为盗卖学田遗害青年仰恳传讯务令交还事、窃职李圣和等、系张马区东沙河庄长暨学董、缘职庄东有学田二十余亩、学校赖以成立、所有阖庄青年子弟、均入校读书、由来已久、近因百物昂贵、先生修金等项、势必增高、职等日昨招集种学田各租户、拟增租利以供支销、营有庄民李振唐李同庚仔声言、学田二亩一分、于本年前有李日海、李长绪等、为主费用 400 余元、已买为己有、实不能再为出租、职等听闻之下深为骇异、伏思庄有学田、原供学校费用、以养成许多青年、今李日海等、并不通知职等、擅将学田出卖、属殊胆大、职等尤素畏其行为、莫敢向伊等质问、缘此仰乞

　　区长恩施格外、准预传讯、务追伊等归还该地、增加租利、以便延师开学、实为公德两便、谨呈

　　　　张马区区长　　　黄

　　　　　　主卖人　李日海 李长绪 等

　　　　　　买地人　李振唐 李同庚仔

　　　　　　具呈人　东沙河庄长　李圣和　┌─┐和李
　　　　　　　　　　　　　　　　　　　　　│章圣│
　　　　　　　　　　　　　　　　　　　　　└─┘

　　　　　　　　学董　路鸿翔

　　　　　　　　　　　李元芬

　　　　　　　　　　　李多炳

　　　　　　　　　　　路鸿勋

　　中华民国二十九年三月

（文书第五　朱子程呈文）

　　呈为恳请设法，拆除石坝，预防为害邻村民众事。窃职前以所属朱家庄，为东沙

河在小清河南岸创修极高度之石坝，诚恐大雨时行之除（际），水涨湍急，将北岸冲破，则朱家庄一带，尽成泽国，贻害无实属浩大。职不忍袖手，前将修此石坝无益伊庄、妨害邻村情形，详细陈明。请求宪台鉴核，预为救济朱家庄附近民众在案，理宜静候。但光阴迅速转瞬，将届下雨连绵之期，若不先事布置妥协，届时即办无及。缘此再为呈恳

县长恩施格外，迅赐设法，拆除石坝，济救一万苍生，不第职感德已也。谨呈

历城县长　帅

具呈人　苏家东乡乡长朱子程　程朱章子

中华民国二十九年四月十日

（批示）

该案业经传讯各关系仰候办理可也

（文书第六　李佩衡等呈文）

呈为仰恳鸿恩准豫和解免追事、缘日前职乡东沙河庄长李圣和等、以偷卖学田等情、呈控李日海等一案、已蒙饬传、理应静候、但职等均属桑梓、不忍袖手、出于双方调处、现已妥协、李日海等情愿、将已卖之学田、设法备价赎回、将于李圣和等保存、而买主李振唐等亦愿、洋既退还、地既交出、绝无留难、至李圣和、关乎大众情面、又以学田既已追回、亦甘愿息讼、缘此职等联名仰恳

县长施恩、格外准豫和解、实为公德两便、谨呈

历城县长　帅

县和解人　冷水沟乡长　李佩衡印
冷水沟庄长　杜凤山印
西沙河庄长　侯光禄印
东沙河闾长　幾振湖印
闾长　李修甫印

（文书第七　李圣和呈状）

具甘结人李圣和、缘本庄李日海等、偷卖学山、经职等呈控、已蒙饬传、现有乡长等出为调处、李日海等、情愿备款赎出学田交回、职以学田既已退回、又关大众情面、甘愿退讼、具结是实、谨呈

县长　帅

具甘结人　东沙河庄长　李圣和　印

中华民国二十九年四月

（文书第八　李日海等呈状）

具甘结人李日海李长绪、缘年前为修石坝、款项不足、曾将学田出卖、得资补

助、现被庄长李圣和侦知呈控、已蒙

饬传、经乡长李佩衡等调处、民二人情愿备偿赎回学田、交李圣和、保存公产、具结是实、谨呈

县长　帅

具结人李日海　印李长绪　印

中华民国二十九年四月

＜传票的内容＞

票　　传

历城县公署　　为

饬警传讯事，具张马区长传报，李圣和等诉李日海等盗卖学田一案，仰警前往，即后开有名人等，逐传到案，以凭讯办。去警勿延于咎，速速。

计票传九名　　住张马区东沙河庄

原告　李圣和　路鸿翔　路鸿勋　李元芬

被告人　李日海　李长绪

买地人　李振唐　李同庚仔

李多炳

右仰　班政警　任烟波准此

中华民国二十九年三月二十三日

限　三　日　销

（文书第十　李佩衡等呈文）

呈为调解罢讼祈赐准豫免究事、窃职等前以东沙河庄庄长李圣和等控诉李日海、李长绪等偷卖学田一案、经职等询明、究竟妥为调解、原地□公照旧保管、双方甘愿罢讼、永释葛藤、业已呈请、准于调解撤消在案、复奉

县长批示、案关偷卖学田、应候讯究、所请调解撤消、看勿庸职等因奉此理应静候庭讯、以听公判、不当再陈以渎

钧听、乃双方现已幡悟、皆知是非、迭次要求呈请罢讼、职缘谊关本乡、不忍过事拒绝、是以不挡冒昧、用敢渎陈、祈赐法施格外恩准免究、是否攸当、理合具文、呈请

钧裁、祗候示遵、谨呈

历城县知事　帅

调解人　冷水沟乡长　李佩衡印

冷水沟庄长　杜凤山印

西沙河庄长　侯光禄印

中华民国二十九年五月十日

（批示）

姑准

（文书第十一　朱子程呈文）

呈为患将临头仰恳救济一万生命财产事、缘职乡朱家庄住居小清河北面、东沙河庄居住小清河南面、二庄斜对、只隔一河、东沙河河东、旧有山、水沟一道、陡北直冲朱家庄、幸有河岸隔阻、未始为害、该沟头自古并无修筑等项、每当六七月间、阴雨连绵、小清河涨水、又值山水暴发、水顺河行、人民间有在岸抢险之时、尚保不至为害陡、于去冬、东沙河庄在该沟头、修筑极高度之石坝、下留小洞、使水增高、水流（流）湍急、声闻数里、对于附近村庄、日夜不安、职深恐山水陡来、为坝阻挡、水泻不及、势必由坝上直冲北岸、倘岸为水冲残、则职乡庄村、尽成泽国、为害实属浩大、职有见及此、拟与沙河庄庄长交涉、倘若不应、必让不测、职为息事起见、曾于去冬据实声明、请求：

宪台制止、旋蒙饬区部查勘、是否属实、继而职又于今春复上呈请求办理、迄未奉有

批示、现时将届六七月间、倘山水骤至冲决、北岸、则职乡一带村庄人民之生命财产、实属堪虞、缘此职不揣冒昧、用敢再恳

县长鸿恩、设法预为拯救一万之生命财产、不胜感戴之至、上呈

县长　帅

具呈人：张马区苏家乡乡长　朱子程　〔印章：朱子程章〕

中华民国二十九年七月

（批示）

建科派技术员即日前往查勘签核

（文书第十二　都志励签呈）

为得呈事　窃奉

钧座交下以据苏家乡乡长呈、为东沙河庄筑坝遗害邻村、仰恳设法救济等情、原呈一件、饬即查明覆夺等因、奉此遵即派职员唐子良、前往详查、去后兹据该员覆称查得、该河宽度为四公尺、两河皆系高阜向为白圈斐家营等处泄水、至沙河庄、转入小清河之要道、去岁十二月间、有沙河庄民李日海、李长绪等、迷信谣传、为改善本村之风水计、竟在该河身内、建筑高一公尺、五之迎水石坝一座、坝顶两端复筑八字形石垛两个、坡度为四十五度、而水门只留一公尺、以致水位增高、流量加大、倘逢大雨、势必冲刷北岸为害、实属堪虞等情、并绘具略图一纸前来、查该员所称各节委系实在情形、伏思民李日海等所建之河心石坝、即能阻止流量、不难酿成水灾、拟即速令拆除、以免为害、是否有当、理合检同原图、签请

钧座鉴核批示、祗遵实为公便、谨呈

县长　　帅

附呈　东沙河庄所建石坝状况略图一纸

建设科长　　都志励　呈

（文书第十三　任烟波报告）

为报告事　窃班长奉

建设科长谕、前往沙河庄、调查该庄建设小河水坝情形、伏查该水坝之兴修、原系东沙河庄李姓族家为风水所发起、并非全庄之公意、领袖人系李长绪、李日海、以致惹动邻庄（朱家庄）民众之不满、因该水坝修成后、与伊庄将有莫大影响、双方遂生误会、现在济南地法院成讼、谨报

建设科长　都

班长　任烟波　谨呈

中华民国二十九年十二月

（文书第十四　李长绪等呈状）

具状人	姓名		性别	住址	业务
	李长绪	李元英			
	郭守田	李连敬			
	郭守政	李文富		张马区	
	李日海	李兴臣			农
	李文德	李福堂	男	东沙河庄	
	李东武	李金堂			
	李振湖	李书广			
	李发堂	李长水			
被诉人					
	路连云	（年龄）		王家闸庄	
	李秀峰	不详		朱家桥庄	
	李景草				
	苏乐锡		男	苏家庄	
	刘在田			朱家庄	

为聚众骚扰、扒掘迎水坝桥、希图破坏治安、恳请传讯、以资救济而惩不法事、窃民等藉隶历城县张马区东沙河庄、务农为业、缘本庄有乂河一道（名曰五乂河）、水势向来由南北流、于清光绪初年、因添控小清河、使水与之接连、逐即向东流、故在北方修道迎水石坝一道、坝上修有石桥一座（名曰兴龙桥）、此坝即以水势护卫本庄、而桥上则为便利往来行人、惟该坝桥、均因年久失修行、将倾圮、兹因官方疏控小清河河身深下、而乂河之水、由高而下流、渐有水声、民等于上年春间、由庄众酿资、重修该桥、修葺之后、凡属民众莫不额首称便、讵料于本年七月二十日夜间、突

有苏家乡朱家桥庄人朱景章、李秀峰、王家闸庄人路连云、苏家庄人苏乐锡、朱家庄人刘在田等、率领无赖一百余人、持其人多势众、强行将该迎水坝桥完全扒毁、时值秋禾行将成熟之期、全庄民众殊感不便、当时有本庄人民郭元昌、制止不听、问其原因、不但不理、反将持众行凶扒掘完毕、仍有朱景章等指挥散去、查此迎水坝桥之便利既如上述、成为阖庄民众、借以便用水利、而又系维护治安者、今则朱景章等、率众无端扒毁、究不知是何居心？若谓于彼等不利、而此坝又有悠久之历史可稽、又非新建者也、若谓上年不应重修、迩时亦当声明理由、呈请官府解决、又何必率众骚扰、而蛮横若是、况义河有此坝、系专以排泄本庄南坡以及陈家庄、王舍人庄等处山水之用、且非有此坝、该河不能护卫本庄、实于民众生活安全上、有莫大之关系、而现彼朱景章等率众破坏、殊觉失去保障、则民众将来之危害、何堪设想、尤有诉者、查本庄庄长李圣和、对于朱景章等率众破坏此坝、颇有重大嫌疑、盖于本年六月间、李圣和与民李长绪、李日海等言、及本县警察所或区公所行将派员、将此水坝扒去云云、连说数次、终久未见、警察所等机关、有所行为、而实施破坏者、乃朱景章等、足征李圣和专前对于此事已有勾串行为毫无疑义、且也扒毁之后、李圣和既为本庄庄长、竟若无事者、然且觉其计得售、夫李圣和既为本庄庄长、当为庄民谋此福利、而竟勾串外人残害民众、殊属毫无心肝、迫不得已、为此联名具状、恳请钧宪、速赐传讯、依法惩办、以维民众、而保治安、实为德便、

谨呈

历城县县长　帅

　　　　　具呈人代表　李长绪

证件　粘呈河图　一纸

中证　郭元昌

　　　　　铺保　裕青斋段　　县前路东

中华民国二十九年八月

（批示）

建科勘查

（文书第十五　都志励签呈）

为签呈事、案查苏家乡乡长朱子程呈控、东沙河庄庄民李长绪、李日海无端筑坝、遗害邻村一案、曾蒙伤派唐子良前往调查、业将调查情形呈报在案、嗣李长绪又以率众拆毁石坝、破坏交通等情、呈控路连云、李秀峰等多人到案、职复奉钧谕、查办遵即、伤派政警任烟波、前往调查、去后旋据报称、该石坝确系李长绪等少数人、因迷信风水并借以掩饰其盗卖学田之行为所筑、妨碍邻村、危及北岸、均属实情、李长绪刻已在济地法院、提请诉讼等情、据此、查李长绪不待本署判决、遽尔赴济控诉、实属恶已极、然此等意气之争、果使事态扩大、虽免波累无辜、丞应设法解决以息讼争事、而安善良、当即前往东沙河庄、召集庄长路鸿翔、西沙河庄庄长侯光禄、及李长绪呈内连署之郭守田等十余人、逐一询问、对于筑坝之事、竟多不知情、该两

庄长并称、自石坝筑成、河水澎湃、声闻数里、一般民意皆不以为然、至云破坏交通、系李长绪借口之词、因河身甚窄、未筑此坝之前、即有桥可通也、此坝既有害无益、应请科长王（主）持、立即拆除、以符民意、又据路鸿翔称、前与旧任庄长、呈控李长绪盗卖学田一案、惟经人调处、李长绪情愿备价赎回、具结存案、然至今并未照办、亦无人敢问、仍请勒令将学田缴回、以重公产、复传讯苏家乡乡长朱子程据称、所控各节乃为北岸人民安全起见、倘不危害北岸、情愿罢讼等语、及传讯李长绪、李日海、则避匿不见、职以愚民无知、不忍令其长此缠讼、以致事态扩大、累及无辜、为息事宁人计、拟即从中调解、令李长绪、李日海等、将长坝折去 7 公寸、使河水由坝顶漫过、水流无声、则不至扰及邻村、而山洪暴发、亦不至缴水成溜（流）冲刷北岸、更不至影响该庄风水、仍可在河上筑桥、以便交通、并赶将盗卖之学田、赎回缴校方保管、双方不得再有意见、以便归结全案、在场当事人均以此项调解办法、甚属公允、一致赞成、当即谕令庄长路鸿翔、转谕李长绪、李日海、来署听候调解、一面回署派警传知、讵该李长绪等避传不到、并闻在济、屡控不已、似此刁恶实属目无法纪、此职奉

谕调查之实在情形也、此案究应如何办理之处、理合签请

钧座鉴核批示、祗遵、谨呈

县知事   帅

附呈报告二件   原件一通

建设科长   都志励   印

（批示）

学田部分、交教育款产委员会、接收保管、李长绪等派警拘传到案讯办、如潜匿济市、即亟达济南警察署引渡

（附记   其后省略了历城县对济南警察署发出的逮捕李长绪的请求书、针对此事无法搜查犯人的答复等内容、本案于县公署的处理方式如上所示、最终并未解决、而是委托济南法院进行审判）

1941 年 11—12 月

（华北农村惯行调查资料第 50 辑）

村落篇第 7 号　山东省历城县冷水沟庄
　　　　调查员　旗田巍
　　　　翻　译　郭文山

11 月 30 日

庙　看坡　共同关系

应答者　李永茂（甲长，60 岁）
　　　　李长溪（甲长，39 岁）
地　点　县公署

【庙祭】庙里有祭祀活动吗？＝正月十六庙里有祭祀活动。

所有的庙吗？＝是的。

祭祀只有一天吗？＝是的。

有的人去关帝庙，有的人去玉皇庙吗？＝不是，去哪里祭拜都行。

有家庙吗？＝有 1 个，李家的庙。

只有李家的人去祭拜吗？＝只是 1 个建筑不会去祭拜。

【看庙】有人守着庙吗？＝玉皇庙有一个看庙的。

叫什么？＝庙殿一。

他曾经是道士吗？＝不是。

庙殿一从什么时候开始看庙的？＝很早就开始看庙了。

他的祖父辈就在看庙吗？＝不知道，他的父母以前看过庙。

看庙需要做些什么？＝没有什么事，别让庙被破坏就行。

有谢礼吗？＝没有。

他家在庙里吗？＝是的，在庙里。

耕种庙里的土地吗？＝庙里没有土地。

他要负责庙里的祭祀活动吗？＝什么都不用做。

只是住在那里？＝是的。

谁负责庙里的祭祀活动？＝没有人负责，大家去上个香而已。

烧香的时候是自由烧香还是集体烧香？＝自由烧香，不会一起烧香。

庙里会召集大家一起吃饭吗？＝不会。

修庙是谁负责？＝和看庙的没有关系，庄长负责。

修庙有发起人吗？＝有。

是谁？＝庄长。

名称是什么？＝发起人。

现在会在庙里集合开会吗？＝在庄公所集合，庄公所在老子庙。

【庄公所】庄公所什么时候修好的？＝三年前。

三年前就在老子庙了吗？＝不一定，有时候在关帝庙，有时候在玉皇庙。

庄长在庄公所上班吗？＝是的，在庄公所上班。

村里收钱也是在庄公所吗？＝收钱的时候，各甲的人把钱交给甲长，甲长交给保长，保长再交给庄长。

保里有办公场所吗？＝没有。

修建庄公所前在哪办公？＝不一定。

会在庄长的家里办公吗？＝不会。

有村公会吗？＝从来没有。

【段的起源】八段是根据什么设立的？＝不太清楚以前的事情。

八段是按照县里的规定划分的吗？＝不是，村里划分的。

和现在的保甲不同吗？＝保甲是按照县里的规定来的，段是村里划分的。

别的村子有段吗？＝不知道。

还记得村子什么时候是按段划分的吗？＝邻间长出来以前到 1926 年、1927 年。

【看坡的】当时段里有看坡的吗？＝有的段出 2 个人，有的段不出人。当看坡的都是穷人，有的段没有穷人，所以不出人。

当时是 8 个人吗？＝是 8 个人。

【看坡区域】划分了 8 人的看守区域吗？＝8 人一起看守全村的地将土地合理划分为 8 块，每人负责看守一块区域。

现在还会划分区域吗？＝会，但是和段没有关系了，只是把地划分为 8 块。

一个段里的人，地都在一起吗？＝不在，都是散乱分布的。

现在由谁决定看坡人的负责区域？＝看坡人商量决定。

外村的地谁来看守？＝外村的看坡人。

谁来看守冷水沟附近的外村人的地？＝冷水沟的看坡人。

让外村人看坡的时候，谢礼给谁？＝给外村的看坡人。

本村的看坡区域每年都会变吗？＝不变，和以前一样。

卖了本村看坡区域里的地，也还是由本村的看坡人看守吗？＝卖了，看坡区域也不变，由本村看坡人看守。

【村界】本村的看坡区域就是本村的土地吗？＝不是，要是卖给了外村人，就不算本村的地了。

就算看坡区域不变，村界也在变？＝看坡的界线不会变，村子的界线会变。

把地卖给外村人会影响村里的收入吗？＝当然会。

【土地买卖的限制】村里限制卖地吗？比如买者出价一样时必须卖给本村人吗？卖之前需要经过本村人同意？＝出价一样时必须卖给本村人。

卖地前会告诉本村人吗？＝会告诉关系好的人。

不需要经过庄长的同意吗？＝可以不说。

卖地可以不告诉本村人吗？＝不可以。

同族不要的话，就能马上卖给外村人吗？＝同族不要的话，本村有人要买就卖给本村人，先问同族，再问本村人。

要是外村人出价高就能卖给外村人吗？＝是的。

【蝗害】有蝗害吗？＝四十多年前发过一次非常严重的蝗灾。

之后没发生过吗？＝宣统年间发生过。

最近呢？＝最近没有。

小的蝗灾也没有吗？＝没有。

发生蝗灾要怎么办？＝不停地挥舞布，不让蝗虫飞到田里，手不能休息。

所有村民都参加吗？＝是的。

谁来指挥？＝庄长吧。

蝗灾后贫民怎么生活？＝吃野菜和糠，并不会救济别人。

【旱灾】有旱灾吗？＝有。

今年呢？＝今年很严重，粮食产量很低。

有受灾严重的人吗？＝有。

会有人卖地吗？＝还不至于。

会有人没粮食吗？＝有。

村里会帮助他们吗？＝并不会特别照顾。

平常会储备粮食以备荒年之需吗？＝不会。

有钱会吧？＝有钱会，但是不是公共的。

会成立为了帮助有困难的人的钱会吗？＝不会。

【泉】水田从哪里取水？＝地面上的水。

每块田的地面上都有水吗？＝（答案不明[1]）。

有多少泉水？＝有几个大的几个小的。

有的田会没有泉吗？＝有。

那它们怎么办？＝田里有沟，泉水都能灌溉到。

大旱的时候，有泉的田也可能缺水，那么可以把沟填上不让水流到别处吗？＝可以，

---

〔1〕 译者注：原文如此。

没有水的田就种小麦。

　　泉水归田的主人所有吗？ ＝是的。

　　【公共设施】有公共的泉吗？ ＝没有。

　　会共同耕种吗？ ＝不会。

　　各自耕种自己的稻苗吗？ ＝各种各的。

　　可以把家鸭放到别人收获后的水田里吗？ ＝不行。

　　旱田呢？ ＝也不行。

　　放猪呢？ ＝也不行。

　　田埂的草谁都可以拔走吗？ ＝是的。

　　外村人也可以？ ＝可以。

　　种高粱吗？ ＝种。

　　会用高粱秆当柴火吗？ ＝会。

　　别人可以来收高粱秆吗？ ＝不行。

　　别人可以收旱田主人收剩了的高粱秆吗？ ＝可以。

　　有人会去收吗？ ＝有是有，但是很少。

　　烧砖的土是哪里来的？ ＝自己地里的。

　　有大家都可以去挖土的地方吗？ ＝没有。

　　有公共的碾子吗？ ＝没有。

　　没有碾子的人怎么办？ ＝找别人借。

　　会送谢礼吗？ ＝不会。

　　有公共的打谷场吗？ ＝没有，没有打谷场的话，找别人借。

　　有灌溉用的井吗？ ＝没有。

　　有两三个人共有的井吗？ ＝没有，都是各人所有。

　　可以借别人的井灌溉吗？ ＝借的人很多。

　　谢礼呢？ ＝没有谢礼。

　　修缮的时候借的人会出钱吗？ ＝不会，井很结实，一般不会坏。

　　有公共的饮水井吗？ ＝没有，井有主人，但是大家都能用。

　　修缮费用呢？ ＝主人出。

　　有饮水井的人多吗？ ＝很少。

　　【相互扶助】建房子的时候会有人来帮忙吗？ ＝会。

　　这种行为叫什么？ ＝帮忙。

　　会请大家吃饭吗？ ＝会。

　　还用给什么谢礼吗？ ＝除了吃饭，没有了。

　　还有什么时候会帮忙？ ＝婚礼葬礼的时候。

　　换工和合伙一样吗？ ＝换工是暂时性的，合伙时间比较长。

　　合伙的很多吗？ ＝本村没有。

　　换工呢？ ＝很少。

【甲长】你什么时候开始当甲长的？＝从今年春天开始。

什么时候开始实行的保甲制？＝去年春天。

去年有甲长吗？＝今年才有甲长。

你当过间长吗？＝到去年都有间长，但是我没有当过。

你是被选为甲长的吗？＝庄长指名的。

你都做些什么？＝调查 10 户里的户口变动，报告给保长，还有收钱交给保长。

有甲长会议吗？＝有，很少。

什么时候开会？＝县里下达的命令不好解决的时候。（注：以上回答基本出自李长溪。）

12 月 1 日

段　纷争

应答者　谢星海（校长）

地　点　县公署

【校长和村民】你什么时候当的教员？＝民国八年。

以前在哪个小学？＝卧牛山、姜家庄（1 年）、杨家庄（3 年）、西沙河（6 年）、冷水沟（3 年）。

你的家在冷水沟吗？＝是的，老户了，以前就有土地和房子。

会帮村民代写代读信件吗？＝会。

经常吗？＝有时候。

婚礼的时候你坐上席吗？＝是的。

经常受邀参加村里的婚礼吗？＝不一定，如果是同族和关系好的人会请我。

教过的学生结婚会请你吗？＝不一定。外村的学生结婚，就不会去。外村的也不会请我。

调停过村民间的纠纷吗？＝没有。

【仲裁】一般都是谁来调停？＝一般附近的人来调停，解决不了就叫庄长来。

你听说过"多者罚钱少者还东西"吗？＝听说过但是很少说。

这个叫什么？＝临时规则。

没有"偷窃庄稼"相关的规则吗？＝没有。

有没有禁止放马、禁止破坏田埂等规则？＝没有。

有没有尊敬老人、听老人的话等规则？＝没有。

有没有乡约等规定？＝没有。

县里下发过什么规定吗？＝没有。

会开会仲裁吗？＝会。

冷水沟这么做过吗？　＝做过。

什么时候会这么做？　＝村里有大事的时候。

你会当仲裁人吗？　＝不会。

谁当仲裁人？　＝保甲长。

以前呢？　＝闾邻长。

再以前呢？　＝首事。

【段的首事】首事有几人？　＝8 人，1 段 1 人。

选举决定的还是庄长指派的？　＝段里的人选举选出来的。

每年换人吗？　＝不换，很多都是当到去世。

首事是世袭制吗？　＝不一定。

首事是每段选举吗？　＝不一定，有时候是段里选举，有时候全村选举。

当时的庄长是首事吗？　＝不是。

庄长是首事选的吗？　＝是的。

看坡的是每段出 1 人吗？　＝不一定，有的段出 2 人，有的段不出人。

【段】现在不知道段的区域了吗？　＝不知道了。

现在还有村子用段吗？　＝也许还有，可能他们没有实施保甲制。

保甲和段有什么不同？　＝保甲是根据上面的命令实施的，段是村子自发实行的。

段的户数都差不多吗？　＝不是。

隔得很远的两家可能是一段吗？　＝不可能，聚在一起的才能成为段。

一个段里的家庭比其他段关系会不会好些？　＝会好一点吧，比现在的甲关系要好。

有按道路来区分的吗？　＝不知道。

同族的都成为一段了吗？　＝不是。

段里收过钱一起做什么吗？　＝没有。

段里的人会一起吃饭吗？　＝不会。

段里的纠纷由首事仲裁吗？　＝是的。

现在的甲长呢？　＝不一样，要看甲长的能力。

【仲裁人】刚才说的开会仲裁是解决什么事？　＝最近没有实例。

开会的都是什么人？　＝知识渊博有能力的人。

现在都是谁呢？　＝不一定，看情况要找跟当事者有关系的人。

谁来解决同族内部纠纷？　＝要看具体情况，大事就让庄长解决，不那么大的就找关系好的人解决。

关系好的就算是外族人也可以吗？　＝可以。

族长和族里有势力的人不解决同族内部纠纷吗？　＝族长能力不够，就只能找外姓人了。

分家时的纠纷让外族人解决吗？　＝是的。

谁来解决李家和王家的纠纷？　＝跟上面差不多。

李家的人会出面调停吗？　＝要看情况，个人纠纷的话，同族可以解决，如果同族间关系不好，还让同族的来解决，就相当于帮了当事人，所以这种时候不会让同族解决。

冷水沟有这种同族间关系不好的吗？ ＝冷水沟没有，别的村子有，但是很少。

【处罚】庄长会处罚他们或是打他们吗？ ＝不让交罚金，也很少打人。

看坡人抓住的盗贼由谁来处罚？ ＝庄长和保甲长。

看坡人呢？ ＝看坡人不会处罚。看坡人把抓到的人带到庄公所，交给庄长，庄长听取保甲长的意见进行处分。

看坡人抓到过盗贼吗？ ＝抓到过，但是我没有见过。

盗贼多为外村人吗？ ＝多为本村人。

偷盗了会被村里人说坏话吗？ ＝会。

会因此在村里住不下去了吗？ ＝不会。

这种人还能参加庄长选举等集会吗？ ＝不能，就算没有偷盗，家里也很穷，也不能参加这种集会，偷了东西就更不能参加了。

这种人正月也不会去走亲访友吧？ ＝是的，和人的交往会越来越少。

现在村里还有这种人吗？ ＝有。

有多少人？ ＝两三人。

都是谁？ ＝名字不方便说。

【罪恶】什么罪最重？ ＝因为穷而偷盗不算很重，放火最重。

要是不是故意起火的呢？ ＝如果有钱，就要赔偿受牵连的人。

【火灾】你知道冷水沟发生火灾了吗？ ＝今年春天发生了。

谁家起的火？ ＝李凤乾家。

烧了几家？ ＝还烧了李凤海家。

李凤乾出钱了吗？ ＝没有。

为什么？ ＝因为被烧的不是邻家，而是隔得有点远的家。

谁来调查起火原因？ ＝庄长调查，警察也来调查了，但是起火原因不明。

村民出来帮忙灭火了吗？ ＝帮忙了。

有消防组吗？ ＝没有。

谁指挥的？ ＝没有人指挥。

火灾后大家有给李家东西，帮助李家吗？ ＝李家没有全部被烧毁，行李都拿出来了，所以没必要帮忙。

李家会请来救火的人吃顿饭以示感谢吗？ ＝道谢了，还写了感谢信贴在了村子里，没有请吃饭。

感谢信里有道歉的意思吗？ ＝只对来救火的人表示了感谢，不知道当时是谁不小心才起火了，所以不需要道歉。

本村人和外村人发生纠纷的时候谁来仲裁？ ＝不一定。

村长来仲裁吗？ ＝不一定。

一般来说村里都由谁来仲裁？ ＝不一定。

【纠纷原因】村民间的纷争一般都是什么引起的？ ＝说不清楚。

因为旱田界线不明而发生过纠纷吗？＝发生过，但是两方好好说就解决了，没有吵架。

需要仲裁人吗？＝不一定。

有因为马、猪破坏了田导致的纠纷吗？＝没有，田地的主人会提醒马主人注意。

有因为少雨，往水田里灌水而引发的纠纷吗？＝有。

村子和村子之间发生过水的纷争吗？＝发生过吧。

水的纠纷会关系到农作物的死活，所以很难解决，一般要怎么解决？＝上面水多的时候就必须往下放水，但是上面缺水的时候就不用往下放水，并不会因此吵架。

冷水沟庄和外村发生过水的纠纷吗？＝发生过。

今年降水很少，发生过纠纷吗？＝发生过吧。

和哪个村子发生了纠纷？＝不知道。

有仲裁者吗？＝没有。

没有因为水争吵过吗？＝没有。

12 月 2 日

打更

应答者　李永茂（甲长，60 岁）

地　点　县公署

【自卫团】你的儿子加入青年团了吗？＝没有。

加入自卫团了吗？＝没有。

冷水沟自卫团有多少人？＝不知道。

你所在的第四甲有多少人？＝三十七八人。

其中有多少男人？＝十四五人。

自卫团员呢？＝1 个也没有。

你们村没有自卫团员吗？＝没听说过。

【打更】现在打更吗？＝打更。

一晚上几个人？＝七八十人。

你家也有人参加吗？＝有。

你的孩子也参加吗？＝参加。

你也参加吗？＝参加。

女的呢？＝不参加。

你家里一个月要参加多少天？＝不一定。

几天参加一次？＝差不多 3 天一次。

谁来决定参加人选？＝庄长。

你们甲每天出几个人？　＝不一定。

全村参加的人数是固定的吗？　＝是的，七八十人。

那么一甲出多少人基本固定了？　＝二三十人，没有地的人不用参加。

【分配标准】地多的人就要多参加几次吗？　＝是的。

大概多少亩就要参加一天？　＝三四亩一天（每个月）。

你家参加几次？　＝一个月 3 次。

刚才不是说两三天参加一次吗？　＝不是说的我家。

自己没有地，给别人做佃农的用参加吗？　＝不用。

自己没有地，但租佃的地很多呢？　＝不用参加。

抵押的人呢？　＝要参加。

和自耕农一样吗？　＝是的。

县里规定打更要七八十人吗？　＝是庄长的命令。不知道县里有没有规定。

【打更时期】什么时候开始要有七八十个人？　＝一个月前。

一个月以前怎么打更的？　＝不打更，田里很忙。

每年冬天都要打更吗？　＝是的。

正月要有多少人打更？　＝（没有回答。）

去年的这个时候有多少人？　＝五六十人。

从几月到几月打更？　＝10 月到 12 月。

正月呢？　＝正月太忙了不打更。

事变前也是 10 月到 12 月打更吗？　＝以前是一个人从 10 月到 12 月打更。

从什么时候开始人数变多了？　＝近年、事变后。

打更的人有报酬吗？　＝没有。

1 月到 9 月末谁来看守村子？　＝没人看守。

【打更的住所】现在打更的人住在哪里？　＝会建一个住的房子。

有几座房子？　＝6 座，包括庙。

谁住在那座房子？随便吗？　＝不是。

怎么决定？　＝打更人就近住。

谁决定的？　＝不是谁决定的，自然就这么定下来了。

是第几甲的人住在第几栋？　＝不是，但是基本上决定了谁住在哪里。

打更人里有指挥吗？　＝没有。

【打更表】有写着谁在哪一天打更的表吗？　＝有。

叫什么？　＝（不知道。）

表在哪里？　＝每段一张贴在打更的住所。

有多少张？　＝8 张。

每个月都重新写吗？　＝表上写着一个月的安排。

现在的表是什么时候做的？　＝10 月左右。

谁写的？　＝不知道，庄长发的。

除了打更，还有别的地方用这张表吗？　＝没有了。

修路的时候也要做这种表吗？　＝不做。

去年的表还在吗？　＝不知道。

做表的时候，谁去调查打更的人有多少地？　＝庄长知道。

甲长不知道自己甲里人的地吗？　＝有变动的话会告诉甲长，甲长再告诉庄长。

【摊款】没有地的佃户需要交摊款吗？　＝不需要。

出典的地呢？　＝和自己的地一样，出典人要交。

借给别人的地呢？　＝所有者出。

公路的土地所有者怎么办？　＝和其他地一样出。

（注：应答者有些耳背，可能听不懂问题，因此有些回答不好懂，有些回答不确定。）

应答者　李长溪（甲长，39 岁）

地　点　县公署

【打更】每晚几人打更？　＝不知道。

你参加过吗？　＝参加过，我住的地方大概 10 人。

有几个住的地方？　＝不知道。

你一个月参加几次？　＝4 次。

有轮值表吗？　＝有个小板子。

叫什么？　＝牌，每人拿一块到值班的小屋里。

上面写着一个月要参加几次吗？　＝没见过。

谁来通知你们打更？　＝庄公所通知，会拿着名牌来，每个人带着到小屋去。

庄公所有打更表吗？　＝有，但我没见过。

几月到几月打更？　＝9 月到 11 月。

其他月份都不打更吗？　＝不打更，因为太忙了。

没有地的人不用参加吗？　＝不用。

地多的人就要多参加几次吗？　＝是的。

有多少地要参加一个月？　＝不知道。

可以找人代理参加吗？　＝大家都是自己去的。

要是去不了要出钱吗？　＝不出钱。

从什么时候有打更的？事变前有吗？　＝一直都有。

以前打更也像现在这么多人吗？　＝不清楚有多少人，应该差不多。

这和保甲自卫团不同吗？　＝不同，但是我不清楚。

你知道保甲自卫团吗？　＝听说过，但是不清楚内容。

庄长没说明过吗？　＝没有。

打更的目的是？　＝防小偷。

不防匪贼吗？　＝如果匪贼来了我们就跑，打不过。

和外村一起防御过匪贼吗？　＝没有。

【合作社】你加入合作社了吗？＝今年春加入了。

入社要交钱吗？＝交2元。

因为上面来命令才加入吗？＝没有指名，我是因为想加入才加入的。

到合作社买什么？＝石油，火柴，盐。

卖什么？＝什么都不卖。

种水稻吗？＝种了1亩。

卖到哪里？＝新民会。

不卖到别处吗？＝没有别的买家了。

12 月 4 日

应答者　杜凤山（庄长）

地　点　县公署

【点名册】这个点名册是每年8月制作的吗？＝每年做一册，开始打更的月份制作。

什么时候开始做这种册子的？＝今年开始。

邻闾时期没有吗？＝没有。

邻闾时期也打更吗？＝是的，没有册子，需要人的时候庄长就让各闾长叫人。

闾里也没有册子吗？＝没有。

怎么决定谁参加？＝每晚各闾出5人，因为都是村内事，没有册子也都清楚，让谁参加由闾长决定。

点名册是谁做的？＝杨汝舟。

他是什么人？＝村里接电话的。

在庄公所任职吗？＝没有。

谁帮助他做这个册子？＝保甲长。

和你没关系吗？＝没关系。

是县里要求做的吗？＝不是，县里没有要求。

不用向县里汇报吗？＝不用。

为什么今年做了？＝因为方便，以前都是用脑子记的，有了册子就很方便了。

这个根据什么做的？＝地亩数。

根据村里的地亩册做的吗？＝是的。

【值班分配标准】几亩要参加一天？＝有5亩就要10天参加1天。

8亩呢？＝2天，有7亩就参加一天。

12亩呢？＝2天。

13亩呢？＝3天。

外村地怎么算？＝也包含进去。

佃户呢？＝不参加。

借的地怎么算？ ＝地主参加。

出典地呢？ ＝出典人参加。

和土地好坏无关吗？ ＝无关。

菜园呢？ ＝和别的一样，5 亩一天。

谁给参加者发的小牌子？ ＝杨汝舟收发名牌的都是他。

【打更时期】今年几月到几月打更？ ＝8 月到年底。

每年都一样嘛？ ＝不一定，去年晚一些，10 月到年底。

为什么？ ＝没什么原因，早一点好一些，有人打更就不会有小偷了。

参加者要到玉皇庙集合吗？ ＝大家都要集合。

【办公室】在玉皇庙查出缺吗？ ＝查结束后各自到各自的办公室。

谁来查出缺？ ＝杨汝舟，有时我也去。

有几个办公室？ ＝8 个。

一个住 10 人吗？ ＝不能睡，只是用来休息的。

轮流出去看守吗？ ＝轮流出去，按顺序睡觉。

只看守村内吗？还要看守田吗？ ＝不用看守田，办公室基本在村子周围。

【代工】每 10 人有班长吗？ ＝除了值班人还要 4 个代工，这 4 个人轮流监督打更人。

4 个代工是谁？ ＝杨汝舟、杨吉顺、任福洪、谢长立。

这 4 人每晚都出去吗？ ＝是的。

他们不打更吗？ ＝除了代工，也要和村民一样打工。

你去监督吗？ ＝去，但是我没有土地，所以不用打更。

以前就是 8 个办公室的人看守八段吗？ ＝不是，和段无关。

去年也有 8 个办公室吗？ ＝去年有 14 个，1 间 1 个。

今年为什么是 8 个？ ＝因为有 8 个进出口，所以设置了 8 个。

以前有段的时候打更吗？ ＝以前村里雇 1 个管打更的，他在村里巡视。

现在这种打更是从什么时候开始的？ ＝事变后官打更的没了，就变成现在这样了。

【出勤调查】在玉皇庙检查出勤的时候，要是缺席怎么办？ ＝不能休息，没来就去叫他。

有事没法来了怎么办？ ＝要是真的有事可以不来。

会找人代替吗？ ＝有人代替更好，没人也没办法。

有缺席的吗？ ＝基本没有。

缺席的人会提前通知吗？ ＝会。

跟谁说？ ＝杨汝舟。

缺席者不用交钱吗？ ＝不用。

要给代工工钱吗？ ＝1 人 1 天 1 元。

杨汝舟有酬劳吗？ ＝和别人一样。

他只是奉公吗？ ＝他要接电话，所以每月有 20 元补贴。

【打更时间】晚上几点开始打更？ ＝8 点左右。

晚饭后开始吗？ ＝是的。

早上呢？ ＝到 4 点左右。

打更的人带武器吗？ ＝拿着合叉、红枪头子。

打更的要注意火吗？ ＝是的，要注意小偷和火，发现火灾或小偷就去三圣堂敲钟。

【保甲自卫团、青年团】有保甲自卫团吗？ ＝有。

有多少人？ ＝有两种，18 岁到 35 岁的和 18 岁到 25 岁的。

18 岁到 35 岁的多少人？ ＝90 多人。

18 岁到 25 岁的多少人？ ＝30 多人。

90 多人的是自卫团吗？ ＝是的。

自卫团还没有成立吗？ ＝哪个村子都没成立，只是县里有命令说 18 岁到 35 岁的是自卫团，18 岁到 25 岁的是青年团。

有团长吗？ ＝没有。

【少年团】有少年团吗？ ＝12、13、14、15 岁左右的少年。

只有小学生吗？ ＝是的。

少年团做什么？ ＝有新民少年团和爱路爱护少年团。

成员都一样吗？ ＝有两个都参加了的。

少年队也是小学生吗？ ＝是的。

少年团有多少人？ ＝30 人。

少年队呢？ ＝2 人 1 区 1 队。

有铁路相关的青年团吗？ ＝没有。

【新民会员】有多少个新民会员？ ＝6 人。（注：新民会的账簿上有 293 名）

【合作社员】合作社员呢？ ＝195 人，大家都持股。

上面六人在新民会帮忙吗？ ＝说不定以后能当负责人。

有农村分会吗？ ＝没有但是听说要建分会。

上面 6 人是谁？ ＝刘化南（甲长）任福申（甲长）任福裕（保长）李凤坤（保长）张增俊（保长）李锡池（保长）杜凤山（庄长）加上我有 7 人。

有教育分会吗？ ＝没有。

商业分会呢？ ＝没有。

妇女会呢？ ＝没有。

【看铁路】看铁路的有几个人？ ＝3 人。

分别都有谁？ ＝李忠坤、李忠义、吴孝。都是村民。

是村里雇用的吗？ ＝每人每天 1 元（雇用的）。

每天都要去吗？ ＝是的，晚上在铁道旁的小屋里过夜，白天回村里。

村里还出其他为铁道服务的人吗？ ＝会出修铁道的人夫，从车站到区要出几人，从区到村要出几人，村里花钱（1 元）雇用村民去车站，车站会再出 70 钱。根据人的劳动不同，也会有更便宜的情况。

【出夫费用】这样的出夫经常有吗？ ＝很少。

也会给少年队钱吗？＝车站不会给，村里会给 1 元。

青年团会出去接受新民会的训练吗？＝会的。

新民会会给他们钱吗？＝不给。

村里会给他们多少钱？＝1 人 1 天 2 元 50 钱，因为会在宿舍里住 10 天或 2 周，伙食费会花很多。

会出人挖铁道旁的壕沟吗？＝暂时还没有或者从这个月就开始出人也说不定。

到时候县里会给钱吗？＝可能不会给。

到时候村里会支付给他们多少钱？＝虽然还没确定，不过给 1 元的话估计没人去吧。有希望给 2 元的，村里愿不愿意给我不知道。

【贫民救助】你会关心村里穷人的生活吗？＝如果有人找我，我就要去帮忙。

怎么做？＝给钱。

今年也给了吗？＝给了，最多也就二三元，有时候给粮食。

这个钱是村里的钱吗？＝是的。

会雇穷人当代工吗？＝没有统管穷人的能力，所以不行。

看坡人呢？＝雇过。

免过他们的村费吗？＝允许他们推迟交，但是没有免除过，也有人不交田赋，我会给他们垫着。

村里有乞丐吗？＝有。

会去外村乞讨吗？＝会。

村里会救济乞丐吗？＝想给东西就给。

【仲裁】你会调停争吵吗？＝会。

你是当村长前调停多，还是当村长后调停多？＝当村长后有纠纷的时候，就算村长不想去也要去，普通人要是没兴趣，可以不做声。

甲内的纠纷由甲长调停吗？＝甲长能解决就解决，解决不了就让村长解决。

同族内的纠纷由同族的人解决吗？＝同族的人经常解决不了同族内的纠纷。

为什么？＝因为同族调停多为偏心，外姓人更公平。

谁来调停分家纠纷？＝庄长出面劝阻分家。

族长和庄长谁先出面？＝不一定。

有一个人调停的吗？两三人共同调停的不多吗？＝不一定。

本村人和外村人的纠纷由谁来调停？＝两村村长。

村和村之间的纠纷呢？＝没有发生过纠纷。

村民会听你的话吗？＝会，因为庄长很公平，就算有人不听庄长的话，而去找人申诉，他也会输。

要是不服从庄长的仲裁，会被村里排挤吗？＝会。

【诉讼】有这种人吗？＝有，有人不听庄长的，就把他告到县里。

这种人会被人说坏话吗？＝会，村民会不跟他打交道。

上诉会保密吧？＝会。

打官司的时候县里会传村长过去吧？ ＝会，县里会叫村长过去询问事由。

叫你去过吗？ ＝去过。

当村长以前呢？ ＝不是村长就无关。

县里会听村长的吗？ ＝会参考村长的话，不过官司很少，一般都是村内解决。

为什么村民不喜欢诉讼？ ＝因为没有仲裁人才会导致诉讼，要是诉讼了就表明村里没有能当仲裁人的好人，好人来调停就能解决。

除了村长以外，还有经常调停的人吗？ ＝有。

什么样的人？ ＝人品好的人。

除了你还有谁人品好？ ＝任福顺、李佩衡、程相复、杨永坡、谢星海。

【处罚】村长可以处罚人吗？ ＝不会处罚人，只会陈述自己的意见。

会命令纠纷的当事人道歉吗？ ＝会。

会让看坡人抓住的小偷交罚金吗？ ＝会。

要是发现了一般的小偷会怎么做？ ＝被偷的人跟庄长说的话，庄长就会让小偷赔偿，要是不赔偿就交给县里处置。

这种时候庄长一人就能处置，还是要和其他人商量处理？ ＝自然有人会站出来。

有经常站出来的人吗？ ＝没有。

可以由庄长一人处置吗？ ＝可以一人处理小事。

家　族　篇

1940 年 11—12 月

（华北农村惯行调查资料第 22 辑）

家族篇第 3 号　山东省历城县冷水沟庄
　　调查员　内田智雄、早川保

　　本篇为第一次进村时的记录，也是负责的内田和早川调查员第一次的调查，内容以从村里到家族制度等概况为主，由于后期整理过，因此并未记录调查日期、地点及应答者。

　　【冷水沟庄概况】这次调查的对象是山东省济南道历城县张马区冷水沟乡冷水沟庄，冷水沟庄及其北偏西的东西沙河二庄、南偏东的李家庄共同组成冷水沟乡，根据管辖官厅历城县公署的调查，保甲簿分成甲、乙、丙、丁 4 保，上面记录了所属保甲、姓名、年龄、是否识字、家人数、家族关系、居住年数、职业、性别、在否等信息，由县里官员和军队仅花 3 天完成，且因为识字的甲长很少（参考县公署制作的保甲及民众文化程度调查表），所以多让人代写，所以我们认为该调查可信度不高，特别是年龄和居住年数，暂且将其作为参考。

　　【村民姓氏】冷水沟庄有李、杨、任、谢、张、程、刘、王、高等数十姓。

　　【村名由来】明朝洪武年间，为了发展山东，朝廷颁布了移民政策，下令让河北枣强的民众迁至此地，道光二十二年编写的李氏族谱序里也写着明初至枣强迁居历城，占籍东北乡冷水沟庄，庄里有一条从东南流向西北（参考村落图）的弯曲的小河，平时没有水，相当于一条水沟，所以就叫冷水沟庄了。

　　【主要姓氏——李姓】需要注意的是，冷水沟中李姓占绝大多数，保甲簿显示，全村 376 户中，李姓占 188 户，冷水沟东南方向两百米有一个李家庄，两者关系也值得注意。

　　【与邻村李家庄的关系】问了村民冷水沟和李家庄的关系，以及冷水沟的李姓和李家庄的关系，回答是什么关系都没有，看了玉皇庙里的碑文后，这个疑问有些头绪了。

　　玉皇庙内三官庙东侧墙壁明代天启二年（1632 年）九月建立的碑文上写着：

　　　　济南府历城县迄东、冷水沟李家庄、古有三官庙……

　　西侧墙壁明代天启 5 年（1635 年）的碑文上也写着冷水沟李家庄，玉皇庙前东侧碑文上也写着济南府历邑城东北冷水沟李家庄。

　　这个碑文是清朝康熙 14 年的，也就是说，现在的冷水沟庄至少在康熙前叫李家庄，而现位于李家庄的三圣庙里的碑文也写着：

李家庄重修三圣庙墙垣桥梁记

这是清朝乾隆二十三年（1768 年）六月初的碑文，另一块乾隆四十七年（1782 年）的碑上也有模糊的李家庄重修……字样，也就是说，在康熙乾隆年间，现在的冷水沟和李家庄还是并称李家庄的，问了村民现在李家庄的人是哪里来的，回答是明代时期从河北枣强迁来的，全庄 73 户只有 1 户姓刘，其他都姓李（族长李兴三，有家谱，无家族会议）。

【冷水沟地名的由来】还有一个小问题，那就是为什么一个小水沟冷水沟能够指代四村，我猜测是因为冷水沟和沙河相邻，以前是黄河的一条支流，所以才有了这个名字。平时水不多，正如提问事项中所说，冷水沟比沙河地区也就是北方黄河地区地势要高，水量也就更少，再加上土地开垦及人口增长、房屋增多，以及其他循环关系形成了冷水沟今日的地形。

【冷水沟庄和龙洞】冷水沟里有十几个龙洞人的墓地，龙洞李姓也很多，村民说是从冷水沟搬过去的人，这一点还不能确定，据县志记载，龙洞有很多古迹。

【县城王舍人庄和冷水沟庄】冷水沟庄距现在的县公署（1935 年设立）王舍人庄约 5 华里，徒步二三十分钟，如果走去年在旱田间修的平坦的路，左边很近就能看见苏家庄、赵家庄、李家庄，右边稍远一点能看见斐家庄的村子和白墙的小学，就是冷水沟庄了，距县公署约 1 公里有胶济线（光绪三十一二年修建）历城站，西南 35 华里是济南市，葬礼祭祀等用的一些重要的东西都去济南买，村民去济南很少坐车，都是走 4 个小时过去。县公署所在的王舍人庄和它的名字一样，是一个庄子，加上公署设立时间短，除了以县公署官员为消费群体的几家饭店和杂货商，还有每月开几次的定期集市外，再没有其他像个城市的地方了，所以在城市方面对冷水沟影响很小，导致民风淳朴，基本看不到汽车、收音机和报纸杂志。

【农地】村子北、东、南边大多环绕着旱田，西部特别是西南部多为水田，约 1400 亩，旱田加村庄面积共 2800 亩。在村里酿酒的杨云坡有着百亩地和村里最大的房子，家里有长工 4 人，短工不定。不在地主（在济南）任延明有 80 亩地，除这两人外，其他人平均 11 亩地，都有水田和旱田，贫富差距很小，没有什么特别的买卖，全村以务农为主，经济发展不显著。

所以冷水沟庄是一个研究中国自古以来农村非常好的典型。

【村落制度】现在村子分为 4 保；1 保分 10 甲；1 甲有 10 家。1 个保长管 10 个甲长；庄长管 4 个保长。

【宗教】村里有玉皇庙、关帝庙、三圣堂、观音堂四座庙，玉皇庙里有三官庙，三圣堂里有土地庙，观音堂是建在路边的一座非常小的庙。三官庙里有乡公所和青年团公所，三圣堂里有庄公所，关帝庙里有小学，以前的宗教建筑现在成为了村政和教育机关。

【教育】村里有一所高等小学，初级 3 个年级，高级 3 个年级，没有女生班，没有青年教育设施，但从村里年长者的回答可以看出，因为村里清朝出过几个秀才举人，所以青年求学心盛，村里也有几个私塾。

【关帝庙、玉皇庙、三圣堂】有看管关帝庙的人吗？＝没有。

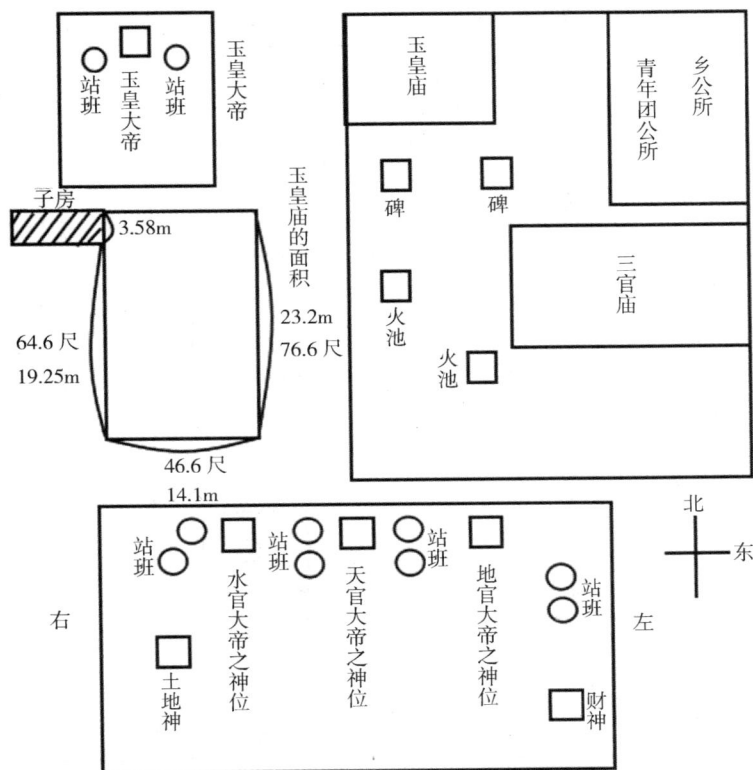

玉皇庙图

玉皇庙有庙产吗？＝只有基地。

庙里的房子呢？＝好像是清朝时的庙产，后来建庙为了凑钱卖了吧。

玉皇庙前的水池是谁的？＝是庙的，修庙时挖土形成的。

有学田吗？＝没有，关帝庙的学校基地有 2 亩，民国以来，庙产就成了学田。

看庙道士叫张福永，但他不念经。

三圣庙东南的池子有两分，属于庙产，修庙时挖土形成的。

谁来修理建造玉皇庙？＝全村人平均修理建造。

贡品呢？＝自己随意。

祭祀的责任人是谁？＝6 月 19 日庄长代表全村祭祀。

经费由谁负担？＝全村村民。

就算玉皇庙的祭祀在村里进行，平常来祭拜的也不止附近的人吗？＝不一定。

谁修理三圣堂？＝全村人。

间来负责庙里的祭祀和管理吗？＝不是。

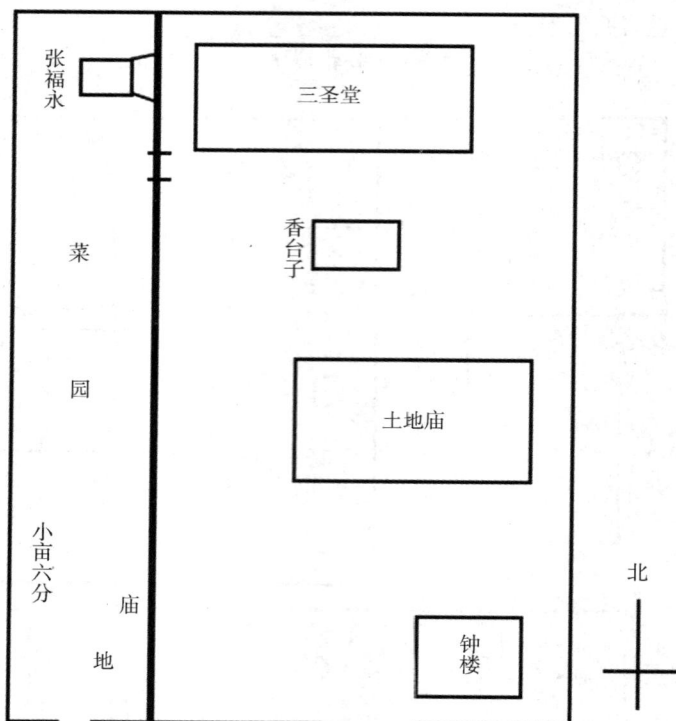

三圣堂图

三圣堂

释　孔　老
迦　子　子
牟
尼
站　　　　站
班　　　　班

土地庙

土　牛　财
地　王　神
神
站
班

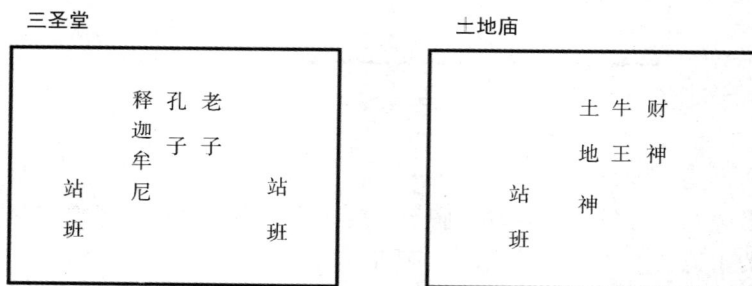

三圣堂、观音堂、关帝庙、玉皇庙都是谁的？ ＝村里的。

捐赠庙产的人是现在庙的管理人吗？ ＝就算捐赠金额不定，但是大家的诚意是一样的，所以不会这样。

三圣堂是什么时候建立的？ ＝去年。

玉皇庙呢？ ＝不知道。

为什么要建三圣堂？ ＝三圣堂 1925 年被火烧了，三圣堂里供着圣人和佛，祭拜他们的话村里就能出学者，也就是门人。

为什么钟看上去很旧？ ＝钟是以前的。

【村会】谁提议再建的？ ＝庄长提议，开会决定的。

庄长的提议代表了村民的意愿吗，还是村长个人的意愿？＝四五年前就有两三人想重建，他们也支持庄长。

是否依据个人意志？＝四五年前以来即有两三名村民有意再建，此次村会背后有这些村民活动。

参加村会者为何人？共几人？＝闾长、年长的家族长共 30 余人。

有无代理？＝无。

孩子有资格吗？＝无。

地点在哪儿？＝三圣堂院子。

与会期间，意见难以统一，有反对者怎么办？＝不选。

反对者少数，赞成者占多数怎么办？＝少数服从多数。

如何收集善款？＝做好募捐账目。

善款不足如何处置？＝无策。

村会是否经常召开？＝筹措善款以外无。

目前情况如何？＝无。

是否仅限保甲长召开村会相当之会议？＝仅限 4 名保长有此权限，保长会议后各保长召集甲长开会。

召开会议前如何通知？＝地方口头传达。

庄长是否为发起人？＝县公署通知后召开，庄长负责传达县公署通知，各地方可自由发起。

保甲长无法列席，是否可派遣代理？＝可派家人亲友为代理，但无发言权。

投票表决时，代理人是否有投票权？＝无。

代理人无投票权，为何仍要派遣？＝会后传达本人。

多数是否为过半数？＝因系县公署及其他部门通知，遵庄长所言。

如何表决？＝口述候选人好或不好。

【庄长】庄长以往是否兼任闾长或邻长？＝否。

如何当上的庄长？＝选举投票，一家一票。

【家庭人数】查阅保甲簿发现两人、三人、四人左右的家庭居多，是否因分家所致？＝一般为三四人家庭。

婴儿出生数是否较少？＝不少。

【户数】冷水沟户数于以往相比差别不大，为何？＝过去即为 300 户左右，分家的也不多。

一两岁的婴儿是否录入保甲簿？＝随时可能夭折，不录。

【闾邻制】闾何时建立？＝民国二十三四年左右，依县公署命令，25 家为一闾。

邻何时建立？＝依县公署命令，5 家为一邻。

闾长、邻长工作为何？＝邻长实际无事可做，闾长较忙。

在闾邻制度施行之前有什么组织？＝无组织。

为应付战乱和土匪强盗，以往没有相应的防御组织吗？＝无。

【首事、庄长】（他日，询问其他人）查看关帝庙乾隆三十七年碑和光绪九年碑发现有首事字样，何意？＝全庄有 8 段，每段有首事，归于庄长。

一段有几户人家？＝不一定。

何人担任首事？＝有闲之人。

何人担任庄长？＝8 位首事决定。

该制度是否自古有之？＝清朝以来即有之。

【社友】查看玉皇庙碑发现清朝时有社友一说，现在有吗？＝无，社友为康熙年间叫法，现为当会。

【当会】何为当会？＝正月至二月的农闲期，大人、小孩生病时行当会，行当会者曰当会的，有五六人，当会的供有佛坛在张廷辉家，当会的也务农，佛坛上供豆腐等素食，避免出现肉、葱、蒜等荤类，从早到晚，当会的一整日诵经，十二时左右升表，斋戒素食，一日三餐由邀请方负担，诵经期间，家庭长老跪地，当会持续一日，谢理随便，大体 3 毛至 5 毛。

【邻闾制与保甲制】邻闾制与保甲制没有关系吗？＝2 邻为 1 甲。

邻是否可继续细分？＝依据门牌划分，邻几乎没有变化。

何时变成保甲制？＝10 年前，在此之前称一段、二段。

具体如何划分？＝冷水沟分为 8 段，基本依村落街道划分成 8 段，与户数无关。

以往段的划分是否至今仍然保留？＝否。

邻闾制呢？＝彻底废除。

邻一点事都没有吗？＝一邻仅有 5 户，什么也做不了。

闾呢？＝一闾有 25 户，道路修整时可分配车辆和人力，村的负担均摊至各闾。

闾是否有自发性活动？＝无。

是否有邻之间的互助？＝有。

你原来是几闾？＝14 闾。

全村共有几闾？＝14 闾。

当时的闾长、邻长是否为现在的保长、甲长？＝4 位保长原来均为闾长，甲长原来多为闾长，也有没有当上邻长或甲长的。

田地的耕种和除草，是否有以闾为单位互助的？＝无，农忙时雇人，因农忙时期大家都忙。

现在是保甲制，实际上是否大量采用了邻闾制？＝保甲制源于邻闾制，以往全村为 14 闾，现在全村在四保长下有 38 甲，以往的闾长几乎全成为保甲长，因此凡事都能驾轻就熟处理好。

段与邻闾制、保甲制关系密切，至今是否仍然发挥着影响力？＝段乃是很久以前的制度，已记不得了。

【养子、过继子】是否有养子？＝无。

是否有女孩作为过继子的情况？＝无。

是否有先领养女孩，后领养男孩的情况？＝无，男先女后。

是否有认领已婚者为养子的情况？＝有。

【古文书】村里是否有人持有古书、古文书？＝无。

【佃户】完全是佃户的有几户？＝仅刘宝银、商禀顺2人。

刘商两家共几口人？＝刘夫妇2人，商1人。

刘商何处而来？＝刘10年前从长清县来；商10年前从历城县子院庙来。

【女子教育】女孩为何不上学？＝仅限男孩上学，民国二十五六年设小学女班，因经费困难两三个月内即废止，这之前及以后都没有女孩上学。

为何男女不共学？＝自古以来，男女不处不语，至今因女孩不上学，均是文盲，王舍人庄小学有少数女孩上学，今后去新民图书馆。

【夫妻】妻年长于夫，即使通奸也不离婚，是否妻权重于夫权？＝就夫妻俩之间的事而言，可能妻的地位高，但仍应受夫支配。家庭内部的事，也有妻掌握实权的情况。

妻年长于夫是否为本地习俗？＝其他地方也较普遍。

（于短工交易地杨家屯关帝庙）

【短工】何时短工从各处会集过来？＝时间不定，一般日出之前。

凌晨两点左右大概有多少人？＝不一定，至多三十二三人。

日工钱多少？＝忙时七八十钱，一般60钱左右。

从何处来的较多？＝周边村落。

是否有组织者？＝无。

短工交易起于何时？＝今年年初。

以往都是于何处进行？＝王舍人庄。

为何？＝距水田近，方便，水田活短工会集于此。

该村庄长是否与之有关？＝无。

冷水沟的百姓来的多否？＝不多。

在县公署，冷水沟农民任福申所言短工交易始于20年前，这与杨家屯关帝庙采访所得信息大相径庭，特复询庄长，今年清明节王舍人庄、冷水沟、杨家屯、李家屯的4位庄长开会，因王舍人庄短工市场诸多不便，决定移往杨家屯关帝庙。

【村民信仰】村内诸庙，哪家香火最旺？＝玉皇庙。

其次是？＝关帝庙。

再其次是？＝三圣堂。

其次是？＝观音堂。

诸神中，何者尊崇最盛？、＝玉皇大帝。

三圣中为谁？＝孔子。

其次是？＝老子。

再其次是？＝如来佛祖。

观音堂情况如何？＝生病者拜之。

他村是否有村民信奉之庙？＝卧牛山，又名金牛山。

近否？＝10华里以上。

何时为祭祀日？＝三月初三。

村民是否皆往祭拜？＝因热闹村民前去游玩。

卧牛山有何庙？＝盘古庙、三皇庙、关帝庙、文昌阁、泰山行宫、娘娘庙、眼光庙、水母宫、玉皇庙、鬼王庙、地母宫。

村里有土地庙否？＝附属于三圣堂。

何时为祭祀日？＝二月初二，全村参加。

是否村民均去？＝亦有人不往。

举行何种仪式？＝上香、烧纸、供食。（不供牛肉羊肉）

供食最后如何处理？＝均送与道士。

为何不供牛羊肉？＝生病时食牛羊肉病情加重，故不供。

有无文昌帝庙？＝冷水沟无。

关帝庙祭祀日为何时？＝五月十三。

玉皇庙呢？＝六月十九。

祖先忌日有何种祭祀？＝不在家，在墓地，上香、烧纸、供奉馒头。

是否供奉牛羊肉？＝否。

是否有人不食牛肉？＝有。

为何？＝牛系牲畜中最大者。

以上诸庙是否一年仅拜一次？＝玉皇庙每月拜之，生病则不限，关帝庙十二月三十正月初一两日临近村民反复祭拜，三圣堂与土地庙虽六月二日为祭祀日，除夕日临近村民亦前往祭拜，观音堂祭祀日为正月十六，其他庙宇祭祀日不定。

本村以外村民是否有前来玉皇庙、关帝庙、三圣堂祭拜者？＝杨家屯、李家屯、水坡庄有前往玉皇庙求雨，本村以外村民未有前往关帝庙、三圣堂祭拜者。

灶君为何？＝纸钱所绘神像，十二月三十日市场有售。

价格多少？＝五钱至八钱左右。

为何神？＝保护一家之主免于意外。

何时祭拜？＝十二月二十三日张贴祭拜，次年正月二十三日更换。

有无祭祀灶君的特别日子？＝三十日除夕至正月十五花灯节祭祀。

于何处祭祀？＝厨房灶台。

是否家家户户均祭？＝是。

每月何时为祭祀日？＝月初一、月十五。

对其他人而言，灶君为何神？＝生病时上香祭拜之神。

供奉什么？＝正月准备的食物均可供奉，牛羊肉不可供奉，供奉猪肉鸡蛋等。

是否认为祖先的灵魂活着？＝若灵魂已死，则没有必要祭祀。

是否认为祖先灵魂能给子孙降福？＝子孙竭诚则祖先降福。

是否有为了免病免灾而祭祀祖先者？＝否，先祭灶君，无效则祭玉皇庙。

为何不祭祖灵？＝灶君比祖先有效。

祖灵不可见为何仍祭？＝虽不可见，子孙不敢怠慢。

【葬礼】家人亡后几日行葬礼？＝不一定，一般在一期至五期间（一期为七日）。

一般为几日？＝墓穴挖好后，四五日内下葬，济南也有七期下葬者，葬后第三日扫墓？＝以第三日为第一期下葬后第四日上午扫墓，供奉馒头，叩头。

僧侣去否？＝不去，下葬时穿白色丧服前往，归来脱去丧服不再穿着。

何时扫墓？＝七日一期的十期，即70日内每七天一次扫墓供奉食物。

【服丧】服丧期间着何服？＝子辈不论男女穿白鞋，并非一定要守孝三年，帽子纽绳为白色，单衣不缝裾，孙辈帽顶系白绳，系白襟。

服丧期多久？＝视个人情况自定。

【鬼节】鬼节为何日？＝七月十五和十月初一，鬼节扫墓烧纸。

【清明节】清明节在阴历二月至三月间，于墓地上香磕头及修葺墓地。

【石碑】立石碑是否有吉日？＝请风水先生占卜。

【服丧】服丧期间是否也参与村内事务？＝没有办法，照常进行，妻妾则需三年服丧。

服丧期间是否嫁娶？＝即使父母过世也照常进行。

【日月星辰之祭】是否有日之祭、月之祭、星辰之祭？＝有月之祭，无日之祭和星辰之祭。

【年底年初的活动】除夕夜食肉饺，正月初一早上6时许日出前祭奠过世父母磕头，尔后向年长者叩头，吃肉饺，白天去给老人家磕头（至初四），在老人家里，先给祖先灵位磕头后给老人磕头，正月休息至初五、初六开始搬运肥料等。

【红白喜事】结婚时，朋友、亲戚、邻居是否送东西？＝送现金、布匹、酒肉等，称为喜仪。

若送现金，大概为多少？＝朋友二三元，亲戚至多5元，邻居不送现金略送少量礼品。

生孩子时他们送什么？＝邻居、亲戚、朋友送米饼鸡蛋等有营养的东西。

葬礼呢？＝现金、烧纸、馒头、酒肉等，称为吊仪。

娶媳二三日后，去亲戚朋友家磕头，一次得50钱或1元。

【年度节庆】正月十五六七为花灯节。

是否有村里的活动？＝无。

祖先灵位放置何处？＝若是五间正房，则放中央；三间正房则放正中。一般正月初六收起灵位，有专门放置灵位的箱子，清明节即寒食，烹调好菜扫墓；五月初五为端阳节，恰逢麦子收割的农忙时节，吃肉饺（最上等的好菜）；八月十五为中秋节，晚上庭院桌子摆好月饼和圆梨，给月亮磕头，有下人则一起吃饭。

是否知道七月初七的七夕节？＝知道，但每年没有相关的活动，正月十五花灯节穿木制长腿（高脚）行走，花灯呈龙灯、云彩、花瓶、四螃（鱼形）、螃蟹、龟鳖等状。

每年是否更新？＝旧的不破损就接着用。

在哪里保管？＝各自保管。

活动是否在全村举行？＝各家自行举行，非全村举行。

【请客】是否有在家请客？＝结婚和葬礼的时候。

生小孩的时候不请客吗？　＝不请，邻居会送鸡蛋等。

生日呢？　＝请吃寿面。

结婚和葬礼时请什么人？　＝不请外面的亲戚，一般只请女婿之类。

此外，朋友、邻居会来吗？　＝贫困家庭因不堪重负，只限亲友，富裕家庭请全村。

【服丧】服丧期间有多长？　＝这个不好处理。

服丧期间与平常生活有什么不同？　＝没有，过去三个月不出家门，现在济南、天津都可以去。

服丧期间是否参加婚丧礼？　＝可参加可不参加，过去不参加，且百日内不理发。

可否喝酒吃肉？　＝至今仍是禁酒 1 年，可吃猪肉，不可吃牛羊肉。

服丧期遇上正月怎么办？　＝3 年间正月不开正门，不从正门出入。

叔伯父的服丧期为？　＝1 年。

家族长由年龄最长者担任，父死母任，与孩子年龄大小无关。

以下所述服丧为理想状态下农民所必须遵守的禁忌，而实际并非如此，这一点在以上的问答中即已相当明显。

夫死，妻妾服丧 3 年，父死，子辈长次子以下及其妻妾均斩衰[1] 3 年，弟及其妻、妹服丧 1 年，孙辈长次孙以下均服丧 1 年（或 1 年半），曾孙辈长次曾孙以下服大功 9 个月，兄服丧 24 日，姊服丧期不定 10 日乃至旬月，甥侄期服 1 年＝堂兄弟服大功 9 个月（服丧一事，夫妻不分男女之序）。

妻死，夫期服[2] 1 年，妾服小功 7 个月，长子及其妻死，父返服 1 年，二子三子以下死，父服大功 9 个月，甥侄死服大功 9 个月，弟及其妻死期服 1 年，堂兄弟死，服大功 1 年，长孙死返服 1 年，二孙三孙死服小功，长曾孙死服大功 9 个月，次曾孙以下死服小功。

【祖灵】祖先的灵是活着还是已死？　＝没有人认为祖灵活着，子孙扫墓仅是尽子孙孝道，虽挂祖先的画像，但没有人认为祖灵会返生。

虽不可直接与祖灵沟通，是否认为通过降灵人可与祖灵沟通？　＝可能有人如此认为，我自己不相信。

降灵人在哪里，是男是女，年龄报酬如何？　＝水坡庄有一老妇，冷水沟人请之，富裕农家出身，年近七十，已婚有子。

祖灵仅在正月回来吗？还是随时都在墓地？　＝正月扫墓是尽孝。

祖灵是否降福招灾？　＝不招灾，是否降福不得而知，唯出于子孙诚心而尽孝。

是否向祖灵祈祷息灾免病？　＝否。

---

〔1〕　译者注：衰通"缞"（cuī）。丧仪中最重的丧服。用最粗的生麻布制作，断处外露不缉边，丧服上衣叫"衰"，因称"斩衰"。表示毫不修饰以尽哀痛，服期三年。

〔2〕　译者注：期服亦作"朞服"，指齐衰为期一年的丧服。旧制，凡服丧为长辈如祖父母、伯叔父母、未嫁的姑母等，平辈如兄弟、姐妹、妻，小辈如侄、嫡孙等，均服期服。又如子之丧，其父反服，已嫁女子为祖父母、父母服丧，也服期服。

【过继子】未婚子女去世了，该怎么处理？＝和有人去世那家商量合葬，在冷水沟有这样的墓。

合葬称作？＝虚礼。

这难道不是因为村民认为人死灵活吗？＝想续后时这么做，长子之子死则绝后，故合葬养子，称过继子，不称过继孙。

过继子年龄？＝不定。

过继子从有血缘关系的亲属中选吗？＝不可从亲属以外中选。

过继子与过世亲生子辈分关系如何？＝过继子视为过世亲生子子辈。

亲子过世后，是否应尽快领养过继子？＝过继子乐于过继给殷实人家，殷实人家却不急着领养。

【神灵】村里是否拜树木为神？＝否。

是否认为歉收、干旱、洪涝等为某物作祟？＝这是天灾。

盖房选墓是否有相应仪式？＝盖房上花梁时，召集邻居、朋友，房东庆祝吉日，上香祈祷。

饮食，选墓时不请客，亲戚朋友自发前来上香供奉祭拜土地神，之后共食供奉，这叫贺门。

如果有物作祟或神灵做怒，如何化解？＝民国二十六年干旱，请雨未降，大风歉收，请雨。

亦不可盲求，这叫做"靠天吃饭，量力求财""天作孽犹可为，自作孽不可活"。

（尚书太申篇）

【求雨】如何求雨？＝求雨开始，全村男女斋戒3天，不食葱蒜，男女不媾，不沐浴，全村选4人，4人均为辰年生，4人抬玉皇大帝像至纸房庄白泉，纸房庄白泉有6华里，常年泉水满潭，取泉中鱼一尾，随行村民将鱼和水放入准备好的瓶中带回，4人抬玉皇大帝像返回，瓶放入玉皇庙甕中，将玉皇大帝像安放好，正午书升表，升表多为校长书写，文章格式不限，内容为村民苦于干旱请求降雨，持升表跪坐天地台前，一般村民磕头祭拜，之后抽竹制签（有96签），依所抽之签查阅签簿可知何日降雨，签一般与祭拜时所抽之签同，收好升表放入表匣子，同时放入七针、八宝（过去的钱币）、朱纱、茶叶、上天梯（木制小型物件）、登云鞋烧，完后向天磕头，向玉皇大帝磕头，（磕头表示仪式结束），此后抽签，3日斋戒后的第四日行求雨式，第四日抽签。

三官庙里有水神，为何不向其求雨？＝总之不向其求雨，一般村民白天聚集击鼓，晚则归。

如何斋戒？＝不食牛羊肉，不许男女交媾，女在家不出，降雨后即解除。

村民违反斋戒何之？＝不会违反。

斋戒中降雨何之？＝解除斋戒。

抽到"有雨"签再抽签，问玉皇大帝"去何处"，若抽到"出门"则指祈雨，若抽到"不出门"，则指求雨，之后4人方才抬玉皇大帝像往白泉，得吉鱼一尾放入瓶中归，十二时升表与七针、八宝、朱纱、六井茶放入表匣，黄布裹烧之，于安置玉皇大帝像庭院，南面烧之，其时道士诵经念佛 1 小时，十几个老人跪地，持续 3 日，于庙内起居，道士亦为村中农民，道士父为殿士，道士日薪 3 元。

道士日薪 3 元从何处支出？＝全村共同负担，村会没有钱，每家出 10 钱，3 日求雨仍不下雨则重复斋戒。

【求雨】求雨是否每年都举行？＝否。

村民是否相信求雨？＝不信，作为祖宗遗留下来的风俗每年举行而已。

相信宗教、庙吗？＝一般来说有知识的人不信宗教，庙是祭祀古人的。

相信风水先生吗？＝自己不信，普通村民相信。

（上述内容以庄长秘书任福申的讲述为主）

【外出打工】是否有从冷水沟移居他乡的？＝无。

有无从他村移进冷水沟的？＝无。

听闻有因破产移居他乡者，具体情况如何？＝无，有丢下家人出走的，没有居家迁走的。

是否有移居他乡成功者？＝无，有前往济南做苦力者。

移居外地或外出打工，是否有长子和次子以下的区别，是否存在长子在家，次子以下外出的情况？＝不论长次。

出他乡者和本家关系如何，比如遇到祖先的祭祀、家人的生死、红白事等，返乡还是如何？＝遇嫁娶、父母逝世等返乡，节日等不返乡。

家遇大事，是否通知在外乡者？＝遇借债等，若可周转则通知，父母生病则遣人叫回。

【同居人】有无家庭让非亲属居住？＝让未录入户口簿的人居住在自己家，容易招警察怀疑。不收容寄食者。有嫁出去的女儿回娘家住一两个月的情况，没有其他情况。

由谁录入保甲簿信息？＝甲长。

【雇人】有无家庭雇佣奴仆？＝很多。

被雇者中有无女性？＝无。（回答提问的村民中没有雇人的，有关被雇人和雇主信息，以后再调查，故此次没有深究）

【一家】通常一家所指范围多广，是否指同一院子的人？＝否。

指经济共同者吗？＝不存在不同家而同经济者。

指一起做饭者吗？＝不存在分家后一起做饭的。

分家后不视作一家吗？＝视作一家。

共用一个院子，不同经济者视作一家否？＝否。

共用一个院子各自做饭的有否？＝无。

共用一个院子，正厢、东厢各有户长，则正东厢各为一家吗？＝为一家。

有正厢、东西厢，入住正厢与东厢者有血缘关系，西厢入住者为非亲属，若正东厢与西厢各谋生计，则视为一家还是两家？＝两家，即使同姓也是两家。

【长工和一家】长工的饮食通常与雇主家人一起还是分开？＝一起。

假设长工饮食与雇主家人分开，则为一家还是两家？＝不存在这样的情况，视为一家。

拥有百亩地的杨家也是佣人与雇主一起饮食吗？ ＝是。

【长工与雇主家人间的称呼】佣人尤其是长工，如何称呼自己的主人，比如当雇主比长工年龄小的时候？ ＝掌柜，绝对不能称呼其为弟。

若雇主为长工祖父辈的年长者呢？ ＝若姓李则叫李大爷。

若雇主与长工叔父辈年龄相当呢？ ＝叔叔。

与哥哥辈相当呢？ ＝大哥或掌柜。

雇主为女性呢？ ＝不论老少，一律叫老太太，不能叫老嫂。

雇主家孩子怎么称呼长工，称呼姓还是另有叫法？ ＝夥计（或伙计）。

称呼姓时是否加上敬称？ ＝若姓李则叫李伙计，不用敬称。

佣人如何称呼雇主家孩子？ ＝十五六岁以下则称呼乳名。

比如雇主家小孩叫李贵臣，则只称贵臣不用敬称吗？ ＝不用，20岁以上成家者则称小掌柜。

【佣人和一家】佣人也载入保甲簿，是否算入家人范围？ ＝保甲簿上记载为佣工不是家人。

若佣人与主人不住同厢，分开做饭，则为一家还是两家？ ＝一家。

【寄食者和一家】同族寄食者是否看作家人？ ＝看作。

若是姻亲呢？ ＝不看作。

称做什么？ ＝闲居。

【寄居】保甲簿里记载为寄居指的是亲属还是佣人？ ＝不是佣人，亲戚间互相帮助而租赁空屋，扶养之。

寄居者衣物如何置办？ ＝自筹。

零花钱呢？ ＝无。

田地呢？ ＝打零工或靠做小买卖自谋生路。

生病了怎么办？ ＝没有钱则借给其看病，日后返还。

寄居者是否为家人？ ＝否。

嫁娶时怎么办？ ＝经济上不帮助，但以村民身份送礼金。

是否成一家？ ＝否。

同族人闲居，做佣工，视为家人否？ ＝保甲簿上录入为佣工，因为同族视作家人。

家人是否有其他叫法？ ＝一家人、一家、一户之外无。

为什么能寄居？ ＝民国二十五年沙河大水被大水冲垮房屋的人来到冷水沟，住于院子外，故视为一户，当时带来的家人较多，现在个人寄居的较多，一般都是穷人寄居，沙河水灾时，冷水沟也一度危急，所幸地势较高得以保全。

寄居者也承担村里的负担吗？ ＝不负担摊款，以其家庭困难，户数也少。

寄居家庭是否有家族长？ ＝有。

寄居者有家室吗？ ＝没有。

寄居者有土地吗？ ＝沙河水灾时有，现在无。

寄居者是否参加村里议事？ ＝没有村会组织，即使有也没有必要参加。

家周围的墙叫做"围墙"。

东大门的位置由风水先生设定，故南厢房的位置随之移动。

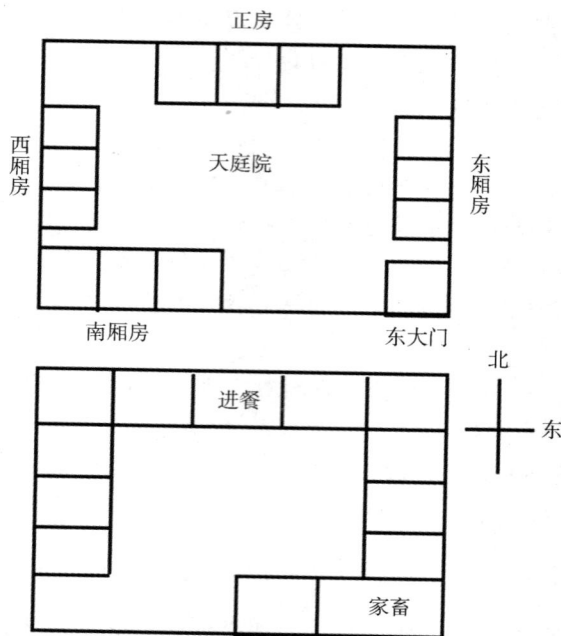

```
            正房
┌───┬──┬──┬──┬───────┐
│   ├──┴──┴──┤       │
├───┤        └───┬───┤
│西厢│            │东厢│
│房  │   天庭院    │房  │
├───┤        ┌───┤   │
│   ├──┬──┬──┘   ├───┤
└───┴──┴──┘      └───┘
   南厢房          东大门
```

```
              北
┌──┬───┬──┬──┐    │
│  │进餐│  │  │    │
├──┤   ├──┤  ├──── 东
│  └───┘  │  │    │
├──┐      ├──┤    │
│  │      │  │
├──┤   ┌──┴──┤
│  │   │家畜  │
└──┴───┴─────┘
```

【房屋结构】房屋结构是否有规律？＝没有一定的标准，依据风水先生意见决定大门中门位置。

通常房屋有几栋？＝3栋，正房、东厢房、西厢房？有的家庭有南厢房。

正房、东房、西房、南房如何使用？＝家族长、祖父母、孙住正房，成家长子及其他子女住东、西房。

有南房的家庭于此做饭？＝没有南房的家庭在东、西房做饭，吃饭在正房，但是以上均非绝对。

有无两家共用一个院子的情况？＝无。

冷水沟哪一家最有历史？＝过去出过秀才的李永芳、李永荃家。

是什么样的家庭？＝两层砖房，有数百年历史。

哪家房屋最大？＝历史最久的那家最大。（有误[1]）

最小的房屋是怎么做的？＝无东、西厢只有正房。

最近新建的房屋结构上与以往是否不同？＝仍然遵照以往的习惯。

【建筑材料】通常盖房用砖如何称呼，怎么做？＝称坯，自制不用火烧，材料为碱性土壤，易被风吹走，屋顶盖瓦的仅有二三家，通常用稻麦秆，高粱秆不行。

───────────────

〔1〕 译者注：此处为调查者注明。

房屋建材如何置办？ ＝只有石头，木材用村里的柳树。

【建筑互助】盖房时有谁帮忙？ ＝住得远的亲戚不来，住得近的十四五户邻居帮忙。

【工钱】木工、坯匠日薪是多少？ ＝木工坯匠都是村里人，一日 60 钱。

【孩子居室】兄弟姐妹共一个房间起居吗？ ＝小孩同父母在正房起居，但是女孩不与父母同室。

女孩单独一室？ ＝兄弟成家后方分室，未婚则杂居一室。

兄弟姐妹长大后仍然同居一室吗？ ＝不是，这有悖礼义廉耻，男孩 15 岁成年，女孩 16 岁以后结婚。

【结婚年龄】男子 14 岁结婚即视作成年吗？ ＝不是，14 岁成婚为伪礼。

查阅保甲簿可知，丈夫年龄多小于妻子，这是为什么？ ＝女子出嫁需侍奉对方父母，当有一定年龄，男子则无限制，年轻亦无妨，且婚后在自家。

男子十二三岁也可结婚吗？ ＝可，但不到 15 岁阴阳不合，无法生育。

【房屋与祭祀】平常有不用做居室的家吗？ ＝盖房时，已让风水先生占卜，做好后没有忌讳。

家中是否有佛坛、佛间之类神圣的地方？ ＝无，但正月正房祭祖。

用什么祭祖？ ＝有家谱则在家谱上，没有家谱则在纸上书写。

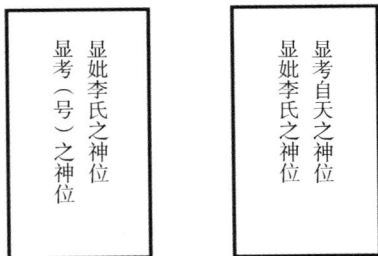

显妣李氏之神位 显考（号）之神位	显妣李氏之神位 显考自天之神位

祭祀（两者有不同人书写）？ ＝现在亦有用相片的，也有平时于家中祭奠者，或写在板子上的。

供奉什么呢？ ＝馒头、包子，正月的年货都可供奉，唯独牛羊肉不可。

不祭土地神、灶神吗？ ＝灶君（翁）由一家之主在厨房祭奠。

灶君为何神？于何日祭祀？ ＝印在纸上，正月出售。正月初一至初五及正月十五祭祀，贴在墙上。

去村子的时候能给我看吗？ ＝去年的今天已经烧掉，换成新的了。

【家庭成员的分工】家里的事是家庭成员各自分担做的吗？ ＝家里的事都是一起做的，但是女人力气小，有些事干不来。

割草、播种等是男女都做？ ＝万事由家长指挥。

高龄的家长也负责指挥吗？ ＝八九十岁高龄的家长实际上什么都不知道，也不会干涉。

【家长代理】这种情况下，实际的家长是谁呢？ ＝一家中聪明，有经验的人，不一定是年长的人，女人当家长的也有。

三子成为家长代理，长子和次子受其指挥的事有吗？ ＝长子和次子不说不服，要是有不服的长子、次子的话，就去做家长代理。

如果 3 人都想要当那怎么办呢？ ＝3 人商量解决。

家长生病的时候，有其妻做代理的吗？ ＝其妻可以为代理，但如果有年满 20 岁儿子的话，就要让其儿子为代理。

有女儿做代理的吗？ ＝女儿要是满 20 岁的话，也就不会留在家里的，所以没有女儿当代理的。

【嫂与妹的称呼】哥哥 20 岁，其妻 17 岁，哥哥的妹妹 19 岁的话，妹妹称哥哥的妻子为什么？ ＝以哥哥为标准，所以要称呼为姐姐，但是没有必要什么都按姐姐的吩咐去做。

【家人行为与家长同意】家长的儿子的妻子要去济南看她妈妈，若丈夫赞成但家长反对时，应该怎么做呢？ ＝只有丈夫的许可是不行的，还要有家长的许可。

家长的弟弟的儿子去外地时，也要有家长的许可吗？ ＝不需要。

家长的弟弟的孙子要外出或有其他什么重大的事情，他的父母即家长的侄子夫妇赞成，家长的弟弟夫妇也赞成，但家长反对的情况下，怎么解决呢？ ＝（家长反对的话） 就不行。

【家人与家长的意见】家里各种事情和对外的各种事情是以家长的意见为中心进行的呢，还是以家人的意见为中心，由家长总结或代为执行的呢？ ＝家庭内的事就是由家长单独负责，对外的事就要听取大家的意见。

作为家长的父母与其儿子意见对立的时候，儿子的妻子会采取什么态度呢？ ＝妻子要是跟着丈夫的话，会不幸的，所以妻子会中立，争取使两方和解。

如果儿子有一定年纪了，家长关于家庭内的事会和儿子商量吗？ ＝大事的话会听他的意见，但决定权还在家长手里。

【家计和家长】谁来做家里的会计？ ＝家里 1 年的收入都是由家长保管，日常开支也都是家长支付。

1 年中有结余的话，多出的钱用来干什么？ ＝买土地。

家庭成员个人的收入和家长有什么关系？ ＝存到家长那属于共同拥有的。

【家人与家长的意见】关于对外的事情，当家长的意见和家人的多数意见不相符的时候，家长和家庭成员是怎么处理呢？ ＝家长的意见不正当的话，就会引起反对。

娶妻时，若家长反对，家里人都赞成，本人怎样都可以的时候，怎么处理？ ＝要听家长的意见。

这种事情不会引起家长和家庭成员之间感情上的对立吗？ ＝借钱等是之后才会出现问题的，所以会引起纷争，但是因为是家长的意见，所以也没办法。

【家人的财产行为与家长】家里的人擅自向家长借钱时，家长要负怎样的责任呢？ ＝家长没有责任。

不还钱时，若家人被带到警察那怎么办？ ＝不承认责任，但在人情上只能忍了。

结果不是变成由家长来还债了吗？＝受邻居或其他人相劝而还债的有，但不一定非是由家长来还。

【亲子纠纷】父母与孩子之间的纠纷多是由什么引起的？＝这种事情很少，结局一般都是遵从家长的命令。

负责调解矛盾的是谁呢？＝邻居或者是庄长，如果嫁过来的小媳妇知情达理的话，也会让她调停。

家庭内一般多是谁来调停？＝儿子的妻子。

【结婚】大体上多少岁结婚？＝按惯例是12岁订婚，15岁结婚。

同姓之间有结婚的吗？＝其实本不可以这样的，但同姓之间也有结婚的，只是不多。

和他村结婚的多还是和本村结婚的多？＝大体上都是本村的。

相亲吗？＝不相亲。

调查财产吗？＝一般不查，因为要调查家世。

男方家里破产或特别贫穷时女方家里会资助吗？＝不会。

【夫妻不和】夫妇吵架多是什么原因？＝妻子家里与嫁过来的人家经济上的差异，妻子很丑等。

有因此而离婚的吗？＝最近没有。

为什么不离婚呢？＝因为要是离婚的话，会成为他村人的笑柄。

丈夫对于不喜欢的妻子也要忍耐吗？＝要忍着一起过日子。

有因此而找小妾的吗？＝没钱所以不找。

村内有通奸的人吗？＝没有，因为通奸不光彩，不被人发觉偷偷地做倒是真的。

夫妇产生不和的话，会告状吗？如果告状的话，又是向谁申诉呢？＝家庭内的话，就向家长。这样还平息不了的话，就去邻居家。

家族之外呢？＝邻居家。

兄弟两对夫妇时，弟弟夫妇不和时哥哥夫妇会干涉吗？＝弟弟可以，但弟弟的妻子不可以。如果是父母的话，也可以干涉。

夫妇吵架时，有丈夫打妻子的吗？＝年轻的时候经常有，年老了就没有了。

夫妇不和时，妻子可以向谁申诉呢？＝可以向丈夫的母亲说，但不能和丈夫的父亲说。

【嫁妆】姑娘嫁过来的时候，会带钱或财产吗？＝只带很多盛装，娘家母亲来的时候会给个五元、十元的。

如果妻子家很富裕的话，有之后给钱的吗？＝有。

【丈夫的行为不端与妻子】丈夫失踪或进监狱等时候，妻子怎么办呢？＝留在丈夫家，再嫁到别人家的话，不光彩。

这种情况下不再婚吗？＝不。

丈夫要是被判处无期徒刑呢？＝就算是要饭，也要给监狱里的丈夫送食物。

【老人】尊敬老人吗？＝不尊敬老人的人其他人也不把他当人。

对于衰老和易生病无法劳动的老人是什么待遇呢？＝生病的时候伴其左右，找医生精心治疗，给他吃比自己平常吃的都要好的东西，给他穿暖和的衣服。

家庭内老人都做什么样的事呢？ ＝什么都不做，不能劳动，仅让他看着农作物。

【教育】村里的小学是几年制？ ＝初级 3 年，高级 3 年的小学。

老师有几人？ ＝本村人的先生有 1 个，他村的有 2 个，其中一个是校长。

他村是哪儿的？ ＝历城县附近。

小学是什么时候建成的？ ＝民国三年〔1〕，当时只有初级，孟家庄当时也有初级小学，但因经费不足，就合并为高级小学了。

小学之外还有什么青少年教育设施吗？ ＝新民会的青年团两三天成立了，但是还没建房子。

那是教育哪个年龄段的人？ ＝17 岁到 25 岁。

怎么训练的？ ＝训练的日期不是一定的。

有小学毕业继续升学的吗？ ＝没这个富余。

以前有什么样的教育设施呢？ ＝以前有七八所私塾，一所有二三十名学生，总共一百多个学生。

谁当老师呢？ ＝冷水沟的人，在私塾里学习的人以后也会继续当老师。

都读什么书？ ＝《百家姓》，《三字经》，《千字文》，读完这些就读"四书""五经"。

几岁入塾，几岁毕业呢？ ＝七八岁入私塾，学完"四书""五经"就十八九岁了。（回答问题的老人与青年中，老人 16 岁就全部读完了，青年读到 16 岁，但没有全部读完）

本村在清朝就出过举人，秀才，进入私塾学习是为了要当举人，秀才吗？ ＝除此之外别无其他目的。

现在的村民特别是年轻人的向学之心是不能比的吗？ ＝当时条件简陋，但大家都学习，现在的学校没有学习的风气。

现在还有人在村里得私塾教书吗？ ＝有两个，60 岁左右，李凤桐和程德敬。

他们家里有很多书吗？ ＝有"四书""五经"。

青年男女从小学毕业之后还读书吗？ ＝现在的青年都没时间了，所以都不读书。

年轻人完全不读书吗？ ＝有稍微读一点常识问答，国文等的，读《三国志》，武侠小说的也有，但高级小学毕业的水平书的意思还不能完全看懂。

【儒教、道教】有读"四书""五经"的吗？ ＝没有。

村里面有道教的庙，你们也读道教的经典吗？ ＝只读"四书""五经"。

《太上感应篇》《功过格》《父昌帝君书》这些书都不读吗？ ＝村里有《太上感应篇》等书，读的时候就借着读，高级小学毕业是读不了的，而且读的时候必须要净身再读，现在的青年做不到的。

庙里的道士读道教的经典吗？ ＝求雨的时候读，村里人不读。

要给道士谢礼吗？ ＝一天 1 元。

【娱乐】年轻人不读书的话，村里都有些什么娱乐活动呢？ ＝基本没有，只有少数下

〔1〕　译者注：即公元 1914 年。

象棋的。

那年轻人不就基本上一直在干农活了吗？＝实际上，仅干农活就已经精疲力尽了。

那年轻人没有什么怨言吗？＝这是农村里从清朝传下来的遗风，父母不会允许孩子的任性妄为的。

外面不是有年轻人的教育设施与娱乐吗？＝父母要是有知识的话，会教他学算盘。

农闲时，年轻人都做些什么呢？＝可以说是没有农闲时，因为就算是冬天也要收集肥料和豆子的落叶放在火炕里烧。

【年轻人与老人——新旧的对立】（老人与青年在座）老人和年轻人对于事物的看法不是有差异吗？＝（老人说）一般年轻人反应快，老人愚笨。

因此而起冲突的事有吗？＝冲突是不可避免的。家庭的事，如果家长不理解的话，就不能认同；对外的事，如果年轻人的主张是对的，可以认同。

村里的行政不是有听取年轻人意见的倾向吗？＝不能无视年轻人但也不能照着他们的意思来。

年轻人对于老人或家长不会感到不满吗（询问青年）？＝家庭里会有，但因为家长是长辈，而且对村长也不能说什么意见。

青年团要是成立了，将来青年们的主张就可以实现了吗？＝就算青年团成立了，也不会按照青年们的意思来的吧，还是要看庄长和其他人的意见吧。

【家庭成员的零花钱和家长】年轻人们的零用钱是从哪儿来的呢？＝从家长那儿拿到的，如果父母不是家长的话，就由父母拜托家长。年轻人可以一年都不使用一文钱，喝酒抽烟的也仅只需要一点点钱而已。

去济南等地的时候也不花钱吗？＝50钱或1元，去了当天就回来。

【家庭成员的收入和家长】年轻人从别家拿到劳动报酬时怎么处理呢？＝交给家长，必要的时候再从家长那儿拿。

明明有1元50钱的日薪却只交50钱左右的事有吗？＝年轻人经常这么干，要说是吃饭，吃零食啊会被家长骂的，所以就隐瞒着不说，城市附近的有拿到1元钱能用掉80元的人，但在这农村都老老实实地交给家长。

家里的现金都是谁保管？＝家长保管。

所以家长是拥有很多钱吗？＝巨款还是攒不了的。

【结婚】女儿关于结婚的问题有和父母意见不同的吗，女儿对于父母决定的婚姻是默认顺从吗，女儿反对父母的决定时，婚事要依照父母的意思来吗，还是斟酌一下女儿的意见呢？＝遵从父母的意见，即使婚后仍有不平，父母也会说这是天命而进行劝说。

先听一听女儿的想法再决定结婚的事有吗？＝不听女儿的意见就决定的。

有违背父母意见而结婚的女儿吗？＝没有。

儿子的话会听他的意见吗？＝不会，家长和孩子商量事情是有违廉耻的。

年轻人是怎么看这种事呢？＝（询问青年）有不服，但也没有办法。

结婚前年轻人和姑娘认识吗？＝结婚后才知道的，要是都是冷水沟人的话，就不相亲，但是大体的事情还是知道的。

　　结婚的事情是和本人说吗？＝男的十三四岁结婚，媒人到家里来和家长说，男的很不好意思就到外面去，所以不会知道。女的 16 岁到二十一二岁结婚，但家长不会和女儿说的。

　　什么时候通知年轻人和姑娘呢？＝占卜的人选好了吉日再通知。

　　女方年长的理由是什么？＝大体上女的要年长三四岁，因为女的是为了做家务才娶进门的。

　　【妾】妾和一般的家人住在一起吗？＝和正妻住在一个家里，房间是分开的。

　　拥有两个以上的妾的人有吗？＝没有。

　　有住在别家或独立生活的妾吗？＝没有。

　　与不是妾的寡妇，人妻等保持着妾的关系的人有吗？＝没有。

　　妾是同村的还是他村的？＝没有同村的。

　　作妾是姑娘还是寡妇？＝姑娘。

　　因妾年轻，丈夫比起正妻更宠爱妾而造成家庭不和的事有吗？＝妾是为了生孩子才娶的，不会多漂亮，也能和妻子互相理解好好相处。

　　妻子和妾产生不和，其中一个回娘家的事有吗？＝有回去的，但也就在娘家待个两三天就回来了。

　　回娘家的是妻还是妾呢？＝妻比较多，一般是生气的那一方回去，因为妾没有权利，所以不生气。

　　会给妾工资，零钱这样的东西吗？＝没有可用钱的地方，而且也不用钱。

　　以后会分给妾财产吗？＝不分。

　　丈夫死的时候，妾怎么办呢？＝如果有孩子的话，就和正妻一起生活。

　　没孩子的话，丈夫死了妾怎么办呢？＝回老家。

　　妾没有精神上、物质上的不平或不满吗？＝妾和正妻关系友好，城市的情况我不知道，但农村的姑娘因为农活繁忙，没时间有什么不满。

　　妾没有孩子时，丈夫还会再娶其他妾吗？＝等妻子到了 40 岁还是没有孩子的话就娶妾，拥有 3 个老婆实际上是不可能的事。

　　有老婆在 40 岁之前就娶妾的吗？＝有一个，那人是因为他妻子体弱，家事又忙，没正当理由就娶妾的很少。

　　没孩子的时候就娶妾是很自然的事吗？＝就算知道是妻子生不出孩子，对于娶妾这件事周围人的评价也不好。

　　妾的孩子成为继承人时，正妻会受到什么待遇呢？＝在冷水沟是尊为义母。

　　妾的孩子称正妻为什么？＝喊正妻叫"娘"，喊妾叫"妈"，也有两个都叫"妈"的。

　　一般村里人都是怎么称呼妾的？＝叫"二太太"，也叫"姨太太"或"二房"。

　　除此之外还有什么别的称呼吗？＝没有了。

　　有妾的情况下，村里的人是怎么称呼正妻的？＝叫"大妇人"，不叫"正房"。（但是第三者这么称呼）

　　妾称丈夫为什么？＝（有孩子的话）多是说孩子的名字再加上"爸爸"（○○的爸

爸）或者叫"当家"，正妻也是这么叫的。

妾的孩子称正妻（义母）为什么？ = "大妈"，喊二太太就叫"妈"。

丈夫称呼妻子为什么，称呼妾为什么（相对于第三者）？ = 称正妻为"我家"，称妾也为"我家"，不叫内人。

丈夫要直接喊妻或妾时怎么叫呢？ = 孩子的名字后面加上妈妈，"○○的妈妈"。

没孩子的时候，丈夫怎么称呼妻和妾的呢？ = 对第三者怎么说丈夫就怎么叫，没第三者时就喊"你"，也有对第三者称"大的"（正妻），"小的"（妾）的。

妾有孩子时丈夫称妾为什么？ = "○○的妈"。

妾喊正妻为什么？ = "姐姐"。

正妻喊妾为什么？ = "妹妹"。

丈夫的弟弟和弟媳喊正妻和妾为什么？ = 正妻叫大嫂，妾叫二嫂。

妾是住在正厢房吗，还是住在东、西厢房？ = 既有住东厢的也有住西厢的，还有住正厢房的。

妾有孩子的时候，丈夫多是和妾一起住，而不怎么和妻住的事有吗？ = 有，一般丈夫都去妾那里。

这种时候，妾不是比妻子更有权利了吗？ = 根据公理，还是正妻掌权的。

丈夫比起妻子更宠爱妾的时候，正妻还是拥有正妻的权利吗？ = 家里的当家还是正妻。

夫妇之间或是妻妾之间起纷争的时候，正妻去谁那里商量呢？ = 去和族长或四邻商量，不去媒人那儿，婚事完成了，就没有媒人什么事儿了。

族谱上怎么记载正妻和妾的呢？ = 正妻就写显妣，妾就写嫡妣或继妣。

妾生男孩子的时候，族谱上怎么记载呢？ = 记为正妻的孩子。

妾只生了女孩子时，家族的延续怎么办呢，会找养子吗，还是让女儿出嫁招过继子呢？ = 女儿全部嫁出去，因为女孩子都被看成是别人家的孩子。

妻子只生了女儿的话，还要娶妾吗？ = 要娶。

要是妾生了三个女儿，没有让 3 个女儿出嫁的财力时仍然不收养养子吗？ = 同族的话就收过继子，收养养子的话同族不会允许。

听说冷水沟的妾都是从他村来的，这是为什么呢？ = 给中介人钱，让他从其他县带过来的。

给多少钱呢？ = 100 元以内。

村里的姑娘不是讨厌当妾吗？ = 是这样的。

村里的人实际上不是正妻和妾区别看待的吗？ = 妾是被轻视的。

妾有了孩子的话不就比妻更有权力吗？ = 妾没有权力，只是有了孩子的话可以免除体力劳动。

妾在未生孩子之前丈夫就死了的话，妾还回娘家吗？ = 一般都是回娘家的，待在丈夫家也行。

妾没有孩子时怎么办？ = 收过继子，这种情况下妾多是回娘家的。

以前是妾的身份对于她再婚有什么影响吗，年轻的话可以去头次结婚的人那里吗，或者是说去死了妻子的鳏夫那里呢？ ＝不能一概而论，去又穷又没妻子的人那的话就可以当正妻。

事实上不是还有很多人继续当妾吗？ ＝有当妾的，因为在经济上有好处。

娶妾的时候，男的要付给妾娘家钱吗？ ＝付大概 300 元。

当妾的都是怎样家庭的出身呢？ ＝这和经济上有很大关系。

冷水沟里有作妾的吗？ ＝没有。

妾嫁过来的时候，会办什么仪式吗？ ＝不办。

娶妾的时候要请客吗？ ＝不。

不是会请的吗？ ＝会买两三斤猪肉。

也不请亲戚吗？ ＝不请。

听说女人过了 40 岁还没有孩子就娶妾，那妾一般都是多大呢？ ＝20 岁到 30 岁的比较多，多是再婚的。

一般姑娘的结婚年龄是多大？ ＝十七八岁。

没有孩子但是有妾，村里人是认为很自然的事，还是看作不好的事呢？ ＝虽说是为了要孩子，但还是不光彩的事。

不论男的地位财产都有妾的吗，比如太穷的话就没有想当他妾的，男的要是有财产地位就有很多人想当他的妾之类的？ ＝农村里没有什么有财产地位的人。

娶妾的时候要有媒人吗？ ＝要有介绍人。

夫妇之间没有孩子时，是娶妾的多一些，还是领养兄弟亲戚的孩子的多一些？ ＝收过继子的比较多。

听说妻和妾住在各自的房间里，有因此而产生不和的事吗？ ＝没有。

丈夫说要离婚时，妾不论什么时候都必须走吗？ ＝妾是被优待的，所以妾不能说这种话，城市里和农村不同，男的也忍着。

婚丧嫁娶的时候妻妾都要出席吗？ ＝仅正妻出席。

丈夫和正妻都死后，妾在家里的地位是怎样的呢？ ＝成为当家（家长）。

妾没有孩子，丈夫和正妻也都死了，有卖掉家产回老家的吗？ ＝没有，近亲（族家）不会允许这种事的。

如果通奸的话会离婚吗？ ＝不会。

【隐居】有隐居吗？ ＝没有隐居这个词。

【当家】"当家"是什么？ ＝家长的代理人。

【杜庄长家】（村庄长的女儿最近结婚了，因此而问）庄长家里有几人？ ＝家长，妻子，弟弟，一个儿子，一个女儿，弟弟有残疾，儿子 15 岁，女儿 21 岁。

下一任家长是弟弟还是儿子？ ＝15 岁的儿子。

弟弟的后代呢？ ＝兼祧，由我儿子继承。

【定婚】什么时候定立婚约？ ＝去年三月。

这叫做什么？ ＝定亲或是定婚。

定亲意味着什么？　＝赠送仪式上的婚书。

那时会办什么样的仪式吗？　＝招待近亲四邻吃饭，男女分开的。

日子是怎么定的呢？　＝请风水先生占卜的。

你女儿的丈夫多少岁？　＝21 岁。

准备了多少东西？　＝衣服还有 200 多块钱。

定亲之前要调查吗？　＝需要门当户对。

你拥有多少田？　＝三亩九步。

其他的收入呢？　＝还有 250 只鸭子。

必须要定亲吗？　＝是的。

定亲之后，小伙子和女儿交往联系吗？　＝不，结婚之后才初次见面。

一般什么时候定亲的比较多？　＝六月六日，二月二日的比较多。

都是什么样的人当媒人呢？　＝我的妹妹嫁到了大辛庄的王家，她是这次定亲的马家的邻居。

媒人就一个吗？　＝就我妹妹一个。

有男的媒人吗？　＝有。

有夫妇两个人当媒人的吗？　＝有。

一般是哪种多一些？　＝一般都是一个人的。

媒人是男的多还是女的多？　＝男女不同。

有青年和小姑娘结婚的吗？　＝不允许。

如果硬要在一起呢？　＝不允许，会把他们驱逐出去。

有这样的例子吗？　＝没有。

【结婚年龄】一般女的结婚年龄是多大？　＝十五六岁，十七八岁，二十一二岁。

男的结婚年龄呢？　＝十四五岁，十七八岁，二十一岁。

【定婚后离世】有婚约的女的如果死了呢？　＝把女的埋到男的家族墓地里。

男的重新结婚吗？　＝重新结婚，最后三个人合葬。

如果有婚约的男的死了呢？　＝仅退亲，男的葬到女的家旁边，然后求阴亲（男女都叫做退亲）。

有没有婚约中的女的死了不埋到男的家墓里的呢？　＝没有，必须要埋到男的家墓地里。

女的死了的话，还和男的家有关系吗？　＝退亲以后，女方家和男方家是亲戚关系。

男的死了的话呢？　＝那就没有这样的关系。

【结婚】冷水沟一般的农家拥有多少亩田呢？　＝一般有 17 亩。

一般会准备多少钱呢？　＝200 多元。

带些什么东西去呢？　＝带自己穿的衣服。

不带一些其他什么东西吗？　＝衣橱，桌子，椅子，镜子，茶壶，茶碗，方柜子，大立柜，两个蒲团，这些都是一般带的，财主家也都差不多是这些，只是质量会更好些，穷的人家就只带个蒲团。

有类似于日本的"省亲"的习惯吗？＝婚后第二天，夫妇要一起去娘家，这时要从夫家那拿 20 元招待近亲吃饭。

20 元要是不够呢？＝不够的就由娘家负担。

（以上均已拥有十七八亩土地的人家为标准）

男方家里的结婚费用合计要花多少呢？＝冷水沟是不出礼金的，仅在结婚仪式上负责招待。

冷水沟里拥有 50 多亩地的人家有多少？＝有好几家。

拥有这么多土地的人家结婚费用是多少呢？＝400 元左右。

定亲礼叫做什么？＝贺礼钱。

有别名吗？＝在冷水沟没有别名。

有十七八亩的地的人家贺礼钱是多少呢？＝30 元左右。

如果是 50 亩的呢？＝40 元左右。

【生育与娘家】女儿生孩子时娘家会送什么东西来吗？＝会送鸡蛋、米饼、小米等，有生孩子后的一个月只吃娘家送的东西的习惯。

这叫做什么？＝送米。

根据生的孩子是男是女，送米会有所不同吗？＝没不同，都一样。

为什么送米呢？＝过去就有的习惯。

无论什么家都送米吗？＝穷人家就相应的送米。

【定婚媒人】媒人多是近亲，同族吗？＝多是他姓的人。

定婚后媒人还有什么作用呢？＝定婚后，就没有媒人什么事儿了。

怎么称呼媒人？＝不叫介绍人，叫"媒人"。

【离婚】冷水沟有离婚的吗？＝没有。

就算夫妻之间没有感情也一起生活吗？＝就算发狂也要忍着一起过。

【过继子】过继子是什么意思？＝孩子死了没有后嗣时，就养过继子。

与过继子同一个意思的还有其他称呼吗？＝过继儿子，过继孙或过继孙子。

从哪里领过继子呢？＝从近亲到远亲，如果近亲远亲里都没有的话就找别人家的。

有从别人家过继儿子的例子吗？＝事实上有，但是很少。

入赘女婿叫做什么＝招赘子。

义子是什么意思？＝并非同姓的招赘子。

过继子，过继孙是以家长为标准的吗？＝以领养的人为标准的。

听说家长是不分男女由年长者担任的，如果妻子比夫年长时怎么办？＝夫妇的话，就是以丈夫为家长。

养子与长孙和次孙在名义上不是有区别的吗？＝没有区别，叫做过继子，过继孙。

有不叫长孙次孙，而叫大宗小宗的吗？＝不这样说。

【兼祧】兼祧是什么意思？＝长子有儿子，次子没有儿子的时候，长子的儿子既是长子的后嗣也是次子的后嗣。

【退继】有脱离过继关系的事吗？＝在冷水沟没有这样的实例，其他地方也没有听说过。

退继是什么意思？ ＝不领养过继子。

退继是在过继子没娶老婆的时候还是在娶了老婆后脱离关系呢？ ＝勤家庄里有过继子之前娶了老婆而被退继的例子。

断绝过继关系时，仅男的断绝关系，老婆还留下吗？ ＝不，要是没有丈夫的话，也就没有妻子。

如果过继子有孩子的话，就不断绝关系吗？ ＝不能退继。

过继子夫妇若被断绝过继关系，是回妻子娘家吗？ ＝是的，回娘家。

如果娘家说不收留他们呢？ ＝不会不收留的，但是一旦过继父娶亲的话是不能退继的。

假设家长有 3 个儿子，长子有 3 个儿子，次子没有孩子，三子有 1 个儿子，此时次子要兼祧吗？ ＝要领养过继子。

【兼祧】兼祧是什么意思？ ＝兄弟两人其中一人没有孩子，那没有孩子一方的后继人也是这个孩子。

承支是什么意思？ ＝不知道。

【过继子】长子有孩子，次子没有孩子的时候，次子领养过继子就意味着分家吗？ ＝算不上分家。

这种场合是由次子主动提出领养过继子吗？ ＝家长和长子说，次子在兄长的三个儿子中要求一个。

同族中没有可领养的孩子时，是在同姓中领养还是他姓呢？ ＝同姓。

那能叫过继子吗？ ＝也叫过继子。

【养子】自己没孩子，同族中也没有可领养的孩子，从他姓那里领养的后嗣叫做什么？ ＝养子或是义儿。

还有其他的叫法吗？ ＝没有。

同族之间没有能当过继子的人时，从别处领养养子也可以吗？ ＝同族同姓之间都没有的话，就去找他姓。

找他姓时会和族长商量吗？ ＝这和族长没关系，就算商量了，也没有什么益处。

【过继子】要是财主家过继子就很高兴去，没钱人家过继子就不高兴去，这样的事情有吗？ ＝当然是有钱的人家就乐意去，没钱的人家就不想去了。

过继子，过继孙是以家长为标准的吗？ ＝领养过继子之前父亲就死了的话，如果家长是死了的人的父亲的话，就叫过继孙，是以家长为标准的。

过继子一般年龄是多大？ ＝20 岁左右，二十二三岁的也比较多，也有丈夫死了妻子领养 30 岁左右过继子的。

同族中如果没有 20 岁左右的呢？ ＝也有领养四五岁的，但是并不是为了让他干活才领养过继子的。

一般领养过继子的是多大呢？ ＝40 岁以上到 60 岁左右的。

同族之间有可以领养的孩子，但是还从他姓那里领养也没有关系吗？ ＝没有这个实例，但不同村的同姓是可以的。

领养过继子时需要找中间人吗？　＝要找监督人。

是些怎样的人？　＝族长，亲友，姻亲，朋友，街坊邻居大概都会出席。

有仪式吗？　＝没有，就是人们聚在一起喝喝酒吃吃饭。

【兼祧】冷水沟兼祧的人多吗，领养过继子的多吗？　＝兼祧的多。

兼祧的理由是什么？　＝虽是同族但是领养了过继子财产会被分掉的。

【分家】分家是分居的意思吗？　＝分家是土话，分居是书面语，两者一个意思。（后来关于分家问了两个村民，都说不知道。）

一个家的人分割财产各自营生叫做什么？　＝分家。

不分割财产但是各自独立成家叫做什么？　＝没有叫法，那是因为被雇用到什么地方去了或是作为政府工作人员派到什么地方去了。

有不分割财产的分家吗？　＝没有。

有兄弟三人，各自娶妻的时候，财产是怎么分呢？　＝三等分，有没娶妻的兄弟的话，就多拿两三百元作为结婚费用。

长子也可以分家吗？　＝不能分家，但是可以住到别处。

已分家的家叫做什么？　＝已分了家的家不叫做分家。

与分家相对应叫做本家吗？　＝叫本宅或老宅。

本家称分家为什么？　＝没有名称。

既有长子又有次子的时候，仅次子分家可以吗？　＝两个兄弟的话，就两个人分。兄弟三人的话，就三个人分。

此时财产的分割方法是怎样的？　＝两等份或三等份。

有父母姐妹的时候呢？　＝3 人共同负担。

长子与次子以下的兄弟的关系呢？　＝因为长子要赡养父母，所以长子的权利义务也大。

分家、分居的理由呢？　＝因为穷人很难维持生活，家长无法承担责任，所以男子多的时候，便让他们自己各自劳动，分发所有财产进行分家，另外在财主家里，三四个孩子共有家里的财产，所以在无论如何都要用钱时进行分家。如果是平和的家庭，过了五代、十代也不分家。

分家的时候，分家的人和本家的财产是对照次子，三子的身份关系，有一定的比率吧？　＝没有规定。

只有父母和未婚女儿的时候，有姐妹分家的吗？　＝没有，姐姐有养子的话，妹妹就嫁到别人家。

没有家长的承诺能分家吗？　＝不能。

分家的话，会被亲属、村落、邻人等看作一家吗？　＝是的。

分家时，要在村里、亲属、邻人办理什么样的手续？　＝为了分家成立而写契约书，那时要展示给亲戚，附近的人看，呈交给村长。

户口簿里怎么记载呢？　＝因为户口簿是最近才有的，所以以前都不递交，不知道现在是怎么样了。

分家契约书让谁来写呢？＝让会写字的人写。

分家在以前和现在是一样的吗？＝是的。

有以前多现在少、现在多以前少之类的事情吗？＝不知道，因为家庭关系好的话，不分家。

（展示了分家单）分家单的保证人有着亲友 3 人的署名，这是指什么样的人呢？＝亲戚 1 人，友人 2 人，亲戚叫姻戚。

分家时和亲友以及其他的见面吗？＝因为分家被看作是破产，所以只有在喊他们时才来。

分家的人和亲属交往吗？＝因为面子所以要交往；一旦分家，兄弟虽然还是兄弟，但是在感情上就不是很好，在山东有句谚语"分家三年愁"，就是发愁 3 年再分家的意思。

分家时会聚集很多人吗？＝三四人。

都聚集什么样的人呢？＝最亲近的亲属。

分家时要公布吗？＝稍微聚集下一起吃饭。

四邻参加吗？＝不。

听说今晚在冷水沟有人分家，是哪家你知道吗？＝虽然知道是姓李，但是不认识。

分家时要建造新的房子吗？＝在老房子里进行。

都说分家很凄惨，那是什么意思呢？＝因为兄弟相互分离。

作为家长的父亲有三个儿子，全部分家时，长子也要写分家单吗？＝三个人全都写，但是红契还是父亲的名义，哪里保管都行。

重订红契时怎么办？＝红契名义的变更在县公署进行。

红契名义的变更要怎么做？＝按 3 人的地，冠以 3 人的名义。

那时，谁会成为家长呢？＝父亲还是家长。

长子什么时候成为家长呢？＝父亲死了之后，母亲就成为家长，母亲死后才能成为家长。

把 10 亩地分给三人，每人 3 亩，把剩下的一亩作为养老地时，这一亩会另外地做分家单吗？＝把那块土地写进三人的分家单里。

三子还小的话，由父亲来管理，但是名义变更怎么办呢？＝还是要变更，由某人来管理。

三子年幼、住在其他人家里时，是看作两户还是三户呢？＝三子年幼，和长子一起吃饭时，不看作是一家。

那时，三子可以说是家长吗？＝不能。

什么时候成为家长呢？＝结婚后各自伙食区分开来，才成为家长。

三子年幼，和父母一起吃饭时，三子家的家长是谁？＝三子的家里没有家长，不被看作是一家。

三子在次子的家里吃饭时，三子是谁的家庭成员呢？＝次子的家庭成员。

那时是叫分家吗？＝是的。

三子长大后，不和兄长一起吃饭时，那叫什么？ ＝没有特别的叫法。

三子从父母或者次子的家独立出来，自立门户时，在冷水沟叫什么？ ＝俗语叫自己过日子或者是自己过了，另外也叫各人过各人的。

虽然分家了，但是和双亲或者兄弟一起吃饭时，那叫什么？跟父母过那样的分家是真正的独立吗？ ＝因为分家是以分财产作为标准，所以分家是分家。

三子在次子家里长大，结婚时要得到次子的同意吗？ ＝不用，全部由父亲做主。

三子分家之前，财产是由父亲管理？还是由次子管理？ ＝由次子管理，和父亲无关。

是根据土地收成来分，还是根据土地的面积来分呢？ ＝把土地划分区域来分配，2 块土地的时候，把小的那块土地做养老地。

太小而很难分的时候，是根据面积来分，还是按照地价来分？ ＝根据地价来分。

【养老地】除养老地之外，还有什么别的名字呢？ ＝没有别的名字。

用粮食来代替养老地的话，叫什么？ ＝养老粮。

是金钱的时候叫什么？ ＝没有。

有在分家后、分收成之前共有土地的吗？ ＝没有。

2 亩的水田和 7 亩的田地无法平均分给 3 人时，怎么分呢？ ＝根据地价来均分。

那时，由谁来分呢？ ＝分家人。

【分家】分家人是什么？ ＝分家时，平分财产的人。

分家人大多是什么样的人？ ＝是亲属，有过分家经验，或者是四邻的会做的人。

要分家的人不同意分家人所说的时候呢？ ＝没有。

不设立分家人，只有靠父亲来分家，有这样的吗？ ＝虽然有，但是实际很少。

分给 2 人土地，分给 1 人钱，有这样的吗？ ＝虽然可以，但是在冷水沟没有实际例子。

田地非常少，分家时怎么分呢？ ＝即使少，一般地也要平均分，无论如何都无法分的时候，就放任给父母作为养老地，然后另谋生路。

那时也叫分家吗？ ＝是的。

虽然长子希望分家，但是次子不希望分家时，还分家吗？ ＝因为只要谁说要分家，就说明家庭不和睦，所以会分家。

孩子希望分家，而父亲要是不同意呢？ ＝不能分家。

比如有四个孩子，只让四子在外面吃饭，让四子耕种他人的土地，有这样的吗？ ＝没有。

【孩子的逐出】兄弟关系不好，不能一起相处时怎么办呢？ ＝让其独立。

那时是让其令立门户吗？ ＝将其驱逐。

被驱逐的孩子能留在村子里进行租佃吗？ ＝能。

那时家长是谁？ ＝是自己。

那叫分家吗？ ＝不叫，因为不能去见父母。

户口簿呢？ ＝还是那个人做家长。

那个人在其他地方赚了钱买了土地，那算是谁的呢？ ＝实际上是成了父亲家的东西。

在冷水沟那里有那种东西吗？＝没有。

在以前呢？＝没有。

【分家】分家分财产时，有必须要留给继承家长的人的土地吗？＝没有。

除土地之外，还有那样的财产吗，比如家谱和其他的？＝没有。

【嫁妆】新娘嫁过来的时候，有带着土地来的吗？＝有带着钱来的，没有带土地的。

那些钱是新娘的还是丈夫的，还是两人共有的呢？＝成为夫妇的东西。

【分财产】家里有相当的财产，有残疾的孩子时，会为了那个有残疾的孩子而留财产吗？＝那个孩子是男孩的话，即使是在分家时身体弱也要均分，如果是女儿的话就给钱。

如果男孩身体弱而不分家时，父母会为了那个孩子留下特别的钱吗？＝会悄悄地做，不会公然地做。

有孩子去济南等地能够独立地生活，分家时，有不分土地进行分家的吗？＝没有那样的事，分家时必须要均分。

【养老地、养老粮】土地少无法分割时是用来作养老地，但是在父母死后怎么处理呢？＝平分，不能均分时换成钱再均分。

分家时，会剩下多少比率的地来作为养老地呢？＝20 亩时把 6 亩作为养老地。

有 20 亩地的话，只是父亲的养老地呢？＝4、5 亩。

20 亩地，有父母和一个女儿的话呢？＝6 亩左右。

嫁资是按照家里财产的多少比率来算的呢？＝没有特别的标准。

有关嫁资，会被其他人说成是和家里的财产不相应的费用吗？＝不会，那样的话就没有女儿的财产份额了吗，女儿和财产没关系。

分家时，听说是先分 20 亩然后再留下养老地，以及把 6 亩留作养老地然后均分，除这以外还有其他的方法吗？＝也有父母轮流住在孩子家里，轮流供养的方法。

为什么会有这种方法呢？＝（一）父母仍还有自己耕种土地的可能性；（二）父母不愿自己耕作时，接受来自孩子的粮食；（三）父母没有自己耕种的能力时，其中主要就是（三）的情况。

（二）的情况是分家后孩子的家离得远的时候吗？＝近的话也可以，但是远的话就不行。所有的孩子都住在同一个院子里时，轮流地住在孩子家很便利。

那样的话，家长就变成几个人了？＝分家的孩子决定好一定的时间，交替给粮食，也有父母住在自己家里的。

在冷水沟哪种方法最多呢？＝留下养老地的最多。

人们认为哪种方法最好呢？＝我认为养老地的最好，有养老地的话，父母的生活就有保证，没有留下养老地时就不能十分地保证，之后也有情况变坏的。

兄弟关系最差时留下养老地，关系比较好的话就不会留下养老地，有这样的吗？＝不是根据兄弟关系的好坏决定的。

父母的零用钱怎么办呢？＝算在养老粮里。

父母不种养老地时，是租出去给别人种，还是让孩子种呢？＝给孩子种。

孩子的租金高还是低？＝一样的。

父母辗转于孩子家，被轮流照养时，父母的零用钱怎么办呢？＝每月决定由 3 人负担。

父母有养老地，有女儿的时候，女儿的嫁妆由谁负担呢？＝从养老地里出。

没有养老地时呢？＝从养老粮里出，养老粮里包含着女儿的费用。

养老粮（地）不富裕时呢？＝分家时就事先取出来了。

这叫作什么呢？＝胭粉钱。

金额是多少？＝50、60 元到 200 元左右。有养老地的时候，没有胭粉钱。

【结婚的费用】一般拥有 17、18 亩的田地的人，嫁资是多少？＝出嫁用品是 200 元左右，婚礼的宴会费是 200 元左右。

媒人的谢礼是多少钱？＝没有。

【分娩和娘家】媳妇生孩子时，会根据长子和次子、女孩和男孩的区别，娘家送的礼物有没有区别呢？＝没有区别。

娘家送什么礼物？＝送米。

【土地的买卖】作为前任家长的父亲死后，把地券转移给兄弟三人，由长子保管的时候，有没有长子秘密把土地卖掉的情况？＝没有。买卖土地时，必须要把地券出示给四邻，以确定界线，秘密出卖是不可能的。

【养老地】父母死后，养老地如何处分？＝均分。

父亲去世，只剩母亲一个人时，养老地要减半吗？＝不，都去世后才均分。

只剩下女儿时，这些扶养地叫作什么呢？＝胭粉钱，不给地，给钱。

那些钱是如何筹集的呢？＝兄弟分摊。

养老地的别称是什么呢？＝养老粮、养赡地。

【分家】家长想分家，两个儿子不想分家时该怎么办？＝不分家，还没有这样的情况。

一个孩子希望分家，其他的孩子不希望分家。这时，家长该怎么办？＝有养老地的话可以，不然的话，就把想分家的赶出去。

有兄弟三人，分家的时候，祖先的灵位放在哪家，怎么供奉？＝长孙的家里，叩头拜祭。

为什么由长孙拜祭呢？＝放在长孙的家里，但是叩头的时候是三个人，费用年底的时候分担。

费用是多少呢？＝三四元。

哥哥死后，弟弟成了家长，哥哥的儿子希望分家时，如果有 20 亩地的话，怎么分？＝叔父和侄子各 10 亩均分。

同样的情况，长孙希望分家时，次孙不想分家时，怎么办？＝这是和叔父之间的问题，等长孙三十岁左右的时候，就算叔父是家长，也可以分家，不能反对。

您知道宗祧的说法吗？＝不知道。

一家中有三个男孩的话，兄长一系、二弟一系、三弟一系，分别叫什么？＝长兄叫长子或者长孙；二弟的叫次子或次孙；三弟的叫三子或者三孙。

是由长孙祭祀祖先吗？＝家长最年长，由家长祭祀。

【过继】哥哥没有孩子的时候，弟弟有两个孩子的时候，哥哥的后嗣怎么办？＝把弟弟的长子给哥哥。

哥哥有两个孩子，弟弟没有孩子时呢？＝把哥哥的次子给弟弟。

长子长孙有没有什么特权？＝没有。

哥哥是家长，只有一个弟弟，哥哥弟弟都没有孩子时，作为家长的哥哥怎么办？＝娶妾，过继子。

这种情况，弟弟要孩子吗？哥哥的过继子继承吗？＝（答案不明。）

【李永祥家的结构、家庭关系】到场的一人、李永祥家的分布如（A）：

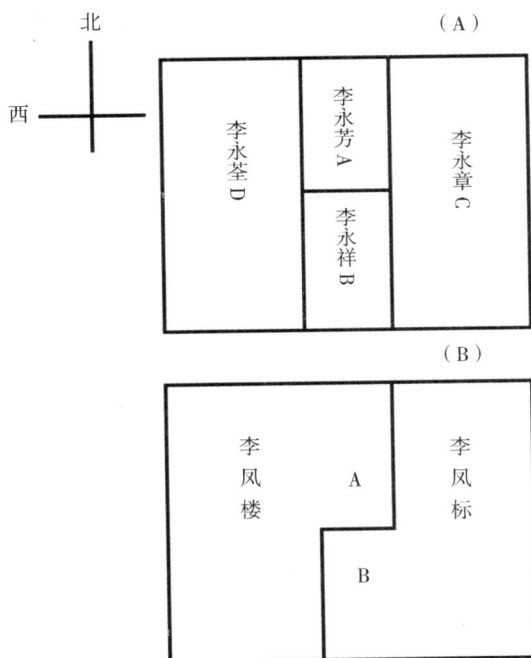

（A）

北
西

李永荃 D　　李永芳 A　　李永祥 B　　李永章 C

（B）

李凤楼　　A　　李凤标

B

在先代，李家身份关系的变化很明显，变成了（B）显示的这样，但是原来是一家的现在变成了永芳、永祥两家，看中间的墙壁就可以明白，而且光绪三十年的时候像（B）显示这样分家了，身份关系如下，

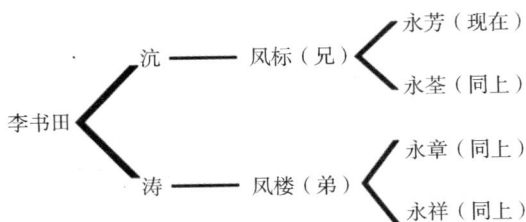

李书田 ┬ 沆 ── 凤标（兄） ┬ 永芳（现在）
　　　　│　　　　　　　　　└ 永荃（同上）
　　　　└ 涛 ── 凤楼（弟） ┬ 永章（同上）
　　　　　　　　　　　　　　└ 永祥（同上）

即凤标和凤楼分家了，然后各自又分成了两家，据村民说，永芳的家拥有一栋二层建筑，在冷水沟是最古老、最大的一家，但是事实上杨家是最大的。光绪年间，永芳的家里出过秀才，父亲凤标及其弟凤楼各自得到了 30 余亩地，然后分家了，因此，在冷水沟不管是看社会地位，还是看财产，都是可以说是一流的，永祥现在是甲。据图表示，A 和 B 分家了，B 又分成了 B 和 C，A 又分成了 A 和 D，一家分成了四家，这从图上的墙壁构造可以看出来。

【分家】按照本人的口述，记录永祥分家的情况，永祥四年前和哥哥永章分了家，原因是永章酗酒浪费了家里的钱，分家时，家里有祖母、母亲、哥哥夫妇和一个孩子、本人夫妇和两个孩子，总共 9 人，永祥的父亲在分家以前就死了。

分家的时候，有多少地？ ＝总共有 17 亩。

【养老地】养老地呢？ ＝6 亩地。

这是奶奶和母亲的地吗？ ＝奶奶死了，只剩下母亲，以前是奶奶和母亲的。

就算只有母亲自己了，养老地也不减少吗？ ＝一般不减少，就这样保持着，等母亲死后才均分。

母亲的饮食及其他是怎么安排的？ ＝兄弟之间确定期限，每家 10 天。

6 亩地的养老地怎么处理？ ＝兄弟各分 3 亩租。

【分财产】剩下的 11 亩怎么处理？ ＝均分。

从家的分布来看，哥哥分家，弟弟住在本家，是这样的吗？ ＝根据抽签决定。

怎样抽签？ ＝在院子里立上石头，把它们看作是天地的神，焚香烧纸，分家的人三叩首，然后抽签。

家族的人要出席吗？ ＝不出席。

兄弟二人，谁先抽签？ ＝长子先抽。

抽过签之后，能抱怨不公平吗？ ＝不能。

房子、田地、家具等是如何划分的？ ＝签纸上写好了房子、田地和家具，抽签的时候就决定了。

抽签的方法呢？ ＝提前说明东是哪个，西是哪个，要是四个人的话，就要写上甲乙丙丁、东西南北，把写好的字条放在陶器中，各人从里面抽。

李家的田地的总数是多少呢？ ＝水田 4 亩 5 或者 4 亩，旱地 12 亩 5 或者 13 亩，宅地 2 亩（只有永祥的部分）。

您所有的土地种类分别是多少？ ＝水田 2 亩、旱地 5 亩半或者 6 亩。

哥哥的所有地呢？ ＝水田 2 亩 5，旱地 5 亩。

养老地呢？ ＝水田 2 亩 8、旱地 3 亩 2。

永祥租佃的养老地呢？ ＝田地 1 亩，水田 1 亩 8。

【分家后的家、家长】哥哥怎么称呼弟弟的家？ ＝老宅子，兄弟家。

哥哥的家叫作什么？ ＝哥哥家，不叫本家，也不叫老家。

母亲现在在哪一家？ ＝在永祥的家里。

家长是谁？ ＝母亲是家长，永祥是当家的，母亲去哥哥家的时候，母亲是家长，哥哥是当家的。

永祥就成了家长吗？ ＝成了家长。

门牌要更换吗？ ＝需要更换。

向哪里申请？ ＝没有经历过，但应该是向庄长。

母亲住在哥哥家时，永祥结婚时，要得到母亲的许可吗？ ＝要，即使自己是家长。

母亲住在永祥家时，哥哥的女儿结婚时，要得到母亲的许可吗？ ＝要。

这种情况下，哥哥要是卖地的话，要得到母亲的许可吗？ ＝要。

向母亲征求许可，是因为是自己的母亲还是因为其他原因？ ＝没有什么特别的原因，因为是长者，是自己的母亲。

母亲不在了的话，哥哥卖地的时候，必须和弟弟商量吗？ ＝因为是兄弟，怎么都得商量一下，但是一个人做主也可以。

同样的情况，哥哥的女儿结婚时，哥哥必须要和弟弟商量吗？ ＝商量，但是不商量也可以。

哥哥要是受到弟弟的反对呢？ ＝哥哥要是无论如何都想让女儿结婚时，自己做主也可以。

李永祥的哥哥为什么分家？ ＝哥哥浪费钱，母亲决定在财产还没有被挥霍完之前分家。

分家后哥哥的生活呢？ ＝分家后，哥哥继续酗酒，挥霍钱。兄弟关系经常闹矛盾，但是哥哥已经死了。

【同族】冷水沟同族有多少？ ＝李、杨、杜、谢、任、程、王、张、刘。

【族谱、祭祀】哪些同族有族谱呢？ ＝李、杨、谢、程。

没有族谱的同族有同族关系吗？ ＝承认同族关系。

祭祀祖先是共同进行吗？ ＝是。

同族里有没有不参加的人？ ＝没有。

同族中有没有特别的关系？ ＝仅仅是共同制作族谱而已，没有其他特别关系。

什么时候记载族谱呢？ ＝年底时，但是不一定。

有没有这样的人：没有被记入族谱，但是像同族一样被对待？ ＝有，远房亲戚没有被记入族谱，但是被认为是同族。

【同族】姻亲关系被认为是同族或者是和同族差不多关系吗？ ＝不会。

同族关系和亲族关系，实质上有什么区别？ ＝近亲更亲切。

没有族谱的话，根据什么区分是不是同族呢？ ＝修族谱的时候。

同族有同族的组织吧？ ＝只有族长，不论辈分。

有没有虽说是同族，但是现在没有什么特别的关系，事实上姻亲和近邻更亲切的情况？ ＝比起远亲，姻亲和近邻更亲。

同族间发生不和或争吵时，怎么调停？ ＝族长出面，但要是这样都不行的话，就由保长、庄长出面调停。

以前同族间的关系是怎样的？ ＝现在也是以同族来对抗同外族的关系。宗教观念是永久的。

有没有同族对抗他族的情况？ ＝没有。

谢家是从哪里过来的？ ＝据说是河北的枣强。

谢家有多少家？ ＝40 多家。

任家呢？ ＝十四五家。

出身地呢？ ＝听说这附近大都是枣强。

在枣强有同族吗？ ＝不知道有没有。

同族拥有共同的墓地吗？ ＝谢家和任家分别有各自的墓地。

【同族会议】有没有同族会议？ ＝同族有事情的话，应该会开会吧，但是自己不知道。

谢先生和任先生多大岁数了？ ＝谢先生 47 岁了，任先生 52 岁了。

四五十年间，可以没有同族会议吗？ ＝当然可以。

【族长】同族的领头的叫作什么？ ＝族长。

李姓的族长是谁，有多少岁？ ＝李毓杭、70 岁。

族长由什么人担任？ ＝辈分最长的人，把这叫作论辈。

族谱是放在族长的家里吗？ ＝放在长孙的家里。

要是按辈分的话，族长如果特别年轻或者年迈呢？ ＝即使是这样，族长依旧是族长。

族长要换届吗？ ＝不换届。

谢族的族长是第几代？ ＝十二三代。

任姓呢？ ＝没有家谱，不知道。

同族里除了族长还有没有官吏？ ＝没有。

要付给族长报酬吗？ ＝不需要。

【同族活动】族谱是在哪一天祭祀？ ＝正月初一一次。

同族的人都要参加吗？ ＝祭拜是随意的。

同族的共同活动以前有，但是现在没有了吗？ ＝以前和现在一样。

族墓很明显吗？ ＝因为族谱不完全，所以不明显。

同族的人要向族墓拜祭吗？ ＝不需要，向族谱叩头。

族祖的正统即本家和同族的人是什么关系？ ＝记不清谁是本家，看族谱的话，可以明白。

同族的活动、祭祀、结婚等族人全部都要出席吗？ ＝近亲去，远亲就不去了。

【同族扶助】同族中，有人有困难时，同族会给予什么帮助吗？所有同族会开会援助吗？ ＝不会。

同族的人会以个人名义援助吗？ ＝不会。

同族的人不帮助的话，四邻、保甲长、庄长等会给予什么帮助吗？ ＝同族或者四邻会在春节、端午等节日给予非常贫困的人以物质帮助。

【换家长和族长、庄长】家长死后，下一任家长根据年龄当然确定，这时候要去拜访族长或者要向庄长报告吗？ ＝不拜访，也不报告，没有必要给族长说，哪里都不用去。

【同族】同族中一家产生问题时，只有这一家决定吗？ ＝不是，同族中明白事理的人决定。

族长呢？＝首先有关系。

有没有在族长的家里祭祀祖先的情况？＝没有。

同族墓地要共同祭祀吗？＝没有。

同族和族家是同一的吗？＝是同一的。

族家包括什么范围？＝同族中的近亲，普通家族的话是指到伯兄弟、叔兄弟的八代。

【本村的同族】李家在全村有多少家？＝百家以上（据保甲簿显示有180家）。

全部是同族吗？＝属同族的李姓有20家左右，其他有四家。

这20家同族叫作什么呢？＝同宗一李，也叫作同姓。

这一百家李姓叫作什么？＝同姓。有五个李姓，一个是同族，同姓一李。

同宗是什么？＝没有同宗的说法，五个李姓都不是同一个祖先。

把这20家的李姓总称为什么呢？＝族家。

就算其中一家去了济南，也是族家吗？＝是。

这家李姓的祖先是什么时候的人？＝从九代以前就一直持续下来。

过了十一代、十二代也是族家吗？＝是。

在20家的李姓中，有没有只有四五家祭祀自己祖先的情况？＝有。

这叫作什么？＝长子、二子、三子。

杜姓家族有多少家？＝7家。（按保甲簿记录是11家）

这7家是从同一个祖先繁衍下来的吗？＝是的，但是同族的是4家。

杜姓的长孙是谁？＝没有族谱，不知道。

祭祀哪些祖先？＝八代以来的祖先。

这八代祖先叫做什么？＝老祖宗。

族长祭祀老祖宗吗？＝各自祭祀。

任姓家族有多少家？＝15家。（按保甲簿记录是17家）

任姓家族有没有分开呢？＝

任　达 ⎰ 天　成—○—○—任福昌（东支）
　　　　　　八家
　　　　⎱ 九　成—○—○—任福申（西支）
　　　　　　七家

长孙是哪家？＝不知道。

您同族的祭祀呢？＝在长孙家里。

各姓的族长的名字是什么？＝李—李毓杭、谢—谢怀坤、杨—杨枫、程—程志信、杜—杜登员、任—任长茂、王—王为善、张—张冬祥、刘—刘茂柏。听说，其中，刘、任二姓没有族谱。

【族家的称呼】五代以内叫族家，过了五代叫族家兄弟，第五代也叫堂叔兄弟，五代以内的不叫族家〇〇，六代以下的叫族家伯父、族家叔父，一般称呼的时候，仅仅是哥哥、兄弟叫弟弟，特别被问到时，称作〇〇兄弟，五代以外的当然还是称作哥哥、兄弟，一般谈话的时候不称叔伯父为〇〇叔父，仅仅是叔父、伯父，亲叔和堂叔是相对的，亲是真正适合的时候自己称呼的，堂是三代、四代的时候称呼的，不管延续多少代族家依旧是族家。

【本村的同族】五个李姓全部叫作同族吗？ ＝同族是一个家族。

同宗呢？ ＝不清楚。

我觉得五个李姓的祖先是相同的，您觉得呢？ ＝各族有各族的祖先。

五李都有族谱吗？ ＝只有一家有。

五李都是从河北的枣强来的吗？ ＝不知道。

其他四李，有没有族长呢？ ＝没有，五个同族叫作同姓。

李永祥的家族有多少家？ ＝30 多家。

保甲簿和您说的同姓的数量不一样？ ＝因为保甲簿，有各种散居户，不一致。

任姓也是从枣强来的吗（询问任姓的人）？ ＝当然。

从枣强来的都是什么姓？ ＝杜、谢、李、王、程、刘、杨、高、张。

在枣强有没有这些姓氏吗？ ＝不知道，听说枣强没有杜姓。

在冷水沟李永祥的李族是最有势力的吗？ ＝田地和人口都是最多的。

【祖茔地】同族全部都有祖茔地吗？ ＝都有。

其他李姓家族呢？ ＝有 4 个。

其他李姓家族有族长和族谱吗？ ＝族长有 4 人，没有族谱。

祖茔地在村的哪个方向？ ＝程族的在南，张族的在东北，王族的在西南、刘族的在南，李和杨的在东，谢族的在东南。

祖茔地还叫作什么？ ＝叫作祖茔。

位于耕作地中的也叫作祖茔吗？ ＝叫作。

祖茔地叫作护茔地吗？ ＝不叫。

李姓的祖茔地是由谁耕种呢？ ＝同族中最穷的。

耕作人有什么获利和负担吗？ ＝收获全归其所有，十月一日同族的人扫墓时，他要买烧纸，同族人也有带着烧纸去的。

决定耕作人的是谁呢？ ＝族长。

耕作人代代是一定的吗？ ＝会变更。

是由族长单独决定吗？ ＝和族家商量。

同族要开会吗？ ＝不开，顶多是商量商量。

祖茔地的耕作人有没有什么名称呢？ ＝没有。

有祖茔地耕作契约吗？ ＝没有。

任姓有祖茔地吗？ ＝没有，种上树了。

有多少？ ＝东西支总共九分。

能在祖茔地上新建坟地吗？ ＝因为墓的位置，不可以。

祖茔地周围的土地的所有者是谁？＝没有。

一家子？＝意味着同族。

自家？＝有自家的说法，没有他家的说法，他家叫作老李家、老张家。

本家？＝用于五服以内的人。

【家谱】当场的村民中，李姓家族有家谱，明天想看家谱，告诉他们拿过来，但是回答说要选一个吉日叩头之后带过来，明天不行，而且，家谱不能由他人带来，必须由家族的长子带来，李家的家谱在乾隆时代因为火灾烧掉了，但是直到明末的系谱关系都知道。

【墓】在冷水沟最古老的墓地是哪个家族的？＝李姓的墓地，明代时候的。

庄长说谢家的墓是最古老的，但是墓很小，没有石碑，所以不明确，而且随着土地一起卖了，现在都不祭祀了。实地调查，碑倒了，无法明确。

【本村的同族】在冷水沟最古老的姓是什么姓？＝杜和王，这二姓以前是做豆腐买卖的，据说，曾有红头苍蝇飞来过，被刺的人都死了，但是杜和王因为做豆腐，家里有烟，没有被苍蝇刺到，所以生存下来了。

【族谱】族谱棚在哪家啊？＝在长孙的家里。

族谱棚在家里哪个地方？＝正房空闲的地方。这也不是一定的。没睡人的房子，有孩子的家里要锁上，一般都只是关着的。

经常拿出来吗？＝当然。

族谱什么记载呢？＝过了10年或20年，老人会收集记录，因此日期不一定。

族谱的祭日是哪天？＝正月一次，同族参加，费用由长孙负担。

同族分家的人和族谱的关系呢？＝要在族谱上登记。

这有没有名称呢？＝没有。

同族要集合？＝不集合。

负担怎么办？＝同族以及长孙负担。

分家者的负担呢？＝供奉鱼、肉（五种）、酒、馒头，长孙也要负担。

同族的负担呢？＝带上烧纸和香。

长孙要到场吗？＝要出席。

族谱是放在架子上还是放在箱子里？＝箱子。

正月的时候，同族的人集合祭祀族谱吗？＝祭祀。

要确定时间集合吗？＝正月初一的早上，随便来祭祀。

【同族】有没有同族的集会和会议？＝没有。

对同族的贫困者要援助吗？＝援助，其他族的也援助。

没有族产吗？＝没有富余。

【同族墓地】有没有个人的坟或者同族的墓？＝村周围有很多。

哪个姓的墓地？＝李、杨，但是现在都归个人所有了。

有同族的会议吗？＝有。

在冷水沟最古老的碑是什么时候的？＝明代，是族长的墓。

杨、谢、李等有共同墓地的土地时族长所有还是共同所有？＝没有余地，现在都是一家一家修建坟地。

任先生的同族的共同墓地归谁所有？ ＝族家所有，族长管理。

有多少亩？ ＝东支西支总共有一亩半坟地。

任姓的同族墓地的四边的土地现在归谁所有？ ＝任姓所有，分配护茔地，西邻归杜庄长所有。

结阴亲时有没有中间人？ ＝有媒人。

有墓的土地卖吗？ ＝卖。

没有墓的土地一定不能卖的习惯吗？ ＝有，确实没有办法的情况下卖，最后再卖。

虽然有没有墓地的土地，但是卖了有墓地的土地，会被村民或者四邻说坏话吗？ ＝是的。

李买的田地中有任的墓时，李会在那里做墓吗？ ＝埋起来，没有面积时不会这样做。

卖有墓的土地时需要什么样的条件呢？ ＝记载坟的面积，那个不卖。

祖茔的土地所有者现在是谁呢？ ＝是族产，不是族长的，族长仅仅是管理。

李、杨、谢、任的同族墓地的方位在哪里？ ＝李是在村的东边，杨也是东边，李的墓地的东南，谢是在村的东南，任是在西。

风水先生说好的方向有祖坟，那个祖坟里有穴室，同姓的人也不能作墓地吗？ ＝不能。

买有墓土地的人，在很长的年月中都不能将这个墓弄坏吗？ ＝有例子，没有家人，即去拜谒墓的人。

同族的墓地称为什么呢？ ＝老坟。

祖坟是什么呢？ ＝因为没有埋入祖茔，自己做了墓，祭祀最初的祖先。

卖主卖了有坟墓的地后在上面经过很久后也可以种树吗？ ＝可以。

买主不会有不满吗？ ＝不会说。

需要买主的许可吗？ ＝不需要。

卖有墓地的土地时，一定要保留墓地这样的契约有吗？ ＝不写，因为是除去墓地的面积的。

看了县公署的地券后，写了如下记录：

同中人三面言明。地内孤坟四塚。许启不许葬。启坟之后，并无地墓。

这样在冷水沟会写吗？ ＝不知道是不是在地券上。

在冷水沟，不管是知道还是不知道，看到小型的墓，是子孙建立那么小的墓吗，还是因为卖了土地，常年后自然成为那个样子了呢？ ＝孩子的墓是小的，3 岁以下的小孩墓是平的，还有没有拜谒者的墓会成为那样。

墓地和家的方位关系有凶吉一说吗？ ＝没有。

如果夫妻埋在同一个墓中，棺材的位置要如何定呢？ ＝夫左，妻右。

有妾的时候呢？ ＝正妻是在夫的左边，妾侍是在夫的右边，三人以上在右边排列。

用瓦围起来还有土的墓叫什么呢？ ＝圹。

为什么要做圹呢？ ＝风水先生说埋之后会不好的情况下。

有把墓变小，以及在墓上刻楞纹的情况。为什么会这样呢？ ＝在冷水沟不是绝对的，有违良心。

卖有墓的土地时仅仅是除去墓的面积吗？＝除去，根据契约。

共同的同族墓地叫作什么呢？＝祖坟。

祖坟里没有空间的情况怎么办呢？＝自己再另外做墓。

风水先生根据什么来确定凶吉呢？＝祖坟的位置，根据年年变化的位置来判断凶吉，即看地势，前后的山，凹凸等。

人死后一定要请风水先生看吗？＝是的。

一家的墓是分散的，还是在一个地方呢？＝原则是埋在同族的墓地，没有那么多地方，所以就有了自己的墓。

有任家坟墓的土地卖给李家时，需要得到任家的许可吗？＝不需要，墓地是所属于任的。没有写在地券中，是面积以外的。

没有祖坟以外的名称吗？＝自家的坟。

任姓有看护地吗？＝有，但是任姓分家时是均分的。

买主会把土地上的墓弄小吗？＝有家人的话不会。

有墓的土地会出租吗？＝不出租，自己耕种。

如果出租的话，佃农会把它弄小吗？＝很久没有祭拜时，会无意识地变小。

【阴亲】阴亲是什么呢？＝死后结婚。

未婚女的尸体不会埋葬在家坟，要埋葬在其他地方吗？＝临时埋不会埋在家坟，埋在阴婚男方的坟地中。

埋葬时一定要请风水先生占卜吗？＝是的。

过继子不需要时和其他的未婚年轻的墓一起合葬吗？＝过继子和阴亲没有关系。

合葬的年轻人一定要是同村的吗？＝他村的也可以。

关于合葬是由男方提出还是女方提出呢？＝没有很多，两方在合适时提出。

合葬时双方和活着时结婚一样需要年龄相合，家境，调查财产，举行结婚仪式吗？＝仅仅是埋葬，不进行别的。

有仲人吗？＝有媒人。

合葬后，两家亲戚间要来往吗？＝和生前结婚一样。

两家在经济上的关系呢？＝互相没有关系。

合葬有规定是必须男方先去世还是女方先去世吗？＝没有。

15岁去世的话，十年后依旧是15岁？＝男方30岁去世，女方15岁去世也可以合葬。

【埋葬】未婚的女性不能埋在家坟那要埋在哪里呢？＝其他的土地，如果不是别的土地就不能所求。

是根据什么理由呢？＝是就算死后也要结婚，即应该成为他姓者。

未婚的男子呢？＝埋进祖坟。

未婚女子的土地是由风水先生占卜的吗？＝不是，因为是凶死，适当地埋葬。

把家人埋入祖坟时需要风水先生占卜吗？＝不需要，祖坟已经占卜过了。

祖坟是指什么呢？＝个人的和共同的一起称作祖坟。

尸体头部的位置是一定的吗？＝不一定。

好像是有立石碑和没有立石碑的家？＝立是应该立，但是因为贫穷不能立。

那么是谁的墓不就不知道了吗？＝代数是不能明确的，所以一起拜谒。

墓的排列有一定规则吗？＝祖上的前面开始，按世代数由左向右排列。

祖坟面对的方向是一定的吗？＝原则是大体朝子午向。

【墓】冷水沟隶属于历城县张马区，我们偶遇张马区区长黄用九氏的母亲葬礼，得以看到墓地的内部。

墓是面向东南作的，内部是极其庄严，和外面的土坟相比是是想象不到的。西北的头部分有像佛坛一样色彩非常鲜艳，相当于门的地方如下面写的，深度约是一间半，三四人的匠人在内部创作需要二三天。

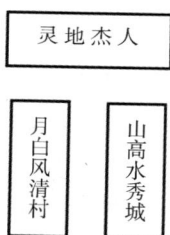

灵地杰人

月白风清村　　山高水秀城

像是佛坛一样的东西，即和头相对，面向侧面的穴的中部作了隧道，叫作神道。张区长的祖父母的坟在左侧，区长父亲还在世。如果要葬父亲时，要在左侧，所以神道穿过了左侧，是所谓的携老同穴的故事。

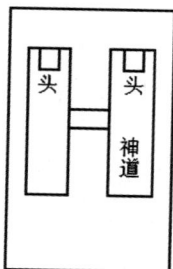

头　　头　神道

葬礼安置的牌位写着如下内容：

亲　思　云　望
追远长存一片心　　值终须尽三年孝

【同族】同族的数根据保甲簿如下 = 甲、乙、丙、丁代表四保的甲保、乙保、丙保、丁保（保甲簿不足为凭）。

	任	高	劉	李
甲	—	3	5	66
乙	—	—	11	19
丙	—	2	—	63
丁	17	—	1	30
	17	5	17	188

	謝	楊	張
甲	—	4	5
乙	18	29	8
丙	—	14	3
丁	22	1	2
	40	48	18

	杜	王	程
甲	—	4	8
乙	5	1	7
丙	—	1	—
丁	6	7	—
	11	13	15

【亲友】有亲友和地券是指的谁呢？ = 指代表族家及亲戚，朋友的人。

家里有很多事情的情况下，有不请远方同族而请朋友的吗？ = 大体会请五代内的族家，也会邀请关系好的朋友。

【家产】有家产这一词汇吗？ = 虽然有，但是叫作我们的财产，也就是家产。

以孩子的名义时呢？ = 父亲知道时就成为了家财，不知道的情况就没有办法了。

为什么不能是孩子的财产呢？ = 不承认私有，分家后承认。

【朋友】朋友是有什么样人品的人呢？ = （任先生）"不错"的人全部是朋友。（刘先生）认识的人全部"不错"，所以全部是朋友。

朋友是同村的多还是他村的多呢？ = 在庄外也有很多认识的，可以称为朋友的有不这样叫的。

同族的都是朋友吗？ = 不一定，同姓"不错"的情况下可以称为朋友吧。

邻居可以称为朋友吗？ = 可以，但是同族不叫做朋友。

年龄差距很大也是叫作朋友吗？ = 不是，基本上是年龄差不多的人这样称呼。

财产方面有差别的时候呢？ = 年龄差不多、有财产的人信任没有财产的人时，可以叫作朋友。不信任的情况下不是。

邻居是区长的情况下，也可以称为朋友吗？ = 可以。

和朋友同意的其他词汇有吗？ = 没有，不叫作亲友，朋友之间没有感情的薄厚。

让亲友写地券的人们在友人去世后要做什么事情呢？ = 没有过继子的情况下亲友来善后。

地契人通常是什么样的人呢，还有其顺序是什么样子呢？ = （一）族家；（二）亲戚；（三）朋友（有时写有时不写）。

要写上普通亲友吗？＝就算是不写朋友，也要写亲友。

朋友参加结婚典礼或者葬礼吗？＝如果通知了就会参加，不通知就不来，但是朋友也有远近。

朋友出席的情况下（有时在葬礼）和家人一样可以发表意见吗？＝是的。

家人和朋友的意见不同时呢？＝家人的做法不好的话，可以根据朋友的提议来商量。

任先生在济南有朋友，是怎样认识的呢？＝自己去济南买货物时认识的熟人，不是从小长大，这种朋友有很多。

和济南的朋友关系非常好吗？＝普通的朋友，不近也不远。

朋友不是家长，朋友家的凶吉事全部参加吗，还是直接仅仅和朋友的凶吉事相关呢？＝有不是家长就不能做朋友的情况，成为家长去朋友那里帮忙，（任先生说）关于朋友有这样的谚语，淡淡如水长长在，蜜里调油不久长。

田地的买卖还有金钱的借贷租佃契约等，朋友必须成为保证人吗？＝如果是他村的朋友不用，同村的需要。

家庭内的事情，和亲属商量多，还是去和朋友商量多呢？＝仅仅靠两人之间的关系是没有作用的。

契约中朋友成为保证人，不履行契约的情况下，亲属要承担责任吗？朋友需要承担吗？＝负责，不是朋友也是一样。

朋友间互相赠物的事情有吗？＝有。

什么时候赠送什么物品呢，那个称作什么呢？＝结婚典礼称作喜礼，葬礼是吊唁，现金和物品都可以。

【承支】家长没有孩子，弟弟有一个孩子，那个孩子是家长及其弟弟的共同继承人，这被第三者称为承支。当弟弟没有孩子，家长有一个孩子时，结成同样的关系，也叫作承支，那个孩子叫作兼祧。

【过继子】家长有长子、次子、三子，家长的弟弟没有孩子时，次子作为弟弟的过继子是正当的；长子没有孩子时，三子成为其过继子是不正当的。三子的孩子成为长子的过继子是正当的。

【家长顺序】家长去世后（假设家长的妻子之前就去世了），留下一个孩子的情况下，那个孩子就算是 12 岁也是家长吗？＝是的。

家长如果去世后（假设家长的妻子之前就去世了），男 20 岁和女 22 岁的两个孩子中，谁是家长呢？＝男孩子。

家长如果去世后（假设家长的妻子和儿子之前就去世了），儿子的妻子（43 岁），儿子的儿子（家长的孙子 17 岁），家长的女儿（19 岁）三人中，谁成为家长呢？＝去世儿子的妻子。

家长去世后（家长的妻子和长子、次子之前就去世的话），三子成为别人的养子，这个家没有别人了吗？＝把作为别人养子三子的儿子当作养子。

上面的情况，去当养子的三子没有儿子要怎么办？＝从其他的同族收养子。

同族也没有怎么办？＝家里香火就绝了。

家长去世后（家长的妻子之前就去世了），只有一个女儿（25 岁），是招婿即倒插门（20 岁）的情况下，谁成为家长呢？＝招婿成为家长。

家长去世后（家长的妻子之前就去世了），家长的弟弟的儿子（30 岁）其妻子（31 岁）家长的儿子（25 岁）其妻子（32 岁）他们的孩子（家长的孙子 10 岁）五人中谁来做家长呢？＝家长弟弟的儿子。

家长去世后（家长的妻子和妾之前就去世了）正妻的女儿 20 岁，妾的儿子 15 岁时，谁成为家长呢？＝妾的儿子。

家长去世后，妾的儿子不会虐待正妻吗？＝不会。

妾的儿子叫亲生母亲和正妻分别是什么呢？＝亲生母亲叫妈，叫正妻娘，但是也有两方都叫妈的情况。

上述情况，正妻的儿子 15 岁，妾的儿子 30 岁时如何呢？＝妾的儿子成为家长。

【家长代理】家长遇到行踪不明，生病，被处以刑罚长期服役时等事故，不能履行家长职务时，要重新选定家长吗？＝不会重新选家长，但是有实际上做族长工作的人。

实际上做家长工作的人是叫作当家吗？＝是的。

成为当家是什么样的人呢？＝实际上是那个家的中心，即识时务最好的，工作有能力的人，如果有这样的人无论男女无论年龄。

【家长不在和妻子离婚】家长是行踪不明、长期（二三十年）服役等情况，家长的妻子可以离婚吗？＝绝对不可以，应该要等到确定死亡或者服役结束后出来。

【家长顺序】成为家长的顺位是事先定好的吗？＝是的，根据年龄，最年长的成为家长。叔父是 25 岁，侄子（家长长子的儿子）30 岁的情况下，侄子成为家长吗？＝不是，虽然叔父年少，但是也是成为家长。

叔母是 25 岁，侄子 30 岁时呢？＝叔母成为家长。

丈夫 50 岁，妻子 55 岁时呢？＝丈夫成为家长。

家长的长子是 30 岁，次子 15 岁，长女 17 岁，次女 16 岁时，可以成为家长的顺序是什么呢？＝长子、次子、长女、次女的顺序，因为女孩子应该嫁给别人。

正妻的儿子应该比妾的儿子有成为家长的资格吗？＝不是，正妻的儿子和妾的儿子在资格上没有差异。

【妾】在冷水沟要怎么样才会有妾呢？＝仅限于妻子不生育的情况下。

妻和妾可以和平相处吗？＝住处不同，但是住在一家。妾在丈夫去世后，如果没有孩子要回娘家；有孩子的话，就和正妻和平相处一起生活。

妾和妻不一样，可以得到特别的财产和零花钱吗？＝不会。

妻子不生孩子的情况下，结婚多久就可以娶妾呢？＝不能一概而论，婚后 10 年、15 年左右不生育，妻子到 40 岁以上不能生孩子时。但是妻子有病时，在 40 岁之前就可以娶妾。

妾来后 10 年或者 20 年没有孩子的情况下，还要娶其他的妾吗？＝丈夫的年龄就是 60 岁以上了，已经不能娶妾了。

妻子有孩子的情况下能娶妾吗？ ＝不能。

冷水沟有几户有妾呢？ ＝5 户？

有妾两人以上的吗？ ＝没有，都是一个。

妾多是冷水沟人吗？ ＝从冷水沟以外的地方娶的处女。

有婢女生孩子的情况吗？ ＝没有。

【家长顺序】正妻生的全是女孩子没有男孩子时，妾有男孩子时，男孩子成为家长吗？ ＝是的，妻的孩子和妾的孩子没有区别，男孩子当然成为家长。

在以上的情况中，成为家长的人必须是家长这一家的人（家人）吗？ ＝是的。

【年少家长的辅佐人】成为家长的还年少，例如五岁或者七岁时（除此之外没有其他人时），同族或者邻近的人照顾吗？ ＝由同族和这个年幼的家长关系最近的人照料。

上面的情况，没有同族由甲长或者邻近的人照顾可以吗？ ＝这样的情况会照顾吧，在冷水沟没有这样的例子。

上面的情况下，照顾的人是一定要是其他人的家长吗？ ＝不一定。

辅佐上面年幼家长的人被称作什么呢？ ＝没有名称。

不称作后见人吗？ ＝不是。

家长因为年少，在家庭成员中有年龄比家长大的人，比如家长是 14 岁，姐姐 19 岁或者家长 14 岁，家长的外甥 23 岁时，是姐姐或者外甥代替（帮助家长）主持家事吗？ ＝是的，按情况姐姐、外甥当家。

上面的情况，属于后见人或者一类的人叫作什么呢？ ＝没有固定的名称。

【下一代家长的指定】根据家长在生前或者遗言指定家长吗？ ＝家庭成员一人也没有时，同族中选择合适的人，应该没有家长在生前，或者是根据遗言来指定的吧。

那时，和同族人（同族中指定做家长的人）不用商量自己指定吗？ ＝我认为不能自己来指定，应该谈话。

【遗言、遗书】接近死期时，有事先把死后的许多事情写出留下来的吗？ ＝有。

有遗书这一单词吗？ ＝有，仅仅是遗言没有证据常常引起纷争，一般写遗书。

那个叫作什么呢？ ＝叫作遗书。

遗书有确定的形式吗？ ＝没有。

遗书中写的事情必须遵守吗？ ＝尽可能遵守。

【家长】根据遗言擅自决定的情况，可以否决被指定当家长的人吗？ ＝可以。

家长是从家族中选任的吗？ ＝按照成为家长的顺序决定，没有任选。

他家的家长，同族的族长有兼任的情况吗？ ＝在冷水沟没有这样的例子。

决定新家长时需要呈报吗？ ＝不需要？

确定新家长时，需要设宴招待同族吗？ ＝一般没有这样的。

【户口簿的户长】因为在县公署必要的户口簿是在三四日中完成的，有很多谬误，本来户口簿应该由作为户长的记载是家族中的最年长者（但是妻子比丈夫年龄大时，只要丈夫没有去世就不能作为户长），和这些无关，如下记载（在想象户长家的亲属关系方面，有必要附记家庭成员）。

（一）户长　杨薛氏（女 58）孙　宗森（男 21）

（二）〃　　李文祥（男 52）母　宗氏（女 72）

（三）〃　　张延梓（男 57）嫂　孙氏（女 58）

　　　　　妻　路氏（女 49）

（四）〃　　李曾氏（女 61）子　毓泽（男 38）

（五）〃　　李延寿（男 15）妻　季氏（女 21）

（六）〃　　杨　堪（男 37）母　赵氏（女 57）

（七）〃　　李维昌（男 3）母　张氏（女 46）

（八）〃　　李玉坤（男 32）母　李夏氏（女 60）

（九）〃　　李与乾（男 32）母　刘氏（女 56）

（十）〃　　李李氏（女 82）孙　宗谟（男 47）

（十一）〃　李张氏（女 49）弟　凤诺（男 42）

（十二）〃　高李氏（女 66）妹　张氏（女 45）

　　　　　子　荣辛（男 28）

（十三）〃　李与禄（男 12）母　戴氏（女 46）

（十四）〃　李马氏（女 76）孙　凤宝（男 15）

（十五）〃　姜可芝（男 55）父　永涛（男 75）

【家庭成员的住处变更和家长】家庭成员反对家长的意愿擅自变更住处时，家长如何处置这样的人呢，家长会在以后这个人生活困难时也不会管，并且一般承认这个吗？＝在冷水沟去济南方面商家的徒弟，也有去农村地方打工的，全是得到了家长及家庭成员的许可后去。反对家长的意思独断变更住所的话，作为家长要追查。另外，我认为那个人无论遇到什么难题都可以不告知家里，自己拿主意，但没有实例。

上述情况中家长的妻，未成年的孩子，相继人擅自变更住处怎么办呢？＝没有那样的例子，所以不知道。

【家庭成员的入籍、复籍、离籍和家长】新从其他地方来的成为家庭成员时需要家长的同意吗，还是不仅仅需要家长还有家族全体的同意吗？＝仅仅有家长的同意就可以，家庭成员不赞成时会影响到家庭的圆满，家庭成员全体反对时也不能进入吧。

嫁入他家或者成为养子，或者离婚及脱离关系时回自己家，需要自己家长的同意吗？＝是的。

如果离婚、脱离关系后回娘家，遭到家长反对怎么办呢？＝至今为止没有那样的例子，所以不知道。

家庭成员因为婚姻养子关系离开时，需要家长同意吗？＝婚姻养子需要家长的同意，如果得到同意，当然同意离开家。

没有家长的同意就婚姻养子关系时，家长在将来离婚离缘时，可以拒绝其回自己家吗？＝在冷水沟没有实例，所以不知道。

【家人的保护】家庭成员有精神病、白痴、强度的神经衰弱、聋哑人时要特别对待吗？ ＝作为值得同情的人，家人合力来进行治疗，保障其生活。

【同族的集会】有叫做亲族会的集会吗？ ＝没有叫做族家会议的，因此一般没有特定名称，仅仅在同族的祭祀，以及救济同族中不幸的人时集合。

那个场合，家长必须出席吗？ ＝一般家长代表一家，成年后就可以了。

【家庭成员的抚养】家长、亲、叔父、叔母、兄弟、堂兄弟、妻、子在生活中有困难时，必须先抚养谁呢？ ＝家长、亲、叔父叔母、妻、子、兄弟的顺序，具体也不清楚。

扶养在生活中有困难的家庭成员，是要按什么顺序？在家长、亲、叔父、叔母、兄弟、堂兄弟、妻、子当中？ ＝妻、子、兄弟、亲、家长、叔父、叔母、堂兄弟的顺序，具体不清楚。

【家产】无法确定属于某一家长、家庭成员的不明财产，就被认为是家长的东西，作为家族全体的财产对待吗？ ＝不明确属于谁的财产，就是家长的财产，也就是全体家庭成员的财产。因为家长支配的财产中，除去家长个人的财产，剩下的都是家庭成员共同的财产。

【家长和家庭成员】家长是必须要监护教育家庭成员吗？ ＝家长是一家的主人，从世代祖先接过监督、保护、教育家庭成员的责任，是家长重要的工作，家长掌握家庭的一切。

家庭成员因为其他人的加入有损害，家长有赔偿的义务吗？ ＝有。

家长的资格和地位可以自由抛弃吗？ ＝不能，另外没有必要抛弃地位。家长因为得病或者其他理由不能实行家长的责任时，当家来代替行使，家长是家庭成员中的年长者或者是在被尊敬地位的人。

反对家长的地位或者否认家长的意思吗？ ＝在冷水沟没有。

家长可以自由地找家庭成员以外的人来代理自己的地位吗？ ＝不能。

家长因为未成年、精神病或者其他疾病、长期不在、失踪、服刑役等事由不能履行家长的职务时怎么办呢？ ＝决定可以代行家长职务的人，不变更家长的地位和权利。

不服从家长命令的人怎么办？ ＝在冷水沟没有。

家长任性没有行踪或者浪费，提出无理主张时怎么办呢？ ＝近亲者和同族给予提醒，实际上并不知道有这样的例子。

家长的儿子结婚后住在一起的情况下怎么住呢？ ＝让住在东厢房和西厢房。

【成年】男子几岁算是成年呢？ ＝15 岁。

就算 14 岁结婚也是未成年吗？ ＝结婚后就看作成年人了。

女子多大成年呢？ ＝结婚后就成年了。

十三四岁结婚就成年了吗？ ＝是的，但是女子嫁到别人家就必须要劳动，所以一般是 16 岁以上结婚。

男子结婚有年龄限制吗？ ＝没有，但是必须是 15 岁以上，阴阳不合不可。

【家庭饮食】吃饭是在哪里呢？ ＝正房。

【家庭成员的专有财产】家长以外的人要用自己的钱来买土地吗？ ＝有。

什么样的情况呢？ ＝家庭成员工作得到的钱应该全部交给家长，家庭成员在济南得到的钱买土地。

那个土地是以家庭成员的名义买吗？＝有按家长名义，一般是按买土地的家庭成员的名义。

那种情况下，地券是由家长保管吗？＝自己保管。

结婚时的钱可以用来买土地需要家长的承诺吗？＝不需要，这种情况土地叫作私放地。

这种情况，土地的买卖是谁来做呢？＝丈夫做，土地买卖契约书是以丈夫的名义，契约书（买卖或者称作白契），由妻子保管。

买卖费用是从妻子到丈夫，丈夫交给卖主？＝从妻子直接交给卖主。（如果要信赖丈夫的话就肯定是由丈夫交）

结婚时得到的钱和其他财产由妻子自身保管吗，还是由丈夫保管呢，还是由家长保管呢？＝自己保管，如果信任丈夫就由丈夫保管。没有由家长保管的情况。

如果家长由自己保管，因为妻子也是自己保管，所以可以辞退吗？＝可以。

妻子嫁来时带来的钱和财产可以不需要家长承认，自由使用吗？＝可以自由使用。

有家长在自己孩子的名义下买的土地吗？＝没有。

家长的孩子仅有一人的情况下，土地无论如何也是孩子的，这种情况下还是以孩子的名义买土地吗？＝不是。

有家长按妻子的名义买土地的吗？＝没有。

妻子擅自饲养鸡和家鸭，然后得到的利润也自己保管可以吗？＝自己可以养鸡或家鸭三四只，可以养，数量多的话，需要有饲料的钱，需要许多精力，因为还要操持家事，所以需要得到丈夫还有家长的同意。如果养三四只的情况下，得到的利益就是自己的。

那种情况下，丈夫同意但是家长不同意怎么办呢？＝家长如果不同意就不可以。

妻子会把嫁过来时带来的钱中的一部分给丈夫的弟弟作零花钱吗？＝在正月的话，会给二三元。

弟弟把得到的钱不交给家长也可以吗？＝是的。

虽说不用交但是需要向家长报告吗？＝不必要。

【家庭的居室】家长住在家里的哪个地方呢？＝正房。

孩子住在哪里呢？＝和父母住在一起。但是结婚后住在东厢房、西厢房还有其他房子里。（如果分家肯定是住在别的房屋。）

【伙食】在伙食方面，家长有特别的待遇吗？＝完全没有，和家人一样。入住的雇工（长工）、奴婢也是吃一样的。

【与他姓共居】他姓的人住在同一家里吗？＝除去普通雇人和奴婢，没有要花费的，但是有临时来的，比如妻子的妹妹一样的亲戚（是异姓）。

卖了一半的家是什么情况呢？＝那种情况也是住在卖出的家屋内，不是一起住。

【家产和家长】农业还有家内劳动是家族一起合作吗？＝是的。

那种情况下，通过农业和家内劳动得到的钱要如何分配呢？＝不分配，全部是家长的。

和家里有关的费用也是全部由家长出吗？＝是的。

除去支出后剩下的钱要怎么办呢？＝保管起来，金额很多的话，就买田地。

家长对剩余钱的支配需要和家庭成员商量吗？＝一般要商量，不商量按照自己的想法做也可以。

【家长代理】家长生病时由谁来代理家长的事情呢？＝家长的妻子，儿子如果是 20 岁以上就由儿子代理。

儿子 21 岁，姐姐 23 岁时依然是儿子代理吗？＝是的。

【嫂和妹的称呼】儿子 21 岁，女儿 20 岁，儿子的妻子是 17 岁时，女儿要叫哥哥的妻子姐姐吗？＝是的。

【家庭成员的专有财产】妻子嫁来时带来的钱买家鸭，然后自己养的情况下，收入是谁的呢？＝是妻子自己的。

丈夫可以自由处置那些家鸭吗？＝不可以，但是妻子在处理时会和丈夫商量。

上面的情况，和家长相关吗？＝不相关。

18 岁的儿子把家庭成员共同养的鸭子买了的情况下，他的父母或者是家长可以取消吗？＝虽然可以取消，但是必须让对方知道。

【家庭成员的行为和家庭的同意】妻子受人雇佣工作在家里需要得到谁的同意呢？＝丈夫，父母，家长的同意。

家长和丈夫的父母同意，但是丈夫不同意的情况下如何呢？＝不可，但是如果家长不同意才是不当的，可以请本家、族长、分家的家长来说服丈夫圆满解决问题。

关于家庭成员的婚姻本人是怎么样都可以，其他家庭成员都是不赞成的，仅仅是家长赞成的情况下婚姻成立吗？＝成立。

本人也不同意的情况呢？＝不成立。

借钱的情况下，全家都不赞成，但是只有家长的一己之见可以吗？＝可以。

【家庭成员的收入和家长】家庭成员工作所得的工资全部都要交给家长吗？＝是的。

家庭成员不和家长同住，在冷水沟之外工作数年，在外住了很久的情况也是这样吗？＝不是，这种情况家庭成员的收入不需要交给家长，但是这种情况下一般家庭成员会给家长送一些钱。

除开自己生活所需的部分，其他的钱全部要交给家长吗？＝根据各户情况不同而有所差异，必要时要把所有余下的钱交给家长。

家庭成员生病了不能工作的时候，无论迄今为止有没有交钱，家长都会保障他的生活吗？＝是的。

【家庭成员的专有财产】有没有以家庭成员名义存在的土地？＝基本没有，但是有当家人以自己名义所持有的土地。

地契（卖契），典契，租单等由谁来保管呢？＝由家长保管。

这样的话，是不是没经过家长的同意就不能对这些文件进行处理？＝是的。

【家庭成员的行为与家庭的同意】对于一个人的行为，如果双亲同意了，而双亲的哥哥，也就是家长不同意的话怎么办？＝等同于不行。

对于一个人的妻子的行为，如果丈夫和双亲都同意了，而作为双亲的哥哥的家长不同意时怎么办？ ＝即不同意。

对于家庭成员的行为，如果其他全部的家庭成员（包含叔父母、伯父母等长辈）都同意，而只有家长一人不同意时，怎么办？ ＝也是不同意。

家长丝毫不受家庭成员意志的影响吗？ ＝是的。

当一个人长大至 15 岁时，不论男女，对其婚姻及收养等事情，双亲和家长应该征询本人意见吗？ ＝虽然可以不用征询意见，但我认为征询一下更好。

学校说叫家长时，是叫孩子的双亲还是家长呢？ ＝叫家长。

【家产】有没有特意为了全体家庭成员的利益，而为全体家庭成员所共有的东西（如地皮、房屋、田地、马匹等）？ ＝地皮、房屋、田地、马匹等这些财产虽然都由家长进行管理、支配和处理，但它们都是家庭成员所共同拥有并利用的。

这些东西是什么叫法呢，家产吗？ ＝是的，叫家产。

这些东西能按家长的意思进行自由地卖出和租赁吗？ ＝可以，不过应与家庭成员进行商量。

不与家庭成员商量的话，就不能进行转卖和租赁吗？ ＝也并非如此。

有不能由家长或家庭成员进行转卖、作为借款担保以及租赁的东西吗？ ＝除了墓地之外就没有了。

那家谱呢？ ＝家谱也是一样。

卖契、典契、租单，这些家长名义下的土地和房屋在家长死后，转到谁的名义下？ ＝转到下一任家长头上。

更换家长之后，这些文件要改写到新任家长的名义下吗？ ＝不用，即便不改写也是众所周知的事情。（特别是街坊四邻，他们都了解情况。）

分家时，家谱由长子的子孙（长支）继承吗？ ＝是的。

存在不能由家长随意卖出的东西吗？ ＝墓地、家庭成员的私放地、家庭成员个人的衣物、钱物，以及成员个人所饲养的家畜等，是家长也不能随意处理的。

如果家长卖出了不能由他随意卖出的东西时怎么办？ ＝不会有这样的事情，如果发生了这样的事情，就找买方说清楚原委把东西取回。如果万一不能取回，那就没办法了。

假设，即使这块地在家长的名义下，有没有方法让大家都知道，它是由家族全体成员的所有，并且是为特定某个家庭成员所有的呢？ ＝没有必要这样做，因为哪怕在家长的名义下，它为全体家庭成员所共有也是理所当然的事实。而且，对于家庭成员所持有的土地，卖契是以这个成员的名义成立的，再者，这是邻里乡亲都知道的事情，所以没必要如此。

有没有以家族全体成员的名义借钱的情况？ ＝没有，这种情况会以家长的名义借钱。

家族全体成员所共有的财产由谁管理？ ＝由家长管理。

管理所产生的费用，如保存、修理所花的费用由谁支付？ ＝由家长支付，不用家庭成员分担。

那么物品所产生的收益要分配给家庭成员吗？ ＝不分配，归家长所有。

　　家长名义下的财产（被认为是家长的财产），在家长死后，分给家庭成员吗？＝家长死后开始分家，由每家均分；不分家的话，就由下一任家长全数继承。

　　【分家与分财产】如果家长有两个孩子，一个弟弟，他死后有四亩地，这种情况怎么分家？＝如果在家长的两个儿子和一个弟弟之间分家，首先为家长和他的弟弟分家，将四亩地对半分给家长的弟弟，余下的一半（家长分家之后的所得）再对半分别分给家长的两个儿子。

　　家长弟弟的孩子和家长的两个孩子该如何分家呢？＝参考上面所说，家长弟弟的孩子（直接继承父亲分家之后的所得）获得 2 亩地，家长的孩子每人一亩地。

　　进行财产分割时，碰到例如马匹这样不能分割的物品怎么办？＝由一个人先获得马匹，然后按马匹当时的价格分为二分之一或者三分之一，再分给其他的分家者。

　　有把房子分为二分之一或三分之一的情况吗？＝有，当时把院子也一分为二了。

　　这种情况要设界线吗？＝不设，不过要在分家单上详细地写清楚。

　　分家单制作几份？＝分家数有几家就制作几份。

　　家长持有的四亩地的地契由谁保管？＝没有必要指定由某个人来保管，只是由分家者中选出一个认为适当的人来进行保管。

　　不会说一定要让家长的长子来保管吗？＝不会。

　　地契上会把分家之后土地的分割情况重新写进去吗？＝不会，就按原来的样子保存。

　　这样一来，保管地契的人虽然在分家之后只持有一部分土地，但是伪装成全部持有的样子不就可以进行转卖和租赁了吗？＝土地买卖一定会在请四邻到场作证的基础上进行丈量，所以不会发生这种事情。

　　分家之后获得其中一半的人，在转卖时需要经过另一半持有人的同意吗？＝不需要。

　　他人买去一半之后不会有苦恼吗？＝这时候可以设界线。

　　分割财产时要对所有一切物品进行分割吗？＝除了墓地（祖坟）、家谱、私放地、家庭成员的衣物、钱物之外，其他的地皮、房屋，当然农具、家畜、工具也要进行分割。

　　【祖坟地与分家】祖坟地的面积如何决定？＝由风水先生决定。

　　祖坟所在地，或者其周围的地叫什么？＝叫护坟地。

　　护坟地进行分割吗？＝是的，进行分割。

　　祖坟地是分家者们共同所有并一起管理的吗？＝是的。

　　【父母生前的分家】有在家长死前就进行分家的情况吗？＝家长生前令大家分家就分家。这种情况下，作为父母的家长就会给自己留有养老地，并且给予未婚的女儿以胭脂钱。

　　胭脂钱就是钱吗？＝也有给钱的情况，不过一般都是把为女儿出嫁做准备的土地算到养老地一起，由父母为女儿管理。

　　以上的情况中，作为父母的家长不与长子一起住吗？＝不仅仅是长子，也可以与分家之后的其他儿子一起住，不过一般都是在分家之后，跟儿子分开住。

　　与分家之后的儿子一起住的话，这个儿子就是家长吗？＝父亲是家长，分家之后的儿子是当家人。

未婚的女儿通常与父母同住吗？＝是的。

【均分家产】在上面财产分割的情况中，家长正妻的儿子、妾的儿子、婢的儿子、其他私通的儿子或养子，以及妻妾所携的前夫的儿子等都是被平等的分予财产吗？＝我认为正妻、妾及婢的儿子有均等继承的资格，而私通之子和妻妾所携前夫之子则没有继承资格，不过这些都没有实例，所以具体情况我也不清楚。

【分家和养子】财产分割时，养子是像亲生子女一样同等对待吗？＝通常只有在妻子到了40岁左右还没有生出孩子的情况下，才会领养过继子，所以还没有领养了过继子之后、亲生子出生的实例，具体分家状况也不清楚。

没有在自己有亲生子的情况下收养养子的例子吗？＝没有。

为了将来有人继承家长（为了宗嗣能有继承人），想从同族里领来养子，而同族里没有孩子的时候，能从他族里领养吗？＝这种例子在冷水沟还没有过，而且这种情况的话通常不叫过继子，而是称作义子。本来义子是没有权力继承宗嗣的，但是他充当养子的角色，实际上继承了宗嗣。

只有两个女儿的话，会把小女儿嫁出去，而把大女儿留在家里招女婿吗？＝通常不这样做，而是把两个女儿都嫁出去，从他族里领养过继子。

在上面的例子中，如果给大女儿招女婿的话，一定是同宗不娶，而从异族里招女婿吗？＝是的。

上述的入赘的女婿不被称作过继子吗？＝不称，但是履行着过继子的角色。

从别家领养，或者从路边捡来抚养以便以后让他们干活的孩子，在家产分割的时候，有他们的继承部分吗？＝没有相应的例子，这样的人不予分割家产。

【家庭成员死后的专有财产】家庭成员死后，其个人的私放地、衣物、钱物、工具等由谁继承？＝按道理来说，私放地应该由已死亡家庭成员的妻子继承，而其他物品为家长所有，但实际上都为妻子所有。

在上述例子中，已经出嫁的女儿不能分割父母的财产吗？＝是的，不能。

【女性家长的丈夫与家产】如果家长是女性，家长与丈夫结婚后，丈夫就成家长了吗？＝是的。

在这种情况下，原家长即妻子名义下的财产全部要转移到丈夫上去吗？＝是的。

以上的例子中，要进行文件（卖契、典契、租单等）的名义更换吗？＝不用。

【分家与债务】财产和债务以同样的方式分割吗？＝是的，由分家者均摊。

继承债务大于继承财产时，不论债务有多大，都不得不继承吗？＝是的，不过实际中这种债务无法还清吧。

在家长生前分家的情况中，也要对债务进行分割吗？＝是的，不过家长也要承担养老地所能支持的相应的债务份额。

家长并不是为了家庭成员，而是为了个人利益而产生的债务也要分割吗？＝如果家长还健在，就不用分家者们分担，不过也有因同情家长而分担的情况。

分家和分居不同吗？＝是的，不同，分家就会分割财产，但是分居只是分开住，并不分割财产。

如果欠款五千元，财产剩余一千元，可以用一千元偿还欠款，而剩下的不予支付吗？ ＝这种情况是不被允许的，不过实际中剩下的钱也都没支付了吧。

【遗言、遗书】有没有家长或家庭成员在死前就定好了自己的财产处置的情况？ ＝有。

这个叫遗言吗？ ＝是的。

通常以书面形式认定吗？ ＝是的。

所以也叫遗书吗？ ＝是的。

遗书有特定的形式吗？ ＝没有。

有没有他人代笔的情况？ ＝如果是在临死时留的遗书，会由家庭成员或者身边照料的人代笔记录。

如果确实是遗言者写的遗书，但是没有写成日期，也没有遗言者的署名的话，也不妨碍吗？ ＝不妨碍，因为家庭成员和在身边照料的人可以作证。

遗书由谁保管、遗书上所写的东西由谁执行呢？ ＝由家族中的某一个人来保管，不过通常都由下一任家长来保管遗书并执行。

哪怕是孩子也可以留遗言吗？ ＝可以，不过没有这样的事例。

如果在家长的遗书中，指定次子为新家长，并遗言给予次子的财产多于长子，或者把财产赠予家族之外的人，这种情况一定要按遗书实行吗？ ＝不按遗书实行，我觉得通常不会按遗书实行。

【亲属】有亲属、亲族这样的说法吗？ ＝没有。

【一族】有"一族"这种说法吗？ ＝没有。

【家族】有"家族"这种说法吗？ ＝没有。

与"家族"这个词相似的说法有哪些？ ＝一家子人家；一家人；一家子。

【同族】同族是同宗同姓的吗？ ＝是的。

同族在外面怎么称呼？ ＝当家子，一家子。

异姓一定不是同宗，同姓不一定同宗，而同宗一定同姓吗？ ＝是的。

可以迎娶同姓但不是同宗的媳妇吗？ ＝尽量不会这样做。

【亲戚】有亲戚这种说法吗？ ＝有。

甲姓的女儿嫁给乙姓的长子为妻子，丙姓的女儿嫁给乙姓的次子做妻子，那么甲姓和乙姓、乙姓和丙姓各两家相互是亲戚吗？ ＝是的。

在上述情况中，甲姓和丙姓两家是亲戚吗？ ＝不是亲戚。

【亲戚间的称呼】上述的例子中，乙姓的长子怎么称呼妻子的父母？ ＝称作岳父母。

上述例子中，乙姓长子的父母怎么称呼长子妻子的父母？ ＝称为儿女亲家。

上述例子中，乙姓的长子与他妻子的兄弟之间怎么称呼？ ＝称作内兄、内弟。

上述例子中，乙姓长子的孩子与长子妻子的哥哥的孩子之间如何称呼？ ＝姑表亲。

【同族】同族中关系最近的怎么称呼？ ＝本家。

那么其他的在同族中怎么称呼呢？ ＝有自家、本族、族家的说法。

这些都是什么意思呢？ ＝一般本家或族家就是指同族的意思，见多识广的人通常以自己为中心，把五代以内的称为本家（或自家）、五代以外的称为族家（本族）。

【同族的集会】 对同族中贫困者的接济、结婚或者葬礼，在同族中以什么范围聚集？ ＝以那个人五代以内的同族聚集。

不叫来本族的人吗？ ＝不叫，不过富裕的家里在婚丧仪式上也会叫来本族的人。比如在堂叔兄弟贫困时，而这个人信用又很好，那么五代以内的同族自不必说，本族、甚至邻居都会前来帮助（在上述人之中并没有排位），而对于信用不好的人，上述人中没有人会帮他。

【同族间的称呼】 堂叔兄弟以外还有哪些称呼？ ＝还有亲兄弟、亲叔兄弟、叔伯兄弟、堂叔兄弟、族家兄弟这些称呼。

上述的称呼是什么意思呢？ ＝哥哥和弟弟是亲兄弟，堂表兄弟是亲叔兄弟，堂表兄弟的孩子互为叔伯兄弟，堂表兄弟的孙子之间为堂叔兄弟，堂表兄弟的曾孙则互为族家兄弟。

【族长】 同族中有族长吗？ ＝有。

什么人当族长呢？ ＝根据族谱，现在同族中辈分最高的人为族长，如果同等辈分中有好几个人，那么其中年龄最高的则为族长，族长通常为男性。

【支长】 有族长以外地位仅次于族长，协助管理同族事务的人吗？ ＝有。

怎么称呼呢？ ＝支长。

任福申先生的同族有几户人家？ ＝18 户。

这 18 户全是五代以内的吗？ ＝任福申的五代以内有 6 户。

任福申所属的支长是谁？ ＝哥哥任福因。

任先生的同族中有几个支长？ ＝3 个。

支长是什么人呢？ ＝五代以内最年长的男子。

结婚时支长会事前通知商量吗？ ＝会。

即使支长反对也能结婚吗？ ＝是的。

处理土地时要向支长报告吗？ ＝不用。

支长有召集过五代以内的人商量过事情吗？ ＝几乎没有。

【三代宗亲】 三代宗亲是什么意思范围怎样？ ＝是指以自己为中心的父亲、祖父、曾祖父、祖父的兄弟以及父亲的兄弟。

（关于上述的五代是否等同于五服这点不明，另外，说五代以自己为中心，而自己的这一代是否计算在内，也不清楚。）

1941 年 5—6 月

（华北农村惯行调查资料第 36 辑）

家族篇第 5 号　山东省历城县冷水沟庄
　　　调查员　内田智雄
　　　翻　译　郭文山

5 月 16 日

街坊之间的辈分　亲戚、家庭成员的称呼　订婚　祖坟　阴亲

应答者　任福裕（54 岁）、刘锡恩（49 岁）
地　点　县公署

【街坊之间的辈分】你与任福申先生是同辈吗？ ＝是的。

街坊之间有辈分吗？ ＝有。

辈分是怎么算的呢？ ＝最初是按年龄来的。

街坊之间的辈分中有没有父母和孩子同辈的情况？ ＝没有。

如果街坊之间的辈分以父母为基准，那就不存在与父母同辈的吗？ ＝是的。

没有与孩子同辈的人也是因为同样的理由吗？ ＝是的。

街坊之间的辈分能以父子为基准吗？ ＝可以。

假如我姓任，在李家有三个同辈的兄弟，这种情况怎么称呼呢？ ＝这个得看年龄。

如果我 20 岁，李家的长兄 23 岁，另外两个李家兄弟分别为 21 岁和 17 岁，该如何称呼呢？ ＝称长兄为大哥，其次为二哥，最小的称为三弟（老三）。

如果大姐和二姐的丈夫分别称为大哥和二哥，那不会和兄弟间的大哥和二哥弄混吗？ ＝不会弄混，叫大姐夫、二姐夫就行了。

姑夫是什么人？ ＝假如有一男一女一对兄妹，兄长的儿子叫他的妹妹为姑姑，叫妹妹的丈夫为姑夫。

媳妇是什么意思？ ＝不定，一般指妻子。

家族中女儿的丈夫不论辈分都称姑爷吗？ ＝是的，辈分不定。

孙女的姑爷怎么称呼呢？ ＝就叫孙女的姑爷，孙女有两人及以上时，则分别叫大孙女

老爷—爷爷（祖父）
老奶奶—奶奶（祖母）
叔叔（叔父）
婶儿（婶母）
婶子
大爷（伯父）
大娘（伯母）
大妈

自己

兄弟
妹丈
大妹妹
二妹丈
二妹妹
五弟（老五）
三弟妹
四弟
二弟妹
二弟
三弟妹
三弟（老三）
大弟妹
妹妹

大侄（侄儿）
二侄女
三侄
四侄女
孙子
孙女
大孙子
二孙子
三孙子

二姐
二姐丈
大姐
姐丈（大哥）
姐姐

二嫂子
二哥
二姐姐
哥哥（大哥）
嫂子

二侄女
大侄女（某姑爷）
二侄子
二侄媳
大侄子（侄媳）

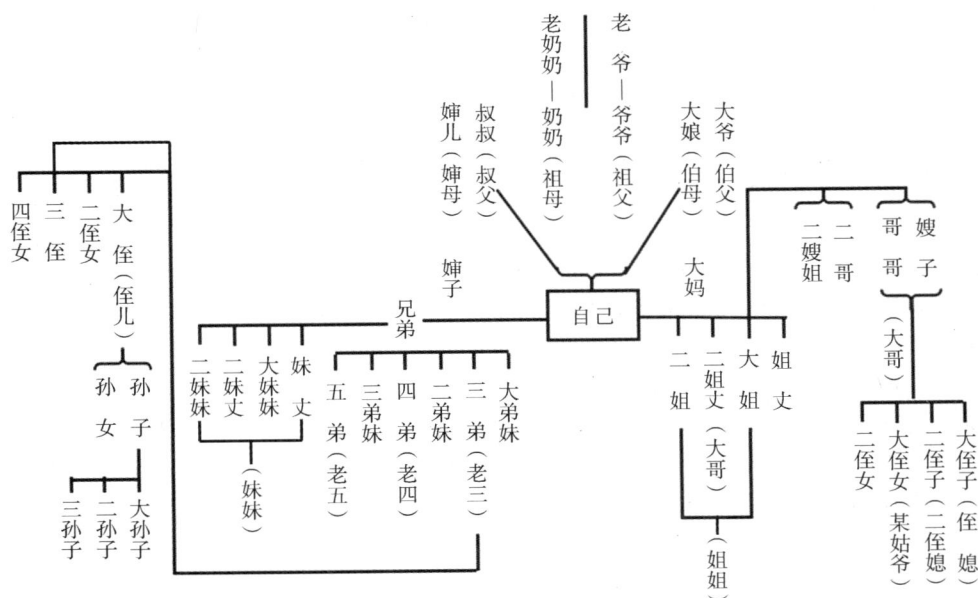

的姑爷、二孙女的姑爷。

女儿的姑爷呢？＝分别叫大姑爷、二姑爷。

任先生怎么称呼刘先生？＝刘称任为叔父，任称刘为侄子。

任先生怎么称呼李先生呢？＝称侄子。

李先生称刘先生呢？＝称叔父。

三人中辈分最高的是任先生吗？＝是的。

对于辈分高有什么特定的称呼吗？＝没有。

不说上辈或下辈吗？＝也说，但是一般不这样说。

选族长时，在族中辈分最高叫什么？＝叫上辈。

此外没有别的说法了吗？＝没有。

说下辈吗？＝说。

只说上下辈的话，不就不知道辈分最高和最低的是谁了吗？＝不会，会说清楚是什么上辈和下辈。

这样能分清楚吗？＝能。

在街坊之间的辈分中，谁的辈分最大、谁的最低这种关系不就不知道了吗？＝是的，不知道。

刘先生怎么称呼任福申？＝福申叫福裕哥哥，福裕叫福申兄弟。

在同族里就不用街坊之间的辈分了吗？＝是的，不用。

【亲戚的称呼】亲戚中有辈分吗？＝没有具体的名目，但是有称呼，比如说：舅父（舅舅）？＝母亲的兄弟，舅母？＝舅父之妻，舅爷？＝内兄，内弟（大小舅子）？＝妻子的兄弟，姑父？＝父亲姐妹的丈夫，姑母？＝父亲的姐妹，外祖父（姥爷）与外祖母

（姥姥、姥娘）？＝母亲的父母，岳父？＝妻子的父亲，岳母？＝妻子的母亲，姨父？＝母亲姐妹的丈夫，姨母？＝母亲的姐妹，姨兄、姨弟、姨姐、姨妹？＝姨父母的孩子，姑爷？＝女婿，外甥？＝姐妹的孩子，外孙？＝女儿的孩子，内侄（妻侄）？＝妻子兄弟的孩子（男），内姪（妻姪）？＝妻子兄弟的孩子（女），侄子？＝父亲兄弟的儿子，侄女？＝父亲兄弟的女儿，叔伯兄弟？＝堂兄弟姐妹，表兄、表弟、表姐、表妹？＝舅父、姑母的孩子。

除上述之外没有其他的亲戚间的称呼吗？＝没有。

【街坊之间的辈分】街坊之间按辈分称呼的话有更亲近的意思吗？＝没有，只是叫起来方便而已。

这样的话，不是直接叫任先生或者刘先生更好吗？＝这是从最开始就叫习惯了的。

所以这样称呼的原因并不是为了方便吧？＝嗯，只是一直这样称呼着。

一般不直接称呼名字吗？＝也有称呼名字的时候，有时候长辈会以名字称呼晚辈

长辈称呼晚辈不一定叫名字吗？＝是的，不一定。

【家庭成员的称呼】家庭成员之间称呼有特定的名称吗？＝没有。

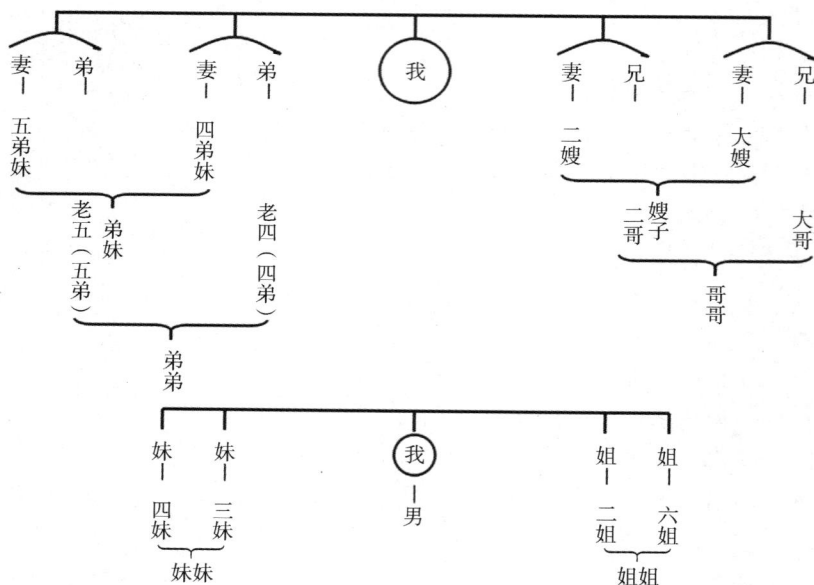

姐姐的丈夫＝姐夫

妹妹的丈夫＝妹夫

爷爷的父母[1]＝曾祖父

爷爷的爷爷＝高祖父

----

[1]　译者注：此处应为"父亲"之误。

孙子的儿子＝重孙（曾孙）

孙子的孙子＝玄孙

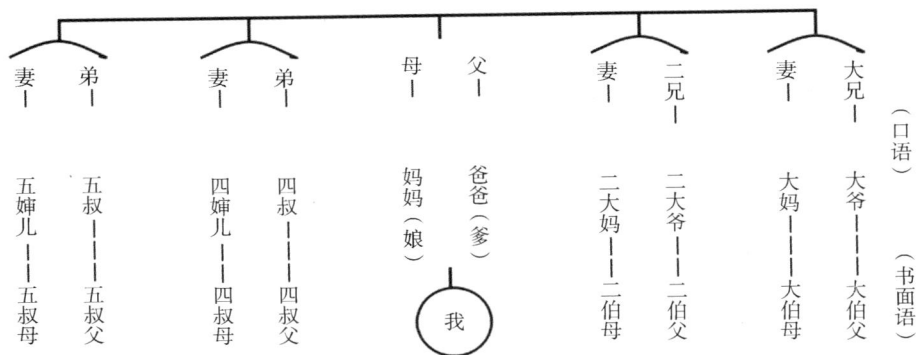

【街坊之间的辈分与同族的辈分】街坊之间的辈分与同族的辈分哪里不同？＝基本一样。

有没有在街坊中没有辈分关系而在同族中有辈分关系的情况？＝没有，两者中都有辈分关系。

在街坊辈分中，需要在同族辈分称呼之上加姓氏吗？＝有加姓氏的时候。

是加姓氏称呼的多还是不加的多？＝不加的多。

询问他村的人能知道是不是同族的吗？＝不能。

在街坊辈分和同族辈分中，上辈和下辈都是一样的吗？＝是的。

【亲戚】亲戚有什么含义呢？＝自己的女儿嫁进别家就结成了亲戚关系。

【同辈】任福裕和福申是同辈所以名字里面都用了福字吗？＝是的。

【学名、乳名与辈分】福申、福裕这些名字是什么？＝是学名，先生取的。

名字是为了能够清楚辈分取的吗？＝是的。

平常不用乳名吗？＝完全不用。

乳名用到什么时候？＝用到上学前。

这些人几岁去上的学？＝任和刘都是 9 岁上的学，现在一般六七岁就有学名了。

一进学校就立即取了学名吗？＝是的。

先生以什么为标准来取名？＝以同辈人的名字为依据取名。

有的人名字只有一个字，这种情况怎么知道辈分呢？＝根据字数知道辈分。

名字只有一个字的，是不是从"四书""五经"中取字，以便人们能够知道其辈分？＝不一定如此。（农民去吃饭还没回来，就询问了一个男孩。）

【曹会德（受访者）的家庭】姓名？＝曹会德。

你多大？＝18 岁。

家乡在哪儿？＝郭店。

学校呢？＝高等小学。

上了几年学？＝4 年。

父母还健在吗？ ＝在。

职业？ ＝农民（俺家世代务农）。

家庭情况？ ＝家里有四个人，父母，姐姐和我。

父母、姐姐的年龄是多少？ ＝父亲 65 岁，姐姐 20 岁。

大约有多少田地？ ＝官亩 10 亩，官亩的二分之一等于大亩的一亩。

【订婚】你姐姐订婚了吗？ ＝订了。

什么时候订的婚？ ＝19 岁。

什么时候结婚？ ＝去年结了。

你订婚了吗？ ＝定了。

什么时候订的？ ＝14 岁的时候。

什么时候结婚呢？ ＝今年。

对方是哪里人？ ＝相公庄。

媒人是谁？ ＝邻家的女人。

你父亲没和你商量吗？ ＝没有。

你认识对方吗？ ＝认识。

怎么认识的？ ＝在换柬仪式上认识的。

换柬仪式是什么？ ＝即男女双方相互交换大柬（柬帖）。

大柬是什么？ ＝就是在镇上卖的红纸上，写上日期、姓名和约定的东西。

和婚书不一样吗？ ＝好像是一样的，不过具体内容就不清楚了。

一般什么时候交换大柬？ ＝择吉日交换。

大柬上的约定里会写上结婚的日期吗？ ＝不知道。

不能反对父母为你订的婚吗？ ＝是的，要服从。

（农民吃饭回来了）

【租佃】交地租时坟的面积怎么算？ ＝坟的面积很大也可以除外，但是如果有一两座坟则不能除外。

有地租的契约书吗？ ＝有。

这个契约书叫什么？ ＝叫租单。

冷水沟这里有租单吗？ ＝有。

能不能在这两三天里让我看两三张租单？ ＝过继子单，五张；分家单，五张（李、杨、任）；租单，五张。

【祖坟、护坟地】任姓同族的坟地叫什么？ ＝祖坟、老坟、祖坟地。

何时祭祀祖坟？ ＝清明节和十月一日。

十月一日叫什么？ ＝叫鬼节。

鬼节是怎样祭祀的？ ＝烧纸钱、烧香、进献供品。

清明节呢？ ＝清明节也是鬼节，和鬼节一样祭祀。

正月初一不上坟吗？ ＝除夕上坟，但是初一不上坟。

除夕祭祀也和鬼节一样吗？ ＝不一样，除夕是在晚上夜深之后在路边烧纸钱并祭酒。

有什么意味在里面吗？＝没什么意味，就是安慰亡灵，请他们吃饭的意思。

清明节时怎么做？＝把纸钱、线香和供品装到篮子里出门。

祖坟以外有各家的家坟吗？＝有。

两边都祭祀吗？＝是的。

任家有自己的祖坟吗？＝有。

刘姓也有吗？＝有。

任家的同族有几家？＝16家。

刘姓的呢？＝大约10家。

坟的周围有用作耕种的地吗？＝有。

这种地叫什么？＝面积大的话叫护坟地，面积狭小的叫坟地。

任家的祖坟有护坟地吗？＝没有。

刘姓呢？＝几乎没有，有也只有一两分地。

冷水沟这里有护坟地的多吗？＝大部分都没有，杨姓有一亩左右，王姓有大约二三亩左右。王姓虽然分家了，但是没有分割护坟地，护坟地很少是因为分家时进行了分割。

李姓家有很多的护坟地吗？＝没有。

那些土地可以分割吗？＝那不是李姓家的土地。

那是谁的呢？＝是朱、陈、谢、杨、任、李家的土地。

只有坟是李家的吗？＝是的，周围的地是别人的。

李姓的同族明明相对比较有钱，为什么要卖地呢？＝有异宗的李姓。

村里东南方的坟是李姓同族的墓地吗？＝不是的。

（用图示指出李家坟的位置）？＝这是东北方。

这个坟周围的土地不是李家的吗？＝（邻座的李良甫）已经卖了。

谢家坟地周围的地呢？＝也成了别人的了。

护坟地还有别的名称吗？＝没有了。

不叫族产吗？＝不叫。

祖坟是同族所共有的吧？＝在分家前是共有的。

在你们这里分家时通常连祖坟也分了吗？＝大多都会分，但坟是共有的。

坟的共有叫什么？＝叫公坟地。

如果护坟地一直以来没有被分割过，现在同族十三家要来分割的话怎么分？＝这种时候通常不分。

有分了家却没有分割护坟地的情况吗？＝有，即使分了家也不分割护坟地。

照此情况，那李家和任家现在为什么没有护坟地呢？＝任家有护坟地，不过其中的一二分都种上了树。李家的只有1亩左右，这是不能分割也不能卖出的。

要卖出护坟地的话怎么卖？＝没有卖出的例子，要卖的话也是要经过同族全数赞同的。

这是同族全体所有的吧？＝是同族的公地。

这个不叫族产吗？＝不叫族产。

护坟地没有其他的名称了吗？＝没有。

公坟地是什么？　＝包含坟和护坟地的说法。

拥有护坟地最多的同族是哪家？　＝王家有 2、3 三亩，李家有 1 亩左右。

王家的护坟地如今怎样？　＝用作租佃地，然后把收取的地租用作扫墓费，2 亩地的地租一年大约 30 元。

地租由谁管理？　＝王姓的 3 家。

没有王姓的族长吗？　＝没有。

【没有族长的同族】这附近存在没有族长的同族吗？　＝王家，王姓一直只有 1 家，30 前父辈死后三子分家，现在长兄已死，次兄 75 岁，三弟 55 岁。

分家是什么时候的事？　＝约 20 年前。

一般而言，没有族长的同族是不是少数？　＝是的。

【护坟地的耕作】李家的护坟地怎么样了？　＝李姓的同族按顺序依次耕种。

按每年交替吗？　＝是的，一年一换。

不论家里已经有多么富裕了也要作为租地收地租吗？　＝也可以转让给别人。

如何转让？　＝财主转让给最贫困的人。

财主转让给穷人这种例子普遍吗？　＝这种例子挺多的。

护坟地有没有多为同族里贫困人耕种的倾向呢？　＝不一定。

转让的时候是向族长申请之后转让还是私人之间转让？　＝随便哪种都行。

耕作所得的钱全部归自己所有吗？　＝要出扫墓时纸钱、香和供品的钱。

这样一年就要出两次钱吧？　＝是的。

扫墓当天不在耕作人的家里招待同族人吗？　＝不招待。

这个耕作人怎么称呼？　＝没有名称。

按顺序耕作护坟地叫什么呢？　＝也没有称呼。

那顺序如何定呢？　＝分家之后并不分割护坟地而是轮流耕作，顺序依次为长子、次子。

同族里有 20 家甚至 30 家的时候怎么办？　＝按最穷的人家到富裕人家的顺序，或者按辈分的顺序从长子依次往下。

这种情况在冷水沟里有吗？　＝谢姓，谢家由最穷的人耕种，不轮流耕种。

富裕或者贫穷，依据什么而定？　＝按田地的亩数来定。

没有清明会这种说法吗？　＝没有，只说清明节。

耕作人所持有的扫墓用的费用叫什么？　＝没有特定的名称。

【坟】坟是怎样排列的？　＝按东大西小排列。

坟的正中间的部分有什么名称吗？　＝没有。

不叫明堂吗？　＝不叫。

未婚的男孩埋在哪里？　＝不埋到正坟里，而是埋到其他地方。

未婚女孩也一样吗？　＝是的，一样埋到他处。

【阴亲】阴亲是什么意思？　＝指未婚男女的合葬。

阴亲之后葬到家坟里去吗？　＝是的。

阴亲中年龄不成问题吗？　＝一般不会相差太多。

北

东

父

次　　　　　长

次　长　三　次　长

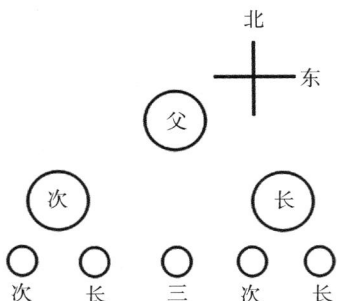

女孩在多少岁以上死亡进行阴亲？＝8 岁以上。

男孩呢？＝也有六七岁的男孩进行阴亲的例子。

一般几岁呢？＝七八岁以上。

在这岁数以下的死者埋到哪里？＝不用埋。

那会为此做坟吗？＝会做一个坟，但通常也是用来耕作的。

鬼节不去其他的坟头祭祀吗？＝是的，不去。

为什么呢？＝其他的坟头太小了。

就算再小也是人，况且还是自己的孩子，为什么就不为他做坟呢？＝太小了所以没必要安葬。

孩子死了父母总会哭吧？＝哭的。

哭也只是在当场哭一下，之后不举行祭祀吗？＝死之后就跟扔掉一样。

为什么为死了的年轻未婚男女举行阴亲？＝王家有一个 10 岁的男子，如果在未婚中死掉王家就没有后嗣了，孩子死了又不能从别处领养，所以举行阴亲领养过继子当孙子，这叫死见活孙子。

女儿如果保持未婚的状态就不能入家坟吗？＝是的。

是因为阴亲的缘故而不能进家坟吗？＝是的，女子不结婚就不能成为合格的女人。

【坟的形式】你知道坟山吗？＝知道，在南方。

知道人字葬吗？＝不知道。

上述例子中的坟形叫什么？＝叫排骨葬。

还有别的坟形吗？＝没有。

知道抱孙子葬吗？＝不知道，只知道有夹骨葬，就是两个妻子把丈夫夹在中间的葬法。

5 月 17 日

服丧

应答者　任福裕

【父母服丧】怎么为父母服丧？＝说是三年，但一般两年多就停止守丧了。

服丧有什么标准吗？＝没有标准，一个月内不能理发。

此外就没有了吗？ ＝死后到葬礼结束要一直穿戴白衣白帽白鞋。

白色有什么意思吗？ ＝给死后的父母报恩的意思。

为什么白色会带有这样的意思呢？ ＝自古就有的，不知道为什么。

白衣只限于给父母服丧吗？ ＝不限于父母，但是穿着方法会有不同。

怎么不同？ ＝只有是父母或伯叔父这样的近亲才会行全身孝，而不是这种情况的只要系白带子穿白鞋就行了。

服丧期间生活会有哪些不同？ ＝食物相同，衣着不同。

怎么不同？ ＝服丧期间要穿黑、灰、蓝色类的衣服，不能穿大红大紫的衣服，帽子的颜色则应为白色或黑色。

还有别的吗？ ＝没有了。

参加宴会或者喝酒也没关系吗？ ＝禁烟酒。

实际上没有遵守吧？ ＝不知道。

有没有绝对禁止烟酒的期间？ ＝到葬礼结束期间是严禁的。

这样一来，服丧不就变成只是穿了丧服吗？ ＝全身孝只到葬礼结束，白带子、白鞋、白帽和丧服要穿戴三年，服丧中一年以内，不能进入别人家的内房，但自家的可以进入。

服丧期间可以去拜年吗？ ＝为父母服丧的话，三年期间不行。

如果父亲于民国三十年四月一日死亡，到何时为止不能去拜年？ ＝到三十三年四月一日服丧期满，服丧期间的除夕不能放爆竹，不能张贴春联，如果要张贴也只能选取蓝色的纸，并且用白色或者黑色的字书写。

服丧都会规规矩矩的守三年吗？ ＝会守三年，不然会被大家耻笑。

只两年多就停止服丧是什么意思呢？ ＝没什么意思，有学问的人会规规矩矩的守丧。

服丧中可以结婚吗？ ＝可以倒是可以，不过对联是蓝色的。

从死亡到葬礼结束大概花多长时间？ ＝要择吉日，两三天或六七天不等，不过一般为四五天。

服丧期间的分娩呢？ ＝不变。

祖父母的服丧呢？ ＝一年，白帽、丧服、白鞋、白带子在葬礼结束后就不需要了。

这一年的丧期有名称吗？ ＝没有。

小功是什么意思？ ＝富裕的家庭一般都有小功、大功，这是有穿大功服和小功服的葬礼时所拿的旗子。

你知道斩衰、返服、期服这些词语吗？ ＝这是写在讣告上的词语。

　　不孝男〇〇〇等、罪孽深重、不自陨灭、祸延显考（显妣）〇〇府君、痛于〇年〇月〇日寿终正寝、不孝亲侍奉在侧、亲视含殓、遵礼成服、于本月〇日出棺、合葬于〇〇祖坟之侧

孤哀子〇〇〇血亲

〇〇〇血亲

期服〇〇〇稽首

〇〇〇稽首

5 月 19 日

服丧　坟　农民的信仰

应答者　任福裕　李长溪（40 岁）

【讣闻】你知道斩衰、返服、期服这样的词语吗？＝没听过斩衰、返服？＝期服佺是在讣闻上写某期服佺。

讣闻怎么写（假如是父母逝去的情况）？＝信封为白色或黄色，比普通的稍大，里面的纸也是白色或黄色，将纸张三折之后在表面写上"讣闻"二字。

○○○先生

讣闻发到哪里？＝亲戚那里。

同族不用发吗？＝不用。

朋友即使在村里也不发讣闻吗？＝不发。

给什么范围内的亲戚发讣闻呢？＝全部亲戚都发。

亡妻的姐妹嫁去的家也算亲戚吗？＝是的。

亡妻的姐妹的女儿嫁去的家算亲戚吗？＝不算，但也不能说不是亲戚，只是不发喜帖和讣闻，这叫"红白事不走"。

亡妻兄弟的孩子是亲戚吗？＝是的。

【服丧】一年的丧服叫什么名称？＝没有名称。

三年的丧服呢？＝也没有。

百日的丧服呢？＝没有。

祖父母的服丧期多长？＝孙子在服丧期间穿什么颜色的衣服都可以，所以又叫"花花服"，但是到出棺为止必须是白色。

为曾祖父服丧呢？＝可以不用服丧，要服的话一般是一个月左右。

妻子为丈夫服丧呢？＝三年。

弟弟对哥哥呢？＝不用，只要服到出棺为止就行。

对于出嫁了的姐姐呢？＝不服丧，到出棺为止。

父母对孩子呢？＝不用。

祖父母、曾祖父母呢？＝不用。

上辈对下辈呢？＝不用。

兄弟姐妹之间呢？＝岁数大的对岁数小的在出棺为止都要穿着白色。

到出棺为止不论年龄上下都要穿戴白色吧？＝是的。

到出棺为止，哥哥对弟弟与弟弟对哥哥有什么不同吗？＝对于哥哥的死，弟弟要着孝衣、白鞋，戴白帽，而哥哥对弟弟只用戴白帽。

在这一带一般都这样做的吗？ = 也有不同，但是冷水沟这里都是这样。

对于妻子的死，丈夫怎么办？ = 到出棺为止都要穿孝服戴白帽。

对于上辈，比如父母的丧事，长子和次子的服装有什么不同吗？ = 只要是孩子都一样。

对于父母的丧事，出嫁了的女儿如何呢？ = 服丧三年。

出嫁了的女儿穿什么样的衣服？ = 穿戴孝衣、白鞋、白头巾，对于父母的服丧，孩子要戴麻绳，这叫"披麻戴孝"。

麻绳戴到什么时候？ = 出棺为止。

孝衣呢？ = 出棺为止。

白头巾呢？ = 也是出棺为止。

白鞋呢？ = 三年。

白帽呢？ = 出棺为止。

出棺结束后，哪些可以显示出是在服丧期呢？ = 白帽、丧服、白鞋、衣着的颜色，以及衣服的下摆没有缝合。

衣服的下摆没有缝合叫什么？ = 没有名称。

麻绳意味着什么？ = 只说披麻戴孝，具体什么意思就不清楚了。

【讣闻】讣闻上除了写期服侄，还有其他的写法吗？ = 父——孤子，母——哀子，父母都死的叫孤哀子，父亲先死母亲后死时，母亲的讣闻上写孤哀子，兄——期服弟。

在下图的家族关系中，讣闻上的记载顺序是怎样的？ =

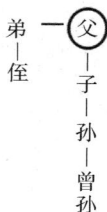

弟—侄 ——（父）—子—孙—曾孙

分别为孤哀子、期服侄、齐期孙、五月曾孙。

为什么没有写上弟弟？ = 因为是同辈。

为什么是同辈就不写上去呢？ = 一般不写，在葬礼上弟弟是主要人物。

弟弟都成下一任家长了为什么不写进去？ = 即使是家长，葬礼也是以孩子为最主要。

孩子有三人的话名字全部要写进去吗？ = 写进去。

女孩的名字不写进去吗？ = 不写进去。

为什么？ = 因为女孩是要嫁到别家的。

【丧主】主办葬礼的家长叫什么？ = 叫主家。

不会与别的称呼弄混吗？ = 别的地方没有主家这个称呼。

【服丧】期服是多久？ = 二年。

齐期呢？ ＝一年。

五月是指？ ＝五月的服丧。

没有斩衰、大功、小功和返服吗？ ＝没有。

那你知道这些词语吗？ ＝村里不用这些词。

虽然不用，但你知道有这些词吗？ ＝中文里面没有这些词，可能因地方不同，名称有所不同。

历城附近的人都用这个词吗？ ＝是的。

【讣闻】给村里的同族或朋友发讣闻吗？ ＝给朋友发。

那怎么通知同族的人？ ＝会让孩子去挨家挨户的通知。

丈夫死后，会写上妻子的名字吗？ ＝不会。

为什么？ ＝因为没有名字，而且有孩子，会写上孩子的名字。

那没有孩子的情况怎么办呢？ ＝既没有孩子又没有甥侄的话，就写上寒门不幸，不写妻子的姓。

【服丧】五月曾孙和花花服是什么关系？ ＝两者是相同的意思。

花花服的意思不会和五月曾孙矛盾吗？ ＝不会。

如果花花服是指出棺之后着装的随意，那不会和五月这个词矛盾吗？ ＝五月也是指出棺后自由的意思。

对于还没出嫁的姐姐的死，要服丧吗？ ＝不服丧，但一定会举行阴亲。

会因长子、次子的不同，而有服丧长短的不同吗？ ＝没有，服丧长短一样。

服丧这件事叫什么呢？ ＝叫带考。

叔伯父母的服丧怎样？ ＝期服二年。

【坟的方向】据说坟是东大西小，你知道这个词吗？ ＝不知道。

坟是怎样排列的？ ＝东边的大，西边的小。

坟多数朝向哪边？ ＝不定。

为什么说东大西小？ ＝这是说南向的坟的用语。

那如果坟朝向西方呢？ ＝则北边的大。

朝东呢？ ＝则南边大。

朝北呢？ ＝刚刚说的是尸体的头的朝向，方位是指头的朝向。

在 ⬭ 这样的坟形中，头是朝向哪边的呢？ ＝朝向宽的那边，即坟头，另一边叫坟尾。

朝向北边的话哪边为大？ ＝东。

坟要朝向哪边才正确？ ＝不定。

朝向哪边的多？ ＝朝向子午的多。

为什么子午的多？ ＝传说中有叫太岁的恶神，他每个月都会改变方位，这个根据农历可以知道，而只要避开他的方位就可以了，太岁类似于丧门神。

家坟的方向不是一定的吗？ ＝如果有家坟的话，可以不考虑方位就埋。

那么在什么时候避开太岁的方位呢？ ＝如果太岁在南边，就要稍微改变坟的朝向，位置不变。

要朝哪边改变方向呢？ ＝哪边都行。

丧门神（喜神的名字）在什么时候祭祀？ ＝在济南的城隍庙，丧门神的方向不变。

为什么出现了丧门神这个名字（前项将在后面订正）？ ＝他是非常孝顺的神，因母亲的过世而痛哭至死，因此佛像的表情很难看。

为什么这个神与坟有关系呢？ ＝丧门神是不好的神，但由对丧门神的愤怒而取名为喜神，是不好的神。

如果太岁每月改变方位，那不就没有理由特意让坟朝向子午了吗？ ＝子午是最好的方位

为什么子午好？ ＝从方位上来看它是上位。

【自然崇拜——山川之神】这个地方有没有把山川河流当作神崇拜的现象？ ＝黄河（也有人叫小清河）中有一个叫大王的神，农民不论把哪里的沙子弄平，只要两个人拿着棒子站立，就自然能写字了，这是大王附在上面了，只要农民一开始寻找物品，就自然能写字并作答。

大王是什么样的神？ ＝是清朝时代一个特别好的官吏，死后就成了神。

他只是你们这个地方的神吗？ ＝冷水沟的人都祭祀他，别的地方的人不清楚。

什么时候祭祀，怎么祭祀的？ ＝并不定期祭祀，河水泛滥的时候，有一条小蛇从水中出现，然后农民就进行笔谈。

你说的是小清河，冷水沟，还是黄河？ ＝黄河。

你们还要去黄河那边吗？ ＝水多的时候，就到小清河里来了。

到黄河大概有几里路？ ＝10 里，冷水沟的人不去黄河那边。

到小清河多远？ ＝3 里。

需要特意跑到小清河吗？ ＝可去可不去。

什么时候去呢？ ＝这要根据洪水状况和当年的收成。

不是村里派代表去吗？ ＝不是。

自己随便去的话，会不会根据人不同回答也不一样呢？ ＝回答不能直接懂，要考虑深层的意思才能懂。

懂了的答案会不同吗？ ＝句子虽然不同，但是意思是一样的。

这是由自己判断还是请别人看呢？ ＝识字的人自己看。

你有经历过这种事吗？ ＝去是去过，但是还没有亲眼见过。

别的村子也这样做吗？ ＝河对岸的村子也都这样做，但是即使那样做了也不知道蛇会不会出来。黄河泛滥的时候，在岸边放一个木板，一条蛇就爬上来，把它带回家，拿出两张桌子，一张桌子放蛇，一张写字。

其他村的人不会占卜吗？ ＝不会。

蛇不会从木板上爬开吗？ ＝不会。

所谓木板是器皿吗？ ＝是木制的器皿。

不崇拜山吗？ ＝不崇拜。

比如泰山、华山、卧牛山等呢？ ＝有庙，但是没有山神。

不崇拜古树吗？　＝不崇拜。

【迁坟】会从祖坟中把祖先的坟迁移一部分出来到自家的田地去吗（如图所示）？　＝不会。

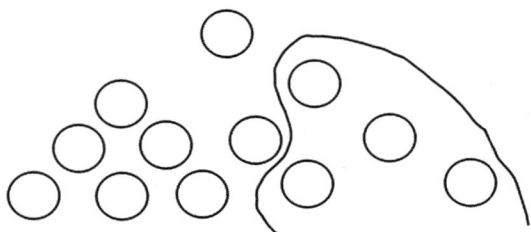

有迁坟这个词吗？　＝有。

什么时候会迁坟？　＝同族的墓地太狭小不够的时候，就迁移到自家的坟地。

把坟挖开再迁移吗？　＝一般不移，埋不下的时候就另作一个坟。未婚的年轻人，或者夫妇的一方还活着的时候，就从坟附近的临时埋葬所挖出来迁移。

与起坟是一样的吗？　＝是的。

移坟呢？　＝一样。

挪坟呢？　＝一样。

有没有在分家的时候，把从来的祖坟按原样不管，而以自家坟的灵牌作为坟的代表，把家坟迁移到别处的例子呢？　＝没有。

【祈雨】祈雨叫什么？　＝叫祈雨。

祈雨和求雨呢？　＝是一样的意思。

祈雨的时候哪些不能吃？　＝牛羊肉、猪肉、葱蒜、韭菜，男女不能同寝

葱、蒜和韭菜为什么不能吃？　＝因为它们属荤。

因为味道很重的缘故吗？　＝是的。

你认为黄河泛滥是自然的力量还是神灵的力量？　＝因为雨下得特别大，而且黄河里的大鱼还吐水。

是什么样的鱼呢？　＝是人看不到的鱼。

5 月 20 日

服丧　过继　分居

应答者　任福裕

农民杜凤山的过继子单一带来了一个札记簿，一个祭祀簿，和一份李兴仁给任福裕的印刷的讣闻。

【讣闻】讣闻基本都是印刷的吗？　＝穷人家的只有 10 张、20 张的话，通常自己写。

这是在济南印刷的吗？　＝是的。

李兴仁的家族关系是什么样的？　＝

祖父（已死）？　＝父（已死）？　＝自己（二十六岁）？　＝女儿（四五岁）。

母（一）？　＝已死、妻子（二十八岁）。

母（二）？　＝已死。

母（三）（四十九岁）

他父亲的名字是？　＝李永华。

李永华是谁的孩子？　＝是过继子，李凤鸣的次子。

李凤鸣的家庭关系是？　＝

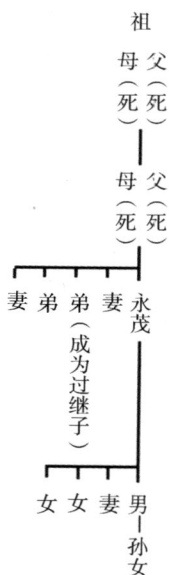

什么时候成的过继子？　＝30 岁左右，第一个母亲死后不久成的过继子。

当时的祖父母多少岁？　＝当时祖父 50 岁左右，第一个母亲已经死了。

娶了三个妻子不奇怪吗？　＝都是前一个死后才娶的，所以不奇怪。

第二个和第三个妻子分别是多少岁的时候娶的？　＝不清楚。

讣闻

不孝承重孙兴仁罪孽深重不自陨灭祸延

考声轩太府　　　　三十　阳四　十八　己　　正　　　同治十　阳

显祖　　君痛于民国　年历月　日　时寿终　寝距生于清　　年历

继妣李老太　　　十九　夏二　初五　戌　　内　　　光绪十一　夏

七　二　卯　　　七十一　不孝
　月　日　时享稀寿　　　岁　侍奉在侧亲视含殓当即遵礼成服
正　八　丑　　　四十八
　　　阳　　　十八　　　　十九
兹泣卜于　历五四月　日成主家奠　日扬播受弔扶柩发引因山向不宜暂厝于庄
　　夏　　　二十三　　　二十四
西北之新迁伏冀
友
世
　谊届期　光临殁荣存感丧此
戚　　　　　重继慈侍下
学　　　报　　　承重孙李兴仁泣血稽颡
　　　　本生慈侍下
　　　　　　　孤哀子　　　　冥感
　　　　　　　　芭
　　　兄　梧　　口　　家
期服　凤　鸣　既旦侄永茂孙兴文
　　　弟　桐　　蕃　　让泣稽首
　　　　　　　　国
　　　　　　　　伦

【讣闻字句的注释】

承重孙是？＝重是重量的重，三年服丧的意思，后面发展成代替父亲服丧的孙子的意思。

上图中间的口是什么意思？＝是指人已经去世了的意思。

夏历是指？＝指旧历。

正寝是指？＝男性说正寝，女性说内寝。

距是指？＝现在以前的意思。

稀寿的话，妻子也是48岁吗？＝真正的稀寿应该是71岁，而48岁则应该为艾寿，60——耆寿，50——艾寿，80——耋寿，90——耄寿，百岁——期颐。

30岁呢？＝30岁不能称之为寿。

成主家奠是指？＝指制作灵牌进行祭祀。

扬幡是指？＝在家门口树立的旗子。

是在门的左边还是右边？＝男左女右。

葬礼是边走边举的旗子叫什么？＝叫引魂旗。

扶柩是什么意思？＝指人抬着棺材，并且依依不舍，一边前行一边抚摸。

发引呢？＝是指把棺材带到要埋的地方。

山向不宜是指日光照射不好的意思吧，那么哪个方向，哪个方向不好呢？＝每年都有变化，因太阳所在的位置不同而不同。

太阳的位置是每年变化还是每月变化？＝每年。

届期是指？＝到了日期的话。

殁荣存感是指？＝死者光荣，生者感恩。

为什么单单"友谊、世谊、戚谊、学谊"这几个词是红色的字？＝这些人家里没有白事，所以用红字。

重继慈侍下是什么意思？＝在第二个继母的慈爱下侍候的意思。

本生慈侍下呢？＝侍奉在亲生父亲的慈爱下。

有没有夫妇为过继子去的情况？＝有，很常见，有孩子的还带上孩子一起去。

【礼簿、祭簿】礼簿通常用红纸吗？＝必须用红纸。

礼簿和祭簿不用于街坊或同族之辈吗？＝不用。

为什么？＝没有人用，理由不清楚。

平常街坊、同族之辈用吗？＝用。

礼簿、祭簿等记载的同族、亲友、村民等的金额有一定金额标准码？＝不定。

我觉得应该还是有一个一般的标准吧？＝亲戚有远近，朋友有厚薄。

【过继子单】

　　　立主继合同人杜凤海、因堂兄凤山及弟凤和年逾半百、老母在堂均无子嗣、常以为虑、按支寻查、别无可继、惟胞兄凤仪之子学名无太、现十二岁、昭穆相当、可以
　　　　　　　　　　　　　　兄　　山
为嗣、但凤仪仅无太一子、两堂弟凤和实为胞兄弟二人、事属棘手、于是敬邀街亲友
　　　　　　　　　　　　兄　　　　　　　　山
共同磋商、遂从权理、议定以堂侄一人为堂弟凤二人之嗣和、各方均力分如意、大众亦无不赞成、庶后春秋祭扫有人香火予以永传、对家族均抱乐观、对先人可无抱愧、诚善举也、嗣后无太抚养教训衣食婚姻等事、均归兄凤山及弟凤和管理一切、他人不
　　　　　　　　　　　　山
得干涉、而兄凤和所受先人宅基田产器家具亦均归无太一人承受、他人不得争执、此系大众情愿、各无反悔恐后无凭、立骑缝合同二张、各执一张为证[1]

海、

族人杜凤莱＋

仪＋

李登鳌成

任福田

任福顺、

---

〔1〕　译者注：此处为民间契约，保持原文文字结构。

任福善 +

任福祯 +

街谊　任长茂、

王慎三 +

程祥绂代字

谢星海突

亲友　张冬祥、

王德功、

骑缝合同

中华民国贰拾陆年贰月贰拾日　吉立

昭穆（过继子单）是指？＝左昭右穆。

什么的左昭右穆？＝不清楚。

骑缝？＝符节。

杜凤山的家族关系是？＝

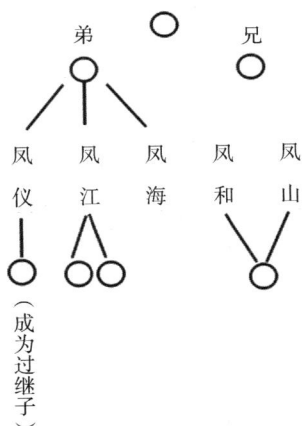

两个人领养一个过继子叫什么？＝兼桃子。

凤海、凤江、凤仪分家了吗？＝分了。

凤海和凤仪的后嗣怎么办？＝将来会有办法的。

这种情况一般怎么办呢？＝因为他们太穷了，死了也就算了，哪怕领养过继子也成不了什么。

为什么没有从凤江那里领养？＝因为他家的孩子太小了。

小孩大概多大？＝七八岁，而领养的那个有十、十一岁的样子。

这样的话年龄也没有多大的差距啊？＝凤山的孩子去当过继子时是 12 岁，现在已经有 16 岁了。

【分居与继母——杨公修的情况】是不是有继母和长子分开住的家庭？是什么样的家庭呢？ ＝没有。

杨公修有继母的吧？ ＝有。

没有和父母分居吗？ ＝分居的。

杨公修和他们一起住的时候，家庭关系是怎样的？ ＝

```
                        哥父
                 ┌───────┴───────┐
            妻   弟              公修
                                 │
                                 子
                                （死）
```

公修的亲生母亲呢？ ＝死了，原本是本庄的李家的女儿。

多少年前的事？ ＝大约 30 年前。

【继母——后妻】继母来自哪里？ ＝孟家庄的孟氏。

现在多少岁？ ＝40 岁。

公修现在多少岁？ ＝39 岁。

亲生母亲是在你多大时去世的？ ＝八九岁的时候。

继母来的时候，公修多少岁？ ＝母亲死后没过多久，继母就来了。

（李良甫的）继母是什么时候来的？ ＝一两年前。

后妻叫什么？ ＝继妻。

一般要在前妻死后多久才可以娶继妻？ ＝不定。

前妻死后才一百天也没关系吗？ ＝没关系。

要是娶得太早不会被人说闲话吗？ ＝不会。

在日本，要是在一年以内新娶的话，就会被人说不好，你们这里什么也不说吗？ ＝不说。很多时候，当前妻病重、没有希望恢复时，就有人出来介绍继妻。

如果你出嫁了的女儿病重时，听说那边要娶继妻，作为父母你不生气吗？ ＝不会公然的说有关于继妻的事，但是在家里会说。

别人在家里说的话，如果传到了那个女儿的父母那里时，怎么办？ ＝不会传出去的，在介绍继妻时，如果前妻病情恢复了，就会取消婚约。

女儿病重时，父母已经想到了后妻的事吗？ ＝是的。

失去妻子的丈夫如果坚守独身，会为人所褒奖吗？ ＝会，但是一般男子都不会守独身。

无论有无小孩情况都是一样的吗？ ＝是的，没有区别。

【后妻与前妻娘家的关系】如果嫁出去的女儿还没生孩子就死了，死后两家还会作为亲戚互相往来吗？＝还是亲戚，来当后妻的女孩也当作自己女儿的继承，这叫续亲。前妻娘家的父母叫后妻为续闺女。后妻那边叫前妻娘家的父母为续妈家。

对于后妻的出嫁也要准备礼品出席婚礼吗？＝是的。

后妻的娘家与前妻的娘家没有关系吗？＝没有。

续闺女与续妈家有什么特别的关系吗？＝后妻把续妈家当作自己的娘家，在归省、正月等时候，甚至比自己的娘家还来往得多。

失去妻子的丈夫，在妻子死后不久就新娶而没关系，是因为要早点生孩子吗？＝是因为会妨碍家里的工作。

【分居——赶出去】公修为什么要从家里搬出来？＝因为婆媳不和。

大概什么时候从家里出来的？＝大约十年前。

分家了吗？＝没分家。

这叫什么？＝（答案不明）

公修是被赶出来的还是自己出来的？＝被赶出来的。

被赶出来叫什么？＝赶出去了。

不叫另过吗？＝儿子这边叫作另过，但是他人一般说赶出去了。

是什么原因导致婆媳不和的？＝不好说，即使娶到了好的媳妇继母也会说不好。

总之是继母的不对？＝是的，不过两方都不好，因为丈夫不斥责妻子。

公修不责备妻子吗？＝是的。

不只继母，一般的婆媳之间也会有很多争吵吗？＝是的，如果是自己的亲生父母就会斥责妻子。

公修有没有从家里分得地？＝不清楚。

【分居后的生活】公修怎么维持生活？＝靠卖米。

在冷水沟吗？＝是的，如今在学校里面。

米不是只在新民会有卖吗？＝新民会什么也不干，农民都是自己随便干的。

公修现在的房子是租的还是买的？＝具体也不清楚，不过好像是租的，在村里借的房子不用交租金。

为什么不用交租金？＝跟家长的关系好。

家长的名字是？＝杜丙午。

与杜庄长是同族吗？＝是的。

仅靠卖米能维持一年的生活吗？＝得空的时候还回去打短工，妻子也有针线活。

【同族调解】像这样的纠纷出现时族长和同族不干涉吗？＝即使干涉了也无能为力，由于不好收场，谁也不愿意干涉。

刚开始也不干涉吗？＝刚开始会干涉，但是没用。

哪一方最不好处理？＝继母不好，孩子就搬出来了。

【异母兄弟】公修与弟弟是异母吗？＝是的。

异母的兄弟称作什么？＝没有名称，因为父亲相同，叫前窝、后窝。

男女都一样吗？ ＝是的。

在日本叫做异母兄弟？ ＝我们这里不这样说。

【分居与家长的去世】公修的父亲（杨长盛）死后，公修怎么办？ ＝如果父亲死了，会回去参加葬礼，结束之后还是会从家里出来。

丧礼的丧主叫什么？ ＝没有名称。

比如像刚才的李兴仁那样的叫什么？ ＝没有名称。（没有问旁边的两个农民。）

公修不能成为父亲家里的家长吗？ ＝不能，如果父亲死了就分家。

分家哪怕母亲反对也可以吗？ ＝反对也没用，而且继母也希望分家，只是父亲在世她不好说。

假如，成为下任家长的继母既反对分家又反对你回家怎么办？ ＝不会有这样的事，村里的人也不会容许。

杨长盛家里的田地大概多少？ ＝五六亩吧。

【分家后父母的生活】如果要分家怎么办？ ＝如果有 5 亩地，就把它平分为 2 亩半，分别给两兄弟，两家按相同的天数轮流赡养老母。或者 3 亩给母亲，另外 2 亩兄弟平分。

所以她与公修吵架的话选择后者吗？ ＝是的。

如果是有父母和兄弟两人的情况，用养老地分家的话，田地该如何分割？ ＝父母还在的话不分家。

那如果父母只有一方在世，分家吗？ ＝有分的情况，但是占少数。

分家的话，兄弟二人的土地和父母养老地的比例多少？ ＝没有一定的比例，如果母亲一方在世的话，由母亲提出养老地的份额。

分家之后父母轮流在孩子家中享受赡养叫什么？ ＝叫"轮流着吃"。

不叫轮班吗？ ＝不叫。

除了养老地和轮流着吃之外，还有其他的方法吗？ ＝没有了。

是不是有没有养老地，而由分家之后的孩子们给父母送食物的情况？ ＝有。

【分居与继母——李长芬的情况】李长芬是什么情况？ ＝也是有继母。被赶出来而住到外面的。

李长芬的家族呢？ ＝

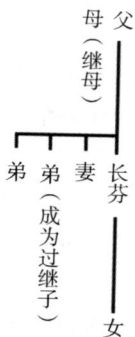

长芬的母亲是怎么了？ ＝死了，大约二十五六年前。

长芬多少岁？ ＝约 30 岁。

弟弟二人也都是亲兄弟吗？ ＝弟弟二人是异母。

为什么被赶出家了？ ＝婆媳不和。

大概多久前的事了？ ＝五六年前。

没有得到田地吗？ ＝父母租给了他七分地。

家里全部土地有多少？ ＝三四亩。

父亲还在世吗？ ＝在。

家里房子是租的吗？ ＝和继母在同一个院子里，不过在自己住的地方砌了墙。

父亲死后怎么办？ ＝分家。

现在是靠什么生活的？ ＝农活。

仅靠农活难以生活吧？ ＝大部分靠短工，春季干短工。

弟弟去哪里做过继子了？ ＝父亲的弟弟，住在冷水沟的李凤雷家。

几岁去的？ ＝今年，17 岁左右。

【分家和赶出去】分家时不论父母要多少养老地都行吗？ ＝是的。

如果婆媳关系非常不好，能不把仅有的一点土地分给孩子吗？ ＝不行，与其这样做，还不如不分家，父母自己拥有田地，把孩子赶出去。

被赶出去的孩子在父母死后能分得土地吗？ ＝能。

【分家的原因】分家的原因可以认为大部分是婆媳不和吗？ ＝除此之外还有兄弟相争。

兄弟相争仅指兄弟间的事情，不包含他们的妻子吗？ ＝也有妯娌不和。

婆媳不和、兄弟相争、妯娌不和这三个原因中，哪个是导致分家原因最多的因素？ ＝此外还有父子不和的因素。

那在这四个中间哪个因素次数最多呢？ ＝妯娌不和。

这其次呢？ ＝婆媳不和。

其次呢？ ＝兄弟相争。

再其次呢？ ＝父子不和。

结果到头来分家的原因都在女人身上吗？ ＝是的，女人不得了。

家里的纷争说到底可以认为是女人间的纷争吗？ ＝十回中有八回是因为女人。

5 月 21 日

家长与当家人　结婚

应答者　任福裕、李良甫（40 岁）

【女性家长】河北省有些地方女性不能成为家长，这里呢？ ＝没有丈夫的话，女性也可以成为家长。

女家长不会不便吗？ ＝虽然不便，但也是没办法的事情。

女性成为家长，在你们这里常见吗？ ＝非常少。

在哪里比较常见呢？ ＝不知道哪个村子。

在历城县，女性一般都能成为家长吗？ ＝不清楚，但冷水沟是的。

如果丈夫死了，又没有上辈的人，那么妻子一定会成为家长吗？ ＝是的。

【当家】当家人是指什么？ ＝指代替家长处理家庭事务的人。

什么时候会有当家人？ ＝只要有家庭，就有当家人。

除了家长之外，什么时候选出当家人？ ＝家长年迈不能处理家事的时候。

家长生病时会选出当家人吗？ ＝会从家里选出一个人当代理。

选出来的人不是当家人吗？ ＝是当家人，不过是临时的。

这个人是怎么选出来的？ ＝一般是长子。

当家人是由家长任命的，还是自然就认定是长子？ ＝既有任命的时候，也有自然是长子的情况。一般即使没有家长的任命，也自然选定长子。

选出了当家人之后，要通知同族和四邻吗？ ＝不用。

当家人是家族同辈中的年长者吗？ ＝是的。

选当家人的话，只有家长年迈一个理由吗？ ＝是的。

家长长期生病呢？ ＝也选当家人。

家长长期不在呢？ ＝家里还有别的人，所以没关系。

不需要当家人吗？ ＝需要。

除此以外没有要选出当家人的情况了吗？ ＝还有家长的能力不如孩子的情况。

有这样的人吗？ ＝杜凤莱，孩子是杜延寿。

杜凤莱家是怎样的？ ＝

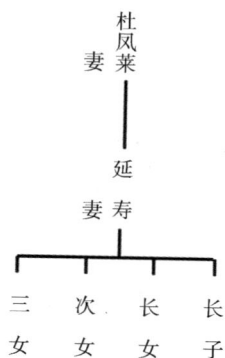

```
              杜
              凤
        妻    莱
              |
              延
        妻    寿
         ┌───┬─┴──┬───┐
         三   次   长   长
         女   女   女   子
```

家长是谁？ ＝杜凤莱。

【女当家】女性不能成为当家人吗？ ＝不能。

女性的家长呢？ ＝除非丈夫过世了。

如果孩子还年少，可以成为家长而不能成为当家人吗？ ＝是的。

没有女性成为当家人的例子吗？＝女性的家长可以成为当家人，但除此之外就没有成为当家人的例子了。

如果丈夫中风了什么也干不了，唯一的一个孩子也死了，只有一个五岁的孙子，这种情况当家人是谁？＝是妻子。

这样一来，哪怕女性不是家长，不是也能成为当家人吗？＝是的，能成为。

【家长与当家】既有家长又有当家人的时候，家长的工作是什么？＝这种情况家长只是名义上的了。

所以更多时候家长和当家人是同一人吧？＝是的。

一个人兼当家长和当家人的时候，家长和当家人的职责还能区分吗？＝不能。

既有家长又有当家人的时候，当家人不是把家长的工作也全部做了吗？＝是的。

这样剩下的就只有家长这个名义了吧？＝是的。

家长是家中辈分最高的吗？＝既是辈分最高同时也是最年长的。

有当家人的时候，重大事情要经过家长的许可吗？＝要。

当家人和家长意见不一致的时候，听取哪个？＝听从家长的。

孩子背着家长的父亲在外借钱，家长不得不还吗？＝当时不还，但最终还是要还的。

当时不还是为了给孩子教训还是出于其他的理由呢？＝为了让孩子吸取教训。

如果有返还期限怎么办？＝应该把利息与本金一起归还，但也可以与债主商量不付利息。

如果当家人背着家长擅自借钱，而家长知晓的时候已经到了归还期限，这种情况怎么办？＝当家人绝不会做这种事。

如果要借很多钱，能不以家长而是以当家人的名义借吗？＝不行。

以家长的名义就行吗？＝是的。

卖出家里的田地时，能不用家长的名义而用当家人的吗？＝需要家长的名义和许可。

如果家长中风了脑袋不能使，也一定要家长的名字和许可吗？＝这种情况不需要家长的许可，但需要家长的名义。

如果当家人趁家长生病把田地卖了，之后家长知道后还能买回吗？＝没有关系，因为红色的契约文书在家长手里。

但是从生病的家长手里拿走契约文书不是很简单的事吗？＝当家人不会做这种事。

家里的全部事情都交给当家人吗？＝是的。

有没有当家人无法做到，而家长能做到的事情？＝只有土地的买卖。

结婚呢？＝结婚也是。

大量资金的借贷呢？＝也是，以上三点都是。

【自由结婚】没有订婚的年轻人可以选择不是由父母主婚的对象吗？＝不仅冷水沟，整个历城县都没有这样的事。

如果有自己喜欢的女孩让他们结婚怎么样呢？＝如果双方家长意见一致是没有问题的，否则会引起结婚后的各种麻烦。

结婚不是应听取年轻人双方的意见吗？＝两种方法各有优缺点。父母主婚的话，订婚时孩子都还年幼，父母按对方双亲的人品来选人，由于妻子较丈夫年长，妻子先老去，两人之间会起争执，这是缺点。自由结婚的话可能仅仅只看对方的外表，等娶进家门造成家庭不安定，这也是缺点，不过优点是两人关系好，不会离婚。

你好像很了解自由结婚，这一带是不是有自由结婚？＝济南有，我们这里没有。

【订婚】李先生有孩子吗？＝两个男孩，两个女孩。

已经订婚了吗？＝长子和长女已经结婚了，次子 10 岁，次女 4 岁。

10 岁的孩子订婚了吗？＝还没。

准备给他订婚吗？＝是的。

订婚之后他又有了自己喜欢的女孩子怎么办？＝不容许。

女方家里碰到相合适的对方的家里说亲，说请一定把女儿嫁过来时怎么办？＝如果女方知道对方已经定亲，那是绝对不容许的，要是没定的话就可以。

这附近有这样的例子吗？＝有还没订婚的这种例子。

冷水沟有吗？＝有，有钱的农家。

虽然订婚了，但父母都去世了的话，还要实行并结婚吗？＝必须实行。

年轻人不会讨厌订婚吗？＝10 岁连订婚是什么都还不知道，孩子听到订婚只感到害羞。

我并不是这个意思，经历了订婚然后结婚的年轻人对此抱有什么想法呢？＝也有人觉得不满。

5 月 22 日

号　街坊之辈　兼祧　相续

应答者　任福裕　李良甫

【号】良甫是号还是名？＝是号。

号是什么时候取的？＝青年时取的。

大概多少岁的时候？＝17—20 岁之间。

号由谁取的呢？＝请学校的先生取的。

为什么要取号？＝也没有特别的意思。遇到完全不认识的人时，不说名，而是说号。

取号的时候要做什么吗？＝什么也不用做。

十七八岁了就可以自己自由地去学校请人取号吗？＝是的。

是不是既存在有号的人，也存在没有号的人？＝没有号的人居多，但是大家都必须取的。

为什么？＝号和名的用法不同，比如人死后人们就不称呼他的名，而是称呼号。

其他的用法呢？＝第一次见面的人不说名，说号。朋友之间称呼也不用名而用号。

用号的地方有什么意味在里面吗？＝不知道有什么意味，但是自古以来就是这样的。

有没有向对方表示敬意的意思？ ＝有向对方表达敬意的意思。

有没有这种事，就是说村里相对有钱或有学问的人有号，而贫穷的、没有学问的人则没有号？ ＝出门打工的人大多数都有号。婚书交换时，要在男女双方父亲的名下写上自己的号，没有人不在婚书上写号。

没有号的话怎么办？ ＝当场取一个号。

请学校的先生取吗？ ＝是的，先生不方便的话，就请写婚书的人取。

为什么外出打工的人多有号？ ＝因为外出打工与人交往多。

【同族的辈分和街坊的辈分】同族之辈与街坊之辈中的称呼相同吗？ ＝相同，不过没有父子的称呼。

祖父母怎么说？ ＝爷爷、奶奶。

同族和街坊都一样吗？ ＝一样。

这样一来在村里不是就有很多爷爷奶奶了吗？ ＝是的，有很多。

街坊之辈是从同族辈分里面出来的吗？ ＝同族的辈分变化成街坊的辈分。

同族辈分不是从街坊辈分里面出来的吗？ ＝不是，家里的辈分是死的，街坊的辈分是活的。

这是什么意思？ ＝家里的辈分是一定的，而在街坊中，只要不知道对方的辈分，就可以根据年龄或其他适当的称呼辈分，然后自己的孩子和孙子再据此进行适当的称呼，所以说是活的。

别村的人或者第一次见面的人因为不知道辈分，所以基本都是以年龄为基准吧？ ＝是的。

这种时候多用哪种称呼？ ＝兄弟的称呼。

对于初次见面的人或者别村的人，要用街坊的称呼吗？ ＝没有要事的话就不定辈分。

不是这个意思，要是有要事、要说事的情况呢？ ＝这种时候要用。

听任先生和李先生的对话，好像并没有用辈分称呼，这是什么缘故呢？ ＝因为不用也互相知道，所以没必要用。

可是我一次也没听到过？ ＝任比李辈分高，所以直接称呼他的号良甫，李不叫任叔叔，而是叫"喂、喂"，这样模糊称呼也行。

【雇工和街坊的辈分】雇工称呼雇主或雇主的家人时，也用街坊辈分称呼吗？ ＝只叫掌柜的。

如果雇主的弟弟30岁，雇工20岁，他怎么称呼雇主的弟弟呢？ ＝叫二掌柜，雇主的妻子叫女掌柜，孩子叫少掌柜，掌故的父亲叫老掌柜，女儿则没有称呼。反之，雇主家里人叫雇工为伙计。

长工为什么不用街坊辈分的称呼？ ＝上面说的是不了解街坊辈分的长工的称呼，了解的人就会用街坊辈分称呼。

这一点长工和短工一样吗？ ＝短工称呼掌柜。因为短工待的时间短，所以没必要称呼雇主的家族。

从别村来的长工不叫叔叔、大哥、大爷吗？ ＝很少叫。

【分家】在下列情形中哪个分家的情况最多：母亲去世了父亲还在、父亲去世母亲还在、以及父母都去世了的？ ＝父母都去世后分家的情况最多。

其次呢？ ＝父亲去世后。

其次呢？ ＝母亲去世后。

再其次呢？ ＝父母都健在的情况。

父母去世后分家最大的理由是什么？ ＝没有，都是按习惯来的。

理由难道不是因为作为连接两兄弟的牵绊的父母去世了吗？ ＝这也是其中的理由。

而且，父亲去世后分家多，难道不是因为压制孩子的父亲去世了吗？ ＝这也是，总之父母去世后，管制兄弟的人就没有了。

在下面的家族关系中，从长子（A）来看或者从祖父（B）来看重要的顺序依次是什么？ ＝

【家庭身份关系的轻重】

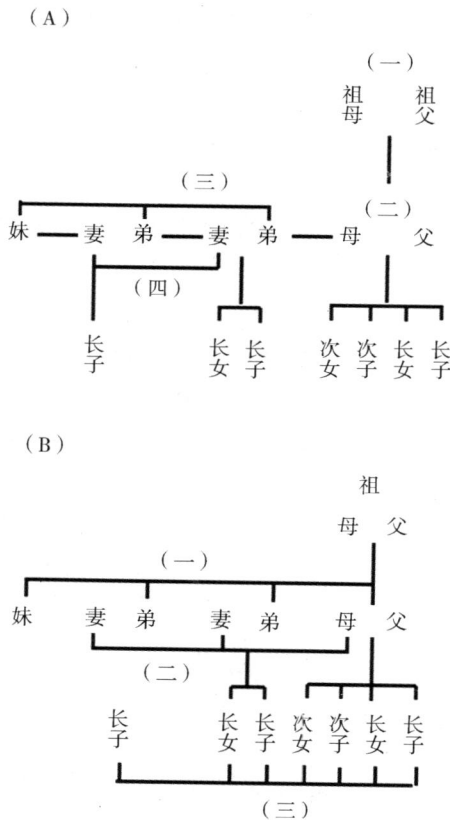

（A）

（B）

【泰山崇拜】泰山石敢当是什么意思？ ＝不知道。

可以守护什么？ ＝镇压的意思。

镇压什么？ ＝家住在路边的不吉利，就要用泰山石敢当来镇压邪气。

泰山是那个很有名的泰山吗？＝是的，不过哪怕石头不是泰山的，也在上面写上泰山。

真的用泰山的石头吗？＝跟石头没关系，只跟上面的字有关系。

泰山有镇压邪气之力吗？＝泰山有一个庙，可以镇压邪气。

力是来自于庙，还是来自于山？＝既不是庙也不是山，而是来自于神。

叫什么的神？＝泰山奶奶，泰山里没有男神。

听说泰山有叫碧霞元君的神，跟这个神有关系吗？＝她就是泰山奶奶。

这一带的人祭拜泰山吗？＝不怎么祭拜。

中国第一名山是哪座？＝在山东省是泰山，别处就不知道了。

泰山不仅是山东的名山，也是中国的名山吧？＝（任福裕）不是。（李良甫）是的、是的。（任）我自己没去过，所以不清楚。

【一子两不绝、兼祧】一子两不绝是什么意思？＝两兄弟共有一个儿子。

如果长子有一个儿子，而弟弟没有儿子，怎么办？＝兄弟二人共有一个儿子。

这叫什么？＝兼祧。

次子有一个儿子，长子没有儿子时呢？＝跟上述一样兼祧。

兼祧和一子两不绝是相同的意思吗？＝是的，不过一般都说兼祧。

说一子两不绝吗？＝一般不说。

【家的继承】宗祧是什么意思？＝不知道。

不说相续吗？＝不说。

作为家长的父亲去世后，长子成为家长，这叫什么？＝（答案不明）

家长去世后就能选产生新家长吧？＝能。

产生新家长叫什么？＝没有名称。

取代新家长叫什么？＝叫家长。

家长去世后，新家长继任，别人家吧这叫作什么？＝没有称呼。

继承宗祧叫什么？＝不知道怎么说。

如果我是家长，任先生是我的长子，我死后任先生成为新家长，这件事叫什么？＝叫料理家务。

通常都说料理家务吗？＝不说，说过日子。

说继承吗？＝不说。

说接续吗？＝不说。

说续祧吗？＝不说。

说承祧吗？＝不说。

应继、订继、承继呢？＝这些都是跟过继子相关的词。比如兄长有两个儿子，弟弟没有儿子时，兄长就把次子过继给弟弟。

不是过继子，而是自己的儿子在自己去世后成为新家长，这叫什么？＝不知道。

家长去世后，长子是自然要成为新家长的，这个被选定的新家长，用什么称呼来与其他的儿子区分呢？＝没有这样的称呼。

【一子两不绝、兼祧】有没有这样的例子：有三个兄弟，长子和次子都没有儿子，只有三子一个人有儿子，让三子的儿子娶三个妻子，然后所生的孩子当作自己的孩子？ ＝有。

这叫作什么？ ＝不知道。

不叫一子三不绝吗？ ＝或许这样叫。

这种结婚是什么样的？ ＝三个妻子分别在自己家里，三子的儿子每三天左右轮流去。

到长子和次子家里去的妻子叫什么？ ＝没有名称。

三个人都要举行结婚仪式吗？ ＝分别举行结婚仪式。

如果三个兄弟中有生不出孩子的怎么办？ ＝没法子。

如果长子生不出孩子，宗祧会断绝吗？ ＝不一定。

会找过继子吗？ ＝会。

这一带有这种结婚吗？ ＝有。

在哪里？ ＝去年、乡长李佩衡的父亲。

这种结婚叫作什么？ ＝事实上存在，但是没有特定的叫法。

这一带，这种结婚多吗？ ＝有，但是很少。

会不会家里没有钱不行？ ＝多是财主，不然的话财力不够。

如果给三子的儿子娶三个妻子，生出的孩子辈分上会在长子和次子之间跳过一个吗？ ＝成为祖父和孙子的关系。

长兄和其弟没达到一定的年龄就不能这样吗？ ＝是的。

长兄及其弟分别给外甥配一个妻子，这是为什么？ ＝为了有后嗣。

为了有后嗣这种称作什么？ ＝接续后代，不过这不是名词。

接续后代这个词常用吗？ ＝（李良甫）意思明白但很少说。

一子两不绝与兼祧没什么不同吗？ ＝两个兄弟分别给一个外甥配两个妻子来得孙子也叫兼祧。

与一子两不绝不同吗？ ＝通常是说一子两不绝，是俗话。

兄弟二人不靠给另一方的儿子配两个妻子，就不叫兼祧吗？ ＝兼祧后当作自己的儿子，配予妻子，让其生孩子。

如果兄弟也没有儿子，不能以弟弟的儿子来兼祧，不能自己娶妾吗？ ＝由于兄长年老了，即使娶妾也生不出孩子，所以兼祧更好。

兼祧的话，孩子把自己的父亲及父亲的兄弟都叫爸爸吗？ ＝是的。

不兼祧而是娶妾的话，是不是意味着分家？ ＝娶妾的话，兄长要取得弟弟的同意，弟弟也要取得兄长的同意。有一方不同意的话，可能就会分家。

是兼祧的多还是娶妾的多？ ＝两种在冷水沟都不多。

【遗言】知道遗言这个词吗？ ＝不知道。

（写出来给他看）？ ＝有是有。

遗言是什么样的？ ＝父亲去世时，给孩子们说兄弟关系好不用分家啊，贷款和借款的事啊，女儿出嫁的事宜啊等等。

遗言不写下来吗？＝不写。

有没有父亲（母亲已经去世）对于养老地分割多少给两儿子留遗言的情况？＝分割多少是规定好的事，所以不用说。

5 亩养老地在父母死后分给兄长 3 亩、弟弟 2 亩，这种遗言没有过吗？＝同样是自己的孩子，分割要平等。

如果兄长勤勉，弟弟懒惰，所以遗言分给兄长 3 亩、弟弟 2 亩的话会怎样？＝即使是这样，也要平等地进行分割。

【房子的等级】同一院子的西厢和东厢，会不会哪一个更好点？比如说，父母住在正厢房，兄弟二人分家要分别住到东西厢房，（如果不靠抽签决定的话）兄弟应该分别住哪里呢？＝由兄弟商量决定。

一般而言，比起西厢房，东厢房是不是好些？＝东大西小。

这种家（房屋）的等级叫作什么？＝说东大西小，但是没有特定的名称。

【过继子】从同族里领养过继子有顺序吗？＝从最近的亲戚开始领养。

如果最近的亲戚不给领养呢？＝不会不给领养的。

5 月 23 日

兼祧　家长　分家

应答者　任福裕

【绝弟不绝兄】你们说绝弟不绝兄这个词吗？＝说是说。

是什么意思？＝如果兄长上了年纪还没有儿子，弟弟年轻又有儿子的话，就把儿子让给兄长。

如果兄长没有儿子，弟弟有一个儿子的话，怎么办？＝兼祧。

兼祧就把一个人的儿子变成两个人共有的儿子了吗？＝是的。

这样一来不就成不了绝弟不绝兄了吗？＝是的，成不了。

也就是绝弟不绝兄并不怎么实行？＝只是这样说，并不实行。

在上例中，要实行绝弟不绝兄会怎样？＝除了兼祧之外别无他法。如果弟弟的孩子不听话，兄长不想要，可以从别的同族那里领养。

就不实行绝弟不绝兄了吗？＝是的。

绝弟不绝兄是不是意味着兄长、即长子的系统更加重要？＝也有这个意思。

【家的系统】说不说长门、二门？＝不说，只说长支、二支、三支。

这些是什么意思？＝支是枝的意思，即从父母分支下来的血统。

不分家的时候也这样说吗？＝不分家不这样说。

如果一家里面有好几个兄弟，各自都有自己的孩子，他们的系统分别叫什么？＝没有名称。

【家长的葬礼与长子】父亲葬礼时（假设母亲已经去世），三个孩子的服装相同吗？ ＝相同。

所携所戴都相同吗？ ＝相同。

由于长子要成为家长，所拿的和穿戴会不会有特别的规定？ ＝没有。

葬礼时，没有可以显示出下任家长的事物吗？ ＝没有。

长子不拿灵牌吗？ ＝长子手持灵牌走在正中间，两边由兄弟搀扶。

如果有叔父在怎么办？ ＝还是由长子拿灵牌。

但是新任家长是叔父吧？ ＝是叔父。

讣闻中先写谁的名字？ ＝

孤　哀　子〇〇〇
〇〇〇
〇〇〇
齐　服　孙〇〇〇
护丧期服弟〇〇〇

护丧是什么意思？ ＝帮忙照料葬礼事宜。弟弟对于兄长没有特别隆重的服丧。

那么这种情况中的弟弟（叔父）的葬礼呢？ ＝到出棺为止穿戴白帽孝衣就行了。

【下任家长的指定】假设母亲已经去世，家里剩下父亲（家长）和 3 个儿子，而长子不仅懒惰还挥金如土，父亲为家庭未来考虑，不把家长让给长子，而是次子或三子，这样可以吗？ ＝可以。

这种叫什么？ ＝没有叫法。

这种情况多吗？ ＝不多。

在上例中，如果次子和三子的能力差别不大，父亲可以把家长之位自由地传给次子或三子吗？ ＝按父亲所说的做。

在家庭生活中，能够打破辈分来决定下一任家长吗？ ＝不能。

在同辈中打乱顺序可以吗？ ＝可以不按长次三的顺序，以人品为重。

但是一般不都是按顺序来吗？ ＝是的。

如果兄弟三人品格相当，家长就是长子，而不是次子和三子吧？ ＝是的。

【评价孩子的标准】在家庭生活中，认为一个孩子很优秀最看重什么？ ＝工作态度，工作态度认真的人好。

就算品德有一点不好，但是工作态度好的话也认为好吗？ ＝是的。

脑袋非常聪明的孩子再认真工作的话，不也是很优秀的孩子吗？ ＝村里没有这样的人。

女儿最重要的是什么呢？ ＝大门不出，二门不到，并且工作（针线活）好的话就很好。

【分财产】兄弟分家时，田地和物品是按抽签进行分割的时候多，还是商量后进行分割的时候多？＝抽签的多。关系不好的话，难以商量分割。

父母去世后，把养老地分给兄弟二人时，不论是田地还是财产工具都是等分吗？＝是的。

【分财和灵牌、家谱】父母所持有的灵牌都去哪里了？＝兄弟各自持有牌位。

父母的灵牌呢？＝由长子持有。

除此之外没有父母死后放在长子家里的东西了吗？＝没有。

父母家里的家谱（假设兄弟的家里以前没有）呢？＝我们这里有不移动家谱摆放位置的习俗，所以家谱为继承家谱所在的老宅子的人所有。

为什么不能移动家谱放置的位置？＝因为这是一直以来的禁忌。

听说前些年，杨、李、谢、程四家有家谱？＝不是很清楚。

【家长的责任】成为家长意味着要继承并管理家里的财产吗？＝不仅如此，还必须工作。

只有这些吗？＝还要去集市卖粮食等。

家长有主持祭祀祖先的责任吗？＝没规定。

也就是家长没有主持祭祀祖先的责任吗？＝清明节等，如果家长不在也可由其他人干。

家长没有统筹家族或家务的责任吗？＝有。

在以上三点中，作为家长，哪个最重要？＝与财产相关的最重要。钱不够的时候家长要想方设法解决。

存在没有财产的家长吗？＝这样的家长就只有一个名称，什么也做不了。

分家的话，一定会各自持有灵牌吗？＝放在老宅子里就行，不用另做，祭祀的时候都聚集到老宅子。

对于只身一人、没有家族的家长来说，最重要的是什么？＝没有什么重要的。

作为家长最重要的难道不是祭祀祖先吗？＝祭祀祖先一年两三次就可以了，不能说是重要的事。

没有后嗣，家族绝后这样的事叫作什么？＝"这支子人没了""没后代"。

没有后嗣而使家族绝后不是对祖先的不孝吗？＝可以领养过继子，所以不是不孝。

如果没有领养过继子而让家族绝后，是不孝吗？＝没有这样的事。

既然有"没后代"这个词，所以肯定有绝了后代的人家吧？＝有倒是有。

如果有这样的事，会不会被旁人说不好，或者自己觉得对不起祖先？＝虽然觉得对不起祖先，但是也没有办法。

【过继子】兄弟都没有儿子时，作为家长的兄长会怎么办？＝如果家里没有财产，没有过继子肯来也是理所当然的。

有财产的话呢？＝就会有过继子来。

没有财产的话，过继子就不来吗？＝来了也是饿死。

不能当短工或长工维持生活吗？＝这样的话还不如在自己家，要不然就划不来。

无论财产的有无，给没有后嗣的家里过继子不是作为同族的义务吗？＝没有这样的义务。

在上述例子中，如果有财产，兄弟二人时分别领养一个过继子，还是兼桃来共有一个呢？＝如果财产很多的话就分别领养，不多的话就兼桃。

过继子也可以说兼桃吗？＝没有名称。

杜庄长的过继子单为什么有那么多街谊呢？＝因为得到了很多人的承认。

【分家单】分家单可以叫分单吗？＝可以。

如果做了不好的事情，能以是长子为由，而与次子或三子相比，获得特别的优待吗？＝不能。

【一门】有"一门"的说法吗？＝没有，但是说"一门子亲"。（某某是自己的亲戚的意思。）

6月3日

坟　阴亲　借种

韩子明（风水先生，56岁）

赵苇杭（官员助吏，48岁）

【私塾】年轻时在哪里上的学？＝在王舍人庄的私塾。

那个时候的私塾是几年？＝15年。

从几岁到几岁？＝从7岁到21岁。

读的什么书？＝"四书"和"五经"。

只按字面诵读吗？＝给我们进行了讲解。

"五经"是指什么？＝诗、书、易、春秋、礼。

"五经"中哪个最重要？＝各自不同。书经是政事，易是吉凶，春秋讲人的善恶，礼是礼仪，诗经则看重人的性情。

王舍人庄里有拥有古书的人吗？＝没有。

哪家的历史最久？＝王家自古就来到这里，所以才叫王舍人庄的吧。

王姓的有几家？＝大约40家，但是未必都同祖。

【风水先生】风水先生占卜什么？＝只占卜家宅与坟地（叫阴宅）。

不占卜结婚的事宜吗？＝占卜结婚的吉日。

阳宅和阴宅的占卜依据什么书？＝阴宅依据《玉天经》，阳宅依据阳宅大全。

《玉天经》是谁写的书？＝杨救贫和曾文山。

什么朝代的人？＝元朝的人。

《阳宅大全》的作者是谁？＝忘了。

《玉天经》有几册？＝两册。

《阳宅大全》呢？＝四册。

占卜阳宅时最重要的是什么？ = 以门的方向为中心。

有忌讳的方向吗？ = 依情况不同而有所不同，要看门的方向。

有每年都变化的吉凶方向吗？ = 每年都变，忌讳太岁。

【坟的形式】这一带的坟是什么形状？ = 有人字形（葬）和排骨葬。

排骨葬是什么形状？ =

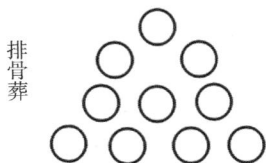

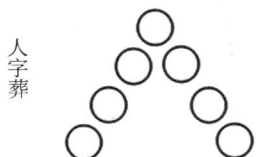

排骨葬和人字葬哪种多？ = 不一定。

坟朝向哪边才正确？ = 不定，依据坟地的风水而不同。

除了人字葬和排骨葬，还有其他的形状吗？只说名称也行？ = 不清楚，在历城县只有这两种。

哪种多？ = 人字葬多。

排骨葬中，第二列以下以哪边为大？ = 以左边为大。

坟的第一列和第二列分别叫什么？ = 一辈、二辈。

人字葬是什么样的葬法？ = 人少的时候用人字葬，人多则用排骨葬。

如果某家自古以来就用人字葬的坟形，不是就不能说人数的多少了吗？ = 一个地方的坟预留的地方到三代。

排骨葬也是到三代吗？ = 排骨葬的话，只要有地方，到几代都行。

人字葬和排骨葬哪个历史更久？ = 都是自古就传下来的，很难说哪个历史更久，人字葬是人数少的家用，而排骨葬则是人数多的家用。

坟形能在中途随意改变吗？ = 顺其自然的改变，人数变多的话自然就改用排骨葬，但是即使是排骨葬，一般五六代也算多的，谁也不会预先留出那么大的地。

人字葬也是以左为上吗？ = 是的。

左为上、右为下，这叫什么？ = 不知道。

左与右的区分以什么为基准？ = 人死后仰面朝天入棺的左边。

为什么以左为上？ = 不知道。

人字葬中，夫妇男女哪个在内侧？ = 左属阳，右属阴，所以男在外侧，女在内侧。虽说男在左，但是如果始祖的坟是如图 所示的位置的话，儿子的妻子就会与父亲接触，所以把男置于右，女置于左，二男的坟中儿子与母亲接触了，但因为是母子所以没关系。

坟中最高的祖先叫什么？ ＝始祖、祖宗。

夫妇的坟一定要做神道碑吗？ ＝要做。

人字葬中，如果孩子有两人或是三人，就会如下图一样自然地变为排骨葬吗？ ＝是的。

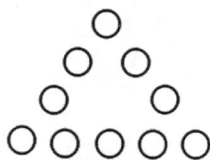

【阴亲】这一带都举行阴亲吗？ ＝是的。

整个山东省都这样吗？ ＝这倒不能说，但历城县是这样。

阴亲之后作为亲戚往来吗？ ＝跟活着结婚一样。

这叫作什么？ ＝并没有名称，说阴亲什么什么的不是很好。

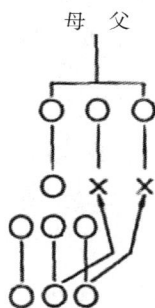

【借种】长子、次子都没有孩子，三子有一个儿子的情况下，让这个儿子娶三个妻子，所生的孩子分别给长子和次子做儿子，有过这种例子吗？ ＝有。

这叫作什么？ ＝借种。

借种的情形多吗？ ＝不多。

借种和兼祧哪个多？ ＝意思上和兼祧是一样的（之后又说是不同的）。兼祧多。

在王舍人庄有这种吗？ ＝没有，不是财主就不行。借种这个词并不是什么好词，是粗鄙的说法。

有其他的名称吗？ ＝没有。

【服丧】上辈的人对下辈不服丧吗？ ＝不服。

兄长对弟弟，丈夫对妻子不服丧吗？ ＝夫妇的话，到出棺为止都要穿白衣，但兄弟之间不用。

母亲去世后的服丧，在父亲去世和在世两种情况中有什么不同吗？＝没有。

为父母某一方的去世而服丧的话，不会是对在世的一方的不孝吗？＝不会，反而向在世的一方表达若你去世后我也像这一样尽孝道。

阴亲时，被娶的妻子叫什么？＝没有称呼。

不叫鬼妻吗？＝只说阴亲，或娶阴亲。

【阴亲】不怎么说阴亲这个词吗？＝不说，阴亲结束之后，就不说这个词了。

那人们说什么呢？＝用普通的名称。

阴亲的男方家庭怎么称呼女方？＝女亲家，男方的叫男亲家。

阴亲的事情对外怎么说？＝没有称呼。

不说冥婚、冥配、幽婚、鬼婚、会婚、配骨吗？＝不说，只说阴亲，别的地方怎么说就不知道了。

阴亲跟两家的财产没有关系吗？＝没有。

非常富裕的家庭和非常贫穷的家庭可以吗？＝是众人所望的家庭就可以。

门当户对不会成为问题吗？＝中间的人会尽量介绍家境相当的人家。

年龄呢？＝尽量选年龄差不大的。

一般为多大的男女举行阴亲？＝10岁以上。

【未婚男女的埋葬】未婚的男女不埋到家坟里去吗？＝不埋到家坟，埋到别的地方。

【佈垯】瓦等只放一个的坟叫什么？＝叫佈垯，人死后所埋的方向如果朝着太岁，就这样做，然后等到明年再埋。

【埋葬与风水先生】埋到先祖所在的家坟里时，有必要请风水先生再看一次吗？＝必须请。

也就是说人死后都会请风水先生来看吗？＝是的。

风水先生一定要用五行、八卦、十干、十二支吗？＝是的，风水先生得把这些背下来。

6月4日

名字　分家　过继

应答者　任福裕　谢星海（校长）

【起名】给孩子取名字叫什么？＝起名。

起名是什么意思？＝开始有名字了的意思。

起名后就不再叫乳名了吗？＝只有父母叫乳名，其他人都称呼其学名。

兄弟姐妹用什么称呼？＝兄长称呼弟弟可以用乳名，年龄相差较大时用乳名，一般就叫哥哥或弟弟。

女孩也有乳名吗？＝有。

学名呢？＝有人有，有人没有，女孩如果上学的话，就有学名。

男孩只有一个时，以什么为依据来取学名？＝这个家好几代以来的第二个字是什么，第三个字是什么是决定好了的，所以就用那个字取名。

之前就定好了是怎么回事？＝不提前定好的话，就有重复之嫌。

家谱中是如何记载的？＝家谱中把未来几代的都已经定好了。

没有家谱的家庭呢？＝如果是同姓的话，即使没有家谱，也可以模仿同族的家谱取名。

如果同族里都没有家谱怎么办？＝即使没有家谱，也会尽量不与上辈取同样的字。

先生在取名时，要先调查这个家有没有过这个字后再取名吗？＝即便不调查，从前代人的取名中也可以知道。

先生知道五行吗？＝知道。

不依据五行来取名吗？＝不依据。

不从论语、孟子等道德之类的书中取字吗？＝不从中取。假设第二个字是"德"字，只要与这个字相关就行，例如德禄、德福、德财之类。

名字只有一个字的怎么办呢？＝并没有特定的标准，取一个适当的字就行。

同辈的人有同样的字叫作什么？＝叫同辈的。

同辈中不同的字之间有音韵的关系吗？＝没有。

【分家单】[1]

　　　　立分册人、李路氏配天毓涛、早故、余生有二子、长子凤楼、次子凤梧、而凤梧少年夭亡、虽经定婚、未及成礼、亦先梧而逝、长子凤楼配妇李氏、生二子、长名永章、次名永祥、不幸凤楼、亦先我而逝矣、乃凤楼在日、悯其弟凤梧、早年夭亡、并无子嗣、愿将其次子永祥、为凤梧之子、以重手足、而衍宗绪、兹者因余年纪高迈、不能操持家务、又兼永章、永祥皆属壮年、俱堪自立、是以邀请街居亲属、共同议决、今其平分家产、各立门户、除路家桥道东水旱地大亩三亩五分、庄北旱地大亩贰亩五分（阔步列后）以为余养老地外、其余房地、土器家什、皆按二分均批、拈阄为定、余所留之养老地、概归余个人管理、无论何人、不得故意干预、余死后、除衣衾丧资、皆从此地支出外、下剩多寡、仍归永章永祥二人均分之、大门前沟子南、大槐树一株、其余变卖、以作余零用之资、六元钱会一当亦归余得之、以备余将来购买馆之资、但每次会钱、仍为永章永祥二人摊凑之、再者无论何人、批得两院北屋三间为余永远居住、所有屋内一切、木器像具不准移动、余死后始得永章永祥二人均分之、所言以上各节、当众议决、永章永祥亦皆认可、恐后无凭、立此分册二本、各执一本为证

---

[1]　译者注：此处为民间契约，保持原文文字结构。

【分家单字句注释】重手足？＝重视兄弟。

衍宗绪？＝传宗接代。

阔步列后？＝横纵如下所示。

拈阄为定？＝抽签决定。

归余变卖？＝可由自己随意卖出。

零用之资？＝零用钱。

6 元钱会以当？＝6 元是钱会的一株。

钱会是什么？＝一个人需要钱时，就拜托熟人或亲友出一定的钱，如果是 5 个人的会，每个人 6 元，除开自己就是 24 元，一年之内分适当的时期把所借的钱还清。这时候如果另一个人也需要钱，之前借钱的人要拿出 6 元，其他的 3 人分别出 4 元，共给他 18元。假设还有人需要钱，之前借了钱的 2 人就分别拿出 6 元，没借钱的 2 人分别拿出 3元，共给这个人 18 元。

钱会在同族之间多吗？＝不一定，只要是近邻或亲友都行。

第二次之后的金额无论多少都可以吗？＝必须少于第一次钱会的金额。

人数大概多少？＝最多 20 个人左右，一人分叫做一人份，20 个人就是 20 份，一般多为 10 个人。

金额一般多少？＝10 元、20 元都有，根据那个人的需要而定。

有主持这个的人吗？＝没有。

这样一来，不会有提到钱会时没有人当回事的情况吗？＝不当回事也没办法。

没有在期限内支付怎么办？＝最早需要钱的人是会首，会首在会期内不能支付时，就召集会友进行商量，跟会友说财产处理完之后就偿还请再等一下，这样大家就都等着。第二个开始借钱的人不叫会首。

如果有 5 个人，5 个人都借了钱然后还清了之后，钱会会怎么样？＝以这 5 个人结束解散。

不能再借钱了吗？＝那就要成立新的钱会。

嫁娶和葬礼时会成立钱会吗？＝不仅限这两个，需要钱时就会成立钱会。第二次和第三次所借的金额都是最开始就规定好了的，不能超过所定金额。

从什么时候开始有钱会的？＝很久以前就开始了，所以不清楚。

大概什么时候开始的？＝不知道。

你小的时候有钱会吗？＝有。

这一带大家都会举行钱会吗？＝是的。

也就是说你们这一带个人的借贷很少吧？＝是的，比起个人，钱会更多。

钱会的话不会影响面子吗？＝不影响。

钱会有契约书吗？＝没有契约书，但是会首会制作会簿，里面写有会友、会期和金额等规定，以及某月某日某人借出多少，会簿放在会首那里。

钱会不是家长也行吗？＝会友可以不是家长，但会首必须是家长。

有没有一个人同时加入好几个钱会的？＝有，这是为了积攒钱财。

一个人不能同时担任好几个钱会的会首吗？＝这种情况很少。

摊凑是什么意思？＝平均拿钱凑在一起。

批得呢？＝平均分得的意思。

各节呢？＝各种条件的意思。

【过继子单】

　　　立主继合同人李凤海、因堂侄长鑫早故、侄媳王氏身无子嗣、仅遗悲生一女、乳名小玉、现年十一岁、十数年来、侄媳及其姑母赵氏、勤苦度日、保持产业完全、厥功伟矣、来至今兹、屡议继嗣于余、于情于理、余不容辞、按支寻查、别无可继、惟惟族叔毓珂之曾孙、乳名张石、现年五岁、昭穆相当、可以为嗣、于是敬邀族街亲谊、面诉种种情节、大众无不赞成、从中名方磋商、均欣然乐从、毫无异议、当即立券、即以族叔毓珂之曾孙张石为堂侄长鑫之嗣、庶后春秋祭扫有人、香烟永续不绝、余心甚慰、弟媳及侄媳亦十分满意、亡弟妇赵氏及侄媳王氏、所受先人产业、除留家东贾家窪南北地一段、大亩一亩六分有余、以作孙女小玉日后归宁、零星费用；家东大桥东东西地贴北边一段、大分五分、以作侄媳王氏百年后立碑之费外、其余宅基、田产、器具等件及一切账项、均归小孙张石一人承受、他人不得干涉、但小孙张石教养、求学、订婚各节、任凭侄媳王氏自由处理、他人不得过问、此系大众言明、各方情愿、永无反悔、恐后无凭、立此一样骑缝合同二张为证

　　　　主继人　李凤海　押　　　　凤雨　十

　　　　　　　　　　　　　　　　　凤刚　押　兴安　正

　　　　　　　　　　　　　　　　　凤坤　廿　长森　同

　　　　主立嗣人　李王氏左手中指族人李　毓润　　　　长泌　押代字

　　　　　　　　　　　　　　　　　凤鸑　十　长修　一

　　　　　　　　　　　　　　　　　凤岩　十　长亭　押

　　　　主出嗣　李毓珂　十　　　长贵庸　兴邦　中

　　　　　　　街谊　程德麟　廿

　　　　　　　　　　杜凤山　二

　　　　　　　亲谊　任福厚　○

　　　　　　　　　　刘茂柏　中

　　　　　　　　　　王心正　十

　　　　　　　　　　李建亭　、

中华民国二十八年十月十六日

【过继子单字句注释】街居？＝不仅限于邻居、而是居住在同一个村子里的人。

族人街居亲友的位置是一定的吗？＝大概设为这样。

是与亲友相比、跟街居更亲密的意思吗？＝事实上跟亲友更亲密、但是有什么事时、

比起相隔较远的亲友，街居更方便。

十、二十等的押印叫作什么？　＝叫画押、签字。

为什么有好几种类型？　＝为了让别人模仿不了，各人有各自的画押。

堂侄？　＝堂是敬称。

堂不是用于五代以内的亲属吗？　＝用于三代以内。

五代以内用族家吗？　＝不知道。

在亲属中，三代、五代的称呼会不同吗？　＝不同。

怎样不同？　＝并没有叫法，就说亲兄弟或堂兄弟。

亲兄弟是指什么？　＝同父母的兄弟。

堂兄弟呢？　＝父亲兄弟的儿子，更远一点的叫族兄弟。

堂叔兄弟是指？　＝堂兄弟。

族家兄弟呢？　＝五服以外的兄弟。

五服指什么？　＝五代。

六代以后的兄弟呢？　＝族兄弟。

亲叔是指？　＝父亲的弟弟。

叔族？　＝指亲叔以外的叔父。

乳名由谁取？　＝父母。

依据什么取？　＝没有规定。

不识字的父母怎么办？　＝不识字也没关系。有些父母给孩子取了乳名，但并不知道是什么字。

昭穆相当？　＝无论从任何方向来看的意思，没有具体含义。

据说周朝时代墓的顺序是以左为昭，以右为穆，你知道吗？　＝没听说过。

春秋祭扫是什么意思？　＝春是指清明节的扫墓；秋是指十月一日的扫墓。

归宁？　＝出家了的女儿偶尔回娘家。

零星？　＝零用。

百年后？　＝死后。

一切账项？　＝自己的贷款、借款和存款。

6月5日

结婚　葬礼

应答者　任福裕

【结婚】男方家去女方家娶媳妇叫什么？　＝说媳妇、说媒、去的人叫媒人。

结婚又不是跟女儿说，而是跟她的父母说，为什么叫说媳妇呢？　＝是说媒的意思。

不叫求亲吗？　＝不叫。

【婚约——小签儿】如果女方家里应允了，男方家里会怎么做？＝交换所写好的东西。

是什么东西？＝小签儿。

男方女方都称之为小签儿吗？＝是的。

上面写什么？＝我没写过，所以不知道。

上面不写上父亲、祖父、祖父母的名字吗？＝写家长的名字，祖父在世的话也要写上祖父的名字。

是写家长的名字还是父亲的名字？＝只写家长的名字。

母亲和祖父的名字不写吗？＝不写。

不说门户帖儿、小帖儿吗？＝不知道。

你知道八字帖儿吗？＝知道但是不会写。

八字帖儿是什么？＝不知道，只知道这个称呼。

小签儿交换完之后再干什么？＝就进入结婚仪式，这回是日期帖儿。

订婚如何？＝男方把耳饰给女方，仅这一点。

日期帖儿是怎么写的？＝明天去写一个吧。

小签儿上面写男女的出生年月吗？＝不写，与结婚本人相关的东西不写，只写家长的。

交换小签儿称作什么？＝没有称呼。

不交换小签儿吗？＝交换了个号。

换了个号是什么意思？＝没什么意思，就是说成为亲戚了。

【相看】你知道相看吗？＝农村不搞这个。

相看是什么呢？＝男看女，女看男。

为什么农村不搞呢？＝因为害羞。

【结婚占卜】订婚后会请占卜者算吗？＝小签儿交换之前会算，交换之后就定了。

【给女方家的聘礼】作为合婚的象征，男方会给女方家里送什么东西吗？＝什么都不送，只在交换小签儿的时候带些点心之类的过去。

婚约订好之后男方不给女方送去譬如猪、雁等东西吗？＝不送。

【结婚日期】结婚的日期如何决定？＝请占卜者查询之后选择吉日。

吉日由男方占卜吗？＝是的。

吉日是只选一天，还是选两天？＝只选一天。

只选一天的话，如果女方有事不方便怎么办？＝会提前决定。

如果提前决定的话，不是就不用请占卜者占卜了吗？＝仍然要请占卜者占卜。

提前与女方家定好日期之后再找占卜者占卜吗？＝每年结婚的吉凶是根据年龄确定好了的。如果民国二十九年中结婚的吉日为 5 月 13 日、7 月 18 日、9 月 12 日、11 月 1 日，则再根据年龄选择一定的日子。

定结婚日子这件事什么时候商量？＝不商量，男方决定后提前一点时间通知女方。

通知之后如果女方有事不方便怎么办？＝那也不能说。

如果女方身体不舒服怎么办？＝没关系。

　　在河北省的顺义县，会在一个月中的上旬和下旬分别选一天，即选出两天然后通知女方，你们这里不这样做吗？　＝不这样做。

　　结婚时如果女方月经则视为不吉利，所以选择两天，你们这里没关系吗？　＝是的。

　　通知结婚所定好的日子叫什么？　＝送日期帖儿。

　　不说请期吗？　＝不说。

　　那你知道请期是什么吗？　＝不知道。

　　【迎亲】你知道亲迎这个词吗？　＝有迎亲但是没有亲迎这个词。

　　迎亲是什么？　＝男方去女方家里跟女方父母叩头，然后把媳妇带回来。

　　你们这里这样做吗？　＝不这样做。

　　女方来时，男方去迎接吗？　＝不去。

　　那你为什么知道迎亲呢？　＝在济南见过。

　　济南哪家？　＝不知道，我只是在街上看到，听别人说是迎亲。

　　你们这里不迎亲吗？　＝不迎亲。

　　【新娘的行李】新娘的行李什么时候送到男方家？　＝结婚的前一天，男方用车去女方家把行李取来。

　　谁去取行李？　＝同族，媒人们也去。

　　本人不去吗？　＝不去。

　　新郎为什么不去？　＝因为新娘还没过门所以不去。

　　去取行李叫什么？　＝叫拉姻房。

　　过门是什么？　＝就是作为媳妇进到男方家里。

　　行李是男方去取，还是女方送过来？　＝男方去取。

　　不叫过嫁妆吗？　＝不叫。

　　行李运到了之后怎么办？　＝什么也不干，到了之后从车上卸下来放到新娘的房间里去。

　　不摆放行李吗？　＝在新娘的房间里摆好。

　　这是为了给人看吗？　＝也有这个意思。

　　这叫什么？　＝没有名称，就只是看看。

　　不叫安妆吗？　＝不叫。

　　行李到达之后，女婿不去新娘家里感谢新娘的父母吗？　＝另外一天去，所以不能着急。

　　【架媳妇的】有在新娘身边照料的人吗？　＝有，叫架媳妇的。

　　有照料新郎的人吗？　＝没有。

　　不说娶妇太太、娶亲妇吗？　＝不说。

　　什么样的人可以成为架媳妇的？　＝不能与新娘反相，即不反相的人。

　　依据什么说反相不反相？　＝依据十二属。

　　只依据十二属（支），五行等不考虑吗？　＝只依据十二属。

　　架媳妇的不以是十金的人为必要吗？　＝不依据十金。

你知道十金这个词吗？ ＝不知道。

十金是指有父母有子女有丈夫？ ＝那我就知道了。

十金是架媳妇的必要条件吗？ ＝自己的一代大概齐全就行。

【结婚仪式】新娘是坐轿子从家里出去吗？ ＝是的。

那个时候父母要给新娘什么东西吗？ ＝不用。

在北京要给宝瓶，你们这里不这样吗？ ＝不这样。

新娘出家门的时候，不点火吗？ ＝点燃麦秸然后立即浇上水。

是什么意思呢？ ＝嫁出去的女儿泼出去的水的意思。

烧麦秸是什么意思？ ＝这种麦秸叫干草，不知道什么意思。

对于坐上轿子的新娘，亲属中最年长的人不给她什么东西吗？ ＝不给。

谁帮助新娘坐上轿子？ ＝新娘一步也不用走，在乘上轿子之前一直坐在椅子上。

没规定这个椅子由谁来搬吗？ ＝只要是家里的人，谁都行，不过必须是不反相的人。

轿子是一个人坐吗？ ＝一个人。

你知道抱轿这个词吗？ ＝不知道这个词。

新娘坐上轿子时会哭吗？ ＝不会哭，高高兴兴地去坐轿子。

新娘的轿子到达新郎家之后怎么办？ ＝轿子一来到新郎家门口，架媳妇的两个人就出去用两手把新娘抬在中间进院子里去，这个时候点燃爆竹，表明迎娶新娘的意思。

架媳妇的由男方委托他人来做吗？ ＝是的。

进门之后怎么办？ ＝进门之后新娘站在之前准备好的天地桌的左侧（上手），新郎出来并排站在右侧，男方先叩头，这个时候放鞭炮，新娘由架媳妇的搀扶着进入指定的婚房。新娘进入房间时，新郎从后面把新娘所戴的蒙头布取下来。然后新郎进入房间，新娘上炕并面向里间，新郎随便在炕外面。两人一起吃从新娘娘家带来的下轿包子。结束后新郎从房间出来，然后新娘换一个发型，由架媳妇的给新娘换发型。

下轿包子是什么意思？ ＝从新娘娘家拿来的生包子在男方家里半煮之后拿出来。因为是生的不能吃，当新郎问新娘包子怎样时，新娘就回答生的。生是生育的生，所以是生育子孙的意思。

拜天地时女方不叩头吗？ ＝不叩。

为什么？ ＝不知道。

不用弓箭吗？ ＝不用。

新娘的轿子不从火盆上面过吗？ ＝新娘下轿之后，她面前会有燃着的小火，在上面放上马鞍，新娘跨过去。

是什么意思呢？ ＝不知道。

不叫过火盆吗？ ＝不叫。

拜天地时叩头几次？ ＝四次，天神两次，地神两次。

叩头是新郎一个人吗，还是在场的他人也跟着一起叩头？ ＝新郎自己一个人。

拜天地结束后新娘所进去的房间叫什么，不叫洞房吗？ ＝文书中虽然这么写，但是一般不说。

进房间之后架媳妇的就什么也不用做了吗？　＝只需给新娘重新梳理头发就行了。

不让新郎新娘喝酒吗？　＝还早。

什么时候喝酒？　＝婚礼次日要去新娘家回门。这天一大早新娘娘家就为新郎家人和新婚夫妇准备了酒宴，新婚不久的太太也会来（不仅限于亲属），这个时候父亲会让新郎喝酒。

吃完包子后新郎新娘不入寝吗？　＝不入，还是白天。

不吃子孙饽饽吗？　＝不吃。

婚礼次日新郎等要去新娘娘家，这天不是新娘的母亲来男方这边吗？　＝不是，这不能算回门。

【仪式后的上坟】婚礼结束后，新娘不尽早去给祖先上坟吗？　＝三天过后就去。

称作什么？　＝拜祖坟。

不说遥拜祖先吗？　＝不说。

婚礼后新娘去上坟的日子是一定的吗？　＝定在婚礼后第三天。

这就叫拜祖坟吗？　＝是的。

不说庙见吗？　＝不说。

【回门】回门是什么？　＝就是去看亲戚，这叫认亲。

【出席婚礼的女方亲戚】婚礼上新娘的哪些亲属会来？　＝谁也不来，不过也有两个男人站在轿子两侧一同前来的情况。

男方谁去迎接呢？　＝谁也不去。

轿子由女方去雇吗？　＝由男方雇，婚礼前一天只派轿子去迎。

既没有送的人也没有迎的人，新娘不会被带到别处去吗？　＝一般多为两个人跟着，所以不要紧。

两人说的是哪方的人？　＝女方的。

是什么人？　＝多为新娘的兄弟。

【回门】回门定在哪天？　＝婚礼次日。

母亲不去女儿嫁去的地方吗？　＝去，但是不规定日子。

这称为什么？　＝没有称呼。

在北京，婚礼后第十二天母亲去看女儿，所以叫作十二天，你们这里没有吗？　＝第十二天娘家的父亲来。回门回去娘家后，新婚夫妇在娘家住一晚。回门后有两个人来送，这时只能新娘去问之后能不能来接我（问接闺女的日期），以日期帖儿为基准，由女婿指定第六天或第九天中的一天。然后由新娘的兄弟或者其他什么人（父母不可）来接。第十二天从娘家和父亲一起到男方家。这叫送闺女。

在这以后，新娘只要没有什么特别的事情就不能回娘家吗？　＝父亲送来之后，就会问下次什么时候来接，这叫双九之日或二十日归。新娘回娘家后在三十日之前回来，这时母亲也跟着来，这叫送对月。

不说住对月吗？　＝不说。

新娘为什么屡次回去？　＝不知道，都是这样做的。

【葬礼】人死后大概多少天下葬？＝每家不同，贫穷的家里可能当天就下葬，但是财主会留长一点时间来诵经。

冷水沟通常几日后下葬？＝四五天。

葬是什么意思？＝埋。

人死后到下葬称为什么？＝没有名称。包含出棺等仪式总称葬。

夏天和冬天，到出棺为止的天数不同吗？＝有点不同但大体一样，时间放长了花费也大。

有到出棺为止放置 10 天甚至 20 天的吗？＝没有，因为花费大没办法。

拥有 300 亩甚至 400 亩田地的人呢？＝即使有再多的钱，也不会放置太久。

为什么出棺推迟要花钱？＝邻居、亲友等会过来帮忙，伙食费及其他都花费大。

【葬礼费用】一般有 20 亩土地的所有者，葬礼费用大概会花多少？＝根据棺材不同，价格不同。好的棺材要花 300 元，普通的要 200 元左右，也有百元以下的，但是很快就会腐烂坏掉。假设要放置四五天，买 200 元的棺材的话，就要花费千元左右。还会让死人穿上新衣服。

【棺】棺是什么木做的？＝秋木、柏木，一般为柳木。

秋木大概多少钱？＝300 元到 1000 元左右。

柏木呢？＝和秋木差不多。

柳木呢？＝因为柳木最多，所以一般为 200 元或 140 元左右。

【祭礼】人死时所供的钱物叫什么？＝叫祭礼。

同族的话一般带去多少钱的祭礼？＝同族不用带，因为是同族所以不需要。

为什么？＝因为跟自己家一样。

那亲戚是多少呢？＝不一定。

朋友呢？＝不一定。

邻居呢？＝不一定，金额随便。

没有一个大概的行情不会困扰吗？＝金额不定，朋友也多少不同。

【埋葬】埋灵柩叫什么？＝坵子。

埋葬坵子时也举行发引吗？＝举行。

从坵子到埋坟之间干什么呢？＝什么也不干，只几个人去移动。

埋葬时即使有家坟也要请风水先生占卜吗？＝必须占卜。

不占卜就埋的话会怎么样？＝并不会怎样，只是习惯。穷人家就不请人占卜，因为不得不给风水先生谢礼。

【葬礼仪式】把尸体放入棺材之前干什么？＝送江水。

送江水是什么？＝不知道，去土地庙举行三次送江水之后把尸体入棺，因为灵魂在土地庙。

送江水具体是干什么？＝家中与死者关系亲密的人，把用栗子做成的粥水放到容器后拿到庙里，烧纸钱然后浇上这种水。

是什么意思呢？＝死了的人在那里的意思，把纸钱给土地了，不要虐待灵魂的意思，粥水是给灵魂的。

尸体入棺后要通知他人吗？ ＝入棺前通知。

入棺之前还有什么其他的事吗？ ＝给尸体穿衣服。

这叫什么？ ＝没有名称。

穿什么样的衣服？ ＝财主就穿好衣服。

不剃头发或者脸上的毛发吗？ ＝会剃，脚也要洗。

叫什么？ ＝没有名称。

穿好衣服后干什么？ ＝放置到死后的房间。

头朝向哪边？ ＝根据房间而不同，正房的话头朝南，东厢的话朝西，西厢的话头朝南，不能朝向北和东。

为什么北和东不行？ ＝如果是在南厢去世的话，朝北也行，但是绝对不能朝东。

为什么？ ＝不知道。

是因为太阳从东边升起所以不行吗？ ＝可能是这样。

净身、更衣时人要聚集到一起吗？ ＝一般会聚集。

然后干什么呢？ ＝指路。烧掉纸做的马和轿子一齐喊"西南大路"。

大概多少人叫喊？ ＝仅关系亲密的人。

在哪里叫喊？ ＝离村子稍远的地方。

方向呢？ ＝在西方。

西南大路是什么意思？ ＝去阴间的道路。

这结束之后干什么？ ＝送江水。

再然后干什么？ ＝入棺之前再进行一次送江水，然后回来入棺。

把尸体入棺叫什么？ ＝入殓。

入殓的时候放入什么？ ＝什么也不放，除了枕头和被子。

其他的如纸钱和死者生前的喜爱物品不放进去吗？ ＝不放进去，财主家可能会放。

入棺结束之后干什么？ ＝发引。

日期是哪天？要请人占卜吗？ ＝死后立即请人占卜。

发引前会跑到离村稍远的地方烧什么吗？ ＝不会。送三的时候会烧纸做的轿子和马。

送三是什么意思？ ＝目送灵魂到西南去的意思。

三是什么意思？ ＝没有意思。

在发引前不读祭礼簿吗？ ＝读了不好。

不说刚日和柔日吗？ ＝不说。

不说何等亲吗？ ＝不说。

发引前的四五天干什么？ ＝上述的事情，以及写讣闻，制作棚子，买食材。

丧主干什么呢？ ＝什么也不干。

【服丧】你知道斩衰吗？ ＝不知道。

齐衰呢？ ＝不知道。

杖期呢？ ＝妻子去世时，讣闻中写在丈夫名字上面的字。

是什么意思？ ＝丈夫的意思。

不杖期呢？ ＝不知道。

【埋葬后的仪式】埋葬完回家后晚上干什么？ ＝什么也不干。

埋葬后第二天干什么？ ＝请帮了忙的人吃饭。

拿出酒肉吗？ ＝拿出。

丧主不吃吗？ ＝不吃。

请他们吃饭叫什么？ ＝谢职。（？）

葬礼时请人吃几次饭？ ＝一次。

来帮忙的人到出棺为止的四五天里吃饭怎么解决？ ＝由丧主出伙食。

埋葬后的第三日、七日、十日等日子里举行祭祀吗？ ＝第三日要上坟。

这叫做什么？ ＝圆坟。

这只限于第三日吗？ ＝因为第三天会把坟弄圆并整理干净。

七日叫做什么？ ＝烧七，下一个七日到七七日结束。

这叫做什么？ ＝这种一般五七日结束，叫做烧七五。

烧是指烧纸钱吗？ ＝不知道。

每隔七天烧一次纸钱吗？ ＝一般烧到五七日。

你知道宗法这个词吗？ ＝不知道。

【结婚】结婚是为了什么而举行的？ ＝为了生孩子，不娶妻子的话到自己这代就绝后了。

为什么在自己这代绝后不好？ ＝我说不好，但就是不好。

有给还没有生出孩子的一方定好将来结婚的约定这种事吗？ ＝没听过这种事。

你知道指腹婚吗？ ＝不知道。

【订婚后女方死亡和埋葬】订婚后女方死了怎么办？ ＝尸体埋到与之订婚的男方的坟里。

男方还能结婚吧？ ＝是的。

那三个人一起埋葬吗？ ＝是的。

怎么埋呢？ ＝男方在正中间的最上手处，女方则依次在下手处。

与第二个女人算是再婚吗？ ＝是的。

这种结婚被认为是再婚不会觉得不好吗？ ＝一般不觉得不好。

【借种时的埋葬】借种中，一个人的孩子娶了三个妻子时，同一个坟中丈夫和三个妻子的埋葬方法是什么？ ＝依据长子、次子和三子的顺序

排列方法是怎样的？ ＝

三　二　夫　一

三　二　　　正
房　房　　　妻

【离婚】什么可以成为与妻子离婚的理由？ ＝做了特别不像话的事情时。

做了什么事情会离婚呢？ ＝不知道

如果做了殴打父母、偷盗、通奸等事情，即使离婚也不会被别人说不好吧？ ＝不会有这样的事情。有女方提出离婚的，但是没有男方提出离婚的情况。比如丈夫十二三岁，妻子 20 岁的情况，是女方提出离婚。

没有男方提出离婚的情况吗？ ＝没有。

女方不会做坏事吗？ ＝不会。

6 月 6 日

分家　妾　家长

应答者　任福裕

【分家的原因】分家多数是什么时候？ ＝兄弟之间。

其他还有什么原因？ ＝兄弟的妻子之间（妯娌不和）。

还有什么原因？ ＝贫穷的时候。各自分开自寻活路。

还有呢？ ＝没有了。

没有父母和儿子不和的情况吗？ ＝较少。

父母和儿子的妻子不和呢？ ＝婆媳不和。

为什么父子不会不和？ ＝不吵架也就不会分家。

那么儿子对于父母的命令是绝对服从吗？ ＝应该听从。

虽然应该听从，但是儿子到三四十岁后，也应该有自己的意见？ ＝那也应该听父母的。

女儿不分家吗？ ＝女儿是嫁出去的，分不了家。

【分家后父母的赡养方法】分家之后儿子赡养父母有什么方法吗？ ＝留养老地。

其他呢？ ＝轮流管饭。

还有其他的方法吗？ ＝没有了。

轮流管饭就是父母依次到每个孩子家去吧？ ＝去他们家里拿饭。

是去拿米饭和茶水吗？ ＝是的，拿做好了的食物。

如果分家后没有住在同一个院子里，而是分开住，那怎么办？ ＝那就找孩子要一个圆形容器，然后装到容器里面带回去。

【养老地】李永祥家是什么情况？ ＝有养老地。

母亲现在的情况呢？ ＝母亲现在正去兄长永章的家里，有时会去次子永祥的家里玩。

这是轮流管饭吗？ ＝因为有养老地，所以不叫轮流管饭。

如果兄弟有三人，那父母是不是每十天依次去三个兄弟家里？ ＝是的。

这叫作什么？ ＝轮流管饭。

这只限于父母没有老宅的情况吗？ ＝不限于。

即使有养老地也这样做吗？ ＝也可以去，但是不得不吃自己的粮食。

这样一来，父母的赡养方法就有三种了吧？ ＝是的。

如果父母有田地 20 亩，儿子三人，如何分割？ ＝父母 5 亩，剩下的每人三分之一。

同样面积土地的情况下，儿子三人，女儿一人，如何分？ ＝把养老地多分一点出来，以作女儿出嫁之用。

分割方法是由父母决定，还是由家人之间商量决定？ ＝由分家人、亲友、族人商量决定。

父母不能先多分一点养老地吗？ ＝父母可以这样做，但是这样一来就显得孩子可怜，所以一般不这样。

没有父母不得养老地的分家吗？ ＝有，那就轮流管饭。

分家后父母的赡养方法哪种用的最多？ ＝养老地最多。

【为了生子而娶的妾】如果兄弟二人都没有儿子，作为家长的兄长怎么办？ ＝根据年龄而不同，要是还年轻的话，将来会有孩子。

如果已经 40 岁以上了怎么办？ ＝如果兄弟关系好，又没有什么财产的话，就为兄弟中的一个人再娶一个妻子，生了孩子后兼祧。

如果关系好又有钱呢？ ＝就一人各娶一妻。

因为没有孩子而娶的第二个妻子叫什么？ ＝叫小的。

是什么意思？ ＝因为这次娶的妻子是比之前晚娶的。（之前的妻子是早娶的。）

世人怎么称呼晚娶的人？ ＝小婆子。但是在本人面前不说。

在本人面前称呼晚娶的吗？ ＝没有称呼。如果比自己年长的话（以丈夫为基准），就叫嫂子，如果比自己小就叫弟妹。

丈夫为了与早娶的相区别，怎么称呼晚娶的？ ＝就叫喂喂。

不叫李氏杨氏之类的吗？ ＝不叫。

应答者   赵东阳（48 岁 县公署侍者）

【赵东阳家】你是哪里的人？ ＝王舍人庄。

家里有几人？ ＝4 人，自家夫妇和儿子夫妇。

儿子多大？ ＝18 岁，儿媳 23 岁。

你妻子多少岁？ ＝35 岁。

【后妻】你的妻子是再婚娶的吗？ ＝是之后来的，前妻死了。

妻子死后再娶一个叫作什么？ ＝续弦。

现在的妻子不是前妻的亲属吗？ ＝不是。

【定婚】你的儿子订过婚吗？ ＝订过。

什么时候？ ＝16 岁。

【结婚】什么时候结的婚？ ＝16 岁。

这一带好像妻子都稍微年长一些，一般大几岁？ ＝多数为女方大，一般大二、三、

四、五岁。

结婚日期一般多在什么时候？　＝不定，但一定是吉日。

这会请风水先生占卜吗？　＝会请学校的先生帮忙看，一般看历法。

没有冬天多或者春天多这样的事吗？　＝没有。

农闲期不会多一些吗？　＝不一定，如果吉日在农忙期那也没办法。

结婚时男方会给女方钱物吗？　＝不给。

【养子、义子】你知道养子这个词吗？　＝不知道。

只有一个女儿，没有儿子，就从他姓那里收养儿子的事情呢？　＝没有。

义子是什么？　＝把他姓的儿子当作自己的儿子。

是他姓的过继子吗？　＝是收养乞讨的孩子或乞讨人的儿子。

义子多吗？　＝不多。

【结婚】订婚的时期不一定吗？　＝不一定。

六月六日和二月二日不是吉日吗？　＝是小签儿交换的吉日，此外还有十二月八日。

也就是一年中有三个吉日吧？　＝这是最好的日子，不过也可以再找其他的吉日（阴历）。

【妾】你知道有人娶了妾吗？　＝王舍人庄没有。

你知道兄弟各有两个妻子的吗？　＝知道。

【夫妻不和】如果弟夫妇吵架了，兄长夫妇会劝止吗？　＝会。

如果弟弟的妻子与丈夫不和或者受欺负了，那她要向谁诉说呢？　＝向丈夫的母亲诉说。

不告诉娘家吗？　＝不跟娘家说。

女方的家里称作什么？　＝娘家，嫁入的家里称婆家。

【家长】成为家长是继承家里的财产，还是继承祖先的祭祀？　＝辈分高的人成为家长，所以没有继承的意味。

【家产和家长】家里的财产是谁的？　＝家长的。

不是家里的吗？　＝在分家之前，都由家长管理。

如果家产是家长的，那家长不就是继承了家里的财产吗？　＝不是这样的。

家长对于财产有什么权利？　＝并没有权利，只是管理。

家长不是有把从祖先那里传下的财产按顺序管理的职责吗？　＝是的。

家长可以自由地卖出财产吗？　＝如果是为了家里，并且有正当的理由就可以。

家长卖出财产时要商量吗？　＝要说明卖出的必要性，然后商量。

如果这个家里有家长夫妇、弟夫妇、长子夫妇、次子夫妇，该如何商量呢？　＝先与弟弟商量，然后与儿子商量。

与自己的妻子和弟弟的妻子商量吗？　＝商量，但不跟儿子的妻子商量，商量的时候把大家都叫到一起。

家人反对的话怎么办？　＝不会反对，因为不是为了自己卖出，而是为了家人。

如果负债的原因在于家长，为此家长把土地卖了怎么办？　＝即使这样也没办法，因为不是自己用了的。

如果是家长自己任意花费而借的钱呢？＝不会有这样的事，即使有，也不是家里的费用。

卖土地时，为什么不与儿子的妻子商量呢？＝因为她们是女人。

如果说因为是女人，那又为什么要跟自己的妻子和弟弟的妻子商量呢？＝在家长的房间把家里的人叫来时大家都会来，并不是跟女人商量。

你有田地吗？＝有大亩六七亩。

你有自己的家宅吧？＝我自己的家在摇墙，家里有母亲、弟弟夫妇、侄儿二人，加起来共九人。

六七亩的土地在哪里？＝在老家。

你是下一任家长吗？＝母亲去世了的话，我就是家长。

现在你是当家吗？＝母亲还在，没有当家。

有分家的打算吗？＝没有。

如果你当了家长，对于家里的财产、土地和房屋有什么想法？＝打算让给弟弟。

长子去他乡后可以把家长让给弟弟吗？＝可以。

这叫做什么？＝没有名称。

这种情况多吗？＝很少。

不会说不能这样做吗？＝不会。

出去到他乡叫做什么？＝叫出外。

如果你当了家长，有没有因为土地和房子是祖上留下的，所以不能让它们减少了的想法？＝谁也不想卖掉财产，谁都想买进。

说是由家长管理土地，是以什么样的心理准备来管理呢？＝用良心管理。

不想使财产减少是哪种意义上的不想减少呢？＝因为卖掉减少之后就会沦为乞丐。

会想不减少祖先留下的田地，或者增加田地吗？＝大家都会这么想。

应答者　任福裕

【找小和过继】找小的多吗，领养过继子的多吗？＝据年龄而不同，30 岁到 40 岁左右之间的话找小，而到了 50、60、70 岁还没有孩子的话，就领养过继子。

如果兄长 50 岁，弟弟 45 岁，兄长领养了过继子的话一般都兼祧吗？＝弟弟不想找小的话，就兼祧。

兄长和弟弟能够都领养过继子吗？＝土地多的话可以，少的话就不行。

兼祧的话孩子把两方都叫做父亲吗？＝是的。

如果没什么土地，哥哥和弟弟都各自有过继子的话，就意味着分家吗？＝如果各自有的话会不和，就分家。

找小是跟娶妾一个意思吗？＝名字虽为找小，但面子不同，找小好些。

妾不也是为了生孩子而娶的吗？＝妾和找小是一样的，这与找小的玩乐生了孩子之后纳做小的不同。

两种都称姨太太吗？　＝一样都称。

为生孩子的找小，不能是同村的姑娘吗？　＝从别的地方娶来。

那是初婚的人多，还是再婚的人多呢？　＝再婚的人多。

再婚叫做什么？　＝后婚。

找小来的女人多是他县的穷人吗？　＝是的。

正妻如何称呼姨太太？　＝以姐妹相称，即使正妻更年轻也规定为姐姐。

弟弟和弟媳怎么称呼兄长的姨太太？　＝嫂子。

那这样不是就不能区分正妻和姨太太了吗？　＝区别了不好。

找小的会举行婚宴吗？　＝定吉日简单举行。

哪些人出席？　＝后婚女方的母亲、兄弟，其他人不来。

男方哪些人出席？　＝邻居三四人。

族长和朋友不来吗？　＝跟他们没关系。

姨太太随时可以离婚吗？　＝不行，丈夫死后才可以。

娶姨太太的年龄是以男方为标准，还是以女方为标准？　＝以男方为准。

【家的系统】　○—○—○

○—○—○—○

○—○—○[1]

相关系统分别叫做什么？　＝分家之前没有称呼，分家后叫做长支、二支、三支。此外没有别的称呼。

【家长】　当家长是继承祖先的财产继承管理，还是继承祖先的祭祀？　＝因为是长辈，所以没有继承一说。

【大门不出】　听说对于女人最重要的是大门不出，实际上不是这样的吧？　＝济南不是这样的，但乡下是这样。

我经常看到田地里有姑娘出现？　＝贫穷家里的女儿会出去，但大户人家的女儿不出去。

【灵牌、家谱】　灵牌或家谱在记载时，是男在左、女在右吗？　＝男在上手，女在下手。

上手和下手不就是指左与右吗？　＝是的。

【结婚】　同姓不同宗的结婚可以吗？　＝不是不可以。

结婚是与同村的多，还是与别村的多？　＝与别村的多。

为什么？　＝媒人经常从别村周旋，因为本村的姑娘并不是那么多。

【夫妻不和】　夫妇吵架的情况多吗？　＝很少吵架。

有的话多为什么原因？　＝不听丈夫的话时。

【家长】　家长与父母，以及三个孩子的情况中，责备教训孩子的是家长还是父母？　＝不一定。

春秋的扫墓不是家长非做不可的事吗？　＝如果家长有事，其他人也行，如果家里的人

---

〔1〕　译者注：原文如此，意思不明。

都有不能脱身的事，就由孩子们拿着纸钱去扫墓。

　　如果没有什么特别的事，还是应该由家长去吗？＝不一定。

　　家里的工作是由家人自然分担来做，还是由家长下命令分给大家做？＝家内的事情的话都是大家自然去做。

　　【同族】村里的官员、劳动、金钱的借贷等有没有只有同族聚集在一起做的情况？＝没有关系，想要成立什么会时，即使跟同族商量了，同族也未必会加入。

　　在村里想要干什么事情时都要先跟同族商量吗？＝要看是什么事情。

　　【寒食节】寒食节是什么？＝清明节的次日就是寒食节。

　　每年不同吗？＝无论什么时候，清明节的第二天都是寒食节。

　　当天要作什么？＝什么也不做。

　　不去扫墓吗？＝如果清明节没能去扫墓的话，就寒食节去。

　　【送寒衣】不举行送寒衣吗？＝不搞。

　　【社】你知道社这个字吗？＝知道。

　　意思呢？＝不知道。

　　有社书这个词吗？＝没有。

　　社稷是什么意思？＝没听过。

　　社是土地的神，稷是粮食的神？＝我们这里没有。

　　【日月的祭祀】你们这一带不祭祀太阳和月亮吗？＝不祭祀，只是在八月十五赏月。

　　是赏月还是祭祀？＝摆供品、烧纸钱。

　　【讳】人死后会给他与生前不一样的名字吗？＝不会，就用生前的名字。

　　不给取讳吗？＝不取。

　　【氏与姓】氏与姓哪里不同，比如李氏、姓李？＝氏多用在女性身上，姓不怎么用。

　　姓不是多为男性使用吗？＝不是。

　　说同姓时不就用了姓李吗？＝只有在说同姓时用姓李这个词。

　　为什么不能说您贵氏？＝没有这个词。

　　【家产】有家产这个说法吗？＝或许有。

　　家里的财产叫什么？＝就叫财产。

　　这样的话自己的财产不就和他人的不能区分了吗？＝这时就说我们的财产。

　　【族产】族产是什么？＝没有这个说法。

　　【贺龙门】贺龙门是什么？＝坟完成好了就叫贺龙门。

　　【上花梁】上花梁是什么？＝就是上梁。

　　上花梁时有什么仪式吗？＝烧纸钱，祭祀天地神，然后祈祷无事平安。

　　【间居】间居是什么？＝不知道。

　　【天庭院】天庭院是指什么？＝庭院。

　　天庭院以外叫作什么？＝园子。

　　天庭院与园子哪里不同？＝前者是指不住人的，用来放置物品的庭院。

　　【门当户对】门当户对是什么意思？＝财产、人品等大体相同的意思。比如老实、不坏、都是有钱的。

【退亲】退亲是什么？´＝不知道。

【退继】退继呢？＝归还过继子。

【贺礼钱】贺礼钱是指？＝结婚次日回门时，所用来招待客人的钱以及给厨师的小费都由女婿拿去。所拿的这个钱就叫贺礼钱。

【养老粮、养老地】养老粮是指？＝分家时如果父母没要养老地，儿子就要给父母拿去一定数量的粮食。

拿去的时间有顺序吗？＝产麦子的时候就拿麦子，秋后就拿米、粟、高粱、大豆等。

也就是存在没有养老地的分家吧？＝父母说不要就可以。

说养赡地吗？＝没听过。

说养老地吗？＝说。

【赶出去】把不听父母话的孩子赶出去叫什么？＝赶出去了。

不叫另过吗？＝过出去后的生活叫另过。

【送米】送米？＝新娘生孩子后从娘家带来米等东西。

【招赘子】招赘子？＝不知道。

【养老女婿】为女儿招来丈夫叫什么？＝养老女婿。

什么时候会招养老女婿？＝没有同族的，家里没有儿子，只有一个女儿时，就招来女婿，把女儿嫁给他，让他给二老养老。

【义子】义子、义儿？＝把别人的儿子当作自己的儿子。

同族的话不叫义子吗？＝不叫。

同姓不同宗的话叫义子吗？＝也有蒙混起来不叫义子的，但是如果是他姓的话蒙混不了。

如果孩子很小不就不知道了吗？＝如果很年幼就直接当作自己的孩子。

义儿呢？＝一样的。

【本宅、老宅】本宅？＝自己的家。

无论谁都把自己的家称作本宅吗？＝是的。

（对着赵东阳）你现在住在王舍人庄的房子也叫本宅吗？＝叫本宅。

老宅？＝老宅子。

老宅子是？＝旧的房子，从以前就一直住着的自己的家。

无论几代都不分家而一直住的家叫老宅吗？＝不叫。

不分家的话不那样叫吗？＝是的，不分家不那样叫。

【姻粉钱】姻粉钱？＝女儿出嫁的费用。

【坟】祖坟是什么？＝好几年都埋入的坟。

老坟呢？＝同祖坟。

祖坟呢？＝相同。

护坟地呢？＝守护坟的土地。

也是耕作地吗？＝是的。

不是耕作地的呢？ ＝就是坟地，周围是护坟地。

【族家、同族】族家和同族有什么不同？ ＝一样的。

同族中特别近的近亲不叫族家吗？ ＝不叫。

在有 200 人甚至 300 人的同族中，也不区分族家和同族吗？ ＝二者一样的。

（赵东阳）一样吗？ ＝一样。

5 月 16 日

分家　家庭成员和家长

提问者　杉之原舜一

应答者　李良甫

地　点　县公署

【李良甫的生活】你多大？ ＝40 岁。

现在在村里当官员吗？ ＝没有。

到现在为止当过吗？ ＝没有

有土地吗？ ＝有。

大概多少土地？ ＝31 亩。

只有田吗？ ＝是的，田一共 31 亩。

其中水田几亩？ ＝3 亩。

宅地也在这 31 亩中吗？ ＝不在，宅地是另外的，有 2 亩。

有菜园吗？ ＝没有。

有哪些农作物？ ＝水田只有水稻，旱田有高粱、豆、谷子。

没有副菜吗？ ＝没有。

靠耕作物所得的去年收入是多少？ ＝合计千元左右，米 20 斗、高粱 6 斗、豆 16 斗、谷子 20 斗。

米、高粱、豆、谷子通常一亩产量多少？ ＝米 8 斗、高粱 4 斗、豆 3 斗、谷子七八斗。

豆的种类有哪些？ ＝黑豆和茶豆两种。

去年高粱 6 斗的收获不算少吗？ ＝因为是凶年所以少，而且我只种了 2 亩多高粱。

不做买卖吗？ ＝不做。

你父亲、祖父等上辈的人做过村里的官员吗？ ＝没有。

【村政集会】关于村里的事，庄长会找你们商量吗？ ＝会。

什么样的事情会找你们商量呢？ ＝比如村里道路和桥梁的修整。

村费的征收会商量吗？ ＝会。

村费的分派也会商量吗？ ＝会。

村里有事商量时一般聚集多少人？ ＝四五十人。

什么情况下聚集？ ＝有关于村里的要事时。

关于村里的要事举例的话有哪些？ ＝道路和桥梁的修整，发生了偷盗事件，村费的分派等。

聚集的四五十人是村里的什么人？ ＝村里见多识广的人。

甲长以外的人也聚集吗？ ＝聚集。

拥有土地很少的人也聚集吗？ ＝聚集。

没有土地的人呢？ ＝也聚集。

聚集的人大概定好了吗？ ＝定好了。

为什么定好了？ ＝甲长以外的人都随意。

有拥有土地很少却经常出席的人吗？ ＝没有。

有拥有很多土地却不出席的人吗？ ＝没有。

【李良甫家】你家里有几口人？ ＝8 口人。

有几代？ ＝三代，母亲、自己和妻子、两个儿子和一个女儿，以及长子的妻子。

你没有兄弟吗？ ＝没有。

姐妹呢？ ＝没有。

【本村户数】冷水沟有多少户？ ＝375 户。

户数如何数的？ ＝（答案不明）

【分家】说分家这个词吗？ ＝说。

具体是什么？ ＝如果有兄弟三人，其中一个人行为不正导致兄弟关系恶化，不能和睦相处，则叫来亲属和邻居做证，平均分割土地，各自生活。

有不分割土地的分家吗？ ＝没有。

有分割了土地但是吃饭等还是在一起的情况吗？ ＝没有。

【父母生前的分家】家长还在世时儿子分家的多吗？ ＝多。

家长的儿子分家后，儿子的家长是谁？ ＝表面上父亲依旧是总家长，但是没有权利。儿子分别成为家长。分家后儿子的家事不用与总家长商量。即使在历城县，也因地方不同而家族和土地的风俗不同。

怎么不同？ ＝有些地方在儿子成年后就让分家，有些地方认为分家不好就一直不分家。也因地方不同一亩的土地大小也不同，在冷水沟一亩是 600 步，东边则是 720 步，西边是 240 步，北边是 500 步。

儿子成年后就让分家的是哪里？ ＝是南边（订正为不是历城的南边，而是中国整体的南边，历城没有这种例子。）

【分家后的家长】总家长是村民的常用语吗？ ＝不是。

村民完全不用吗？ ＝是的。

家长在世时孩子分家了的话，如何称呼以前的家长？ ＝仍然叫家长。

分家了的儿子也叫家长吗？ ＝是的。

没有能区别两者的名称吗？ ＝没有。

你家的家长是谁？ ＝母亲。

你不是家长吗？ ＝有要事的话自己解决，但家长是母亲。

你不叫家长吗？ ＝不叫。

那你有其他的称呼吗？ ＝没有。

【当家】不叫当家吗？ ＝不叫。

当家这个称呼是什么情况下用的？ ＝家中地位最高的人叫当家。

与家长不同吗？ ＝家长是外面的第三者所叫的称呼，当家是家里人对家长的称呼。

家长和当家是一个意思吗？ ＝家长年迈，而实际掌握家政的人又是另一个人时，这个人就叫当家。

家长、当家这些词在冷水沟常用吗？ ＝常用。

【家长权】家长一般有什么权力？ ＝指挥家人，一家的财产都在他一个人手里。

【家庭成员的定婚、结婚和家长】家中的结婚由家长决定吗？ ＝是的。

与结婚的本人商量吗？ ＝商量。

有商量了但是本人反对的情况吗？ ＝没有。

家长去商量的话本人必须要同意吗？ ＝是的。

本人实际上不情愿时也要同意吗？ ＝也有不同意的。

冷水沟有这样的例子吗？ ＝没有。选择了不好的配偶家长也难办，所以不会选不好的，因此本人也就不会反对。

到现在为止一次也没有过吗？ ＝是的。

反对家长的意志一般会被认为不好吗？ ＝没有这样的人。

结婚一般多少岁？ ＝男子十三四岁到二十岁，女子十六七岁到二十岁。

结婚前会订婚约吗？ ＝会。

这叫做什么？ ＝订婚。

订婚的年龄一般多大？ ＝男子十三四岁，女子也是十三四岁。

订婚除本人以外，还要跟家中其他人商量吗？ ＝商量。

家人会反对吗？ ＝一般不会。

为什么？ ＝选择了不好的配偶者，全家人也苦恼，家长不会选择不好的人。

什么情况下本人和家人会反对？ ＝家长选择了不好的配偶者时。

本人和家人反对的话，家长还能让其订婚吗？ ＝不能。

有强制订婚的例子吗？ ＝没有。

以前也没有吗？ ＝没有。

有本人和家人反对的例子吗？ ＝没有。

关于订婚，家长不同意不行吗？ ＝是的。

订婚时有什么文件吗？ ＝写大柬。

大柬的形式怎样？＝

男（男方的家长名）　　女

○○○○○○

（女方的家长名）

大德望 ○ ○ 亲家大人	大德望 ○ ○ 亲家大人
敬求　恭充	
婚盟　婚盟	
伏冀　仰答	
金诺　金章	
时维　时维	

○○○○○月日　　中华民国○○年○月○日

（不写本人的名字，也不需要印章）

家族中孙子的订婚也由家长决定吗？＝是的。

不是由孙子的父母决定吗？＝不是。

家长会跟他父母商量吗？＝必须商量。

孙子的父母一般不会反对吗？＝如果父母反对家长就不会让他订婚。

以前有过家长不与孙子的父母商量而使之订婚的事吗？＝没有。

【土地的典卖和家长】家长能不与家人商量而卖出或出典土地吗？＝必须要商量。

即使家人反对，也可以卖出或出典土地吗？＝有过这样的事情。

那时家长与家人之间起了争执吗？＝一定有争执。

这种争执一般怎么解决？＝邻居或熟人劝说。

【家庭专有财产——私放地和家长】有家庭成员拥有自己的土地的情况吗？＝有。

冷水沟也有吗？＝有。

是谁？＝想不起来了。

家族中有在家长之外还另拥有土地的人吗？＝没有。

有家庭成员用自己的钱买地的事情吗？＝有。

冷水沟有这种例子吗？＝不能说没有。

你知道私放地这个词吗？＝知道。

在冷水沟常用吗？＝常用。

意思是？＝用妻子的陪嫁钱买的地。

那土地是谁的呢？＝在丈夫的名义下。

这种土地丈夫能不与妻子商量就卖掉吗？＝不能。

这种地卖出时必须要和家长商量吗？＝虽然有商量的例子，但不商量也行。

家长的儿子只有一个时也叫私放地吗？＝不叫。

上述情况中，儿子在卖出土地时不得不与家长商量吗？＝是的，没有人不商量。

冷水沟有私放地吗？＝有这个词，但是不知道谁有这样的地。

土地给人租佃时，家长也必须和家族商量吗？＝必须商量。

如果家长拥有土地之外的钱财，可以买地吗？＝可以。

这时也必须和家族商量吗？＝是的。

私放地租给他人耕种时，有必要和家长商量吗？＝有必要。

卖出呢？＝也必须商量。

私放地只能由其所有者的家庭成员耕种吗？＝一般是租给别人耕种，不能自己耕作，但可以自己全家耕种。

租给别人种时，租金归谁？＝私放地的所有者。

租金可由私放地的所有者自由处理吗，如果是钱的话可以自由花费，是粮食的话可以自由卖出吗？＝都可以自由处理，不用与家长商量。

如果私放地由全家人耕种，生产出来的粮食怎么办？＝给予其他家庭成员耕作费，剩下的钱全部归私放地的所有者。

一般给其他家庭成员多少耕作费？＝假如有 10 斗的收获，大概给一二斗左右。

为什么不能由私放地的所有者独自耕种？＝因为是与其他家庭成员一起居住，一起劳作的，所以不能独自耕作自己的私放地。

冷水沟存在拥有私放地的人吗？＝有是有，但是我不知道归谁所有，李登汉的儿子李占佑有。

大概有多少？＝1 亩左右。

李登汉、李占佑没有分家吗？＝没有。

李占佑的私放地由谁耕作？＝自己家里耕作。

村费是根据所有地的亩数来分摊吗？＝是的，根据亩数。

李占佑在家长李英汉之外所拥有的一亩多土地也要负担村费吗？＝要负担。

这个村费是从李占佑那里收吗？＝是的。

分家进行土地分割时是把私放地放到一边吗？＝是的。

买下私放地的契约书上写有买主本人的名字吗？＝写本人的名字，不写家长的名字。

不写上妻子的名字吗？＝不写。

买下私放地时要和家长商量吗？＝要商量。

家长反对的话就不能买吗？＝不能买。

有不与家长商量就买下的情况吗？＝没有这样的事。

家长儿子的妻子的陪嫁钱除了土地购入以外，其他的使用（例如买衣服）需要和家长商量吗？＝不需要。

为什么？＝买衣服等情况家长又不会反对，没必要商量。

妻子的陪嫁钱叫什么？＝没有特别的名称。

这个陪嫁钱丈夫可以自由使用吗？＝必要时可以自由使用。

这个钱由谁保管呢？＝丈夫。

不由家长保管吗？＝不由家长保管。

有没有不交给丈夫，妻子而自己保管的情况？＝没有这种事。

卖出私放地时必须和家长商量吗？ ＝不是一定要和家长商量，但是不商量的话，就是轻视家长。

租给别人种呢？ ＝跟卖出是一样的。

【外出打工家庭成员的收入和家长】家庭成员出去打工所得的钱是交给家长，还是自己拿着？ ＝自己拿着。

不交给家长吗？ ＝不交。

相关所得的人，在冷水沟有吗？ ＝没有。

有没有还未分家，去济南做买卖的人？ ＝没有。

济南以外呢？ ＝也没有。

【幼儿买卖】冷水沟有把幼儿给别人的事情吗？ ＝没听说过。

听说别村有卖幼儿的，你知道吗？ ＝这一带没有。

你知道童养媳这个词吗？ ＝不知道，但是有 tong yang[1] 这个词。

这是指什么呢？ ＝订婚后，女方家太穷难以抚养时，就送到男方养育。

大概多大时这么做？ ＝七八岁到十二三岁。

冷水沟有这样的例子吗？ ＝现在没有，很早以前有过。

大概什么时候？ ＝70 年前。

你完全不知道吗？ ＝不知道。

【离婚】冷水沟没有离婚的吗？ ＝没有。

冷水沟附近不是有吗？ ＝不能说没有，我听说过活人妻，这个词是指被离婚了的女人。

离婚一般称为什么？ ＝一般说休妻，但是也用离婚这个词。

什么情况会离婚？ ＝夫妇关系不好时，如盗窃、奸淫、不孝、不顺等。

上述中最多的原因是什么？ ＝因奸淫而离婚的最多。

其次呢？ ＝盗窃。

再其次呢？ ＝不孝。

在冷水沟，一年中休妻的大概有多少？ ＝一个也没有。

到现在为止，你在冷水沟一次也没听过休妻的事吗？ ＝既没见过也没听说过。即使有上述的各种原因，但一般都忍耐了。上了年纪就会慢慢变好的。

离婚时会制作什么文件吗？ ＝写休书。

书写格式怎样？ ＝没见过所以不知道。

【离婚和家长】家庭成员离婚时，由各方家长商量决定吗？ ＝因为我既没见过也没听过，所以不清楚。不过大概不会商量吧。

丈夫这边的家长自作主张让妻子回去吗？ ＝把妻子赶回娘家，妻子的家人又返回到男方家里，两方重复好几次甚至持续一两年不断纠纷。

家长会与想离婚的女人的丈夫商量吗？ ＝一定会商量。

---

〔1〕 译者注：原文为トーンイアン，即童养的日语发音，此处用拼音代替。

　　家庭成员的丈夫不会反对吗？＝不会。

　　反对的话家长就不能使之离婚吗？＝一般是父子提前商量好，所以丈夫不会反对。但是如果事先不商量好就不能离婚。

　　与其他的家庭成员也商量吗？＝必须商量。

　　【家庭成员的外出打工与家长】家庭成员外出打工的必须与家长商量吗？＝必须商量。

　　存在没有商量而出去打工的例子吗？＝没有。

　　【与家长不和而导致的分居】有与家长不和而任意离家的例子吗？＝有。

　　这种例子多吗？＝很少。

　　最近一年以内大概多少？＝两个人。

　　都是年轻人吗？＝十七八岁到 20 岁左右的人。

　　去了哪里？＝不知道。

　　再次回到村里时会回家吗？＝回来也无妨，家长会原谅他。

　　家长不能拒绝家庭成员的归来吗？＝回来的话家长会高兴得不得了。

　　离家的人在他乡遇到困难时，家长会给他寄钱吗？＝一定会寄。

　　如果家庭成员不顺从时，可以把他赶出去吗？＝可以。

　　主要在什么情况时能赶出去？＝不服从的时候。

　　这时必须要和其他家庭成员商量吗？＝要商量。

　　冷水沟有过这种例子吗？＝有过。

　　最近一次是什么时候？＝事变之前。

　　是哪家？＝杨公修、李长某。

　　他们大概多少岁？＝两个人都是 30 岁左右。

　　两人现在住在哪里？＝冷水沟。

　　在干什么？＝干农活。

　　还没分家吗？＝没有。

　　分家时会给他们分得土地吗？＝分家时平均分给他们土地。

　　不能不分给他们土地吗？＝不能。

　　给他们的不能比别人少分一点吗？＝不会有这样的事。

　　被赶出来分居的话，家长是谁？＝本人就是家长。

　　杨公修现在的家族是怎样的？＝夫妇二人。

　　李长某呢？＝自己一人。

　　假设杨公修有一个儿子，儿子的婚事他一个人能决定吗？＝能。

　　公修现在有土地吗？＝多少有一点，一二亩的样子吧。

　　是他自己的吗？＝被赶出来后从家长那里得到的一点。

　　分家时能在上述土地的基础上平均分割后再多得一点吗？＝能。

　　把这些土地卖掉时必须要和之前的家长商量吗？＝不能卖掉。

　　在数村里的户数时，杨公修、李长某也各算一户吗？＝各算一户。

　　可以把长子赶出来吗？＝可以。

杨公修、李长某在原来的家里与家长是什么关系？＝两人都是家长的长子。

还有其他的兄弟吗？＝两人都有兄弟。

几个人？＝两人都有一个弟弟。

被赶出来的原因是什么？＝因为两个人都有继母。

弟弟是继母的孩子吗？＝两人都是。

分家时不会把地给弟弟多分一点吗？＝也会有这种事情。

能把目前剩下的土地全部给弟弟吗？＝必须分一点给被赶出来的人。

李长某大概有多少地？＝从父亲那里得到一亩左右地。

你知道的被赶出来的例子中，除了杨公修和李长某，还有其他的吗？＝程振声。

被赶出来的例子多吗？＝很少。

一年中有一两件吧？＝没有。

程振声是为什么被赶出来的？＝继母的关系。

他岁数多大？＝大概 30 岁。

他的家人呢？＝6 人，本人、妻子和 4 个孩子。

还没分家吗？＝没有。

程振声也是家长吗？＝家长还是原来的家长，虽然被赶出来了，但是并没有分开住，还是住在家长的家里，只是吃饭分开，所以本人不是家长。

如果分开住的话他就是家长吗？＝是的。

程振声的儿子结婚要与父亲即家长商量吗？＝一般会商量，但是不商量也行。

在别处住的话可以不商量吗？＝可以。

程振声的所有亩数多少？＝半亩左右。

程振声父亲的所有亩数呢？＝二三亩左右。

杨公修、李长某的父亲所有亩数为多少？＝杨的父亲有六七亩，李的父亲有二三亩。

5 月 17 日

家庭成员和家长

提问者　杉之原舜一

应答者　李良甫

地　点　县公署

【分居】除了继母之外还有因其他原因被赶出来的例子吗？＝没有其他原因被赶出来的例子。

从家里被赶出来的例子都是因为继母吗？＝是的。

没有因为懒惰或粗暴而被赶出来的例子吗？＝去年有一个妻子因愚痴，遭家人嫌弃而被赶回了娘家。

是与妻子娘家的家长商量之后的结果吗？　＝这种情况会商量。

这种没有起争执吗？　＝没有。

男方给妻子的娘家钱等东西吗？　＝没有。

【外出打工家庭成员的收入和家长】家庭成员出门打工所得的钱要交给家长吗？　＝交给家长。

全部交吗？　＝全部交。

能自己拿着不交吗？　＝不能。

家人不是也想自己拿着吗？　＝没有这样的事。

没有自己偷偷拿一点的吗？　＝必须全部交给家长，只能给自己留一点生活费，不能自己偷偷拿着。

存在没有全部上交而与家长或其他家庭成员起争执的例子吗？　＝到目前为止一次也没有。

与家长住在一起时，生活费可以自己拿着吗？　＝不行。

在什么情况下只有生活费能自己拿着？　＝外出打工者的衣食住和人情来往费等。

家族中有没有人有这种土地，可以在不与家长商量的情况下，把土地给人租佃或卖出、典当？　＝冷水沟没有这种例子。

【借钱和家长】贫穷人家需要借钱的时候由谁去借？　＝由家长去。

有家庭成员不跟家长商量自己去借钱的例子吗？　＝没有这样的例子。

别村有这种例子吗？　＝我想可能有吧，但具体不清楚。

哪个村子可能有？　＝不知道。

家长以外的人擅自来借钱的话，村民会把钱借给他吗？　＝如果不是以家长的名义是绝对不会借给他的。

冷水沟有假装成以家长的名义借钱的例子吗？　＝到目前为止这种例子一次也没有。

那你听过别村有这种例子吗？　＝好像有。

是哪个村子？　＝不知道是哪个村子，人们都以这种事为耻辱，所以家庭以外的人难以知道。

这种情况中，家长要偿还所借的钱吗？　＝家长会跟借钱的人交涉，说这种钱不会还，但结局一般会在他人的调停下偿还。

这种纷争在冷水沟发生过吗？　＝没有。

【家庭成员的赶出】家庭成员不听家长的话时，家长怎么办？　＝家中某个人不听话时就把他赶出去，完全不听就分家。

冷水沟有不听家长的命令而被赶出来的例子吗？　＝没听说有，不过有因为继母的关系而被赶出来的例子。

【子孙的管教和家长】年幼的孩子不听话时怎么办？　＝打他。

打哪里？　＝打屁股。

由谁来打？　＝如果是家长的孩子就由家长打，孙子的话就由孙子的父母打。

有家长打孙子的情况吗？　＝孙子是由其父母监管，所以家长很少会打。

家长打的话孙子的父母会生气吗？＝不会。

有没有因打了孙子而使家长与孙子之间起纷争的例子？＝我想不仅冷水沟没有，全中国也没有这样的例子吧。

有没有父母以外的家庭成员打孩子的情况？＝有。

什么时候？＝与其他孩子吵架或恶作剧的时候。

孩子父母之间不会起争执吗？＝不会。

家人之间的纷争主要是因什么而起？＝家人越多越容易起纷争，妯娌之间以及孙子之间分东西时会起纷争。

如果妯娌之间关系不好，孩子被他人打了的时候，不会起争执吗？＝孩子之间恶作剧即使被打了也不会起争执，孩子之间吵架的话会打自己的孩子。

【夫妻吵架和家长】有不听丈夫的话而打妻子的情况吗？＝这种情况一定会打。

妻子这方也会动手打吗？＝没见过，所以很难说会不会打。

对于不听家长命令的媳妇，家长会打她吗？＝丈夫打了的话家长就没有必要再打了。

有家长打的情况吗？＝有公公不打儿媳妇的说法，所以不会打。

5 月 19 日

家庭成员与家长

提问者　杉之原舜一

应答者　张增俊

地　点　县公署

【张增俊家及其生活】你多少岁？＝27 岁。

是家长吗？＝不是。

家长是谁？＝父亲。

家长这个词在村里通用吗？＝通用。

你父亲的名字是？＝张延梓。

父亲的年龄是？＝48 岁。

母亲呢？＝50 岁。

家里几代？＝三代。

有些什么人？＝伯母、父、母、本人（长子）、弟弟二人、本人的孩子三人、本人的妻子、妹二人。

你是干什么的？＝务农。

耕作几亩地？＝官亩 52 亩，具体有旱田 18 亩、水田 4 亩。

宅地呢？＝1 亩 7 分。

作物有哪些？＝旱田是高粱、谷子、黑豆，水田是水稻。

菜园呢？ ＝没有菜园。

去年的收获量多少？ ＝高粱 1 石 2 斗、谷子 2 石 4 斗、黑豆 2 石有余、米 1 石 2 斗。

冷水沟一亩地的收获量多少？ ＝高粱 2 斗、谷子 2 斗、黑豆 1 斗有余、米 3 斗。

卖了多少钱（去年的）？ ＝700 元有余。

农业以外的职业呢？ ＝没有。

全家人都从事农业吗？ ＝是的。

家中没有外出打工的人吗？ ＝没有。

52 亩全部是你自己的吗？ ＝是的。

没有从别处租借的地吗？ ＝没有。

有租给别人种的地吗？ ＝没有。

你父亲在村里担任保长或甲长之类的职务吗？ ＝没有。

到现在为止也没有过吗？ ＝没有。

祖父的时代呢？ ＝也没有。

【村政集会】村里有要事时，庄长会找你父亲商量吗？ ＝有时会。

什么时候来找他商量？ ＝主要是关于来自县公署的公事布告，例如派小工到县外时会来商量。

村里费用的使用分派会来商量吗？ ＝会。

这种情况在哪里集合？ ＝在三圣庙集合。

大概集合多少人？ ＝大概 20 人，有甲长、保长、庄长等。

甲长、保长、庄长以外的人也集合吗？ ＝不集合。

你父亲呢？ ＝不去。

庄长来找你父亲商量时在哪里集合呢？ ＝不找父亲商量，因为我自己是保长，所以要去集会，自己有事脱不开身时，就要父亲代去。

【不是家长的保甲长】不是家长也能当保长吗？ ＝能。

除你之外，还有人不是家长却当了保长或甲长吗？ ＝有。

有谁？ ＝高文龙、李长起、李洪儒、刘化南、王玉珠。（以上都是甲长）

【家长代理】你代替父亲料理过家事吗？ ＝代过。

父亲对家事什么也没说吗？ ＝是的。

村民怎么称呼你？ ＝辈分大的人叫名字，辈分小的人叫我叔伯父、叔叔、大爷。

你知道当家这个词吗？ ＝知道。

你家中谁是当家？ ＝父亲。

有不是家长却成为当家的人吗？ ＝没有。

当家和家长是同一个人吗？ ＝是的。

家长年老不能照看家事的时候，代行料理家事的人不叫当家吗？ ＝不叫。

【订婚】你什么时候结的婚？ ＝14 岁。

结婚时妻子多大？ ＝16 岁。

你知道订婚这个词吗？ ＝知道。

有代替订婚的词吗？ ＝定亲、招亲。

一般用哪个？ ＝按招亲、定亲、订婚的顺序。

你多大时招亲的？ ＝10 岁时。

招亲是由谁定的？ ＝父母。

那时制作了什么文件吗？ ＝制作了大柬（大柬也叫柬）。

那时父母找你商量了吗？ ＝没有。

你什么时候知道自己订婚了？ ＝订婚的时候知道的。

如何知道的？ ＝去学校途中听朋友说的。

父母没跟你说吗？ ＝没有。

日后也没跟你说吗？ ＝说了，但是我忘了是什么时候跟我说的。

是订婚后马上就跟你说了，还是过了一段时间才跟你说？ ＝写大柬的时候说的。

那时如果不喜欢对方，可以反对吗？ ＝不会有这样的事。

妻子是同村吗？ ＝是殷家庄的人（与冷水沟相距约 8 华里）。

订婚前见过妻子吗？ ＝没见过。

第一次见是什么时候？ ＝结婚时是第一次见。

【土地买卖、租赁】最近有买进或卖出土地吗？ ＝没有。

有租出去给人种吗？ ＝没有。

【私塾】上过学吗？ ＝上过。

哪里的学校？ ＝私塾。

私塾在哪里？ ＝冷水沟。

谁办的私塾？ ＝村里人办的，有一个先生。学生有 5 人到 10 人。

现在的小学是什么时候成立的？ ＝大概民国十年的时候。

你小时候有小学吗？ ＝没有。

私塾是什么时候没有的？ ＝民国二十年左右。

上私塾的年龄是多少？ ＝七岁到十五六岁。

【妻子的陪嫁钱】结婚时，妻子带了陪嫁钱吗？ ＝没带。

有结婚时妻子带陪嫁钱的例子吗？ ＝有。

冷水沟有这种例子吗？ ＝不知道。

【家庭成员的土地】有与家长分开，家庭成员自己耕种土地的例子吗？ ＝没有。

有家长以外的家庭成员把土地租给他人自己收取地租的例子吗？ ＝没听说过。

【私放地】你知道私放地这个词吗？ ＝知道。

冷水沟有吗？ ＝没有。

哪里有？ ＝不知道。

私放地指什么？ ＝具体不是很清楚，好像是指自己外出打工存钱所买的土地。

你怎么知道私放地这个词的？ ＝从老人那里听说的。

【农耕指挥】在你家中，农耕及其他家事由谁指挥？ ＝父亲。

你不指挥吗？ ＝也有指挥的时候。

什么时候？＝比如早上去哪里工作，早上吃什么。

这些事情你每天都指挥吗？＝基本每天指挥，不过是与父亲商量了再指挥的。

父亲如何指示呢？＝做相同的事。

【伙食】吃饭在哪里？＝冬天在厨房，夏天在凉快的地方。

家族全体在一个桌上吃饭吗？＝基本都在一个桌上，但有时父亲会拿到其他凉快一点的地方吃。一般男的先吃，女的后吃。

【家庭住房】你家的房子是如何分配居住的？＝

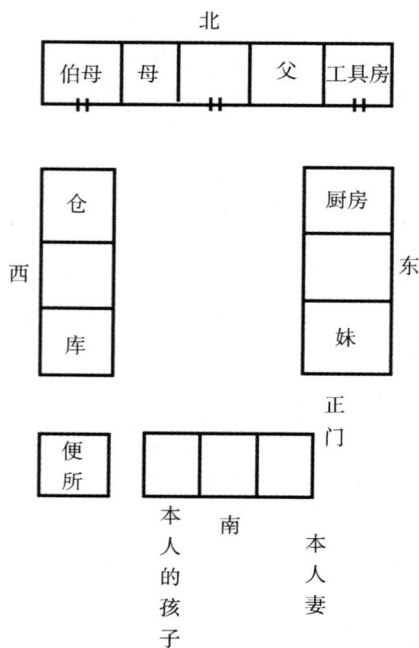

【孩子的管教】你的孩子多大？＝长子 12 岁，次子 5 岁，三子满 3 个月。

孩子由谁监管？＝主要是自己和妻子。

孩子调皮捣蛋时，作为家长的父亲会打骂吗？＝会。

对于父母的吩咐和家长的吩咐，孙子应该尊重哪个呢？＝作为父亲的我感到惶恐。

【家庭分工】关于农业及其他家事，家庭成员的工作是分别规定了吗？＝没规定。

男人和女人的工作不同吗？＝不同。

工作如何决定，母亲做什么，妻子做什么？＝母亲每天监管孩子、做饭、做衣服，妻子也制衣做饭，农忙时帮忙干农活。

母亲不帮忙干农活吗？＝不帮忙。

以上女人的工作中主要是由母亲做还是妻子做？＝主要由妻子做。

做饭等是母亲指挥吗？＝是的。

妻子不能自己随意做饭吗？＝不能，妻子每天必须和母亲商量。

妻子帮忙干农活具体指什么？ ＝干割谷子等不怎么需要力气的农活。

【儿媳妇的商量对象】如果妻子有很多担心的事情时，找谁商量？ ＝主要跟母亲商量。

什么时候会商量？ ＝比如生身父母家（即娘家）有婚、葬、祭等事情时，就找母亲商量后回家。

上述情况中，可以不找家长即父亲商量吗？ ＝要跟父亲商量，此外只要跟母亲商量就可以了。

此外还有什么时候？ ＝例如，回娘家时只要跟母亲商量就可以了。

经常回娘家吗？ ＝一般春秋各回一次，回 10 天到 30 天。

【家庭分工】作为家长的父亲做什么工作？ ＝和家庭成员一起去田里干活。

兄弟间的工作有差异吗？ ＝一般没有差异，但根据情况也会有不同。

什么情况下会不同？ ＝例如，弟弟力量还弱小，搬运石头时哥哥就要选重的。

有没有弟弟要比兄长干更多活这种事？ ＝弟弟现在在上学，所以不会有这样的事。

工作结束后各自回自己的房间吗？ ＝是的。

【家庭团聚、聚餐】有大家一起聚到家长屋里高高兴兴聊天的时候吗？ ＝有。

经常这样吗？ ＝除聚餐以外，很少聚在一起聊天。

每天都聚餐吗？ ＝是的。

聚餐是在一个桌子上大家一起吃吗？ ＝男人后吃，忙的时候男人在田里吃，母亲在家里吃。

没有男人和女人一起吃饭的情况吗？ ＝没有，规定了父亲不能和儿子的妻子一同吃饭。

祭典、新年等也不一起吃吗？ ＝不一起吃。

新年或节日时，你妻子以外的人会一起吃饭吗？ ＝不一起吃饭，男的只跟男的一起吃，女的只跟女的一起吃。

你父亲和母亲，你和你妻子没有一起吃过饭吗？ ＝老夫妇可以一起吃，年轻的不行。

饭后不聚到家长的屋子里大家一起聊家常吗？ ＝父母和儿子可以聚在一起聊天，但是妹妹和媳妇不行。

为什么？ ＝父亲不能和儿子的妻子同席，而妹妹没有必要参加。

父母和儿子常聚在一起吗？ ＝只在有事的时候聚在一起，并不频繁。

你的父母、弟妹到你的房间来玩过吗？ ＝弟弟和母亲可以来我的房间，但是父亲和妹妹不行。

弟弟和母亲经常来玩吗？ ＝母亲有事的话会来，没事不会进我的房间，弟弟在成年前会来，成年后就不能来了。

工作结束后各自回房间时大概几点？ ＝9 点甚至 10 点左右。

【儿媳妇工作的指挥】谁指挥你妻子的工作？ ＝母亲。

作为家长的父亲呢？ ＝有母亲在，所以没必要由父亲指挥。

母亲不在时呢？ ＝父亲跟儿子说，儿子再传达给妻子。

你自己会指挥妻子的工作吗？ ＝一般不指挥。

什么时候指挥？＝很少。

【财务的支出与家长】物品买进和卖出时，金钱的出入由谁做主？＝父亲。

你有代行过吗？＝有。

代行和你父亲自己管，哪种情形多？＝代行的情形很少。

有代替父亲管理过钱吗？＝没有。

母亲保管过吗？＝没有。

父亲出门不在时由谁保管？＝父亲自己保管，出门在外时的费用在父亲回来后上交。

家庭成员能在家长之外有自己的钱吗？＝不能。

父亲外出中，需要钱时怎么办？＝找邻居借。

【家庭成员的零花钱和家长】家庭成员偶尔从父亲即家长那里拿零花钱吗？＝不拿。

那自己要买东西时怎么办？＝跟父亲说了找他拿。

你妻子自己想买东西时找谁拿钱？＝没有找谁拿过钱。只是在农忙时帮了忙的话，父亲会给她一点钱，她可以用这点钱买自己想要的东西。

一年大概可以得多少钱？＝3 元到 7 元。

妻子没给你买过衣服吗？＝买过。

这种情况跟谁说？＝跟母亲说，然后由母亲传达给父亲。

经常这样吗？＝偶尔。

你自己给妻子买过衣服吗？＝买过。

那时钱是怎么来的？＝从父亲那里拿钱买的，说自己没衣服穿了（不说妻子没衣服了），然后拿钱，用所拿的钱买丝，由妻子做两人的衣服。

孩子要做衣服时跟谁说？＝自己跟父亲说。

有你不说，而是父亲拿钱说要你和妻子做衣服去的时候吗？＝有。

你说和不说哪种情形多？＝自发跟父亲说的情形多，父亲也理解一年得做好几次衣服。

【妻子和父母、丈夫】对于你的吩咐和父母的吩咐，你妻子更听从谁的？＝因为要尊敬父母，所以听父母的。

对妻子的要求，你和父母也有不一致的时候吧？＝有，但是极少。

这种情况要怎么办呢？＝自己和母亲商量，如果母亲绝对坚持自己的主张，就听从母亲的。

这种情形中，母亲和妻子之间不会起争执吗？＝不会，这样会遭他人嘲笑，被别人说不孝，所以不会发生这样的事。

【家中伯母的地位】你家里是什么时候分家的？＝高曾祖时代以来就没分过家了。

伯母和父亲是什么关系？＝是父亲兄长的妻子。

父亲的兄长死了吗？＝死了。

伯母年龄多少？＝60 岁。三十几岁的时候父亲的兄长就死了。

她没有孩子吗？＝没有。

伯母会指挥你以及你妻子、兄弟的工作吗？＝也有这样的时候，因为老年人能指挥年轻一辈的工作。

你父母有指挥命令过伯母吗？　=不能指挥命令，三人商量着来。

【祭祀】由谁来祭祀死去了的父亲的兄长？　=主要是我和父亲祭祀。

祭祀做些什么？　=周年祭的时候去祭祀。

这时干些什么呢？　=烧纸，供点心、祭酒和挂面。

在哪里进行？　=墓。

周年祭是什么时候？　=寒食节（清明节）、七月十五日、十月初一、死去的第四天。

【过继子】你知道过继子这个词吗？　=知道。

是指什么？　=例如伯母没有孩子，就把我们兄弟的其中一个给伯母作孩子。

现在有人是伯母的过继子吗？　=没有。

一定要有过继子吗？　=没有也行，但多数会要过继子。

伯母如果把你的一个弟弟当作过继子，之后分家时土地怎么分呢？　=把全部财产分为二等分，成为过继子的弟弟获得其中一半，其他的两人各得四分之一。

没有过继子就不能分家吗？　=可以父亲和伯母先分家再领过继子，如果父亲有四个儿子，也可以把两个儿子给伯母当过继子之后再分家。

过继子可以领养两个吗？　=可以，虽然我没亲眼见过，但是听说过。

你听说哪里有过这样的事？　=听说胡家庄有这样的事。

冷水沟呢？　=没有。

领养过继子的情况中有特别的例子吗？　=兄弟二人只领养一个儿子时，这个儿子就作为兄弟的兼桃两分，结果在分家时全部财产都由这一个儿子继承。

在冷水沟有上述这种例子吗？　=有。

哪家？　=李玉书家。

1941 年 11—12 月

（华北农村惯行调查资料第 48 辑）

家族篇第 7 号　山东省历城县冷水沟庄
　　　调查员　早川保
　　　翻　译　刘峻山

11 月 21 日

妾　葬礼　家长

应答者　任福申

【兄弟的妻子与同族】你的一家子是怎样的？＝兄长任福田 66 岁，其妻子李氏 67 岁，其子任延尊 6 岁，我自己 54 岁，妻李氏 55 岁。

你兄长的太太来自哪里？＝滩头。

你自己的太太呢？＝本村。

她们同是李氏，是同族吗？＝不是同族。

怎么知道不是同族的？＝打听她们祖先的名字，发觉对不上。

询问祖先的名字是指问到祖父、曾祖父那辈吗？＝因为自己的祖先是从山东那边过来的，所以询问之后就知道了。（答案不明了）

兄长的太太是来自滩头的李氏，在这种情况下，弟弟的太太可以是来自同族的李氏吗？＝没有这种实例。

如果兄弟的两个太太都来自于同族的李姓，这种事是好还是不好？＝不好。

为什么不好？＝不知道为什么。

是从辈分这点来看不好吗？＝是的，辈分相同不行，辈分不同也不行。

冷水沟有两兄弟的妻子来自一个同族的例子吗？＝没有。

【妾】为什么兄长的儿子才 6 岁？＝因为是妾所生的儿子。

在这之前太太没有生出孩子吗？＝生了一个女儿，但是嫁到徐家庄的宿姓家里去了。

这个女儿是什么时候嫁过去的，现在多大？＝9 年前，21 岁时嫁过去的。

妾是什么时候来的？＝9 年前。

妾多少岁时来的？ ＝24 岁。

妾死了吗？ ＝去年的 12 月 8 日死的。

妾是哪里人？ ＝河南人。

为什么从河南来了这里？ ＝是被河南的人带到滩头来的。

妾是用钱买的吗？ ＝是的，200 元买的。

她是姑娘家吗？ ＝不是，在河南嫁过一次。

是为什么会来到滩头的？ ＝某个男的带着两个女人打算卖掉，带着走来的。

带着女人走来的是哪里人？ ＝不知道。

是怎么知道那个男人的？ ＝经滩头的朋友介绍的。

【妾与家庭成员之间的称呼】村里人怎么称呼妾？ ＝叫妾，也叫姨太太。

哪个更常用？ ＝小婆子最常用。

你怎么称呼这个妾？ ＝一直叫的嫂子。

小婆子怎么称呼兄长的太太，太太又怎么称呼小婆子呢？ ＝小婆子叫太太为姐，太太叫小婆子妹妹。

小婆子怎么称呼你？ ＝称兄弟或者弟弟。

小婆子怎么称呼你的太太？ ＝称弟妹。

你太太怎么称呼小婆子？ ＝叫嫂子。

兄长的太太和小婆子关系和睦吗？ ＝和睦。

【娶妾的宴会】把小婆子带回来时举行了婚礼之类的吗？ ＝什么也没举行。

向近邻宣布并举行宴会了吗？ ＝请介绍人和同族的人来吃了饭。

请了些什么人？ ＝我当时去济南了，具体不清楚。听说叫了六七个人，任长茂（叔父）来了。

兄长买下小婆子时有互相给什么文书吗？ ＝没有这种东西。

【妾的孩子】妾所生的延尊，是由妾还是由太太来照料？ ＝太太。

小婆子要听太太的命令来养育延尊吗？ ＝太太直接命令延尊。

太太骂延尊时，小婆子什么也没说吗？ ＝是的。

【妾的工作】在家中，太太干什么，小婆子干什么？ ＝太太和小婆子什么都一起干。

干些什么事呢？ ＝烧饭、推磨、洗衣服、做衣服、下田。

兄长在太太和小婆子间，与谁一起睡得多？ ＝不知道。（参考家里的任意挑选图）

妾是怎么死的？ ＝因感冒而死。

【妾的墓】妾埋到哪里？ ＝兄长不把她埋到自家的坟地里，而是埋到村子西北方的田里，那里离祖坟近。

墓地叫什么？ ＝祖坟。

祖坟有几亩？ ＝1 亩 8 分。

土堆上来的地方叫什么？ ＝坟墓。

坟墓有好几个，是如何排列的？ ＝不记得了。

【妾的葬礼】为妾举行葬礼时，发出通知了吗？ ＝没有发纸质通知，但是口头通知了。

通知哪些人了？＝兄长的岳父、我的岳父、兄长女儿的婚家。

葬礼时谁来了？＝小襟子（我妻子弟弟的妻子、当时 50 岁）、侄子、兄长妻子、弟弟的妻子。

其他还有谁来了？＝同族的人来了。

同族的来了多少人？＝同族的人全部来了。

你的同族有多少户？＝10 户。

这 10 户的家长来了吗？＝都是太太来的。

为什么都是太太来，男的不能来吗？＝如果地位比死了的人高，男的就不能来，由女的来。

地位上下如何区分？＝同族的话用辈分区分。

同族的人叫什么？＝一家子、本家。

街坊邻居也来了吗？＝是的。

街坊中哪些人来了？＝我当时去挖墓了，不是很清楚。

【送殡】葬礼的行列队伍叫什么？＝送殡。

送殡时队伍如何排列？＝最前面是鼓乐，其次分别是妾的儿子、同族中辈分小的人、棺材，最后是侄子。

鼓乐是雇来的吗？＝是的。

从哪里雇来的，雇了几个人，花了多少钱？＝从冷水沟雇的，雇了 4 个人，每人 2 元。

都是男性吗？＝是的。

同族中去送殡的有几个人？＝3 个左右。

全是女的吗？＝男的。

是谁去了？＝任玉升、任连柱。

他们跟你是什么关系？＝都是堂兄的儿子。

女人为什么没加入行列？＝太远了所以没加入。

襟子也没加入吗？＝只在死的时候来了，送殡时没来。

送殡大概花了多少费用？＝棺材 50 元，衣服 30 元，鼓乐 8 元，纸札 3 元，饭是在自己家做的。

衣服叫作什么？＝亡人衣、古衣。

古衣是给死人穿的吗？＝是的。

给送殡的人不做衣服吗？＝给上述的 4 个人做衣服穿了。

这叫什么？＝孝衣。

孝衣是你兄长做的吗？＝是的，把布买回来做的。

穿完之后要还给你兄长吗？＝不用还。

这种孝衣现在大概多少钱？＝大人的孝衣一身大概要花 3 元 20 钱。

村里人不参加送殡吗？＝因为是妾，村里人不参加。

送殡时，有村里人来帮忙挖墓吗？＝同族的人来了 3 个左右。

是哪些人？ ＝不记得了。

送殡时，兄长的家里有哪些人？ ＝兄长夫妇和我们夫妇。

送殡时，墓地那有人等着吗？ ＝有，雇了 2 个人。

是村里的人吗？ ＝是的，是同族的人。

付了多少钱？ ＝一个人 60 钱。

死后第几天出的棺？ ＝第 3 天。

冷水沟一般第几天出棺？ ＝一般五六天。

【服丧】人死后要服丧吗？ ＝要。

这叫什么？ ＝叫吃服。

妾死的时候，哪些人吃服了？ ＝兄长的孩子，男女共 2 人。

你没有吃服吗？ ＝没有。

如果是兄长的太太死了，你要吃服吗？ ＝不用。

吃服具体是干什么？ ＝帽子上的玉要是白色的，衣服的下摆没有缝合，鞋子也必须是白色。

衣服的颜色是白色吗？ ＝黑色也可以。

孩子要吃服到什么时候？ ＝现在还在吃服。父母去世要吃服 3 年。

【孩子对妻妾的称呼】孩子怎么称呼兄长的太太？ ＝叫大妈。

如何称呼小婆子（孩子的生身母亲）？ ＝叫妈。

【过继子】你没有孩子吗？ ＝是的。

是死了吗？ ＝是的，儿子在 30 年前，2 岁的时候死的。

没有过继子吗？ ＝没有。

为什么没有？ ＝因为没钱。

领养过继子需要钱吗？ ＝不需要，但是得给他饭吃。

没有兼祧兄长的儿子吗？ ＝没有。

为什么没分家？ ＝因为没有财产，所以没有必要分家。

【分家】今年有分家了的家庭吗？ ＝没有。

你知道最近分家了的人吗？ ＝不知道，我回村里后打听一下。

【家庭生计和家长】你是靠什么生活的？ ＝耕作。

土地有多少亩？ ＝30 亩。

是水田还是旱田？ ＝六七亩水田，其他全部是旱田。

农作物卖的钱全部交到兄长手里吗？ ＝是的。

你从兄长那里拿零花钱吗？ ＝不拿，不用花钱。

需要钱时找兄长拿吗？ ＝是的。

到目前为止，因什么事找兄长拿过钱？ ＝没有。

你有没有自己卖掉土地的经历？ ＝没有。

你太太想要钱时直接找兄长拿吗？ ＝是的。

你太太不是找兄长的太太拿钱吗？ ＝不是的。

不是你从兄长那里拿了然后再给你太太吗？＝不是，妻子生病了在卧床休息，不需要花钱。

你太太卧床几年了？＝10 年前开始卧床的。

是什么病？＝肺病。

【结婚】你当过别人结婚的媒人吗？＝没有。

最近有结婚的人吗？＝今年谢殿枫给他儿子娶媳妇。

【分家】你知道今年分家的人吗？＝不知道。

去年分家的人呢？＝李长顺分家了。

【家谱】冷水沟有家谱的人家是？＝李长贵。

其他没有了吗？＝没有了。

家谱也叫族谱吗？＝是的。

哪种说法用得多？＝族谱。

【过继】你知道最近过继了的人吗？＝最近没有。

你知道有过继单的人吗？＝李王氏有。

李王氏领养了过继子吗？＝是的。

现在那个过继子多大？＝5 岁左右。

【葬礼】昨天去村里时看到有葬礼，是谁死了？＝李凤岩的母亲。

我想询问关于葬礼的事，问谁比较好？＝问李长贵比较好吧。

李长贵是干什么的？＝甲长。

【分居】这个村里有没分家但是分开住的人吗？＝任福玉和任延藻分开住的。

任延藻住在哪里？＝道路的北边。

福玉呢？＝道路的南边。

两人是兄弟吗？＝是叔侄。

为什么没分家？＝因为不想分家。

这种没分家却分开住的叫做什么？＝没有特定的名称。

这些人各有一个门牌吗？＝虽然分开住，吃饭还是在一起，门牌在延藻住的家里。

家长是谁？＝任福玉的兄嫂是家长。

你家的情况？＝

11 月 23 日

家庭成员的外出打工　家长　同族

应答者　谢保清

【谢保清家】你的一家子有哪些人（谢保清一家子是冷水沟中家族人数最多的，现在有 29 人）？＝如下。

任福基（死亡）……任延龄（死亡）……任一　张氏　任二　任三

陈氏　孙氏

任福贞（死亡）……任延藻……李氏　任一（死亡）　任二

曲氏（死亡）李氏

陆氏　任福玉……李氏……任延璋……男子一人

【房屋平面图】

北

任福田　炕

空地　　3间　任福申　东

　　　　　　　炕

　　　　　　入口

大车台　库房　石磨　姜　炕

西　　　　　南

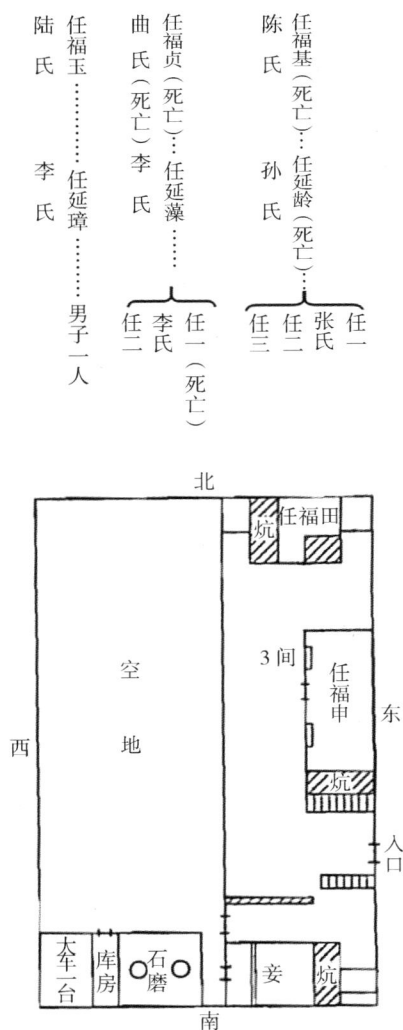

保为（20 年前夭折，享年 30 岁）

【外出打工的家庭成员】 现在有谁不在村里？ ＝有 6 个人不在村里，分别是景祥、景辉、景山、景河、景海、景明。

他们都是去济南做生意去了吗？ ＝是的。

生意是一起做的吗？ ＝分开做的。

做的什么生意？ ＝景祥是被做酱菜的店雇用为伙计，景辉在饭店做厨师也是当伙计，景山、景河、景海、景明都在饭店打工学习厨艺。景山和景明在同一家饭店。

这些人都是一个人去的济南吗，太太们都留在村里吗？ ＝是的。

景祥是什么时候去的济南？ ＝17 岁的时候。

景辉呢？ ＝景辉也和其他人一样，17 岁的时候去的济南。

都是娶了太太之后去的吗？ ＝娶了的和没娶的都去了济南。

```
保　为　　（20 年前夭折，享年 30 岁）
李　氏　　76（张马庄）
　　景　祥　　50
　　邓　氏　　49（裴家营）
　　　　和　尚　　6
　　　　留　仔　　17
　　　　张　仔　　15


　　景　辉　　45
　　李　氏　　25（裴家营）
　　　　兆　魁　　13
　　　　连　仔　　12
　　　　梅　仔

　　户长　保　臣　　63
　　　　孙　氏　　64（曲家庄）
　　景　河　　26
　　刘　氏　　26（大辛庄）
　　　　五　仔
　　景　海　　22
　　李　氏　　22（滩头）

　　　　保　林　　53
　　　　李　氏　　53（滩头）
　　景　山　　27
　　郭　氏　　27（沙河庄）
　　　　东　仔　　17

　　　　保　清　　49
　　　　杨　氏　　50（刘志远）
　　景　明　　19
　　李　氏　　20（滩头）
　　景　江　　17
　　景　亮　　13
　　翠　仔　　　6（去年 12 月死亡）
```

【家庭成员的居住】是如何居住的？＝分东院和西院住的，东院住的保林（李氏）、景山（郭氏）、保清（杨氏）、景海（李氏）、保为（死亡）（李氏）、景祥（李氏）、景明（李氏）。西院住的景辉（李氏）、保臣（孙氏）、景河（刘氏）。

东院和西院哪个旧些？＝西院。

门牌挂在哪边？＝挂在东院，因为东院住的人多。

东院是什么时候建的？＝35 年前左右建的。

在那之前住在西院吗？＝是的。

分过家吗？＝没有，没有分家的印象。我出生以来没听说过分家的事。（祖父那代只有一个儿子。）

【家庭成员的婚姻】景祥是什么时候结的婚？ ＝22 岁的时候。

订婚呢？ ＝17 岁。

景辉、景山、景河、景海、景明呢？ ＝17 岁的时候去济南没多久就结婚了，具体我也记不清楚。

去济南打工的人什么时候会回来？ ＝过年的时候一定会回来。

你儿子景明是什么时候去的济南，什么时候结的婚？ ＝10 岁那年的 10 月去的济南，去年 11 月 13 日结的婚。

【家长】东院有家长吗？ ＝有。

是谁？ ＝谢保臣。

西院有家长吗？ ＝没有。

【家庭成员的饮食】东院和西院在一起吃饭吗？ ＝是的。

在哪里吃？ ＝东院。

谁做饭？ ＝家中的女人们都做饭。

谁指挥做饭？ ＝保臣的太太是中心指挥。

【家计和家长、代理当家的】因吃饭需要用钱时，找谁拿钱？ ＝由我（保清）掏钱。

这时你把钱给谁呢？ ＝给来要钱的人。

为什么明明保臣是家长却要找你拿钱？ ＝因为保臣很忙。

为什么保臣很忙？ ＝因为他是泥瓦匠。

保林是干什么的？ ＝在家种地。

家里的钱由谁掌管，保林还是你？ ＝我（保清）掌管。

为什么不由保林掌管？ ＝因为他不想掌管。

虽然家长是保臣，但实际上做事的是你，是吗？ ＝是的。

这种情况下你叫做什么？ ＝叫代理当家的。

家长和当家的是同一个意思吗？ ＝是的。

所以你不是当家的，而是代理当家的，是吗？ ＝是的。

【外出打工家庭成员的收入和代理当家的】景祥一年可以拿几次工资？ ＝过年的时候拿一次。

大概可以拿多少？ ＝每年给家里的有四五十元，其他的用作了零花钱，所以我也不知道他具体拿了多少。

这四五十元是交给谁的，景祥的太太、保臣、还是你？ ＝交给我。

过年景祥回家把那四五十元交给你时，也会给他太太郑氏一点钱吗？ ＝这个我就不知道了，这是他的秘密，我不知道。

从景祥那里收到的钱，你只用于景祥太太和他孩子 3 个人吗？ ＝不是的，用于整个大家庭。

景辉也是 1 年回来 1 次吗？ ＝过年的时候回 1 次，秋天 7 月或店里闲暇时也回来。

景祥 1 年只回来 1 次吗？ ＝有事的时候经常回。

1 年大概回几次呢？ ＝今年回了 2 次，过年 1 次，上个月回了 1 次。

上个月景祥回来时交钱给你了吗？ ＝没有。

其他人除了在过年时回来以外，有事的时候也在闲暇时回来两三次吗？ ＝是的。

是从济南走回来的，还是坐火车回来的？ ＝走回来的。

景辉过年时交了多少钱？ ＝40 元。

也是交给你吗？ ＝是的。

景山、景河、景海、景明呢？ ＝他们没工资拿，所以不用交钱。

【所有地】你家的土地大概多少？ ＝大概 48 亩。

48 亩中水田和旱田分别多少？ ＝水田有大亩 6 亩，旱田 16 亩半。

48 亩是指小亩吗？ ＝是的。

水田由谁耕作？ ＝由我（保清）耕作。

旱田呢？ ＝也是我耕作。

除了你之外，其他人应该也会来帮忙吧？ ＝加上保臣、保林 3 个人耕作。

水田都在一块地方吗？ ＝水田有 4 块地。

旱田呢？ ＝有 7 块地。

这些土地中，有没有规定哪块是谁的土地？ ＝没规定。

这些土地的地契由谁保管？ ＝白契（地契）由保臣保管。

所有的白契都是保臣保管吗？ ＝是的。

保臣做泥瓦匠赚的钱怎么办？ ＝交给我。

全部交给你吗？ ＝是的。

保臣应该会给自己太太一点吧？ ＝这我就不知道了。

土地是从祖先那里继承下来的吗？ ＝是的。

在你的记忆当中，到目前为止有买过土地吗？ ＝没有。

有没有卖过呢？ ＝没有。

【结婚和订婚】你儿子景明是什么时候结的婚？ ＝17 岁结的婚。

什么时候订婚的呢？ ＝4 年前。

景明是前年结的婚吗？ ＝是的。

保林的儿子景山是什么时候结的婚？ ＝大概 10 年前结的。

景明订婚时找谁商量的？ ＝保臣和保林两个人。

保林的儿子订婚时，找你商量了吗？ ＝商量了。

跟保臣也商量了吗？ ＝是的。

儿子们订婚时，你们兄弟间都互相商量了吗？ ＝是的，兄弟三人中即使有一个人反对也不行。

到目前为止有人反对过吗？ ＝没有。

保林的太太李氏和景明的太太李氏都是来自滩头，她们是同族吗？ ＝不是的。

景明、景山订婚时的媒人是谁？ ＝景明的媒人是我妹妹的丈夫李路梅（滩头），景山的是保林太太的母亲即姓李的外祖母。

景祥、景辉订婚时的呢？＝我当时还小，没负责商量，所以不知道。

李路梅和景明的太太李氏是同族吗？＝是的。

是什么关系？＝不是很清楚。

【典当的土地】你家有典当的土地吗？＝没有。

有没有找谁借钱，然后用土地作担保的事情？＝没有。

【同族】冷水沟姓谢的家庭大约多少户？＝大概44户。

谢姓的人有共同的墓地吗？＝有。

叫做什么？＝祖坟地。

谢姓的44户叫什么？＝族家。

也叫同族吗？＝冷水沟不这样叫。

那叫一家子吗？＝叫。

族家和一家子，哪个更常用？＝族家。

族家中有地位最高的人吗？＝没有领头的人。

大家都分得清辈分吗？＝分不清。

谢长信和你的辈分关系是怎样的？＝不知道。

谢姓44户中辈分最高的是谁？＝谢立山。

谢姓有族谱吗？＝没有。

谢立山被叫作族长吗？＝是的。

【同族的分支】谢姓44户中，分为2支还是3支？＝分为3帮。

这3帮如何分的？＝村子北边的为一帮，中央的为一帮，西边为一帮。

你的家在哪方？＝中央。

中央有多少户？＝14户。

村子北边有多少户？＝记不清了。

北边和西边，哪边的户数多？＝北边。

【同族内的结婚、死亡、分家】谢姓中有今年结婚的人吗？＝没有。

去年呢？＝没有。

谢姓中今年有去世的人吗？＝没有。

去年呢？＝没有，我的孩子死了。

谢姓中有今年分家了的人吗？＝没有。

去年呢？＝没有。

谢姓中今年或去年没有分家的人吗？＝没有。

近几年分家的人呢？＝没有。

【学校、私塾】你家中上学的人是谁？＝兆魁和景亮两个人。

到目前为止上过学的有谁？＝除了我们兄弟以外即孩子们，景祥、景辉等都上过一两年学。

女孩一个人也没上过学吗？＝是的。

景祥和景辉去的哪里的学校？＝村里的私塾。

私塾在谁家开的？ ＝是很早以前的事，我忘了。

私塾存在到什么时候？ ＝不清楚。

到目前为止有没有人说过想要分家？ ＝没有。

【家畜】你家中有多少家畜？ ＝一头牛，一头马，没有猪。

鸭子呢？ ＝没有。

鸡呢？ ＝没有。

【家里的工作】家里除了耕作还干别的事吗？ ＝不干了。

冬天就玩吗？ ＝男人把粪土撒到田里，女人负责做饭，并没有耕作以外的工作。

【应答者的父母和哥哥】你父亲的名字是？ ＝谢长裕。

太太呢？ ＝杨氏。

你父亲什么时候死的？ ＝我 30 岁的时候。

母亲什么时候死的？ ＝我 2 岁时。

父亲有兄弟吗？ ＝没有。

你的兄长保臣当泥瓦匠不在家里吗？ ＝早上很早就出去，晚上才回来。

到哪里去工作？ ＝到本村或邻村。

每天都有需要出门的工作吗？ ＝农事闲暇时每天出门。

【伙计】伙计是一个人吗？ ＝是的。

不叫长工吗？ ＝不叫，叫伙计。

在东院吗？ ＝是的。

名字是？ ＝于文俊。

是哪里人？ ＝来自于济南南面的一个村子。

什么时候来的？ ＝去年 8 月。

11 月 24 日

分家　过继　同族　订婚

应答者　李永祥

【李永祥家】你的一家子是怎样的？ ＝

李永祥　37 岁

孙　氏　41 岁（陆家洼）

长子　兴俊　20 岁

侯氏　24 岁（徐家庄）

兴杰　17 岁

兴武　4 岁

小明　13 岁

小秋　9 岁

小点　6 岁

小女　1 岁

孙　　直媛　　1 岁

【分家和分财产】你什么时候分的家？ = 5 年前与兄长李永章分的家。

如何分的？ = 村子北边的土地（旱田）有 2 亩半，两人对半分。村子西边的土地（旱田）两亩平分。村子西南方的土地（旱田 2 亩、水田 1 亩）旱水田各两分。村子西南方的 3 亩地（旱田 8 分、水田 2 亩 2 分），旱田归永祥，水田 2 人平分。村子南边的四亩半旱田，永章分得 2 亩半，我 2 亩。村子东边的 1 亩旱田归永祥。

园地如何分的？ = 园地（家周围的土地）6 分，都归兄长永章，我没有。

为什么兄长分得的土地多？ = 因为我家相对富裕，就让兄长多分了点土地。

分家时家就有 2 个吗？ = 是的。

面积大概多少？ = 我所得的土地有 3 分，兄长的有 6 分。

你家的土地虽然更窄，但是更富裕些吗？ = 是的。

【分家前的居住】分家前是如何居住的？ = 3 亩地的宅子，南屋 3 间是永章的，西屋 3 间是永祥的，小西屋 2 间是母亲的，北屋 3 间是祖母的，东屋 3 间是用来吃饭的。

【园地】六亩的园地做什么用？ = 南屋 2 间有一头牛、一匹马，没有猪，东屋 3 间里有农具、还有石磨。

这 6 亩园地都归兄长了吗？ = 是的。

【其兄家】兄长现在的家庭成员是怎样的？ = 兄长永章（去年 36 岁时去世了）、曾氏（40 岁、马家屯的人）、兴唐（25 岁）、其太太王氏（29 岁、大辛庄的人）、孙八十（10 岁）、孙女小忙（6 岁）。

现在是如何居住的？ = 东屋 3 间（有石磨的房子）住的有兴唐夫妇与孩子，还有永章的太太曾氏和母亲。

兴唐是何时结的婚？ = 大概 8 年前，17 岁时结的婚。

【祖母和母亲】祖母什么时候去世的？ = 去年。

分家后祖母和母亲住在哪里？ = 北屋 3 间，即祖母一直住的屋子。

【儿子结婚和分家后的居住】你儿子兴俊什么时候结的婚？ = 4 年前。

是在分家后吗？ = 是的。

宅子在分家后是如何使用的？ = 北屋的 3 间是祖母和母亲住，南屋 3 间是我自己夫妇和孩子们住，西屋没用。

兴俊结婚后是如何居住的？ = 兴俊夫妇住进了西屋。

兴杰现在住在哪里？ = 住在小西屋 2 间。

从什么时候开始住在那儿的？ = 去年开始的。

这之前一直跟你一起住的吗？ = 是的。

【分财产】分家的时候家畜有多少？ = 一头牛、一匹马、四只鸡。

此外没有了吗？ = 没有了。

这些是如何分的？　＝兄长得牛，我得马，鸡各得两只。

石磨分给谁了？　＝给我了。

农具呢？　＝两台车，其中大的一台归我，小的一台给兄长了。

其他的农具都是平均分吗？　＝是的。

桌子、椅子、餐具也都是平均对半分吗？　＝是的。

6 分的宅子和 3 分的宅子都有井吗？　＝井在 6 分的院子里。

现在是一起使用的吗？　＝不是的，用邻居家李永章的井。

这个井所在的土地是兄长的吗？　＝是的，是永章的地。（村子南边 4 亩旱田，分家之后是永章的地）

【母亲的居住】母亲是什么时候和永章一起住的？　＝去年永章死后搬到他家去的。

【过继子】你是谁的过继子？　＝李凤梧的过继子。

李凤梧和你的关系是？　＝他是父亲李凤楼的弟弟。

你父亲兄弟几人？　＝2 人。

父亲什么时候去世的？　＝民国八年，44 岁去世的。

李凤梧呢？　＝17 岁死的，不知道时间，比我父亲死得早。

李凤梧的太太还在世吗？　＝比李凤梧早一年死的。

父亲分家了吗？　＝没有。

李凤梧没有女儿吗？　＝没有。

你什么时候当的过继子？　＝15 年前。

写了过继单吗？　＝没有。

成为过继子时（父亲生前）做了些什么？　＝父亲在新年祭祖时，写下去世的人的名字，因为这个人膝下无子不行，所以在死了的叔父名字下面写上了我的名字（永祥）。

去世的人的名字是如何书写的？　＝把父亲、叔父、祖父、曾祖父的名字写在一个木板上，这叫作牌位。叔父的牌位下有叔母的牌位。

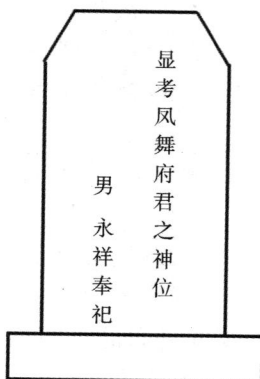

叔父死后多少年你成的过继子？　＝叔父死的时候我还没有出生。

你成为过继子时，你父亲什么也没对你说吗？ ＝是的。

你家有几组牌位？ ＝曾祖、祖父、父亲、叔父夫妇共四组。

叔母的牌位是如何书写的？ ＝

```
        显
        妣
        马
        儒
        人
        之
   男    神
   永    位
   祥
   奉
   祀
```

【分家人】你分家时有谁到场了？ ＝杜凤山（村长）、李长泌（族兄弟）、李德绂（族祖父）、李永荃（族兄）。

这些人叫作什么？ ＝分家人。

【同族】李姓在村里大概多少户？ ＝100 户左右。

【同族的分支】这 100 户里面有分派吗？ ＝分成了三派。

每一派叫什么？ ＝没有名称。

三派是同族吗？ ＝是的，都是族家。

三派每派大概按多少户分的？ ＝按 60 户、20 户以上、10 户以上这么分的。

60 户左右的族家中辈分最高的是谁？ ＝李毓珂。

20 户的族家中呢？ ＝李文汉。

10 户以上的族家呢？ ＝李登汉。

有族长吗？ ＝没有。

这 100 户中辈分最高的是谁？ ＝李毓珂。

这个人不是族长吗？ ＝是的，是族长。

叫族长吗？ ＝不叫族长。

李登汉和李毓珂的辈分关系是什么？ ＝不知道。

李文汉和李毓珂的关系呢？ ＝不知道。

李文汉和李登汉的关系呢？ ＝不知道。

你家属于哪个族长所管？ ＝属于李毓珂的族家。

【同族集会】清明节时 3 个族家分别聚集吗？ ＝是的。

不是 100 户聚到一起吗？ ＝不是的。

【族谱】你家里有族谱吗？ ＝有。

这个族谱是 100 户的族谱，还是仅 60 户的族谱？ ＝仅 60 户的族谱。

【老坟】祖先的墓地叫什么？ ＝老坟。

老坟有 3 个吗？ ＝是的。

位于村子何处？ ＝60 户的老坟在村子北边，20 户的在西北方。

10 户的老坟呢？ ＝不知道。

现在李凤福入的家祠是李家 60 户的还是李姓全部的？ ＝李家 60 户的。

【分家的在场人】分家时村长一定会到场吗？ ＝是的。

村长能不出席吗？ ＝不能。

为什么？ ＝村长是村里的领头人，不出席的话就不能分家。

在你的家庭中，李毓珂明明是辈分最高的，却没有出席，这样也行吗？ ＝他上了年纪，又不识字，所以不用出席。

【分单】分单写几份？ ＝写在两个账簿上。

这叫什么？ ＝分册。

在冷水沟，是写在分册上的多，还是写在一张纸上的多？ ＝写在一张纸上的多。

为什么写在了账簿上？ ＝因为零细的物品太多，一张纸写不下。

谁写的？ ＝我的是李长泌写的。

兄长的呢？ ＝是李毓德（族祖父）写的。

那么分家人是四个人吗？ ＝是的。（这一点与实际分册上有出入，参考后文）

李毓珂和李毓德是什么关系？ ＝辈分关系的话我不清楚。

因为他们是属于 20 户族家的人吗？ ＝是的。

兄长的分单和你的不能由同一个人写吗？ ＝同一个人写也没关系。

由上述两个人写是因为他们比其他的分家人字写得好吗？ ＝是的。

【分财产的抽签】决定哪个物品归谁是由抽签决定吗？ ＝是的。

谁制作签？ ＝四个分家人制作。

具体如何操作？ ＝首先把所有财产分为东西两组，分好后把写有"东"和"西"两个字的纸片装进瓶中，进行抽签。

在祖先的牌位前抽签吗？ ＝是的，在祖先的牌位和天地之神（天爷爷）的前面烧上香，礼拜之后抽签。

【养老地】给祖母和母亲 2 人留了养老地吗？ ＝留了，给 2 人留了 5 亩，其中一块地在村北，有 2 亩半；另一块地在村子的西南边，有 3 亩。

这些地有租金吗？ ＝有。

每年你和兄长 2 人要给祖母和母亲多少粮食？ ＝我要给 200 斤小麦、4 斗米、1 斗豆子。

兄长呢？ ＝和我一样。

这是给祖母，还是给母亲？ ＝放到两人居住的房间。

此外平常会给她们钱吗？ ＝不给。

如今只剩下母亲在世了，还是照样给东西吗？ ＝不给了。

为什么？ ＝只兄长一个人给，因为我是过继子。

分家后给祖母和母亲东西持续到什么时候？ ＝直到祖母去世。

祖母是什么时候去世的？ ＝去年。

养老地的事情也写在分册上吗？ ＝是的。

分家时把所有的地都分给了你们兄弟二人，在你们分得的土地中规定了哪些是养老地吗？ ＝是的。

给祖母和母亲的米与小麦必须是指定土地上收获的米与小麦吗？ ＝从哪里收获的都行。

给祖母和母亲的米、小麦叫作什么？ ＝养老粮。

分家时，写了养老单吗？ ＝没有。

村里有养老单这种东西吗？ ＝没有。

上述中的养老地是祖母和母亲嫁过来时带来的土地吗？ ＝不是的。

【订婚与结婚】你的儿子兴俊是什么时候订的婚？ ＝16 岁时。

媒人是谁？ ＝谢星海的太太。

谢星海与新娘侯氏是什么关系？ ＝谢太太也来自徐家庄。

当时也交换了大帖吗？ ＝是的。

结婚是什么时候？ ＝3 年前。

订婚这件事称作什么？ ＝定亲。

结婚呢？ ＝娶媳妇。

有订婚小帖和大帖吗？ ＝有大帖，小帖有没有不知道。

结婚时交换了娶帖吗？ ＝交换了。

现在还在吗？ ＝还在。

明天我还会去村里，能给我看一下吗？ ＝好的。

祖母是去年去世的吗？ ＝是的。

【报丧帖】当时发出通知了？ ＝发了报丧帖。

大概发了多少报丧帖？ ＝20 张左右。

现在还有报丧帖吗？ ＝没有了。

【订婚】订婚时对方的媒人是谁？ ＝媒人只有一个。

关于侯氏做了哪些调查？ ＝新娘的家里耕种多少地，有没有做生意，新娘品行如何。

没调查祖先吗？ ＝没有。

没调查父亲和祖父吗？ ＝只调查了父亲。

你自己去徐家庄调查的吗？ ＝没有，只拜托了我的朋友，通过他打听徐家庄的人。

媒人就叫媒人吗？ ＝是的。

媒人也可以是女的吗？ ＝是的。

订婚小帖由谁带去？ ＝由媒人（谢星海的太太）带去。

对方的小帖由谁拿来？ ＝也是由媒人拿来。

交换小帖时会请媒人吃饭吗？ ＝会。

此外还要请谁吃饭？ ＝不叫别人了，我母亲和媒人两个人吃。

小帖交换多少天后交换大帖？ ＝小帖交换的时候是在 6 月，大帖是在 8 月。

大帖由谁带过去？ ＝大帖装在箱子里，然后从村里雇用两个人，由媒人带着过去。

箱子有需要两个人扛那么大吗？ ＝是的，因为还带了 60 斤点心（约 20 元）。

点心是在那边招待客人吃的吗？ ＝分给同族和熟人。

从对方那边会带来大帖吗？ ＝先由这边把大帖拿过去，回来的时候把对方的带来。

对方除了大帖不带别的来吗？ ＝对方接受点心后，从中拿出 2 斤送回来。

这 2 斤点心，对方没有分给扛箱子的人吗？ ＝没有。

除此之外没有从对方那里获得其他的吗？ ＝没有。

从对方那里拿到大帖时，请媒人吃饭吗？ ＝请。

那时除了媒人还请谁吃饭？ ＝去交换大帖的是谢星海，那天晚上除了谢星海和他太太，还叫来李永章和李永荃来吃饭。

李永荃是你的什么人？ ＝是我的族兄。

为什么叫了李永荃，还有其他的族兄吧？ ＝因为家离得近。

订婚时你找谁商量了？ ＝跟母亲和兄长商量了。

什么时候商量的？ ＝交换小帖之前。

订婚到结婚之间，与侯氏家里有来往吗？ ＝没有。

订婚时你跟 16 岁的儿子说了吗？ ＝没说。

订婚时，跟祖先报告了吗？ ＝没有。

跟近邻和同族报告了吗？ ＝没有。

跟庄长报告了吗？ ＝没有。

结婚时的媒人是谁？ ＝谢星海的老婆。

11 月 26 日

应答者　李永祥

关于从李永祥那里借阅的喜仪簿、订婚小帖、大帖等的提问（说明附记在资料中）

下图中的喜仪簿是侄子（李永芳的儿子李兴泌）写的，这是李永祥的儿子结婚前 10 日左右，得到通知了的人们提前四五天去送礼品时所记的备忘。侄子来帮忙了，李永芳和李永祥是堂叔兄弟，李永芳的祖父和李永祥的爷爷是兄弟。

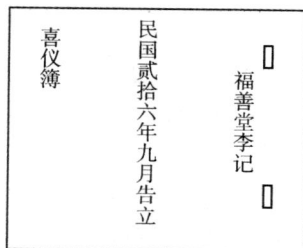

喜仪簿　民国贰拾六年九月告立　福善堂李记

任福连（街坊）	点	陆斤
张学宽（〃）	点	七斤
荣盛号（〃）	点	六斤
王为善（〃）	点	六斤
李长泌（族家）	点	六斤
张福有（街坊）	点	六斤
任福顺（〃）	点	八斤
李凤梧（族家）	点	六斤
谢兴海（街坊）	点	六斤
王玉璞（〃）	点	六斤
谢长广（〃）	点	六斤
李凤楷（族家）	点	六斤
任福裕（街坊）	点	六斤
谢保安（〃）	点	六斤
任福厚（〃）	点	六斤
谢长松（〃）	点	五斤
谢景泉（〃）	点	五斤
谢立山（〃）	点	六斤
程志倍（〃）	点	六斤
王存让（〃）	点	六斤
杜振英（〃）	点	六斤
杜登贵（〃）	点	六斤
谢长兴（〃）	点	六斤
谢保永（〃）	点	五斤
杨宗森（〃）	点	六斤
杨庆云（〃）	点	六斤
谢长会（〃）	点	六斤
刘锡流（〃）	点	六斤
刘锡池（〃）	点	六斤
程以兰（〃）	点	六斤
杜永春（〃）	点	六斤
杜凤昆（族家）	点	六斤
程淑海（街坊）	点	六斤
谢去杰（〃）	点	五斤
谢保田（〃）	点	六斤
李毓润（族家）	点	六斤
朱焕文（街坊）	点	六斤

程德荣 （〃）	点	六斤
李凤会 （族家）	点	五斤
李长贵 （〃）	点	六斤
李登鳌 （〃）	点	五斤
谢立桐 （街坊）	点	六斤
杨绪会 （〃）	点	六斤
李永茂 （族家）	点	六斤
李长平 （〃）	点	六斤
马朝融 （姑爷爷，永祥祖父妹妹的丈夫）	芝工缎	壹架
	肉	八斤
李书风 （表兄弟）	双丝葛	壹架
	喜仪	参元
王为善 （街坊）	芝工泥帐	壹架
任福顺 （〃）	长八斤花丝葛	壹架
程德麟 （〃）	双丝葛	壹架
	点	六斤
谢保臣 （〃）	麻葛帐	壹架
	肉	八斤
苏药财 （〃）	洋布帐	壹架
赵度昌 （姐丈，自己姐姐的丈夫）	双丝葛	壹架
	肉	十五斤
赵度萱 （上一个人的兄弟）	双丝葛	壹架
赵度嘴 （〃）	泥帐	壹架
薛世元 （两拉，李永祥和世元的太太的姐妹）	泥帐	壹架
李建炳 （表兄弟，即母亲哥哥的孩子）	麻葛	壹架
	肉	八斤
李崇德 （表侄）	点	六斤
	泥帐	壹架
李善荣 （两拉）	麻葛	壹架
曾广芹 （李永祥哥哥妻子的弟弟）	双丝葛	壹条
路世章 （表兄弟，即祖母哥哥的孙子）	喜仪	参毛
孙自英 （永祥妻子的父亲，丈人）	麻葛	壹架
杨去盛 （街坊）	麻葛	壹架
杜凤山 （庄长）	喜仪	壹元
李文福 （街坊）	鸭子	壹支
谢保圣 （〃）	喜仪	壹元
任福润 （〃）	喜仪	五毛

谢二太太（〃）	喜仪	壹元
李凤仑（族家）	拜仪	壹元
谢去海（街坊）	拜仪	五毛
谢去荣（〃）	拜仪	陆毛
孙玉武（丈人）	拜仪	贰元
薛世元（两拉）		壹元
李永芳（族家）		壹元
李全孝（〃）		贰元
李永禄（〃）		肆吊
王修善（街坊）		壹元
王焕章（〃）		壹元
杨汉清（〃）		壹元
李永福（族兄弟）		三毛
谢保臣（街坊）		壹元
谢保田（〃）		五毛
谢长源		陆毛
李永芳大女（族家）		五毛
李凤楷（〃）		五毛
李凤梧（〃）		壹元
李凤年（〃）		壹元
李永章（兄）		壹元
李永茂（族家）		五毛
李凤桐（〃）		五毛
李玉庚（〃）		五毛
李凤翊（〃）		壹元
李凤池（〃）		五毛
赵度昌（姐丈）		贰元
杜振声（街坊）		壹元

以上共钱洋　　贰拾壹元七毛　　　　吊钱作洋

以上共洋　　　贰拾贰元壹毛

夫　荣　子　贵

（注：有象征庆事的花纹），上述文字也是花纹的一部分

大英畏章翁李贤侄先生大人阁下

眷待生玉武顿首百拜

久　仰
山　斗
　愿　定
秦　晋

恭　允
金　诺
　敬　复
纶　音

　訔　维
中华民国拾年葭月中澣　穀旦

天　地　氤　氲
咸　恒　庆　会

金　玉　满　堂
长　命　富　贵

中华民国印花税票壹角四枚贴附

正
　吉占本月十四日洁治豆筋奉迓
文　轩　祇　聆
清　叙　伏　冀
赏　临　曷胜延竚

　　　　右　　启

大乘龙　　贤坦先生大人　　文几

　　（女婿阁下的意思）

　　　　　　睠待生孙玉武顿首　　拜

注：上文是永祥结婚不久，太太娘家发来的邀请，即"请帖"。如文中所述，拜访娘家，称为"回门"。

红纸（以下相同）

　　　谨　　将　草　字　恭

　　　呈

台览

（永祥太太的祖父）

　　　　孙人龙字泽生暨男玉武字子英拜

上文是李永祥订婚时，永祥太太的父亲发给永祥哥哥的小帖（父亲已经去世）。

正

　　　谨占初九日洁理豆觞奉迓

乘　龙　祇　　聆

清　诲　伏　　冀

光　临　曷胜荣藉

右敬

请

　　　　　睠待敬生曾传训顿首拜

注：上文是哥哥永章结婚时的回门请帖。

正

　　　谨詹本月二十八日洁治金樽奉迓

文　旌　祇　　聆

雅　教　伏　　冀

龙　临　曷　胜

荣　耀　之　至

　　右　启

大乘龙李贤坦大人　文几

　　　　　　　　眷待生　王守昌　鞠躬

注：上文是哥哥（李永章）之子结婚时，其太太之父托永章发的"回门"请帖。

　　　　乔端待生曾传训字圣谕顿首百拜

┌─────────────────────────┐
│大德望云翁李亲家先生大人阁下│
└─────────────────────────┘

　　敬　允

婚　盟

　　伏　冀

金　诺

　　岂　维

光绪叁拾年小阳月中浣　　穀旦

　　　天　地　氤　氲

　　　咸　享　庆　会

　　　金　玉　满　堂

　　　长　命　富　贵

注：上文是李永祥哥哥的太太之父发给自己（永祥）父亲的订婚大帖。

　　　乔眷姻弟侯兴让字秩堂鞠躬

（贴在另外的红纸上）

┌─────────────────────────┐
│大德望吉翁李亲家先生大人阁下│
└─────────────────────────┘

　　　谨　遵

来　命　仰　答

　　　鸿　章

　　　嵩　维

中华民国贰拾五年岁次丙子菊月上浣　榖旦

　　　　　　　　　　　光前裕后

注：上文是李永祥的儿子兴俊的太太侯氏之父发给李永祥的订婚大帖

正

　　　敬　从
　　来　命

　　　乔姻世弟马相周侄春霖字雨亭顿首

　　　嵩　维

光绪拾肆年岁次戊子仲夏月上浣　榖旦

注：上文是已故叔父的订婚大帖。

　　　全　福

　　　　乔姻眷赵凤藻字玉清顿首拜

大德望文章李先生大人 阁下

　　　嵩　维

中华民国八年十二月二十日　榖旦

乾　造
　　天 定 良 缘
己　酉
辛　未
己　亥
庚　辰
　　万 福 之 原

以上是自己妹妹结婚时的订婚大帖，是妹妹的公公写给自己的兄长（李永群）的。

11 月 27 日

资料汇集

　　立主继合同人李文成因二胞兄名化本出嗣外按刻下胞兄六十余岁滕下无子胞兄仰恳　族人亲友大家议定将其本枝李拔子之次子乳名金子过来为二胞兄之子胎礼相富伦叙无失自嗣之后将本家原产代出大亩一亩此系金子兄友弟恭之义若失二胞兄所承受之田产、宅基、器皿、家具俱享用后尽属金子承受养老送终亦系金子一人承办大家赞成毫无异说恐后无凭立此骑缝合同为证

		文艺	〇
		务本	、
族人	李	克惠	、
		复本	十
		元福	、
街谊	李	才	〇
亲谊	何	舒甲	
	李	祥云	押
代笔	李	子英	

民国六年阴历十二月二十二日　立

骑缝合同

　　　　　　共拾壹页
　　　　中华民国二十九年十一月十五日　立
　南宅分册　　　　　李常顺收执

　　立分册人李常顺系弟兄三人余居长次长仕三长耐亡时仅十余岁未曾完婚除海流圈东西地大分九分五厘七毫六丝五忽为三弟结婚之费二弟长仕业已亡故惟与弟妹朱氏度日与其同居生▲何若各炊自立妥邀亲友街谊族人议允除海流圈外凡伙中所有宅基、田

产、器皿俱按二份平批拈阄为定凭命拾取此系同众议允双方许可恐后无凭特立此骑缝
分册合同二份各执一份为据

街谊　张延梓　　押

　　　　长刊　　押

　　　　　凤昆　　廿

族人　　凤泉　　○

　　　李凤会　　押

　　　　长贵　　代笔

　　　　长升　　押

应分南宅宅基壹所叁段共地

大分壹分叁厘六毫零叁忽

贰微

　　　西屋叁间　　　车棚壹间

　　　东屋叁间　　　石栏壹方

南边长可　　拾步零壹分

北边长可　　玖步捌分

东西横可　　　柒步六分正

西南角南北贰份公伙巷壹段

大毫贰毫六丝六忽六微

每份应摊壹毫叁丝叁忽叁微

南北长可　　壹步六分正

横可　　　　壹步正

大门外向西三份公伙巷壹条大厘

叁厘四毫六丝六忽六微

东西长可　　拾叁步正

横可　　　　壹步六分正

　　完征粮　　　316 分

二份公土场壹段大厘伍厘四毫八丝

叁忽 每份应摊贰厘七毫四丝壹忽伍微征粮58 厘

南北长可　　柒步伍分伍厘

南横可　　　四步叁分六厘

北横可四步叁分伍厘四毫六丝七忽八未

场园贴南头壹段大分壹分贰厘

叁毫贰丝壹忽叁微应许北段出入无当

长可拾柒步正

南横可四步叁分伍厘四毛六丝七忽七微

北横可四步叁分四厘贰毛六丝九忽二微

征粮 259 分

应分地亩

大桥南柳园子东西地贴西头壹段大

亩壹亩壹分零四毫六丝柒忽九微

中长可柒拾玖步贰分伍厘

西横可捌步叁分九厘九毛

东横可捌步叁分贰厘八毛

征粮 232 亩

沈家湾买李凤芝东西地贰亩段大亩

壹亩四分九厘捌毫玖丝九忽壹微

西大段

南北边长可玖拾壹步壹分柒厘

东横可　拾步正

中横可玖步六分伍厘　加可

西横可玖步贰分捌厘

东小段

南北长可拾步正

横可　　贰步正

征粮 3148

买李财家东北东西地壹段大分玖分

六厘柒毛柒丝柒忽柒微

南边长可壹百零壹步玖分玖厘

北边长可壹百零贰步贰分玖厘

东横可陆步贰分伍厘

中横可伍步六分柒厘加可

西横可伍步壹分伍厘

征粮 2032

家北北坟东西地壹段大分陆分玖厘

伍毫四丝陆忽叁微

北边长可捌拾壹步四分柒厘四毛零六忽壹微

南边长可捌拾壹步四分伍厘

东横可肆步捌分四厘伍毛八丝八忽六微

西横可伍步叁分九厘九毛贰丝八忽九微

征粮 1461

应分器皿

沙高贰条　　　　　榆木梁壹根

大小榆木板五页　　榆木杈手壹根

棺栏子叁块	长榆木板贰页
大小榆木板五块	榆木壹块
榆木权手一根	栏棚杆壹根
榆木板壹页	槽押栏壹根
好磨壹盘（全代）	抿耙壹盘
耢壹盘	砘子壹盘
大车盘壹个（代架杆）	马架壹个
皮长套壹挂（全的）	褡腰壹块
后鞦壹块	鞍子壹盘
铲铲杆壹架（全的）	料斗子壹个
好洋油桶一个	钏床　壹个
破绳壹根	麻绳壹根
铧头贰个	犁子贰个
大小锄四张	稻板镢壹张
铁锨壹张	大杖贰杆
破铁锨头一个	担子壹根
笨掀壹张	大杖贰杆
大扒头壹根	桃杖壹杆
禾杖壹杆	二牛杆壹架
锄刀贰把	搜子壹根
笼壹架　公用	托车一辆　公用
犁壹张	黄牛壹头　公用
大石槽一面	大提篮壹个
小提篮壹个	抬筐壹个
摺子四块	小筱箕壹个
箆壹面	厦子壹把
竹扒子壹张	大风匣壹口
小锅壹口	铁筛子一个
梯子壹架　公用	竹扫帚壹根
大小囤底叁个	大瓦瓮壹个
二抽桌壹张	铁柜壹座
板凳壹条	破方桌壹张
大榆木壹根	榆木板壹页
柜壹座	枕几板壹页　代机子
托盘壹个	小磁坛壹个
瓦盆壹个	锡腊台壹对
川口壹个	小瓮壹个

磁盆壹个　　　　　　大小盆贰个

酒忽壹把　　　　　　破升壹个

瓦盆叁个　　　　　　磨石壹块

布袋贰条　　　　　　箥笼壹个

切菜板壹页　　　　　盆　壹个

木勺壹把　　　　　　好筲壹友

好担张壹根

立字据人李 长顺 朱氏 因三弟长耐亡时尚未成丁未订婚将海圈东西地大分九分伍厘柒毛六丝五忽

有文契可凭为三弟结婚费但该地谛于长顺耕种恐后无凭立字为证

立字据人李 长顺 朱氏 自析居以后凡所有欠内欠外债务俱按二份平摊朱家桥所典之地当时二份耕

种日后赎去两家批钱再者麦子并未异亦按二份平批此系大众言明特附此字为证

杜　　凤　　山　　先　　生

讣

　　　　灵在城东辛甸庄四首路南

　　　　柜设济南市太平寺街海星小学六十七号

不孝男振江罪孽子深重不自殒灭祸延

显考梯云府君痛于民国三十年 阴 阳 历 八月 十 十八 八 日未时寿终正寝距生于清光绪元年八月初一日

吉时享稀寿六十有七岁不孝待奉左侧亲视成殓遵礼成服兹定于阴阳历八十月廿二十二日殡出安葬于庄东南　祖茔之次伏冀

友

学

　　谊届期

世

戚

　　光临殁荣存感衷此讣

　　　准 申 刻起　灵

　　孤子李振江濯清泣血稽颡

　　　斋期孙鸿昌泣稽首

芳　　　玺
祥瑞亭　泰
　元　　河　范
期服弟连　暨侄振海侄孙鸿恩拭泪拜
　科　　声　庆
　　唐　　儒
　　　　　业
　升　　　文
功服弟连　暨侄振华侄孙鸿　拭泪拜
　斗　　　武

杜　　凤　　山　　先　　生

讣　窆　同　启
　　灵在济南东关大街七十三号本寓
　不孝延明等罪孽子深重不自殒灭祸延

　　　　　显妣张太君痛于民国三十年国历十月三十日戌时在济万
　　　　　　　　　　　　　　　　夏九十一
寿终内寝距生于清同治八年十一月

　初一日卯时享稀寿七十有三岁不孝侍奉在侧亲视含殓遵礼成服兹泣卜于国历十三
　　　　　　　　　　　　　　　　　　　　　　　　　　　　　　　　夏廿五
日成主家

　祭十四日受吊即日发引因山向不宜暂时于东关报施街弥陀庵内容另择期扶柩回里
　　廿六
敬启
　显考益三府君圹合葬于城东北乡冷水沟庄西新阡伏冀
　友
世　谊届期　光临殁荣存感衷此讣
戚　　午　起灵
　　　准　刻
　　未　安葬

　　　　儒
孤哀子任延明泣血稽颡
　　　藻
　　　均
齐期孙宗齐泣　稽首

发

齐期孙女宗美英泣稽首

功服夫弟福恩抆泪拜

功服夫侄延富贵侄孙宗痒泣顿首

夏历九月二十五二十六日哀恳

早　光　　棘人　任延明再叩

李 永 祥 先 生

讣　窆　同　启

灵在济南城东合二庄本宅

椇设济南东门里万丰酱园

不孝承重孙万里罪孽子深重不自殒灭祸延

先祖妣

清封宜人李老太君痛于国夏历十一九月九廿一日子时寿终内寝距生于清同治元年五月初

八日巳时

享耆寿八十岁不孝等侍奉在侧亲视含殓遵礼成服兹泣卜于国夏历十一十月廿六初八日修经

家奠廿七初九

日成主治丧扶柩发引敬启

先祖考

清授奉直大夫廪贡生玉年太府君圹合葬于南庄　祖茔之次伏冀

世

学

友　谊届期光临　殁荣存感哀此

戚

讣

本生重慈待下　承重孙李季万里泣血稽颡

　　　　慈待下

孤哀子书 铭 孙万箱泣血稽颡

五月曾孙世楹泣顿首

斗　　骏

闻　期服夫弟元 震 暨侄书 鼎 暨孙万　稽首
　　　　　　　 绅 　　　骥
　　　　　　凤
　　　　　　泉
　　　　　　忠

功服夫弟元复、 寿 、良暨侄书荫玉香、 鑫 、昌光暨孙万章、 钓 扠泪稽首

11 月 29 日

分家

应答者　李永祥

【分单】最先写在分册上的句子（分家的理由）叫做什么？＝并没有名称。

分家的理由是什么？＝立分册人李路氏（永祥的祖母）的丈夫毓涛很早就去世了，剩下长子凤楼、次子凤梧。然而凤梧年少夭折，虽然订婚了但是还没结婚。长子凤楼的妻子生下长子永章和次子永祥两个儿子。凤楼也不幸先于我（李路氏）而死。凤楼在世时，怜悯弟弟凤梧早亡而无子嗣，便将次子永祥过继给凤梧做儿子，重视兄弟情义，祈愿宗嗣永续。我现在已经年老，不能主持家务，永章、永祥已成壮年可以自立，所以叫来街坊族人共同决议，决定令二人平分家里的财产、各立门户。

路家桥那里有一条路，路的东边有水旱地大亩 3 亩 5 分，庄子北边有旱地大亩 2 亩 5 分（以步丈量的面积），除开这两块地，其他的作为养老地。此外的宅地、田、家什均由二人平分，以抽签决定分配。给我留的养老地由我自己管理，他人不得干涉。我死后葬礼时的衣服及其他费用都来自于这块养老地。如果还有剩余，则由永章、永祥二人平分。门前水沟南边的大槐树，由我自己砍伐变卖以作零用。

6 元的钱会一组由我所得，将来死后用作棺木之资。但是每次的会钱由永章、永祥负担。并且，不管以后谁得到西院那 3 间，直到我死都不能居住或动用里面的家具。屋内的家具只能在我死后再进行平分。

上述一切都是在大家面前决定的，并且永章、永祥也认可了的。以防将来没有证据带来麻烦，现制作分册 2 本，两人各执 1 本以作证据。

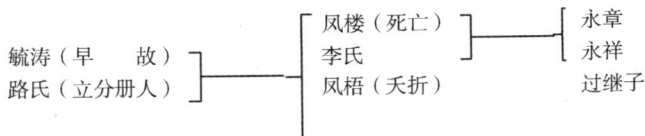

```
                          ┌ 凤楼（死亡）┐    ┌ 永章
毓涛（早　　故）┐         │ 李氏       ├────┤ 永祥
路氏（立分册人）├─────────┤ 凤梧（夭折）     └ 过继子
```

【分家人和血缘关系】分家人中的族人与你是什么关系？＝李永权是堂兄，李凤坤是族叔，李毓德、李毓润是族祖父，李永成、李永禄、李长泌是族兄。

【墓】东院内归李永祥的那株大榆树，卖掉后用作祖父、叔父的移墓所用，那么墓在分家之后迁移吗？＝不迁移。

现在的墓是什么样的？＝

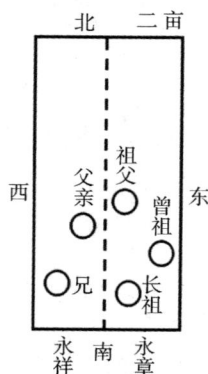

"东院内大榆树1株归李永祥售卖以作其祖父叔父移墓之用"中的祖父、叔父跟你是什么关系？＝我的祖父有兄弟三人，毓庆（长祖）、毓涛和另一个叔祖父（名字我忘了）。这个祖父夭折后没有子嗣，我的叔父凤梧就成了过继子，可是凤梧也夭折了，我就成了过继子。如上图所示，夭折的人最开始不是埋在祖坟，而是在北坟，如下图（与北坟相对，称祖坟为西坟）

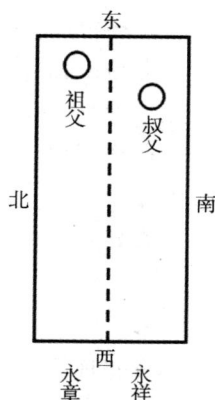

为什么先死的人没有埋进祖坟，而是埋进北坟呢？＝死者没有后继人的话，不能埋进祖坟，有了过继子才能埋进祖坟。

打算将来移进祖坟吗？＝是的。

【分册和说明】关于下面分册中用语的提问，将在分册文中作注加以说明。

李永祥执照

中华民国二十四年十一月立

注：此封面里面有"骑缝合同"的右半部分文字

四号分册

　　立分册人李路氏配夫毓涛早故余生有二子长子凤楼次子凤梧而凤梧少年早夭虽经订婚未及成礼亦先凤楼而逝长子凤楼配妇李氏生二子长名永章次名永祥不幸凤楼亦先我而逝矣乃凤楼在日悯其弟凤梧早年夭亡并无子嗣愿将其次子永祥为凤梧之子以重手足而衍宗绪兹者因余年纪高迈不能操持家务又兼永章、永祥皆届壮年俱堪自立是以邀请街居亲族共同议决令其平分家产各立门户除陆家桥道东水旱地大亩叁亩伍分庄北旱地大亩贰亩伍分（阔步列后）以为余养老地外其余宅基、地土、器皿、家什皆按二份均批拈阄为定余所留之养老地概归余个人管理无论任何人不得故意干预待余死后除衣裳丧资皆从此地支出外下剩多寡仍归永章、永祥二人均分之大门前沟子南大槐树一株归余变卖以作余零用之资六元钱会一当归余得之以备余将来购买棺木之资但每次会钱仍为永章、永祥二人摊凑之再者无论何人批得西院北屋三间为余永远居住所有屋内一切木器家具不准移动余死后始得永章、永祥二人均分之所言以上各节当众议决永章、永祥亦皆认可恐后无证立此分册二本各执一本为证

	李永权	十						
	李凤坤	十		谢宝林	十		马端民	十
族人	李毓德	、	街居	杜凤山	十	亲友	路世崇	十
	李毓润	、		任福申	、		路世修	十
	李永茂	廿		程德鳞	、		李建炳	、
	李永禄	、						
	李长泌	、						

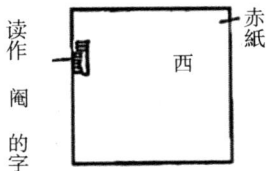

读作阄的字 → ［图：西／赤纸］

东院内大榆树一株归李永祥售卖以作其祖父叔父移墓之用

应分西院一所大分叁分七厘贰毫贰丝壹忽叁微

　　东长可贰拾壹步玖分　　南横可拾步零贰分贰厘

西长可贰拾壹步七分四厘　北横可拾步零贰分伍厘

北屋三间　　梧桐树一株　映路全代（注：炼瓦的路）

小北屋二间　枣树一株　大长石台壹块（注：吃饭专用）

西屋五间　大门外西槐树一株　大门影壁壹堵

南屋四间　沟北过小槐树三株

东屋三间　屏门外树株全带

屏门一座（注：作为院子与院子界限的门）　沟边出条树二株

二门一座　柳树八株

大门一座　杨树壹株

香台一个　榆树壹株　鸡栖一个（注：鸡窝）

应分地亩敷地如下

大门前贴西头一段大亩壹亩伍分伍厘六毛九丝零九未上代水井壹元

北长可贰拾叁步四分叁厘六毛四丝八忽伍未

南长可贰拾贰步四分叁厘六毛四丝八忽伍未

西横可四拾壹步四分叁厘

东横可四拾步零零贰厘伍毛

大门前南边东西地叁段大分伍分七厘壹毛贰丝六忽

东	中长可拾七步正	.	中	中长可叁拾步零八分
一	东横可贰步八分八厘	.	二	东横可叁步叁分六厘
段	西横可叁步叁分六厘	.	段	西横可叁步四分七厘

- -

西　中横可伍拾贰步叁分伍厘

三　东横可叁步四分七厘

段　西横可叁步伍分八厘

家西南北地除为公坟地计地大亩贰亩正（注：公坟地指祖坟）

　本号贴西边大亩壹亩随意耕种（注：本分册所有人永祥院子西侧的半分土地）

　中长可七拾八步七分正

　北横可七步六分贰厘四毛

　南横可七步六分贰厘四毛

　家西南南湖南北水地一段大亩壹亩壹分（注：位于家宅西南的南湖南北的水池）

　庄西南路家桥道西东西水地大分叁分贴东头

　路家桥西贴南边东西旱地应批一半（注：把路家桥西偏南侧、东西走向的狭长土地分一半）

　路家桥道西东西水地又贴东首应批一半（注：东方的土地也折半）

　共计应除养老地数目阔步列下

　路家桥东西地二段共地大亩叁亩肆分五厘壹毛八丝六忽

　南边

东西长可五拾六步伍分地阔不付东横可叁拾七步叁分五厘

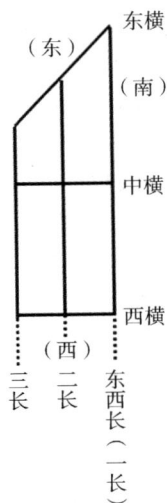

| 二长可五拾五步八分 | 中横可叁拾九步贰分加一段 |
| 三长可五十贰步 | 西横可叁拾七步壹分六厘 |

北边长可四拾五步

东北角小段

南北中长可玖步整　　横可六步四分贰厘二可周(注:宽度的上边、下边长度相同)

庄北东西地一段大亩贰亩五分六厘贰毛贰丝八忽

东西中长可壹百八十八步整

东横可七步五分七厘　加可

中横可八步贰分四厘

西横可八步六分六厘

应批买杨宗森猪窝南北地壹段贴西边大亩壹亩有余（注：地名猪窝南北的土地用做向杨宗森指地借钱的担保）

应分器皿家具列下

旧大车壹辆	磨壹盘　全带
大耙壹件	好耙耙　壹件
骡子壹头	砘子壹件
大碌碡壹个代木柯	油桶壹件
沙稿壹条	压车壹个
穀架子壹件	禾权壹把
担子叁条	水担杖壹根
稻镢贰张	破手镢壹张

小提篮贰个

搜子壹件

铁筛子壹个

二股杈贰件

杨掀贰件

大扒贰件

豆付架壹件

中锄贰件

木犁壹张

土筐壹个

大手镢壹张

大小镢把九根

大碌碡柯壹个

大簸箕壹个

拖子壹件代绳

泥拖壹件

面罗叁面

斗壹支

破大提篮壹个

大升壹个

线缰绳壹根

木筛圈壹个

车鞍叉壹件

竹草筛壹个

破铁勺壹把

鞭子壹支

新旧榫头五个

破铁掀贰件

麻杀绳壹根

钩头壹根代绳

搭腰壹根

好皮辕套壹付代加板

缰绳壹根

铁锁壹挂

称壹杆

蒸笼壹架

拥脖子壹个

排杈叁件

抓子叁把

木扒子贰件

三股杈壹件

竹扒子叁件

木掀壹件

竹扫帚贰件

小锄壹件

弹劈叁条

铡一面　全

铁掀贰张

镢头四个

大厦子壹个

斗子秤壹根

木狼头壹件

大簸箩壹件

犁大湾壹根

大铁筛壹个

麻锯绳贰付

鞭子壹支

铁笼嘴壹个

罗面架壹个

料斗壹件

木掀头壹个

新旧筲贰支

铁筒壹支·

生熟铁犁子贰个

架板壹付

牛短套壹付

皮秋盖壹件

短套壹件

加板壹付

破皮套头壹付代加板

犁钩绳壹件

木超壹件

毡绨壹件

方桌壹张

椅子壹对	茶几壹个
大桌子壹张	大机套壹个
三抽桌壹张	轻牙子板凳壹条
牙子板壹条	板贰条
磁坛壹个	小磁坛贰个
半摺子贰挂	旧整摺壹挂
大扁园壹个	小筒子囤壹个
小新囤底壹个	瓮子叁个
小瓦瓮壹个	大斗盆壹个
大瓦瓮壹个	大蓝磁铁壹个
蜡台壹对	提灯壹个
铜手炉壹个	长方托盘壹个
荆条篮壹个	木茶壶囤壹个
藤床壁壹个	大藤床壹张
皮箱壹个	木柜壹个
炉架子壹个	单扇风门壹号
火盆壹个	双扇风门壹号
方桌壹张	单扇木门壹扇
砂石槽壹个代架	二牛杆壹件
大青石槽壹个	代把铁勺壹件
狗食槽壹个	大黄盆壹个
小破锅壹口	破镂壹架
沙高壹条	布袋四条
大铁锅壹口	中风匣壹口
磁帽筒壹对	麦冬草贰盆
四季海棠壹盆	笼绨壹件
破竹筛壹个	

李永章执照

中华民国二十四年十一月立

   注：此封面里面有"骑缝合同"的坐半部分文字

东号分册

立分册人⋯⋯⋯（以下四号完全相同）

族人⋯⋯⋯⋯街居⋯⋯⋯⋯亲友⋯⋯⋯⋯

本院内大榆树一株归李永祥售卖以作其祖父、叔父移墓之用

应分东院一所大分伍分六厘零壹丝零八未壹线

　　西边长可叁拾八步零四厘伍毛

　　东边长可叁拾八步贰分玖厘

　　南横可八步玖分八厘

　　北横可八步陆分叁厘

东厂棚三间一间代前墙	柳树一株	东北角石栏一方传言
东厂棚叁间	枣树五株	东墙二段
东屋四间	椿树二株	北墙一段
石栏一方代栏棚子	桑树三株	南墙壹段
石屋贰间	榆树四株	石桥壹架
小厕所一个	车门一座	西山归西宅，无论何人批得东宅，此山作为借用

应分地亩数目列下

大门前贴东头地壹段大亩贰亩正 上代水井一园树株全代

北长可叁拾步零伍分六厘叁毛伍丝壹未四线八沙

南长可叁拾步零伍分六厘叁毛伍丝壹未四线八沙

东横可叁拾八步伍分

西横可拾步正

家西南北地除为公坟地计地大亩贰亩正

本号贴东边大亩壹亩随意耕种

中长可七拾八步七分正

北横可七步六分贰厘四毛

南横可七步六分贰厘四毛

南湖东西水地壹段大亩壹亩六分

路家桥东西水地贴西头应分壹半

路家桥道西东西旱地贴北边应分壹半

应除养老地数目可步列下

路家桥东西地二段共地大亩叁亩四分五厘壹毛八丝六忽南边

东西长可五十六不八分　　东横可叁拾七步叁分五厘

二长可五十五步八分　　中横可叁拾玖步二分加一可

三长可伍拾贰步　　西横可叁拾八步壹分六厘

东北角小段

南北长可九步整　　横可六步四分贰厘 二可同

庄北东西地壹段大亩贰亩五分六厘贰毛贰丝八忽

东西中长可壹百八十八步整

东横可七步五分七厘

中横可八步贰分四厘加可

西横可八步六分六厘

应批贵杨宗森猪窝南北地贴东边壹段大亩壹亩有余

应分器皿家具列下

新重车一辆

扇车一架

耢壹盘

破民耙壹盘

小碌碡壹个代铁柯

木犁壹件

铁扒子壹件

竹帚贰个

三股杈壹件

大煎饼杈壹件

搜子贰件

泥托子壹个

麻锯绳贰条

水担子贰条

镰头叁个

破牛钩锁

沙稿壹条

碾子壹盘全

牛壹头

梯子耙壹件

拖车壹件

土车壹个

破木犁乙张

木扒壹件

小铁筛壹个

丝车壹件

小拖子壹件

▲锯绳壹付

大小镰把十根

鞭子贰支

破铁扒扒壹个

马尾罗贰面

厦子壹件

小簸箕壹个

中簸箕壹个

杨掀贰张

竹扒子壹件

担子壹条

摇掀壹张

三尺壹件

笨铁掀壹件

小锄贰张

大锄壹张

水斗壹个

小提篮贰个

铁浅子壹个

排扠四杆

二股杈贰杆

拉扒壹个

铁尖掀壹张

槐木杆壹张

大扒壹张

稻板镢壹张

稻铁掀贰张

禾杈一杆

中锄贰张

铲轴壹架代绳

杈木子壹件

土筐壹个

抔子叁件

水咬子壹个

牛钩锁壹个

加板壹付代麻套扒

皮鞦壹件

皮长套壹付

线咬圿壹件

皮辕套贰根

称壹杆

大簸箕壹个

小菠罗壹个

木掀圠贰个　　　　　　　升贰个

生熟铧圠贰个　　　　　小提篮壹个

竹▲筛子壹个　　　　　种筋壹副

新旧筲贰支　　　　　　好车鞍壹个

铁镗壹副　　　　　　　新囤底壹个

铁勺壹件　　　　　　　瓮子叁个

牛▲套壹付代钩圠　　　瓦盆壹个

▲套壹件　　　　　　　新囤底壹个

蔴抛绳壹条　　　　　　瓮子叁个

线留绳壹根　　　　　　瓦盆壹个

线僵绳壹根　　　　　　小瓮子壹个

破皮绳壹根　　　　　　小绿磁缸壹个

破咬掀壹件　　　　　　蜡台壹支

太师椅壹对　　　　　　锡火锅壹个

搁口板一页　　　　　　竹篮子壹个

大机套壹个　　　　　　木手盒壹个

牙子板凳壹条　　　　　铺板壹副

磁坛贰个　　　　　　　铜照壁壹

半摺子壹挂　　　　　　木柜壹个

双扇风门二号　　　　　白色方桌壹张

破圈椅壹把　　　　　　狗食槽壹个

小瓮子壹个　　　　　　锡灯壹盏

木梯子壹个　　　　　　小磨壹盘

小火炉架壹个　　　　　大瓷缸叁个

耙地吊鞑壹件　　　　　大瓦盆壹个

单扇风门贰号　　　　　瓦瓮壹个

大食槽贰面　　　　　　旧大囤底壹个

条桌壹张　　　　　　　大筲子囤壹个

木箱壹个　　　　　　　角摺子叁挂

木床贰张　　　　　　　钱柜壹座

棕床壁壹个　　　　　　板凳贰条

荆条篮壹个　　　　　　搁几橱壹对

方拖盘壹个　　　　　　茶几壹个

大井锅壹口　　　　　　方桌壹张

沙高壹条　　　　　　　破水瓮壹个

中铁锅壹口　　　　　　布袋四条

铁帽筒壹对　　　　　　大风匣壹口

小酒壶壹把	茶叶瓶壹个
龙须草壹盆	万年青贰盆
	蔴锯绳一根

12 月 1 日

外出打工的家庭成员　家长

应答者　李永祥

【外出打工的家庭成员——儿子】你的儿子兴俊在哪里？ ＝在淅水。

在淅水干什么？ ＝当警察。

什么时候开始当的？ ＝去年 3 月开始的。

去之前在哪里？ ＝在家。

之前在家里干什么？ ＝耕种土地。

兴杰在哪里？ ＝在新庄（洛南的西方）。

在干什么？ ＝他想进铁路工厂，现在寄居在城内的某个药房里学习。

这个药房和你的关系是？ ＝是我的兄弟（开的）。

是谁？ ＝李永芳。

你们兄弟总共有 3 人吗？ ＝不是的，是同族里辈分相当于兄弟的人。

兴杰是什么时候去的？ ＝今年 8 月左右。

【所有地和生计】你拥有多少土地？ ＝6 亩半。

6 亩半不够一家人生活吗？ ＝是的。

你家庭 11 个人要生活的话需要多少土地？ ＝大人每人平均需 3 亩左右的地。

3 亩左右是指田吗？ ＝是的。

如果是水田呢？ ＝水田的话大致相同。

3 亩地大概有多少收获？ ＝麦子的话 1 亩有 4 斗，粟有 8 斗，豆有 4 斗，高粱 8 斗。

如果麦子的话 1 亩地可以产 4 斗，那么一个大人生活需要 3 亩地是什么意思？ ＝意思是要吃 1 石 2 斗的麦子才能维持生活。

【家庭成员外出打工的收入和家长】兴俊的太太侯氏也在你家里吗？ ＝是的。

你给兴俊送过钱吗？ ＝没有。

那兴俊给过你钱吗？ ＝只给过 1 次。

给了多少？ ＝50 元。

兴俊去年 3 月去了之后回来过吗？ ＝去年一直没有回来，不过四五天前第一次回来了。

什么时候再去那边呢？ ＝回来之后不想再去了。

那么是打算种地吗？ ＝打算找别的工作。

兴俊是怎么去淅水当的警察？ ＝是通过山东省公署的考试进去的。

你会给兴杰钱吗？ ＝不会。

他在那边白吃吗？ ＝是的。

以此为交换，所以他在药店工作吗？ ＝是的，在那边帮忙。

没有仅由兴俊和侯氏两人所有的土地和钱吗？ ＝没有。

最近兴俊回来的时候，带回来多少钱？ ＝带回了 30 元。

全部交给你了吗？ ＝是的。

这种情况中，儿子不把钱交给你而是自己拿着的话不行吗？ ＝要买什么必需品时，我会给他钱，所以暂存在我这里。

这种情况中，兴俊如果对你说"我带回来了 30 元，其中要给我太太 10 元"也没关系吗？ ＝是的。

为什么没关系？ ＝反正是要给孙子买小礼物的，所以我觉得这样做也没什么不好。

一般是先交给你 30 元，然后从中拿出比如 5 元，给儿子或孙子买东西，是吗？ ＝这样也可以。

村子里一般是哪种？ ＝儿子把赚的钱全部交给父亲。

兴俊把 30 元全部交给你了吗？ ＝是的。

【家计和家长】侯氏（兴俊的太太）想要做衣服的时候，要如何从你这里拿钱呢？ ＝侯氏先跟丈夫兴俊说，兴俊再跟母亲孙氏说，然后由孙氏直接跟我（永祥）说。

有侯氏跟母亲孙氏说，然后孙氏再跟你说的情况吗？ ＝这种情况也常有。

哪种更多？ ＝先跟母亲说，母亲再跟父亲即我说，这种更多。

这种情况中，你给钱时是如何给的？ ＝先给我自己的太太孙氏，再由孙氏给侯氏。

由兴俊跟母亲说，母亲再跟父亲说的情况呢？ ＝父亲把钱给母亲，然后母亲把钱直接给侯氏。

【家庭成员的行动和家长】你儿子在结下金兰谱之盟时征得你同意了吗？ ＝当时儿子在外没跟我商量就进行了。不过不跟我商量也没关系，因为这件事怎么也不会影响到我们的家庭。

【资料】在淅水的儿子李兴俊寄给父亲（李永祥）的信 ＝

父母亲大人尊前万福金安、膝下敬禀者、男久未通函、男很是想念、再者、现在男在沂身体康健、不相在家那样若、请父母亲大人不必挂念、还有家中各位老少都请放心；再者男在这里做什么事都很、朋友很多、就是每月的饷除了伙食、自可得四五元钱、除鞋袜一切须用外只算将移用的；再者男前月请过五六次假、所长不准男、施人也不准、男实没有办法了、后来男以想出来了、一年来的、并没往家寄分文、男真是

北

库房　　仕事场

四间

三间

西　　　　厨房　　　　　东

二间

仕事场

兴俊的
妻子侯氏

李永祥
孙氏
小女 一
兴武 4

三间

一间
便所　兴杰 17

小点　小秋　小明　　　南

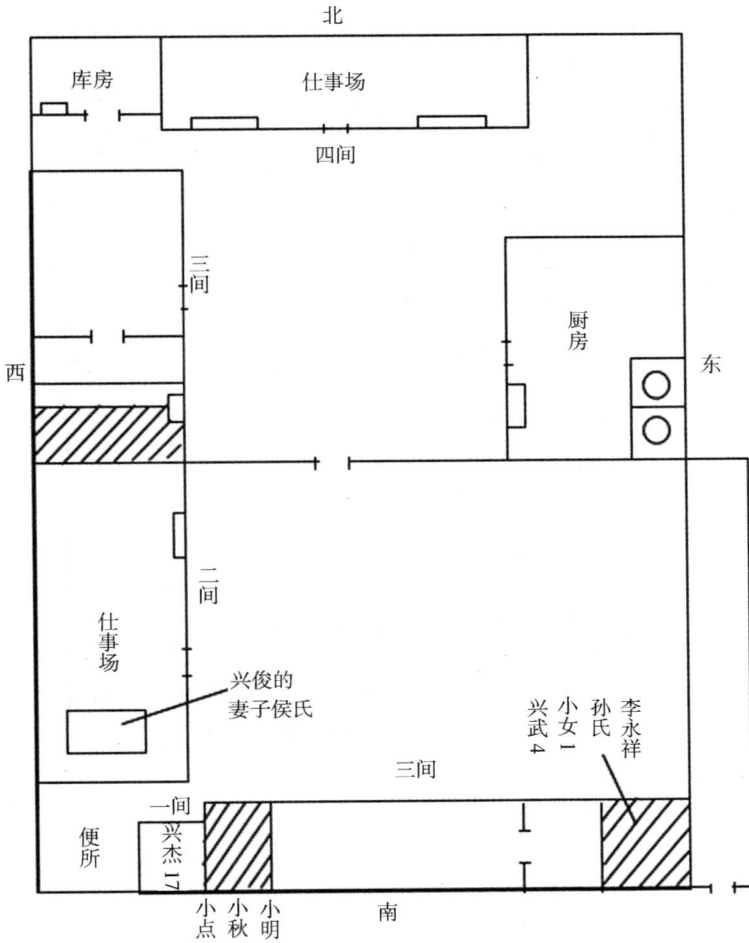

没有脸回家了、可是父母亲大人养我十八九岁、实在不容易的、男只好在沂、若有混钱之日时、男再回家二老面前、行孝道罢、这是男的心理、再者、现在咱那里的情形怎样、我祖母身体康健否？再者、给李彩三捎去的毕业证书拿了家去否？现不男三哥还开洗染店否？别无言禀

　　　敬请

春安

　　　并请

各位老少安好

　　　　　　　男

　　　　李杰臣叩禀

　　　　　　四月十四日

北

李兴唐
王氏
小忙子（女、4 岁）　三间

曾氏（李永章的太太
兴唐的母亲）
小八十（男、8 岁）
三间

石磨

仕事场

仕事场

昌

一间

厨房

四间

东

永祥的母亲、李兴唐的祖母

西

四间

肥料
置场

牛

南　李永章

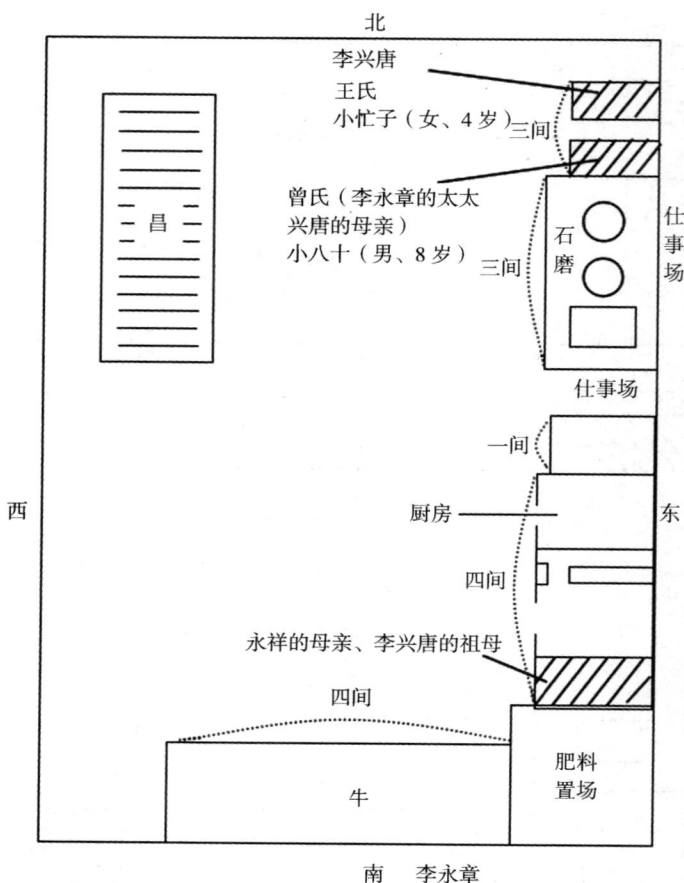

【资料】结婚通知书等

金 兰 谱

　　桃园结义盟重如山情同骨肉至今流传我辈继行前人之鉴相交以诚手足一般胸宽
弟忍宜效先贤互相扶助共同患难如松如竹海空石烂吾侪衷心有天可鉴
李友英字秀实年二十八岁民国二年九月二十三日中特生山东省章丘县第八区姚庄
曾祖清扬　弟有蕊有萼　祖传薪　妻张氏　子二友一　父家成　母张氏
乔铣林字圣三年二十四岁民国五年六月十四日未时生山东省历城县第七区大官庄
曾祖克魁　祖书森　父春城　母赵氏　妻杨氏
姚焕离字耀南年（二）十一岁民国八年二月初六寅时生河南省临颍县城东大李村人

　　曾祖廷　祖亭兰　父鸿杰　母李氏　兄三弟二妹一　妻陈氏
刘炳寅字炜辰年二十一岁民国八年十一月二十三日辰时生山东济南乐安街门牌七号

曾祖陆宾 祖锡庆 父继庚 母李氏

李兴俊字杰目年十九岁民国十年七月二十五日戌时生山东历城县冷水沟庄

曾祖裕涛 祖凤楼 父永祥 母孙氏 妻候氏 弟二妹三

乔铣林惠存

吉占夏历七月初四日为安干归，洁治喜筵，恭候

　　主爵　　　　　　　　　　　李登峰鞠　躬

注：这是住在冷水沟西边的李登峰女儿的结婚通知书。李登峰和李永祥不是同族。这并不是李永祥收到的，而是杜凤山收到的。

吉占十一月十一日为长子长亮授室，洁治喜筵。

台光　　　　　　　　　李凤坤字鸣岗鞠躬

注：李永祥收到的同族李凤坤长子的结婚通知书。

吉占夏历十二月二十一日，洁治喜筵，恭候

陪光　　　　　　　　　杜制凤山鞠躬

注：杜凤山女儿结婚次日，夫妇到杜凤山家"回门"时，发给所招待客人的邀请函。

　　冷 水 沟
　李永祥先生
- -
　　　　　　济南大梁隅首万丰号缄
　　吉詹国夏历十九月廿二初三日未三舍弟万箱完婚，洁治喜筵，恭候

台光并请阖第光临　重慈命秀万章字文峰里字鹏云 鞠躬
　　礼堂在城东合二庄本宅
- -

注：李永祥祖父妹妹的孙子（永祥的表兄弟）的结婚通知书

　　　领
　谢　　　　李万章戟拜

注：给赠送结婚贺礼之人（在此处指给李永祥）的收条

> 吉詹夏历十月二十七日为侄景明完婚，洁治喜筵，恭候

台光　　　　　　　　　　　　　　　谢宝臣鞠躬

> 新正初十日春茗候

杜凤山拜

注：帮助村长杜凤山（收区公所乡公所摊款）的 15、16 个人每年正月会被请到杜凤山家，这是招待书。日期待定。

> 谨詹夏历十一月二十八日为女干归，洁治喜筵，恭候

主爵　　　　　　　　　　　　　　　赵庆昌拜

注：李永祥姐姐的丈夫送来的女儿（永祥的外甥女）结婚通知。

> 　　　领

谢　　　赵庆昌字文卿率子毓炎鞠躬

注：对永祥所赠贺礼（五元）的收条。

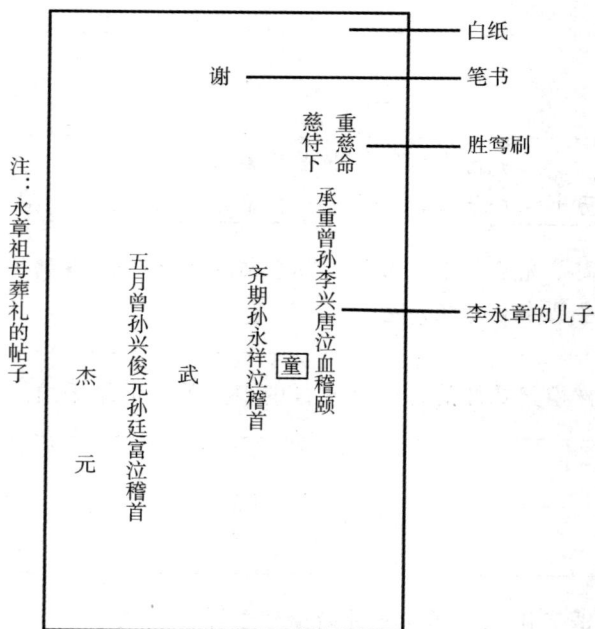

注：永章祖母葬礼的帖子

　　谨遵历书选择行嫁利月九月十九日卯时过门吉

　　一论下聘安沐宜于十八日吉

　　一论娶女客忌属猪兔羊鼠四相人不用徐均吉

　　一论新人下轿坐帐面向正南迎喜神吉

　　一论新人宜住东屋北间西屋南间大吉

　　一论路过井石桥庙古树用红毡遮过吉

注：结婚的适当日期由女方通知男方。这是兴俊结婚时媒人从侯氏家里带过来的。

12 月 2 日

同族　订婚　家长　后妻

应答者　李长喜（39 岁）

【家祠】李姓的同族里有家祠吗？ ＝有。

叫作什么？ ＝叫李氏家祠。

什么时候建成的？ ＝以前的民宅即李祥田的家。

李祥田后来怎么了？ ＝李祥田死后他的家被卖了。

卖给谁了？ ＝卖给李家的同族了。

你知道当时的事情吗？ ＝不知道，是很久以前的是事情了，连 60 岁的李永茂都不知道哦。

这个家祠有白契吗？ ＝不知道。

如今谁在这个家祠里？ ＝李凤福。

什么时候住进去的？ ＝很久之前就住进去了，我也不知道。

李凤福要出租金吗？ ＝不出。

这个家祠前面有块写着李氏家祠的匾额，是什么时候挂上去的？ ＝我不知道，在我出生之前就有了。（实际如后文所示，是在民国十一年。）

那由谁管理呢？ ＝并没有专门的管理人员，偶尔李凤福自己修缮一下。

这个修缮的费用谁出呢？ ＝李凤福出。

有修缮过吗？ ＝没有。

这个家祠什么时候使用？ ＝不使用。

清明节时不使用吗？ ＝不使用。

清明节时不是在这个家的正房里挂上祖先的像进行礼拜吗？ ＝不这样做。

家祠是什么意思？ ＝听人家说是每年新年要去家祠祭拜，但实际上并没有这样做。

如今这个家祠里什么也不祭祀吗？ ＝是的。

【同姓不同宗】冷水沟里有不同族的李姓吗？ ＝没有。

有辈分不明的李姓吗？＝有。

有几族？＝有 3 族。

这 3 族各自大概有多少户？＝40 户、100 户、50 户。

40 户的李姓都在村里哪里？＝他们并没有集中居住在一起。

家祠是百户李姓的家祠吗？＝是的。

这 3 个李姓如何称呼？＝没有特定的名称。

李姓中有家谱吗？＝不知道。

你属于百户的同族吗？＝是的。

【同族集会】什么时候同族会聚在一起？＝什么时候百户的李姓都不会全部到齐。

【资料】宗祠匾额、碑文

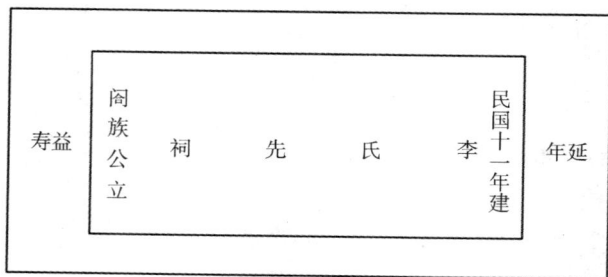

注：李氏家祠门上石制的匾额

宗祠

李氏　　碑序

地基

阴阳递瘟为天香烟迭续为祠所以顺阴阳、睦宗族与天同体传万世而细缊香烟者也鲁祖周公志鲁始也宋祖帝之志宋志也古圣人治定制礼守经达权心法昭然后圣者作无所疑惑今我李氏建设宗祠以　进为始祖亦措是欤　始祖茔内原有柏树余株民国九年同族共售得钱八百婚（缗）购本族凤增等故宅一所但此宅伙巷不通街心又与李凤熙相换贴钱六十缗俱有文约可凭恐年湮代远后世子孙不明四至边界宗祠由来爰将宗祠阔步与所换伙巷阔步绘成图式列于碑阴后世子孙一目了然不致有疑惑云尔

　　　　　　　　　群痒（庠）生八世孙　毓楚拜撰

　　　　　　　　园学生七世孙　　　　祥龄恭阅

　　　　　　　　　　　　　　　　　　　贵

　　　　　　　　　　十世孙　长　敬书

　　　　　　　　　　　　　　　泌

中华民国二十一年巧月上澣

　　　　　　　　　　　　　　阖族公立

注：李氏家祠院子里的碑文

清明节大家会聚集起来去祖坟祭拜吗？　＝不会。

清明节不去祭祖坟吗？　＝随意的祭拜。

你家有除了祖坟以外的坟吗？　＝有。

这叫作什么？　＝叫家坟。

清明节时要去祭拜祖坟和家坟吗？　＝是的。

祖坟的话不是同族一起去祭拜吗？　＝不是。

新年的时候也不聚集了去吗？　＝不聚集。

新年如何打招呼？　＝一户一户地挨着拜年。

清明节时同族的人完全不聚吗？　＝是的，不聚。

到目前为止，同族的都没有聚在一起商量过事情吗？　＝没有。

那这样一来，虽说是同族，但是并没有什么关系吧？　＝是的，同族中的人除了关系特别亲近的或者住的较近的人以外，跟一般的村里人没什么不同。

【族长】李姓有族长吗？　＝目前没有。

什么时候有过族长？　＝以前李步云是族长。

李步云是什么时候去世的？　＝很久之前，50 多年以前就去世了。

那你为什么知道呢？　＝以前大家都是这样说的。

李步云的儿子叫什么？　＝幼名叫李舍仔。

李步云和你是什么关系？　＝他高我 5 辈。

如今在世的人当中，有高出你四五辈的人吗？　＝没有。

在你的百户的同族中，辈分最高的人是谁？　＝是名字中有毓的人，比我高 3 辈。

这个人不是族长吗？　＝不是。

据你听说的，李步云在当族长时，做过什么事情？　＝并没有听说他做过什么特别的事情。

【同族财产】有同族的财产吗？　＝没有。

祖坟是属于同族全体吧？　＝是的。

祖坟只属于百户李姓的吗？　＝是的。

所以因此而没有李姓全体所持的财产吗？　＝没有。

李姓全体所有的只有祖坟和家祠吗？　＝是的。

这叫作什么？　＝没有名称。

不叫族产或家产吗？　＝不叫。

你听说过族产这个词吗？　＝没有。

【李长喜——应答者的家庭成员】你的家庭成员是怎样的？　＝

李苏氏　66 岁　　（苏家庄）

李长喜　39 岁

孙　氏　38 岁（朱家庄）

李兴禹　15 岁

李兴文　11 岁

李兴武　　7 岁

李秀云　　9 岁

【订婚】你的儿子李兴禹订婚了吗？ ＝订了。

与哪里的人订的婚？ ＝与沙河镇贾兆贤的女儿订的婚。

对方的女儿多大？ ＝16 岁。

名字叫什么？ ＝不知道。

什么时候订的婚？ ＝前年。

是在谁的帮忙下订的婚？ ＝李王氏。

李王氏和贾兆贤是什么关系？ ＝是亲戚。

是什么亲戚？ ＝不知道。

如果订婚后对方的女儿死了怎么办？ ＝订婚就作废。

可以再和别的女人订婚吗？ ＝可以。

这种情况中，没有在 1 年或 2 年内不能重新订婚的说法吗？ ＝不知道。

有订婚了的女人死后又与别的女人订婚的例子吗？ ＝有。

是谁？ ＝不知道。

为什么你不知道是谁却知道有这个例子存在呢？ ＝因为存在这种风俗。

【过继子】你知道李王氏的过继子吗？ ＝知道。

李赵氏　43 岁

李长鑫　（约 10 年前死亡）

李王氏　33 岁

小　玉　13 岁

兴　泉　　7 岁（过继子）

李王氏的丈夫是什么时候死的？ ＝约 10 年前。

名字是？ ＝李长鑫。

兴泉是谁的儿子？ ＝是李长庚的长子，李长庚的家庭成员如下所示。（但是记得不准确）

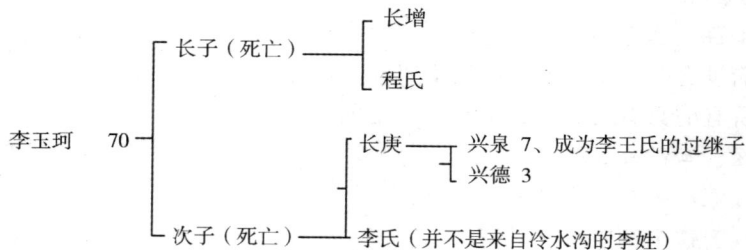

```
                              ┌─ 长增
                    长子（死亡）─┤
                              └─ 程氏

李玉珂  70 ─┤              长庚 ──── 兴泉 7、成为李王氏的过继子
                                    └ 兴德 3

                    次子（死亡）─── 李氏（并不是来自冷水沟的李姓）
```

兴泉什么时候成的李王氏的过继子？ ＝2 年前。

李王氏和李长庚是什么关系？ ＝同族中的同辈。

我想要问询李王氏过继子的事情，谁最清楚这件事？ ＝李长贵最清楚。

【家长和家庭成员】你父亲是什么时候去世的？ ＝我 1 岁的时候。

你父亲有兄弟吗？ ＝没有。

你是母亲一个人带大的吗？ ＝是的。

你是家长吗？ ＝不是的，家长是我母亲。

你是什么？ ＝甲长。

你不是当家吗？ ＝不是。

你工作赚的钱全部交给母亲吗？ ＝是的。

你要用钱时从母亲那里拿吗？ ＝是的。

你家里大概有多少土地？ ＝11 亩。

父亲死后，母亲一个人耕种这 11 亩吗？ ＝雇佣了长工。

父亲死后，母亲不是跟娘家的人或你父亲的父亲（祖父）商量着来养育你的吗？ ＝这样的事情我就不知道了。

你通常是跟母亲商量后做家里的事吗？ ＝是的。

既然你母亲已经年老，是不是就可以不用商量了？ ＝不行，必须商量。

母亲说不行的话，你就什么都不能做吗？ ＝是的。

你儿子订婚时跟母亲商量了吗？ ＝商量了。

你买卖或者典当过土地吗？ ＝没有。

你太太是何时嫁过来的？ ＝20 年前。

太太和母亲相处得好吗？ ＝没吵过架。

太太想给孩子买东西时，从你这里拿钱，还是从母亲那里拿钱？ ＝母亲那里。

母亲住在哪里？ ＝住在正房（3 间）。

孩子们呢？ ＝兴禹、兴文 2 人和母亲一起住在正房，最小的儿子兴武和我们夫妇住在一起，住在南房 3 间。

应答者　李永茂

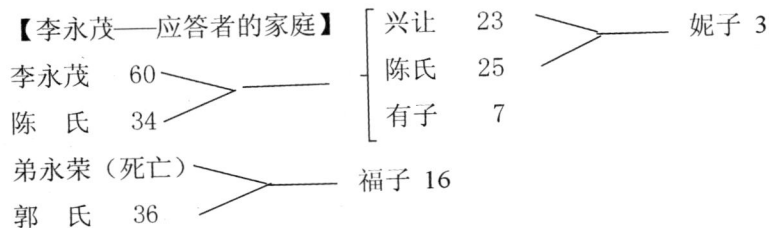

【李永茂——应答者的家庭】

李永茂　60 ⟍
陈　氏　34 ⟋ ── {
兴让　23 ⟍
　　　　　　　⟍── 妮子 3
陈氏　25 ⟋
有子　7
}

弟永荣（死亡）⟍
　　　　　　　── 福子 16
郭　氏　36 ⟋

你之前的太太是何过世的？ ＝12 年前。

姓氏是？ ＝胡氏。

兴让是胡氏的儿子吗？ ＝是的。

你现在的太太陈氏是何时到你家来的？ ＝8 年前。

生了孩子吗？ ＝有子，是她生的。

弟弟的太太是何时嫁过来的？＝20年前。

弟弟何时死的？＝民国十年左右。

弟弟多少岁死的？＝20岁以上。

弟弟的太太是再娶的第二个太太吗？＝是的。

第一个太太姓什么？＝谢氏。

谢氏去世了吗？＝是的。

【后妻】陈氏嫁过来时，儿子兴让结婚了吗？＝还没结婚。

你娶太太时跟十五六岁的儿子商量了吗？＝没商量，是我的叔父帮我娶的。

陈氏来你家前嫁过别处吗？＝是的，嫁过一次，丈夫死后到我这里来的。

陈氏回娘家吗，她娘家人到你这里来吗？＝是的。

【去世前妻的娘家】娶陈氏时，找之前太太胡氏的家里商量了吗？＝没商量，妻子死后，跟妻子娘家也就没关系了。

娶陈氏时请客了吗？＝没请客。

胡氏去世时，她娘家的人来了吗？＝来了，葬礼的时候来的。弟弟来帮忙料理葬礼。

葬礼之后，至今跟胡氏家里有过交往吗？＝有。

什么时候胡氏的家里会来访？＝新年、大秋、麦秋的时候会来。

你家和胡氏家里现在还是亲戚吗？＝是的，陈氏也去过胡氏家里好几次。

娶陈氏时，招待了胡氏的人吗？＝没有。

胡氏和陈氏是亲戚吗？＝不是。

两家有往来吗？＝没有。

【后妻和儿子】陈氏与兴让相处和睦吗？＝和睦。

你的太太陈氏和儿子的太太陈氏是什么关系？＝她们不是同族，所以没有任何关系。

你太太来自哪里？＝东徐家庄。

儿子的太太呢？＝来自韩仓。

你太太进门时，儿子兴让已经订婚了吗？＝是的。

兴让订婚时，前任太太胡氏还在世吗？＝是的。

娶前任太太和娶第二个太太有哪些地方不同？＝（娶第二任时）不请客，同族街坊不送贺礼，一般也不发通知。

12 月 4 日

过继　结婚

应答者　王慎三

（李凤鸣有3个弟弟，一弟凤啮无子，二弟凤桐有二子，三弟凤梧有二子，凤鸣的次子永华当了凤啮的过继子，于民国五年作了过继单，当时的代笔人为王慎三，对王慎三的询问如下。）

【过继】当时永华多大？＝20 岁左右（现在死亡）。

永华多少岁时死的？＝3 年前 40 多岁的时候死的。

谁提出让永华当过继子的？＝凤桐和凤梧。

当时 4 人兄弟的父母已经不在了吗？＝是的。

凤喈当时有太太吗？＝有过二三个太太。

第一个太太何时死的？＝很早以前就死了。

3 个太太是如何娶的，同时娶了二三个太太吗？＝不是的，第一个太太杨氏死了，第二个太太李氏也死了，就娶了第三个太太（姓不明）。

3 个太太都没有孩子吗？＝是的。

领养过继子时，李氏还在世吗？＝是的。

当时李氏多少岁？＝50 岁以上。

哪里人？＝沙河庄。

李姓娶李氏好吗？＝不是同族就可以。

李姓的人即使不是同族，也是不娶李氏为好吧？＝是的。

第三个太太还在世吗？＝十多年前死了。

多少岁时死的？＝40 岁左右死的。

第二个太太什么时候死的？＝50 岁左右，领养永华之后五六年死的。

【过继顺序】凤鸣的第三子（老幺）可以成为凤喈的过继子吗？＝李凤喈是老二，所以应该领养次子。

为什么？＝这是一般的习惯。

如果凤鸣、凤桐、凤梧每个人都有两个儿子，那应该让哪个儿子过继子？＝应该让凤鸣的儿子当过继子。

如果凤鸣无子，3 个弟弟各有两个儿子，应该从哪个兄弟那里领养呢？＝应该从凤喈那里领养。

这种情况，应该领养凤喈的长子吗？＝是的，虽然习惯是这样，但是凤鸣可以领养自己想要的那个儿子。

无论是领养哪个，那个孩子都应该是长子吗？＝是的，应该领养长子。

哪个长子都不喜欢的时候，可以领养次子吗？＝这样也行。

【过继子的同意】领养过继子时，如果这个孩子 15 岁左右，需要征得本人同意吗？＝是的。

不同意的话怎么办？＝父母想这样做的时候，几乎没有孩子不同意的情况，去当过继子的对方会有相当的财产。

【过继与财产】如果凤喈没有财产就不能领养过继子吗？＝即使凤喈没有钱，弟弟们还是会想给他过继子。

【家坟】凤喈如果不领养过继子死后能埋进家坟吗？＝五六十岁死的话，即使没有儿子也埋进家坟。

在多少岁之前死的话不能埋进家坟？＝10 岁以下不当人处理，不埋进家坟。

15 岁死的话呢？＝埋进家坟。

【阴亲】 如果凤嘈 20 岁没有太太就死了，领养过继子的事情怎么办呢？ ＝因为 20 岁了，即使没有太太就去世了，也能领养过继子。

这种时候不是把别家的女儿带来埋在一起，并且领养过继子吗？ ＝也有这种情况。

这叫作什么？ ＝阴亲。

阴亲后领养过继子，与不阴亲领养过继子，哪种情况更多？ ＝不阴亲不能领养过继子。

阴亲了就一定会领养过继子吗？ ＝是的。

李永华的太太还在世吗？ ＝还在世。

有儿子吗？ ＝有。

如果李永华还没娶太太就死了的话，就不得不阴亲吗？ ＝是的。

如果李永华来当过继子不久就死了，可以不给李永华找过继子，而直接为凤嘈领养第二个过继子吗？ ＝这要根据李永华死亡的年龄决定，如果永华是 10 岁以下，那么凤嘈就领养第二个过继子，而永华不用领养过继子。

如果凤鸣兄弟还没分家，给凤嘈阴亲的话（领养过继子的话），这个阴亲对方与凤鸣兄弟家是亲戚吗？ ＝是的。

会进行亲戚间的往来吗？ ＝会。

阴亲时有娶妇帖之类的东西吗？ ＝没有。

会宴请招待同族吗？ ＝不会。

阴亲时，男方会给女方送东西吗？ ＝不会，只会抬着轿子去拿着遗牌回来。

这时会有结婚仪式那样的东西吗？ ＝阴亲的仪式在坟所在的地方举行。

【主继人】 主继人是什么意思？ ＝最先出来主持过继事宜的人。

【亲谊】 亲谊是什么意思？ ＝李凤桐兄弟的亲戚。

【过继单】 过继单有两张，上面写着"长次两兄各执一纸"，那凤嘈死后就由凤嘈的太太持有另一张吗？ ＝是的。

【过继和财产】 有过继子带来财产的吗？ ＝有。

什么情况下？ ＝领养过继子的人没有土地时。

那这样不就吃亏了吗？ ＝是的，但是因为关系亲密。

　　　　　主继人李凤 ^梧_桐 予胞兄弟四人长兄凤鸣三子予各二子惟二兄凤嘈年近五旬乏嗣议将

长兄之次子永华承继二兄上慰先父母未亡之心下使子侄辈多寡相等实恩义之兼尽亦昭

穆之攸关情通理顺合家心愿各无反悔商诸街亲族人均无异议爰同众书立骑缝继券二纸

长次两兄各执一纸为据

　　　　　杜登荣　　○

　　街谊　杨　芙　　、

　　　　　谢华轩　　／

　　　　　谢长忠　　×

　　　　　王存智　　＋　（注：村里人）

　　亲谊　杨恩诏　　○　（村里人）

```
          张炳明　　、　　（杨家屯）
          杨景泉　·　+　　（杨家屯）
          李玉起　　〇　　（与李凤梧关系不明）
   族人　李玉三　　、　　（族叔父）
          李玉忠　　+　　（族叔父）
          李全忠　　、　　（族叔父）
          李玉屏　　、　　（族叔父）
   执笔　王慎三　　〇
   民国五年十二月初六日立
```

应答者　张廷辉

【张廷辉家】你的家庭结构是怎样的？ =

```
                     ┌── 德泉　　16 ─┐
                     │   李氏　　21（冷水沟）├── 小女　1
   张廷辉　　59 ──────┤   德洪　　10
                     │   三元　　 5
   路氏（沙河庄）49   └── 小玉　　13
```

【儿子结婚】你儿子德泉（16岁）是什么时候娶的太太？ =13岁时。

那时新娘18岁，她听你儿子的话吗？ = 听。

为什么娶了5个不同的媳妇？ =因为家里人少，这样娶来媳妇可以让她们帮忙。

13岁娶媳妇时，儿子夫妇睡在一起吗？ =是的。

媳妇是同村的人吗？ =是的。

【所有地和副业】你家土地有多少亩？ =6亩。

6亩的话不会不足够吗？ =不够，但平常还会做大工，所以能自足。

儿子在学习做大工吗？ =去年还在上学（冷水沟的小学），但是今年以来就开始学习当大工了。

大工是制作什么的？ =桌子和椅子、棺、房屋组装。

制作的东西卖到哪里？ =卖给本庄的人，房屋组装的话，如果受人委托有时也去别村。

【结婚的目的】给儿子娶太太是让她做些什么呢？ =做饭、做衣服、土地的耕作。

做饭、做衣服有你的太太、耕作有你和你儿子两人不够吗？ =不够，不娶媳妇的话，就必须得找短工。

娶了媳妇虽然得供她吃饭，但是比雇请短工便宜，是吗？ =是的，便宜多了。

【媳妇和家庭】你会直接吩咐媳妇做事吗？ =不会，由我的妻子路氏吩咐。

村里婆媳相处和睦吗？ =相处得和睦。

路氏和李氏吵过架吗？ ＝没有。

李氏和小玉关系和睦吗？ ＝和睦。

李氏能吩咐德洪和三元吗？ ＝能。

虽然弟弟们比哥哥的媳妇年纪大也能吩咐吗？ ＝这种时候由婆婆吩咐。

虽然弟弟们年龄更大，但是也要叫哥哥的媳妇为嫂子吗？ ＝是的。

如果你的太太生了孩子不能出母乳时，儿子的媳妇能给这个孩子即媳妇的弟弟喂母乳吗？ ＝能，这个不影响。

【家庭席次】如果你的家里有必要按顺序分上座和下座时，是怎样的顺序？ ＝父母在上，其他的怎么样都行。

如果要排出顺序的话会如何排列？ ＝顺序依次为父、母、德泉、李氏、德洪、三元、小玉。

如果按顺序洗脸的话是这个顺序吗？ ＝是的。

女人不是在男人后面吗？ ＝也有这种情况。

在日本进浴室洗澡时，都是男人洗完后，女人才进去洗，女人的话，一般是你的太太即婆婆先洗，其次是小姑小玉，最后才是嫂子，你们家也是这个顺序吗？ ＝是的。

男先女后，嫂子最后一个吗？ ＝我想是这样的。

清明节祭拜祖坟时按什么顺序呢？ ＝

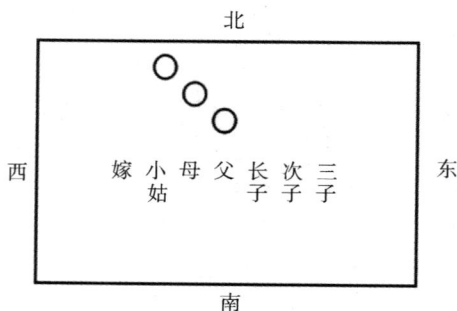

孙辈如何排列？ ＝

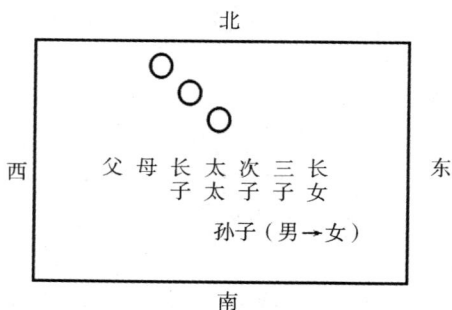

12 月 5 日

资料收集于县公署秘书科。

历 城 县 公 署

第一号

讼字　第拾贰号

柴厚生诉柴春元等盗卖茔地一案卷第

中华民国三十年三月　日

册

档 类 第 号

呈

事 由	拟 办	批 示 备 考		
呈报人柴厚生呈历城县公署 事由为柴瑞生等积党成君羊盗卖祖茔 请提案由		呈悉所诉系属民事应迳赴济南地方法院 依法具诉附件发还此批 中华民国三十年		
		月日时计发	月日时收到	月日时到科

具声明呈报人柴厚生年五十五岁历城第八区泉泸乡现住本市南关券门巷四一号

为呈报积伙成群分劈祖茔资卖分肥欺灭善良业经同乡镇长据实陈明查明屡实请求饬员依法提案事窃民兹查我二支祖茔之地许在不许分卖前奉民先父柴春田余胞叔柴春元、其子柴孝生、民弟柴文生等公开立有字据不准分卖选举民为检视祖茔之地一切管理如有本族有不肖之子孙不是东西或有本压奸棍流氓在内混杂吐息贪赃卖法破坏祖茔之地分卖立即送他到案究力照抄原字据随呈审验可证现查民胞兄柴瑞生等聚党成群盗卖祖茔欺灭管理将祖茔之地积伙分劈盗卖分肥但查民前族长我父春田、余胞叔春元不叫分卖之字据民胞叔柴春元写的及其子柴孝生我弟柴文生承认签字民也盖章现余胞叔柴春元未有再三张分肥祖茔之地典卖之理其中民胞叔受我胞兄柴瑞生等贿买支使分给他一股民胞叔前有二子孙子二人都十六七岁现有方七岁之三子小宾（宝）珠名柴天生分给他祖茔之地二亩七分现当出数百元民胞叔柴春元受此贿买民胞叔柴春元现七十有七询得何来的有方七岁之三子再查民柴氏二支讳先祖柴文科传续之五子长支柴栋次支柴柱三支柴樸四支柴枋五支柴梁来到民辈现在五世此祖茔之伙地依法应五支柴继支兹查民胞兄柴瑞生等贿买民胞叔柴春元主张将祖茔之地十三亩五分按五股均分五支柴梁支股分给民胞叔柴春元方七岁之三子名柴天生并未通知亲友民支族人公开议决民胞兄柴瑞生等主张分给民胞叔柴春元云七岁之三子柴天生贰亩七分祖茔之地现　出数百元兹查柴天生给柴梁继支隔支隔支五辈他算给谁当的儿呢？但查其伙扬言祖茔分劈卖地有钱人人钱两足与民打官司不伦（论）到何处蛮不在乎为此请求

仁天恩准速为饬员将伊等拘提到案依法严亦以保民福而维善良寔为德便谨呈

历城县青天大人　　　钧鉴

小民

柴厚生 印 谨呈

附呈一件

计开伙谋数名　附带

信据二纸

承办积伙分肥欺灭善良者柴瑞生（前在财政厅当科员很有手眼其伙都听伊指挥现不做事望盼前事）

扶助积伙分肥欺灭善良者柴孝生（受柴瑞生支使在乡村聚伙饶乱治安违背善良之风俗他也在检视管理他固意违法）

受贿主张分肥祖茔之地者柴春元（前在县署当收发多年其心数很多现与他飞故太太卅年岁受得钱来百夜吹大烟老无故轻）

出名典出祖茔地者得数百元柴春元方七岁之三子柴天生（他是伊飞故太太之子不知得何来的）

出名卖祖茔之地者得千余元（柴瑞生其子柴启义现在家教读受孔子之道明知孔子之道好道他固意违犯孔子之道欺灭善良违抗国法）

出名卖祖茔之地者得数百元柴道生（他固意欺灭善良不遵前族长之遗言）

分祖茔之地者未卖的宝泰名柴连生（他受柴瑞生、孝生运动固欺灭善良他亦在检

视管理职务固意违法)

分祖茔之地未卖者柴振生（他明知祖茔之地不叫分卖不来报告在内使的　奸奸)

明知此事保存不叫分卖祖茔之地字据者柴文生（他在内受其伙运动他也在检视管理祖茔之积蓄也是固意违法)

买主在内混杂吐息贪赃者李姓不知其名（他也是固意贪赃卖法不遵善良之风俗)

买主在内混杂吐息贪赃者韩玉珠（现在保长他也是固意贪赃卖法违背善良之风俗)

典主吐息减价典先日后再买者不知其名（他固意扶助其伙饶乱先典过日后再买扶助欺灭善良违抗国法)

中人吐息受贿者（柴小名仔他二位现同保长明知维护善良者伊固意违法柴春乐)

其伙同住南乡第八区泉滤庄（柴春元他三〇现住本市南关丁家场▲二十七号)

中华民国三十年元月三十日

　　　　副　呈

乡镇长二位座前谨者前禀一函谅已明知兹查余二支祖茔之地共十三亩五分余的族家不达余知偷偷将该地全部分肥亦有将该地典出也有卖出独个得数什余元藉肥私囊但查该地不应分肥典卖私囊因为此地祖茔之积蓄一按三节上坟祭祀二接有家贫生活困难三或冲了祖茔之地大堰由此积蓄作为修堰之用四恐族中有年老无门夭亡之时同得用地内生产开支之资此地别所（说）是祖茔之地就是伊情受自己的祖业伊典卖也得按先进（近）后远昭穆相当为根本原则得先遵族家后遵四邻四邻不要才再我外人何况未通余知祖茔之地更不能我外人如果此地外人所得典卖祖茔之地者无伦（论）何人不按善良之风俗尘抗保甲制度公法余绝不与他客气为此请求保甲长派员查同如有典买柴门祖茔之地者令伊赴急退回伊要不退者令伊同中人你遵他的族家柴厚生事谁要不退者令伊来见我帮之地呈名告发余保之伊的损失如果伊不听者请求保甲长按保甲制度依法送案余与伊打对质以保善良之风俗而维本乡之治安寔为公德两便谨呈

　　第八区泉滤乡乡长　钧鉴　　　　柴厚生　印　谨呈

中华民国三十年元月十二日

查柴氏老人日积月累、才积聚了者几亩地、预备冲了大堰、不能修理、由此积蓄作为修堰之用、其用心多么周到、竟有不尚之子孙、看见者几亩地就红了眼了、想着分劈、以顾眼前之混用、你们想想分个一二亩、卖上一二百块钱、你能将此钱常常存在么？你能由此丰富了么？也不过眼前大人孩子吃酒吃肉、痛快者一然、不到一年、此钱化完了、你想着再种地也无可种了、者就要妻子离散了、到纳个时候、后悔也完了、你自己的衣食、也都备不上、大堰冲了、你有钱修理吗？你不过着之纳户尸骨暴露、徒唤奈何、何而已、今与大众约、凡二支之积蓄、不能分劈、谁要分劈、得想出修堰的办法来、若无善办法、就不能分、要有一二不是东西、从中破坏、定即公送法办、一句话总了、我者一口气、也是不能分、我情愿将此积蓄、化到衙门里、也不能教尔等分肥、谁欠租价、公同去要、今年拿不上租、明年不准他种地、余兄弟矣不能

管了、到明年二支出入、就派厚生、文生、孝生、保泰经手、有了事、仍由余兄弟二人做主办理

　　　　孝生

承办人柴厚生都承认签字

　　　　文生

此据稿民胞叔柴春元连写代作的照原件抄

二哥钧鉴反生来曾设家中有不肖之子欲将茔地之积蓄分肥有余兄弟二人在一天也是不能分的谁说要分立即送他到案究办谁欠租价不还赶快催他若不拿明年之地不教他种由照管人

　　担余俟后叙此清

　　福安

　　　　　　弟

　　　　　春元鞠躬

此信民胞叔柴春元给民父柴春田的照原件抄

　　　　　　阅　二十八　[何闻天]　[三泽]

第二号

　　　　呈

呈悉盗卖茔地系属民事应赴地方法院依法具诉此批

二月二十日

　　具呈人柴厚生年五十五岁现住南关券门卷四一号

　　呈为结伙盗卖茔故乱公共治安恳恩迅赐拘案依法究治事窃本族旧有祖遗茔地计拾叁亩五支所共有嗣按五支分享权利每支做一股每股应得贰亩柴（柒）分而民与胞侄柴启义合为一榖即对于贰亩柴（柒）分之一股权利有民典该柴启义系共同同有伙享所有权者绝对不准私自处分此为全族咸知咸认也其权利虽已如是划定然全族之最年长者惟民父春田公与民三胞叔春元公二老人是尊夫二翁读书半世泥袭儒道为保持祖风祖脉计特召集全族会议当中声明对于此拾叁亩五分祖茔地现虽分权划定但仍不得个人处分全部设价出租将所得租金总缴民父负责保管用期集腋成裘随机倡办公益但仍恐老而无能突出不孝子孙偷行典卖故亲笔立下字据如有上述行为之人准缮管者持字送案法办是为防制不肖产生有字为凭于二十七年不幸民父逝世茔租价陷于无人管理讵民兄柴瑞生诡计陡生一面以甜言蜜语哄民之年逾古稀、耳聋眼花之三叔使之坐瓮睡雾；一面唆纵柴道生启义出名孝生、振生、文生、连生、春元等同意暗串春乐等作中盗将祖茔地卖于韩玉珠、李文福一部共得洋千余元俵分花用最恶者忤忤柴启义连民共有之一股偷偷卖绝掩匿至今民侦查始念由民解释民叔亦悟追究之下被告者顿起自扰似此行为不独结群犯罪实扰乱善良秩序公共治安莫此为甚为此恳乞

　　县宪鉴核恩准饬警传案依法究办寔为德便谨呈

历城县县长　何

具呈人　柴厚生

	柴瑞生　柴春元		柴春乐		
被告	柴道生　柴连元	中人	柴小明仔	买主	韩玉珠
	柴启义　柴振生		柴道生		李文福　均泉泸人
	柴文生　柴孝生				

缮写

校对

监印

中华民国三十年二月　日

铺保：济南丰盛油店南券门巷一一一号

二、十八

阅

呈

呈悉已于柴厚生呈内批示矣着并知照此批

二月二十日

第三号

呈诉人柴春元年七十七岁历城现住本市南关丁家场二十七号为逆子不孝诈欺尊亲恳恩拘究事窃民现年七十七岁、耳聋眼花已见老而无能、未修恒产、生活自难裕如、虽有己出三子、但其同父异母、感情俨若参商、因之早已分度、长子柴孝生独立过度向不瞻亲、次子有声供职军界、月予国币二十元、略具奉亲之心、尚称小肖、惟三子天生、现方七龄、尚未成年、自须父维命、因此、民之日常用费、尚属不在少数、均民之一双老夫妇、自立经营、而长子柴孝生从未一加青眼、略予过问也、共该柴孝生不孝之名、固已卓着、而弃亲之罪、亦当然成立、寔在不赦、讵料于去年十月间、有胞侄柴瑞生者、一旦同民之忤逆长子柴孝生突来民寓、声称我三弟天生年仅七岁、生活尚难独立、此时追随我父或可维持、我父百年之后、三弟就家无立足、以我之见、现老五支中柴梁一支尚在绝嗣、不如教三弟顶支出继全族亦皆同意、以备三弟后日立足、云云、民闻之、以辈分不符、本心不依、乃伊等忽呵声四我父你老了、不明好歹、我足好心、儿大不由爷、非辨（办）不可、民亦无力阻止、于是即完成继单、而柴瑞生则假借民之伪训、嗾使其出继之子柴启义结伙出名、将祖茔地盗卖一部、得价千余元、然现由胞侄柴厚生查悉、向民详细解释、民始恍然大悟、藉悉民长子柴孝生力主将民民三子天生过继与五支柴梁、但柴梁系在数世纪以上、与民三子之辈分、所差至远、所立之继单（临审呈验）、显属含混不合、而同意人亦自违法、是孝生纯为朦亲害弟、柴瑞生及其子启义损公肥己全系违法为此恳乞

县宪鉴核恩准将被诉人拘案法办、以维伦次、而儆狡子、为感上呈历城县县长

何

　　　　　　　　　　　　　　　　具呈人　柴春元　字筱亭

　　被诉人柴瑞生 柴启义 均南乡泉泸人

中华民国三十年二月十一日

　　　　　　　　　　　　　　　　　　　　　　　缮写

　　　　　　　　　　　　　　　　　　　　　　　校对

　　　　　　　　　　　　　　　　　　　　　　　监印

　　　　　　　　　铺保济南丰盛油店南券斤巷———号

第四号

元字一九四号

山东省公署训令　　　　　　省民字第七七号

　　　　　　　　令历城县知事

　　为训令事案据该县民柴厚生呈控其胞兄柴瑞生私自结伙盗卖祖茔恳请饬令该管拘究等情到署所诉是否属实亟应查明究办除批示外合行抄发原呈件令仰该知事遵照查明确情依法究办并将办理情形具摺查核此令

　　附抄原呈一件及原附件二纸

　　　　　　　　省长　唐仰杜

　　具声明人告诉事实柴厚生年五十五岁历城住本市南关丁家场门牌二十七号

　　为民年老不能管理前招集全族公开立有字据选举族中公正胞侄柴厚生检视祖茔之地为管理首矣

　　为胞兄不法私自积伙分劈盗卖祖茔欺灭善良故乱公共治安恳请饬令该管将伊等拘提到案依法严办事窃民查明属实亦得伊等分劈之凭据缘于一月十二日业经向本庄乡镇长据实陈明请求按保甲制度依法送案亦经向终官历城县警察分所声明呈摺恳求将伊等拘传到案究治依法送案外也向历城县民父母官迭次呈报告诉请求拘传到案依法处办亦经得一次批示指令民向民事法院具诉民无奈未钱法院诉费字费状纸律师费民实在打不起伊等卖地有钱运动伊等再请上律师民非能向法院之原因民求得民父母官明诉应由该管将被告拘传到案依法处办亦应由将被告拘传到案转送法院之责民非是与伊等争竞财产实是争竞名分民父母官明诉应由该管民有管理茔地之权不准伊等私自积伙处分之责但查民柴氏二支老人嘴里不吃日积月累才积聚了者十四亩地正预备后嗣上坟祭祀藉有族中贫穷生活困难茔地北边大堰大水冲了再作修堰之用恐后族中出有年老无头无门大亡之时同得用地内生产之积蓄开始支资再查民前族长民先父柴春田民胞叔柴春元其子柴孝生民弟柴文生族兄保泰名柴连生公开立有字据民胞叔写明选举民检视祖茔之地为管理首如有族中出有不肖之子孙要有一二不是东西或有本庄奸棍流氓在内混杂贪赃卖法破坏祖茔之地分卖立即送他到案究办兹查民胞兄柴瑞生伊是族里中户之家种地三十余亩伊生诡计一面甜蜜语庄哄族人中积伙分劈欺灭管首不达民知偷偷聚伙将祖茔之地按五股分批盗卖分肥而用意人亦自违法现查伊等要问此地为何分卖伊等扬言卖地有钱人钱两足与民打官司无论到何处伊等蛮不在呼为此请求

　　省长大人鉴核恩准饬令该管将伊等拘提到案依法严办以恤善良风俗而维公共治安

实为德便谨呈

山东省长唐

告诉人　柴厚生

扶助共诉人　柴春元字筱亭

被诉人柴瑞生　前在财政厅当科员多年很有手眼使共出总之子柴启义偷卖茔地一部份

柴道生　亦藉使柴瑞生势力手眼偷卖于李文福一部分得洋一千零五十元

买主李文福韩玉珠　　其二人故意在内混集贪赃卖法其有钱某处买地

中人张安有　伊现住本街二十五户间长故意违背善良之风俗不尊保甲制度公法

中人柴春乐　狼狈为奸　他是五服远祖横行棍徒故意在内绕（扰）乱公共治安

伊等将此按五股分劈现有三股归恢复原伙附带民有管理权字据按原件照抄一纸

民胞叔与民先父非叫分卖祖茔地之信件按原件照抄一纸

第五号

历城县公署训令　　　　秘字第　　　号

令泉路区长

为训令事案奉

省属省民字第七七号训令内开为训令事案据该县泉路庄民柴厚生呈控其胞兄柴瑞生私自结伙盗卖祖茔云云并将办理情形具报查核等由附抄原呈一件及附件二纸奉此合行抄发原呈令仰该区长遵照将该案确情查明具复以凭核夺此令

附抄发原呈一件及附件二纸

呈为呈覆事窃查职区案奉

钧署秘字第七二六号训令内开为训令事案奉

省署省民字第七七号训令内开为训令事案据该县泉泸庄民柴厚生呈控其胞兄柴瑞生私自结伙盗卖祖茔恳请饬令该管拘究等情到署所诉是否实亟应查明究办除批示外合行抄发原呈件令仰该知事遵照查明确情依法究办并将办理情形具报查核此令等因附抄原呈一件及附件二纸奉此遵合行抄发抄发原呈令仰该区长遵照将该案确情查明具覆以凭核夺此令等因附抄原呈一件及附件二纸奉此遵即当赴该庄详细调查该案于去年有柴厚生到泉泸镇公所函称柴启义出继及茔地之事经前镇长从中调鲜无效终官警官警察所亦命该镇庄长和平调解亦无效因该案系民事诉讼柴厚生云赴法院起诉故此庄镇无法调节等情查柴氏茔地十四亩于二十九年旧历十一月间有该族长柴春元春明春恩同族人等该茔地按老五支均分各自管业皆有分单每支分地二亩八分再所盗卖一节长支柴道生将分之地典于韩玉珠一亩八分二支柴振生所分之地并未典卖；三支柴启义系瑞生之子承继三支将该地二亩八分卖于李文福四支即系柴瑞生厚生文生孝生茂生书生等所分之地有孝生耕种并未典卖亦未分种；五支柴天生该地亦未典卖至于选举柴厚生为监视祖茔之管理首街邻均无所闻立有字据一层亦不知情所谓盗卖私分之事典卖地之时皆有中人分地时有伊族长柴春元等其事阖庄皆知其柴家之支派有茔地内及其家祠内之碑碣可查兹将调查情形理合备文呈请

钧座鉴核谨呈

历城县知事何

泉泸区长 程殿英

第六号

案查前奉

钧署省民字第七七号训令内开、案据该县民柴厚生、呈控其胞兄柴瑞生、私自结伙、盗卖祖茔云云、并将办理情形具报查核此令等因附抄原呈一件及原附二纸遵查此案前据该民以前情具控到县当以所诉各节均属民事职县并不兼理司法即经批饬迳赴法院依法具诉在案奉令前因遵经抄录原件、令份县属泉泸区长详查去后兹据该区长程殿英复称、当赴该庄详细调查该案于去年有柴厚生到泉泸镇公所函称云云兹将调查情形呈报鉴核等情据此、查此案非经依法裁判确认不足以资解决除饬其应仍遵照司法程序诉究外理合、将此案办理情形具文呈覆

钧署鉴核施行谨呈

省长殿

署理历城县知事 何○○

第八号

山东省公署指令 政字第一三二五号

令历城县知事 六月一三日

呈一件为呈复调查柴厚生控其胞兄柴瑞生盗卖祖茔一案情形请核鉴由

呈悉，仰将讯办情形积报查核，此令！

省长 唐仰杜

第九号

山东省公署训令 政字第四一一号

七月七日

令历城县知事

案查该县民柴厚生、控其胞兄柴瑞生盗卖祖茔一案

前经饬据呈复仍遵司法程序诉究等情、并已指令将讯办情形续报查核在案迄今多日未据续报该柴厚生复请传案对质等

情到署除批示外合行抄发原件令仰该知事遵照迅即依法办理具报察核

此外 附抄原奉一件

省长 唐仰杜

省长大人座前谨案者兹因为民胞兄柴瑞生等不法私自积伙分劈盗卖祖茔欺灭善良故乱公共治安恳请饬令该管将伊等拘提到案依法严办已经呈明在案业蒙

省长恩准饬令历城县知事转饬第八区区长于五月二日业经派员到民庄乡镇公所指派地保将被告立传到所查问事实又与伊等到民祖茔之地查明属实至今未蒙复批示传民对质依法严办请求省长鉴核恩准查复批示传民与伊对质事质依法严办以保良民安居乐业而维秩序公共治安实为德便谨呈

山东省长唐
　　　　　　　六月十五日
告诉人　柴厚生　谨呈
第十号
历城县公署
饬传事案奉　　　　　　　　　　　　　　　　　　七月十九日
省公署第四一一号训令据县财政柴厚生控其胞兄柴瑞生盗卖祖茔一案饬速传讯依
法办理等因奉此合行传讯仰警前往即将被告人证立传来案以凭讯办去警毋延干咎速速
　　计传
原告　柴厚生
被告　柴瑞生　柴道生　柴春义　柴文生
　　　柴春元　柴连生　柴振生　柴孝生
中人　柴春乐　柴小明仔　　　　柴道生
买主　韩玉珠　李文福　以上原被告人均住泸泉（泉泸）区
右令警　唯此
第十一号
为报告窃奉
谕票传泉泸区柴厚生以倒卖祖茔呈诉柴瑞生等一案遵即派警往传兹据去警回▲协
同该管地保传得柴孝生因讼在法院被押尚未释出柴春乐赴莱芜境水贝贩▲未回柴小名
仔现因摊工修筑公路因有皇军监工未能唤回柴连生因患时疫不能行动以上四名未能到
案其余原被俱来案候讯理合随单谨告
　　　县长鉴核施行
　　　　　　　　　　　　　　　　　　　　　七月二十八日
　　　　　　　　　　　　　　　政务警长　王墨耕　谨呈
　　　　　　　　　　　　　　　　　警长王墨耕
　　　　　　　计开
原告　柴厚生
被告　柴瑞生
　　　柴道生
　　　柴启义
　　　柴文生
　　　柴春元
　　　柴振生
中人　柴道生
买主　韩玉珠
　　　李文福
第十二号
讯据原被两造称柴氏祖遗祭田十四亩原均不顾分析上年十一月间由柴春元之子柴

孝生主张始按五支均分立有分单合同开由柴瑞生柴启义将受分之地业经出卖质之买主供亦无异此案主张出卖及析产以柴孝生为主要人证惟柴孝生因赌案被判徒刑五个月徒刑不久期满再行传案讯明核办此谕　票仍发

何闻天

七月廿九日

珠标后归奏

　　柴厚生供年五十五岁现住南关券门巷柴瑞生是我出继之胞兄共分五支、民系第四支祖中有茔地十四亩于去年十一月间该柴瑞生等竟不叫民知道、将茔地分开、柴瑞生卖出地亩余、价额七百余元、民原遵老人遗嘱将此茔地保存、以备修理坟墓之用如伊等将地再为合伙民即不追究蒙讯所供是实柴春元供年七十三岁住南关丁家场有子三人长子孝生次子有生三子田生祖中有茔地十四亩文契在柴文生处保存柴瑞生等公分此地时民与子柴孝生场在场并未阻挡柴厚生并不知道蒙讯所供是实

　　柴瑞生供年五十八岁泉泸庄人祖中有茔地十四亩去年按五服均分时系族长柴春元之子柴孝生主张伊现在判徒刑五个月在法院管押卖出之地均系本人名下之地、应否收回民并不做主蒙讯所供是实

　　柴道生供年五十五岁住泉泸庄去年十一月间、将公中茔地分开后卖出一亩余地价七百元如将地收回听大众主张蒙讯所供是实

　　柴启义供年二十四岁柴瑞生系身之父亲去年分茔地是三爷爷柴春元的主张、听说柴厚生已知道蒙讯所供是实

　　柴文生供年三十三岁住泸庄祖中所分之茔地、如何办理愿听族长主张蒙讯所供是实

　　柴振生供年五十一岁住泉泸庄民应二支去年分茔地时是柴春元的主张蒙讯所供是实

　　韩玉珠供买柴道生之地壹亩八分价七百元尚未契所供是实

　　李文福供买柴启义之地二亩八分价壹千零五十元尚未税契所供是实

七月廿九日

第十三号

具呈人柴厚生呈历城县公署

事由　为柴瑞生等私卖公茔请以行政处分解决由

决定办法　呈悉查柴孝生系此案要证应候传到讯夺所

　　　　　请与法不合未便照准此批

八、十二

何闻天

第十四号

具呈人　柴厚生呈历城县公署

事　由　为恳乞将本案卷宗转送法院由

决定办法　来呈并非正式行政书状本署不豫受理此批

八、廿日收到

何闻天

12 月 3 日

刘锡瀛家的分家单　于村小学校长室

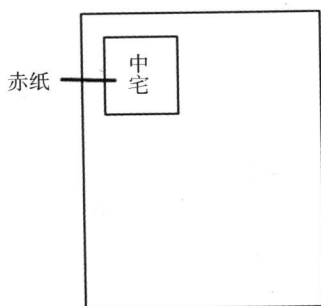

赤纸 ——— 中宅

（正文）

　　立合同人刘茂松余胞兄弟二人前于同治十二年时堂伯父和祥嗣余为子承受东宅一壹坡地七亩父于父兄同尘至光绪十四年间不竟胞兄遽尔病故由苦别无可继彼时余止一字名锡瀛继于胞兄为子受中宅壹所坡地八亩均有继券可凭今复有二子俱各成立而嗣后本坐父母亦相继故仍与嗣子锡瀛同居安度以迄于今食指繁矣家务丛▲菽莪一身实难料理因邀到族街亲谊面同斟酌平允前继券各应承受之宅田产之数均不能动其余新置之产原系合资理宜按分均分器皿、家具仍按二分均劈两家情愿永无反悔欲后有凭立骑缝分单为证

　　　　族人　刘洪祥

　　　　　　　刘茂相　押

　　　　　　　杨　芙　十

　　　　街谊　杨守本　〇

　　　　　　　杨复元　代字

　　　　　　　李心恭

　　　　宣统四年二月念（廿）八日立

　　　　中宅壹所内外影巷带土粪场宅后土场随地墓

　　　　南场园壹万　　四分有余

　　　　目家地　　　　捌分

　　　　东窪地　　　　壹亩贴南边

又地　　　　　　　壹亩玖分有余贴北中

张八侨地　　　　　壹亩四分

李家庄后地　　　　壹亩

马坂地　　　　　　壹亩

老坂地贴北边　　　陆分树进地基

西天边地　　　　　半亩

北园地　　　　　　半亩

李家筒子水地　　　陆分有奇

家西鹅台地　　　　叁分有奇

谢怀庆地　　　　　半亩

北园典契地　　　　半亩

器　皿

青骡乙头百吊	车盘一个廿吊
小驴乙头卅吊	扇车乙盘十吊
大耙乙盘十吊	稻草二百斤十吊
▲乙盘	二牛杆乙挂
铁犁乙张	拖车乙个
手镢乙张	笱乙友
大簸箕乙个	厦子乙斤
铁索乙挂	铧头四个
铁尖大先　　张	木先乙张
杨先乙张	二齿乙张
镢柄乙根	粪叉一杆
木楼乙釜	大瓦瓮三个
木囤底乙个	小囤底一个
竹扫帚二个	小簸箕乙个
粪提笼乙个	铁筛子乙个
罗二面	簸罗乙个
白条筛子一个	提张一根
谷筛子乙个	笱骨乙友全带
大称乙杆	大扒乙具
三股权乙杆	水镢二张
铁扒子乙张	木扒子乙张
大小锄四张	铁先二张
提子二根	禾插乙杆
长方篮一斤	高筒一个
木榔头一斤	旱（旱）磨一釜

米缸一斤　　　　　　小囤一斤

轧车床一张　　　　　旧风匣一口

大锅一口　　　　　　板凳一条

方机一个　　　　　　大板机一个

辕套一挂　　　　　　搭腰鞦二件

鞍子一条　　　　　　石槽一面

虚囤桌一张　　　　　抬窝棚一个

笼　一号　　　　　　熬子一盘

搁几一页带支兀　　　旧方桌一张

扁囤壹个

东宅地基　贰分一厘玖毛捌丝一忽

中大段南北长可　拾贰步六分拾贰步壹分

　　　　东西长可　捌步八分　　捌步六分三厘

西南小段　北长可　四步一分五厘

　　　　　　　　　　　　　二可同

　　　　　横可　　贰步四分八厘

西北土场一段

　　　　　长可　　六步六分五厘

　　　　　横可　　贰步乙分

大鹅台中段地　　玖分四厘六毛

　长可壹百零　　八步五分六厘

　东　　　　　　五步正

　中横可　　　　五步叁分

　西　　　　　　五步四分

马救地南段　　　玖分贰厘六毛四丝

　长可壹百零　　八步五分

　中长可　　　　五步一分贰厘

　西　　　　　　五步一分五厘

租 佃 篇

1940 年 12 月

（华北农村惯行调查资料第 18 辑）

租佃篇第 4 号　　山东省历城县冷水沟庄
　　　　调查员　早川保
　　　　翻　译　傅

　　本篇是早川调查员第一次进村时，分担调查土地买卖和租佃这两个项目后整理答疑的资料。日期、地点及应答者的记录已经不在了。

　　【租佃关系的称呼】租佃契约或者租佃的约定叫作什么？＝叫租地。（但是不明确）
　　租佃地叫作什么？＝叫租地。
　　地主叫什么？＝地主。
　　地租叫什么？＝租粮、租米、租麦。
　　租佃的契约书叫什么？＝叫租单。
　　佃农呢？＝叫租地户。
　　租佃期间，租金的交纳期叫作什么？＝没有称呼。
　　【租佃期间】租佃期间一般为几年？＝一般为 5 年，短的是 3 年，最长的有 5 年多。
　　【租单】一定会制作租单吗？＝是的。
　　由谁制作，交给谁？＝租地户制作，交给地主。
　　有地主制作交给佃农的情况吗？＝有，但是极少。
　　【中间人的有无】制作租佃契约时，一定会有中间人吗？＝是的。
　　没有地主和佃农直接交涉的情况吗？＝也有这种情况。
　　租单中一定会记载中间人吗？＝是的。
　　有地主、中间人和佃农 3 人聚在一起商量的事情吗？＝没有这样的事情。
　　【实地勘察】缔结契约时，中间人和租地户会去查看土地吗？＝会。
　　地主也会去吗？＝也有去的时候。
　　也有仅租地户去的情况吗？＝是的。
　　【四邻见证】会进行丈量，或者请四邻来作证吗？＝不会丈量，但会请四邻作证。
　　【种地——谷地、高粱地】土地有上、中、下的区别吗，比如说分为上等地、中等地、下等地？＝没有这种区别，但是上等的土地称为谷地，不是上等的称为高粱地。

上述是指土地的区别吗？＝是的。

【水田——大水地】水田是怎样的？＝水田有叫大水地的说法，这是指最能收获米的土地，并没有特定用来区分的名称。

【种地规则和税】谷地和高粱地的税不同吗？＝税是相同的，但是土地的卖价不同。

荒地有税吗？＝没有。

水田和旱田的税相同吗？＝相同。

宅地和田地的税相同吗？＝相同。

【土地的收获和租粮】1 亩的土地可以收获米、麦、豆、高粱、粟各多少？租粮大概多少？＝水田可以收获米 6 斗（租粮 5 斗），普通的水田则是 5 斗（租粮 4 斗），较差的水田则是 3 斗（租粮 2 斗），高粱可以从高粱地收获 5 斗（租粮是 2 斗半），粟可以从谷地收获 7 斗（租粮为 2 至 4 斗）。

那如果是 3 亩的谷地又会如何呢？＝麦、豆各 9 斗（租粮 3 斗半）。

如果是 1 亩的谷地呢？＝麦、豆各 3 斗（租粮各 2 斗）。

【土地买卖和同一佃农的租单】假设租佃契约期间为 5 年，2 年后卖掉了土地，买主让佃农在剩下的 3 年间继续租佃，这种情况下，地主即卖主要把原来的租单交给买主吗，还是重新制作一个 3 年的租佃契约书（租单）呢？＝这种情况通常是制作一个新的 3 年的租单。

【租佃条件】制作新的租单时，中间人是卖主即以前的地主吗？＝不是的，会有一个新的中间人。原来的地主有当中间人的，也有不当中间人的。

上述情况中地租跟以前的相同吗？＝租粮（地租）要重新商量决定。

【有作物的土地买卖】卖掉有作物的土地时，土地的买卖价格要按土地和作物分别决定吗？＝一起决定。

【佃户作物的处置】把土地和作物一起卖掉时，一定会与佃农商量吗？＝一定要商量。

如果地主不经过佃农的允许，把土地和作物一起卖掉了，之后买主即使了解了事实，作物也归买主所有吗？＝不归他所有。

上述情况中，如果买主不知道事实怎么办？＝这种时候作物就归买主。

这样的话，佃农肯定就难办了，他会向地主申诉吗？＝会。

这时地主怎么办？＝如果地主只卖掉土地是 100 元，而与作物一起能卖 120 元，那么地主必须给佃农 20 元。

即使把土地给人租佃，但是如果现在没有作物的话，就没必要与佃农商量吗？＝是的。

【租佃期间和土地买卖】5 年的租佃契约期间还剩 3 年时，如果卖掉土地，租单怎么办？＝租单即使还在也无效了。

【租佃地买卖时的租单】上述情况中，租单是由地主返还给佃农，还是交给买主？＝还给佃农。

【租佃地买卖和作物的有无】地主把土地卖给他人时，会向买主明说这块土地是给人租佃的土地吗？＝如果现在土地上有作物，就要跟买主说明这是佃农耕作的，如果没有作物就不用说明说。

如果土地上有作物，地主把作物与土地一起卖掉的话，尽管作物是佃农所耕种的，也还是归买主所有吗？　＝是的。

【租佃契约的中间人责任】租单中写有"中人一面承管"，中人在有争论的情况下，不是中立的吗？　＝租单中的中人只负有对于地主的地租责任。

地主卖出土地时，完全不会与佃农商量吗？　＝如果佃农在这块土地上还没有完成收获，就有必要跟佃农商量。

买主不继续让人租佃时，也要在收获结束之前把土地给佃农使用吗？　＝是的。

【有作物的土地买卖价格】卖出土地时，一般是把这块土地上的作物也包含在土地的价格里一起卖掉吗？　＝是的。

这时，佃农不会向地主申诉苦情吗？　＝申诉了也没有办法。

成立契约时的中间人会委托村长吗？　＝不会。

【租佃地买卖和租佃的继续】这种情况下，会跟土地的买主把事情说清楚，然后拜托他让一直以来租佃的人继续租佃吗？　＝也有这种情况。

成立契约时，会有在契约期间地主不能随意卖出土地的约定吗？　＝没有。

如果地主和佃农之间想成立一个这样的约定，你认为可能吗？　＝因为主要按地主的方便来，所以我觉得不可能有这样的约定。

【租佃地的买卖和佃农的同意】地主把现在给人租佃的土地卖给他人时，要征求佃农的同意吗？　＝没有必要征求佃农的同意。

为什么没有必要征求佃农的同意？　＝因为卖出土地是地主的自由。

【租佃地的买卖和佃农的地位】如果有一个 5 年的租佃契约，2 年后地主把这块地卖给了别人，土地虽然被卖了，佃农能够继续在剩下的 3 年间租佃吗？　＝这要看买了地的新地主的意思，可以让他继续租佃，也可以不再让他租佃。

如果新地主不让继续租佃，那佃农不是会很苦恼吗？　＝会苦恼，但是也没有办法。

【决定地价的要素】决定土地的价格时主要考虑什么？　＝推算这个土地的收获量与收获的卖价然后决定。

说到地价（土地的买卖价格）时，理所当然的把作物的价格也算进去了吗？　＝是的。

【土地买卖和丈量】地主卖出土地时，要在买主和见证人面前进行丈量吗？　＝是的，要丈量。

丈量时，不会叫来佃农作证吗？　＝不会。

【租佃地买卖和作物的归属】如果土地上有作物，即使地主（卖主）说征得了佃农的同意，也没有必要直接找佃农确认吗？　＝有必要确认。

上述情况中，如果买主没有向佃农确认，之后知道了佃农并没有同意，作物还是归买主所有吗？　＝（这一点没有得到明确的答案，不明。）

如果地主想卖掉有作物的土地，他要跟佃农说这件事时，会说些什么呢？　＝会说我要卖掉土地，你以后把租粮交给买主之类的话。

上述情况中，如果佃农反对怎么办？　＝佃农反对也没有用。

【收获与地租的比例】2 亩的土地可以收获多少高粱，地租多少？＝可以收获约 10 斗高粱，地租约 5 斗。

【转租佃】佃农可以把自己租佃的土地转给他人租佃吗？＝因为不是租地户（佃农）的土地所以不行。

得到了地主允许的话可以吗？＝可以。

上述情况中，要制作租单吗？＝冷水沟没有这种例子，我不知道。

如果租佃有 2 亩地，因家里的事情现在只能租佃 1 亩，剩下的 1 亩可以让别人租佃吗？＝得到地主的允许的话就可以，不过这种情况下，如果是不能租佃的土地就应该取消地租。

【租佃契约和租佃地】租佃的约定叫什么？＝叫租地。

租佃的土地叫什么？＝也可以叫租地。

有像卖契一样的租契这样的词语吗？＝没有。

【债权担保】如果甲借给乙 1000 元，把这个借的钱当作担保，甲能找丙借 500 元吗？＝冷水沟没有这种例子，但我想是可以的。

【可否租佃权担保】如果佃农能够租佃 5 年期间的土地，找人借了 200 元不能偿还时，可以承诺把自己的租佃地让他人租佃吗？＝没有这样的例子，也不能这样做。

为什么不能？＝因为并不是佃农的土地，如果这样做就是剥夺了地主的土地。

得到地主的许可的话不就可以了吗？＝冷水沟没有这种例子。

【租佃权和所有权】租单中有"只许客辞主，不许主辞客"这样的句子，租地人有租地的权利吗？＝有。

既然有这种权利，为什么地主可以随意把给人租佃的土地卖给他人呢？＝这句话只是针对租佃来说的，与买卖与典卖无关。

【租佃权的转让】佃农能够卖出上述的租佃权利吗？＝不能，没有这种实例。

亲戚或同族能够代替佃农耕作租佃地吗？＝得到地主允许的话就行。

冷水沟没有这种例子吗？＝没有。

【转让租佃的例子】听说过这种例子吗？＝济南的一个地主的土地，在一个人的名义下租借给好几个人耕种。

这种情况中，租佃的名义人会从这些耕种的人手里收钱吗？＝可以得到比交给地主的更多的租粮。

【第三者耕作租佃地的一部分】在冷水沟，有佃农因生病等而让人代为耕种的例子吗？＝有，签订了 3 亩的租佃契约，因特殊情况，把其中 1 亩借给别人耕种的例子。

这种情况下，要改写租单吗？＝不改写。

租粮是交给佃农还是交给地主？＝直接交给地主。

佃农什么也不用干吗？＝什么也不用干。

那交给地主的租粮是应该以租佃的名义人上交吗？＝是的。

不交租粮的话，由租佃名义人承担责任吗？＝是的。

因为是亲戚或者同族，是不是也有责任呢？＝没有，因为本来是那个人自己租佃的全部土地。

这种情况下，如果把自己不能耕种的 1 亩土地转给亲戚或同族租佃时，找地主制作了租单，就可以不用承担责任了吧？　=是的。

那么为什么不这样做呢？　=如果租佃地有 3 亩，即使把其中 1 亩转给亲戚或同族租佃，界限也不清楚，而且地主希望租给一个人种。

冷水沟有一块土地由两个人租佃的情况吗？　=没有。

【一块土地和界限】一块土地是什么样的土地？　=一个地主所持有的一个地方的土地。

即使是 100 亩的土地也叫一块土地吗？　=是的。

半亩的土地也叫一块土地吗？　=是的。

一块土地中没有设定界限，如果 3 个人分 3 份进行耕种的话叫 3 块土地吗？　=不这样叫。

拥有一块土地的人把其所有地相邻的地也买入时，这块地和相邻的地一起称为一块地吗？　=是的。

这时，会去除与相邻的地的界线吗？　=会。

有买了邻接地就打算立即租给别人种而不去除界线的例子吗？　=有。

这种情况中，不管有没有界限都叫作一块土地吗？　=是的。

这种情况下，所有地和邻接地之间有界限，两个地分别有两个地的卖契，那要把这块地卖出时，是制作两份卖契还是一份？　=制作一份。

一个地主的一块土地中有分给好几个人耕种的土地吗？　=没有。

一块土地由好几个人耕种和一个人耕种全部土地的情况有吗？　=没有。

【一块土地的共同租佃和租单】如果一块土地分别对半给给甲、乙 2 人租佃，有不分别制作租单而是制作一个租单（两人名义的租单）的例子吗？　=有。

在这种情况中，租单上是按东半部是佃农甲、西半部是佃农乙这样写的吗？　=不写。

【这种情况中佃农的责任】租单上不写，那么如果其中的一个佃农甲没交地租时，另一半有必要由乙代交吗？　=是的。

这时，如果乙不付甲的那份地租，那甲乙双方的土地都要被剥夺吗？　=是的。

如上所述，两个佃农以一份租单耕作的情况在冷水沟有吗？　=冷水沟没有这样的例子，但是济南有。

有一块地由甲乙耕作而单独制作租单的例子吗？　=没有。

【租佃地的买卖和佃农的地位】地主卖掉土地的话可能会导致佃农无法租佃，即使土地被卖掉了，佃农也能像以前一样租佃的话有什么方法吗？　=如果是出典、买卖的情况的话，就没有办法了。

【买卖后佃农继续租佃的例子】冷水沟有地主换了却能跟以前一样耕作的土地吗？　=有与买主签订新的租单，继续租佃的土地。

【永佃权的有无】有没有不与买主签订新的租单，但是跟原来一样能够租佃的土地？　=没有。

没有永佃地、永佃权或者永租地、永租权吗？　=没有。

你为什么知道永佃权这个词？＝从书中看到的。

这个词在当地不用吗？＝不用。

【典】冷水沟有出典的例子吗？＝有。

出典是指什么？＝想借钱的人把自己的土地交给贷主，以此为担保借钱。

贷主即借出了钱的人可以自由使用这块土地吗？＝可以自由使用。

【典的相关称呼】这种情况中，借出钱的贷主称为什么？＝称为典主。

借了钱的土地所有者叫什么？＝叫典主。

不叫出典者吗？＝不叫。

借出了钱的人不叫典权者吗？＝不叫。

不叫承典者吗？＝不叫。

两方都叫典主的话，不就不知道谁是贷主，谁是借主了吗？＝是的，不知道。

冷水沟有出典人这个词吗？＝没有。

典主的话一般是指贷出钱的一方还是借钱的一方？＝两方都是。

那么要区分贷主和借主时怎么说呢？＝不明。

【典契】我想请你帮我写一份典契？＝

　　　　立典契人〇〇〇因为无钱使用今将家〇某地自己某地壹段大亩〇〇分凭中说妥情愿出典于〇〇〇名下耕种三年秋收为满上代青苗不准回赎空口无凭立此典契为证[1]

中见人　〇〇〇

代字人　〇〇〇

中华民国二十九年　　月　　日　　立

冷水沟常用典主这个词吗？＝常用。

【承典人的出租、转典】如果贷出钱的人可以自由使用土地，那么可以把土地给人租佃吗？＝可以。

这种情况下的租佃叫作什么？＝也叫租地。

贷主可以卖出这块地吗？＝不能卖出，但是可以转典。

贷主虽然在使用这块土地，但是这块地不是贷主的吗？＝不是。

贷主把这块地给人租佃时，制作什么样的契约书？＝跟普通的租单相同。

租单开头的文字会有所不同吗？＝跟普通的租单没有什么不同。

【承典人的土地使用】贷出钱的人可以随意在这块地上建房子吗？＝可以。

冷水沟有这种例子吗？＝没有。

可以挖掘这块土地吗？＝不行。

【采土的可否】这是为什么？＝冷水沟的土地是凹陷的，要是挖掘的话就难办了。

即使是自己的土地也不能挖掘吗？＝自己的可以。

---

〔1〕　译者注：此处为合同文本，为忠于原文，故保持原文文字结构。

既然自己的土地可以，为什么典来的土地不行呢？＝因为是别人的地。

如果这块地是水田的话，贷主可以随意把它改造成旱田吗？＝可以。

如果土地是旱地，可以擅自改造为水田吗？＝可以。

贷主可以随意这样做吗？＝因为典来的土地3年或5年期满就要归还，所以没有人会把水田变成旱田或把旱田变成水田。

【典当期限】典的期限有长的吗？＝一般三五年，最短的是1年。

【佃农的土地使用】佃农能不与地主商量而把水田改造成旱田吗？＝不能。

为什么不行？＝水田的租粮是米，改造成旱田的话就无法交出米了。

从别处买来米不就可以交了吗？＝这样做。虽然也没关系，但是没人会这样做。

【租佃结束时恢复现状】如果佃农因耕作上的必要而设置了放置物品的小屋或其他设备时，租佃期满把土地返还给地主时，必须撤销这些设备吗？＝是的。

这种情况中，由于这些设备对于土地的耕作有帮助，能提出要求让地主买下吗？＝不能。

【座典座租】借了钱的人可以不把典出的土地给贷主，而是让其给自己租佃吗？＝可以。

这叫作什么？＝叫作座典座租。

冷水沟有进行座典座租的人吗？＝有，但我现在只想得到李长达一个人。

座典座租不叫典租佃或典租地吗？＝不叫。

这种情况会制定怎样的租佃契约？＝

立典契人〇〇〇因无钱使用今将自己某地若干凭中说妥情愿出典于

〇〇名下言明共合典价洋〇〇元此地言座典座租每年租收若干上租粮日期以来某月为度到期不交有中保人完全负责恐口无凭立字据为证[1]

中保人　〇〇〇

代字人　〇〇〇

【中保人】这个租佃契约中的中保人是什么人？＝是与立典契的人很亲密的人。

可以是与贷出钱的人很亲近的人吗？＝可以。

【与普通租佃的区别】座典座租的情况与普通租佃的情况中，地租不同吗？＝相同。

出典的话，贷出的钱要算利息吗？＝不算。

【座典座租和出租变更】普通租佃的情况中，地主随时都可以卖掉土地，座典座租的话，贷主随时可以把土地给他人租佃吗？＝不能。

【承典地的出租和转典】典来的土地，贷主不自己耕作而是组给人种，这种情况下能不经过借主的同意随意再进行典出吗？＝可以，没有关系。

那么座典座租时，贷主可以进一步把土地典出给第三者吗？＝这点就不知道了。

---

〔1〕　各位看官，此段文字为合同文本，为忠实于原文，译文保持其原貌。

【出租给承典后的出典者】座典座租中，一般在出典的同时会签订租佃契约书，有不这样做，而是在出典之后不久，借主把出典了的土地进行租佃的例子吗？＝有，这种情况不叫座典座租，而是普通的租地。

上述情况中，贷主可以不与借主商量，而任意地把它作为找第三者借钱的担保，进一步把土地典出吗？＝可以。

【承典地的出租和租地】贷主把典来的土地租给人种时，这种租佃叫作什么？＝跟普通情况一样叫作租地。

不叫典租吗？＝不叫。

【承典地的出租期限】上述情况中，有典的期限为 5 年，而租佃在 5 年以上的例子吗？＝只能比典的期限短，不能比它长。

【是否限制承典者出租】贷主把土地组给人种要与借主商量吗？＝没必要商量。

出典时，贷主把土地给他人租佃时会订什么契约吗？＝不订契约。

出典时，会关于土地的使用方法定什么约定吗？＝不会。

【赎回和佃农的地位】借主赎回土地时，佃农的租佃期间未满也必须返还土地吗？＝佃农必须返还。

如果租佃期间还剩一年，佃农可以直接把地租交给借主（地主）而继续租佃吗？＝我认为地主允许的话就可以。

上述情况中，租单是重新写还是保持原样？＝因为没有实例，所以我也不知道。

佃农在之后的一年不能继续租佃时，能尽力请求贷主让其继续租佃吗？＝不能。

【期限前能否赎回】如果契约定的是 3 年后赎回，但是借主在半年后就有了赎回金时，能赎回吗？＝半年的话不行，但是大约经过 1 年收获之后就可以。

虽然经过了 1 年，但是在秋收前，能赎回吗？＝哪怕过了整整 1 年，未收获就不可能赎回。

贷主可以以租佃给他人两年为理由拒绝一年后的赎回吗？＝我想可以拒绝，但是没有实例。

有期限前赎回的情况吗？＝有这种例子。

【拒绝期限前的赎回】有拒绝的例子吗？＝有例子，但是极少，冷水沟有。

拒绝的话怎么办呢？＝贷主就可以在期限内使用土地。

【耕作典地】出典后贷主能随意更换作物吗？＝能。

【租佃地的耕作和作物】从贷主那里租借土地的佃农也能随意更换作物吗？＝佃农不能随意更换作物。

上述情况中，佃农一直以来种的是高粱，要改种粟的话得与贷主商量吗？＝可以自由决定。

如果种高粱改为种麦子呢？＝也是自由。

那是什么情况下不能自由决定呢？＝例如，耕种麦粟的话就应该要交纳麦、粟的地租，而改种高粱的话就只能交纳高粱的了。

佃农可以不耕作土地而是饲养鸡吗？＝这会毁坏田地所以不行，熟地会变成荒地。

【租佃地的买卖和佃农】地主不与佃农商量而卖掉土地时，佃农能向地主表示不服吗？ ＝不能。

能请求损害赔偿吗？ ＝不能。

【赎回和佃农】由于借主（地主）赎回土地而不能租佃时，佃农能向贷主请求损害赔偿吗？ ＝不能。

【座典座租的期限】座典座租时租单上会写有租佃期间吗？ ＝不写。

这种情况中，也不写典的期限吗？ ＝不写。

【座典座租和转租佃】座典座租，佃农（即地主）能进一步把土地租给人种吗？ ＝不会这样做，座典座租的人没有闲工夫去再给人租佃。

但是如果家里出了事故不能耕作时呢？ ＝这时应该可以吧。

【地主和佃农的关系】冷水沟有佃农住在地主家的情况吗？ ＝没有。

佃农对于地主就只用交地租吗？ ＝是的。

一年中过年等时候不去打一两次招呼吗？ ＝不去。

地主家修缮房屋时，佃农不去帮忙吗？ ＝可以去，也可以不去，义务上来说没有必要去。

佃农的家里娶媳妇时，要跟地主商量吗？ ＝不商量。

结婚仪式等会请地主来吗？ ＝没必要招待地主，招待四邻就行了。

佃农去地主家时会受到什么样的待遇？ ＝地主会比对待一般人更加热情的招待他。

佃农如何称呼地主？ ＝跟普通称呼一样，叫老爷或名字等。

地主如何称呼佃农？ ＝一般就只叫名字。

如果佃农是老人会叫他大爷吗？ ＝会叫大爷。

地主到佃农家里去时，佃农对他会比对一般人更热情吗？ ＝比对普通人更热情、更尊敬。

【地主的援助】佃农有困难时，地主会帮助他吗？ ＝也有帮助的时候。

佃农从别人那里借钱时，地主会成为保人等吗？ ＝可能会，不过没有实例。

【地主佃农的赠答】过年等时候佃农会给地主赠送礼物吗？ ＝不会。

地主这边会送吗？ ＝不会。

地主家有不幸或喜事时会送东西吗？ ＝这种情况会送，但是即使没有租佃关系也会送。

这种时候难道不是因为是佃农才送，不是佃农就不用送吗？ ＝不能说不是，但是很少。

佃农的孩子与地主的孩子会一起玩耍吗？ ＝会。

这种时候，佃农的孩子不会顾虑地主的孩子吗？ ＝不能说不会吧。

【村内的佃农】冷水沟有多少佃农？ ＝约 20 位。

【分成租佃】分成佃农大概多少？ ＝约 10 户。

【租佃兼自耕】佃农除了租佃地以外有自己的土地吗？ ＝多少有一些，中间也有两三户佃农没有自己的土地。

【自耕兼租佃】自己所持有的土地大于租佃地的大概有多少人？＝20 户全部都是租佃地大于自耕地。

分成佃农呢？＝也是租佃地更多。

【佃农和肥料农具的贷给】佃农中有向地主借肥料农具的吗？＝冷水沟没有，但是别处有。

别处哪里有？＝章丘县。

你知道榜青这个词吗？＝不知道。

【开垦租佃】有未开垦的土地以附加条件让人开垦租佃的地方吗？＝历城县南边有。

这有什么特定的称呼吗？＝不知道叫什么。

【地主在耕作上的指挥】地主会对佃农田地的耕法或关于田"垄"进行指挥吗？＝不会。

【垄的变更】能把东西走向的垄随意变更为南北走向吗？＝这在耕作上太麻烦了，不会这样做。

可以更改垄的宽幅和大小吗？＝冷水沟的地都很小，不会把地弄得更小。

那能把它变大吗？＝没有地主的许可，也可以把它变大。

【租佃成约的送礼等】佃农初次租佃时，会送礼品给地主吗？＝不会。

租佃的约定成立时，地主会招待佃农吗？＝不招待。

租佃的约定成立后，佃农会送礼给地主吗？＝不会。

制作租单时，会事先写草契之类的东西吗？＝不会。

【租佃契约的定金等】租佃的契约成立时，地主把土地给他人租佃，佃农要给地主交定金一类的东西吗？＝不用。

地主会给佃农定金之类的东西吗？＝不会。

租佃的契约成立时，考虑到将来租粮可能滞纳的情况，会预先给地主一定的钱吗？＝不会。

有押租银吗？＝没有。

押租银是什么？＝地主不信任佃农而收的钱。

【租佃契约和土地交付】租佃契约成立时，在什么时候用什么办法交付土地呢？＝并没有什么特别的方法。

契约成立后，立即交付土地吗？＝立即交付。

佃农制定租单后会约定什么时候开始耕作等吗？＝不会。

【租佃契约的公示】租佃契约成立时，用什么办法通知村民呢？＝没必要这样，自然就知道了。

不呈报村公所等吗？＝不用。

租佃契约成立时，地主方面或佃农方面，会招待地主四邻及中保人等吗？＝不会这样做。

租佃契约成立时，会拍手或者举行其他的仪式吗？＝不会。

【关于长工】冷水沟中招长工的地方大概招几个人？＝一二个人。

长工大概多少岁？ ＝年龄不定。

长工的雇佣期间一般为 1 年吗？ ＝是的，为 12 月初一到次年的 12 月初一。

长工是由某个人介绍了然后雇佣的吗？ ＝是的。

长工仅限于同村的人吗？ ＝不限于同村，也有别村的人。

长工会带着家庭成员（妻子、父母等）吗？ ＝一般都带着。

长工在主人的家里住 1 年吗？ ＝是的。

【长工的工资】长工的工资大概多少？ ＝据年龄而有不同，一年期间少的有 20 元左右，多的有 50 元左右，一般约 40 元。

会给长工被子或衣物吗？ ＝会给被子，但是衣物是自己解决。

长工的年龄是？ ＝一般 20 岁以上。

【长工】冷水沟有夫妇二人都是长工的吗？ ＝没有这种夫妇二人都打工的。

为什么没有？ ＝这样雇用方也会很难办，长工的妻子要留在家里照顾父母。

长工是什么样的人？ ＝没有土地、贫穷、生活困难的人。

【工资支付时间与计算】什么时候支付工资？ ＝年底支付。

中途，比如 9 月左右因生病回家时，会付给他全部的工资吗？ ＝如果是 9 月下旬的话，因为收割已经全部结束，可以付给全部工资。

中途如果 6 月回家（生病），没有再次回来的可能性，那么工资按日结算并支付吗？ ＝是的。

这种情况下，要减去中途回家的二三天吗？ ＝不减。

【长工的雇用契约】与长工的契约是口头的吗？ ＝是的，不写契约书。

【长工的实物支付】给长工的除了工资以外还有什么？ ＝火柴盒大小的 10 个盒子装成的大盒每年给 8 大盒左右，烟草 1 斤（1 斤约 40 钱，可供使用约 1 个半月），立夏的 4 月上旬一般会给 1 个夏天的帽子和 1 块手巾，地主会事先言明这些事情。有时烟草会在麦子收割后给 1 斤，或者在豆子收割后给 1 斤，1 年共给 2 斤。给的东西用完后就自己想办法。

此外平常不给点心吗？ ＝不给点心，但是夏天会给瓜吃。

得来的东西都是分着给的吗？ ＝一定是分着给的。

【长工的保证人】雇用长工时要给介绍人送礼吗？ ＝不送。

对于长工有保证人吗？ ＝一般没有。

【长工的住所、工作】长工住在哪里？ ＝住在牛棚隔壁的房间。

长工在家里做些什么工作？ ＝拉土、割草、打草、打绳子、拉、打水、磨面、喂牛等。

长工也耕作吗？ ＝是的。

【长工的伙食、宿舍】饮食和家庭成员完全一样吗？ ＝完全一样。

如果长工在同村有自己的家也会住在雇主家吗？ ＝不尽然，不过如果别村的人即使自己的家能保证每天上班工作也会住在雇主家而不回去。

这种情况，一般 1 个月回几次家？ ＝本来是不回去的，但是并没有规定，所以 1 个月回一二次家也是被认可的。

【关于短工】短工 1 年大概雇几个人？ ＝一般是在农忙期人手不足时雇用，人数不定，要根据所有地的多少和家庭成员的人数。

【短工的雇用单位】短工会规定 1 周或 1 个月期间持续雇用吗？ ＝不是的，每天，按天雇用。

实际中没有同 1 个人连续被雇用 3 天或 4 天的情况吗？ ＝实际中有，但是每天都会更新契约。

【短工】短工是什么样的人？ ＝并不一定是贫困的人，也有可能是自己工作完成了或者有闲暇的人。

短工没有住在雇主家的吗？ ＝没有。

【短工的工资】短工的日薪多少？ ＝这个时候 1 天是七八十钱，今年春天是五六十钱，去年是四五十钱，因为物价上涨，日薪也上涨了。

【短工的资格】作为雇用短工的条件会考虑哪些点，年龄、身体、工资、住所、与雇主的关系等如何？ ＝年龄不定，能一个人独立工作的人，身体强健，工资要求尽量低的人，尽量是有被雇用过的经历的人，住所的话在哪里都无妨。

【关于短工集市】短工是如何雇用的，如何寻找想被雇用的人？ ＝冷水沟附近有叫杨家屯的村庄，这个村庄有一个关帝庙，短工就聚集在关帝庙的院子里。

为什么聚集在那里？ ＝并没有明确的理由，只是 20 年前以来一直是这种习惯。

聚集的人都是哪些地方的？ ＝并不来自某个特定的地方，也有历城县下一些地方来聚集的人。

冷水沟的人也去杨家屯吗？ ＝是的，聚集在杨家屯的话工资更高。

想雇用短工的人都去杨家屯吗？ ＝是的。

短工聚集在关帝庙时，没有取缔的人吗？ ＝没有。

短工有必要因为聚集在那里而给关帝庙守堂的人或者给杨家屯一些钱吗？ ＝不用。

关帝庙 1 年 1 次或 2 次的祭礼等时候，需要捐赠吗？ ＝不用。

【短工集市的时间和雇佣】短工每天什么时候聚集？ ＝晚上聚集，白天就散了。

冷水沟的人去雇用短工时什么时候去？ ＝凌晨时候去。

那时与短工直接见面交涉吗？ ＝是的。

没有中间人吗？ ＝没有，但是有跟 1 个人约定好后还需要 1 个人时，这个被雇用的短工拉 1 个人过来的情况。

这些聚集的短工中有规定的头儿或组织者吗？ ＝没有。

【短工集市的例子和特色】像杨家屯那样短工聚集的场所，在冷水沟附近还有吗？ ＝有，王舍人庄的真武庙，聚集在沙河大桥等。

杨家屯大概有多少人聚集？ ＝每天不同，聚集在市口（院子）里的人有 20 人，多的时候有 80 人。

杨家屯与王舍人庄两处聚集的短工有何不同？ ＝聚集在杨家屯的多数会种水田，而聚集在王舍人庄的则很少人会种水田。杨家屯附近的村庄，聚集者以冷水沟的人最多。

【短工工资的支付】短工的工资是每天支付吗？ ＝每天晚饭后支付。

有攒在一起二三天支付的情况吗？ ＝有。

吃饭由雇主负担吗？ ＝是的，提供一日三餐。

【短工的住宿】来自很远地方的短工，一天的工作结束后住在哪里？ ＝住在关帝庙。

要交住宿费吗？ ＝不用交。

【租佃地的田赋和交纳】如果一个人有 1 亩地，把这块地给人租佃的话，田赋多少？ ＝1 年 9 毛。

如何交纳？ ＝1 年分 3 次交纳，第一期和第二期会高于第三期。

【田赋的负担】上述中的田赋都由地主负担吗？ ＝是的。

【田赋以外地主的负担】针对这 1 亩地，此外还有其他要负担的金额吗？ ＝要交给村公所 2 元。

地主的负担对于分种租佃与普通租佃没有不同吗？ ＝没有不同。

在租佃地中，有比普通的地租少，而田赋由佃农负担的土地吗？ ＝没有。

【制作租单】租单要作几份？ ＝制作 1 份。

这是由地主给佃农，还是由佃农给地主？ ＝由佃农给地主。

【天灾和免除地租】发生了天灾等不能上交地租时怎么办？ ＝那就免除地租。

【租佃契约和土地调查】制作租佃契约时要丈量土地吗？ ＝不丈量。

佃农会实地查看土地吗？ ＝是的，实际查看后，大致估计这块土地能产出多少。

【佃农和四邻】这时四邻会去作证吗？ ＝不作证。

地主会把佃农介绍给四邻吗？ ＝不介绍，适当时机在田里与四邻碰到时打招呼。

麦秆是佃农的吗？ ＝是的。

【地租交纳和延期】有佃农不能交纳租粮时，找别人借来交纳的情况吗？ ＝这种情况没人肯借给他。

得到地主允许的话，可以跟来年一起交纳吗？ ＝一年份一点也不交纳是不行的，但是可以交纳一部分，剩下的等到来年再交。

佃农会给地主送季节性的礼物吗？ ＝不会。

【佃农和农具等的借贷】有从地主那里借农具、牛马的例子吗？ ＝没有。

有从地主那里借种、苗的例子吗？ ＝没有。

借肥料的例子呢？ ＝没有。

上述的事情完全没有吗？ ＝特别亲密的关系的话，可能会有。

【佃农的送礼、帮忙】除地租以外，土地上产出的蔬菜、水果、鸡蛋等会拿去给地主吗？ ＝不会。

地主修缮房屋时，佃农会去帮忙吗？ ＝不会去，但是如果住得近就另说了。

【地租的交纳、计量】租粮要拿到地主家去吗？ ＝是的。

在地主家称重吗，如何称重呢？ ＝大致计量一下，不会一个一个去称重。

由佃农称量，地主在旁边看着吗？ ＝是的。

米、麦、高粱这些有皮的东西如何拿去呢？ ＝带着皮拿过去。

去交地租时，地主会招待佃农吗？ ＝不会。

地主会觉得很难得而表示感谢吗？＝不会特别表示感谢。

把租粮拿给地主时，地主会给佃农收据吗？＝不会给。

会记到账面上吗？＝不会。

【地租的决定和交纳期】如何决定地租（租粮）的高低？＝要看这块土地能种什么样的作物。

租单上一定会写有租粮的交纳期吗？＝是的。

米、麦、粟、高粱、大豆的交纳期分别是怎样的？＝米是农历 10 月中旬，麦子是农历 5 月中旬，粟是农历 8 月中旬，高粱也是农历 8 月中旬，豆子是农历 9 月中旬。

【滞纳地租的交纳】租粮滞纳时就要交纳比平常更多的租粮吗？＝没有这样的事。

【租佃地相关赋役的负担】村里修缮沿着租佃地的道路时，赋役由地主负担还是由佃农负担？＝赋役由地主负担，几乎没有佃农负担的情况。

【在租佃地挖井】在租佃地上挖井必须要和地主商量吗？＝佃农也可以自由挖井。

返还挖了井的土地时，地主没有特别希望的话，就应该把土地恢复到没有井的状态即原状吗？＝是的，但是没有佃农挖了井的实例。

【租佃地的作物】可以随意在田里种果树吗？＝不行，因为会毁坏土地。

可以随意更改作物的种类吗？＝不能随意更改，不过种粟的土地改种高粱的话无妨。

【更新租佃契约】租佃期满而想要继续租佃时，要重写租单吗？＝本来是要重写的，但是不用重写，地主在济南的话就重写。

重写时是全部重写吗，旧的租单怎么办？＝全部重写，旧的租单作废。

【村里的地主和所在】冷水沟有几户地主？＝有 5 户左右，其他的在济南。

【村里的佃户】租地户有几家？＝10 家以上，20 家以下。

【中保人】中保人是什么人？＝中保人是冷水沟的村民，只要家世清明谁都可以，如邻居、亲人、朋友等。

女人也可以吗？＝女人也可以，但是实际中没有这种例子。

中保人一般为几人？＝一般为一人。

【地主的管理人】在济南地主一般都有管理人吗？＝有。

是住在冷水沟吗？＝不是，是从济南来的。

有职业做中保人的人吗？＝没有。

【无法制作租单的情况】有不作租单的情况吗？＝如果是亲戚、同族、亲友关系的话，也有不作租单的。

【不在地主】是冷水沟的人却住在冷水沟以外的地方，而拥有给人租佃的土地的地主大概有多少人，住在哪里？＝大概 10 人，都住在济南。

有住在冷水沟以外而在冷水沟持有土地的历城县人吗？＝因为土地的界限不明，所以不知道。

【制作租单】写租单时，如果地主和佃农都不会写字，就由中间人写吗？＝是的。

如果中间人也不会写字时，谁来写呢？＝就请别人写。

没有租单由地主或中间人持有的情况吗？＝没有。

【作物和租粮】如果作物有两种，租粮也是两种吗？＝是的。

没有种的是米而交纳的是麦子的情况吗？＝没有。

【分成租佃的分种和租单】有与分成租佃相当的词语吗？＝有分种地户这个词。

这是指哪种情况？＝租佃中，地主和租地户两方每年平分收获的情况。

分种租佃时也有制作租单吗？＝不作。

为什么？＝因为这是在同族或其他极为亲密的人之间进行的，而且租粮是现场公证与地主在田地里平分，不用担心滞纳。

【分种的平分方式】租粮的米、麦、粟、高粱、豆是如何平分的？＝这些东西都带穗平分。（高粱只带穗，茎归分种地户所有。）

秸秆也都平分吗？＝是的。

高粱的话为什么茎全部归分种地户所有？＝因为收割整理很麻烦。

没有把收获的三分之二给地主，三分之一给租地户这样的情况吗？＝没有。

【村内的分种地户】分种地户在冷水沟有几户？＝10 户左右。

地主呢？＝大概四五户。

都是租给同族的吗？＝是的。

10 户分种地户都是找同族租借的田地吗？＝不是的，其中六七户都是找同族租借的。

【同族间、他人间的租佃】同族之间的租佃都是分种地户吗？＝是的，没有一般的租佃契约。

与他人之间的租佃关系有分种和普通的所谓租地两种吗？＝是的。

济南的地主与冷水沟的佃农之间有分种租佃的吗？＝没有。

为什么？＝因为田地需要平分，而且实际上不适合并且不可能。

分种地户情况下的地租也叫租粮吗？＝不叫租粮，并没有名称。

【地主的耕作及其他指令】一般租佃的情况下，地主会就肥料、除草、耕作方法来指挥或干涉佃农吗？＝不会，但是如果发觉其对收获会有明显的不良影响的话，就另当别论了。

【租佃契约的时期】租佃契约在什么时候会签订的比较多？＝1 月、2 月左右，还没有作物的时候。

没有 6 月、7 月、8 月的吗？＝没有。

【租佃地的管理、耕作】如果 1 月、2 月时签订了租佃契约，什么时候开始耕作呢？＝农历 3 月左右。

在这之前（租佃契约成立后）租佃地由谁管理？＝由佃农管理。

【租佃地的分割】佃农分家后，能把租佃地进行分开耕作吗？＝能。

【租佃契约的承继】佃农死后其继承人（下一任家长）能接着租佃吗？＝能。

上述中分家、继承的情况，租单要重写吗？＝无须重写。

【不定期的租佃】有不定租佃期间的情况吗？＝有，亲友、同族等关系的话不规定租佃期间，也不制作租单。

【滞纳地租的征收】滞纳或不纳租粮时，会有征收佃农家财、工具的情况吗？＝不会有这样的事，这种事是不被容许的。

【收回租佃地】有收回租佃地的情况吗？ ＝有。

能向中保人请求租粮吗？ ＝能。

【滞纳地租的处理】有把滞纳租粮作为佃农的借款，写下借用证明的情况吗？ ＝没有。

有地主或佃农到县公署、村公所等处请求劝说斡旋的例子吗？ ＝没有。

【地租的交纳期限】租粮何时交纳？ ＝一般是收获后，农历的 10 月 1 日到 15 日期间

有事先征得地主同意后分 2 次交纳的例子吗？ ＝有。

【现金交纳地租】有用现金交纳租粮的情况吗？ ＝有，这时会按作物的市场价格交纳。

租粮滞纳时，有滞纳利息或其他类似于此的吗？ ＝没有。

【地租的滞纳】到何时为止不上交租粮就叫滞纳？ ＝到 10 月末还不交纳的话就叫滞纳。

【地租的换纳】没交纳租粮的情况下，能在地主家打一个冬天的工当作交换吗？ ＝地主认可的话就可以吧。

有从一开始就跟地主约定用现金交纳，或者不交租粮而是给地主家做工的情况吗？ ＝没有。

【地主佃农的纷争】冷水沟有地主和佃农之间的纷争吗？ ＝没有。

【地租的增加与减免】物价上涨、气候好而丰收，或者气候恶劣歉收时，地主会要求增加租粮，或佃农会申请减额吗？ ＝没有地主要求增加租粮的事，有为了减少租粮互相商量的事。

把租粮搬运到地主家的费用由佃农负担吗？ ＝是的。

【租佃期满和继续】租佃期满时，如果地主和佃农双方都不提的话，就自然按原来的条件继续租佃吗？ ＝是的。

【租佃的开始期间和结束期间】如果租佃契约是 3 年，一般是在农历的 1 月、2 月开始租佃，3 年过后也在这个时期结束吗？ ＝是的。

【租佃结束和土地返还】佃农有把租佃地恢复到原来状态的义务吗？ ＝是的。

【租佃证书的例子】一般租单的写法是怎样的？ ＝

　　　　立租单人〇〇〇今租到

　　　　〇〇〇名下某地若干言明每年租粮〇斗耕种期限以〇年为度〇年以内自许客辞主不许主辞客上租粮日期以十月为度到期不上保人完全负责此系两家情愿各不反悔空口无凭立租单为证

　　　　　　　　　　　　　　　　　　　　　　　保人　〇　〇　〇

　　　　　　　　中华民国〇〇年〇月〇日　　　　　立

转租的情况呢？ ＝转租的话就写"立租单人〇〇〇前所租〇〇〇某地若干今转租〇〇名下〇〇〇〇"

　　立租单人李长庚今租到

　　杨秀岭名下桥东旱地东西地壹方大亩一亩五分及五股道南北旱地一　大分八分耕种桥东地言明每年租粮六斗

　　按季上租五股道言明每年租粮高粱三斗豆麦各一斗半五年期内许客辞主不许主辞客若有虫灾按半上租　　天灾按　成上租若有缺租等情由保人完全负责空口无凭立此租单为证[1]

　　　　　　　　　　　　　　　　　　　　　　　保　人　李长芬

　　　　　　　　　　　　　　　　　　　　　　　代　字　李孝伯

　　　　　　　中华民国二十八年八月二十日　　　立

　　立租单人李贤今租到

　　任福田名下庄东北海　圈东西水地壹段大亩一亩六分言明每年租米府斗玖斗如遇天灾稽粝平批栽种五年为限

　　五年以内自许客辞主不许主辞客上米日期以十月为限到期不上保人完全负责此系两家情愿各无反悔空口无凭立租单为证[2]

　　　　　　　　　　　　　　　　　　　　　　　保　人　李登科

　　　　　　　民国二十八年十月十二日　　　立

---

〔1〕　译者注：此处为合同文本，为忠于原文，故保持原文文字结构。

〔2〕　同上。

1941 年 10—11 月

（华北农村惯行调查资料第 45 辑）

租佃篇第 9 号　山东省历城县冷水沟庄
　　　　调查员　本田悦郎
　　　　翻　译　刘峻山

10 月 31 日

应答者　任福申（丁保，第七甲长）
　　　　李凤坤（丙保，保长）
　　　　任延实（丁保，第八甲长的长子）
地　点　冷水沟庄公所

【所有地和地种】李姓大概有多少地？＝14 亩，水田 2 亩、旱田 12 亩。

旱田是指？＝种高粱、豆、粟的土地。

有别的名称吗？＝旱地。

哪种用的多？＝旱地。

种稻的土地叫什么？＝水地、稻田，一般多用稻田。

旱地、稻田以外没有其他土地的名称了吗？＝没有。

任氏有多少亩地？＝16 亩，稻田 3 亩、旱地 13 亩。

其中稻田呢？＝7 顷有余。

剩下的是？＝旱地。

从 43 顷中减去 7 顷后剩下的 36 顷中，除旱地以外不包含宅地吗？＝包含。（参考村田调查员听取的冷水沟第一回询问回答记录"村落"）

宅地叫作什么？＝宅基。

村里第一的地主是谁？＝王慎三，有 40 亩地。（?）[1]

【土质和地名】村里稻田的土质如何？＝在积有水的地方种稻。

---

［1］　译者注：原文如此。

水是如何积存的？　＝是从地下泉水里涌出来的。

水涌出来的地方叫什么？　＝稻田。

含有盐分的土地叫什么？　＝咸地。

别的称呼呢？　＝咸厂地。

哪种使用得多？　＝土地分"白土地、黑土地、黄土地、红土地"，红土地是土质最好的土地，但是本村没有，使用前面3种地。

上述3种中本村哪种最多？　＝最多的是咸地，其次是黄土地、黑土地，但是比起黄土地，同样的粮食在黑土地上种植的话，会重1斗。

大概有多重？　＝比咸地的1斗粟要重3斤。

这是为什么？　＝因为黑土地肥沃、土质好。

【土质决定地价】上述4种土地的买卖价格如何？　＝咸地1亩145元。

价格呢？　＝咸地1亩145元。

黄土地

黑土地这3种里面分一等300元、二等200元、三等180元

白土地

白、黑、黄3种土地的一等都是相同价格吗？　＝价格跟颜色无关，哪种土地里面都有好的。

那么，白、黑、黄土地的区别就单单只是土地颜色的区别吗？　＝只是颜色不同的区别。

没有土质，即好土、坏土的区别吗？　＝是的。

一般不是白土优于黄土吗？　＝黄土的话，一般好地多一些。

好地多的土地是？　＝黄土地，其次是黑地、白地、厂地。

【稻田的水——泉】稻田里的水怎么办？　＝需要水时就作堤防把水积存起来，不要时就流到小清河里。

堤防里积存的水来自哪里？　＝来自各水源地。

水源地是指？　＝泉。

泉大概有多少？　＝有很多。

泉是如何有的？　＝从田里自然涌出来的。

有干涸的时候吗？　＝有。

在哪里作堤防？　＝？

请再解释一遍堤防？　＝堤防即是"河涯"。

【雨季】雨季是什么时候？　＝夏天，农历5、6、7月。

【稻田灌溉】在一般年份，雨量是否高于稻田所需？　＝一般稻田不需要雨水，根据泉的有无稻田的需要不同。

雨季会形成洪水吗？　＝每年形成洪水的例子非常少，今年雨水不足，所以作了新泉，然后把各自土地上的水口堵上，独自给水。

不共同给水吗？　＝不。

一般的年份也不共同给水吗？　＝共同给水。

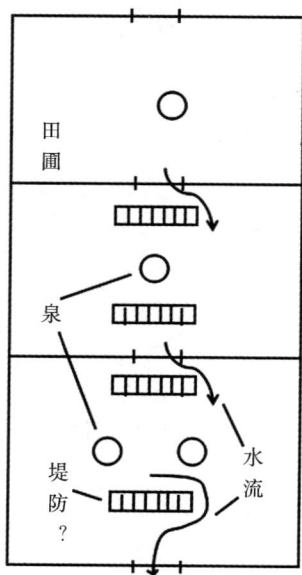

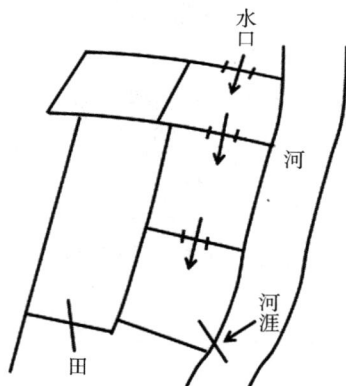

　　这时共同给水的方法是什么？＝与村里的甲长、保长无关的稻田所有者聚集起来"倒班"看水。

11 月 1 日

租地　租户　地主　租单　租粮与作物

　　应答者　李张贵（丙保、第六甲长）

　　【家庭、姓名】你的家庭成员如何？＝母亲、妻子、儿子二人（14 岁、10 岁）、女儿一人（3 岁）。

阁下是叫李良甫吗？ ＝是的，这是本名，村名都叫我李张贵。

你与李自善的关系是？ ＝这是我的别名。

村民一般也像你这样，一个人有好几个名字吗？ ＝一般有 2 个名字，几乎所有人都有 2 个名字。

【所有地】你有多少地？ ＝14 亩（?）。

我觉得 14 亩有点奇怪，难道不是 21 亩吗？ ＝是的。

【所要经营的亩数】有多少亩可以够生活？ ＝1 人 2 大亩，租地的话，大人要 16 亩才能生活。

从别人那里借的土地呢？ ＝没有，都是自己的土地。

【所有地的田赋】田赋 1 年大概交纳多少？ ＝13.6 亩的话，白银 1 两，今年一期、二期合起来交了正税 4 元、附税 12 元（14 元?）[1]，3 期还没交。

去年的情况如何？ ＝忘了（?）[2]。

收据应该还在吧？ ＝收据弄丢了（?）[3]。

那么 17 亩要交多少？ ＝1 亩要交银两 7 分 292，所以合计是 1 两 3 钱，1 两是 16 元，正附合计是 20 元 80 钱。

其中稻田有多少亩？ ＝3 亩（大）。

旱地呢？ ＝11 大亩。

【大亩和官亩】大亩是官亩的多少？ ＝2.1 亩（?）[4]。

村里一般用哪个？ ＝用大亩。

田赋的话用哪个？ ＝用官亩。

【作物的收获量】今年，稻田 1 亩的收获量是多少？ ＝今年收成好，3 亩收获了 13 袋，纯米的话有 2 斗 100 斤。

您家旱地里种的是什么作物？ ＝今年是豆（6 亩）、高粱（3 亩）、粟（2 亩）。

每 1 亩的收获量多少？ ＝

$$
\begin{cases}
豆 & （今年）半斗（去年）3 斗 \\
高粱 & 6 斗 6 斗 \\
粟 & 8 斗 8 斗
\end{cases}
$$

今年的收成普遍高于去年吗？ ＝少（?）[5]

【农具和牲口】稻田中使用哪些农具？ ＝镢、锨、耧、抿耙、耙、锄。

不使用牛马吗？ ＝牛要加上耙、耧、抿耙使用，我有 2 头牛。

你是自己使用牛马？ ＝是的，2 头交替着使用。

---

〔1〕 译者注：原文如此，故保持原貌。

〔2〕 同上。

〔3〕 同上。

〔4〕 同上。

〔5〕 同上。

平常不耕作时牛怎么办？ = 2 头牛一起拉大车搬运粮食。

1 年拉大车去济南几次？ = 3 次，去买粪，蔬菜可以在附近的集市买到，所以不在济南买。

【租佃的相关称呼】从他人那里租地来耕作叫什么？ = 叫租地，此外没有别的名称了。

租地的人叫什么？ = 叫佃户，佃户也叫租地户。

【稻田和旱地的租佃】本村租地的情况中，稻田和旱地哪种多？ = 两种都有。

从租地户的角度来看，租哪种地更有收益？ = 旱地。

为什么？ = 旱地"租子"便宜些，但是耕作的话，稻田收益更高。

有什么样的收益？ = 米的话，秸秆现在的价格也相当高，仅秸秆租地户就可以获益。

【租户的数量和租佃地】租地户在本村大概有多少？ = 20 户到 30 户左右，平均而言，稻田的租地多一些。

租地户愿意租哪种地？ = 稻田。

这 30 户一般租佃多少亩的比较多？ = 二三亩的较多。

【村里的佃农】租地户在村内大概多少户？ = 50 户（？）[1]。

他们主要以什么为生？ = 租地。

【佃农的副业】租地以外，补足生计的职业呢？ = 没有？[2]。

但是仅靠租地足够吗？ = 做短工或做生意，做生意的话就是卖花生、油等，也有做蒿绳的。

他们中多数有属于自己的土地吗？ = 多数都没有。

【佃农所有地的有无】完全没有所有地，只有租地的大概几户？ = 大概有一半。

那么有所有地的一般有多少呢？ = 有二三亩左右。

【家庭人数和租佃亩数】多数家庭中一般有多少人？ = 七八人。

这样的话生活较困难吧？ = 是的，很困难。

一般会租地几亩？ = 三四亩。

但是，这三四亩够家里七八个人生活吗？ = 不够，还需要干其他的工作。

【短工和工钱】其他的工作是指？ = 主要是做短工。

短工 1 天的工资大概多少？ = 1 年中因季节不同而不同，最忙的时候，即农历 4 月、6 月、8 月的时候 1 天 2 元。

这 2 元叫作什么？ = 工钱。

【地主】一般是租村外还是村内的土地？ = 济南人的土地（？）[3]。

有很多土地的人称为什么？ = 称为地主。

地主在冷水沟大概有多少人？ = 有土地的人都是地主。

那么本村有租地户的人有多少？ = 10 户。

---

〔1〕　译者注：原文如此，故保持原貌。

〔2〕　同上。

〔3〕　同上。

这 10 户地主大概有多少地？　=他们并没有很多土地，只是因为家里没有耕作的人。

【不在地主】济南地主的租地户大概有多少？　=40 人。

这些地主大概有多少地？　=？[1]

针对这种人不在冷水沟的地主，有什么特别的名称吗？　=？[2]

【租佃手续】想从别人那里租地种时用什么方法跟人说？　=拜托朋友介绍。

不能直接去地主家租借吗？　=因为地主并不知道，所以不行。

【是否需要租单】租单怎么办？　=有写租单的，也有不写租单的。

不写的是什么时候？　=地主和租地户是熟人的时候。

熟人是指？　=地主新任租地户的时候不需要租单，或者介绍人是有实力的人的时候，也不需要租单。

亲戚之间的话如何？　=跟普通的没什么两样。

同族之间与上述情况有何不同吗？　=跟普通情况一样，并不会不作租单。

租地户中最穷的是谁？　=

> 刘永祥（60 岁）
> 李凤才（62 岁，长子、长茂 30 岁）

租地户中谁见多识广？　=刘茂堂（50 岁）

【制作租单】租单由谁写？　=谁写都可以。

租单一定要写了交给地主吗？　=租地户不能持有租单。

租单上一定要写的东西有哪些？　=租地户与地主的名字、地亩数、租粮数、缴清期限、保人、代笔人。

【保人及其责任】保人是必要的吗？　=是的。

如果介绍人很有名望的话会如何？　=有介绍人的话，也写上介绍人。

保人是干些什么事情？　=不交纳租粮时由保人承担责任。

这个责任是指保人要代替佃农交纳滞纳额吗？　=是的。（？）[3]

这种代为交纳的例子在本村有过吗？　=没有。

有因没有交纳租粮而起纷争的例子吗？　=没有。（？）[4]

租了土地，然后说租粮太高不予交纳的例子呢？　=没有。（？）[5]

【租粮和作物的关系】租粮还可以叫作什么？　=租子、地租。

租粮因作物类型的不同而不同吗？　=是的。

租粮是用作物交还是直接用钱交？　=作物。

村里完全没有直接用钱交的例子吗？　=没有，完全没有。

---

[1]　译者注：原文如此，故保持原貌。

[2]　同上。

[3]　同上。

[4]　同上。

[5]　同上。

互相商量后用钱交的情况呢？＝没有。

租地上产出的粮食一定要上交吗？＝是的。

不能用其他的粮食代替吗？＝这不合适。

为什么？＝种粟的话就交粟，种麦子的话就交麦子。（?）[1]

租地时规定了租子的粮食种类吗？＝规定了。

但是租单上好像并没有写上这点，这是为什么？＝?[2]

由地主决定吗？＝要看土地，土地上种什么是决定好了的。

【土地和作物的顺序】如果不是租地的情况，而是自己的土地，也是这样规定好了吗？＝规定好了。

这是什么意思呢，如果几年种的是麦子，明年在同一块地里种高粱不行吗？＝2 年 3 作。春天种麦子，夏天收割完麦子后种豆，秋天收割完豆之后将田闲置。冬天一直闲置，然后开过年的春天和夏天都种高粱，秋天收割高粱种麦子。

同一时期在同一块土地上不能种 3 种作物吗？＝为了方便不这样种。

春天任何田里都种麦子吗？＝不一定，也种高粱，但是由于高粱的种植期间长，所以一般改种粟。

今年种高粱，一年后这块地上能种粟吗？＝能，高粱和粟可以互相取代。

【作为租粮交纳的粮食】租地时，规定了要用高粱还是用粟交纳吗？＝高粱和粟可以随意变换，各交一半也行。

如果租粮规定的是高粱，可以用粟代缴吗？＝不能。

那么就要明示到底征收哪种吗？＝是的。（?）[3]

由地主方面决定吗？＝是的。

那么租地户能向地主申请不交高粱而是交粟吗？＝不能。

一般情况，地主对于这种事情完全不听取租地户的意见吗？＝是的。

【可否依据价格代纳】如果规定用粟交纳，可以用高粱代替吗？＝可以。

为什么？＝因为高粱的价格更高。

原来如此，那么如果粟的价格高，而规定的租子是比粟便宜的高粱时，能用粟交纳吗？＝可以。

其他的情况，比如麦子比豆便宜时，租粮指定的是麦子，能用豆交纳吗？＝应该可以，不过实际没有这种例子。

【每亩的租粮】租粮每亩大概多少？＝高粱地的话是 4 斗，豆子地 2 斗，麦子地 1 斗半，粟地 5 斗。（?）

租粮每年的量会变吗？＝会变。

那么去年是怎样的？＝和这一样的。

---

〔1〕　译者注：原文如此，故保持原貌。

〔2〕　同上。

〔3〕　同上。

那什么时候成这样的呢？＝很久以前。

是民国前吗？＝是的。

【租粮数额的变更】最近有地主方面随意更改租粮量的事情吗？＝不能这样做。

为什么？＝太高的话，租地户不会租他的地。

但是如果想租地的人很多，地主方面抬高租粮量的话，租地户不是也没有办法吗？＝如果高于上述所说的量，租地户就会亏损，所以不会这样做。

【米的租粮】产米的话，租粮如何？＝每亩5斗至7斗。

这个也是在事变前就是这个量吗？＝是的。（？）[1]

【作物和土地和租粮】虽然同是高粱地，根据土质的不同，收获量不是也有高低差异吗，这种情况下租粮如何规定？＝高粱地的话不会存在很大的差异。

豆子地呢？＝一样的。

麦地，粟地呢？＝也一样。

【稻田的租粮种类】稻田如何？＝稻田要依据土地的好坏定租粮的量。

稻田的话租粮的种类有几种？＝3种，5斗、6斗、7斗（每亩）。

这2种稻田另有什么称呼吗？＝没有等级区分的名称。

【地种和租粮的关系】白、黑、红、黄等地的区别与租粮没有关系吗？＝没有。

5斗、6斗、7斗的地不会分别称为一等地、二等地、三等地吗？＝不会，也不说5斗地、6斗地、7斗地。

上、中、下的区别呢？＝也没有。

旱地也一样吗？＝是的。

【田赋与土地的等级】田赋与土地的等级是什么关系？＝历城县不考虑这一点。在历城县，土地虽然被分为5等，但是冷水沟的土地（包括旱地和稻田）都是二等地。

但是买卖土地的时候，不是会因为土地的好坏而价格不同吗？＝是的，这时候就会有土地的区别。（？）

是怎样的区别？＝同样的二等地也有好坏的差别，因此价格也不同。

收获量如何？＝收获量都相同。

【土质等和收获量】收获量会因泉的有无、土质的好坏而不同吗？＝是的，会不同。

上述中的租粮5斗、6斗、7斗的情况，收获量分别为每亩多少？＝

5斗4袋—5袋

6斗5袋—6袋

7斗6袋—7袋（1袋＝2斗）

针对租粮，租地户完全不能向地主提意见吗？＝不能。

【租粮可否用其他的粮食代纳或用现钱代纳】那么，如果租地户把原本应该为高粱的租粮用豆代纳的话会如何？＝地主不会接受。

高粱的租子用钱代交的情况呢？＝也不会接受。

---

〔1〕　译者注：原文如此，故保持原貌。

我觉得如果地主在济南的话，用钱交反而更方便？ ＝因为地主自己也要吃，所以要粮食更好。

一直以来就没有用钱交纳的例子吗？ ＝没有。

【菜园的情况】这附近没有这种实例吗？ ＝菜园地一般用钱交。

菜园的情况不用青菜交吗？ ＝不用。

为什么？ ＝因为土地面积太小。（？）[1]

前述的 50 户中有租菜园地的人吗？ ＝没有。

冷水沟有菜园地吗？ ＝没有。

【没有租佃菜园的原因】这是为什么？ ＝因为工作太忙，没有闲暇。

不是因为土质或水的关系吗？ ＝不是。

如果不是的话，即使忙碌，我觉得菜园的收益要高得多，不种菜园是不是还有什么其他的理由？ ＝是的，虽然收益好，但是一般那样种地已经成为习惯，所以村里没有一个人种菜园。

那么村民吃菜怎么办？ ＝去市场买。

【市集】市集指哪里的市集？ ＝站前、王舍人庄，那里菜园很多。

王舍人庄以外，还有哪里有市集？ ＝梁王庄、大辛庄、霸子、黄家庄、堰头、山坡，附近的话就是这些，县内的话就有很多了。

县内的话大概有多少？ ＝不清楚。

【市集的交易物品】前述的市集中主要买卖什么物品？ ＝蔬菜、家具、服装、杂货、食材、牲畜（这个仅黄家庄和霸子有）等。

有哪些食物？ ＝米、麦、豆、高粱、粟。

冷水沟的人会去卖食物吗？ ＝会去。

米都是去市集卖吗？ ＝几乎都是卖米的。

为什么卖米？ ＝因为米比其他东西价格高。

村民最常吃的是什么？ ＝高粱。

【济南与市集】村民是去上述所说的市集多，还是去济南多？ ＝多在市集买东西。

市集一直以来就在上述那些地方吗？ ＝是的。

11 月 2 日

是否需要租单　租地与分种　转租　租子的减免

应答者　杜振清　李长起

【村内的租地是否需要租单】如果找同村的人租地，不要租单吗？ ＝本村人之间凭信

---

[1]　译者注：原文如此，故保持原貌。

用借贷，所以不要租单。

　　但并不是所有人都不要租单吧？ ＝不要的。

　　情况难道不是相对少一些吗？ ＝同村民的租地都不要租单。（?）[1]

　　别村的人们即使在这种情况下也作租单，你觉得如何？ ＝也有人有租单，但是我没有，反正这种事不会发生在冷水沟。（?）[2]

　　但是如果没有租单，起纷争的话就会很难办，你觉得如何？ ＝不会有这种事。

　　在去年的调查（冷水沟第一回调查，村田氏，村落）中，有租地户会开会商量租佃条件的事？ ＝没有这样的事。（?）[3]

　　【村内租地的例子】杜振清先生现在有几亩地？ ＝2亩，是找同村的任廷明租的。

　　这个地是旱地还是稻田？ ＝是稻田，都是7斗地，7斗是依据小斗。

　　【大斗和小斗】大斗相当于小斗的多少？ ＝小斗的7斗是大斗的3斗的。

　　村里多用哪种？ ＝米的时候用小斗，其他时候都用大斗。

　　小斗是几斤？ ＝35斤，大斗是它的2倍多，多的有70斤，少的有六十七八斤。

　　这个地的租单呢？ ＝没有。（?）[4]

　　【村内租地的优点】租地的话，从同村民那里租地与从济南等村外的地主那里租地，哪种更获益？ ＝从同村那里租地。

　　为什么？ ＝因为如果是同村，土地不好时，地主也可以理解租地户的情况，7斗不会全部收取，而是给租地户减额。

　　这难道不是分种的情况吗？ ＝不是，是"租子"的情况。

　　【分种的分类方法】分种时租粮以什么方式交纳？ ＝把粮食从田里运到家里，然后把地主叫来，让其分一半带回去。

　　是带脱壳的粮食吗？ ＝是的，从穗里取出粮食带回去。

　　把粮食脱穗叫什么，这种脱了穗的粮食又叫什么？ ＝没有称呼。

　　不带地主去看田里粮食的生长状态吗？ ＝收割前没必要去看。

　　不管哪种分种都是吗？ ＝也有契约开始第一年地主去田里看的情况，但一般都不去看。

　　在家里给地主看时，是带穗的吗？ ＝不是，是已经脱穗的。

　　有地主说仅看粮食颗粒的话不知道实际收获多少，而要去田里看的例子吗？ ＝没有。

　　【分种】前述的50户中，分种地户有多少？ ＝不知道。

　　分种租地叫作什么？ ＝叫"分粮食"。

　　不叫分种租地吗？ ＝叫"分种地"。

　　分种与租地哪种收益大？ ＝分种收益更大。

---

[1]　译者注：原文如此，故保持原貌。

[2]　同上。

[3]　同上。

[4]　同上。

那么租地户都希望分种吗？　＝是的。

那么对地主提出当时契约所写的希望时，地主会如何反应？　＝一般都会认可。（？）〔1〕

【租地】不是分种的情况叫什么？　＝叫租地。

【契约的决定】一般，租借土地是用作分种还是租地由谁决定？　＝双方商量。

地户主张分种地，地主主张租地时，怎么办？　＝服从地主的意见。

除了上述两种方法以外，还有其他租借土地的方法吗？　＝没有了。

【座典座租】租佃出典地叫什么？　＝座典座租。

【转租佃——让给】可以进行二重租佃，即租地户可以进而把地贷出吗？　＝不行。

本村有这种实例吗？　＝很少。

这种情况，租子交给谁？　＝直接交给最原始的地主。

这种租地叫什么？　＝叫让给。（？）〔2〕

那让给是什么意思呢？　＝就是把地给第三个租地户租佃。（？）〔3〕

可以不给地主一点通知，而直接把地租给第三者吗？　＝可以。

这种情况租子交给谁？　＝不交给地主，而是直接交给让自己租地的人。

【租地和可否转贷】把地租给别人时，地主对于地是租地户自己种还是像上述一样再转手给别人种都觉得没关系吗？　＝只要能交租粮，转贷给别人也没关系。（？）〔4〕

在这种情况中，地主不会事先禁止转贷而让租地户自己耕种吗？　＝不会。

【转贷时的租单】转贷时要作 2 份吗？　＝是的。

第二份租单是怎样的？　＝一般不作第二份租单，因为两人的关系很好。（？）〔5〕

如果有可靠的保人，对于不认识的人也会贷出吗？　＝不会。

【转租】前述情况中的租地叫作什么？　＝转租。

村民都用这个词吗？　＝是的。

【四种租佃】租地、座租、分种、转租这 4 种中，哪种最多？　＝分种和租地两种多，后两者非常少。

作为租地户，上面四种中哪种更能获利？　＝这要看租佃的土地状况。土地好，即如果是即使雨水少作物也不易枯萎的土地的话，租地更能获利，租地户也希望租地。但是如果土地不好的话，分种更保险。

【进行转租的情况】通过转租，先从别人那里租来大量的地，然后又把大量的田地贷出给他人租佃，这样好像能获益，你怎么看？　＝不会有这样的事。

为什么？　＝因为转租只发生在关系很好的人之间，因此不会在中间谋利。

那么转租的理由是劳动力不足吗？　＝假设地主在一处地方有 6 亩地，他希望把这块地

---

〔1〕　译者注：原文如此，故保持原貌。

〔2〕　同上。

〔3〕　同上。

〔4〕　同上。

〔5〕　同上。

全部贷给一个人。如果租地户方面只能耕作 3 亩时，租地户就把这 6 亩地全部租下来，然后把剩下的 3 亩再租给别人耕种。

【和地主的关系】这种情况中，地主从最开始就知道转租的事吗？＝是的。

转租的话，都是地主在事前就知道的吗？＝是的，都事前知道。

租地户会把转租的对象告诉给地主吗？＝会告诉。

不告诉不行吗？＝不行。

如果把转租的事不告诉地主，到时候地主知道了会怎样？＝知道了地主也毫无办法。

【租粮的交纳地】租粮交付给谁？＝交给租地给自己的人。

地主知道后交付给谁？＝交给谁都行。

这种情况下，如果最开始的地主主张直接交给自己，第二租地户不想把租粮交给地主而是交给租给自己土地的人，双方各执己见，怎么办？＝一样，不以第一租地户为中介的话不能直接交给第一地主。

村里在转租时，多数是交给谁？＝直接交给地主的多，因为都是同村的村民，与地主彼此认识，所以直接交给地主。

【摊款的分配和负担者】摊款的份额是由所有亩数决定吗？＝是的。

如果自己的所有地有 5 亩，租地 3 亩，出典地 2 亩，摊款的份额是多少？＝租地由地主负担，出典地由出典人用承典人交的钱交。

但是，如果出典地是出典人的土地，那么从承典人那里拿钱交纳不是很奇怪吗？＝由一个人交纳。（？）[1]

两个人如何交纳？＝二人折半交。（？）[2]

租地户的情况也是应该由两人来交吗？＝由地主交，租地户交了租粮，所以不用负担摊款。

【租粮有无用钱交纳的情况】租粮是用粮食交纳还是用钱交纳？＝没有用钱交纳的例子。

本村以外别的村子也是这样吗？＝是的，别村也没有。

一直以来就没有吗？＝是的。

【出现事故时】特别情况，如火灾、盗窃、地主在很远的地方等时，怎么办？＝如果烧毁了，可以不交纳，因为不是故意的。

租子被盗的话怎么办？＝如果损失很大的话，与地主协商适当解决。

因洪水而丢失时怎么做？＝这种情况下，地主不会收租。

【收获很少的情况】在这种情况下，只有一半收成的话呢？＝就交纳一半的一半。

这不就是分种吗？＝不是分种的情况下，依照契约不收税，结果还是剩下的一半的一半。

在 1 亩可以收获 9 斗的土地上，租为 7 斗时，若当年只收获 8 斗的话，租该交纳多少

---

[1] 译者注：原文如此，故保持原貌。

[2] 同上。

呢？＝遇到天灾时比 7 斗都要少，要交纳 5 斗。

地户对地主隐瞒收成少的事的时候如何处理呢？＝不会发生这种事的，一定会通知地主的。

【租子的减少或延期】如果收成减少了，地租当然也要减少吗？＝只要不是特别的天灾，必须全额交纳。

地主如果没有地户的申请，是不会擅自减少地租的吧？＝地主主动减少地租的情况也有，更多的情况是没有地户的申请就不会减少地租。今年无法全额交纳的话，就计入明年交纳的额度中。

在冷水沟一般是怎样的情况呢，地主会主动去做吗（减租），又或者由多数情况下是农民提出申请呢？＝不，大部分都是这样做的。

关于地主减租的实例呢？＝如果是分种的话就毫无关系，若是完全没有收获的时候，两方都不收租。

租地的情况下又是怎样的呢？＝还没有听说过。

那么，地户都是按照地主的申请交纳地租的吗？＝？[1]

【租粮的交纳期限】关于租粮的交纳期限，大家都是一样的，阴历 8 月下旬到 11 月，虽依据作物种类不同会不一，但大家都是一样的。

11 月 3 日

租粮交纳延迟　考虑减免　虫害　不在地主

应答者　王其起

【租佃地——旱田和水田的比例】3 人每年从何时起交纳地租？＝阴历 10 月到 11 月之间。村里的租地户都租种的水田，故而水田很多。

租地户都不太想种旱田，地主也不太想借出旱田，因为小米会被用来做牛的饲料。

其他的地主也是如此？＝嗯，是这样。租地中水田的比例占到八成。

【旱田和水田的优缺点】为什么呢？＝旱田的副产品多，高粱的壳，小米的壳都是佃农的。而水田的副产品较少，稻草也派不上用场，又无法当饲料，所以只能自己买。

用来做绳子怎么样呢，这样不就会比旱田要多出点利益来吗？＝但是这个利益还是不及水田。

【租地的定租】您的地是分种吗？＝不是，大家都是租地，是定租的。

定租是什么？＝租地。

借土地的时候有介绍人吗？＝没有。

【有无介绍人】一般不是租地户来推选介绍人的吗？＝同村的人之间不需要。

---

〔1〕　译者注：原文如此，故保持原貌。

村长、保长、甲长不当中介吗？ ＝不当。

【租粮的交纳期限】交纳期限是什么时候呢？ ＝阴历11月之前。

过了11月还是无法交纳的情况下，就去向地主请求。那个时候是通过书面的形式吗？ ＝口头形式。

【不纳——滞纳】就算向地主请求了也还是无法交纳的情况下如何呢？ ＝无法交纳的情况是非常少的，不，是没有这种情况。

如果交纳期限延迟了3个月（过了交纳期的11月）会收取利息吗？ ＝不收。

【租粮的搬运】交付的时候，由租地户向地主家搬运粮食吗？ ＝由过来拿的地主搬回去。

可是借济南地主的土地的人，租地户不就要将租粮搬运到济南吗？ ＝正是如此，运到济南。一般，不仅限于济南的地主，本村的地主不也是这样的吗？ ＝本村也是地主去取。

让佃农搬不是更方便吗？ ＝因为佃农在地主来取粮食的时候正是忙的时候，正好在佃农脱谷的时候，当场称量运走。

【计量租粮的斗】称量时的"升"是怎样的呢？ ＝用公用的"升"。

各个地主都有一个升吗？ ＝一甲共用，一甲各有一个升。

升一般是谁拿着的？ ＝大概是在甲长的家里。

第四甲谁拿着呢？ ＝第四甲和第五甲共用，由第五甲甲长拿着。

升需要借贷吗？ ＝不需要。

升的量是多少？ ＝容量一斗米的话，重30斤。

升怎么读？ ＝斗。

【减租粮的情况】主要是什么情况下会减少地租呢？ ＝那一年与往常相比只能收一半时，就收取那一半。

由佃户来提出申请吗？ ＝当然。

什么情况下会主动减租呢？ ＝收获的时候收成不好的情况下。

这种情况下，不拜托朋友，保长吗？ ＝都是地户自己去的。

收获是往年的一半的时候，地主会减多少的地租呢？ ＝6斗的租会减成2斗。

往年10斗的收成租为8斗的时候，若是只有8斗的收成那会怎样呢？ ＝不会收取所有的，会收4斗。

【租的减额和延期】是计入第二年征收吗？ ＝来年是丰年的情况下，就交去年滞纳的一部分。

村里面没有滞纳的部分来年交纳的习惯吗？ ＝习惯上，就算到了来年也不征收。（？）[1]

【丰年凶年】本村根据天气情况每年收获量也是有差别的吗？ ＝当然。

具体差多少呢，相差很大吗？ ＝10年里有4回是丰收，剩下的就都是歉收。

是因为什么原因呢？ ＝主要是天气。天气，还有就是虫害。

---

[1] 译者注：原文如此。

还有呢？＝其他没有了。

【虫害】虫害每 1 年都有吗？＝每年都有。

村里为防虫害有共同做什么对策吗？＝做不出来，没有预防的方法，放着不管。

放火烧、打死，这些措施都不做吗？＝虫子太多了，这些方法没有什么效果。

最近受灾比较大的是什么时候？＝最近不怎么严重，五六年有一回。

当时的受灾的程度是怎样的呢？＝虫子来的时候，什么都吃光了。不可思议的是，发生过一个地方的粮食全被虫子吃光，旁边却一点虫害也没有的事。

记忆中那是什么时候的事呢？＝10 年前有 1 次。

那时候村里的受灾情况呢？＝十有七八都受灾了。

【天灾——蝗灾等情况下免租】那个时候租地户怎么做呢？＝一点都不交给地主。

叶子、穗不折半吗？＝虫子把叶子和穗都吃光了。

第二年还要多交纳地租吗？＝不交纳。

这种情况下等地主们会集中决定地租的交纳方法吗？＝不会商量的。

一般关于地租，地主们集中的事没有吗？＝没有。

虫害的时候，佃农会去多数的地主那里请求减免租粮吗？＝就算不去地主那，征收不到的话，自然就不征收了。

【驱虫方法】村子里不开会决定关于受虫灾的救灾方法吗？＝蝗虫飞来的时候，在田里做东西来驱赶。

做什么样的东西呢？＝在棍子的顶端套上衣服敲打驱赶。

不开会吗？＝一起谁都会参加，当然开会了。

什么样的会？＝驱虫会。

受灾过后的善后处理会开会吗？＝不开会，各自想各自的方法。

驱虫会的时候，租地的关系等也不会商量吗？＝不商量。

【不在地主的情况】在这种情况下，借种济南的地主的土地的怎么办呢？＝受灾的时候，济南的地主也不会征收的。

谁去通知这个事呢？＝租地户。

通知了济南的地主会过来看吗？＝就算不来看，也会从其他人那详细听取情况。

其他的人？＝冷水沟的人要是去了济南的话，地主就会问他。

也就是说济南的地主对于负责联系冷水沟情况的人特别依赖的意思吗？＝临时派自己的侍从，并不会特别依赖冷水沟的人。

【检验人】济南地主的侍从叫什么呢？＝检验人。

检验人主要做什么事呢？＝平时就是勤杂工，在济南的地主家里。

一有情况就到冷水沟来吗？＝当然。

交租的时候也来吗？＝当然。

那个时候，他会把租粮全部收集带回去吗？＝仅仅过来看，自己不带回去的。

租户全收集起来大家一起带过去吗？＝各自带过去。少的人用押车，多的人用大车（牛）带。

11 月 7 日

贫农　看坡　摊款的负担　泉和水稻　土地受理

应答者　李永祥（丁保，三甲长）

你有 16 亩土地吗？ ＝去年卖了 2 亩，还有 14 亩。

都是官亩吗？ ＝都是官亩。

水田呢？ ＝水田 8 分地，旱田 13 亩 2 分地。

都是自己耕作吗？ ＝当然，家里有 11 个人。

【蔬菜的自给和购入】村子里一般自己吃的蔬菜是自己种的吗？ ＝买的比较多。

村民中有多大比例是自己种的呢？ ＝百分之一。

三四十户吗？ ＝35 户左右。

其他的都是在市场上买吗？ ＝当然。

【在市集购买的东西】一般村民在市集里都购买什么？ ＝白菜、高粱、菠菜、豆子、小米、玉米、布类、家具、砂糖、柿子、糕点。

经常去哪儿的集市呢？ ＝王舍人庄。

1 个月几回？ ＝10 天开 2 回市。

在那儿买之前说到的所有的东西吗？ ＝当然。

村民都卖米吗？ ＝当然。

王舍人庄有多少户是种蔬菜的呢？ ＝不知道。

以前十二间的人现在都属于第三甲吗？ ＝不一定。

有多少户？ ＝10 户。

【间和甲】您是间长（第十二）吗？ ＝当然是。

间是根据地方分成所属户的吗？ ＝当然。

间中有与群居的地方相远离的人家吗？ ＝没有。

现在的甲还是依据地方来划分的吗？ ＝现在的甲是路一边连续十户为一甲，另一边就从属于别的甲。

第三甲大家都是群居吗？ ＝当然。

三甲中没有住的距离比较远的吗？ ＝没有。

每个甲都是这样吗？ ＝当然。

十二间的人根据去年的地亩册来看，现在李永苞有地 41 亩，李凤桐 41 亩，李与仁 41 亩，李永民 32 亩，谢保林 37 亩吗？ ＝现在是这样。

【短工和耕作能力】一个人短工的话可以耕多少地？ ＝1 天 6、7 分。

前面说的那些人耕作的时候，都是雇用很多短工吗？ ＝当然。

这些人其中有佃农的是谁？ ＝只有李凤桐有，其他都是自己耕地。

【贫民与其生计】十二间中谢长禄有两亩地，他借了多少亩呢？＝没借。

这样够吃吗？＝家里有四口人不够吃，会去打短工。

这样就够了吗？＝去市集里卖丸子，买原料在家自己做。

市集每天都有吗，在哪儿？＝当然，每天都去的。

比起去市集卖丸子，租地耕作好像更好啊？＝没有借他土地的人。

李凤林约有两亩的土地，多少是租地呢？＝没有租地，家里还有儿子、孙子。

儿子呢？＝50 岁，和住在济南的儿子们一起做生意，老婆死了，现在一个人做食料商人。

村子里的土地借给谁了呢？＝孙子的妻子在冷水沟自己种。

孙子在哪儿？＝只有妻子在村里，自己在济南做卖肉商人的雇用工。

村里去济南干活的有多少人？＝不知道。

【看坡及其收入】李金季没有土地他怎么过生活呢？＝当看坡人，不耕作土地，光凭这个能过得下去，也没有其他的家人，60 岁一直独身。

看坡的收入是多少，够过日子吗？＝不确定，只在麦子收获的时候从农民那里拿。

怎么拿呢？＝6 亩的小米 5 合，麦子 2 合。

高粱呢？＝不拿，豆子也不拿。

看坡只看小米和麦子吧？＝当然，也做点别的。

为什么不征收呢？＝因为 2 年轮作，小麦和小米收获时就仅仅收小麦和小米，剩下的作物的时候就不收。

【看坡的酬劳和负担】拥有很多土地的人给的也多吗？＝当然。

有 46 亩土地的给多少呢？＝200 合，2 斗。

也就是一个村子 43 顷 1 年就是 21 石是吗？＝因为看坡人有 8 个，一个人只拿到 2 石 8 斗。

为什么？＝一个人拿到小麦 3 斗，小米 8 斗。

谁去给？＝自己一户一户地去取。

但是只能拿到 2 石 8 斗，这不是太奇怪了吗？＝邻近村子的土地，不用看坡，所以很少。

与村子相近的土地的判断标准是什么？＝与家相邻的土地。

相邻是什么意思？＝相邻的土地，因为每年都有小孩偷盗，看坡人要赔偿，所以相邻的土地不看坡。看坡人也不会接受那里看坡的工作的。

【看坡人和看坡区域】当就任看坡人时，看坡的人会自己确定看坡的区域吗？＝当然，约定好了的。

跟谁约定的？＝每年土地全都列入看坡地，因此 4300 亩地 8 个人来分，当地里的作物被盗的时候，就让看坡人来赔偿。看坡人很贫穷，无法赔偿，于是就变成了纠纷，这个土地来年就不被列入看坡的土地。

看坡不看坡是跟谁约定的呢？＝麦子成熟之前，庄长将看坡人召集起来，抽签决定区域。若是不想在已经决定的看坡区域看坡的话，直接向地主说，于是地主会自己看坡的。

【看坡人酬劳的负担】报酬也是给庄长吗？　＝报酬是一定的，自己去拿的。

租地的人也是同样吗？　＝一样。

这样一来，地主自己的土地的看坡费用不就变少了吗？　＝当然。

分种的情况下是怎样的呢？　＝两方都负担。

怎样做呢？　＝2个人一半一半。

座典座租的情况下呢？　＝借钱的人不交。

出典地的情况下呢？　＝承典者交。

【看坡人的副业】看坡人在不看坡的时候做什么呢？　＝打短工或收粪便。

8个人都没有土地吗？　＝有土地。

其中有租地的人吗？　＝没有。三甲里有一个租地的。谢长杰从任福甲那里租了2亩水田，此外，王存信从王为善弟弟王修善的儿子王兰臣那里租了2亩水田。

【租单记载的摊款比例】租单里写了摊款的交付比例吗？　＝租地户不交纳摊款。

但是我看过那样的租单，租单里写了1年交多少，租地户还付给地主2元？　＝这样的事我不知道，只是在租单最后每个人的钱粮是多少多少，会这样写着。

【佃农的摊款——钱粮的负担】租地户以前不是不交钱粮吗？　＝有的。

什么时候开始的？　＝开始租地的时候。

平均一大亩的摊款合计是多少？　＝今年收了4回，已经收了15钱、30钱、麦子5合（80钱），到年底还要收取1元60钱。

麦子5合（80钱）到年底还要收吗？　＝还要收1元10文钱。

据我们所知，交5元左右的是什么情况呢？　＝田赋全都加起来了吧。地亩册里的1两银相当于4元，一二期加起来，1两银子是12元86钱。

【银两】几亩是几银？　＝官亩13亩相当于1两银。

去年也是这样吗？　＝当然。

银是什么意思呢？　＝正附相加合计，13.6亩相当于1两，这是县里的命令，至于为什么我也不知道。

银两是什么？　＝1斤的十六分之一是1两。

"漕米"是什么意思？　＝这也是给经征所交钱的意思。（？）[1]

什么时候开始的呢？　＝清朝开始的。

三期分纳是从以前就开始的吗？　＝当然。

【根据土地交付钱粮的比例】旱田和水田交的钱粮有不同吗？　＝不同。

钱粮与去年相比上涨了吗？　＝上涨了一点，涨多少不知道。

事变之前呢？　＝1元。

什么时候变成2元的？　＝民国二十七年开始的。

地主用什么来充当钱粮呢，用摊款的一半缴纳吗？　＝地主用土地的种种费用来充当钱粮，缴纳田赋。

---

[1]　译者注：原文如此。

【现金支付钱粮】钱粮和租子不同，是用钱交纳的吗？＝是的，用钱交纳。

必须是钱吗？＝当然。

【有水田的村子】历城县有水田的村子有哪些？＝强马庄、杨家屯、冷水沟、水泡、皮家卫、摊头庄、孙家卫这 7 村。

【市集和济南】利用市集的话，与在济南买相比，哪个更实惠呢？＝因为相近，在市集买更实惠。

【为贩卖而种稻】大家都买村子里产的米吗？＝当然，种水田都是为了卖米。

因为水田的水利不会产生什么麻烦事吗？＝不会。

【水利——泉】前面提到的 7 个村子的水利是怎么做的呢？＝都是用泉水。

没有从河里引水的吗？＝孙家卫那儿有个大泉水，3 坪左右大小，1 年中都有水。

【水的使用关系】村子里关于泉水的使用费用，大家都是怎么出的呢？＝不用花钱的。

水沟的费用呢？＝水沟是原来就有的。

使用他人所有的泉水的费用呢？＝不用，也不需要什么谢礼，随便用就行了。

泉水不够的时候怎么办呢？＝用了，自己要是不够的话，也不会给其他人用的，这个时候，从一开始就不要种水稻，而种旱稻。

【水稻和旱稻】与旱稻相对，种在水田里的稻叫什么？＝水稻。

村子里旱稻、水稻各占的比例是多少？＝今年没有旱稻，去年也没有，四五年前还是有的。

怎么种苗呢？＝阴历二月末，在一部分的水田里插种，18 天里长到 5 寸，这就叫稻的秧。

不从地主那儿拿秧吗？＝自己种的。

【给地主的礼物】租地户给地主除了粗粮之外的其他东西吗？＝不给。

【返还租佃地】当地主租地给其他租地户时，土地必须要返还吗？＝不要。

收获完了呢？＝收获完了返还。

租地期限还有二三年的情况下呢？＝5 年以内的话，不返还。

【租佃时间与土地收回】一般的租地时间是多长？＝一般多为 3 年，1 年到 5 年的也有。

以期限还有 3 年为理由可以拒绝返还地主土地吗？＝朋友会出来调停的。

保人呢？＝保人一般会出来调停。

一般会按照谁的要求来呢？＝因为有定好了的契约，大概是租地户会赢的。

一般如果无视期限，地主想要收回土地的话，不就得要返还了吗？＝一般都不还。

【因卖地导致的土地收回】地主在出卖租地的时候如何处理呢？＝这种情况的话就无异议，任凭处理。

【其他情况下可否收回土地】在不出卖的情况下，如果是自己想种呢？＝想取代佃农自己种的话，也不能无视土地期限收回。

地主无视土地期限的收回被称为什么？＝转租。

违背租地户的意见收回土地又叫作什么？＝回地。

【转租和回地】转租与回地有什么不同？ ＝转租是借给其他的佃农种，回地是返还土地自己种。

【滞纳导致的收回】因租粮的滞纳而引起的土地收回是可能的吗（无视租单期限）？ ＝可能的，这就叫回地。

租地户可以申请租粮的延迟交纳吗？ ＝不可以，今年不交纳的话，就会成为地主收回土地的理由。

【土地收回的时间和理由】一般多是在什么时候地主收回土地呢？ ＝年底的时候最多。

一般多是什么理由呢？ ＝因为地租滞纳而收回土地是最多的。

【近来土地收回的倾向】因卖地的回地很少吗？ ＝这个也不少。

哪个比较多呢？ ＝卖地的情况比较多。

与事变前相比，近年卖地的比较多吗？ ＝与事变前一样。

因地租滞纳而回地的呢？ ＝也是一样。

【地租的推移和收成】地租与事变前相比上涨了吗？ ＝上涨了一点点。

事变前水田一大亩交多少？ ＝6斗。

现在呢？ ＝8斗。

6斗的地租的土地交米多少呢？ ＝9斗里交1石。

8斗的情况下呢？ ＝2石2斗。

【分收成的比例】一般村子里交给地主的和自己能拿到的比例是怎样的呢？ ＝10分地的话8分给地主2分是自己的。

事变前的比例是怎样的呢？ ＝一样。

水田和旱田的情况也有所不同吗？ ＝都一样。

村子里依照这个比例租地的有多少？ ＝大家都一样。

所有租单的情况都是这样吗？ ＝当然。

哪方可以更改呢？ ＝地主那一方会想要多拿点。

要是按照多于这个比例来租地的话，哪一方会比较多呢？ ＝今年比往年多（今年是9斗），往年都是2石4斗交纳8斗，现在是3石里交纳9斗。

11 月 8 日

佃户　旱田和稻田　租佃的契约　租粮的交纳

应答者　刘盛田（杨家屯 第四甲长）

【村里的户数、地主】村里有多少户？ ＝210户。

村全体有多少土地？ ＝73大亩。

怎么可能有这种事，村里最大的地主有多少亩？ ＝50亩（杨凤参）。

还有呢？ ＝然后就是20亩。

【旱地、租地的比例】村子里的旱地和租地哪个比较多？＝合计起来旱地比较多，其中租地占百分之一。

菜园呢？＝没有。

【佃户】没有土地的有多少户？＝30 户。

这些人怎么过生活呢？＝租佃济南城地主的土地。

【租佃相关的称呼】租佃被叫作什么？＝租地。

租地的人叫作什么？＝租地户。

【佃户的明细】不是耕种城里的，耕种村里的地主的土地的人家有多少户呢？＝50 户左右。

租城里人的土地的有多少户呢？＝30 户。

有自己有土地却不耕作、租地给别人的人吗？＝没有。

【地主与经商】城里的地主怎样呢？＝他们不耕田，经商。

做什么买卖？＝卖杂货。

杨家屯里有多少是城里地主的土地？＝有 1 顷。

除此之外，村里还有多少亩村外人的土地呢？＝没有。

【没有土地的人的租佃】前面说到的 30 户无土地的人，一个人可以租多少地呢？＝大概 1 亩到 6 亩，既有水田也有旱田，旱田比较多，水田比较少。

【旱田和水田的优缺点】旱田和水田租佃哪个比较有利益？＝旱田。

为什么？＝旱田的租粮比较便宜。

【旱田和稻田的租粮】一大亩旱地和稻田的租粮是多少？＝旱田小米 5 斗。不是小米的话，就小麦 2 斗半，豆子 2 斗半，合计 5 斗。稻田的话分为 7 斗和 8 斗两种。

旱地的租子是怎样的呢？＝每种是 5 斗。

【租粮与收成】前面说到的 7 斗一大亩中收取多少米呢？＝能收 1 石 4 斗。

您有多少租地呢？＝我没租地，但是我有 13 亩的土地。

有多少亩用来做租地呢？＝没有用来做租地。

8 斗米的租子的土地能收多少呢？＝能收 1 石 6 斗。

根据我们的调查，交 7 斗地租的话，收成只有 9、10 斗吧？＝地租是前面说的那样的，除去劳动和肥料，也赚不了多少。

【无土地人们的家庭与租地】前面说到的无土地人们的家庭大概有几口人呢？＝平均七八人，多的话有 14 人，少的话就只有五六人。

有 14 口人的是多少户呢？＝10 户左右。

有七八口人的呢？＝10 户左右。

前面说到的有 14 口人的租地有多少亩呢？＝6 亩。

有五六口人的人家要多少亩的地才够过生活呢？＝一个人 2 亩，五六口人就是十二三亩。

前面说到的 30 户是从城里租地的多还是从城外租地的多呢？＝城里。

【制作租单】租地的时候大家都写租单吗？＝当然。

写几份呢？ ＝2 份，地主拿 1 份，租户拿 1 份，保人不拿。

是谁来写呢？ ＝佃农能写的话就自己来写，地主不写。

代笔的是谁？ ＝小学的老师。

【租佃期限】一般的租地期限是多少？ ＝5 年或 10 年。

一般那种比较常见呢？ ＝10 年的比较多。

【租子和钱粮】租子是粮食吗？ ＝钱和粮食都有。

钱粮占多少呢？ ＝典地里包括了钱粮。

钱粮是什么意思呢？ ＝交纳田赋。

租地户也给地主钱粮吗？ ＝不给。出典人给承典人 1 亩地 2 元，写典契，典契被称为"文约"。

【交租的方法】有哪些租地的方法呢（比如交纳租子的方法）？ ＝方法之一，收谷子的时候给地主。

脱谷之后交吗？ ＝脱谷后交。

不脱谷就不能交吗？ ＝米的话就交米，小麦的话就脱谷之后交。

是地主过来取，还是佃户带过去呢？ ＝两者都有，过来取的情况比较多。

如果是城内的地主呢？ ＝城内的话，就由租地户带过去。如果带过去的话，还能拿到饭钱。

村子里的话，也能拿到饭钱吗？ ＝拿不到。

【现金交纳的情况】地主是以粮食的形式收租还是以现金的形式收租比较得利呢？ ＝粮食。

仅仅约定以粮食为租，租户就不能交纳现金吗？ ＝不能。

什么时候开始约定用现金交纳的呢？ ＝提前在租单上写好用现金交纳的时候。

租单上如果写的是粮食呢？ ＝可以用现金交纳。

如果地主说不能交现金呢？ ＝交粮食。

【粮食交纳和现金交纳】那么以现金代替粮食的情况下，地主会接受吗？ ＝双方都想用现金的时候，就算租单上只写了粮食，也用现金交纳。

之前的租单不重新写吗？ ＝不重新写。

新的租子改为钱的租单不写吗？ ＝不写。

【现金交纳代替粮食交纳的情况】那么可以用现金代替粮食交纳时，需要得到地主的许可吗？双方想用现金结算的时候，即使租单上写了粮食结算，也是可以收现金的。

这种情况下需要该写以前的租单吗？ ＝不用。

不用新写一个收现金的租单吗？ ＝不用。

【村里粮食、现金交纳的比例】交给村里地主的是现金多还是粮食多？ ＝粮食多。

占到多少？ ＝同村的话除去一些特别的情况都是交纳粮食。

特别的情况是什么意思？ ＝租地户的粮食作为债务赔偿，被之前的债权人拿走的话，就交纳现金。

租地户的粮食作为债务的赔偿而被拿走是什么意思？ ＝佃农被拿走的粮食想要全部作

为伙食费，代替粮食想交纳现金的情况也有。

也有地租被其他债权人拿走的情况吗？ ＝没有。

有吧？ ＝先是要向地主交纳租粮，剩下的就交付给债权人。

佃农从地主那又借了钱，地租和借款必须得交的情况有吗？ ＝没有。

【分种的比例】本村有分种吗？ ＝种出来的粮食折半的情况很少。

与一般的租地相比大概有多少？ ＝租地 10 户的话就只有 1、2 户。

有包佃吗？ ＝有，不，没有。

【座典座租和租单】座典座租是什么意思？ ＝把自己的土地"典给"别人，然后自己租佃。

典契之外还要做租单吗？ ＝典契 1 张，租单 2 张。

租单必须要做两张吗？ ＝2 张。

分种和座租哪个比较多呢？ ＝分种的比较多。

【为了还债的佣工】为了还债去债权人家里工作的情况有吗？ ＝有，这叫佣工。

贫穷的村民一般都去当佣工吗？ ＝用钱还，当佣工去还的也很多。

短工和佣工有什么不同呢？ ＝一样的，债务关系上也是一样的。

【农具等的借贷】村里租地的同时，也会借农具、肥料、马匹吗？ ＝不会，除了土地以外什么都不借。

【地租的第二年转账】佃农将地租转账到第二年的情况多吗？ ＝非常少，就算有也是今年必须交纳一部分。

6 斗中 1 斗今年交，剩余的 5 斗第二年交，这种地租第二年交被叫作什么？ ＝借 1 斗粮食吃。

11 月 9 日

间、甲长　首事人　租佃与土地买卖　租地的更新

应答者　任福增

【能担任间长和保甲长的人】您现在是从属于什么呢？ ＝丁保第七甲，丁保长。

之前好像是担任第十四间长，之前的间长现在在做甲长或保长吗？ ＝我是间长的弟弟，现在不干的人很多，但大家基本上都是这样的。

谁都能担任间长吗？ ＝只有聪明、认真的人。

间长拥有土地吗？ ＝有。

有多少？ ＝7、8 亩到 30 亩。

租地户不能成为间长吗？ ＝不是说不能当，是不想当。没这个时间，每天都在为生计奔忙。

迄今为止有租地户成为间长的吗？ ＝没有。

村里的保长、闾长的集会村民一般不参加吗？ ＝不参加。

开会时哪些人到呢？ ＝只有庄长、保长、甲长。

闾制度的时候呢？ ＝还是庄长和闾长。

【首事】闾制度之前的制度是什么？ ＝首事，庄长之下有4名首事。

到什么时候为止的呢？ ＝到民国十二年。

四人的首事也被叫作会首吗？ ＝两者是一样的。

哪个更常用呢？ ＝首事。

首事的工作是什么？ ＝和庄长一起做管理村子的工作，就和现在的闾长做的一样。

那个时候村里有370户吗？ ＝300户左右。

【首事的选定】首事是怎么选的呢？ ＝庄长来选，任命，并征求本人同意。

这种情况下就是在村子里的一定场所和人家中选一个人这样来的吗？ ＝是这样，全村分为4个区域，从中来选。

庄长任命之前，那个村子里的人没有说自己选首事的吗？ ＝没有。

庄长选首事的标准主要是什么？ ＝明事理，会认字，拥有土地，也就是不是租地户的人。

【有无佃户的参加】村里摊工、摊款的集会都有些什么人参加呢？ ＝租地户不参加。

地户希望参加么？ ＝不希望，没有时间。

【调停佃户纷争】地主和地户之间的纷争多是由谁来仲裁的？ ＝庄长和首事。

过去做首事的人现在都是这样吗？ ＝首事都死掉了。

现在谁来仲裁呢？ ＝现在先由闾长出面，解决不了再由庄长出面。

纠纷越来越升级，佃农变多，地主也变多，就快变成争斗时谁来仲裁呢？ ＝庄长来仲裁，尽量是大事化小，小事化无。实在不行的话，就到县里诉讼。

但是一般地主和佃农的关系不是都不好吗？ ＝现在大家都关系很好。

过去也好像不是这样的吧？ ＝过去也没有这样的恶人呀。

【告知摊款等决定】村子里保长、甲长在决定关于摊工、摊款的事的时候，是怎么通知一般村民的呢？ ＝这种情况下县里的命令会先传到村长那。

如果只是村子里的决定的话呢？ ＝村长在办公所里召集保长，关于摊款的分配就在那决定，回到自己保里和甲长商量，适当地根据拥有的土地的多少来决定分配，甲长们再去各家收钱。摊工的话，村里不决定，大家都去县里，听新民会的命令。

这种情况下是如何传达给各户人家的呢？ ＝依据土地决定，由庄长开始，保长、甲长，各户各户的传达。

甲长召集自己甲里的各户通知的吗？ ＝甲长一户一户地通知。

但是集中到一起通知我觉得更加方便呀？ ＝农民们都有自己的事情，很忙，很难凑到一块。

休息的日子的晚上集中的话不是很方便吗？ ＝农村星期天都不休息，晚上也很忙。

【农民日夜的工作】晚上一般做什么？ ＝晚上要付给短工工资，整理一天的活，就算没有工作也很累要休息，喊也不会来的。

租地户家里怎样呢？＝什么都不做。

生计艰难的话，不做些能挣钱的活吗，比如做绳子之类的？＝晚上都不干活的，第二天一大早还要去田里干农活。

一年中都在田里干农活吗？＝现在每天都干，一直到天变冷土地冻结为止，每天都干农活。之后就是去城里收集粪便，收集燃料（树叶，枯草）。

【地主的情况】有租地户的人（地主）自己也耕种其他土地吗？＝都是这样。

地主除了租地给租地户之外，自己耕种的占到多少呢？＝根据家庭人口的多少有所不同，家里人多的就自己耕作。

【当佃户的原因】出租土地的主要原因是什么呢？＝土地多了，人少了。

干活的人少了，那再雇用很多长工不就行了吗？＝现在长工、短工的工资都很高，所以出租地更好一些。

【长、短工的工钱】长工的工钱是多少？＝1 年 100 元。

短工呢？＝最忙的时候（阴历六月到八月）是 2 元，现在是七八十钱。

长工、短工的工钱是怎么决定的呢？＝短工都集中到一个地方，想要雇用的人去那雇人，就在那里商量价格，然后带走。

【村里雇用长、短工的地方】村里面做长工或短工的人大概有多少呢？＝做长工的没有，做短工的有 30 人。

短工都是去村里人的家里吗？＝去外村的也有，但是去本村的多。

去外村的话一般都是去哪些地方？＝杨家屯，李家庄，李树地。

土地租出去的人大概是有多少亩土地的人？＝不一定，住在本村的人出租地的非常少。

【租佃期间的土地买卖】租单上缔结了 5 年的契约，经过了 3 年后，地主将土地出卖给他人的时候，地户不依据租单必须返还土地吗？＝必须要还。

这个时候就算期限是 5 年也不行吗？＝没法子。

一般期限如果过半，地主说要卖土地的时候，地主必须事先征得地户的谅解吗？＝没必要征得地户的谅解。

【耕作时的赔偿】卖出土地之后，也必得到地户的谅解吗？＝如果土地是空闲着的话，不用什么解释直接还回去，要是已经种了麦子施了肥料的话要赔偿地户相应的损失。

【卖地通知】卖地后必须立即由地主通知吗？＝必须要通知。

知道后，一般是地户延迟交付呢，还是二话不说直接交付呢？＝立即交付。

【卖地时租单的处理】交付土地时租单怎么办呢？＝有租单的话就还回去。

一般租单不是两方都有吗，怎么交换呢？＝两张都在的话就当场烧毁。

【拖欠租子的情况】交付的时候如果租子还没有交纳完的话（作物收成之后）怎么办呢，（这种情况下是交付之前要求交纳地租呢，还是交付之后也可以呢？＝交付后也可以交纳之前未交纳的部分，不会有风险。

一般都是在交付前交纳未交纳的租子吗？＝先是收回土地，然后要求交纳未纳的租子，稍微迟一点也没关系。

【拖欠的请求和土地交付】要求交付的时候，不要求交纳未缴的租子吗？ ＝不。

要求交付的时候，要是地户的收割还没好呢？ ＝一般都是将交付延长到收割完成。

是地主主动延期还是地户要求的呢？ ＝地主延期。

【有作物情况下的交付】地主等不了收割的情况下，种着作物要求交付的话，怎么办呢？ ＝绝不会有这种事的。

我听说过在作物未收割就返还的情况。这种情况下，作物由地主一方购买吗？ ＝这种情况都是村里有威望的人出来妥善处理。

如果地户说收回长着未收割作物的土地，该怎么办？ ＝地主就遵从请求。

一般在这种情况下，大多由地户提出那样的要求吧？ ＝一般地户会那样要求。

这种情况下，地主多数会事先说带着作物交付吗？ ＝地户就算不说，地主也会买的。

【作物、肥料等的估价和赔偿】那样的话，作物的价格怎么决定呢？ ＝根据作物的长势来决定，还要加上春种的时候的种子，肥料，劳动力的费用。

延迟了很久穗都长出来的的话呢？ ＝就根据将来预计的收成判断，这是很少有的情况。

这种情况下会有很多其他人来定价吗？ ＝当然，有很多人来。

什么样的人来呢？ ＝庄长、甲长、保长、邻村的人。

这些人一起决定价格吗？ ＝大家一起商量决定，保证谁都不受损失。

这种情况下当事人不会对于庄长他们定的价格有意见吗？ ＝不会。

【租地和耕作方法等的规定】在租地时，不会规定好耕作方法和作物种类吗？ ＝不会。

那么租户将土地放置不管任其荒废地主也没法子吗？ ＝那个时候就算是没到期限，也等到来年再收回土地。

租地户可以把借的水田改成旱田吗？ ＝不可以，改成旱田也长不出作物来。

【更新期限的手续】过了三年期限，到第四年的时候，地主什么都不说的话，租地户可以继续租佃吗？ ＝租地户会在期限到的时候问地主的。

必须得去吗？ ＝必须去。

地主如果延期一年的话，租单怎么处理呢？ ＝不会再写了。

不重新写吗？ ＝不重新写。

不在后面补充写？ ＝不补充写。

也不重新写一份？ ＝不写。

这样的话不就没有能证明延长期限一年的东西，不会感到困扰吗？ ＝不会觉得不安全的。

在租单里写上延期一年的情况也有吧？ ＝没有。

如果以后还可以耕作五年的话怎么办呢？ ＝还能耕五年的也不写。

写租单租地的情况下呢？ ＝延长期限的时候重新写一张。

在原来的租单上补充写呢？ ＝也有这种情况。

哪种比较常见呢？ ＝在原来的租单上补充写。

契约期限结束的时候，一般是地主，租地户谁先提出来呢？ ＝都是租地户提出延长期限的。

11 月 11 日

县里的职员　历城县和济南　县内的贸易　菜贩

应答者　财务科员

【县科员等】什么时候来的呢？＝民国二十八年九月一日。

之前呢？＝在济南齐光中学读书。

家在哪儿？＝济南市。

父亲是做什么的？＝济南屠宰税局职员。

民国二十八年的时候，历城县的行政区域还是和现在一样吗？＝一样吧。

县里有知道过去事的人吗？＝秘书科员兼寅东（30 岁），历城县人。

年纪大点的历城县人呢？＝教育科王寿桢（45）岁，历城县人。

【中学、在校生】中学几年制？＝3 年制。

学生多少人？＝500、600 人。

学生都是哪儿的人呢？＝济南市和各县的人。

济南市外的各县来的学生大概占多少呢？＝2/10，四五十人。

各县来的人的家庭情况呢？＝乡下的财主，地主。

大概有多少田呢？＝五六十亩的话勉勉强强能来济南。

当时有历城县的人吗？＝有，几个人不记得了。

【县里职员的出生地、学历】县里职员都是济南的吗？＝当然。

中学毕业了有多少人成为政府职员呢？＝中学毕业后就没有联络了，当老师，读大学，在家里玩的人也有。

【中学毕业生和找工作】1 个年级有多少人？＝80 人，男的 60 人，女的 20 人。

中学毕业后直接工作的有多少人？＝毕业之前学校是不会给我们安排工作的事的。

工作的事还是要靠家里的关系吗？＝当然。

80 人里工作的有多少？＝在济南的，我知道 1 人，其他的就不知道了。

【中学学费】从各县来的到济南中学读书的学生寄宿吗？＝都住学校的宿舍。

1 个月要花多少钱呢？＝平均 1 个月花 30 元。家里穷的学生，有 30 元的话，书本钱、饭钱都够了，财主就不同了。我是 30 元的。

【历城县和济南市的分离】历城县是什么时候从济南分出去的呢？＝民国二十八年。

那个时候也叫作济南市吗？＝当然。

不叫历城县济南市吗？＝不叫，就叫济南市。

政府机关也不是一起的吗？＝有时一起办公，有时不一起。

那个时候是在哪儿跟哪儿的政府机关里办公呢？＝历城县公署和市公署。

什么样的工作会一起做，什么样的工作不会一起做呢？ ＝田赋和税务是历城县公署做，治安和自治是市公署做。

济南市的田赋和税务也是县公署做吗？ ＝当然。

那个时候的县公署在哪儿？ ＝这儿吧。

这里不是新建起来的吗？ ＝民国二十年的时候搬到这儿来的。

现在田赋和税务的关系是怎样的呢？ ＝现在济南市的税务和田赋都由市公署来管。

什么时候开始由县公署变为市公署管的呢？ ＝民国二十八年开始。

一块儿管的时候济南有县公署吗？ ＝当然，田赋之外的事，相互就没有关系了。

什么时候设立济南市的？ ＝很早以前吧，具体不知道。

市公署设立之前有县公署吗？ ＝不知道。

【政府职员工资】现在的月工资是多少？ ＝50元，基本工资45元，津贴5元。

【济南市和县的内外】济南市有多少里？ ＝25华里。

步行要花多长时间？ ＝2小时。

汽车是从什么时候开始出现的？ ＝不知道。

县里的人去外面是步行还是坐汽车呢？ ＝步行的比较多。

1天大概能走多少呢？ ＝不知道。

到市里干什么的人比较多呢？ ＝做生意。

什么生意？ ＝杂货。

杂货生意是什么意思？ ＝在市里买进商品再拿到乡下去卖。

在县里做这样生意的人，多是哪里的村子的人呢？ ＝不知道。

县里最热闹的地方是哪儿？ ＝修宫镇西南，每个镇都差不多热闹。

有多少个镇子？ ＝县里有90个吧。

村子有多少个？ ＝俺不知道呢。

区呢？ ＝11个区。

乡呢？ ＝90个，乡和镇加起来一共是90个。

乡和镇是一样的吗？ ＝组织是一样的。

有什么不同？ ＝就是名字不同而已。

有多少个村子集中才叫乡呢？ ＝镇的话不一定。

大体上镇是由多少个村子组成的呢？ ＝10个村子成1镇。

【县里命令的传达路径】县里的命令是怎么传到村里的呢？ ＝县里命令先传到区里，然后从区里传到乡里，再从乡里传到庄里，特别的命令的话，不通过区直接传到庄里和乡里。

直接从县到庄里的呢？ ＝有。

区里有区公所吗？ ＝当然有。

什么样的组织呢？ ＝区长和助理员（1人）、男生（1人）、秘书的情况在表上有记录（区公所组织系统表）。

乡呢？ ＝乡里有乡公所。

是怎样的组织呢？＝?[1]

（交换应答者　秘书科员）

【民国以后的山东省状况】民国初年历城县公署在哪儿？＝济南市，民国二十五年搬到这里的。

那个时候山东省长官是谁？＝韩复渠。

那个时候济南市是划到历城县的吗？＝当然是的。

山东省内有多少县？＝180 个县。

民国十八年前的长官是谁？＝民国十七年开始是陈调元。

之前呢？＝民国十四年开始是林年租。

大的战争是什么时候的呢？＝民国十七年，南方的蒋介石和日本军的五三战争。

那之前的中国内战呢？＝韩复渠和刘将军之间开战了。

张宗昌是谁？＝民国十四年的山东省督办。

民国以来，县里受过的较大灾害是什么？＝不知道。

山东省呢？＝三十六年前的洪水（王付河）。

黄河的泛滥呢？＝没有。

【县内的贸易与市集】县内贸易比较繁荣的地方是哪里？＝王舍人庄的市集。

市是从什么时候开始有的呢？＝很久以前，民国之前就有的。

市的地点是那个时候就决定好了的吗？＝民国以前就决定好了的。

市的地点是怎么决定的呢？＝村庄的中心就是市，不依照政府指定的来。

市里面有从济南市过来买粮食的商人吗？＝他们不过来，都是这儿的人拿到济南市卖。

去济南市卖什么的最多？＝蔬菜。

【蔬菜的生产地】县里面哪里蔬菜多？＝王舍人庄、苏永庄、梁王庄、大辛庄。

从以前开始就是这样吗？＝是这样。

【园地与水井】蔬菜是什么土地都能种出来的吗？＝只有好的地才能种出来。

那样的土地叫作什么？＝园地。

土质呢？＝黑土，黑土以外的土地都种不出来。

菜园需要水吗？＝肯定需要，没水的话种不出来。

水是水井的吗，还是说用其他的方法灌溉呢？＝都是水井。

水井被称作什么呢？＝没有什么名字，就是一般喝水的井，叫"土井"。

蔬菜是拿到城里卖的比较多呢，还是就在这儿的市集里卖的比较多呢？＝济南来的商人来这儿买。

【菜贩】这些商人叫作什么？＝菜贩。

菜贩都在济南做些什么？＝在街上卖菜。

[1]　译者注：此处语义不明，为忠实原文，译文保留其原貌。

济南市没有那种大的蔬菜店吗？ ＝没有。

【蔬菜的生产和贸易】一年中都有蔬菜吗？ ＝是的。

多是什么蔬菜？ ＝现在是萝卜和白菜。

什么菜种的最多？ ＝葱，白菜。

其他呢？ ＝菠菜、白菜、葱。

都是论斤卖的吗？ ＝当然。

不同斤价格也不同吗？ ＝当然。

价格也是不同时候有不同吗？ ＝当然。

与事变之前相比价格上涨了吗？ ＝没涨，都一样。

【粮食的市价】有与事变之前相比价格上涨的吗？ ＝麦、小米、高粱、豆子都涨价了。

1 斤涨了多少？ ＝事变前，小麦 1 斗是七八元，现在是 20 元。

小米以前是 1 斗三四元，现在是 9 元，豆子事变前是 1 斗五六元，现在是十二三元，高粱事变前是 1 斗 10 元。

这些都涨价了，为什么蔬菜没涨价呢？ ＝因为蔬菜很丰富啊。

【菜园的栽培】济南市附近的菜园多吗？ ＝多，市里也有。

济南市和王舍人庄哪个比较多呢？ ＝济南市的多。

市内种菜园的人还种其他粮食吗？ ＝不种。

一块菜园的大小是确定的吗？ ＝不一定。

一天要浇多少回井水？ ＝不下雨的话，就要经常浇。每天早上浇一回，面积大的话就要经常浇。

王舍人庄种菜的和一般种田的哪个比较多呢？ ＝种田的多，但也不是多很多。

历城县冷水沟庄农家个别调查表（租佃）调查员 本田悦郎 翻译 刘峻山 陈戊申（1941 年 10 月 27 日至 1941 年 12 月 3 日）

家长	家庭成员	年龄	亲属关系	土地所有、经营关系（自耕/出典/出租/租佃/备注）	收获物·收获	(斤)	收入（农业·租收入）	(斗)	(元)	支出	(元)	备注	副业	家畜
1 李长贵 40 岁（农）	李刘氏	67	母	自耕 碱地一〇亩余	米（二亩）	四〇〇斤	米	二五斗	三七〇元	经营费 肥料	四〇〇元	豆粕,粪	自家用的织布,村民基本都织布	牛二
	李李氏	41	妻	稻地三亩（冷水沟）	高粱（一亩）	一五〇斤	高粱	一二斗	一二〇元	农具	四〇元	长工一,短工二 〇〇工		猪二
	李兴双	14	长子		栗（一亩）	二〇〇斤	栗	一四斗	一二六元	劳货	二五〇元	（去年买米费		鸡三
	李李氏	18	长子妻		麦（银地）	八〇斤	麦	一〇斗	二〇〇元			五〇〇元 借		犬二
	李兴渭	10	次子				豆	二五	三四〇元			钱一〇〇元）		
	李小女	3	长女				借钱		四〇〇元					
2 杨长成 57 岁（农）	杨王氏	53	妻	自耕 旱地四.四									米贩	犬一
	杨竹修	17	长子	水地〇.八（冷水沟）										
	杨王氏	21	长子妻											
	杨库库	3	长子之女											
3 谢长兴 57 岁（农）	谢段氏	59	妻	自耕 旱地五.七	麦（二亩）	四〇〇斤	副业收入 米贩	一日一元		经营费 肥料	一〇〇元	豆粕,粪	米贩	犬一
	谢保云	41	长子	稻地〇.三（冷水沟）	豆（二亩）	一〇〇斤				劳货	一〇〇元	短工（三,四,五,六月）七人分		
	谢保和	21	次子		高粱（一亩）	二〇〇斤				生活费 食费	一日三元	光热,卫生,交际等		
	谢李氏	37	长子妻		栗（一亩）	一〇〇斤				衣服	一四〇元			
	谢长合	25	次子妻		米	一〇〇斤				其他	二一〇元	田赋〇摊款		
	谢大各	4	次子之子							税金	一四〇元	八〇		
	谢大各	1	长子之子											
4 李凤喜 62 岁（农）	李长起	32	长子	自耕 旱地〇.九	高粱（一亩）	一〇〇斤	米	（都卖了）		经营费 肥料	二八〇元	豆粕,粪	短工	牛一
	李长昆	19	三子	稻地〇.五	栗（一亩）	一一〇〇斤	劳货			生活费	二八〇元	一日高粱六斤 二〇只		犬一
	李李仑	24	长子妻	口头契约,分种（分）地主（冷水沟）	麦（一亩）	一〇〇斤	短工	五（六）元		食费	四〇〇元	市布一三〇斤,农具,烟草等		
	李长甲	17	四子	任延明（四年前）	米（一亩）	一〇〇斤	一年 10 回	五〇元		衣服	—			
	李家甲	5	长子之子		豆（一亩）	一〇〇斤	副业 绳			其他	五一六元			

续表

家长	家庭成员	年龄	亲属关系	自耕	出典	出租	租佃	备注	收获物	农业·租收入	支出(项目)	支出	备注	副业	家畜
5 杜振清 38岁 (农)	杜张氏	62	母	旱地六.一 稻地〇.二 (冷水沟)	旱地 〇.八 (上中)		稻地二.□	承典者(四年前)谢立山(典契)	高粱(二亩) 二〇〇斤		经营费			短工	牛一
	杜振英	24	弟					保人李仪	豆(三亩) 一五〇斤		肥料	一亩当三〇元	粪(济南)		犬一
	杜李氏	38	妻					典期三年	麦(三亩余) 四五〇斤		地租	一六〇元	常食高粱一日二一斤		
	杜黄氏	24	弟妻					典价一六〇元	米(二亩) 三四〇〇斤	劳费 短工一五日 一〇元前前后	米四〇〇斤		一日一人平均六两		
	杜蔚武	17	长子					地主(去年)救任延翔			生活费	二〇元			
	杜家武	15	次子					无保人,保单			食费 衣服 其他	八元	教育其他		
	杜庆和	8	三子					地租一大亩二〇〇小斤(七斗地)			税金		地保代纳		
	杜小子	1	四子												
	杜巧子	4	弟之子												
6 李宗相 41岁 (农)	李文贵	66	伯父	旱田四.五 水田〇.五 (冷水沟)				高粱(一.二亩)	高粱 一五〇斤				米贩	骡一	
	李张氏	62	母					栗(一.二亩)	栗 一八〇斤					鸡二	
	李孙氏	45	妻					麦(二.一亩)	麦 三七〇斤					犬一	
	李维薇	18	长子					豆(二.二亩)	豆 七〇斤						
	李维农	4	次子					米(〇.五亩)	米 一三〇斤						
	李银子	16	长女												
	李臭子	10	次女												
	李俊子	8	三女												
	李段氏		伯父妻												

续表

家长	家庭成员	年龄	亲属关系	自耕	出典	出租	租佃	备注	收获物	农业租收入	支出	支	备注	副业	家畜
7 张延祥 49岁	张孙氏	60	兄妻	(日文)							经营费		豆粕类		
	张卢氏	51	妻	旱地二〇					麦一亩 一七〇〇斤		肥料	四〇〇元	一日三一四人（三一八月）		
	张增俊	27	长子	水地二〇					高粱三亩 五〇〇斤		农具	二一元	一日一八〇,		
	张韩氏	29	长子妻	（所有地二）				一大亩＝	豆一〇亩 五〇〇斤		劳费		五一一,五元		
	张增伦	8		二大亩二五				二.一官 亩	粟六亩 一一〇〇斤		短工		（六月忙时 一五五元）		
	张增友	4	次子	一官亩房					米二二亩 六〇〇斤		长工	一〇〇元	今年租场七,		牛 一
	张三女	17	三子	基,包括坟							生活费		八〇一二〇		骡 一
	张二女	15	次女	地）							食费		无		犬 二
	张兴荣	12	三女	（冷水沟）							衣服	一五〇元			鸡 一
	张兴华	6	长孙（女）								其他	五六二元	高粱一日二四		
	张兴升	1	次孙（女）								税金	八〇元	斤菜一日一元		
	谭伙计	23	三孙（子）								田赋		石炭,教育,交际,日用杂货		
（长工）													父葯费三〇〇元		

家长	家庭关系			土地所有、经营关系					收获物	收入		支出		备注	其他	
	家庭成员	年龄	亲属关系	自耕	出典	出租	租佃	备注		农业	租收入				副业	家畜
8 王如善（乐山）75岁（农）	王李氏	58	妻	旱地一·六 稻地一一（冷水沟）（济南，油店店员）		稻田三	本村 刘茂山一·八亩（一八年前）李程王〇·九（一八年初）谢长盛〇·三（一八年前）刘八斗地计一四.四斗 李八斗地计七·〇斗 谢七斗地计二·〇斗 保人、租单均无		高粱二亩 九四〇斤 粟六亩 一四〇斤 麦七亩 一六〇斤 豆七亩 七〇斤							
	王共贵	32	长子													
	王徐氏	28	长子妻													
	王道贵	25	次子													
	王李氏	28	次子妻													
	王所贵	19	三子													
	王陈氏	21	三子妻													
	王金章	8	次子子													
	王金	5	三子女													
（雇人）	老徐	28	长工													
	老王	23	″（老称）													
	小斗子	20	〃（老称 爱称）													
9 李凤昆（鸣岗）56岁（农）	李刘氏	60	嫂子	旱地一·五、八 水田二·二（冷水沟）				*长子是哥哥的养子，算另一家（但因哥哥去世，由长子管家。共有43亩，哥哥死前分家，共同交税。	高粱四亩 七五〇斤 豆八亩 一五〇斤 麦八亩 一五〇〇斤 粟三亩 五〇〇斤 米二二亩 三〇〇斤			经营费 四〇〇元 肥料 六九元 农具 二三〇元 劳费 生活费 食费 七〇元 衣服费 二二〇元 其他 二二〇元 税金	豆粕，粪 长工一二〇元 短工一〇〇元 高粱一二 斤菜一元 石炭、家具、教育杂费六〇元捐 田赋六〇元 款六〇元		牛二 鸡七 猪四 犬二
	李长亮	14	长子*													
	李长年	11	三子													
	李孙氏	16	长子妻													
（雇人）	王其祯	54	长工													

续表

家长	家庭成员	年龄	亲属关系	自耕	出典	出租	租佃	备注	收获物	农业租收入	备注	副业	家畜
10 杜登贵 68岁（肉商）	杜杨氏	71	妻	旱地三、四 水地〇、八（宅地〇、八）（冷水沟）					高粱一亩 三〇〇斤 粟一亩 一〇〇斤 麦一亩 一二〇斤 豆一亩 六〇斤 米〇、八亩 二〇〇斤			农	牛一 犬一
	杜振东	39	长子										
	杜赵氏	35	长子妻										
	杜三虎	7	孙（子）										
	杜升官	14	长孙女										
	杜竿满	10	改孙女										
	杜三女	1	三孙女										
11 李宗仕 58岁（农）	李孙氏	57	妻	旱地一一亩 水地一、五亩（冷水沟）					高粱二亩 四〇〇斤 麦五亩 一一〇〇斤 豆五亩 二五〇斤 粟三亩 七〇〇斤 米一、五亩 二三〇斤				牛一 犬二 鸡三
	李宗达	43	弟										
	李李氏	44	弟妻										
	李维路	18	长子										
	李程氏	22	长子妻										
	李菊子	3	孙女										
12 李永茂 60岁（农）	李陈氏	36	妻	旱地二、五亩 水地二、五亩（冷水沟）（李家注）					高粱二亩 六〇〇斤 粟三、五亩 七〇〇斤 豆六亩 九〇〇斤 麦六亩 一六〇〇斤 米二、五亩 四二〇斤				骡一 犬一
	李兴让	22	长子										
	李郭氏	21	长子妻										
	李福子	41	弟妻										
	李友子	16	弟长女										
	李小新	7	长女										
	李长福	4	长子长女										
（雇人）	李长□	25	长工										
13 李兴昌 44岁（农）	李赵氏	69	母	旱地一、四 五亩 水田二、五亩（冷水沟）（沙河）					高粱三亩 七二〇斤 豆七亩 四〇〇斤 麦七亩 一二〇〇斤 粟三亩 六〇〇斤 米二、五亩 七五〇斤				牛二 犬二 鸡四
	李陈氏	45	妻										
	李延奎	9	长子										
	李臭女	14	长女										
	李小翠	4	次女										
（雇人）	张洛口	30	长工										

1941 年 11—12 月

（华北农村惯行调查资料第 46 辑）

租佃篇第 10 号　山东省历城县冷水沟庄
　　　　调查员　佐野利一
　　　　翻　译　徐颖

10 月 31 日

租佃关系　租钱　租单　保人

应答者　刘锡恩（保长）、任延宝（甲长的儿子）
地　点　冷水沟

【土地面积】村子的总面积是多少亩？＝将近 40 顷。

包含水田和旱田吗？＝当然。

水田占多少？＝5 顷，剩下的都是旱田。

【租佃相关的称呼】借出土地让人耕作叫什么？＝租地。

借土地耕作的叫什么？＝租人家的地，租地人。

有租地户这个词吗？＝有，一般都叫租地户。

交给地主的叫什么？＝叫租粮，如果是米的话，就叫租米。

米以外都叫租粮吗？＝是的。

【租钱、粮食作钱】以钱来代替租粮的情况有吗？＝有，在粮食市场换成钱，但是租钱是一开始就在契约书里写好了的，刚才的那个叫作粮食作钱。

不叫粮食折钱吗？＝一样，一般是叫作钱。

【有无租单】租地的时候必须要写契约书吗？＝写的比较多。

【制作租单】契约书叫作什么？＝租单。

租单是谁写的？＝租地人来写，交给地主，一般是写 1 张。

【保人及其选定】这个过程中最重要的是什么呢？＝是保证人，比如说保证人会补充写上不交租时的情况，其他就没什么重要的事了。

那么是由地主来指定保人的吗？＝是，由租地人来找，听从地主的意见决定，由地主指定保人的情况也有。

除了保人之外还会写具体的名字吗？ ＝一般保人 2 个，会写上等地主和租地人的名字，保人也写作保证人，说的时候就说保人。

【保人的条件】保人必须要有财产吗？ ＝保人只要有信用就行了。

一般都是由有财产的人来当保人吧？ ＝一般是这样。

这个村子里有 20 个到 30 个保人吧？ ＝是的。

【经常当保人的人】谁经常当保人？ ＝保长和甲长。

保长和甲长是因为财产比较多，所以才经常当保人的吧？ ＝话虽如此，但也是工作能力强的人。

【保甲制度与官员】保甲制度是从什么时候开始的？ ＝去年，以前只有乡长、庄长、闾长，张马区、冷水沟乡的名称也是民国四五年才开始有的。

那这之前呢？ ＝（注：没有回答）。

事变之前有乡长吗？ ＝有，也有庄长和闾长，但是没有邻长。

【闾长、庄长】闾长的工作是什么？ ＝管理村子里的一切事务，辅佐庄长，村子全体钱的征收与分配，还有就是出席会议。

会议只有庄长和闾长出席吗？ ＝是的，其他人不参加。

【决定官员】闾长是从 25 户人家当中选的吗？ ＝那样也行，一般都是庄长、闾长和那个闾里主要的人集中起来决定的。

决定了闾长必须要向谁报告吗？ ＝既不用向乡也不用向县里报告，庄长知道就行了，过去也没有门牌，去年春天才开始做的（门牌）。

去年制定保甲制的时候，是过去的四闾为一保吗？ ＝不，依照门牌的顺序来做的。

【租单的记载事项】租单中必须要写的内容是什么？ ＝租粮、交纳租粮的时间、亩数、地址、期限，土地四面的界限不写，水田和旱田是分开的。

水地就是稻田吗？ ＝是的，写的时候也是一样。

稻田里面也有租地吗？ ＝有。

【和远在济南的地主的租佃关系】有拥有水田但是住在济南的吗？ ＝有，但是少。

是面积少还是人少？ ＝面积和人都少。

那人是谁呢？ ＝一个叫杨民增的，现在是张殿雨在耕种。

【例子】有没有地主是济南的，租地人是本村的例子呢？ ＝任福珍是地主，任福润是租户，两个是表兄弟，福珍租给福润的。

杨的土地[1]是交大米吗？ ＝是，不交钱，1 亩能有 200 斤。

1 亩的生产量是多少？ ＝300 斤（平均 9 斗是 16 两，均为市秤）。

是官亩还是大亩？ ＝大亩。

耕种济南财主土地的是谁？ ＝（注：开始警戒，没有说人名）。

【旱地和稻田的租佃关系的区别】旱地稻田的租佃契约有什么差别？ ＝没有。

---

[1] 译者注：原文此处语义不明。

【水田的租】有以现金为租的例子吗？　＝现在没有，米价钱很高，所以都不以现金为租，从前以现金为租的也很少。

事变前，水田的话，交钱交物是怎样的比例呢？　＝交钱的也有，但那就是所谓的粮食作钱，现在已经没有了。

【旱地的租】旱地的租呢？　＝交大概一半的比较多。

有地则吗？　＝分为上、中、下三种地，谷子的话就是上等地能收五六斗，中等地能收四五斗，下等地大概2斗；租粮的话就是上3斗半，中2斗半，下就是1斗到1斗半。

【租地的地则】一般租什么样的地？　＝多是租下等地。（土地实际上千差万别，上、中、下三种的土地要达到平均收成也是很困难的，而且每年受天气影响很大，好地的收成也只不过是农民自己的看法而已。）

11 月 1 日

租地与负担　纳租与分种　租地与地则　期限与保人　租单

应答者　李佩衡（第五保第三甲长）

【村里最穷的人和租地】村里最穷的是谁？　＝李毓沅。

为什么穷？　＝一点地都没有。

李长义和李凤武怎么样呢？　＝同一个门牌，各有1亩地。

李长庚（李孙氏的孙子）呢？　＝有4亩田，李长升有3亩。

李毓沅怎么过生活呢？　＝乞讨（李孙氏打短工），在冷水沟和附近的村子里到处乞讨。

李长义和李凤武呢？　＝长义是泥瓦匠，凤武是做草绳的。

李长义租地吗？　＝从李长有那儿租了两亩。

李长有还出租其他的土地吗？　＝李长有在济南做生意，十五六亩地全租出去了。

向谁借的呢？　＝沙河庄的路雪喜和本村的李凤雨，其他的就不知道了。

李长庚租地吗？　＝有，从祖母那儿借的4亩地，他和他祖母关系不好，分家了。

【田赋的负担】1亩地的田赋是多？　＝银7分2厘9毛2，现在的1两以4元计算。

您呢？　＝十五六亩，大亩。

去年的田赋是多少呢？　＝去年的忘了，今年第一回二月份的时候是收了13元；第二回八月份是收了16元，这是包含了附加的钱的，我还借给村里的李凤雨两亩地。

李凤雨还借了其他人的地，那他自己没有地吗？　＝他自己有4亩左右的地。

【有租单的同族】李凤雨是同一族的吗？　＝虽是同族，但还是写租单的，10年之前租地给他的。

【租单的保管者】地主有保管租单的责任吗？　＝有。

如果丢失了怎么办呢？　＝再让他写1张。

【租佃地多的人】村里谁租佃的最多？　＝不知道。

认识的人当中呢？ ＝李毓宝，自家有二五亩，借了五六大亩。

向谁借的？ ＝向李德符借了 3 亩，向李郭氏借了 2 亩。

借出地最多的人是谁？ ＝李郭氏，有十八九大亩，因为家里都是女人就都全借出去了。

【交租和分种】这个地方租粮有定额和分粮吗？ ＝有，分配收获的量就叫分粮，交纳定额就叫纳租。

比例是怎样的呢？ ＝纳租占 9 成，分种占 1 成。

【区别的理由】为什么要做这样的区别呢？ ＝因为纳租很方便，故而多为纳租，分种是在收租的时候必须要有地主在场。

有同村的人分种、较远的就纳租这种情况吗？ ＝这种情况也有。

过去分种就比较少吗？ ＝不多。

这是由地主决定的吗？ ＝两方商量的。

【村内外的租佃关系】是冷水沟的人而耕其他村土地的人多吗？ ＝少。

耕本村人的土地的人多？ ＝当然。

那耕住在济南的人的地多吗？ ＝不多。

可是以前调查的时候说是有 10 多人？ ＝不到 10 人。

有多少人？ ＝不回去查查不知道。

你所认识的有几人？ ＝一两个，李凤喜，李凤福两个是租地的。（注：警戒起来了）

任福增的地呢？ ＝前面说到的 2 个人在耕。

【地主是否支付生产用品】本地有地主给肥料和家畜的习惯吗？ ＝没有。

【租佃地的地则】租地全部都是下等地吗？ ＝旱田、水田都有，既有好的地，也有坏的地。

一般不都是借贷下等地吗？ ＝只要是方便的地，不管是好地还是不好的地都借，其他村的话就更是如此。

【良田出租】有借出良地的例子吗？ ＝住在济南的人好像是这样的，我的土地也是良地，因为远就借给了村里的李凤雨和李喜全，都是水田。

借给李喜全的是多少？ ＝1 亩，借给李凤雨的也是 1 亩。

保证人是谁呢？ ＝凤雨、李喜全的保证人都是张延梓和李凤魁。

借了多少年了？ ＝借了有 10 年了。

【租佃期限】契约书上写的是多少年？ ＝租单上写的是 5 年。

不重新写租单吗？ ＝不重新写。

【期限后的续约和改约】不重写的租单 5 年后还有效吗？ ＝因为信用的问题所以还是有效的，一般不重写的比较多，也有重写的。

【有无信用和改约】什么情况下要重写呢？ ＝5 年都能好好干下去的话，就续租。失去信用，就重新写。

什么情况下信用会变得不好呢？ ＝迟于期限或是交了劣质的东西。

【不良的租粮和更换】交纳劣质的东西的时候，会提醒保人注意吗？ ＝会，如果太劣质的话，还可以更换。

租单中有写不能上缴劣质的东西吗？＝有。

【保人的死亡和改约】保人如果死亡了的话，会重写租单吗？＝会重写。

如果保人有二人，其中一人死去的话，也重写吗？＝当然，我自己的一个保人死了，但是我信用好，就没有重写。

【期限后保人的责任】过了期限后，保人还有保证的责任吗？＝还有责任。

保证人不负责的情况有吗？＝没有。

到期了口头向保证人提出申请吗？＝两方都有。

就算不商量也有责任吗？＝有责任。

那这样不就没有商量的必要了吗？＝都是一样的，也就是随便做一下。

如果保证人以期限已过为由拒绝承担责任怎么办？＝就会变成纠纷，根据村里的习惯都是保人有错。

谁来介入调停呢？＝庄长，我的话一次也没有过，倒是有过一次因为上缴的租粮劣质要求更换的经历。

【租粮的质量】依照这个惯例的话，就是要交纳质量最好的租粮吗？＝交纳一般质量的。

【写租单的张数和保管】租单写 2 张，保人、地主各保管 1 张吗？＝不，2 张的话，一张在地主那儿，另一张给佃农，只写 1 张的话，就是佃农写给地主的。

一般是怎样做的呢？＝地主来保管，租佃人也保管的只占到 1/20 左右。

什么时候要写 2 张呢？＝不知道。

写 2 张的时候，2 张都是一样的吗？＝当然，大概是要防止伪造吧。

【租单的例子】我想请你写一个租单的例子。

> 立租地据人○○○兹因庄西自己旱地一段大亩○○耕种不便经保证人○○○○
> ○○说妥请愿出租于某某名下耕种为业订明每年麦季麦子○○斗豆子○○斗春季谷子
> ○斗（或高粱○斗）以五年为期惟任何租粮统以去年净糠秕为限若遇天灾秸粒平批
> （蝗咬雹打）租地人不按规定保证人担负全责恐后无凭立此为证
>
> 　　　　　　　　　　保证人 ○○○　○○○　代字人 ○○○
> 　　　　　　　　　　○○○○年○月○日

平批是什么意思？＝平分。

【天灾时的分配方法与认定】如果遇上天灾的话，连秸秆都要收是吗？＝是因为粮食太少了。

收成大概是多少的时候，当作天灾而交纳秸秆呢？＝收成不到 6 成的时候，2 成以下就不用交。

这不写进租单里吗？＝根据个人习惯。

地主和佃农会去田里看吗？＝当然，一般地主不看的。天灾的时候，佃农会请他来看。

【租佃权的继承】写 5 年期限的租单的时候，仅过了 3 年父亲死了，如果孩子有耕种能力的话，会继续耕吗？ ＝当然。

孩子不跟地主说行吗？ ＝一般不说，但佃农不能随便把土地让给他人耕。

【因佃户死亡而收回土地】趁佃户死亡，地主可以收回土地吗？ ＝不会这样做的，就算地主这么做也没关系。

【期限前可否收回土地】之前说的情况，如果是期限没到可以收回土地吗？ ＝可以。

租单里不写上允许佃农退回土地不允许地主夺回土地的条款吗？ ＝也许有，但我没见过。

【代字人】能当代字人的人很多吗？ ＝大多是学校里的老师来写。

【分种和租单】分种的话有租单吗？ ＝有，叫作分种字据。

【水田的租子】水田的租子只能是米吗？ ＝只能是米，没有用钱交的。

【水田的地则和收成】水田分为上、中、下 3 种地吗？ ＝没有名称，但是分为好的地和不好的地。

好的水田 1 亩能收多少？ ＝1 亩田 2 石（620 斤左右）。

冬天水田里不种作物吗？ ＝不种。

少的话能收多少？ ＝1 石左右，一般是 1 石五六斗。

【村内地主的位次】你认识的人当中借出土地最多的是谁？ ＝任福增，住在济南，有 50 亩旱地，水田 10 亩。

村子里的话就是李郭氏，有十七八亩旱地，水田 4 亩。

接着呢？ ＝李德符，有 10 亩左右，自己耕 1 亩半，他是学校的老师。

接着呢？ ＝我自己。

李郭氏的儿子几岁了？ ＝她没儿子。

拥有土地最多的人呢？ ＝任福增（济南），接着是杨长麓，有 60 亩；王修善，有 40 亩。大家都是自己种的吗？ ＝杨长麓自己种，租佃的比较少；王修善我就不知道了。

【水田的租子和秸秆】水田是只用米来交租子吗，不收秸秆吗？ ＝不收，秸秆 1 亩要 30 元，去年 1 亩要 20 元左右。

【米价】今年 1 石米是多少钱？ ＝白米是 160 元，玄米是 150 元。

籼是？ ＝稻子。

玄米是？ ＝粗米。

白米是？ ＝细米。

【座典座租】有座典吗？ ＝有。

是多还是少？ ＝少。

租子和一般的是一样的吗？ ＝当然。

【座典证书】写在典契里吗？ ＝不，写 2 张。

有座典的例子吗？ ＝有，但是别人不知道。听说任福增承典，李和座典。一般不说座典，都叫作典座租。

【出典和卖的比例】婚丧嫁娶的时候是出典比较多还是卖地比较多呢？＝出典。

出典的期限是多少？＝多是 3 年，5 年的比较少。

为什么是 3、5 年而不是 7、10 年？＝因为期限没到不能收回土地，所以出典者都出典 3、5 年的。

【地价和典价的比例】期限越短典价就越便宜吗？＝一样，旱地 1 亩七八百元的话，典价就是 500 元左右，一般都是卖价的七八成左右。

【村内的租户】村里有多少租户？＝15 户，有 10 户是自己完全没土地的，剩下的都是自己有一两亩的。

【村内的地主】租地给人的有多少呢？＝十几个，杨长麓借出了三四亩，王修善借出了两三亩，李德符（济南），李长有（济南），杨名增，李孙氏也都有借出。（注：这话完全不值得相信，他一脸想要避开说具体事例的样子）。

11 月 2 日

地租的决定　上缴　地租与收获量　长工　看坡

应答者　刘锡恩（副保长）

【交租】交租是什么意思？＝甲从乙那儿借了地，甲就给乙交粮食，这就叫交租。

【分种】分种是什么意思？＝乙耕了甲的土地，收成两个人平分，这就叫分种。

开始就约定好交纳一定量的叫什么？＝叫作纳租粮。

【租粮的决定方法】纳租额是谁决定的？＝保人。

地主按照保人说的做吗？＝不，保人会平衡地主和佃农的。

一般是按照地主的意见来吗？＝如果佃农说交 2 斗，地主说交 3 斗，保人就会中立决定交 2 斗半。

【决定标准】决定租粮的时候，是以什么为标准的呢？＝根据地的好坏来决定，跟远近没关。

【同族和他人】他人和同族的话会有差别吗？＝要是同族中比较亲的人之间的话，会便宜一点。

为什么会便宜呢？＝因为住得近，肯定要先租给亲近的人。

这种情况下写租单吗？＝写的比较多。

【租单和保人】写租单的时候必须要保人吗？＝比如甲想要出租土地的时候，他不能直接跟关系好的人说，而要先拜托他人，被拜托的人就是保人。

不管多亲近的人之间都需要保人吗？＝当然。

没有中间人吗？＝有。

中间人做什么的呢？＝说合两方。

【中人和保人】中间人和保人有什么不同？＝名称不同，本质上都一样。

一般叫哪个呢？＝根据不同场合有不同，买卖时叫中间人，租地时叫保人。

保人必须是双方都认识的人吗？＝只能是双方都认识的人。

【交纳租粮的时期】租粮有先缴的吗？＝缴钱的话有先缴的，缴粮的话都是后缴，预先缴钱的话比如说后缴要 10 元的话，先缴只要 8 元。

几月份交纳呢？＝旧历，十月一日。

没有十月中旬缴的吗？＝一日为限，稍微迟一点也没关系，但是十月中旬必须得缴。

【租单记录的交纳期限】租单上会写上必须十月一日缴吗？＝当然，没有写十日或二十日的。

米、小米等根据作物的不同不是会不一样吗？＝十月一日之前所有粮食的收割都完成了的。

小米七月中旬就能收割了那个时候不能缴吗？＝有七月缴的，也有十月缴的，但多数是十月缴。

【记录的交纳期限和实际情况】租单中小米、高粱等的交纳期限分别不同记录的情况有吗？＝没有，小麦是五月份缴，然后是种豆，收获后再缴，这就叫二季（期）纳粮，写租单的时候就一般的写，但缴的时候是缴 2 回，租单里写租粮 2 斗的话，就是缴 1 斗麦和 1 斗黑豆的意思。

麦子呀黑豆等是不特别注明呢还是要写呢？＝必须写的。

【记录交纳期限的意义】期限是十月一日就意味着十月一日之前什么时候都可以吗，到十月一日的时候都要缴的意思吗？＝是的，但是十月中旬也没关系，多是会补充写上"若种麦豆五月端午，十月一日二期纳之"。

【水田的租粮和收成】水田的上等地的租粮是多少呢？＝200 斤。中等地的话，一百六七十斤，下等地的话，140 斤。1 大亩的话，和上述是一样的。

水田的上等地的大概收成是多少？＝300 斤左右（1 斗 37 斤），都是市秤。

稻子的秸秆怎么处理呢？＝不缴。

今年的上等地如果缴钱的话，大概是多少？＝没这个例子。

【旱地作物和上等地、下等地】旱地里种什么作物？＝小米、麦子、豆、高粱。

两年三作吗？＝是，高粱（小米）—麦—豆—高粱（小米）。

下等地里面能种小米吗？＝不能，只能种高粱。

那么下等地是不能两年三作吗？＝种是能种，就是比较少。

能种出小米的旱地就叫上等地吗？＝当然。

（根据不同地则来分的收获量与纳租额）

上等地：

	普通	最良	本年	租额	本年纳租额
小米	4 斗	5 斗	3.5 斗	2.5 斗，3 斗	2.5 斗，3 斗

	普通	最良	本年	租额	本年纳租额
麦	4 斗	5 斗	2 斗	2.5 斗，3 斗	1.5 斗
豆子	3.5 斗	5 斗	1 斗	1.5 斗，2 斗	0.5
高粱	不种高粱				

中等地

	普通	最良	本年	租额	本年纳租额
高粱	4 斗	6 斗	4 斗	2 斗	2 斗
麦	2.5 斗	4 斗	3.5 斗	1.5 斗	1.5 斗
豆子	2 斗	3 斗	3.5 斗	1.5 斗	1.5 斗

下等地

	普通	最良	本年	租额	本年纳租额
高粱	4 斗	6 斗	5 斗	2 斗	2 斗
豆子	1.5 斗	3 斗	3 斗	1 斗	1 斗

下等地不种小米

【交租额】上等地今年的交租额里，今年份的，2 斗半呀、3 斗呀都和租单里记录的是一样的吗？＝当然。

豆子也是如此吗？＝租单里记的是 2 斗呀 1 斗半，但今年基本上缴不了这么多，能缴的也只有 5 升左右。

没交纳的部分来年交纳吗？＝收成好的话，剩余的就缴。一般情况下如果不交纳未缴的部分，地主就亏损了。

【纳粮和搬运】纳粮的时候是租户来搬吗？＝也有地主来取的。比如说收割粮食后就算还没到时间，地主要的话也会过来拿的。

那时佃农可以以没有到期为理由拒绝交粮吗？＝没有不交的，反正早晚都得交。

如果是在交纳期限之前地主会来拿吗？＝来拿、送过去都行。

如果地主是住在济南的呢？＝十月一日以后到村子里来收租粮，地主自己搬回去。

济南的地主亲自来还是派人过来？＝有自己来的，也有派佣人来的，自己来的会雇辆板车的。

谁自己来？＝杨名增（祝三），他也派过人来的。

【地主耕畜的借贷——佃户与长工】地主会借出马和牛吗？＝会，杨名增借给了佃农 1 头驴，由伙计（长工）在冷水沟养着。

长工自己也租土地吗？ ＝大概是分种吧。

借给长工的地和租给他人的地哪个多一些呢？ ＝12 亩里有 8 亩租给长工耕，剩下的 4 亩租给他人耕。

8 亩地一个人够耕作吗？ ＝和孩子两个人一起耕。

【长工】长工是哪里的人？ ＝泰安县山里的人。

什么时候过来的？ ＝五六年前，事变之前，一般叫作伙计。

【村里的长工】这个村子里有多少个伙计？ ＝10 个。

哪些人雇着长工？ ＝杨长禄雇着 3 人，王修善雇着 2 人，王唤章、李永范、李玉择、任福玉、王为善、李凤桐、李兴仁、李长泌、谢景全、李永茂、张廷梓、任福田各雇着 1 人。

【做长工的人】当伙计的都是村里的人比较多吗？ ＝附近村子的比较多，本村的没有。

是因为本村人的话不方便吗？ ＝是因为本村人不够。

【长工的耕作亩数】伙计 1 个人能耕多少地？ ＝六七亩。

水田还是旱田？ ＝水田的话就是两三亩，旱田的话就是七八亩。

【需不需要短工】水田两三亩的话需不需要短工呢？ ＝需要，1 年大概雇 2 次短工，四五月和七八月两次，每次七八人。

【长工的工资】伙计 1 年的工资是多少？ ＝30 元到 60 元。

伙计住在地主家吗？ ＝当然，吃饭都是由地主负责，一般和地主家人一样吃高粱、小米，农忙的时候就吃麦粉。

伙计睡在哪儿？ ＝跟牲口一个院子的房子里。

【雇用长工的地主家的牲口】雇着伙计的地主家的牲口大概有多少头呢？ ＝根据拥有土地的多少有不同的。

谁家的牲口最多？ ＝杨长禄家有 4 头，是最多的，村里也就他这 1 户。

有 3 头的呢？ ＝王修善家，村里也就他家有 3 头，其他的最多就 2 头。

【长工的租佃】有伙计借土地耕的吗？ ＝只有杨祝三。

【长工其他的工资】给伙计衣服吗？ ＝不给，只管住宿和饭。

过节的时候给点什么呢？ ＝也有给钱的，但是一般不给东西。正月的时候给个三五元，看戏的时候给个 1 元 5 角零花钱，工资之外就给这些了。

伙计是托人找的吗？ ＝当然。

【做长工的人】村里的人有干长工的吗？ ＝没有，一般十三四岁到 50 岁的男的干。

女的呢？ ＝不行。

女的不养马或牛吗？ ＝女的也养，但一般都是男的养。

农忙的时候，会雇女的吗？ ＝不会。

【看坡费和负担】佃农出看坡费吗？ ＝耕作人出。

1 年大概要多少？ ＝1 大亩旱地的话就要半升小米，1 年 1 次，其他的不行。

从过去开始就是小米吗？ ＝当然。

麦秋的时候呢？ ＝半升麦子。

如果是水田的看坡费呢？＝不管土地好坏，都是给小米。

【看坡人】交给谁呢？＝看坡人到各家去取。

有多少看坡人？＝8个人。

麦秋和大秋一样吗？＝当然。

仅限村里的人吗？＝当然，其他村子的人不行。

座典座租的情况下也是一样吗？＝一样。

【佃户的其他负担】租地人还负担村里的摊款吗？＝不。

【看坡人的雇用和责任】看坡人是在村子里雇的吗？＝由庄长任命的，每年都是同1个人，死了或是老了的时候就由庄长选的人补缺。

看坡人给庄长钱吗？＝什么都不给。

要是粮食没了就是看坡人的责任吗？＝看坡人要负责。

要是看坡人对此反对怎么办呢？＝一般都不反对。

还看护村里面其他村人的土地吗？＝也看护，不收费用。

其他村子的人的地不用负责的吗？＝不负责，本村的人一般丢失得比较多，要是村里人的东西的话一般也就被原谅了，要是其他村子的东西的话就得交罚金。

都是穷人在做吗？＝是的。

【看坡人的收入】看坡费全都归看坡人吗？＝当然。

有主管区域吗？＝有，晚上也看护，黎明睡觉。

1个人1年收入多少？＝1年六七斗，麦秋的时候有1斗吧。

看坡人可以拒绝吗？＝可以，但没有拒绝的。

为什么？＝村里的人会说坏话的。

【出典地的田赋摊款的负担】出典地的田赋是谁交的呢？＝名义上是出典人，实际上出典人、座典人各交一半。

摊款是谁交呢？＝由出典人负担。

税契之后也是由出典者交吗？＝还是出典者交。

为什么？＝因为出典者还可能向其他的人出典。

租佃地再借给别人可以吗？＝没有，不行。

【租佃期限】期限是多长？＝3年的比较多，也有2年的，写的是3年也可以过2年收回，杨名增就是过了2年收回程得先的地的，因为杨名增的儿子回济南去了。

11 月 3 日

租佃契约

应答者　杨兆栋（乙保第三甲甲长）

【一个佃户的回答】有伙计吗？＝没有。

家里几口人？＝8 口人。

租了谁的地？＝租了李凤郡 7 分地，杨长林 1 亩地，谢殿有 9 分地，杨长佑 7 分地，总计 3 亩 1 分地。（次子是卖草绳给日本军的，长子是老师，原来是在本村的小学的，现在单县任教）。

家里有多少人干农活？＝次子干。

【租佃契约的内容】李凤郡的地是什么时候开始耕的？＝去年七月，是旱地的中等地，种的高粱和豆子等。

约定交多少地租呢？＝2 斗半的一半的高粱，小麦和高粱都是一半一半计算的。

租单里怎么写呢？＝不写。

从杨长林那儿租的地是水田还是旱田？＝旱地，下等地里只种高粱，有五六斗的收成，每年定额交纳 3 斗。

租单里怎么写呢？＝这也没有租单。（注：警戒起来，一切问题都不想回答的样子，租单可能实际上是有的）。

【一个资产家的回答】杨长华，长禄的弟弟，拥有本村的大块土地，有 90 官亩（大亩 40 亩），据村里的地亩册上有百余亩。

经营状况

有伙计吗？＝大人 2 人，小孩 1 人，骡子 2 头，牛 1 头。

家里几口人？＝20 余口（21 人）。

自耕地有多少？＝34 亩，水田有 8 亩。

租佃关系

【同族的佃户】租给谁了呢？＝租给李文富、李文臣、李文兰等同族的人 5 亩地。

共同耕 5 亩地吗？＝3 个人平分的耕。

以谁的名义呢？＝李文臣。

定契约的时候都是分开作的吗？＝当然。

租子是谁去交呢？＝去那 3 个人家里取。

什么时候开始的？＝去年 11 月以前是借给谢怀章和杨长海的。

租了多少年？＝1 年。

为什么又不租了呢？＝因为杨长海死了，前年买的。

是中等地还是下等地呢？＝水田 1 亩，有 1 石四五斗的收成。

租呢？＝小斗的话有 2 石 8 斗（小斗相当于 27 斤）。

每年都是一定的吗？＝当然。

都是本村人吗？＝当然。

【期限】约定是多少年？＝不是一定的。

【解约条件】什么时候可以收回土地呢？＝耕作方法不好，地里长草的时候，交的租子质量不好的时候。

交的租子质量不好的时候来年要交吗？＝当然，如果来年的质量也不好的话，就没办法了。

把未纳的租折算成借款的有吗？＝没有。

【中间人的有无】谁是李文臣的中间人？＝直接借给他的，买卖就得要直接来。

昨天问的时候听说同族的人都不直接商谈的不是吗？＝没关系。

【看坡费】看坡费是多少？＝1亩是半升（大亩），大秋的话共2斗2升，麦秋的话6升半。

看坡人从庄长那拿粮食和钱吗？＝不从庄长那拿。

【其他的租地和租】其他的借出地呢？＝借给了任福昌1亩2的水田，租是6斗，收成大概是1石三四斗，本村最好的水田的租是6斗。

什么时候借的呢？＝前年，之前借给杨凤宝1年。

【所有地明细】所有地总共有多少亩？＝42亩，其中，水田有9亩多。

自己的旱地呢？＝32亩。

水田呢？＝2亩8、9分。

李任

5.0　　1.2

共6亩2分（回答的数字前后矛盾）

有旱地的贷地吗？＝没有。

【关于水田】为什么要借出水田呢？＝水田的耕种费工夫。

水田1亩要多少肥料？＝豆粕20个，1个1元60钱。

水田里不能用驴马吗？＝当然，用牛。

春耕的时候1头牛的耕作能力是多少呢？＝1天1亩多。

（注：由于回答完全无从置信，调查中止）

11 月 4 日

地则　食量　租佃纷争的调停

应答者　王其贵（32岁丁保，第四甲第四户）

【分家前的分产】家长是谁？＝父亲王为善。

分家了吗？＝没有。

不分家分家产的情况有吗？＝没有。

地亩册是分成4人份写的吗？＝虽然我不清楚，将来分家的时候就只拿那个。

什么时候开始分开写的呢？＝民国十八年的时候分的，值钱是堂名（李善堂），兄弟

3 个人小的就 10 元。

【所有名义和堂名】堂名一直用到什么时候？ ＝民国十八年后就取消了。

县里的命令吗？ ＝是的。

那之前都不用人名吗？ ＝不用。

各个堂名从以前开始都没变吗？ ＝没变。

土地买卖的时候用堂名吗？ ＝前面写姓名后面写堂名。

土地总共有多少？ ＝36 亩半（大亩）。

怎么分的？ ＝两个人是 27 亩 2 分地，还有一个是 21 亩地（官亩）。

【租地——水田】水田有多少？ ＝11 亩（大亩）。

租给谁了？ ＝租给刘茂山 1 亩 8 水田，租给李福玉 9 亩水田，租给了谢长生 3 分水田。

为什么都租出的是水田？ ＝因为水田费工夫。

不是因为水田比较花钱吗？ ＝也有这个原因。

【牲口】牲口有多少？ ＝2 头牛。

耕旱田的话，与牛相比，驴骡不是更方便吗？ ＝骡子太贵了，驴骡一天还要吃好几回。

【地则的区分】你知道"金、银、铜、锡、铁"这个土地的区别吗？ ＝知道。

冷水沟属于哪个？ ＝只有"银"跟"铜"。

"银"跟"铜"有什么区别？ ＝水田的话，荒地就是铜地；旱地的话，碱性地就是铜地，除此以外的都是银地。

村里的人大家都知道吗？ ＝银粮、铜粮这个说法一般在用，这个土地交银粮，那个土地交铜粮这样的。

交铜粮是什么意思？ ＝比如要是银粮地的话 4 亩就是 1 两银子；铜粮地的话就是 8 亩 1 两银子。

现在还是这样吗？ ＝是的，没改。

【金粮地等】冷水沟以外还有金地、锡地吗？ ＝张马庄的水田有 3 分是金粮地。

为什么那里的地叫金地呢？ ＝那里叫金光湖，以前是给皇帝上贡米的土地。

金光湖以外还有两个湖你知道吗？ ＝百泉湖、东湖、西湖（？）。

锡地、铁地是什么意思？ ＝铁道以南的山地和劣质的土地。

冷水沟的银粮和铜粮哪个多？ ＝都差不多。

有水田的铜地吗？ ＝有，高处的土地。

【大亩】大亩是指 600 亩还是 720 亩？ ＝两个都是。

卖地的时候写哪个亩数呢？ ＝卖契上纳税的时候会写上"按银（铜）粮过拔"，现在两样都写。

银粮是用银子交，铜粮是用铜子儿交吗？ ＝不是。（拿出《县志》给我看五等地的地则，确认冷水沟的情况）我自己不是很清楚，任福申比较清楚。（注：巧妙地避开了话题）

【平均所要耕作亩数】这里的 5 口之家需要多少地才够生活？＝7 亩半吧，1 人 1 亩半。

这种情况下水田占多少比较好呢？＝水田 3 亩，旱田 4 亩半。

如果都是旱田会怎么样呢？＝不够吃啊，因为旱田容易受灾。

【常用食物】平常你都吃些什么？＝小米粉、高粱粉。

1 天要多少斤？＝37 斤，长工 3 个人，家里 12 个人，1 个人 1 个月 1 斗（大斗 63 斤）。

其他菜呢？＝现在是白菜、豆腐、青菜，有客人的时候就用肉招待，通常都用大豆油（豆油是买的）、芝麻油。

【所要粮食】1 年大概要准备多少粮食？＝1 个月 1 人要 60 多斤，高粱、小米粉 180 斗（大斗）。

【卖掉的部分粮食】每年大概卖多少？＝卖掉麦子 2 石，米 10 石，其他的不能卖。

米 1 年要用多少呢？＝七八石，送给亲戚的也包括在内，收获米的时候，正好现在到正月期间，去亲戚家的时候带过去。

【赠送给亲戚粮食】有这个习惯吗？＝有。

这是什么意思呢？＝比如，因为对方给了蔬菜。

亲戚之间送的人大体都是一定的吗？＝当然。

仅限同族吗？＝同族的不送。

都送给谁？＝姨、姑等姻亲和朋友。

家里有米的姻亲也送吗？＝不送。

1 年大概要送多少？＝七八十斗，1 回 30 斤左右。

小孩子去送吗？＝不，男的或者女的去。

在你家里这已经形成习惯了吗？＝当然。

对方会等着人送吗？＝关系非常亲近的话，对方会过来催的。

那个时候对方带着蔬菜过来吗？＝当然。

其他这样做的人家多吗？＝多。

拿到东西的那一方可以卖掉吗？＝可以。

你一般送给哪些人家？＝徐大猪、李文祥，李凤坤，陈治商，其他五六户的亲戚和五六户的朋友。

不用米而用钱不可以吗？＝不行。

还可以送其他什么东西吗？＝其他的东西就没有了，送糕点也行，但是高粱、谷子就不行，因为对方有。

【佃户的收获和交租】给佃户家里什么东西吗？＝什么都不给。

佃户会带什么过来吗？＝什么都不带过来。

你收的租是定额还是分粮？＝定额。

刘茂山呢？＝收租 1 年 1 石，1 石三四斗的收成。

李福玉呢？＝收租 7 斗，1 年 1 石的收成。

谢长生呢？＝收租 2 斗，1 年米 3 斗的收成。

借给刘茂山几年的？＝20 年。

借给李福玉呢？＝17、8 年。

借给谢长生呢？＝17、8 年，没有保人。

【没有保人情况下的调停】没有保人交不了地租的时候怎么办呢？＝收成不好的话，就没办法了，若是交不了的话就跟庄长说，庄长一开口，大体都会交的。

哪种情况比较多呢？＝跟庄长说的比较多。

为什么跟庄长说呢？＝庄长是全村的领导。

借贷是个人的事，不是跟庄长没关系吗？＝要是不这样做，纠纷就会扩大化的。

11 月 6 日

租佃契约　地则　地租的决定　保人

应答者　穆志刚（王舍人庄庄长）

地　点　新民会

【庄长从前的经历】什么时候开始当庄长的？＝事变前的民国二十六年。

之前是干什么的？＝做生意，卖药。

以前就开始的吗？＝民国十八年左右的时候自己开店的。

卖药之外还自己种地吗？＝当然。

【农业经营】让谁种的呢？＝雇长工，自己也种，自己监督。

长工有多少人？＝1 个人，有 1 头牛。

能耕多少地？＝附近的土地不需要牲口，大概 10 亩左右，水田、旱田各占一半。

为什么附近的土地就不需要牲口呢？＝牛下地的话，地就会荒掉的。

不是用牛来耕地吗？＝旱田的话就用牛来耕，水田的话就用铁锹。

【租佃、佃农】租地给别人，让人家耕叫什么？＝租地，水田、旱田都叫租地。

借别人地的叫什么呢？＝叫租工。

这个词一般有吗？＝写契约书的时候会写上 3 年、5 年让租工来耕，也叫作租户。

【租户、分工】一般使用的是哪个词？＝一般叫租户，也叫租地户，分工。

分工是指什么？＝甲借了地给乙，乙交粮食给甲，这就叫分工。

分工和分种是一个意思吗？＝一样的。

定额的情况下不是还有别的名称吗？＝都叫分工。

分工中，有定额和不定额之分吗？＝有。

【需不需要租单】分工的契约书是什么？＝租单。

租单必须要写吗？＝必须要，而且必须要有保人。

关系很亲的人之间也需要吗？＝必须要，亲戚姻亲等特别亲近的场合不写的也有。

【租单的意义】写租单有什么必要呢？　＝要是没的话就会发生不纳租或纳租质量不好的事，为防止这样的事就要写租单。

【租单上记载的保人】租单里一般写多少个保人？　＝一般写 2 个，写一个人的情况非常少，写三四个人，七八个人的也有，人一多粮食无法交纳的时候，保人的负担就比较轻了。

租单里保人是最重要的吗？　＝当然。

【保人的数量与其指定】是地主要求两个人还是佃农推举两个人呢？　＝是地主要求的。

地主指定保人吗？　＝也有这种情况，但不多。

【保人的资格】保人不能是穷人吗？　＝不能。

你有过作为保人代缴的经历吗？　＝有。

经常被拜托当保人吧？　＝当然。

那个时候可以再指定其他一个保人吗？　＝可以。

保人有催租的义务吗？　＝有。

【粮食折钱】用钱交租的情况有吗？　＝虽然有，是把粮食换算成钱来交，事变之前还有金纳定租，现在没有了。

粮食换算成钱交纳叫作什么？　＝租率或者租课。

粮食换算成钱叫作什么？　＝粮食折钱。

【实行的情况】过去就有的吗？　＝是的。

什么情况下比较多呢？　＝比如地主在济南做生意的时候多进行粮食折钱。

村子里的地主借土地给村里人时不折钱吗？　＝可以说是完全不这么干，因为粮食更方便。

【村里的佃农】王舍人庄大概有多少佃农？　＝10 户左右，大多数都是自耕农，佃农里也有少数是拥有自己土地的。

没有出租土地给人的人吗？　＝有，都是家里没男人的时候。

租济南以外的土地的人呢？　＝少。

租济南人的土地的人呢？　＝完全没有。

【不在地主】住在济南的王舍人庄的人把他的土地租给村里人的例子有吗？　＝有，家里人全部搬到济南去的话，就会这样。

像之前说的例子租地的人应该有二三十户吧？　＝去济南的时候都拜托给了熟人了，所以租地的有 10 户左右吧。

【地则的差别和租的比例】因为旱地也有上、中、下之分，所以租也不一定是一半一半的吧？　＝是的，不是一定的。

上等地的租一般是多少？　＝如果是小米的话，上等地的收成是 1 石 2 斗左右的话，租就是一半。

下等地收成是多少？　＝小米 7 斗收成，租就是 3 斗半。

【想做佃农的人、地则以及租的关系】那这样租地的不就不想要借下等地了吗？　＝借上等地的比较多。

那这样的话，把上等地的租子提高到一半以上也行吧？　＝但是也和远近有关系。就算是上等地，如果较远的话，也不会想要租的。

这里人多地少吗？ ＝当然。

那租地的人很多吗？ ＝多。

那租出一半以上的地可以吗？ ＝没这种事。

【负担的转嫁】分种可能是这样的，预先定额的情况下，交 2/3 的租可以吗？ ＝虽然没有提高租子的人，但是地主让佃农承担一切负担，比如摊款、上赋。

【定额和分种的比】定额与收成折半哪种比较多呢？ ＝收成折半比较多。

【定额租的决定】定额租是以什么为标准决定的呢？ ＝以土地正常年头的收成为标准。

如果佃农说要交 1 石 2 斗的一半以上 7 斗的话也可以定契约吧？ ＝不行。

因为佃农很多交出比一般还多的租的情况也是有的吧？ ＝有的。

交一半的一般的情况也有一些特别的情况吧？ ＝有的。

【决定方法】租是保人决定，还是地主，佃农？ ＝如果地主要求 6 斗，佃农要求 4 斗的话，保人就会折中定 5 斗。

通过保人的说合，地租可以抬高也可以降低吗？ ＝这就要看他面子了，新民会租土地做运动场，他们交的是钱，1 大亩交 80 元，1 亩大概有六七分，1 年 100 多元。

这很便宜吧？ ＝当然，看新民会面子的。

一般的话大概要收多少呢？ ＝水地的话是不能借给人的。（注：这里的水地是井地的意思）

【菜园的现金交租】一般借的话大概要交多少？ ＝每亩 2、30 元，种菜的话要交现金，菜园是现金交租。

【交纳期限、契约期限】是先交还是后交？ ＝五月、十一月交两期。

契约的时间呢？ ＝秋天是阴历八月下旬，春天也有，秋天比较多。

水田和旱田的时间不同吗？ ＝一样。

如果是春天的话，一半是在什么情况下呢？ ＝比如一直到春天都在家里，正月后就要去济南的时候。

【租率的异同】水、旱稻田的租率都一样吗？ ＝一样。

【面积单位】1 亩是 600 步吗？ ＝是，章丘是 1 亩 720 步。

【山东的地则】听说这个地方有金、银、铜、锡、铁地？ ＝本村银地和铜地比较多，金地只有一两家，锡地和铁地完全没有。

金地是什么？ ＝并非一定是金地，过去是金地现在变差的也有。

过去是以什么标准定的呢？ ＝过去的事情不知道，地主有金地、银地各两亩，卖了银地把金粮给买主，金地就变成了银地。

过去稻田里最好的还有莲花池的就是金地。

【地则和买卖手续】银地、铜地的纳赋与买卖时手续上有什么不同吗？ ＝比如，有"金银粮照数过拨"这句话，或者"卖主○○○退金粮○○亩买主○○○收"，就要给总房写上"闵孝四里王舍人庄○○○退金粮大亩三亩退本庄○○○收"，这也是要写在契约书中的。

契约书中也有不写金粮什么的吧？ ＝没，还要给村公所交税，银粮是 6 亩七八分（大亩），铜粮是 13 亩左右 1 两银。

【官亩的使用和换算】本地不用官亩吗？ ＝只有村公所用。

要是有什么分歧不是很不方便吗？ ＝会换算的。

在衙门算官亩吗？ ＝是的。

谁来换算？ ＝衙门。

关于租佃的称呼　租佃契约　负担

应答者　*杨景岭（28 岁，杨家屯资产家的次子，中学毕业）*

【经历】在新民会干什么工作？ ＝联合合作社担任会计。

之前的工作呢？ ＝还是在联合合作社，到农村去收买棉花和其他的指导工作。

【合作社的组织】那个时代合作社的人员配置是怎样的呢？ ＝各村有一个合作社，上面是合作社联合社，再上面就是省的合作社联合社，县里面有干事、理事等名誉职位，理事有 3 个（主席、司库、文牍），县里面出 3 个指导员。

（建设费）

理事会的 3 个人每天执行公务

监事会的 3 个人每月检查 2 回账簿。

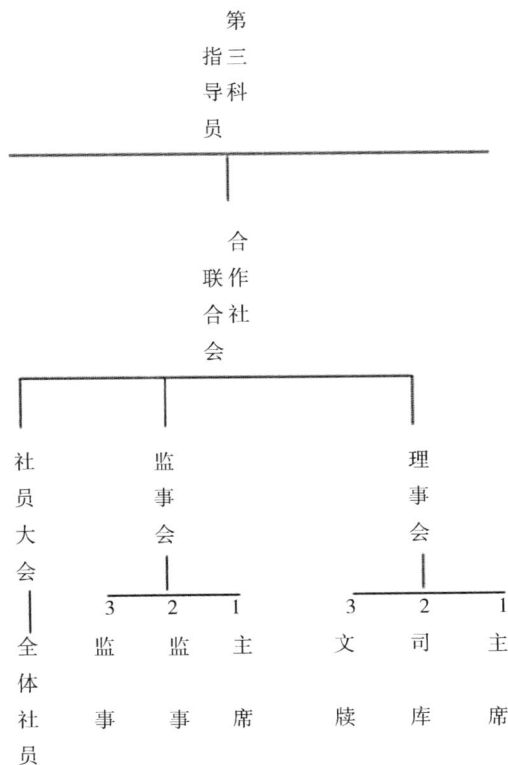

```
                    第三科 指导员
        ─────────────────┬─────────────────
                         │
                    合作社联合会
        ┌────────────────┼────────────────┐
        │                │                │
     社员大会          监事会            理事会
        │           ┌────┼────┐      ┌────┼────┐
        │           3    2    1      3    2    1
     全体社员      监事  监事  主席   文牍  司库  主席
```

【佃户的称呼】租地人叫作什么？＝租地人，或佃户。

【佃户】租地人和佃户是一个意思吗？＝佃户含有奴隶的意思，现在基本上不用了。

佃户只有大地主才有吗？＝是的。

县里有吗？＝没有，县里最大的也就七八百亩（大亩）。

佃户在哪个县？＝曹州附近。

这个县里有屯吗？＝有。

屯里有衙兵的子孙吗？＝不知道。

有知道过去的事的老人吗？＝不知道。

听说过包种吗？＝没有。

【交租和分种】收取定额的租叫作什么？＝纳租。

交纳收成的一半也叫纳租吗？＝那叫分种，不叫纳租。

说到纳租，每年都是交纳一定额的吗？＝当然，关系亲近的人之间分种，一般不写租单，稻秸都是大家分的。

分种一定是一半一半吗？＝其他的例子没听说过，可能有吧，农村里没有固定的形式，根据时间和场合有所不同。

你知道分种的例子吗？＝知道。

【分种的做法】是水田还是旱地？＝旱地，收获的时候，地主会来当场平分。

如此一来，分种的那一方就只能得到秸秆咯？＝当然。

给肥料和其他东西吗？＝当然，也有借农具、马的时候。

分种的肥料全部由地主负担吗？＝地主如果出肥料的话秸秆就平分。不这样做的话，秸秆就归佃农所有。

【分种和交租的比率】分种与纳租的比率是多少？＝1：50 左右吧。

过去不是会多一点吗？＝普通的田的话会少一点，萝卜田的话就是这种情况。

为什么萝卜田比较多呢？＝土地必须得要深耕而且费劳力。

【租佃期限与其记载】一般的租佃期限一定是三五年吗？＝三五年的比较多，七八年的比较少。

必须写租单吗？＝必须写吧。

【期限的意义】为什么要附上期限呢？＝不知道，如果是粮食的话，不会有时间问题，如果是缴钱的话就很重要。

如果交钱的话，期限以内不能变更吗？＝不能。

之前张马庄的一个人不缴租米而缴了钱，时价是 1 元 2 斗 50 钱，定好一年 10 斗 25 元，去年结束契约的，去年就已经是 1 斗 25 元了，地主就不能改契约。

这种情况下等地主会要求提高地租吧？＝就算要求了，租地人也不会听的。

不会诉讼吗？＝契约书里写了，这也没办法，现在也会借出，但都规定缴租米了。

【期限可否收回土地】期限以内地主可以收回土地吗？＝不可以，租单里写着“许客辞主，不许主辞客”。

有不写的吗？＝我觉得不写的很少吧，我没见过不写的。（注：说的话与事实相差甚远，也许是因为年轻，很多事不知道吧）。

以前就有的吗？＝以前就有的。

要是没有这个的话，地主在期限内也可以收回土地吗？＝不知道。

我听说过民国二十五年的时候，国民党欲实行二五减租这个事？＝没听说过。

【佃农摊款等的负担】以前佃农的摊款及其他负担得多吗？＝以前没有，民国二十六年以后才有的，事变之后，摊款就变得多了起来。

现在佃农都负担了吗？＝不同庄子各有不同，本村不负担的比较多。

本村负担的和不负担的各一半一半吗？＝不负担的比较多。

【租单上的记载】写在事变后的租单上吗？＝我没见到过，但是有佃农负担的。

应该写在租单里吗？＝当然。

有在期限的途中让地主负担的情况吧？＝地主可能会这么要求，但是佃农不会承认。

【负担程度、种类】负担的话是一部分还是全部呢？＝有人工费用和庄公所费用两种，人工的话，自己出劳力、出钱都可以。

摊款还有其他的吗？＝没有。

负担一部分还是负担全部？＝负担全部的比较少，大多都是负担一部分，人工的比较多（注：与此相反的实例比较多）。

【负担和租的加减】这种情况下租是从前的比率吗？＝当然租会便宜一点的，这种例子比较多，比如说地主是财主，佃农不缴钱自己去出劳力，对双方来说都是好的解决办法，事变前没有这样的。（注：这种例外比较多）。

租是一定的，但摊款不一定，定契约的时候不会麻烦吗？＝这个大体上能估计得出来。（注：对此回答抱有疑问）。

那么租单中会写上数额吗？＝不写。

如果减租的话，佃农会负担租地的一切摊款吗？＝全都负担。

你所知道的例子中有减租多少的？＝有减租 1/10 的。

减掉 1/10 租地人不会亏损吗？＝是亏是损不清楚。

【地主的田赋负担】田赋一般是由地主负担吗？＝当然。

铜地和银地是一样的吗？＝不一样，一小亩 7 分 2 厘 9 毛 2。

【摊款征收单位】庄的摊款是小亩还是大亩？＝根据官亩而不同，地亩册上写的是小亩。

庄子不同也有不同吗？＝不知道，王舍人庄以前开始就是官亩。

【看坡】王舍人庄有看坡的人吗？＝有 8 个。

看坡的从 1 亩地里能收多少？＝小米和麦子各一半，种高粱的话就是高粱秆两束，大概 2 尺高的，一束 10 斤（收获之后还没有干燥的），种豆的话就收小米，水田也收小米。

看坡人有雇用期限吗？＝做得好就继续，没期限。

谁来决定的呢？＝庄长、保长、甲长等。

【租的减免】租单里写着天灾的时候减免租子吗？＝写。

收成是多少就叫天灾呢？＝五六成。

【送租】佃农来搬吗？ ＝佃农送到地主家。

称量的时候不是地主过来的吗？ ＝地主到佃农家里去量，佃农给地主送过去。

地主带个车过来的事没有吗？ ＝租地的都是同村人，所以不需要车。

【二次租佃】可以将租地再借给他人吗？ ＝可以，一个济南人（城户地）有 20 亩水田，借给了一个人 20 亩，这个人又再借给了其他人。

这种情况下不跟地主商量吗？ ＝不商量。

也就是说他可以用比起地主借给他的价格还要高的价借给别人是吗？ ＝地主不知道的话，可以这么做。

这种情况下写租单吗？ ＝写。

形式还是一样的吗？ ＝不清楚。

这种关系叫作包佃吗？ ＝没有别的名称。（注：实际上他好像不知道）

【押租钱】有押租钱吗？ ＝我懂你的意思，但是这里没有。

【保人】没有保人的时候就不是必须的了吗？ ＝大家都有保人。

王舍人庄以外大家都有保人吗？ ＝大家都有。

哪里都写租单吗？ ＝都写。

租地的时候不通知庄长吗？ ＝不通知。

保人死了或是去济南了的时候，碰上不交租的话怎么办呢？ ＝两个保人都死了的话就诉讼。

【一个保人不方便的情况】两个保人中一个死了的话，另一个人就要负责任吗？ ＝当然。

一般保人之一死了的话怎么办呢？ ＝当然是需要保人的，但是信用很重要，维持原状就行了。

如果地主对于只有一个保人而感到不安的时候会和佃农说吗？ ＝实际上没有这种情况的。

如果保人之一死了，地主无法信任佃农时会怎么做？ ＝实际上这种情况很少。

【保人变更】契约期限之内可以更换保人吗？ ＝可以。

有这个实例？ ＝没有。

如果保人在期限之内失去了全部财产，地主可以更换保人吗？ ＝没这回事。

租地的时候，在地主和佃农之间斡旋的人就叫作保人是吗？ ＝是的。

【卫地、大粮地】卫地和大粮地哪个价值更高一些？ ＝卫地高。

本村有卫地吗？ ＝没有，都是大粮地。

耕卫地的人叫作佃户吗？ ＝不这么说。

屯的土地都是卫地吗？ ＝不一定，也有大粮地。

【退——退粮】卖土地被称作退吗？ ＝是的。

不叫作卖吗？ ＝有"卖地退粮"这个词。

【买地收粮】过去不是只有卖卫地才叫作退的吗？ ＝我认为都叫退，古代的事情都不太清楚。

卫地必须要用退这个字吗？　＝没有必要，和大粮地是一样的。

11 月 7 日

租佃地的使用　菜园　市集　天灾　租单

应答者　杨景岭

【佃农耕作限度】佃农在借的土地上耕作什么都行吗？　＝都行。

分种的时候就不行了吧？　＝根据我自己身边人的例子，自己随意种的话，收获的时候跟地主均分就行了。

最初双方没有商量吗？　＝不商量的。

地里种的作物都是一定的吗？　＝一定的。

比如不种一直以来的粮食而种棉花、烟草之类的时候，不用商量吗？　＝这种情况下就需要商量了。

种棉花等的租也是用棉花来交吗？　＝我认为就算是种了棉花还是要用麦子豆子来交租。

是因为最初的契约书里是这么写的吗？　＝是的，这一带也不种棉花和烟草。

【挖井的情况】要把旱地变为井地的时候，地主必须要挖井吗？　＝佃农和地主商量，地主出材料，佃农出劳力，要是挖土作土井的话就不用和地主商量也行，材料也不需要。

地主想要挖井的时候怎么办？　＝一切费用由地主负担。

这种情况下，从那年开始租单要重新改写吗？　＝不重写。

但是变为井地了土地价值不就上涨了，多加点租不好吗？　＝期限之内地主绝对不能加租。

所以实际上没有地主挖井的事是吗？　＝基本上没有。

期限快截止的时候挖井的事有吗？　＝有。

【旱地——水田】将旱地变为水地或将水地变为旱地的情况有吗？　＝将旱地变为水田的比较多，水田变为旱地的基本上没有。

但是看到在这边的农田里井现在都没有使用了，这不是将水田变为旱地的吗？　＝那是因为那个时候不需要水。

有的时候需要水，有的时候不需要水是吗？　＝旱天的时候就用水。

【旱天用的井】有仅在旱天的时候使用的井吗？　＝很多，种菜园的时候经常用。

一到旱天的时候就会修理井是吗？　＝是的。

【地主的作物限制】地主有种植作物方面的限制吗？　＝这样的例子没有，除了禁止的作物（比如鸦片）以外，地主没有这个权限。

【菜园的借贷】菜园不借给人吗？　＝很少，一般都借出普通的土地，没有什么特别的事情的话（比如地主住在济南）不会借出。

【蔬菜的交易】这里市场上的青菜是农民自己拿过来的，还是商人拿过来的？＝农民自己带过来的多，商人带过来的少。

什么情况下是商人带过来呢？＝没有人带到市场上的时候就卖给商人。

有专门卖蔬菜的商人吗？＝有。

王舍人庄里有几个？＝这个庄里有两三个，其他村子里的比较多，苏家庄菜园很多，那里卖菜的就有大约 10 个人。

有从附近的村子来带很多蔬菜到王舍人庄的集市来卖的吗？＝其他村子（比如苏家庄）来的比较多。

来买的都是哪儿的人？＝王舍人庄附近的老百姓。

没有济南的商人来收购吗？＝有，直接到老百姓家里去买的比较多。

本地的人也可以直接去老百姓家吗？＝可以。

【市集内外】没有"不在市里就不能交易"这回事吗？＝没这回事。

【交易和税】在市场上卖蔬菜的时候需要缴税吗？＝市场要缴税。

谁来收税？＝包牙税的人来收税。

【经纪和收税方法】一般这叫作什么？＝经纪。

不叫牙纪吗？＝不叫。

大概收多少税呢？＝按照 100 斤收多少税来收。

不是按照一元收多少税来收的吗？＝有 3 种，要么依据重量，要么价格，要么收蔬菜。

现在 100 斤大概收多少？＝一两毛左右。

1 元收多少？＝2 钱左右，收蔬菜的话，一台板车的话，白菜就拿两三个。

收蔬菜的话也是 1000 斤里拿两三个，10 元的收入交两三个吗？＝是的。

称量的人呢？＝必定是经纪来量。

【永租佃的例子】本地没有同一片土地十年、百年都借出的例子吗？＝没有。

【卫地和大粮地的异同】卫地和大粮地的地租是一样的吗？＝一样。

同样地则的土地是不同的吧？＝一样。

村里的摊款卫地和大粮地都是一样的吗？＝当然，不管土地是好是坏，跟是否是水田还是旱地也没有关系。

【卖掉的作物】杨家屯里卖什么样的粮食？＝只卖小麦、大米，其他的都不卖，大米去年全部都在济南的新民会合作社交易场所里卖掉了，今年因为价格的关系还没卖；小麦是在市集和济南卖。

【购买粮食】有粮食不够要买粮食的时候吗？＝在粟市和高粱市上买。

【大农】这个地方有从济南借大片土地雇佣长工、短工耕作的人吗？＝有。

在哪里？＝在杨家屯，一个姓薛，稻田 10 亩，自己的田有 30 亩（旱田和水田总计），长工有一个人，短工有二三十个人左右。

【战乱和农民】因为战争而田荒废掉的有吗？＝没有。

附近有吗？＝没有。

事变的时候，有战争吧？＝正好是冬天。

济南事变的时候有吧？＝济南附近有，这附近里没有。

济南事变的时候看过战场的遗迹吧？＝在济南市见到了。

街上变成什么样子了？＝城北那一带城墙都倒塌了，商店里的商人大多都死了。

看到打仗了吗？＝没有。

事变的时候看见了吧？＝没看。

事变的时候在这里吗？＝为了避难去南方的山里藏起来了。

杨家屯的人大家都避难去了吗？＝在家的比较多。

什么样的人不去避难呢？＝害怕的人都逃了。

女人都逃了吧？＝女的也有在家的。

那个时候是认为村子会变成战场是吗？＝当然。

在家里的人，就算是打仗了，也打算一直留下来吗？＝山里有朋友或有亲戚的都逃了。

但是一想到要成为战场了，大家都逃了吧？＝要是真成了战场，那个时候就会到什么地方去。

有军队经过村子里吗？＝日本兵经过过，村里水田多，军队很少来，日本军都是三四个人一起来的，中国军队的车子经过路上。

日本兵来了大家都会躲起来吧？＝躲起来是不行的，必须得招待他们，日本军会拿柴火、鸡蛋、鸡走。

日本兵是到庄公所要呢，还是直接到老百姓家呢？＝直接到老百姓家，庄公所不知道。拿东西走的时候不给钱的很多，打仗的时候，日本兵到铁道沿线的郭家庄拿了一头驴付了1元钱，说是必须得要拿走，那个时候日本兵拿着给鬼烧的纸钱来买东西。

庄里因事变死的人有多少？＝2个。

为什么死的？＝在田里被流弹射中死掉的。

是大炮还是步枪？＝步枪，日本军来了，中国军逃跑的时候，许多东西都丢在了田里，到田里捡那些东西的时候死掉的。

庄子里的人都来捡吗？＝非常少。

都丢下了什么东西？＝马、小麦面粉、食物、衣服。

没有手枪、步枪吗？＝没有，因为要在日本军来之前逃走。

你的哥哥是庄长吗？＝不是，是别人。

那个庄长现在还在吗？＝在。

战争的时候还开会吧？＝不，非常快，到了王舍人庄，但没到杨家屯。

因为知道日本兵来了是吗？＝黄河岸边大概打了2个月的仗，渡过黄河很快就到这来了。

想过会到这来吗？＝不知道来不来，一开始非常害怕，一两个月过后就恢复平静了，那个时候都能听见大炮的声音，还看到过飞机飞过来。

你知道飞机是来扔炸弹的吗？＝不知道，见到过王舍人庄落下过炸弹，见到过飞机用机关枪扫射中国军，皮家营的一户人家在吃早饭的时候，一家人正围着石桌子吃饭，突然桌子上落下了一个炸弹，一家人全死了。

那个时候飞机来了怎么办？ ＝躲到家里。

不挖洞吗？ ＝一挖洞，水就会出来，不行。

战争的时候粮食等是带着跑的吗？ ＝因为藏不起来呀。

不藏的话就带着跑是吗？ ＝大的东西就带着跑，金银类的就藏起来。

【天灾和农民】据你所知，最严重的天灾是什么时候的？ ＝今年也不是小天灾，旱灾很严重，小麦、豆子都收成不好。

但是杨家屯土地海拔低不是反倒挺好的吗？ ＝杨家屯的麦子只收了 5 成（王舍人庄的百分之一），豆子、小米都只收了 5 成。

那吃的怎么办呢？ ＝没办法只能买了。

没有买的钱吧？ ＝有 5 年的积蓄。

农民没有去年的积蓄吧？ ＝有，有田的就卖粮食；没田的就做苦力。

【外出打工】今年冬天穷人吃什么呢？ ＝没有特别穷的，去济南的也有，去满洲做苦力的也有。新民会也在征集苦力，老百姓去济南，新民会那里有省总会的劳工股，征集苦力送到满洲。

因为便宜所以才不去新民会吗？ ＝做苦力的多是山里的人，因为不知道新民会，照着老习惯去济南，前几天听说从省总会去满洲的苦力死了，这儿的新民会在各村调查了，但是不知道是哪一个村子的。

事变后，财主多数去了济南吧？ ＝这里的没有，其他治安不好的就不知道了。

【事变对地租的影响】事变后的地租上涨了吧？ ＝缴钱的涨了，缴粮的还和原来一样，但是这里没有租钱。

事变前缴钱的多吗？ ＝有是有。

事变后佃农没有什么渐渐变化的吗？ ＝还和以前一样。

【租佃纠纷】有因为佃农不交租起诉他的事吗？ ＝没有。

是为什么呢？ ＝反正就是没有。

【旱灾、祈雨】没有饥荒吗？ ＝这一带没有颗粒无收的情况。事变后，黄河的流向改了，旱灾年年都有。村里的人都因黄河改道，而向神祈求黄河回到原来的水道。

全村祈求的情况有吗？ ＝全村倒是没有，但全村求过雨。

【土地异动】杨家屯的土地是年年增加还是减少？ ＝过去卖的多买的少，事变后干旱变多了，因为杨家屯的水田没受旱灾影响，买的、卖的都没有。

现在是只有旱地的村子的土地在减少吗？ ＝好像是这样。

过去买地的都是什么人？ ＝卖给邻庄郭家庄的比较多。

郭家庄地主很多吗？ ＝也不是因为这个，因为相近，没有其他村子的人买杨家屯地的。

杨家屯和郭家庄有什么特别的关系吗？ ＝并没有。

是因为过去开始就和郭家庄关系特别好是吗？ ＝也不是这样，卖土地的时候一般都是一亩半亩的卖，就没有一次卖 5 亩，就算卖也是分散的 5 亩地。

【卖地原因】多是因为什么卖土地呢？ ＝葬礼、结婚比较多。

因为冬天的食物没有了而卖土地的呢？＝少。

出典的少吗？＝比卖的少。

果然还是因为葬礼、结婚的比较多是吗？＝是这样的。

葬礼结婚之外什么情况比较多呢？＝还债的时候。

【座典座租的情况】有出典者将出典地租佃的习惯吗？＝有，但并不多，这叫作座典座租。

什么情况下座典座租呢？＝出典者不拥有土地的时候。

向朋友和亲戚出典的多吗？＝这种事讲人情的。

也出典给村外的人吗？＝两者都有，给村里的人的多一些。

村里的人能座典座租但是村外的人不行是吗？＝村里、村外是一样的。

【资料】

（租单一）

　　立出租地人孙徐氏今将自己家西南北地大亩一亩七分每年租利。麦子叁斗叁升谷四斗七升又家西地亩一亩半每年麦子叁斗叁升四斗半又家南南北地两亩正每年麦子四斗谷四斗此租利定于麦后秋后场内交割倘若不交有中见人担负完全责任同中言明租于本族孙春耕种空口无凭立字存证此地五年为满每年完粮庄内花费切于承租人无干石柱反身交粮不反身不交粮[1]

中见人　吴毓莱

张徐氏

代字人　吴毓秀

立出租地人收租地参半

民国十九年夏历七月三十日
立

（租单二）

　　立出租人贾万程今将鲍山北山北头东西地两段大亩五亩情愿租于靳可修名下耕种同中说允每年租利秋麦两季麦子七斗半豆子七半谷子每年两石此系两家情愿各无反悔空口无凭立字为据[2]

介绍人　曲廷奎

王延福

---

[1]　译者注：此处为契约合同文本，在此维持原文文字结构。

[2]　同上。

民国三十年夏历六月十二日

（租单三）

　　立承租地亩机关新民会兹凭王舍人庄庄保长穆志刚等介绍租到吴毓莱在本会后园畦地官亩四亩整言明每年租价通用大洋共计一百四十元整分两季交纳以四月一日十月一日为交纳之期不得故意拖缺恐后无凭立租约为证[1]

庄长　穆志刚　　|刚穆
章志|

介绍人

保长　王兆俊　　|俊王
印兆|

韩玉珊（母印）　○

（注：新民会次长）

新民会历城县总会　　|总历新中
会城民华
印县会民
　　　国|

出租人　吴毓莱　　|莱吴
印毓|

中华民国二十九年　　月　　　日

（租单四）

　　立租单人黄文魁今租到李梦弼名下庄东万草地南北地两段大亩两亩四分言明每年租价谷五斗秋成后十月交租五年为满期到或增或减再议若有租价不到保人一面全管此两家情愿各无反悔空口无凭立租单为证[2]

芳

保人　刘

---

[1]　译者注：此处为契约合同文本，在此维持原文文字结构。
[2]　同上。

大贤

前名　立

民国二十九年八月十三日

（租单五）

立租地人杨山今租到杨徐氏自己庄西北东西水地一段大亩一亩三分经介绍人言明每年大米六斗至秋收后十一月底交租价无年限价无增减倘有差错保人承担责任此系两家情愿各无反悔恐后无凭立此租单为据[1]

保人　杨长荣

立

民国二十八年新正月十日

11 月 8 日

租单上的租佃契约　长工　租佃契约的更新　摊款

应答者　杨凤德（杨家屯前庄长）

【租单的注解】租单一中的"石柱反身交粮不反身不交粮"是什么意思？＝"石柱"就是石臼，"反身"就是归还，也就是说归还石臼就是收割粮食，丰年的意思。丰年的话就交粮，歉收的话就不交粮的意思。

"立出租地人收租地参半"是什么意思？书面上写的是 5 年，实际上借 2 年的意思，之后再继续补充写，5 年为一期，从中减去 3 年，借贷 2 年的意思。

为什么不写 2 年而要写 5 年呢？＝开始就打算借 5 年的话，2 年就会想要收回土地。于是就违反了约定，所以写了这句话，第 2 年写，第 3 年的时候自己耕。

"每年完粮"是什么意思？＝向衙门交纳银子。

"完"这个字是什么意思？＝上缴的意思。

每年完粮之类的句子大家都写吗？＝也有不写的，这属于详细的了。

地主负担的银子花费和租户负担的，谁的多一些呢？＝租地人不交。

杨家屯里有佃农负担的吗？＝没有。

其他庄子里有这个习惯吗？＝没有。

就是说没有必要是吗？＝没必要。

租户什么时候负担摊款的呢？＝我还没有听说过，但是过去有佃农在给住在济南的地主的地租里，减去摊款上缴的事也有。

地主住在济南的时候都是用这个方法的吗？＝也有自己缴税的，一般是庄内统计所有费用，租户交纳，然后再跟济南的地主核算。

---

〔1〕　译者注：此处为契约合同文本，在此维持原文文字结构。

地主和佃农都在庄内的话，由佃农来交纳的情况有吗？＝没有。

【保人、介绍人】中间人和保人一样的吗？＝一样。

写保人的比较多吗？＝写保人的比较多，正确的来说中间人是负责介绍的，保人是承担责任的，此例中中间人就是保人的意思，因为在前面写了承担责任这句话。

没有写承担责任这句话的，作为中间人不负责任也可以吗？＝可以。

有这个例子吗？＝有。

租地的中间人不负责任的情况有吗？＝有，但这种情况下必须要确立保人。

那时是写中间人的名字还是写保人的名字？＝那个时候保人就写保人，中间人不用写也行，一般都是中间人当保人的。

租单一中写到"每年租利麦子 3 斗 3 升谷 4 斗，要是两年三作的话，每年就无法像上述那样交纳了吧？＝这是 2 年 3 回交纳的意思，第一年缴麦子和豆子；第二年缴谷子。

这个租单，是介绍人承担责任吧？＝没有责任，仅负责催粮。

还有其他保人吗？＝没有。

如果缺租的话怎么办？＝介绍人催租，不行的话就收回土地。

那个时候，没有上缴的部分就转化为借款的形式吗？＝不，不收了。

介绍人不承担责任的租单多吗？＝两种都有。

哪种比较多？＝写的多一点，法律上虽然没有责任，但在习惯上有责任。

实际上介绍人也好，保人也好，名称都是没关系的吗？＝两种都行。

村子里识字的人有多少？＝有大概能读的，程度不同。

契约的字是你写的多一点吗？＝不少。

【交纳粮食】租单四里写着"谷五斗"必须是谷子不能是高粱吗？＝缴高粱也行，但是因为价格不同，量也不同。

这个田里有种植其他作物的情况吗？＝有，还是缴的是谷子，也并不是非得要种谷子。

这里没有写麦子的事，是怎么回事呢？＝这地好像是种不出麦子来的，要是能种麦子的话，如果这里写"谷子五斗"，就要上缴麦子 2 斗半和豆子 2 斗半，必须得换算上缴。

没有因换算率不同引起纷争的情况吗？＝这要根据市集的兑换行情了。

谷子带壳吗？＝当然，不带壳的就是小米。

大米是什么？＝不带壳的，带壳的是稻子。

大米是精白的吗？＝那是白米。

玄米叫作什么？＝还是叫大米，大米中分为粗米和细米。

租单里的大米是粗米还是细米？＝细米，一般租米都习惯是细米。

租单里的谷子呢？＝带壳的。

【长工】伙计有很多吗？＝很多。

多是本村的吗？＝多是外村人。

【长工出身】杨家屯周边哪里来的比较多？＝本县的人比较多，从南方山里来的也多。

是因为价钱便宜还是因为干活认真？＝是因为山里面土地不好，经常有旱灾。

以前就是山里来的人多吗？＝以前黄河北方来的人比较多。

为什么呢？＝那里水灾频发。

以前和现在气候变化了吗？＝黄河改道之前水灾很多，现在旱灾很多。过去黄河有两里多宽，现在只有十几步宽了。

事变后那些人才从山里过来吗？＝是的。

山里边过去和现在没变化吧？＝过去雨水多。

到什么时候为止雨水都挺多的呢？＝事变第二年为止，雨水都挺多的；那之后每年都持续是旱天。

【长工的工资】伙计一年的工资是多少？＝一等是 120 元，包吃包住；二等是 80 元；三等是五六十元。

这是哪一年的价格？＝今年的。

事变之前是多少钱？＝一等 77 元；二等 40 元；三等 20 元。

越往山那边想当伙计就越多吗？＝去村子里拜托的，不会为了雇人而去山里的，想当长工的也并不是很多。

【外出打工】灾害持续的话想当长工的变多了，会去当苦力吗？＝会去济南做苦力。

苦力比事变前多了吗？＝当然。

如果去满洲的话一年能拿到多少呢？＝去年十月从满洲回来的人里，既有有钱的，也有没钱的，在当地玩乐钱都花光了。

挣得最多的人是挣多少呢？＝150 元左右，虽说普通，也是各有不同的，30 元、50元、80 元、90 元的都有，连衣服都没得穿的人也有。

以前开始就有去满洲的人吗？＝事变后变多的。

现在大概有多少人去了呢？＝县里一年有 3000 多人左右。

春天去秋天回来的多吗？＝多。

在当地是做什么工作呢？＝铁道铺设、修理公路等，在煤矿工作的话，三四年回来一次。

去哪个煤矿工作的人多呢？＝去满洲万达屋的多。

和抚顺不一样吗？＝邮戳是奉天，在察哈尔。（注：万达屋就是抚顺）

【长工的期限】干活计一年就走的多吗？＝多，1 年的多，3 年、5 年、8 年、10 年的也有。

3 年之类、5 年之类的有规定期限吗？＝都是一年一年的，规定是一年的。

写契约书吗？＝不写。

【长工的中介人】有中介人吗？＝有。

什么人当中介人？＝伙计认识的人。

是拜托同村人还是拜托其他村子的人呢？＝比如说会拜托像杨家屯和附近的熟人。

几月份来，几月份回去呢？＝今年的 12 月 1 日上工；第二年 12 月 1 日下工。

【长工的工作】伙计最重要的工作是什么？＝耕田和养牲口。

去雇主那里分配工作的时候，最好的伙计去吗？＝比如雇佣 3 个人的时候，一等的伙计不去，二等、三等的去。

【长工的顺序】如果伙计有 3 个人的话，有头目吗？＝有，叫作大伙计，二伙计，三伙计。

【地主的例子】最多的是雇几个人？＝4 个。

杨家屯的吗？＝是的。

最有钱的吗？＝是的，仅此一家。

牲口也是有四五头吧？＝牛 2 头，骡子 2 头，驴子 1 头，共计 5 头。

这家人都不耕田吗？＝耕。

监视伙计的是家里的家长吗？＝当然。

能耕多少地呢？＝60 大亩左右，其中稻田 40 亩左右。

【升学者】没有去中学读书的孩子吗？＝大家都是小学生，本村的小学上学。

大概有多少人能去中学？＝以前去中学的有一个，现在在新民会工作（注：就是之前回答问题的杨景岭）

村子里没有去大学的吗？＝没有，别的地方也没有。

你所知道的范围内有去大学的人吗？＝有一个去了北京师范大学，有两个去了济南政法大学。其中一个当了徐州府尹，现在已经死了。还有一个是我的老师，我毕业后，他很快就死了。

去北京的大学的人现在怎么样了？＝现在不知道。

【成功人士】没有当进士的人吗？＝状元也有，进士和翰林也有。

最发迹的人是怎样呢？＝状元没有当官；进士当了山东省教育界的大官；翰林当了科举的试验官。

这是什么时候的事？＝清朝光绪年间的，之前还有很多不清楚了。

【长工的等级、工资】依据什么为标准划分一等、二等的呢？＝根据力气，不根据年龄。

伙计的薪水是钱吗？＝大家都是钱，没有粮食。

报酬是谁跟谁决定的？＝介绍人和雇主。

但是 20 岁以下的会便宜的吧？＝也有高的，少，没有一等的。

20 岁以下的是 6、70 十元吗？＝是的。

40 元左右的是怎样的伙计？＝力气小只能干轻劳动的，但是没到 15 岁不会雇用的。

【支付工资】工资是什么时候支付？＝伙计要的时候就支付。

有先付一年的吗？＝没有。

过了半年就能拿到半年份的工资吗？＝能拿到，干了好几年有信用的时候，先付一年的情况也是有的。

干得越长工资越高吗？＝是的。

40 岁的人也能年年涨工资吗？＝是的，50 岁以上的也有降工资的，一点点的降，从大伙计降为二伙计的情况也有。

大伙计 40 岁，二伙计 60 岁，大伙计也指导二伙计吗？＝指导的。

伙计走的时候必须付清全部工资吗？ ＝当然。

【长工的契约和工作】签契约的时候，会规定工作的种类吗？ ＝会定的。

但是不会让他去做劳役吧？ ＝不会的。

让他做规定之外的工作的时候还会另出钱吗？ ＝不会另出钱，给他饭钱。

今天在县公署训练的都给 2 元 5 角钱吗？ ＝并不给钱。

训练的费用是怎么出的呢？ ＝费用是庄公所出。

县里说要出 10 个人的时候就由庄公所来召集吗？ ＝要是出钱雇的话就去，要是从各家出的话就不去。

必须要从各家出的时候怎么办呢？ ＝比如说容易的工作或者去远的地方的话，就是庄里来雇。

让伙计去训练的时候，庄长给雇主钱吗？ ＝不能让伙计去的。

为什么不能让伙计去训练呢？ ＝因为各家都有各家的工作。

要是出了伙计就干不了活了吗？ ＝都不愿意。

【长工的休息】伙计们都是把钱带回家吗？ ＝是的，大概都有家人吧。

不管是独身的还是结了婚的都是如此吗？ ＝都这样。

结了婚的，有时会让他回去吗？ ＝有时回去。

没有一个月一回这类的习惯吗？ ＝距村子近的就时不时回去；距村子远的就不忙的时候回去休息个四五天。

【租佃契约的更新方法】租约到期，如果想要续租的话手续怎么办呢？ ＝重新写租单。

还是写同样的东西吗？ ＝也写上粮食的增减。

原来的租单怎么办？ ＝烧掉。

一般是写 2 张租单吗？ ＝也有写一张的。

为什么要写 2 张呢？ ＝防止双方做什么手脚，防止对方改写。

关系亲近的写一张，关系不近的就写 2 张是吗？ ＝差不多就是这样。

如果到期了条件什么的都一样的话不重写也可以吧？ ＝因为跟年限有关系，所以还是要重写。

这里还留着民国十九年的租单是怎么一回事呢？ ＝没用了就留在这的，一般都是烧了的。

其他的村子里也有不重写租单 10 年、15 年都续租的情况，这不是普遍现象吧？ ＝其实应该是要重写的，但不重写的也有。

【佃户和摊款】地主不住在济南的情况下，事变后也多是由佃农负担摊款的吧？ ＝其他村子好像是这样。

把租子降低，由佃农负担摊款，这样不是对双方都有利吗？ ＝杨家屯里没这样的例子，是因为摊款不是定额的。

最近要是摊款变多的话，不是就只能让佃农负担一部分的摊款了吗？ ＝董家区、遥墙区一带摊款是一大亩 50 元，所以就有 100 多元，现在除八路军之外还有土匪，外面还有县政府（重庆），地主都说不要租了随便耕地给缴摊款就行了，可还是没人愿意耕，地主

们大多都去济南了。（此处低声私语）

　　农村里被土匪抢了财产的例子多吗？　＝多，不仅是抢钱还打人，冷水沟一到晚上，村里就没人影了，八路军会来收税。官厅只收 2 元的情况下，八路军要收 4 元，一个村子因为说是伪县也交了。前几天张家庄里有 6 个日本兵被杀了，虽然动手的人自称是八路军、重庆那边的人，但全部是匪贼模样。他们没来杨家屯，只是经过这里。

　　就只在晚上来吗？　＝只在晚上一个人到庄长那儿去。

　　对方的庄长也来吧？　＝不来。

　　要是拒绝了就不行吗？　＝之后会来一大批人的。

　　是什么时候开始到冷水沟一带的呢？　＝旧历八月十五左右，一个人来的收了 800 元左右，说自己是奉县长的命令的。收钱不收粮食，因为不方便也不收米，好像知道为了向区公所纳租而集钱的事。

　　为什么对方会知道呢？　＝正好来得是时候吧。

　　其他村有这种事吗？　＝南方有，其他的没有。

　　庄长不向县里报告？　＝没办法，要是报告了之后还会来的。

　　这件事附近的人都知道吧？　＝这种事不能在村民之间说。

　　时不时有这种事，大家也不知道吗？　＝是的。

　　来冷水沟而不去别的地方是为什么？　＝也去其他地方吧，杨家屯在冷水沟的旁边，所以知道，这都是中秋节前后的事了。

　　不觉得会来杨家屯吗？　＝不觉得，因为他们会去有钱的大村子。

　　如果钱凑不起来的时候，会强迫你们凑钱吗？　＝800 元的话，也是好不容易才凑齐的。

　　这是区里用来干什么的钱？　＝如果不是区，那就是县里收钱，预借的钱吧。

　　这钱还是得要庄子再重新募集的吧，是怎么凑钱呢，是会说明情况再收吗？　＝就算什么都不说，也都明白。

　　村里的人都会觉得没办法就都缴了吗？　＝是的。

　　事变之前也有吗？　＝没有，但是土匪会说什么绑票，拿着手枪抢夺东西。

　　过去的土匪和现在的哪个坏？　＝现在的。

　　现在只去有钱人家吧？　＝是的，但只在有人和八路军有联系的情况下才去。要是没有这种人，也就不会有这样的事。

　　实际上这附近也有八路军的人吧？　＝不清楚，好像有很多，今年夏天，张家庄有个李姓老人（有学问的人）在夕方桥那儿说了有关八路军的事，八路军里有个叫刘振东的，这下可不好了，正好那个时候有个年轻人来了说你认不认识刘振东，老人说不知道，年轻人就拿出手枪说你要不是老人就杀了你，因为你是老人这会儿就放过你，今后要自重，周围的人都大吃一惊了。可见附近八路军的秘密侦探相当多。

　　村外没有吗？　＝现在哪里都不太平，杨家屯还算太平的，因为没有什么坏人，东边各村都有一两个密探。

　　跟八路军有关系的都是年轻人吗？　＝都是年轻人。

　　年轻的穷人吗？　＝是的。

也有财主吧？＝有的，有借助八路军的势力欺负农民的财主。

财主利用八路军欺负农民都是怎么个欺负法？＝先跟八路军联系了，自己就安全了，现在都可以说是治安不好的地方，财主能保证自己的安全了。（调查当时，此地日中两股势力盘踞，以上回答也是有各种问题的，姑且如实记录）

土地买卖篇

1940 年 12 月

(华北农村惯行调查资料第 17 辑)

土地买卖篇第 3 号　山东省历城县冷水沟庄
　　　　　调查员　早川保
　　　　　应答者　任自天

【中人的称呼】土地买卖的时候必须要有中间人的介绍吗？＝是的。

冷水沟里有"中保人"这个词吗？＝没有。

有"中间人"这个词吗？＝有。

有"见证人"这个词吗？＝没有。

有"介绍人"这个词吗？＝民国以来有用这个词的，但一般都不用。

有"监证人"这个词吗？＝没有，没听说过。

在冷水沟一般都怎么称呼？＝中间人，中人。

【中人的职责】卖主偶然碰到买主，或是买主偶然遇到卖主的时候，也必须要找中间人吗？＝是的。

为什么呢？＝在土地买卖中关于土地的价格，买卖的条件等买主和卖主并不直接交涉，必须要有中人在其间周旋，保证交易顺利进行。

中人有怎样的职责呢？＝买卖成立的证人，还负责解决日后产生的纷争。

买主不付货款的时候，中人有支付的责任吗？＝不负责任，不付货款的话，买卖本身就不成立。

卖主对于土地的说明与实际相距甚远的情况下，比如尽管断言不是碱性地，但实际上是碱性地，尽管说是谷地（在冷水沟这属于上等地）但实际上是高粱地（下等地）的时候，中人对此负责任吗？＝实际上基本没有这种事，就算有也会在买主和卖主之间把话谈妥的，中人对买主和土地好坏自己负责的事没有。

中人是卖主那边的人还是买主那边的人呢？＝卖主那边的人。

没有买主那边的中人吗？＝也不是说没有，一般说到中人都是卖主那边的人。

那么买主那边的中人也叫中人吗？＝不叫中人。

【中人的资格】什么样的人能当中人呢？＝只要是和卖主相熟、在村里有信用的人，谁都可以。

同族的人也行吗？＝是的。

是兄弟但是分家了的行吗？＝不行。

为什么不行呢？＝兄弟的话，关系太亲近了，不能保证中人的公平性。

比如说卖主上面还有地主（假设卖主是佃农），土地周围有邻居，家周围有街坊，有同族人，还有村长，庄长，那一般能当中人的人都是怎么样的顺序呢？＝没有什么顺序，是根据与卖主的信赖关系来决定的。

冷水沟的土地买卖里当中人的人都是一定的吗？＝一定的。

冷水沟里这样的人大概有多少？＝8 个。

【草契】卖主在委托土地买卖的时候，关于委托的事项会给中人证据一样的字据吗？＝当然。

那个叫作什么？＝草契。

请给我看一份草契。

立草契人○○○因手中缺乏今将所有地两段共计五亩七分三厘四至各有边界今凭中说妥请愿卖于某某名下为业每亩纸洋五百元地内粮草照数过拨空口无凭立草契为证[1]

年　月　日
中人　某某

上面的草契是卖主写的，立草契人就是卖主吗？＝是的。

写几张呢？＝一张。

这里写着"每亩纸洋五百元"，这个土地是个怎样的价格呢？＝大体就是写卖主希望的卖价。写草契的时候，因为买主还没有确定，所以就写"某某名下"是吗？＝是的。

"某某名下"的"某某"要空白吗？＝不，写成某某。

有不写"中人某"而写"介绍人某"的吗？＝没有。

有没有买主给卖主那边的介绍人如上草契的情况呢？＝没有。

有了上面的草契的话，土地的买主也能安心和中人交涉了吗？＝是的。

现在假设卖主那边的中人甲和被拜托从谁谁那儿买土地的乙交涉，买主要是没有将草契给乙的话，不就无法确定是否乙是被拜托了吗？＝虽然的确如此，但没有被拜托却装作被拜托的样子的坏人。

那像之前的那种情况，无法确信乙是否被卖主拜托的时候怎么办呢？＝甲和乙一起去拜访买主。

卖主自己找到了买主，后来才找中间人的情况下还要作草契吗？＝当然，必须要写草契。

【实卖契】土地的买主和卖主大体商量完了，还要写一个类似于买卖的预约书之类的东西吗？＝要写的。

---

〔1〕　译者注：此处为契约合同文本，故此保持原文文字结构。

那个叫作什么？　＝实卖契。

请写一份实卖契给我看。

> 立实卖契人〇〇〇因经济不便今将所有地三段共计
> 五亩七分三厘（此地原代麦苗）四至各有边界凭中说妥情愿卖出与〇〇〇名下永
> 远为业言明地价四百五十元地内粮草照数过拨此系两家情愿各不反悔空口无凭立实卖
> 契为证[1]
> 债价五元整
> 年　月　日
> 中见人　〇〇〇

写了实卖契之后，买主必须要购买土地吗？　＝是的。

卖主必须要卖吗？　＝是的。

【债价】债价是什么意思？　＝买卖土地的时候定好规矩了，为了巩固这个规矩，买主交给卖主的东西就是债价。

是买主亲手给卖主的吗？　＝一般是买主给中人，中人再给卖主的。

有卖主给买主的吗？　＝没有。

债价是写实卖契的时候必须要写的吗？　＝并不是非得要写，但是一般都会写。

不管实卖契里有没有写债价，在写实卖契的时候，都是由买主交给卖主的吗？　＝是的。

债价的数额是怎么决定的呢？　＝并没有什么标准。

根据土地的价格，债价有少和多的差别吗？　＝卖价特别高的时候，那就属于别的情况了，一般不管卖价多少，债价都是 3 元、5 元左右。

买主将来给卖主的土地售金的钱是土地的价格减去债价吗？　＝不，一般债价和土地的售金没有关系。

卖主拿了债价的话，将来要全额返还给买主吗？　＝没有，不到万不得已终止买卖的时候，都没有必要返还的。

本来要卖地，但因为某些原因不能卖的时候，也不需要返还吗？　＝现实中没有这样的例子。

卖主从买主那里拿到债价之后怎么办呢？　＝实卖契弄好之后，卖主请中人吃饭。不请吃饭的话，就把债价给中人。

签订实卖契之后，卖主因为某些情况不想卖地的时候，有没有返还原来债价几倍的钱给买主的习惯呢？　＝没有。

签订实卖契之后，买主因为某些情况不想买地时，如果不找卖主返还债价，就可以不买地了，有这种习惯吗？　＝没有。

---

[1]　译者注：此处为契约合同文本，故此保持原文文字结构。

如果给了债价，万一土地的买卖没有按预期进行的时候，纠纷更容易解决吗（与没有给债价相比）？ ＝不。

那么签订实卖契之后，万一买卖不能进行了，为了解决纠纷，赔偿和债价完全没有关系吗？ ＝完全没有。

签订实卖契的时候还没有丈量完吗？ ＝是的。

没有丈量完之后再签实卖契的吗？ ＝没有。

实卖契里写的土地面积是什么面积？ ＝卖主拥有的那片土地的白契或者红契里记载的面积。实卖契里写的土地的价格是什么价格？ ＝还没有丈量，不知道实际面积多少，如果像卖主或中间人说的那样的话，就依那个价格来买或者是依大家意见一致的价格来。

【丈量】买卖土地的时候必须要丈量吗？ ＝是的。

冷水沟里负责丈量的人都是一定的吗？ ＝不一定，冷水沟里能丈量的有五六个。

丈量难吗？ ＝土地买卖的话就很简单，分家的话就比较难，冷水沟里会复杂的丈量的只有两三个人。

丈量是怎么做的，是用刻着尺度的长棒子吗？还是用绳子呢？还是走路记步数呢？ ＝用刻着尺度的长棒子量。

计算土地面积的时候，一块土地有各种各样形状，有那样的测量方法吗？ ＝当然，土地都有各种各样形状，也都有一定的测量方法。

你有丈量的经验吗？ ＝我是冷水沟里会丈量的人之一。

那是跟谁学的？ ＝我的父亲是丈量人。

就是说是和你父亲学的吗？ ＝是的，父亲有本丈量的书。

那是本怎样的书？ ＝从我祖父开始传承了百年的一本，叫作"新安汝思甫著　新编直指算法统宗"的书。

那是一册书吗？ ＝不，有好几册，现在我手里就只剩一册了。

冷水沟里还有其他人有丈量的书吗？ ＝没有，冷水沟里会丈量的人都是抄的我的书的，这附近会丈量的人也都是抄我的书来丈量的。

【丈量的立会人】在土地买卖中要丈量的时候，有没有临场监督的人？ ＝买主，卖主，中人，土地的左邻右舍。

左邻右舍一定要临场监督吗？ ＝是的。

左邻右舍不到场监督也丈量的情况有吗？ ＝左邻右舍的临场监督是要确认土地的边界，避免将来的纷争的，左邻右舍不到场的话，就不会丈量。

土地边界有界标吗？ ＝当然，各个地方都会埋石头做标记。

【卖契】土地买卖的契约书叫作卖契吗？ ＝是的。

卖契作白契吗？ ＝是的。

没有其他的名称吗？ ＝没有。

必须是丈量之后才签卖契的吗？ ＝是的。

请给我写一份卖契。

立卖契人任自天因经济不便（因耕种不便）今将自己家北东西地一段大亩两亩五分五厘三毛四丝六忽四至可列于后凭中说妥情愿出卖于○○○名下言明每亩纸洋二百五十元其洋同中当交不缺地内粮草照数过拨此系两家情愿各不反悔恐后无凭立契存证[1]

中见人　○○○　　○○○
丈量人　○○○　　○○○
代字人　○○○
中华民国二十九年十月二十三日　　　立契前名

西中　　东北南
横横　　横长长
可可　　可可可丈量

○○　　○○壹明
○○　　○○百细
○○　　○○五
○○　　○○十
　　四　　步
　　至

东北　　西南
至至　　至至

○○　　○王
○○　　○憘
○○　　○三

这份卖契的"东西地"是什么地？　＝垄是东西走向的土地，就叫作东西地，南北走向的土地就叫作南北地。

大亩、亩、分、厘、毛、丝、忽是什么意思？　＝1亩大亩是600步，1亩半小亩是1大亩，小亩又叫官亩，一步是十分等于百厘等于千毛等于万丝等于十万忽。

这份卖契中没有写介绍人，要是没有写的话，中间人同时也是介绍人吗？　＝是的，只写中间人的话一般那就是介绍人。

中间人和介绍人是不同人的话，会写在契约里吗？　＝会的。

这种情况下，为什么介绍人不能作为中间人呢？　＝根据与卖主的亲密关系，财产以及

---

[1]　译者注：此处为契约合同文本，故此保持原文文字结构。

其他的原因，介绍人并不一定都是中间人，此外也有中间人不适合的情况。

这种情况下，卖契里写不写介绍人都没关系吗？＝是的。

如果有代字人的话一定要写代字人的名字吗？＝有写的也有不写的，两者都行。

卖契本来应该是谁来写的？＝应该卖主来写的。

不特别注明代字人谁谁的情况下，假设卖主不写卖契而由别的谁来写，那必然是要中间人或丈量人来写吗？＝没这回事。不特别注明代字人谁谁的情况下，之前提到的人大家都不会写字的时候，别的其他人来写就行了。

那是谁来写呢？＝卖主。

卖主、中人等都不识字，有这种可能性吧？＝有的，只要写的内容没错就行了。

白契里中间人、丈量人、代字人的下面都按了印，十的标记，印等都是中间人、丈量人、代字人确认的记号吗？＝是的，那也叫签字。

以上记号都行吗？＝是的。

有没有记号都行吗？＝一般都做记号，也可以不做。

有按指头的吗？＝有，男的话就按左手中指，女的话就按右手中指。

姓名下面的记号都是本人按的吗？＝是的，但这记号并没有什么特别的意思，没有也行。

必须写卖契的日期吗？＝是的。

要是没写的话就不算是卖契吗？＝绝对没有忘记年月日情况的，这个问题不在考虑范围之内。

就算要修改土地的卖价和亩数，只要字是同一个人的就可以了吗？＝是的，但是有关误记的话就要重写。

为了证明是订正的意思，比如说添上"此行三字订正"这样的句子吗，不这样做，在文字、金额数字的旁边插入也行吗？＝文字的话可以插入，金额数字的话一般不插入，在别的纸上重写。

卖契写几份？＝一份。

没有写两份的吗？＝没有。

【卖契、售金的交付时期】卖主在给买主地契的同时，买主给卖主土地的售金吗？＝是的。

在给卖契之前先给售金的情况没有吗？＝绝对没有。

本来应该在约定的时候带钱来的，但是突然有了急事，如果中人是卖主，买主都信任的人的话，卖主四五天之后再收售金的情况没有吗？＝要是买主可以信任，四五天之后确实会付售金的话，就可能会有先给卖契的事，但是现实中没有这个例子。

从买主付售金到拿到卖契的那天起，可以立即使用土地吗？＝当然。

有售金分为两三回支付的情况吗？＝可能有吧，我不清楚。

【老契】卖主在给买主卖契的时候，关于那块土地的文书比如说旧的卖契（老契）等也一并给买主吗？＝有给的，也有不给的。

如果不给的时候，卖主隐瞒卖地一事，将老契作为证据，把同一片土地卖给不知情的人，这样的危险没有吗？＝完全没有这种危险，因为在土地买卖的时候一定要丈量，丈量的话一定要有左邻右舍临场监督，想使坏都使不了，村里人对所有的事儿都心知肚明的。

那么卖主拿着老契怎么处理呢？＝也并没有说要怎么处理，丢掉也没有关系。

买主接收老契的话，不就是了解土地的入手途径，证明其正当性的证据嘛，接收老契的话不是更好吗？＝要是那样的话，就接收老契更好吧，但其实也没有接收的必要。

卖主一般可以拒绝给买主老契吗？＝一般不能拒绝。

什么情况下会拒绝呢？＝比如卖掉一部分土地的的时候，或者是分家时分祖先遗地的情况下，其中一人将均分的土地卖掉的时候，就算有祖先遗地的老契，也可以拒绝交出。

卖主在卖土地的一部分时，在自己拥有的地券上（白券或红券）记载这个事吗？＝不写。

当分家要平均分土地时，一直以来拥有的父辈的地券也要重新改写吗？＝不，不重写。

那么分家的人（分续者）不保有地券吗？＝分家的人的其中之一从父辈那一代开始保管。

地券上还要添写上分家平分土地的事吗？＝不写，分家单上分家的人的土地所有关系都写得清清楚楚。

像如上所述卖一部分土地的情况下，分家均分土地时，地券上要是不写这事的话，地券的保管者将土地卖掉或是隐瞒财产分割的事实，把地卖给他人的这种危险没有吗？＝土地买卖的时候丈量土地，左邻右舍也会监督证明的，不会有这种风险。

【地上物品的归属】地里的井、棚屋、作物、树木等在卖契里如果没有特别注明卖的话，就是连同土地一起卖出去的意思吗？＝是的（但是墓地除外），本来就算是，卖契里不注明这些东西也自然是算入土地的卖价中的。

卖契中有写"四至分明花栋树株并不除望"，"四至分明花栋树株尽在其内并不除留"的时候和没写这个的时候是不同的吗？＝是的。

那么没这句话的时候就只卖地不卖花栋树株吗？＝（这点不明确）

【墓地的归属】关于墓地，就算是卖契中没有"此地内，胡峨坟地半分"，地内只有坟墓一冢，许起不许葬"，"地内孤坟四冢，许起不许葬，起坟之后，并无地墓"这样的句子，土地买卖中也不包括墓地吗？＝是的。

这种情况下墓地周围多少面积是不算在内的？＝请风水先生来看，决定保留的墓地面积。

墓地今后可以转让，但不允许新的埋葬（许起不许葬）是意味着墓地什么时候都能用的意思吗？＝是的。

如果今后迁移墓地的时候，有墓的那部分土地就归属于买主了吗？＝是的。

为什么呢？＝在土地买卖中有墓的那部分土地也是计算到卖价中去的。

这种情况下有墓的土地是属于谁的呢，是买主，还是卖主呢？＝一直到墓地迁移之前都是卖主的，迁移之后就是买主的，这就是"起坟之后，并无地基"的意思。

迁移之后那部分土地还属于卖主的情况没有吗，比如说与墓周围的面积相比有墓的那部分土地更大的情况没有吗？　＝这也有可能。

仅留下墓地凸出的部分，剩下的全部卖掉，有这种情况吗？　＝有。

那是什么情况下呢？　＝想尽可能卖更多地拿更多钱的时候，也有人把坟头之外的土地全部卖掉。

墓地的隆起有好几个的时候，隆起的土地之间的地也卖吗？　＝没这回事，因为那部分土地只有一点点，丈量起来很困难。

土地买卖中墓地当然都是除外的，土地买卖之后卖主给买主支付墓地使用费的情况没有吗？　＝没有。

【买卖后的纷争】土地买卖后同族之间出了抱怨，没有注意到左邻右舍监督丈量的边界有误而发生争执的情况有吗？　＝这也是有可能的。

以为是谷地（上等地）就买了，结果是高粱地（下等地），因此而引起争论也是有可能的吗？　＝基本上没有这种事，因为关于土地的事都十分清楚。

【同族先买权】想要卖地的时候，应该先问问同族中有没有想买地的人吗？　＝是的，应该要问的。

不问同族中是否有想买地的人而卖掉的时候，同族可以从买主手里再把土地买回来吗？　＝不可以。

买主还未付售金，因此卖主还没有把卖契给买主时，同族的人可以说自己要买而组织交易吗？　＝可以。

买主与卖主之间已经签好卖契，买主拿到卖契之后，同族的人可以再买并且终止这场交易吗？　＝可以。

债价已经给了卖主也可以吗？　＝可以。

这种情况下买主可以向卖主或中人抱怨吗？　＝可以说。

可以要求赔偿金吗？　＝可以。

上述情况下，买主是直接向卖主抱怨还是向中人说呢？　＝向中人说。

【毁约赔偿】中人会怎么做呢？　＝一般给买主茶钱、烟钱之外，把多余的钱给他，说服他接受。

中人不能直接向卖主抱怨吗？　＝能说的，中人可以跟卖主抱怨，向新的买主要求赔偿金。

没有买主直接向卖主抱怨的吗？　＝一般不直接说。

因为丈量的失误或定的边界有误而造成实际的面积比卖契上要小的时候怎么办？　＝与上述情况一样，中人与卖主承担赔偿的责任。

土地面积很小，买主无法达成购买土地的目的的时候，买主可以取消买卖吗？　＝如果有这种事的话，可以取消。

既然取消了交易，可以向卖主或中人要求赔偿金吗？　＝定边界失误是卖主的责任，丈量有误的情况下可以要求赔偿。

【中人的责任】卖契中要是写有，"自卖之后，再有租人亲友争差，卖主一面承管"，"自卖之后，如有本家户族邻右争差事情，原业主一面全管"，"自卖之后，不许地邻子侄争差，若有争差，卖主一面承管"的情况下（即中人无法抱怨的情况下）与写有"若有争差，中人、卖主一面全管"的情况下有什么不同吗？　＝没什么不同。

那么就算写仅卖主单方面承管，中人和卖主也同样承管，就算中人单方面承管，卖主也免不了责任，结果不管在什么情况下都是卖主、中人在承管吗？　＝是的。

众人对买主负责，卖主不能直接跟买主抱怨，类似这样情况没有吗？　＝没有。不过若对买主有意见，一般不直接由卖主提出来，而是和中人说。

【给中人的谢礼】除了签订卖契的时候款待中人之外，签完卖契付完售金的时候还要再款待中人吗？　＝是的。

这种情况下出礼金吗？　＝不出。

都有哪些人参加款待的宴席呢？　＝卖主、买主、中间人、土地的左邻右舍、代字人、丈量人、介绍人等。

是由买主负责招待的吗？　＝是的。

有卖主来招待的吗？　＝没有。

除此之外，还给中人什么谢礼？　＝土地买卖后第一个正月里招待中人。

只招待中人吗？　＝丈量人、代字人，土地的左邻右舍也一并招待。

第二年的正月还招待吗？　＝不，仅此一回。

【房屋用地的买卖】当兄弟分家要把房屋对半分的时候，是把正房3间房子对半分，院子对半分，东厢房对半分，这样来分的吗？　＝是的。

这种情况下，兄弟中的一个可以将分到的房屋用地卖给其他人吗？　＝可以。

难道不是没有其他的承认就不能卖吗？　＝没这回事，但是一般也会和兄弟商量的。

商量了如果兄弟们反对，但是无论如何都想要卖的时候，不顾兄弟反对卖掉也可以吗？　＝可以。

上述情况下，买地的人可以在院子中间建墙与卖主兄弟家划分开吗？　＝可以。

仅把正房、东厢房自己买的那一部分拿走可以吗？　＝因为没有实例，所以不甚清楚，应该没什么不妥吧。

如果拿一半走也行的话，不是会给卖主兄弟造成麻烦吗？　＝实际上也没有这种情况，所以不清楚。

一个家分成两半的意思是房顶分成两半，墙也分成两半吗？　＝是的。

如果房顶有一部分损毁了，由这部分的所有者来修理；另一部分的所有者不用修理也不用承担修理费吗？　＝是的。

当房屋用地对半分的时候，分家人之间可以无偿使用对方土地吗？　＝可以。

分家人之一将土地卖给其他人和其他人共同生活的情况下也是一样的吗？　＝是的。

井、做饭的地方在另一方的土地上的时候也是这样的吗？　＝是的。

有没有卖地不卖房或者卖房不卖地的情况呢？　＝没有。

房子和地是要一起买的吗？　＝是的。

【买卖的呈报】买地的人必须要向县公署呈报，交纳契税吗？　＝不。

不呈报的话，田赋等税金的通知是不是还会到卖主那儿，卖主是不是还要缴钱？　＝买地或是入典的时候都会呈报给里书的。

【里书】冷水沟里有里书吗？　＝没有。

那么冷水沟的人在买地、卖地的时候向哪里的里书呈报呢？　＝向山头店里的里书呈报。

没有近一点的里书吗？　＝裴家营有，但是那里的里书不负责冷水沟的。

山头店、裴家营有里书多少人？　＝1 个，滩东有 2 个。

里书都有各自负责的区域吗？　＝是的。

买土地、出典、分家的时候必须要向里书呈报吗？　＝是的。

里书会怎么做呢？　＝变更手里的土地台账的名义。

收手续费吗？　＝并没有规定说要多少，一般就 1、2 元吧。

手续很简单吗？　＝去找他的话就直接给你改。

比如甲卖地给乙，乙卖给丙，丙卖给丁的时候，乙，丙不去呈报，由丁向里书呈报关于甲、乙、丙、丁交易的事，这种情况有吗？　＝没有，必须得一个一个呈报。

上述情况，丁实际上是从丙那里买的地，但是乙、丙并没有向里书呈报，因此尽管丁是从丙那里买的，像直接从甲那里买的那样来申报可以吗？　＝没有这样的事。

土地买卖中是由卖主还是买主向里书呈报呢？　＝由买主呈报。

甲卖给乙，乙卖给丙，丙卖给丁的时候，乙丙不呈报，由丁在买地时一并负责乙、丙的呈报的情况有吗？　＝没有，必须各自交易的当时呈报。

当时不呈报的话还要交罚金吗？　＝不交，但农村土地交易并不频繁，不呈报的话税金等公共课税还是会算到卖主头上（换句话说，就是纳税义务人不明确，收税的时候会很麻烦），所以必须要呈报。

由买主一个人带着卖契向里书呈报吗？　＝是的。

有中人、卖主一起去的必要吗？　＝没必要。

如果有呈报的话里书会向县公署呈报吗？　＝为了不妨碍每年的田赋征收的话，会将土地台账提交给县公署的田赋征收处。

县公署仅依此来知晓现在的土地所有者吗？　＝是的。

征收是由县公署向土地所有者下达纳税通知书然后让纳税的吗？　＝不，县公署规定每年田赋的数额，农民把每年的田赋交给里书就行了，直接的田赋征收是由里书做的。

给土地所有者即纳税者送达县公署发行的纳税通知书和领收书的工作也是由里书负责的吗？　＝是的。

里书从县公署那里拿工资吗？　＝不拿。

【契税】县公署如果知道了土地所有者的变化，会通知契税处，由契税处来办理契税征收的手续吗？　＝不，交纳契税是由买主任意出面交纳的，县公署人不会调查现在的土地所有者，也不会督促交纳契税的。

那么田赋征收处和契税处虽然办公室相对，但互相不联络是吗？　＝是的。

　　土地所有者的变更，土地买卖都是由里书负责的，所以田赋征收处也不会一一注意，是吗？＝是的，对于县公署来说，只要每年能收到定额的税就行了，这以外的事就不会注意了。

　　那么由买地的人或者土地所有者向里书呈报，交纳每年的田赋就行了，就算不交契税也可以是吗？＝是的。

　　买地的情况下（入典的情况下也是如此），买地后经过多年不交契税也可以吗？＝可以。

　　但是关于契税征收的章程里有写"契约成立后，如逾六个月，限期不税者，一经查明，除照章投外再按应纳税额五成处罚"，实际上这个规定并没有实行吗？＝是的，实际上并没有实行。

　　那么什么时候要来交契税呢？＝私人之间买卖契约，即白契是不被官公署承认的，纠纷时即使拿出白契说是自己的土地，官公署也不会承认，作为地券的效力不大，因此一般也信用不大。

　　但是不是可以通过拿出县公署发行的田赋领收证和让里书证明来说明自己的权利呢，在一般的信用上，村里也都了解情况，特别是左邻右舍不是也都可以证明吗？＝是的，所以契税手续也就不需要了。

　　那么是什么场合或者说什么必要情况下，要申请契税手续呢？＝（关于这一点，不论是向县公署的征收处问还是向农民问都没有明确的答复，契税手续申请人有 30 名左右，有必要向他们直接询问理由）

　　【契税手续】想请你大致说明一下契税手续。＝

　　若申请者即买主拿着白契提出交纳契税的申请，那么交纳就要根据卖契中记载的土地面积而得出的税额，纳税的话就要给农民如下的领收书，（如下的领收书是事先印刷好的，左上边交给农民，右边由县公署保存）。农民一旦拿到领收书，就将卖契给县公署然后回去。

　　税契的计算，也就是征收的比例是怎样的呢？＝契税按照田房价值，卖契收百分之六，典契收百分之三。

　　县公署怎么处理申请者留下的白契呢？＝县公署里有省财政厅发行的"买契纸"，县公署的官员直接从省财政厅那拿到买契纸上印刷的东西，在如下的买契纸的右边印刷，"存根"（县公署保管）并"缴查"，在县知事监督下（现在是特务机关联络员即县顾问也监督）附上序号，买契纸中记录必要事项（并不是所有事项都要记录），在右边贴上申请者的白契，在左边，公署发行的"田房卖契约"里（这也是事先印刷好的）贴上记录必要事项的东西（并不是所有事项都要记录），本省发行的"买契纸"、白契和县发行的"田房卖契约"三者贴到一张上（贴合部分的边界都有县公署的印章，以下书类均有县公署的盖印）交给农民（这就是红契）。"卖契纸"与"缴查"之间，还要贴上相当于契税额的印纸，并盖上印（如果印纸一片丢失的话，就要处以 20 元的罚金）。"存根""缴查""买契纸""田房买卖契约"如下所示。

历城县公署 兹据

　　庄 乡 里

应交税洋 价买地段房所 计 契

元 角 分纸价洋 角

持据来府领契除 御给收据外此存 张共价钱洋

中华民国二十 年 月 日

城

历字第

历印

县

历城县公署

共钱洋 乡 里 庄

应交税洋 地段 房所 计

元 角 分纸价洋 契 张

为出给收据事兹据

于念日内持据来府领契合行给据收执此据

中华民国二十 年 月 日

买 契 纸

山东省公署财政厅为发给契纸事兹据

县 乡 庄 业户

镇 街

报称于 年 月 日价买 名下坐落 乡 庄 地一段设计 地

镇 街 庄 房

开合地 亩 分 厘 毫弓步列后实用价银 元 角 并纸价银元五角请准完税

钱 合银元 千 百 十元

角 分应缴六分税银 元 百 十元 字第 号

注册黏发契纸为据除照价核收税款并注明本县

册外合行发给契纸收执为据

坐落处所

房宅间数

地亩弓步

四 至

一、契税按照田房价值买契收百分之三

二、无论买典契纸每张收纸价五角

三、契约成立后如逾六个月限期不税者一经查明除照章投税外再按应

四、减写契纸一经发觉除掣每缴税款外再按应纳税额全数科罚

中华民国 年 月 日

历城县——收税洋——政粘贴契税凭证处

查　　缴

No.0006442

山东省公署财政厅应为发给缴查事兹据
并将契纸填发
中华民国　年　月　日
存根留县存查
外合将此联呈缴查核
县○

根　　存

NO.0006442

历城县收税洋百十元角分

山东省公署财政厅为发给存根事据
报存于　年　月　日
开合地　亩分厘毫用价银合银元千百十元角分
？呈税银元百十元角分并纸价洋五角请准完税注册除注明本
县　字第　号册并将契纸填发缴查呈送外合将此际县存查
价买　名下坐落　县　镇城街庄街段所计　房地
乡庄业户
中华民国　年　月　日

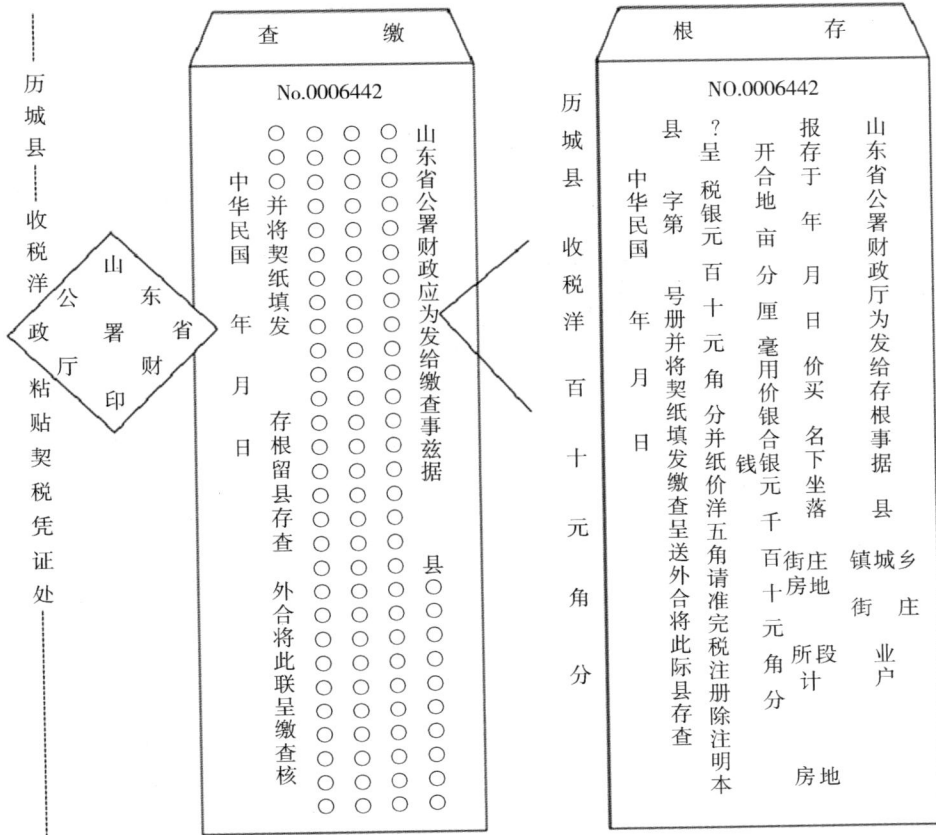

附带说明一下，县公署的《田房卖契约》的旁边，印有"卖契约报查"和"卖契约存根"，详见下图。按照记载事项处理。

县公署的"田房卖契约"的左边印刷着"卖契约报查"和"卖契约存根"，即如左图示。此为记录的重要之处。

在县公署办如上的契约手续要花多少天？　＝20 天。

契税手续的费用，除契税之外还有别的吗？　＝只要付县公署和省发行的买纸契 60 钱。

农民什么时候，怎么去取呢？　＝手续办完的时候去县公署，带着之前申请税契时拿到的契税领收书去换红契，县公署看到这个确认是本人就把红契给他。

【典】冷水沟使用典这个词吗？　＝用的。

这是什么意思？　＝借了钱，将自己的土地作为担保给贷主的意思。

有没有不管卖了土地，不立卖契而立典契的情况呢？　＝没有。

虽是用借了钱的担保拿到了土地，实际上用借的钱买土地的情况有吗？　＝没有。

拿到了借款，实际上用这个钱买土地然后再借买的地上如往常一样自己使用，有类似这样的情况吗？　＝没有。

历城县田房卖契约

立会契约人　今将本县　乡镇　庄

本业房地　所段　计　间亩　分　厘　毫经中议定书价

银　元京　钱

名下永远　出卖于　为业其价当交不欠粮银照契过拨如有违碍由卖主

一面全管恐口无凭立契约为证

计开

坐落

房宅间数

地面弓步

四

至

中人

证人

代笔

中华民国

年　月　日立卖契

在冷水沟卖地时不签卖契，而以别的名义卖的情况没有吗？ ＝没有。

买土地时即定卖契时，在将来的一定期限内，比如五年、十年，用卖地时大体相同的钱买回土地的约定有吗？ ＝没有。

约定好了"我现在很穷，万不得已才卖地，等将来有钱了，以卖的价格买回来"的话，一定期限之内（3 年、5 年之内）就不能卖给其他人，类似这样的约定有吗？ ＝没有。

县公署或乡公所的官公有地卖给农民的情况有吗？ ＝没有。

【账簿的阅览】县公所或其他乡村公所的账簿是每天或一周的某一天，一定时间里想看就能看的吗？ ＝不是。

账簿是不管什么理由都不能给一般村民看的吗？ ＝也并不是这么严格，

只要有正当的理由都是给看的，但也并不是有个理由，只要履行手续就给看的。

土地的买卖或是办税契手续的时候，为了通知一般村民、县公署、乡村公署、里书等会采取什么特别的措施呢？ ＝不会。

不贴告示吗？ ＝不贴。

根存约契卖

历字第 号

为存根事今有 乡 庄 将本业房地 间亩 卖与

为业经中 议定实价银元京银 当交不欠已

查 于 月 日成约除立契约收执外截此存根留发行所存

中华民国 年 月 日

查报约契卖

历字第 历印号 城 县 每张铜元拾枚

为报查事今有○○

契约收执外截此报查呈送县署备核

中华民国 年 月 日

【资料】 山东省历城县公署征收处关于契税手续申请中的白契

卖契（白契）

　　立卖契人李珥因为无银使用今将自己宅基一所大分一分正其宅四至分明为界南至李又西至李文银北至业主南至业主今凭中人说妥令情愿出卖于李文辉李文华名下永远为业言定卖价银二十五两整其银当日交足并不短少宅内粮单照坵过割此系两家情愿各无悔恐后无凭立卖契存证[1]
　　中人 李君 谷乡汗 王君锡
　　立卖契李珥
　　乾隆三十四年十二月二十八日
　　横有五步 长有十二步
　　李珥退二分一厘 李文华收

　　立卖契人谷京因为无银使用今将自己家东南北地一段内家地大分九分整其地四至东至谷凉南至谢存敝西至王三禄谢明北至程恩义四至分明为界今凭中人说妥出卖于杨信名下永远为业言定实值价银十八两任钱四分契银当日交足外无缺少地内粮草照坵过割两家情愿各无反悔恐后无凭立卖契存证[2]

---

〔1〕 译者注：此处为契约合同文本，故此维持原文文字结构。
〔2〕 同上。

　　区收讫

　　中人　刘天如　李希武

　　立卖契人　谷京

　　乾隆二十一年三月初二日

　　闵孝三地方冷水沟庄　谷三亭杨家屯街粮银九分退于新入本庄杨信名下收

　　常可八十三步六分

　　北横有六分

　　中有六步四分

　　南有六步九分六厘

　　立卖契人王盛林因手中不便今将自己南坡吉地一段小亩地九分约数同中人说合情愿卖于朱国泰名下永远耕种言明价值京钱三十五千其钱当日交足并不缺少其地东至陈姓西至于姓北至林姓南至李姓四至分明自卖之后再有祖人亲友争差卖主一面全管空口无凭立卖为证[1]

　　中人　马士岭　十

　　　　　同中立

　　　　　于永宾　十

　　吉立

　　大清同治元年十月初九日

　　立卖契人陈守智因无钱使用今将自己戈峪庄家北罗圈崖中截山坡一片地数段约有一亩西北至陈守强一流石轮为界又西至李兴德岩根南北去直十字为界南至陈守强分水岭为界下至张京泉一流十字为界又至张景泉分水岭十字为界四至分明花果树林尽在契内并不除留烦中说妥情愿卖于张京文名下永远为业言明卖价大洋六十五元整其洋当面交足分文不欠自卖之后两家情愿各不反悔若有争差中人卖主一面全管恐口无凭立卖契为证[2]

　　上代银子一

　　地水一亩

　　中人　戴长海　十

　　　　　戴长贵　〇

　　立押

　　民国二十三年六月二十八日

　　代字宋广俊

　　立卖契人张连森因无钱使用今将自己宅院一所北屋三间小南房一间栏一个天井一

---

　　〔1〕　译者注：此处为契约合同文本，故此维持原文文字结构。

　　〔2〕　同上。

方窗户砖石瓦块并无除留其宅北至林荣友又挤架滴水无地基为界东至袁廷恭为界南至张束云以石界东西取道为界西至陈方森为界四至分明烦中说妥情愿卖于云嘉彬名下永远为业言明大洋七十元当面交足并不短少此系两家情愿各不反悔无有中差若有争差中人一面承管空口无凭立卖契前名为证[1]

银子一分

中人 刘春甲 林荣仪 押

代字 张春和 卅

中华民国二十七年七月二十六日立卖契前名　（指纹）

立卖契人支长兴（戊门支氏）耕种不便将自己庄南坡东西地南北地小道一条两段约有两亩上代花果树株并不除留其地四至东至道新为界南至戊化礼本地岩根为界北至卖主支长进为界西至道新为界四至分明烦中说妥情愿卖于支长安名下永远为业同中言明时值卖价大洋二百五十元整其洋当日交足并不短少自卖之后障碍等情倘有族人邻有争差有卖主一面承管与买主无于两家情愿各不反悔若有光反悔者罚卖价一半入官公用恐后无凭立卖契文约存证[2]

大粮十五元

中人　支长公 十

　　　刘学儒 十

　　　刘兴俊 十

卖主　戊京青

代字　戊鑑一 押

民国二十八年十二月初一日

立押

立卖契人养正堂高因耕种不便今将丁家庄庄北南北地一段计大亩六百步一亩四分八厘六毫六忽其地南至卖主西至齐文祥北至齐书善东至段继丰四至分明烦中说妥情愿卖于余庆堂文名下永远为业言明每亩国币洋二百一十元共计洋三百二十七元零五分二厘其洋当面交足并不短少地内粮草照过拨空口无凭立卖契为证[3]

南段

东西长十二步 南北长十二步

二段

东西折长十九步五南北折长十九步五

三段

---

〔1〕　译者注：此处为契约合同文本，故此维持原文文字结构。

〔2〕　同上。

〔3〕　译者注：此处为契约合同文本，故此保持原文文字结构。

南北长十七步东西折横十五步一

四段

南北长二步东西折长九步二分五

四邻　东邻 段继丰 押

　　　西邻 李文祥 十

　　　南邻 卖主　押

　　　北邻 齐书善 有

中保人　杨凤吕 十

　　　王光倡 十

　　　靳绍三 押

　　　董汝明 印

代字　董汝明 董汝明

前名　印 立

民国二十九年夏历六月二十七日

　　　立卖契人胡玉堂因有要需谨遵母命今将自己庄东西转圈地大小三段大亩约有两亩其地东南至胡朝泰东北至张习哲西北至耿家成西至大道四至分明各有界限烦中说妥情愿出卖于耿家成名下耕种永远为业言明时值地价大洋四百三十元整其洋同中交足并不短欠地内粮漕照数过拨此系两家情愿各无反悔后如有族人邻友争差违碍等情有卖主中人一面承管恐后无凭立卖契永远为据[1]

中人　胡珍林 押

　　　张文恒 十

　　　胡朝印 十

代字　张有炎 押

此地内除留胡巍坟地半分

民国二十八年夏历十一月十九日

前名　十

　　　立补契人张福俊今有坡地一段坐落东南坡全悍沟以东计官亩两分两厘七毫七丝此地先高祖荣泰公所购为业所生子因分析家产此地分归先叔祖学永为业传至先叔归凤元无子此支已绝由戚友公议由长支福俊兼挑所有资材统归福俊承继惟此地契约失迷已久理合会同四邻号存丈量估价补契以照慎重此地东至金姓西至马姓南至李姓北至金姓以上四至分明兹按市价公佑作通用洋四十元[2]

---

〔1〕　译者注：此处为契约合同文本，故此保持原文文字结构。

〔2〕　译者注：此处为契约合同文本，故此维持原文文字结构。

除会同四邻见证外立补契为证

横　东横　七步

　　西横　七步二分

　　科

长　南长　八步四分

　　北长　七步

四邻　东　金义志　十

　　西　马炳喜　×

　　至

　　南　李干氏　十

　　北　金义忠　押

见证人　古全盛　十

　　马春浦　十

代字人　金同敏　敏金印同

民国二十九年九月二十五日　当众立

　　立补契人张福俊今有祖茔地一段坐落杆石桥外石门南计官亩七分四厘六毫六此系李姓所卖先高祖荣泰公所购为业因先祖父在日遭兵灾之患该地契约遗失并未补契现值时局宁静市府整理土地呈报理合会同四邻重新丈量估价补契以照慎重此地东至马姓坟地西至杨赵二姓南至韩姓北至范姓以上四至分明谨按时价公议作价通用洋一百元除会同四邻见证丈量声明外特立补契为证[1]

长　二十二步

　科

横　八步

四邻　马青山　韩景秋　赵凤仪　杨学文　范恒美

见证人　杨建哉　韩凌震

代字　金同敏　敏金印同

民国二十九年九月二十五日　当众公立

　　立卖契人（遵父命）魏累仁因居住不便今将自己空房半所东南东房一间又北角小北屋一间天井半方其宅西至卖主以西房东墙之外尺半以墙南北取直为界又言明半尺内有买主札架滴水无地基为界又西北至魏景礼以西房墙东皮尺半南北取直有买主札架滴

---

〔1〕　译者注：此处为契约合同文本，故此维持原文文字结构。

水无地基为界北至杨青桂伙墙为界东至大道心为界南至河沟心为界自上至下分明上代
土上土下门窗户挞砖块上至青天下至黄泉尽在契内并无除留烦中说妥情愿卖于杨青山
名下永远过割为业时值卖价洋七十五元整其洋当面交足分洋不欠自立卖契两家情愿各
不反悔若有争差者有卖主中人一面承管凭口无凭立文约为证当面言明西南角上南尺半
内有伙巷出入道一条[1]

上代银子一分其粮有拨捆扣大洋七元
中人   徐希山 一
        徐希庆 十
代字   徐振东 押
民国二十七年十二月十四日   立卖契前名 十

立卖契人张永泰为无钱使用今将自己窝铺庄家东南口天家沟山坡一片地无数段约
有五亩有余上带花果树株并无除留其地各有四至分明北至老岩墙为界东北至岩外崖头
根为界正东至徐希文十字石头为界东南至赵克富流水沟大石头为界又东南至徐希文流
水沟河心为界又东南至王国正分水岭为界又东南至王国正以石嘴为界正南至王国正分
水岭顶为界西南至王国杰分水岭为界西北上节王国杰西头有大石头为界西北至下节徐
希文分水石界为界以上四至分明烦中说妥情愿卖于江佩珠名下永远为业同中言明卖价
京钱八十八千整其钱当日同中交足并无短欠自卖之后有不详邻右争差若有争差有卖主
中人一面承管两家情愿各不反悔恐口无凭立卖契文约存证同中三面言明地内有孤坟
四塚许启不许葬启坟之后并无地基

仙台六窝铺庄   义顺堂退银一钱二分退于本庄顺德堂名下收允[2]
中人   陈大刚   刘力
代字   赵蓝坡 押
大清光绪十六年十月二十四日   立卖契前名 十

---

[1]   译者注：此处为契约合同文本，故此维持原文文字结构。
[2]   译者注：此处为契约合同文本，原文如此，故保持原貌。

1941 年 11—12 月

（华北农村惯行调查资料第 44 辑）

土地买卖篇第 7 号　　山东省历城县冷水沟庄
　　　　　调查员　杉浦贵一
　　　　　翻　译　达光

11 月 23 日

土地买卖的手续

应答者　任福申
地　点　县公署

【税契】买卖土地的时候必须要签税契吗？ ＝事变之前签税契，事变之后不签税契。

税契叫作什么？ ＝一般就叫税契，也有拨粮税契这个词，土地买卖的时候必须履行全部的手续。

现在也还在拨粮吧？ ＝给里书平均 1 亩是 1 元。

事变前的税契是在哪里作的？ ＝在县公署的第二科（财政科）。

税契呢？ ＝与土地亩数无关，都是买卖价款的 6 成。

事变后税契取消的理由是什么？ ＝事变之后虽然没有了税契，但财政科的官员好像在收取私下交易的税金。

大概向官员交纳六成左右就行了吗？ ＝不够的。

要是没有税契就不能拿到县里的公证了吗？ ＝就算没有印也是有效的。（没有税头和税尾）

【文书】卖地的时候要给买主看地券吗？ ＝必须要给他看，地券叫作文书。

土地买卖的时候，卖主会把迄今为止拥有的所有文书给买主吗，还是重新写一份？ ＝没有必要都给的，重新写一份给他就行了。

卖主所持有的文书不是叫老契吗？ ＝不叫老契，都叫文书。

没有用的文书怎么处理？ ＝卖主拿着，将来有什么变动的时候，可以拿出旧的文书证明自己拥有很多买主土地。

买主不会要求废除旧的文书吗？ ＝买主有新的文书，所以很放心，并不会有什么问题的。

【白契】事变前有税契的时候，文书不叫作红契吗？ ＝是叫作红契的，不交税契的叫作白契。

白契可以有吗？ ＝清朝的时候白契非常多，到了民国也很多。要是问起买卖的时候，当事人给对方税契吗，肯定回答不交税契的。

事变后都是白契吗？ ＝是的。

事变前有贿赂县里官员这种事吗？ ＝没有，要是不给贴税头税尾的话，农民也不会出钱的。

现在也是要是白契的话，就不用给县里的官员钱，这样也行吗？ ＝因为县里的官员也不知道是谁买土地的，也没有给县里官员钱的必要，如果县里的官员知道了，就出钱。

【先典后卖】冷水沟先典后卖比较多吗？ ＝有很多。

【买卖的商量和中人】要是想卖土地了先向谁说呢？ ＝先让中人到家里来，边请他喝酒边拜托他自己因为生活困难想要卖地，然后中人就到各个财主家去打听，说谁谁想卖地了，有没有要买的。

中人不是先要去卖主的同族人那里吗？ ＝是的，从近的地方到远的地方，本族、亲戚都不需要的时候，就去四邻村民那儿。

旱地里要是有井的话叫作什么呢？ ＝还是叫旱地。

【地价】现在旱地一亩是什么价格？ ＝分成上、中、下三种，上等地是 300 元；中等地是 200 元；下等地是 100 元。

水田叫作什么？ ＝水地或者是稻田。

水地（稻田）的价格是多少？ ＝上等地 400 元，中等地 300 元，下等地 200 元；今年受干旱影响，米没怎么收，所以地的价格也不稳定。

【中人】卖主和中人一开始就商量好一亩地卖多少是吗？ ＝卖主想尽量卖高一点，买主又尽量想买便宜一点，中人就在两者之间说和他们。

中人也叫说和人吗？ ＝土话是叫中人、中友人、成事人。

中人不仅仅是同族和四邻，一般村里的财主那里都要去打听吗？ ＝是的，都像之前那样说的做。

【先买权】要是村民出了高价钱的话，中人会去有先买权的人那里商量吗？ ＝当然，要是本族中有人出同样价钱的话，就卖给那个人，就算本族人没有买的意愿，也必须和本族人商量。

这种情况下也必须和四邻商量吗？ ＝还是必须得和四邻商量，要是不和四邻同族商量的话，就是破坏了村里的习惯。写实契的时候，必须要把没写买主的名字的实契拿到本族人那里（四邻的话就没有这个必要了）。之后再写名字，就叫落命。

【实契、草契】实契与草契有什么不同？ ＝草契不写中人和买主的名字，实契是买卖定下来的时候写的，白契是丈量之后写的。

草契是什么时候写的？ ＝开始招呼中人拜托卖土地一事的时候。

不写草契，中人就不会去找买主吗？ ＝因为光凭一张嘴，谁都不会相信的，必须得要有草契。

草契里不写中人的理由是什么呢？ ＝因为中人要拿着草契，所以没有写的必要。

草契不需要卖主的印、画押吗？ ＝不需要，实契和白契也都不需要，过去的习惯现在都还留着。

可以写两张以上的草契交给各个中人吗？ ＝那不行，如果拜托了两个中人的话，就两个中人商量着寻找买主，要是给了甲一张草契，再给乙一张草契的话，就会变成卖主不信任甲了，甲就不会再当中人了。

实契里面写买卖价格吗？ ＝草契里面写期望的价格，实契里面写实际的价格。

当已写了实契，但本族人买的时候，中人会去回绝买主吗？ ＝如果是本族买的话，那没办法，买主只能放弃。

实契里还没写买主名字的时候，同族的人不买的时候，或者四邻以稍微高一点的价格买的时候，可以落命吗？ ＝如果买主交了债价的时候，那买卖就已经确定了，还没交的时候，卖给他人也可以。这些事都是由中人决定的，他人出高价买的时候，和中人关系好的就能便宜点买，所以说中人是坏人。

【同族的范围】土地买卖的时候有先买权的同族的范围是怎样的呢？ ＝五服之内，因为冷水沟有李姓两百多户，（中人）一个一个打听太麻烦，五服以内就行了。

亲戚呢？ ＝没关系。

【债价】落命的时候是谁到场监督呢？ ＝卖主和中人，写完实契，中人拿到卖主那里去拿债价。

债价是买卖售金的几成？ ＝不一定，一般是 2、300 元，因为是意味着请中人吃饭喝酒的钱，所以是很少的。

债价从字面的意味上来说是什么意思呢？ ＝确定买卖的钱的意思，定钱的意思，但是不说成定钱。

付了债价会写收据吗？ ＝并不会写，但是实契上中人会写上债价是多少多少。

【丈量】交实契之后过多少天丈量呢？ ＝付了债价，完成了土地售金支付的准备，就开始丈量，一般要 10 天。

清楚地确定丈量的时间吗？ ＝不，总之选个吉日。

丈量是叫作什么呢？ ＝丈量或者量地，官署里叫作测量。

丈量时都有哪些人来呢？ ＝卖主、买主、四邻、中人。卖主、买主的本族人就没有必要来了。

丈量人呢？ ＝当然要去，一般都称作丈量先生。

卖主是只有家长一人去吗？ ＝是的，但是卖主的兄弟孩子去也没关系，但是只是来玩的，不是来监督丈量的。

谁来监督丈量先生的测量呢？ ＝卖主和四邻。

四邻监督自己耕地边界的丈量吗？ ＝当然，因为担心自己的土地被圈进去。

四邻不参加的时候，实际上会发生土地被算进去的事吗？ ＝四邻中有一个人不参加丈量的时候，那个人就必须要写上四面的边界，因为有很多测量产生纷争引起诉讼的事。比如测量一亩土地，结果只有 9 分的时候，可能是因为四邻中的谁把土地多算到自己那里了，这样就起纠纷了。清朝的时候这样的纠纷有很多，但是到民国了就很少了，那是因为要花很多诉讼费。宅基地诉讼特别的多。

给丈量先生的报酬呢？ ＝不给钱，只请客。

【白契】白契是什么时候写？ ＝测量之后去，买主家请客的时候写。

【请客】写完白契请客吗？ ＝一般都是写完就请，时间晚的话，就先吃饭再写文书。

请客都是请哪些人呢？ ＝主要是请中人和丈量先生，买主的亲友。

为什么不请卖主？ ＝请客会请两回，测量当日会请卖主和中人、丈量先生、四邻。

丈量当日请客写白契吗？ ＝是的。

第二回请客是什么时候？ ＝土地买卖大概是十一月，第二年正月农闲的时候请客。

对于中人和丈量先生来说，哪一回的请客更重要？ ＝第二回，因为是正月好吃的很多。

中人什么时候拿佣金呢？ ＝仅仅请客的时候招待他，虽然济南有成三破二的习惯，但在冷水沟根据习惯都不给钱，因为大家都是同村人。

清朝也是这样的吗？ ＝是的。

第三年的正月也请客吗？ ＝不请。

【售金支付】白契和售金是交换给的吗？ ＝是的，钱和白契是交换给，那个时候一般丈量先生就是代笔人。

债价不从售金里面减去吗？ ＝不，债价不计算在内。

【毁约和定金】将实契交付给买主后，买主不想买的时候怎么办？ ＝手里没钱的话，要么借钱，要么想其他办法，必须得买。

要是说自己丢了实契不记得买过了呢？ ＝要是那样做了，因为村民全都知道，那样是不会被允许的。

买卖价格的一成作为定钱支付，买主不想买的时候只要是付了定钱不买也可以吗？ ＝比如写实契的时候，先交了 100 元，写上了"当支洋百元"这就相当于定钱，没有其他的名称。

这不是债价，这个时候不给债价也是可以的。

付了 100 元，不买地也可以的，这种情况行吗？ ＝不行。

100 元作为首付金支付的时候，售金一般大概是多少呢？ ＝300 元左右，一般不给首付金而给售金的比较多，非常有钱的话，会付首付金。

买主就算借钱，用其他手段都凑不出钱来的时候怎么办呢？ ＝买地的大都是财主，所以不会发生这种事的。

当遇到葬礼或生病，因为其他不可抗因素而无法筹措买卖售金的时候，难道不是不买也可以吗？ ＝可以出典土地或是卖粮食，反正必须得买。

因为还没丈量所以不是可以不必像之前说的那样想的那么严格吗？ ＝有什么特别的情况的话，买主会请中人来，跟他说明理由（比如葬礼）。

那个时候如果已经付了 5 元的定钱的话，这定钱还能收回吗？＝不，收不回了。

卖主想要毁约的话怎么办？＝中人不会允许的，因为是卖主向中人拜托卖土地的事的，现在就不能再说不卖了。10 年前左右，水坡庄的人卖地给冷水沟的赵夏祥，测量当天买主、中人、丈量人都到了，但是卖主跑了。

当时的中人是谁？＝水坡的一个姓胡的人，中人去了卖主那儿看过，但是不知道卖主在哪儿，测量前的晚上，买主（卖肉的）还带了肉和中人一起去了卖主家，商量第二天丈量的事，结果第二天一到卖主就逃走了。

之后怎么样了呢？＝之后怎么样不清楚，但是的确是没有买了。

拿到定钱的卖主不卖的时候怎么办呢？＝中人不会允许的，就是逼他也得让他卖。

但是这个时候正好没想到有个孩子送了钱，情况变成了不买也行的时候怎么办呢？＝卖主向村长和中人求情把理由转达给买主，村长跟买主就说"你有钱，哪里的土地都能买，这回的买卖就终止吧"，买主就看在村长的面子上，只好放弃。

返还定钱吗？＝返还付的钱，并且还要请客。

有这样的实例吗？＝迄今为止都没有，如果有的话，那样的方法是最好的，现在的诉讼费都很高，都想尽量不诉讼，小的争端基本上都在村子里解决。

写完实契当事人毁约的话，会被视为是更不好的事吗？＝卖主那一方不对。

虽然跟这件事不是一回事，村民要是有千元的话就会买 800 元的地，千元全部出资的话，第二年受到旱灾的损失想要卖地的时候也会有所亏损的，一般谁都会想要给自己留点富余。

为什么是卖主那一方不对呢？＝因为是卖主想要卖地拜托中人的。

但是对从祖先那里继承下来的土地有些留恋吧，难道就没有酌情的余地吗？＝如果是那样的话，那从一开始就不要卖地。

买主不想买了，这难道不卑鄙吗？＝正如你所说的。

买主毁约的时候，中人交涉也不行了，会拜托村长吗？＝当然，请村长吃饭托他调停。

有监证制度吗？＝没有。

【祖坟茔地】同族有公有地吗？＝有，祖坟茔地是公有地。

有百亩地的人家，分家的时候祖坟茔地有大概多少亩？＝冷水沟没有家里有百亩地的，一般百亩的周围有一亩都是祖坟茔地。

冷水沟最大的祖坟茔地是多少？＝7、8 分左右。

在祖坟茔地是怎样耕作的呢？＝分家的人一年一年的交替耕。

那片土地的文书是谁持有呢？＝族长，从我的祖先迁移到冷水沟以来有 12 代了，祖坟茔地有 5 分。

现在是任福恩（本族的兄长）、任福顺（本族的弟弟）、任延祥（本族的侄子）在耕。

你不耕吗？＝选穴之后就成了 5 代了，所以不知道。（注：选穴就是重新开辟坟茔地）

你现在的坟茔地有多少亩？＝坟地和护茔地合起来是 1 亩 8 分。（注：护茔地就是耕作的土地）

谁在耕呢？＝我家的任长茂（族长，本族的叔父）、任福润（本族的弟弟）。本族人如下所示：

任　　　任　　　任
杰　　　条　　　校
〇　　　〇　　　〇
│　　　│　　　│
〇　　　〇　　　〇
长　　　长　　　父
禄　　　茂　　（长
│　　　　　　　仕）
〇　　　　　　　│
福
润　　　　　　　自
　　　　　　　　己

我的祖父任校在战争的时候下落不明，光绪元年 3 户人分家了（任条，任杰，长仕）。

护茔地是谁在耕呢？＝分家的时候分割了护茔地，现在各家都在耕。

有文书吗？＝我是长房，所以由我来保管。

那么土地可以卖给外人是吗？＝因为是祖坟茔地，所以不能卖。

要是能卖的话怎么办呢？＝家里要是死人了必须要下葬的，所以不能卖。

分家的时候分配到的土地，卖给本族人的时候，要写白契吗？＝当然。

交付白契或红契的时候难道不是新的文书，不用写也可以吗？＝那可不行，因为没有证明是什么时候买的证据，所以无论如何都必须写新的文书。

请写一份文书（白契）。

如下所示。

　　　立卖契人〇〇〇因经济不便将自己家（庄）西南南北地一段大亩一亩凭中说妥情愿出卖于〇〇〇名下永远为业言明时值价洋一百五十元其洋同中当交不缺地内粮草照旧过拨此系两家情愿各无反悔恐后无凭立契存证[1]

　　　中人〇〇〇

　　　代字（笔）人〇〇〇

　　　中华民国〇年〇月〇日　立契前名　或押✛

[1]　译者注：此处为契约合同文本，故此维持原文文字结构。

南北长阔一百步

南北横阔六百步

四
至

北　南　西　东
至　至　至　至

△　△　△　△

△　△　△　△

△　△　△　△

四邻中若有一个人不监督的时候，与这个邻居有关系的四至就不能写是吗？＝买主之后再去找四邻，问他土地的亩数有没有错误。

所以是不是可以写四至？＝若得到允许那就写，请代字人写。

11 月 24 日

卖契　典、租佃与卖

应答者　任福申
地　点　县公署

【写契的人】卖主是自己亲手写草契吗？＝会写字的就自己写，本来也应该是自己写的。

实契呢？＝也一样。

卖契呢？＝应该是代字人来写的。卖主就算会写字也不写的，只有非常少数情况下才会是卖主写。

买主呢？＝买主要是写的话，可能会是伪造的文书，所以买主不能写。

写卖契的时候，中人会读给双方听吗？＝不是中人读，是代字人读，就算是认字的也要读给他听。

【四邻的职责】写卖契的时候，四邻去买主家吗？＝当然。

此时四邻的职责是什么？＝当然也有监督丈量的职责，四邻在买主家被招待的时候，买主要和四邻寒暄，之后四邻还要看文书的书写方法，但是不在文书上盖印。

【卖契的记载事项】卖契里面写地种（荒，熟）吗？＝只写水田、旱田和碱性地的区别，不写上等地、中等地、下等地。

不写碱性地不行吗？＝碱性地大致在村子的西北部有数顷，那里叫作下碱场，卖契里是要写上这类文字的。

要是有井的话会写吗？＝会写上"上带土井（或石井）一口"，如果不写的话，卖主可能会毁掉井，把井的石头拿走，还有坟呀树木也都必须要写。

写坟的意义是什么？＝虽然是谁的坟不知道，但总之是在卖主的田里，要是不写的话买主恐怕会把坟给拆掉，（内有孤坟一塚）。自己家里的墓地必须全部迁穴。他人的墓埋在自己家田里的情况很少（亲近的友人因为贫穷没有土地，所以埋在自己家田里的情况是可以的）。这种情况下就写上孤坟一座。

井是和他人共用的时候怎么写呢？＝会写上有口井，但是不写共同使用这样的句子，本地因为水多，井谁都用，也有自己出钱，四邻出劳力盖井的，但是这井是谁都能用的。

作井的时候这边的情况是四邻出劳力比较多吗？＝井都是这样造的。

四邻不出劳力的时候怎么办？＝不出也行，自己雇用劳力。

四邻出劳力的多少是根据自己土地亩数决定的吗？＝这就任凭四邻随便了。

种了作物的时候还有土地的买卖吗？＝那种情况非常的少，今年南乡还有卖掉种了小米的土地的例子。

几月份的事？＝六月（小米的收获期是七月初）。

小米归谁所有？＝买主。

文书里面怎么写呢？＝此地上带谷子。

有之后再支付一部分售金的情况吗？＝那不行，就算同族也不行。

有用卖土地不付售金来当作偿还借款的情况有吗？＝这是经常有的事。

【指地借钱】指地借钱叫作什么？＝指地借钱。

到了期限还不了钱的时候呢？＝贷主耕作这片土地也可以，一般是把土地卖了还钱。

买主不能要求老契的交付吗？＝要求了，卖主也不会交付的。

分家的兄弟一人卖了地，文书其他的人还有一份的话，买主从谁那里看文书呢？＝兄弟是土地的四邻，所以肯定会来的，那个时候就带着文书来。

【四邻的文书】一般四邻持文书来吗？＝因为要丈量，所以必须跟自己的文书对照。

四邻不带文书来的时候怎么办？＝丈量的时候先要量四邻的土地，那个时候没有文书的话很不方便。

四邻是大地主，自己本人不亲自来，派佃农或使用人来监督的时候，也带着文书吗？＝地主本人没有必要来，但是必须要带文书来。

【补契】四邻丢失文书的时候怎么办呢？＝那个时候，会立刻办补契的手续，所以谁都会持有文书的。

补契是补的红契还是白契？＝立刻写的是白契。

是怎样的手续呢？＝请四邻来丈量然后写。

是怎样的格式？＝如下所示。

立补契人〇〇〇今有庄西南北地一段远年文书迷失今邀请四邻该地丈量清楚大亩一亩该地四至东至〇〇〇西至〇〇〇南至〇〇〇北至〇〇〇大众公允各无反悔预后有凭立补契存证[1]

（代笔人）

丈量人　〇〇〇

年　月　日

长阔一百步　横阔六步

没有把老契交给买主的吗？　=有交的，但不交的多。

买主会拿到新的文书，所以不会要求交付老契。

【出典、承典】出典，承典叫什么？　=出典这个词不怎么用，没有承典个词。

【先买权】承典者有先买权吗？　=是按照同族、承典者、四邻的顺序的。

无视先买权的买卖的效力怎样呢？　=没有这样的事，如果不和同族人商量就卖给外人的话，中人要负这个责任，因为会被同族抱怨的，中人必须要去同族那里打听的。

无视承典者的情况呢？　=反正只要还钱给承典者就行了，无视也行。

无视四邻呢？　=那可不行，但如果四邻是住在济南的话，不商量也行，要是住在附近的话（哪怕是别的村的）也必须商量，要是不和四邻商量就卖的话，中人要负责任的，四邻会去中人那里抱怨的。

住在济南不说也行，住在附近就说，这不是太不明确了吗？　=尽量和四邻见面，听其意见。

你的话我听到现在，先买权的顺序是同族、四邻、承典者是吧？　=不，还是之前那个顺序，没有谁会干违背道德的事，以后要是起纠纷可就麻烦了。

起纠纷的时候，承典者是最容易对付的吗？　=是的。

【因母命的买卖】如果是女家长的情况下的土地买卖，是以谁的名义卖呢？　=孩子接受母亲命令卖。

买主是如何知道是卖主母亲命令卖的呢？　=草契、实契、卖契中有"奉（遵）母命"的文字。

如果随便这样写的时候怎么办呢？　=中人在没有母命时是不会办事的，中人直接听母亲的，关于土地买卖，中人要比卖主还要注意。

【中人的报酬】像中人这样时时注意，斡旋多方不拿报酬，只是请他吃顿饭不是太奇怪了吗？　=债价会给中人的，村子不同，佣金也不同，其他的村子有给1亩地2元报酬的。

拿到实契，买主把债价付给中人后，经过10天以上买主筹措不了售金的时候，卖主把土地卖给第三者也行吗？　=已经写了实契就不行了。

但是卖主等不了这么长时间怎么办？　=中人催促买主，卖主不能卖给第三者。

---

[1]　译者注：此处为契约合同文本，故此维持原文文字结构。

假定过了 30 天左右怎么办呢？ ＝那时就没办法了，就返还实契，但现实中没有这样的例子。

如果卖主和中人同谋写上伪造的"遵从母命"那怎么办呢？ ＝没有母命卖土地的话就是犯罪，"偷典造卖"。

那时是村内制裁呢，还是县里制裁呢？ ＝县里制裁。

有母亲把孩子告到县里的吗？ ＝孩子不好，这也是没办法的事。

土地不属于买主是吗？ ＝是的，买卖无效，从过去到现在，本村都没有这样的例子。

【订正契约】弄错卖契的书写方法，买卖变得无效了，需要再重新写吗？ ＝可以重新写，这样的例子有很多，代笔人急急忙忙写漏了，之后才意识到的事情也是有的。没有便是无效的。

土地指地借钱时，文书是交给贷主吗？ ＝村里面是不写文书的，银行（济南）指地借钱时要给银行文书。

典的话是怎样呢？ ＝不交。

不给契约书只给文书的话，可以借到钱吗？ ＝不可以。

分家的兄弟之间也不行吗？ ＝不行，一分家了，就算是兄弟之间也是财务独立。

【典期】典期一般是多少年？ ＝3 年，也有 5 年的。

冷水沟 42 顷土地中出典的土地大概有多少？ ＝不知道。

回赎怎么说？ ＝叫"回赎"。

【典期内卖出】典期之内出典者可以卖土地吗？ ＝可以，典不押卖。

不到一年也可以吗？ ＝可以。

但是承典者已经耕作并且有作物了呀？ ＝把"耕地麦种钱"给承典者。

麦子之外呢？ ＝"耕地种粮钱"[1]。

中人的手续费、税契费，还有耕种 2 年的期待权这些都怎么办呢？ ＝并不需要那些费用，而且之前也说过了典不押卖，这也是没办法的事。

请中人吃饭的费用呢？ ＝请客的费用是不算什么问题的，而且不给承典者耕地麦种钱的话，就用地里的收成代替，然后卖主再商量决定。

耕地麦种钱是卖主还是买主支付给承典者的呢？ ＝出典者，地里有粮食的话，价钱就高一点。

没有买主支付的吗？ ＝是的，买主只要付土地的售金就行了。

什么时候付钱给承典者呢？ ＝先写白契，扣除典价后剩下的部分给卖主，承典者去买主那儿取钱。

谁来通知承典者呢？ ＝用不着通知，承典者也知道，也就说村里面关于土地买卖的全部消息都知道，承典者是别的村子的话，就由买主通知，不由卖主通知。

因为承典者拥有先买权，中人不是应该先通知他们吗？ ＝别的村子的承典者没有先买权。

---

〔1〕　译者注：原文如此。

不是必须先得通知附近村子里的承典者吗？ ＝先通知的承典者仅限于本村的，"当庄收当庄富"。

出典者将典地卖给第三者，典契约的名义改写成第三者的有吗？ ＝没有。

【转典】可以转典吗？ ＝当然，出典者（甲）给承典者（乙）200元出典，承典者可以交付给转典主（丙），以250元转典。出典者交给承典者200元，承典者再给转典者加50元，必须交250元才能回赎土地。

转典的典期是多少？ ＝不写期限。

承典者筹措不了回赎的钱时怎么办呢？ ＝转典比最初的典价不会高很多的，这样的问题不会发生，一般转典的价格都是小于典价的，因为回赎的时候甲直接去丙那儿，并支付给乙应付的典价，丙会拿到其中的差额和耕作期间的收入。

甲直接去丙那里回赎是什么时候的事？ ＝事变之前，现在没有了。

有必要获得乙的同意吗？ ＝会跟乙商量一下再去丙那里回赎。

事变之前为什么是这样的呢？ ＝我从出生到现在自己只经历过一次，村外是没有这样的，清朝时，这附近经常受水害，田赋催缴严格，谁都不想拥有土地，于是就事先准备好实契，与友人喝酒，等到对方酩酊大醉的时候把实契塞到他的鞋子里，对方是没有一点印象的，第二天就去见友人，让他一块去测量去，但因为实契就在他鞋子里，所以没办法只好答应这要求了。

【租佃期限】租佃的期限一般是多少年？ ＝有3年的，有5年的，最长是10年的。

有一年的吗？ ＝有过一年租佃就返还土地的，但一年限的租佃契约没有。

3年、5年、10年的租佃期限的田仅过一年就返还也可以吗？ ＝没关系，"只许客辞主，不许主辞客"。

有不规定期限的吗？ ＝很多，特别是没有租单的这种情况非常多。

有租单但是没定期限的有吗？ ＝有租单就必然有期限。

定额租叫什么？ ＝叫作租粮。

折半叫作什么？ ＝分种（秸粒平批）。

【卖出租佃地】买卖土地的时候，租佃契约怎么处理？ ＝期限之内可以买卖。

买主可以自己耕地或是让别的佃农来耕吗？ ＝可以的，土地都卖掉了，这也是没办法的事。

如果不变更佃农，继续让他耕的时候，要重新缔结租佃契约吗？ ＝是的。

【卖出担保的土地】在买卖指地借钱的土地时，借款是由买主还是卖主还给贷主的？ ＝卖主。

典的话就是不同的吗？ ＝是的，典契的话，要是不明确取消，买主就不能耕作，但是指地借钱没这么严格的，买主可以自由耕作。

但卖主不返还借款的话，不是会很麻烦吗？ ＝买主会通知贷主何时付售金给卖主，而且中人负有责任做许多调查斡旋买卖，所以买主一定得要通知贷主。

买主什么时候来？ ＝丈量当天付钱的时候，贷主去买主那，买主收下卖契的同时把钱给中人，中人再把钱给卖主，卖主再还给贷主。

典的时候也是采取同样的程序吗？＝是的，丈量当日承典者到买主家，然后就是和上述一样的程序。

是买主通知贷主，还是中人通知贷主？＝谁都行，一般是买主通知，有了这个负担，买主无法安心耕地。

【抬牛地】自己的耕地里有很多他人的耕地穿过这种情况吗？＝有，但并不多，这就叫抬牛地，四邻要是种高粱，自己也必须得种高粱，四邻收割完了自己也必须得收割，水田的话因为有畦，所以沿着畦就行了，而且水田的话，车也过不去所以也没关系。

买卖水田的时候，水利关系不弄清楚的话，买主不是会处于不利的立场吗？＝水路都是一定的，变不了，所以不需要担心。

11 月 28 日

卖掉土地的原因 典地的回赎

应答者 任福申
地 点 村公所

【村里的土地亩数】民国初年，冷水沟大概有多少土地？＝大概有多少不知道，但是比现在多，44 顷 50 亩左右。

民国十年的时候呢？＝不知道，总之是年年递减的，现在是 42 顷左右。

宅地大概有多少亩？＝不知道，墓地也不清楚。

【不能卖的土地】不能进行买卖的土地有哪些？＝祖坟茔地、养老地，养老地是父母在世时不能卖的。

护茔地可以卖吗？＝不能卖。

【护茔地的出典】护茔地可以出典吗？＝要出典的话，仅限于本族人之间，多少辈没有规定，总之是本族人就行了，出典护茔地的非常少。

典契是什么样式的呢？＝如下所示。

立典契人○○○今将护茔地一段大分××凭中说妥情愿出典于本族×××名下耕种三年秋收为满上带青苗不许回赎言明典价银×××恐口无凭立典契存证[1]
中友人 ×××
代笔 ×××
年 月 日

【护茔地的租佃】护茔地每年交替耕作时，其中一人不耕了，让给其他人耕怎么办

---

[1] 译者注：此处为契约合同文本，为忠于原文，维持原文文字结构。

呢？＝让本族中人租佃，决不能让外人租佃。

为什么？＝本族人不会允许的，这关系到面子问题。

让本族人租佃时，与一般的租佃契约和地租有什么不同吗？＝一样。

租佃期限也是一年吧？＝没有护茔地每一年按顺序耕作这种情况，分家时会均分的。

土地买卖频繁进行在是民国多少年？＝民国十年左右，向水坡的于发全买了大亩40亩左右的地。

【天灾与卖地】冷水沟的人为什么卖地给他呢？＝因为干旱与水灾，村民都变穷了。

干旱是民国多少年的事？＝忘了。

水灾呢？＝民国二十六年发水灾，从那之后到现在持续干旱。

卖给于发全之前出典吗？＝不，直接卖，本村没有买的人，也只有那个人买，所以就卖了。

那时一亩是多少钱？＝200元到300元左右。

【卖土地的时间】土地买卖一般是在一年的哪个月最多？＝秋天到年底。

能卖到第二年的几月份？＝十一月，十二月（旧历）。

正月以后没有买卖？＝过完年，就不怎么需要钱了，所以也没有必要卖地了。

歉收也是那几个月吗？＝同样是十月、十一月、十二月。

丰年的时候土地买卖比较少吗？＝丰年的时候倒不如说是买地呢。

有因事变而引起的土地买卖吗？＝没有，正好那一年有水灾，冷水沟仅是水地受了灾。

【军阀的苛税】被军阀课税，苛捐杂税增多的事有吗？＝有，但不像现在那么多。

军阀都是哪些人？＝张宗昌（民国十二年—民国十六年），陈调元（民国十八年—民国二十年），韩复渠（民国二十年—民国二十六年），最苛酷的是韩复渠，时间又长，又有各种各样的名目；然后是张宗昌，他发行的军用票给了农民很大的打击，因为他在天津被杀之后，军用票就无效了。陈调元就只掌管山东2年，所以没什么大事。

张宗昌1亩地收多少？＝1元左右。

陈调元呢？＝1元左右。

韩复渠呢？＝1元3、4角。

现在呢？＝4、5元。

【卖土地的原因】因做生意亏损而卖地的人有吗？＝谢立谋做解皮粉（用绿豆，高粱做的食物）生意亏损了，20亩大亩的地全都卖了。与其说是因为生意失败，倒不如说是因为家里婚丧嫁娶负担多才卖地的。

这是民国几年的事？＝民国十年到民国二十八年。

村外的人有这样的情况吗？＝杨六坡在济南经营杂货铺损失了一万元，现在还没卖地，要是能有什么办法的话，可能也不会卖地的，我认为他不会卖地，因为他是村里最有钱的。要是卖了地，面子上过不去，所以应该在撑着付利息吧。

他是什么时候开始经营杂货铺的？＝清末。

他有多少亩地？＝70亩以上（大亩）。

【土地集中】他买过地吗？ ＝既买过也卖过，买的比较多，王舍人庄的小学就用的他的房子和宅基地。

第二有钱的是谁？ ＝王慎三，他有 56 亩地，是个中医。

王的土地是谁在耕种呢？ ＝他雇了 2 个长工在耕，农忙的时候就雇短工，孩子也会帮忙干农活。

他是什么时候开始有 56 亩地的？ ＝以前家里就是财主，后来分家了，他父亲在世时家里有一顷多的地。

他是什么时候开始买卖土地的？ ＝他前年买了不少地，但还没有卖过地。

村外的财主呢？ ＝王为善（王慎三的兄长）有 35、36 亩，王焕章（王慎三的孙子辈的）有 30 亩左右。

有 20 亩以上的人呢？ ＝全村的我不知道，我周围的人知道。

都有谁？ ＝我不知道。

为了挖井或肥料钱而卖地的事有吗？ ＝倒是没有卖地的，但是有借钱的。（比如新民会的春耕贷款，盘井贷款）。

村里的财主不放贷吗？ ＝不怎么借出钱，可是会借粮食给村里生活困难的人，但也仅限于有信用的人。

村里的财主买土地的时候，是先出典然后再卖的吗？ ＝不，直接卖，本庄先典后卖的很少。

【典的回赎】出典者大多都是回赎的人吗？ ＝是的。

一般是过多少年回赎呢？ ＝一过典期就回赎的比较多。

典期是 3 年的时候，有过了一年就回赎的吗？ ＝完全没有，但是有经过一年增加 50 元典价的，这就叫作增价，在原来的典契里（二月十五日出典）写上"10 月 10 日增价 50 元"。

不能以一亩的价格回赎出典 5 亩的地吗？ ＝不能。

为什么？ ＝总之，迄今为止都没有这样的事。

卖土地时会签订一定年限内买回的契约吗？ ＝没有这种事。

典期 10 年的情况下卖和买不是没差吗？ ＝尽管契约书里写的典期 10 年，若经过 5 年的话，证书里不写这句话也可以回赎。（承典者不允许典契里写钱到回赎）。

过了 5 年就能回赎这是个习惯吗？ ＝是的，耕作个四五年的话，承典者就不会亏损的。

要是承典者坚决不同意回赎呢？ ＝要是不同意回赎的话，出典者会请村长、中人吃饭拜托他们，看在村长他们的面子上，承典者会同意回赎的。

要是过了典期，承典者可以向出典者或第三者要求卖地吗？ ＝这样失礼的事是绝对不行的。

【卖地的原因】农民卖地最主要的原因是什么？ ＝婚丧嫁娶是最主要的原因；第二就是因为贫穷；然后就是因为赌博和奢侈的生活而卖地的，除此之外，就没有什么特别的原因了。

11 月 29 日

土地买卖的手续　里书

应答者　李登翰
地　点　县公署

【买卖宅地】房屋与其地皮叫作什么？ ＝宅地。

村里面有买卖宅地的吗？ ＝去年有一件，李登云卖地给了李宝青，李宝青又卖给了王为善。

李宝青是什么时候卖给王为善的？ ＝民国二十五六年左右，李登云卖给了李宝青；民国二十八年的时候李宝青又卖给了王为善。

李宝青是几月份卖给王为善的？ ＝十一月或十二月。

李登云是几月份卖给李宝青的？ ＝十月左右。

宅地的买卖并没有规定一定是要在哪个月进行吧？ ＝是的，没钱的时候就卖。

卖的宅地上有多少房子？ ＝16 间。

院子的面积呢？ ＝大小院子共计 3 分左右。

李登云卖了宅地后住在哪里？ ＝自己家卖了之后就借住到别人家，他今年春天去了满洲。

去满洲干什么？ ＝不知道。

李登云的家人怎么样了呢？ ＝老婆搬到女儿那里去了。

女儿在哪儿？ ＝嫁到本村来了。

李登云有几个孩子？ ＝一个女儿。

李宝青从李登云那里买地的时候，他有宅地吗？ ＝他自己有宅地，买地的时候没有钱，他是借钱付的款，借款的利息还不上了就去年把地卖给了王为善。

李宝青卖给王为善的价格是多少？ ＝1800 元，李宝青借了 1000 多元，利息很高所以就卖了，当时市场上 1800 元还不高，要是建十几间房子还是相当花钱的。

王为善的宅地和他买的宅地相邻吗？ ＝是的。

李登云和李宝青的呢？ ＝邻居。

李宝青	李登云	王为善

你知道中人是谁吗？ ＝李宝青卖给王为善时的中人，是张延浑和程德麟两人。

李宝青和李登云是同族吗？＝堂叔爷们的关系（李宝青是李登云的叔父）。

他们之间买卖的，中人是谁你还记得吗？＝不知道。

买卖的时候村里人都会很快知道吗？＝当然，消息很快就传过来了，跟买卖有关的人有很多的，比如中人、里书、四邻、代笔人、丈量人、卖主、买主的同族等。

买主、卖主的同族的范围是什么？＝我不知道。

冷水沟的宅地的买卖每年大概有多少件呢？＝不多，毕竟自己都有自己的宅地，没必要买卖，最近五六年间，也只有上述这一个例子，宅地的买卖是很少的。

之前呢？＝不记得了，但可以说基本上没有。

有出典宅地的吗？＝迄今为止，我都不知道有这样的例子。

有出典土地的吗？＝有。

你知道这样的实例吗？＝我身边没有，所以不知道，出典的时候因为要写文书，虽然并不是说要保密什么的，但是不像买卖土地时有那么多人知道，只有出典者、承典者和中人知道而已。

出典的土地附近耕作的人会知道的吧？＝是的，因为耕作人交替，所以附近的人会知道。

【李登翰的土地】你名下有多少土地，请详细地告诉我地点和块数？＝8 块，西沙河村（村南）有 5 块，杨家屯有 1 块，本村有 2 块（西南半里）。

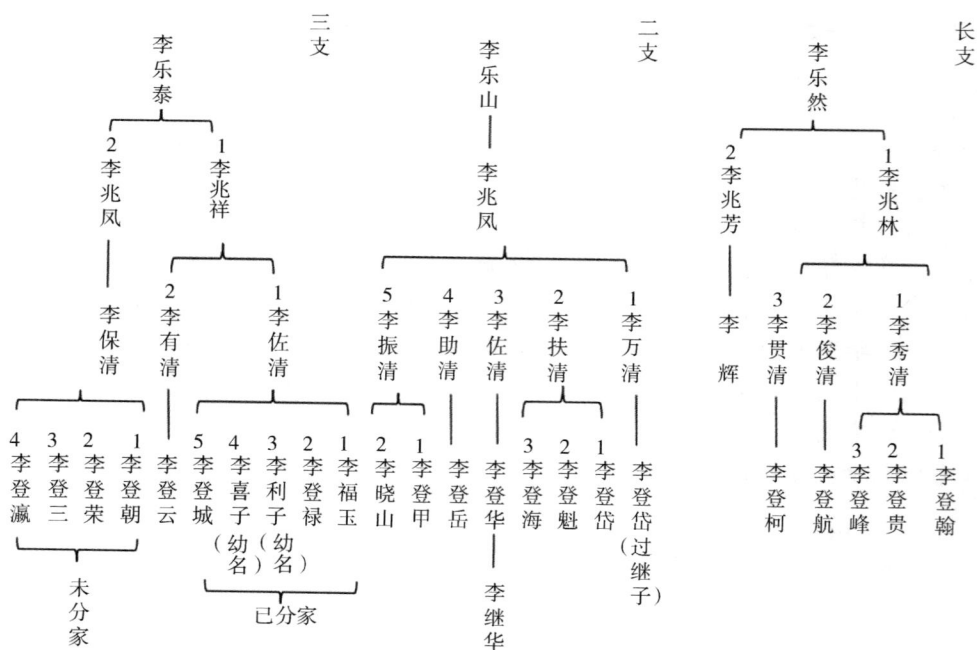

西沙河和杨家屯的地距离冷水沟多少里？＝西沙河的土地距离冷水沟 3 里，离西沙河有 1 里，杨家屯的土地距离冷水沟有 1 里半。

自己耕种吗？＝是的。

什么时候入手土地的？＝父亲的遗产就只有冷水沟的一块地，剩下的全部都是我自己买的，杨家屯的是1亩3分，冷水沟有1亩9分，4分的遗产，1亩（水地）西北一里，西沙河共是1亩5分地，分别是1亩、1亩、4分、1亩8分。

墓地呢？＝上述土地之外还有祖茔地，这属于同族全体的地，有两亩地三支轮流耕种。

三支分别是谁？＝长支有6家，次支有5家，三支有7家；两亩的土地三支每年交替耕作，到长支耕作时就6家人平分耕种，次支，三支也都是这样分配。

你属于哪一支？＝长支。

清明节扫墓的时候都是一起去的吗？＝各自去。

不集中去谁的家里吃饭吗？＝各人祭奠各人的祖先就行了，没有集中在一起的必要。

只要祭拜自己所属支的祖先就行了吗？＝祭拜所有的墓，烧纸钱然后奉上供物，清明节的时候一起把土不够的墓添补上土。

指挥的人是谁？＝是互相商量的，没有指挥的人，盖上土就叫作由坟。

分配土地耕种的时候测量吗？＝仅目测，有一点点出入没关系。

冷水沟的1亩9分地是从谁那买的？＝民国二十七年从李凤海、李兴邦、李殿一那里买了1亩6分，民国二十八年买了3分地。

四分的遗产是水地吗？＝是的。

请告诉我长支、次支和三支的家系。

冷水沟的1亩地（西北1里）是从谁那儿买的？＝去年从流沙河的候殿诏那买的。

李凤海、李兴邦、李殿一和你不是同族吗？＝是同姓。

杨家屯的1亩3分地（半分水地半分旱地）是什么时候买的？＝五六年前从冷水沟的李宗唐（同姓）那儿买的，用的是我二儿子泰臣他老婆的钱。

西沙河的1亩5地（旱地）呢？＝宣统年间，兄弟三人从沙河的王振甲那买了4亩地，然后兄弟分家时分到的。

西沙河的1亩（旱地）呢？＝民国二十六年从沙河的候檀那买的。

还有一亩（旱地）呢？＝宣统年间，兄弟三人从沙河的王玉林那买的，以前有21、26亩，但后来卖给了李登峰1亩8厘。

还有4分（旱地）呢？＝民国二十八年从沙河的路才英那买的。

还有1亩（旱地）呢？＝宣统年间兄弟三人从王振甲那买地，然后分家时分到的。

李登贵有多少地？＝6亩左右。

李登峰呢？＝5亩左右。

李登航呢？＝8、9亩。

李登柯呢？＝11亩左右。

李登鳌呢？＝11亩左右。

李登岱呢？＝以前有4亩，现在没有了，分家的时候李万清有4亩左右的地，但李万清把土地和房子都卖了。

李登魁呢？＝死了。

李登海呢？＝现在只有宅地，但这宅地也出典了，原来应该有 4 亩地的，但李扶清那代给卖掉了。

李登华呢？＝他儿子李继华有 5 亩左右。

李登岳呢？＝死了，儿子是李占文，有 6 亩左右。

李登甲呢？＝死亡。

李晓山呢？＝有 4 亩左右的地，原来也有房子的，李振清那代卖掉了，晓山现在去了满洲。

李福玉呢？＝兄弟 5 个人没分家（但饭都是各做各的），完全没土地，住在一个房子里。

李登云呢？＝去了满洲。

李宝青呢？＝有 2 亩左右。

李登云去了满洲，那护茔地是两家均分来耕种的吗？＝不，他妻子还在这，因为没有儿子就去嫁了人的女儿那住，她没法儿耕田就在登城让别人租佃。

【从典到卖】你买了不少地，这些地里有先承典再买的吗？＝沙河的 1 亩地（半分水地半分旱地）是四五年前侯殿兆向我出典，然后民国二十九年买的。

现在有承典的地吗？＝没有。

1 亩地承典多少？＝典价 200 元。

期限是多少？＝3 年。

承典当时的地价怎么样？＝当时 150、160 元，那十块田距离自己的田近，耕作方便所以就出 200 元承典了，而且这附近属于冷水沟的土地也挺多的。

出典者不要求借增吗？＝最初承典的时候，出了 250 元承典 3 亩地，经过 3 年后返还对方 50 元，我返还了出典者 2 亩的地，1 亩的时候新作 1 份文书，之后自己耕 1 年，对方再在第二年卖掉。

新文书的典期是多少？＝3 年。

【中人】经过了一年想卖的时候中人是谁？＝中人是李凤才、李福全、李常德（都是沙河人）。

出典时的中人呢？＝李凤礼（冷水沟人）。

3 个中人中的谁过来的呢？＝3 人一起来的，出典者说想卖地，问我买不买，地价 300 元，不要就卖给别人。

你怎么回答的？＝我说我没 300 元，只能出 260 元，但中人说没有 300 元卖主绝对不卖，我没办法只好出了 300 元。

中人给你看了草契吗？＝当然。

实契是什么时候带过来的？＝草契上没有写名字，下次定好价格之后，中人在 3 天后带实契过来。

【债价】付了债价了吗？＝付了 1 元，对方给实契时交 1 元。

这要写在实契中吗？＝不写，因为 1 元左右和土地的价格是没有关系的。

付 2、3 元债价的时候也不写吗？＝不一定，有的出 10 元债价也和买卖售金没关系，有的出 2、3 元也要从售金里扣除。

当时并不明确的定好吗？＝付 100 元就写"支洋一百元"，付两三元就写"支洋两三元"，不写也行。

债价和售金是没有关系吗？＝1 元、2 元和价格无关，要是拿 50 元、100 元的话就从土地的价格里扣除。

根据实契上写的"支洋○○元"，土地价格就会相应扣除多少吗？＝是的。

给了中人债价 10 元，但并不写在实契中，这 10 元又有什么意义呢？＝土地的价格便宜，所以就免费给他。

是打算给卖主的，还是给中人的？＝卖主。

是因为中人会拿佣金吗？＝中人不拿佣金，因为要请中人吃饭。

中人把债价给卖主的话，卖主就以饭钱的形式把 10 元的债价给他吗？＝不，卖主不给钱，只请吃饭。

卖主请客吗？＝卖主想卖地的时候，把中人招待到自己家里请他吃饭，向他拜托土地买卖的事，请客也只有那一回。

【测量】什么时候测量？＝钱准备好了就出帖，即通知四邻、丈量先生、中人和卖主。

拿到实契的时候还不能确定什么时候测量吗？＝是的，实契上不写测量的时间，半个月之后再和中人说什么时候测量。

买主是同族的话，有通知的必要吗？＝没有。

【奉母命】奉母命时是通知谁呢？＝卖主。

母亲会监督测量吗？＝有监督的，但是很少，因为都已经商量完了，所以一般不会露面了，如果母亲不允许的话就不能卖地，中人也不会再帮忙了。

卖地时，如果母亲还在世必须要得到母亲的允许吗？＝是的。

中人要直接和母亲见面商量吗？＝是的，"你的儿子想要卖地你同不同意？"这样问清楚之后中人才会帮忙买卖的事。

要是不这么做会怎样呢？＝要是不通知母亲就卖地的话，母亲可以制止交易，但母亲想卖地的时候，孩子不能制止。

母亲卖的是养老地还是分家的孩子的地呢？＝养老地，要是想卖孩子的地的话，孩子就没饭吃了，所以会先问一下孩子的意见，要是母亲非得要卖地的话那也没办法。

也就是说要绝对听从母亲命令吗？＝是的。

卖主在把实契给你的时候没有要求你出 50 元吗？＝当时对方没要求，就算要求了，出不出也是买主的自由，这 50 元也有卖主想早点拿钱，50 元算售金的一部分的意思。

【测量】测量时谁是丈量人？＝任福申。

要先测量四邻的土地吗？＝决定丈量日期的前两三天出帖，四邻要是看到帖子就自己测量，立上高粱秸秆定好边界线。

不拜托丈量人吗？＝大体上自己能测的就自己测。

测量当日时按什么步骤来呢？＝四邻先测量，立好了高粱秸秆，土地的大体轮廓就出来了，当日就量那里就行了，亩数不一致的话，就重新测量四邻的土地，因为这个问题而引起的纷争有很多。

这类纷争是如何解决的呢？ ＝要是不一致的话，就先测量四邻的地，如果四邻的地也没错的话，有差错的就是四邻的四邻，然后再测量四邻的四邻的地，特别是注意有没有移动界石，这样处理的话就可以发现是哪里不一致了。

要是发现有人动了界石，对于那个人有什么惩罚吗？ ＝动了界石一年的就罚他 2 升粮食，动了界石 5 年的就要赔偿人家的损失，但大体上因为都是村里的人，让那人请客吃饭赔礼道歉就解决了。

他要是沙河人的话还要去沙河赔礼道歉吗？ ＝是的。

村子和村子之间又发生过纠纷吗？ ＝事实如此，对方不承认也不行，所以村与村之间对立引起大事件的情况没有。

测量完了直接去买主家写卖契吗？ ＝测量的时候家里已经准备好了饭菜，丈量完成后卖主和买主、丈量人、中人、四邻围坐一桌吃饭，卖契是在吃饭之前就写好了。

应答者　邢志远（里书，张马区华山庄人）

【里书】你所负责的区域是哪里？ ＝孟家庄、李家庄、冷水沟这 3 个地方。

下述各村的里书都是谁？ ＝东沙河是张乃文，西沙河是李兆印，杨家屯是胡凤和，纸房是吕安友（县征收处在职）。

县下里书有多少人？ ＝大约百人。

里书受县里哪一科的监督？ ＝县第二科退收处（现财政科征收处）。

【里书的收入】里书的收入是多少？ ＝只有过割的手续费。

1 亩地的手续费是多少？ ＝不一定，大体上是 1 元左右。

里书代替县里催缴和征收田赋吗？ ＝从以前开始就没有做过田赋的征收，农民都是直接交到县公署征收处的。（注：看他带来的底册，的确如他自己声称的只有他自己看得懂的特别的字体写的，所以一边听他说明，一边将有关买卖的部分全部摘抄下来，具体参考资料集）

【底册——更名】底册中的谢长兴是什么意思？ ＝殿臣是长兴的儿子，父亲死了改了名字。

对方是到你这里来申请的吗？ ＝是的。

殿臣是在其他的土地过割时更名的吗？ ＝是的。

更名收手续费吗？ ＝不收。

【均退】均退是什么意思？ ＝分家过割的时候就叫均退。

过割要收手续费吗？ ＝和普通的买卖一样。

就算分家了一般也是通报给你再过割是吗？ ＝有通报的，也有不通报的。

【均粮】只有要求提出分家单才算是完成过割手续吗？ ＝不看的，农民提出要均粮后才会把迄今为止的粮食平分。

农民口头申请吗？ ＝不，要给我看均粮条。（一般的话是拨粮条）

你相信那个条子吗？ ＝是的，那是证据。

有农民的按的印吗？ ＝没有印也行，一般没有，那个条子就是证据，农民带着条子那就不会有假。

【过割手续】冷水庄的人和其他村子的人进行土地买卖，两地负责的里书不同怎么办？ ＝重新写两边里书的底册。

办过割手续的是买方，买方就要到两边的里书那里呈报吗？ ＝纳税是一年三回，纳税之前，里书事先去自己负责的村子里，那个时候村民来呈报，农民没有到里书家里来办理过割手续。

那么冷水沟的人买沙河人的土地时，你也是在纳税期前去冷水沟，买方过来呈报，那之后怎么办呢？ ＝买方要是不呈报给我，我就会和沙河的里书见面商量，更改底册。

也就是说一年三回的纳税期里，县里给里书下命令，里书接到命令后立即进村。村子里如果有人买了其他村的地，里书就去找那个村子的里书把底册改过来。这样就完成了过割。

买方没有向你呈报没有过割的话会怎样呢？ ＝不呈报的话还是照原来那样纳税。

【过割费用】过割费虽不一定但大概是多少钱呢，其理由是什么呢？ ＝大概规则就是那样的，粮多的人如果买多的话 1 亩就交 1 元以上。

粮多的人是什么意思？ ＝有很多地的人。

买地越多手续费就越多，也就是说亩数越多平均一亩的手续费也就越高是吗？ ＝不，手续费和买卖的亩数成正比，买地多的话会多出一点手续费的，1 亩地就是 1 元，2 亩地就是 2 元，5 亩地就是 5 元 50 钱，10 亩就是 12 元，多出一点手续费就是这个意思。

1 亩地 1 元以下的手续费也是可以的吗？ ＝可以，并没有什么规定，手续费多少是买主的自由，所以大方的就会多出，小气的就会少出。

民国二十七年的时候是多少钱呢？ ＝比现在便宜，1 亩 1 元，现在是 1 亩 1 元以上。

买主便宜买了很多土地，心情好的时候会多出过割费吗？ ＝根据不同人有所不同，里书倒是想要多点，但对方就是不按照我想的去做。

【里书的株】你什么时候开始做里书的？ ＝民国二十三年花了 250 元从张坡屯的曾兆斤那里受任里书的。

民国二十三年左右的过割费是多少？ ＝民国二十三年的时候也是 1 元，但是大亩，而现在官亩是 1 元。

什么时候变成官亩的？ ＝去年开始，以前里书要给县公署交纳 1 元的册单费，现在要交纳 6 元。

册单是什么？ ＝田赋征册。

过去的底册和现在都是同样的格式吗？ ＝是的。

我觉得分家的时候没有必要过割，是这样吗？ ＝分家的时候没有必要呈报，但如果想要均分粮食的话就必须呈报，在冷水沟分家的时候多是分粮食的。

土地减少的时候也必须交纳田赋吗？ ＝是的。

因为里书的怠慢而造成的卖主仍像以前一样交纳税金的事有吗？ ＝里书接受了呈报不

过割的事没有，但是没从底册里找到卖主的名字，无法过割的事倒是有，这种例子虽然不多，但是听说过。

为什么会找不到名字呢？＝是因为卖契上写的卖主的名字与底册上记录的纳粮者的名字不一致。（注：同一个人号和本名分开用，虽然名字写在底册上就好像是外人一样的事在冷水沟也见过。）

这种情况下买主必须像以前那样交税，那不是损失了吗？＝里书如果在底册上找不到卖主的名字就直接通知买主，买主再去通知卖主，这样就知道了卖主的别的名字，然后买主再向里书呈报。

【空粮】卖黑地的时候，底册里不是没有卖主的名字吗？＝这叫空粮，比如有 10 亩的土地，实际上纳粮的只有 5 亩，卖地过割的时候，即使是卖称为空粮的土地，也都要先过割底册中有的 5 亩土地，历城县的山地里就有很多空粮。

过割了那 5 亩地的话，卖主就没有必要纳粮了，那么卖剩下的 5 亩地时，当然也不用过割了吧？＝是的。

买主知道空粮的事吗？＝不过割的事情完全没有过，5 亩的地过割 2 亩的比较多，南乡山因为山地很多，有 1 亩地的农民逐渐开垦附近的土地，1 亩变 2 亩，但实际纳粮的还是 1 亩，冷水沟就没有这种例子。

底册中记载的亩数比实际的亩数还多的事有吗？＝之前说的那种情况比较多，比如自己有银和铜的地，不仅仅卖了银地，也过割了铜地的时候，结果就变成田赋多，土地少了。

那卖主不是亏损吗？＝农民什么都不知道胡乱过割的时候就会出现这种事。

土地的卖契里会写上大亩的吧？＝是的。

1 亩 600 步是一定的吗？＝冷水沟全部都是 600 步，南边黄河两岸 1 大亩是 500 步。

【里书的工作】里书的工作除了过割以外，还有什么？＝带着底册过割，田赋征册以及册单的书写，其中底册的用纸钱是由里书负担的，田赋征册以及册单的用纸都是县公署支给的，纳税期的时候就记录，一千户是 6 元的比例，一年 3 回，纳税期里必须要向县公署交纳，我管辖孟家庄、李家庄、冷水沟 3 个地方共计 757 户，一回就收 4 元 60 钱，而且 1 顷土地还必须要向堆收处交纳 30 钱。

农民在过割的时候不送里书什么东西吗？＝不，相反倒是我要给村民送小点心和馒头之类的，因为受到村民很多照顾。

11 月 30 日

兄弟间的买卖　卖租佃地

应答者　李登翰
地　点　县公署

【测量】测量花了时间，无法当日写完买契的事有吗？＝测量一天完成不了的话，当天买主请客，第二天再测量，要是发现有不够的地方，那始作俑者就要检讨。

买契是什么时候写？＝卖 1 亩的土地若是测量的结果只有 9 分，当日写就视作 9 分写，卖契并付 9 分的地价，第二天要是发现不够的部分，那个时候再重写。

丈量要花两天的时候，开始的人和第二天的人都是一样的吗？＝第一回买主是主要的人，第二回卖主是主要的人，因为第一回是要调查自己买多少地的。第二回是因为亩数不够，卖主要找到不够的原因。第一次测量在场的四邻第二天就不要监督了，但是与纠纷有关的四邻必须到场监督。

售金是什么时候支付？＝丈量的当日一手交卖契，一手交售金。

中人、丈量人不收手续费吗？＝不收。

【请客】为什么？＝大家都是村里人，帮忙是应该的，而且第二年的正月里，买主也会请客的。

买主是他村的人时怎么办呢？＝就算是他村的人，第二年正月十五以前也必须请客，被请的有中人、丈量先生、同族和亲戚们。

为什么要招待同族和亲戚呢？＝因为饭菜有很多，他们只是陪客，中人和丈量先生是主客。

和中人或丈量先生关系不好不招待的事有吗？＝因为受到他们帮忙了，所以必须请客。

交付卖契的时候，老契怎么处理？＝买主不会要求给老契的，一般卖主也不会交付老契。

如果买主要求交付呢？＝那就交付。

你卖地给弟弟李登贵的时候是写的什么样的卖契呢？＝和一般的土地买卖一样的卖契。

出典的时候呢？＝必须要写典契。

【分家与分粮】你分家的时候分粮了吗？＝分了，去曾里书那里办的手续，民国十五年份的第二年过割的。

可以告诉我有关曾里书的情况吗？＝我一点都不知道，因为他是张坡屯的人。

兄弟中的谁去里书那过割的呢？＝写 3 分均粮单交给里书，比如要过割 10 亩地的时候，

〇〇〇名下 3 亩

〇〇〇名下 3 亩

〇〇〇名下 4 亩

他到冷水沟来的时候过割吗？＝我代表弟弟们到里书家里去。

手续费是多少？＝1 亩（大亩）1 元，分家的时候有 12 亩，所以手续费是 12 元。

1 官亩 1 元是从什么时候开始的？＝邢里书想要 1 官亩征收 1 元，但是农民不答应。

【兄弟间的买卖手续】卖土地给弟弟时，不是可以不用写一般的地契也行吗？＝那不行，为了让买卖清楚明白就必须要写卖契，兄弟在世时不会起纷争，但兄弟死后，子孙之间容易起纷争。

兄弟还在世的时候写的卖契，就按照一般的卖契来写吗？　＝和一般的卖契一样。

需要中人吗？　＝必须要中人。

同族亲戚的人也可以吗？　＝可以。

兄弟也可以吗？　＝不行，因为要决定价格，兄弟之间不方便。

老婆的父亲可以当中人吗？　＝姻亲多是住在他村，当中人有很多不便，所以一般都不当。

如果住在本村呢？　＝不当，还是因为决定价格的时候不方便。

如果关于价格兄弟之间都同意了呢？　＝迄今为止就没有姻亲当中人的。

妾的父亲算姻亲吗？　＝算。

要定税契吗？　＝必须要定税契，也有不定的。

分家的时候要定税契吗？　＝不，就算是过割也没有必要定税契。

文书是由谁保管？　＝长子。

次子均分到文书中记载的土地，长子保管地券的时候，次子向兄长卖均分到的土地的时候要写卖契吗？　＝写新文书。

这种情况下取消弟弟在分家单上的土地吗？　＝不取消。

那长子就有新旧两份文书是吗？　＝是的。

不写新文书就不能在分家单上写上这个事吗？　＝必须要写新的文书。

【土地评价】土地评价的要素是什么，比如是先注意水田和旱田的区别吗？　＝是的，然后就是哪个土地收获得多。

水田的话，还要注意水利关系吗？　＝是的，比如一年中水的不断绝，还有不需要水时排水，需要水时能给水的水田是最好的，排水和给水困难的水田就是不好的。

需要注意与村庄之间的距离吗？　＝当然。

附近有自己的耕地的时候，会觉得出价高一点也没关系是吗？　＝是的。

抬牛地的价格便宜吗？　＝要便宜数十元。

【立字的代笔】买主、卖主就算会写字也不写卖契吗？　＝当然，不能写，因为可能是伪造的文书，所以由丈量先生来代笔。

因为卖契不完整而产生问题的事有吗？　＝写的时候因为买主当场看着，所以绝对不会有这样的事。

买主不识字的时候呢？　＝因为丈量人（代笔人）必须负责，要是发现有错误代笔人会立刻修改，代笔人在当事者面前发出声音读卖契。

买主、卖主的同族在定卖契的时候参加吗？　＝不参加。

【卖租佃地】你买的土地中，卖主自己不耕让佃农耕的有吗？　＝没有。

买主如果买了租佃的土地，那租佃契约怎么办呢？　＝收获完了的话是可以卖的。

租佃期限是 5 年的时候，只过了一年可以买吗？　＝可以。

买主自己耕或是让谁租佃都是自由的吗？　＝卖地的时候，地主撤佃也行。

卖佃的时候一定要通知佃农吗？　＝可以说，也可以不说，佃农以后知道卖地的事实也会放弃土地的。

佃农在地上建了仓库怎么办呢？ ＝没有建仓库的材料，而且看守作物都是交给看坡人的，所以也没有建的必要。

盘井的费用是谁出？ ＝有做土井的材料，但是没有做石井、砖井的材料。

做土井的花费比较少吗？ ＝只用出劳力就行了。

12 月 1 日

兄弟同族间的土地买卖

应答者　李长溪

地　点　县公署

你的家系有哪些人？ ＝曾祖父泰来，祖父玉沉，父亲凤棨，兄长长发、长泌、长溪（未分家）。

【祖坟地】清明节的时候祭拜祖坟地的大概有多少户？ ＝100 户左右。

祖坟地有多大？ ＝1 分左右，没有护茔地。

不一起烧纸钱供奉供品吗？ ＝各自做，早上起来在门上插柳枝，财主家吃好吃的，白天去扫墓。

拜哪个墓呢？ ＝曾祖父的墓，祖父还在世所以墓地都是预先定好空在那儿的。

所有地的名义是谁？ ＝我的地，那名义就是我自己，兄长们各自的地，都是以自己的名义的，祖父和长发一块住。

一起住是什么意思，大家都是住在不同房子里的吗？ ＝是的，都是住在不同房子里的。

什么时候分开的？ ＝孩童时代。

母亲和谁一起住？ ＝和我。

长发多少岁？ ＝42 岁。

长泌呢？ ＝37 岁。

你呢？ ＝33 岁。

父亲是什么时候死的？ ＝我小时候就死了，所以不知道。

地的名义是你也就是说文书在你那里是吗？ ＝是的，文书在我那儿，文书上写的是祖父的名字和堂名，但是税是由我来纳的。

分文书是什么时候的事？ ＝小时候分的，所以我不知道。

你的土地有多少块，分别在哪里呢？ ＝庄东 6 块（三里），庄西一块，庄北一块。庄东 6 块分别是 2 亩（水地）、1 亩（水地）、2 亩（旱地）、1 亩（旱地）、半亩（旱地）、1 亩（旱地），庄西的地是 2 亩半（旱地），庄北的地是 7 分 5 厘（旱地），宅子 5 分，共 12 间房，上述全部都是祖先的遗产。自己耕作，没有出典和承典过。

长发有多少亩地？ ＝只有庄南的 2 分旱地。

祖父有多少亩地？＝祖父跟长发一起住，所以有两分地。

卖了吗？＝自己的儿子只有 2 分地。

长泌呢？＝大概有 12、3 亩，因为都在比较远的地方，具体几块不知道，沙河附近有一块（旱地），在杨家屯有一块（水地），而且庄东应该也有，我所知道的是有一块（旱地）。

冷水沟的任姓人都是同族吗？＝是的。

谢姓人呢？＝全部同族。

王姓人呢？＝我所知道的有两族。

【族长】任姓家族的族长是谁？＝不知道。

你们李姓家族的族长是谁？＝原来是李步云，十年前死之后就没有族长了。

族长是怎么选的？＝辈分最高，最年长的就是族长。

为什么到现在为止都没有族长呢？＝辈分相同，年龄相同的有数人，所以没法定族长。

你现在持有祖父玉沉名义的文书吗？＝祖父玉沉名义的文书没有，曾祖父以前的名字或堂名的文书有。

【兄弟间的买卖手续】你在卖地给祖父玉沉或兄长长发时，有必要写卖契吗？＝写也行，不写卖契而交出我持有的文书也行。

过割肯定要做吗？＝当然。

假定要卖地给长发，是怎么个卖法呢？＝先拜托中人，中人再跟兄长说。

假设兄长没钱怎么办呢？＝去兄长那儿，如果兄长不买的话就去别人那儿。

如果有钱的话怎么办呢？＝不管有没有钱都要去兄长那儿。

写草契吗？＝当然。

兄长说要买的话写实契吗？＝当然写。

丈量吗？＝丈不丈量都是兄长的自由，兄长说不丈量也行，那就不丈量。

如果不丈量的话四邻不是不会同意吗？＝把老契给兄长，因为不写新的文书，所以和四邻没有关系。

如果兄长要求新的文书的话要丈量吗？＝要丈量。

为什么不丈量不行呢？＝因为想要写新的文书的话，老契上的亩数不能相信，所以不丈量就不知道正确的亩数。

把你的名义的文书交给兄长就可以不用定卖契了吗？＝兄长同意的话，就可以。

一般的人不会同意吗？＝绝对不会同意。

分家时分割的土地的文书是由谁保管的？＝长子，但是也有分立界分地的。

立界分地是什么意思？＝不写新的文书，在田的正中间里界石划分土地。

文书是长子拿着的吧？＝当然。

长子要卖地给弟弟的时候呢？＝把文书给弟弟。

弟弟要卖地给长子的时候呢？＝什么都不用做也行，只要把界石拿走就行了。

这种情况下还需要有中人吗？＝需要，要先找到中人然后再商量。

因为兄弟之间的关系，在找中人之前不商量吗？　=兄弟之间定价格很困难。

【同族间的买卖手续】叔父子侄之间也可以这样，不写新文书只交付老契吗？　=不管辈分如何，有一张表示买卖土地的文书就行了。

你名义下的土地卖给兄长时，兄长如果不要求新文书的话，可以不用给，那兄长之外的同族之间还有哪些亲戚也可以不用给呢？　=兄弟、叔父子侄、祖孙。

上述关系以外就不行了吗？　=关系远了的话，土地到底怎么样也不知道，所以必须要丈量。

【分家单的修改】兄弟之间买卖土地时，把界石拿走就行了吗，没有必要修改分家单吗？　=有改的，也有不改的，不改是因为兄弟之间没有这个必要。

一般都不修改吗？　=修改的多一些，我家一般修改的。

分家单上的土地卖给他人时呢？　=因为要重新写一份卖契给买主，所以没有改的必要。

从兄弟那里借了钱，作为还钱而把土地给他的事有吗？　=有。

这和买卖是一样的吗？　=是的，把土地作价。（注：把土地估价偿还）。

这种情况下也需要中人吗？　=因为要作价，所以必须要有中人。

在找中人之前价格就定好了的事有吗？　=没有。

兄弟之间也是这样吗？　=是的，亲兄弟也要明算账。

不办分家手续，但实际上分财产的事有吗？　=没有。

那你家不是分家了吗？　=有没有分家我不知道，我小时候就有那么多土地了，大哥去了祖父那里，二哥去了祖母那里，总之没有分家。

土地买卖的时候必须要调查清楚界石吗？　=丈量的时候把四邻叫过来查看界石，界的标志有石头，马连草，也有柴墩的。

【买卖公示】卖地的时候通知村民吗？　=不通知。

村民为什么会知道呢？　=仅通知四邻，大概是因为中人说的，所以村民才会知道。

出典的情况下呢？　=中人说的，所以村民大体上都会知道。

谁来修改摊款标准的地亩册呢？　=买主去总房（里书）那里呈报。

【典期和典价】土地有以 10 年为期限出典的吗？　=我不知道，可能会有吧。

地价是 300 元的话，如果出典，典价大概是多少？　=200 元甚至 250 元（从以典期为 3 年到 5 年来计算）。

如果典期是 10 年的话典价是多少？　=没多大变化，典期长短不影响典价。

假设典期是 10 年，经过了 5 年的话可以回赎吗？　=不可以。

【典期内卖出】典地可以在典期内卖掉吗？　=可以。

过了一年也行吗？　=可以。

一年之内呢？　=不可以，因为作物都没有收获所以不能卖。

典期以内卖给第三者的时候，典权者不会抱怨吗？　=因为会返还典价，所以不会有损失的。

典权者有先买权吗？　=先买权是根据本族、典主、四邻、村民的顺序。

出典者叫作什么？＝地主。

承典者呢？＝典主。

期限呢？＝年期。

契呢？＝典契。

有典权这个词吗？＝不知道这个词。

借增呢？＝爬崖（方言），也叫增价。

有不能出典或不能卖的地吗？＝坟地，除此之外没有。

护茔地呢？＝一般是不能卖的，但穷途无路时也有人卖。

有接收过公有地的拂下[1]吗？＝在冷水沟没有。

因受到蝗害而卖地的不是很多吗？＝现在没有，迄今为止，我都不知道有这样的事。

【商量卖出】可以仔细告诉我卖地的时候一家人是如何商量的吗？＝想要卖地还债的时候，先要和老婆商量，然后再和长子、次子商量，没有必要和女儿说。

妾呢？＝没有必要说。

母亲呢？＝母亲健在的话，就要先和母亲商量。

分家的兄弟呢？＝家里人一个一个的商量，找过中人后最先去兄弟那儿。

叔父和兄弟哪个优先呢？＝长辈先。

什么范围的同族呢？＝属于本支的。

买卖土地的时候对于村民有什么难为情的事呢？＝不好意思，所以不能偷偷卖地，如果要卖地的话一定要让村民知道。

【指地借钱】买卖土地之前会先指地借钱或出典吗？＝这种事也有的，冷水沟的情况我不清楚，假定我自己想要钱的话，会先指地借钱，如果不能指地借钱的话就出典。指地借钱借不了 50 元以上的。因为不管土地的亩数多少，村里没有哪家会借出 50 元以上的。

如果去别的村子或王舍人庄呢？＝一样的，还有多的土地作为担保的话，可能借到更多的钱，但还有多的土地的人也没有借钱的必要，冷水沟就不会有 50 元以上借款的事。

卖掉的地还能再买回来吗？＝不能。

指地借钱的时候给文书吗？＝不给。

出典的时候呢？＝不给。

买卖的时候呢？＝不给老契。

如果买主要求呢？＝没有买主会要求的。

【定钱、债价】要定钱吗？＝有，10 元、8 元、5 元的都有。

什么时候给？＝定好价格后，一手交定钱一手交实契，实契里写上"当日支洋○○元"。

债价和定钱是一回事吗？＝是的。

有不写在实契里的吗？＝没有，实契里面必须要写债价。

债价是归卖主还是归中人？＝买主把钱给中人，就当作是给卖主的，然后中人再交给

---

〔1〕　译者注："拂下"是中文词汇，此处语义不明。

卖主，而且卖主、买主或多或少会给中人一点钱。

什么时候给中人呢？＝买卖手续全部结束后。

之前问的兄弟之间买卖土地的时候，给了老契不写新文书时卖主有必要写草契吗？＝因为不知道兄弟的出价是多少，所以为表示自己的希望额必须要写。

实契也是必要的吗？＝为了明确表示交涉完的价格，有必要写实契。

【中人的责任】中人的职责是？＝介绍与说合价钱。如果买主愿意买，但过了好几天又不买的话，中人就要承担责任。

不是金钱上的责任，而是违背了卖主的期待这一道德上的责任吗？＝是的。

【毁约】开始说买之后又不买，只能是在交实契之前还是之后？＝之前。

交付完实契，买主可以不买吗？＝那不行。

要是没钱怎么办？＝因为这可不是开玩笑的，没钱却让卖主写实契，这种事是不会有的。

卖主交了实契又不想卖的时候怎么办呢？＝绝对不行。

丈量先生有佣金吗？＝没有。

【房屋的买卖】买卖房屋的时候，卖主什么时候让出房子来呢？＝写完实契 3、5、10 天后搬家，之后再丈量，也有趁来搬家的时候丈量的，但前者更普遍。

未搬家的时候定卖契的有吗？＝没有。

丈量之后立即定卖契吗？＝是的。

那也有在未搬家的时候定卖契的吧？＝是的。

让出房子的日子是定好的吗？＝是的，口头上定好的。

要是约好的日子到了不搬呢？＝赶出去，中人会催的。

不会要求什么赔偿吗？＝不会。

不让出来的话不是必须要交钱吗？＝一手交卖契一手必须付钱。

12 月 2 日

丈量　护莹地的买卖

应答者　王慎三

【同族、分家】

您的同族都有哪些人，请说一下亲属关系。

立朝、立亭、立柱分家了吗？＝没有，思善、为善、慎三 37 年前分家了。

分家的时候土地有多少亩？＝总共 90 亩（大亩），平均 1 人分 30 亩。

到现在为止，你的土地有多少亩？＝3 年前从李玉康（本村人）那里买了 2 亩，前年卖给了杨家屯的康广振 2 亩 4 分。

2 亩是水地吗？＝水（村西）地。

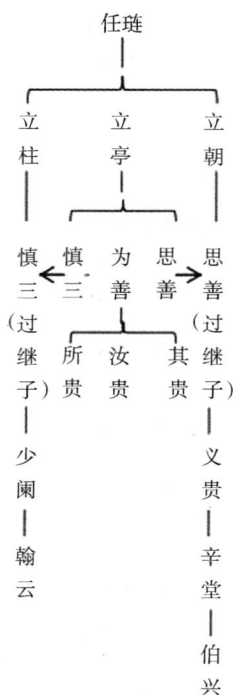

```
                              任珽
            ┌──────────────┼──────────────┐
            立              立              立
            柱              亭              朝
            │        ┌──────┴──────┐        │
            慎  慎←──为      思──→思
            三  三      善      善      善
           （过 │      │      │     （过
            继  所      汝      其      继
            子）贵      贵      贵      子）
            │                           │
            少                          义
            阆                          贵
            │                           │
            翰                          辛
            云                          堂
                                        │
                                        伯
                                        兴
```

价格呢？＝500 元。

几月份卖地？＝十一月（阴历）。

【中人】买地的时候是听谁说起这个事的？＝谢长林，谢长林到我家来问我买不买李玉康的地，而且说要是没有 1 亩 400 元的话就不卖，但后来一点点降价降到了 250 元，我自己也从原来的期望价 200 元提高到 220 元，两方价格相近了，就定好 250 元这个价。

带着草契来的吗？＝是的。

草契里写的 1 亩多少钱？＝400 元。

中人是要再去和卖主商量呢，还是当时就按定好的价格卖呢？＝当时中人说 350 元就卖。

如果卖主不同意中人决定的价格呢？＝大体上 400 元都是谎价，实际的希望额就是 250 元，所以卖主不会不同意。

要是中人决定 1 亩 200 元，那卖主怎么办呢？＝中人可以随便定价格，但如果比卖主的希望额低的话就要再商量。

那么即使是跟中人决定了价格，买主也无法期待立刻就能签好买卖契约吗？＝是的，土地买卖不是一两天就能完成的，中人必须要在当事人之间周旋往返好几次。

你当时用了多少天？＝四五天。

实契是过了几天拿过来的？＝定好价格后立刻卖主就写了实契，中人拿过来的。

【同族、典主、四邻的同意】中人不是必须得把实契交给卖主的同族、典主、四邻看吗？＝把实契带到本族的家长那儿，本族人同意了再拿到四邻那儿，然后再拿到买主那儿，草契也是如此。

也拿着草契、实契去典主那儿吗？　＝去完四邻那儿之后再去。

为什么先去四邻那儿而不是典主那儿？　＝这个顺序不是一定的，也有先去典主那儿的，一般都是先去四邻那儿，这是本地的习惯。

本地不是先典后卖的吗？　＝是的。

2 亩 4 分地是多少钱卖给杨家屯的康广振的？　＝1 亩 300 元。

为什么要卖地？　＝离得太远了。

中人是谁？　＝杨家屯的杨振汉。

是你去杨家屯拜托他的呢，还是喊他过来的呢？　＝喊他过来的。

你和他是什么关系？　＝关系很好的朋友，而且他很适合当中人，所以就拜托他了，杨家屯又离冷水沟近，和他孩提时代就认识了。

草契上写的 1 亩多少钱？　＝大概是 4、500 元。

和买主交涉了多少回？　＝四五回。

写完实契过了多少天丈量的？　＝10 天左右。

中人只有一个吗？　＝是的。

买地的时候中人有几个？　＝一个。

【丈量】卖地时丈量人是谁？　＝杨家屯的薛兆明。

买地时的丈量人是谁？　＝冷水沟的任福顺。

丈量时哪些人到齐就能开始了呢？　＝卖主、买主、中人、丈量人、四邻不全都到齐就不能开始。

其中有一人不来的时候怎么办呢？　＝只要有一人不来都不能丈量。

丈量的步骤是怎样的？　＝卖主先要把土地四边的界石挖出来，当着四邻的面说现在就要开始测量，一直量到下一块界石为止，要是与老契一致的话，有旧的界石就依原样放在那儿，没有旧的界石就新埋一个，界石也都是要得到四邻的应允再埋的。

请仔细告诉我什么情况下要量四邻的地？　＝如果测量的结果怎么都和买卖土地亩数不相符的时候，万不得已，根据亩数减去相应的价格。

卖主坚持说土地的亩数不可能不足，那么买卖可以取消吗？　＝两三天之后再重新测量，最常见的是等 5 天之后测量，如果结果怎么都不足的话卖主只能放弃，必须得卖，绝对不能取消交易。

卖主想要测量好几回，但买主说测两回就行了，这样不会起纷争吗？　＝卖主想要测好几回也行，因为费用是由卖主负担的。

一般丈量费用是由谁负担呢？　＝第一回由买主；第二回开始就由卖主负担。

丈量费用一般是多少？　＝丈量费用没有，但是请客是要花钱的。

你的所有地总共多少块？　＝二十几块。

多少亩？　＝30 亩。

水田有多少？　＝7 块，9 亩左右。

王为善呢？　＝30 亩左右（水田 8、9 亩）。

王思善呢？＝26、7 亩（水田 5、6 亩）。

【拨粮】如果土地买卖一定要过割吗？＝是的，一定要拨粮。

1 亩是多少？＝不一定，我的话 1 亩（大亩）出 3 元。

为什么是不一定的？＝里书没有一定的规则，有多收的，也有少收的。

拨粮的时候是去里书那里，还是里书到村里来？＝里书到村里来，阴历的年底（过去现在都如此）到村里来一回。

【均粮】分家的时候也拨粮吗？＝是的，分家时要均粮。

均粮和拨粮是一样的吗？＝意思是一样的，但是均粮的手续费多一些。

多多少？＝均粮也不是一定的，1 亩有 5、6 元的也有 2、3 元的。

为什么均粮比较高呢？＝均粮的情况比较少，所以高。

是因为就算分家也有不均粮的吧？＝为了摊款必须要均粮。

你家的墓地在哪里？＝村南边。

坟地有多少亩？＝两亩多。

【护茔地】护茔地呢？＝两亩多是全部一块地，护茔地是 1 亩 6 分左右。

谁在耕作？＝租佃出去了。

地租是思善、为善、慎三 3 个人分吗？＝是的。

地租是多少？＝1 亩 6 分共 15 元，土地不好。

普通的旱地 1 亩地租是多少元？＝十几元。

谁在租佃？＝任福昌。

何时收取地租？＝年底（后纳）。

谁来收？＝王思善收，因为要用做立墓碑的费用，或者是 3 人平分，之前的地租是 3 个人平分的，3 年前开始为了立碑就存了下来，打算明年清明节立碑的。

【护茔地的买卖】护茔地可以卖给兄弟吗？＝不可以。

有文书吗？＝保管在王思善那儿。

要是非常穷的话可以卖的吧？＝可以，有很多人都卖护茔地。

分家的兄弟之间，弟弟要把护茔地卖给哥哥的时候怎么办呢，（文书由哥哥保管的时候）写新文书吗？＝写。

不写新文书不是也行吗？＝因为是买卖的证据，所以必须要写新文书。

因为老契是以堂或祖先名义的，只交付老契不是也行吗？＝那不行，日后起纷争的时候，要是没有买卖的证据是很麻烦的。

修改分家单以此作为证据，不写新文书不行吗？＝这样做应该也行，实际上都是写新文书的。

如果不是护茔地，而是分家单上写的土地在堂名的时候，当兄弟间买卖时仅交付老契不是也行吗？＝这种情况下是可以的，护茔地的话就不行，因为日后哥哥说买过，弟弟说没卖的话，什么证据都没有就很麻烦了，如果不是护茔地的话交付的老契就是证据，但是一般都是写新的文书的比较多（为了确定土地所有权改变的日期写新文书比较好）。

护茔地分家的时候过割吗？＝分家的时候均粮。

【债价】债价是什么意思？＝中人把实契交给买主时，买主必须要给卖主一点钱，这个钱就叫债价，卖主写实契，买主出债价。

必须要出吗？＝是的。

一般出多少？＝不一定，1、2元，5、6、10元的都有。

有出10元以上的吗？＝有，有出15元的，卖主因为价格便宜不想卖的时候，中人会要求买主多出点债价。

债价是从售金中减去吗？＝不，只要是债价就不会减去，实契上写上"支洋○○元的时候要这个钱要计算进去。

支洋○○元不是定钱吗？＝不，不叫定钱，也有写着"当支洋○○元"的（注：预先支付一部分钱的意思）。

支付1、2元债价买主拿到实契之后，当事者可以取消契约吗？＝不可以。

支洋○○元一般是地价的几成？＝不一定，有100元的也有8、90元的。

2、3元的有吗？＝那太少了，10元、20元倒是可以。

农村金融及贸易篇

1940 年 11 月

（华北农村惯行调查资料第 21 辑）

农村金融及贸易篇第 3 号　山东省历城县冷水沟庄

调查员　村田久一、刘均仁

11 月 22 日

村内金融的概况　金融的种类

应答者　李良甫

地　点　历城县张马区冷水沟乡冷水沟庄

【借款的金额、方法、条件】村民们大概有多少借款？＝没借款的人很少，一百里都不到一个，商人需要资本，农家婚丧嫁娶也要钱，所以都得借钱，借个 30、50 元的是家常便饭。

从哪里借呢？＝村内相互借贷，本庄最普遍的金融叫作指地借钱，立保证人作为保钱人，土地不出典或不交作为押的地券，仅在无法还债的时候，签订一份不耕种自己土地的文书的借用证，这样来借钱。

不去银行借吗？＝不借银行的，但是会借银号的，但是银号 100 元左右的都不贷，只贷 3、400 元的，利息比民间要高，民间是单利，银号是复利计算。

那是怎样借的呢？＝先要有作担保人的两个承还人用地契作担保来借钱。

有抵当土地给银号管理的事吗？＝以前有，但现在为了卖地就没有了。

村里借钱的人年年都借吗？＝糖坊每年都借，买八月份的高粱做材料的时候借，农民经常在八月种麦的时候为了买肥料借钱。

必须还吗？＝年年借，年年还。

【借款多少】近年都是因为什么事情借款的比较多呢？＝没有。

为什么农民借款比较多呢，因为土地少吗？＝是的，土地少的从土地多的那儿借。

家里人多的借钱的比较多吗？＝是的。

佃农（租地人）怎么样呢？＝佃农从地主那里借。

为什么借钱？＝为了生活，为了农活。

【借款的倾向、能力】借钱人数的增减倾向怎么样？＝没什么变化，年份不同或多或少有增减。

多额借款的人数有什么变化吗？＝在济南的银号借了 200、300 以上的有 20 户左右。

都是怎样的人家？＝烧锅的一家，糖坊的两家，粮贩子七八家，农家大多是借 30、40 到 70、80 的小额，10 元到 20 元的是最普遍的。

【糖坊、粮贩】糖坊、粮贩是干是什么的？＝糖坊就是制造涂在腌菜上黄色的糖的，用麦芽和黍制造，加到腌菜里，也加到酱油里，或者卖到济南，造糖的糟用来做猪饲料。粮贩就是在庄里收购粮食卖到济南的杂粮店里，市场好的话每一天都去，不先给村民钱，而是卖完后再付款，粮贩用散落的粮食养数头骡子，骡子的粪便就用来当肥料。

其经营者都是谁？＝糖坊的经营者是张德方（8 亩）和谢宝林（40 余亩），粮贩是杨长盛、杨长民、谢宝田、谢长新、李宗湘、谢宝生、谢六子（均为 10 亩以下）。（括号内为其所有的土地亩数）

那是本业还是副业？＝都是副业，但是对于粮贩来说倒不如说是主业。

【烧锅】烧锅的都是谁？＝谢宝林和谢宝田共同经营，去年开张的，赚了钱，但今年材料费变高了，生意不好，他们买材料的时候借钱，卖的时候还钱，从 5、6 家借了不到 3、400 元。

【村民借款的贷主】村里有以放贷为职业的人吗？＝没有，有钱的话农民会拿来买地。

村民要是想借钱了从谁那儿借呢？＝村民互相借贷，事变之前有民生银号，但是现在有新民会的春耕贷款。

村民大多是在村内借钱，还是在村外借？＝因为便利，所以借村内的多，要是不行的话，就去别的村借，要是还不行就去济南。

村内借钱的话，面子不是过不去吗？＝所以也有到其他村子去借的。

什么时候在村子里借不了呢？＝哪儿都没有能借出去的钱的时候。

村里没有有存款的人吗？＝在银号里没有有存款的人。

【借钱的影响】农民借款多了会有什么影响吗，比如废耕地、放弃租佃地、卖地、卖家畜、卖农具、外出做苦力、卖儿卖女等有吗？＝废耕地、放弃租佃地没有，其他的都可能有。

没有连夜逃跑的吗？＝有。

家人也一起吗？＝家人留在家，仅家长逃跑。

最近有这种事吗？＝最近没有。

就算卖地也不会把土地交给贷主吗？＝因为关系到面子，所以是卖了地还钱。

【借钱的时间和原因】借钱有一定时间吗？＝多是在年底和 3 月份，商人农家都是这样。

理由是什么？＝平时就算能借，年底都要清算，3 月份因为粮食不足，所以也有少额的春耕贷款。

有为了买衣服、肥料或买年底物资的吗？＝有，但是没有为了买衣服而借的。

【借款纷争和解决】有关负债的纷争有吗？＝有，但不多，因为关系到面子的问题，好借好还再借不难。

纷争的原因都是什么呢？＝因为无法还债就延期，但还是无法还。

是如何解决的呢？＝由近邻（街坊）、同族来解决，解决办法就是卖地。

如果没有可卖的地，那是一直等着他还或是由保证人还吗？＝是的，只借2、30元的话就没有保证人（零借），指地借钱的话要有保钱人，由保钱人来还。

【事变前后借贷关系的变化】事变前后村民的借贷关系有什么变化吗？＝没有，事变前后都是一样，只是事变那一年有水灾，为了买食物的钱，借钱的比较多。

事变之前是什么样的情况呢？＝借钱很容易，近年因为水、旱灾，借贷也变困难了，现在因为谷价升高收入变多，容易借了。

可以认为是因为摊款增加而导致借钱的增加吗？＝摊款并不是借钱的原因，但因为摊款，事变后的生活比较困难。

如果要一户一户的调查，借钱情况农民们会说吗？＝有说的，也有不说的，考虑到面子不说的会比较多吧。

【借贷的期限、利息】借贷的期限是多少？＝5个月，10个月的比较多。

利息是多少？＝1个月3分。

什么时候支付，是每个月吗，还是到期的时候？＝到期的时候本利一起还。

不还本金的时候怎么办？＝仅支付利息然后让贷主等着。

那之后何时还呢？＝什么时候都行，5个月后行，10个月后也行。

【担保】担保是怎么样的呢？＝小额的话只要有保证人就行了，大额的话要用土地担保。

房子呢？＝用土地和房子来担保可以，但没有只用房子来担保的。

用房子来担保不好吗？＝没什么不好的，只是没有地只有房的话，谁也不会要。

借用证书是怎样的呢？＝小额的话没有借用证书，稍微多一点的话找保证人的时候就要写借用证书。

（第一表）　　　　　　　冷水沟庄阶层别债务状态（一）借钱（通融）

	总户数	有借钱的户数	借钱的额度	贷主	利息	期限	保证
富农	10	没有					
中农	70—80	10—20	10—100	同族、亲戚、朋友、近邻	没有	一个月以内	没有保证书
贫农	270—280	270—280	10—30	同上	没有	同上	同上
备注		富农有时也接受通融，其他的阶层经常借钱，还不了的时候就去做苦力	贫农借不了50元	朋友、近邻的较少	以上均指借钱，通融时的利息，没有保证，期限不一定，本庄一般都是如此。有利息的倒不如说是例外情况，有"取钱不过年，借钱不过月"的俗语。			

（第二表）　　　　　　冷水沟庄阶层别债务状态（二）取钱

	总户数	有借钱的户数	借钱的额度	利息	期限	贷主	介绍人	用途	借用证
富农	10								
中农	70—80	2—3	30—100	两分	5—10 月	本庄同族朋友之外的人	有	购入土地家畜	有
贫农	270—280	100	20—30	两分	5—10 月	同上	有	购入土地食料	有
备注		中农都是尽量自给自足的		本庄内没有从朋友家借的，从他人那借时通常会附加利息，从近邻那借的比较多			介绍人就是保证人		叫作指地使钱、指地借钱或指地取钱，无法还钱时交付土地，写证书

【村内债务情况】请把村民分类，有点富余的是富农，收支相当的是中农，不够吃的是贫农，这样分的话，借贷状况是如何呢，各类农民的户数，及其中有借款的户数，借款金额、贷主，利息，期限，保证书的有无列出来（参考上述附属第一表第二表）。

【借钱的贷主】村民要借钱的话，向谁借的比较多呢？＝同族（或者说是朋友、亲戚之间不借的，因为面子上过不去）。

有先向谁借，谁能借就去谁那这种顺序吗？＝没有。

卖地或其他的财产是最后的手段吗？＝是的。

有向别人借钱之前先拜托亲戚的事吗？＝没有。

有向别人借钱之前先跟熟人朋友借的吗？＝没有。

【贷主和利息】从亲戚朋友那儿借钱，条件会比从别人那里借要松一些吗？＝不管是从亲戚朋友还是熟人村民那里借利息都是一样的。

利息一般是多少分？＝2 分、2 分半或 3 分，借的金额越多利息就越便宜，有担保人的话利息也便宜。

【借款和家庭成员的关系】大家族的话，家里借款和家族的借款是要区别开的吗？＝是的，父债子还，子债父不还。但是父债如果不是为了家里的话，子也不用还；子债是为了家里的话，父也要还。

兄弟的债务呢？＝分家了的话就各是各的，分家前的话有连带责任，弟弟要是偷偷借了钱，就说和（调停）之后，由兄长来还。

大家族内部不借贷吗？＝有这样的事，还附带利息的。

【当铺、典当】村里没有当铺吗？＝没有。

要是没有的话会去有的地方吗？＝县城里也没有，济南有的，但现在没人去那儿。

村里有没有不是当铺但收典当并物借给人钱的地方？ ＝没有。

冬天地主把农具收为典当物再借给人钱的事有吗？ ＝没有，当铺不收农具。

【佃户向地主借钱】佃农（租地户、佃户）从地主那里借钱的事多吗？ ＝很少。

为什么？ ＝因为没有大地主。

青黄不接的时候没有借粮食或伙食费的吗？ ＝很少，历城县有大地主，借出粮食、农具的也多。

【因借钱而落魄】因为借钱而由佃农沦为雇农的例子有吗？ ＝没有，当地（又叫典地，典当不动产）的有。

自耕农因为借钱而沦为佃农的有吗？ ＝有，但是自耕农卖掉土地然后在其地上租佃的没有。

有从每年粮食交易的谷商那里借钱的吗？ ＝没有和哪个一定的谷商交易的。

有以田里的作物为担保借钱的吗？ ＝没有。

【赊账等】赊账购买春食料或种子，再用秋作物或钱来还的事有吗？ ＝不多，不赊账购买，金钱借贷的比较多。

从杂货铺那儿赊账买日用品再用秋作物或钱还的有吗？ ＝有是有，但很少，村里的杂货铺小，就算借了立刻要还，而且杂货大部分是在市集买的。

因无法还债，被商人收回土地的事有吗？ ＝有，但不多。

【雇农的借款、工资】雇农从雇主那借钱吗？ ＝雇农可以预借工资。

雇农的工资是多少？ ＝一年5、60元，包括一般的吃饭、旱烟（烟草）、洋火。

工资的支付期是什么时候？ ＝不一定，后付的多，前付的也有，大概占到三分之一。

【银行等】有从银行借钱的吗？ ＝没有，以前有民生银行（农村金融机关），年利8分，虽然便宜，但因为面子问题不好借。

其条件是怎样的？ ＝连环保（连带保证），不以土地为保证。

银号呢？ ＝以前有，但现在没有，银号是以土地为担保的。

事变前也有合作社吗？ ＝没有。

【新民会贷款】新民会的春耕贷款，盘井贷款是怎样的呢？ ＝没有借钱挖井的，但是有借春耕贷款的，以60元为限，6人的连环保，月利息1分2厘。

一家好几个人都能借到吗？ ＝2、3人都能借的话，新民会也会没钱的。

一般都是什么样的人借呢？ ＝5、6户贫民。

保证人都是什么人呢？ ＝乡长、庄长以外有财产的人。

还钱的状况呢？ ＝全都还了。

（新民会历城县总会　桦山、佐藤两人的谈话）

春耕、盘井两种贷款是在合作社处理的。在本县本年度春耕贷款贷出了45000元，但申请的更多。贷出金额1人60元，来年一二月回收。没有一直都还不了贷款的人。利息是一天2钱5厘，一年9分。保证人是6人、10人的连带责任，1个人借60元，6个人相互保证的能借360元。由村长保证。盘井贷款根据井的大小分为50元、100元、150元3

种。期限是三月末。利息与春耕贷款一样不需要担保物。

以上。

【关于钱会】有无尽（钱会）吗？是怎样实施的呢？＝有，村里面需要钱的时候往往用会的方法，会主即讲元，规定详细的人数、金额、会期、擎会、利息额等会规，送给承诺加入的会友，依此规定执行，根据人数有六会、八会、十二会，十六人是最多的，一年举办 4 回。因为没有钱，所以并不是每月举行，每回传签，一年完成，故而多称为四会，一年 3 回的话就叫三会，定价为 5 元的时候，各会友依此额交付给会首成立钱会，如果会友是 10 个人的话会首就收 45 元，自己的那份加进去就是 50 元，以后会首每回出 5 元偿还，不用付利息。冷水沟里有男女两种方法，男会以"传签"为主（也有投票），每到会期各个会友集中于会首家围坐于桌子旁（席位随便），用 3 双筷子作为签依此传递，甲出 3 毛利息，乙出 3 毛 5 利息，像这样增加额度以 3 回为限，如果这样决定后还有需要钱的会友的话，根据会首定的擎会（出 3 毛、4 毛、5 毛的利息添加最高规定额）的利息再增加 1 回后决定。如果没有急需用钱的人的话，支出利息 3 回的人就得到"得会"（当签）的资格。这样就到了最终集会。女会以封利为主，每到会期各女会友在纸上写好想要出的利息额，由会首在会众面前发表，利息支付最多的人就得到"得会"（当签）的资格。俗语把封利叫作封封儿，此外还有掷骰子的方法，但冷水沟并不用此法，会友因事缺席的话由会首代理，还没有使用钱会的钱的会友叫作"短牌"（活会），已经使用的叫作"长牌"（死会），短牌有拿利息的权利，但是"长牌"每回只要出会款或会钱，不拿利息。会首完全负责，会友中有不支付会钱或支付不足额的话必须把他换掉。欠会费 3 元、5 元、10 元的比较多，利息最高额一般是每个人 5 角、1 元、2 元乃至 2 元 5 角，会员多是近邻，也有本家、朋友等，都是会首的熟人，他村的人很少，没有脱会的规定，也没有这样做的会友，钱会的目的是筹集会首的在婚丧嫁娶的用钱以及会友的储蓄。成为会友需要两个保证人，钱会的沿革我不知道，现在本庄有 10 个会首，钱会和钱会之间没有什么关系，既不会相互融通，也不会单方面的借钱，在钱会向单个人借钱的事没有，会友分借的事也没有，钱会的集合不是为了吃饭的，会钱少的时候一起吃饭的也少，也不会依据会友的出勤缺席负担吃饭费用，这一直都是由会首负责的。

以上各种金融方法之外农民还有什么金融方法？＝没有了。

有向政府关系，慈善团体借钱的吗？＝没有。

【特殊的金融方法】以上各种金融都是通常的借贷，根据条件有没有特别名称的借贷呢，比如说"印子钱""阎王债""批粮""青苗钱等"？＝有ぽん钱[1]，即借 1 元 10 天内每天还 6 角钱，分 3 回偿还，有中人（过付人）没担保人，还有借 10 元当时就拿到 7 元，还的时候再拿到 10 元，期限是 1 个月，这就叫作"倒座利息"，有过付人没担保。

稻子还未成熟时，不管收获量如何都借钱或者以成熟后的收获量为担保的事有吗？＝两种都没有。

---

〔1〕　译者注：原文如此记录发音，未注明汉字。

有没有粮食的借贷，有什么特别的名称吗？＝有很多，5月份粮食少的时候借，等到收获时返还借的部分，若没有可返还的粮食时按时价返还，两者都不附加利息，也没有特别的名称。

都是哪些人之间经常粮食借贷呢？＝贫民向近邻，同族中的中农借贷的比较多。

没有风险吗？＝因为贫民会种作物再拿到集市卖，所以没有什么风险。

有佃农向地主借钱的吗？＝有，但不多。

【农具、家畜的借贷】农具、家畜的借贷是怎样的呢？＝这种事非常多，近邻、同族、朋友之间对方不用的时候也有免费用的。

农具有损坏时怎么办？＝修理后再还回去。

家畜的饲料怎么办呢？＝由借的人负担。

借用中的家畜死了怎么办？＝赔偿。

借的都是贫民吧，他们怎么还呢？＝即使是贫民，多少还是有点土地的，把地卖掉再还。

家畜衰老或生病而死也是同样的吗？＝那样既不会贷也不会借的，借了的话，借的人就要负全责。

【通融】没有保证人，没有担保物，也没有中介人而直接借贷的事有吗？＝有，那叫"通融"。

那都是在什么情况下"通融"呢？＝借款少的时候。

在哪些人之间"通融"呢？＝近邻、同族、朋友间。

这种事多吗？＝经常有，大体上都是找好中介人，不还的时候中介人来劝说让他还，但是因为小额度借款，所以没有不还的。

【担保物和保证人】没有担保物的话，就必须要有保证人吗？＝一般是这样，这叫作"取钱"，借的人就算没有土地，保证人也必须要有土地。

【担保和利率】完全无担保比有担保，利率高或期限短等这些条件上有什么不同吗？＝完全无担保叫作通融，没有利息需要在极短时间返还，其他的就需要担保人或担保物，还要出利息。

【无担保和偿还】无担保的情况下，因就算负债也无法还钱而卖土地的事有吗？＝无担保的仅是小额贷款，所以没有无法还钱的事。

【高利贷】没有借高利贷的吗？＝想借钱又不想让家长知道的时候，可以无保证地借高利贷，土地由家长管理，不承担家里其他人的借款的责任。

有没有家长借高利贷的？＝家长可以卖地，所以没有借高利贷的。

【保证人的责任】保证人关于利息是绝对不承担责任的吗？＝一般是不还利息的，但也有还一半利息的。

怎么找贷主呢？＝保证人代替借主找。

假借他人名义借款时，保证人以为是真人而为他保证，但贷主并没有收到其人的还款时，可以向保证人要求还款吗？＝可以，贷主是信任保证人借钱给别人的。

保证人如果知道上述实情呢？＝那就更应该还款了。

这种事情是怎么解决呢？＝引起纷争演变成裁判事件。

【保证人的索赔权】保证人代替借主还钱的时候，可以向借主要求怎样的索赔，仅只是垫付的款项吗？＝是的。

垫付借款后，不会要求索赔相同利率的利息或其他经费吗？＝不会。

【两人以上的保证人】什么时候要有两个人以上的保证人？＝保证人威信不够或者借款多的时候，但是这是很少有的事。

这种情况下借主不还款的话，贷主可以向两个保证人要求索赔吗？＝可以，向数个保证人要求索赔，没有效果时就一个一个要求，要是有一个人出全额的款项的话事情就能了结了。

【家长以外的人借钱】家长以外的人可以借钱吗？＝不通过家长就不能借。

家庭成员不是可以"通融"吗？＝不可以。

【白帽子钱】有白帽子钱吗（父亲生前借钱在其死后再还钱）？＝我知道有，但在本庄不实行。

【保钱人的责任】借主无法还钱时，代替其还钱的人叫作什么？＝保钱人。

保钱人的责任是什么？＝担负偿还本金的职责但不负偿还利息的责任。

只有保钱人没有财产担保时贷主会借钱吗？＝有，但那是极少数。

【没有财产的人的借钱】没有财产的人能借钱吗？＝很困难，因为有信用的问题。

【当保证人的人】保证人都要是什么样的人？＝没财产和信用就不能成为保证人。

拜托谁来当保证人呢？＝多是和自己感情好的友人，也有亲戚朋友，但找亲戚得考虑到面子。

对谁来说都能当保证人的人有吗？＝没有。

【有无物品担保和保证】就算是同一个担保人，根据财产担保的有无责任也是有不同的吧？＝没有，借主不还钱的时候就找担保人还，之后担保人和借主再解决。

【保证人与要求索赔的顺序】保证人没钱但有地的时候，借主的地和保证人的地是先卖哪个呢？＝先卖借主的地。

这个时候可以要求一人一半或一人几成的索赔吗？＝贷主不用管保证人承担索赔额的多少的。

那一般保证人自己是怎么想的呢？＝应该要负全额支付的责任。

这种事没有定个契约吗？＝没有。

【保证人间的关系】两个保证人中的一个支付了全额还款，但借主仍不还钱，此时可以向另一个保证人要求索赔吗？＝两个保证人之间商量解决。

【共同借钱】有两个人向同一个贷主借钱的吗？＝商人的话可能有，农民都是个别的借的。

【保证人和偿还要求】贷主先向借主要求还债，没钱还的时候再向保证人要求吗？＝先要向保证人要求，贷款也是先给保证人的，因为有的贷主不认识借主。

【土地担保的金融】担保土地时，有怎样的金融？＝指地借钱和典。

没有押或者抵押吗？＝没有。

交付地契吗？＝什么都不交付，济南有以地契为担保的，农村里没有，农村里保钱人的保证责任很大，所以不以地契为担保，而且有没有土地，村里都知道，所以不交地契也行。

【指地借钱和土地的交付】指地借钱的时候，借主如果不还钱可以把土地交付给贷主吗？＝有等他还钱的，也有交付土地的。

交付土地时也交地契吗？＝不交。

【贷主土地的权利】贷主可以处理土地吗？＝不可以，既不能耕作也不能卖，直到还钱为止都要保持着这种状态。

贷主无法耕作的时候怎么办呢？＝可以出租（租佃），但不能出典。

【指地借钱的适用场合】什么情况下指地借钱呢？＝借款比较多，想要买地但售金不足的时候。

【典和指地使钱】典和指地使钱哪个普遍一点？＝十里有八九成是指地使钱，典不过只有一两成，那是因为指地使钱的话，借主还能耕种。

贷主比较喜欢哪一种？＝典比较可靠，但是要是耕种的话，既要雇人还要买牲畜和农具，所以都倾向于指地使钱，但是耕地少钱多的都喜欢典吧，这是根据人有所不同的。

【指地使钱证书】指地使钱要写证书吗？＝要写。

没有仅口头承诺的吗？＝没有。

证书叫作什么？＝借字儿或取钱票。

其方法，记载事项都是怎样的？＝

（借字例）

　　　立借字人〇〇〇今借到△△名下票洋〇〇元言明每月〇分利息行息以〇月为度若到期本利不归将自己某地若干任放钱人耕种

　　　保钱人 □□□

　　　立借字人 〇〇〇立

　　　年　　月　　日

（指地借钱）

　　　立借字人李永芳因手乏今取到李凤芝名下大洋三十元言明分行息十个月为度倘至期本利不到情愿将南湖水地大分三分凭出钱人耕种[1]空口无凭立借字为证

　　　保钱人　李凤会 印

　　　　　　（签字）

　　　民国十九年前六月二十八日亲笔　立

---

〔1〕　译者注：此处为契约合同文本，为忠于原文，故维持原文文字结构。

【证书署名者】保钱人之外有监督人或其他的署名人吗？＝指地使钱里面没有。

【假的典、卖】不写借字儿写典契的事有吗？贷主有这样要求过吗？＝没有，指地使钱是 5 个月或 10 个月，典地是 3 年，期限上也有很大的不同，所以这种事是不可能的。

不写借字儿写卖契的事有吗？＝没有。

【房子、土地之外的东西】土地之外还可以以什么为担保？＝房子，有指房使钱，但是不含家具。

有不能做担保的土地吗？＝没有。

坟地呢？＝抵押地中有坟的话，就不算在内。

未交纳地租的耕地怎么处理？＝除外，交付的时候测量，多了就不算在内。

【再担保——重押】同一片土地可以再次指地使钱吗？＝不可以，但如果第一次借得比较少的话是可以的。

实际有这种事吗？＝有，瞒着别人偷偷干，但村子里不这么做。

为了防止这种事情不考虑交付老契吗？＝没这个必要。

【指地使钱的期限】指地使钱的期限是根据土地不同有所不同的吗？＝一样的。

有不定期限的吗？＝没有。

【指地、典和地价】指地使钱的时候是租地价的多少成？＝8 成。

典的话呢？＝基本上是接近地价的数额。

【贷主的土地使用和利息】指地使钱中土地收益归贷主的事有吗？＝偿还期限之前没有这种事，到了偿还期限还不还钱时就有这种事。

上述情况下还要支付利息吗？＝不支付。

上述的例子多吗？＝不多，一般多是一直等到能支付的那天为止。

【土地交付和耕作】交付了土地，但实际上是借主在耕作的事有吗？＝有，此时借主就如同佃农一样。

地券怎么处理？＝不交给贷主。

证书里面记载着土地交付吗？还是根据习惯当然是这么做的呢？＝没有这种习惯，证书里面有当无法偿还本金利息时，将土地交给债主任其耕种的记载。

【无法偿还时的处置】无法偿还本金利息的时候多是怎么处理的？＝一期（5 个月），两期（10 个月）这样延期的比较多，这样可以收获粮食后偿还，再长时间的延期就没有了。

如果延期了还是无法偿还的时候怎么办呢？＝交付土地的多，卖地还钱的比较少。

卖地的时候谁是卖主？借主吗，还是贷主？＝借主，也就是土地所有者自身。

这样的例子多吗？＝基本上没有。

【卖出担保土地和充当】如果卖担保土地时，卖价中除了本金利息之外还要支付什么其他费用吗？＝仅用支付买卖相关费用。

【偿还不够的情况】如果卖价不够的话怎么办？＝卖掉担保土地之外的地，如果没有这样的地那就采取别的办法延期。

【分期付款】可以分割偿还本金吗？＝不行，即使每次拿到一点点的还款也没什么用。

【因支付利息延期】只要能支付利息，不管期限如何，借贷关系都能持续吗？　＝延期一两回是可以的，但是一直延期的话就不行。

【指地使钱结束】什么情况下指地使钱的关系结束呢？　＝还钱，此外还有卖地（借字儿改为卖契），交付了担保土地但借入额仍有不足，又没有其他可充当还款的物品时，破产（不是法院的破产手续，当偿还土地给贷主仍有不够的时候，由贷主处理土地，借主宣布破产，在农村并不向法院提起）等。

【再担保的重押】同一片土地可以两三回指地使钱吗？　＝可以，这要看隐瞒的方法。

无法偿还的时候怎么办呢？　＝根据偿还的顺序，2 个人或 3 个人之间均分处理土地。

【转担保】贷主可以将担保的土地作为自己的担保来借钱吗？　＝不可以。

【登记】指地借钱要登记吗？　＝不登记。

【公示方法】第三者是怎么知道指地借钱的，不是有隐瞒的风险吗？　＝贷主在借出款项之前先调查，大体上村里的借贷都是知道的，第二回、第三回的借贷没有发生过。

【土地的先买权】指地使钱的贷主有担保土地的先买权吗？　＝没有，土地买卖有顺序的，（一）五服（亲兄弟——按年龄顺序、亲叔伯、堂叔伯）；（二）族家（不分远近）；（三）地邻（土地的四邻）；（四）本庄（同村）；（五）外庄。

要是违反此顺序买卖土地的话怎么办呢？　＝他人会反对，责任在中人。

出高价买的人顺序排在后面怎么办呢？　＝不允许这样。

【贷主的权利】指地使钱的贷主什么权利都没有吗？　＝借出的钱多的时候，比如地价是 700 元，贷主借了 600 元，这时他是有先买权的。

契约上有记载吗？　＝没有。

【典】从他人那里借到了钱，与此相对把自己的土地交给他人作为使用收益，如果还钱，他人就要返还土地，这种关系叫做什么？　＝典地。

其内容呢？　＝期限为 3 年，不附加利息。

【回赎和转典】无法还钱的时候怎么办？　＝可以延期，借主如果同意卖地的话，就可以一直延续，期限后贷主也可以转典。

本县有祖父出典到了孙子辈转典的事吗？　＝有。

【典的期限】法律上的期限是 30 年，但有依照法律处理的吗？　＝没有。

期限前如果有钱的话，可以回赎吗？　＝不可以。

【转典的条件】期限之内不能转典吗？　＝期限之内没有地主的同意，也可以转典。

期限之后呢？　＝到期无法还债的话，以 3 年为期可以转典。

【典当的情况】在什么情况下进行典地呢？　＝多是在借款较多即婚丧的时候。

贷款的时候多是用典吗？　＝金额少的，简单的、直接借贷是最多的，其次是指地借钱，然后就是典地。只有向保证人借钱，因为是没有担保土地信用又最低，所以很少做。

（典契）

立典契人李长庚因手不便今将自己家东南沟子挨东西地一段大亩一亩三分整凭中

说妥情愿典于任福祯名下言明典价国币一百元整其币当日交支其地耕种五年为度上代青苗不准回赎要回赎罚国币十五元恐后无凭立典契为证[1]

每年钱粮一元三角

介绍人　李兴山

代笔人　任延富

中华民国二十五年杏月十五日

（注：东西地就是东西走向的地）

【典地的手续】典地的手续是怎样的呢，必须要丈量土地吗？＝不用丈量土地。

必须要写证书吗，那叫作什么？＝叫作典契。

只交付老契来缔结典地契约的事有吗？＝没有。

典契中还附有老契吗？＝没有。

【典地的税契】典地必须要写税契吗？＝不，因为要交契税。

完全不写税契吗？＝土地关系麻烦，负债多。或者害怕再典的时候会写税契。

典地与里书有关吗？＝无关。

【卖契的典地】定卖契但实际上出典的事有吗？＝没有。

由定卖契回赎的例子吗？＝没有。

有活卖这个词吗？＝没有。

有死卖、绝卖吗？＝没有。

【租契的典地】定租契实际上出典的事有吗？＝没有。

【典地的目的物】有不能出典的土地吗？＝坟地、养老地不能出典，但本人死后，养老地可以出典。

土地之外的东西可以出典吗，比如建筑物、树木、农具、家畜？＝建筑物和土地一起出典，其他的东西就算出典也不会写典契，牛马不出典。

【典地的期限】典地的期限一般是多少年？＝3年。

长期的典地大概是多少年？＝没有长期的，但实际上因为延期也有变成长期的。

公署有关于期限的限制吗？＝没有。

土地一般多少多少年，建筑物一般多少多少年，这样的习惯有吗？＝没有。

土地是3年，那房屋是多少年呢？＝5年。

【典地的期限的意义】为什么要定典地的期限呢，是意味着期限内不能要求回赎或拨价吗？＝没什么理由就是个习惯而已。

【回赎程序】回赎是什么样的程序，可以回赎一部分地吗？＝返还借款就可以了，也有回赎一部分地的，大家都是麻烦中介人做的。

地里有作物的时候怎么办呢？＝不能回赎，要等到收获后，但实际上（地里有作物的话）是不会定契约的。

---

〔1〕　译者注：此处为契约合同文本，故此保持原文文字结构。

　　不管期限，过了好几年，只要是还了典价的都能回赎吗？＝地里没作物，返还了本金的话可以回赎。

　　【回赎和期限前后】期限前和期限后回赎有差异吗？＝没有。

　　期限前的回赎对于典主（贷主）来说不是损失吗？＝土地没法耕种，但是拿到的钱可以做其他事情。

　　【典主的回赎请求】典主要求地主（出典者）回赎的事有吗？＝期限前、期限后的都有。

　　都是什么情况下呢？＝要用钱的情况下。

　　就算要求了也不回赎的时候怎么办？＝这种情况下，不管是期限的前后都可以转典。

　　【转典和地主承诺】需要地主的承诺吗？＝期限前的话就不需要，期限后的话必须要确认原地主是否回赎并得到转典的许可，如果原地主说不久要回赎那就不能转典。

　　【无期限典地】有无期限的典地吗？＝没有。

　　【典价和地价】典价和地价有什么关系？＝基本上都是一样的，典价稍微便宜一点，现在一官亩的卖价是100元甚至200元。

　　典价的变化除了地价的涨落之外，还有什么其他的原因吗？＝没有其他的原因。

　　【追加典价的要求——爬崖】地价上涨的时候，出典者必然会要求回赎或是追加典价吗？＝不一定，依照原来的典价的比较多。

　　要求追加典价叫作什么？＝爬崖（文字不明，俗语是这样）。

　　什么情况下爬崖呢？＝地价上涨的时候出典者会要求爬崖，出典者要找其他的出高价的人的时候，或者是第三者比典主还想要得到土地而想要出高价的时候。

　　典主不采取什么办法吗？＝有补上上涨的价格签订卖契这个方法。

　　爬崖能涨到什么程度呢？＝不一定，但没有超过地价的。

　　【典价和利息】典价有利息吗？＝没有。

　　为什么没有？＝因为有土地的收益。

　　爬崖有利息吗？＝没有。

　　【出典地的使用收益】出典地的使用收益多是归典主自己的吗？＝是的。

　　耕作的是出典者但仅收益归典主的事有吗？＝没有。

　　【坐典作租】出典者重新租佃出典地的事有吗？＝有，叫作坐租或坐典作租。

　　与普通的租佃有什么不同吗？＝没有。

　　契约是什么样的呢？＝也有定契约的，但一般是在典契中附记上这件事。

　　【典主土地使用限制】典主对于土地有什么使用限制吗？＝比如不能把水田变成旱田。

　　可以种别的作物吗？＝可以。

　　把耕地变成牧地呢？＝不行。

　　耕地变成非耕地的时候怎么办？＝这就是自己的损失了。

　　【典屋的修理】典的建筑物破损的话怎么办？＝需要修理。

　　如果是自然破坏的呢？＝居住者修理。

　　【典地的租税费用负担】出典地的租税费用是由谁负担？＝典主预先给出典者钱粮，

不是全额，只是一部分，是一成左右。

附税摊款呢？＝原地主（出典人）负担。

根据税契的有无负担的也是不同的吗？＝一样的钱。

契税是谁负担？＝典主吧，但是一般不定税契。

串票通知单（纳税通知书）是由谁送呢？＝原主。

典主应该负担租税时，如果有滞纳的话会在回赎时扣除滞纳的金额吗？＝是的。

【转典时的回赎】转典时可以直接向转典主申请回赎吗？＝两方之间没有任何关系，一切只在原典的当事者之间商谈。

【转典价】转典的典价是多少？＝没有超过原典价的，不然转典主不会同意。

【典权转让】典主可以将自己的贷金请求权和典物的使用收益权转让给其他人吗？＝这样的事没有。

【典主先买权】典主在典地买卖时有先买权吗？＝没有。（先买权的顺序之前已列出）

【租佃地的出典】要出典有租佃关系的土地的话需要得到佃农的同意吗？＝不要，只要跟他说出典的事和不定下次的租佃契约的事就行了。

不能立刻取消租佃契约吗？＝一般都是立刻取消的，但是佃农主张自己在期限内的利益，故而无法立刻取消。

就算收获后出典但仍然有损失怎么办？＝要求赔偿。

损失与肥料有关系吗？＝肥料如果是一年一回的话就没有关系。

【佃户承典权】佃农有优先承典的权利吗？＝承典顺序是：先是同族人，然后佃农，再者就是地邻。

佃农可以向典主提出要求吗？＝有损害的话可以向出典者提要求，但和典主不产生任何关系。

继续租佃的话，要和典主定新的契约吗？＝是的。

考虑到方便性与道义让原来的佃农继续在原土地上耕种的事多吗？＝典主自己耕种的比较多。

【典权消失】什么情况下典权结束？＝回赎，还有就是到期，以及典物原本就是典主的东西时，典权结束。

【卖出典地和回赎】出典者卖掉典地时怎样呢？＝要用卖价来回赎。

仍在期限中时以出典中为由拒绝买主不行吗？＝必须要回赎，然后要求交出土地。

这种情况下不需要典主的同意或监督吗？＝不需要。

没有税契卖掉典地时，买主和典主是怎样的关系呢？＝买主没有必要得到典主的同意，他们之间没有任何关系，典主也没有阻止出典者卖地的权利，仅仅可以要求回赎。

【动产担保——押】以动产为担保借钱叫做什么？＝押。

借钱的证文算到担保里面吗？＝不算。

【以人为质】借钱直到返还为止，有将家庭成员特别是妻女抵押为奴婢或妾的吗？＝没有。

那有让他们出来干农活的吗，是要干一定时间的吗？＝有事的时候就叫他们干活。

对于这种情况有什么特别的称呼吗？　＝没有。

【农具担保】以农具为抵押了，借主仍然可以使用吗？　＝不能，贷主使用。

如果有损坏怎么办？　＝赔偿。

利息的期限呢？　＝不定期限。

无法还钱时怎么办呢？　＝就把农具拿走。

11 月 25 日

应答者　李良甫、任富申（各甲长）

　　　　张增俊（保长）

【无期限的借贷——通融】有不定还钱日期的借贷吗？　＝有，叫作通融。

不定期限是意味着长期还是短期呢？　＝有了钱就立刻还的意思，亲戚朋友之间经常通融。

有贷主可以随时要求还钱的意思吗？　＝有必要的话也可以催促还钱的。

写证书吗？　＝多是不写证书，就算写也不会写期限的。

无期限的与有期限的借贷在利息、担保以及其他的方面有什么不同吗？　＝无利息也无担保，就算假定有利息，在人情、信用短期等方面也无足轻重。

金额是多少？　＝10 元到 100 元以内。

【长期借贷】有期限的借贷最长时间是多少？　＝典有 3 年也有 5 年的，其他的都是 10 个月的，也有 1 年的。

【典期长的原因】典为什么期限长呢？　＝和租佃一样，要播种农作物，还要施肥料。

【期限长短的不同】长期的借贷与短期或无期限的借贷在利息、担保条件上有什么不同？　＝有期限的话一般都是 5 个月、10 个月，条件都是一样的，到期无法还钱的话只用付利息，重新写证书。

必须要重写吗？　＝不重写也行。

【期限的意义】定期限有什么意义呢？　＝到期时必须还钱，但只要支付利息的话，可以延期。

贷主是怎么想的呢？　＝当然是希望可以到期还钱。

【日贷、月贷】有日贷吗？　＝济南的银号有，本庄没有。

月贷时超过还钱日期好几天怎么处理呢？　＝超过 5 天、10 天的话不收，但是过了半个月都不还的就按日收（或者说只要超过一两天就按日收）。

【支付利息和转入本金】到期无法还钱时利息会计入本金内吗？　＝也有这样做的，但是很少，如果这样做的话就会变成巨款，必须要做裁判，所以一般都是支付利息。

【强制回收】有到期强制收回借款的吗？　＝有，但是少。

【利息的决定】借款的利息是怎样决定，是根据贷主的想法定的吗？　＝借主借得多时，就根据贷主的想法定。

　　一般情况下是怎么决定的？＝双方和保钱人商量决定。

　　有参考银号的利息来决定的吗？＝没有。

　　【利息的形态】利息除了交钱之外还有交谷、出劳力吗？＝没有交谷的，劳动来还钱的也只能还利息，没有还本金的。

　　【劳动换算方法】劳动是怎么样换算成金钱的？＝那取决于杨家屯市口（关帝庙）的雇佣宝银，要是没有的话一天就按 3 角钱计算。

　　【预扣利息】有预扣利息吗？＝济南有，本庄没有。

　　利息之外有收取类似手续费之类的钱吗？＝没有。

　　【利息计算方法】利息是怎么计算的？＝5 月、10 月的期限到时支付，借主和保钱人都不支付的时候就按照复利计算。

　　【3 年本利停】"3 年本利停"就是滞纳 3 年利息的情况下本金翻倍，剩下的不要，这种习惯有吗？＝没有，没钱的话就不会还，就算本金翻倍也不会还，一般都是保钱人来调停。

　　【一本一利】一本一利即利息不能超过本金的这种限制有吗？＝没有。

　　【利息限制法】有出台关于利息限制的法律吗？＝不知道。

　　【利息的减免等】有关于利息增减免的惯行吗？＝没有增率的，歉收、意外的灾害时会有减免。

　　实例多吗？＝少。

　　【利息提高】收缩银根、银号的利息变高时，村里也会抬高利息吗？＝不抬高。

　　【契约利息与实际支付额】契约上的利息与实际支付额有什么不同吗？＝有比契约上少支付的，没有多支付的，减免利息的时候会送东西给贷主，但其他情况下就没有了。

　　【利率的变迁】过去到现在利率是怎么变化的？＝过去是 1 分 5 厘，现在是 2 分 5 厘到 3 分。（或者说 2 分多一点，没什么太大的变化）

　　那是什么原因呢？＝物价相同，货币贬值了，利率就高了。

　　【借入手续——中介人】借钱的时候通常需要中介人吗？＝不要，想借钱的时候先拜托保证人，保证人会介绍贷主的。

　　平常有做金融中介的人吗？＝因为没什么利益，所以没有这样的人，别说是获利了，有时还会亏损。

　　【保钱人的谢礼】保钱人不收手续费吗？＝请他吃与借款相应的饭菜，其他的礼物是不收的。

　　必须要请客吗？＝一般有一成左右的比例都是要请客的，其他的就没有。

　　【证书的意义】为什么要做证书，仅仅是作为日后的证据吗？＝为了表示定了保钱人。

　　写了证书，如果不交的话就不能借钱吗？＝是的。

　　【制作证书和金钱收受】金钱收受完成之后写证书的情况有吗？＝有急用的时候，保证人会这样做。

　　【证书名称】根据借贷种类不同证书的名称有差别吗？＝典契以外统称借字。

　　【手续进行——保钱人】借主、保钱人一方写证书，然后得到贷主的同意，贷主再给钱的吗？　＝是的。

借主、保钱人一起去的吗？　＝保钱人一个人去的。

【制作证书的监督】证书是当事者全员监督做成的吗？　＝一般规定是这样做的，朋友之间就没必要这样做了，实际上一般都不是全员监督的。

【证书数量、署名按印】证书一般写几张，都是谁拿着？　＝一张，由贷主保管。

证书里署名、按印的都是谁？　＝借主在其姓名和金额上按印，保钱人在其姓名下按印或签字。

没印的时候怎么办？　＝按指印。

不署名的话就没有监督吗？　＝没有。

没有署名按印但是有证书的是什么情况呢？　＝借款金额少的情况下。

【家长和家人】家人的借款必须要家长的署名吗？　＝家人是不能借款的，必须要家长来借。

【佃农的情况】佃农向地主借钱的时候会在租佃证书中写上这件事吗？　＝不会。

【无署名证书】证书中漏掉署名时怎么办？　＝金额少的话就没关系，金额多或者信用低的就必须要求署名者的按印和签字。

【证书和事实不一致】证书中的记载事项与事实不一致，比如金额与实际不同或者担保的土地亩数不同时怎么办呢？　＝不会有这种事情的。

【要求增加担保】担保土地的亩数较少或者保钱人财产比说的要少或基本没有的时候，可以要求增加担保或更换保证人吗？　＝只要是村子里的事就没有不知道的。

保证人因为某些原因失去遗产或失去信用时怎么办呢？　＝我也听说过这样的事，这种时候一般回写份新的借字儿。

上述情况从一开始就知道，或不知道，抑或一直都不说明的话，还可以要求吗？　＝不能。

【收据】收受借款时要写类似收据的证书吗？　＝仅交换借字儿，一般不写收据，但如果有急事，先收钱再写证书这样的情况下有写领收证的。

【担保交付】何时进行担保的交付？　＝典地的时候，土地在之后交付。

这个时候测量吗？　＝不测量。

【利息的先缴、后缴、分期交纳】利息的支付分为先缴、后缴、分期交纳吗？　＝特殊的情况下先缴，没有分期交纳，普遍都是后缴。

怎么支付的呢？　＝借主交给保钱人支付。

【利息的滞纳和催收】滞纳的时候怎么办？　＝借主或者保人来支付，如果不能支付的话就只能等。

没有催收利息的人吗？　＝没有。

无法支付的时候，会派出无赖之徒上门要债吗？　＝不会。

利息不一次付清的话，立刻要求偿还本金，处理担保的事例有吗？　＝没有，借主和保钱人都无法还债的时候，就由村子里来调停，延长期限取消之前的利息，然后就一直等着还钱。

【本息分期付款】有分期交纳本金或者是本利的方法吗？＝没有。

春秋两回收获之后再还不是更方便吗？＝那这样的话分两次借款并写借用证不就行了嘛。

【代物偿还】没有用钱还也行用作物还也行的契约？＝没有这样的契约，但实际上是有这种情况的。

那价格是如何决定的呢？＝根据市集里的市价决定。

谁来计量的呢？＝3 个当事人来监督，保钱人计量。

【物价的变动和还款】事变之前的借款是以现在的钱来算吗，还是不管物价或货币价值的涨落只要支付借的时候的金额就行了呢？＝是的。

【劳动还款】有借钱或粮食以劳动偿还的吗？＝有利息的话就没有用劳动还的，无利息借的钱又少的情况下有。

借钱的一方、还钱的一方有什么特殊的称呼吗？＝没有。

佃农里有因为贫穷每年都借钱再用劳动还钱的有吗？＝没有。

【债权让渡】贷主将证书和权利共同让渡给第三者以后借贷关系还存在于第三者和借主之间吗？＝没有。

【债权担保】有贷主将证书算入担保之内的吗？＝本身并不相信借用证所以没有你说的那样的事，但在济南有把当票算入担保里的。

【借主去还款还是贷主去征收】还借款或是征收借款时是由借主带过来呢，还是贷主去征收呢？＝取决于保钱人。

【期限内无法偿还的处置】支付期限内无法还钱的情况下怎么做，一般的保钱人是怎么解决的？＝指地借钱时保钱人哪怕从其他地方借钱也得还，延期的人很少，典地的时候保钱人没有办法，就延期等到有钱了再回赎，典主也期望延期。

【期限后的利息】期限后直到回收为止，因为利息而产生大金额的事有吗？＝没有。

重新写证书增加本金或者利息的事有吗？＝有。

【偿还请求诉讼】有向法院起诉的吗？＝保证人也不同意支付的时候就起诉的，一般都是在村子里解决的。

【担保物的处置——保钱人】不还钱的时候，如果有担保物的话，如何处理呢？＝典地的时候就继续使用土地或者转典，指地使钱的时候如果利息也不能支付的话就依照证书处理，但大体上都是由保钱人调停解决。

【无担保情况的处置】无担保的时候怎么办？＝既没有担保也没有保证人的时候会变成当事人之间直接的纷争，仲裁人出面，没有钱的话就带上东西去调停。

【无法处置的财产】财产中有无法处理的吗？＝祭祀用具以外都没有限制。

锅具也没关系吗？＝没关系。

有这种事吗？＝没有。

有来强制收取农具和家畜吗？＝无担保的小额借款时农具、家畜一定程度上没有不返还的。

【查抄】有查抄粮食的例子吗？＝没有。

【破产】 当有两人以上的贷主，借主的财产不够偿还时怎么办？ ＝即为破产，信用贷时就贷主之间均分，指地借钱时就从第一权利者开始依次接受还款。

这种事情实际上有吗？ ＝有。

【连夜跑路】 经常听说无法支付还款时就从村里逃跑的事吗？ ＝有很多，有农民，也有商人，多是土地少、家里人多的人，或是到处游玩赌博，卖尽家产的人。

只有家长逃走，留下家里人的时候可以催他们还钱吗？ ＝家人可以在家长回来的时候督促他还钱。

这种情况下有贷主强抢妻女抵债的吗？ ＝人情上是不会这样做的，而且这样的人会被认为是人品卑劣。

【催收纠纷和解决】 有关于催收而引起纷争的例子吗，多吗？ ＝有，但是少。

怎样解决的呢？ ＝由保证人或是村里的仲裁解决。

有因为催征而出现打人、伤人、破坏家具等犯罪行为吗？ ＝没有。

【时效】 过了几年都不催征贷款时，有没有过了多少多少年就不用还钱也行的这种习惯吗？ ＝没有。

【父债子还】 父债怎么处理？ ＝子还，没有儿子就取消。到孙子辈的话根据其人品有还的也有不还的。

【保证债务的继承】 保钱人的儿子继承其父亲的保钱责任吗？ ＝继承，我自己（庄长）也听说过这种事情。

有保钱人跟借主说要是有儿子的话可以长期延期不还钱的吗？ ＝倒是有保钱人委托庄长向借主的儿子劝说还钱的。

【否认父债】 儿子不知道父债的时候有否认父债的吗？ ＝不能否认的，就算没有借字，父亲在死前也会把儿子叫到身边，告诉他要还债的。

【儿子的债务】 子债父不还吗？ ＝即使是儿子借的钱，要是为了家里的话也要还，要是儿子拿来吃喝嫖赌的话，就不还。

【有限的保证债务】 "送殡的不能埋到土里"这句话的意思就是送葬的人不能埋到土里，即保钱人并不是一直到最后都承担责任的。

11 月 26 日

交易关系的概况　贩卖关系　购入关系

应答者　杜凤山（庄长）　刘锡恩（丙保保长）

【交易方法】 村里的交易是根据什么来做的？ ＝赶集、合作社的收买、零售、经纪人、物物交换、零售商等。

【市集】 赶集是在哪里举行的呢？ ＝王舍人庄 2 号、7 号赶集；坝子是 1 号、6 号赶集；大辛庄是 4 号、9 号赶集。沙河也有，但是不是大规模的，所以买卖较少，就不去那赶集。

各地距离本庄的距离是多少？ ＝与王舍人庄相距 6 里，与坝子相距 10 里，与大辛庄相距 8 里。

【市集交易】根据市集的场所不同交易的商品也是不同种类各有特色的吗？ ＝不，都是一样的，坝子里有进行牲畜交易的。

是仅个人的交易呢，还是共同的交易呢？ ＝仅个人的交易。

运送也不是共同的吗？ ＝运送和买卖都是各自做的。

【交易对象】不同情况下交易的程序是怎样的呢？ ＝在市集里就是农民和商人之间买卖，也有农民卖自家制的棉、棉布的。

都是在哪些地方卖呢？ ＝都是在农民所在的村子附近。

【商人】有巡回各个市集的商人吗？ ＝商人大体上都是到处巡回的。

他们被称作什么？ ＝掌柜的。

【经纪人——贩子】经纪人不到市集来吗？ ＝来，但是大体上都是农民和商人之间交易。

他们是介绍什么买卖？ ＝蔬菜，他们叫作菜贩子。

还有其他的经纪人吗？ ＝农村里还有粮贩，他们收购村里的杂粮卖给济南的谷商。

农村的粮食都是由经纪人来处理吗？ ＝也有各个农家把剩余的部分拿到市集里卖的。

【合作社的交易】新民会合作社是怎样进行交易的？ ＝王舍人庄的赶集日里过来，仅买米，然后卖给济南的日本人粮食商。也买洋火、面粉、石油、肥皂等。最近也开始买鸡蛋和蔬菜了。

【村里卖的东西】村子里卖的东西除了米、杂粮之外还有什么？ ＝稻草除自家用的之外也售卖，由本庄的经纪人收购之后搬运到济南去。

【稻草交易】稻草的市场、运送方法是怎样的呢？ ＝1 捆叫作 1 个草，3 斤，值 5 分，经纪人的运送费是 2 分，要 2 个人用一辆大板牛马车两头来搬，一般 1 天能赚 8 元，但是要支出 5 元，所以人均收入还不到 1 元 50 钱。

那是主业，还是副业？ ＝副业，都是些没有土地或土地少的人。

他们被称作什么，有大概多少人？ ＝拉脚，本庄有 12 人。

【物物交换】除此之外还卖什么？ ＝有高粱草和砖头交换的，1600 斤草能换 1000 块砖头。

【藁绳】不用藁做绳子吗？ ＝一个草是 8 分，1000 斤的草就是 8 元。

【蔬菜】蔬菜怎么样呢？ ＝没有卖的，除人参之外都要买。

【家鸭、猪、鸡蛋】家鸭怎么样呢？ ＝有过来买的，但是大体上家鸭都在济南买。

猪、鸡蛋呢？ ＝鸡和鸡鸭蛋市场上都有卖，也有大量收购等到价格上涨时卖到济南的经纪人。

【牛】牛呢？ ＝牛的买卖都是要经过经纪人的，手续费要 1 元。

一头牛大概多少钱？ ＝80 元到 100 元。

【粮食——粮食的交换】村里的粮食够吃吗，吃米、麦子吗？ ＝米是用来卖的；麦子是用来换高粱的。

在哪里交换呢，其比例是怎样的呢？＝在市集交换，一斗的麦子相当于10天的粮食，与2斗的高粱交换的就有30天的粮食。

【饲料、肥料】村民必须要买的东西是什么？＝豆子、豆饼、大粪。

在哪里买？＝豆子、豆饼是在市集买，用来做家畜的饲料，大粪是在济南买。

【衣料】衣料都是自家做的吗？＝在市集买的，自家做的样式不好，但是耐穿，本庄很少织布。

【杂货——买杂货的地方】其他的日用杂货呢？＝大部分都在市集买的。

不在济南买吗？＝这点东西没必要到济南买。

不经常去济南吗？＝也就是每年平均五六回。

在村里的杂货铺里都买些什么？＝洋火、洋油、纸在村里的杂货铺买，在市集买的更多一些，而且也便宜。

【运送】有以运送到村里为业的人吗？＝有自己买稻草和绳子搬运的，但以此为业的人没有。

【卖掉作物的时期】交易是什么时候，是收货后立刻卖吗，还是等到价格上涨的时候卖呢？＝过了正月货物缺乏的时候就等到价格上涨再卖，但是也仅仅是限于有余裕的一部分人才这样，大部分人都是收获后就卖。也就是说麦子是五月后，杂粮是八月后，米是九月到十二月，其他的都是十月到十二月送草，正月到四月送草，六月末到七月赶牛，年底卖鸭。

【商品作物】作物中哪些是有利润的？米呢？＝米的利润多，但是因为水少，无法增加种植。

其他的呢？＝麦子是利润最多的，高粱、小米、豆子等都差不多。

【作物的转换】根据价格知道了哪些作物有利润，哪些没利润时，第二年的种植会增种利润多的作物，减种利润少的作物吗？＝因为有耕种时期的原因，即一年一毛作，两年三毛作等，光是考虑利益是不可能的。

【增加水田】作物变迁，增减的情况多吗？＝作物基本上没变，水田比以前增加了，因为要取其土作猪饲料或和大粪混合做肥料，所以年年都会增加两亩左右的水田。

【决定作物价格】作物买卖的价格是怎么定的？＝买卖时双方协商，但米价是由新民会决定的。

买方想赚农民的钱，趁机压低价格买的事有吗？＝这样的事很少，一般这种时候大多不会卖的。

农民的想法是便宜了就不卖，不能改变价格吗？＝这样的事很少，要是需要钱的话，什么时候都卖。

【卖价和市价】农民的卖价与市价有多大程度上的不同呢？＝基本上一样。

【济南和市集的差距】济南与市集之间有多大程度的差异？＝市集的蔬菜便宜，济南的鱼便宜，杂粮市集里稍微便宜一些，但基本上没什么不同，所以农民都是在市集卖的，米有三分之二是拿到济南卖的；三分之一是卖给合作社。

【必需品的购买地点】农民的日用品、农具、种子、肥料及其他必需品是在哪里购买的？＝日用杂货是在市集和村里的小铺买的，农具是木制的话就在市集买，铁制的话，章丘制的农具会卖到村子里，那个时候买。种子是不买的。肥料的话就去济南买使大粪干燥的东西，然后再加入灰就会凝固，农家把凝固的固体打碎加点土就是肥料。1000 斤是 25 元。也可以用在市集买的豆饼做肥料。

要经中介人才能购买的是什么？＝只有使唤牲口。

【购买的时间】有特定购买时间的东西吗？＝粪要在 3 月买。

【有无赊账】买东西是用现金还是赊账，还是两者都有？＝没有赊账只可以用现金买。

绝对没有赊账吗？＝村里的小铺有赊账的，但都是小金额立刻就会返还。

【物价的相互关系】一般买的东西的物价和作物的卖价有什么关系吗？＝没关系。

你不觉得作物的价格高了，肥料和其他一般物资的价格也会上涨吗？＝不。

因为其他的东西价格变高了作物的价格也就变高了吗？＝是的，因为肥料价格上涨，作物的价格也上涨了。

【同一个店里的买卖】在一个店里卖了作物也要在这个店里购买必需品吗？＝不用，作物，物资的交换都是赶集日自由进行的。

【事变前后的变化】一般事变前后的交易关系有什么变化吗？＝没有，只是新民会开始买米了。

【收获前的作物买卖】农民在作物收获之前就约定好贩卖的事情有吗？＝没有。

土地买卖的时候地里有作物怎么办呢？＝此时就要连地里种的作物一并卖给买主，但一般这种场合作物的价格会很便宜，也有买卖双方均分的。

【卖青田】佃农需要钱的时候有卖青苗的吗？＝没有。

【借钱还粮】有借了钱再以收获的粮食返还的吗？＝没有。

【委托贩卖——行户】农民把收获的粮食委托特定的商人贩卖的事有吗？＝没有这样的事。

这种方法对于农民来说不是很便利吗？＝佣金很少，所以没人这么想，济南也都有，所以不用再拿到济南卖的。

这样的商人叫作什么？＝行户。

【收买和搬运】经纪人或商人挨家挨户地购买的作物是什么？＝没有这样的。

粮贩、草绳的收购都是怎么做的？＝大家带过去。

【家畜交易】我听说坝子的市集有交易牲畜的，其他的市集没有吗？＝其他的市集都只卖杂货杂粮。

【市集的时间】市集几点开市？＝8 点到中午之前，最迟到 1 点结束。

【市集的范围】聚集到市集的人的范围都是怎样的呢？＝日用品、粮食都在附近的集市买，经纪人会低价购入、高价售出。

去哪个市集都行吗？＝买卖双方自由的。

有没有限制乡、区、县呢？＝没有，有去济阳县卖鸡和鸡蛋的，也有去那儿卖豆子来本县买粮食的。

农民是去购入价便宜的地方买，去售出价高的地方卖吗，还是一直就在附近交易呢？＝历城县内的价格大体都是相同的，所以都去附近的地方，同村内也有村北的到村南，村南到村北的集市的。

【市集的交易量】你知道各个市集的交易量，交易金额吗？＝不知道。

【市集的售金决算】各市集的售金支付方法是怎样的呢？＝都是现金买卖。

不是有物物交换吗？＝不是说用麦子几斗交换高粱几斗，都是有价格才买卖的。

【市集的规则】市集里有什么共通的规则吗，或者是市集里的人都必须遵守的规矩有吗？＝没有，商人农民都是自由买卖。

【土地使用费】在市集里有道路使用费吗？＝要支付地面钱。

谁支付？付多少？＝根据买卖的大小，金额有所不同，大体上杂货商是三四元，粮食商是两三元，因为是分成季节，年底支付所以不是一定的。

谁来收取呢，区公所还是村公所？＝不，道路两侧的地主收。

【市集的税金】税金是多少？＝杂粮的买卖中要支付牙税。

那是多少钱？＝1斗要2分。

【掉落和过斗】计量者（过斗，斗管儿的）对于落下撒在地上的会收吗？＝那不是牙税，牙税是由买主支付的2分，落下撒在地上的属于过斗，由卖主负担。

【征收牙税】牙税是过斗还是征收呢？＝有牙纪在，过斗仅仅是计量。我觉得不支付牙税就算是交易了也很难发现。逃税的人多少还是有的。

【卖出原料粮食】有卖给油坊、磨坊、烧锅、面铺的吗？＝油坊在炭头，本庄豆子也少所以不卖，本庄有个烧锅、高粱和黍都是在集市里买的。

有和村民买卖的吗，比如有用酒交换的吗？＝和村民就是一般的买卖，没有用酒交换的。

【村内交易】有村内的人卖给村民的吗？＝有。

价格是如何定的呢？＝根据集市的市场价计算。

【有无物物交换】村民之间有物物交换吗，比如麦子和高粱之间？＝村民们的粮食大体是差不多的，只有高粱和豆子有交换，但是很少，因为高粱和豆子价格差不多。

为什么在市集里没有交换呢，是禁止的吗？＝因为用钱买卖才是正确的。

和牙税有关系吗？＝牙税是最近才有的，习惯上是不交换的，也有和其他村子的好种子交换的，但是是少量的。

【挑着卖】有到最近的镇子、县城里卖的吗？＝农家农闲的时候会做豆腐或瓜类到县城里卖，但是没有卖杂粮的。

蔬菜呢？＝本庄没种蔬菜。

【粮食等的搬运】为了贩卖粮食要怎么搬运呢？＝要用大板车把米运到新民会，没有大板车的话就用牲畜（多是牛）。没有牛的话就自己挑着或用小车推着，其他的杂粮运到集市大体上是用牛或者自己挑的。

有借板车、牛或是请求其所有者搬运的吗？＝都没有。

【经纪人】经纪人都是什么样的人？＝绳子和稻草的经纪人都是济南的，但他们都寄居在村子里，粮贩都是些土地少或都卖了的村民。

【和购入人的关系】农家与购入人之间会产生一种特殊的关系吗？＝市集里的买卖对方都不认识，村内的买卖对方不过就是小商贩，什么关系都不会有。

大粪呢？＝去贩卖的地方用现金买，购入地点不是一定的。

是自己把货物带回去呢？还是有人送过来呢？＝自己带回去。

【购入品不足、瑕疵】以上各种情况下买的东西数量不足或是有瑕疵时，可以申请追加或交换吗？＝这也是没办法的事。

【共同购入】几个人一起买一件货物的事有吗？＝没有。

肥料等一起在济南买的话不是会便宜一点吗？＝一起买很多的话价钱就高，所以各买各的。

【合作社的斡旋】合作社有斡旋购买吗？＝没有。

事变前后在购买方面有什么变化吗？＝没有。

【交易上纠纷】有发生过有关交易的纷争吗？＝没有，高了就不买，低了就不卖，也没有大额的买卖，不会引起纷争。

（于新民会历城县总会听到的情况）

米的买卖是县令禁止自由交易，废除中间榨取，由新民会从中斡旋的，所以市集上看不到米的买卖，买方是济南的日本人大米粮食联合会。

新民会所得的手续费是从卖方农民手里拿到 5‰的磅力，买方手里收取 10‰，称量是在新民会称的，也让大米粮食联合会称，但那时新民会会监督。大米之外最近也开始卖鸡蛋和蔬菜，为防止商人榨取利益，都是以卖给济南的经纪人，合作社共同出资的形式为前提进行的。合作社仅贩卖生活必需品，普通的杂货都是商人在卖，如果农民有这个需求的话我们也可以考虑。货源是省联合会选配给的，也有向个人零售商进货的。利用率不明，但是我们考虑将来不仅仅是加入联合会的人，一般的农民也能够利用。

根据上述冷水沟庄民的话，米的收买是赶集日的 3 天进行的，而且收买的米必须带回去，十分的不便，还是自由交易比较好。现在有三分之一是卖给新民会，剩下的三分之二是拿到济南卖，那是不要牙税的。买新民会的杂货的很少，有很多人一次都没买过，没有听过农民的意见希望，新民会不管有没有杂货铺都没有损益。

1941 年 5—6 月

（华北农村惯行调查资料第 35 辑）

农村金融及贸易篇第 5 号　山东省历城县冷水沟庄
　　　　　　调查员　安藤镇正
　　　　　　翻　译　刘峻山
　　　　　　　　　　郭文山

5 月 16 日

市集　作物　度量衡　通货　交易

应答者　任自天（副保长）
地　点　县公署
【市集】市集叫做什么？＝赶集或者市集。

冷水沟的人去哪里的市集？＝根据买的东西有所不同，比如买蔬菜或普通的日用品的话就去王舍人庄，买豆饼的话就去东王庄，买牲畜的话就去坝子。

一般都是什么时间去那些市集呢？＝坝子是 1 号和 6 号；东王庄是 3 号和 8 号；王舍人庄是 2 号和 7 号；大辛庄是 4 号和 9 号；韩仓是 5 号和 10 号。

【有无牲畜市】市集的大小有区别吗？＝没有。

那么不同的地方有卖牲口也有不卖牲口的吧？＝坝子和东王庄一年中都有卖牲口的，王舍人庄是秋天有（6 月末到 9 月）。

除此以外就不卖牲畜了吗？＝除此以外都是像王舍庄一样，秋天才有卖的。

【东王庄的豆饼】豆饼除了东王庄以外还有卖的吗？＝外面集市的价格高，卖一两个的话就去附近的王舍人庄买；买一两百个的话就去东王庄。

东王庄的豆饼为什么便宜呢？＝因为油坊多。

东王庄的油坊都是从哪里买豆子的？＝都是从河北买的。

【村民的购买地点】冷水沟的人是在市集买的多还是在济南买的多？＝在市集里买的多。

买什么东西时会去济南呢？＝买结婚时穿的衣服的布料和其他许多材料，葬礼时招待客人用的食材，还有大板车车轮周围的铁，其他的就没有了，不买这些东西的时候一般不会去济南，因为又要检查良民证，很麻烦。

冷水沟的人最常去的集市是哪个？＝王舍人庄。

【在市集贩卖的东西】王舍人庄的集市都卖些什么东西？＝过去非常简单，就卖些蔬菜和谷类，现在县政府移到这里来了，变得什么都有了。

市集里买不到的东西都有哪些呢？＝基本上没有，铁、布料等从济南进货的要比济南的稍微贵一点。

【庙会与其市集】除定期的市集以外，哪里的庙会一年中会有一两次集？＝卧牛山上的庙（关帝庙、文昌阁、泰山行宫、三皇庙、盘古庙、叔宝祠，供奉着观音娘娘，玉皇大帝等）的集市是三月三日（现在从河北来的道士在那里挖了井）；邢村寺的集市是四月八日；莲花山的是三月十五日；龙洞的是三月二十一日（这里景色优美，佛谷与古迹众多，但是没有买卖）。

卧牛山的庙会的集市都卖什么？＝家具、牲口、农具，大体上都和其他的集市相同。

邢村寺、莲花山的庙会也是一样吗？＝是的。

【村民在庙会上卖的东西】村里的人在庙会的时候会拿东西过去卖吗？＝会。

都卖些什么？＝旧的农具、牲畜、白腊条（用树枝的皮做成的筐子）、旧衣服（更加穷的人买来穿的）等。

【村民在市集上卖的东西】在王舍人庄的市集里村里人都卖什么呢？＝只卖粮食。

什么时候卖粮食呢？＝时间不定，但是地点是一定的。

【卖粮的时间】什么时间卖粮食的比较多呢？＝以小麦收获的五月末，谷子高粱收获的七月末到八月为主。

大米呢？＝过去有专门买卖大米的商人到村子来收购，现在都是新民会买，先运送到县里新民会的合作社，合作社再运送到济南。

【村里的作物】村里哪种粮食种得比较多？＝小麦占到总种植面积的一半；其次高粱和谷子都差不多，也有种红萝卜；稻子占到三分之一（今年干旱所以比较少）。

村里这些粮食的生产量你知道吗？＝不知道。

【每亩产量】1 亩的产量是多少？＝麦子多的时候就是 300 斤，一般的就是 200 多斤；大米丰年的时候是 300 斤，一般的话就是 250 斤；高粱丰年的时候是 240 斤；谷子最少可以收获 150 斤（大亩及 600 步）。

【面积、度量衡】一步和一弓是同样的吗？＝一样的，一般不用弓。

是怎么知道的呢？＝用五尺杆量的。

是新尺还是旧尺？＝旧尺。

村里都只用旧尺的吗？＝是的，根据习惯都只用旧尺。

新尺和旧尺的比率是多少？＝不知道。

量布的时候也是用旧尺吗？＝旧尺和广尺一样，建房子用的木工尺比旧尺小 8 分，旧尺又叫做广尺，买卖布料的白布尺是木工尺的 1 尺 7 寸。

【五尺杆】五尺杆的一尺是什么的一尺？＝不知道，五尺杆是济南的衙门（西司，称作藩台）定的标准，在那里的门那儿量的。

村里面有五尺杆子吗？＝有很多。

那都是以前从衙门拿的吗？＝不是。

【丈量先生】以前没有五尺杆这种东西吗？＝不知道。没有五尺杆，但是有丈量先生。

现在也有丈量先生吗？＝有。村里很多人都有。

【桝——斗】村里使用的桝（斗）怎么样的呢？＝以前使用的 1 斗是 46 筒，一筒盛满小米的话是老秤的 1 斤半，现在都是随意制作的，没有标准。在董家庄 60 筒是 1 斗，在坝子是 50 筒 1 斗。冷水沟现在使用的是 48 筒 1 斗的。

【衡——秤】老秤的一斤呢？＝16 两。

村里使用的是哪个秤呢？＝买柴和草的时候用老秤，其他的用新秤。

新秤呢？＝13 两（老秤的 16 两中，福、禄、寿 3 两各占 1 两，但是韩复渠规定了新秤，省去了那 3 两，情况变得越来越糟糕）。

【市集的斗】在王舍人庄，卖粮食的时候使用哪种斗呢？＝现在区公所都是靠人来量，不知道使用什么样的斗。要是在这里量过再去，那里的斗要是比这大的话，不足的部分就要被减价。要是对方的斗小的话，多出来的部分就被量斗人收下了。斗不时在变（何县长到任的时候，废了一段时间，后来又恢复到老样了）。

以前的时候，集上的斗也参差不齐吗？＝事变前是一定的，是因为由兴福寺的和尚来负责。事变后和尚去了其他地方，就乱套了。

其他的斗是多少筒呢？＝46 筒。

【斗的不统一】那个时候，有哪里的集上是使用 46 筒的斗的吗？＝只有堰头使用 48 筒的斗。

为什么呢？＝以前的时候，只有王舍人庄和大辛庄被统一使用 46 筒的斗。

其他的地方呢？＝东王庄原来使用 55 筒的，现在是 60 筒的，坝子原来是 48 筒的，现在是 50 筒的；韩仓原来是 46 筒的，现在是 48 筒的。

韩复渠没有规定新的斗吗？＝他规定的新斗更小，一般不通用，洛口这个地方以前使用 22 筒 5 的斗，但是好像也只是在这个地方一时通用而已。

【以前的斗】韩复渠以前的斗怎么样呢？＝那之前和现在差不多，地方不同，标准不同，各个地方一定。所以，打比方要是带着去坝子卖的时候，就得稍微加点再去。

那么，也就是说根据斗的大小、地方的不同，就算是相同的粮食价钱也是不一样的对吧！＝当然。

【牙税的今昔】牙税是以前就有的吧。＝和尚在的时候没有，买卖粮食的时候由和尚来称量，根据称量的技术，和尚稍微收点。牙税是去年才出现的（王舍人庄 2%）

和尚从事斗量是以前就有的吗？＝当然。

【量斗——地方】像东王庄、大辛庄这些地方是谁来称量的呢？＝地方来做。

坝子和韩仓也是这样吗？＝当然。

兴福寺在哪里呢？＝在城墙的东南边，现在已经塌了。

为什么那些和尚要做量斗的事呢？＝没有工作呗。

在那些由地方上来量斗的地区不收牙税吗？＝没有（也没有斗税）。

【官斗】这个地方自古以来就没有官斗吗？＝以前和尚对所有人都使用一样的斗，所以被称为官斗。

没有官尺吗？＝没有。

【官亩】没有官亩吗？＝官亩 1 亩是 240 步，但是没有实行。

【张宗昌、韩复榘】张宗昌没有改变斗和秤吗？＝没有，他发行了很多军用票，分发给了士兵。据说士兵拿 10 元的纸币，买 10 钱的咸菜却要找 9 元 9 钱的真钱。由于店里的咸菜是自己腌制的，就干脆不要钱了。韩复榘用从农民那里搜刮来的资本成立了民生银行，结果卷钱逃跑了。

在张宗昌之前有没有谁横行霸道呢？＝那之前，没有谁特别蛮横，很平和。

【事变前的通货】事变前，这附近使用的是什么样的钱呢？＝一般情况下，是官钱局印刷的枚票子。此外，还有中国银行、交通银行、民生银行的纸币。

都是纸币吗？＝当然。但是中国银行的纸币可以和银币兑换。

实际上兑换过吗？＝兑换过。

那些纸币是从什么时候开始通用的呢？＝很久以前。

没有使用过洋元和铜子儿吗？＝使用过。

从什么时候开始的呢？＝韩复榘以前。他之后也使用过。直到事变以前一直使用铜子儿。银币也是各种各样，但香港制造的最受人欢迎，被叫作站人洋（英国铸造的一种银元的俗称）。

银币是从什么时候因为什么消失的呢？＝到民国二十六年的时候还有，后来随着韩复榘一起消失了。

在银元和铜子儿以前，都使用什么呢？＝制钱、四角的带孔的铜钱。

只有制钱吗？＝当然。也有使用纯银（银子）的，但是农村没有（有被称为元宝，形似 50 两的银子）。

制钱是怎样计算的呢？＝49 枚是 100（100 文）。它的 10 倍是 1 吊。所以，490 枚是 1 吊（老秤的 3 斤 4 两）、2 吊 600 是 1 银（7 钱 2 厘的银子的银币）（1 两是 10 钱）。

【凭证上的价格表示】在各式各样的凭证上使用吊的情况持续到了什么时候呢？＝到民国十七八年。

那之前吊钱很多吗？不使用银元吗？＝民国十七年的时候，1 银币上升到 10 吊钱。此后，人们就不使用吊线了，开始使用元。

为什么会上升呢？＝不知道，但是行情是从银行出来的。

在集市上买卖的时候，到民国十七八年还使用吊钱吗？那之前大家都使用吊钱。以前从钱铺借钱的时候，如果借 100 元，就会换算成 260 吊记录下来，到秋天还钱的时候就用吊还。但是，逐渐就不写吊了，开始改写元了。

那个时候，是如何兑换银元、铜子儿和纸币的呢？＝当天，在济南有兑换市场，买卖双方除了争论东西的价格，还争论银币的价格。有的是 1 银元换 5 吊 400，有的是 1 银元换 5 吊 500。

民国十七八年以来，没有了这个必要了吧？ ＝当然。

济南的行市是根据什么决定的呢？ ＝济南每天都有金融交易场所，要是那里买家多的话，行情就上涨；少的话就下跌。

货币市场和货物市场没有什么关系吗？ ＝没有。

【市集交易价格的决定】市集上交易物品的价格是根据什么决定的呢？ ＝大家都是卖家提高价格，买家降低价格，如此交涉决定。大家带着货物去的时候都会参考之前市场的价格。

打个比方，在济南，粮食的价格上涨的话，集市之类的价格不上涨吗？ ＝当然。

由于王舍人庄的粮食价格低，带着粮食去济南卖，这种事情没有吗？ ＝不行，济南更低（不允许去济南，就算买十来尺长的布，也带不出来）。以前济南的小麦价格稍微高一点的时候有去过。

那么，商人不从济南过来到集市上买粮食吗？ ＝不来。

【谷价的高低和市集的买家】那么，济南的粮食商在哪里买呢？ ＝不知道。玉米、黑豆、黄豆、麦子、绿豆等济南更便宜。

那么，在王舍人庄其他的集市上买粮食的都是些什么人呢？ ＝农民买来食用。

没有人为了倒卖而到这里购买的吗？ ＝没有，但有人在河北省买了到王舍人庄卖。

那么，这里粮食的价格要比河北省的高吧！ ＝当然。

为什么呢？ ＝因为河北省土地多，人口少，而这里人口多。

【村民的职业】冷水沟的人都是农民吗，还有其他人吗？ ＝有木匠也有瓦匠，在村里干的有十几个，其他的都去了济南和满洲。

没有其他人了吗？ ＝有在济南做买卖的，村里也有两个人开杂货小铺。

没有冶炼铺吗？ ＝没有。其他的也没了。

昨天听说有开饭店的，是副业吗？ ＝有两人开饭店，也有一个人开理发店，不过也从事农业。

木匠和泥瓦匠平时干农活吗？ ＝干农活。

哪一个是主业呢？ ＝农业是主业。

【村民的副业】村里的人都从事什么副业呢？ ＝其他的没有什么了。

用麦秆和稻子秆可以做些什么吗？ ＝用稻草编绳是女人的工作，麦秆可以用来喂家畜。

不用来编席吗？ ＝不编的。在新泰县用麦秆编麦秆帽子。

妇女除了编草绳，不做其他的事吗？ ＝织布。

织布的妇女是多数还是少数？ ＝少数。现在线太贵了。

以前多吗？ ＝以前是买棉花纺线，但是现在是买线织布，贵的话就变得很少。

【藁绳】藁绳多吗？ ＝多。不种水稻的就买稻草编。

要卖吗？ ＝卖。但不是在集市上，谁来买就卖给谁。

【来村里收购的人】有谁来村里收购吗？ ＝不清楚。4里地外的沙河的人来这里收购，然后卖到济南（一人）。

此外，没有从别处来村里买其他什么的吗？ ＝稻草。

从哪里来的？ ＝济南西边的杨家庄、薪家庄的人秋末的时候来。编草席用来盖韭菜。

其他的还有吗？ ＝此外，军队经常来买稻草。

不来村里买粮食吗？ ＝因为在集市上买，就不来村里了。

鸡蛋之类的呢？ ＝去集市回来的时候，有的顺道到村里买。男女都有。

【来村里贩卖的人】有人来村里卖东西吗？ ＝有人扛着蔬菜、洋油、豆芽、洋火、馒头等来卖。卖布的也经常过来。

那些东西是要用现金买卖的吗？ ＝当然。

价格和集市上比起来是贵还是便宜？ ＝不一定。

那些人没有用来交换物品吗？ ＝没有。

济南市全福庄的人让自己的驴给别人拉磨，代替劳动力，换取大蒜。妇女经常这样做。

【村内的粮食交易】村子里的人没有相互买卖粮食的情况吗？ ＝那也是由妇女私下买卖而已，很少。

那么，村里的人想要粮食的时候是在集市上买吗？ ＝当然。

【市集覆盖的范围】来王舍人庄赶集的是哪些村的人啊？ ＝冷水沟、杨家屯、李家庄、周家庄、郭家庄、赵家庄、殷家庄、牛王庄、陈家庄、皮家营、梁王庄等。远的差不多就是冷水沟这样的有 6 里地，大多是 6 里地以内的。

王舍人庄的店铺多吗？ ＝有。

赶集是在哪里啊？ ＝就在从驿站过来通过的那条街上。

【牲畜市场】牲畜市场不一样吧！ ＝在大街的东边，现在有时只卖猪。

时期不同，在集市上卖的东西不一样吗？ ＝6 月末以后卖牛的比较多。

那么，农忙的时候，几乎就没有卖牛的了吗？ ＝当然。

牲畜市场只有牛和猪吗？ ＝有鸡和鸡蛋。马、驴很少。

【市集交易场所】在王舍人庄集市上，粮食以外的其他交易场所固定吗？ ＝当然。

那些固定的场所叫什么呢？ ＝粮食市、青菜市、小鸡市场等。

村里的人来买东西的时候，场所是固定的吗？ ＝粮食交易场所每次都不一样，逢 7 在东面，逢 2 在西面，但任何时候冷水沟的集市地都是不变的。

【地摊费——收费人】那些固定的场所不要钱吗？ ＝一整年都在那里卖东西的人要交地摊费，而且还要送礼物。

地摊费交给谁呢？ ＝土地的所有者。

不给店铺前面的地摊交钱吗？ ＝店铺前面不让摆摊。

那么，都是摆在后面没有店铺的地方吗？ ＝尽量摆在不挡道的地方。

既然是土地的所有者，道路也该没有所有者吧！ ＝有。从道路正中间分开归两边的土地所有者所有。

一年的地摊费是多少呢？ ＝不一定。

除此之外，在集市上卖东西的人就不给其他什么人交钱了吧？ ＝不交了。

【中介者——经纪】赶集的时候，在卖主和买主之间有没有做中介的人呢？＝只有猪市有，其他的没有（经纪）。

粮食的市场上没有吗？＝有类似经纪人的人，但是不收取手续费。

他们做些什么呢？＝他们都是卖家的熟人，有的时候这些熟人会劝说仅仅来逛市场的买家。

粮食过斗的时候，只有中间人称量吗？＝现在每区有一个人量斗。以前要收 20 钱的手续费，但是现在就不收了。根据粮食多少的情况看，稍微收一点粮食（根据斗的使用方法）。

【牙税的交易】现在，谁收取牙税？＝粮食没有牙税，只有猪市有。

粮食以前就没有牙税吗？＝当然。

截至去年，猪市也没有牙税的吗？＝以前就有，2%。

只有猪市吗？其他的牲畜呢？牲畜全部都有？＝只有牲畜有。

那么，牙税不是从去年才开始的对吧！＝当然。

【经纪的说合】猪市等是谁要牙税呢？＝经纪人。

他们就是说合吧！＝当然。

用什么方法说合呢？＝当然是卖家想要个高价钱，买家想要个低价钱，经纪人就在中间说合。

说合有什么规则吗？＝有（根据手指的形状）。在经纪人之间，有一些一般人不懂的术语。

【牲畜的价格】现在猪的价格是多少呢？＝论斤，1 斤 60 钱。

猪什么时候价钱高呢？＝春节的时候高，2 元左右。

牛呢？＝1 头 100 元到 200 元，但是由于今年没有下雨，价钱下跌。

制成肉的时候也是吗？＝当然。制成肉的时候，稍微高点，但是那个时候就不想卖了。

【牲畜的价钱结算】卖猪的时候，是当场交钱吗？＝当然。

没有先交一部分，确定无疑之后再交剩下一部分的情况吗？＝不会有那种情况。

买牛的时候也是这样吗？＝当然，也有当场拿不出钱，10 天后再交钱的情况。

当场交不了钱的时候，价钱不会稍微高点吗？＝不知道。

那时候，是当场交付牛呢，还是付款交牛呢？＝当场交付。

【牲畜交易的保人】牲畜交易时不设定保人吗？＝设定保人。有时经纪人也会当保人。

10 天的情况下，要是过了 10 天还拿不出钱怎么办呢？＝会经常出现保人垫付的情况。如果拿不出钱，就领着卖家到买家那里去交涉。

仍然拿不出钱呢？＝那时候，多数情况下牛没有了，就打官司。

打官司的话，会怎么样呢？＝关押买家。

保人呢？＝没有关系。正是这个缘故，现在都是以现金交易为原则。所以，狡猾的保人都是在确定买家不会逃跑的情况下才做担保。

【农闲时的工作】村里的人冬天和初春等农闲的时候做些什么呢？＝多数情况下是拾

马粪、闲玩之类的。

那个时候没有在外面工作或做些什么吗？＝没有。

没有去济南打工的人吗？＝没有。

村子里没有因为穷很困难的人吗？＝有。

那些人冬天的时候怎么办呢？＝什么都不做，在村里乞讨。

大概有多少人呢？＝有几家。

那些人冬天没有工作吗？＝要是想在村子里工作，没有雇主。去济南的话，没有盘缠，还是去不成。

平时，村子里的妇女不工作吗？＝不做。仅仅打个水而已。

【村里的财主】村子里有没有财主呢？＝很少。

大概有多少户呢？＝昨天去的杨家（以前造酒）。

杨家有多少财产呢？＝1 公顷的地，在东门星子门有店铺，有杂货店，不清楚有多少资本，听说生意不好，去年赔了 7000 元左右。

其他的怎么样呢？＝王姓的有，种地，有大约 1 公顷地，在家里开药方（在冷水沟）。

村子里没有医生吗？＝右边有个王医生，叫王慎三，曾经做过老师。

有病人吗？＝很多，很有效。

其他的还有吗？＝右边的王氏兄弟，王为善有 80 余亩地，种地。

他的兄弟呢？＝大哥死了，孙子王焕章继承了七八十亩地（侄儿也死了）。

【普通村民拥有的地亩】村子里一般有多少地的人是最多的呢？＝10 亩到 20 亩。

【日常食物】那些人自己种的粮食够吗？＝因为高粱很少，卖掉小麦，买高粱吃。

村子里的人常吃的是高粱吗？＝当然。

麦粉什么时候吃呢？＝收了小麦后，高粱和谷子还小，不容易搞到，那个时候就吃小麦粉。

【其他食物】粮食以外的食物是买呢，还是自己做呢？＝饼、馒头、面条儿。

其他的副食品、调料汤、酱油呢？＝调料汤是自制的，酱油要买。

此外，没有其他吃的东西了吗？＝没有。

酱油在哪里买呢？＝在村里的小卖铺。

【燃料】村子里燃料是怎么办的呢？＝高粱秆、高粱茬子、麦秆、麦茬、豆秸等。

那样的话够吗？＝不够的时候，就去东边挖煤。大约 80 里外的 3 亩地产煤，还有山老婆崖。现在出了土匪，去不了了（章丘县）。只好拿钱买。

现在怎么办呢？＝有人在泽山挖煤，到村里来卖。

跟在济南买比起来，更便宜吗？＝便宜。

那么，就不从济南买了吗？＝当然。

冬天冷的时候，用什么取暖呢？＝没法子，忍着，没有炕。

【肥料】肥料怎么办呢？＝家畜的粪、人粪尿、豆饼等。

要买粪吗？＝买。豆饼在东王庄、梁王庄买，人粪在济南买（干片、大粪）。大粪每笼 2 元（60 斤多），很贵。豆饼 1 块 2 元多。

自家的粪不用吗？＝用。

自制的肥料和买的肥料的比例各占多少呢？＝1 亩地小麦用 20 块豆饼和自家的粪。1 亩地水稻用 20 块豆饼，此外还需要使用自家和买的粪，加起来 50 元（总共 90 元）。

【小麦、米的产量、价格】小麦一亩地产多少，水稻呢？＝小麦 200 多斤；稻子 300 多斤（制成米）。

小麦和米的价格呢？＝米 1 斗 18 元 50 钱（现在）；小麦 1 斗 23 元。

1 斗多少斤？＝老秤 60 多斤（新秤 80 多斤）

现在，米和小麦的价格在一年当中是高呢？还是低呢？＝高。

【肥料的使用】那么，不撒化肥的话，收成差吗？＝当然。

民国二十六年的时候，撒了很多化肥，可是因为洪水的缘故，没有收成。

村里的人都使用那么多化肥吗？＝当然。

土粪用于什么呢？＝高粱、谷子。

土粪不用于小麦和水稻吗？＝小麦使用，水稻不用。

5 月 17 日

粮食的交易　市价

应答者　任自天（富绅）、杜凤山（庄长）

【到市镇的距离】从冷水沟到济南有多少里？＝25 里。

到东王庄呢？＝18 里。

坝子呢？＝10 里。

到大辛庄呢？＝10 里。

【卖青田】在收割小麦之前没有卖的吗？＝没有。

你听说过每块田卖多少钱吗？＝没有听过。

有没有听过拿地里的作物作担保借钱的事情？＝没有。听说过有拿土地作担保的，但是这样的事情没有听过。

【粮食的集市外交易】有没有在集市外买卖粮食的情况呢？＝没有。

要是临时需要用钱，又没有集市，有没有带着粮食卖给一定商人的情况呢？＝平常的时候，没有集市就没有商人。有把小麦运到济南卖到制粉工厂里的情况（以下杜庄长）。

那是什么时候呢？＝小麦的收获期，5、6 月左右。

那个时候，在集市上卖跟到济南去卖相比，哪个更多？＝后者更多。

【卖给磨粉公司】他们从公司来这儿收购吗？＝不来。

磨粉公司叫什么呢？＝明安、城风。

用什么把小麦运过去呢？＝车，用牛或其他什么牲口拉着。

去公司的话，是怎么卖的呢？＝运到后，公司测量重量，价格由公司来定。价格每天都在变。农民不想卖的话，就再拉回来。

跟集市上的价格比起来，是高呢？还是低呢？　＝高。

那么，大多是只要拉着去了，就会卖掉吧！　＝当然。

【贩子交易】要是集市上的更便宜的话，有没有人在集市上买了然后卖到公司的呢？　＝有，这些人被叫作贩子。

都是什么样的人做贩子呢？　＝中等的农民，地很少，家里有车和牛的人在集市上买卖小麦。

【支付采购金】那些人是怎么准备买小麦的钱的呢？　＝不支付现金，从济南倒卖回来后再付钱。

那么，接收小麦的时候一钱也不付吗？　＝当然。大家都是同村的，只要口头上约定回来后再付钱就好了。

也不用交什么书面字据吗？　＝什么都不交。

这些人是用什么搬运的呢？　＝当然是用牲口拉车。

那么，在集市上卖给这些人的数量不是很多吧！　＝当然。大部分都是自个儿带着去济南卖了。

【零售业者的采购】此外，集市上的饭馆和馒头店不买小麦吗？　＝买。

这些人自己做面粉吗？　＝当然，在农村都是自己做面粉。

【面向城市的销售】除了小麦，还有什么是拿去济南卖的吗？　＝小米到去年为止，大米也拿到济南去卖。从去年阴历十、十一月开始，把大米卖给了新民会。也有人到济南去卖绿豆。

把小麦和绿豆卖到哪里的人多呢？　＝卖到济南的人多。

那是因为济南的价格更高吗？　＝当然，而且济南买家也很多。

以前，在集市上卖大米跟在济南卖大米，哪个价格更高呢？　＝以前王舍人庄的集市上不卖大米，只有坝子有卖。

【和都市价格的差距】坝子和济南呢？　＝后者价钱更高。

据去年的情况来看，大概差多少价钱呢？　＝去年二月，前者 1 斗 16 元，济南 1 斗 16 元 50 钱。从在坝子买大米，精制变白后，拿到济南去卖，但是因为这个缘故，用老秤称的时候大约会减少半斤的量（老秤 1 斗 30 斤；新秤 38 斤）。

现在，新民会的价格和济南的价格比起来怎么样呢？　＝济南的更高。新民会 1 斤 38 钱、40 钱、41 钱。在济南，每 1 斗要高 50 钱左右。以前，贩子每天都要往驴背上载 6 斗左右的大米，到了济南，每斗要获取 50 钱左右的利益，要是减掉伙食费 1 元 50 钱的话，还能净赚利润 1 元 50 钱。

【大米交易和价格】现在，在这附近，除了新民会，有买卖大米的吗？　＝新民会买剩下的大米，可以卖到外地。

那是在集市上卖呢，还是各自卖呢？　＝卖到济南。

听说前一段时间在这里买大米的话，1 斤要 56 钱，是吗？　＝不是。但是，现在 1 斤要 50 钱以上了。因为 1 斗 18 元 50 钱。

那是哪里的价格呢？＝村里的价格，贩子卖的价格。

那么，村里有人想要的话，贩子就卖给他们对吧！＝比买的时候价格高的话就卖（即使比在济南卖的价格低也没关系）。

现在，不卖给新民会，带着去济南卖可以吗？＝可以（随便）。

那么，去济南卖的人多吗？＝现在，大家都卖完了，去济南的就很少了。

【卖给新民会的手续】卖给新民会的时候需要什么样的手续呢？＝把大米带到新民会，然后过秤。依照新民会的价格，确定价钱，领取凭证（大米的数量、价格、记录姓名、盖章），第二天来领钱。

【济南的买家和斗】带去济南卖的时候，卖给谁呢？＝杂粮铺。

在那里过完秤后，当场付钱吗？＝当然。

济南的店铺使用什么样的斗？＝老斗（30斤，老秤），新民会的是新秤。

【面积单位】这里平时常说的一亩地是多少呢？＝一般情况下是小亩（240步）。

买卖土地的时候的亩怎么样呢？＝大亩。在证文上写大亩，交钱粮时换算成小亩（大亩600步）。

720步的呢？＝章丘。

那么，田地过户的时候换算成小亩，记入账簿吗？＝当然。

历城县也是这样吗？＝证文上记大亩，只有丈量土地的时候是大亩，其他像拨款、交税时都是小亩。

济阳县使用什么样的亩呢？＝不知道。

5 月 19 日

挂买　牲畜的交易

应答者　李长溪（甲长）

【赊账】有赊账的吗？＝有。

在哪里？＝在第十甲的叫玉记的小铺子、卖杂货的地方（烟草、纸、油等）。

其他地方还有吗？＝没有。

在王舍人庄的街上没有赊账的吗？＝没有。

在玉记赊账的时候要怎么做呢？＝比如，今天赊账的话，什么时候还钱都行，但是到年底必须还回来。

算账多是安排在3个节日的时候吗？＝年底的时候多，端午节、中秋节的时候少。

【记赊账】卖东西时，仅仅是店里记账吗，还是买家记账？＝因为金额很少，买家自己记住，店里也记有一册账本（叫作流水账，也可以叫作日记）。

账面上记些什么呢？＝比如，像几月几日什么牌烟一盒，几毛之类的记下日期、东西、数量、金额。

【计算价格】那么，要是年底的话，年底结账时要支付金额的总额吧？　＝当然。

买家还记得金额吗？　＝当然。

结账的时候，物品的价格上涨了好多的话，按照买时的价格付款的话可以吗？　＝当然。

那么，结账时价格降低的话，也是一样的吗？　＝当然。

【存折——折子】不用折子吗？　＝不用（村里没有，如果村里的人和城里的店有持续交易关系一年的话，就使用折子）。

那么，村里的小铺子从济南进货时也不使用吗？　＝不使用（以前村子里的小铺子从城里进货时都是赊账，现在都是现金现货）。

【缓期】年底结账时，村里的小铺子钱不够的话，怎么办？　＝延期之后再付。

大概多长时间？　＝10 天到 1 个月左右。

那期间仍然付不了钱，该怎么办？　＝那时候，由于数额少，没必要打官司，或者有时像 1 元、2 元的情况，由于对方太穷就算每天见面也要不了。

村子里的人有去济南的店里赊账的吗？　＝没有。

【为了婚丧的赊账】有为了婚丧临时需要东西而赊账的情况吗？　＝有。

这时候，在哪里赊账呢？　＝本村有很多店，就在村子里赊账，也有卖棺材的店。

那么，必要的东西村子里能供应吗？　＝不能，只能去济南。

【能赊账的店】济南有没有那种冷水沟的人去了就能赊账的店？　＝没有，店里没有熟人，就赊不了账。

村里人有常去的店吗？　＝不固定，随便。

听说村里人有在济南开杂货铺的，不去那里吗？　＝不去。

要是那里的话，可以赊给的吧！　＝那里也是看人的，每个人不同。要靠信用关系，有信用的话，就能赊账。

【所谓信用】信用这个东西是什么呢？　＝说到做到就是信用。

做之前，让人觉得肯定能做到，这不是信用吗？　＝买家让人看到了信用，所以是有信用的。

所说的信用是根据什么决定的呢？　＝根据平时的行为。比如，之前赊的账，确实还了的时候。

首次想在店里赊东西的时候，是根据什么确定信用呢？　＝就算是同一个村的，也有不认识的人，就不会赊给他们。

那么，要是有认识的人的话，可以吗？　＝可以。但是就算是认识的人，若平时的行为没有信用的话，不行。

那么，就算是家里没有钱，只要是正直的人，也可以吗？　＝可以。

既认识又正直（诚实）的人，可以吗？　＝当然。（诚实是表里如一的意思）

【无法还账的情况】由于信任这些人，赊给了他们东西，但是还不了钱，一般情况下怎么做？　＝不多的话，什么都不做。

【赊账信用的期限】平时凭信用赊账的时候，金额有限度吧！　＝当然。

这个限度是根据什么确定的呢？＝当然是根据这个人的财产。比如，只有100元财产的人，赊账不会超过100元。

那么，赊账的时候要调查财产的多少吗？＝认识的人的话，都知道。

所以，当认为（对方）只有百元财产时，实际上赊的账就只到100元吗？＝一般情况下，赊不了那么多，二三十元而已。

那是为什么呢？＝这里的都是农民，要不了那么多钱。而且就算是店铺也没有那么多本钱。

婚丧的时候要买很多的东西吧，要是想在济南熟人的店里买东西时怎么办呢？＝不可能买很多的，差不多就上面那么多。农村的婚丧是非常简单的，办一场要不了几个钱。

【一般婚丧的费用】那么，一般情况下，农村婚丧的时候要花多少钱呢？＝100元到200元。

那么，要是100元的话，是怎么用呢？＝喜事的话，50元请客；50元用作聘礼（给娘家的聘礼）和买家具。

丧事是怎么样的呢？＝50元用来请客；20元多点用来买棺材；其余的用来挖坟或用于其他什么杂费（一般情况下，村子里使用的棺材是四五十元）。

【婚丧费的筹措】一般情况下，村里举办婚丧的时候不赊账吗？＝有人赊账，有人不赊，有钱的话就不赊账了。但是，大多数是用现金。在农村搞各种仪式的时候都是尽量省钱，简单操办。

事变前，用多少呢？＝当然还是100元到200元左右，就算是最高也不到300元（现在比当时多一半）。

【现金买和赊账的价格】在村里的小铺子用现金买东西和赊东西价格是一样的吗？＝一样。

那么，在济南，算账的时候，跟价格的变动没有关系，按买时的价格还钱可以吗？＝当然。

【结算赊账的期限】在济南的店赊账时，大多是在春节、端午节、中秋节还账的吗？＝如果在冷水沟的店铺里赊账的话，都是到节日的时候算账。如果是在村里的话，十几天之后就要还钱。如果那时候没钱的话，就到节日的时候。

在济南赊账时，是什么东西呢？＝什么都可以。

【赊账和保人】赊账的时候，不要保人吗？＝不要。

【牲畜贷款支付】在牲口市、猪市买卖时，是要钱货两清吗？＝不是，以20天为期限，在这个期限付款。

猪市的期限是怎样的呢？＝大多是10天。

牛呢？＝一样，马也一样，大多是10天。

一般情况下，在当天不交钱吗？＝交，但是十分之一都没有。

【牲畜交易和保人】付不了钱的时候怎么办？＝带着保人，把牲口牵回。王舍人庄熟人的店成为保人的时候，期限到时，就到店里去要钱。

那么，买卖的时候，是在经纪人撮合之后，去保人的店铺吗？＝一起去店铺。经纪人认识买卖双方的时候，也会担任保人。

是谁拜托铺子呢？ ＝买方。

也就是 4 个人一起聚集在铺子里商量事情对吧？ ＝当然。

这时候，要特别制作保证书吗？ ＝不做。

【牲畜贷款支付】买家什么时候带钱过来？ ＝第 10 天集市的时候带钱过来。

是把钱存到店里呢？还是在这里等着呢？ ＝不一定。有事的话，就存起来。没事的话，就在这等着。

【定金——定钱】初次交易确定时，要出示手附吗？ ＝出示。按照经纪人定的价格，可以的话，卖家就从经纪人那里领取。

买家想买时，一开始就要把钱给经纪人吗？ ＝双方的意见大致确定时，再把钱给经纪人，经纪人把钱给卖主。

金额多少，是随便的吗？ ＝随便，但是是成数（1 元以上）。

一般情况下，是价钱的一成，还是有什么规则？ ＝没有。

这就是定金吧？ ＝当然，但是俗语叫作大钱。

【牲畜生病的保障和定金】把牛或猪牵回家时，才知道有病时，怎么办？ ＝买卖当时约定多少天以内要是不行的话，取消买卖。

要是在期限内生病的话，怎么办？ ＝卖家的责任，就把原猪样返还给卖家，卖家退回定金。

要是在期限外生病呢？ ＝没法子。

不返还牲口吗？ ＝当然。

那么，必须付款吗？ ＝当然。

要是那时，又不要牲口，又不要钱。别人要钱的话，就说把牲口牵走吧，那时候该怎么办呢？ ＝那可不行。要是过了保障期限必须付钱。

那么，平时，保障期限和付款是一样的吗？ ＝大致一样（卖家知道猪是病猪的时候，就用现金卖）。

在保障期限内死掉的情况也一样吗？ ＝一样。

保障期限 5 天，支付期限 10 天，第 7 天死掉。经调查，卖家知道猪生病，这时候该怎么办呢？ ＝买家的损失。

【恶意的情况】卖家知道病况却隐瞒的情况下，该怎么办？ ＝这时候，保人就会出面调停，可以稍微降低价钱付款。

初次欺骗，卖掉之后，牲口死亡的话，把牲口还回去，不付钱可以吗？ ＝不可以（但是，一般人为了信用不会干这样的事情）。

【牲口死亡的例子】在集市上买的牲口，1 周或 10 天之后死了，有没有这样的例子？ ＝从去年开始，在集市上买的仔猪（从南方运过来的中国猪）死了很多。

那些仔猪是用现金买的吗？ ＝不是现金。

付过钱之后死亡的例子多吗？ ＝当然。

死了那么多，就不向卖家抱怨吗？ ＝不，因为已经付过钱了。

【交易用钱】付定金的时候，要给经纪人牙税吗？＝不是牙税，要给经纪人用钱。

比例呢？＝不一定。一般情况下是 2 分。但是，不会完全给，买家看着办。

经纪人不要求给多少吗？＝一般情况下，大家都是熟人，买家看着给，不认识的情况下，就按照经纪人的要求给。

刚才说到很多猪都死了，那在付钱前猪先死了的情况有吗？＝有，但是很少。

这时候，保障期限和支付期限是一样的吗？＝大多数情况下是一样的。

那么，就不付钱了呗！＝当然。

【保障期限的遵守】那么，第 9 天的时候死掉的话，不付钱也没事，但是第 11 天的时候死掉的话，就要付钱。这时候，后者也是没有办法吗？＝当然，没有办法。

去年，仔猪因为什么死的呢？＝因为生病没有食欲。

村子里，死了大概多少头呢？＝从去年冬天到今年春天大概 30 头，有请兽医诊治好转的情况，也有杀了吃肉的情况，要是死了的话，就不能吃了。

那时候附近哪里都是这样吗？＝当然。

要是卖鸡的话，情况不一样吗？＝全部现金。

5 月 20 日

金融　钱铺　取钱和借钱　钱会

应答者　任自天

【事变前的金融手段】事变前，村里人用钱的时候从哪里借钱呢？＝在济南有钱铺，从那里借。

在那之前呢？＝10 吊、20 吊的话，就跟村里的财主借。

事变以前一直是这种方式吗？＝这种情况持续到民国五六年。这次事变以前还没有钱铺，刚才说的是五·三惨案（济南事变）以前的事。这次事变之后，钱铺就没了，变成了银行，因为没有两个铺保（铺子作担保）的话就无法借钱，农民只好相互之间借贷。

【钱铺】钱铺持续到什么时候呢？＝民国十七年，五·三惨案以后没有的。

那些钱铺后来变成什么了呢？＝民国十七年的时候没有了，之后怎么样也不清楚。

【银行】民国十七年前没有银行吗？＝有，中国的、日本的都有。

以前，村里人有从银行借钱的吗？＝没有。

钱铺没有之后，村里人有从银行借钱的吗？＝说到从银行借钱，那得是 1000 元或 2000 元左右，农村人都不做生意，就没人借。

【铺子】有从济南什么地方的铺子里借过钱吗？＝冷水沟的人很少有在济南开店的，所以能借的很少。

【当铺】没有当铺吗？＝没有当铺，村里、济南都没有当铺。

什么时候没有的呢？＝五·三惨案以后。

那之前，村子里有吗？＝没有。

王舍人庄也没有吗？＝没有。以前当铺是很重要的金融机构，要开当铺的话是需要许可证的，很麻烦。而且也不能随意停止运营。

在民国以前村里也没有吗？＝没有。

【村民的资金融通方法】那么，从民国以前到现在村里人需要钱的时候怎么办？＝需要小钱的时候就从朋友那里借，需要大钱的时候就托人从济南的铺子里借，10 吊钱的话，1 天 150 文的利息。

【有无利息、利率】从村里朋友那里借钱的话，利息是多少呢？＝有时有利息，有时没有利息。时间长的话，就有利息。一般情况下，1 个月以上，1 分 5 厘到 2 分。

【银号——钱铺】银号是从什么时候有的呢？＝和钱铺一样，民国以前就有，五·三惨案之后被土匪弄得没有了。

【五·三惨案以后】五·三惨案以后钱铺、银号就没有了吧？＝是的。

那么，五·三惨案以后，村里人用钱的时候从村子外就借不了了吗？＝是的。但是村里人要不了那么多钱，结婚的时候也才 30 元左右，那时候物价很便宜。

民国以前到五·三惨案从钱铺里借钱的情况多吗？＝不多。

每年有多少人借？你知道吗？＝不知道。那时候，杨家经营的酒店总是从城内借钱，其他的就很少了。

【为了资金融通的卖、借的顺序】村里人需要用钱的时候是先卖东西呢，是先借钱呢，这个顺序是怎样的呢？＝有粮食的话，就卖粮食；没有粮食的话，就向村里的人借。

向村里人借也不够时怎么办呢？＝多向几个人借。

【处理物的顺序】有土地、房子、牲口、农具的时候，首先怎么做呢？＝最先典当土地；其次是卖土地；最后是卖牲口。

房子和农具要留下吗？＝是的。

没有用牲口和房子作担保借到钱的吗？＝没有。在济南有用房子作抵押的，但在农村只有土地。

有典当房子的吗？＝有。

平时那样做吗？＝很少。

【向人借钱的顺序】村里人需要用钱的时候，在同族、亲戚、朋友、其他村的人当中，先向谁借呢？＝首先是本家（同族），再者是朋友，一般不从亲戚那里借。嫁女儿时找人借钱是没有面子的，所以哪怕是典当土地也不会向亲戚借。

【向同族借钱和担保、利息】向同族（一家子）借钱时有担保和利息吗？＝一般，1 个月以内没有利息；要是 1 个月以上的话，就算对方不说，也要计算利息带钱过去，对方要是不要的话，就再拿回来。不要担保。

即使金额很少的话，也像刚才说的那样带着利息去吗？＝不用。

【朋友的场合】朋友的情况下是怎样的呢？＝亲密的朋友的话看，不要利息，也不要担保。直接向朋友借得话，大多数情况不要利息，间接从别人那里借的话，还钱的时候有利息。

【期限的决定方法】平时，从同族和朋友那里借钱要确定借款期限吗？ ＝一般没有，平常都是 10 天或 15 天左右就还钱了。

1 个月的时候，要确定期限吗？ ＝一般 1 个月以上的话，要确定。

因为什么时候还都可以，有没有不确定还款期限的？ ＝没有，一般情况下，没有很确定的期限，但是有大致的期限，那天还不了的话就延期，但是一般都会带着钱去还账。

【借钱和取钱和保人】向同族和朋友借钱时有保人吗？ ＝没有，真正借钱（取钱）的话，肯定有利息、保人，但是刚才说的借钱是为了临时使用而借钱（取钱）。

取钱和借钱，金额有什么不同吗？ ＝没有什么特别不同，只是如果困难时，有朋友伸手帮忙的话就能借到钱，但是没有帮忙的话，就只能取钱了。

【借钱和取钱的期限】平常，借钱时期限是多长呢？ ＝一般是 10 天左右，最多 1 个月以内。

那会根据金额的不同，而不一样吗？ ＝没有区别。

取钱的期限怎么样呢？ ＝5 个月，也有 10 个月的。大多数是 5 个月。金额的多少没有区别，但是一般情况下，有钱的话就是 5 个月，没有钱的话，就算只付利息也是要 5 个月。

有以收获期也就是麦秋、大秋为期限的吗？ ＝因为济南的钱铺是日利，所以什么时候还都可以，但是一般是 5 个月、10 个月。

【保钱人】取钱的时候一定有保人吧？ ＝有，叫作保钱人（在证书上写承还保）。

除了保人，有中人吗？ ＝没有。

那么，保钱人担当中介吗？ ＝当然。

【取钱和土地担保】取钱的时候有土地担保吗，没有的情况有吗？ ＝以土地作担保的情况较多，如果金额少的话，有时凭信用就借了。

【取钱时信用贷款的金额】那个金额大致是多少呢？ ＝如果是人品好，勤奋工作的人过日子出现了困难，最高可以借五六十元（没有土地），做买卖的人凭信用可以借五六十元；没有信用的人一钱也不会贷给他（没有信用，也没有保人）。

【信用贷款和担保贷款】信用贷款和土地担保的情况的利息、期限一样吗？ ＝没有区别。

【取钱的利息】平时，取钱的时候利息是多少？ ＝现在在村里 2 分 5 厘，济南市 3 分以上。

村里有比 2 分 5 厘高或低的吗？ ＝有 2 分的，没有 3 分的，大部分 2 分 5 厘。

【事变前的利息——推移】这次事变前的利息呢？ ＝1 分 5 厘到 2 分。

是什么时候呢？还是五·三惨案之后呢？ ＝五·三惨案之前一直是 1 分 5 厘。

那是民国以后吗？那民国以前呢？ ＝当然，民国以后。民国以前，在农村是 1 分左右，从钱铺借钱的时候，是 1 分 5 厘，但是秋天的时候比较高，2 分。

年底的时候高吗？ ＝当然。从秋天到年底是 2 分，民国以后到五·三惨案时候是 2 分。五·三惨案以后钱铺没有了，也就没利息了（平时在村里借钱没有什么区别）。

【高利贷】以前有没有 3 分以上为利率向外贷款的情况？ ＝没有。听说在民国以前济南有一种钱叫打印子钱，它的利率是 5 分、6 分以上。但是现在没有了。

【合作社、新民会等】事变前有合作社吗？ ＝没有。

以前县公署有贷给人们春耕贷款的情况吗？ ＝没有。

村里有没有从新民会借钱的？ ＝没有。

今年，新民会出了新章程，村里的人是怎样想的？ ＝穷人想借，但是秋天还不了的话，就是庄长的责任，说到底还是要还，就没人借。

【家人的借钱】一家中，家长以外的人可以借钱吗？只有家长吗？ ＝家长以外的人如果有赚钱的方法（编草帽或者织布等）能够还钱的话，在得到家长的许可之后可以借钱。

就算是男人没有许可也不可以借钱吗？ ＝不可以。

就算是"借钱"也要家长的许可吗？ ＝当然。

【家人的取钱和保人】得到许可后取钱的时候有保人吗？ ＝拜托别人。

【家长的责任】就算那些还不了，家长也没有责任吗？ ＝有（即使没有写家长名字）。

那么孩子借钱还不了的时候，家长必须还吗？ ＝家长未必有责任，但是债主每天到家里向孩子催要，让人感到头疼。因为当初做了许可，有时就替他们还了。

那么，家长可以根据自己的意愿选择代不代替还款吗？ ＝要是家长不还的话，邻居和亲戚都会过来劝。这时，就把钱还了并告诫孩子以后不能再犯这种错误。

【债主、保人、家长的关系】家长的男孩子借钱，其他人作保人的时候，男孩子还不了账的情况下，债主该怎么办？ ＝首先债主先去保人那里，然后和保人一起去借钱的那个孩子那里去。

但是，孩子没有钱的时候该怎么办？ ＝家长偷偷还了这份账，并不一定明目张胆地还账。

要是家长也不理不问的时候该怎么办？ ＝没有什么特别的方法。等着家长去世，然后孩子继承家产的时候连利息一起要回。

要不到账时，债主不向保人请求还账吗？ ＝保人也会说让债主一直等到家长去世。

要是家长非常健康，一时半会儿死不了怎么办？ ＝那时候，孩子就会从其他地方借钱还账，要是通情理的家长的话，就会偷偷把钱还了，但是继续让债主向孩子催要，孩子会因此不再挥霍。

【女性家人和借钱】家长以外的女性能借钱吗？ ＝不能，照家规是不能借的（家规）。

【家规】家规之类的东西每家都有吗？ ＝有，家庭教育的事情。

每个家庭的家规都一样吗？ ＝要是家长受过教育，家规就会严厉一些，普通家庭的家规比较宽松。

家规和道德不同吗？ ＝一般道德是让大众做好事的，但是家规是家长用来教训家里人的。

有家规写在什么文书上面的例子吗？ ＝没有。

【家规内容】家规是从以前就固定的吗？家长换的话，家规改吗？ ＝不改。例如，陌生的朋友初次来家里做客的话，妇女们就不能露脸。这也是家规里的一条。

在一家子中，要遵循同样的家规吗？ ＝大家都差不多，主要是关于礼义廉耻的。

那么，每个家庭的家规差不多都一样吧！ = 当然。

某个特别的家庭有特别的家规的话，其他的人会理解吗？ = 没有有特别家规的家庭。

您家的家规是什么样的呢？ = 兄弟们都长大了，并且哥哥的孩子还很小，就没有家规。教孩子如何待人处事，如何尊重他人，孩子去了学校的话要填补不足之处，大一点的话就教孩子种地的方法。这些就是家规。

【家人的擅自借钱】有孩子没有得到家长的许可就借钱的情况吗？ = 就算有也是非常少的。

孩子借了钱还不了时，债主该怎么办？ = 没有办法，要是对家长说了，反而会挨骂。

在村里有借别人的土地耕种的吗？ = 没有。

【租佃和纳租方法】听说村里有人没有自己的土地，他们怎么办呢？ = 有做长工的，也有耕种济南人在冷水沟所有的土地的（租地）。

那些人是先交租粮还是后交租粮呢？ = 有时 5 月的时候交一次，也有 5 月和 10 月都交的。万一碰到天灾交不了时，可以向地主报告，地主就会来地里视察，有时就会免除租粮。

【地主和佃户的借贷】佃农用钱的时候，有向地主借钱的吗？ = 有时会贷给那些常年租地的佃户，佃户需要肥料和农具的时候或者婚丧的时候，地主会帮助他们。

要是那样的话，需要保人或者其他的担保吗？ = 是因为佃户很诚实，并且一次都没有晚交租金才贷给他钱的，什么担保都不要。

有利息吗？ = 没有。

期限如何呢？ = 麦秋或大秋。

这时，就不规定 5 个月或 10 个月了吧？ = 当然。

要立凭证吗？ = 不用。

【长工和雇主的借贷】有长工向地主借钱的吗？ = 借给短工粮食，然后从当年的工资里扣，更何况经常在地主家里打工呢。长工在地主家里打工多年，突然需要用钱的时候向地主借钱是很正常的。

那时候，有利息吗？ = 没有。这里的风俗较好。借给短工粮食的时候，如果是 10 元的粮食就按照 7 元 50 钱的价格来算，也就是大发恩惠。同情长工，贷给他们的钱也不要利息，作为回报，他们会好好工作。

【长工的雇主】在村里雇佣长工的人是什么样的人啊？ = 有 10 家左右。杨云波（4人）、王文善（2 人）、王修善（2 人）、王焕章（2 人）、李阴轩（1 人）、李兴仁（1 人）、李永茂（1 人）、李永苞（1 人）、李凤昆（1 人）、李良甫（1 人）、任子宽（1 人）、任福申（2 人）。

这些人常年雇佣同一个人吗？ = 大多数情况每年都变。

【长工的工钱】长工的工钱是怎样付的呢？ = 一起结，一般是后付。但是打比方 1 年24 元的话，就 1 个月付 2 元（要求的时候）。

平时，长工在自己家里什么都不做吗？ = 什么都不做。

那么，仅仅靠工钱，来维持 1 年的生活吗？ = 是的。

一般情况下，长工 1 年的工资大约多少钱？＝现在非常高，1 年 100 元到 120 元，而且吃饭的话都是在主人的家里，和主人吃的一样。此外什么都不做，好好工作的话，主人有时还会给他们腰带和衬衫。

【短工及其时期】聘用短工的人多吗？＝收过小麦后，会经常下雨。高粱和大豆生长出来，这时候，除草需要大量的人手，家家都需要短工。而且，五月收小麦的时候，以及收高粱、谷子的时候都雇短工。

这时候做短工的都是哪里的人呢？＝哪里的人都有。想要做短工的人会到集市上等着，想要雇短工的人也会到集市上去交涉，然后把短工带回家（凌晨 3 点的时候去，南面的刘致远庙那里更早。日出之前就开始工作，冷水沟这个地方从日出时开始工作，一直工作到日落。正午（新表 1 点）的时候吃饭，一直休息到新表 3 点。上午和下午各休息 2 次，吸吸烟，喝喝茶而已）。

【短工市场】短工市场的地点固定吗？＝是的。

没有市集的时候，怎么办？＝忙的时候，短工每天都来。年份好的话，像这个时候，王舍人庄每天早上都有，但是今年的小麦不行。

不忙的时候，就算赶上市集的日子，短工也不来吗？＝不来。

市集的时候，雇短工一下子雇 5 天的情况多吗，还是每天都去呢？＝如果工作得非常好的话，明天就会继续，这样的话就会在长工家里住下。

不去市集上，而在村里雇短工的情况有吗？＝有，但是很少。

【短工的工钱】如今短工的行情呢？＝50 钱，管饭（3 顿饭），其他的话给一些烟叶而已（3 顿饭大约花 1 元钱）。

【钱会】村里经常举行钱会吗？＝是的，经常。每月像存钱一样稍微存一点，如果什么时候需要钱了，就可以得到比较多一点的钱。如果一直持续到结束的话，最后连同利息可以得到更多的钱。

村里人大多都加入吗？＝一个会由 16 个人组成。

这样的会大约有多少个？＝数不清，但是很多。如果一个人想要钱的人时候，就会把 16 个朋友叫过来，请他们吃饭，从每个人那里拿一个月的钱，先由这个使用。

这个会叫什么呢？＝钱会。把发起这个会叫作请会。

村里举行的会只有 16 人的吗？＝有各种各样的，但是 16 人的居多，还有 32 人的，24 人的等等，也有 10 人的。这之上和之下的就没有了（数的时候，一会叫作一道）。

【会的宗旨】村里人需要用钱时，依靠请会的情况多吗？＝品行好的人请会的话，大家都会帮助；品行不好的话就没有人帮忙。

【请会的时期、情况】什么时候是请会的高峰时期呢？＝春天的时候多。

一般都是什么情况下才会请会呢？＝结婚、家畜被盗、遇到火灾、葬礼等时候，大家会因为同情而出手相助。如果一个人品很好的人，死了太太，他没有钱所以不想再请会了。这时大家出于对他的同情，就以他为会主（会末，其他人为会友）让另外一个请会（没有什么特别的名称，一般叫作会而已）。

【请会的手续】请会的手续怎么样呢？＝首先，和大家商量，得到大家的同意后，在自己的家里，把"何月何日会月恭候"写在札（帖）上放在信封里，在上面写上"（对方）○○○台光（自己）○○○鞠躬"和名字然后送出去。到了那天，大家都会聚集到会末的家里，吃吃喝喝，结束之后会末把用钱的事情告诉大家。要说要多少的话，打比方需要 100 元，有 10 个人，那么每人必须拿出 10 元。这都是为了帮助会末。把这叫作"虎头会"。拔会（大家聚集到一起）每年举行四回的时候，三月时一回，正月的话，就是四、七、十。三回的时候，三、七、十一。五回的时候，二、五、七、九、十二（通常叫做四会、三会、五会）。上面说的月份固定。四会的时候随便，其他的都固定。

【会规——会账】会规一般是固定的吗？还是请会的时候商量而定？ ＝会末的家里肯定有会账，会规会写在上面。会规中，连请客吃饭都会写上，写上之后每次都会按同样规格请客。

会账是会末一开始就做好的吗？ ＝当然。不会特地和别人商量。

是请会的时候直接让大家看呢，还是大家同意之后再做呢？ ＝大家同意之后，第一次集会的时候制作。那里面也有会友的名簿。

名字是在宴会之前写吗？ ＝第一次会的时候，会友出席的话就写上各自的名字，这就成了名簿。接着，会末在会账的一页上写上会规。紧接着，写上名字。然后把当天请客吃饭的种类写上。然后记录下来。那些都是宴会之后再写，第二次会的时候让大家看。

那么，第一次宴会的场面大小是会末决定的吗？ ＝当然，尽量安排大气的宴会。

会规是首次集会时大家商量的，还是自己随意制定的？ ＝大体上写一下固定的话，自己不会写的时候，就会请教书先生写。

您有会账吗？ ＝因为不请会，所以没有。会一结束就会扔掉不要了。

【会的地点——保人】会的地点是怎样的呢？ ＝首次时是在会末的家里，从第 2 回开始就在会员中的 1 个人的家里。这会在第一次的时候决定。第二次请会的人需要 2 个保证人，这时候会决定第 3 次的地点（把这些行为叫作拔会）。

5 月 21 日

钱会

应答者　任福申（自天）

【钱会——拔会和得会】拔会是怎么一回事呢？ ＝就是决定谁得会。

同时决定下次的地点吗？ ＝当然。

那么，这个得会人可以使用在下次会上收集来的钱吗？ ＝当然。但是，这是转摆。而得会人使用本次会上收集来的钱叫作坐摆，所以，后者的话第一次的时候不拔会（转摆是上拨下使，坐摆是现拨现使）。

【得会人和保人】得会人为什么需要保人呢？ ＝因为他拿了一次钱之后，如果每次是 5 元，以后就必须出 5 元，所以需要担保。

是什么人来做保钱人呢？＝内保的话，由会友担任。外保的话，由会友以外的人担任。

不需要什么特别的资格吗？＝要有田地。

【拔会的方法】拔会的方法是怎样的呢？＝假设总共有 10 个人，会末以外的 9 个人随意用手指表示出 1 个数，这些数的总和超过 9 就可以了。这时候并不一定所有人都要出数，只要总数超过 9 就行。如果是 15 的话，从第 2 个人开始循环数数，15 就落到了第 7 个人头上。这个人就被称为头儿。从头儿这里开始，拿着 3 根筷子，以 1 元（底钱的一成）为坐根（最低金额），首先转 1 根筷子，想要用钱的人说 10 钱（或者 20 钱），这时候就会变成 1 元 20 钱。然后第 1 回就结束了。第 2 回的时候转两根筷子，第 2 回的底钱是 1 元 20 钱。然后想要用钱的人加 10 钱或者 20 钱，那么就变成了 1 元 30 钱或 1 元 40 钱。第 3 回转 3 根筷子，打比方 3 号加 10 钱的话，就成了 1 元 50 钱。以后要是没有人加的话，而且最后的人也不擎会，那么 3 号就成了得会人。最后的人无论如何都想用钱的话，就根据规则，要是 20 钱的话，就加 20 钱拿出 1 元 70 钱，这样的话，最后这个人就可以使用了，这被称为擎会（只有最后一个人才能擎会）。筷子转过来的时候，表达出想要用钱的希望，这被称为加会。

紧接着会末的排列顺序是固定的吗？＝随便。但是，要把年龄大的人安排在苟座上（入口的对面，会末坐在对面儿。第二次以后得会人就坐在主人席上）。

会末和第二次以后的得会人的席位是怎样的呢？＝随便。用钱的人带着钱仅仅吃饭而已，不参加拔会（不加钱），因此最后一个人前面只有两个人剩下。

【短牌、长牌、死会】那些不参加拔会的会友叫作什么呢？＝不叫作什么，每次会都有会单，上面写着谁是短牌（还没有用过的人）之类的事。长牌（已经使用的人）每次拿出 10 元。如果上次得会人以 120 钱拔会的话，短牌们要每人拿出 8 元 80 钱。死会又叫善会。是纯粹地靠别人帮助得到钱然后不用还，跟钱会没有关系。在济南有，农村很少。所谓活会就是指钱会，之后必须还钱。

每次都是只有得会人拿到钱，会友们拿不到钱吗？＝当然。

最后的会应该不同吧，是怎样的呢？＝在最后一个人家里吃吃喝喝。其他的人每人带着 10 元过来。（主人）收下这些钱。

最后那个人被称为什么？＝擎会。是最后的意思（因此拔会的时候，被称为最后的人——收钱）。

每次宴会的钱是谁出的呢？＝得会人。

【会底钱及其他规定】会底钱，坐根、行走、擎会等有规则吗？＝会底钱当然要根据会末的需要。坐根是底钱的 1 成，行走（加会的时候的加钱）任何时候都是 10 钱，擎会的时候，10 元的话，就是 30 钱或者 50 钱。但是，这些都是第一次商量而定的。

【明拔和暗拔】决定得会人的时候，除了拔会还有其他方法吗？＝没有。刚才说的是明拔，河北省实行的是暗拔。大致上像投票一样，大家在纸片上写下希望的金额，然后一起打开看。

传签是什么？＝拔会的时候转筷子。

掷骰是什么呢？＝以前有，现在几乎没有了。但是，只有在决定头儿的时候才会这么做，拔会也是一样的。

【短牌的缺席】短牌生病无法出席时，怎么办？＝委托代理人。代理只要拿着钱过来就好了。长牌无法出席时也一样。短牌的代理即使拔会也没关系，但是一般不这么做。

代理也来不了的时候怎么办呢？＝会末（也叫会头，会账上写会末，但平时叫做会头）去取，没有钱的时候，就从保人那里拿钱。

【请会的额度】一般请会的时候金额大约多少呢？＝最高240元（1人10元，24人），最低30元（1人3元，10人）左右，因为多的话很难结束，中途要出些什么事情的话就不好办了，所以很少。在济南有很大的金额（1人100元左右）。

【会的继续和会友】一次结束了，又是同样的人继续，连续几年，有这样的例子吗？＝有，但是完全是一个人连续几次的很少。

但是，不是大致相同的人聚集到一起吗？＝如果一个人三四年里都不穷，那么就带这个人来，让他做会友。否则一旦拿不出钱，会末要负责任的。

【男会、女会】有男会、女会这回事吗？＝有，会末是男的，会友都是女的，这叫做女会。它按照暗拔的方法操作。

女会是为了做什么呢？＝她们不是为了用钱。因为男的能够外出玩乐，女的不能，请会的时候她们就经常聚集到一起吃吃喝喝。这才是她们的目的，财主家的太太是这样做的。

会末是由什么样的人担任呢？＝有钱的男性，上了年纪的人（四五十岁）。

他们是因为太太们的拜托才做的吗？＝男人们商量后，为了安慰太太们而举行的。

那么，主人聚集会友不和太太商量，是自己决定吗？＝不会直接和女的商量，和她们的丈夫商量。

那么，金额多少都可以吧？＝当然。

一般是多少呢？＝最近，女会变得非常少，以前使用吊的时候，有10吊或5吊的。

村里最近有女会吗？＝没有。

【钱会的钱的用途】在普通的钱会里成为得会人的话，是如何使用钱的呢？＝平时整理各种债务，像今年这样收成不好的年份，三月得会的话，六月的时候就能得到钱。因此用来准备储存粮食等等。

【会末的责任——内收和外缺】会末的责任自始至终都和会友一样吗？＝短牌或者长牌不能带钱来的时候，有两个方法。内收和外缺。所谓内收就是在会前两三天，去得会人那里告诉他这次没有钱，过四五天再交。而会末就会把这个钱交上。外缺就是没有提前声明，就不带钱来的时候，会末负有催要的责任。

外缺的时候，会末只是催要，不用垫付也可以吗？＝随便，垫付也可以。

在坐席上收集钱的时候，不交给得会人可以吗？＝会末就会当作那天没有钱，之后会上门去收钱。

那天无法交足的部分，会末负有垫付的责任吗？＝外缺的情况是很偶然的，没有垫付的责任。

但是，因为得会人预计好的要用这么多钱，不足的部分，会末没有垫付的责任吗？＝大家都是朋友，迟交不会超过三五天的，而且非常困难的年份，也会一时中止钱会，下一年再举行。

那么，第二次以后，即使没有钱的话，得会人也不会有怨言吗？＝得会人会把自己的想法告诉会末，拜托他。会末会想起当初的约定，重视面子的男的话，会从外面借钱给他垫付。

有没有会末成为会友的保钱人的情况？＝没有。

【亡命会】至今为止，有没有和听到的钱会有不一样做法的会？＝没有，农村没有。以前在济南有亡命会，是张宗昌办的。由于这个会，打官司的人，自杀的人很多。

【钱会的今昔】钱会是从什么时候开始的呢？＝以前。

以前和现在比较起来的话，什么时候最盛行？＝跟以前相比少了很多。以前，用棉花织布的很多，因此用挣的钱成为会友，以达到存钱的目的。

【以存钱为目的的钱会】以前有以存钱为目的而办的钱会吗？＝有。

现在没有吗？＝是的。

【关于会账】以帖为主是什么意思呢？＝告知会期的纸。只要亮出纸，就不会来催促。这就是"概不催请"的意思。

（会账的写法的例子，李良甫）

夫朋友有通财之谊乡里有患难之恤是以请会一道会底钱五元会友十六名该会系转（坐）摆上（现）拔下（现）使以三圈为度坐根五角行走一角擎会贰角摆会时期每年四会以二、五、八、十一月为期以帖为主概不请催无论何份得会比找保钱人二名至于

酒食六盘二碗
某某得会一道
每份洋
　批　一元二角
　串　三元八角
保钱人
　〇〇〇
　〇〇〇

有没有内容说明啊？＝没有，听说济南有（不识字）。

【倒坐利息】借钱时，拿到的是7元，还钱是要还10元，这样的事情有吗？＝没有，没有听说过。（在济南有倒作利息的情况。借100元的时候，只拿到80元，并且为了地主的名誉，还得在凭证上写成无息借款100元。这实际上是复利。也就是说刚开始扣掉20

元而且又要利息。过一年之后要还 100 元，不需要保人。）。

【牲畜、农具的借贷】村里有没有借牲口和农具的？ =这种情况太多了。

在什么人之间借呢？ =一般在本家、亲戚、邻居、朋友之间，要是同村的，谁都可以。

一般会决定借多长时间吗？ =不会。

那么，所有人需要的时候随时来要吗？ =结束了，就会还过去。

每天都要还吗？ =当然。

要送礼吗？ =什么都不要做，相互帮忙而已。

借牲口的情况是怎么样的呢？ =邻居借的时候让他在自己家里吃饭。外村的亲戚借的时候就在那里吃饭。

要借两天以上的时候每天要来还吗？ =不来，结束的时候再来还。

【通融、拉拢、拉帮】通融是做什么的呢？ =两个人关系不好的时候，在中间劝和的人的做法叫作通融。有时也叫借、贷钱（但是，只是官话，一般不用），拉拢说到底就是借钱。也叫作拉帮（土语）。

拉拢和拉帮和（借钱）一样吗？ =一般借农具等称为拉拢和拉帮，借钱的时候不常用。

5 月 22 日

过付人　利息　立字　保钱人　瞎账

应答者　李良甫

【过付人、经手人】有过付人吗？ =有，也叫经手人，从其他人那里借的钱转手借给其他人。

是什么人做过付人呢？ =谁都可以。

过付人的债主和过付人的借主有关系吗？ =没有关系。

【和中介人的区别】这个和中介有区别吗？ =中介人负责介绍。不管什么场合（买卖田产，立继子）都可以做中介。过付人只会出现在借钱的场合（过付的意思就是从他人那里借的钱借给别人）。

【金额的程度】过付人掌握的金额一般有多少？ =不一定。十元八元的也有，七八十元，百元的也有。买卖的时候也有千元的情况（村里的是多少，不知道）。

【借贷主和过付人】过付人可以成为贷主吗？ =打比方，甲想要钱的时候拜托乙。乙自己没有钱就会去丙那里。然后，丙让乙负全责，把钱借给乙。然后，乙把钱再转交给甲。但是凭证的一页上必须写上贷主是丙、借主是甲。

【过付人——保钱人】乙不在凭证上写名字吗？ =作为保证人的时候要写（在农村承还保不写，从银行借钱的时候，要写上承还保和承还人）。

乙有不写名字的情况吗，还是都要写？＝一般不写名字。但是金额多而且甲不可靠时，丙会要求乙，让其写上名字。

那么，只有丙要求的时候才会写吗？＝当然。

【村内借贷的程度】所说的金额很多，一般是多少呢？＝不清楚，但是应该在四五百元以上。因为村里没有大额的借贷，所以几乎不写名字。有大额的话，就写名字。

一般村里多少钱左右的情况较多？＝百元以内，三四十元的情况比较多。

【过付人和证书】这种情况，过付人不写名字吗？＝当然。

那么，这个证书没有保证人吗？＝有。

肯定是过付人以外的人做保钱人吧？＝当然。

【过付人和职责】过付人和借主是熟人吗？＝当然，过付人和贷主也是熟人。

贷主和借主不是熟人也可以吧？＝当然。

在哪里制作证文（字据）呢？＝甲写好之后交给乙，乙带着去证文去丙那里。

交钱的时候是在哪里呢？＝丙把钱交给乙，乙把钱交给甲。

借钱的时候都是这样做吗？＝当然。

还钱的时候怎么做呢？＝甲把钱交给乙，乙再把钱交给丙。利息也是一样。

【支付利息】利息是什么时候给呢，和本金一起吗？＝还钱的时候一起支付。

有没有先仅仅支付利息的情况？＝有。

什么场合呢？＝如果期限到了还不了的时候，首先把到期的利息还了，请求延期支付本金。这期间有钱的话再还钱。（打比方，5 个月的时候，还不了的时候只还利息，请求延缓 5 个月）。

有没有确定好了期限是 5 个月或者 10 个月，而利息要每 1 个月或 2 个月就要还的情况？＝没有。

【分期付本息】打比方借了 100 元，第二个月还 40 元；第四个月还 40 元；第六个月还 40 元，有没有这样的情况？＝没有。

【粮食支付利息】有没有用粮食支付利息的情况？＝有。

什么情况呢？＝以前有，例如，一开始就约定好借 100 元还钱的时候，要还 3 斗米作为利息。现在没有了（在外面也没有名）。

请把字据的模板写下来？＝

（取钱的借子例、李良甫）

【有无借主的署名按印】借字人要和保钱人并列写下名字吗？＝不写。

自己写的时候呢？＝在月日的下面亲笔签字而已。

不按印章吗？＝不按，也不写十字，也不按手印，大家都是讲信用的。写字据的情况也很少。

【取钱】写下证文借钱被叫作什么呢？＝什么都不叫，仅仅称为"取钱"而已。

【指地借钱】不说指地借钱吗？＝当然，这是指地借钱的形式，如果不写土地，就写"本利不归保钱人负完全责任"。

不写土地就不是取钱吗？＝没有土地只要有利息，就叫取钱。

立借字人〇〇〇（因手乏）今取到〇〇〇大洋〇〇元言明每月按三分利行息以五个月为度本到利止利到本存若至期本利不归情愿将自己某地大畝多少任放钱人耕种（有红契文约可凭）恐后无凭立次借子为证

中華民國三十年　月　日

保钱人〇〇〇

代字人〇〇〇

立

指地取钱的时候，开始的时候不写【立指地借钱字人】吗？＝不写。

【押——典】用不用押这个说法？＝不用，有典的说法。

典是什么意思呢？＝和押一样，先把东西给别人，从其那里借钱，之后把钱还回去的话，可以把东西取回来。

不限于土地吗？＝用土地的时候叫典，把东西给别人叫作押。

【当与押】用不用当呢？＝农村没有，济南有当铺。

那么，农村的押和济南的当一样吗？＝没有人抵押（以前乡下也没有），一般人之间，通过拿东西作保证用来借钱，这叫作押。在当铺，营业的时候，把东西放在店里然后借钱就是当。要不是当铺，不管拿什么东西去都没有地方贷给我们钱。

【画押】画押什么时候用呢？＝用于分家单和过继单，但是不用于借字。

那是为什么呢？＝因为不是重要的事情。

那么，即使金额再多也不用吗？＝在农村，即使再多也不用，在济南稍微借点就要使用。

【保钱人的代还】借字人不还钱的时候，保钱人怎么办呢？＝保钱人代还。

连利息也不还的时候呢？＝那也是保钱人出。

代还之后，他向借字人催要吗？＝因为没有钱还不了，就算催要也没用。

借字人有土地、房屋或牲口等财产的时候就不帮他代还了吧？＝当然。

【财产和信用】一点也没有财产的人能借钱吗？＝有信用的人可以。

什么人是没有财产但是有信用的人呢？＝好人。

好人的话，能借多少钱？＝多的话就贷不了了。但是如果想要做生意，有把握赚钱的话能借到，否则，从一开始就借不到。

【佃户的信用】没有财产，耕种别人地的人是如何借钱呢？＝能还多少就借多少，多的话几乎借不到。

打个比方，村子里一个人租用 10 亩田地耕种，能够借多少钱？ ＝佃户借钱的情况很少（不太清楚，但是最多 200 元吧。而且没有信用的人借不了）。

【在字据上署名的人】除了保钱人和代字人还有人在字据上署名吗？ ＝没有（中间人、中说人等也没有）。

【有两个保证人时的保证责任】有没有保证人有两个的情况？ ＝有，但是很少。

有两个保证人的时候，借主不还钱的时候该怎么办呢？ ＝两个人分担。

所谓分担是怎么分担呢？ ＝要是 100 元的话，一人出 50 元。

债主只能向一个保人要求 50 元吗？ ＝当然。

两个保证人中一个是财主，一个没有钱时，情况也一样吗？ ＝一样。

那么，如果这时，一个人付不了钱时，剩下的 50 元会损失吗？ ＝有钱的人出钱的话，就可以了。如果不出那也没办法。一般两个保人会商量尽量做到不让债主受到损失。

【同族、亲戚的保钱人】同族（一家子）成为保钱人的情况有吗？ ＝没有。

亲戚呢？ ＝有。

一家子为什么成不了保钱人？ ＝分家的话就可以，要是同家的话就不行。

一般分家之后，一家子的人做担保人的情况是多还是少呢？ ＝多。

【代还额的请求权】保钱人垫付之后，当借主有钱了，可以催要吗？ ＝可以。

是只有自己垫付的金额呢，还是连利息一起？ ＝不能要利息。

有没有两个人一起借钱的情况？ ＝没有（在凭证上写两个人的名字的情况没有）。

【借主的死亡和保钱人】没有财产也没有孩子的人，借钱后还没有还就死了，保钱人必须还钱吗？ ＝当然，有还钱的责任。

【有无时效】别人借给钱之后不能催要，这种情况有没有？ ＝没有。

那么不管过 10 年，还是 20 年都能催要吗？ ＝能。

父母借出的钱还没有催要就死了，过了几年之后孩子能要吗？ ＝能。

没有凭证的时候也可以吗？ ＝可以。

【证书的有无和信用】就算对方不知道没有凭证也可以吗？ ＝不写凭证更安全，因为关系更亲密。

借钱的人死了，而债主的儿子不知道时该怎么办？ ＝没办法。

【赊账债权和请求】有在杂货铺和饭馆等地方赊账的情况吗？ ＝有。

赊账后没有还钱，过几年之后，店铺还能催要吗？ ＝过年的时候催要。

过年的时候不能全部还清，下一年外出打工了，过几年后回来了。这时，店铺还能要钱吗？ ＝能，但是店铺赊账的情况几乎要不了。

就算过了 10 年也能要吗？ ＝能是能，但是还不还，不知道。

不管过多少年，借主都必须还吗？ ＝可能要不了全部的金额，借主也没有把这当成真正的债务。一般认为过了三五年再要的话，付一部分就完事了（但是哪怕稍微还点也好，可是大多情况是不还）。

这时候，连店铺都会放弃吗，没有催钱的心情了吗？ ＝当然。

【瞎账】有没有飞账的说法？ ＝没有，有瞎账的说法。

是写在别的账面上吗？＝不是。

瞎账是什么意思呢？＝看不见，没有希望的意思。

【指地使钱和地券】有没有指地使钱的情况？＝甲想用钱时，知道丙有钱就拜托乙去借，丙不信任甲时，甲就把地券和凭证一起交给丙才能借钱。

这个之前让你写的（指地借钱）一样吗？＝当然（附带地券时是指地借钱、指地使钱，没有的话就是前面写的东西。严格区分就是这样。前面那个也可以这样说，一般是后者）。

村里附带地券的情况是多还是少？＝多。

【典和指地】这和典地相比，哪种情况多呢？＝这种情况多。

5 月 23 日

指地使钱　担保　大还账

应答者　李良甫

【指地使钱契】指地使钱的情况，还要在凭证上加其他的话吗（类似随带老纸一张）？＝在放贷人耕种的下面写"红契文约可凭"，其他都一样。

【立字及其日期】证书的日期写什么时候呢？是立字的日期，还是交钱的日期？＝交钱的日期。

就算是先写好凭证，也要先空着，之后再填上去吗？＝不交钱是不会立字据的，肯定是在交钱时才立的。

写的日期和交钱的日期不一样，这种情况有吗？＝没有。

【偿还和凭证】有凭证时，还钱的时候，证书怎么处理？＝一手交钱，一手交证书。

利息不够，只还本金时，怎么办？＝不还凭证。

利息没有全部还清时也不还凭证吗？＝当然。

【期限后的利息】期限只有5个月，到期没有还钱，而到了第7个月才还钱，后2个月的利息和前5个月的标准是一样的吗？＝当然。

如果前几个月的利息是2分的话，后面的不要3分吗？＝不。

【交钱和交证的先后】有没有不写凭证，先交钱后立字据的情况？＝有。

什么情况时？＝一般过3天或者5天后再交凭证的情况比较多。

这是为什么呢？＝没必要交钱当天必须交证，迟一些也可以。

这是借钱的人急着用钱的情况下吗？＝是的。

像上面说的这种情况一般是多还是少？＝多（因为村里人都熟悉），在济南是先立凭证再交钱。

为什么在济南要这样做？＝村里的人从济南的人那里借钱的时候是这样做的，因为村里人和济南的人不熟。

要是关系好的话，也可以之后立字据吗？＝是的。

【期限内无法偿还的处置】借钱借 5 个月，到期时还不了怎么办？＝先把 5 个月的利息还了，延期还钱。

延期时还要重新立字据吗？＝不。

要更正原来的字据的期限吗？＝不知道。

只还利息的时候，仅仅口头约定延期吗？＝是的。

借主是自己去请求吗？＝不去。

【无法付利息的情况】到期时，连利息也付不了，怎么办？＝要借主的土地耕种。

这个土地成了债主的所有吗？＝还钱的话，可以要回去。

那么，这时候是成了典当土地了吗？＝和典当不同。

【债主耕地的情况和手续】这种债主耕种借主的田地的情况叫做什么呢？＝不叫做什么。

债主耕种担保土地需要什么条件吗？＝到期时还不了本息，过了 5 个月之后仍然还不了时，才可以耕作。

那么，10 个月的情况时，到期后要再过 10 个月吗？＝是的。

这时候，债主有必要先催告一下对方，如果到时候不带过来钱就耕种吗？＝先通知对方，过了那天的话，保钱人就会带领债主去田地。借主不去也可以。

这时候不要特别立字据吗？＝不（这种情况很少）。

现在所说的情况是指地使钱的情况吗？＝当然，要交地券。

【不交地券的情况】不交地券的时候该怎么办？＝在冷水沟，大多数情况都不附带地券，不还钱的时候，大多数情况也不耕种借主的田地。

不交地券时，也可以让债主耕作田地吧？＝是的。

什么情况下让债主耕种呢，和前面说的一样吗？＝一样，但是非常少。

那么，交不交地券都一样吗？＝是的。

【债主的耕作权】债主耕作的这份土地，不管过多少年都成不了债主的土地吗？＝成不了。

那么，过 10 年、20 年还是借主的土地吗？＝是的。

那么，就算是过 30 年，借主只要带来钱，就可以要求返还土地吗？＝是的。

【回赎需要的金额】债主耕作土地 5 年后，还钱的时候还要还利息吗？＝不用，因为耕作土地了。

那么，只付本金就可以了吗，耕种土地之前的利息还要付吗？＝大致只要本金就可以了吧。＝这种情况很少，不很清楚。

【无法偿还时典当】到期还不了钱时，要让借主立典当契约吗？＝能立就立，没有强迫的情况。

【债主可否出租】债主耕作土地时，可以让别人耕作土地吗？＝没有这样的事情。因为不是自己的土地，不能借给别人。要是第三人耕作的时候出了什么问题就很麻烦（想出租的话，有租的人的话，倒也可以）。

有没有债主把土地出租给借主，让其支付一定的租金的情况？　＝可以倒是可以，但没有这样的情况；当初还不了钱时，就不想把地给债主，肯定是经历了各种争吵才让债主耕种的。

【指地和代还的有无】借主有地的时候，保钱人不代还本息吗？　＝当然（没有土地的情况，有代还的情况）。

【交付土地和卖地】到期后还不了钱时，是让债主耕种土地的情况多呢，还是卖掉田地还钱的情况多呢？　＝后者多。

【债主可否处置土地】债主持有契约的时候，借主还不了钱，可以凭借这土地借钱或者卖掉土地吗？　＝都不行。

【有无担保和借入限度】没有土地作担保时，能借多少钱呢？有担保时，能借多少呢？　＝不知道。

买地时，钱不够的情况下，对不够的部分立下字据后，能用这份地做担保吗？　＝没有这样的事。

【建筑担保】有没有用房子作担保的情况？　＝在农村没有，在济南有。

【不适合担保的土地】在土地中，有没有不用来作担保的土地？　＝没有，什么土地都可以。

坟地也可以吗？　＝不行。

洼地、沙地也可以吗？　＝村里没有这样的土地。

地基、院地可以吗？　＝村里也没有这样的地。

【旱地担保期限】一般，用土地作担保借钱的期限是多少？　＝还是5个月、10个月。

【无期限借款】有没有借钱没有限制期限的？　＝没有。

没有担保物的情况怎么样？　＝写凭证的话，必须写下期限。

金额的期限至少是5个月、10个月吗？　＝当然，少的时候，也有3个月的。

【没有凭证时的期限】不立字据的话，没有期限吗？　＝没有，什么时候都可以。

有没有借钱只借出5天或10天的情况？　＝没有。

借10元钱，1个月之后还11元的情况有吗？　＝没有。

以土地作担保借钱后，又用这块地向同一个人借钱可以吗？　＝可以。

【地价和典价——押卖】村里的田地1亩多少钱？　＝土地不同，价格不同，中等土地的话四五百元，上等土地的话800元，下等土地的话300元（600步的大亩）。

要是500元的地的话，指地使钱时能借多少钱？　＝200元到300元（和质量一样的道理）。

典当同样的土地能借多少钱呢？　＝300元以上到400元。

【典和指地使钱的得失】那么，500元的土地，需要300元时，用哪种方式呢？　＝典当的情况较多。指地使钱的情况要利息，但是获取的利益还不够利息。1亩地借300元，要是利率是2分5厘的话，1年要90元。而且，要是种高粱的话，只能收获7斗，就算卖了1斗也才10元70钱左右，所以总共也就70多元。而且，还必须从当中扣除肥料和人工的费用。高粱1年只能种1次；小麦和大豆的话，小麦2斗，大豆3斗。今年收成不好，小麦 2 斗 40 多元，大豆 3 斗 30 多元，共计 70 多元。这时，小麦的肥料和大豆及豆粕要 20 元，工钱按 10 工算要 20 元，共计 40 元，而且钱粮 1 年要 10 元。

【典地的钱粮负担】典当土地时，是谁交钱粮？＝承典者每亩付 1 元，剩下的由出典者支付。

【不履行指地时的土地调查】前面说了，借主还不了钱时，再过 5 个月也还不了时，保钱人就会带着债主去借主的地里去。

去那里干什么呢？＝踏察土地的界线（不测量）。

那么，用土地作担保时，当初不看土地吗？＝当然。

出典的时候，初次测量土地吗？＝不测。

也不去看看吗？＝会去看。

【卖出担保土地来偿还】用土地做担保的时候，要是还不了钱，有没有把这块地卖给债主的情况？＝有。但是不多（村里没有这样的情况，前面所说的债主耕作的情况也没有）。

【债主先买权】想要卖掉担保土地时，债主和第三者都想要，债主可以先买吗？＝可以。

和其他人的价格一样吗？比其他人的便宜时，能买吗？＝价格一样时可以买（便宜的话，不行）。

【多数债权者的无法偿还和"大还账"】一个人向多个人借钱，还不了时，把土地和其他的财产卖掉也不够时，该怎么办？＝就按照"大还账"实行。卖到所有的财产变换成钱后，把所有的债主叫过来，分给他们。

【分配的比例和顺序】这时是怎么分的呢？＝出售收入为 2000 元，欠 20000 元的债务的话，就各还 1 成。

如果没有担保借了 5000 元，通过指地借钱借了 10000 元，还典欠 5000 元，这些情况下都一样吗？＝典欠要全部还清，其他情况按相同比例还。

【有无担保的区别】有土地作担保和没土地作担保情况一样吗？＝指地借钱的地不是典地时，则多还。

多还多少呢？＝没有担保的，要是 1 成的话就要多还 3 成。

这是根据什么决定的呢？＝临时决定，没有什么特别规定。

【分配会议和参加者】谁决定呢？＝大家商量之后决定。

那是谁呢？＝同族的人和乡长和邻居。

同族的人都来吗？＝有能力的，有威望的人来。

这些人来决定吗？＝是的。

债主会参加吗？＝参加。

借主呢？＝不参加。

乡长的话，要是拿现在的冷水沟来说，是谁呢？＝庄长和乡长都来。

所谓邻居都是一些什么人呢？＝一些住在附近，能做很多事的人。

【会议的主席】主要管理大还账的人是谁？＝借主。

但是，商量的时候，借主不是不参加的吗？＝商量的时候主席是同族的人，是谁不知道，但是不一定是族长，是最有威望的人。

商量之后，要立字据吗？＝不。

那么，是怎么通知第三人的呢？＝口头报告。

【决定方法】借主对在那里所做的决定没有怨言吗？＝是的。

这种情况下，不是全部统一不行吗，还是大多数决定？＝半数以上承诺就可以了。

即使在债主之间有冲突的话也可以吗？＝没有关系。

尽管有债主反对，但是决定之后就不能抱怨了吗？＝是的。

【实例】这种情况在冷水沟有吗？＝有。

什么时候呢？＝七八年前。

那个人住在村里吗？＝嗯。叫王玉成。他死后，只剩下太太和孩子，没有办法只好实行大还账。

从多个人那里借钱没有还，而且财产又不够，这时候没有起诉的情况吗？＝没有。

【债权担保】有没有拿字据做担保用来借钱的情况？＝没有。

拿典当契约作担保借钱的呢？＝这也没有。

【转担保】债主能用指地借钱得来的土地再次指地借钱吗？＝不能。

债主可以用耕作以后的土地指地借钱吗？＝这也不行。

【类似于典当人的情况】借主借了钱之后，让太太、孩子去债主那里打工直到还完钱。这种情况有吗？＝没有，听也没听过。

【牲畜的质押】有没有借钱的时候把牲口给债主，还钱之后再要回来的情况？＝没有。

在冷水沟附近，没有因为没钱而为难的情况吧？＝不对，非常多。

【赚钱的方法】那么，村里的人都是靠什么挣钱呢？＝老老实实做百姓。《县志》上说，历城东面的人们从事农业，北面的种菜，南面的养牲畜，西边的就不知道了。所谓的牲畜就是羊、牛等。其他的话，南面有山，可以砍柴卖。

5 月 28 日

糖坊　粮贩　借粮　经纪　短工市场　通融

应答者　杜凤山（庄长）、杨兆栋（大夫）

【糖坊】村里有糖坊吗？＝有，有两家。

（糖坊）是做什么的呢？＝买黍子制糖（黏液）。

自己做自己卖吗？＝当然，去济南卖。

这个人的本职是制糖吗？＝当然。

【原料采购】在哪里买黍子呢？＝在集市上买。

是一次买很多呢，还是每次少买点呢？＝需要的时候稍微买点（买很多的话需要很多本钱）。

【糖的贩卖】在济南哪里卖糖呢？＝酱菜铺、点心铺。

它们用糖做什么呢？＝用作酱油的原料。做点心时用糖往上粘芝麻，或者做糖人儿。

每天都去济南吗？＝隔 1 天或 2 天再去。

只用黍子做吗？不用砂糖吗？＝在黍子中加入大麦的麦芽的话，自然而然就变甜了，不要砂糖。

这些人不做其他的工作了吗？＝其他的什么都不做。

【副业】他们有自己的土地吗？＝有，他们耕种土地，也养猪。

【销量和价格】糖坊去济南卖糖一天能卖多少钱？＝100 元左右，300 斤左右，1 斤 40钱左右。

【原料和制品】制 300 斤的糖需要多少黍子和麦子？＝用 20 斤的小麦和 120 斤黍子能制 100 斤糖（市秤＝新秤）。

小麦和黍子的价格是多少？＝小麦 1 斤 35 钱，黍子 1 斤 25 钱（市秤）。

糖坊不在村里买原料吗？＝也有在村里买的。

【粮贩】村里有多少粮贩（贩子）呢？＝5 人。

【本职】那些的人的本职是什么呢？＝主要种地（庄稼），闲的时候贩卖。

【交易谷类】他们买卖些什么呢？＝大多是大米，也有小麦。粮食上市的时候，也会买卖一些粮食。

他们都去哪里的集市呢？＝王舍人庄以外，坝子、大辛庄等，其他远的地方就不去了。

在这些集市上买过之后怎么办呢？＝带回家。如果买的小麦便宜的话，就制成面粉卖到济南；或者买的粟便宜的话，就制成小米卖到济南。

【自家加工】磨粉和去皮都是在自家吗？＝都是在家里，家里有碾子和磨。

要先确定济南的买家吗？＝不一定，这是随意找的。

每个村里都有贩子吗？＝有。

【市集的粮食买家】在市集上买粮食的粮贩多吗？＝和粮贩相比，普通的种植户多。所有的村子里，凡是贫穷人都来买。

那些农民都是买来用作粮食的吧？＝当然。

【贷款的来源】这些农民是如何得到钱的呢？＝去火柴工厂、妇女们缠线抽丝、孩子做半工。

【火柴工厂的工钱】是男的去火柴工厂吗？＝男的。女的不去（在济南，要住宿，一周或一个月再回来。不管饭，一天一元五六钱）。

【纺线】女的是在家里纺线吗？＝当然。

是要买来绵在家做吗？＝当然。

从哪里买呢？＝坝子的集市上。

做成丝之后去哪里卖呢？＝在集市上卖或者自己用来织布。

在冷水沟有没有去火柴工厂或抽丝的人？＝去火柴工厂的没有，但是在家里抽丝的有。

【未成年人的半短工】未成年人是什么时候做半短工呢？＝男孩割草喂牲畜；女孩编草绳。

未成年人做这些能得到多少钱？＝十五六岁的孩子拿成人的工钱。这之前在自己家里劳动或者往地里撒肥料（所谓半工就是早上开始干活，中午下起了雨等情况）。

【粮食交易和牙税有无】赶集时买卖粮食的话必须交牙税吗？＝不要。

集市上没有牙税吗？＝没有。

那么，在集市上买卖粮食的时候，是买卖双方直接交易吗？＝当然，没有他人撮合。

以前也是这样吗？＝当然。

【有经纪的交易——牲畜】市集上有经纪人吗？＝只有在买卖牲畜的时候才有。

【粮食借贷】村里有借粮食的么？＝有是有，但粮食不够吃时会借点儿，很少。

【借钱和借粮】没有粮食的时候，借钱的情况多，还是借粮食的情况多？＝两个都有，但是借钱的比较多。

【借粮的对象、时期】粮食是从同族、亲戚那里借呢，还是从邻居那里借呢？＝从邻居那里借的比较多，也有从朋友那里借的，从亲戚那里借的很少。

什么时候借粮食的情况比较多呢？＝过完年，食物缺乏的春天借粮食的比较多。

春天借的粮食，什么时候还呢？＝所借粮食收获的时候。小麦的话就现在，高粱的话就是阳历 8 月左右。

借什么的情况比较多呢？＝借高粱、豆子、谷子的比较多。

【借粮的偿还、有无利息】借的是粮食，还的时候也要还粮食吗？＝当然。

有没有还钱的情况？＝借钱还钱，借粮还粮。

如果春天借 1 斗的话，秋天的时候要还多少斗？＝1 斗。

没有利息吗？＝没有，要是朋友、邻居的话，就算是借钱也不要利息。

借粮食的时候，是自己直接去借吗？＝当然。

不需要其他中间人和保人了吗？＝当然。

【牲畜交易的经纪和包商】在市集上买卖牲口的时候，与经纪和包商之间有关系吗？＝没什么关系。仅仅去包商那里把卖的价格写下，交了税而已。

交易牲口的时候，经纪要办什么手续吗？＝买家和卖家一到集市上，经纪自然而然就会明白，从而交涉价格。两方都同意的话，买卖就成立。然后在那里向包商报告，领取两张纸片。写上经纪人、买卖双方的名字、牲口的种类、颜色、价格、税金等。跟价格没有关系，每头骆驼、马、牛，要向包商交 1 元。猪没有税金（杨），向经纪人交 2 分。

【税、手续费的负担】税和手续费都是由买家负担吗？＝买卖双方平分负担。

牲口市以前就有经纪人吗？＝当然。

包商也是从以前就有的吗，前面所说的交易方法跟以前一样吗？＝当然。

这种交易方式其他的市以前没有吗？＝是的。

【短工市及其期限】短工市在哪里的集市上有呢？＝王舍人庄、沙河、坝子、大辛庄等。哪里都有。

冬天也有吗？ ＝冬天没有，忙的时候才有。

短工市上都是一些什么人呢？ ＝没有地的穷人。

孩子来吗？ ＝不来，女的也不来。

忙的时候，每天都有吗？ ＝没有市集的时候，每天也来。

没有市集的时候，他们去哪里呢？ ＝杨家屯、沙河、王舍人庄，这些地方都是离冷水沟近的短工市，短工每天都来。

【只有短工的集市】杨家屯只是短工的集市吗？ ＝是的。

只是临时忙的时候，短工也会聚集在杨家屯吗？ ＝是的。

为什么是这样呢，以前也是这样吗？ ＝从以前雇主和想被雇佣的人都纠结于没有固定的地点。

在冷水沟的村子里，忙的时候会有短工市吗？ ＝没有。

是因为杨家屯贫穷的人多吗？ ＝因为那里和周边的村里相连，交通便利，所以就形成了短工市。

【筹集雇短工的钱】农忙的时候，村里人为了雇很多短工，要准备钱吗？ ＝有地的人要准备。

雇短工的钱不够的时候怎么办呢？ ＝向有钱的人借。

【简单的借钱——借钱】很容易就借到钱了吗？ ＝容易，一句话的事儿。

自己去借吗？ ＝当然。

还需要利息、保人或者担保吗？ ＝什么都不需要。

借过之后，什么时候还呢？ ＝有钱的时候。早的话七八天。1 个月内还。

这种简单的借钱方式叫作什么呢？ ＝当然还是借钱，通融。说来往的话也明白（也叫浮摘、浮借）。（浮借的话，只有商人才用，种户当中不用——据杜庄长）。

【立字据的借钱和借钱的区别】村里什么情况下要立字据呢？ ＝有借据借贷的情况很少。如果一句话借不了，就拜托介绍人，写下借据后再借。这时候要利息，这种借钱方式是不受好评的。百户中有六七十户可以借，剩下的不能。

借 100 元以上的话，需要字据吗？ ＝即使是 100 元以上，能借的话就不需要字据。

【百元以上的通融】这种情况在村里有吗？ ＝村里很少，用 150 元买牲口的时候有这种情况，但是在村里没有听过。

【通融（借钱）对象】通融的话，从哪里借的情况比较多？ ＝从邻居那里借的情况比较多，朋友一家子也比较多，从亲戚那里借的很少。

为什么从亲戚那里借钱的人少呢？ ＝因为跟朋友和邻居的关系很好，总是借贷。而亲戚的话，不好意思催要，很没有面子。去借钱的话，就算有钱也说没钱，就是不想借。

通融的情况下，借的钱暂时还不了，有让借钱的人立字据的情况吗？ ＝没有。

【押、当】平时用抵押这个说法吗？ ＝不（在济南有拿着衣服去当铺借钱的，在农村没有）。

也不使用当的说法吗？ ＝这个农村也没有。

【典】典，有吗？ ＝有，典地。

有典房子的说法吗？＝没有（在济南也没有）。

【卖、典地立字用纸】在村里卖地、典地的时候，使用什么样的纸呢？＝什么纸都可以，毛头纸比较多（卖地）。典地的时候火头纸、海纸（黄纸）比较多。

用不用草契纸？＝草契为卖地时（没有县公署的）。

5 月 29 日

秤斗牙税　经纪

应答者　宋有俊（财政科员，与契税、牙税相关）

【秤斗牙税】有秤斗牙税的情况吗？＝有。

那是什么税金？＝秤是用秤称量交易时，斗是用斗测量交易时，牙是交易有牙的东西时，各项在集市上交的税金。

那么，秤税、斗税、牙税分开吗？＝每个集市上，有一个人负责操作这些。秤的话，几乎不收。

【包商和经纪】在各个市集上负责操作的人被称为什么呢？＝包商、收税，一般叫作经纪。

王舍人庄的包商是谁？＝不知道现在是谁，我去打听一下，一直都是同一个人。包商每人每次干五年。现在，有的人连去年、前年的部分还没交到县里，所以新县长还是延续以前的做法。

【征税方法】包商是如何收税的呢？＝2％。包商去卖家那里收税。

是包商一人收吗？＝一个人也可以，也可以雇伙计，实际上是怎么做的不清楚。

只有在交易牲口时交的税才叫牙税吗？＝当然。秤、斗、牙统称为【集税】，税名叫作秤斗牙税，分开的话就不说了。

【经纪的职责】有牙纪、牙行的说法吗？＝俗名是经纪，就是包商，和上面一样收取秤斗牙税。

经纪担任交易的中介吗？＝做中介。可以的话，还收税。

哪种交易都可以做中介吗？＝是的。

一个包商做得过来吗？＝一个人做。

【收税方法】从卖家那里收税是 1 天 1 次收清，还是每交易 1 次收 1 次？＝每交易 1 次收 1 次。

收税的时候，给票吗？＝经纪人给，叫作什么不知道。

【粮食交易和经纪、量斗】集市上交易粮食的时候，经纪也做中介收税吗？＝经纪人是有，但收不收税就不知道了。

经纪做些什么呢？＝做买卖的中介，实际上做什么不知道。

交易粮食的时候，量斗和经纪有关系吗？＝不清楚。

【田房草契（用纸）】买卖和典当土地时，用田房草契吗？＝规定必须使用。

那么，是谁把用纸交给人们呢？＝县公署想要建造发行用纸的"发行所"，但是还没有。

王舍人庄概况　井　借粮　立字　大还账　期限　担保

应答者　孟庆林、王兆俊（王舍人庄村民）

【王舍人庄概况】你们住在王舍人庄的街上？＝自己（王）挨着新民会，孟姓住在孟家胡同。

王舍人庄有多少人家？＝以前 300 户，现在 400 户。

为什么增加了呢？＝因为县公署迁移过来了，那些办公人员都住在村子里。而且，街上做买卖的越来越繁荣。

有多少人口？＝1900 多人。

村里有多少耕地？＝26 公顷，除去庙、住宅地和粪场，有十五六公顷（包括菜园，菜园在县公署周围，有五六十亩）。

【作物耕种】作物的话，种些什么呢？＝菜园是好地，一年能种 3 回。先是白菜、菠菜、苔菜，然后是小麦，紧接着是谷子。菜园以外的地两年种 3 回。第一年是小麦和大豆；第二年是只能是谷子。

【粮食的供需】村里的食物充足吗？＝不够。因为县城附近的村子地都很少，所以不够。而且拼命地施肥，几乎获取不了利润。

不够的部分怎么办呢？＝以前依赖于黄河把高粱运过来，现在用火车运过来，然后再买，春秋两次。

【购入借款的准备】普通的农民怎么弄到这些买粮食的钱？＝做买卖或者做木匠、工匠等。除了种地以外还做手工。一年中不下地干农活时，就做手工艺。

有没有做什么东西卖的？＝有的妇女织布，也有几家油漆店，但是很少。

【外出打工】冬天有去济南打工的吗？＝年底之前，有手艺的人到济南、徐州、开封等地去工作的情况很多。

【农家所需亩数】在村子里，要是 5 口人不买粮食生活下去的话，需要多少地？＝有 10 亩的话，就可以生活下去。

【常食粮食】常吃的东西是什么呢？＝高粱、棒子（玉米）、大豆等。

【有关灌溉井】村里有多少灌溉井？＝200 口以上，今年因为旱灾又增加了。

每年增加多少呢？＝今年挖了 70 口左右。

一口井能灌溉多少亩？＝出水多的井的话，能灌溉两亩，不好的井的话，不下雨的时候，水就越来越少。

井要挖多少尺才能出水？＝1 丈 5 尺左右。挖井可以挖出水，但是不下雨的话，井水越来越少，又得重新挖井。挖出来的泥要堆积起来。因为泉口很细，打水多的话，就越来越少了。

【挖井的费用】挖一口井要多少钱呢？＝只是挖土的话要 15 元，为了防止崩塌往里面贴瓦和石子的话，要 120 元。总共需要 135 元。

【井的所有】每个人都有井吗？＝是的。

没有共同挖井的情况吗？＝由于井的能力有限，只能灌溉两亩地，所以要是合伙用一口井的话不行。

【挖井及其方法】像今年这样，挖井需要的钱怎么来呢？＝多的话，就动员家里所有人挖井。有在外面工作的人的话，就把钱寄到家里用于挖井。

钱不够的时候怎么办？＝就不堆砌石头了，仅仅挖口穴而已。这样的话几乎不花钱。

【水车井】村里有多少水车井呢？＝一个都没有（水车井很大，能灌溉 10 亩地，但是要花很多钱）。

【土地买卖及其原因】村里买卖土地的情况是多还是少呢？＝不多，每年两三家，多的话 10 亩，少的话两三亩。

为什么要卖掉土地？＝因为没有食物就借钱，还不了时就出典土地，也有卖掉土地的，到来年好好工作有了钱的话就赎回来。

【自耕农和佃户的多少】村里是只耕种自己土地的户多，还是耕种别人家的土地的户多？＝前者多。

【土地所有状况】这些人有多少地？＝最多 50 多亩，最少一两亩。

拥有最多的是 50 多亩吗？＝当然。但是只有一两人，大多数是 10 多亩。

【外村人的所有地】村里有其他村的人和济南人的地吗？＝家在村里，到济南做买卖的人在村里有一点地，而在济南生活的人没有。

【佃户、土地少的人】耕作借来的地的人少吗？＝一个都没有。

那么，只有一两亩地的人怎么办？＝这些都是人少的家庭，要养活父母的家庭会在村里做一些帮工，获得 50 钱左右的报酬。

【长、短工】有做长工和短工的人吗？＝有，长工也叫扛活、工友或者伙计，要做一年。雇一天的叫作短工；一个月的叫作长短工（也叫月工）。

这样的人有多少呢？＝做短工的有 300 户（因为土地少，长工就少）。

【粮食的借贷及其期限】村里人之间有贷借粮食的情况吗？＝有，食物少的时候就稍微借点，等有钱了就买粮食再还。

这种情况什么时候多呢？＝春天的时候多。

【粮食返还、借粮还钱】有用钱还的吗？＝有做短工的，挣了钱再还。

哪种情况多呢？＝用钱还的比较多。

借粮食的话每次借多少呢？＝有两三升的，也有 5 升的。

借 5 升还 5 升吗？＝借多少，还多少。

要像给利息一样送礼吗？＝不用。

【借粮和借钱的多少】粮食不足的时候，借粮食的多，还是借钱的多？＝借钱的多。

【借钱的对象和顺序】向谁借呢？＝从有钱的人、朋友、邻居、同族、亲戚等熟悉的人那里借钱。

　　这些人中，先向谁借钱？ =首先是邻居；邻居没钱时就找朋友；朋友没有时，找同族（一家子）；最后才是亲戚。大家都没有时，就只好都稍微拿出一点来帮助他。

　　【借钱的程度和方法】这时，一般借多少？ =1 元到 10 元左右。

　　是自己去借吗？ =自己去，不拜托别人。

　　借的钱要利息吗？ =不要。

　　【借项钱】这种简单小额的借钱叫作什么？ =借项钱。

　　不叫作通融吗？ =一般不这样叫，上面说的是通称。

　　【要利息的借贷】什么情况下要利息呢？ =婚丧的时候，需要 30 元或 50 元，向一个人借不了，所以就拜托朋友寻找贷主借钱，这种情况下借钱要付利息。就算是小额的情况，1 个月以内还不了的话也要付利息。

　　【利率】一般利息是多少呢？ =2 分，最高 3 分，但是很少（非常少）。最低 5 厘。

　　3 分的时候是什么情况下？ =钱少的时候，利率高。

　　【根据对象决定是否要利息】即使金额很少，由于与对方的关系，不要利息的情况也有吧，什么情况下要利息呢？ =没有关系的人之间，有介绍人存在的人之间。

　　【三分利的贷主及其方法】以 3 分利往外贷钱的是些什么人？ =做买卖赚钱的人，收成好有闲钱的人，存有 30 元或 50 元的人。虽是种户，没有店铺，但是家里有人在济南工作，而且粮食足够，挣的钱家里不用存起来，借给穷的人。1 个月以内还的话不要利息。但是这样做的很少。

　　要是超过 1 个月，就要利息吗？ =不是。如果贷主善良的话，就算是超过了 1 月也不会要利息。过了 5 个月要利息的情况很正常，但是这取决于与中间人的关系，关系好的时候 1 分、2 分就可以了。

　　金额多的话就 2 分，金额少的话就 3 分，这种情况有吗？ =有。

　　【村内的贷主借钱的情况及其金额、利息】村里，把存起来的家里人的工资往外借的时候，是要中间人呢，还是借主自己来借呢？ =都是托人来借。没有自己来借的。因为不好说利息多少。

　　这种借贷是多少钱？ =少的话，三四十元，多的话二三百元。100 元以上要 3 分利，100 元到 200 元要 2 分 5 厘，200 元以上 2 分厘左右，100 元以下一般是 3 分，这以下的也有（没有 3 分以上的）。

　　【期限的时期】一般期限是多长？取决于金额吗？ =跟金额没有关系，一般是 5 个月、10 个月（没有 7 个月、8 个月）。借大额数目的大多是做买卖的，老百姓借不了这么多，借这么多还不了的话就只好实行大还账了。

　　什么时候借钱的情况多呢？ =春天，为了买卖和粮食。要是为了零散的债务（赊账），年底的时候最多。

　　【利息很低的情况】什么情况下利息只有 5 厘？ =贷借双方都是有财产和身份的人，借主突然急用 500 元或 2000 元，但是家里没有，只好借。借了钱不还利息又说不过去，所以按 5 厘计算。这时候，贷主肯定是不会要利息的，但是不要的话，借主就不想借，所以就支付利息。

【需要凭证的情况和介绍人】拜托人借钱的时候都要立字据吗？＝当然。

就算金额很少也是这样吗？＝当然。

介于中间的人叫作什么呢？＝介绍人。

此外，有保钱人吗？＝没有，介绍人担任即可。

那么，立字据的时候保钱人要在场吧？＝当然，以前凭证上都是写保钱人，但是现在凭证上都是写介绍人，是一样的。

【立字据和土地担保及其形式】立字据的时候，用土地作担保的情况是多还是少呢？＝用土地作担保的情况比较多。

这和金额没有关系吗？＝金额少的时候土地就少写点；多的时候，土地就多写点。

这种借贷叫作什么呢？＝没有什么特别的名字，立字据，出典的时候写立当地人（上面说的是指地借钱）。

立借字人○○○引手不便今取到
○○○名下大洋○○元言明利息三分五个月
爲满本利归若要不归家东园息地一分
方钱人耕重为菜空口无凭立字存证

民国三十年五月二十九日立

介绍人 ○○○
　　　　　○

【立字后无法偿还时的处置】像上面那样立字据，5个月后还不了的话怎么办？＝介绍人把借主带到贷主那里让他们商量处理土地或者延期。这样的话，介绍人的责任就少了。如果没有土地时介绍人就是保钱人，责任最重。贷主直接向介绍人催要，有钱的话，就会垫付。

多次催要，但是介绍人为了赚利息，也有不垫付的。垫付的也不会全部垫付。责任重大关系又不亲密的话，就不会给没有土地的人做介绍人。

【打利延期和土地处置——介绍人】关于如何处置土地，一般是贷借双方直接商量吗？＝介绍人介于中间，一般借主不直接见面。介绍人询问贷主是处分地，还是延期。有交情的话，收5个月的利息然后延期。如果不是这样的话，就会处分土地。但是只收利息延期的情况比较多。

【延期和买卖土地】延期的时候要重新写凭证吗？ ＝不写，有钱的话买地是最牢靠的。把钱借出去的话什么时候还不知道，只能坐着等。有时候遇到大还账还会亏本。

【不履行时可否耕种土地】过了 5 个月没有还钱时，贷主能按照凭证自由耕种田地吗？ ＝能，实际上，由于面子的原因，这样做的人很少。

【介绍人的代还、诉讼】没有土地的时候，介绍人垫付的情况多吗？ ＝实际上垫付的很少，金额很多的话，大多是打官司。

【当介绍人的人】什么人做介绍人呢？ ＝既是想要借钱的人的好朋友，也是贷主的好朋友的人。

没有财产也可以吗？ ＝没有也可以，如果借主和介绍人都没有钱的话，从法律的上讲可以押送到衙门，但是因为朋友很重要，这样做的很少。

【打利延期的期限】付利息后延期的话还是 5 个月吗？ ＝不一定是 5 个月，随便。一般是麦前的话就等到麦后，这之后的话就等到大秋。

【延期后无法偿还的情况】延期之后，作物收成不好还是还不了时，怎么办？ ＝再次延期，借主要是贫穷的人的话就去做短工，省钱一点点还。

【无法偿还时的出典和卖地】代替延期，有把土地典当给贷主的吗？ ＝没有。

还不了时，把地卖了还钱的情况多吗？ ＝多。

【卖地来偿还】卖地前延期的情况多，还是直接把地卖掉的情况多？ ＝延期后，还还不了的话卖地的比较多。如果有 10 亩地，出典 5 亩得到的钱没有很多，所以会卖掉 2 亩（卖掉 2 亩后不够的话，就把从剩下 3 亩地上收获的粮食卖掉一起还）。

（以上，王兆俊回答、口译刘）

（以下，孟庆林述、口译郭）

【取钱和借钱】（展示前面的凭证）这种借钱叫作什么呢？ ＝叫作取钱。取钱有利息，借钱没有利息。

【凭证的署名者】借主要在凭证后面署名吗？ ＝因为前面有，所以不用署名。

要画押吗？ ＝要。

只有介绍人做吗？ ＝是的。

借主不画押可以吗？ ＝不画押，其他人也不画押。

【画押及其含义】一般是怎么画押的？ ＝不会写字的就画十字，画○或者按手印（左手食指）。后者比较多。

没有画押的凭证可以吗？ ＝没关系，以前什么都不用。八九年前开始这种做法。

【代笔】不认识字的人立字据的时候怎么办？ ＝拜托人写，但是不写代字人○○○，土地的卖契时需要写。

【凭证的含义】那么，写凭证是为了什么呢？ ＝如果父亲借过钱死了的话，他的孩子必须承认，这就是证据。

自己不写又不画押的话，能判断出是不是伪造的呢？ ＝谁都不会伪造。

那么，父亲借了钱没有告诉儿子，死后，要是儿子说父亲不会写字，不承认的话怎么办？ ＝这样的话就会引起纷争。

要是这样的话，怎样引起解决呢？＝要是借主这一方强势的话，有可能不还，要是对方强势的话，就必须还。

【介绍人的责任】这时候，介绍人要承担什么责任呢？＝介绍人必须站在中间立场上调解。

如果借主的孩子归根到底都不知道这件事的时候，介绍人要垫付吗？＝介绍人不会垫付。

【土地买卖的中人】买卖土地的时候，介于中间交谈的人叫作什么呢？＝叫作中人。

什么人做中人呢？＝谁都可以。

中人要在契约上写名字吗？＝要写名字。

【中人的谢礼】中人要从买卖双方中的哪一方收谢礼吗？＝不收。有买卖双方带着东西去的情况，但是很少，而且也不会特别请客吃饭。立字据当天，大家一起吃吃喝喝。

【借钱、出典的情况】借钱的时候，会这样做吗？＝不。

出典的时候会这样做吗？＝不会（把出典叫作“当”）。

【大还账】您知道大还账吗？＝有，就是所谓的一个人借了太多钱还不了的时候，就把财产全部卖掉分给每个债主一点的意思。

只有两个债主的时候，有这种事情吗？＝有。

【分配方法——有担保土地】把全部财产卖掉得到的金额如何划分呢？＝按着贷款金额分还。

典地500元、指地取钱500元、借钱百元还不了时，怎么办？＝这种情况下，把典地和指地都给债主后，再想其他方法。

【“大还账”的手续】谁来提供“大还账”的分配方法？＝借主。

还不了钱时，决定大还账的话，要通知谁呢？＝通知邻居等熟人，不通知同族和亲戚。

要通知债主吧？＝通知，指定日期前两三日通知。当天要准备饭菜。

是借主一人决定日期吗？＝自己决定，然后【出帖】。

请　某月某日　○○○恭候拜

都是给谁发呢？　＝只给债主发。

【会议参加者】当天一起吃饭的都有谁？　＝除了债主还有几个调停人，仅此而已。

【调停人】一般都是什么人做调停人呢？　＝有能力的人（能人，有面子的人，好、不错的人）。

叫多少人呢？　＝不一定。

是吃饭的时候商量吗？　＝吃饭之前要全部结束。

【处分、分配的决定方法】财产的处分、分配是由调停人决定吗？　＝调停人说合。

有债主反对的情况该怎么呢？　＝这个时候已差不多决定，这么做只是形式而已。

那么，是在出帖之前决定吗？　＝当然，出帖后，债主只能来拿决定好的金额。

【介绍人的责任】这之前，财产的处分、分配是谁决定的呢，怎么决定呢？　＝借主决定大还账时，会告诉介绍人。介绍人告诉债主，要是可以的话就回去告诉借主。

【处置土地的方法】要是土地的话，处分土地的时候不问是买还是不买呢？买的话，多少钱买呢？这些问题的话，可以吗？　＝先问家族的人；其次问地邻；再者问债主；谁都不买时，卖给谁都可以。

是卖给当中出价最高的吗？　＝是的。

【"大还账"后借主的剩余财产】大还账的时候，借主什么都不剩下吗，还是剩下一点什么？　＝有土地和房子的话，就把土地卖掉。只有房子的话，就卖掉房子。有上了年纪的父母的话，就多少留点土地，土地少的话就不留下。就算只有房子稍微留一点，然后全部卖掉。这件事非常难办。

要把家具、农具、牲口全部卖掉吗？　＝这些不卖，只卖房子和地。要是房子小的话，就必须卖牲口（不是老练的老人的话很难判断）。

王舍人庄最近有这样的例子吗？　＝几年前有，但是不是什么好事，尽可能避免。

【偿还手续和凭证】立凭证借钱时，还的时候凭证要怎么办呢？　＝一手交钱一手交证，然后借主把凭证烧掉。

还的时候只有介绍人去吗？借主也一起去吗？　＝一起去。借主来取的时候和介绍人一起来，都在场。

贷主要提前告知什么时候来取吗？　＝借主告诉介绍人来取。

【介绍人代还的情况】介绍人垫付的时候，债主要把凭证交给他吗？　＝当然，介绍人再拿着凭证向借主请求还钱。

【可否代物偿还】到期后因为没有钱，让别人把牲口牵走的情况有吗？　＝没有，指地的时候除了允许耕地没有其他办法（没有土地的时候就必须指房，没有用牲口做担保的，即不指地也不指房，小额没问题，但是大额的话就不行了）。

那么，借主还不了钱时，有没有贷主去牵牲口代替还钱的情况？　＝不会这样做。延期就可以了。

就算延期之后也还不了，可以这样做吗？　＝还是延期。

贷主人不好的话，也没有拿走东西的情况吗？　＝延期几次之后也还不了的话，有拿走东西的。

【借钱期限很长的情况】借钱的期限有没有比 10 个月更长的？＝不是 10 个月就是 1 年，比这更长的就没有了，10 个月的多。

【短的情况】最短的是多长？＝1 个月，这之下的就没有了。

【期限和利息——金额】1 个月的时候，利息是多少？＝10 个月也好 1 个月也好都一样，金额不同，利息可能会有所不同。

【担保土地的买卖】指地借钱的时候，借主可以不通知把土地卖给债主吗？＝不通知也可以，因为到期时可能要还。贷主会向介绍人询问借主为什么要卖地。因为是同村都知道为什么要卖地的事情。

【卖地的通知和催告】借主不通知贷主或介绍人想卖地的事情也可以吗？＝要通知介绍人。

【先买权】通知之后，介绍人怎么办？＝介绍人询问债主买不买，然后再告诉借主。贷主想买的话，必须让给地主。地邻若以同样的价格买时，必须让给地邻。地邻不买的时候才能买。

5 月 31 日

关于公顺酱园　交易　制造　进货　金融　大还账

应答者　林心田（公顺酱园）

【林家庄】您是王舍人庄的人吗？＝我是东边林家庄的人。

林家庄林姓多吗？＝总共有 40 多家，其中只有两家异姓，剩下的都是林姓。

都是一家子吗？＝当然。

有族长吗？＝现在的族长是林庚涛。

【公顺酱园的组织】公顺酱园是以怎样的关系经营的呢？＝有专门的财东，叫苏文卿，亲戚。

用不用伙计呢？＝这里是分店，有四五人。

总店在哪里呢？＝董家区的董家庄。

总店的经理是谁呢？＝别的人，苏姓（总店）。

财东是同一个人吧？＝当然。

总店的经理和财东是一家子吗？＝是同姓，但是不是一个家族的（同族）。

公顺酱园只有上面两个店吗？＝当然。

【资本】有多少资本呢？＝总店是 20 多年前，以 2000 多元资本创立的，分店是去年创立的。这里的分店没有资本，酱油都是从总店运过来卖的。

【贩卖种类】都是卖些什么呢？＝酱油、醋、甜酱（用麦粉制作的汤汁）、咸菜、点心、杂货等。

这其中在总店生产的是哪些呢？＝除了点心、材料（酱油、醋）、咸菜等杂货。

【原料和采购】用什么做原料呢？ ＝酱油的原料是豆（豆子面）、面等高粱（醋的原料）精，咸菜要用芥菜、萝卜。

这些原料要从哪里买呢？ ＝生产芥菜或萝卜的人会送到店里（不在集市上买），董家庄附近的其他村子也来。

豆和盐等是从哪里买的呢？ ＝豆子在济南买，面是农民磨成粉之后送过来的，盐是去年在王舍人庄的店里买的（事变前董家庄也有，现在没有了）。高粱也是从济南买的，糠和上面是一样的。

不从集市上买豆子和高粱吗？ ＝集市上黑豆多，但是黄豆很少。

【交易店】在济南卖这些原料的店固定吗？ ＝不一定。

从以前开始就是从不同的典购入吗？ ＝当然。

【交易和选择】在同样的店里多次交易后，会有便宜的情况或者是讲求信用的情况吗？ ＝一个店里的货要是新进的话价格就高，在其他店进过货的话有便宜的情况，会特别比较各个店的信誉和价格后再买。

【交易的继续】一般店和店之前有没有一种长期交易的关系？ ＝有，酱油和卖大豆的店保持关系，需要大豆的时候就会从这个店里买，不得已的时候也会从其他的店里买。

你们的店买大豆和高粱的时候是固定的吗？ ＝不，当然不一定，要看价格和货物然后再决定店。但是买大豆 1 年 1 次左右。

【酱油的采购】酱油也是一次生产 1 年的分量吗？ ＝买大豆的时候，价格低的时候，有钱的店会一次买够。一般是分两三次买。酱油一次也做不完，连续 10 天或 20 天完成。煮一锅后晾起来，搅拌面粉放置在特别的房间里，让其自由发酵，适当发酵之后放进缸里，然后直接放入食盐水，然后放在阳光下晒（夏天）。过了夏天到了秋天的时候，把它放进袋子里压榨，这样酱油就出来了。

【醋】醋是怎样生产的呢？ ＝煮高粱，然后和面放在一起搅拌后使其发酵，然后放入缸里。因为有面粉会发热，产生液体。然后换到别的缸里，加水。底部有桎，从那里流出来的东西就是醋。

这些是夏天做的吗？ ＝当然，醋是春天，然后酱油。

【咸菜】咸菜呢？ ＝阴历十月左右，因为蔬菜很多。这很简单，仅仅泡到食盐水里而已。来年春天的时候拿出来，用冷水沟等的糖坊的糖上色（煮糖，上色）（少的话就是 1 年，也有三四年的，越陈越好）。

【贩卖】制作的酱油、醋、咸菜等是自己卖吗？ ＝大部分是在自己的地方卖，少量的是批发（发货、批发）。

【原料购入借款的准备】采购原料的资金是用存起来的销售额吗？ ＝生意好的店都是这样做的，一般不够的部分都是借钱采购（取钱），说不清哪个情况多。

【购买杂货】杂货等在哪里买呢？ ＝济南。

采购的店固定吗？ ＝不一定。

一年要采购几次？ ＝随时。

都是用现金采购吗？ ＝当然。

豆子和高粱也是这样吗？ = 当然。

【采购资金的借出方】采购资金是从哪里借的呢？ = 不一定，有联络的时候在钱铺（银号）借，没有的时候就凑付（算段），从熟人、朋友那里筹集，也可以从自己的村里借（一二百元等）。

【钱铺的金融——活期和定期】从钱铺借钱的时候用什么方法呢？ = 设定保人，利息也要按照钱铺的规则，有活期和定期两种。所谓活期是年底的时候一次连本带利一次算清，有钱的时候随时还，需要钱的时候随时借，利率每个月都变，根据月初的利率计算月末的利息，然后加入下个月的本金中，然后一年清算一次。所谓"定期"是要确定期限，类似三五个月的形式，利息是当时临时决定，不一定。金融景气的时候就高，萧条的时候就低，临近年底的时候就高（低的时候3、4厘，高的时候2分多）。

【形式——保单】活期和定期都要立字据吗？ = 从银号那里拿单（叫作保单），借主和保人一起署名，盖章。其他的借字就不写了（当初要写立保单人○○○）。

【保人——铺保】什么人担任保人呢？ = 铺保，个人不行。程度根据借主的大小和金额的多少的不同而不同。没有信用的店不行。特殊的店没有保证也能得到信用借款。

是以铺子的名字借呢，还是以个人的名义借呢？ = 都可以。

【村内借贷的方法】在村里等借钱的时候用什么方法呢？ = 有信用的店不需要介绍人直接从有钱的人那里可以拿到信用借款，也不需要字据和保人，也有拜托介绍人立字据借钱的。

【信用借钱的条件】那么，信用借钱的时候利息是怎样的呢？ = 借主要多少付多少（面子的关系）。

比一般的利息要高还是要低？ = 低。

有期限吗？ = 没有。

一般多久返还？ = 不一定，有联络的关系。大多数情况是债主会来通知要钱的事情。这之前就一直是处于借钱的状态。

即使有钱的话也不会积极地去还钱吗？ = 不会。

为什么呢？ = 没有通知让还钱时，钱有用途的话就会利用。就算没有通知，如果钱多余没有用途就还账。

【通过介绍人（保人）借钱】拜托介绍人借钱的时候必须要设立担保吗？ = 介绍人成为保人。

此外，不用土地和房子做担保吗？ = 不。

介绍人都是什么人呢？ = 随便，好朋友作担保的人。

【期限】一般期限是多久？ = 不一定，采购货物的时候，要根据什么时候卖完决定期限。有2个月的情况，有5个月的情况，也有1年的情况。

【利息】利息是如何决定的呢？ = 朋友的话，感情好的时候就低，年底的时候就高（即使是朋友）一般是2分左右，即使变高也在3分以下（但是高的时候期限很多，1个月以内）。到期时还不了的时候怎么办呢？ = 和债主商量请求延期（1个月或者2个月），贷主不允许的时候再想别的办法，必须还账。

【偿还和延期】延期的时候要付利息吗？＝要付，一样的利息。

请求延期的是借主还是介绍人？＝介绍人。

这时候要重新立字据吗？＝不要。

贷主不允许延期的时候，该怎么办呢？＝向其他人借钱还账。

向其他人借不了的时候怎么办呢？＝除了延期，没有其他的办法。

因为贷主需要钱，延期还不了时，该怎么办？＝有财产的话，就不能不还了；有地和房子的话，就卖掉还钱；怎么也还不了的时候，就没办法了。

【介绍人的责任——和贷主的关系】保人不代还可以吗？＝场合不同，情况不同。贷主无论如何都希望还钱时，而借主又还不了，只能不得已向介绍人催要。或者债主要是认为介绍人只是中介而已，太可怜了，就向借主催要，借主还不了时，除了延期没有办法。

【有地的情况——卖地或交付】借主要是有地的话，就卖掉土地还钱吗？还是以土地作担保借钱还账比较普遍？＝根据场合不同，情况不同。卖地还账的情况比较多，就算不卖，债主也会耕种。

债主为什么要耕种这块土地呢？＝因为借主用这块地作担保借得钱。

立字据的时候有土地的话，是要担保呢，还是不担保的多呢？＝有土地的话，就作为担保。

【指地使钱】这种用土地作担保借钱的情况叫作什么呢？＝指地使钱。

【不履行时的催告】到期还不了时，债主能不经通知直接耕种土地吗？＝当然还是要通知借主还不还钱，不还的话就耕种土地。

这时候要限期的吧？＝当然，但是一般是期限过后 1 周，即使是过了 1 周也不能唠叨。时机成熟后债主提出。可以不用很明确，只说什么到什么日期前还就可以了。

到还钱之前一直都可以让债主耕种吗？＝一般借主会尽量不让债主耕种，因为 50 元左右的借款，种 200 元左右的地，借主会吃亏的，所以尽量还钱。

【指地使钱和典地】有地的情况，指地使钱和典地哪个更多呢？＝都有，说不清哪个更多，根据自己的情况，非常困难的就算是借钱，短时间内也没有可能还的，就选择出典土地，有可能近期还的，就选择指地使钱。

【信用借钱的关系】采用上述的信用借款后，生意越来越差还不了的时候，该怎么办？＝贷主不认为很差，因为借主的生意也不可能突然变得很差，贷主有钱的话会继续借给借主，告诉他赚了钱再还。凭信用借钱是关系非常好的场合，借主也觉得不好意思，会尽早还钱（信用说到底就是一开始信任借给钱，自始至终都会信任）。

【无法偿还活期】从前面所说的钱铺活期借钱后，不能清算时该怎么办？＝想办法必须还钱，如果还不了的话，下次就没有信用了。

【倒闭】无论如何也还不了时，钱铺该怎么办？＝这时候商店就必须倒闭了。也就是卖掉全部的商品还账。

卖掉全部商品也不够的时候该怎么办？＝铺保出来调停，钱铺不同意的话，铺保就必须拿出不足的部分，要说可以的话那就可以。

【活期的融资限度】活期的情况，每个月能借的总额应该有限度吧？＝有，有写着每个月借钱不能超过多少的规则。

这个限度是根据什么决定的呢？　＝当然还是点的大小，如果看起来有 3000 元（不是资本，而是包括所有商品全体的价格）的时候，不超过 1000 元都没问题。

【铺保的关系】那么，铺保的财产有关系吗？　＝有关系，必须要和借主有同等以上的财产。

钱铺要去调查借主和铺保的财产吗？　＝不去，钱铺知道大多商人的情况。

【定期的返济】定期借款的场合，还不了钱时该怎么办？　＝差不多都能返还。决定期限的话，就必须准备。

但是，如果还不了的时候怎么办呢？　＝根据买卖有所不同，固定的店差不多都能还，要是行商的话，方式出了问题就会受损，有还不了的情况。这时候就会和活期一样，卖掉自己所有的财产还钱。不够的部分由保人来还。

【到付】有没有"到付"的说法？　＝没有。

【均庄】"均庄"呢？　＝不清楚。

【大还账】不把大还账叫作"均庄"吗？　＝有大还账，但是不叫作"均庄"。

大还账和倒闭不一样吧？　＝不一样。

农村和济南不一样吧？　＝大致一样，原因是都是从好多人那里借钱并且还不了。如果从一两个地方借钱的时候，会想尽办法不那样做。从很多地方借钱，没有办法的时候，就只能是大还账了。要是济南的店的话，从钱铺和财主等各方面借钱还不了时，没有办法的话，只能大还账。

【大还账的决定及其参加者】要不要大还账是由谁来决定呢？　＝借主会拜托人调停，也会把贷主叫来商量，同意后再做决定。

拜托什么人呢？　＝在各方面都有面子的人。

不邀请同族和亲戚吗？　＝不邀请，要是邀请的话债主会有怨言（因为是借主的朋友）。因此尽量拜托没有关系的人。

商量的话，是大家聚在一起吗，还是一个人一个人告诉？　＝把所有的贷主全都叫到借主家里来，调停人出面商量，同意后决定。

【分配方法——有无担保】决定后要怎么办？　＝决定后调查贷款金额，根据对财产的估价（商量的时候大致确定），估算每 1 元贷款。

有的有担保，有的没担保，这时候该怎么做呢？　＝要是有担保的人要求的话，因为只有有担保的人独占，所以全部一律这样做。

【财产处置方法】如何处置财产呢？　＝卖。

方法呢？　＝如果是店的话，就卖给其他店，土地、房子都不是特别的卖方，自己卖时作为普通的买方卖给出价高的买家（拍卖是在发生什么事件后在衙门里进行）。

处分的时候，借主随意卖也可以吗，还是关系到调停人等？　＝自己随意卖。

【处置后的遗留】处分的时候，借主家的家具或者衣服等怎么处理？　＝这些不卖。

种户家的牲口和农具呢？　＝老百姓的话，只卖土地和房子（要是卖牲口和农具的话就不能生活了）。

　　【出帖】把该卖的东西都卖完之后该怎么办呢？　=借主就把介绍人找来，告诉几日到家里集合。

　　介绍人不参加最初的商量吗？　=当然要参加。

　　【大还账会议】到了出帖的日期后该怎么做呢？　=准备饭菜，人们都聚集后，借主向大家道歉，然后把卖掉财产得到的钱比照全部借款分配清算。

　　【分配人】是谁来分配销售额？　=介绍人之外的三、四人（从参加上次商量的调停人中选）。

　　【分配方法】分配是按照什么标准来呢？　=先算土地、房子以及其他有多少钱，再算借款总额，然后用后者除以前者，可以得出每元钱对应到额比率。然后对照每个贷主的贷款，算出分配额。

　　【有无担保的区别】典当土地的人，指地使钱的人，没有土地担保的人，标准一样的吗？　=一样，既然来商量了，标准就是一样的。

　　那么，商量的时候，有没有这种情况，虽然不会全部还清有担保的人的贷款，但是比起那些没有担保的人来说，分配比例要高？　=只要出席了会议，就不能这样商量。

　　那么，开始商量的时候，有担保的人肯定不同意吧？　=典主一般不出席，指地使钱也是这样，要是头脑好的话，就不会出席，给钱的话就是还账。

　　【分配额的交付】分配的时候，贷主都是带着字据来的吧？　=是的。

　　同时交换对吧？　=是的

　　这个凭证怎么处理呢？　=当着大家的面烧掉。

　　【会食】结束之后会有饭局吗？　=没有特别固定，也有结束之后吃吃喝喝的，也有到了饭点，先吃饭然后再分配。

　　这是农村的做法吗？　=城里、乡下都一样。

　　【济南的例子——商务会】听说济南的方式与商卖有关系，哪里不一样呢？　=没有什么特别不同的。要是一个店还不了的话，就会把邻近的人叫来作为调停人，或者也有拜托商务会的。

　　商务会做调停人的时候，财产的处分和分配都是商务会来做吧？　=当然。

　　这时候和借主和债主都没关系了吧？　=商务会处理的时候需要双方的了解，因此要听取双方的意见才能代替处分。

　　【七折八扣】七折八扣是什么意思呢？　=七折是 10 元的话就还 7 元，八扣的话就是只需还 8 元。

　　【申请债权额是否包含利息】大还账的时候，债主申请的金额是本息呢，还是只有本金呢？　=带不带利息都一样，大家都算的话就相同了。

　　但是，期间和利率都不同，不能这么说吧？　=一般都不算利息，反正都要受损失。

　　申请的时候要让看字据的吧？　=是的

　　【遗失凭证的情况】要是凭证丢了该怎么办？　=丢了也要还账。

　　如何证明呢？　=借主知道，不能说不知道。

　　介绍人不证明吗？　=大还账都已经是很抱歉的事情了，借主怎么可能说不知道，并且介绍人也在场。

【钱会】王舍人庄有钱会吗（内容说明）？ ＝没有，没有这种事。

【秤斗牙税】您知道秤斗牙税吗？ ＝不太清楚。

【过斗时收取的部分】在王舍人庄的集市上交易的时候要收税吗？ ＝没见过，但是过斗的时候，要把超过斗的齐平线以上的部分留下来。其他的话就不知道了。

牙税是什么东西？ ＝只知道与经纪有关（不清楚）。

【当不押卖】您知道"当不押卖"吗？ ＝不知道。

不把典的情况叫作当吗？ ＝有叫作当的情况。

【押】押是什么意思呢？ ＝需要钱的时候，就把某件东西拿到当铺换成钱，有期限，过了期限东西就赎不回来了，有利息，押当是一样的。

6 月 1 日

典地　期限　回赎　典价　爬产　坐典作租　转典　典和租佃

应答者　杜凤山（庄长）

【出典——立字】村里出典土地的情况多吗？ ＝有，但是不多。

出典的时候必须立字吗？ ＝当然。

有没有不立字据只给地券的情况？ ＝没有，有借钱不立字据的，但出典必须立字据。

【介绍人和出名】出典的时候，有中介吧？ ＝有，介绍人。

中介要签名吗？ ＝签名。

【立字日和交钱日】立字的情况，最终的日子是立字那天，还是其他的日子？ ＝立字的日子，也就是交钱的日子。

如果交钱的日期是其他的日子的话，要写其他日期吗？ ＝写上交钱的日期，但是这只是在村内，要是出典给其他村子的人的话，就在交钱当天立字，并附上日期。

【是否需要凭证和画押】要不要画押？ ＝不画押，家长出典自己的土地的时候，没有必要画押。要是叔叔死了，只剩下婶母，没有孩子，他的侄子会继承土地。侄子出典继承来的土地时就必须画押。

这时候侄子已经过继过去了吧？ ＝当然。

还有其他需要画押的吗？ ＝只有上面的场合。

【画押的方法】怎么画押呢？ ＝写十字，按手指（左右的食指都可以，没有人有印章）。

【立字用纸】写典字的时候用什么纸呢？ ＝毛头纸，什么纸都可以。

【丈量和勘察】立字前要丈量土地吗？ ＝卖地的时候丈量，出典的时候不丈量。

要去地里看吗？ ＝要划分土地的界限，而且要去看。

【地券的呈示】出典主要展示自己的地券吗？ ＝因为大家都知道，不展示也可以。农村的土地都有石碑界，很清楚。出典给济南人时要出示，出典给村里其他人时不需要出示（卖的时候要出示）。

那么，典字上不附带地券吧？＝当然。

【典字丢失和失迷字】承典者弄丢典字的时候怎么办？＝写好"失迷字"后，交给出典者。为了之后找到后不引起纷争，不让出典者重新写典字。

有这样的例子吗？＝有，因为水灾和火灾弄丢。

【典字的税契】要立典字的税契吗？＝期限长的人（日子）要立税契，但是期限短的就不立（1 年以内的和指地使钱不一样，持续 5 年或者 10 年的话就要立税契）。

【税契的含义和惯行】为什么要立契约呢？＝县的命令，不遵守的话，就不发生法律上的效益。

从数量上说，出典时立税契的是多还是少呢？＝少，大多是期限很短。

【典的期限和税契】期限一般多久？＝3、5 年的情况多。

三五年的话，立税契的很少吗？＝3 年的话，有立税契的，但是很少，5 年的情况比较多。

【短期和回赎】有没有更短的情况？＝更短的是 1 年。就算是 3 年的期限，1 年中有钱的话可以赎回来。要是本人的话能赎回，要是同族的话就不能（面子的关系）。

这种情况下，要写期限 3 年，1 年后有钱的话可以赎回这样的话吗？＝要写上期限 3 年，之后的就不写了。

出典后，除了本人，同族可以赎回吗？＝3 年以内，有钱的话可以让本人回赎，但是同族的人想耕种土地出钱赎回的情况不被允许。

【长典期】典期最长是多少呢？＝6 年的情况较多，8 年的也有。10 年的也有，但是很少，10 年的情况都是出典房子的地基。这是因为要建造房屋，所以期限很长。

还有比 10 年更长的吗？＝没有。

村里有出典房子的吗？＝没有。

【不能出典的土地】有没有不能出典的土地？＝养老地不能，因为这是将来葬礼的费用。

母亲也不能出典养老地吗？＝母亲可以，其他的人不可以。

坟地能出典吗？＝坟地是公用的土地，不能出典；要是自家的坟地，可以把坟周围的地稍微留下点后，就可以出典了。

土地之外还有能出典的东西吗？＝没有。

【无期出典】有没有期限就出典的情况吗？＝都有期限，一开始都有期限，但是出典者远行回不来时，过了期限的话，就变成了没有期限的出典。

这样的例子多吗？＝不多，村里有一例，去了满洲后没有回来，现在哥哥赎回来了。

本人不在，哥哥赎回来时，要怎么做？＝出典者寄来书信，让其回赎。

【典的无限继续】过了期限没有回赎时，不管过多少年都不会成为承典者的所有吗？＝什么时候都不归承典者所有。

就算是过了二三十年也不会吗？＝是的。

以前，清朝时代也是这样吗？＝当然，不归承典者所有，因为典契上没有四面的界限，地邻不会证明。

【期限前的回赎】到期前什么时候能回赎？＝出典者有钱的话，因为是承典者的街坊和朋友，可以让其回赎。

必须要过 1 年以后吧？＝是的。

承典者不同意的时候不能吧？＝不同意的话，不能回赎，但是不同意的情况很少。

【期限后回赎的无限可能】到期后随时都可以吗？＝是的。

过了二三十年也可以吗？＝可以。

【回赎期限】夏天和秋天的时候可以吗？＝土地上有作物的时候不可以，麦地不过年，春地不过清明（春地就是谷子和高粱的土地）。

那么，割完作物后马上就可以吗？＝麦地的话割完后就可以，高粱收割之后也可以，但是有作物的时候不可以。

【部分回赎】拿出一半的钱，回赎一半的地可以吗？＝不可以。

【典地可否卖给他人】可以把出典地卖给别人吗？＝不可以，想卖的是时候必须先赎回来。

由买家赎回，买的时候可以便宜吗？＝不可以，不赎回来就不能卖，像上面那样做的话，没有买家。

出典者、承典者一般被称为什么呢？＝没有什么特别，地主、典主。

【承典者的回赎请求】典主能要求地主回赎土地吗？＝不能，有钱的话，没有请求也可以回赎。

【期限后的回赎请求和时期】到期后也可以请求吗？＝不可以，有的可以，到期后每年收秋高粱种小麦前，会询问地主要不要赎回土地。

期限后每年都要询问吗？＝必须询问。

那么，麦地的情况，收完小麦后要问吗？＝不问，麦秋的时候想赎回的话，地主要在收小麦前声明请求。

【回赎请求和转典】典主想要钱的时候，即使期限过后也可以随时赎回吗？＝没有作物的话可以，但是地主没有钱的话不可以，这时能转典。

有作物的时候也能赎回吧？＝当然，随时都可以。但是小麦成熟在即时，就算地主交钱也不会收小麦，考虑到面子。

【回赎的交涉——直接】回赎的事情是任何时候都是自己做，还是拜托人帮忙呢？＝直接说，因为这时候关系到面子问题，自己直接说。例如，典主允许赎回的时候，地主不会要田地上的作物。

【回赎的手续和介绍人】赎回时，有什么手续呢？＝典主和地主先商量，商量好后交换钱和典字的时候，把介绍人叫过来，请求其作证。

典字和钱是同时交换吗？＝是的。

介绍人会要数一下钱吗？＝有数的情况。

最初出典的时候，介绍人要数过再交付吗？＝同村的话直接给，给其他村的话，要介绍人经手。

这些钱叫作什么呢？＝典地价。

【典地价和地价的比率】一般典地价是卖价的多少成？＝现在大亩 1 亩是 1000 元，但是典价是 600 元左右。

同样的土地钱少的情况和钱多的情况是多少呢？＝钱少也可以的情况时，会尽量以少数的钱出典。

那么，1000 元的土地能借到 600 元以上吗？＝700 元也可以，这之上就不行了。

千元的土地不能以八九百元出典吗？＝不能。

【买回约款附买卖】千元的土地以 900 元卖掉之后，过了 5 年可以买回来吗？＝没有这样的事情。

【卖出典地的手续】地主想卖出典地时要怎么做？＝先从买家那里拿钱，赎回土地之后把典字拿回来，然后再立买卖契约。

这些行为是要在同一天、同一个地方吗？＝在同一个地点。

典主、地主、买家、两个介绍人都要集中在这个地方吗？＝当然，买家要看着地主把拿到的钱交给典主。

【地价上涨和典价】就算地价涨了两三倍，也按当初的典价赎回吗？＝当然。

【爬崖】打比方 500 元的地以 300 元出典，地价涨到千元后，还能再借 300 元吗？＝能，把这些写进原来的典契，这叫作爬崖。

能借到时价的最高限度吗（比如前例，还能再借 400 元吗）？＝要是典主有钱的话就可以。

【不同意爬崖和外典】当然，要是地主不同意的话就不能了吗？＝典主不同意的话，就出典给别人。

向其他人出典已到向前可以吗？＝在期限内不可以。

爬崖的申请还是要找介绍人吗？＝是的。

【期限前典价一部分的返还】期限前可以还给典主典价的一部分吗？＝有，典主接受。

这时候，要把收取的情况写进典字吗？＝根据人不同而不同，认真的人写进去，也有不写的。

不写进典字的时候，还要另外发放领收证吗？＝不发放。

实际上，在期限前交钱的情况有吗？＝有，在期限前想尽可能早些赎回土地的时候，会先还一部分。

【地价下落——转典】500 元的土地，300 元出典时，地价降到 300 元时，典主会不会要求地主返还 100 元？＝地主不会返还，但是典主可以转典。

【承典地的耕作】典主耕种出典的土地很普遍吗？＝当然，因为承典土地的都是贫穷、买不起的人，所以都会耕种土地。

承典土地的人不是财主吗？＝有钱的人会买地。

有没有地主从典主那里租地耕种的情况？＝没有。

【坐典作租】有没有坐租或者坐典作租的情况？＝有。

是什么意思？＝把土地出典给别人，自己仍然耕种土地，每年要交一些粮食作为租钱。

这是要从出典主那里租地吧？＝当然。

村里有这样的例子吗？＝有，急用钱的时候，有这样的情况。

这个时候典主都是些什么人呢？＝有钱的人。

500 元的土地能借多少钱呢？＝350 元。

【地租】耕种土地的话，地租是多少？＝要交纳粮食，现在的土地的话，不管做什么都是 4 斗，要是种小麦和大豆的话，小麦 2 斗，大豆 2 斗。

【租单】这时候，要对典主立租帖吗？＝要写租单。

这和普通的租地是一样的吗？＝普通租地不写的情况较多，但是这种租地的话，必须写租单。

【指地使钱和爬崖】指地使钱的情况下，有没有爬崖？＝土地的价格比借款金额大的话，可以（但是这里不这样叫）。

【爬崖时期】什么时候能爬崖呢？＝一年中有作物的时候不可以，秋天结束后从十月、十一月左右开始到春天。

赎回的时候，必须返还典价和爬崖的总额吗？＝当然。

【货币的变迁和回赎】事变前 300 元出典的话，现在能用 300 元赎回来吗？＝不能。

民国十五年用吊出典的时候，是如何计算赎回的呢？＝1 吊就是 1 角，800 吊的话就是 80 元。

民国十五年时候的 1 吊也是 1 角吗？＝清朝时候的 1 吊也是 1 角，以前的百吊，用现在的 10 元可以赎回来。

这附近，大家都是这样做的吗？＝远的话就不知道了，但是附近三四里内，大家都是这样。济南也是这样。出典的人现在发财了，现在卖 1 亩地的话能卖很多钱，用这些钱能赎回很多以前的土地。

【永不回赎的例子】以前有出典后不能赎回持续出典的情况吗？＝村里没有，民国二十多年的时候有人出典后，离开家乡没有回来。

【转典及条件】什么时候能够转典呢？＝典主困难的时候，请求地主赎回土地，地主没有钱的时候，向他人出典。

在期限内也要问吗？＝当然要问。

必须要问吗？＝必须，问的话比较好。

【转典和期限的内外】期限之后也可以转典吗？＝期限内外都可以。

【转典的限制】金额有没有限制呢？＝300 元承典的土地不能超过 300 元，要是超过的话，没有承典者。

【转典、介绍人、立字据】转典的时候还要拜托别的介绍人吗？＝当然。

还要重新立字据吗？＝要重新立转典契约。

不立字据，有转交原来的典契的吗？＝这也可以，但是因为典契上没有转典主的名字，转典主会表示反对。

那么，一般的话要重新立字据吧？＝当然。

【转典期限】转典的期限是如何确定的呢？＝首先和地主商量，询问什么时候可以赎回，要是 1 年后的话，那就以 1 年为期限，这以上的话就不行了。在期限内地主不能赎回。

期限要是 3 年的话，1 年后想转典的话，可以不问地主直接转典 2 年吧？ = 还是必须要问地主的。

【转典的转典】转典主又想转典的时候，必须要和前两个人商量吗？ = 这种情况很少，就算是有，但是必须要在前面承典的期限内，但是期限过短的话就没有人承典了，所以非常少。

【转典价和地价上涨】打比方，300 元承典的土地的话，地价上升后，转典能超过 300 元吗？ = 不能超过 300 元。

【承典地一半转典】可以转典一半的承典地吗？ = 可以，可以以典价的一半以下转典一半土地。

【拒绝爬崖请求和外典】地价变高，地主请求爬崖的时候，典主要是没有钱拒绝的话，可以出典给其他人吗？ = 可以，但是在期限内不可以，期限外的话可以（这不叫做转典）。

这种情况是要在同一天、同一地点进行吗？ = 地主有钱的话，先赎回，别的日子也可以，但是没有钱的时候，就要按照上面说的做。

【典权的让渡】典主把典契卖给其他人时，自己可以脱离关系吗？ = 可以，因为是朋友，拜托熟人去。这时候，朋友会把典钱给典主，以后土地由自己耕种。跟地主的地位没有关系。

【地主的同意和期限的内外】这时候，不和地主商量也可以吗？ = 不能商量，因为地主可能也有想法。

期限内也是这样吗？ = 当然有必要，但是期限内的话，仅仅是通知，期限外，地主赎回土地的话，就必须和地主商量。

【转典和回赎及手续】典主转典的时候，地主想赎回的话，该怎么办？ = 因为转典的时候有商量，期限内不可以赎回，到期的话，典主先问地主是否要回收，要的话，典主必须让其赎回。

那么，到期的话，典主和转典主都必须要问地主是否赎回吗？ = 当然，必须问，典主不问，被转典主问的时候就很为难了。

地主要赎回土地的话，要怎么办？ = 典主从转典主那里赎回来，然后还给地主。这时候，地主要先返还典价，典主带着钱从转典主那里赎回土地。

这时候，各个介绍人都要去吗，还是一起去？ = 只有介绍人去，介绍人之间没有关系。

那么，典主收回典价的时候要返还典字吗？ = 首先典主返还典契，带着钱去转典主那里赎回土地，拿回转典契烧掉，彼此就没有关系了。地主取回典契，然后烧掉就可以了。

【承典地可否挖井】典主能在承典地上挖井吗？ = 可以，有坟的土地是风水地，不能挖井。

这时候，要和地主商量征得同意吗？ = 不商量也可以。

【同意的有无和费用负担】那么赎回的时候，可以向地主请求费用吗？ = 没有通知就挖井的时候不能，就算是请求了，也说不知道，商量的话会根据情况决定负担。

不经同意挖井的话，赎回土地的时候井归谁呢？ = 地主很有钱，但是无论如何都不会出钱，不出钱的话，典主只好填埋（在冷水沟要是用石头堆砌的话，花不了 50 元，深度 1 丈左右）。

【承典地井的改良费用负担】原来就有井但是被埋起来了，疏通花的钱，在回赎时可以请求地主负担吗？ ＝要和地主商量，不管地主是出人还是出钱，都是要双方负担。

没有商量私自疏通的话，可以向地主请求吗？ ＝地主会说不知道。

【井的修缮费用】井壁崩裂，修理的费用也是一样的吗？ ＝没有提前说的话，不会出钱的。但是赎地的时候，会争吵，请求地主无论如何也要出点钱（期限要是不长的话，一般不会挖井、修理，三五年的情况下会这样做）。

【出典地的税负】出典地的税金由谁负担呢？ ＝当然是地主负担。

典主一点都不负担吗？ ＝典主不问税额的多少，每1大亩地只负担1元（8元的也有，50钱的也有）。

以前也是这样吗？ ＝以前是3角，事变前有五六十钱的，但是事变后变成了1元。

是谁决定的呢？ ＝大家决定的，村里开会的时候顺便提出的（现在税变高了，典主的负担也加重了）。

典主1亩地负担1元的事情要写进典契吗？ ＝要写。

【出租承典地】不是坐典作租的话，有没有向他人交租金的情况呢？ ＝有。

【租佃地的出典和佃户的地位】出典佃户耕种的土地时，要告诉佃户吗，或者有商量的必要吗？ ＝时期不同，情况不同。田地里有作物的时候必须商量，没有的时候没有必要。

典主耕种土地，不告诉佃户也可以吗？ ＝即使地主自己不告诉，佃户也明白。介绍人要告诉的话，就去给佃户说。

【是否需要告知佃户】地主不问佃户承不承典也可以吗（如果有钱的话，可能想要承典）？ ＝这时候，介绍人会告诉佃户地主想要以多少钱出典，佃户想的话就承典。

介绍人不询问佃户，可以告诉其他的人吗？ ＝如果佃户是同村的或者是住在附近，可以知道其住址的话就去，但是如果是外村的或者是住得很远，就不去了，和其他人交涉。

不告诉佃户出典给其他人，佃户没有怨言吗？ ＝一般情况下介绍人会通知的（出典前），如果佃户懒惰，荒废了土地或者是总是不交地租，也有不通知的。

【佃户的先承典权】没有告诉很负责的佃户，就出典的话，佃户没有怨言吗？ ＝有，会说需要钱的话，可以贷给你，为什么要出典给别人呢？

这时候地主会取消之前的出典，重新出典给佃户吗？ ＝如果佃户说想承典的话，就必须让其承典，其他人不能承典。

向他人出典后，拿到了钱，也立了契约，还可以更改吗？ ＝这时候介绍人会买上酒向典主道歉，说是自己把手续弄错了，然后重新出典给佃户。不过，这种复杂的事情实际上是不会发生的。

【仅出典房基】有没有只出典房基的情况？ ＝要是建筑物只在一边的话，可以只出典房基，但是若是在中间的话，必须一起出典。

【典契期限的含义】典契上必须要写期限吗？ ＝必须写。

为什么要写呢？ ＝不写的话，随时都有赎回的可能性，不放心。

那么，意思就是这期间不能赎回可以耕种，但是期限之后可以赎回吧？ ＝是的。

没有不写多少年，只写钱到赎回的情况吗？ ＝没有，苦心种植的作物被别人收了，太为难了，所以没有人会这样做。

【承典地的指地使钱】典主用钱的时候，能用承典地指地使钱或者卖掉土地吗？＝不能卖地，可以指地使钱，但是必须在典价以及期限以内。

【金融手段和面子】一个有地的人，需要钱的时候，卖、典、指地以及信用借钱，其中哪个更有面子呢？顺序是怎样的呢？＝借钱更好；其次是指地使钱以及典；卖的话最差。

【出典和同族、地邻】想要出典时，不告诉同族的人或地邻可以吗？＝卖地的时候必须要商量，出典的时候不需要。

【典的永续性】除了赎回土地以外，有其他取消典的关系的情况吗？＝没有（不管过多少年都是地主的东西，即使不赎回，典主可以继续耕种）。

【先买权及顺序】地主想卖土地的时候必须和典主商量吗？＝当然。

家族的人、地邻和典主都想要时，卖给谁呢？＝价格相同的时候，同族；其次是典主；最后是地邻；地邻也不买的时候，可以卖给其他人。

6 月 2 日

典契　署名画押　税契　里书　借钱的期限　利息计算　债务的承继　收成与借钱粮　粮食交易

应答者　任福裕

【典契和失迷字】请写一下典契和失迷字的模板。

```
立典契人○○○今将自己家西东西地一大亩一亩整
凭介绍人说妥情愿典于○○○名下言明价洋○○
存证
上代清苗不许回赎耕种三年秋收为满空口无凭立契
　　　　　　介绍人　○○○　　○○○
每年钱粮一元
```

注：上＝倘，代＝带，清＝青，空＝恐

立失迷字○○○于某日将字遗失倘若字据无论何人拾去一作无效立失迷字据为证

立失迷字○○○

民国○○○年○○月○○日

【写失迷字的情况】丢弃土地的卖契时，要写失迷字吗？＝不写。这时地邻会证明，仅仅丢了取钱字的时候写，丢弃典契的时候也有。

【凭证署名者】典契最后只写介绍人的名吗？＝是的，因为前面写了立典字的人的名字。

典之外谁都不写名字吗？＝不写。

【见证人】有见证人吗？＝没有。

【画押人】介绍人画押吗？＝不。

只有卖契才画押吗？＝卖契的话，介绍人和中人也不画押。

那么，究竟是谁画押呢？＝都不画押，不仅是冷水沟，附近的村也是这样，只写名字（在济南卖房子的时候也不画押）（分家单、过继单要画押）。

【画押的要否】为什么分家单、过继单以外的不画押？＝因为自古都是这样，不知道为什么。

【代字人和朗读】自己不会写字的时候让人代写吧？＝当然，这时候要在最后写上代字人○○○，但是还是不画押。

那么，代字人写的时候要读给他（不会写字的人）听吗？＝是的。

至今为止，有没有因为凭证不是自己写的，不承认等原因发生过争端？＝没有。

【长期典当】典的期限最长是多久？＝字据上写的是3年，但是赎回不了的话，可以延期，写的是3年，但延长为7年、10年的情况很多。

【典契上的期限】典契上不写3年以上、5年、10年吗？＝3年的较多，没有见过写5年、10年的情况。

【期限后的回赎】过了期限10年、20年、30年也可以赎回吗？＝可以，什么时候都可以。

【期限写法】有没有典契上不写期限的情况？＝不能，不写的话，没有人承典。

同样的土地 1 年的期限和 3 年的期限，后者应该贷给的钱更多吧？ ＝1 年的情况没有，有写 3 年，耕种 2 年的情况，写 5 年的很少，一般都是写 3 年。

【制作典契的张数】制作典契时只有 1 份吗，有 2 份的情况吗？ ＝没有，只有 1 份。

【期限内的转典和地主】典主在期限内不通知地主能转典吗？ ＝不能随便转典，当然还是必须请求地主同意。

【转典和典契的呈示】转典的时候，典主有必要让转典主看典契吧？ ＝当然要展示，实际上转典的情况很少。

【转典的税契】转典要立税契吗？ ＝不立也可以，当初的出典也没有立税契，买卖以外不需要税契。

以前也是这样吗？ ＝当然，只立白头字文书的税契（买卖的白契）。

那么，出典要登记吗？ ＝没有，以前就没有。

白头字文书要登记吗？ ＝不（不太清楚登记）。

【典当结束】典什么时候消失？ ＝既然赎不回去，就不会消失，就算是过 50 年也不会结束。

【承典者卖地】有没有典主从地主手里买承典地的情况？ ＝有。

什么情况下？ ＝地主有困难，没有钱赎回时，而且需要钱，这时候会先询问同族的人（族家），然后是问典主，典主也不买时再问地邻。

典主买入承典地这件事叫作什么呢？ ＝没有特别的叫法（不叫作找卖）。

典主买地的时候只要把典价和地价的差价付了就可以了吧？ ＝是的。

这时候要立普通的契约吗？ ＝是的。

之前的典契怎么处理？ ＝烧掉，不还给地主也可以，在大家面前烧掉更好。

【催典不催赎】您知道催典不催赎吗？ ＝不知道。

【典字用纸】写典契的时候衙门会命令用一定的用纸吗？ ＝不会，买一般的毛头纸就行。

【所辖里书和更名】去冷水沟办理土地买卖过户更名的是谁？ ＝县公署的总房的邢志远，卧牛山西边村子的人，每年十二月或者正月，这个人都会带着账本到村里来。然后询问买卖人的名字更名。这时候多多少少要给他一些，县里的人不来，每亩要收五六元，有面子的话收 2 元，好朋友的话不要（没有权势的人被要求的话，必须给）。

他要开收据吗？ ＝不开，仅仅是变更账簿的名字（账单，也就是田赋等其他的附加的通知票，每年不一定，以前固定。是地方（地保）从县的征收处送过来的，每一份要收 1分，帅知事的时候，每两银子要收 8 元，现在成了 11 元，事变前是四五元。民国十五年的时候不太清楚，大概是三四元吧。）

【里书的手续费】事变前里书每亩要收五六元吗？ ＝那时，每亩要四五十钱。里书来村里的时候，给他帮忙的人自己过户的话，不收钱。现在物价上涨了。

【土地买卖手续费】有"成三破二"的情况吗？ ＝有，买家要给中人 3 分，卖家要给2 分，100 元的话共计 5 元，要是给钱的话，其他的什么都不给了。现在也有不给的，但"盛情款待"大吃大喝要比这严重得多。

【多个中人的情况】中人有 2 个人的时候该怎么办？ ＝中人（介绍人也一样）有 2 个

人的话，也是 5 元，3 个人的话分成 3 份。

出典和借钱的时候有这样的情况吗？ ＝没有，只有上面卖地的情况才是。

您知道倒付吗？ ＝不知道。

【利滚利——复利】借钱还不了时，之前的利息算到本金中，成为下次期限间的本金，有没有这样的情况呢？ ＝没有，没有利滚利的情况。

什么时候有利滚利的情况呢？ ＝哪里都没有，没有听说过。

【债权让渡】往外贷钱的人把借字转让给别人，这个人可以向借主请求吗？ ＝没有这样的事。

有没有债主要去外地，把借字卖给外人的情况？ ＝没有，没有听说过这样的事情。

【取钱立字日期】取钱立字的时候，日期是写立字的日期还是写交钱的日期？ ＝因为立字的时候交钱，所以写立字那天的日期。

那么，3 月 5 日借钱，期限 5 个月，要什么时候还钱呢？ ＝8 月 5 日。

【取钱期限】取钱的期限是只写年还是年月日都写？ ＝只写 5 个月、10 个月。

【期限前偿还和利息】有没有期限是 5 个月，但是 3 个月时就有钱了，要求还钱的情况？ ＝有。

这时候算 3 个月的利息可以吗？ ＝可以。

【偿还日计算利息的方法】那么，三月初五借钱，五月初十还钱的时候，该怎么计算利息？ ＝这时候 2 个月的利息就可以了，5 天的那部分就不要了。

五月十五日还呢？ ＝即使过了 10 天，只要不是"财迷"就不会要。

五月二十日还呢？ ＝计算 2 个半月的。

五月二十五还呢？ ＝当然还是 2 个半月。

五月三十一日还呢？ ＝计算 20 天的那部分，5 天的那些就不要了。

六月初一还的时候呢？ ＝当然还是 20 天的。这种事情是不固定的，有要的，有不要的，20 日的利息都不要的也有。

【利息的预扣】借字上写的是金额 100 元，实际上只收了 80 元，到期的时候还 100 元，这样的情况有吗？ ＝没有人做这么蠢的事情。

在借字的末尾，介绍人写什么呢？ ＝写保钱人。

【保钱人代还】到期后，借主还不了钱时，保钱人要代还吗？ ＝这时候必须代还。

实际上有这种事情吗？ ＝有。

【指地使钱的保钱人的情况】指地使钱的时候也是这样吗？ ＝这时候耕种土地，也有保钱人代还，耕种土地的。

指地使钱的时候，保钱人可以随意决定代不代还钱吗？ ＝不能随便决定。

那么，指地使钱的时候，什么情况是保钱人必须代还？ ＝如果借主无论如何都还不了时，而债主又不想耕地，只想要钱时，保钱人就必须代还。如果债主耕种田地代替收钱，保钱人不代还也可以。

【代还时和借主的关系】但是，债主想要钱的时候，可以把土地卖掉或者是出典吧，保钱人代还之后和借主的关系是怎么样的呢？ ＝这时候，保钱人只能等到借主能还钱时。

【借主有地的时候】借主有地的时候也是这样吗？　＝这时候不代还，会劝借主把土地卖掉。如果没土地的话，就没有办法了，只能等着。

【代还和证书】代还的时候，借字怎么处理？　＝必须给保钱人，凭此将来保钱人可以向借主请求。

【证书的不一致——日期】凭借字交钱的日子和日期不同时可以吗？　＝没关系。

有没有故意把日期写错的情况？　＝当然还是写立字据的日期。

【金额的不一致】把金额弄错是该怎么办？　＝绝对不会有这样的事情。

【再担保】向一人指地使钱后，可以再把同样的土地出典给另外的人吗？　＝可以，但是要出典的话，必须返还指地使钱。

【指地使钱和地契】要把地契交给指地使钱的贷主吗？　＝不交，城里（济南）的话要交。

【债权担保】贷主能用借字作担保借钱吗？　＝不能。

【期限前的偿还请求】有没有指地使钱的贷主要求借主返还的情况？　＝没有。

打比方，借主借了钱还不了时，就算明白借主没有财产也不行吗？　＝当然不行，到期前不可以。

【大还账和期限前后】那么，期限前借主大还账的时候，该怎么办？　＝这时候，期限到期之前的话没有办法，叫来介绍人。

大还账的时候，到期前和到期后的金额是一样的吗？　＝当然是一样的。

【利息的增减免】在期限内有没有增加、减少、免除利息的情况？　＝没有。

【到期不履行时的延期、减免】到期还不了钱时（连利息都还不了时），有没有免除利息或者是连本带利一起延期的情况？　＝有，有延期到直到能还款的。

是什么场合呢？　＝借主非常困难，无论如何都还不了时。

【天灾的情况】旱灾和水灾的事情，有这样做的情况吗？　＝没有特别固定。

【三年本利平】有没有"三年本利平"的情况？　＝有，也就是按 3 分利计算，过了 3 年利息和本金一样多的意思。不知道平是什么意思。平只是相等的意思。

【一本一利】有"一本一利"的情况有吗？　＝不清楚，没有。

【动产、牲畜担保】有没有用家具、农具、牲口等作担保借钱的情况？　＝没有。

有没有借钱后把牛或马暂放在贷主家里直到还钱的情况？　＝没有，因为需要饲料，大部分的人都不会这么做。

【用劳动偿还借款】有没有借过钱后，在还钱之前，一直在贷主家里工作的情况？　＝没有。

没有通过为其工作代替还钱的情况吗？　＝没有。

【无期借款】有没有不确定期限借钱的情况？　＝长期的话，没有。

有没有贷主随时可以请求还钱的情况？　＝没有。

借主要在借字和姓名以及金额上按印章或者按手印吗？　＝没有这样的事。

【无产者的借款能力】什么财产都没有的人可以借钱吗？　＝可以倒是可以，但是要不要保证人不清楚，就算是有保证人，如果不是财主的话也不行。

穷人通过保人借钱，保钱人也变穷了，该怎么办？　＝3 个月、5 个月不会变得非常穷的。

【借主死亡后的债务】借钱的人死了的话，该怎么办？＝看家里还有谁，有孩子的话，孩子还，有妻子的话，妻子还，妻子都没有的时候，保钱人还。这时候，保钱人要还。

【保钱人死亡和保证债务】保钱人也死了的话，该怎么办？＝保钱人应该有孩子吧，有孩子的话，就由孩子来还。

【借主死亡和同族】没有妻子的借主死了的话，同族的人有必要还吗？＝没必要，因为有保钱人。

【债务继承】借主死亡，儿子已经死了，有孙子的情况呢？＝孙子还，孙子要是孩子的话，就由儿子的妻子还。

【保证相关的变迁】有没有"送殡的不能埋到土里"的情况？＝有，与借钱有关的话。意思就是保钱人垫付本金，但是不垫付利息。这是前清到民国初年的说法。现在行不通了。以前，保人担保的是人，不担保钱，借主不还钱的话，保人就会把借主带到贷主那里去。后来成了保钱人（10多年前），因为保证钱，所以必须支付。

【存款】村里有没有存钱的情况？＝没有，每年都是收支平衡。

【所要时的资金调度】要买地的人，是如何弄到钱的呢？＝用一点点存起来的钱，不够时就卖粮食。

【买地钱不够时的方法】买地时钱不够，不足部分找人借，有没有出典土地或指地借钱的情况？＝有这种情况。也有过替卖主偿还欠债，然后还钱时扣除这部分钱的情况。

【替人还债】这时候，还是和平时一样要立典契或者指地使钱的字据的吧？＝是的。

卖家接受借款的时候是怎么做的呢？＝烧掉原来的借字，重新以买家的名义订立借字，贷主以后可以凭此向买家请求。

这时候，必须要把这件事告诉贷主征得其同意吗？＝是的，得到同意后再那样做。

【有作物的典地卖出方法】地主因为需要钱，想要卖地的时候，地里有典主的作物的话，该怎么办？＝地主把肥料和种子的费用给典主，把作物一起卖了。

作物长得特别好时，自己也劳动了，仅仅这些的话，典主肯定不会同意的吧？＝如果地里种的是秋小麦，过年之前卖的话，就不需要对典主支付麦苗和劳力的费用，如果是过年后收获的话，买家和典主各分一半。

这时候肥料费和种子费都不支付了吧？＝是的，什么都不支付。

买卖出典地时，有没有买主只留下典价，典主收割完之后买主再赎回的情况？＝没有。

【典主的同意】前面所说的过年后的买卖，买家和典主各分一半这件事要经过典主的同意吧？＝是的。

过年前支付过肥料费和种子费后出卖的话，也要经过典主的同意吧？＝大致清明节以前可以用上述的方法出卖，典主同意的情况比较多。清明节以后的话，有不同意的。但是，邻居、朋友都会来说合，典主也就同意了。

【丰年凶年和借款】因为旱灾或者是水灾，收成不好的年份时，哪一个借钱、借粮较多？＝在冷水沟没有收成好的年份，不是旱灾就是涝灾，所谓的好年份就是比今年少下点雨。

这样的好年份多少年一次呢？＝十年也没有一次。就算麦秋的时候变好了，大秋的时候就会变得很糟糕。

以前也是这样吗？ ＝当然，持续多少年都没有过好年份。

这一带附近都是这样吗？ ＝是的。

【粮食不足的村民】村里每年粮食不够的人有多少？ ＝一半以上，稻田也是三年里有两回虫灾把稻叶都吃了。要是治不了的话，会颗粒无收。

粮食不够的人怎么办？ ＝靠自己的劳力吃饭或者是吃难吃的高粱等。

【贩卖作物和粮食】就算是种水稻也全部卖了吗？ ＝卖了去买高粱。

也不吃小麦吗？ ＝吃小麦的人很少，一般都是吃高粱、谷子、大豆等，米和小麦能换成钱，卖了之后就是生活的资本。

不种蔬菜卖吗？ ＝没有空闲，所以不种。

【粮食价格的涨跌】出卖的大米和小麦等的价格有上涨、下跌的情况吗？ ＝不会过度上涨或下跌。

以前有过因价格严重下跌而困苦的情况吗？ ＝没有。

突然上涨不是会赚钱吗？ ＝不会赚太多，但是生活会稍微有点宽裕，拥有很多米的人会稍微买点地之类的。

【农民的粮食卖出时期】什么时候出售粮食呢？ ＝现在非常高，但是农民都苦于没有钱，正月的时候都把粮食卖掉了，那时候市秤 38 斤 1 斗才卖 10 元左右，而现在可以卖十七八元。而且储藏的话又要花手续费。

有没有存下来现在卖的人？ ＝很少，要是在家里存放到现在的话，会出虫子，都被咬空了。

【粮食价格和需要】小麦什么时候价格高呢？ ＝行情不一定，根据济南制粉工厂的需要不同，价格不同，买得多的话价格就会高，因为今年这个地方的小麦收成不好，价格要更高。冷水沟在这附近还是最好的（现在 1 斗 20 多元，小麦 1 斗 60 斤以上）。

【根据粮食斗不同】小麦和米的斗为什么不同呢？ ＝以前就是这样。虽然都是卖收获后的小麦、米和谷子，但是以前就是用不同的斗称量的。听说小麦的 1 斗是老秤的 65 斤，米的市秤是 38 斤 1 小斗。米的斗是 1 杯 1 斗，小麦的斗是半斗，2 杯为 1 斗。

谷子用什么秤呢？ ＝谷子用大秤，小米用小秤（一般精制的东西用小秤）

一般人不觉得麻烦吗？ ＝都觉得很方便，集市上有秤，大家都用。

【粮食贩子】计算价格时不麻烦吗？ ＝不麻烦，都是贩子来买米，一般不会碾压成米，贩子买后，会精制成米带到济南去卖，会卖一个好价钱。

除了米，贩子不来买其他的吗？ ＝也有买小麦的贩子。

有没有一个贩子有时买米，有时买小麦的情况？ ＝没有，米、小麦都是专门买的。

米贩子是在自家精制大米吗？ ＝当然，各个家里都有碾子等设备，用这些设备碾压，碾压两次就碾压成米了。

小麦贩子不在自家精制吗？ ＝以前贩子是在自家制粉，然后卖到济南，但是现在有了面粉公司，就直接带着去了（30 多年前）。

【粮食集买店的集买价格】面粉公司和买米的店买米、小麦时，价格是由对方决定吧？ ＝当然是的。

那里的价格比这里集市上的价格一直都高吗？＝当然。

【蔬菜贩子】有没有蔬菜贩子？＝有，买了黄瓜、韭菜、莴苣等然后卖到济南。

有没有来村里卖蔬菜的？＝闲暇的时候有。

【物物交换】村里有没有拿粮食和外村的东西交换的现象？＝没有。

有没有用稻草交换什么的情况？＝没有，只有卖。

【拉脚】有没有拉脚的情况？＝有，用骡子拉人送到济南。

只送人吗？＝什么都送，报酬取决于距离和货物的重量，从这里送过去的话，要七八十钱（包括饭钱）。

是放在骡子的背上，还是拉车？＝放在骡子的背上。

运送货物的时候，也要放在背上吗？＝用马拉脚的话，专门载人，运送物的时候就让其拉车。

用车运物的时候，到济南一辆要多少钱？＝临时决定，东门、西门情况不同价钱不同，到东门有十七八里，要五六元。有时也让车载人，这时要三四十钱。

1辆车能载多少斤？＝要是1匹马的话能载600斤，2匹马的话千斤以内。

【村民冬天的工作】村民冬天的时候做什么呢？＝拉土修缮家畜的小屋，切割谷草（来自粟）制成牲畜的饲料，收集人粪，捡拾野草和柴火。

【农事的季节】地里的农活什么时候结束？＝阴历九月中旬。

春天什么时候开始地里的农活？＝一直到二月末都很闲，之后就开始干农活了。

结束农活或者开始农活都是根据日历决定吗？＝大致是。

九月、十月的时候很忙吗？＝九月半（阴历七月下旬）的时候忙，阳历十一月之后就变得很闲。

6月3日

庙地的出典　摊花项　村费的取钱　典契　座典座租　取钱和保钱人　转典　家庭成员借钱

应答者　李凤鞏（私塾老师）、杜凤山（庄长）

【庙地的出典】玉皇庙有庙地吗？＝没有，以480元（界线后面的土地）把庙后地出典出去了一些（是院子不是耕地）。

出典给谁了呢？＝李殿一，从其他村子过来的，看护着庙。也就是老道、看庙，是以前的道士。

这个人是什么时候来的？＝好几代以前他就来了。

这个老道用承典地做什么呢？＝住。

什么时候出典的呢？＝上一任庄长的时候，在建造学校的建筑物的同时（庄长）。

立典契了吗？＝立了。

典契放在哪里呢？＝李殿一拿着呢。

期限写多少年了吗？＝写着呢，但是不清楚。

出典者是谁呢？＝以前管事的人。

土地谁的？＝玉皇庙的土地。

【庙地和村的管理】谁来管理呢？＝要说谁赎回的话，是以全体的名义。

那么，出典的时候是全体一起吗？＝出典土地得到的钱用来建学校了。

那个老道是财主吗？＝没有特别多，拥有 10 多亩小亩的地。

老道经常种地吗？＝当然，他有三个儿子，一个在济南开小商铺，两个在村里种地。

【庙的费用和摊款】关于玉皇庙村里要出什么费用吗？＝要，修理的话，修理一次要花百元（过 30 年或者 50 年倒塌的话，再修理）以前费用是用庙里的财产，现在是村里摊款。

【村费和征收】村里每年使用的费用是多少？＝六七千元。

是如何收集呢？＝以土地为标准分配，没有土地的就不收了，其他的村子费用有 1000元的。因为冷水沟有 40 多公顷地，所以很多。

是根据亩数收呢，还是根据耕种的土地收呢？＝根据拥有土地的亩数收取（以上庄长）。

【摊花项】是以什么样的名义收取费用呢？＝摊花项（看坡的报酬不是钱，是粮食，但不是由庄公所收集发放，是由看管区域的各家直接给，每亩一年两回，麦秋的话给小麦，大秋的话给谷子，每次半升。看管区域没有什么特别的名字。村里有 8 个看坡的人，只要是村界线以内的土地都看管。也一起看管村里的其他村的地，然后从其他村的土地所有者要粮食）。

摊花项有种类吗？＝有，收集的时候，单子上写应摊公款○○或者写应摊捐款○○，每年大秋、麦秋时收两次，但是不固定写什么。

收取的金额每个时期不同吗？＝不同，去年麦秋的时候，收小麦 3 合，大秋时粟半升（5 合）。

【定期和临时】那么，是收粮食吗？＝也有收钱的情况，临时收多少次不知道，但是要用钱交，定期的有两次，用粮食交。

那么，村里临时需要钱的时候，是要临时收钱吗？＝是的。

临时收钱的时候，是要每次临时收吗？＝是的，每次收取。

【村费的借钱】没有时间收取时，怎么办？＝急用的时候，就借钱。

从哪里借呢？＝因为庄长知道谁有钱，会询问能不能贷借，可以的话就从那里借钱。

【借村费的对象——钱铺】这些借钱的对象大都是村里的吗？＝不固定，村里没有钱的时候，就去外村。

冷水沟去外村借的话，去哪里呢？＝经常去济南的钱铺借。

现在也有从钱铺借钱的情况吗？＝现在大多是在村里借。

【形式和担保】在村里借钱的时候，要另外立字据吗？＝立字据。

写什么样的借字呢？＝庄长的名，和平时的一样。

以庄长自己的名字借吗？＝是的。

有人做保人吗？＝庄公所的人做保人，但不固定。

借字和普通的借字有不同的部分吗？＝没有，和个人借钱时的借字一样，因此用自己的地指地借钱。

庄长生病或者不在的时候，怎么办？＝由副庄长（副保长）负责。

【借村费的决定】借钱的时候，庄长不和其他的人商量吗？＝当然要开会和副庄长、保甲长等商量。

在钱铺借钱的时候，也是以庄长的名义吗？＝是的。

【摊花项的粮食的换价】麦秋、大秋时收取的粮食怎么换成钱？＝卖了换钱。

是一次卖完呢，还是每次需要时再卖呢？＝两种情况都有。

在哪里卖，卖给谁呢？＝带着去济南，卖到粮站。

不卖给贩子吗？＝因为太多，贩子不买。

这么多，是怎么运输的呢？＝用车运。

卖的时候，由谁交涉呢？＝庄长一个人。

【庄长的任期、酬劳】庄长这么忙，会有额外的报酬吗？＝什么都没有。

庄长多久换届一次？＝不固定，现在的庄长已经当了 11 年了。

在村里和钱铺借钱的话，还的时候也是庄长还吗？＝当然，忙的时候，时间不方便的时候，也会让其他人做。

【典相关的称呼】典的当事人、钱的称呼是怎样的呢？＝出典者是业主，承典者是典主，钱是典钱，土地的话没有什么特别的称呼。

转典的情况呢？＝承典者不叫转典主，也没有什么特别的称呼，因为转出典者要写成立转典人，所以叫作转典主。

请写下转典契的模板。＝

（转典字的例子）

立专典契人○○○因为手乏令将自己说典○○○地
多少凭中说妥情愿出典于某某名下耕种言明典价
洋多少耕种三年为度秋收为满上代青苗不准回赎
恐后无凭立典契文疏为证

中友人　○○○
代字人　○○○
　　　　○○○

中华民国○○年○○月○○日

（普通典契的例子）

```
立典契人○○○因手乏　今将自己庄东南北地○○
亩凭中说妥情愿典于○○○名下耕种言明典价○○
元其洋当交不欠耕种三年为上带青苗不能回赎倘若
回赎罚洋○○钱到回赎每年钱粮○○恐口无凭立典
契文书为证
　　　　某年扒埃多少某某代笔
　　　　　代字人○○○
　　　　　中友人○○○
　　　　　　　　　○○○
　　　　　　　　或者
　　　　　　　（亲笔）
民国○○○年○○月○○日立
```

【中友人——介绍人】

出典的时候，介于中间商谈的人叫作什么呢？＝中友人。

和介绍人一样吗？＝一样。

写的侯时候要写中友人吗？＝以前写中友人，但是最近不管什么都写介绍人（买卖地时也是）。

不写中间人吗？＝也有写的情况。

都和介绍人一样吗？＝一样。

【中友人的工作和责任】业主和典主商量什么时，一直是中友人交谈吗？＝当然。

中友人承担什么责任呢？＝在出什么差错时，要必须介于中间证明。

【当中人的人】是什么人担任中友人呢？＝什么人都可以，卖地的时候，很多穷人担任，典地的时候，由和当事人关系好的邻居、朋友等担任。

中友人、中间人之外，还要写保人吗？＝不写。

【座典座租】什么场合下才会实行座典座租？＝把自己的土地出典给别人，但是自己非常穷必须耕种出典地的时候。

比如说，3 年的期限，过了 1 年，业主拜托典主把土地借过来耕种的情况，是座典座租吗？＝不是，这是普通的租地。从一开始就耕种的场合才是座典座租。

租单上要写中保人吗？＝不写，写中友人。

座典座租的场合，除了典字要写租单吗？＝不写。

【凭证的例子】请写一下座典座租时典契的模板。

立典契人○○○因手乏，今将自己庄东南北地○亩，凭中说妥情愿典于○○○名下耕种，言明典价○元，其洋当交不欠，耕种三年为满，上带青苗不能回赎，恐口无凭立典契文书为证。此地座典座租每年纳粮○，倘遇蝗虫天灾秸粒平批十月一为期。

中友人　○○○
代笔人　○○○
民国○○年○○月○○日立

请接着写取钱和失迷字的例？　＝

立失迷字○○○因○年○日所取钱之字据业已失迷倘若日后找出仍作故纸
年　月　日

立取钱人○○○因手乏今取到○○○名下纸洋○○元言明○分行息○月为期倘到期不归情愿将自己庄东南北地大亩○亩凭放钱人耕种恐口无凭有字作证
保钱人　○○○
代钱人　○○○
年　月　日立

【取钱——指地使钱】取钱和指地使钱一样吗？　＝一样。

那么，没有土地的人一般能取钱吗？　＝即使没有也可以。没有地的情况，找朋友或其他人取钱。

以自己的名义，用朋友的地指地使钱可以吗？　＝不可以。

向朋友借钱的时候要给朋友写借字儿吗？　＝不写。

【到期不履行的情况】像上面取钱后，还不了时怎么办？　＝因为是指地，所以耕种土地。

到期还不了时，马上耕种可以吗？ ＝今天到期，明天就耕种的情况没有，要等七八天。

【催告】耕种前贷主有必要通知保钱人或者借主吗？ ＝会告诉保钱人，让其询问还不还钱。

地里已经有作物的怎么办？ ＝这时候必须等到收割后。

【有保钱人的情况】到期还不了时，一般怎么做？ ＝因为有保钱人，让其代还。

就算保钱人有地，一般只要被要求的话，就会代还吗？ ＝必须代还。

没有被要求的话，可以不代还吗？ ＝借主没有钱，贷主又不想耕种的时候，必须代还。

保钱人可以凭借字上耕种的约定拒绝代还吗？ ＝可以。

贷主马上就要钱的话，怎么办？ ＝必须代还，让保钱人耕种田地。

【有两个保钱人的情况】保钱人也没有钱，还不了时，怎么办？ ＝保钱人一般有两名，没有两人都没钱的情况。

保钱人有两人的情况，贷主是同时向两个人请求吗？ ＝同时向两个人请求。

是把两人一起叫到同一个地方吗？ ＝是的。

两个人中一个人没有钱的话，怎么办？ ＝向另一个人请求。

另外一个人必须全部支付吗？ ＝有钱的保钱人和贷主关系好的话，不用全部支付，要是一般人的话不支付利息，只支付本金。

【保钱人的相互关系】保钱人连本带利都支付后，能向另一个保钱人请求吗？ ＝没有钱，请求不了。

借主没有钱，但是就算另一个保人稍微有点钱的时候，也不能请求吗？ ＝不请求，有钱的保人代还之后，关系就结束了。

【各保证人的责任】两个人成为保证人后，有什么责任吗？ ＝正如凭证上写的那样负担全部责任。

那么，100 元借款的情况下，是每人 50 元吗？ ＝不是，两个人都要负担 100 元的责任，如果还不了时，两个人中要有一个出 100 元。

那么，两个人中的一个人代还 100 元后，就算完了吗？ ＝谁还都没关系，只要还了，就可以了。

对贷主是有利的，但是两个人担保，只有一个人付款，不是很吃亏吗？ ＝另一个人没有钱也没办法。

【保证人相互的分担】另一个人有财产或者是之后有钱了，还可以请求分担吗？ ＝时间短的话可以，但是过了两三年的话就不可以。

那么，一个人有现金，另一个人有房子和土地但是没有现金，该怎么办？ ＝这时候，有地的一方要写借字，通过指地向另一个保人借钱，两个人一起还。

两个人都没有钱，一个人有 10 亩地，另一个人有 5 亩地，这时候要怎么分担？ ＝出典各自的土地或者指地借钱各还一半。

即使财产不同，也要各负担一半吗？ ＝是的。

两个人代还之后，等借主有钱了可以请求吗？ ＝可以。

【转典和业主商量】出典的情况下，典主想转典时必须跟业主商量吗？ ＝必须商量。

就算是期限内也必须商量吗？ ＝跟期限没有关系。

期限内外，商量的方法一样吗？ ＝一样。

在期限内，没有经过商量就转典的话，业主会不会抱怨？ ＝没有这种情况。因为这是偷典，会抱怨。

【期限内卖出出典地】期限内，业主可以把出典地卖给其他人吗？ ＝可以。

这时候不和典主商量也可以吗？ ＝不商量也可以。

那么，就算是卖了，在期限内典主也可以耕种吧？ ＝出卖的话，必须马上赎回来，因为买家要耕种。

【押典不押卖】赎回的话，典主不同意，不可以吧？ ＝出卖后，不能不让买家赎回，这是由风俗决定的。

但是，典主在期限内还能耕作，会有抱怨吧？ ＝但是，因为有"押典不押卖"的情况，不能抱怨。

那么，平时，出典者想要卖典地的时候，不给典主说就卖吗？ ＝当然，不通知就卖。

期限之后卖的时候，不通知可以吗？ ＝当然。

【房子借主的地位】您知道"唯许客辞主、不许主辞客"的说法吗？ ＝知道。租房子的时候的用语，意思是借房子的人可以请求房主搬家，但是一旦借出去后，房主就不可以要求借房子的人出去。

【家庭成员单独借钱】家人可以背着家长擅自借钱吗？ ＝可以。

能借多少呢？ ＝根据身份决定。

就算家人没有自己的土地等财产也可以吗？ ＝可以。

家人借钱的时候，没有保钱人可以吗？ ＝可以。

【家庭成员取钱、借钱】家人借钱到期要是还不了的话？ ＝取钱的话，有保钱人。

借钱的情况，没有保钱人，还不了时呢？ ＝一旦借钱，还不了的话就不要了，因为关系很好。

【家庭成员借钱和家长】要是后来关系不好了，有向家长请求的情况吗？ ＝在借钱的情况下，因为家长不知道，不负责任。

家人背着家长借钱的情况多吗？ ＝有。

是取钱还是借钱？ ＝取钱。

一般金额有多少？ ＝三五元，八十元左右为止。

什么人借给他们呢？ ＝朋友。

【家长的取钱和继承】家长取钱后还没有还就死亡的话，谁来还钱？ ＝后人还，也就是家长的儿子。

有２个儿子的话，２个人一起还吗？ ＝当然，３个人的话３个人还。

这时候，贷主向谁请求呢？ ＝首先向保钱人请求。

保钱人要向家长的儿子说吗？＝当然。

没有儿子的时候呢？＝家长的兄弟。

家长的兄弟已经分家了呢？＝向族家请求。

先向谁请求呢？＝最亲近的。

没有儿子，家长的太太还在的时候呢？＝不向太太请求。

【财产的偿还领取和顺序】没有族家怎么办呢？＝拿走剩下的东西。

土地、农具及其房子都要拿吗？＝只有房子的时候就出典出去。

只有房子、农具和牲口剩下的时候，要哪个呢？＝先是牲口；其次是农具。

最后出典房子吗？＝是的。

即使这样钱都不够的时候呢？＝没有办法，不请求。

不要求其卖房子吗？＝这种情况的话，要求其卖房子。

【活契、死契】有没有活契、死契的说法？＝有，典契是活契，卖契是死契。

有"催典不催赎"的情况吗？＝没有。

【典当期限的延期】有没有延长出典期限的？＝有，那时候要再制作一份典契。

那时候，大多不是扒埃[1]的时候吗？＝不是为了扒埃，一般延期的时候都会请求典主再制作一份典契。

比如，过了 3 年的期限，典主询问赎不赎回，要再延期 1 年时是这样做的吗？＝不重新制作也可以，中人过去好好说说就行了。

这时候，是重新制作的多，还是不制作的吗？＝不制作的多。

【典契的税契——登记】这个地方典契要立税契吗？＝要。

大多都要吗？＝是的，叫作登记。

平时叫作登记吗？＝是的。

以前就是这样吗？＝从事变前两三年开始。

是出典的时候，带着去县公署吗？＝是的。

【村里的典和税契】村里出典的情况多吗？＝不少。

在出典的人当中，立税契和不立税契的哪个更多？＝不立的更多。

出典后，有没有把地契给典主的情况？＝没有。

【村民买的东西】村里有没有经常去济南，买回村里人拜托的东西的人？＝没有，大家都是自己去买。

【合作社】事变前有合作社吗？＝有，在玉皇庙那里。

做些什么呢？＝有两个人，但是不知道做些什么。

借给村里人钱吗？＝不借。

不卖些什么或者买村里的东西吗？＝都不做。

【新民会的金融】村里的人有从新民会借钱的吗？＝有。

今年呢？＝今年来过一次通知了，大家都希望借一些，但是现在钱还没有来。

---

〔1〕　译者注：原文如此，未找到对应的中文词汇。

从新民会借钱的时候要怎么做？　＝当然还是要立借字，设保人。

什么人担任保证人呢？　＝包括庄长 5 名，除了庄长，其他的不固定（写介绍人）。

一个人能借多少？　＝五六十元。

即使没有地也能借吗？　＝是的。

跟耕种的土地亩数有关系吗？　＝没有关系。

什么时候还呢？　＝期限是 10 个月。

赋　税　篇

1940 年 11 月

（华北农村惯行调查资料第 19 辑）

赋税篇第 4 号　　山东省历城县冷水沟庄
调查员　　村田久一、刘钧仁

11 月 28 日

赋税的概况

应答者　李佩衡（乡长）、杜凤山（庄长）、任富申（甲长）

【赋税的种类】田赋有附加税（附税）和亩捐吗？＝没有亩捐。

契税有附加税吗？＝没有，事变后就没有县公署的人来本庄立税契了。

土地买卖没有吗？＝即使有也不来。

牙税以及附加税怎么样呢？＝牙税没有附加税，但是村里没有，赶集的时候买卖粮食的话有附加税。

谁支付呢？＝买家。

屠宰税以及附加税呢？＝屠宰税没有附加税，在集市上卖肉的要交税。

牲畜税以及附加税呢？＝没有附加税，在塌子屯的牲口市上买卖的时候要交税。卖家要交 2 分官税，买家负担 2 分佣钱（中买的手续费）（牲口市的经纪刘志田是洛口区人）。

没有杂捐吗？车和劳役的牲畜也没有吗？＝什么杂捐都没有。

【临时摊款】县里有没有临时摊款的情况？＝有，县署先从田赋中预借，征收后再返还。

都包括些什么呢？＝保甲费，也有为了第三中队（在县署内驻留的中国警备队）交款的。

保甲费是怎样的呢？＝一年向县里交两次，每 1 官亩 3 分共计 5 分。

自卫团等的经费呢？＝本庄的夜警等的自警团费是随时征收的。

没有警察费吗？＝村里没有警察，但是县里的警察通过村里时要给他们饭菜，而且第三中队每个乡要出一个人，并发给他津贴。

要给军队送马粮吗？＝要送。会被收购。

没有兵差吗？＝没有。

有没有赋役或者现货课征？ ＝有建设机动车路的情况。

有工资吗？ ＝没有。

【区乡村费】区、乡村费如何呢？ ＝区和乡有经费，但是村公所没有。

您知道经费的额度吗？ ＝区公所 1 个月的经费是 250 元，薪饷（俸给）是一定的，但是杂费、设备费不是一定的。乡公所的经费一个月是 10 元，今后会变得更多。

区乡公所有什么人呢？ ＝区公所有正副区长、文职、会计、书籍、助理员等，区丁包括内勤、外勤、厨房等 7 人。乡公所除了乡长只有乡丁。

庄公所的经费是怎样的呢？ ＝除了收取区乡经费之外，其他的都是来自临时摊款，招待费是最多的，县公署的使役每次来村时会支付 8 角、1 元。

区公所、乡公所、庄公所有账簿吗？ ＝区公所有摊派账（收入）、杂支账（支出）、薪饷账（工资）、设备账。乡公所以及庄公所只有收支的总账。

形式是如何做的呢？ ＝购入。

区、乡、庄公所的账簿有必要依据法令的规定吗？ ＝不，随意制作的。

要提交上级公所，接受监督吗？ ＝不，谁都可以看，庄的收支年底的时候公示出来。乡公所的不公示，但是要让各庄长看。

一般庄民呢？ ＝谁都能看，可以询问不清楚的地方。

【账簿的种类】田赋关系有什么账簿吗？ ＝庄公所有地亩札。

是怎样制作的呢？ ＝根据里书（也叫总房）的底札（台账）制成。

账簿以外，征收的话，要用什么文件吗？ ＝田赋的话，县要给区送去传票，从区到乡，从乡到庄、保、甲。甲长送到各户。摊款的征收的话，各上级公署通知下级公所负担额，甲长把每户的负担额写在一张纸上，用来征收。

赋税的概况（田赋、契税、牙税、屠宰税、牲畜税、杂捐、县临时摊款、赋役、现货课征）

应答者　李永祥（副乡长兼甲长）、任福申（甲长）

【田赋相关的土地等级】本庄的土地有没有上下的区别？ ＝都是城地，没有区别。每亩要交一钱五分钱粮。

钱粮是什么呢？ ＝土地像下面展示的那样，分等级。

金粮地位于张马湖，官亩 1 亩为 240 步。

银粮地普通的平地，288 步为 1 亩。

铜粮地山地，360 步为 1 亩。

锡粮地山地，600 步为 1 亩。

铁粮地山地，720 步为 1 亩。

此外有葡粮，是以前的驻兵地，有上、中、下三等。而且就算是收成不好的年份，银粮地也不会全免，铜粮以下的土地有全免的情况。

【地券面积和课税面积】地券面积和课税面积不一样吗？ ＝不一样。

要丈量吗？＝不要。

以前总认为实际面积比地券面积要多，为什么地券面积和课税面积一样呢？＝以前、现在都是一样的。

【不用交税的土地】有没有不用交税的土地？＝没有，道路和私有地都要，机动车道路是私有地，按照以前收税（根据当时的谈话，县公署周围的土城的基地都是私有地，要交课税，县公署准备免除这些地的田赋，但农民拒绝了。因为当土城撤去的时候，这些土地要归还到原土地所有者手中）。

【田赋的征收手续】田赋、附加税等是如何交纳的呢？＝用钱交纳。

是怎么知道纳税额的呢，会有通知吗？＝因为会有传票通知单。

不需要持有前年度的收取证吗？＝不要回票。

有没有哪个年份被免除交税或者减轻交税？＝最近这些年没有这样的事情。

明年以后的还没有征收吗？＝今年第三期的还没有交纳。

田赋和附税要交到哪里啊？＝都交到县公署。

是自己带着去吗，还是庄长或者同族的族长等其他人作为代表去？＝前清时候，是各自带着去济南的县公署交纳，现在由庄长负责（或者说，前期之前都是各户直接交到县里，但是从下期开始就变成了庄长汇总起来，一起交）。

有没有县里来征收的情况？＝没有。

有没有采取舍尾数进一的方式多交纳税额的情况？＝有。

为什么呢？＝因为尾数没有零钱可找。

有多少呢？＝都是厘位而已。以前，衙门有一定的换算率，赚得很多（或者说，到了分厘的程度）。

除了纳税，还要交纳其他钱吗？＝传票的话，要交 1 分。

这是为什么呢？＝我觉得是纸、印刷费。

交到哪里呢？＝各户交给庄长，庄长连同田赋一起交到县里。

田赋和附税分别交可以吗，还是必须同时交？＝必须同时交。

纳税的通知票和领收单是自己保管吗？＝传票、通知单要返还给县里，凭单（领收单）可以由自己保管，但是没有一定的规则。

【督促交田赋——政务警】过了纳税日期还没有交的时候会被督促吗，是怎么做的呢？＝以前都是政务警拿着缺户名单，挨家挨户去拜访，现在是统计一个庄的未交总额，然后督促庄长，庄长会打着锣在村里转，督促缺户赶紧交纳。

过了纳税期，受到催促之后还交不了时怎么督促呢？＝以前、现在都没有发生过这种事情。庄长会用自己的钱或者借钱帮他垫付，因此对未纳赋者由庄长亲自督促。

听说政务警督促交税的时候，会多多少少索要一点，实际情况如何呢？＝政务警的工作与此无关，而是做其他工作。接近纳税期的时候，他们去督促，纳税结束之后去庄公所，要给政务警提供饭菜，还有 1 元的骡钱。

有没有接受清丈改租的情况？＝从来没有。

【土地买卖的手续】有没有出卖或者是购入土地或者建筑物的情况？＝（李永祥应

答）去年 10 月的时候，出卖了土地。

有多少亩，卖给谁了？ ＝卖给了同庄的李鸿儒一亩地，因为地不好，180 元就卖了。

是很大一块地的一部分吗，地券是如何处理的呢？ ＝是一块土地，地券也是只有这个，不会交付给卖家。

土地的等级是怎样的呢？ ＝在村里是中等地。

【买卖当事人的费用】买卖当事人要花费什么费用呢？ ＝卖家获得全额，买家只负责请客费，不出仲佣（仲买人手续费）。

【契税】要花多少税金？ ＝只有契税，由买家负担。契税是买卖价格的 6%，官契纸是 5 角钱。

【土地买卖的相关文件】买卖土地的时候要制作什么文件吗？ ＝卖家首先制作草契，在上面写上希望的卖价然后交给中介人，中介根据这个找买家，表明卖家确实存在，与其交涉价格。要是谈得来的话，卖家会制作实契经过中介人交给买家，交付价款的时候，会制作买卖契约交换。

（草契、实契、卖契的模板如下）

（第一草契）

　　立卖草契人某〇〇兹因经济不便今将自己家南东西地一段大亩一亩五分有余四至各有边界凭中说妥情愿出卖于△△△名下永远为业每亩国币一百三十元地内粮草照数过发空口无凭立草契存证

　　中见人某△△

　　中华民国二十九年旧历十一月初叁日

（第二实契）

　　立实卖契人张某兹因经济不便今将自己庄北东西地一段大亩一亩五分有余四至各有边界凭中说妥情愿出卖于李姓名下永远为业言明时值国币三百二十元地内粮草照数过发空口无凭立实契为证

　　中见人李若村

　　中华民国二十九年十一月初二日

（第三卖契）

　　立卖契人张大佶因无钱使用今将自己家西南北地一段大亩一亩正其他四至可列于后凭中说妥情愿出卖于王兆祥名下永远为业言定国币二百元正其币同中常交不见地内粮草照数过发此系两家情愿各不反悔恐后无凭立契存证[1]

_____

〔1〕 译者注：此处为合同契约文本，所以保持原文文字结构。

中人　李德正

代字　刘克孝

中华民国二十九年十月十五日　签名

长可一百步东周姓西宿姓

至至

横可六步正南吴姓北刘姓

是如何向县里申报的呢？＝买家提供卖契，接受税契。

【土地买卖的中介人】土地买卖的时候必须有中介人吗，还是拜托谁就可以？＝要是不卖的话，先找中介人，请其找买家。不能直接进行价格交涉。我是拜托本庄的李振清、李凤辈。

他们是什么样的人？＝有信用的人。

要在卖契上署名吗？＝当然。

还有其他署名的人吗？＝没有。

给中介人的谢礼要花多少钱？＝没有，中介人一点利益也没有。

中三破二是怎么回事？＝近邻村有中三破二、里二外三，本庄没有。

中介人的责任或者应该做的事情是什么？＝介于买卖双方之间，商定价格，对土地负责。

土地比卖契上的面积要少的话怎么办？＝中介人负责解决。

契税交纳的时候，还有其他费用吗？＝没有。

【契税的偷税漏税】只有卖契，土地买卖结束后，有没有没有税契的情况？＝有。

收罚金等吗？＝不收，县署不知道。

谎报买卖价格，被发觉的话如何处理？＝一般少报价格的话不会被发现。

【不实地检证】买卖土地房屋的时候，县里会派人实地检证吗？＝不会。

【不减免契税】土地房屋的买卖和申报有没有不交课税或者减免的情况？＝契税的话必须交，田赋从以前开始也是一样。没有发生过这种情况。

【粮食的牙税】听说粮食有牙税，藁、藁绳、藁席等其他的东西有牙税吗？＝没有。

谷类的买卖要花多少费用？买卖价格、牙税、牙佣、中介人征税手续费、杂费等是怎样的呢？＝米1斗14元，1斗37斤，1斤3毛7。新民会收购米时，过磅的时候每100元交5毛的磅力。

【粮食的牙收征收手续】谁收呢？是包税人呢还是新民会？＝新民会看管的人。

此外，除了牙税有其他费用吗？＝没有。

买家是谁，什么都不交吗？＝买家是从济南来的，是日本商人，交多少不知道。

米价是如何确定的呢？＝日本人鉴定之后决定。

杂粮买卖的牙税是怎样的呢？＝每10元2毛，由买家支付。

谁收呢？＝交给市集上的牙税人。

有领收证吗？＝没有，包税人记载在账簿里。

征收的钱交到哪里呢？＝我觉得是区公所。

是谁过斗？＝以前是王舍人庄城东兴福寺的和尚负责，收取一些余惠，但是现在是王舍人庄的庄长负责（或者是区公所）。

【包税人的牙税】听说牙纪（牙税请负人）恐怕坏事败露，会用虚构的人或者死人的名义，是怎么回事？＝不做坏事，包税人都吃亏。

成为包税人不是有好处的吗？＝因为经常有现金，很方便使用，但是交到县里时，就没有了。所以很少有人成为包税人。

听说包税人为了方便征税，让商人们组合起来，是怎么回事？＝没有这样的事。

磅力和牙税都是买卖的时候交吗，或者一定时期交一次？＝都是买卖的时候交。

买卖交易取消时，已经交的牙税怎么办？＝没有取消的情况。

误交税金或者过多、过少的情况时，怎么办？＝不可能有这样的情况。

【对牙税偷税漏税的处置】卖家、买家隐蔽交易，被发现时，怎么处理？＝隐蔽不能避免，但是被发现的话只是补缴税金而已，不交罚金。

那么，若谎报买卖价格或者数量、种类等被发现的话，如何处理？＝不被罚，市集上不会有这样情况。

上面所说的各个场合的法规、法则是怎样的呢？＝法令不公开。

关于税金的争论和疑问是如何申报解决的呢？＝没有这种情况。

【交易上牙纪的职责】买卖交易时有没有中介者？＝杂粮的买卖没有，米的话有新民会。

牙纪不做交易的中介吗？＝是牙税的请负人。

【村里的粮贩】村里的粮贩是怎样的呢？＝在市集上交易杂粮没有中介者，但是他们从村里买，然后卖到济南的粮铺，赚取运费。

【屠宰税】有屠杀牛猪等的情况吗？＝有杀猪的，但是没有杀牛的。

有杀骡子和马的吗？＝不吃骡子肉和马肉。

杀猪的时候的课税是怎样的？＝要给王舍人庄的屠宰人 3 毛钱，但是现在是多少不知道。

屠宰税不是大的 1 元，小的 3 毛吗？＝都是 3 毛，大小没有区别。

【屠宰税的包税人】屠宰税也有包税人吗？＝当然，因为会吃亏，所以做包税人的很少。

屠宰人的包税人叫作什么呢？＝叫作包商。

牲畜病发的时候，怎么办？＝卖。

要交什么税吗？＝不。

【牲畜税】买卖牲畜（牲口）是要收多少税？＝牛的话，大的交 1 元，小的交 5 毛牲畜税。

谁交呢？＝卖家交。买家每 100 元交 2 元佣钱（中介手续费）。

马、骡子的情况呢？＝和牛一样。

驴呢？＝5 毛。

猪呢？＝有卖小猪的，但是没有卖大猪的。但是不经过经纪人，卖给屠杀人，不要牲畜税，但是屠杀人要付屠宰税。

【牲畜税的征收手续】只有买卖的时候才有课税吗？＝当然。

牲口出生和饲养时有没有课税？＝没有。

借出去时或者作为担保时，是什么情况？＝借出去时也没有，牲口不能作为担保。

牲畜税是以什么标准课税的，按头计算吗？＝是的。

根据交易价格、牲畜的种类有什么不同吗？＝没有。

牲口的大小是如何决定的呢？齿数？斤量？身长？＝牛的话，牛仔的牙齿脱落一颗就是大的，出现生长圈（轮）的话，就长成大的。

其他的是怎么样的呢？＝马、骡子、驴都是一样的。

驴就算是成长也是小的，也一样吗？＝和上面一样确定大小。

羊呢？＝本地没有羊，不知道。

牲畜税是交给谁呢？＝买卖成立的时候，经过经纪交给包商（征税请负人）。这样的话，包商会证明牲口是不是盗来的，然后发给执照。

牲口的交易是在哪里进行呢？＝在塌子屯的一、六日的集市上。

与同村人交易跟与他村人、他县人交易有什么区别吗？＝都是一样的。

买卖价格或者税是凭银两制钱确定的，有没有把这些换算成银元支付的情况？＝没有。

【征收牲畜税的相关文件】纳税需要什么文件吗，有纳税领收书吗？＝除了写在执照上没有什么特别的领收证。

要支付用纸费、手续吗？＝不。

【牲畜税不偷税漏税】有没有谎报买卖价格或者偷税漏税的情况？＝税的话，每一头是固定的，跟价格没有关系，而且要经过经纪进行。不可能发生这样的事情。

【杂税和商会】有没有大车、小车、自行车要课税的情况？＝本县没有，济南市公署要收自行车的车牌捐。

有牲畜捐、猪鬃毛捐、鸡蛋捐、布捐吗？＝没有。

棚铺捐、铺捐、谷草捐、井捐等有吗？＝有铺捐，1 个月 3 毛，由商铺管理。

哪里的商会呢？＝本县有 3 个商会，本庄的话由王舍人庄的商会管理。

【县里的临时摊款和分配方法】有没有县里征收临时摊款的情况？＝有。

征收的时候要表明目的、用途吗？＝是的。

庄内的是如何决定的呢？＝根据地亩数。

没有土地的人不负担吗？＝不负担。

只交纳金钱吗，有没有用粮食粮食交纳的情况？＝有用粮食粮食交纳的，但是要换算成时价。

有收据吗？＝没有。

滞纳的时候，怎么处理呢？＝按照县、区、乡、庄的顺序，由等级低的公所来督促，并到达各户。

要是各户支付不了时该怎么办？ ＝由庄公所垫付，不会发生这样的事情的。

要是对分摊方法不服，怎么办？ ＝不会有这种情况的。

临时摊款的用途会公开报告吗？ ＝目的和用途会公布，会写在决算报告里。

【征收县保甲费】保甲费是从什么时候开始收？ ＝今年是从春天开始的，一年只交一次。

收多少呢？ ＝每 1 亩收 1 分 5，各庄长交给乡长，乡长交给县署。

庄里是专门收取保甲费吗？ ＝和其他摊款一起，从收取的金额中算出上面所说的金额，然后交付上去。

县的保甲费包括门牌旗帜、训练所费、保甲簿调制费等，村里没有发门牌的情况吗？ ＝没有，听说王舍人庄发了新门牌，但是要另出 3 毛钱。

【保甲自卫团】保甲有没有自卫团？ ＝各庄有自卫团，是村的摊款。

有没有不交纳分摊金额，选择赋役的情况？ ＝县的摊款都是金钱。村里的自卫团是轮换的，没有通过赋役代替出钱的情况。

【军草、军役】有没有征收军草的情况？ ＝由县里采购，不摊款。

有军役？ ＝没有。

像第三中队的话，要出人吗？ ＝不。

与此相对要出钱吗？ ＝出。

多少？ ＝现在的不知道。

【接待军官】有给军警、公务员等提供饭菜的情况吗？ ＝有。

一年大致有多少呢？ ＝不明白。

【壮丁招募】每年有招募壮丁的情况吗？ ＝有临时的，但是定期的情况没有。

去做什么？ ＝机动车路的建造、修理。

这是怎么分配或者命令的？ ＝县里的命令通过区、乡传达到庄。

一直使用这种途径传达命令的吗？ ＝根据工作的内容，也有直接从区到达庄的情况。

【出役的分配】庄里是以什么标准分担出役的？ ＝没有规定一家出多少人干多少天，男性轮换参加。

出不了壮丁的家庭，打比方没有成年男性的家庭要雇人或者出钱吗？ ＝有雇人的情况，但是不出人也可以，这时候没有出钱的情况。

赋役的时候，县或者庄每天会发工资吗？ ＝不发。

饭菜呢？ ＝各自负担。

县里一点都不出吗？ ＝不出。

【小清河挖掘时征募壮丁】其他还有没有征募壮丁的情况？ ＝今年阴历五月挖小清河时征人了。

是壮丁征募吗？ ＝给 80 钱。

是去工作吗？ ＝当然。

轮换去吗？ ＝当然，当初只有贫民，但是因为要下水的工作，都不愿去，就轮换去。

有没有命令村里出多少人？ ＝日本人要求尽量去多一些。

哪里的日本人？ ＝监务省。

为什么要挖小清河呢？ ＝把羊角沟到济南的河道挖得更深一点。

农忙时期，有没有村里不出劳动力，雇佣劳动力让其服役的情况？ ＝没有。

【县公署备品和实物课征】有没有每年定期课征实物的情况？ ＝没有。

有没有临时征用的情况？ ＝去年把桌子、椅子、板凳借给了县里，到现在还没还。

现在还在用吗？ ＝不知道。

是如何征集的？ ＝从各户征集，庄公所支付给他们钱。

支付多少？ ＝不知道。

县里为什么征收？ ＝县里职员不够使用。

县公署是平等命令各个庄的吗？ ＝由附近的庄子提供，但是本庄提供的比较多。

县公署要赔偿吗？ ＝不。

【军队的课征】还有课征其他物品的吗？ ＝第三中队拿走了铡刀没有返还。

是谁的东西？ ＝要是私有的东西，庄公所会赔 10 元左右。

11 月 29 日

赋税的概况　征税机关　征税方法

应答者　县公署财政科员以及征收处员

（本县公署没有财政科长，有位代理人，但是什么都不知道。征收处主任兼任里书，应该会知道有关赋税的内容，但是开始调查的时候就称病一直缺勤。没有得到询问的机会。）

【田赋的正税和附税】田赋的正税、附税各是多少？ ＝各 4 元。

这是多少亩的？ ＝每 13.714 亩（或者说 13.713 亩或者 13.6 亩）是 1 两银子，换算成 4 元。

【漕米】漕米的计算方法是怎样的呢？ ＝1 石米要付省税 6 元，附加税去年是 4 元 8 角，今年变成了 6 元（征得了省公署的认可）。

1 石米是多少亩？ ＝68 亩。

漕米和田赋是怎样的关系呢？ ＝1 亩 1.47 升，相当于 68 亩 1 石米，田赋是每 13.713 亩收取 4 元，漕米是 68 亩收 6 元。

这两者的关系是怎样的呢？ ＝漕米是第三期征收田赋，第一期/第二期征收田赋是地丁钱粮，这是 4 元。

【契税】契税是怎样的呢？ ＝买契是 6 分，典契是 3 分，但是官契纸是 5 毛钱。

【牙税】牙税呢？ ＝牙税是包税制度，包税人叫作牙纪，5 年编审一次。牙税也就是秤斗税，是买卖价格的 2%，由卖家（？）[1] 负担。

---

[1]　译者注：原文如此。

【屠宰税】屠宰税是怎么样的呢？＝规定是每头猪 2 角，每头牛 1 元，每头羊 2 角（根据其他的调查，大的 1 元，小的 3 角，或者大小没有区别，都是 3 角）。

【牲畜税】牲畜税呢？＝规定是骡子、马、牛每头 3 元，驴的话是 3 角（根据其他的调查，大的 1 元，小的 5 角，规定和实征应该实地调查的，但是没有得到这样的机会）。

【杂捐、当税】杂捐呢？＝没有杂捐，杂税包括牙税、屠宰税、牲畜税、油税，但是油税还没有开始。

当税呢？＝没有。

【县里的临时摊款】县的临时摊款呢？＝是保甲费，由秘书处管理。

还有其他的吗？＝其他的经费由附加税维持。

【田赋附加税】田赋附加的税目都有什么呢？＝警察、教育、建设等各款。事变前这些附加税是分别征收的，但是事变后一起征收。

【田赋相关账簿】田赋关系的账簿都有什么呢？＝田赋征册，这是根据里书自己的底札（台账）制作的，要交付到县公署，有六七十册。其他还有流水账、传票、田赋缴款、报告凭单（每天报告用的，是六联单）、田赋日报表（每区都有，是三联单）。

【田赋征收方法】田赋征收的顺序是如何的呢？＝首先由里书（总房）制成通知单；然后派政务警送到庄长，由庄长送到各家各户（纳税人）。纳税人直接去县公署或者由庄长一起收了之后交上去。县征收处对照田赋征册征收，记入流水账簿，一方面，要记到凭单（收据、缴查、存根的三联单）上，然后把凭单交给花户，把缴查连同正税一起送到省财政厅，把存根留在县里；另一方面，征收金额是每天送到会计处，记入六联的报告凭单，然后交付到顾问、县知事、财政科长、征收处等，保留存根。会计处把送达的金额中的正税附上上述的缴查后送到省里（顺带一句，根据省的命令，田赋征册包括传票、通知单、存根、缴查、凭单的四联，但是本县，通知单是由里书制作的，县的征册是三联。据征收处员以及知事称，因为人员少，县里制作不了通知单，不得已设立里书，由其管理）。

【田赋征收区域】田赋征收区别是什么情况呢？＝和现行行政区域不一致，保持着闰孝一、二、三、四、五、南保全一、……北会津一……等过去的状态（跟县志一样）。

【里书】里书是县吏员吗？＝不是。

是县公署公认的吗？＝以前就是这样。

不应该废除吗？＝除非县公署饱满，否则不可能。

里书有多少人？＝本县有 150 人，一区有 10 人左右，一人管辖二三个乃至十个村。

【里书的职务】里书除了写田赋通知书还要管理什么事吗？＝土地买卖、分家、相续的场合的过拨。土地买卖的时候，前清时候，买家每亩要付 1 吊钱，现在根据省令规定要付 1 毛。

听说农民和本村的人买卖时每亩交 1 元，和他村的人买卖时以大开收的名义收 2 元，是这样吗？＝规定是 1 元，但是因为面子的关系可能会多出。

里书要把钱交到县里吗？＝里书的收入是根据省令规定的。制作纳税通知书的费用由里书承担。

分家、相续时的过户手续费是多少呢？ ＝不一定要过户，但是手续费和买卖时的一样（农民收一元或者不付钱，每年随便给一些粮食就行了）。

分家的时候，不过户也可以吗？ ＝因为分家单上都明写着呢，不过户也没关系。相续时候的过户叫作去老换幼。

里书是世袭的吗？ ＝是的。

【征收处的组织】征收处的组织是怎样的呢？ ＝推收股、杂税股、田赋股、契税股。

推收股是做什么的？ ＝掌管里书，制作征册和通知单。

【与赋税有关的档案】有赋税的档案吗？ ＝有（为了实地调查，各地都有小的档案室，各种档案都陈列了一点。其中有一册与此相关，是"各区公所常年经费案卷"，其中必要的部分如下。

历城县张马区十一月份摊派表

薪饷一六〇元

经常费二六〇元杂费五〇元每官亩合洋

设备五〇元四厘

应训四〇元每官亩合洋

临时费七〇元炉灰费三〇元一厘

历城县张马区冷水沟乡十一月份摊派表

区经费五〇元每官亩

经常费一四〇元乡公所经费三〇元合洋一

爱路费六〇元分四厘

设备一〇元

临时费四〇元杂费二〇元每官亩合

应酬一〇元洋四厘[1]

【包税制度】包税制度只有牙税、屠宰税、牲畜税吗？ ＝是的。

各项承包额是多少呢？ ＝不清楚。

【包税人的选定方法】包税人的选定方法是怎么样的呢？ ＝投票决定。民国以后，县里命令区里通过对承包金额的投票，选定一个人。牙税包税人也就是牙纪每五年选一次，屠宰税、牲畜税的包税人（包商牙纪）每年选一次。县署发给牙纪喻单（临时执照），省公署发给牙帖，但是根据帖费的多少落札。包税人之下有两到四人办事员，去各个市集征

---

〔1〕 译者注：此处为案卷原文，所以保持原文文字结构。

税。一般把牙纪叫作敛税人。

虽说包税人是投票决定的，但是名义上不是世袭吗？＝不是。

承包额的交付方法是怎么样的？＝牲畜税的话，先交付押金，牙、屠二税每月月末交。

有没有承征员？＝没有。

【政务警】政务警属于县的哪部分，警察吗？＝不属于警察，是县公署的一个组织，叫做普通差役，分为五个班，各班有 1 位班长，每班有 8 人到 15 人。

他们都做些什么，有工资吗？＝他们有管辖区域，督促交纳田赋。有一定的俸禄（每月 12 元）。

他们都是县吏吗，穿什么服装吗？＝县里临时雇佣的，和警察穿一样的服装（制服），帽子下面钵卷状的部分是蓝色的。但是因为治安很差，平时外出都是穿便衣。

【粮柜】有没有粮柜？＝规定上，粮柜叫作征粮处。位于清朝的户北房，征收员是世袭的，也有卖官的情况。事变前分为 10 柜，但是事变后变成 4 柜，1 柜有 4 人总共 16 人。

他们的待遇和身份呢？＝都是月俸，一等是 30 元；二等是 25 元；学习的是 20 元。都是世袭的，可以让给儿子或者徒弟。

四柜是如何被掌管的？＝根据区域掌管田赋。

甲柜　张马区、洛口区、东梧区、城区（人在济南，但是地在历城）

乙柜　当家区、泉路区、清宁区

丙柜　老僧口区、遥墙区、邵而区

丁柜　董家区、仲宫区、马家区

【征税的监督】征税是如何被监督的？＝除了推收股指导监督里书以外，各项税款的征收都有县的顾问、县知事、财政科长等每天接受报告，形成监督。

【田赋的征收时期】田赋的征收时期是怎样的呢？＝分为三期。第一期（从三月到四月上旬）；第二期（八九月）；第三期（十一月十五日到年底）。第一期、第二期征收地丁和钱粮，第三期征收俸米。俸米每 13.6 亩交二斗也就是 2.16 元（去年正税 1.20 附税 0.96 元）（前项漕米每 68 亩 1 石米要交付省税 6 元，附加税 4.80 元，计算是一样的）。

【田赋的减免、缓期】有没有田赋的减免、缓期的情况？＝发生水灾、虫灾的情况，没有收成时，县公署会实地检验，然后允许减免、延期，但是这样情况很少。

您知道民缺和实收吗？＝没有缺户（不纳者）的，但是因为治安的关系，有无法征收的。实收的情况不清楚。

【对偷税漏税与滞纳的处置】对于滞纳以及偷税漏税是如何处置的？＝因为都会由庄长先垫付，没有滞纳或者漏税的情况。

【免税地】有没有免税地？＝像义地、铁路占地、堤占地。但是，如果堤占地是私有地的话，有税。

水沟子、坟地呢？＝都是私有地，有税。

道路呢？＝道路、机动车路都向地主征税，没有豁免。

沙滩地呢？＝水冲沙压地位于黄河的，但是小清河没有。

学田等其他官产呢？＝每年征收租地税（岁租）。

【清丈】有没有清丈、改租的情况？＝没有。

【契税】契税呢？＝每100元交纳6元，省财政厅发行买契纸6角，县公署发行的田房卖契纸一角。税契支付上面所说的经费，在白契上要贴付上上面两种官契纸，交给申请者，但是要拿着田房卖契纸上附属的卖契约报查，通知省里，由县里保存卖契约存根，把收据交给本人。

看到税契申请的白契，有现在的，也有旧的，要怎么处理呢？＝事变前不接受税契，对旧的东西有处罚，但是事变后就废止了这个，不问新旧，一律采用税契。

【过拨】过拨现在进行吗？＝在区公所由里书负责。

（注：根据1940年一月当时的县联络员报告，历城县的田赋正税是30万元，但是当下的实收是20万元，其中，根据省令，被历城县公署允许的田赋留支提成（田赋征收补贴）是3%也就是6000元。处分方法是：

县知事2400元（3%的四成…………省里的规定）

征收员2400元（……………………………………同上）

印串费1200元（3%的2成…………同上）

征收处主任要另外从县岁出预备费中获取每月70元的俸禄。传票印刷费需要1500元，但是根据省令的算出法，是1200元，出现赤字）。

［资料］**历城县财政收支状况表**（民国二十九年度）

一　收入

田赋附加收入总额　二九五．六〇〇元

二　支出总额　　　二九五．六〇〇元

建设经费　　　　　六〇．六〇〇元

教育经费　　　　　六六．一〇〇元

警察署经费　　　　五〇．七〇〇元

警备队经费　　　　四七．六〇〇元

建设科经费　　　　五．八〇〇元

教育科经费　　　　四．五〇〇元

自　治　费　　　　二三．八〇〇元

豫　备　费　　　　三六．五〇〇元

（注：因各经费是根据图表算出的，可能有出入）

历城县田赋征收处组织系统表

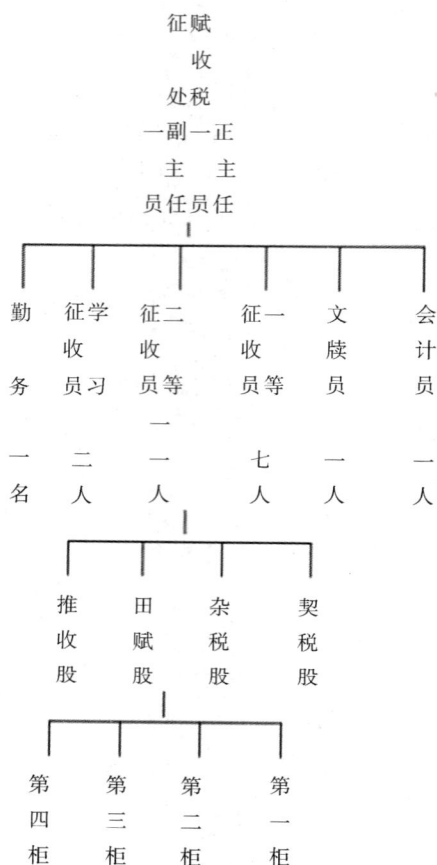

赋税征收处
一正主任　一副主任

勤务　一名
学习征收员　二人
二等征收员　一人
一等征收员　七人
文牍员　一人
会计员　一人

推收股　田赋股　杂税股　契税股

第四柜　第三柜　第二柜　第一柜

历城县赋税征收处办事细则

一　本细则系依照本处改组办事法第三条之规定拟定之

二　本处经征各项正杂税款除遵照奉颁章程切实奉行外，悉依本细则之规定办理 之

三　本处内分设田赋推收契税杂税等四股

四　田赋股为征收便利起见以全县十三区划分四柜征收以专责成而免错误其各柜经管征收区域规定如左

甲　第一柜所属为城区、洛口、张马、东梧等四区

乙　第二柜所属为清宁、仲宫、党家等三区

丙　第三柜所属为老僧口、泉路、遥墙等三区

丁　第四柜所属为马家、董家、邵而等三区

五　每柜设一等征收员一人二等征收员二人至三人其他推收契税杂税每股设一等征收员一人二等征收员一人至二人统由正副主任以事务之繁简酌量规定列表签请主管科长专呈县知事核定行之

　六　每年推收完毕即赶造征册暨串票均于每期开征前一月造齐并将串票第一联通知单散发花户收执以便遵照完纳

　七　花户来柜完纳田赋除按照通知单所列应完正副税及串票费等疑切实核以外不准违章勒索分文否则查出重惩不贷

　八　收到花户完纳田赋一经算清收款后随时发给回串收执不得任意迟缓致生弊端

　九　每柜制备正负号码签各二百根一二三四柜分甲乙丙丁字即红黄蓝白四色以示区别

　十　花户完纳田赋收清后立即发正号签一根以凭领取圆串以免错误

　十一　正号签发出后其副号签即随回所收通知单查对征册并登注流水号簿掣取回串按号登给花户改执并将正号签立时收回以便应用

　十二　每股应立总分帐（账）簿各一本将每日所收正杂税款分别详细登注以便核查

　十三　花户推收粮名应照章填具推收单并缴纳推收费以符定章

　十四　契税股收到花户文契照章收税后填给临时收据以凭领取契纸务须随时粘发不得稍有迟滞致生流弊临时收据式样另定之

　十五　杂税股收到各项杂税后均须随时填发正式收据由缴税人收执以资凭证其收据式样另定之

　十六　本处添设会计员、文牍员各一人以便经营钱帐及一切文牍事宜

　十七　本处账簿分税款经费两组以便分登而清眉目

　十八　每日所收正杂税款分别算清登账簿并由正副主任复核相符盖章后填具缴款联单连同税款及日报簿一并送交县署会计处核收并分列具报查考缴款联单式样另定之

　十九　本处所收正杂税款及领支经临各费每届月经应分别依式造具月报表册及决算书类呈报查核

　二十　本处职员须随同县署规定时间按时办公，不得任委迟到或早退情事，如遇有要紧事务，必须请假核准后，始准离职，否则统以旷职论定，豫严惩不贷

　二十一　本细则目呈请核准公布后施行之

　二十二　本细则如有未尽事宜须随时呈请修正之

中华民国二十九年　　月　　日

历城县公署推收处　存各柜应管区城里分一览表

第 四 柜			第 三 柜			第 二 柜			第 一 柜			
邵而区	董家区	马家区	泉洛区	左僧口区	遥墙区	仲宫区	党家区	清宁区	东梧区	张马区	洛口区	城区
仙台三	明贤 四三	鹊华 九八七	仙台 二一	南乙元 三二一	安平一	仙台五	五六 一二 明贤	清北会 二一	南保全一	闵孝 四三二一	鹊华 三二一	信忠弟孝 四约

续表

第四柜		第三柜			第二柜			第一柜								
明贤 九 一三	南会清 二 三	老小屯	南乞元中 下 上	安平 二	仙台 六	贤明七、八、一〇、一二	北会清 三 四	南保全 二	南会清 二	鹊华 六	鹊华 五	鹊华 四	北保 一	和三约	柔三约	温
二 北保全一	丁家屯	肖家屯	北乞元中 二 一	安平 三	仙台 七	贤明 一四	济阳外县	南保全二	张马屯 子屯		家屯	水屯		东关一	南保全一二	北保二
闵孝 五		长清外县	北乞元中 下	安平 四		明贤 上 中 下			晏头镇	周官屯	王炉屯	黄家屯	所		南关左右	鹊华一
否园屯			明贤 一一	安平 五		草邱外县			二甲三	景光湖一	间家屯	杨家屯	中		景光湖 四 三	鹊华二三

历城县公署省县各款及物品出纳账簿组织系统表

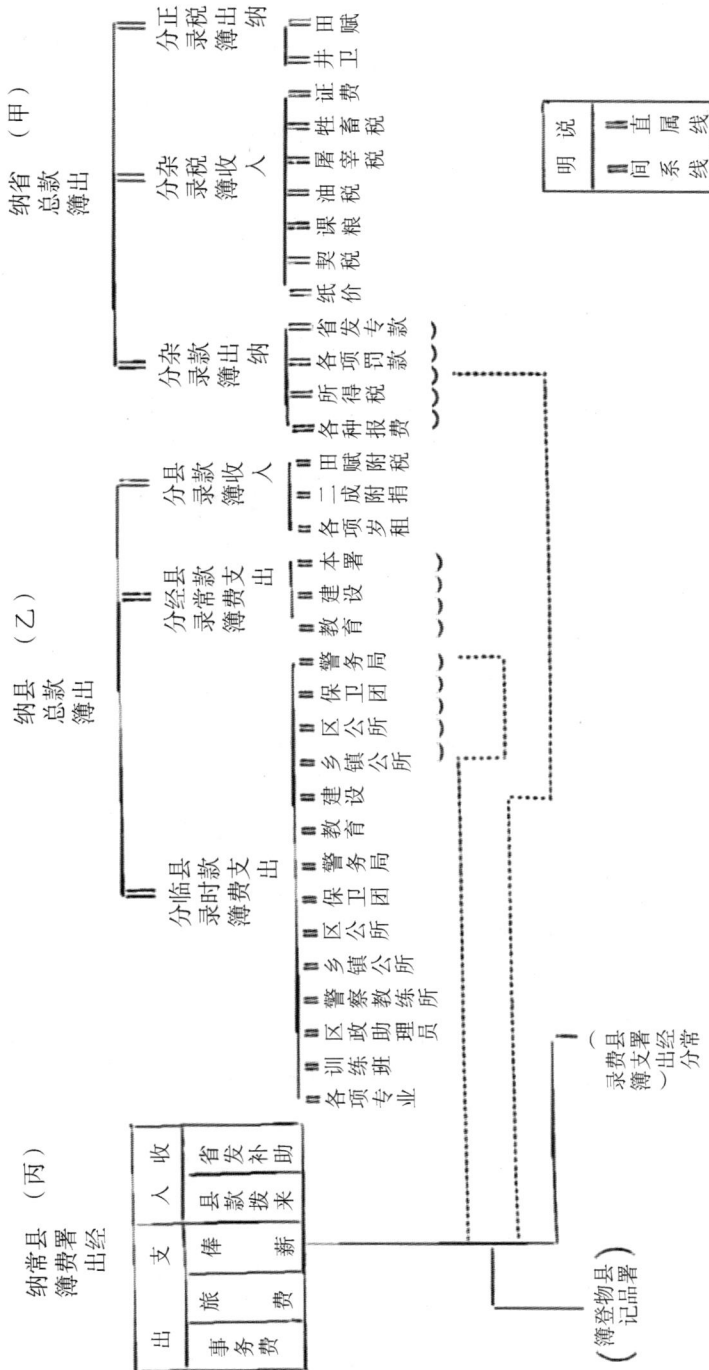

纳省总款簿出（甲）

- 分正税录簿纳出
  - 正税
    - 田赋
    - 井卫费
- 分杂税录簿收入
  - 杂税
    - 证费
    - 牲畜税
    - 屠宰税
    - 油磨课税
    - 粮课税
    - 契价税
    - 纸价税
- 分杂款录簿纳出
  - 杂款纳
    - 省发专款
    - 各项罚款
    - 所得税
    - 各种报费

纳县总款簿出（乙）

- 分县录簿收入
  - 县款收入
    - 田赋附捐税
    - 二成岁租
    - 各项捐税
- 分经常款录簿费支出
  - 经常款支出
    - 本署
    - 建设
    - 教育
    - 警务局
    - 保卫团局
    - 区公所
    - 乡镇公所
- 分临时款录簿费支出
  - 临时款支出
    - 建设
    - 教育
    - 警察局
    - 保卫团局
    - 区公所
    - 乡镇公所
    - 警察训练所
    - 区政助理员
    - 各项专业练习班

纳常县费署簿经出（丙）

收入		支出	
省发补助	县款拨来	俸薪	旅费
		事务费	杂费

（县署经常分支出录簿）

（县署物品登记簿）

说　明	同系线	直属线

1940 年 11—12 月

（华北农村惯行调查资料第 20 辑）

赋税篇第 5 号　　山东省历城县冷水沟庄
　　　调查员　　村田久一、刘均仁

（本篇是根据当初"地籍与土地公证制度"调查项目而设计、据此实施调查完成的报告。此后，统一纳入"赋税"部分，成为赋税篇的一部分资料。）

丈量　税契　过割　黑地　红契　白契　税契　过户　补契　登记

应答者　　杜凤山（庄长）
　　　　　任富申（甲长、丈量人）

【需要丈量的情况】什么场合下实行丈量呢？＝土地买卖、分家、地界不明（出现纠纷的场合）。

典地、官有地拂下[1]、土地整理、过割、税契、升科等不丈量吗？＝不，没有升科的情况。

发生地界纠纷时，县公署不干涉吗？＝县里派人去丈量，四邻都要在场。

本庄有这样的事情吗？＝没有。

因地界不明作为裁判，丈量的时候，所使用的道具和方法与民间的是一样的吗？＝一样。

有没有土地没有界标的情况？＝没有。

有没有政府进行丈量的情况？＝没有。

【丈量专家】由谁丈量呢？＝各庄都有，本庄有五位。

丈量人是父子相传吗？＝不是。

是谁来做呢？＝被土地的买家拜托的人。

要征得政府同意吗？＝不用。

丈量的结果要报告给政府吗？＝不用。

【丈量方法】拜托丈量时，要怎么做？＝下请帖。

---

〔1〕　译者注：原文如此，未找到对应含义。

丈量的方法是怎样的呢？＝用四步的竹竿量。

一步是多少呢？＝一步是 5 尺，大小没有差别。以前省公署确定的。

丈量的时期是什么时候呢？＝秋收后买卖土地的时候。

【买卖土地和丈量】土地买卖的面积不是地券上的面积，而是丈量所得的面积吗？＝记后不计先，也就是根据现在的面积买卖，不根据地券上的面积。

丈增丈减的情况怎么处理？＝大多数情况会就这样保留下来，四邻测量不够的时候或者地契烧毁的时候，用于确定四邻的土地。一直被保留下来的话，就成为卖家的所有（原地主）。

听说现实的面积比地契上的面积多，是怎么回事呢？＝以前都是多的，但是现在或者少或者是一致。

少的情况下怎么办？＝测量四邻的土地，要是还发现不了的话，要进一步测量比邻也即是外侧的地。

丈量后，会发丈量单吗？＝不，仅仅是在白纸（毛头纸，市贩的用纸）上画下轮廓，记下数字，而丈量人把这转换成自己的账簿上。

这个毛头纸在土地买卖的时候，要贴付在卖契（白契）上吗？＝不，卖契上记载丈量事项，不贴付毛头纸，而是烧掉。

土地买卖时必须丈量吗？＝当然丈量，否则买卖不成立，丈量后也要支付费用。

买卖成立，但是发现丈量有错误的话，该怎么办？＝丈量人必须负责处理。

有没有这样的实例？＝没有。

卖契上丈量人也要署名吗？＝作为代字人或者中见人、成事人署名。

买卖时，要交老契吗？＝有交的，有不交的，一般不交，丈量和老契面积不一致时，不交。

【丈量的手续费】丈量的手续费是怎样的呢？＝没有手续费、报酬等，仅仅是帮忙。因此有这样的说法，丈量人有三死。一、冻死。因为总是待在外面，要经受严寒；二、饿死。因为丈量不符合地契面积时，要测很长时间。三、打官司。发生土地纠纷时，要和当事人一起出席裁判。也有买卖成立在餐厅接受招待的情况。

【没有地籍】您知道地籍的说法吗？＝没有这个词。

【地亩札子】有没有分别记载所有者土地的基本的公簿？＝在庄公所有记载了全庄 420 顷地的地亩札子，记载了各户的所有地数（详见卷末资料）。

这是如何制成的？＝依据里书的底札。

【没有田面权、田底权】有没有田面权、田底权等名称？＝没有。

佃户转让耕种权时，是否要得到地主的同意？＝需要得到地主的同意。

有没有把这种能耕种的权利叫做田面权，把土地所有者即地主的权利叫做田底权的情况？＝没有，地主的权利以前被称为六至，上至青天，下至黄泉即除了四面之外还涉及上下，现在仅仅涉及四面。

【税契、过户场所及目的】税契、过户是在哪里进行，目的是什么？＝税契由县署负责，过户是由里书负责。从县署来看的话，都是为了财政，但是对人民来说，为了防止发生地界不明的纷争，买卖有纠纷的土地，要立税契，这比白契有效。

【黑地】有作为私垦地等，没有登录在里书或者是征税处的账簿内，也不交纳税款的土地也就是黑地的情况吗？＝没有。山地上有，平地上没有，平地的话没有不丈量的土地。即使自己不丈量，四邻也会为了什么丈量，这样的话自己的土地也就明确了。不交税的话，没有土地。

【丈量增加的土地——空地】丈量时，土地增加的情况不是没有吧，这时候怎么办呢？＝自己（任甲长）担任丈量人 30 多年，还没有发生过这样的事情。要是真有这样情况的话，就由土地所有者耕种，不用再另外交税。

这些多余的土地叫作什么呢？＝叫作空地。但是，这不是常有的情况，只有在界线弯曲时，才可能有的情况。

【逃亡、放弃的土地】农民逃亡或放弃的土地，该怎么处理，是由县公署处分吗？＝县公署对这些土地的发生情况不清楚，由庄里处分。绝户的时候，会立嗣子把土地过继给他。

【没有无主地】本庄有没有无主的荒地、芦苇地、沙地、废地、城地等？＝村的土地都是城地，但是不是根据耕作决定的，没有其他的土地。

【土地整理、没有陈报】有没有整理土地的情况？＝没有。

【红契】红契是什么呢？＝就是在白契上盖上官印投税的契约。在白契上贴付上省以及县的官契纸，盖上官印交付契税。

现在拥有效力，民国以后的红契的种类、名称是怎样的呢？＝契尾、卖契、典契的投税。

【税契股】掌管机关是在哪里呢？＝事变前在县公署第二科，事变后是县公署财政科税契股。

他们的关系是怎样的呢？＝都是由省财政厅统辖。

【红契的发放和效力】红契发给的理由是什么呢？＝丢失红契，补契的时候以及立土地的买卖、出典的卖契、典契的时候。

红契的效力是如何的呢？＝红契意味着土地所有权。有了红契，只会在分家的时候才可能产生纠纷。

典契是怎样的呢？＝几乎不办理税契。

没有红契，而且别人已经立了白契并办理了税契手续，这时候该怎么办呢？＝不会发生这样的事情。都是在村里永久居住的，不可能发生这样的情况。

和土地的四邻勾结之后隐瞒怎么办？＝这种事情防止不了，要是有的话只能依靠裁判。

【验契】民国以后的红契和之前的红契有什么关联吗？根据民国验契条例的实施，旧契有没有什么效力上的变化？＝验契结束了，才有效力，不接受检验的话，没有效力。

大家都接受验契吗？＝不是。

但是，效力不会失去吗？＝就算不验契，效力也是一样的，没有钱的人验不了契约。

要是这时候，别人交了税，获得了土地，该怎么办？＝不可能有这样的事情。

发给红契时，要进行审查吗？＝对土地是否实际存在、老契的真假等不审查。

民国以后发给的红契的种类、名称是怎样的呢？＝红契只有一种，事变之后也没有改变。

没有买契、典契吗？＝当然。

【红契丢失】红契丢失时，是怎么处理的？＝没有丢失的情况，要是有的话，就补契。

要办理什么手续呢？＝四邻都要到场，接受县公署的许可。

【土地陈报】有没有命令土地陈报的情况？＝民国二十六年出了《土地呈报法》，分发给各户，按照此实行。因事变爆发，呈报书丢失，如果按照那样实行下去，各户都会多呈报自己的土地，这样的话纠纷就会很多。呈报的时候必须四邻到场。

【白契】白契是什么呢？＝没有投税的情况。

什么情况下制作白税？＝买土地时。

典地的时候怎么样呢？＝不叫白契。

【立契的方法】立契的方法是怎样的呢？＝（立草契、实契、卖契，然后记载下来）。

典契没有三段的手续吗？＝没有。

【白契的效力】红契发给之前，白契的效力是怎样的呢？＝白契的时候，也就是立卖契后，直接付款，交付土地的话，土地买卖在两者之间成立，能对抗第三者。但是不能对抗政府。

【税契和效力】因此必须要立税契吗？＝规则是这样规定的，但是做的人很少，就算不做，县里也不会知道。

有没有买家没有立税契，并且把土地转卖的情况？＝有。

买家不立税契吗？＝买卖手续完了之后，立税契、红契的情况比较多。

这是为了什么呢？＝不发生纠纷。

这之前买卖没有立税契，县公署不处置吗？＝不会干涉。

不办理红契，转卖时，就会形成有粮无地的情况，原买家必须寻找现所有者，不是很麻烦吗？＝所以要过户。

转卖要在什么情况下进行呢？是土地的中买人吗？＝由于婚丧急需用钱时等场合，没有中买土地的情况。

【官契纸和白契】办理红契手续的时候，使用官契纸，但是白契怎么办呢？＝用官契纸，贴付在白契上。

官契纸记载事项和白契纸记载事项一致吗？＝当然。

办理红契手续后，但是红契是表面上的形式，白契作为实质上支配权利关系的证书还拥有效力吗？＝红契、白契都有贴付，不另外考虑效力。

这种情况下，白契和官契上记载事项不一致时，哪个有效？＝不可能发生这样情况。

【房屋的税契】税契手续仅限于土地权利转移的情况吗？包括房屋吗？＝房屋也有税契手续。

【分家和税契】分家的时候，土地分割必须需要税契手续吗？＝仅仅分家的话，不需要分割土地，制作一个合同就行了，卖土地时，才要分割土地。这之前地契由兄长保管，田赋等的税契由兄弟分担。

哥哥想卖土地的时候，怎么办？ ＝把老契给弟弟，哥哥没必要另外制作卖契。

分家单由哥哥掌管，哥哥没有卖掉所有土地的情况吗？ ＝分家单上，土地划分都很明确，弟弟不会干涉哥哥的土地买卖，也不会担心自己的土地被卖掉。

【税契的费用】税契必须使用官税纸吗，费用由谁承担？ ＝必须使用官税纸。价钱是 5 角，买家、典主、补契的情况，由本人负担。

契税由谁负担？ ＝和上面一样。

典契税到期赎回的时候，出典者有没有还债的习惯？ ＝没有。

先典后买的情况的契税是怎么样的呢？有没有分摊典契税的情况？ ＝不会有这样的事情。一般典当没有契税，只有买卖的时候才立税契。

【对偷税漏税、滞纳的处置】偷税漏税、虚伪的申告、滞纳的情况下的处罚及其负担关系是怎么样的呢？ ＝即使没有契税也不会处罚，被发现后只要上面有手续就足够了。虚伪的申告的话，因为四邻都不承认，所以不成立。不可能有滞纳的情况。

因为买卖的税契跟亩数没有关系，只是依赖于价格，虚报的话跟四邻没有关系，不是可以的吗？ ＝就算被发现也不会被处罚，只是补交税款而已。

像购买他人土地，制作虚假买卖税契的情况，该怎么办？ ＝不可能发生这样的事。而且就算是捡到了地契也不能耕种（拾得文书种不得地）。

【没有见证人】有没有见证人？ ＝没有。

【契税的税率】由于土地的上下等，契税率有差别吗？ ＝没有，主要依赖买卖价格。

【税契的手续】税契的手续是依据当事者的申告吗？ ＝只有买家到县署办理手续，跟卖家没有关系。

不担心改变亩数吗？ ＝因为改变数字的话，还有四邻，绝对不会成立。所以卖家没有任何担心。

买卖成立后到申报，这之间的实际时间是多少？ ＝不一定。

旧契如何处理呢？ ＝不提交。

隐瞒契约事实，比如把卖当作典申报的时候，该怎么做？ ＝契税都是一样的，不会有这样的事情发生，就算是被发现了，也不会有告密者。

名义上是变更粮票（里书的过户），实际上是买卖，这种情况该怎么处理？ ＝不会有这样的事情。就算是被发现了，也不会处罚，只是立税契而已。

【继承、赠与和税契】相续、赠与、亲属间分割时，每个都需要税契手续吗？ ＝相续的情况仅仅是名义上更换，分家的时候只需制作分家单，不需要税契，并且没有赠与土地的情况。

嫁人时，土地也要转走吗？ ＝嫁人时，连带土地的情况没有。

地契丢失，但是要进行土地买卖的话，该怎么办？ ＝四邻到场，实际测量，制定契约。

【税契的效果】税契手续结束后，在土地权利上会发生什么样的效力吗？ ＝所有权和典权确定。但是这只是与国家有关系，在私人之间即使没有税契权利也明确。

税契会成为物权变动的要件吗？ ＝当然，这是公开的关系。但是，就算是没有税契，买卖也是可能的。

根据税契，能发生对第三人的对抗力吗？ ＝当然，但是要是私人间的关系，就算没有税契，凭事实也可以对抗。

意思表示一致时，白契契约和税契手续完成后的物权效力的关系是怎样的？ ＝习惯上，在私人之间没有差别，但是在公开的关系上就有所差别。

【过户和里书】过户是什么呢？ ＝买卖的时候，变更田赋交纳者的名义，先过户，再立税契。

典地的时候呢？ ＝没有过户。

从什么时候开始的呢？ ＝自古以来。

在哪里过户？ ＝里书的私宅。

过户的话，是要等着村民当事人的自发的申告吗？ ＝当然。

手续是怎样的呢？ ＝买卖当事人立字据申告。

那是什么东西？ ＝不是一定形式的印刷。

卖契要出示吗？ ＝不出示。

只有土地买卖的时候才有过户吗？ ＝分家以及相续的时候也有。

【补契】补契的情况是怎样的呢？ ＝丢失红契的时候。

新建房屋或者增建房屋时，怎么样呢？ ＝不补税。

没有房契，补契的情况呢？ ＝极其少。

补契的时候是在哪里呢？ ＝税契股。

补契是基于申告吗？ ＝当然。

补契的时候，是县公署实地审查吗？ ＝不。

县公署是要在补契申告之后，公开申告，确保无异议后才允许补契吗？ ＝不是。新立白契申告的话就要立税契。不和其他的税契变换。

【补契的效果】补契的话，是给和红契一样的证明吗？ ＝当然。

办理补契手续时费用如何呢？ ＝和其他的税契一样，由申告者支付。

虚假申告，补契之后利用旧契胡作非为的情况改怎么处理？ ＝不可能有这样的事情。

有没有一地二照或者二地一照的情况？ ＝没有。

卖掉一部分土地时，有一地二照，老契上不是仍然记着以前的亩数吗？ ＝同一块土地，不会有一地二照的情况，也没有一地二卖的情况，土地的买卖必须四邻到场，所以没有虚假买卖。

对其他地方的人也不能虚假买卖吗？ ＝因为必须有中介人，所以不会发生这样的事情。

【登记】要不要登记呢？ ＝济南有，但是农村没有。

11 月 30 日

田赋　征册　地亩底札　黑地　税契

应答者　张玉宝（县征收处职员、本县东梧桐区人）

【没有地籍】有没有由政府丈量的情况？＝没有。

有没有地籍的说法？＝没有。

【田赋的征册】田赋的交纳是根据什么？＝征册。

征册是什么东西？＝记载土地所有者名字、地亩数、粮数（田赋额）的账簿。

如何编成的？＝里书根据自己所持有的底札，每期也就是三次，根据地域差别制成，然后送到县征收处。

【土地权利移动手续——税契、过户】政府公有地的转让或整理的时候，该怎么处理呢？＝只有县公有地，但是没有转让和整理的情况。

土地权利变动时，在手续上税契与过户有什么区别？＝税契在县署税契股进行，过户由里书负责。

这时，要审查老契以及土地吗？＝不。

【税契、过户的效果】税契、过户的底札和征册的公簿的编成意味着地籍编成吗？＝为了田赋征收，为了知道所有名义。

登记公簿的话，能对抗第三者或者发生权利确认的效力吗？＝因为是里书制成的东西，没有效力。

公布登记事项和实际不一致时，如何处理？＝没有听说过实例，因为在县里仅仅接受里书制作的征册，所以不清楚。

【底札、征册的保管】公簿管理地点：以及管理方法是怎样的呢？＝底札是由里书管理，征册是县征收处管理的。但是，征册每年增加，这两三年仅仅是放在储藏室保管，之后就储藏在空室里。

【制作底札、征册】底札、征册等的编成的费用额、负担者是怎样的呢？＝都是由里书制成，也是由里书负担。这是因为里书征收了过户的手续费。

【黑地、浮多地】有没有黑地或者浮多地等？＝有黑地，但是没有浮多地的说法。在山地有，没有税的也有，但是没有耕地。

要登记吗？＝不用。

逃亡放弃的土地怎么处理？＝没有这样的情况。

有没有无主的土地？＝只有山坡地。

有没有芦苇地、河淤地、沙地、废地、碱地等？＝黄河沿岸有，其他的没有。全县的都是碱地，但是不能耕种的没有。

各类的面积各占多少呢？＝不清楚。

是官有地还是私有地？　＝芦苇地、沙地都是私有地。

【官有地】有没有官有地？　＝官有地只有县里的学田和官产。

这些要登记吗？　＝私有地都要登记。

【新旧河床地的归属关系】河道的变迁引起的新旧河床的归属关系是怎样的呢？　＝在霍家流（张马区、黄河南岸）有隔河找地的习惯。

此登记及其课税关系是怎么样的呢？　＝不知道。

【土地整理】有没有土地的整理即官用私有地的整理、清赋官公有地的私垦、私耕的整理转让登记课税的情况？　＝没有。

【税契的起源】税契的起源是怎么样的？　＝土话是"顺契"，听说是康熙时代。

【税契的种类、目的】税契的事项和目的是什么？　＝分为卖税、典税、补税。原来是官署的证明、承认的意思。因为手续费是小额的，不是以收入为目的，但是清末民初的时候，变成了财政目的了。

分家的时候，不要税契吗？　＝不要。

【管理税契的机关】清朝末期，负责税契的机关是什么情况？　＝县里有吏、户、刑、礼、库、招六房，户房包括户北、户南，户南负责丈量，户北管理地丁粮草（出赋）。民国以后户房被改成了经缴处，但是吏员都是从户房转移过去的。

【税契的目的】因为税契征收的费用是针对于契约认证的手续费，还是抱有课税的目的？　＝原来是契约认证的意思，现在倒不如说是为了财政目的。

没有地籍管理的目的吗？　＝倒不如说是过户。

【收取税契的机关】契税是省税、国税还是县税？　＝省税。

收取税契的机关是什么？　＝财政厅啊。

【税契的省和县】在税契方面，省和县的关系是怎么样的？　＝省里发放给县里预备卖契纸和印花税票，县里每月向省里送一次收入金。

省里发放到县里的发放额是一定的吗？　＝年额不一定，不足的时候可以向省里请求。

【税契相关账簿】税契机关的主要账簿种类是怎样的呢？　＝有省的卖契纸、典契纸，县的田房买契纸的官契纸，没有账簿、记录的话，只有田房买契纸的存根。

税契事务担当者的身份的情况呢？　＝是县职员，接受任命，被支付一定的俸禄。

事实上是世袭，并且能转让身份吧？　＝当然。

税契事务上使用的公印的情况呢？　＝是历城县印，不是知事印。

【税契和过户】和过户制度的关系如何呢？　＝过户是改名，和两者没有关系，是独立的。

和里书以及监证人制度的关系呢？　＝和里书什么关系都没有。本县没有监证人制度。

【税契的种类和额度】税契的种类的情况呢？　＝有买契、典契、补契三种。

契税的情况呢？　＝买税、典税是分别是买价、典价的6%、3%。补契和买契一样。此外，官契纸的费用省里是5角，县里是1角。

有没有附加税？　＝没有。

税契的手续的情况呢？　＝提交白契，然后纳税，贴上官契纸，盖上公章后，保留存根，连同收据一起交付。

【税契的事务处理方法】公簿上的处理的情况呢？＝没有公簿，只保留存根。

申告受理到交付的期间是怎么样的？＝规则是 20 日，但是因为比较忙，需要 1 个月。

受理申告后，会发给兑换证吗？＝不发，会开收据。

丢失地契的人，进行买卖的时候，怎么办呢？＝买卖要是不要老契的话，也不要补契，重新建立买契，然后立税契就可以了。

立税契之后，知道是虚假的买卖、典卖，该怎么办呢？＝因为四邻都会到场，所以不会有这样的事情或者买家会认真调查的，不可能发生隐瞒的情况。

【税契的效果】税契手续完成后，税契的内容会被给予绝对的公信力吗？＝当然。

有没有法院的登记？＝没有。

税契的效力有没有受到限制的情况？＝不知道，应该接受法院的限制吧。

在省、县各款的征收方面，契别有什么区分吗？＝没有什么区分。

从课税的性质来看，各县征收有定额吗？＝没有。

税契的件数依赖于契别吗？＝不清楚。

征收的方法是怎样的呢？＝受理的时候，要求买印花税票。

在预算上契税的地位是怎样的呢？＝不知道，由于治安的原因，没有土地买卖，很难预算。

省款回送的事情及方法的情况呢？＝每月一次连同卖契约报查（县的田房卖契纸的附属）一起送交。

县款的征收部分的征收方法及其处置的情况呢？＝和省款同时征收，但是其处置没有预先定下来。

12 月 2 日

过户　里书　验契　补契

应答者　张玉宝（县征收处职员）

【过割、拨粮】"过割"是怎么回事儿？＝叫作过户，俗语也叫拨粮，是田赋纳税者的名义更换的意思。

现行的过户制度的基本法令的情况是怎样的？＝没有，可能有征收办事细则。

【过户的目的和手续】过户的目的是土地所有权的转移的证明吗，还是纳税者负担的变更证明？＝田赋纳税者的名义变更。

过户的手续是怎样的呢？＝过户由里书掌管，里书等着申告，然后先记入低札，之后把新的买家的人名再记载到下期的公簿里。

底札什么时候改编呢？＝没固定的时间。

实行过户的情况怎么样呢？是在土地买卖、分家、相续的情况以及土地的赠与、捐献时实行吗？＝过户和改名是有区别的。过户是名义连同亩数一起变更，亩数没有变更。只有名义变更是改名。因此，土地买卖的时候，如果是卖掉所有的土地，只是变更名义的话，称为更名；如果卖掉一部分土地时，要办理过户手续。继承时，如果没有土地分割，仅仅是变更名义的话，就是更名，这叫作去老换幼，而且不需要税契。源于分家的土地分割不需要过户。田赋通知和以前一样，但是因为是兄弟间的事情，通知后，收集各自的负担额，然后交纳。没有土地赠与、捐献的情况。

过户的时候要出示卖契吗？＝不，只是卖家把田赋过渡给买家的意思。买家拿着退粮条，进行申请。所谓退粮条只是在纸片上记录如下的语言而已。

齐铜退锡种地一亩叁分

王学增过割

南保全一丁家庄

过户是要等着村民自发的申告吗？＝一般是根据当事者的请求，但是买卖大多在冬天进行，到了过年的时候，里书回到村里去询问有没有要过户的（或者说，六月、十二月，每年去村里两次）。

过户形式上和实质上的区别是怎样的？＝是所有人名义的变更和田赋纳税人变更的区别。

【里书】有没有规定过户由里书掌管？＝原来是里书掌管，但是现在改由县署，但是里书依然参与。

【过户的效果】过户有公正力吗？＝没有，只不过为了变更税额的名义更换。

过户时如果发生了错误、不同的话，该怎么办？＝当事者要求订正变更。

需要过户手续的情况，比如，进行土地买卖不申请的话，该怎么处理？＝不申请，里书就不会知道，就算是知道了也只是督促而已。

庄公所知道土地买卖，有负责通报的义务吗？＝没有这样的法令。

要是出了这样的法令的话，该怎样？＝由于治安关系，不可能。事变前，里书去村里督促。

【过户的费用】过户手续的费用及负担者的情况？＝根据省公署的规定，1件1角。买家负担。

【过户的时期】过户是随时进行吗，还是每年两次呢？＝不固定，随时。

和税契手续有关系吗？＝没有，里书也不会通知县里。

【里书制度】里书制度没有改变吗？＝事变前准备改变制度，受理县署的底札，但是因为事变终止，而且县署没有土地台账，里书的底札是唯一的田赋征收标准。要改变现有制度的话，县署需要增员。但是县署没有经费，所以就按照以前的情况实行。

【验契】验契是什么时候呢？＝听说是民国五六年或者民国十几年的时候。近几年没有实行过。

目的是什么呢？＝为了财政收入。

哪个机关，怎么实行呢？＝详细情况不知道。

【补契】补契是什么情况下呢？＝红契丢失的时候。

在哪里呢？＝税契股。

补契也是只需等着申请吗？＝当然，县署不会进行检查。

1940 年 11—12 月

（华北农村惯行调查资料第 20 辑）

赋税篇特第 3 号（原土地所有权篇第 3 号及水篇第 3 号）

　　调查员　村田久一、刘钧仁

11 月 26 日

沿革地目　入会关系　相邻关系　井水关系

应答者　杜凤山（庄长）、刘锡恩（保长）

【没有皇产、旗产】以前是前清时代的皇产现在成为民有地，这样的土地有没有？ ＝没有。

有没有被称为前清时代的旗产或者是旗地的土地？ ＝没有。

【屯田——卫粮】有没有前清时代士兵耕种的或者是农民耕作的屯田？ ＝没有。

像本村，叫作○○庄的村子的是民地，叫作○○屯的村子有屯田。即使现在有卫粮（田赋的一种），也是在原来有屯田的地方。对于卫粮，民地的田赋叫作大粮，卫粮比大粮轻，是交银不交粮（纳金）。

您是如何知道屯田的情况的？ ＝因为买了杨家屯的田。详细的里书知道，本村可能也有，不过很难找出来。

【庙产】本庄各庙都有庙产吧？ ＝以前多少有点，但是因为要修理所以卖掉了。是民国十六年现任庄长就任以前的事情，具体情况不清楚。

现在的寺庙的土地、建筑物是谁的东西呢？是寺庙的，还是个人的？ ＝村里的东西（庄所有）。

有地券吗？ ＝没有。

县公署有登记吗？ ＝没有。

【学田】没有学田吗？ ＝关帝庙那里有一点。

在哪里呢？ ＝在村的东南，离小学一里的地方。

您知道面积是多少吗？ ＝二亩半。

为什么现在没有了呢？ ＝庙基地建成了小学，学校前面是操场，很狭窄。把相邻的村民的土地建筑物毁掉后，建成了操场，作为交换，把上面的学田让渡给了此村民。

这些学田要进行了名义更换吗？＝民国二十三年，经过税契交付。这块学田原来是关帝庙的庙产，但是民国以来被改成了学田，道士也离开了。

变成了学田，没有被编入到县有财产吗？＝没有，学田及其收入归学校，用于维持费、经营费。老师的费用不足时，由学生交纳。小学变成县立，是因为经费不足，与运动场扩张没有关系。

由于运动场扩张交换学田，有没有得到县的许可？＝没有，村里自由确定。

这之前一直是租给佃户了吗？＝是的。

没有永久的佃户吗？＝没有，要是租钱多的话，就会持续，少的话就会经常被换。说到底和民地的租钱没什么不同。

是什么土地呢？＝下等地，种植高粱，寡妇耕种。

【没有祭田、义田】有没有祭田或者是义田？也就是大官或者是同族的所有地，用其收入来进行祭祀、修理坟墓、子弟的教育或者是同族的救济等的特别的土地？＝没有。

【放牧自由的入会地】有没有村民可以自由放牧的土地？＝没有。

【采草自由的入会地】有没有村民可以自由采取燃料用的柴草的土地？＝没有。

【自由采土的地】有没有为了制造土粪或者是土坯子可以采土的土地？＝有为了制造土坯子可以采土的土地。是紧接着水田的旱地，是私有地。

为什么村民可以自由获取呢？＝所有者想把旱地变成水田。

有没有村民可以自由利用的池塘？＝没有。

没有苇塘吗？＝没有。

【水沟私有】村内的水沟是谁的呢？＝都是私有的。

有没有界线呢？＝有，水深线为界线。

长度怎样呢？＝沿沟各所有地界为界线。

为什么要以水深为界线呢？＝河的话，就算河身变化，但是沟不会变，所以以水深为界线。

【没有入会地】无论是村所有地、个人所有地、数人共有地，为了什么目的，村民自由可以使用，有没有这样的土地？＝没有。

【畦草自由收割】畦的草的情况呢？＝孩子可以自由采取。

大人呢？＝也可以，但是大人不去。

旱地的畦的草呢？＝旱地里畦的草中有粮食，孩子分不清不允许。

道路边的草呢？＝谁都可以采取。

同族的共同墓地上生长的草呢？＝谁都可以。但是有的是所有者种的黄草（建筑用），这些不可以。

【土地的分界标】用什么作为土地的界标呢？＝埋下石头，在上面种植马兰草。水田的话，埋下灰顶，打下木桩，形成空穴，在里面填满石灰。然后，在两个连接线上修成垅（畦道）。

没有其他的界标吗？没有堆积土形成畦，成为界标的吗？＝没有，因为土太少，修不了畦。

种植马兰草不会妨碍耕作吗？ ＝不会。

界标上没有记载事项吗？ ＝没有。

什么情况下才设立界标？ ＝买土地的时候，分家的时候。

界标设置费用即测量费、材料费、设置费等的负担是怎样的？ ＝测量费由买家负担。材料等的话没有。

保存费、修理费等是怎样的？ ＝没有这样的费用。

界标是谁的东西？ ＝两者的共有。

【抬牛地】有袋地吗？还是叫作什么？ ＝有，叫作抬牛地。水田都是袋地，有畦，人能通过。车不能进去，没有问题。畦是两地所有者共有的，谁都能自由通过。旱地的抬牛地的高粱还矮的时候，不能把牛牵进去，长熟后没关系。但是车不能进去，收货后形势不好的话不能进。

请说一下抬牛地的意思？ ＝人能自由出入，但是牛和车不能牵着进。所以抬着牛进去的土地的意思。但是，没有作物时，能牵牛进去，但是车不能进。

四邻的作物不同时，怎么办？ ＝要在靠近通道上的土地上种植作物的话，必须种植一样的。

人从哪里通过？ ＝旱地里没有地埂子，哪里都可以走。而且抬牛地的耕作者必须先于其他耕地耕作。把车开进去，破坏其他土地的时候，就在埂子上耕作。而且总让邻地的人通过时不高兴，所以一般会把土地卖掉。

【抬牛地所有者的绕地通行】抬牛地所有者通过围绕地要得到许可吗？ ＝说不说都可以，之后整理一下。

没有从围绕地所有者那里买土地或者借土地的吗？ ＝不能买，没有借的情况。

如何租地呢？ ＝不是付钱租地，因为考虑到面子。商量就行了。以前有种植作物的，但是现在没有了，对方也不允许。

能开辟新的道路吗？ ＝不能。不能租地之后开辟新的道路，而是商量之后自由通过。

有没有选定通过的地点，或者对使用道路有什么限制的情况？ ＝没有这样的事情。

是从境界线上通过吗？可以从邻地内通过吗？ ＝随意。

【相邻地的通行】要到达公路需要绕路，希望能从邻地通过的情况时，该怎么办？ ＝有作物的话就要绕道，没有的话就可以自由通行。

婚丧的时候，需要通过邻地或者入内的时候，该怎么办呢？ ＝埋葬的时候，得到邻地所有者的许可，叩头之后就可以自由进入了。

要支付报酬吗？ ＝不。

【相邻地的使用】在界线或者其附近建造房屋的时候，需要进入或者使用邻地，这时候该怎么办？ ＝要是七八月的话，先拒绝使用。

有作物、蔬菜的话当然是这样，但是空地的话，是怎么样的呢？ ＝同样。

这个时候，有没有使用报酬或者损害赔偿？ ＝没有。

【邻地延伸过来的草木】邻地的树枝或者是树根越过界线的时候该怎么处理？ ＝树枝

的话，请求所有者砍掉，根的话自由砍掉。

砍掉根的话，枯萎的话该怎么处理？ ＝没有这样的事情，要是枯萎的话就只能由所有者处理。

要是果树的果实长到邻地上方，该怎么处理？ ＝摘了也没关系。

在本村有果树吗？ ＝本村土地质量很差，长不了果树。在沙河有果树。

【建筑物的相邻关系】建筑物的建设要离境界线多远？从屋檐流下的水直接注入到邻地，这样的建筑的建设被承认吗？ ＝不被承认，需要相距 5 寸。这叫作滴水管。

5 寸够吗？ ＝够。房屋的话，还必须建造 1 步半的伙巷，这是到达过道的私家小道。

对建筑物的高度有没有什么限制啊？ ＝高度没有关系。

挖井的时候要怎么办？ ＝离界线 1 尺就足够了。也就是不要妨碍邻地就行了。

深度有没有限制？ ＝没有，但是没有 1 丈以上的。

地窖、厕坑的设置是什么情况呢？ ＝因为所有的都是在院子内，所以没有问题。

肥料池建在哪里呢？ ＝场院（用于打谷及其他的空地）。

在农家还有其他什么设施吗？ ＝石栏（养家畜的地方）、囤（储存粮食的地方）。

设置这些，有什么限制吗？ ＝没有。

违反前项的限制，建造的话，该怎么处理？ ＝没有这样的事情，不允许。

遵守了这些限制，但是由于邻地的地基动摇，产生危险的情况下，该怎么办呢？ ＝修理。都是距离界线一定距离而建的，不会发生这样的事情。

有没有因为了贮水、排水、引水而建设的工作物的破坏或者是阻塞导致邻地受到损害的情况？ ＝水都是泉水，自由流动，不会导致特别的损害。

高地的所有者为了抽干浸水地或者是为了排掉家用农业用的多余的水可以使用低地吗？ ＝本庄没有这样的事。

有没有流水贯穿自己土地的情况？ ＝没有。

流水沿着界线流淌时候，有没有利用对岸修建堰的情况？ ＝没有。

【本庄的井】本村有多少井？ ＝有井的家庭在全村 675 家里占 1 成。有 50 口井，一半在村内，一半在旱地。本村由于雨水的原因，井很少。担心水多，不担心水少。这是碱地，没有菜园。

【可以灌溉的土地】能灌溉的土地有多少呢？不能灌溉的土地占多少成？ ＝非灌溉地多，但是比例不清楚。

灌溉的事情、次数是怎样的？ ＝三、四、五月旱季的时候，1 个月 3 次。

灌溉用水呢？ ＝除了水田冒出的水外，只有井。

井的水质怎样呢？ ＝是甜水，能用作饮料水。

地下水呢？ ＝距离地表 5 尺能到达水面，但是要挖 1 丈。

1 个井的灌溉亩数是多少呢？ ＝10 亩。

【共同挖井】井是谁挖的呢？ ＝土地的所有者挖的，近邻者帮忙。土地所有者使用完之后，近邻者使用。雨水少的时候，也不会有纠纷，相互商量，交替使用。

有没有共同挖井的情况？ ＝没有。

有没有村全体挖井的情况？ ＝没有，村内饮水用的井有共有的。费用都是随意出的（出力或者是自己所有的材料）。

【井的管理】有没有为了保存井，家人之间确定分工，分配好任务或者是共同拥有的井的话，确定好责任人的情况？ ＝任何情况都没有责任人。村内的井都是在院子里，属于私有，但是一般都挖在了街上。修理费的分担和挖井时一样。院子内井的修理由家长负担。

数人拥有的井，只把井的使用权卖给别人可以吗？ ＝不。

【耕地和井的使用权】买进耕地的时候，能够自然而然使用井吗？ ＝当然。

有没有支付报酬一时或者持久使用他人所有的井的情况？ ＝像支付报酬这样的情况，没有，都是不给钱不给物白用的。

井的转让要是不和耕地一起的话，是不可能的吗？ ＝当然。

通过他人的土地，到达井的通行权是怎样的呢？ ＝当时是伴随着井的利用的。

不正当使用井的处置或者对待第三者的侵害的对策是怎样的呢？ ＝不会发生这样的事。

如何把井水运到耕地？ ＝修造水路、水沟。

灌溉农具是什么？ ＝轱辘和水斗。

是谁的东西？ ＝井主的。

仅仅靠井水不够的情况下，从哪里汲水呢？ ＝没有不足的情况。有过涝灾，还从来没有过旱灾。

土地的保水力也就是灌溉一次能维持几天？ ＝春天是 10 天，夏天 5 月末到 6 月初是旱期，5 天。

降雨的情况呢？ ＝雨季是 6 月末到 7 月中，降一次雨的话，半月不用灌溉。要是 25 天没有雨的话，作物就旱死了。

【挖井的奖励】挖井的话，合作社或者政府有没有奖励？ ＝每挖一口井，新民会借给 100 元，但是没人借。

申请了吗？ ＝有申请的。

【井的同族共有】有没有同族共同拥有、管理、使用井的情况？ ＝即使是这样的情况，外姓也可以使用。

【井和地价】有没有因为附近有井而地价上涨的情况？ ＝没有区别。就算是地契上记载有井，也没什么区别，对租佃也没有区别。

有没有佃户受恩惠使用地主的井的情况？ ＝有，白用。租佃条件也不变。

11 月 27 日

河川　水沟

应答者　杜凤山（庄长）、任富申（甲长）

【没有河流、水沟】有河吗？ ＝没有。

人工的通水路呢？＝没有。

所谓的冷水沟的水沟是什么情况呢？＝可能是人工，可能是自然，不清楚。

不是源于水田的泉水的流淌吗？＝不。

不是为了储存雨水的吗？＝不清楚，但是不是自然形成的。

【龙背河】此外，没有水沟了吗？＝村的东头有龙背河。南北流向，但是堵塞了，以前现在都没有水，只是保留雨水而已。保留不了多长时间，很浅。

归谁所有？＝沿沟地所有者的私有。

出卖沿沟的土地时，怎么变化？＝成为买家的所有。

村内发生争水的纠纷时，谁来裁断？＝没有这样的事情。

和他村发生争水的纠纷时，怎么办呢？＝没有这样的事情。

【没有引水设备】修建饮水设备，转化成更多水田，不是可以获得利益吗？＝本庄的土地都很高，不能从小清河引水。

有水车吗？＝没有。

有没有因为政府和地主的不当干涉，妨害农民灌溉的情况？＝没有。

没有排水设备吗？＝有排水用水沟，是天然水沟，水田涌出的水通过其流到小清河。

大吗？＝宽 5 尺。

归谁所有？＝各地段的所有者的私有。

是如何修理的呢？＝不用修理。

堵塞或者是扩展到水田时该怎么办？＝没有这样的情况。

没有贮水设备吗，不挖吗？＝冷水沟、龙背河以外没有。

12 月 11 日

土地所有　学田　入会关系　相邻关系

应答者　任富申（甲长）

【土地所有的含义】自己拥有的土地是什么意思呢？是认为土地本身是自己的，还是土地是国家的，自己能耕种呢？＝认为土地本身是自己的。

土地买卖是买卖土地本身，还是转让耕作的权利？＝买卖土地本身。

王土是什么呢，没有考虑吗？＝不知道。

向国家纳税是为了什么呢？＝这样的话，就认为土地是国家的。

建造机动车道路时，国家征收土地，不是因为国家所有吗？＝就算被征收了，还像以前那样对同面积的土地纳税，所以还是自己的土地。

【学田】学田原来是哪个庙的庙产？关帝庙吗？＝三官堂的。

变成学田后，不是归县所有了吗？＝不。

学田租给佃户了吗？＝当然，收入充当学校补助费。

【庙产】其他的庙有庙产吗？　＝以前多少有点，被道士卖掉了。

是为了修理庙吗？　＝很久的事了，不知道。

庙是由谁管理呢？　＝以前是道士住在庙内。但是道士人不好，也有由村里管理的情况。村里也有卖庙产的情况，不过是很久的事了，不太清楚。

军阀、官僚等没有获得什么东西吗？　＝不清楚。

【自由采土的地】听说可以从临接水田的土地上挖土，是随时都可以吗，还是仅限于没有作物的时候？　＝当然，仅限于十月。但是，现在旱田很少，谷草不足以喂养家畜，所以不允许挖土了或者不是自由挖土，所有者看着他人挖。这不过是所有者允许，但是现在不允许。

米价高的时候，不管水是否充足，不想挖土把旱地挖成水田吗？　＝不吃米，必须把米换成高粱、粟、大豆，不挖成水田。

米的收益多，换成其他东西不是不划算吗？　＝水田的工作需要劳力，老年、少年都不能耕作。而且需要很多肥料（粪）。而且只有今年米的价钱高点。

【庙里池塘的利用】村里的池塘归谁所有？　＝庙有也就是公有。

归庙所有和归村有是一样的吗？　＝当然，有 2 个。

能随便利用吗？　＝谁都可以让家畜饮水。

不用于洗衣服、洗菜吗？　＝可以洗衣服，但是因为脏就不洗菜了。

用于灌溉吗？　＝不用。

听说有孩子淹死过，填埋的话怎么样？　＝三圣堂湾又叫老子湾，深 30 尺，是古迹，归庙所有，都想填埋掉。

【不撤去界标】购买了邻地不需要界标的时候需要撤去界标吗？　＝不需要也不会撤去，而且也会在买收地里设置。

【私有耕地的通路】在中国没有村道等公道，但是私有地耕地有通道，这些都是袋地吗？　＝不知道，通道是自由的话，就不是袋地。没有的通道的话就是袋地。

12 月 14 日

庙　入会关系　界标

应答者　杜凤山（庄长）

【三圣堂的道士】每个庙都有道士吗？　＝前清时代都有。现在只有三圣堂有。住在庙内，但是不读经文，是看门的。有妻子，没有地，做糊匠的工作（糊丧仪用的纸帐、马、轿等）。

在北京，道士叫作火居道士，在本庄叫什么呢？　＝叫作菜道士。

庙里确定管理人吗？　＝庄长管理或者临时委托。

这不叫作董事吗？　＝没有名称。

【玉皇庙的庙地】玉皇庙（三官堂）里面的土地是庙地的一部分吗？＝现在的居住者原来是道士。是庙地，但是为了赚钱，典当出去了。

这个人叫作什么呢？＝李殿一，惠民县人。从前清时代到现在已经好几代了。而且还买了 20 余亩地耕种。

典当的钱怎样呢？＝归村公有。

典契之后，由谁代表庙，庄长吗？＝以庄长、闾长的名义。期限是 10 年。

要立税契吗？＝不。

房屋归谁？＝房子归庙所有，但是由住的人负责修理。

【庙的建立和修理】庙是如何修建的？＝不清楚。

以庙的名义募集过捐赠吗？＝不知道。

没有考虑过募集的事情吗？＝没有考虑。

庙是怎样修理的呢？＝三圣堂的时候，庄长募集。修理玉皇庙的门需要 30 元，由庄公所支付。

求雨的道具保存在庙里，是摊钱买的吗？＝以前就有。求雨时的供品是摊钱买的。

【庙宇及基地的公有】庙宇及其基地是归庄所有，还是归庄民共有？＝庄民公有。

为什么是共有呢，是以前就这样认为的吗？＝当然，以前的时代就是这样。

其处分权、管理权是庄长所有，还是全体庄民所有？＝不是庄长一个人所有，而是由作为庄民代表的庄长、团长协议处分管理。

道士呢？＝与道士没有关系。

有没有庄长处理的事情？＝没有。庄长处理其他事情时，也要和团长协议。

【庙宇的利用】允许庄民使用庙宇地基吗？＝以前允许，但是由于受到污染，现在不允许了。庙宇被锁上了，外门也被锁上了。

孩子们可以自由在庙里玩耍吗？＝当然。

妇女可以自由集合在庙里做手工活吗？＝不。

置放东西可以吗？＝不行，因为不恭敬。

庙的维持是依靠摊款吗？＝当然。

庙四邻的土地有什么特别的限制吗？＝庙的前面不能建房子，其他三面没有什么限制，但是要保持清洁。后面不能盖房子，是因为与风水有关。神力大，人力小。

【关帝庙和学校】为什么在关帝庙修建了学校？与建筑物和祭神有关吗？＝因为是村子的中心，建筑物是后来增建的。祭神的关帝在学校建立后被挪到了三圣堂，但又因为不适合又被搬回到了原来的地方。

【庄的发展和庙】有没有因为在庙中心，村子进而发展的情况？＝没有，先是村子发展，之后再建立庙。而且庙都是被修建在因为风水没有人住的地方。

各个庙都是由周围的村民建立的吗？＝不是。

像西面稍微远一点的地带，不是因为某个人迁过去之后，修建了庙，紧接着有很多迁过去了吗？＝不清楚，我觉得不会有这样的事。

【集中的场园】多数场园聚集的地点一直都有吗？＝李家有秀才兄弟，场园分成两份，这两人又把场园分给了各自的儿子，现在有四家人聚集在一起。有界线，界标埋在地里。分家单上记得很清楚（李永祥副乡长是其中一个秀才的孙子）。

上面四家相互使用其他的场园吗？ ＝都是各自使用各自的。

其他的村民可以使用吗？ ＝空着的时候，可以自由使用。

上面所说的四家中的某家想在集合场园中自己家的那份上盖房子，这是该怎么办？ ＝这是自由的。

还有没有其他的大的、共有的场园？ ＝没有。

【私有空地的利用】为了堆积收购的绳或者为了打谷，村民使用私有空地，有没有其所有者不能拒绝的情况？ ＝没有。

牛、马、猪、鸡、家鸭等可以进入村民耕地的任何一个地方吗？ ＝当然，但是全是耕地的话，不行。没有一定的界线，但是只能是村落周围。

这有什么限制吗？ ＝有作物的时候，不允许，而且猪拱地的话，也不被允许。

【房基、场园的界标】房基、场园的界标是怎样的呢？ ＝地基以围墙为界线，埋下石头界标，在场园的界线上也埋下石头。

土地相邻，盖房子的时候，是怎样确定界线的呢？ ＝以已经建好的邻家的围墙为界线。

修理费是怎样的呢？ ＝由先建造的人负担。

【公私有地间的界标】公有地、私有地间的界标是什么？ ＝庙没有界标，玉皇庙后面的房子也是这样。玉皇庙和后面的房子之间，有界标。和庙的前面的土地之间没有界标，但是不会被侵占。

【墓地的界线】墓地的界线是怎样的呢？ ＝没有界标，都是在自家所有地内。依靠风水的坟地，也要在所有地之间选定位置。

有的允许耕种坟地周围的地，有的不允许，怎么办？ ＝要是在自己所有地的话，就没有界标，但是像李家的公茔地那样的话，要是选一块做坟地，就有界标，埋下石头（不能砍伐范围内树木，但是谁都可以挖里面的草）。

墓地非常多，不很麻烦吗？ ＝不管是允许耕种坟墓周围的地还是不允许划分出来，但是坟墓周围的土地逐渐被侵占，山越来越小，区划越来越狭窄。

【田地的界标】水田、旱田之间有界标吗？ ＝石头或者石灰顶（埋石灰的棒）。

旱田、地基之间有界标吗？ ＝埋石头。

【作为界线的道路、沟】道路、沟都是私有，以此为界线的时候，是如何确定的呢？＝以道路中心，沟的中心为界线。水沟的话，在进入自家土地的地方和出自家土地的地方设立界标，这样即使变化的话，也不会有增减（庄内的水沟不流动，但是庄外的会变化）。

【龙背河】龙背河是一条怎样的河？ ＝是一条长约10里的沙河，在稍高的水坝上积水而成，所以叫龙背河。这条河有时在一家的土地上流过，有时是两家土地的界限，以河中心为界限。

流向小清河的水沟是怎样的？ ＝叫小河沿，是一条水深五六寸，宽约5尺的河，以河中心为界限。

【作为界线的道路】村内的占地以道路为界线时，是什么情况呢？＝道路也是私有地，房子前面，有一半道路归私人所有。没有面对道路的，盖房子时一定要修建伙巷。在路两侧盖房子时，以路为中心作为界线。但是各家的另一边都归自己所有。因为如果自家的前面盖满了房子或者建造了墙，就没有了路，就无法从对面通过。

这是假设呢，还是交换土地呢？＝土地的话，本来就是自己的一侧归自己所有，仅仅是两侧都有房子的时候才会考虑这些。

一侧有房子的时候，怎么样呢？＝归有房子的人所有。没有路就没有房子。

路（伙巷）全部都归有房子的人所有吗？＝是的，契约上规定道路是两地的界线的话，则各占一半。

要是在一侧空地上建房子的话，怎么样呢？＝要是分家的话，就以道路中心为界线，但是要是他人盖了房子的话，就不能通过伙巷，要在其他地方修建伙巷用于通行。

1941 年 10—11 月

（华北农村惯行调查资料第 47—1 辑）

赋税篇第 10—1 号　山东历城县冷水沟庄
　　　　　　调查员　盐见金五郎
　　　　　　翻　译　杨公为

总房（里书）拨粮（过户）

应答者　任福裕（冷水沟庄丙保副保长）

【总房（里书）】要在哪里办理土地买卖的名义变更？＝去总房那里。

总房是什么呢？＝就是里书。

总房在哪里呢？＝在县城西的山头店（华山附近）。

是什么人？＝邢志远。

【总房来庄】村民直接去总房那里吗？＝有直接去的情况，也有总房直接来庄里的情况。

哪个情况更多呢？＝总房来村里办理手续的情况更多。

总房来村里的时期是固定的吗？＝冬天土地买卖的情况最多，总房就是这个时候来。

【总房的正职——征收处员】总房的本职是什么呢？＝在县征收处工作。

从什么时候开始在征收处呢？＝从很久以前。

从什么时候开始呢？＝县公署在济南城内的时候，是张马屯一位姓曾的人，但是县公署迁到王舍人庄后，由邢志远接替，成为总房。

【总房的就任和权利金】邢志远以前是做什么呢？＝在学校学习。

多大岁数的人？＝二十五六岁。

这么年轻的人，能胜任总房的工作吗？＝并没有什么特别难的工作，只要是清楚村里的事，谁都能做。

从姓曾的手里接过总房这个工作要出钱吗？＝我觉的要出 300 元左右。

有没有想成为总房的人？＝就算是想，但也必须会读、会写、会算。不是想就可以的。

但是，成了总房不是可以赚钱吗？＝忙的时候，可能赚很多的钱。

【总房的所在】县内有很多总房，但是大多都在各村里吗？＝邢总房是因为有好朋友在县公署，所以进了征收处，但是大多都是在各自村里。

总房只是在过户的时候才来村里吗？＝是的，过户一结束马上回去，大概 1 天就结束了，骑自行车来，骑自行车回去。

【总房的账簿】总房带着什么账簿来吗？＝带着"地亩札子"来。

地亩札子上记的是什么？＝只有姓名和亩数。

地亩札子是每个村庄的吗？＝是的。

【地保】村里会请求总房到村里吗？＝地保去请求总房到村里来。

地保是做什么的？＝村里的勤杂人员，由村里发给粮食，也叫作地方。在县里叫作地保。

冷水沟有多少人？＝李家庄和冷水沟共有 1 人，任福润。

【冷水沟的拨粮件数】一般每年在冷水沟拨粮的件数有多少左右？＝春天 20 件，冬天 40 件，但是不一定。

【拨粮手续】办理拨粮手续的是买家还是卖家？＝买家向所属的总房申请。

买家和卖家属于不同总房管辖时，怎么办？＝向买家的总房申请。

买家对总房要办理什么手续呢？＝带着买卖契约去，申告自己购买的东西。

卖家不到场也可以吗？＝卖家已经跟契约书断绝了关系，没有必要到场。

契约书是什么东西？＝叫作草契。

草契是什么呢？＝叫作白契。

总房要证明白契吗？＝什么都不做，只是看契约内容，在地亩札子上更改而已。

【拨粮佣金】拨粮要付多少手续费？＝每 1 亩付 1 元。

这是在哪里决定的呢？＝以前是几毛钱，但是现在物价高了，手续费也变高了。有章程，由章程决定。

章程是什么呢？＝以前县里决定的。

1 亩 1 元是由新的章程决定的吗？＝总房以物价上涨为理由，希望涨价，就涨到了 1 元。

手续费由谁负担呢？＝买家负担。

此外，还要请总房吃饭吗？＝有给饭菜的，但是一般不给。

【总房的酬劳】不给其他的礼物了吗？＝麦秋的时候，村全体送二三斗小麦。

这是什么意思呢？＝总房负责村里的事，作为谢意送给他们从村民收集来的小麦。

是送到总房那里吗？＝总房来取。

小麦是如何收集的？＝十甲长收集，带到副保长那里去，庄长也就是保长把这些小麦收集起来。

根据贫富的差别，量有差别吗？＝根据土地的所有额，每亩收集少量。

没有土地的不要吗？＝佃户的话，不要。

总房　拨粮和税契　土地买卖手续

应答者　李永祥（丁保第三甲长）

【拨粮手续】拨粮有什么手续吗？＝土地的买家会交给庄长简单的"条"，询问是哪里的，谁的地，多少钱。

庄长是如何处理的呢？＝庄长汇总保存起来，每年一次把总房叫到村里来，汇总向总房报告。

去见庄长时，有必要提交买卖契约书吗？＝契约书由当事人保存，没必要向庄主提交，只交"条"就可以了。

【拨粮佣金】支付手续费的话，会发给收据吗？＝什么都不给。

总房来的时候，买卖当事人要请客吗？＝支付手续费的话，当事人就解散了。庄长在庄长的家里请客。

总房是什么时候来呢？＝每年一次，年底的时候叫过来，但是整理不完时，也有春天来的情况。

手续费一定吗？＝不一定，现在至少每亩1元以上，听说也有2元的。

总房和里书一样的吗？＝一样，县公署称为里书，乡间通称为总房。

总房的名字是源于什么？＝不清楚。

管辖冷水沟的总房是谁，哪里的人？＝山头店的姓邢的人。

邢总房平时都在哪里，做些什么？＝听说在山头店从事农业，但是也在县公署的征收处工作。

邢家是财主吗？＝不太富裕，听说是普通老百姓。

叫总房来村里时，去哪里叫呢？＝在村里的时候就去村里，在县公署时就去县里。

是谁去呢？＝地方的人去，但是忙的时候，村里面闲的人去。

冷水沟的人从较远的村里买地，管辖土地的总房和管辖冷水沟的总房不同时，拨粮手续费向哪个总房申请呢？＝买家向卖家区域的总房办理手续就可以了。跟土地所在地的总房没有关系。

总房之间关于土地变动是如何联络的？＝关于土地变动，总房之间好像有联络，但是自己也不太清楚。

有没有总房会议之类的事情？＝总房之间的事情不清楚。

【总房的身份】成为总房的人都是什么人？＝读过书、会算盘、明白土地的事情、有信用的人。

总房都是有资产的人担任吗？＝不是大户也可以，一般大户不会做总房。

【总房的选任】总房是由谁选的呢？＝征收处和有联系的人。恐怕是根据县公署方面的选定决定的。

有没有父母是总房，他们的孩子继承总房职位的情况？＝冷水沟以前的曾总房是从他父亲那里继承来的，但是后来让给了邢总房。

曾总房为什么让位呢？＝不知道。

【拨粮手续的时期】拨粮手续是买卖的时候办理吗？＝每年冬天把总房叫来一次。不是在这个时期进行的买卖，都要等到这个时期一起办理手续。

为什么要办理拨粮手续？＝不拨粮的话，就必须负担卖掉的那部分土地的粮银。

【拨粮和税契】拨粮和税契有什么区别吗？＝拨粮是"拨地主的粮"的意思，是由总房办理，与此相反，税契是在县公署的财务科办理。

为什么要办理税契呢？＝要是不办理税契，拥有土地的话，如果发生土地纠纷，政府不会承认所拥有的白契。

所有土地没有问题发生时，仅仅是靠白契拥有土地也没有什么妨碍吧？＝没有妨碍，但是被县发现的话，要被处罚，而且没有交付契税违反了县的规定。村里的人结束拨粮后，早晚办理税契，没有人维持只有白契的状态。

总房负责催粮或者是收粮的任务吗？＝有关钱粮的事情什么都不做。只是管理地亩札子，负责拨粮。

【制作土地买卖的草契】土地买卖时要写什么字约吗？＝写草契。

由谁写呢？＝卖家写。

都是写些什么事情呢？＝立草契人○○○，因耕种布边，今讲自己家西地亩数○○○卖与○○○名下为业，言明每亩价洋○○元，地内粮草照就过拨恐口无凭立草契为据[1]

【土地买卖委托中人】写了之后怎么办呢？＝自己寻找中人，然后拜托中人寻找买家。

有没有买家和卖家直接商量的情况？＝必须要有中人介于中间进行交涉。

【批实契】交涉结束后，怎么做呢？＝批实契。

这是怎么回事？＝把草契的文字更改为实契的文字，把买家的姓名和价格写进去。

然后怎么做呢？＝批实契的时候，把地价的一半或者三分之一（比例不一定）交给中人，中人把这些钱交给卖家。

【丈量】然后呢？＝中人拿着实契丈量土地。

由谁丈量呢？＝拜托会丈量的人（中人会的话，中人也可以）。

【制作卖契（白契）】丈量完了之后，怎么做呢？＝制作卖契（就是白契）。

卖契由谁写呢？＝丈量的人写，也就成了代笔人。

中人能成为丈量人或者代笔人吗？＝本人只要有能力，都可以兼任。

剩下的钱什么时候支付？＝制作卖契的时候，支付剩下的全部金额。

不能全部支付呢？＝买卖没有完全成立，中人负责让买家支付价款。

【中人的佣金——请客】中人的手续费？＝没有什么特别，请客酬谢。

不请客的情况呢？＝一般与中人都是朋友关系，不会特别支付手续费，就算是不请客也没关系。

丈量人呢？＝和中人一起请客。如果丈量人是穷人的话，有的就以钱作为谢礼，金额不一定。

【向庄长申请】买卖完全结束之后，马上拨粮吗？＝总房来之前，给庄长写个字条送

---

〔1〕 译者注：此处为合同契约文本内容，所以保持原文文字结构。

过去。

庄长对此怎么做呢？＝庄长收取条儿，总房来的时候交给他。

对于卖契，有没有给予证明的情况？＝没有什么特别的手续，仅仅是报告拨粮的事情。

如果丢失买契了呢？＝拜托原来的丈量人，重新写一份。

卖契要写几份？＝一份，交给卖家。

【老契的处理】老契怎么处理？＝全部卖掉的时候，卖家弃掉，卖掉一部分的时候，卖家先保存起来。

丢失新的卖契的时候，有必要对外界声明吗？＝没必要，请丈量人再写一份和原来的卖契一样的［立补契］，保存着就行了。

【税契】买卖成立的时候，什么时候办理税契？＝原则是当即办理的，但是当时放置一段时间也没关系，但是一直放任不管的还没有。

总房　交纳田赋与庄长　地籍

应答者　谢星海（冷水沟庄小学校长）

【应答者的经历】您的故乡是哪里呢？＝冷水沟。

您从什么时候开始做老师的？＝10年以上了。

在冷水沟多少年了？＝四五年。

什么时候成为校长的？＝去年9月。

还从事农业吗？＝家里从事农业。

谁干农活？＝弟弟，忙的时候自己也帮忙。

有多少地？＝有8亩是自家的，还有1亩是租来的。

在村里有没有做过什么干部？＝本职是老师，种地的事情全部交给了弟弟。

【里书的起源】您知道里书的起源吗？＝这个制度的变革极其悠久，在近代的时候，管辖里下面的几个庄，每里有一个为里书，负责掌管与田地买卖有关的拨粮。

冷水沟的里的制度是从什么时候消失的？＝民国二十一年。

变成了什么制度呢？＝区乡制。

现在的里书就是保持原来的职务，被保留在了区乡制中了吗？＝就是这样。

里书有其他名字吗？＝在民间叫作总房。

总房这个名称是怎么来的？＝从前县公署分为房，按区划总管民间土地买卖引起的钱粮变更事宜，故民间敬称为总房。

总房是在县公署的名字吗？＝不是。

【总房的职责】现在的总房有什么职责？＝和以前一样，专门负责拨粮的事情。

总房有一定的办公地方吗？＝都是在自己家里办公，没有办公处。

总房负责征收田赋吗？＝不，附属于征收处，负责"缮写""粮票"，整理编写"粮册"。

在哪里工作呢？ ＝县的征收处。

可以在自己家里吗？ ＝在自家工作，然后提交给征收处也可以。

每天都去征收处上班吗？ ＝离得近的总房一直去征收处上班，离得远的总房的话，有时的时候，征收处会叫他过来。

【总房的收入】总房和县的官吏一样吗？ ＝不是官吏。

从县公署领取俸禄吗？ ＝不。

办公费呢？ ＝从拨粮收入中获取。

拨粮收入多少钱呢？ ＝按亩 1 元以下，不一定。

总房管辖几个庄子？ ＝除了冷水沟不知道，这也是不一定的。

在冷水沟每年有多少户拨粮？ ＝10 户、8 户不等。

总房的收入只有这些吗？ ＝他们有固定的工作，这只不过是副业罢了。此外，每年村里还会送给他们粮食。

冷水沟送多少呢？ ＝听说是二三斗。

【交田赋】田赋交到哪里呢？ ＝征收处。

是直接去交吗？ ＝自封投柜。

在冷水沟庄长不收集起来一起送过去吗？ ＝原则上是自封投柜，但是也有拜托庄长收集的。

以前就是这样吗？ ＝以前就是这样。

【交田赋时庄长的职责】什么情况下会依赖庄长？ ＝期限到了，交不了的时候。征收处催促庄长，庄长通知保甲长督促各家各户赶紧交纳。这种情况下，有钱的人就自封投柜，但是也有拜托甲长等交付的人。而甲长会送到庄长这里来，汇总拜托庄长投柜。

无论如何也交不了时，会拜托甲长或者庄长垫付吗？ ＝像下面这样的事情经常发生。

原则不是带着去庄长那里吗？ ＝不是，原则是自封投柜，但是征收处的期限过了的话，就算是个人带着过来也不会接受。因此滞纳者就会送到庄长那里，汇总拜托庄长投柜。

庄长那里有接受钱粮的账簿，这个账簿是什么呢？ ＝那是记录那些过了期限没有交纳，而交到庄长那里的那些人的账簿，不是全部人的。

【征收田赋的通知】开征时有通知吗？ ＝开征前，征收处会通知庄长，召集地保，分发各户的传票，然后把这些传票分发到各户。开征的时候，征收处把谕单分发给庄长，地保把这谕单贴到管辖的各个庄子。

【庄长的地亩札子】庄长那里有地亩札子吗？ ＝有。

这个和总房持有的一样吗？ ＝每年拨粮后，总房都会进行更改，所持有的底札显示的是现在的状态，然后根据这个制作成传票。庄长在底札上进行同样的更改。

庄长什么时候更改底札？ ＝征收处送来传票之后，根据传票进行更改。

在那之前，庄长不知道村民土地的变化吗？ ＝不知道。

但是，每次土地买卖的时候，当事人不是都会给庄长写"条子"吗？ ＝不一定，有的写，有的不写。而且总房什么时候来村里来，村民都不知道，如果总房来的时候，不在家的人会提前给庄长送个"条子"。

那么，庄长不根据"条子"更改底札，而是根据总房写的传票更改底札吗？＝就这样。

由于拨粮，总房来村里时，有直接把"条子"交给总房的吗？＝交给庄长的由庄长转交，没有交给庄长的直接交。

【政务警催粮】谁来催粮？＝政务警。

催谁？＝庄长。

庄长怎么办？＝地方催促没有交纳的各户。

政务警在什么场合下来？＝不管庄长怎么督促仍不交纳的时候会来村里，不会直接督促未交纳人家，会督促庄长。

庄长在那时怎么做呢，会做垫付之类的事情吗？＝也有垫付的。但是因为早晚都是能交上的，所以垫付的情况很少。

【庄长垫付田赋】在第一次交纳田赋时没有交纳全额，把余额留到第二次交，有这样的吗？＝在县里绝对不允许，上述情况要拜托庄长让其垫付不足的部分。

那些钱有利息吗？＝因为考虑到面子所以不加利息，另外又不是长期借贷，所以没有必要。

有包粮的人吗？＝不知道是什么。

以垫付田赋为目的代替各花户交纳其田赋，之后收取他们返还的东西，有这样的吗？＝没听过那样的事情。

村里有无论如何都无法交纳的人吗？＝有，这种情况庄长会为了村子的面子而垫付，所以县里没有未纳的情况。

村长垫付而无法回收时怎么办？＝从村的杂费扣除。

有那样的情况的吗？＝有。

【没有交田赋时保甲长的连坐制】有保长或者甲长有关钱粮而连坐背负责任的吗？＝关于税款不用负任何责任。

庄长如何呢？＝庄长对县里即使是一钱也不能少交。

那样的话，贫穷村里的庄长不就会很困难吗？＝是的，因此就有被县里扣押的村子。

【有地无粮】有有地无粮这样的情况吗？＝开拓的荒地，或者水地变成干地，山脚的土地等。

在冷水沟有那样的土地吗？＝可能有，不知道。

那在冷水沟是什么样的土地呢？＝粮多地少，地多粮少。

为什么会有那样的事情呢？＝比如被县公署的周围的城墙所占的土地，就会变成地少粮多，以及在原本地多粮少的基础上开荒新增一块土地而粮食还是原来的产量不变的情况等。

你知道黑地吗？＝是黑土地的事情吗？

不是，是有地无粮的事情吧？＝可能是，不知道。

有这样的土地吗？＝附近没有，但有地多粮少的土地。

【土地呈报】土地的呈报在实施吗？＝庄长那里有"公示"但是还未着手，但是迟早都必须要做的吧。

村里的人高兴吗？＝因人而异。

有升科这样的事情吗？＝不知道。

【验契】验契呢？＝在四五年前有，但是不知道。

【登记】登记呢？＝县公署在济南的时候有人做过，但是那是在出现什么问题的时候。

有在冷水沟做过登记的人吗？＝虽然不清楚，但是还有少部分吧。

【补契】补契是什么？＝在遗失原来的文契时，四邻的人出来作证，写给丢失了文契的人，这就是补契。

谁来写呢？＝只要不是四邻谁都行，是能代字的写的。

那个人叫什么？＝把丈量人和代字人合起来叫监证人。

补契里写着什么样的事情？＝

　　立補人○○○茲因○處○○地一所原有○契（红契另外白契的区分一般写作文契）前遭灾失迷无着现邀请四邻街居眼同丈量阔步四至开列于后恐后无凭立補契存证[1]
　　丈量人○　　○　　○
　　代字○　　○　　○[2]

针对补契不收税契吗？＝收不收都行，看个人意愿。

推收股和里书　征收处的经费　里书的作用　三班六房

应答者　张玉宝

【推收股】推收股在哪里？＝根据新制度属于征收处。那之前称作推收处而独立，但是根据去年冬天的改租征收处包括了推收股、杂税股、田赋。

现在谁在做推收股呢？＝赵一衡先生成了股长，另外还有一个人。

实际上在做着推收的工作吗？＝只是名义上的，实际上的工作只有传票的整理，粮册的整理以及用印的工作。

【推收的含义】推收如何呢？＝里书的管辖不同钱粮异动的场合，比如甲里书的管辖的人买了乙里书的管辖人的土地时，甲里书所管的买主送到甲里书那里请求拨粮。那时为了卖主不向里书那里报告，乙里书不知道，所以接受的里书给推收出写"条子"拿到推收处来寻找乙里书。

买主一方的里书能直接和卖主一方的里书进行交易吗？＝虽然一般是直接进行的，但

---

〔1〕　译者注：此处为合同契约文本，所以保持原文文字结构。

〔2〕　译者注：此处为补契内容，所以保持原文文字结构。

是甲乙的里书有距离的时候或者甲乙两里书不是熟人时，把这个拿到推收处去进行联络。

"条子"里写的什么？＝用实例来展示的话是这样的：

南保全二里陈家庄李文忠名下退征粮一亩三分六厘退于闵孝四里王舍人庄杜振强
名下收（退户无名）胡凤和[1]

十月七日

至此

赵克明　先生　查办[2]

根据这个的话，胡先生接受的里书就是赵先生退掉的里书名吗？＝是的。

【退户无名】退户无名是指什么？＝接受一方的里书（也就是胡里书）书写，卖主一方的里书，也就是赵先生看放到推收股那里的"条子"，调查了底稿，但是因为没有退主的名字，所以把"退户无名"四个字添加到了"条子"上。

那时是推收股的话会怎么样？＝把"条子"照此贴到墙壁上，并且要通知胡里书（亲眼看到了在征收处的墙壁上贴着几张条子）。

退户无名时如何呢？＝两方的里书都是"不给退，不给收"。

那样做的话粮户已经在做买卖了，不改变粮名吗？＝不改粮名的话，买卖双方都会为难，首先，买主要求卖主再次调查名义，卖主就会注意到出错而调查粮单。

那时卖主不去里书那里询问吗？＝不问里书，自己调查。

为什么会出现那样的错误？＝因为农民"马虎"（不注意的意思），所以经常犯这样的错误。

如果找不到正当的名义时怎么办？＝没有这么愚蠢的事情，因为是马马虎虎搞错的，所以立刻就知道了。根据那个重新办理手续。

不是故意的做那样的事情吗？＝没有理由故意那样做。

里书带到推收股这里的"条子"多吗？＝少。

在推收股要交手续费吗？＝无手续费。

在省规定的推收规则里写着手续费，如何呢？＝那是对处理过拨的里书的手续费不是针对推收股。

有里书的管辖不同，粮户混在一起进行土地的买卖的吗？＝是常有的事情。

【重写里书底册】那样的话，里书的底册怎么样呢？＝正如前几日举例所说明的那样买主一方添加亩数，记录在里书的底册，卖主一方就会反对这个。

甲里书的粮户把其所有土地全部卖给乙里书的粮户时怎么办？＝从甲里书的底册上消除卖主的粮名，在乙里书的底册上添加买主的粮名。

完全没有土地的人买入土地时怎么办？＝在底册加入新丁粮名，相反全部卖掉时要全

[1]　译者注：此处为合同契约文本，所以保持原文文字结构。

[2]　译者注：此处为"条子"内容，所以保持原文文字结构。

部退掉然后被抹除。

【和外县里书的关系】外县和本县的里书的关系？＝本县内里书相互的关系没有不同，只有提出"条子"的时候在他县的推收处有所区别。

经常和外县有关系吗？＝常有的事。

看到里分表里有章丘外县、长清外县之类的，那是什么？＝"人在历城，地在章丘"的时候叫章丘外县。

田赋呢？＝"以地为主"那些土地的钱粮交给土地所在的县，所以没有必要让钱粮在两县的范围里变动，只有粮户的钱粮在变动。

催粮的方法呢？＝双方的县里的政务警去催他县的粮户。

随便地做吗？＝不能，必须以"公事"去催。

那个公事是谁的呢？＝庄长的。

和县公署对县公署的不一样吗？＝不一样，和在一个县里催粮时没有丝毫不同。

因为他县的政务警的相互出入会出现问题吗？＝"谁不敢说谁"，没有任何问题。

【征收处】征收处有多少人？＝主任以下有 21 人（参考资料一）。

是县公署的职员吗？＝全部都是职员。

有一定的薪俸吗？＝主任 70 元，征收员 30 元，都包含着补贴。但是这是从 10 月 1 日开始的新制度。

【征收处的收入】征收处的经费从哪里出呢？＝由地方附捐。

是从会计处出吗？＝是的。

从地方附捐的收入拿出多少来充当征收的经费，或者在预算上每年是多少，这些是决定好的吗？＝到如今没有一定的预算。田赋收入是按包办制度把收入内正税 3％，附加税 2％作为征收处的经费。新制度里有一定的预算实施月给制。

3％以及 2％全部都变成了征收处的收入吗？＝正税 3％里的 6/10 由县长收取。

县长收取是指薪水吗？＝不是，县长在之前有一定的薪水（300 元），6/10 的收入是县长作为解款费而收取的，但是因为其中的 2/10 作为纸张费支付给征收处，所以实际上是 4/10。

2/10 一定会给征收处吗？＝也有不给的时候，不一定。

除那之外征收处还有获得金钱吗？＝没有。

征收处的经费也就是劳务费、纸张费，其他一切的经费由谁支配呢？＝主任。

【政务警的经费】政务警的薪水以及杂费是征收处一起收取吗？＝政务警从以前就和征收处不一样，有一定的月收入。

政务警的月收入呢？＝警长 30 元，棚长 20 元，其他的警士 18 元。

政务警下乡时的旅费呢？＝自己处理。

【征收处的经费】征收处的征收员不下乡吗？＝不。

征收处的主要开支是什么？＝印刷费。

每年有多少？＝虽然一年不需要 2000 元，但是不一定。

纸是征收处直接购买吗？＝因为纸是从契税处提供，所以征收处只有印刷费。

人工税呢？ ＝大家分配正税的 3%。

印刷费从哪里出呢？ ＝用附捐的 2% 充当。

主任也要领取 3% 的分配吗？ ＝主任的俸禄由县长出。

县长拿什么出？ ＝从县长收入的 6/10 中出。

目前为止听说的关于经费的事情还不太明白，请让我们看一下公式 ＝

征税　　3%（征收处的修缮费 4/10、县长解款费 4/10、征收处纸张费 2/10）

附加　　2%（征收处的印刷费也从这里面开支）

漕米　　3%（和正税一样）

正税漕米附税的 3% 以及 2% 是多少呢？ ＝3% 的收入第一期是 2967 元，2% 的收入第一期是 3459 元多。

其中交到征收处的呢？ ＝第一期的部分是 1186 元。

第二期的部分呢？ ＝根据已经改组的新制度确定，不知道是多少。但是要是根据旧制度的话，大体上是 400 元左右。

第三期的部分的 3% 呢？ ＝2034 元。

送交到征收处的部分？ ＝813 元。

【田赋的征册和里书】田赋的征册是根据什么划分制作的吗？ ＝根据全县里分一览表，按里的划分制作（参考资料六）。

这个里的划分是什么时候的事？ ＝不清楚，是征收处从以前就沿用的方法。

全部有多少里？ ＝加上屯数，分为 108 里。

外县的也包括进去了吗？ ＝外县的也计算了一里。

那么，征册也是 108 吗？ ＝一里一册，所以数目是 108。

【里书的数量】每一里有一位里书吗？ ＝大里的话，一里有几个人，小里的话，一位里书管辖几个里，所以和里数是不一致的。

现在里书有多少人？ ＝97 位（资料五的里书名单里有 110 名）。

数量每年变动吗？ ＝变动。

为什么变动？ ＝因为适当地让渡。

里书变动的时候，向哪里呈报呢？ ＝先向征收处挂号。

【里书的职务】谁都可以做里书吗？ ＝能编造粮册、懂得过户方法的人都可以。

有一定的任期吗？ ＝多少年都可以，愿意的话，代代相传也可以。

有没有因为庄长换届而换届的情况？ ＝和庄长什么关系也没有，庄长是庄长，里书是里书。

担任里书的话，每年有没有固定工作？ ＝有固定工作，但是最忙的时候是编造粮册和过户的时候，其他的时候都比较闲。

里书平时都做些什么？ ＝有的是商人，有的从事农业。

【里书的身份】地方的有名望的人担任里书吗？ ＝没必要特别有财产、有名望，只要有能力就可以担任。

【没有里书会议】里书会聚集在一块召开会议吗？ ＝关于粮册的编造方法和过户的事务，县长会召集开会。

有没有只有里书开会的情况？ ＝没有。

【征收处和里书】里书什么时候来县里呢？ ＝做完粮册和通知单后，带去征收处。临近开征时，征收处发放通知单，规定在一定的时期提交。

里书平时不到征收处来吗？ ＝平时不来。

里书能拿多少纸张费？ ＝从县里一文钱都拿不了。

制作粮册的纸张是由县分发吗？ ＝自己买。

县里没有以什么名义分发的东西吗？ ＝什么都没有。

里书包干负责粮册的编造和传票的整理吗？ ＝传票是由县里印刷的，里书的工作是把自己的那部分装订成册子。

【里书的职务】里书最重要的工作是什么？ ＝过户、编征册、订传票。

底册（地亩札子）是在征收处吗？ ＝征收处没有，只有粮册，底册由里书掌管。

征收处不需要底册吗？ ＝过户是由里书专门负责的，征收处根本不干涉，所以不需要。

【过户的场所】过户是在里书的家里进行吗？ ＝去村里。

每年什么时候呢？ ＝每年冬天一次，夏天一次。

是村里邀请的吗？ ＝估计好恰当的时间，自己过来。

到村里后然后怎么做呢？ ＝去村长那里，把希望过户的聚集在一起，就在那里过户。

由谁聚集呢？ ＝自己拿着过户单子过来。

上面写的什么字？ ＝"孝字约忠信堂名下退粮一亩，孝字约忠厚堂收"。

有一定的格式吗？ ＝没有，一般就像前面说的一样。

【村长的底札和里书的底札】有没有提前交给村长的？ ＝有，但是一般直接交给里书。

村长跟过户没有关系吗？ ＝什么关系都没有。

但是，村长不是也持有底稿吗？ ＝是持有，但是和里书的不一样，是地亩数的"账本儿"。

村长的"地亩账本儿"每年也要根据土地变动更改吗？ ＝有土地买卖的话，亩数就会有变更。村长根据村民的呈报每次都必须更改。

是和里书过户同时吗？ ＝不一定是同时，随便。

里书的底册和庄长的地亩账本儿的记载事项是一样的吗？ ＝里书的要换算成官亩，庄长的是根据金银铜锡钱。

那么庄长不知道自己村的"总钱粮"是多少吗？ ＝根据自己的账本算的话，可以知道。庄长经常整理。

里书要把算出的结果通知给庄长吗？ ＝不通知。庄长自己计算，可以知道。

那么，里书计算的亩数和庄长计算的亩数没有分歧吗？ ＝没有。

【过户的手续费】过户的手续费是多少？ ＝每亩 1 毛。

什么时候规定的？＝民国以后。

从开始到现在没有改订吗？＝没有。

【管辖户数最多的里书】管理户数最多的里书管辖多少户呢？＝8 个里，4000、5000 户的最大。

里书是谁？＝叫苏少卿的人，听说在济南宪兵队工作。

管辖这么多，一个人可以吗？＝名义上是一个人，但是雇佣了很多人。

苏先生雇佣的人也叫里书吗？＝不叫，叫"请先生帮忙"。

苏先生有土地吗？＝土地不多，但是听说在济南有房子。

苏先生管辖什么区？＝城区、鹊华区较多，他的父亲一辈子都在县公署工作，现在还健在。

【征收处员兼里书】征收处员都是里书吗？＝以前很多，现在很少。

现在有多少人？＝8 名（参考资料一）。

你是从什么时候开始做里书的？＝父亲做过之后，从他那儿继承而来的。

为什么征收处有很多里书？＝各个房里都有很多"房里学徒"，他们见习各房的工作，最后成为本职工作。民国之后，这个习惯保留下来了，对土地情况明了的人都作为里书留下了。主要是因为工作很简单。

【三班六房】请说一下三班六房的事情？＝不太清楚，听说大致是下面这样

```
        六                    三
        房                    班
   ┌─────┴─────┐        ┌─────┼─────┐
   刑    户              皂    快    壮
   房    南              班    班    班
   执    房              ‖     ‖     ‖
   堂    ·
   ·     户              一    马    东
   招    北              皂    快    民
   房    房              ·     ·     壮
         ·               二    二    ·
         户              皂    快    西
         中              ·     民
         房              建    壮
         ·               快
         库
         房
```

三班都做些什么？＝就是现在政务警和警察的工作，专管催粮、拿匪、传案。

六房呢？＝户南房负责杂税，户北房负责钱粮，户中房负责拨粮，库房负责存款，刑房负责刑事，招房负责录供。

【旧时的里书】当时就有里书吗？ ＝乡间有里书，负责拨粮，户中房是其总负责人。

以前的里书收集钱粮吗？ ＝以前在"县署外边"收钱粮。里书不收钱粮。以前把征收处叫做"米厂"。

【过户时底札的记入方法】请说一下买卖一亩土地的时候里书在底札上的过户方法？ ＝如下

底札记录（卅年米季本里本庄王尔起；卅年米季退一亩本里本庄王登雨；庄王登雨）：

（地亩数）	二亩七分九厘一毫	一亩七分九厘一毫	一亩六分八厘一毫	六分八厘一毫
（银数）	二钱〇四厘	一钱三分一厘	一钱二分三厘	五分
（第一期）	四角〇八厘	二角六分二厘	二角四分六厘	一角
（第二期）	四角〇八厘	二角六分二厘	二角四分六厘	一角
（第三期）	二角四分六厘	一角五分八厘	一角四分八厘	六分

【里书的底札编造】里书的底札由于每年更改，变得很复杂的话，怎么办？ ＝重新编写。

旧的怎么处理呢？ ＝各个里书保存。

里书换届的时候呢？ ＝旧的由官吏保存，只把最近的交给新里书。

旧的有必要保存吗？ ＝没有。

【民国二十五年废除里书的举动和底札】现在各个里书所持有的底札都是旧的吗？ ＝民国二十五年废止了里书，把底札交到县公署的时候遭遇了事变，底札都丢失了。事变后，各个里书新制了。

是县公署命令制作的吗？ ＝因为没有田赋的收取方法，就召集里书让他们重新制作。

里书是如何制作的？ ＝让村长报告苦心制成的。

也有事变中没有丢失，由里书保管的吧？ ＝全部都交到县公署了，事变的时候烧完了。

那么事变后制作的和事变前的不一样吧？＝因为村长的报告不一定，我觉得有不一样的。

村长是根据什么报告的？＝根据村长的账本儿报告的。

那么，有村长少报的情况吧？＝"报少"是不被村民允许的，如果少报一个人的，其他人是不会承认的。不会有下面的情况发生的。

但是，不是"自扫门前雪"吗？＝不可以有这种情况，当然也不能是"不管他人瓦上霜"。

现在全县的整理都结束了吗？＝还没有结束，也有为了整理而下乡的里书失踪的情况，不是那么容易。

【资料1】 征收员名簿

造呈改组征收处征收员名额清册
谨将改组征收员名额开具清册恭呈
鉴核施行
计开　征收员名额
主任　一名　○程汇东
征收员二领名
○　张有德　　○△吕信臣　　○△吕安友
○△张玉宝　　○　吴连科　　○△李淑田（子耕）
○△刘芳圃　　赵载武　　　程建英
○△曹西山　　霍秀轩　　　金延芳
　△赵一衡　　高秀山　　　李东明
　　沈百魁　　程继汉　　　周现五
　　张墨轩　　○△岳敬三
（○印是来自事变前的勤务；△印由里书兼任）

【资料2】 关于征收处及县金库设置的训令

历城县公署训令　　　　财字第二一一四号
令田赋征收处
案奉
山东省公署30省财文和字第一一八〇号训令内开查本省各县设置征收处及县金库一案前经厘订各项办法并拟就模范地区二十县先行试办提经第二五二次暨第二五三次省政会议议决通过亟应通饬施行关于普通县份规定自三十一年度起实行经费编入县地方豫算岁出项下至模范区二十县自三十年十月份起先行试办所需经费除赋税征收处

经费由省库补助三分之一下余悉由本年度县地方豫备费项下开支自征收处成立后各县所有田赋正税及契杂各税留支征解办公各费及向由县款开支征收津贴均一律取消为补助各县知事办公费起见准各县知事由本年县地方豫备费无疑开支者应准按照实需数目规划加征临时附捐办法拟具加征捐率呈经核定后加征一次附捐以资应用除分行外合行检发各项办法及经费解费各表令仰该知事即便遵照办理具报并造具详细豫算呈核此令等因并奉发山东省各县赋税征收处及各县县金库暂行办法保证办法经费概算等级一览表等附件共九份奉此除分令外合行抄发关系附件令仰该处遵照改组并依照赋税征收处暂行办法第三第四两条及经费概算表列征收员名额各规定造具名册呈署核办此令

计抄发征收处暂行办法征收主任及征收员保证办法

经费概算表各一份

中华民国三十年十月十五日

县知事　何闻天

【资料3】山东省各县赋税征收处暂行办法（民国三十年十月一日起执行）

一、本省为改良征收起见组织各县赋税征收处（以下简称征收处）设于县公署内

二、各县经营之田赋（包括正税附加及地租）契税、营业税、烟酒牌照、牲屠油牙当等税及县地方一切税捐统归征收处办理

三、征收处设主任一人由县公署遴选熟悉征收情形合于县佐治人员资格者呈请省公署委任之，并取具以一万元为最低额之保证

四、征收处因事务之需要将设征收员若干人由主任遴选悉征收情形者呈请县知事委任之并取具以五千元为最低额之保证

五、征收处之职掌如左

1. 主任秉承县知事之命综理征收处一切事务

2. 征收员秉承主任之命分掌征收事务

六、各县经征田赋正附税及契杂各税应于各纳税人自赴征收处完纳不得游征

七、征收处每征人起省县税捐款项，应送交县金库保管用缴款四联单一联留金库由县金库转呈县知事其缴款联单式样另定之

八、各县征收处经费列入县款预算所有以前县公署留支田赋契税烟酒牌照税牲屠油牙当等税征解办公各费及留县款开支之征收津贴一律取消其经费预算另定之

九、各县解款所需费用按道路之远近另表规定之

十、各县田赋串票费照规定办法每张暂收国币一分推收户粮过拨费每户收费一角契约纸每张售价一角前项价款收入及印刷串票契约纸推收单等项支出统于县地方预算列收列支

十一、各县征收处主任遇有交替卸任人员应将任内经管收支各款以及各种器具账簿表册分别造具四柱清册于十日内移交后任由接受之员逐一核明，出具接受清初切结呈由该管县知事核明无讹加具切结呈省公署审核

十二、本办法如有未尽事宜得随时提请省政会议修正之

十三、本办法自省政会议议决公布之日施行

【资料4】山东省一级征收处经费概算表

项别	员数	年支数	说明
主任薪津	一	八四〇、〇〇	主任一人月六〇元、津一〇元
征收员薪津	二〇	七、二〇〇、〇〇	征收员二〇人每员二五元、津五元
勤务人资津贴	二	四〇八、〇〇	勤务二名每月支工资一四元、津三元
办公费		一四〇、〇〇	办公费月支二〇元
预备费		五〇〇、〇〇	印刷、账簿、修理、木器
合计	二三	九、一八八、〇〇	

【资料5】民国三十年历城县公署推收处造存各里书乡村住址册

清宁区

姓　名	住　所	姓　名	住　所
赵敬修	孙大庄	曹西山	兰家寺
谷宝琳	谷家庙		

马家区

姓　名	住　所	姓　名	住　所
张明伦	杏元店	张云亭	姚家店
吴得凤	大吴家庄	刘芳圃	张公店

张马区

姓　名	住　所	姓　名	住　所
宿凤岐	张马	傅贯九	卧牛山
李兆忠	滩头	邢志远	山头店

李兆恭	〃	毕梅村	甸柳庄
李兆印	〃	朱桐	殷家小庄
张立春	张马	李瑞轩	祝店
杨墨园	卧牛山	侯冠三	洪家楼
陈燮乡	祝店	孙纪伦	朱家庄

遥墙区

胡传仁	大沙滩	赵鸿顺	河套圈
张金祥	遥墙	张廷献	柴家庄
张好信	〃	张廷儒	〃
张锡顺	雅旺口	李子耕	大李家庄
李宝贞	〃	张玉峰	雅旺口
马春龄	马家庄		

老僧口区

王耀南	王家梨行	刘香亭	
张延平	张家圈	王安信	王家庄
陈文焕	陈家圈	韩秀亭	崔家庄
陈庆鸿	〃	徐庆寿	小徐家庄
张鑑	北殷千户	黄进贤	黄家堂
张秀川	张家圈	颜书田	韩家庄
张明玉	〃	尹崇保	〃
郭乐廷	李官庄	韩玉田	〃
郭新民	〃	韩升三	〃
李爱之	川流渡口	韩志奎	〃
马炎甫	李家码头	任禄元	四横闸
隗树臻	太平庄	颜会东	韩家庄

党家区

王士英	庇子才家庄	李祥	石珩镇
王兆明	王家小庄	六	辛秉文
王学周	〃	中	徐庆寿
王毓阁	大城店		新民
王毓桂	瓦里铺	八	郭学明
王禄栋	〃	上	苏传训

董家区

胡凤和	裴家营	张建太	帐家庄
李连三	山西头李家庄	于学俊	于家庄
郭明杰	十里堡	吕信臣	董家庄

卢仁智	卢家寨	张阴亭	曹家馆
张秀峰		吕安友	董家庄
谢士会	谢家屯	吕素元	〃
张茂兰	帐家庄	孙明山	许家庄
张学校	〃	侯景堂	侯家庄

东梧区

陈兴恒	章丘	胡国荣	龙洞
李绍儒	郭家庄	王绍华	牛旺庄
李绍文	〃	陈丕林	孟家庄
李朝宗	龙洞	赵克明	〃
李兴盛	孟家庄	张玉宝	章锦

泉路区

许吉甫	大佛寺	李万绪	大佛寺
赵宝典	〃		

终宫区

吴振声	柳埠镇	王茂相	郭而庄

洛口区

刘文化	前王二庄

邵而区

李宝臣	南大槐树庄

城区

张承森	鹅鸭房	王仲敏	西孟家峪
张凤岗	〃	苏泮英	北壇庙
张鸣皋	〃	时守中	江墙庙
张华堂	按擦司街	程建英	西公界
张乃文	后高祥后街	岳敬三	苗家巷

【资料6】历城县全县十三区里分一览表

	孝字约	温字约	北保二	南保五	鹊华二
城区	弟字约	柔美约	南保一	东关一	南关左所
	忠字约	和礼约	南保三	南保全一	右所
	信字约	北保一	南保四	鹊华一	

洛口区　鹊华（一、二、三、四、五、六）水屯　王炉屯　周官屯
　　　　　藏家屯　黄家屯　景光湖三、四、五、甲

清宁区　北会清（一、二、三、四）　济阳外县

　　马家区　鹊华（七、八、九）　南会清（一、三）　丁家屯

　　张马区　闵孝（一、二、三、四）南会清（二）南保全（一、二）

　　　　　　景光湖（一、二、六甲）杨家屯　张马屯　坝子屯　简家屯 晏头镇

　　遥墙区　安平（一、二、三、四、五）

　　老僧口区　南乞元（一、二、三）南乞元（上中下）

　　　　　　北乞元（一、二、三）北乞元（上中下）　明贤（十一）

　　党家区　明贤（一、二、五、六、七、八、十、十二、十四、十七）明贤（上、中、下）章丘外县

　　董家区　明贤（三、四、九、十三）　北保全（一、二）　闵孝（五）

　　　　　　杏园屯

　　东梧区　南保全（一、二）

　　泉泸区　仙台（一、二）孝屯、小屯、肖家屯、长清外县

　　终宫区　仙台（五、六、七）

　　邵而区　仙台（三）

　　济南市的土地陈报　和济南市的划分　田赋征收组织方法　田赋征收上区长的地位　田赋预借　田赋征收手续　地目

应答者　张玉宝（田赋征收处征收员兼里书）

【区乡联合办事处】县公署是何时迁到历城的呢？＝民国二十五年秋。

当时的县长是谁？＝张贺元。

征收处也挪了吗？＝全部都转移了。

济南城什么都没留下吗？＝没有。

现在济南城内有县的机关吗？＝民国二十八年成立了区乡联合办事处，现在还在。

这是做什么的机关？＝全县区乡长联络协议的机关。

这是县公署的机关吗？＝是县公署的附属机关。

有办事员吗？＝有 2 人。

叫什么呢？＝杨汇川和王绍堂。

他们是县的职员吗？＝都是各区雇佣的，不从县里领薪水。

那么，和县公署机关不一样吗？＝地方的联络自治机关。以前叫作自治委员会。

【济南的征收处分柜】曹西山这个人在哪里？＝在城内的征收处。

那里有多少人？＝除了曹西山还有 4 名。

济南征收处分柜吗？＝是你说的这样。

分柜负责多少区域？＝负责终宫区、泉泸区、邵而区、城区、洛口区五区的"封银子"。

其他还有什么区吗？＝清宁区、马家区、张马区、遥墙区、老僧口区、董家区、党家区、东梧区八区。

【编入济南市】被编入济南市的区呢？＝前面所说的五区中，除去终宫区，加上马家区和张马区有六个区。

被编入济南市是民国多少年？＝民国二十三年计划编入，民国二十七年时彻底完成编入。

被编入济南市区域的钱粮征收和历城县划清关系了吗？＝没有。原因是济南市和历城县的土地陈报都没有进展，济南市区和历城县区钱粮的归属没有完全划分，因此花户在归属上也处于一种迷茫的境地。比如地在乡间、粮归济南市，地在济南、粮归历城这些情况，非常混乱。但是后者极其少。

【济南市的土地陈报】会不断整理济南和历城的归属关系？＝济南公署正在实行土地陈报，眼下历城也在着手中，这些要是完成的话，地域就会很清楚了。

济南市要制作自己管辖区域粮户的清册，收取钱粮吗？＝市公署制作编入区域内的粮户清册，然后提交给历城县，请求核对济南市收入的部分和历城县收入的部分。

历城县如何处理？＝符合核对结果的已送到市里。

会顺利地推进吗？＝市公署陈报的粮户和亩数与历城不一致的有很多，整理几乎不能推进。

济南市制作的粮户清册有多少册？＝整理完毕的有 30 多册，随着清理的进行越来越多。同时历城的部分越来越少。

想看一下济南市公署制作的清册。

济南市公署粮户清册

孝子约（东小沟街）

【陈报】陈报是由各粮户直接负责吗？＝城内的话，各区坊长按照市公署的命令接收各粮户的报告，乡间的话，由各区乡长负责。

总房不操作吗？＝根据各花户的陈报，市公署制作成清册，然后由各区域的里书与其底札进行核对。按照提示的"清册"样式，整理"对不对"。

对不上时怎么办？＝由市公署做进一步调查。

退到市里之后，里书会成为市公署的里书吗？＝恐怕市公署不设置里书，由市公署直接负责。

位于济南的县征收处在哪个地方？＝县学西庑街道。

【征收处的组织】现在征收处的组织？＝从今年 11 月 1 日，钱粮和一切杂税都由征收处征收，但是还未实施。

这是省的命令吗？＝省公署下达关于新组织的实施命令。

现在运行钱粮的征收组织？＝变更了以前的组织。如下所示。

张马区、东梧区、遥墙区、老僧口区（以前的一、三柜）

董家区、党家区、清宁区、马家区（以前的二、四柜）

终宫区、邵而区、泉沪区、城区、洛口区（济南分区）

到现在为止征收处不负责其他的税收吗？＝专门负责钱粮，因为还没有移到新组织，完全不收。

在济南分柜收的钱粮要交到县公署？＝全部由县的会计处一总处理。

会计处什么时候有的？＝以前就有，不是新设机构。

【田赋征收上的区划】想知道田赋征收上的区划的各区长及区的所在村？＝

张马区（王舍人庄）	黄用九
东梧区（东梧庄）	赵粹甫
遥墙区（遥墙庄）	周介武
老僧口区（老僧口庄）	娄文轩
董家区（梁王庄）	李少夷
党家区（龙山）	王子文
清宁区（姚赵店）	李子华
马家区（鹊山）	王玉泉
终宫区（终宫庄）	陈鸿年
邵而区（七仙庄）	周贻谟
泉泸区（兴隆庄）	程殿英
城　区（　）	
洛口区（　）	因编入市公署，情况不明

【区长】区长是由什么人来担任？＝乡长推选的人。

区以下的组织是怎样的呢？＝有乡，乡以下是各庄。

成为区长的人都是什么身份的人？＝有财产的人。

有财产就可以吗？＝仅仅有财产不行，还得有信用，不熟悉地方的情况也不行。

现在的区长都是做了很长时间的区长吗？＝有做了很长时间的，也有刚上任的。

区长是由县知事任命的吗？＝因为不是官吏，所以不是任命的。乡长推选，要发委任状。

有一定的任期吗？＝不一定。

从县里领取薪水吗？＝县里不给，各区负担。

区长的薪水是多少呢？＝每月 70 元。

这是在哪里决定的？＝各区协议决定。

【区的助理员】区有没有办公处？＝有，办公处有办事员即助理员一名。

助理员的薪水呢？　=30 元。

【区和警察分所】各区有警察分所吗？　=有的有，有的没有。

区公所和警察分所是一个地方吗？　=有分所的区有一个办事处。

区长和警察分所长是同一个人吗？　=不是。

【区公所的田赋督促——田赋预借】由区公所征收田赋吗？　=不是，督促各乡长征收田赋。

督促的顺序呢？　=区长征收的情况仅限于"预借田赋"的时候。

预借田赋是怎么回事？　=就是急需用钱的情况，等不到正式征收田赋了，就分摊到各区，命令预借。

分摊的额度是怎么决定的呢？　=根据各区的银数。

能知道各区的银数吗？　=因为各庄都有札子，计算的话，就会清楚。征收处也很清楚，可以算出分摊额。

需要分担的区，如何凑集这些钱？　=根据各村的银两数凑集。

说到底都是由各粮户负担吗？　=是的。

【田赋预借】向各户分配预借的时候，要发放什么收据吗？　=如下。

【资料 7】　田赋预借收据

根　存	据收赋田期二年本借豫
兹查○○区缴到豫借本二期田赋 附捐国币○○元 除发给印收外合留存根备查 中华民国三十年八月　　日	今收到○○区悉缴本年二期田赋附捐 国币　　　元 合行发给收据一俟开征准豫抵完本 期田赋附税此据 中华民国三十年八月　　日

历字第○○号

【预借田赋的返还】预借的钱，在各花户自封投柜的时候要扣除吗？　=这是另外一个问题。预借的钱是由各区长负责从各花户那里根据银两数收集起来的。这个钱由县里以现金返还。

区里要分还给预借的各花户吗？　=当然。

区里不是特别麻烦吗？ ＝麻烦，但是实际上就是这么做。收集的时候和返还的时候是不同的方法。

【征册的制作】想详细问一下田赋的征收手续？ ＝里书在开征之前，要做好"钱粮征册"，根据这个制作"地丁通知单"。

里书制作这些的时候，要集中到县里吗？ ＝在各自的家里制作，制作完之后，就送到征收处。

【传票、通知单的交付】征收处怎么办呢？ ＝在上面盖上"用印"之后，把有财政科印的传票或征收处制成的东西送到各区，然后召集地保，让他们来取"通知单"。

由谁带着传票去？ ＝政务警。

是地保自己来吗？ ＝地保来征收处领取，然后发放给各自区域的花户（参考资料 8）。

【通知单的样式】通知单有多少联？ ＝四联单即存根、缴查、凭单、通知单（参考资料 9）。

四联中，交给地保的是哪个？ ＝只是通知单的一部分。根据这个，"粮户"自封投柜。

【偏远地的田赋交纳】很远地方的人严格遵守自封投柜的话，不是很困难吗？ ＝不少人委托庄长或者很多人委托投柜的人。这个与征收处没有关系。只要拿着通知单来就会受理，而且聚集到一起之后过来是不得已的情况。

里书不收集吗？ ＝不收集。被拜托的话，可以代缴，但是一般不这样做。

有没有庄长代付村里银子的情况？ ＝"扫柜"的时候，村长要负起责任完全交纳村里的部分，这时候会有垫付的情况。但是，平常都是各自去。

【田赋的征收期】田赋的征收期是怎么样的？ ＝第一期是 3 月 1 日到 5 月底止，第二期是 9 月 1 日到 11 月底止，第三期是 11 月 1 日到明年 1 月底止（旧历年底）。

扫柜的时候，有未交的话，怎么办？ ＝把凭单交给庄长，让其收集。这样也收集不了的话，就"传"庄长。

【政务警的催粮】由谁催粮？ ＝政务警催促各庄长。

政务警经常去村里吗？ ＝经常。有管辖的区域，负责催粮。

全县有没有传不到的地方？ ＝很少。

【自封投柜时的征收处手续】自封投柜时，征收处的手续是怎样的？ ＝记入凭单，交给粮户。同时在粮册的应完成税额数位置上盖上"田赋收讫"印作为证明。

收钱的时候只有这些手续吗？ ＝只有这些。

每天收的钱要送到哪里呢？ ＝记入田赋某期缴款簿，每天把现金送到会计处，同时把同一账簿送到知事、科长、顾问等那里去检查、盖章。

【田赋的额度】田赋的额度是多少？ ＝第一期、第二期每 1 两付 4 元；第三期是 1 石米正税 6 元。

有没有第一期交 1 元，第二期交 3 元，合起来总共 4 元的情况？ ＝规定每期 2 元。

第三期的漕米是什么东西？＝以前是根据亩数确定石数，交粟。但是清朝的时候，已经改归银元了。

地丁和漕米不分离吗？＝有地丁就有漕米，有漕米就有地丁。

1 石米有多少亩？＝68 亩。

1 两银子呢？＝13 亩 7 分 1 厘 3 毛。

历城县的田赋额度呢？＝今年第一期是 98070 元。

漕米呢？＝目前正在计算中，还没有出来。但是大致是 67800 元。

这个数字每年都会变化吗？＝由于退到市公署，每年都会变化。

有没有增加的情况？＝土地陈报要是完全进行完的话，可能有增加的情况，但是不是这样的话，可能不会增加。

现在每亩是多少钱？＝本年第二期正税每亩是 2 角 9 分 2 厘（全年），附税每两 11 元 8 毛 6 分。

【五种地目】金银铜锡钱的区分是怎么样的呢？＝土地是否肥沃。即

金粮地　　二四〇步

银粮地　　二八八步

铜粮地　　三六〇步

锡粮地　　六〇〇步

钱粮地　　七二〇步

计算钱粮的时候，以 240 步为标准。

这个区分没有在账簿上表现出来吗？＝这个只有民间的所有者知道，县公署的所有者完全不知道。民间买卖的时候，金粮地和钱粮地完全不同。

是从什么时候以 240 步为官亩的？＝以前就有，什么时候开始的，不知道。

山东省都官亩都是 240 步吗？＝对。

金银铜锡钱的土地在哪里都是一定的吗？＝不同地方，亩数不一样的情况还没有。

其他的县呢？＝其他的县的情况不太清楚。历城县有 5 种土地。

这 5 种分类是从什么时候开始的呢？＝年代很久远了，谁都不知道。

【资料 8】发给地保的有关田赋开征的传票

历城县公署

饬传事查本年第三期田赋已届开征之期所有通知为单启应散发以便完纳合行饬警前往即将后开各地保定于拾一月三日逐传来县领收通知单迅速散放各花户收执完纳去警勿延速速

计传　　马家区

各地里保

右令警长　王墨耕　准此

中华民国三十年十月三十一日

县　　　　　　　　限 三 月 销

【资料 9】田赋通知单

左联（此联先期交纳粮人）

标头：县城历　年十三国民　查缴 通票 串期 三第 赋田

左侧：每凭单一张带收国币一份　第　号

地主姓名	地亩数	科则	本期应完正税数	附加款目	正税附加合计元角分厘	中华民国三十年 月 日
	亩分厘毫		元角分厘			
地主征址	全年应完正税数	每亩应征正税数	本期应完县附加税	带征期限		
乡镇庄	元角分厘	元角分厘	元角分厘			

此联先期交纳粮人

历城县第　号

右联（此联给纳粮人）

标头：县城历　年十三国民　根存 票串 期三 第赋 田

地主姓名	地亩数	科则	本期应完正税数	附加款目	正税附加合计元角分厘	中华民国三十年 月 日 收讫 征收员
	亩分厘毫		元角分厘			
地主征址	全年应完正税数	每亩应征正税数	本期应完县附加税	带征期限		
乡镇庄	元角分厘	元角分厘	元角分厘			

此联给纳粮人

左联（此联先期交纳粮人）

田赋第三期串票通知单　　历城县第　　号

地主姓名	地亩数	科则	本期应完正税数	附加款目	正税附加合计元角分厘	中华民国三十年
	亩分厘毫		元角分厘			月　日
地主住址	全年应完正税数	每亩应征正税数	本期应完县附加税	带征期限		
乡镇庄	元角分厘	元角分厘	元角分厘			

此联先期交纳粮人

右联（此联给纳粮人）

田赋第三期串票凭单

地主姓名	地亩数	科则	本期应完正税数	附加款目	正税附加合计元角分厘	中华民国三十年
	亩分厘毫		元角分厘			月　日　收讫
地主住址	全年应完正税数	每亩应征正税数	本期应完县附加税	带征期限		征收员
乡镇庄	元角分厘	元角分厘	元角分厘			

此联给纳粮人

【资料10】 为增设二中队追加的附捐征收牌示

历城县公署牌示　　财字第七号

案奉

山东省公署财字第三一一四号指令以据本省造具预算书呈请增编二中队以维治安一案缘由奉令内开呈暨附件均悉。所请已交由财警两厅核议并提经二五二次省政会议议决通过记录在案准按全年丁银数目每两追加附捐一案随同本年二期田赋一次征起仰即遵照办理此令等因奉此查本县增设二中队经临各费共计四万七千九百六十一元按全年丁银每两折征国币一元随同本期田赋一次征起计每两应征国币二元合行牌示仰各花户一体遵照完纳为要此示

县知事　何闻天

中华民国三十年九月一日

【资料 11】 第二期田赋开征牌示

　　　历城县公署牌示　　　财字第　号

　　为牌示事　查本年二期田赋兹订于九月　日开征合将本期应完正附税及奉令加征临时特别各项附捐数目开列于后仰各花户人等一体遵照完纳此示

　　　　　　计　开

牌　　一、正税　四元

　　　一、附税　四元

　　　一、临时附捐一元五角

　　　一、临时特别附捐二元四角

　　　一、补正第一期田赋短征临时附捐五角

示　　一、补正第一期田赋短征临时特别附捐四角

　　　一、随同本期田赋一次征收呈准添设警备第三中队经费一元〇六分

以上共计每两应收正附税国币十三元八角六分

　　　　　　　　　　　　　　　　　　县知事　何闻天

　　　　　　　　　　　　　　　　　　中华民国三十年九月一日

乡公所　田赋预借　摊款

应答者　李佩衡（原冷水沟乡长）

【乡公所的业务】乡里有乡公所吗？＝有。

挂着什么标牌吗？＝某区某乡公所。

在乡公所做什么工作？＝执行来自区公所的命令事项。

区里有区公所吗？＝各区都有公所。

区公所命令的工作是什么工作？＝看铁路、修路、栽树、催粮、区公所的经费、爱护村的事情、新民会的事情等。

接到来自区公所的命令之后，乡公所要怎么办？＝传达给各庄长，关于重要事项，召集庄长开会处理。

什么情况下才召集庄长开会？＝看铁路、修汽车路、摊民夫等。

其他的呢？＝零星的事情不开会。

摊民夫的方法是怎样的？＝按照各庄的地亩分摊。

区公所经费的分摊呢？＝按照各庄的地亩。不管是摊什么，都是"按地亩"。

关于催粮，乡公所的工作是什么呢？＝仅仅通知各庄长而已。

催粮不是由政务警负责吗？＝政务警是在"催急"的时候负责，而乡公所是等待区公所的命令，然后传达给各庄。

征收田赋的时候呢？＝各花户自封投柜。

【乡公所的办公费】乡公所的办公费包括什么呢？＝乡丁的工资、零星的纸张费用、

请客费等。

这些费用是从哪里得来的呢？　＝按照各庄的地亩摊派的。

请客费是什么？　＝请送公事的人吃饭，开会的费用等，其实也称不上是请客费。

【乡公所杂费的征收】乡公所杂费的征收是什么时候呢？　＝每月一次从各庄劈账。

庄子使用什么征收方法？　＝"按地亩摊"。

庄子的杂费是临时征收的吗？　＝有临时征收的情况，也有提前征收临时使用的情况。

【田赋预借和预征】县里有没有预借田赋的情况？　＝有。

只有预借田赋吗？　＝预借的分摊只有田赋。

预借和预征的区别是什么呢？　＝一样的。

有没有发生过预征的情况？　＝有。

预借和预征的手续不一样吧？　＝不一样。

怎么个不一样法？　＝预借的话还要返还，预征的话只是提前索取。

【预借和区公所】预借的时候，向哪里申请？　＝各区公所。

各区的金额是一样的吗？　＝有各区一样的情况，也有因为各区大小不一样而不一样的情况。

一样的话不是不公平吗？　＝因为还要返还，不会不公平。

各区会用各区的公金垫付吗？　＝先分摊到乡里，乡里再分摊到各庄征收。

区公所不是任何时候都备有 300 元或者 500 元的预备金吗？　＝没有这样的预备金

区长要是财主的话，有垫付的情况吧？　＝区长是靠人品当选的。没有特别富裕的。

预借的时候，要开会吗？　＝县长召集各庄长开会决定。

都决定什么事情呢？　＝预借的金额和期间。

【预借的手续】预借的手续是怎样的？　＝县里通知各区长和各区的负担额，各区分摊给各乡，各乡分摊给各庄。

征收钱的情况呢？　＝正式的手续是各庄征收之后交给各乡，各乡交给各区，然后再交到县里。

一般是怎么做的？　＝各庄有直接送到县里的，较多的时候征收之后交到县里。区长征收的情况很少。

各庄直接交纳的时候，县里开哪里的收据？　＝开庄子所属乡的收据。

庄长认可这么做吗？　＝把情况报告给乡长，通知乡长自己的分担已经交纳完毕。

交到乡里之后，是由乡长交到区里吗？　＝是这样。县里分到各区的金额要是在期间内征收齐的话，就足够了。

分配到每个村民的情况下应该怎样做呢？　＝让各保甲组长从每个粮户收集。

在这个情况下庄长需要发放收据吗？　＝不发放，召集各保甲长进行会议告知收集钱的目的，然后由他们命令各粮户征集，并不需要发放收据。

什么是不用记账的？　＝各个保甲组长自己记账，因为是按地亩数分配的，所以甲长不用记账也能明白。

【今年的预借】预借一共有几次呢？ ＝今年有 2 次。

什么时间呢？ ＝今年一月份左右和五月份左右。

在县公署如果八月发行预借收据备用，是什么时间？ ＝五月份的立即在五月份的第二期田赋中预借，因为已经纳付的要在八月份，就变成了八月份的收据。

【预借和抵完】在收据上有"一俟开征准予抵完本期田附加税此据"，其中的"抵完"是什么意思？ ＝是纳付本期的田赋时，可以上交这个"收据"作为现金的意思。

但是由于田赋是自封投柜，"收据"只有一张，粮户在自封投柜时不会有麻烦吗？ ＝使用这个"收据"来"抵完"是扫柜时候，因为各个庄子中有不少未纳的东西，比完纳更重要庄长的责任是用这个"收据"来抵完未纳者。

田赋纳付成绩良好，并且没有未交纳户的村子，为了"抵完"可以使用收据吗？ ＝扫柜的时候，村长会收集各个未交纳者的通知单，在县公署进行投封，在这时扣除拿着的预借收据，这就是"抵完"。

在扫柜前，需要去收集各粮户的通知单吗？ ＝不需要，因为有自封投柜。

但是在期间内可以自封投柜，也可以拿着钱粮的预借收据进行抵完吗？ ＝如果没有县公署的命令就不能。

抵完钱粮的时候县里会通知吗？ ＝到了扫柜的时候会通知。

田赋预借可以用现金返还吗？ ＝没有返还一说，至今大概没有一次用现金返还过县里收取的钱吧，因为这个原因收据上有"一俟开征准予抵完本期田附加税此据"这些文字。

【恤金的预借】田赋预借以外，有县公署的预借吗？ ＝有，去年有恤金的预借。

你有是乡长的时候吗？ ＝是的。

恤金是什么？ ＝县中警察队战死时来救恤其遗族。

如何收取呢？ ＝按照各个区乡庄的顺序来收取，县公署是按照户数收取，各个庄是按照地亩数来收取。

金额是多少呢？ ＝忘记了。

这笔钱是从县返还吗？ ＝这笔钱不仅不能返还，还不可以抵完，也没有收据。

一月和五月的预借是多少呢？ ＝第一期是我负责的，记忆中是 616 元；第二期不由我负责，所以不清楚。

那不是预借吗？ ＝预借仅仅限制在田赋，这个是可以抵完的，在这种情况下因为不能抵完，也不接受返还，是摊款。

县里的摊款多吗？ ＝县里的很少，但是区里和新民会的摊款不少，和爱护村相关的摊款也很多。

各种的田赋附加可以称作摊款吗？ ＝附加一定是摊款，但是摊款是有一定的预算，为了县政而征收的，因为征收的时期是固定的，所以不能称作是通常的摊款。

恤金会使用摊款吗？ ＝因为是临时的，所以称作摊款。

【新民会和爱护村的摊款】新民会和爱护村的摊款是从哪里来的呢？ ＝从各个区的本部而来。

在这个情况下和县公署有关系吗？ ＝县公署是"不管"的，是由新民会和爱护村的地方机关直接向各个区申请，按照各个乡庄来分配。

这样一来新民会和爱护村向各个地方分配的摊款县公署是不知道的吗？ ＝因为新民会的历城会长是知事，和爱护村相关的站长和县里有联络，所以会知道。

【爱护村的摊夫】新民会和爱护村的摊款是现金吗？ ＝新民会有现金也有摊夫，爱护村只有摊夫。

摊夫是什么？ ＝训练的情况，或者是看铁路的情况，又或是其他摊车、摊马、摊草、摊电线杆、摊柴等，有很多。

你今年贵庚？ ＝42 岁。

【现在的摊款】据你所知，现在的摊款情况如何？ ＝虽然工作很多，但是各种摊款的种类也很多，估计没有比现在更忙的时候吧。尤其是张宗昌的时候，虽然实行了"抓夫"，但是在韩的时候已经平定，如今庄长忙不过来，副保长虽然有 4 个人，也随时都很忙。

【契税和成三破二】契税是多少呢？ ＝买六典三，一、二、三月会减半。

这是事变前的事情吗？ ＝是的，事变后停办税契了。

成三破二是在哪里使用的？ ＝以前土地买卖时使用，如今在地方已经没有了。

【里书和发财】你有当过里书吗？ ＝因为不会算盘，所以没有当过。

如果会算盘可以做吗？ ＝没有钱做不了。

需要多少钱呢？ ＝不知道。

里书是哪个时代的呢？ ＝是从清代开始的，代代世袭下来，所以如果不出钱，是不会让位的。

如果不交钱就不能当里书，是不是说明里书是一个很好的工作呢？ ＝因为手续费高，所以可以赚很多钱。

里书是可以快速发财的工作吗？ ＝发不了财。

在过去里书可以发财吗？ ＝从过去开始，里书是由科房的人担任，没有因为当里书而发财的人。

【县营造和摊款】现在历城县的城墙是什么时候建造的呢？ ＝民国二十六年。

县公署的建筑呢？ ＝民国二十五年。

房屋建设是使用哪里的资金呢？ ＝省里的吧。

那时有摊款吗？ ＝没有，说是卖了城内的县公署建起来的。

城墙呢？ ＝"招商包的"。

各村有做摊夫吗？ ＝没有做摊夫的。

附近的农民有很多出去工作的吗？ ＝从外县来的人很多，附近的人几乎不外出。

城墙和公署的占地是县里买的吗？ ＝城墙还没有发价。

什么时候支付的呢？ ＝因为是事变前的事情了，无法判断是否支付了。

公署的占地价格是怎样的？ ＝1 官亩 120 元。

现在的市场是什么样的呢？ ＝现在是 1 官亩 500 元。

政务警　地保

应答者　张玉宝（征收处征收员兼里书）

【政务警】政务警有几人呢？ ＝警长之下有 34 人。

（参考资料 13）

现在的警长是什么时候来的呢？ ＝今年一月和何县长一起来的。

在此之前在哪些地方待过呢？ ＝没有针对这个问题说过，所以不知道。

政务警是如何做工作的呢？ ＝负责催粮和传票。

【政务警的催粮】关于催粮，是不是和征收处有密切的关系呢？ ＝政务警是由财政科任命的，和征收处并没有联络。

财政科是如何知道钱粮的成绩呢？ ＝以征收处报告为基准进行考察，对于成绩不好的由政务警催粮。

仅仅只是催粮吗？ ＝关于钱粮的纠纷，揭发不法事件等。

【政务警的传案】也管理刑事案件吗？ ＝是"传案"的工作，有关审判的工作是由县长负责。

关于刑事案件也是这样吗？ ＝刑事案件是由警察所负责的，政警只处理关于钱粮的事情。

【政务警和警察】警务所和政务警在工作上的差别是什么？ ＝警察所分为司法科和保安科，专门负责地方的治安和治理违法事件的所有区别。

政务警和和警察所都是直属于县长的吗？ ＝都是直属于县长，受县长指挥。

在警察所可以审判吗？ ＝不进行审判，县长取调后送往法院。

那是什么情况下呢？ ＝违警事件由县长指挥处理，"大案子"要送往法院。

传案、送案在哪边进行呢？ ＝双方共同进行。

有一个"案子"的情况双方都要着手吗？ ＝没有必要双方同时着手。

如果地方有了杀人事件的情况如何处理？ ＝最先得到消息的一方或者是最先接到报告的一方先着手，调查双方一起进行。

县长更注重哪一方呢？ ＝说不清。

【政务警的传达公事】政务警在外有什么样的工作呢？ ＝"传达公事"。

什么样的算是公事呢？ ＝比如把县长的训令传达到各个区，或者是向各区传达通知的要点。

警察所在地方有分驻所吗？ ＝关于治安的事情按照县长的指令做，县公署的工作都是由政务警传达。

【政务警的棚】政务警各自分有棚是指什么？ ＝根据各自负责的催粮进行分区。

各个棚的责任分工？ ＝如下所示。

第一棚　老僧口区　遥墙区　党家区

第二棚　终宫区　泉路区　邵而区

第三棚　清宁区　马家区　洛口区

第四棚　张马区　董家区　东梧区

除此之外的城区由各棚共同管理。

【政务警和庄长】催粮是在什么时间？＝开征后公事下来的时候去，不允许随便下乡（即开征后，仅有公事的时候去，不允许自己随便去的意思）。

谁去催粮呢？＝庄长去。

庄长需要有公文吗？＝庄长如果不拿公文会给人添麻烦，会询问是否拿公文。

庄长受到的待遇如何？＝会被招待饭菜，住得舒适，但是政警去村里则代表发生了不好的事情，待遇就没有那么好了。

【比卯和地保】出入政务警的地方都有些什么人？＝地保。

有一定的日子吗？＝在称作比卯的日子中原则上需要集会，实际上不一定集会。

地保来的时候都需要带什么呢？＝什么都不需要带。

什么都不带来之后如何报告呢？＝口头报告。

政务警的地方有账簿吗？＝征收处制作的"比较簿"按各个棚分类，由政务警保管。

那个是以几日为单位做成的呢？＝每 10 日为单位。

比较簿里记录了什么事情呢？＝如下所示。

【资料 12】 田赋比较簿

（封面）　　　　　　　　　　　　　（内容）

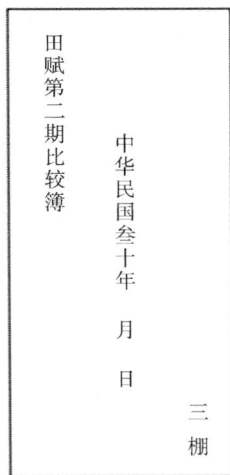

欠洋是什么？＝各里的额征数。

【地保的职务、选任、身份】地保是在每个里都有吗？＝在大里会有几个地保，小里有时只有一个。

地保和地方一样吗？＝一样的。

管辖地保的人是在乡间吗？＝没有。

在河北有所谓的保正吗？ ＝在历城是所属于各个庄长的。

地保是住在其所管的庄子吗？ ＝是的。

身份如何呢？ ＝穷人居多。

依靠什么来生活呢？ ＝养在各个庄子里身份低微的人。

地保需要打锣吗？ ＝在发放了通知单后在村中巡回打锣。

需要几次？ ＝开征的时候把消息通知给村民的那一次而已。

打锣是什么时候兴起的，为什么一定要打锣呢？ ＝自古以来早就有的事情，因为农民的脑筋不聪明。

县公署会给地保奖金吗？ ＝至今没有这样的事情，近年来有奖金一说，可是没有实行过。

地保是谁选的呢？ ＝由庄长选，呈文于县长。

有地保被辞退的吗？ ＝业绩不好，县长会让其辞职，即"无赏有罚"。

【拘留庄长】庄长有被关押的吗？ ＝有，没有交纳钱粮的时候。

那时村民怎么办呢？ ＝庄子里的村民凑钱可以放行。

【资料 13】 政务警名单

警务警长　　王墨耕

	第一棚		第三棚
警目	江茂林	警目	朱善亭
政警	赵东阳	政警	王立泰
	王士林		吴玉梅
	王杰三		刘纯贤
	王殿运		李德培
	王桂林		李元勋
	董竹三		武　俊
	宗金亭		
	江云龙		
	第二棚		第四棚
警目	高玉山	警目	任烟波
政警	谢宝华	政警	曹福堂
	赵宝元		董兆乾
	李文卿		吴锡元
	陈会宗		王起三
	王幹臣		赵学俊
	程崇刚		李元藻
	刘福祥		李寿山

中华民国三十年二月

卫粮（屯粮）　河租

应答者　张玉宝（征收处征收员兼里书）

【卫粮（屯粮）】所谓的卫粮是什么？ ＝是指卫粮地。

卫粮地指的是什么？ ＝没有明确的定义，不同于土地的钱粮，卫粮地只有一期和二期，没有三期（糙米）。

卫粮地的钱粮是多少呢？ ＝1 亩地是 6 分 3 厘 3 毛（通常的钱粮是 7 分 2 厘 9 毛 2）。

卫粮在外称作什么呢？ ＝屯粮地。

【卫粮的粮册】粮册的封面上写着某某屯，是这个屯子土地的全部屯粮吗？ ＝不是的，包含这个屯子的大粮地和屯粮地。

例如呢？ ＝写着杨家屯的粮册中也收集了冷水沟的屯粮户。

为什么呢？ ＝虽然写着杨家屯，但是不代表管理屯粮里书的里分区别。

一人同时拥有大粮地和屯粮地的情况，粮册上如何记载呢？ ＝大粮记载在大粮的册子上，屯粮记载在另外屯粮的册子上，也就是虽然在各地都有屯粮地，但是要以"某某屯"样式代表屯名，然后收集各个屯粮名。

【冷水沟的屯粮地】在冷水沟有屯粮地吗？ ＝有，在杨家屯的屯名一栏。

有几户几亩呢？ ＝355 户，1 顷零 3 亩 3 分 7 厘 9 毛官亩。

位于全县第几呢？ ＝因为大约是 1000 两银子，100 多顷地，即按银子数量是 60 分的第一位。

【屯粮地和大粮地】屯两地和大粮地有什么区别呢？ ＝土地在本质上没有区别，仅仅是在钱粮上有区别。

什么时候有这两种区别的呢？ ＝年代太久远无法判断。

县内在什么地方屯粮地很多呢？ ＝北方和西方，即济南附近很多。

屯粮地在买卖的时候价格不一样吗？ ＝价格是根据土地质量的高低而定，不是由钱粮的多少来定，所以可以先不管这种区别。

【河租地】在屯粮、大粮以外有粮地吗？ ＝有河租地。

河租地是什么样的土地呢？ ＝在黄河一带因为洪水而"淹下去"的土地在年久之后水退下去变为"河游地"，耕种这样的土地所收的税金。

但是"淹下去"的土地不是原先是有地主的吗？ ＝最初的地主因为土地荒芜而豁免钱粮，既然土地又变为了通常的耕地，就要照常收钱粮了。

那河租和钱粮是一样的吗？ ＝性质是一样的。

收河租时要用怎样的手续呢？ ＝不知道进入民国后的实例，仅仅听说过在清代按官府的丈量来收河租，实际情况也不清楚。

进入民国后黄河每年多多少少都有泛滥，官府有什么治理措施吗？ ＝好像没有。

【县内的河租】河租位于全县的第几位？ ＝河租是按照"吊"来计算的，换成银元是 800 元左右，河租的"册子"在事变中遗失，现在已经不征收了。

有谁知道关于河租的事情吗？ ＝张善宝先生非常了解，但是现在不知道去了哪里，下落不明。

【黄河租册】河租按照征册分类吗？ = 被称作是黄河租册。

这些土地仅限于黄河一带吗？ = 是的。

可以随意去河游地耕种吗？ = 如今黄河的水减少，有了很多河游地，估计适合附近的人耕种吧。

【河租的比率】河租的比率是怎么样的呢？ = 虽然"人也不知道，册子也没了"，但根据所了解到的是分为上中下等级，2 吊 800 文"折"成银元 1 元。

河租分为几期呢？ = 分为第一期和第二期，和通常的钱粮是同时期的，但是没有第三期的漕粮。

还有其他的租或者是钱粮一类的吗？ = 没有。

地券的实例

应答者　杜廷禄（冷水沟庄人）

【地券的样式】你是冷水沟庄乙保第八甲长吗？ = 是的。

你有多少土地呢？ = 大约 40 余亩。

分为了几份土地呢？ = 18 丘。

每一丘都有地券吗？ = 都有。

能让我们看一下这 18 张地券吗？ = 如附页所示。

（注）因为时间有限，只誊写出了一部分，其他只誊写样式。

【资料 14—1】 杜廷禄的地券一

契 验 卖

山东省财政厅为发给契纸事按照民国肇造庶政更新凡为中华民国之人民受有中华民国之地产自应执民国国家之契据始能得民国国家之保护其理至明其法至当兹本厅遵照

白契

道光二十九年二月初三日

契 卖

民国四年五月

契 卖 验

民国四年五月

契　买

财政部电令制定民国新契纸无论军屯衙灶一
律行用凡民间执有前清买契者无论已完税未
完税红契白契均须呈验注册契价在三十圆以
上者收契纸价洋一圆注册费洋一角其不及三
十圆者不收纸价但收注册费洋一角一律发给
新契纸以为各该业户等永远执据不验者重罚
并遇诉讼等事无效该业户等具有国家思想应
尽国民义务自必一体遵用上以裕国课下以息
民争也兹据　　县业户　报称住居　　集城乡
伊于前清　年　月　日　价买　　　名下
坐落　城乡　　庄地房一段所计地房间　合地
　集
分　厘弓步详列于后实用价银钱
合银　千　百　十　两　钱　分先已未投税
契除遵章注明本县　　　字
并缴契纸价洋一圆注册费洋一角请准注册发
验契尾一纸原契　　纸
第　号册外合行给契收执须至契纸者
　计开弓步
中华民国四年五月　　日给业户杜长和收执

立买契人谢怀良因手乏今将自己东南南北地一段大亩贰亩壹分五厘一毫其地　　东至
　西
孙嘉仁　黄凤文李连尊　四至分明为界凭中说妥情愿卖于杜长唐名下永远为业言明时值价钱京
钱五拾壹阡肆陌陆拾元其余当日交足并不欠少地内粮草照册过拨恐后无凭立契存证
　　　　　中友　、、、
　　　　　代字　、、、
民国二十五年二月割卖于
历城县政府官亩肆亩
壹份零七毫一丝
道光贰拾九年二月初三日
立卖人　前　名
西　　壹百六拾七步一分　中横可七步陆分九厘
　　横可
东　　壹百六拾陆步七分　北　　七步伍分陆厘
闵孝三地方冷水沟庄守本堂谢退征粮四亩五分一厘七毫退于本庄百花堂杜收
注：前面方框中的面积已换算成官亩（征粮方面）。

【资料14—2】杜廷禄的地券二

立买契人〞〞〞〞〞
　　一段大分五分一厘五毫二丝八忽四微整其地四至〞〞〞〞
　　四至分明为界凭中人说妥情愿出卖与杜富吉名下长远为业言明价钱叁拾伍阡伍陌
伍拾肆文其钱当日交足并不短少地内粮草照垯过拨两家情愿〞〞　立字存证

白契

嘉庆二十一年十二月

契　买

民三、一、一三

山东国税应筹备处为及发给契纸事案照民国
肇造庶政更新凡为中华民国之人民受有中华
民国之地产兹应执民国国家之
契据始能得民国国家之保护其理至明其法至
当兹本应遵照财政部电令制定民国新契纸即
自民国二年八月初一日为始无论军屯衙灶一
律行用凡民间执有前清买契者无论已完税未
完税红契白契均须呈验注册契给豫新契纸概
免收税契价在三十圆以上者收契纸价洋一圆
注册费洋一角其不及三十圆者不收纸价但收
注册费洋一角一律发给新契纸以为各该业户
等永远执据此项验契以六个月为限即截至民
国三年一月底限满过期并遇诉讼
等事无效该业户等具有国家思想尽国民义务
自必一体遵用上以裕国课以　息民争也　兹
据县业户　报称住居　城　庄　伊于

乡　　集

前清　年　月　日　价买

中华民国三年一月十三日

我收据　完地丁正银

给业户　杜山

漕粮　正米

合　集

名下坐落城　庄地房一段所计地房间

合

地亩分　厘弓步详列于后实用价银钱

合银　千　百　十两钱

分先已未投税呈验契尾一纸原契　并缴

契纸价洋一圆注册费洋一角请准注册发契除

任　岩

中人　　　代字　高龙江

郝旺松

立契

嘉庆贰拾壹年十二月十九日

长可四十三步一分二厘　　北横可　七步三分五厘

中横可　七步一分五厘

南横　七步〇　一厘

【资料 14—3】

立卖契人李文汉因为无钱使用今将自己家西南下河涯南北水地壹段大分陆分七厘壹毫陆丝零×　其地四至开列于左凭中友人说合情愿立卖于杜长庚名下永远为业言明卖价钱壹千七零零七千四百壹十文起钱当日交足不欠地内粮草照银粮割拨此系两家情愿各不反悔空口无凭立价契存证

中友人　　　李凤曾

　　　　　　　李宗任

代字人　　　李玉德

中华民国拾四年拾贰月拾二日　　　　　　立

东长可　三拾九步三分

西长可　四拾四步整　　　　　　　　东　李贾本

　　　　　　　　　　　　　　　　　　至

南横可　九步七分五厘　　　　　　　西　卖　主

　　　　　　　　　　　　　　　　南　王长慎

　　　　　　　　　　　　　　　　　　至

中横可　九步六分七厘五毫　　　　　北　李永璋

北横可　九步六分整

闵孝三冷水沟庄李文汉名下退征粮壹亩四分壹厘零四丝退于　本里　本庄杜长庚
名下　收

【资料14—4】

白契

（土地陈报的骑缝章）

民国玖年十二月二十五日

百花堂

【资料14—5】

白契

（土地陈报的骑缝章）

民国二十年二月十九日

【资料14—6】

白契

（土地陈报的骑缝章）

民国二十年二月十九日

【资料14—7】

白契

（土地陈报的骑缝章）

民国二十二年十二月二十一日

【资料 14—8】

白契

（土地陈报的骑缝章）

民国二十六年杏月十四日

【资料 14—9】

白契

（土地陈报的骑缝章）

咸丰元年十月十三日

【资料 14—10】

约契卖房田县城历

白契

（土地陈报的骑缝章）

民国二十三年十一月二十八日

纸 契 买

减半收税

民二十五年三月

（日文）

【资料 14—11】

约契卖房田县城历

白契

民国二十四年十二月二十六日

纸 契 买

减半收税

民国二十五年三月

（日文）

【资料 14—12】

白契 同治五年	契　买 民国四年五月	契　卖　验 民国四年五月

【资料 14—13】

白契 咸丰贰年十二月二十八日	契　买 民国四年五月	契　卖　验 民国四年五月

【资料 14—14】

白契 同治陆年十一月二十七日	契　买 民国四年五月	契　卖　验 民国四年五月

【资料 14—15】

（日文）

【资料 14—16】

【资料 14—17】

验契　土地陈报　堂名的使用　税契

应答者　赵一衡（征收处推收员）

（关于资料 14 地券的问题）

【验契】验契是什么时候进行的呢？＝民国五年以前，进入民国后进行过两三次。

其目的是什么呢？＝变为民国后，根据民国政府进行地券的检阅，目的就是用来证明。

不使用在民国之前作为地券使用有契尾的税契也可以吗？＝已经税契过的只需要交纳契费。

验契费有几种分类呢？＝具体记不清楚了，分为大契和小契，大契是 1 元 2 角，小契是大约 2 角。

大小契是根据什么区分的呢？＝根据买卖的价格区分的，30 元以上为大契，以下是小契。

税契时是变为红契吗，没有验契要如何办？＝已交税契的当然也要验契，可是老百姓为了省钱，不去呈验。

【卖契约的使用】在白契中粘贴有"田房卖契约"字样，也有贴"买契纸"字样，这是为什么呢？＝根据民国十二年左右的规定，土地家屋买卖必须使用官定的"田房卖契约"，老百姓不知道在使用白契的时候，形式上用"田房卖契约"，在贴布上什么都不记录，然后再在买契纸上附上税契。

卖契约需要费用吗？＝纸钱 1 毛左右。

【收税减半】买契的上面有"收税减半"的印章，是什么原因呢？＝是税金收一半的意思，一年中的一月、二月、三月，三个月内交纳税契时税收减半。

为什么限定在这三个月减半呢？＝有体恤人民和奖励的意思。

现在还在实施吗？＝民国十年左右以来一直实施。

【只在白契的契尾附加】为什么只在白契的契尾附加呢？＝前清时代税契是红契，为了省钱就没有使用验契。

使不使用验契都可以吗？＝有一定的期限，在期限内完成就可以不做，在此期间犹豫未做不能使用。

没有做的人会受到处罚吗？＝如果没有验契是白契的情况下，必须交纳税契，已交税契的在此之后没完成验契，就算被发现也不会被处罚。

税契未了是什么？＝超过了期限会受到惩罚。

白契有契尾，并且有"验买契"，是为什么呢？＝向已经是红契税契的在验契上证明已经进入了民国时期。

【土地陈报】白契、红契等有的有土地陈报印的，有的没有，这是为什么呢？＝在民国二十五年土地陈报印并没有全部盖，所以就剩下没有完成的。

同一人拿的地券中有陈报后的，有没有陈报的，要怎么办？＝民间的事情是"说不清"的，也应该有一部分被隐藏了起来。

白契的末尾有"闵孝三冷水沟庄某某名下退征粮〇亩〇分〇厘退于本里本庄某某名下收"这样的句子，是什么意思？＝这是土地的亩数转换为官亩时，为了使钱粮计算便利而使用的。

那是谁写的呢？＝由量地的人来换算的。

量地的人是规定好的吗？＝村中有很多这样的人，谁都可以做。

【卖契中堂名的使用】卖契中使用堂名是什么情况呢？ ＝就像是卖家的字号一样，可以代表一家的名称，只有大户人家有，小户人家没有。

那有什么意义吗？ ＝人去世后堂号可以永久的不变，土地买卖等都要使用堂名。

有在一个堂名中包含了几个姓的情况吗？ ＝一个堂名下一定只有一个姓。

堂名可以分开吗？ ＝如果分家就必须要"新订堂号"，把同一堂号分开是不可以的。

堂号要给谁继承呢？ ＝例如有一家有 4 个兄弟，每人分到了 10 亩地，分家时只有 1 人可以继承堂名，不可以 4 人共用一个堂名，或者在这种情况下取消父辈的堂名，可以使用新的堂名。

有禁止在土地买卖中使用堂名这一规则吗？ ＝民国二十年前左右，财政厅颁布了禁止使用堂名、必须使用人名的命令。

现在还有使用的吗？ ＝从那以后，使用堂名的就非常少了。

【税契的期限】在村中，发现了很多民国二十年左右或者是清代的白契，不用税契也可以吗？ ＝原因可能是买了土地出去打工，或者是故意不交税契。

放任不管也没关系吗？ ＝没有诉讼事件就可以，但是如果有问题就会非常麻烦。

现在如果拿着民国二十年的白契去税契会遭到惩罚吗？ ＝如果惩罚就会慢慢不交税契，所以会照样受理。

躲避税契是因为什么？ ＝想要省钱，在民间已经慢慢没有税契了。

【税契的管辖地】税契事务在哪里进行？ ＝财务科。

收款呢？ ＝收款也在财务科。

现在的新制度还没有开始实施吗？ ＝10 月 1 日开始税契由征收处管辖，还没有开始实施。

村中的杂费

应答者　任福裕（丙副保长）

【副保长和闾长】你作为副保长，职务都是什么呢？ ＝辅佐保长，从事保甲的工作。

你担任过庄长吗？ ＝没有。

闾长呢？ ＝没有。

现在有闾长吗？ ＝前闾长是现任副保长。

前闾长，即现任的副保长是谁？ ＝刘锡恩，李凤坤，张增俊。

【村中杂费的征收——按地亩】由保长收集田赋吗？ ＝是由各个户直接把田赋交给县公署，保长的工作是收取杂费。

杂费有什么种类呢？ ＝村中各花户所负担的费用就是全部杂费。

区公所拨放的摊款都包含什么呢？ ＝无法判断。

村中的杂费是由保长收集，甲长不能干涉吗？ ＝甲长从各花户收集，然后交给保长，再由保长交给庄长。

杂费什么时候收集呢？ ＝没有固定的时期，必要时按所有土地的亩数分配。

没有土地的人呢？＝没有土地就不分配。

那就是没有土地的人不用负担杂费吗？＝是的。

【地亩札子】如何判断土地的所有呢？＝根据"地亩札子"来判断。

谁来保管地亩札子呢？＝由庄长保管。

【和杂费相关的账簿】在庄子里有记录杂费收支的账簿吗？＝收支都有账簿。

账簿是由谁管理的呢？＝由于庄长不会写字，当时谁在场就由谁写。

没有辅佐庄长的书记吗？＝没有，每次都是叫别人来。

谁来保管杂费呢？＝庄长。

每年收支要结算吗？＝年底有一次结算。

【杂费的垫付】要有一定的预算吗？＝因为没有预算，是随收随支。急需钱的情况下可以预先垫付然后分配，不急的时候也有提前收集的情况。

谁来垫付钱呢？＝拥有很多土地的财主。

庄长呢？＝庄长并不富裕，只有3亩地。

【杂费的内容】最近为什么会有很多杂费？＝青年团、少年团的费用，很多是和赋役相关的。

赋役是征发人丁的，所以是不是不用花很多钱？＝出苦力的情况下1天2元，是从村里支付的。

【杂费的征收方法】"收杂费摊费"的时候，花户只需要出钱吗？＝甲长通过口头收集，并不使用"条子"。

那甲长，保长知道各个花户的土地所有额吗？＝副保长管理抄写庄长的"总札子"，在此之上所管的甲长拿着花户的"札子"，以此为基础进行收集。

在收杂费的时候需要告诉各个花户理由吗？＝不仅仅只告诉金额，还要告诉原因。

钱粮以外的杂费，1亩需要多少？＝去年好像是三四元的样子。

【杂费的决算】杂费分种类决算吗？＝是的，保甲自卫团，青年团，少年团，应酬费等。

【银粮的附加】这些是"庄子"的杂费吗？＝是的，在此之外有附加的"银子"，但是这个附加要和正税一起交到县公署去。

杂费和银粮要一起收集吗？＝当然不是，杂费是"本庄"的费用，银粮是县署所收，所以征收的时间不相同，另外银粮是直接由花户自封自投的。

【自卫团费】自卫团费是什么？＝由县召集训练的人每日的支出。本村有12、13名，在两周中每日要支出2元5角。

在此之外的常备自卫团需要钱吗？＝常备自卫团没有日薪。

青年团和少年团的费用呢？＝和自卫团不一样，在训练期间或者是出勤时村里负担"饭费"。

去年的杂费内容可以判断吗？＝庄长有账簿，看完之后就可以理解。

【杂费明细的公示】村中的杂费是按照类别公示吗？＝用表格的形式张贴在学校前的墙壁上。

有人表示不公平吗？＝村民知道这个时期的用费很多，所以没有抱怨。

什么时候公示呢？＝每年一次，在阴历年底。

土地陈报

应答者　潘树铭（历城县土地陈报处主任）

【民国二十五年的土地陈报】土地陈报是什么时候开始的呢？＝在民国二十五年试办过，遭遇了事变之后全部取消了。

历城县之前实行时的文件还有吗？＝没有。

【本次土地陈报的开始】这次开始是什么时候？＝今年 9 月 21 日开始在历城县的土地陈报处开设的。

山东全省一起开始吗？＝在作为试办县的历城、滋阳、淮县的三县实施，由成绩决定是否向周边推进。

【陈报处的组织】陈报处的组织是？＝在本部的省公署建立土地陈报处，省长兼当处长，之下设立督查主任、总务主任、设计主任。

这个县有以下的组织办法？＝

【资料 15】　山东省土地陈报办事处组织办法

> 本办法依据山东省办理土地陈报章程第六条之规定竝参实际情形订定之
>
> 办理土地陈报之县份县及乡镇土地陈报办事处之组织系依本办法之规定
>
> 县办事处设于县公署内（以下简称办事处）
>
> 县办事处设处长一人由县知事兼任总理全县一切土地陈报事务秘书二人由县署秘书及财政科长兼任秉承处长协助办理全县陈报事务主任一人由省派指导主兼任秉承处长主持全县陈报事务员设计指导之责指导员若干人由省任指导员充任秉承处长主任办理全县陈报事务助理员二人由县署科员兼任分别办理文牍会计庶务等事务
>
> 县办事处设襄助委员五人至七人建设教育科长警察所长为当然委员由处长延聘各法团领袖地方公正士绅充任之
>
> 县办事处设督察员若干人由区长兼任督催各该区陈报事务
>
> 县办事处得酌用雇员二人至三人专司缮写文件竝视事务繁简得雇佣勤务一人或二人
>
> 乡镇办事处设于乡镇公所内
>
> 乡镇办事处设主任一人由乡镇长兼任综理全乡镇一切陈报事务干事二人至四人由主任遴选精干人员转请县办事处委用承主任之命办理全乡镇陈情事务
>
> 乡镇办事处为加强陈报效率应以村为单位分组进行其组长组员由主任就各保甲长中分别遴选转请县办事处委用
>
> 乡镇办事处设助理员若干人承主任之命办理全乡镇陈报事务其人选应

由主任就各小学校长教员中遴选转请县陈报处委用之

县及乡镇陈报处经费概算书另订之

县及乡镇陈报处应由处长（县知事）依据本办法酌地方情形拟定办事细则呈由省处核准施行。

本办法如有未尽事宜得随时呈请修正之

本办法经省政会议议决后施行[1]

现在历城县陈报处的人员有？＝如下所示。

处长一人县知事兼任

秘书二人由县署秘书兼任

主任一人由省派指导主任充任

【陈报处人员】

处长一人县知事兼任

秘书二人由县署秘书兼任

主任一人由省派指导主任充任

指导员十人由省派

助理员二人由财、建两科人员兼任

雇员　二人　由处备用

从省里派遣的人员是在土地事务或土地陈报方面有经验的人吗？＝去年考取的人员在行政人员训练所接受了4个月的训练。

这些人员都是本县出身的吗？＝有本县的，也有邻县的。

【陈报处的经费】经费是从哪里出的呢？＝现在省里补助费每月支付1546元。

【陈报处的业务】用来做什么样的工作呢？＝除去每月员工的工资几乎就没有什么剩余了。

那样不就是没有办法进行工作了吗？＝现在处于准备时期，不需要钱。随着工作的推进，虽然需要印刷费、测量费等一定的经费，但是实际上工作都是分派给各个乡来做，不需要很多钱。

现在做的工作是什么？＝召集村中的乡长、庄长、学校校长等，说明陈报实施的要领，致力于宣传工作。

各乡的组织已经成立了吗？＝还有几处没有，因为才刚开办不久。

【陈报的规定及格式】和调查相关的规定格式已经确定了吗？＝作为基本章程的土地陈报章程、业户陈报须知、土地编查办法等已经确定，随时可以开始使用。

想要看一下那些章程？＝正如下面的纸（省略印刷）。

农民并不因为陈报而开心吧？＝因为黑地全部被发掘，所以不开心，并且等到开始也需要费时间。

---

〔1〕 译者注：此处为资料内容，所以保持原文文字结构。

最先着手的事情是什么？＝调查丘块数，这是由各个业户向乡办事处报告，然后由各乡办事处归纳。

有这个调查表的样式吗？＝如下所示。

【资料 16】土地陈报调查表样式

		业户姓名	历城县　　区　　镇乡　村庄　业户丘块数目调查统计表
田地宅房丘所	丘块数目		
		业户姓名	
田地宅房丘所	丘块数目		

本表填写说明

一、业户姓名栏内应填业户真实姓名不得代以某堂某记或别号且一业户只限一名更不得有两个以上之户名

一、丘块一栏应填各业户实有丘块

一、二人以上共有土地应以管理人名义另立户名不得与一人私有之土地混淆

一、外县户地由各庄办事人员按照履勘单查算后送乡镇办事处填入

一、此表每张填五十户

【土地测量】丘块地是什么样子的呢？＝是指一块的土地，比如把地券面 10 亩土地分成两部分，就变为了二丘。

丘数"报少"也不会被发现吗？＝会来测量，所以肯定会被发现。

用什么来测量呢？＝就用皮尺测量，不用其他复杂的机械。

各乡的土地由各乡来测量，这样不会造成腐败吗？＝有严格的监督机制。

【陈报和里书】在陈报中需要利用里书吗？＝都不利用里书，拥有的底札也不用，原因是里书的底札只是关于有粮地的，而且也不正确。

但是可以明确有粮地也会带来便利呢？＝里书只是过去过拨以账簿上的丘为基本进行

的，并不知道实际的土地状况，并且关于无粮土地一点头绪也没有。

和市公署的关系整理出来了吗？＝市公署已经结束了编入区域的陈报，只是剩下了钱粮的划分。在市公署也不会利用里书，关于钱粮的整理是由市公署管辖，不需要里书。

【陈报结束后的过拨】陈报结束后在几处需要过拨呢？＝县公署直接做的事情。

【陈报的影响】那么人们觉得现在的里书制度给他们的生活带来不便了吗？＝有的话由各乡代办。江西、江苏方面还存留着过去实施的计划，以此为基础来展开。

还留有具体的办法吗？＝留有。

在实施陈报时会和民众起摩擦吗？＝直接考虑到民众的负担，应该不会不开心吧。

在民国二十五年实施时，有留下真实成绩的县吗？＝各个县都没有留下，可能在乡办事处有留下，至今还没有进行调查。

（注）土地陈报章程、土地陈报办法、业户陈报须知等没有印刷。

1941 年 10—11 月

（华北农村惯行调查资料第 47—2 辑）

赋税篇第 10—2 号　山东省历城县冷水沟庄
　　　　　　调查员　小沼正
　　　　　　翻　译　杨立勋

10 月 31 日

财政科的组织

应答者　王国政（办事员）
地　点　县公署

【**财政科科员和办事员**】王先生是何时开始这份工作的呢？＝民国二十八年。
最先想请问财政科的组织结构，关于这个有一览表吗？＝没有，如下所示。

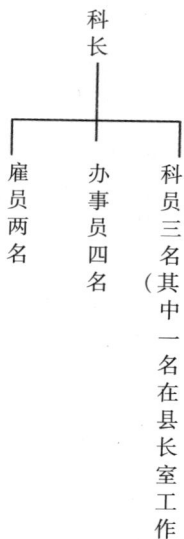

```
                        科
                        长
                        │
        ┌───────────────┼───────────────┐
        雇               办               科
        员               事               员
        两               员               三
        名               四               名
                        名               （
                                        其
                                        中
                                        一
                                        名
                                        在
                                        县
                                        长
                                        室
                                        工
                                        作
```

（注：雇员又称作书记）

关于工作的分配呢？＝如下所示（人名左面的数字是月工资）。

50 科员（陆剑奔）——主稿

50 科员（王乐堂）——主稿

50 科员（刘紫光）——不在此办公在县知事室阅公事

45 办事员（张俊杰）——卷宗、契税、杂税　民国二十七年赴任

55 办事员（王国政）——册报预决算

35 办事员（王振声）——册报稿件

40 办事员（张善宝）——稿件（现在被匪贼抓捕，生死不明）

张善宝先生在哪里被抓的呢？＝不知道，回他的故乡（历城县马家区）时被捕。

书记（张书年、张伯明）——缮写

80 科长（杨始祖）——批阅公事、主稿科内一切主要事务。

系统表中成为科长何嗣杰的专任秘书和掌管县款省款的人有什么区别吗？＝现在没有，是同一个人在做。

科员和办事员有什么区别吗？＝科员的工资比办事员稍微高一点，工作很多。

做办事员一定时间后可以转为科员吗？＝可以，科员和办事员都是由省公署任命的。

科员不是由省任命，办事员由县任命吗？＝办事员是由县长推荐，省公署任命的，也可以推荐科员。

推荐科员和办事员有什么区别吗？＝知事推荐有能力的人当科员。

有直接由省任命的办事员吗？＝有，在财政科没有，有直接在省里接受训练的。

科长是如何任命的呢？＝由县长向省推荐任命。

王国政的工资为什么比科员的还要高呢？＝他是在济南的山东省行政人员训练所财政班进行的训练，成绩第一，所以工资高。省公署的命令是前三名的月工资要高十元。

接受训练之前在哪里？＝之前是在学校（济南的齐光中学），毕业后工作了一段时间，然后接受了训练。

在哪里工作呢？＝在这，民国二十八年九月以后。

什么时候接受培训的？＝民国二十九年十一月去，三月中旬回来。

【征收处员一览表】有经征处的名册吗？＝这里没有，经征处有。　（参考盐见37页[1]）

【政务警一览表】有政务警的姓名一览表吗？＝有，省公署的命令应该到第三棚，按照历城县的惯例是到第四棚（参考盐见 303 页资料 13）

【包税人一览表】有包税人的一览表吗？＝有，稍后去找。

【预算表】想要看一下预算表和决算表？＝民国二十七年的，稍后去找。民国二十八

---

〔1〕　译者注：此页码指在日语原书中的页码。

年和民国二十九年的预算表，现在就可以看，三十年的被拿到了县公署，在会议上要使用。（参考盐见 315 页）

【资料 1】历城县公署组织系统表（1941 年 4 月）

县知事　何周天

注：治书嗣，是，杰现科，杨是现任何，长科杨是任何祖秘长

- 财政科长　何嗣杰
  - 刘料员　杨紫光
  - 杨科祖员　治
  - 陆科剑员　萃
  - 王办国事　振政员
  - 张书俊事　声员
  - 刘办宝员　山
  - 王通燕讯员
  - 张书伯记　明
  - 张书书记　善年
  - 唐事杰员　宝
  - 王办超事　远员
  - 蔡办关事　山
  - 廉科黄员　东
  - 高书江书孙记文记瑞记符
  - 高秘仁书甫
  - 英秘金书生
  - 鑫龙

- 建设科长　唐卓英
  - 电
  - 刘话所务员　张苗王农管文林子商鼎木大作义技作粱
  - 志话腾管学学事教理奎技良技术员
  - 员员　农业　刘宝导
  - 任合刘合李合明办事员宝指震员宏指
  - 李司井司刘家司候机司马机司家机厚机高高书
  - 延机继生成生甲　河生文生三生骏生

- 教育科长　芮吉忱
  - 吕视王视赵视勾学莳学员员员员员训员
  - 宋办有事　俊员
  - 王办寿事　祯
  - 徐书懋记　彰
  - 徐话桂话延员务员如员
  - 吴话月务　如员

- 宣传班长　杜天赖
  - 刘打夏宣吕料赵宣王宣字编宣承传篇传荫员饰员光员辑员员员
  - 吕社新子编历庸辑城员　报
  - 张书明记　德

11 月 1 日

征收处　里书

应答者　王国政（办事员）
地　点　县公署

【田赋股、推收股、契税股、杂税股】现在田赋股、推收股、契税股、杂税股有区别吗？＝有，之前契税股、杂税股一直是张先生负责，田赋税和推收股在征收处，今年10月开始有了变化，契税股、杂税股也转移到了征收处，刚刚改变的，所以没有移管。应该是要独立管理。[详见省令颁发设置征收处及县金库各项办法（1941年10月）]。虽然区别是从去年开始呈现的，但是没有实行。今年10月因为省公署的命令进行了改组。

田赋股和推收股在哪里呢？＝在征收处。

什么时候分开的呢？＝设立了征收处后。

田赋股是用来做什么的？＝征收田赋的一、二、三期。

推收股呢？＝造串票底册和粮户过拨。

粮柜和田赋股推收股是同一人吗？＝不是的，粮柜和田赋股是同样的。

粮柜有几个人？＝20人左右（确切是21人）

田赋股有几人？＝和粮柜相同，推收股、田赋股、契税股、杂税股都进行粮柜。

这样一来田赋股和推收股是同一人吗？＝工作共同分担。

这个名册中谁负责田赋股，谁负责推收股呢？＝还没有分。

什么时候分呢？＝现在这些人名还没有报到省里，到省里之后会分。

现在是谁拿来的里书名单呢？＝推收股的赵一衡。

他是里书吗？＝不是，是推收股。

在粮柜中特别区分了推收股吗？＝没有，他是临时做；在征收处很久了，所以他一人临时做推收股。

临时做契税股和杂税股的，像赵先生一样的还有其他人吗？＝财政科的张先生，如果分到那边就可以职责明确地分担了。

推收股的工作可以再具体一点说明吗？＝粮户过割和写入田赋的一期、二期、三期的串票。

【粮户过割】推收是什么呢？＝让粮户过割。

粮户过割是什么呢？＝买土地时，土地的主人收钱，买主收粮食，作为手续旧地主的名字要在推收股更改。

是买主还是卖主向推收股提出申请呢？＝都可以，大部分是买主。

那时需要交手续费吗？＝1亩1毛钱。

【底札、过拨册】农民向推收股申请时要记录在什么账簿中呢？＝记录在底札、过拨册上。

可以看一下吗？＝是由里书保管，大体上里书和推收股的工作是相同的，农民需要向里书递交，也需要向推收股递交，所以就交给里书了。里书是推收股的一部分，里书在村里，递交时不便。里书是没有工资的，底札、过拨册都由里书保管。

有不交给里书，而是直接交给推收股的情况吗？＝有，为了方便，有交给里书的，也有交给推收股的。

交给推收股有账簿吗？＝现在没有，交给县公署的非常少，一期、二期都是交给里书。不知道里书在哪里的情况下，去推收股，推收股会告知里书的所在地，并且命令里书处理，推收股不直接受理。

【里书】农民在推收股不能办理，必须找里书吗？＝不是里书不可以。

为了过拨而来推收股的农民，只打听里书的住所吗？＝即使农民去推收股，也只是找里书。

里书当中，有在征收处的人吗？＝有（参考 295 页[1]）

里书在征收处工作时在那可以过拨吗？＝可以，交给里书是最方便的方法，在街上如果遇到里书，也可以直接交给他。

在街中遇到的时候，没有拿着过拨册底札不会造成困扰吗？＝不会。

是买的人交给里书呢，还是卖的人交给里书呢？＝随便，但是大部分情况是买的人交。

如果买了所属乙里书的甲里书的土地，要向哪里申请呢？＝买的人向乙的里书递交，甲里书和乙里书再商量。

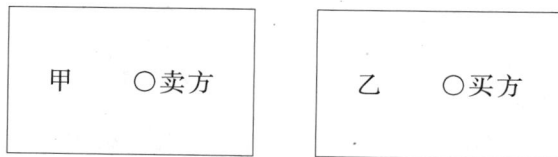

甲　　○卖方	乙　　○买方

买方需要交给甲里书吗？＝没有必要。

在乙里书中拥有土地的人又新在甲里书买了土地，要记载在哪个账簿呢？＝记在乙方的账簿中。例如购买了 3 亩地，从甲减 3 亩地，乙加 3 亩地。

冷水沟的人从其他地方购买了土地的情况呢？＝从那个远地方的里乡把土地减少，记入冷水沟里乡的底札。（这种情况下，如果里书不知道，就去找推收股。）

如果买了其他县的土地呢？＝县的土地由县公署管辖的区域，买其他县的土地的情况下，要向其他县交纳田赋。

---

[1]　译者注：此页码指在日语原书中的页码。

赋税的种类（尤其是和田赋有关的）

应答者　王乐堂（科员）、王国政（办事员）

【应答者的经历】王先生是何时来这里工作的呢？ = 1个月前。

之前在哪儿工作呢？ = 阳谷县。

在那里工作多久了呢？ = 2年。

事变之前呢？ = 阳谷县第三科，民国二十六年去的，当时何秘书在该县。

辞去工作之后呢？ = 在家里做生意。

【赋税的种类】山东都有一些什么样的税收呢？ = 不是非常清楚，县内的税是分为几类的。

你能讲讲这个县的情况吗？ = 田赋附捐，杂捐，公款，公产，省交付金，征收处补助费，杂项收入（串票费、契约价、推收费）、临时是第一期、第二期的田赋临时附捐。

有担当地方捐的吗？ = 有，在阳谷县。

先生是第三科的吧，和财政相关的不是第二科吗？ = 第二科是和财政相关；第二科是省款；第三科是地方款。

【田赋附捐】田赋附捐是指的什么？ = 全县所有地亩附捐。

田赋的比率是从过去就确定的吗？ = 是的。

是什么时候确定的呢？ = 不知道，大概是国民二十八年左右。

附捐带征4元，是什么时候确定的呢？ = 也是决定田赋的时候。

【漕米】漕米是什么？ = 第三期的田赋。

为什么和写的读音一样呢？ = 过去实行的，现在没有实行，从土地上取粮，由衙门收取。

漕米在过去是作为粮食收集的吗？ = 是的。

什么时候变为可以用钱替代呢？ = 我也不太清楚，很久之前了。

【田赋、田赋附捐】每两带征4元，每石带征6元，山东省全是这样的吗？ = 是的，不足的情况下临时附捐。

临时附捐是多少情况下决定呢？ = 没有定数。

赋捐有第一期、二期，没有第三期吗？ = 第三期是漕米，所以没有。

（以下是王国政先生的回答）

为什么没有第三期呢，比如每石多少元没有规定吗？ = 临时附捐不足的情况下收取，但是实际没有收取过。

第一期　　1两银子　　省税　4元

附捐　4元

临时附捐　1元

临时特别附捐 2元（附捐在第一期少量收取；第二期作为补收要收取不足额的90钱）

第二期　　1两银子　　省税　4元

附捐　4元

临时附捐   1.5 元

临时特别附捐 2.4 元

补征一期短征附捐   5 毛

补征一期特别附捐   4 毛

增设第二中队附捐   2 元

第三期   每石   正税   6 元

附捐   6 元

第一期的 1 两要 4 元，是什么时候决定的呢？ ＝由省公署决定，自成立省公署后。

第三期的漕米也是这样的吗？ ＝是的。

附捐也是这样吗？ ＝是的。

事变之后也没有变吗？ ＝没有变。

第一期和第二期交纳的粮户是一样的吗？ ＝是的。

第三期也是一样的吗？ ＝是的。

第一期和第二期交纳 1 两的人在第三期需要交纳多少？ ＝不知道，1 两可以换为 2 斗（里书李淑田氏说 1 两是 2 斗）。

如果按照这个，和地丁 51700 两相对 2 斗计算的话，就对不上漕米了，要怎么办？ ＝对不上，从过去开始每年就是里书决定的，不知道会发生什么样的变化。

地丁 51700 两和漕米 9906 石 8 斗，是什么时候决定的呢？ ＝很久之前。

民国之前也是这样吗？ ＝是的。

【临时附捐、临时特别附捐】临时附捐是从什么时候开始的？ ＝国民二十八、国民二十九、国民三十年都有，国民二十七年没有。

临时特别附捐是什么时候开始的呢？ ＝今年（民国三十年开始）。

是什么原因，怎么分配呢？ ＝因为不足，没有决定费途。

2 元 40 钱是如何决定的呢？ ＝预算后大约缺少 12 万元，分配地丁的 5 万两。

这个预算表是什么时候做的呢？ ＝国民二十九年年底。

知不知道当时临时附捐不够呢？ ＝最初预算时发现不足，就用这 20 万元作为临时附捐。

注：根据里书李淑田所述，田赋的计算法是民国二十九年田赋征册第二期和国民二十八年田赋征册第三期，以冷水沟的李心传为例，所有地是 14 亩 2 分 7 厘 6 毛；第二期是 2 元 8 分 2；第三期是 1 元 26。

第二期的 1 亩时多少钱？ ＝每亩银 7 分 291。

14 亩 2 分 7 厘 6 毛是几两呢？ ＝1 两零 4 分 1 厘（1 两是 13 亩 713）

漕米呢？ ＝68 亩是 1 石，按照银 1 两 4 元（二期是 2 元）计算，1 亩是 1 升 4 合 7，同理 14 亩 276 的算法是 1 升 4 合 7，按照亩数 1 石是 6 元，就是除以 6，1 元 2594 就约等于 1 元 26，过去银一两是 2 斗。

为什么要分为临时附捐和临时特别附捐，不能用前者统一替代吗？ ＝有省公署的制度在，所以不可以（省公署令发国民二十九年度概算方案一份以供参考）。

【杂税附捐】杂税是什么呢？＝历城县没有。

在模范地区工作月报上的杂税附捐是什么？＝省款的附加部分。

这不是杂税吗？＝不是的，因为有省款的附捐。

和省预算式程中的牲畜公益捐有什么区别吗？＝有区别，这个必须交到省公署。

杂税附捐是什么时候开始有的？＝很久之前就有了，事变之前就有。

杂税附捐率是多少？＝包商承包额的两成。

【公款】公款是什么？＝历城县没有，教育基金生息，原公产生息，本县没有。

【公产】公产是什么？＝在学田和公地有，历城没有，事变前非常少，没有人知道。

学田在哪里呢？＝分散在田舍里，教育科的话知道。

那个账簿也在教育科吗，收入也记录了吗？＝是的。

大概有多少呢？＝不知道，金额上大概是数百元左右。

【省补助费】省补助费是什么呢？＝省公署每月支付 1700 元。

这是什么性质的呢？＝是省公署来补充县公署的经费。

有补助多的县和补助少的县吗？＝有，一等县只有很少一部分。

一等县全相同吗？＝是的。

【临时摊款】去年预算足够吗？＝不清楚。

三十年呢？＝不知道。

今年呢？＝和预算大体上一样。

年底为了弥补不足会用临时摊款吗？＝必须要取得省公署的许可。

在历城县有吗？＝没有。

事变前是什么样子呢？＝不知道。

【省款】省款一年大概要多少？＝不知道，但是种类有：

田赋

杂税 ⎰ 牲畜
　　 ⎱ 屠宰 （油税当税在当县没有）
　　 　 牙税

契税

【征解费】这些解省的手续费是多少？＝田赋时 3%，契税是 8%，杂税是 5%。

这些也记了预算表吗？＝没有。

为什么没有记入呢？＝因为没有地方的收入。

因为田赋是固定的，所以就没有预算征解费吗？＝预算了，但是没有记入预算表，其他的县也是这样。

田赋的征解费大概是多少？＝7987 元。

这些怎么使用呢？＝征收处的笔墨纸账费（办公费），在民国三十一年就没有了（民国三十年十月，省里命令颁发有关设置征收处及县金库各项办法的参考）。

这是因为没有了征解税，就从省里另外拨发征收处的费用吗？＝不是，增加预算会成为农民的负担。

11 月 6 日

县会计处

应答者　王庆兆（会计处主任）、勾韫真（处员）
地　点　县公署

【县会计】什么时候开始从事这份职业的呢？＝今年的 1 月 18 日，和何县长一起来的。

之前在哪里工作呢？＝河北省博野县、新城县。

做了几年会计的工作呢？＝3 年。

这个县关于会计的工作都有什么呢？＝收入支出、账簿记入、工资的开支。

【收入】收入是从哪里来呢？＝大部分是从征收处来，田赋、契税、杂税等其他省外有补助费。

这样一来，大体上分为从县征收处而来和省里的补助费对吗？＝是的。

没有学田费吗？＝事变以来没有明确的调查，大体上看教育科的临时经费仅仅数百元。

这是要直接去教育科，还是通过这里呢？＝直接去教育科，然后来这里。

从其他科来的收入是没有的吗？＝没有。

【征收处的送交手续】每日征收处都会汇入吗？＝是的，每日。

从征收处到这里需要什么手续吗？＝征收处要带着交款簿来，交纳钱需要签字，财政科科长、县长共有两册，一次使用一册。

征收处带着现金和交款簿去时要怎么记录呢？＝省款要记在省款现金出纳簿（过去的流水账）和省款分类簿（总账）上，县款也是同样，省款的收入要全部送到省里，县款是从县收入的，由县支出。

征收处在其他地方有收入吗？＝没有，征收处拿着交款簿来时，要在金额上盖 历城县公署会计处章 月日中，只在这里写日期。在此之上盖 王兆庆印 或者 勾真韫印

10 月 11 日开始，征收处成为县金库，章变为 历城县公署县金库 ，成为领取的凭证。

【省补助费的领取手续】

省补助费，是如何进入的呢？＝使用被称作是请款凭单的四联。

除了凭单没有其他账簿吗？＝有县款收入分类簿和县款出纳簿。

省款交给省里，又要从省里领取，不会不方便吗？＝仅把属于收入部分的钱全部送往省里，一个月可以拿到 1700 元，这样更加清楚（明了并确实）一些。

【省款的送交手续】契税、牙税是从哪里送来的呢？＝从征收处送来，和交款簿上按

上一样的印来受取。

这里的省款是按一个月一次左右的比例送的吗？＝没有确定的时间，多的时候一个月有两三次的情况。

怎样送呢？＝缴款通知、四联。

谁拿着去呢？＝以县长的名义拿去。

从账簿上如何看出是省款呢？＝省款分类簿、省款出纳簿上记载着支出。

【征解费】例如契税的8%、公费从哪里减去呢，是在征收处还是会计处呢？＝在财政科。

征收处拿到会计那里时，有减去吗？＝没有。

8%是在哪里计算的呢？＝在这里计算，财政科有通知在这里计算。

是什么样的通知呢？＝写在送往省里的呈文上

财政科的田谁做的呢？＝没有确定。

送往省里时，省款中都要一一减去什么呢？＝契税8%，杂税、牙税8%，田赋3%。

在账簿上有吗？＝省款分类簿，省款出纳簿上有，因为杂税很少，所以还没有送。

【征收处的办公费】自己的办公费需要减去吗？＝不需要。

截至（十月一日）时，征收处应该没有工资，那办公费是从哪里得到的呢？＝得到田赋3%的6成。另外收契税8%的6成。

这在账簿上表现出来了吗？＝没有。

只需要交4成，那剩下的4成在哪里使用呢？＝也是作为征收处的办公费，账目在庶务那（？）剩下4成交给县长。因为物价很高，征收处的办公费不足时，由庶务支付。

收取这6成方面，有账簿吗？＝有收据。

对方有之前的差额吗？＝没有。

【县款的留存方法】县款向其他地方借出吗？＝县款清楚之后马上会消费掉，没有剩余。

在河北省顺义县大店预存县款，在此之后按比例取出，如果有急用的时候，可以先借出，这边可以吗？＝这边没有，事变之前在济南市有，银行也许是这样的。

学田和会计有什么关系呢？＝也不能说没有关系，经过教育科由会计收集。

这里和驻济办事处有什么关系吗？＝没有驻济办事处，有征收处分柜。

分柜要交纳多少税呢？＝没有定数，由附近的人收集。

【区、乡、庄补助费】由县给区、乡、庄补助费吗？＝根据提出的请求书来支付。

有一定金额吗？＝有，有预算表，在区、乡、镇有，庄没有。

一个月一次吗？＝一个月一次。

县里要监督庄费吗，比如庄摊款一亩不能超过的限制，有吗？＝由庄里呈报，没有限制，只要有理由，多少都可以。

【减免省款】有减免省款卖的情况吗？＝特别情况下会，非常少。

什么情况下可以减免呢？＝旱灾和水灾时。

在历城县有吗？＝这边也不知道有没有，仅仅是由会计简单地保管钱。

【资料 2】民国三十年（1941 年）十月份历城县财政一览表

县知事　　　　顾问　　　财政科长

省　税　收　入				县　支　出			
科　目	金额		备注	科目	金额		备注
三十年度田赋本月收入额	32577	49	2 期	省署补助费本月支出额	1700	00	
契　税	314	90	契税 208 元 90 纸价 6 元 00	建设科	1746	00	建设科 教育科
营 业 额				建设费	5940	50	
烟酒牌照税				教育科			
牲畜税	550	00	三十年度	教育费	5861	00	
屠宰税	1550	00	同	警察所	7698	50	
油税				警备队	18649	00	
牙税	285	00	三十年度 190 元 00	自治费	1714	00	
二十九年度田赋本月收入额				预备费	9910	14	
二十八年度田赋本月收入额				其他支出	18168	00	发过三十年 2 期田赋附捐款借
二十七年度田赋本月收入额				合 计	71387	14	
上月结转征存未解额	46399	21		结存额	20340	77	
其他收入							
合 计	79576	60					
本月解款额	39781	34					
县　收　入				省税收入说明			
上月不敷	35958	02					
三十年度田赋捐本月收入额	85259	39					

续表

省税收入			县支出		
科　目	金额	备注	科　目	金额	备注
杂税附捐	45	00			
公产收入			县收入说明		
公款收入					
学田收入					
其他收入					
省署补助费	1700	00			
省署临时补助费					
二十九年度田赋附捐本月收入额			县支出说明		
二十八年度田赋附捐本月收入额					
二十七年度田赋附捐本月收入额					
合　计	87000	39			

11 月 5 日

财政科的改革　田赋预借　勘灾民欠　契税　牲畜税的牙纪和包商

应答者　张俊杰（财政科办事员）

地　点　县公署

【应答者掌管的业务】你什么时候在这里工作的？＝事变之后，民国二十八年七月。

掌管契税是什么时候开始的呢？＝三四个月之前。

这之前是谁在做？＝宋有俊。

宋有俊现在在哪里？＝清平县。

这个人在这个县多久了？＝数月。

你来县里的时候，谁掌管契税呢？＝程玉泉。

你那时在做什么？＝在财政科管卷。张善宝从推收股来时，把管卷让给了他，到现在已经是 3 个月前的事情了。

在那之前你一直管卷吗？　＝是的。

现在你在做什么？　＝在财政科没有分配工作，大家一起做。

你拿着财政科卷宗的钥匙吗？　＝是的。

契税、杂税也是由你掌管的吗？　＝是的，谁都做的工作，但是我最熟悉。

从赴任以来，一直做契税和杂税的工作吗？　＝杂税之前不在财政科，如今的县长上任后才加入，之前有的是杂税股。

有契税股吗？　＝契税和杂税一起称作杂税股。

那个在哪里呢？　＝征收处。

你在征收处是什么时候开始工作的呢？　＝没有在那工作过。

杂税是由谁掌管的呢？　＝程玉泉。

只有一人吗？　＝还有张景木，一共 2 个人。

程玉泉现在在做什么？　＝在济南特务机关。

没有在济南市公署吗？　＝没有。

【应答者经历】在这工作之前是做什么工作的？　＝在清阳县的财政科工作。

出生是哪里的人呢？　＝历城县马家区高芦镇。

和张善宝是同族吗？　＝他是马家区清三的。

现在征收处的张玉宝和张善宝是兄弟吗？　＝不是的，他是东梧区的人。

你是几岁开始在县里工作的呢？　＝17 岁在清阳县财政科工作，一直到事变前。

事变结束后就开始在历城县工作了吗？　＝是的。

【交纳契税】首先关于契税的事情，农民会在什么时候交契税呢？　＝春秋二期，秋天的时候居多。

农民会在发生什么事情时交纳契税呢？　＝买卖土地和典地的时候，房子也是，田房买典契税。

买卖时哪一方来交纳呢？　＝买方。

卖方需要交纳吗？　＝不需要。

买方需要交到哪里呢？　＝交到财政科。

农民直接交到财政科吗？　＝直接交。

什么时候直接拿来交呢？　＝现在的县长来之后变成了这样，之前是直接交给杂税股。

【杂税股、推收股】杂税股和粮柜不一样吗？　＝不一样，杂税股和粮柜没有关系，推收股和粮柜有关。

有什么样的关系呢？　＝粮柜的串票和征册由推收股负责。

推收股有几个人呢？　＝不定，大概 2 个人。

那 2 个人是谁？　＝赵一衡，沈百魁。

【田赋股】之前在征收处，除推收股和杂税股之外，还有其他什么呢？　＝田赋股。

田赋股和粮柜一样吗？　＝一样。

田赋股有几个人呢？　＝10 个人。

征收处的主任是从哪个股出身的呢？＝田赋股。

征收处是什么时候成为这样的三股形式的呢？＝民国就有，有的地方没有实行，历城很早就开始了。清阳还没有。

【事变前的财政科】事变前的清阳县财政科是什么形式的呢？＝最初实行的状况如下（民国十七年上任，现年 30 岁）。

財政科
- 户南科（房）
- 户北科（房）
- 户卫房（科）
- 户杂科（房）
- 东户粮房
- 西户粮房
- 监科（监房）
- 库房（库科）

这个总称叫什么呢？＝财政科，事变前叫第一科、第二科，财政科是第二科。

第一科呢？＝总务科（民政科）。

第三科呢？＝财政管理局，后来变为了第三科，来管理地方款。

你在哪个科呢？＝我去的时候已经叫第二科了，之前叫财政科。

第三科没有在财政科之内吗？＝没有。

里面有会计吗？＝会计是独立的，被称作“账房”，变为第二科后称为“会计”。

在这里面有征收处吗？＝上述的有户的都是征收处。

粮柜呢？＝粮柜和征收处一样。

【科房】你能解释一下下面 8 个有“户”的词吗？＝户南科是地丁，户北科是漕米，户卫房是卫粮（在历城县也有卫粮），户杂科是杂税（牲、屠、油、牙、当），户粮房是根据契税推收分为东西（推收是指过拨）。

契税和推收是一起进行的吗？＝是的。

推收不是里书做的工作吗？＝是里书，是在粮房进行“过拨”（即推收）。

里书需要契税吗？＝里书兼任税契。

户粮房、户南科等全在县公署吗？＝就像现在一样。

河北省的户房在县公署之外，这里是什么样子的呢？＝户杂科、户卫房、户南科、户北科都在县公署之外。

全都是在县署之外吗？＝全部都在公署之外，只是户粮房不能完全进入公署之内，一部分在外面。

是什么时候进入公署的呢？＝现在的名称是赋税征收处，在事变之前分开的。

县公署的结构决定了有六房的地点，以上是包含在六房之内的吗？＝包含，六房是历户礼兵刑工，并且仓房包含于六房中的户房。仓房是属于公署的，又是户粮房的一部分，库房、盐科都在署内。

盐科是？＝盐务相关事宜，现在已经没有了，以前盐店有事时就在盐科办理。

盐科和盐店是一样的吗？　=不是一样的，盐科是县公署的一部分。

库房呢？　=在仓库保存县公署的物品。

存钱是放在这里吗？　=不是，会计储藏起来，县地方的钱由第三科交纳。

县地方款的钱也由第三科交纳吗？　=在第三科有县金库，所以交纳与此。

现金库是什么？　=在第三科里面。

【县款的借出】去河北县城大一点的店或者是银行时，要带着钱去吗？　=有第三科的县款外借的情况，借出时有利息，利息会成为县地方的钱存起来。

要去哪里借款呢？　=谁都可以借，但是借的时候需要抵押品。

【省款的送达】省款是不能借的吗？　=几乎没有剩余。

省款没有剩余，是为什么？　=有了省款会立即送到省里。

现在省款是几天送几次呢？　=一个月一次，收了很多的时候，不论多少都要送到省里去，由会计送。

会计是自己拿着送吗？　=是的。

现在地方款放在哪里呢？　=现在和省款一起放在会计那里。

【省的垫借】省里没有钱了，提前借可以吗？　=可以，叫作垫借。

今年也有吗？　=没有。

去年呢？　=因为是临时的事情，去年也没有，之前有这样的情况，急用的情况下没有收集到钱时，可以到县里借。

【县的预借】县里的资金不够可以到区里去借吗？　=现在又叫预借的，很多是必要的时候预借田赋。

今年有吗？　=有，借了第二期的田赋。

什么时候借的呢？　=开征前，八月份。

借了多少呢？　=具体记不清楚了，数万元。

【预借的分配方法】这种情况下需要开县政会议吗？　=会议区长也会来，赞成的话就可以实施。

要怎么分数万元呢？　=按照区的大小和田赋的多少进行区分，开会的时候按照银粮分配，每次的标准都不一样。

这是从区到乡吗？　=是的。

去那个乡时，从乡到庄的比率是一定的吗？　=根据庄的不同而不同，没有比率，按照当时的地亩进行分配。

在庄公所收集后带到哪里去呢？　=带到乡、区、县。

拿到县的哪里呢？　=县的征收处，田赋以外的摊款交给会计。

田赋预借要带到哪里呢？　=征收处。

【县摊款】田赋以外的摊款有什么呢？　=没有确定的。

今年呢？　=没有，今年有关于慰灵祭的摊款。

去年呢？　=没有。

去年不是有三十万元的摊款吗？　=不知道。

前年呢？＝没有。

田赋临时附捐，临时特别附捐等在年底不足的时候，需要摊款吗？＝有这样的情况，以追加预算的形式向省公署报告。

去年有吗？＝不敷开支，忘记多少钱了。

前年呢？＝有，一直是持续的，今年应该也有。

【预借田赋的返还方法】预借田赋在今年有，去年呢？＝应该是每年都有的吧。

预借是田赋到的时候返还吗？＝返还。

征收处向哪里返还呢？＝交纳田赋的时候以预借为收据证明，由交纳田赋的人负担。

预借时收据都是农民自己拿着吗？＝收据在庄长或者乡长那里，交纳田赋时，收据和现金一样，仅把不足的部分现金交纳到县里。

庄长或者乡长一人交纳收据的金额，其他人也是吗？＝仅仅是庄的田赋，没有那么多，庄长或者其他让地方交纳，多的情况下分为两次或者三次交纳就可以。

【庄长或地方的田赋代纳】田赋由庄长或者地方代收的情况很多吗？＝很多。

第二期漕米也是这样吗？＝全部都是这样的。

【田赋减免】田赋有减免的情况吗？＝有，但是非常少，事变以来有过几次，铁道两侧沟的田赋不需要交。

警备道路呢？＝可以有警备道路、汽车道路，但是现在没有减免，后面有发价的预定，以后减免。

【勘灾、缓征】有叫勘灾的吗？＝有，但是很难，就用缓征来代替。

缓征是什么呢？＝第一期没有交纳，延长到第二期，或者今年的田赋延长到来年。

那时必须去县里看吗？＝去，要自己去。

今年有吗？＝有两次，马家区、张马区。

广阔的地域吗？＝马家区全区没有缓征，或者没能缓征。全部旱灾都很严重，所以没能缓征。

【缓征和赈济】怎么了？＝赈济了。

有什么样的赈济呢？＝在县公署买了粮食，再分往各村。

田赋已经免除了吗？＝没有收成田赋，也没有免除缓征，免除很少也没有收获，有时不收田赋，缓征今年没有收，明年一定会征收。

没有缓征带三年一说吗？＝全是一年。

这个时候有实行缓征吗？＝没有。

先生两次去时没有缓征吗？＝没有，从张马区到省公署提出了缓征的请求，因为有这个命令，去看过之后有一些收获，没有被允许。

【民欠】民欠是什么呢？＝死亡逃绝后不能交纳田赋。

历城县有很多吗？＝事变之前没有基本部没有民欠，但是后来很多，因为匪贼很多。

历城县的民欠也很多吗？＝很多，大概两三成。

这样的民欠不送往省里，省里不会麻烦吗？＝从省到县有催促，但是民国二十七年还是有民欠。

民国二十七年以前的民缺还有吗？ ＝没有了。

这之前的怎么办？ ＝全部取消了。

免除了民国二十七年以后的民欠吗？ ＝没有。

王克敏成为委员长有免除过吗？ ＝没有。

民欠向省如何报告呢？ ＝弄清楚田赋和民欠的多少报告。

现在有收集民国二十七年民欠的人吗？ ＝有。

因为死亡或者逃绝而成为无主地的庄要怎么办呢？ ＝由庄长管理。

田赋是由谁支付呢？ ＝民欠。

不是由庄长代理交纳吗？ ＝不是。

庄长交纳时要算庄公所的土地吗？ ＝一直有人耕种无主土地，在账簿上记载的姓名也可能有错误。

【死亡逃绝】这样的被称为什么呢？ ＝死亡逃绝。

基本都会变成这样吗？ ＝是的。

但是庄长知道这个吧？ ＝知道。

这样一来，庄长会让村里的人耕种，使其成为村里的收益吗？ ＝不会，不知道土地地主的真实姓名。

例如在冷水沟前年匪贼来时，有一人逃亡，那个人的土地要怎样处理呢？ ＝这种情况会马上弄清楚，死亡逃亡从过去开始，就必须彻底调查。

这种情况下由谁管理呢？ ＝有由庄长管理的情况，如今马上会发现，变为庄的公有地。

【庄公有地】庄公有地大概都是在庄里吗？ ＝作为公产的庄公费使用。

这样的土地大概都是租地吗？ ＝是的。

大概都是村里的人吗？ ＝是庄里的穷人。

这样的情况下，会让一个人做很久吗，一年后会更换吗？ ＝连续每年都做。

【契税金额】今年的契税金额是多少？ ＝10000 余元。

向省里交的呢？ ＝每月送一次，送的金额在这里的卷宗中，是由会计送的。

去年大概是多少呢？ ＝是由杂税股做的，不太清楚。

因为不方便，有整体写共送去多少的情况吗？ ＝没有。

去年一年的决算书没有吗？ ＝周县长的时候完全没有，帅县长的时候大体上放弃整顿，现在也没有。

【契税费用】契税要多少呢？ ＝卖 100 元需要 6 元的契税，典 100 元需要 3 元。

其他还有什么呢？ ＝契约一枚 50 钱的纸钱。

其他呢？ ＝一枚 10 钱的契约纸钱。

其他呢？ ＝没有。

印花纸税？ ＝现在还没有实行。

【契税的负担者】这些全是由买方还是卖方负担呢？ ＝买方。

和卖方没有关系吗？ ＝没有。

典时谁来做呢？ ＝典地的人，"归典地人"。

和出典者没有关系吗？ ＝没有。

在河北有三分之一由出典者收的情况，在这里有这种情况吗？ ＝这里没有。

【送交契税到省】收集的契税要向省里送多少呢？ ＝在县公署留 8％，其余的送到省里。

在县里留的称作什么？ ＝办公费。

这个要如何使用呢？ ＝手续费。

在杂税股的时期，杂税股仅仅只使用这个吗？ ＝是的。

现在呢？ ＝县长使用。

这之外县里没有剩下吗？ ＝没有。

【溢征提奖】在县里有定额，超过定额的情况下，县里可以留下更多的钱吗？ ＝不可以。

在河北省有溢征提奖，在这里没有吗？ ＝超过定额会有。

这里的定额是多少呢？ ＝不知道，有规定，但是没有实行。

溢征提奖是什么比例呢？ ＝不知道。

在杂税里有吗？ ＝仅仅是在公费中有吧。

田赋中有溢征提奖吗？ ＝有，但是卖之后没有。

大概多少呢？ ＝不知道。

在山东省实行了吗？ ＝实行了，但是历城县没有，没有超过定额的情况，也不知道其他县的情况，但是以省为单位实行。

农民如果立契后必须交纳契税吗？ ＝必须交纳。

【过拨和税契】过拨和契税哪个要先交呢？ ＝过拨。

为什么呢？ ＝过拨时交给里书，里书拿着推收册去推收股。然后推收股制作传票，催促契税，但是在传票来之前，农民会马上交纳契税。

是由里书拿着推收册交到县里吗？ ＝里书会在春秋二期时，去村里过拨后，记载在推收册上带到县里去。

里书去村里是春秋两次还是一次呢？ ＝有去一次，也有去两次的，管理的村过拨多时就去两次，少时就去一次。

这样一来，拿着推收册去县里的时期也是固定的吗？ ＝里书去村里回来后去县里，时间不是固定的。

农民中有仅仅过拨但不交税契的吗？ ＝有。

交契税的多，还是不交契税的多呢？ ＝交契税的人多，不交的人也有很多。

让人感到不可思议的是，在河北等地不交契税的人很多。如果那样的话，尽管全部不交也可以，为什么还是交的人多？ ＝粮户使用老名，这之后不知道买方在里书的底册中的比例会很困扰。有知识的人大概都会交税，交税后再发生什么问题时会有作用。

【契税的效果】交契税会有什么效果呢？ ＝打官司的情况下、地基不清的情况下有作用。

不交契税会受到什么样的惩罚呢？ =虽然有规定，但是没有实行。

【资料3】中华民国三十年三月呈解各月份房契税卷财税字第三号

中华民国三十年三月呈解各月份田房契税卷财字第三号　　　　　　　　　　单位：元

三十年	买契税	同办公费	契数	契纸价	典契税	同办公费	契数	契纸价
一月	127440	10195	97	4850	5475	438	4	200
二月	235761	18861	217	10850	255	20	1	50
三月	201201	16095	214	10700				
四月	166184	13295	110	55				
五月	55969	4478	45	225				
六月	144055	11524	135	675				
六月起	930610	74449			5730	458		
七月	525	42	33	1650				
八月	5352	428	5	25				
九月	8538	683	12	6				

　　什么样的人来交税契，有引起打官司的时候吗？ =也有这样的事情，投税来的原因并不知道，就算是假契也不知道真假，发生事件后再进行调查。何科长在济南买房时也投税了。

　　典的契税会来吗？ =来。

　　一个月有多少典呢？ =正月和二月稍微有一点，做典契的人很多，没有税契的人。

　　为什么呢？ =典地仅仅是2、3年的契约，没有必要契税。

　　时间长的典需要税契吗？ =就算很长，5年也不需要税契，时长为15年左右的就不一样，税契是随便的。

　　【牲畜税】历城县的包税有什么样的种类呢？ =牲畜、屠宰、牙税三种。

　　牲畜税是什么呢？ =牲畜买卖的税。

　　需要纳税的牲口是什么呢？ =驴、马、牛、羊、猪。

　　牲畜税的税率是多少？ =买卖2%，和屠宰一起，没有附加。

　　是买方付还是卖方付呢？ =不一定，看买时的情况。

　　这附近有牲畜税的情况是在哪里呢？ =王舍人庄（在东头儿）、大辛庄、坝子屯。

　　【牙纪】王舍人庄的牙纪是谁呢？ =韩大有。有人不知道韩大有的名字，由庄长穆志刚代办。韩大有一人不能完成，应该需要几人辅助，具体情况不清楚。

　　韩大有叫作什么呢？ =牙纪，也可以叫作经纪。

　　【包商】是叫作包商吗？ =包商包括牲畜税和屠宰税，韩大有不是包商。

王舍人庄的牲畜包商是谁？ ＝刘心齐。

【牙纪和包商】韩大有和刘心齐的工作有什么不一样吗？ ＝韩大有负责过秤、过斗及牲畜的买卖，刘心齐向屠宰后的人和买牲畜的人收税。

刘心齐要去市里中介吗？ ＝刘不去，韩大有去。

韩大有和刘心齐是什么关系？ ＝没有关系，韩大有是收佣金的，刘心齐从买方收钱。

以韩大有为中介买后，需要去刘心齐那里交税吗？ ＝是的。

用500元买牛的话，韩大有的佣金是多少？ ＝2%的10元。

这个人要交给刘心齐多少钱？ ＝2%的10元。

这样一来一共需要交4%吗？ ＝是的，根据买时牛的价格来定。

给韩大有是必须要2%还是不一定？ ＝不一定，视情况而定，也有不交纳的时候。

大体是要交纳多少？ ＝不知道。

交给刘心齐的税已经定了吗？ ＝定了，2%。牲畜市的附近有设置，买的人去交税。

代替牙纪的韩大有去设置点交牙税吗？ ＝这样也可以。

哪样多一点呢？ ＝不知道。

11月7日

牲畜税　屠宰税　斗秤牙税　包商牙纪的选定　诸种的行

应答者　张俊杰（县财政科办事员）

地　点　县公署

【佣金——牲畜税】牲畜的买卖一定要以牙纪为中介吗？ ＝是的。

包商不做中介吗？ ＝不做。

买卖人谁必须给谁钱呢？ ＝一头牛、一头驴马的钱数都有规定，买卖人向牙纪支付，叫作"佣金"。

买卖人要交包税吗？ ＝交纳"牲畜税"，按一头牛和一头驴马多少钱。

那个比率在卷宗里面吗？ ＝第五十九号，在省公署令发牲屠油牙当各项杂项章则卷（民国二十七年六月二十三日第六十八次会议通过）（参考资料集）。

【牙税】在此之前是2%吗？ ＝这是牙税，买卖人经过牙纪时需要交纳。

现在还在实行吗？ ＝在实行。

这样一来，之前的话很奇怪吗？ ＝佣金是买卖价的2%，税金是按一头的价格计算。

佣金是买方出还是卖方出呢？ ＝卖方的价格低的情况下，卖方出，买方价格低时买方出。

谁交税呢？ ＝买方。

【喂养费】这个必须是买方交吗？ ＝买方出喂养费（畜养税），是按饲养一匹牲畜需要的费用。

喂养税是什么呢？＝牲口畜养税，也就是牲畜税。

喂养费是农民的语言吗？＝是农民说的，买牲畜时需要交。

农民喂养牲畜的费用称作喂养费吗？＝是的。

农民需要给牙纪佣金，然后去包商的设置点交税吗？＝牙纪的买卖佣金和包商的税另外算，所以另外交。

那样会很麻烦，所以牙纪的佣金和税一起交可以吗？＝买方和牙纪很熟的情况下，加上如果牙纪和包商也很熟，就可以一起交，但是不熟的情况下需要分开交。

在王舍人庄是什么情况呢？＝是分开的，韩大有和刘心齐是分开交的。

【屠户】屠户在哪个村里呢？＝不一定。

在冷水沟有吗？＝不知道。

王舍人庄呢？＝宰猪的有，没有宰牛的。

屠户要做什么样的事情呢？＝屠户买来猪杀掉后卖肉。

【屠宰包商】屠宰的包商要做什么呢？＝包商是和县公署商量之后，出一定金额的钱，另外监察屠户杀了猪的数量。

在王舍庄人有包商吗？＝有，和牲畜一起由刘心齐负责。

屠户要去刘心齐那里交屠宰税吗？＝民国二十九年七月一日到民国三十年二月末时交。

每月一次吗？＝这个就不知道了。

交到刘心齐家还是集市的设置点呢？＝不知道。

【分包】正月等猪很多杀猪时，包商会去屠户家收税吗？＝不知道，我觉得应该是屠户分包后交纳一年的定额吧。

有按分包和按匹两种方法的吗？＝没有，都是分包。

【刀钱】屠户杀一匹猪可以挣多少钱呢？＝不知道。

请屠户在正月或者葬礼时杀猪吗？＝会。

那种情况下会用什么来当礼金呢？＝有用刀钱的，但也不一定，不让不熟悉人做，也有很少刀钱做的情况。

不用刀钱，用物品来当礼金的情况有吗？＝猪毛、猪鬃都可以，不是屠户也可以宰猪，不用给这样的人礼。

给屠户的礼金一般是固定的吗？＝出钱，或者是请吃饭。

必须去毛，或者去鬃，是固定的吗？＝没有固定。

在这之外需要交纳屠宰税吗？＝这个不是很清楚，但是葬礼和婚礼的时候不用交税吧。

不是这样的情况呢？＝在街中卖时需要。

只有屠户能在街中卖吗？＝拿着屠户杀好之后的去卖也可以。

去卖的人需要交税吗？＝卖的人不需要，杀的时候交税。但是不是屠户很少拿去卖。

通常的人把礼钱和税钱分开，然后杀了不去卖吗？＝因为杀猪是有必要才杀的，因为要面子，屠户不收。

屠户把肉拿到市上去卖，其他的毛或者小肠之类的要如何处理呢？＝毛或鬃作为自己的东西去其他行卖。

行是什么？＝作为经纪，仅仅收集鬃，寻找买方。

【秤行】斗称牙税是什么？＝过斗、过秤。在王舍人庄由韩大有经营，有秤行、斗行、牙行三种。

秤行是什么？＝和称物品相关的中介，白菜、柴火、大葱、葡萄、梨、粟、地瓜（甘薯）、花生（和柿完全不一样）。这些经过官秤秤行，其他人不能测量。

测量的手续费要多少？＝手续费是2%。

税呢？＝没有税，只有佣金。

这是由韩大有负责吗？＝有时会，没有决定。

由韩大有负责时，佣金之外需要其他礼品吗？＝不需要。

在韩大有负责时，按个数决定的人有吗？＝没有，这是市的情况，不是太清楚，只是听说。

是韩大有决定价格，还是买卖人直接决定价格呢？＝直接决定的情况多一些。

【斗行】斗行是什么？＝是粮食买卖的中介，高粱、豆子、穀子、稷子、黍子、玉蜀黍等。

这是用官斗来测量的吗？＝韩大有来测量。

他人不能测量吗？＝不能。

测量的手续费是多少呢？＝取一斗粮食溢出的部分作为手续费。

溢出的部分称作什么呢？＝没有命名。

是韩大有来决定价格吗？＝不是。

谁决定呢？＝根据市值，直接由买方和卖方确认。

韩大有没有确定过吗？＝没有。

【牙行】牙行是什么？＝牲畜买卖的中介。

这也是由韩大有负责吗？＝是的。

韩大有是一个人吗？＝忙的时候有多人帮忙，人数没有确定。

在王舍人庄秤行、斗行、牙行是在庄公所进行吗？＝因为事变后没有去，从区公所到庄公所指定的庄公所管理。

韩大有是庄公所的使役，还是地方呢？＝不知道。

韩大有是实在的人物吗？＝庄长是穆志刚，不知道韩大有这个人。

王舍庄人的地方是谁？＝韩玉成。

这样一来韩玉成就是韩大有了吗？＝在韩大有的名义下，谁去做是自由的。

王舍庄人的集市佣金是从哪里来的呢？＝他们互相商量决定的。

这个在民国二十七年决定的秤斗牙行和现在的一样吗？＝是一样的。

这个民国二十八年、民国二十九年呢？＝都是现在实行的，这些是一旦决定继续五年。

【五年证费】五年证费是什么呢？＝牙行在五年间证明书（牙帖）的费用。

这需要一次交纳吗？＝一次，包时交纳。

【每年牙税】 每年牙税是什么呢？ ＝每年必须交纳的税收。

这是省税吗？ ＝省税，帖税也是省税。

附加税呢？ ＝牙税的 20％，作为牙税之外交纳，即牙税是 100 元的情况下 20 元。

除此之外还有吗？ ＝没有了。

是由县制作帖，还是省制作呢？ ＝虽然在县里，但是不收取纸钱。

牙税是什么时候交纳呢？ ＝两次，春和秋两期，日期不确定。

本县交纳的成绩好吗？ ＝现在很好。

去年呢？ ＝没有今年好。

去年的牙税交到省里了吗？ ＝交到了。

前年的交了吗？ ＝交了。

【牲畜税包商的编审】 牲畜税有五年一交的说法吗？ ＝是一年（根据省令）。根据省令，特别是从民国二十九年七月到今年年底的一年半。

那个结束后怎么办呢？ ＝另行编审，但是民国二十九年的是根据省令，为了结束年度特别的一年半。

民国二十八年是一年吗？ ＝从民国二十七年七月到民国二十八年六月为止。

民国三十一年开始这样的包商要持续几年呢？ ＝以前是一年一次，之后怎么样不知道。

一年税款或者是一年半税款，什么时候交纳呢？ ＝分为民国二十九年下忙、民国三十年上忙、民国三十年下忙。

牲畜、屠宰没有证费吗？ ＝没有。

有附加吗？ ＝没有。

全部送到省里吗？ ＝送到省里，但是留下 5％ 的公费（牙行也是一样）。

【课程】 课程是什么意思呢？ ＝有牙税，没有帖税，仅仅在省费中。

【包商、牙纪的选定】 包商和牙纪为什么由县里来决定呢？ ＝布告招商，并且投票。

向哪里布告呢？ ＝各乡。

应募者是在泽山集合吗？ ＝不是，近地方的人不会来投票。

远地方的区怎么办呢？ ＝远地方的人去最近的市里包。

那时会来县里一次吧？ ＝会的。

希望成为王舍人庄包商的有几人呢？ ＝有几人。

这几个人要怎么选呢？ ＝指定交税最多的人。

那时是投票呢，还是和县长商量呢？ ＝在会议处投票。

最近是什么时候有呢？ ＝没有。

到今天为止一直是怎样做的呢？ ＝没有税务时叫来庄公所的庄长，由庄长指定特别的人。

是庄长，不是乡长吗？ ＝乡长任命庄长。

和区长没有关系吗？ ＝虽然有关系，但是区和集市没有关系。

牲畜包商是大体牲畜买卖，有屠户吗？ ＝不知道。

什么样的种类的人很多呢？ ＝不知道。

非常有钱的人呢？ ＝财主不作，"殷实花户不做包商"。

为什么呢？ ＝是浪人做的事情，财主不会想去做，赚得钱太少，花费很大。

没有钱的情况下先不交牙税可以吗？ ＝由朋友出。

财主让在别处有能力的人包商，然后买后返还可以吗？ ＝有这样的情况，资本金是几个人收集交的。

王舍人庄的刘心齐是什么样的呢？ ＝不知道。

【鸡鸭鱼虾藕行】民国二十七年的秤斗牙行表中的鸡鸭鱼虾藕行指的是什么？ ＝不是在集里有秤行、斗行、牙行，是仅仅指定交易，在济南市。

这些物品一定要支付给李长林吗？ ＝因为有行纪，这些物品全是由这个人介绍的，需要交佣金，必须由这个人介绍，私卖是偷漏税。

【肥猪行】肥猪行是什么？ ＝如今已经回了济南市，买卖肥猪，是"养肥猪"。

【牛油骨行】牛油骨行指什么？ ＝牛行、牛油行、牛油骨行三种。

【花生果米行】花生果米行是什么？ ＝仅仅买卖落花生的果实。

【干鲜牛皮行】干鲜牛皮行是指？ ＝买卖从牛身上取下的新牛皮。

保甲费是什么？ ＝不知道，归秘书管。

11 月 14 日

分植的管辖区域　捐俸　田赋相关的计算方法　比卯　粮柜

应答者　曹酉山（征收处分植征收员及里书，但是保密自己是里书）
地　点　济南市历城县公署征收处
【应答者简历】你是什么时候开始做这个工作的？ ＝民国十年开始。

那时田赋的收集方法和现在有什么不一样呢？ ＝没有。

那时也是村民知道田赋后自己拿来吗？ ＝近地方的人各个拿来，远地方的人收集后拿来。

由谁收集呢？ ＝庄长或者区长。

地方呢？ ＝地方仅仅去催促。

里书呢？ ＝里书仅仅做征收册。

你的父亲也是从事这方面的工作吗？ ＝不是。

什么缘由让你从事这个工作呢？ ＝和买卖的学徒一样，进入这里进行学习。

【分柜管辖区域】在这里哪个区要处理呢？ ＝如下所示五个区域。

中宫区（终宫区）……仙台五、仙台六、仙台七、北保一及二

邵而区……仙台三（二册）

泉路区……仙台一、仙台二（二册）

洛口区……鹊华一、二、三、五、六、鹊华四

城里区……南保全一、闵孝一、东关一、南保一、三、四、五、孝字约、柔美约、和礼约（约全是合为一册）。

在这里面有在济南市有家的人吗？＝有。

在济南市的人在本区有土地，交到哪里呢？在张马区等地有土地的人如何呢？＝还是交纳到这里。

冷水沟等怎么样呢？＝那是在闵孝三，闵孝三全部都拿到那边。

这是什么时候开始有的呢？＝从事变之前开始。

历城县公署在现在的道公署和济南市分离之前也是吗？＝那时县公署成立了，县公署转移到的这里。

县公署是什么时候转移的呢？＝民国二十五年。

是什么原因呢？＝因为南方的人和城内的人去王舍人庄交纳都很远。

【分柜管辖亩数】在这里管辖的亩数全部是多少呢？＝王舍人庄的推收股知道，仅是征收额的话，看下面的账簿就会明白。

```
┌──────────────────────────────────┐
│  第　　　民　　　本　          │
│  二　　　国　　　年　          │
│  期　　　三　　　分　          │
│  田　　　十　　　　　          │
│  赋　　　年　　　　　          │
│  原　　　　　　　　　          │
│  额　　　月　　　　　          │
│  簿　　　　　　　　　          │
│  　　　　日　　　城　          │
│  　　　　　　　　柜　          │
└──────────────────────────────────┘
```

根据以上说法：

原额洋一万四千七百九十五元五角九分九厘

铁路洋一千三十三元三角三分二厘

捐俸洋七百十六元二角三分六厘

飞机场洋五十九元九角三分二厘

实征一万二千九百八十六元九分九厘

按照各区来分别

城里　共洋三千七百三十八元七角八分八厘

邵而区　共洋二千一百九十二元二角三分

泉路区　共洋二千七百四十六元二角五分三厘

洛口路　共洋四千二百四十六元三角二分四厘

中宫区　共洋一千八百四十七元四角三分二厘

【捐俸——免除田赋】下面原簿的捐俸项一页为例。

孝字约

52 王小圃	二元六角六分二	192 府司狱衙署	四角
梁捐义塚	三角三八	候审公所	九分
225 致德堂	六角三分	247 院前街道	
		加宽帖用	五角六分
274 蒋氏府学田地	一元九角	念慈堂李	九角四

（注：名称上的码字是征收簿的页数，所以与上述提问回答的顺序不同。）[1]

王小圃是什么？＝王小圃是人名，不交纳粮也可以，这里没有地主，是义地。不知道在哪里，从很久之前就是这样，公共地。

梁捐义塚呢？＝也是义地。

致德堂呢？＝也是义地。

蒋氏府学田地呢？＝蒋氏名下的学田地。

府司狱衙署呢？＝是衙门。

候审公所呢？＝衙门。

院前街道、加宽帖用呢？＝以前的道路扩展后免除了。院是韩主席所住的地方吧。

念慈堂李呢？＝现在变为了公共的土地，大概是姓李的人的土地吧。

现在呢？＝慈善公所，来帮助穷人，给去世的人买棺材等。

【田赋计算方法】例如看念慈堂李的征收簿，是 6 亩 4 分 4 厘 1，如何换算呢？＝一亩地是 7 分 2 厘 92，用 7 分 2 厘 92 乘以亩数是 4698，舍尾进一就成为了原簿的 4 角 4 分。这是因为一两银子是 4 元，4 元分为上忙和下忙，一次 2 元。

7292 是什么意思呢？＝一亩地银子的数量。

银子一两是几亩呢？＝13 亩 6 是银 0.992 两。

以什么为标准呢？＝这是里书做的，我们不清楚。土地的金银铜等区别算上，我们仅仅按照那个收费。

里书每年都换新的还是在旧账簿上使用呢？＝每年换新的。

那么里书知道的亩数要如何计算呢？＝用亩数乘以 7292。

【附捐计算方法】附捐是如何计算的呢？＝因为在写这个的时候还没有确定附捐，后来决定的所以在这里计算。今年第二期是每 1 元附加 2 元 9 毛 6 分 5。

【漕粮计算方法】漕粮的计算方法是什么呢？＝一亩地 1.47 升，按 6 石 1 元换算。

和这里有关系的里书有几人呢？＝这是推收股知道的。

例如这里的孝字约以下的各约和东关一的总计 13 顷 77 亩 9 分零 9 毫，要如何计算呢？＝乘以 7292 算出银数，即 100441，用这个数乘以 2 为 200882。

这对得上账簿的最初金额吗？＝这应该是不一样的，合计上栏后得出地亩数，合计银数后得出亩数。

【政务警】要如何催促去年的未纳人员呢？＝由政务警来催促地方。

---

[1]　译者注：此处为账簿资料，所以保持原文文字结构。

有政务警吗？ ＝一个人（李元勋），从民国十七年开始，第三棚。

【比卯】从地方叫出吗？ ＝十天一次。

这样比卯簿还有吗？ ＝有，叫作比较簿。

```
田赋第二期比较簿    民国三十年    月    日    本年分    四 三 二 一    棚
```

（其内容如下：）

```
孝字约  原欠洋七百六元一角六分
自开    征起    完洋六十二元一角欠洋六
至九月十四日止        百四十四元六分
二十四日    完洋五元三角九分欠洋六百三
十八元六角七分
```

会给成绩非常好的地保奖励吗？ ＝奖励金有数元，十六七人，由县公署支付。

不给政务警吗？ ＝给年头和节，比率一样。

【粮柜】给粮柜吗？ ＝不给。

粮柜有月薪吗？ ＝征收税的 3% 。

在这里收集的钱要送到哪里去呢？ ＝征收处的主任来收取。

有这个的账簿吗？　＝有是有，但是在对方那里并不知道。

【到济南市的交纳】城内的人也是现在拿去吗？　＝现在已经不需要了，第二期已经结束，第三期还没有开始。

拿这个账簿来时收据很少要怎么办呢？　＝那是由济南市交纳的，没有来这边的。

哪个由济南市交纳，哪个是由这边交纳的呢？　＝没有区别。

城内的人由自己拿去吗？　＝是的。

没有拿来时会催促吗？　＝在城内住的会从济南市来催促，这里不交纳。

这个田赋完纳不是由济南市催促吗？　＝不是，在历城县交纳的人仅仅会在出收据时交纳。

哪一方拿去会比较多呢？　＝交到市里的情况多一些。

【资料4】里书所持底札（不是按户别，而是按十户左右计算）

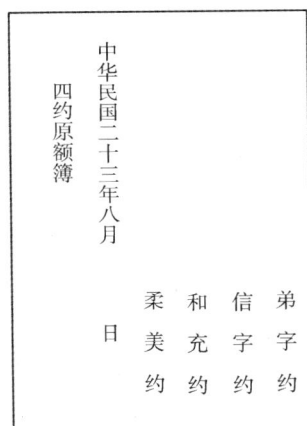

中华民国二十三年八月
四约原额簿

弟字约
信字约
和充约
柔美约

日

其内容如下：

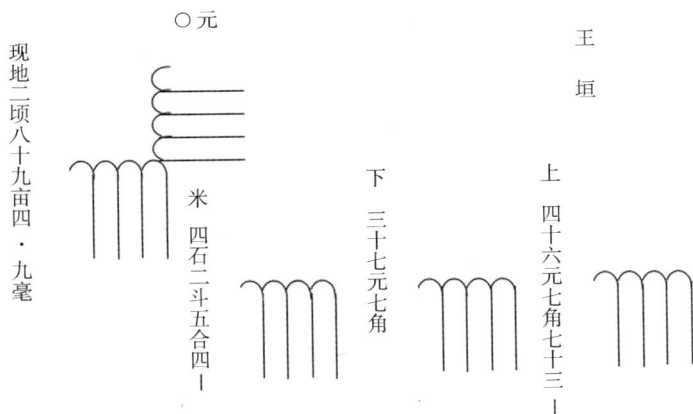

注：一、各数目根据过拨而改变。

二、要注意上下忙的不一致。

三、王垣及其合计的开始之处，标示了人名以便索引。

四、上栏中的码字为漕米换算成现金之后的金额。

【资料 5】里书所持底札（按户）

本年分　　弟字约

底劄

中华民国二十八年六月

注：不是每年更新。

其内容如下：

一斗七分六勺 646 角　　　王垣　七亩三分一厘　　五钱三分四
一斗九分七合 656 角　　　　　　七亩四分六厘　市收　五钱四分五厘
　　　　　　　　　　　　　　　　　　二角八

一升二合了 73 分 王鸿与　　　三亩　　市收　三元六角
四升四合 265 毛　　　　　　　八·二厘　　一元九　二钱一分九
一斗九升一合 265 毛　　　　　十三亩二厘二毛　　六分　九钱五厘

28 毛退十亩二厘二毛南保三　　于张路俊收　三元八角　四钱二分八
　　　　　　　　　　　　　　　　　　　　　　　　一元九角

11 月 11 日

区公所　商会

应答者　刘连庚（会计）、朱子程（苏家庄长）

地　点　区公所

【区业务】这个区公所是什么时候成立的呢？＝民国二十七年。

事变前没有区吗？＝有的。

张马区是在这里吗？＝在大辛庄。

这里管辖着多少乡镇呢？＝镇的话，主要是王舍人镇和堰头镇，其他还有7个乡。

以冷水沟的大小排名第几呢？＝第二，大辛庄是第一。

在区里做什么工作呢？＝帮助县公署进行一切行政事务。

区长黄用九是历城站爱护区副区长，区长是谁呢？＝历城站长。

帮助县公署需要做什么工作呢？＝在区公所分为文书和会计，从县来的工作大部分都是通过区来发放。

【区公所的组织】这里有多少人呢？＝区长1人，助理员1人，会计1人，文案1人，书记1人，勤务（区丁）6人。

乡长要轮换吗？＝最近开始以一周为单位轮换，为了挖掘爱路的壕沟。其他是新民会的两个人和区分所有关系的在这里就任。

区长的月薪是多少？＝50元（包含饭费）。

会计？＝40元。

文案？＝40元。

书记？＝30元。

区丁？＝15元。

乡长来这边的时候哪一方负责餐饮呢？＝区里负责。

【区的经费】这里的经费一个月多少呢？＝五六百元。月薪支出300元左右，剩余的是办公费。

这个时期从乡一个月大约收集多少？＝平常五六百元。

这二、三月呢？＝现在通知了有30000元的掘壕费。

上个月呢？＝1200元。皇军建设房屋花费了10000多元，要加上这个比例。

这之前的月呢？＝有五六百元，但是平均到每月在外看铁路需要花费1000多元。2人看管50人，看管人是25元，通常人是21元。这之外作为临时费用需要支付警卫队的蒲团或者军草、警察的津贴。警察的津贴是第一分所的，由张马区和东梧区负担，警察的工资很低，无法维持生活需要给予帮助。

这之外的小花销呢？＝对于新民会，新民会员的会费每月2元。

成为新民会会员有什么好处呢？＝会派发洋火和烟。

【商会】商会是做什么事情的地方呢？＝做买卖人的团体工作的地方。

商会有会费吗？＝商人会有，这里没有负担，听说需要大概每月 300 元左右的经费。

这个王舍人庄有几位商人呢？＝不知道。

商会的会费是多少呢？＝不清楚。

县公署上交的摊款中乡会收取一定比例，商会也会吗？＝因为商会是新事务不进行发展，也没有发展所以不收取，发展的话也许会收取吧。

商人大部分都有土地，需要交纳摊款的吗？＝那是常有的。

【资料 6】 历城县张马区各乡镇银两地亩表

乡镇名	银两数	地亩数	备注
滩头乡	101293	13891	1665
冷水沟乡	74919	10274	1230
苏家东乡	40475	5550	665
苏家西乡	34989	4795	574
堰头北镇	20834	2858	342
堰头南镇	38364	5260	631
华山乡	39686	5444	652
大辛乡	66656	9140	1094
祝甸北乡	34904	4788	574
祝甸南乡	32326	4433	531
牛旺乡	38472	5275	633
陈家乡	39466	5413	648
王舍人镇	46331	6350	761
合计		八三四、七一	

注：备注栏是百分比，摊款及工费也包括在内。

【资料 7】 区公所的账簿

区公所使用的账簿

收文簿各乡镇（注：是乡庄长呈交的与村政相关的呈文之目录，值得注意。）

收文簿（注：县之外的收支目录）

发文簿

送文簿

卷宗号码

各乡收款分清簿

流水账

在区公所作为历城县爱护村办公处使用的账簿

各乡收款分清簿

流水账

在区公所作为新民会历城县张马区分会联合办事处使用的账簿

收文簿

案卷簿[1]

11 月 2 日

乡的财政　赈捐　摊夫　田赋的督促　里书　保甲费　秤斗牙税　屠户集市

应答者　李佩衡（前乡长）

地　点　县公署

【应答者简历】做乡长是从什么时候开始到什么时候结束的呢？ ＝民国二十六年做了一年，民国二十九年又做了一年。

民国二十六年的几月份到几月份呢？ ＝1 月份到第二年的 1 月份（阳历）。

民国二十九年呢？ ＝正月开始到第二年的 2 月（阳历）。

今年 5 月是乡长吗？ ＝不是。

做过保长或者甲长吗？ ＝没有做过，现在在从事农业。

在民国二十六年当乡长时发生了事变吗？ ＝发生了。

事变之前做了几个月呢？ ＝七八个月。

事变之后几个月呢？ ＝一两个月。

事变之前和事变之后工作内容有变化吗？ ＝没有。

【乡的管辖区域】这个乡是哪个乡呢？ ＝冷水沟乡。

这个乡包含几个村呢？ ＝四个村，东沙河、西沙河、冷水沟庄、李家庄。

冷水沟乡是什么时候开始成为四村之一的呢？ ＝不知道。

你在年幼时有冷水沟乡吗？ ＝有，冷水沟乡的前面有里。

是什么里呢？ ＝闵孝三里。

闵孝三里成为冷水沟是什么时候的事情呢？ ＝不知道。

你年幼时有里，有乡吗？ ＝从年幼时到三十五六岁都有里（现在 42 岁），后来变为了乡。

三十五六岁时是民国多少年？ ＝民国二十四年左右吧。

---

〔1〕 此处为账簿资料，所以保持原文文字结构。

东沙河的人口数是多少呢？＝340 户，一千五六百人。

西沙河的人口数是多少呢？＝230 户，一千多人。

冷水沟庄呢？＝360 户，1800 人。

李家庄呢？＝65 户，310 人左右。

今年是哪个村的人成为了乡长呢？＝西沙河的买文炎。

去年呢？＝西沙河的李子云。

每年成为乡长的人其所在村都必须更换吗？＝不一定，乡长是选举得出的。

【乡的负担】有区向乡索要钱和壮丁的情况吗？＝有。

从县直接向乡索要的情况吗？＝虽然有但是很少。

有向县、区等索要的吗？＝驿站的爱护村、新民会、皇军警卫队。

这些是从区里来呢还是直接来呢？＝都有，皇军去讨伐时，警卫队经过村时，还有政务警和警察局、模范区联合办事处（这不是区，是和庄公所有关系）。

警卫队在经过村的时候是庄里给吗？＝去乡的时候由乡来照应，有时会去庄里。

模范区联合办事处还有其他人也会去乡里吗？＝没有，是去庄里。

去年你做乡长时花费了多少乡费呢？＝大概 6000 元左右。

【每月的经费】在这之中每月必须要用的是多少？＝300 元至 400 元。

具体明细？＝区公所费 160 元，本乡公所费 80 元，爱护村 60 元。

每月临时的费用呢？＝不知道，不确定。

去年一年花费了多少呢？＝200 元。

前年呢？＝不知道。

【赈捐】这个收据是你那时所用的吗？＝是的（如下）。

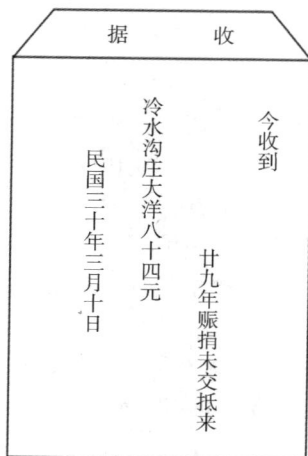

```
┌─────────────────────┐
│       收　据        │
│                     │
│              今     │
│   冷   民     收     │
│   水   国     到     │
│   沟   三           │
│   庄   十     廿     │
│   大   年     九     │
│   洋   三     年     │
│   八   月     赈     │
│   十   十     捐     │
│   四   日     未     │
│   元           交     │
│                抵     │
│                来     │
│                     │
└─────────────────────┘
```

民国二十九年赈捐是指什么？＝去年任乡长时没有在县公署交纳赈捐所以征收。

【乡里赈捐的分配】乡内要花费多少呢？＝分 200 元的赈捐。

这样的情况下分的方法确定了吗？＝根据土地亩数的不同而不同，土地多的村交得多。

分200元时，各村的比例如何？＝东沙河58元，西沙河42元，冷水沟84元，李家庄16元。

这是如何计算的呢？＝东沙河29顷，西沙河21顷，冷水沟42顷，李家庄8顷。

【赈捐的含义和交纳方法】赈捐的意义是什么？＝警备队警务局，皇军的临时补充费。

去年的赈捐有多少呢？＝不知道。

去年有几次呢？＝一两次。

是分开警备队和警务局的吗？＝不是，在县公署开会决定。

是从县公署的财政科还是征收处呢？＝交给区公所，从哪里来的并不清楚。

这样的赈捐每年都有吗？＝大概是有的，我也不太清楚。

对从县来的钱除了赈捐之外还有其他的吗？＝没有。

乡长在二月份就不做了，但是为什么是写三月十日呢？＝辞去乡长后交的，迟了。

这84元在村里的收支簿上为什么记载的是三月十九日（就像入县政府还赈捐洋捌拾四元）入呢？＝庄上交给乡长的48元钱，是前任县长开会时决定征收的，现在换了县长，不收取这笔费用所以返还。

那么由乡长收取时需要记载在收支总登上吗？＝在前年的十二月初三写有"县长募捐支洋捌拾四元"。

【招募人夫】县是否有因道路修理等向区征民夫的情况？＝有，如下所示：

为区公所通知事

为铁路两旁控掘壕沟一段暂榜样本乡出夫四十名

各庄应摊年壮民夫拾七名各务于二十八日早五点

各带锨锹到区如齐赴路工作为要此致

　　　　　　历城县第二区冷水沟乡乡公所

为区公所通知事查现值事繁之时需类之处如何

办理定于本月二十八日上午十一点在区会议室

开紧急会议务希届时亲自到区出席

勿派代表为要此致

冷水沟庄长　　台照

　　　　　历城县第二区冷水乡乡公所启九月二十七日

【摊夫的乡内分配】和冷水沟的47名相对应，冷水沟庄是17名，其他村是多少呢？＝我那时不知道。

你任乡长时是如何区分的？＝正如前乡长时。

正如前乡长时是什么样的区分方法呢，例如以40名为例？＝东沙12人，西沙河8人，李家庄3人。

是按照什么分的呢？＝按地亩数分。

【摊夫的目的——控河和修公路】你在任时是每月派出多少壮丁呢？＝不一定。

最多的时候在乡里是多少人呢？＝300 人。

一天 300 人吗？＝好像是一天。

要持续几天呢？＝七八天，共要 2000 人以上，有时会需要半个月，控河或者修公路。

那时会给日工资吗？＝控河的时候建设总费一天 80 元。

修公路呢？＝没有。

因为没有村里会出资吗？＝不会。

这是一种摊捐吗？＝是摊夫。

一天 80 元控河农民会很乐意去吗？＝不是的。

多少钱会好一些呢？＝吃饭就要 1 元 50 钱，最少也要 2 元 50 钱。

控河是去年什么时候的事情呢？＝阴历五六七月。

去了多少人呢？＝不一定，有时会一百五六十人，也有二三百人的情况。

合计有多少工呢？＝在乡里有七八百工。

摊夫除修汽车路之外其他有什么事情呢？＝植树时，皇车警备队出发时搬运货物等。

除去控河摊夫去年一年收入多少呢？＝五六百元。

赈捐、摊夫等直接向庄里要求吗？＝从区里来的人很多。

【乡长的业务】乡长的工作是什么呢？＝接受县、区的命令并传达到庄里。

县、区的命令是什么呢？＝非常多，催田赋、催民夫（和摊夫一样）、要摊款（振捐和同意）。

催田赋是什么呢？＝向各庄通知。

那个通知是从区里传来的吗？＝是的，通知总是从区传到乡，区通知后征收太慢的话，就直接从县里传出。

县里是由谁传的呢？＝县的警务局和政务警。

【政务警】哪一方来得多一点呢？＝政务警来得多一点。

政务警来冷水沟是固定的吗？＝没有。

来的人名字叫什么呢？＝不知道名字，四棚的人来，一、二、三棚的人也来。

政务警去乡里时乡要怎么做呢？＝提供饭，支付烟卷费。

大概是多少呢？＝二三元。

政务警拿着什么去庄里呢？＝训令、指令、红谕、手谕。指令和训令放在那里，红谕和手谕带回来。

【田赋的督促】这个纸是什么纸呢？＝来自于庄公所向杨祝三请求的东西。

在庄公所的 300 户每 10 户写在这里吗？＝这个人已经有许多次没有交纳了，就写在这里，这个人住在济南不用收取。

其他人写吗？＝不写。

民国三十年欠上忙银 12 元 8 是什么呢？＝因为没有收取第一期的 12 元 80 钱，由庄公所代收。

银子扣洋（略）元　共洋叁拾四元一毛一分八厘

三合敛麦子（略）　扣洋拾五元一毛六分八

共粮（略）　每官亩六毛扣洋拾捌元九毛五分

卅年欠上忙银子　（略）元　谢长增净手

杨祝三

每官亩 6 毛扣洋 18 元 9 毛 5 分是什么呢？＝这个人 31 亩和五七四相对的收取 1 亩 6 毛，这是庄摊款。

谢长增净手是什么呢？＝谢长增是之前的闾长，管理这个。

三合敛麦子九升四八是什么呢？＝一官亩出 3 合的麦子，和庄摊款一样。

一六扣洋是什么呢？＝1 升的麦子换算为 1 元 60 钱。

银子扣洋 10 元零 2 是什么呢？＝不知道（大概是过去没交纳的田赋吧）

像每官亩 6 毛这样的摊款一年有几次呢？＝没有定期。

三合敛麦子是每年什么时候收呢？＝5 月，只有一次。

每年三合是固定的吗？＝不固定。

去年呢？＝不知道，今年是 27 亩 2 相对 6 升 1 合 6。

（注：以上为应答者现在的计算，实际是否交了这么多尚有疑问）

一六扣是什么？＝没有麦子的人出 1 升 1 元 60 钱。

去年的价格是什么呢？＝不知道，忘记了麦子的价格了。

【田赋交纳】你什么时候收田赋呢？＝第一期 3 月（阳历）；第二期 10 月（阳历）。

第三期呢？＝还没到。

拿到哪里去呢？＝县公署的征收处。

第一期拿多少去呢？＝大约 10 元。

第二期呢？＝约 16 元。

有多少土地呢？＝官亩 27 亩 2。

这之中省税大概是多少呢？＝不知道，指定由县公署交纳。

如何知道应该交纳多少呢？＝由庄长、地保交代。庄长或者地方到县征收处，然后回到村里分配。

哪个月来呢？＝一期是 1 月（阳历）；二期是 6 月（阳历）；三期是 9 月（阳历）。

和这个相对每人自己去征收处和农民去庄长的地方哪一种比较多呢？＝自己来的比较多。

有拿到庄长那里的吗？＝有。

来年什么时候开始变为由庄长一人带去？＝不会变为那样。

每个人自己去征收处交钱吗？＝没有这样的事情。

【交纳田赋和庄长】庄长是怎么知道谁需要交谁不需要交呢？＝最后庄长在征收处有通知就会知道。

在此之前不知道吗？＝不知道。

就像之前的单子一样，闾长或者甲长不需要负责任吗？＝不负责，由庄长负责。

乡长也没责任吗？＝没有。

庄长需要负什么样的责任呢？＝交钱有一定的期限，如果没能按时收取由庄长代交，之后向农民取回。

那时需要利息吗？＝不需要。

无论如何也没能交纳的情况要怎么办？＝如果是真的很贫穷是没有办法的。

不会被赶出村子吗？＝不，是不得已的事情。

政务警会去没交钱的人家里征收吗？＝有时会去。

一期的田赋要在何月何日之前交纳呢？＝五月末。

如果超过时间要怎样催促呢？＝那时由庄长来代交。

【地方督促】什么时候政务警会挨家挨户的去催促呢？＝先去村里，告诉村民在几月几日前交纳。

那时和地方一起去吗？＝一起。

要打锣吗？＝打。

锣是在哪里呢？＝在地方。

地方做什么工作呢？＝庄的摊款时，催征田赋、民夫时，按照庄长的命令来做。

那么是村公所的吏丁吗？＝是的。

【里书的拨粮】里书会来催征田赋吗？＝不会。

里书做什么工作呢？＝拨粮。

拨粮时是里书来冷水沟还是农民去里书的地方呢？＝里书去。

一年有几次呢？＝一年一次。

什么时候呢？＝阴历一月。

里书在过去有很多利益，现在依旧是这样吗？＝这样情况不多。

一亩地需要多少手续费呢？＝50 钱。

在这之外有其他的礼吗？＝没有。

在大秋、麦秋需要给粮食吗？＝给少许的麦子和谷子。

谁来做呢？＝庄长。

【冷水沟庄地亩数】庄的地亩札和里书的一样吗？＝样式不一样，亩数是一样的。

冷水沟的地亩呢？　＝42 顷 98565。

这个地亩数每年都会变吗？　＝会变。

为什么会变呢？　＝会卖给其他村。

之前的比现在多还是少呢？　＝多。

多多少呢？　＝以前大概比现在多 5 顷（10 年前左右）。

为什么变少了呢？　＝因为钱不足。

有在离冷水沟很远的村子持有土地的吗？　＝没有。

有其他的里书持有土地的吗？　＝没有。

有飞地吗？　＝飞地是指什么呢？

飞地就是有没有外庄地呢？　＝没有，村子里的地和冷水沟分开着，因为仅仅只在境内所以没有外庄地。

地界的地如果卖给邻村，就变为邻村的土地了吗？　＝是的。

如果进入邻村买了近接地呢？　＝就变成了本村的。

【乡内摊款的分配率】这样一来乡中四村的摊款的比率每年都在变化吗？　＝是的。

事变之前是什么样的比率呢？　＝西沙河（21788），东沙河（29951），冷水沟（43637），李家庄（87606）

【保甲费】保甲费是什么？　＝创立保甲时的摊款，去年的春天。

保甲制度是从去年春天开始的吗？　＝是的。

这是县里的摊款吗？　＝是的。

交到县的哪个部门？　＝交给县秘书，去年有一次。

多少呢？　＝忘记了。

这是为了什么使用的钱呢？　＝办保甲人员训练和旅费、工资、印刷费。

办保甲人员现在也有吗？　＝有了保甲册之后完成了工作就没有了。

【秤斗牙税】秤斗牙税是什么呢？　＝不知道。

王舍人庄在市里吗？　＝是的。

在那个市村的粮食买卖时需要交税吗？　＝没有税，称重的时候会给一点零星的粮食。

那是什么样的人呢？　＝庄公所的量斗。

从过去开始就是这样吗？　＝是的。

量一斗大概是多少呢？　＝如果很多就不取了。

一斗大概是多少呢？　＝也有不够的情况，也有一碗左右的情况。

不够的时候要怎么办呢？　＝稍微减少些卖价。

在量斗需要礼吗？　＝不需要。

大米是在新民会买吗，量斗呢？　＝量斗由新民会的人提供。

那时掉落的需要捡起来吗？　＝用秤测量（称货物的秤）。

那时需要交手续费吗？　＝不收取。

【牙纪】知道牙纪吗？　＝是经纪吧。

这是什么呢？　＝在市里买卖牲畜的介绍人。

粮食买卖时没有吗？＝没有。

可以经纪的有什么呢？＝牛、马、驴马、猪的买卖。

【贩子】在新民会卖大米时需要交磅利吗？＝不知道。

作米吗？＝就算作有冷水沟或者是外村的介绍人卖到济南，叫作贩子。新民会买米会有固定的时期，此外不会买，冷水沟的贩子有李宗相、杨长盛、谢长兴。

有买卖大米之外的贩子吗？＝没有。

贩子做什么礼呢？＝根据米的价格不同而不同，贩子先买然后在济南卖，也就是通过买卖得到利益。

【新民会收买大米】卖给新民会和卖给贩子哪个多一些呢？＝新民会多一些。

你卖给过新民会吗？＝去年一次。

新民会是磅利从卖方收取 5‰，是这样吗？＝没有。

新民会什么时候买呢？＝没有决定，必要时做。

【王舍人庄的经纪】王舍人庄的经纪有几人呢？＝10 人左右。

王舍人庄的经纪去坝子吗？＝去。

王舍人庄有什么样的市场呢？＝粮食市、牲口市、猪市、布市、青菜市、肉市、鸡市、鸡子儿市。

冷水沟的人会去卖的集市是什么？＝粮食、鸡子、鸡、牲口，以上的地点：都是固定的，鸡市和鸡子儿在同一地点，名称都可以使用。

【屠户】在村中有杀猪的吗？＝有。

那时是由村中的人杀还是屠户杀的呢？＝屠户。

在冷水沟有屠户吗？＝杜凤义、张德俊。

过年杀猪时会请屠户吗？＝会。

出什么礼呢？＝猪毛、鬃、膀胱。

其他还会请吃饭吗？＝不会。

给钱或者皮吗？＝不给，皮和肉一起吃。

这样一来过年时屠户会买猪肉自己杀然后卖吗？＝会。

一头可以赚多少钱呢？＝五六元。

杜凤义在正月里会杀多少头呢？＝二三十头。

一年呢？＝五六十头。

张德俊呢？＝一年 30 头。

这样的屠户需要交税吗？＝交。

从哪里出呢？＝不知道，济南的屠宰税的包商出。

个人杀了猪后交给屠户时需要礼吗？＝另外出，一头 30 元。

牛呢？＝没有。

马呢？＝没有。

那 30 元交给屠户吗？＝不交给屠户，交给从济南来取的人。

一年大概要几回呢？＝一年 100 回左右。

正月的时候呢？＝什么时候没有限制。

杀之后必须交 30 钱吗？＝没有不交的人。

怎么知道是那个人呢？＝由屠户记着。

村中的人如何称呼这个人呢？＝敛税人。

如果屠户这样这样教后，需要从敛税人的礼物吗？＝不知道。

【冷水沟附近的集市】冷水沟庄的人最经常去哪个集市呢？＝王舍人庄。

王舍人庄（离庄有 7 里）、沙河（离庄有四里）。

哪个市最大呢？＝坝子和王舍人庄。

大辛庄和沙河是卖同一种物品吗？＝是的。

大辛庄和沙河是一样的吗？＝沙河是最小的，没有在一起。

沙河是卖什么的呢？＝青菜和肉。

大辛庄呢？＝在这里没有牲口市。

11 月 16 日

包税

应答者　穆志刚（王舍人庄长）

地　点　县公署

【包商和牙行】王舍人庄分为包商和牙行？＝牙行是由县公署包的，庄公所仅仅是管理。县公署委任给庄，因为庄里没有人做，所以就承包给包商。牙行仅仅是在秋天两个月。在庄里由县里委任，负责秤斗和管理。

包商是什么？＝代替县去交税金的人。和屠宰牲畜是一人的包商，秤斗牙税是经纪。

【秤斗牙税】秤斗牙税是什么呢？＝事变前由东大寺的和尚管，事变后是由县政府成立的庄公所来做。事变前是使用斗或者秤，事变后庄公所接受县公所的命令，使用官斗市斤来称量。县的规定每元收两钱，但庄里不这样，收取超过斗上的数量。给县公署交的钱有定额，超过此数的部分就是庄公所的收入。

超过的情况下是斗，如果用秤要怎么办呢？＝秤的情况，比如说卖白菜，每元收两钱。

有不收钱而收白菜的情况吗？＝没有。

秤斗牙税是秤牙税和斗牙税吗？＝通常称作秤斗牙行，秤牙行和斗牙行没有分开。过去和尚用秤也用斗，雇人来做。

秤行、斗行、牙行是分开的吗？＝这三个是一起的。

秤行是管秤、斗行是管斗，那牙行是什么呢？＝牙行是牲口买卖的中介，1 元按 20 钱收取的人。这也是和秤斗牙行一起收取。

在秤斗牙行中秤和斗是由不同的人来做的吗？＝一个人，从庄公所包下来，然后 3 人分别做。

　　那一个人包下来是谁呢？ ＝陈广珂。

　　【秤、斗、牙的三税分担】分为 3 个的人是？ ＝秤是张玉芳，斗是王兆俊，牙是陈广珂，在庄公所之下是韩大有，他之下的 3 人各自分包。陈广珂三年，一年 100 元，先预交 300 元，这是牙帖费，那之后每年给县公署交课程 40 元，一年 2 次，一次 20 元。王兆俊是斗，一个市交 4 元，雨天不交，一个月有六个市，一年有 72 个，所以一年是 250 元、260 元。张玉芳是秤，每年只有六个月，阴历的八月开始到正月，蔬菜和甘薯、山药、柿、葱、白菜等中白菜和葱是最多的。每个市交 2 元，6 个月 50 元、60 元。柿零售按个批发按重量。

　　这 3 人全是王舍人庄的吗？ ＝是的。

　　这 3 人必须自己做吗，还是给手下做呢？ ＝斗的王兆俊雇佣着 3 个人，陈是自己做，张也仅仅是自己做。

　　【牙杂税的负担】我们去买葱吗？ ＝从卖的人那里收。

　　如何从卖的人那里取呢？ ＝卖时有管秤的人。

　　这样一来因为有买方和卖方，税按照对半给吗？ ＝蔬菜是全部由卖方出，柿有时是由买方出，不确定时商量决定。

　　买方出时叫作包佣吗？ ＝不是。

　　斗的时候哪一方出呢？ ＝按照规则卖价的每元必须交 2 钱，现在是从剩余中收取由卖主出。

　　牙的情况要怎么办呢？ ＝卖主交牙税，买主交牲畜税。

　　【牙税和牲畜税】牙税和牲畜税的比率是相同的吗？ ＝牙税是 1 元中收取 2 钱，牲畜税是按头收费，驴马一头收取 50 钱，骡和马一头收取 1 元，牛是 2 元。

　　交纳的地点也不一样的吗？ ＝全部都在市场交纳，但是地点不一样，两者的办事处不同。

　　牲畜买卖的时候，由于分别交纳不方便，有一起交纳给牙行然后从牙行交纳牲畜税的情况吗？ ＝没有，桌子很近，可以分别交纳。

　　【包税人的选定】任何人都可以成为像这样 3 人的包税吗？ ＝都可以。

　　在庄公所招募这样的人吗？ ＝在事变前没有，事变后开始的，是第一次。虽说谁都可以做，但是财主不做，利害人（注：能说会道，工作能力强的人）来做。第一次是由韩大有和这 3 人商量后决定的。其他村的人不行，也有牲畜税由其他村的人来做的情况。

　　【秤行的目的】称重是目的还是定价格是目的呢？ ＝主要是称重，有时也决定价格。

　　【斗行的目的】斗的情况呢？ ＝斗也是这样，如果不满价格会下降，价格由管斗人决定，有多少合不够。

　　【牙行的目的——官和佣】牙的情况下牙行是什么目的呢？ ＝调查牲口是不是真的是饲养主的，是不是盗来的。

　　要如何调查呢？ ＝卖主必须认识经纪人或者王舍人庄的人，不认识的话，就无法卖，也无法进入市场。

价格是由中介定的吗？ ＝在牲口的市中有官、税、佣三种。官是牙行，税是牲畜税，佣是其他人说合买卖牲口。

官和佣是同一人吗？ ＝不是，佣必须是专门的人。

佣仅仅限于村里的人吗？ ＝都可以。

需要佣的地方，秤、斗不一样吗？ ＝不一样。

佣是在各个市来回走动吗？ ＝是的。

在王舍人庄有佣吗？ ＝没有。

佣作为中介有什么礼呢？ ＝按照规则每元收取两钱，两者分担。实际佣拿不到那么多，根据实际情况有多有少。

佣为在撮合买卖时，是否有不告诉双方，赚取差价的情况？ ＝通常很少，庙会的牲口市有互相都不认识的情况，这样的情况有很多，经纪即佣是一般由买方和卖方两方决定。

牙行一年中都有吗？ ＝在王舍人庄是从阴历七月到九月，是马和驴马还有牛，猪在一年中都有。

【私卖】斗的情况下可以私卖吗？ ＝不被发现还好，被发现要受到惩罚。

有私卖吗？ ＝有，不是很多。

有被罚金的吗？ ＝有，根据县公署的规则实行，在王舍人庄发现也不罚款，因为本村人，到现在都没有罚过本村人。其他村的村民有罚过。

【官斗】官斗是放在哪里的呢？ ＝在经纪的地方。

官斗是在县政府制作的吗？ ＝斗是自己做的，是根据筒做的，斗的大小在各市都不一样，一筒是过去小米 13 两，现在的 1 斤，王舍人庄是 47 筒是 1 斗。

经纪自己做斗吗？ ＝是的。

不在区公所或者是庄公所做吗？ ＝由庄公所做。

什么时候做呢？ ＝从去年包时开始。

前年呢？ ＝事变前是和尚、事变后粮食变少，前年变多，那时是和尚实行，去年的阴历正月（阳历是去年的 2 月）开始全部变为了秤斗牙。

【秤的私卖】有在集市自己带秤私卖的吗？ ＝现在使用市斤，没有市的时候有时会。

在村里可以买卖白菜吗，那时需要税吗？ ＝不知道的话就不需要，知道的话就需要，村里的人就算知道也不需要交税。

【集市道路使用费】去市里会看到从农村来的人占领道路，收取使用金吗？ ＝粮食没有，蔬菜有，蔬菜有长期也有短期的。

长期是多久呢？ ＝一年，这是土地的所有者，例如肉铺之前一直开店，需要肉铺支付。

支付多少呢？ ＝没有确定，摊儿的大小不一样，大摊儿是 10 元、8 元，小摊儿是 2 元、3 元。

在哪里知道大小呢？ ＝例如肉铺前占了半分是小摊儿，全部占了就是大摊儿。

【帖费】新民会的集市税金担负事项中"村民会员负担按土地税每银子一两交纳 4 元（王舍人庄土地 26 顷计 200 两银子）"计 800 元正是什么呢？ ＝是来自县公署的庄公所包

时交纳的 800 元。是作为秤斗牙税的帖费，首先要从村民摊款。从县包时没有人愿意干，又交了 800 元，两个月后韩承包，因此把 800 元返还给农民。因为办税的是收税的人，所以名声不好没有人愿意做。

斗称行的每个集市什么时候交纳？ ＝由市民拿到庄公所去。

庄公所什么时候交到县里呢？ ＝帖费的 800 元已经收取了。但是课程是春三月，秋十月两次收取，秤斗是一年 40 元，牙是一年 40 元，合计是一年 80 元。

你拿过去吗？ ＝是的。

【屠宰牲畜税的包商】屠宰牲畜税的包商是什么人呢？ ＝在洛口区的刘在田。

王舍人庄的市时一定会来吗？ ＝会来。

来了做什么事情呢？ ＝交纳税，放置桌子。

有人帮忙吗？ ＝有 2 人。

帮忙的人做什么呢？ ＝收集税金和管理账簿。

这个人仅仅在王舍人庄吗，包括整个张马区吗？ ＝整个张马区。

多少来包呢？ ＝具体的不清楚，大概是 2000 元左右。

这个人有钱吗？ ＝没有。

如何收集这 2000 元呢？ ＝从朋友那儿借钱。

这个人如果利害，可以和两三个人合伙出资金吗？ ＝这个人大概就是这样吧，财主不会包税，包税的人都没有钱。

【屠宰税的征收】牲畜税是交纳在栏里所以知道，屠宰税是如何收取呢？ ＝从其他村杀了后拿来，一头 30 钱在猪上按印。

杀之后拿来是谁都可以吗？ ＝是的，只要交税就可以。

【宰猪的和卖肉的】但是在市卖肉的人没有决定吗？ ＝是确定的，宰猪的和卖肉的。

这两个人是同一人吗？ ＝一般屠杀人兼卖肉的，农民买猪就算想卖肉也不会杀，大部分都卖给了宰猪的。

宰猪的杀了之后农民来买也可以吗？ ＝有但是很少，过年的时候最多，过节也很少，平时几乎没有。

那时候屠宰税是由宰猪的出，还是卖方的农民出呢？ ＝农民向收税的交纳。

在村里葬礼或者婚礼时杀猪要如何收费呢？ ＝由宰猪的代收。

是需要 30 钱吗？ ＝是的。

收取 30 钱就可以卖小肠或者毛了吗？ ＝收取现金，卖出小肠之类的。

【宰猪人的谢礼】这样的情况下宰猪的杀了后卖有什么礼金呢，要交税吗？ ＝自己可以杀就杀，宰猪的杀后要给猪鬃、猪毛和胰子还有膀胱，小肠不需要给，除此之外要交 30 钱的屠宰税。

算上猪毛一共需要多少钱？ ＝冬天是 4 元左右，现在是 1 元 50 钱左右。

这样由屠户代收要什么时候交给包商呢？ ＝去市的时候交。

这样一来自己留下不交的情况有吗？ ＝有，加上农民没有交纳的，农民交纳也有屠户不交纳。

杀一头猪一半拿到其他的市去卖税要如何收呢？ ＝如果是张马区交了一头的税就可以，剩余的半个拿到其他区需要交一头的税。

牲畜市的地点是固定的，但是卖肉的地点不固定，屠宰户需要在市场里来回走动按印征税吗？ ＝是的。

【敛款的】那些巡视的人是谁呢？ ＝不知道名字，在市里的人称他为税章子先生，巡视的人是敛款的。

敛款的现在是陈吗？ ＝不是的，但是不知道名字。

刘在田、敛款的，在过年时去村里监视吗？ ＝去屠户的地方。

那样去会很麻烦，屠户一年左右包吗？ ＝也有这样的情况。

哪一方多一些呢？ ＝包的情况多一些，敛款需要手续费，包是一般情况。

包时需要印吗？ ＝需要印，但是不需要钱。

【成为屠户的申请】屠户要在包商的地方成为屠户吗？ ＝交给公会（肉业公会）。在历城县商会代行。

寄到那里需要钱吗？ ＝入会费是 50 钱，这是商会的入会费，肉业公会的不知道。

【商会的公费】商会要收每个月的会费吗？ ＝每月 50 钱的公费。

铺捐是什么呢？ ＝没有铺捐，去年也没有。

庄的摊款有时按地亩收取，商店是什么样子呢？ ＝按资本的多少收取摊款。

有土地也有店的人怎么办呢？ ＝店要交两次钱（阴历五月、九月），从 30 钱到 2 元。

农民 1 亩要多少呢？ ＝到现在是 2 元 70 钱，今年应该超过了 3 元。

11 月 3 日

村的费用　青年团的受训费　收支总登的内容说明

应答者　任富申（副庄长）

地　点　县公署

【应答者的身份】你是甲长还是保长呢？ ＝甲长。

哪一保的第几甲长呢？ ＝丁保第七甲

丁保保长是？ ＝任福裕。

任先生当过保长吗？ ＝没有。

今年五月满铁的人来时，是甲长吗？ ＝是甲长，不是保长。

任福裕和任富申是一家吗？ ＝是本族。

任富申会代替任福裕为保长吗？ ＝不会。

【收支总登的记录者】去年写收支总登的是你吗？ ＝不是，是谢星海。即丁保第八甲第八户的谢长源。

今年也是这样吗？ ＝是的。

谢星海平时做什么呢？＝是学校的校长。因为村里的人都不认字，必要时由其代写。

【村费】村的费用是什么呢？＝摊款、花费、花项、摊花项。

去年花费多少呢？＝去年忘记了，今年有 5 次，1 毛 5、3 毛、麦子 3 合、5 毛、1 元 6 毛。

1 毛 5 钱是什么时候呢？＝二月（阴历）。

3 毛呢？＝三月二十几日。

麦子三合呢？＝五月二十几日。

5 毛呢？＝六月二十几日。

1 元 6 毛呢？＝现在在收集。

这些在收支总登上记载着吗？＝没有，在"折子"上有记载。

没有交纳麦子三合时要交纳什么呢？＝交纳全部麦。

例如杨祝三呢？＝是在庄的地主没有在庄所以不收取。1 升 1 元 60 钱。

去年呢？＝去年是 1 元 60 钱。

今年呢？＝今年还没有计算。

像这样没有交纳麦子的人有多少呢？＝只有这个人。

这 5 次里有从过去确定的摊款吗？＝没有，在不足时交纳。

你幼年时摊款是多少呢？＝一年数百吊左右。

一户大概出多少呢？＝那时不知道，全村有 8 位会首，费用变多了。

【会首】会首是什么会呢？＝首事，头目。

头目是村里的头目吗？＝现在是 43 人。

八人的会首中有村长吗？＝有庄长一人，即村长。

你今年贵庚？＝54 岁。

你什么时候成为村里的负责人的呢？＝去年开始，有了保甲制度后成为甲长。

当过间长吗？＝没有。

【村摊款的沿革】事变之前村里的摊款是多少呢？＝4000 元以内。

民国二十六年呢？＝3000 元多。

民国二十七年呢？＝比民国二十八年少。

民国二十八年呢？＝和民国二十九年大概相同（大概 6000 余元吧）

民国二十九年呢？＝7000 余元。

今年呢？＝超过了 10000 余元吧，至今超过了 7000 元，

去年的摊款出了多少呢？＝因为有一个兄长，只有兄长交纳，所以不知道。

兄长是谁呢？＝任福田。

任福田是甲长吗？＝66 岁，不认识字。

家里由谁照料呢？＝兄长。

村摊款少的时候摊款是用现金出还是麦子呢？＝现金。

什么时候用麦子交纳呢？＝六七年前开始。

用麦子交纳是 1 年 1 次吗？＝1 年 1 次，割麦子后的 4 月或者 5 月。

一直确定了麦三合吗？　＝从五六年前开始到现在的三合。

【去年的摊款】去年的摊款 7000 余元中主要包含什么呢？　＝在账面上写着吧。

【青年团受训费】想让你看一下？　＝青年团受训（今年是大体 600 元）。

青年团受训是什么？　＝在车站训练。

从车站派几人来呢？　＝1 人 1 天 1 元。

命令车站出人为什么还要出钱呢？　＝准备人的工钱，即村里准备出，去年秋天开始涨到 1 元 50 钱。

训练是指去车站做什么呢？　＝体操和教练。3 个月期满后交换。

谁从村里去呢？　＝20 岁左右的人，有四五人的情况。

有效果吗？　＝没有。回来后从事农业。

之外主要的事情呢？　＝区公所的经费。

（转变话题到村中费用的支出表即收支总登的内容说明）

【收支总登的内容】收民国二十九年结存洋 272 元零 6 分 9 厘是什么？　＝去年的余额。

【青年团受训费】1 月 14 日的项目青年团受训支洋 2 元是什么呢？　＝1 人 1 元的日薪。

是去车站还是县公署呢？　＝去车站。

从去年的秋天成为 1 元 50 钱吗？　＝粮食的价格还没有降下来，依然是一元。

1 元 50 钱是什么时间开始什么时间结束呢？　＝去年秋天开始年底结束。年底并不需要四五人，两三人就可以。

四五人去的时候是多少钱呢？　＝1 元。

为什么 1 元 50 钱成为了 1 元呢？　＝粮食变便宜了。

农忙期是 1 元 50 钱，农闲期时 1 元吗？　＝和忙不忙没有关系。

派这个人去就一定要是这个人吗？　＝是的。

几天一次呢？　＝一天一次即每天。

周日呢？　＝周日也去。

那个人一起收费吗？　＝每天都收。

1 月 19 日项补两次青年受训支洋 3 元，和 14 日的 2 元对不上吧？　＝14 日是一人有事情休息了。1 人 1 元。

【公安局来庄的接待费】公安局来化费支洋 4 元是什么呢？　＝县公署的公安局的人到村里来时，要有烟草，至少 50 箱左右。

公安局不是政务警吗？　＝是警察方面的人。

有几人来呢？　＝不知道。

是来弄烟草的吗，还是钱？　＝饭和钱。

【车站开会的费用】17 日车站开会应酬支洋 1 元 8 角是什么呢？　＝庄长参加车站的会议饭费等的支出。

冷水沟还是爱护村呢？　＝爱护村。

【办公用品的修补费】办公所用桌 7 桌子用料任福臣手支洋 30 元是什么？　＝任福臣把庄公所的 7 个桌子涂油漆的钱。

【学校用品的制作费】学校打骨排物四对支洋 24 元是什么？ ＝做了 8 个长椅。

【警察来庄接待费】警察局稽查员花费 2 名支洋 5 元是什么？ ＝用的饭、烟草、钱。和公安局一样。

买金镰烟两条支洋 5 元 2 角是什么？ ＝为了会议等买了备用印（烟草）。

11 月 4 日

收支总登的内容说明　田赋

应答者　任福申（甲长）

地　点　县公署

【政务警来庄小费】收支总登的一月十九日（阴历）这一项，在四棚学校公函支洋一元的意思是？ ＝是政务警来冷水沟的学校办公事时的礼金。政务警是过去的差役。

1 元是按照大概 1 元来处理吗？ ＝不吃饭时给钱，吃饭时就不需要钱了。

我们来时、还有政务警来时，谁来做饭呢？ ＝饭馆子。

村里有几家饭馆子呢？ ＝1 户，延生居（杨长有）。

政务警一人来在村里吃饭时需要多少？ ＝面条、包子 1 元左右。

【风水先生的看地费】韩先生看地支洋 1 元 4 角 5 是什么？ ＝看土地的风水，看土地的运势，看村里全体土地的风水。

今年怎么样呢？ ＝风水先生看后，说有运高和运低之地，运高之地即使没有水，也不能动，须闲置。另外挖井时也要先请风水先生看是否可以挖。

韩先生是村里的人吗？ ＝王舍人庄。韩玉堂。内田先生来时，在区公所问了韩先生问题。

这个看地是为了什么呢？ ＝挖井。

挖哪里的井呢？ ＝那时没有所以不知道。

要挖井是在庄公所看地后卖吗？ ＝看挖后会不会对村里的人不好。

个人挖井时也要由庄里来看吗？ ＝没有这个必要，庄之外，在边界地方挖时需要提前看。

这样的井是由村里出钱挖吗？ ＝挖时由挖的人出钱。

在村中时要看风水决定买不买吗？ ＝没有必要，仅仅在村边界（村头）时。

【稽查来庄费用】警务局孙稽查支洋二人花费 2 元 8 角指的是？ ＝警察的人来（孙及另一人）时的费用。应该是为了调查户籍而来的吧。

1 月 20 日的项馍馍支洋 6 角指的是？ ＝馒头 60 钱，下次从警务局拿户口册时支付。

警务局送户口册支洋 6 角指是？ ＝由村里向警务局拿户口册所花费的费用。

1 月 28 日的项警务局稽查化费支洋 10 元是什么？ ＝大概是五六人来调查吧，这几人喝酒请客。

【青年团受训费】青年团支洋 3 元指的是？ ＝青年团受训去车站。

【公安局接待费】应酬公局支洋 8 元 3 角是什么呢？ ＝庄长来公安局时请的客。

【未纳庄交纳摊款】收社延年旧款洋 15 元是什么？ ＝杜延年补交以前没有交纳的庄摊款。

杜延年有多少土地呢？ ＝之前当闾长的时候，有 10 亩左右。

像这样没有交纳是借的有多少人呢？ ＝不知道，杜延年是闾长，不仅仅是自己没有交纳，也没有交纳自己闾中的。

【庄公所各项杂费的支付】谢立谟补 1929 年二月初五日支去年豆粉粉皮洋 4 元 3 毛 3 分是什么意思？ ＝这个人的豆粉皮在庄公所请客时吃了，要支付。

二月十五日左右吴全德支馍馍洋 3 元 6 毛指的是？ ＝卖馒头的店，在山东馍馍是馒头的意思。

任福顺支杂货洋 46 元是什么？ ＝卖在杂货屋的洋油、洋虾、纸、茶叶、烟草等。开店后什么时候都能买。

振兴号支烟卷洋 4 元 1 毛，支摺子洋 3 元是什么呢？ ＝在杂货屋，杜振声。

这两者哪一方大一点呢？ ＝差不多一样。

这样的杂货店在村里有几处？ ＝3 户，下一个是隆聚号。

这个隆聚号和之前的两者大概是相同的吗？ ＝这个大一点，卖点心。

隆兴号也是村里的人吗？ ＝是的，程德隆。

双泉居 5 斤支酒洋 4 元？ ＝张德芳、谢宝田两人经营酒肆。

这两人是一起住吗？ ＝1 个人住在庄南，1 个人住在庄北。店在正中间，由掌柜的打理。

掌柜的也是村里的人吗？ ＝李家庄人。

酒肆有多少个？ ＝1 户。

隆聚号支烟茶叶 7 毛 4 是多少？ ＝烟草和茶。

在 3 家杂货店卖的价格非常不一样是为什么？ ＝任福顺是离庄公所最近的，必要时马上过去，其他两个很远不去买。

【摊挑儿的支付】崔兴盛支洋烟 4 毛 5 是什么意思？ ＝是摊挑儿，不是本庄人。不知道是从哪个村来的，现在落户即成为这个村里的人。卖烟草、落花生（长果儿）、甜瓜等。

这个人有土地吗？ ＝没有。

用什么来过生活呢？ ＝这个买卖。

李兴起支烟行 2 元 7 毛是什么呢？ ＝村里的人去济南大量采购烟草。然后在村里卖。

摊挑儿有自己的店吗？ ＝摊挑儿只卖烟草。

杨长有支饭洋 29 元是什么？ ＝饭铺。

这个人有土地吗？ ＝夫妇两个人仅有 1、2 亩。

靠什么生活呢？ ＝饭铺。

村里的人什么时候利用饭铺呢？ ＝走路累时在这里休息。并不是很大。夫妇二人和一个男孩。

李玉仁支烟洋 4 元 8 毛是什么？ ＝在摊挑儿卖洋油和烟草。村中的人。

这个人有土地吗？ ＝两三亩。

村中摊挑儿有几个人呢？ ＝这之外还有很多。忙时不做，闲的时候做。

现在有很多人做吗？ ＝现在没有工作的人很多，做的人很多。

【屠户的支付】杜凤义支猪肉洋 10 元 7 毛是什么？ ＝买猪肉。这个人是在赶集时卖。

这个人是在市场买肉吗？ ＝这个人买庄的猪肉然后在市场卖掉，或者卖给村里的人。

这个人从没有从市里买肉卖给村里吗？ ＝没有。

这个人是在村里杀猪吗？ ＝是的。

从别的村买来杀吗？ ＝总之是从有猪的村子买来。

一头要多少钱呢？ ＝六七十元。

【屠户的收益】杀一头可以挣多少钱呢？ ＝四五元。

村里的人是杀自己的猪也要卖吗？ ＝仅仅是这个人买的肉，就不会让村民杀。

正月等杀猪后分，请这个人杀之后卖可以吗？ ＝因为这个人买了猪杀，卖给其他人。

正月等可以杀了自己家的猪吃吗？ ＝不想杀自己饲养的猪，这样的人卖方把钱汇入。

杀这样猪的人叫作什么呢？ ＝屠户。

在河北屠户杀了猪之后得到钱和毛，这边是什么样的呢？ ＝嫁娶或者葬礼时，请屠户杀猪，给屠户猪的肠、毛、鬃还有胰子的油。

膀胱呢？ ＝膀胱也给。

那时还请客吗？ ＝不请。

不需要钱了吗？ ＝不需要。

这样杀的和自己杀的哪一种多呢？ ＝屠户自己杀的多一些。

每天都杀吗？ ＝有集市的时候杀。

集市是哪里的集市呢？ ＝王舍人庄、沙河（杜凤义去王舍人庄）。

平时做什么呢？ ＝佃农。

租佃多少土地？ ＝租佃大辛庄的土地用 1、2 亩。

【给屠户的钱】杜振东支猪肉洋 7 元 7 毛是什么？ ＝是买肉，屠户。

谁屠宰的多？ ＝杜凤义。

杜振东去哪里的市呢？ ＝王舍人庄。

这两个人有去不一样的市吗？ ＝是同一个市。

沙河是哪的人去呢？ ＝沙河仅仅五月和八月的中秋节去。

坝子呢？ ＝哪里都不去。

为什么是杜凤义屠宰的多？ ＝杜振东的土地很多，必须从事农业。

杜振东有多少土地呢？ ＝五六亩（官亩）。

杜凤义呢？ ＝因为家人很多并且没有土地，以这个为生。

嫁娶时，把拿来的猪杀了再取肉时，有屠宰税吗？ ＝有。

这叫作什么呢？ ＝吊头捐。

这个一头要多少呢？ ＝不知道，自己没有杀过猪。

吊头捐是由哪里出的呢？ ＝屠户。屠户再交到别的什么地方。

杀之后得到后要马上交纳吗？ ＝是的。

敛税的是和屠户一起去各户收吊头税吗？ ＝不去其他人家都是由屠户出。

屠户是敛税的包吗？ ＝大概是这样。

杜凤义有多少包呢？ ＝不知道。

以上很多款是 2 月 5 日交的是为什么呢？ ＝从 1 月开始一起交，收集钱要在有钱时交，没有确定，有时交。

这是去年的吗？ ＝全部都是今年的。

【警务局来庄的接待费】二月初二时警务局 5 人支洋 3 元 5 毛是什么呢？ ＝来做什么的并不知道。

【乡公所的支出】乡公所支洋 14 元 6 毛是什么呢？ ＝乡公所需要的费用。零用（零碎的支出的意思）。

乡公所每个月来收钱吗？ ＝每月来收。

大概多少呢？ ＝不确定。

一年大概是多少呢？ ＝不知道，按每月计算。

【交纳未纳摊款】收去年洋拾 4 元 6 毛是什么呢？ ＝去年没有交纳摊款的人，是谁并不知道。

【烟草购买费】洋烟 2 条支洋 5 元 2 毛是什么呢？ ＝庄公所办事员的烟草。

【出席县公署会议的午饭补贴】二月初六时县公署开会 3 人支洋 3 元 7 毛是什么？ ＝县公署的会议时 3 人出席，那个午饭钱。

这个会议叫作什么呢？ ＝仅仅是开会，是两三天一次。

这个时候除饭钱其他的补贴有吗？ ＝没有。

【警务段的接待费】二月初七的项的政务段花项支洋 8 元是什么呢？ ＝饭费请客。这是铁路局的警务段。

这样的人来也会请吃饭吗？ ＝会。

一年中有几次呢？ ＝1 个月 1 次，不知道有没有会议。村里的人每天都会来到站里进行汇报，因为警务段要保护村，作为礼金要请客。

那是在哪里请客的呢？ ＝在王舍人庄。

【铁路看守人的工资】看铁路支洋 58 元 5 毛是什么呢？ ＝村里的人守护铁路给看守人的费用。

冷水沟的人呢？ ＝冷水沟一个姓李的人。不知道名字。

守护人必须每晚都去吗？ ＝每天每晚。

有一个人是从冷水沟来吗？ ＝3 人，不用交换去。3 人都姓李。

一年中都要出吗？ ＝是的。

怎么样做呢？ ＝1 天 1 元多，一月 30 多元。

这个账簿里的 58 元 5 毛是如何计算出来的呢？ ＝不知道。

【交纳未纳摊款】二月初八日的收杨长有洋 9 元 7 毛，杨长有支洋 9 元 7 毛是什么呢？＝这是指减去杨长有的饭费。

【给政务警的小费】县内送公函支洋 2 元是什么呢？＝县的政务警（差役）拿着公函来时给的。

【物品购买费】杨学信麻捣 2 斤支洋 5 元指的是什么呢？＝从杨学信那里买的麻捣（麻和泥混合来造墙）。

杨是做什么工作的呢？＝因为很穷，所以是做收破烂的工作。

【大米购买费】2 月 12 日张延梓大米 1 斗支洋 65 元 5 毛是指的什么？＝从张延梓那里买大米，不知道什么原因。

【油漆涂料支出】任福臣支油漆材洋 25 元是什么？＝涂油漆的任福臣需要材料费和工钱。（和正月十七日第二次的涂油漆）

这个人是以涂油漆为职业吗？＝是的。

一般是做什么的呢？＝住在济南做工作。

这个人是从村里出来的人吗？＝我（任福申）的弟弟。

什么时候住在济南呢？＝十六七岁时（现在 40 多岁）。

一直做这个职业吗？＝是的。

【出席会议的费用】区部车站开会支洋 4 元 7 毛是什么？＝不知道区部是在历城县。

【给送公函人的小费】2 月 14 日的区部公函支洋 1 元是什么呢？＝从区到村带着公函来。

一般不是从区带到乡，然后从乡带到村吗？＝乡是在沙河，因为离得远要马上送往村里。

这时大概也是这样吗？＝现在不能这个样子，送往乡里。

【树木购买费】2 月 15 日时，李玉泽栽树 2 棵支洋 1 元 5 毛，高金声栽树 8 棵支洋 7元，张廷辉栽树 21 棵支洋 10 元是什么呢？＝买了这些人的树。高和张是木厂铺。

这些树木是如何使用呢？＝在学校的南边的村子的边界种树。

有从县里植树的命令吗？＝为了造林，从县里有命令。

【石灰购买费】二山拉石灰 25 筐支洋 50 元是什么呢？＝从二山买石灰，为了修缮庙宇。

为了修缮寺庙，一定要从庄公所出吗？＝是的。

是否有人家有自己家的庙吗？＝没有，例如李氏家族有自己祖先的庙，就要自己来特别修理。

有这样的庙吗？＝自己来修理。冷水沟只有李家一所庙。

【物品购买费】这是被称作家庙吗？＝也可以叫作家庙，也可以叫作李氏宗祠。2 月17 日的青、绳子、洋钉子都是为了修理庙而买的（关帝庙和玉皇庙和三圣堂）。

【石头购买费】义和庄石头支洋 10 元是什么呢？＝从义和庄买的石头，为了修缮庙宇。

【县官员的招待费】2 月 18 日建设科员花费支洋 5 元是什么呢？＝因为建设科员来村里所以要请客。

需要钱吗？ = 不需要。

【物品购买费】井绳 2 根支洋 2 毛指的是什么？ = 买了 2 根井绳。

是村里的井吗？ = 是的。

村里的井在冷水沟大约有多少呢？ = 修理庙要用井水，为了好取水，井归个人所有。

村里有出资建造公用水井吗？ = 没有。

【接待费】2 月 19 日的区部队选所长支洋 6 元 2 毛指的是什么呢？ = 选举所长即区长时，区队部即区公所来人的饭费。

来了几人呢？ = 1 人，是村长。虽然是 1 人来的，李家庄也请客了。

【给政务警的小费】四棚催 1929 年良仔支洋 1 元 9 毛是什么呢？ = 政务警因为在 1929 年没有交纳银子来催促，给酒钱。

去哪里催促呢？ = 来庄公所。

去没有交纳的人那里吗？ = 庄长先请客，因为没有交纳的人，很贫穷，所以由庄长代交，然后由庄里代交。

这种情况下地方不来吗？ = 就算催地方也是没有用的，所以不来。

政务警来有什么效果吗？ = 因为是官差所以有权威。就算没有钱也要借来交。

就算政务警来也不交呢？ = 那时候就不收了，把他抓入县公署的监狱。

有这样的事情吗？ = 没有，有困难的时候由庄长交。

有因为村民不交纳而让庄长进入监狱的吗？ = 没有。

地方有吗？ = 没有。

庄长进入监狱有哪些情况呢？ = 公事不公平，皇军说村里有枪就会抓捕庄长，实际不会。

入县政府还赈捐洋 84 元是什么呢？ = 不知道。

【乡公所的支出】乡公所支洋 84 元是什么呢？ = 冷水沟交纳给乡公所，为什么不知道。接下来的 20 元也交给乡公所，理由还是不知道。

【修庙费】刘玉田，泥水工、修房支洋 5 元是什么意思？ = 刘玉田是包工的头，修理庙时包工，包工的定钱是 5 元。

泥水工是什么呢？ = 修理房子的人。

这是村里的人吗？ = 杨家屯的人。

这个人带了几个人来呢？ = 不知道。

【保甲自卫团来庄小费】2 月 2 日的公安局保甲自卫团化费支洋 2 元是什么呢？ = 公安局的保甲自卫团的人来村里的花费。

保甲自卫团是在村里吗？ = 公安局的保甲来村里，自卫团去县里。

【自卫团受训费】因此自卫团 21 名支洋 31 元 5 毛是因为去了 21 名吗？ = 是的。

去了做什么呢？ = 在县公署训练。

要花费多少天呢？ = 不是花费，是停泊在兴福寺的庙里，不能回去（根据账簿是连续十五六日）。

年龄多大的人去呢？＝二十几岁的人，不足 30 岁的。

这个训练有效果吗？＝没有任何效果。

受训后，自卫团在夜间变得纪律严明。有诸如此类的效果有吗？＝受训后还是老样子，没有效果。

【自卫团代理者的日薪】2 月 22 日的代工支洋 3 元 7 毛是指什么呢？＝在自卫团受训的人缺席时请别人，带着这个人来的人有饭费等补贴。

这 33 名自卫团的人是怎么选择的呢？＝从年龄 20—30 岁的人中选择。

这 33 名都想马上就去吗？＝不想去。

为什么没有人想去还要选呢？＝因为是松松散散的，只要有钱就去。

有规定从哪个甲选几人，从哪个保选几人吗？＝如果这样就会不平均。

为什么不平均呢？＝按照顺序来就好，选的话每天就不能做自己家的工作了。

【物品购买费】洋灰支洋 3 元 9 毛是什么呢？＝为了修理学校坏掉的地方，所以买洋灰。

杜凤义经手，小棋盘地、支典价洋 150 元是什么呢？＝不知道。

2 月 24 日打杯 4000 个支洋 28 元是什么呢？＝买了泥砖 4000 块，为了修缮宇庙。

【给村民的贷款】2 月 25 日应酬李兴坤支洋 30 元是什么呢？＝李兴坤在没钱时贷的款。

【田赋及附税额度】田赋和附税今年是多少呢？＝第二期是银 1 两正税 4 元，附捐 1 元里 2 元 90 钱，共是 11 元 88 钱。

每亩多少呢？＝不知道。

你有多少土地呢？＝27 亩 2。

这是大亩还是官亩呢？＝官亩。

对于 27 亩 2，第二期的正税是多少呢？＝第二期的正税是 3 元 96 钱 8 厘。

和 3 元 96 钱 8 厘相对的附捐是多少呢？＝11 元 78496（计算的结果是不是实纳额有待商榷）

去年的第一期呢？＝银一两是正税 4 元，附捐 3 元。

　　　第二期呢？＝银一两是正税 4 元，附捐 4 元。

　　　第三期呢？＝米一石是正税 6 元，附捐 4 元。

今年的第一期呢？＝银一两是正税 4 元，附捐 3 元。

今年的第二期呢？＝银一两是正税 4 元，附捐 3 元。

【田赋交纳方法】你自己交纳田赋吗？＝很忙的时候请别人。

不去请庄长吗？＝不请，请地方。

在庄长的地方民国二十九年九月立的二期田赋。

账是什么呢？＝也有拜托庄长的。无论哪一方交纳的，都是请庄长写姓名和金额的。

3 元 96 钱 8 厘是银吗？＝因为银一两是 4 元，不到银一两。

今年第二期的 2 元 79 钱，是针对每元的征收额，第一期的 3 元也是这样吗？＝不是这样的，是 1 两 3 即 1 元 75 钱。

每元征收若干附捐的计算的方法是第一次吗？　＝是首次。

银 1 两是几亩地呢？　＝不知道。

【资料 8】 第五保（冷水沟）的甲长名单

历城县张马区冷水沟乡第五保保甲组织系统表

甲副保长　张增俊

乙副保长　刘锡恩

联保主任李佩衡　保长杜凤山

丙副保长　李凤坤（昆）

丁副保长　任福裕

甲保	保长　杜凤山	乙保	
	副保长　张增俊		副保长　刘锡恩
甲别	甲长姓名	甲别	甲长姓名
第一甲	李长溪	第一甲	杨永修
二	李凤会	二	杨长明
第三甲	李兴昌	第三甲	李凤翊
四	高文龙	四	李永茂
五	高金声	五	刘化南
六	李文富	六	谢长海
七	李凤群	七	谢殿枫
八	李凤元	八	杜延禄
九	李凤文	九	张廷辉
十	陈富贵	十	李凤西
丙保	保长　杜凤山	丁保	
	副保长　李凤坤		副保长　任福裕
第一甲	杨立泉	第一甲	李鸿儒
二	杨立顺	二	谢宝臣
三	张冬祥	三	李永祥
四	李凤选	四	王为善
五	李长海	五	李登鳌
六	李长贵	六	李登汉
七	李凤俊	七	任福申
八	李宗伦	八	任福顺
九	李延斗	九	王存让

11 月 7 日

村费　包税

应答者　杜凤山（庄长）
地　点　县公署

【应答者简历】是什么时候成为村长的呢？＝自己是从民国十七年八月开始当村长。虽然每年都想辞职，但是不允许。

【村的摊款】摊款今年很多吧，到今天为止收集了几次呢？＝一年一年变多了。今年是第一次，到现在没有交纳的还有很多，是第五次了。1 毛 5（阴历三月）、麦子 5 合、3 毛、5 毛、1 元、1 元 6 角（是作为年底的准备现在收集）。在铁道的摊款里有 2000 元以上。

【庄长的田赋垫付】第二期的田赋已经收了吗？＝没有收齐。关于第一期的田赋还没交纳，由自己代替交纳。

村的大部分人都带着自己的田赋去交吗？＝每人带着自己的去交，不去的人由我带过去交。

那些自己不去交的人大概有多少户呢？＝不知道，120 元左右。

是由村长出钱，还是村里出钱呢？＝自己有的时候出，没有的话村里出。

那个会记载在收支总登上吗？＝不会，仅仅是自己的责任。

没有在账簿上记录的，村长要自己出钱吗？＝民国二十年时没有交纳的人如今长大了，可以领青年训练团的资金，庄长从这部分钱里取回。

那么田赋是由村里的大部分人自己去交吗？＝"着急"，即急着付的时候由庄长交纳，着急时地方会打锣。

今年有"着急"的情况吗？＝第二期有。

那时田赋是自己交到县里吗？＝着急时是自己去交，到了期限还没有交纳的人是自己凑钱去交。

阳历五月作为第一期的纳付时期，在县里的钱不足时先预借二月份的可以吗？＝有钱的人可以先交纳二月份的。必须要交纳到五月份的。

可以在县里开会通过区公所预借田赋吗？＝乡长说那不是他自己讲的。

【去年的村摊款】去年摊花项是多少钱呢？＝有 40 余项，1 亩 1 元多。去年的村费是 7000 多元。

此外还收了麦子吗？＝麦子也作为钱交上去了。

1 升要多少钱呢？＝1 元 6 毛。

谷子呢？＝去年没有割谷子。还没有割过。

由看坡人割谷子吗？＝是的。

今年是什么样的呢？＝麦子换算是 1.65 元。

【摊款及看坡费用和外村的关系】冷水沟中滩头村的人有土地吗？＝有。

滩头村的人会出摊花项给冷水沟的人吗？＝不出。只是冷水沟的看坡人必须交粮食。

冷水沟的人持有滩头村的土地后由谁出摊花项呢？＝冷水沟。仅仅只给滩头村看坡人粮食。

田赋一定是由地主出吗？＝是的。

地亩札中是拿滩头村中出来的吗？＝在边界有土地。

有冷水沟和没有到边界的土地吗？＝在县公署的旁边也有冷水沟的土地。但是他在济南住不需要负担摊款。

在村里住的人有人不负责摊款吗？＝没有土地的人不需要交。

有努力使自己不交的人吗？＝没有这样的人。

在济南附近住的有冷水沟土地的人要向冷水沟交摊款吗？＝他会向济南交。

冷水沟中坝子的人没有土地吗？＝没有。

滩头村的人有不是冷水沟村边界的土地吗？＝没有。

冷水沟的人有王舍人庄附近的土地吗？＝没有。

县公署附近有持有冷水沟土地的人吗？＝任福裕有。

摊款是要交纳到哪里的呢？＝交到冷水沟。

【牲畜买卖】有在村里买卖牛或猪吗？＝在村里买卖猪，牛、马去集市。（坝子、王舍人庄、大辛庄等）。

大集和小集的区别是什么？＝没有，在其他县。

沙河是小集，王舍人庄是大集吗？＝不是。

【屠户】在村里买猪的是什么人呢？＝屠户。

屠户以外的普通人不买吗？＝不买。

屠户在村里有几个人呢？＝4 人，李凤乾、张德俊、杜凤义、杜振东。

屠户会在葬礼或者婚礼上把普通人家的猪杀了吗？＝有这种情况。

【屠户的酬劳】有什么样的礼金呢？＝猪毛（不知道价格，大概 1 元左右），腰子（四五十钱），胰子（10 钱左右）。虽然是杀猪但是不费钱。

小肠呢？＝小肠不需要。

膀胱呢？＝有。

鬃呢？＝也有，这个价格很高。

其他不需要钱了吗？＝不需要，合起来是 2 元左右的礼金。

请杀的人吃饭吗？＝不用。

不请屠户可以自己在家杀吗？＝不可以。

【屠宰税】杀的时候有税吗？＝没有，杀之前每 1 头交 30 元给屠夫（去年有）。

【屠户和包税的】谁来出呢？＝屠户给包税的。

包税的是来村里取吗？＝屠户来市里时交给他。

截止去年收了 30 钱的税，今年开始不需要了。

代替这个需要拿几分去？ ＝其他什么也不收取。

屠户没有 1 头收取 30 钱，从包商包吗？ ＝包时会有损失，所以仅仅杀的时候交税。

这样一来屠户会虽然杀了 10 头却说杀了 4、5 头吗？ ＝不会，被发现的话会受到惩罚。

【蔬菜买卖】在王舍人庄的集市有卖白菜的来吗？ ＝来。

那时有中介人吗？ ＝没有，也不需要税。

柿也是这样吗？ ＝是的。

葱呢？ ＝葱不是，蔬菜类没有税。

称葱的人是固定的吗？ ＝没有。

是由买方还是卖方称重呢？ ＝卖方称重，买方没有秤。

在市场买白菜时借了市场的土地需要交礼金吗？ ＝不需要。

牙税需要什么呢？ ＝不需要。

【粮食买卖】粮食如何买卖呢？ ＝王舍人庄的地方有官斗称重。给溢出的。

溢出的叫什么呢？ ＝"上官斗"。米不足 1 斗不够时 1 合左右，不够的话会有两倍的罚金。

农民是在家里称好后拿去吗？ ＝是的。

【小学用地】本年的收支总登中 2 月 22 日杜凤义经手支典价小棋盘地洋 150 元是什么呢？ ＝由杜凤义管理，支付了 150 元的"典价"。这是 1500 元价格的地作为小学的运动场使用，先交首付，剩下的部分称"典"，支付的 150 元就是典价。

11 月 8 日

民众看家　保甲自卫团　出工　看铁路费　自行车税　卫粮地

应答者　杜凤山（庄长）
地　点　县公署

【保甲自卫团和民众看家】这个黄色的纸是用来做什么的呢？ ＝做本庄的夜间巡逻保甲自卫团的值班表。

保甲自卫团什么时候成立的？ ＝自从保甲制成立以来。这之前有间民众来看家。间中最多是 5 人，最少是每晚 3 人出来看家。

现在依然是民众看家吗？ ＝自保甲制成立以来，保甲自卫团看家，不由民众看家。

民众看家和保甲自卫团有什么不一样呢？ ＝内容一样，但是名字不同。

间的时代，各间出来的人只对自己的间巡夜吗？ ＝间有出 5 人的也有出 3 人的，从中各出 1 人。这样一来因为有 14 间就是 14 人。这 14 人绕村，剩下的 4 个人或 2 人绕自己的间。如果有事情 1 人休息时，其他的人代替那个人出来。

【看家时间】晚上几点出来呢？ ＝冬天是老钟 8 点开始到早上 5 点。

是为了什么看家呢？　＝因为不安全，有小偷。

因盗贼而最感到困扰的是什么事呢？　＝从外村来的小偷。现在大家都在看家，所以不来了。

这个间的看家是什么时候开始的呢？　＝庄长任职以来，冬天起风时或有威胁时也要看家。

【看家时期】冬天和夏天一样吗？例如冬天为了防火，夏天守护农作物，并没有特别多派人的情况吧？　＝没有，每次都是按地亩出。地亩数越多派出的人就越多。

有冬天集合很多人，夏天没人看家的情况吗？　＝到冬天阴历的年底为止。夏天不看家。

这是一年中什么时候有的呢？　＝阴历十月开始到年底结束。

这3个月之外没有吗？　＝这3个月之外非常忙，不能看家。

这样一来没有看家时会有小偷来吗？　＝那时大家劳动最少也会得到30钱、50钱，应该不会成为小偷。

【看家效果】间的看家时候五六人的劫匪来可以抓住吗？　＝四五人来没关系，看家的人有土炮可以抓住，不厉害的窃贼不会来。

间的看家叫作什么呢？　＝民众看家。

从间中出3人还是5人是由谁决定的呢，是由乡长、庄长、间长确定的吗？　＝是按地亩数出的。

【任福申的身份】现在的副庄长是谁呢？　＝任福申。他在间的时代是副庄长，保甲制度实行后成为甲长。这之前回答他不是副庄长就是这个理由。拥有大量土地很忙所以没有时间当副庄长。

他有多少土地呢？　＝50多亩（官亩）。兄弟两人。

【分配看家的方法——按地亩】间是按什么决定顺序的呢？　＝1间是25户，按土地的亩数5亩是1工。土地多的人每天都要出。

1间大概是多少工呢？　＝六七十工。这是全村一天出的数量。

5亩算1工那1间有多少工呢？　＝从1间开始1晚有5工、4工、3工。

有5亩土地的人几天出1次呢？　＝1个月或者20天出一次。

因为间里有地多和地少的，根据间的不同，同一工的人有必须1个月出1次的和20天出1次，这有什么区别吗？　＝没有，和土地多的间多出是一样的。

【保甲制的出役方法——按地亩】现在的保甲制几天1工呢？　＝10日1轮。

没有土地的人不出吗？　＝不出。

4亩、3亩的人呢？3亩是1工，3亩以下没有。

正好3亩呢？　＝没有男人不行。有的话必须出。

必须出多少岁到多少岁的男人呢？　＝十五六岁，17岁到50岁。没有60岁以上的。任福申的家里没有年轻的人，他的兄弟已经超过60岁，所以只有他自己去。

这样可以雇佣其他人吗？　＝可以出伙计（长工）。

不是这样临时雇佣的可以吗？　＝很费钱所以不这样。

自己可以出可是不想出可以临时雇人吗？ ＝没有人这样。

这样做可以吗？ ＝可以。

有 5 亩以上的土地但都是女孩子的家庭怎么办呢？ ＝五六亩的情况下，没有男孩子就可以不出，但是，10 亩以上必须要出钱。

8 亩呢？ ＝没有钱所以不需要。

9 亩呢？ ＝根据情况有钱的话需要交。

10 亩时无论如何也要交吗？ ＝是的。

10 亩以上的家庭都是只有女孩子，10 亩算 1 工吗？ ＝有土地 10 亩的话，就有长工（伙计），出长工。5 亩 1 工。

都是女孩子的家庭可以雇人出吗？ ＝雇佣本家的人，有请亲戚出的。

1 天出多少呢？ ＝1 日 1 元 50 钱或者 1 元。

有按月付款的吗？ ＝没有，有按年的。

这个是长工吧，一年大概多少呢？ ＝管饭，六七十元乃至百元。

不是长工，看家夜工一年多少，按年的人有吗？ ＝没有，安全的时候不需要看家，所以没有按年。

仅有女孩子的家代替出人可以向闾里或者庄里交钱吗？ ＝庄公所不受理。必须出人。

5 亩 1 工是现在的保甲制度还是你是村长时的制度呢？ ＝从很久之前到现在都是这样。

【缺勤和代人出役】自己家忙的时候或者生病时怎么办呢？ ＝生病可以不出。

忙的时候呢？ ＝冬天不忙。

婚礼等忙的时候呢？ ＝可以不出，因为仅仅是一两天。

仅有一个男人去济南或者北京的时候呢？ ＝一天或者两三天还好，时间久了就必须要请别人。

这样的话请的人 1 天多少钱呢？ ＝不一定，本家的亲戚的话不需要钱仅仅管饭。邻居或者朋友也不需要钱。不认识的人的话 1 天 50 钱左右。做饭就不用给工钱。

生病的时候不找人代替出工也可以吗？ ＝是的。

那时候不拜托亲戚吗？ ＝没有必要。

在济南但是土地在这里的人需要出吗？ ＝不出，家不在这里，小偷不会进来。

但是田需要看着呀？ ＝应该没有偷土地的。

【看坡的时期】值夜班从 10 月开始到 12 月需要看坡吗？ ＝不需要，看坡仅在有农作物时。

看坡是阴历的几月到几月呢？ ＝麦子的时候是四月到五月，谷子、高粱、豆子、稻子是从七月到九月。

这样一来，正月、二、三月和六月，既没有看坡也没有看家吗？ ＝没有。

看坡白天晚上都要看吗？ ＝是的，如果被盗需要赔偿。

【看坡的酬劳】看坡会从庄公所得到礼金吗？ ＝不会，每家 1 大亩半升（高粱的时候谷子便宜用谷子），麦子的时候用半升。

1 个人会有 2 次吗？ ＝不会，种植了麦子就不会种植谷子。有种豆子的，那时也是半升。

水稻呢？＝本庄有水稻也有谷子。其他的村看坡是按一棵稻子（一捆）。

一棵大概是多少？＝半升。

是只有穗吗？＝穗和茎都有。

谷子的时候也有吗？＝穗没有。

【看坡和外村的关系】冷水沟的人会有滩头村的稻田吗？＝会。

其他村的人在滩头村人看坡时种小麦要怎么办呢？＝麦按 1 升。

豆子呢？＝谷子 1 升。

本庄中可以做豆子也可以种谷子吗？＝种谷子。

租地时是由地主付还是佃农付呢？＝佃农。不能让地主付半升。

滩头村人的地给冷水沟的人耕种时由佃农付吗？＝是的。

【保甲制和甲长】上午问了间时代的看家现在的相关情况，接下来想问保成为甲自卫团后的样子。首先这个黄色的纸写着李长溪 58 亩 202，门户工 9 个、工 12 个，这里写的人名是甲长吗？＝是的。

这个亩数呢？＝一甲的总数。

合起来是 42 顷吗？＝大体是的。

3 亩以下的不数吗？＝是的，太少了（实际全部是 42 顷）。

【门户工】门户工是什么？＝仅仅有 1、2 亩土地，吃不上饭不需要出工。

门户工是免除出工的家庭吗？＝是的（根据后面可以判断是错误的，因为应答者：没有理解，由口译者导致的误解）。

李长溪的甲有 10 户吗？＝9 户，第二户的任天养去了滕县。

这样一来 9 户都必须要出工吗？＝是的。

保甲第六甲李文富门户工是 10，谁也不出可以吗？＝是的，穷人可以免除，自己都吃不上饭不能出工，5 亩算 1 工。

李长溪家有出人吗？＝没有。

庄长是哪个甲的？＝丁保第七甲。

甲长是任福申吗？＝是的。

任福申 1 顷 90 亩门户工 8 个，工 38 个，这里的门户工 8 个是指什么呢？＝庄长杜凤山和地方任福润做公事，所以可以不当摊工。

门户工 8 户是因为一甲有 10 户，减去 2 户吗？＝是的。

这之外的 5 户都是有 5 亩以上土地的吗？＝任福才有 3 亩零 4 厘 1，地亩少而人很多要出。

门户工是什么呢？＝门户工是之前门户 1 户出 1 工，因为不公平所以废止，变为按地亩数分。在丁保第七甲有 38 工。这之中任福申有 13 工。

13 工是什么时候出的呢？＝10 天前。

如何出呢？＝有时 1 天 1 工，有时 1 天 2 工。

【保甲点名册】是按什么顺序来呢？＝在账面上，让看那个（点名册）。

这个甲的 1 顷 90 亩中，杜凤山的地亩数算进去了吗？ ＝不知道，数后看看（实事上有加入）。

【亩数和工数】甲保第一甲是李长溪 16 亩 7 分出几个工呢？ ＝3 工。

李兴山 1 亩 2 分 6 厘 6 毛呢？ ＝没有。

李长城 6 亩 2 分 7 厘呢？ ＝1 工。

李长森 2 亩 4 分 20 呢？ ＝没有。

李长林 2 亩 3 厘呢？ ＝没有。

李玉书 8 亩 807 呢？ ＝2 工。

李元湘 3 亩 9 分 3 厘呢？ ＝1 工。

李元贵 7 亩 6 分 5 厘 4 毛呢？ ＝2 工。

高名逮 9 亩零 1 厘 4 毛呢？ ＝2 工。

合计以上和这个表的公数合吗？ ＝这个表有 1 工弄错了。

全体的工合计是甲保 195、乙保 241、丙保 147、丁保 242，合计是 825 工，这要怎么办呢？ ＝这个按 10 天 1 轮，1 天出 80 人。

【保甲的方法】这 80 人要怎么做呢？ ＝围着村子转。

由谁带领呢？ ＝以上 80 人之外还有 4 人。1 人带 20 人左右，分为四组。前两组休息时，另外两组一组从南到北，一组从北到南转。这两组都到达南北的庙后，在庙里休息，其余的两组开始巡逻。

【保甲指挥者】雇的这 4 人是村子里的人吗？ ＝是的。

村里的什么人呢？ ＝二三十左右的年轻人。

甲长或者保长吗？ ＝不是。如果是甲长或者保长就没有工资了。

那这 4 人是没有土地的人吗？ ＝土地少的人。

受过训练吗？ ＝在青年团受过训练，有从区丁退下来的人。

这 4 人是因为有能力被选上的还是因为没有钱没有征募呢？ ＝有能力工作但是并不是其他的选举，因为回家后没有工作。

这个的报酬呢？ ＝一天 1 元。这是短工。

即使这样也会有时改变吗？ ＝不会改变。

去年的收支总登是这些人支付的吗？ ＝不是，因为去年是民众看家。

今年有吗？ ＝今年是刚刚开始，所以没有。

起的什么名字呢？ ＝按带工人支洋的多少起名字。

每晚出的 80 人不做饭吗？ ＝因为很冷，烧炭（石炭）做。

买炭费是由庄公所出吗？ ＝是的。

【修路出工】为了修理汽车路需要出人时按照表里的要出多少人呢？ ＝从庄里到保通知土地多的保多出并且命名。保分配到各个甲。去年修济南的汽车路时，命令出车 80 辆，一辆车有两个人，合起来，有时一天出 300 名工人。

修济南汽车路时，是怎样出的呢？ ＝有车的全出了，有人的人家也全出了。

给钱吗？ ＝去远地方修路时，会管饭。

哪里管饭呢？＝由庄里出钱，因为和自己家离得远，没有准备熟饭，没有办法由庄公所出。

【出工的事由】从村里必须出人时，是什么情况多呢？＝需要修汽车路，但是仅仅有两三天时间，需要大量出工。

在什么情况下必须大量出工呢？＝看铁路、车站、青年训练团、少年训练团的时候。

【看铁路的出工】看铁路是什么呢？＝每晚看铁路。和李家庄一共出 3 人，冷水沟 2 人半，李家庄半人。

一天多少钱呢？＝一天 1 元。

有 1 元 50 钱吗？＝长工是 1 元。

每月支付一次，因为离冷水沟很远，1 元在王舍人庄是最便宜的了。

从乡公所来的分配爱路费和爱护村饷费是一样的吗？＝是由李佩衡经手的，所以不知道。站的花钱有两种：一种是看铁路的费用；另一种是区的花费。不知道哪一个是爱路费。

那么 3 月 25 日的 3 月份爱路费 53 元 5 毛 8 钱是什么呢？＝看铁路的 3 人，需要 90元，是由冷水沟负担的。不过，这是每日支付的（注：这是错误的）。

1 月份爱护区薪饷 124 元 9 毛是什么呢？＝乡公所仅仅收这些钱。这也是爱护区的费用。

爱护区是什么呢？＝在车站做看铁路一类工作的地方。是那些人们的月工资。

本乡凭摊爱路费是指什么？＝乡长申请 1 月、2 月的爱路费，仅仅是有这样的通知，不知道是不是看铁路的费用。

在六月爱路费在乡需要 151 元 57 钱，在庄需要 63 元 6 毛 6，这是什么呢？＝在为了维持线路旁边的房子，或者是石油费等。

这样一来，直接从庄里出，房子什么的费用由乡里出吗？＝是的。

【保甲费】保甲费是什么？＝什么保甲费呢？

一年 2 次，每官亩 1 分 5，记 3 分，向县里交纳的费用是什么？＝通过乡向区里申请来的费用，和杂项摊款一起。

这个如何使用呢？＝不知道，是从新民会来的，还是县公署来的不知道。

今年也有吗？＝没有。

县的秘书来时听到了吗？＝没有听到。

仅仅是去年吗？＝是的。

【自行车税】有自行车税吗？＝没有。

在济南有吗？＝没有，济南仅仅买牌子。

牌子要多少钱呢？＝1 元或者 3 元吧。

用来做什么呢？＝买了之后，在济南可以骑自行车。

有效期多久呢？＝不知道。

没有牌子怎么办呢？＝必须持有牌子，会让买牌子。

在历城有做牌子的说法吗？＝没有。

没有也可以吗？＝必须去济南买。即使在历城可以，这牌子也只能在济南用。

【烟酒牌照税】有烟酒牌照税吗？＝是在济南收的，村里没有。

是什么税呢？＝营业税。

冷水沟也有交纳的人吗？＝不知道冷水沟的酒是不是在济南交纳。

烟草呢？＝没有，最近因为很高，所以没有批发的。

批发时税很高吗？＝在济南买就有税。

济南谁交纳呢？＝不知道。

【统税】统税怎么样呢？＝统税是什么呢？

知道统税局吗？＝不是交纳税金的地方吗？

【模范区联合办事处的经费】模范区联合办事处在哪里呢？＝在王舍人庄。

做什么事情呢？＝历城县的区长做工作时来这里。

区公所、庄公所中有吗？＝是不一样的，在孟家胡同。

来村里取钱需要花费什么呢？＝建立了 38 个模范村。在县里训练的青年训练是用这个管理的，是这里的费用。

和孟家胡同里的有什么不同呢？＝前者在全县，后者是在 38 个村中。

孟家胡同要全县的钱吗？＝不是。

这个模范联合办事处是为什么用乡公所的钱去呢？＝在乡公所有的沙河没有进入 38 村，必须去乡里卖。

【商务会和庄公所】商务会是什么？＝在王舍人庄，买卖新民会物品的地方。

是什么时候开始的呢？＝去年下半年。

这之前在王舍人庄没有商会吗？＝城内（济南）有。虽然这里想成立，但是没有。

成立之后冷水沟人有什么利益吗？＝没有利益，只是买不到时让他人代买。

这样让他人代买在年底还礼吗？＝小铺每月出 10 钱。

有冷水沟出的人吗？＝大厂铺 2 间，小杂货铺 1 间 3 户。

庄公所需要向商会出什么呢？＝不出。

去年的收支总登最后一页上写着商会长张子缓大米 1 斗，这是什么意思呢？＝他女儿嫁人时赠予的。

每年节日或者在正月，庄公所没有赠予吗？＝没有。

县的临时摊款需要商人负担吗？＝不需要。

【卫粮地】知道卫地吗？＝是卫粮地。冷水沟没有。

为什么呢？＝前清时代有保护村的兵，是有一期、二期的田赋，没有漕粮。

二期的田赋比大粮地便宜吗？＝不知道具体便宜多少，但是便宜。

卫粮地里书和大粮地的里书一样吗？＝现在卫粮地没有里书，由县直接来交纳。一直以来管理卫粮地的里书去世了。（注：杨家屯的例子呢？）

卫粮地不需要里书吗？＝不需要。

过拔是在哪里呢？＝从县里来的。

【钱粮】钱粮是什么？＝典地时 1 亩地 1 元，给出典者的东西。

有大量土地租给佃农耕种，从佃农征收的叫钱粮吗？＝是叫作租粮。

租粮是什么，佃农上交的粮食吗？＝是的。

租佃土地时由谁出摊款呢？＝地主。

佃农什么都不出吗？＝是的。

出典时由谁来出呢？＝地主出。

承典者现在一样摊款高时有帮助吗？＝没有。

钱粮是为了什么收的呢？＝典地时 1 亩 60 钱。过去是二三十钱，现在花费钱是 1 元以上。

典价之外呢？＝也是这样。

是为了什么给的呢？＝花钱费。

不是为了摊款吗？＝不仅仅是这样。

这在典契上写着吗？＝没有，很少写。

租佃土地时佃农来交纳摊款吗？＝不是。

租佃土地时田赋由哪里出呢？＝地主。

出田赋摊款对地主来说太多了，佃农不需要来帮助吗？＝不需要。

典时田赋由谁来出呢？＝地主。

钱粮是为了减轻地主的负担吗？＝是的。

钱粮是什么意思呢？＝典地时花钱 1 亩 60 钱，交 1 元其他什么都不需要。

佃农不需要交钱粮什么的吗？＝不需要。

11 月 9 日

田赋的交纳方法

应答者　杜凤山（庄长）

地　　点　冷水沟庄长家

【庄公所的田赋交纳】下面的账簿记载的二期情况如何？＝任福申收庄内的银子。

去年第二期、第三期的田赋是任福申一并交去的吗？＝现在收的钱是要明天带到县公署去。这是在庄的办公所收的，带到县公署去。

今年也是这样吗？＝没有。

前年呢？＝没有，这仅限于应急场合。

这种应急场合是什么呢？＝不知道。

这种应急场合需要开会吗？＝在地方敲锣通知。

这是 9 月 23 日开始到 10 月 3 日交纳的，第二期通常是什么时候交纳的呢？＝通常是 7 月开始，10 月 1 日必须全部交纳。

【资料 9】田赋表　　　　（封面）

中华民国二十九年九月立
即三期
收二期田赋账

（内容）

卷头

二十二日　（注：阴历九月）

任福才　一户　一元

　　　　二十三日

李王祥　一户　四元六三

（中略）

十月初三日

以上共入洋一千二百四十八元八毛九分

　　　　初四日

李永祥　　　　　五元一八

　　　　初八日

谢立崑　　　　二元三

（中略）

初四日至初十日共收　七十七元二八

（二期关系到此结束 空一页）

三期田赋

　　　十一月二十二日

张秀领　　　　一元

桿克亮　　　　一元九三

　　　二十八日

张秀呈　　　　二元三七

李展一　　　　二元七五

（中略）

以上共入洋七百四十五元〇四

11 月 10 日

米谷的买卖　新民会收购米谷

应答者　冷水沟在住贩户李宗相（41 岁）
　　　　谢长兴（57 岁）、杨长盛（57 岁）
地　点　县公署

【应答者拥有的土地亩数】李宗相的土地有多少呢？＝5 亩（大亩），水田是半分地。

谢长兴的土地呢？＝6 亩（大亩），水田是 3 分地。

杨长盛的土地呢？＝5 亩（大亩），水田是 7 分地。

【应答者的米谷买卖】李宗相主要的买卖是什么呢？＝这 3 人都是买了大米后去济南卖。另外李去小清河的北边买了杂粮然后卖。

前年李宗相在济南卖了多少大米呢？＝20 石左右。

卖往济南以外呢？＝没有，杂粮是在河北买的，在王舍人庄及坝子卖。

谢长兴呢？＝30 石左右。

杨呢？＝十六七石左右。

李去市的时候有牙纪吗？＝没有。拿着粮食来，有买方。

要给过斗什么礼金吗？＝没有。

【王舍人庄的斗行】王舍人庄的斗行是谁呢？＝两三人。

这是庄公所或者区公所的人吗？＝不是，是专门做斗行的人。

【济南东关市的牙纪】你们去济南时的店是固定的吗？＝拿到济南东关。那个市每天都有。

那里有牙纪吗？＝有。

有过斗吗？＝没有，用秤。

在王舍人庄的市？＝没有拾起溢出的，拿过去的全部要称。

【交易方法】买的人大概是什么人呢？＝有买卖人，也有通常人。

和王舍人庄比东关市大一些吧？＝王舍人庄市的一半。

全是大米吗？＝全是大米。

全是谷粒吗？＝细米。从百姓买的是玄米（粗米）。然后自己变为细米拿去。

去年和前年的行市呢？＝前年是一斗（37 斤）7 元，去年是 12 元到 14 元。

【贩户收益】来村里买粗米时多少钱呢？＝前年是 6 元四五十钱，去年是十二三元。一斗大概有 60 钱左右的利润（纯利润是 30 钱，粗米成为细米的糠给牲畜）。

你们做了多少年了呢？＝很长，十五六年了。

【新民会的收买】去年新民会很困扰吧？＝李先生仅来过一次新民会。其他人全部去了济南。

来新民会有损失吗？＝不赚钱，济南的行情下降了。李最初是去了济南，然后带到了新民会。

知道是新民会时交了手续费吗？＝没有，和济南一样。

新民会马上会给钱吗？＝是的。

前几天去新民会看，他们说今年也会做吗？＝虽然知道但是如果新民会做，我们的买卖就做不下去。村离新民会很近，所以百姓自己去卖，我们的买卖做不下去。

这样一来怎么办呢？＝李先生卖杂粮，其他 2 人拾麦子。

今年听说会变得更严重吗？＝农民们自己决定去济南是被禁止的。

今年卖了吗？＝少卖了一点，但是这次已经不行了吧。

从前来去济南时由农民自己去吗？＝有过这种情况。

你们卖时哪一方多呢？＝我们一方多一些。卖给我们不需要来往的车费。

今天你们来王舍人庄市吗？＝没来。

有卖给这个市的大米吗？＝没有，梁玉庄、坝子等。

屠户　屠宰税

应答者　住在冷水沟的屠户杜凤义（47 岁）
　　　　杜振东（39 岁）
地　点　县公署

【屠户】杜凤义几年来一次呢？＝五六年。

杜振东呢？＝3 年。

屠户是杀猪的吗？＝仅仅是杀猪。

杀牛是什么呢？＝历城县没有。不知道。

杜振东在杀猪时需要向包商报告吗？＝不用汇报，自己决定。

卖给市里以后在哪里买猪肉呢？＝冷水沟之外，其他村也有。

一头猪卖多少钱呢？＝1 斤 1 元。重量目测。

普通的猪大概要多少钱呢？＝50 斤左右，四五十元。

杜凤义是一月杀多少头呢？＝五六头，振东是四五头。

杀猪多时要等什么日子？＝节日和新年。

杜凤义先生在今年的节日杀了多少呢？＝2 头，振东也是 2 头。

在正月呢？＝百姓们自己杀了后，拿到市里。

在正月百姓自己杀还是卖屠户杀的呢？＝卖屠户杀的。

百姓杀后卖仅仅是在正月吗？＝结婚时也有，但是很少。

【屠户的酬劳】这样杀之后需要给什么礼金吗？＝猪毛、鬃、胰子、膀胱，没有小肠。

其他不给钱吗？＝因为是村里的人，所以不卖。

其他村的人呢？＝不需要。

你们在杀后卖时需要交屠宰税吗？＝由屠户出，农民不用交。

普通人即农民自己杀猪然后卖的话猪毛、胰子、膀胱也可以卖吗？ ＝是的。

【交纳屠宰税】屠户交屠宰税吗？ ＝交。

交到哪里去呢？ ＝王舍人庄市的，一个叫陈四的人那里。

在坝子呢？ ＝还是那个人。

这个人在市里卖肉吗？ ＝没有。

这个人做什么工作呢，在市场里转来转去吗？ ＝住在王舍人庄的南街，往肉上按章，一头卖 30 钱。

大辛庄也是交给他吗？ ＝是的。

一头肉一半给坝子，一半卖给王舍人庄，去哪里交纳呢？ ＝无论在哪里收都可以。

屠宰税一头 30 钱是什么时候决定的事情呢？ ＝很久之前，什么时候不知道。

在正月，百姓自己杀时也需要交税吗？ ＝自己吃或是不知道的情况下，不需要交，拿到市里去需要交税。

在正月百姓拿到市里卖也可以吗？ ＝可以。

结婚典礼时屠宰后怎么样呢？ ＝如果被陈四知道也必须纳税。

现在屠宰后卖到哪里去是确定的吗，正月一般人可以在市里卖吗？ ＝去哪里卖都可以。

不是正月，平时会来吗？ ＝来。

在沙河有市吗？ ＝有小集，自己去。

结婚典礼时由屠户代理交给陈四可以吗？ ＝可以。

卖掉作为回礼，自己收到的猪毛之类的东西后，其他的交给陈四要 30 钱吗？ ＝是的。

刀钱呢？ ＝没有。

以前好像有刀钱，现在没有了吗？ ＝没有。

结婚典礼或者是正月时 30 钱什么时候交呢？ ＝在村里临时杀猪时不按印，去市里屠户交纳。

【屠户没有包税】例如杜凤义一年从陈四处包的情况有吗？ ＝没有。

包一年的屠宰税，如果再杀就可以赚，不杀会亏损，事变前也是这样吗？ ＝不清楚。

其他的区有吗？ ＝不知道。

在河北省等地，包的情况很多。你们县的情况怎么样呢？ ＝河北一带有，但我们这边因为有乱赶集，即没有法则地去市场，所以没有。

在正月，普通人去市里卖肉时，屠宰税是 30 钱吗？ ＝是的。

【验钱票的】陈四收了屠宰税后拿到哪里去呢？ ＝不知道。

为什么要交纳屠宰税呢？ ＝不知道。

陈四是什么时候开始交税呢？ ＝今年开始。

去年呢？ ＝刘志田（济南）。

前年呢？ ＝孙。

每年变后怎么知道应该交给谁呢？ ＝哪个人拿着印，就给哪个人钱。自己不会写的，印上有写字。

按印后交 30 钱就可以了吗？ ＝是的。

在村里杀的时候呢？ ＝不按印也可以不交。

不管屠户清不清楚，都要交纳 30 钱吗？ ＝是的。

像陈四这样的叫作什么呢？ ＝敛票钱的。

按印后给票吗？ ＝不给。

【猪毛、膀胱、胰子的处理】收集猪毛什么的卖到哪里去呢？ ＝有从济南来买的人，卖给那个人。

膀胱呢？ ＝卖给酒肆，桶装的盖子。一个 5 钱。

胰子呢？ ＝卖给市卖肉的人，猪头、脚、小肠、胰子一起卖。价格是 5 元左右。

敛票钱的在各村转后来吗？ ＝不是。

杀一头可以赚多少呢？ ＝5 元左右。

11 月 6 日

田赋　村的摊款　田赋预借　里书　屠宰　税　秤斗牙税

应答者　李长亭（新民会合作社会计）

地　点　新民会

【应答者简历】在新民会是什么时候开始工作的呢？ ＝7 月 1 日开始。

之前在哪里呢？ ＝冷水沟合作社。

冷水沟的人吗？ ＝冷水沟，一直在冷水沟长大（第三保四甲九户）。

家长是谁呢？ ＝李凤嗣。甲长是李长海。

在家里有多少土地呢？ ＝官亩 6 亩。

大亩呢？ ＝2 亩 8 分多。

【交纳田赋】收多少田赋呢？ ＝今年是。

第一期　官亩 1 亩地 4 毛

第二期　1 亩地 6 毛

第三期　未定

这里包含附捐吗？ ＝包含。

第一期是交到哪里呢？ ＝自己交到征收处。

第二期呢？ ＝也是这样。

村民不用自己拿到征收处，交到地方吗？ ＝有请地方的，也有请乡长的。

请什么样的人去收呢？ ＝县公署急要时，庄公所去交。

今年是什么样子的呢？ ＝第一期是庄长，3 天左右；第二期是庄长。

每年第一次都是庄长拿去吗？ ＝是没有确定的，县公署必要的场合。

第一期马上送到庄公所要什么时候呢？ ＝阴历的二月十六、十七、十八日。庄长收回的是一部分。

是庄长一户一户去收集还是拿庄摊款去呢？＝定的日期临时拿着摊款去。庄长有剩余摊款时交纳，没有时从各户收集。

【村摊款】这样一来，急用时去每户收集不是田赋是摊款吗？＝是摊款。摊款比田赋多四五倍。

今年的摊款收了几次呢？＝5次，1亩1毛、5.5毛、3毛、5毛、1元6毛。其他的是麦子官亩1亩地4斤（半升）。

1亩1毛是官亩吗？＝是的。

官亩1亩呢？＝288步。

大亩呢？＝600步。

去年的摊款是多少呢？＝不记得了。

去年的麦子呢？＝1亩地麦子3合，谷子5合。

今年的摊款收了几次呢？＝两三次。合计1元50钱左右。

今年没有谷子吗？＝还没有，今年是现在1元60钱。因为会取所以大概没有吧。

【庄务会】收取摊款时开会吗？＝庄长召集保长、甲长开会，称作"庄务会"。

其他人不参加吗？＝不参加。

乡长呢？＝不参加。

小学校长呢？＝不参加。

任福申呢？＝参加。他之前是副庄长，他是庄长的管账。

他不是甲长吗？＝不是。

他现在还是副庄长吗？＝副庄长。

决定了摊款的开会时，谁去通知各户呢？＝通知各甲长通知。

各户带到哪里去呢？＝带到甲长处。

甲长需要交到庄长那里吗？＝甲长给副保长，副保长给庄长。

【资料10】各保总账的内容

任福裕

三月初四	收洋四十五元
初五	收洋五十元
初七	二次
初九	收洋六十一元
廿二日	收洋十五元
五月初一日	

	李宗坤
收任福裕	麦子一石半
又收	麦子一石

收	任福润麦	
	麦子一石	
六月十四日		
收麦子一斗	合洋十七元	
十八日		
收麦子四斗	杨继尧手	
收麦子四斗	杨汝洲手	
廿一日		
收洋	五十元	
廿五日		
收洋	十五元	
又收洋	十元	
廿八日	二十五元	
收洋		
七月一日		
收洋	七十元	
收洋	三十四元	
七月十七日		
收洋	十元	

刘锡恩

三月		
内有谢屏风八元		
初三	收洋二十八元	
初七	收洋五十六元	
四月		
十八日	收洋三十元	
廿三日	收洋三十元	
五月初二		

收刘恩

麦子三斗	五十一元	
六月二十日		
收麦子洋	一百元	
又六月初二日		
收麦子洋	一百四十元	
初六日	拨乡公所	
收麦子洋	三百元	
收麦子洋	一百零八元	
十四日		
收刘锡恩	麦子洋九十九元	
谢保良用		
又收麦子斗半	谢保良用	
又收麦子四斗半	程德隆用	

张增俊

三月六日	收洋一百三十元	拨电料子
	七月初八日	收洋二十六元
	六月十六日	
		李宗义收
	收张增俊	麦子　一石
		李盛收
	收、、	麦子　一石
		李宗坤收
	收、、	麦子　五斗
	廿日	
		李宗坤收
	收、、	麦子　一石五斗
	七月初一日	
	十五日	收洋三十元
	收洋十五元	买自行车用

李凤坤

	一月六日	收洋三十元
	初七日	收洋二十元
	初十日	收洋三十元
	十五日	
	收李宗伦	洋十元
	又六月初一日	
	李凤海手	
	收洋	十元

六月廿日	杨长有收	
	收李凤坤	麦子三石
	七月初二日	
	收洋五十元	自行车用
	收洋二十元	路允庆收
	收麦子	一斗

　　【摊款用途公示】庄长知道村的各户如何使用摊款吗？＝每年年底誊写的账，可以在公案上看到。冷水沟会张贴在学校的前面。

　　摊款的时候，收麦子、谷子是很久之前就开始的吗？＝很久之前就有。

　　和收钱相比，哪个先开始的呢？＝春天是收钱，秋天是割完麦子收麦子。

　　村里的人摊款，不会有很多人会说摊款太多不公平吗？＝有不公平的情况存在。那时可以去庄里询问。

　　有这样的情况吗？＝冷水沟可能没有。

　　【田赋预借】今年的2月田赋预借时要出多少呢？＝不知道。

那时是从村里的摊款出还是向各户收集呢？ ＝由庄公所出。

交纳第一期时不交预借也可以吗？ ＝田赋是另外收的。

预借不是田赋吗？ ＝现在收田赋然后返还。去年的师县长没有返还预借。也有还的时候。

今年呢？ ＝大部分是在年底返还。

庄长和地方知道田赋的情况下有去收吗？ ＝自己拿去交的比较多。

没有请吗？ ＝地方和庄长仅有催促的义务。

返还预借时用什么方法返还呢，有返还过吗？ ＝返还时作为庄的费用返还。另外和田赋一样返还。

和田赋一样返还指的是什么？ ＝农民向庄公所交纳田赋，县向庄里返还时是村的花项。不返回给农民。

什么时候有呢？ ＝去年，在 10 月份。

由县公署来返还的吗？ ＝返还第一期的预借，虽然有第二期的预借，但是还没有还。

农民来庄公所交纳田赋时是什么时候呢？ ＝农民忙时，没有时间交纳给庄公所。

有这样的情况吗？ ＝有。

自己交到县里多，还是自己交到庄公所多呢？ ＝自己交到县里的比较多。

交纳摊款不出田赋，出庄公所的摊款卖可以吗？ ＝有按预借交纳的，没有交纳田赋去卖的。

预借每年都有吗？ ＝这 5 年每年都有。

【今年的田赋】今年田赋第一期 4 毛是和去年相同吗？ ＝大体相同。

这 1 亩 4 毛是谁规定的呢？ ＝1 两地是 13 亩 6，1 两银子是正税 4 元（第一期是 2 元），附捐 3 元 5，推算出 1 亩地 4 毛。

第二期是什么样子呢？ ＝附捐 594，正税 2 元。

自己拿去吗？ ＝推票需要花费 2 钱。1 两是不到 13 亩 6。

你说的是不是与这里调查的第二期金额 15 元 88 钱很不一样呢？ ＝第一期是 1 两交纳 11 元，分成两部分是 5 元 50 钱，第二期是交纳 15 元 88 钱的一半，7 元 94 钱。

1 亩地第一期 4 毛，第二期 6 毛，是谁报告的呢？ ＝自己大概计算的。

庄长也是自己估算的吗？ ＝庄长让村里的人算一下这次大概 1 亩要多少。因为庄长说了，所以大概计算，和这个多少有一点出入。

【征收处】征收处收钓鱼钱或者酒钱吗？ ＝如果像 10 元的纸币代替 9 元 90 几钱时，不能钓。这些按照县公署的计算和命令执行，农民不懂。

不会让给酒钱吗？ ＝不会。大概取出多余的 1、2 钱吧。

你们会到窗口去交涉，要求减少田赋吗？ ＝我们说也是没用的，不如说是对方在算细账。

【过拨和里书来庄】过拨费 1 亩多少钱呢？ ＝在庄内 1 亩是 1 元，外庄是 2 元。以前是 50 钱和 1 元，去年冬天涨了。

里书什么时候来村里呢？ ＝阴历的十二月二十九日。买卖人在里书来之前，比如 8 月左右买卖。

这样需要告诉庄长吗？ ＝不需要。

庄长收摊款时不会感到困扰吗？ ＝里书来的时候，给买的人发过拨的单子。这个可以提示庄长。

8 月买卖时收摊款有困难吗？ ＝就算在 8 月买卖，12 月底之前田赋和摊款都要交给旧主。

冷水沟的李在滩头村有 5 亩的土地，摊款要交到哪里呢？ ＝交给冷水沟。

那个土地是冷水沟的土地还是滩头村的土地呢？ ＝冷水沟的土地。

是飞地吗？ ＝是的。

这里的摊款要交纳到哪里呢？ ＝交纳到冷水沟。

这里的看坡是由哪里看的呢？ ＝看坡是由滩头村出。

出多少呢？ ＝本庄的时候麦子和谷子 5 合，外庄是 1 升。

【屠户】你家杀过猪吗？ ＝没有。

通常葬礼或者婚礼时，是自己杀猪还是请屠户杀呢？ ＝请屠户。

从屠户买的东西有吗？ ＝有。

哪一样多一点呢？ ＝大户（财主）杀猪，小户（穷人）买。

屠户在冷水沟有多少人呢？ ＝李凤乾、张德俊、杜七，另外一人是杜三。

李凤义不是吗？ ＝李凤义是看病的，也就是医生。

李凤义是什么呢？ ＝做农业的，不是屠户。

这里面谁杀的最多呢？ ＝杜三。

一月中杀多少头呢？ ＝一般每月 10 头至 15 头。正月一个月杀 100 头。

【屠户的酬劳】杀后卖需要给礼金吗？ ＝毛、鬃和小肠，但是小肠作为税。猪一头的毛、鬃可以赚五六元。

膀胱没有吗？ ＝没有。

胰子呢？ ＝不让屠户做。

毛或者鬃不要可以把钱当礼吗？ ＝没有。

不要毛和鬃可以用其他当礼吗？ ＝不可以。

其他不能当礼吗？ ＝不可以。根据场合不同，请杀 5 头猪时，鬃的价格低的情况下，请屠户出 5 元左右买回。

作为税出的是小肠吗？ ＝仅仅是小肠。

不用钱吗？ ＝屠户交纳。

不给饭吗？ ＝不给，杀猪时屠户带着高粱去，然后用开水去猪毛。

小肠大概是多少钱呢？ ＝80 钱左右。

【屠户纳税】屠户交纳税大概是多少钱呢？ ＝今年不知道，去年是 30 钱。去年小肠的价格是 30 钱左右。

屠户去哪里交税呢？ ＝因为不知道包税的在哪儿。

如果屠户不交 1 头 30 钱的税，包年交可以吗？ ＝没有。

在村没有买卖牛猪吗？ ＝有。

【水钱】那时有税吗？ ＝没有税，在市里需要税。在村里买卖时，买方给卖方 50、60 钱的水钱。

水钱是什么呢？ ＝礼金的意思。

没有税的意思吗？ ＝没有。

在市里如果需要税都不在村里买卖吗？ ＝东梧村、终宫区一带肥猪很少，都到邢村去买卖，大家都去那里买。

【包商和牙纪】来市里后有牙纪和经纪，冷水沟有几人呢？ ＝没有。

王舍人庄的市有几人呢？ ＝1 人，杜福德。

包商是什么呢？ ＝他是经纪。有 3 人的包商但是不知道姓名。

3 个包商是什么和什么的包商呢？ ＝是张马区（王舍人庄、坝子、大辛庄）全体 3 人合办只有屠宰和牲畜。包商没有秤斗税。

【大集和小集】大集和小集有什么区别呢？ ＝大集是指之前说的 3 个，那里有包商。小集里平日没有牲畜、屠宰，正月时有屠宰。

在小集有什么呢？ ＝没有税。

在一个市二、七有大集，四、九是小集吗？ ＝大集时一直是大集；小集一直是小集。

在小集没有秤斗牙税吗？ ＝没有。

大集呢？ ＝仅在王舍人庄有。

【秤斗牙税的包商】秤斗牙税有包商吗？ ＝没有包商。

那有什么呢？ ＝由庄长包办。庄长仅仅斗税。

秤税是谁来收的呢？ ＝去年区的公所做的，今年没有。

庄长做的意思是在庄公所做吗？ ＝用斗来称粮食，收取溢出的粮食。

给庄长还是庄公所呢？ ＝不知道。

10 月 7 日

新民会的大米买卖

谈话者　历城县新民会佐藤熏先生
地　点　新民会

去年买的是 305748 斤，价格是一斤 42 钱到三十五六钱。是由特务机关指定的济南米谷配给组合来收购，其价格是组合和新民会协议后决定的。其售价总额是 11 万 8500 元 37 钱。

今年是根据"1941 年度产山东省米谷收买统制纲要"，由特务机关指定的济南米谷配给组合收购未脱谷稻米。这期间是从 1916 年 10 月 17 日到 1917 年 4 月末。新民会介绍费为 10‰，由买卖双方各承担一半（即磅利）。

收购斡旋价格是标准稻谷（原产地品种一等）100 市斤 28 元 80 钱，有一等、二等、三等、不合格之别。这个 100 市斤 28 元 80 钱的收购价格改为米之后，为一斤 39 钱多，现在的市值，和烟台的 45 钱，淄川的 55 钱，德县的 55 钱相比，太便宜了。去年虽然禁止境外移出，发现移出也不会惩罚。今年会严惩。

【资料 11】米谷出产地区和预计产量

村　　名	耕作面积	亩产量	产　　量	预定购买数量	备　　注
杨家屯庄	市亩	斤	斤	斤	
赵仙庄	300	250	75000	60000	
冷水沟庄	21	〃	5250	4200	
沙河庄	830	250	207500	166000	
李家庄	46	〃	11500	9200	
滩头村	42	〃	10500	8400	
孙家街庄	350	〃	87500	70000	
张马庄	125	〃	31250	25000	
水坡庄	100	〃	215000	20000	
纸房庄	30	〃	7500	6000	
西梁王庄	43	〃	10750	8600	
东梁王庄	127	〃	31750	25400	
路家庄	58	〃	14500	11600	
裴家庄	157		39250	31400	
孙家街水田	86		21500	17200	
开发	80		20000	16000	
计	亩 2395 町反 1437		斤 598750 石 3093	斤 479000 石 2774	

注：换算方式为一市亩 = 6.6 亩，192 斤 = 1 石。

【资料 12】集市调查（当年七月，新民会）

一、二、略

三、现在设立情况

由乡镇长及地方士绅与民众讨论议决而后设立之

1 规定场所　以村庄中心地而设立之

2 日　　期　按阴历每旬二回开设之

3 结　　成　　设立初日，务使商民周知，以演戏或广告以广招来交易之商贩及
　　　　　　　　民众云集辐辏
4 税课之原因　　事变以来并未有征收各项税金，查去年十二月间，奉县署命令，
　　　　　　　　征收税金一次交纳，限期三年，系包税性质

凡农产物使用秤斗交易时按其价格 2% 征收税金，一般零星物品不征收之（附别表）

乡　名	场所设置	面　积	开设日期	管理负责人	税　额	期　间	摘　要
王舍人庄	王舍人庄	约四亩	每月二、七开设	庄　长		民国廿九年十二月起三年间	投票包税
大辛庄	大辛庄	约二亩	每月四、九开设	庄　长		民国廿九年十二月起三年间一年间	投票包税
滩头庄	坝子庄	约三亩	每月一、六开设	〃	800		每年按二期交纳之
冷水沟乡	沙河庄	约一亩	每月五、十开设	〃	700		不纳税
祝甸北乡	七里河庄	约二亩	每月三、八开设		400		〃
堰头北镇	卧牛山	约一亩	每月三、八开设				〃
计	五						

四、集市税金担负事项

村民会负担按土地税每银子壹两交纳四元（王舍人庄土地二六顷计二百两银子）计八百元正

五、集市收入情况

　　1. 秤——每集市平均收入约二元以上

　　2. 斗——杂谷为收入而卖出平均每集市得钱四元以上

六、收入金处理

前两项之收入由庄公所保管计入账簿可查凡村内所有各种杂费均可支出之

【资料13】济南市公署秘书兼审计科长王连成先生提供的农村关系赋税说明书

一、油税

A. 金额　全年收七百五十元　按二期来署纳缴

B. 税率

1. 甲种油榨一昼夜约出油二百四十斤以上者每年征税三十元

2. 乙种油榨一昼夜约出油一百六十斤以上者每年征税二十四元

3. 丙种油榨一昼夜约出油八十斤以上者每年征税十六元

4. 丁种油榨一昼夜约出油五十斤以上者每年征税十元

二、斗秤行纪四家全年认纳税一百九十四元奉省令五年编审一次

三、田赋

　A. 征收方法　按三期缴纳

　B. 税　　率

　　　1. 上等每亩　二毛九分二厘　漕米八分九厘

　　　2. 中等每亩　二毛四分三厘　漕米七分四厘

　　　3. 下等每亩　一毛九分五厘　漕米五分九厘

　C 全年约收四万五千余元

【资料14】济南市公署所有的包税关系卷宗摘录

①历城县公署移交济南市区各行牙集姓名税款一览表

集　名	行　名	姓　名	籍　贯	保人姓名	住　址
城　埠	午油骨行	马育东	北大槐树四头四六七号	李贵山	兴盛永记二大马路纬十二路五四五号
段　店	秤斗牙行	周松岩	南大槐树四一四号	崔钦亭	义泰茶庄经二路纬十路
济南东南　关	肥猪行	崔士恩	南关猪行	李东轩	藤器店经四路四十一号
洛　口	秤斗牙行	翟文忠	纬一路福增里二四八号	张聘三	鸿盛工厂纬一路福增里二四八号

续表

集　名	行　名	姓　名	籍　贯	保人姓名	住　址
局官屯	秤斗牙行	翟盛堂	纬一路福增里二四八号	张聘三	鸿盛工厂纬一路福增里二四八号
李家寺	同　前	翟兆鸿	同　前	同　前	同　前

说明　查此外尚有办定黄台桥洛口西瓜行济南城乡商埠鹅鸭鼋行等三处业；已奉令取销故未填列至表刊各集均照税额加增二成地方附捐登明。

②停止城埠牛油骨行纪、东南关肥猪行纪

文别论单　送达机关　城埠牛油骨东南关肥猪行纪　民廿九、六、十七日收到

事由　为该行奉令撤销饬即赴时办理撤销手续由

③停止抽收牲畜牙税

文别论单　送达机关　各秤斗行纪　二十九年六月十七日收到

事由　为本市各行奉令削除牙字饬即遵照由

（前略）合行谕该纪即便遵照剔除牙字自奉谕之日起不得再行抽收牲畜行用是为至

④税率变更

文别　呈

廿九年九月十八日到

事由　呈为段店秤斗行恳请发给布告以便周知而利抽收事

（前略）除五年账费已按照缴不计外所有每年认定牙税洋二百元拟自二十九年下半年起改按三分之二二年缴纳一百三十四元以示体恤等因奉此遵查自民国二十七年八月间接办以来每年缴纳课程端赖牲畜一项以资接济今遽行停止抽收此佣虽有秤斗两项颇属无几（后略）

【资料15】济南市公署各项捐费一览表

该表为"市收入"与"捐费名称"两大分类，下分"杂捐""房捐"等项。现按原表层次转录如下：

捐费名称		捐率
房捐	铺房捐	铺房捐按租价百分之十
	住房捐	住房捐按租价百分之五
田赋附加捐		丁银一两附征三元　漕米一石附征四元（年额　二、四〇元）

商店捐（月额）

等级	月额
特种一级	四〇、〇〇〇元
特种二级	三〇、〇〇〇
特种三级	二〇、〇〇〇
一等	一五、〇〇〇
二等	七、五〇〇
三等	五、〇〇〇
四等	四、〇〇〇
五等	三、〇〇〇
六等	二、〇〇〇
七等	一、〇〇〇
八等	五〇〇
九等	二〇〇
十等	一〇〇

杂捐（每五日收）

项目	每五日收
（其一）	〇、〇五
（其二）	〇、三〇

车捐（月额）

类别	月额
脚踏车捐	四、〇〇〇
自用汽车捐	六、〇〇〇
营业汽车捐	一〇、〇〇〇
载重汽车捐	一〇、〇〇〇
马车捐	一、〇〇〇
大车捐	〇、二二〇
小地排力车捐	一、二二〇
大地排人力车捐	五、二五〇
小营业人力车捐	三、二〇〇
营业人力车捐	四、五〇〇
自用人力车捐	
大车五日捐	
小车五日捐	

续表

月捐	日捐	日捐	年捐	季捐	年捐	期捐	月捐	纳期
由商会承包分期缴纳	警察分署代征	警察分署代征		由各车主按规定限期来署缴纳		随同各期田赋通知业户来署缴纳	派员分期征收	征收方法
本市加征商店捐始自民国三十年一月呈准施行				本市征收车捐年月未详惟知始自前警察厅及设市后划归前财政局办理四月本署成立逐渐恢复仍按旧章征收其余七种车类至二十七年十一月始行呈准开征收计先开征者为马车汽车脚踏车等		民国二十九年奉令市县分治后将市区内田赋移归本署代征遂按期加征该捐	本署征收房捐创自民国二十年由前市政府财政局拟定章则开始起征事变后由维持会继续征收民国二十七年四月本署成立仍照旧章办理	沿革

广告捐								卫生 公益捐											
特种广告	电影映射广告	铁木质广告	墙壁广告	牌坊广告	游行广告	过街广告	纸类广告	乡区						城关					
								信字	智字	礼字	义字	仁字	特字	六级	五级	四级	三级	二级	一级
								月额						月额					
每立方尺每年收捐四角一月仍按一月计算	每片每月收费三元不足一月仍按一月计算	此全年一次缴纳者每方尺缴捐一元	每方尺每月收捐一角	每方尺每年收捐三角不足一月仍按一月计算	按一月计算	每日每租收捐三元	每张每公尺收费一分而质宽度在一尺五寸以内方形铁质及木框张以纱布或其他质料每面住二方尺以内者每月收费三元逾期加倍	一○	一○	二○	三○	四○	六○	二○	五○	一○○	一五○	二○○	三○○
捐报明经查后照章纳	国电影院代及导交	报明尺寸地址经查后来署纳捐	报明尺寸地址经查后来署纳捐	报明间数按月来署纳捐	共行来署纳捐后方准游行	报明尺寸按月来署纳捐	报明设置地址及尺寸按月来署纳捐　将白妥广告呈署经许可区戳按尺寸征收	派员分区征收（月捐）											

续表

卫生公益捐：卫生公益捐前有警察署委托区联会征收各日卫生费于民国三十年度本署接收后将征收手续及捐率加以整理即行纪

广告费及注册费：广告费及注册费创自民初市政厅设市后改归前财政局继续办理本署成立照旧章起征于民国二十七年四月

类别	项目	数额（率）	征收时期	缴纳办法	备考
乐户及妓女捐	甲等乐户捐	月额 九、〇〇	月捐	每月于十五日以前来署缴纳	本市征收妓捐年月未详性知始自前警察厅至民国十八年前财政局成立乐户妓女分别征捐所征捐率按其营业情形各分四等本署成立后仍照旧章征收
乐户及妓女捐	乙等乐户捐	六、〇〇	月捐	每月于十五日以前来署缴纳	
乐户及妓女捐	丙等乐户捐	三、〇〇	月捐	每月于十五日以前来署缴纳	
乐户及妓女捐	丁等乐户捐	一、五〇	月捐	每月于十五日以前来署缴纳	
乐户及妓女捐	甲等妓女捐	三、〇〇	月捐	每月于十五日以前来署缴纳	
乐户及妓女捐	乙等妓女捐	一、五〇	月捐	每月于十五日以前来署缴纳	
乐户及妓女捐	丙等妓女捐	〇、七五	月捐	每月于十五日以前来署缴纳	
乐户及妓女捐	丁等妓女捐	〇、三〇	月捐	每月于十五日以前来署缴纳	
	娱乐捐	按所售票价收十分之一	月捐	由各娱乐场所随荣代征逐日来署缴纳	娱乐捐即前所征收教育附捐自民国二十八年改为今名
	筵席捐	每时筵席价值五元以上者征收百分之五、五十元以上者征收百分之十	日捐	由各饭馆代征来署缴纳	筵席捐于民国二十八年准征收
基本财产收入·地租	商埠福字地	每亩地租 四九、四〇元	年租	租户来署缴纳	济南开关商埠创自前清光绪三十年由商埠局属买民地分定福禄寿喜四字地给中外商民按年收租迨至民国九年商埠局改为市政厅又先后收放允展新等字地关于土地单顷亩财政局主办本署成立接管继续征收至民国三十年一月不准省署将租率增加三成
基本财产收入·地租	商埠禄字地	二八、六〇	年租	租户来署缴纳	
基本财产收入·地租	商埠寿字地	二三、四〇	年租	租户来署缴纳	
基本财产收入·地租	商埠喜字地	三三、八〇	年租	租户来署缴纳	
基本财产收入·地租	商埠新字地		年租	租户来署缴纳	
基本财产收入·地租	商埠一次拓张		年租	租户来署缴纳	
基本财产收入·地租	商埠二次拓张		年租	租户来署缴纳	
基本财产收入·房租	趵突东房租	租价不等	月租	来署缴纳	上列各项收入除趵突东房租于维持会时代归着善公所征收及民国三十年划归本署征收市场盈余金于民国二十九年市场设立后按年缴纳外其余均系事变前之旧产超租年月不详
基本财产收入·房租	商埠房租	租价不等	月租	来署缴纳	
基本财产收入·房租	东关房租	租价不等	月租	来署缴纳	
基本财产收入·房租	东关义地租	租价不等		来署缴纳	
基本财产收入·房租	公设市场盈余	年额九十元	年度	分两次来署缴纳	
基本财产收入·房租	金	年额五千元	年租		
基本财产收入·房租	菜市房租	租价不等	年租	来署缴纳	

续表

费名	费率	纳捐期	缴纳	备注
让病登记费	按价征收百分之一	每登记一次为纳捐期	来署缴纳	换契登记费于光绪末年至民国二十年间自张收契纸费二元二十年七月改收每张四元其余各费系本署成立后次第设置
典押登记费	按价征收百分之五			
溢地登记费	每亩征收五百元			
换契登记费	每张收费四元			
技师登记费	每人收费四元			
广告注册费	每户收二元			
建筑业注册费	每户四元			
登记注册费　不动产登记费	按地价征收税率不等			
手续费　营业登记费	按资本额收费，不到三百元者免费，千元以下收千分之一。			
——　契照费	五、五千元以下收千分之二、七千五百元以下收千分之三、一万元以下收千分之二以下收千分之三、三万元以下收千分之四、十万元以下收千分之五、过十万元以上除按千分之五计算外每多一万元递加二十元			
——	捐率不一	日捐	来署缴纳	
杂收入——厕所包费　商埠厕所包费　城关民厕所包费	每年招标承包	年捐	来署缴纳	商埠官厕包费原由前市政厅按年招商承包准十八年前市政府成立归财政局管理至三十一年后商埠民厕随同官厕一并招办乖办理于民国三十年又将城关民厕呈准招商包年纳包金

概　況　篇

1942 年 2 月

（华北农村惯行调查资料第 56 辑）

概况篇第 7 号　　山东省历城县董家区梁王乡路家庄
　　　调查员　旗田巍、内田智雄、本田悦郎、盐见金五郎、安藤镇正
　　　翻　译　徐颖、传宝龄、孙希中、李佩杰、郭文山

2 月 27 日

村落概况

提问人　旗田巍
应答者　陈继荣（甲长）
地　点　县公署

【村名】为什么叫作路家庄呢？＝村的北侧有一座平安桥，有这个桥之后和别的村的交通就方便了，有了和其他村交通的路，所以叫作路家庄。

该村有姓路的吗？＝在石碑上知道大约 200 年前有姓路的。

那个石碑现在还有吗？＝现在关帝庙前。

【面积】村的大小如何呢？＝以房子为中心，大概方圆一里地大小。

耕地的大小呢？＝大约 11 顷。

有水田吗？＝在村的最西北角有二三十亩。但是具体的不清楚。

荒地呢？＝大约六七亩。

【户口】有多少户呢？＝131 户。

人口呢？＝670 人。

【作物】有什么作物呢，按从多到少的顺序说吧？＝麦子、粟、高粱、大豆、玉蜀黍（少量）、大麦（少量）、米（少量）。

有菜园吗？＝全村有 17 亩。村民分别持有 3 分和 5 分左右。

菜园里种植什么呢？＝白菜、韭菜、蒜、萝卜、胡萝卜等。

作物中有供出售的东西吗？＝主要出售小麦。因为本来土地就很少，不会出售很多。秋天在市场出售，用来偿还春天借的钱。

【阶级构成】这个村中土地最多的人有多少土地呢？＝陈殿中大约有 40 亩。家中有 20 多人。和土地相比，人很多，生活很穷苦，最近要分家。

一亩地也没有的大概有多少家呢？＝两三户。

5 亩前后的呢？＝二三十户。

10 亩前后的呢？＝20 户左右。

20 亩前后的呢？＝七八户。

30 亩的呢？＝很少，只有一两户。

多少亩的家最多呢？＝10 亩左右。

有借其他人的土地来耕种的吗？＝没有。

借其他村土地的呢？＝没有。

把土地借给他人的有多少人呢？＝没有。

没有土地的人靠什么生活呢？＝大工 2 户、长工 1 户、小商人 1 户。

【短工、长工】仅仅有 5 亩以下土地的人靠什么生活呢？＝做短工。

一家如果有 5 人要有多少亩才能生活呢？＝最低标准的生活是卖小麦，买高粱吃；这种情况，5 口之家需要 4 亩地。

这个村大多数都是卖小麦买高粱吗？＝是的。

有人一直吃小麦吗？＝没有，仅仅有在年节吃的。

短工在村内有吗，还是要到其他村去呢？＝都有，秋收忙时，在梁王村有短工市场，在那里等雇主来。

长工呢？＝在本村做长工。

他的姓名呢？＝李春涛。

雇主的姓名呢？＝宿景成。

宿景成的土地有多少呢？＝十七八亩。

家里有几人呢？＝大人只有他一人。

本村人的土地都不多，是不是不需要短工呢？＝不是，男子不够的家庭需要。

需要短工的有多少户呢？＝七八户。

【外出打工】到济南打工的有几人呢？＝两三人，在店里工作。

他们是季节性打工吗？＝长期打工。

有季节性的吗？＝没有。

有去济南以外打工的吗？＝没有。

村里人都是从很久之前就在这里住着吗？＝当然。

【往来者】其中来的最晚的是谁呢？＝只有李春涛是从其他村来的。十六七年前来的。他的妹妹嫁到这个村，他也搬来了。

他也是村民吗？＝是的。

有在本村持有其他村土地的人吗？＝不清楚。

其他村有持有本村土地的人吗？＝不清楚。

【职员】小学的老师有几人呢？＝1 人。

他是本村的人吗？ ＝是离本村六里地的潭头村的人，在本村住。

在县里工作的人呢？ ＝没有。只有杨某一人在种畜厂工作，晚上回村。

【副业】农民在耕种以外有副业吗？ ＝没有可以被称作副业的。有人养猪，是为了用肥料。每家都养两三只鸡，不是为了卖蛋。村民大概都是仅以耕作为生。

【财主】村里最有钱的是谁？ ＝现在没有财主。

你年轻时如何呢？ ＝之前有。

是谁呢？ ＝陈殿中、陈殿林。土地没有变，年收也没有变，税金变高了，受到了事变的影响，仅仅是人口增加了，就变贫穷了。

不是因为分家吗？ ＝还没有分家。

有乞丐吗？ ＝没有。

【村长】管村里事情的是什么人呢？ ＝村长宿艺卿和甲长。

村长有其他称呼吗？ ＝庄长。

宿艺卿是什么时候开始当庄长的呢？ ＝四五年前开始。事变后。

这之前的庄长是谁呢？ ＝邢光华。

他是什么时间当的庄长呢？ ＝民国初年到事变前。

他还在世吗？ ＝五六年前去世了。

副村长是谁呢？ ＝之前就没有副村长。

【甲长】甲长是什么时候有的呢？ ＝事变后。

甲长有几人呢？ ＝13 人。

【闾邻】有闾邻制吗？ ＝民国二十四五年左右。

有几个闾呢？ ＝五闾（四闾半左右）

邻呢？ ＝二十四邻。

闾长每年都要更换吗？ ＝不是。

闾长的姓名呢？ ＝陈继荣、邢大文、陈殿相、杨凤林、宿景成。

甲长的姓名和年龄呢？ ＝杨凤海（59），杨凤文（47），陈继荣（58），陈继富（40），陈继峰（60），邢大文（50），邢明云（30、光华的儿子），孙日文（54），宿景成（60），陈清文（40），陈殿相（32），陈殿祥（64），杨景和（59）。年龄多少有出入，不太清楚。

【段】邻闾之前有什么呢？ ＝有四段。

段的负责人叫作什么呢？ ＝段长或者首事。一般叫作首事。

段是由县里命名的吗？ ＝不是，村里之前有的。

记得段的首事的名字吗？ ＝邢光华、杨学广、陈庭荣、徐大刚、陈庭贵、陈殿林、陈继荣、杨学臣。

有副职吗？ ＝没有正副之分，在一段有两个首事，之中专门管理事务的是杨学广。

之前一直没变，有四段吗？ ＝是的。

以什么为标准分的呢？ ＝不明。

一段中的家庭有换为其他段的家庭吗？ ＝没有，属于哪个段就是哪个段。

首事是选举的吗？ ＝是的。

由谁选举呢？＝全体村民。

【选举】甲长也是选举的吗？＝由村民选的。

村长呢？＝由甲长选举，需要得到村民的认可。

前年来村里的时候，黑板上写着字，是村里选举时写的吗？＝是的，投票选村长时写的字。

有 18 票，甲长有 13 人，没有变吗？＝甲长之外有合作社、新民会的人，加起来共 18 人。

合作社有几人呢？＝四五人。

理事呢？＝也是。

新民会有几人呢？＝人数与上述相同。

其姓名和年龄呢？＝陈继元（35），陈继云（40），陈继能（50），杨凤林（60），陈继富（37）。

【集会】除村长选举之外，上述人在什么场合集中呢？＝道路修理，壕掘摊款（县、区的东西）等时集中。

集会时，除甲长以外的 5 人都要出席吗？＝是的。

集会的人之外，还要更多的村民吗？＝每年一次，在小学（即庄公所）选举时，有村民大会。

这之外还有吗？＝没有。

不是全部村民而是一部分村民，例如一组甲的人集合的情况有吗？＝没有，村民要听从甲长的指挥，甲长以外的人不用会合。

【甲长的工作】甲长做些什么工作呢？＝传达县里的命令，例如把关于挖沟或者钱粮的命令转达给村民。

甲长可以仲裁纷争吗？＝小的纷争可以，大的要交给县里。

甲长无法仲裁时，可以交给村长吗？＝可以，有纷争时尽量不要给县里，在村内解决。

【征集村费】由甲长收村费吗？＝有这样的情况，由甲长收后交给村长。

收多少钱是甲长和村长商量后决定的吗？＝由村长决定，按照这个由甲长收集。

那时甲长和村长不商量吗？＝商量。商量后决定，以村长的名义甲长收钱。

去年收集了多少钱呢？＝详细的不清楚，一亩大概七八元。

【用途】用来做什么呢？＝区、乡公所出的钱很多。例如兵队的烟草钱或者饭费。还有青年团，看铁路。

你去年出了多少呢？＝记不清楚了，130 元或者 200 元左右。土地是十七八亩。

【征集期】一年分为几次出呢？＝四五次。

秋天收获后交给村里钱吗？＝有 2 次必须收取。

称什么呢？＝收杂款。

那个钱是什么钱呢？＝秋民富儿。

必须取的是上述的两回吗？＝不是，三四次。

事变前是什么样子呢？＝2 次。

那时呢？　＝小麦的收获期和秋天的收获期。

也是秋民富儿吗？　＝是的。

杂款也是这样吗？　＝是的。

【分配基准】杂款是按所有地分吗？还是按照耕作地呢？　＝从所有地取。

从佃农承租的土地中取吗？　＝不取。

菜园呢？　＝一样。

荒地呢？　＝只要在账簿上，在其他土地也同样取。

【村的范围】如果你的土地卖给其他村民，土地的杂款需要交到本村吗？　＝买的人交到买的人村里。

要是卖方在土地上承租，如何呢？　＝还是一样。

你如果买了冷水沟的土地，那个土地的杂款要交到哪里去呢？　＝冷水沟庄。

你把路家庄的土地卖给冷水沟人的情况下，那个人要将杂款交到哪里去呢？　＝交到路家庄。

那么路家庄的人买了冷水沟的土地时，需要向路家庄和冷水沟庄都交纳杂款吗？　＝迄今的土地是交给路家庄，新买的土地交给冷水沟庄。

有路家庄的人向路家庄还有其他地方交杂款的情况吗？　＝没有实例，只是设想的。

【看坡的时期】需要看守作物吗？　＝看坡的巡回看。

几月份开始到几月要看坡呢？　＝春天是旧四月到二十日间左右，正好在麦子接穗之前。秋天是七月到九月。

【看坡人】看坡的有几人呢？　＝5人。

从过去开始就是5个人吗？　＝是的。

看坡的是农民吗？　＝是的。

贫穷的人吗？　＝大体是贫穷的人，仅有1亩以下的土地的人。

去年的5人是谁呢？　＝杨明、杨顺、杨景荣、杨鸿苔、卞鸿禄。

【看坡范围】本村看坡的范围从过去开始就没有变吗？　＝没有。

那个范围之外有本村人的土地吗？　＝有，范围之外的土地由其他村看坡的看护。

范围外有本村人的土地的杂款要交纳几处呢？　＝本村交纳。

【外庄地】那个土地是称什么呢？　＝外庄地。

范围内其他村人的土地叫作什么呢？　＝外庄地。

范围内他村人的外庄地的杂款交到哪里去呢？　＝交到他村人所住的村。仅仅给看坡的费用交到本村。

本村人的外庄地大概有多少呢？　＝五六亩左右。

他村人在本村内的外庄地是什么？　＝具体不清楚，但是很少。

【本村地】看坡的看护范围内的土地叫作什么呢？　＝本村地、本庄地。

【边界】那个范围的外围部分叫什么呢？　＝边界。

之前本村的土地11顷是边界内的土地吗？　＝不是，包含有外庄地的本村人的土地。

本村人的外庄地的地券坐落上面写什么呢？　＝那个土地是在本村东部，坐落是写本村的东什么什么庄。

甲村人的土地在本村时怎样呢？ ＝写甲村的西路庄。

【村的范围】本村人买梁王村内的土地时，那个土地的摊款是交纳到本村，还是交到梁王村呢？ ＝祖先传来的外庄地的摊款是交到本村，新买土地的摊款交纳到拥有那个土地的村。之后办手续，就可以交纳到本村了。

那个手续是在哪里的呢？ ＝县公署的中房。

那个叫作什么呢？ ＝过粮。

手续费是多少呢？ ＝1 亩 2 元。

过粮后，在他村买的土地的摊款也可以交到本村吗？ ＝是的。

买土地后过粮是很通常的事情吗？ ＝过粮需要过一两年，有不过粮的情况。

如果是本村人的土地，无论是新买的土地还是祖传的土地，土地的摊款是要交到本村吗？ ＝是的。

【本村人】本村人是什么样子的人呢，是从他村来本村的人吗，马上成为本村的人吗？ ＝七八年以上才能成为本村人。转来不会马上成为。

转来七八年，没有家可以成为本村人吗？ ＝不是本村人是外庄人。在本村时间很长，带家、土地，生孩子时成为本村人。

没有墓的人怎么样呢？ ＝有墓但没有落户。

有家和土地，但是没有墓的本村人有吗？ ＝本村人没有。没有墓可能去其他村。

本村人有没有墓的吗？ ＝没有。

李春涛呢？ ＝有墓。

在本村没有墓、家、土地在本村住，买他村土地时，土地的摊款要交到哪里去呢？ ＝如果过粮就交到本村，没有过粮交到土地的所属村。

【土地买卖的制约】本村人把土地卖给他村人时，瞒着村民卖可以吗？ ＝本村人卖土地时，要先和同族的人说，同族有人买就卖给同族。同族没有人买和四邻说，四邻没有买的话和本村中的人说寻求买家。如果这样还是没有买家的话就卖给其他村人。不能不和村民讲就直接卖给他村人。

如果瞒着村民卖了，要从村民中把那个人除名吗？ ＝不能瞒着卖，如果这样的话，买的人没有向卖方承诺，也不能过粮，或者因为不能来本村耕种，就算买了也没有用。

和同族人商量，同族没人买的情况下，不和四邻说就卖给他村人，是不好的事情吗？ ＝不可以。

就算本村人中有买方，外村人出价高时可以卖给外村人吗？ ＝根据迄今的习惯，就算便宜一点也是卖给本村人。虽然外村价格高，但是如果卖了，会被本村人所嫌弃，不好交往，就会在本村难以立足。所以只要本村有人买，就会卖给本村人。

【看坡的谢礼】看坡的由谁决定呢？ ＝现在是村长和甲长，以前是首事。

给看坡的礼金有多少呢？ ＝每亩地给 5 合粮食。用看守土地上收获的作物来支付。

因为看坡一年有两次，礼金也是一年两次吗？ ＝是的。

有用钱当作礼的吗？ ＝粮食的价格换算成钱也可以。有这样的情况。

礼金称什么呢？　＝坡粮或者坡钱。

礼金的总额是由谁决定的呢？　＝根据过去的习惯。

外庄地的情况也是一样吗？　＝是的。

菜园如何呢？　＝因为菜园是非常小的土地，不需要看坡。

没有义坡吗？　＝没有。

农民会自己看护自己的土地的吗？　＝不会。

【偷盗作物】如果作物被偷要怎么办呢？　＝由看坡的赔偿。

有实例吗？　＝有，但是看坡的只要不是故意倦怠，地主都不会要求赔偿。

有看坡的抓住盗贼的情况吗？　＝有。抓住盗贼后带到地主那里，土地所有者、看坡的、盗贼、村里有知识的人一起商量。根据地主的态度决定对盗贼的处分。有时盗贼会出钱来举办宴会。或者让盗贼发誓今后再盗窃的话就出几倍以上的钱后释放。

那个宴会谁会去呢？　＝受害者、看坡的、村长、盗人。一般会让其写《契约书》。并且需要保证人。在《契约书》里面要写从今以后再也不盗窃了。

有进行过宴会吗？　＝有，虽说是宴会，但是是简单的。只是杯里有酒，盘里有菜而已。

那个宴会叫作什么呢？　＝没什么特别的名称，就叫请客。

盗贼是本村的多还是外村人多呢？　＝本村人多。

看坡的有偷盗的吗？　＝没有，看坡的不可以。如果没有被偷，那看坡的每年不变可以继续。如果看坡的做了，就无法生活了。

看坡人会提防看上去像盗贼的穷人吗？　＝不会。

盗贼的处分是根据地主的态度决定，进行处分的不是村长吗？　＝受害者把自己的态度告诉村长或者甲长，然后全部任凭村长或者甲长处置。最后变为由村长处置。

在哪里裁判呢？　＝庄公所（即观音庙）。

那时村长必须出席吗？　＝是的。村长不出面其他人很难解决，处分也不好定量。

盗贼没有钱时，殴打之后放走的情况有吗？　＝不会殴打，殴打后会有仇恨。没有钱时，由汇集的人出钱办宴会，解决问题。

在哪里办宴会呢？　＝庙里。

那时，向神祈祷什么呢？　＝由会长向神礼拜。

2 月 28 日

村落概况

提问者　旗田巍

应答者　陈继荣

地　点　县公署

【庙】有几座庙呢，名称是什么？　＝观音庙、关帝庙、土地庙3个。

哪个是最大的呢？＝观音庙最大，其次是关帝庙，土地庙是最小的。观音庙的建筑是在学校北侧，庙内土地属于庙产。

【祭日】庙的祭日是什么时候呢？＝观音庙的祭日是 5 月 13 日和 6 月 24 日。

祭日时集合村民一起饮食吗？＝不会。仅仅烧香。

烧香是许多村民集合一起进行，还是各自去呢？＝向村民每人收取一元，村长让看庙的买香上供。村民各自随意去庙里祈福。

看庙的名字呢？＝陈继升。他也兼 3 个庙的看守。

村长代表村民祈福吗？＝村民各自祈福。祈求降雨、丰收的很多。

【求雨】会求雨吗？＝会。

去年也求雨吗？＝求雨了，但是没有下雨。求雨的 3 天中，如果下雨了，村民会凑钱到庙里供奉。

去哪个庙里供奉呢？＝观音庙。

如果下雨了，会请戏吗？＝太浪费钱，所以不请戏。

降雨后，村长会代表村民去道谢吗？＝在还愿时，村长、甲长必须出席。村民去不去自愿，大体上都会去道谢。

【看庙的】除了看庙的之外，没有照看庙的人吗？＝没有。

段的首事不需要看护庙吗？＝没有。由看庙的来看护。

陈继升什么时候看庙呢？＝十七八年以前开始。

他一年前从村里拿了多少礼金呢？＝没有，只是耕种两亩庙地为生，如果以此不能为生时，村长会从富有的家庭收钱来给他。

【会首】修庙时谁先发起呢？＝村长是发起人，从村民那里收钱。

没有会首或者领袖吗？＝那个发起人叫作会首或者领袖。是村长。

会首是一个人吗，除村长之外没有人吗？＝村长一人。因会首的命令去买修理所需物品的人很多。

【庙产】庙的土地叫作庙产或者香火地吗？＝是的。

庙的土地除了观音庙还有其他的吗？＝没有。

观音庙的土地有多少亩呢？＝2 亩。

学校的占地含在 2 亩中吗？＝在。

看庙的耕种的 2 亩地是哪里的土地呢？＝村西的耕地 1 亩多。庙产是学校的占地和耕地一起有 2 亩。

庙的土地是村的土地吗？＝是。

学校的桌子或者椅子是庙产吗？＝不是，事变前从县公署买的，是学校财产。

庙的一侧树是庙产吗？＝是。

其他没有村的财产了吗？＝没有。

【义地】有义地吗？＝村东北有七八分地。大约 200 年前冯姓捐给村里的。

这里有谁的墓呢？＝没有土地的人的墓。

最近有谁葬在这里吗？＝没有。

【公共设施】没有公共的碾子吗？ ＝没有，个人所有七八个，没有碾子的村民仅仅只有使用权。

有没有土地供村民取土烧砖？ ＝没有。

路边的草谁来取都可以吗？ ＝可以。

其他村的人也可以吗？ ＝可以。

秋收后，可以把牲畜放到田里吗？ ＝不可以。

有草时让牲畜吃路边的草可以吗？ ＝可以。

马或者牛进入耕地践踏作物时怎么办呢？ ＝立刻去受害方说明不是故意的后道歉，没有赔偿的情况。

有无论哪个村民都可以取柴火的地方吗？ ＝没有，村民把自己田里农作物的根作为柴火。其他人来自己田里偷作物的根时，就算是抓住了一般也不会吵架，就这样默许了。因为偷的人是小孩子，需要给家长面子。

没有打谷场的人要怎么办呢？ ＝通常拿去，借来使用。

借的人需要给什么礼金吗？ ＝仅仅是借，需要修理打谷场时，要过来帮忙。

借的人有几个呢？ ＝虽然不知道，但是应该很少。

耕作用的井有多少个呢？ ＝大约四五十个。是加上饮用的。

有一个人有许多口井的情况吗？ ＝有，有一个人有 4 口的。

有没有井的人吗？ ＝有，会借用附近的井，仅仅是借用。

借井时是由借取水车的人带去吗？ ＝是的。

有共同的井吗？ ＝没有。

分家后有共同的井吗？ ＝分家时有井的地分给兄长后，井也就是兄长的了，弟弟需要借用。

【共同饲养家畜】有共同饲养家畜的情况吗？ ＝有。

是叫作什么呢？ ＝公有，公卖。

是两家之间还是有三家的情况呢？ ＝仅仅是两家，没有三家。

本村有几组呢？ ＝2 组。

谁和谁一起呢？ ＝一组是陈殿魁和陈继江，另外一组的姓名忘记了。

陈组是什么时候开始的呢？ ＝去年。

二人是什么关系呢？ ＝相当远的叔侄。

养什么呢？ ＝牛。

价格是多少呢？ ＝150 元。各出 75 元。

养的时候都需要做什么呢？ ＝现在是十天一换养。

农忙时呢？ ＝一天一换。最长是 3 天一换。

农忙时共同养牛两家会互相帮助吗？ ＝不会。

【换工】有换工吗？ ＝有，生病了让对方帮忙，以后再给对方帮忙。

换工的家庭是决定好的吗？ ＝是的。

本村有几组换工呢？ ＝四五组。

一组有几家呢？＝两家。

换工一般持续多久呢？＝不一定，没有常年持续的，仅仅在不得已时才这样。

换工是在土地多的人和土地少的人之间换吗？＝不一定。两家都有好感时就成立。

同族间呢？＝非常少。

为什么呢？＝对方是木匠或商人，或者没有土地的人最好。都有土地的人都很忙，不能帮忙。

换工的家庭除耕作之外，也互相帮助吗？＝是的。

相互借钱吗？＝会。

有和其他人换工的吗？＝没有。

两家人都有土地，是一天还是两天换工呢？＝有是有吧。

是普遍情况吗？＝不是。

那么有土地和没有土地的人之间换工很多吗？＝是的。

【合伙】有合伙吗？＝有。

本村有几组呢？＝五六组。

一组几家呢？＝两家。

和换工有什么区别呢？＝合伙是帮忙家畜饲养，换工是帮助人。

要怎么样合伙呢？＝两家各有一匹马，一匹耕作有困难时，加上另一家的一起。

甲有牛，乙没有的情况下，甲为乙出牛，乙为甲出人吗？＝本村没有。

没有家畜就不能合伙吗？＝是的。

财主和穷人间可以吗？＝只要两方都有家畜就可以。

大体上土地差不多的人之间多一些吧？＝是的。

同族间多一些吗？＝不一定。

和其他村人合伙呢？＝没有

也叫作合具吗？＝是的。

有除合具以外的名称吗？＝没有。

常年持续吗？＝不一定，一方的土地增加或者新增家畜就放弃合伙。

时间最长的持续了几年呢？＝不知道。

经常换组合吗？＝很少换。

耕作以外互相帮忙吗？＝合伙是在非常熟悉的情况下进行的所以互相帮助，互相借贷钱。

【村费】村中一年的经费是多少呢？＝五六千元。（村长宿艺卿说）

哪项花费最多呢？＝自卫团的饭费，看铁路，保安大队的食费，爱护区的经费，模范区的经费（同上）。

【打更】有打更吗？＝有，每晚出 5 人。

几月开始打更到几月呢？＝二月至四月，九月至十月。

打更的是村里雇的人吗？＝是的。

姓名呢？＝杨明、杨顺、卜鸿禄、杨景荣、杨凤苔。

和看坡的是一样的吗？ ＝是的。

打更的是由谁决定的呢？ ＝庄长和全体村民。

集中全部村民后决定吗？ ＝是的，通过大会决定。

大会叫什么呢？ ＝就叫大会。

给打更的补贴要多少呢？ ＝大概一月一个人粟一斗，不给钱。

粟被称作什么呢？ ＝打更钱。

是从庄公所出吗？ ＝是的。

粟按什么收集呢？ ＝按地亩数。

打更在事变前就有吗？ ＝是的，在我印象中是很早就开始了。

之前有 5 人打更吗？ ＝之前是两三人。

村民交替去看守吗？ ＝没有。

【自卫团】自卫团员有几人呢？ ＝20 人左右。

是按照年龄出，还是仅仅是年轻的呢？ ＝也有老人，每晚交换出，土地多的人每晚都要出。

有土地但是男人不够怎么办？ ＝雇其他人。

没有土地的人呢？ ＝不出，也不出打更钱。

自卫团的夜警是从什么时候开始的呢？ ＝事变后。

开始时是一晚出 20 人吗？ ＝是的。

几亩出一晚呢？ ＝5 亩一晚，3 亩到 7 亩一晚，7 亩半是两晚。

一晚是指每 10 日吗？ ＝不一定，闲时 15 日一晚，忙时 5 日一晚。

现在呢？ ＝不太清楚，在账面上写着。

那个账面叫什么呢？ ＝青年团账。

从几月开始几月截止呢？ ＝正月开始四月截止，九月开始十二月截止。夏天村民在外面睡，所以不需要夜班。

这是根据县里的命令出的吗？ ＝是的。

打更有两伙人吗？ ＝是的。

打更也是根据县里命令来的吗？ ＝是的。

打更和自卫团的夜警有什么不一样的吗？ ＝打更的是彻夜的夜警。自卫团要巡察打更的是否在，一晚要查两三次。

自卫团有监督者吗？ ＝甲长按顺序监督。

自卫团员有固定地点吗？ ＝在庄公所有一地点。

武器是什么呢？ ＝棒、枪、刀。

【会】当会有吗？ ＝没有。

钱会呢？ ＝没有。

喜事会呢？ ＝没有。

为了买棺的会呢？ ＝没有。

青苗会呢？ ＝没有。

村公会呢？ ＝没有。

亡社会呢？ ＝没有，外庄有。

【连庄会】有连庄会吗？ ＝有。

做一些什么事情呢？ ＝他村有土匪的话，报告到本村的自卫团，本村的自卫团立刻去帮助。

本村和哪个村一起有连庄会呢？ ＝裴家营、杨庄。

有会长吗？ ＝本村的陈继德。

会员呢？ ＝全体村民。村民全是自卫团员，连庄会员。

什么时候成立的连庄会呢？ ＝今年。

根据县里的命令吗？ ＝是的。

连庄会一起防土匪的实例有吗？ ＝没有。

【构坡、连坡】本村的看坡的和外村的看坡的会合商量吗？ ＝会。

这个叫什么呢？ ＝构坡（构字是翻译的推测）。

也叫连坡吗？ ＝是的。

本村的看坡的和哪个村看坡的连坡呢？ ＝徐家庄、胥家庄、梁庄、纸房。

和这些村过去就连坡吗？ ＝是的。

这些村和路家庄相互交换土地吗？ ＝是的。

看坡开始前会合各个村的看坡的开会吗？ ＝是的。

看坡结束后要会合吗？ ＝不，春、秋各 1 次。

在哪里会合商量呢？ ＝不知道。

会合时有宴会吗？ ＝算不上宴会，仅仅喝酒。

那时谈什么事情呢？ ＝交换关于盗贼的信息。

路家庄五人看坡的自己分担的区域从过去就是一定的吗？ ＝是的，按路沟、堤坝等分为五份，面积不同。分担区域从过去就是一定的，抽签决定。

那时村长参加吗？ ＝在庄公所是村长、甲长参加的基础上抽签。签是由村长做的。

【纠纷和仲裁】村内的纷争由谁仲裁呢？ ＝村长。

同族纷争由族人仲裁吗？ ＝必须不是同族的，同族以外的邻居来仲裁更好。

村长之外有仲裁得很公平的人吗？ ＝有六七人。

什么样的人呢？ ＝上了年纪，土地也有，可以公平定评的人。

是谁呢？ ＝陈殿相、杨凤林、陈殿林、陈殿忠、陈继荣、陈继云、邢光新。

什么原因会起纷争呢？ ＝关于土地边界的问题最多。

村内的纷争要交到县里吗？ ＝不会。

向县里申诉很麻烦吗？ ＝需要花费钱，解决要很久。因为对财主有利，贫穷的人会觉得麻烦。

在村内仲裁时要使用庄公所吗？ ＝没有。掌事的人在家里仲裁。在庄公所多少需要花钱。如果在当事人家里，就不需要花钱。

和好时要宴请吗？ ＝不需要。

一个族和另外的族会有纷争吗？＝不会，在村内没有族的区分，都是村里的人。

有和本村关系不好的村吗？＝没有。

本村民和其他村民纷争时由村长仲裁吗？＝不仅仅是村长。因为吵架会有很大的声音，村里的人会赶过来，由那个人仲裁。

上述数人集中起来，去哪里仲裁呢？＝不是那么大的纷争，如果有婚约的女方擅自不嫁过去，也不返还钱，这就成了很大的纷争，必须由上述的人集中仲裁。

分家时要怎么办呢？＝分家也很重要，所以需要四五个仲裁人。有时上述几人全部一起仲裁。

分家时族长需要出来仲裁吗？＝出来。

村长呢？＝有时间时会出。

现在的村长是 30 岁很年轻，也可以仲裁吗？＝因为很年轻，对物品的分类很清楚，可以仲裁。

【村长、甲长】村长由什么样的人担任呢？＝公平的人。

会成为土地多的人吗？＝之前是拥有土地多的人成为村长，现在不仅限于土地多。现任村长只有 5 亩地。

甲长由什么样的人担任呢？＝和村长一样，公平第一。

按照土地的多少把 5 人的名字排序？＝陈殿中——40 亩（明天分家，5 人分，从明天开始有 3 天的宴会）陈殿林——三十七八亩，陈继富——30 亩左右，杨凤海——20 亩左右，陈继荣十七八亩。

【资料 1】 各姓户数（根据户口调查簿）

第一甲	朝山街	杨姓四户	陈姓一户	
	杨家胡同	杨姓三户		
	安平街	杨姓二户		
第二甲	宿家胡同	宿姓三户		
	影壁街	杨姓四户	宿姓二户	陈姓一户
第三甲	影壁街	陈姓一户		
	安平街	陈姓五户		
	学校接	陈姓四户		
第四甲	安平街	陈姓十户		
第五甲	安平街	陈姓六户		
	学校街	陈姓四户		
第六甲	钟楼西街	陈姓二户	邢姓二户	
	钟楼东街	邢姓五户	卞姓一户	
第七甲	对山街	陈姓五户		
	东邢家胡同	邢姓二户		

		西邢家胡同	邢姓二户		
		钟楼东街	邢姓一户		
第八甲		钟楼东街	邢姓六户		
		西邢家胡同	邢姓四户		
第九甲		太平街	孙姓八户	任姓一户	陈姓一户
第十甲		太平街	陈姓三户	孙姓二户	
		仁里街	陈姓五户		
第十一甲		仁里街	陈姓六户		
		太平街	徐姓三户	冯姓一户	
第十二甲		太平街	杨姓一户	冯姓一户	
		宿姓二户	李姓一户		
		钟楼西街	陈姓二户	邢姓一户	
		安乐街	杨姓二户		
第十三甲		安乐街	杨姓十户		
		毕姓一户（借住）			
合　计			杨姓二六户	任姓一户	
			陈姓五六户	徐姓三户	
			宿姓七户	冯姓二户	
			邢姓二三户	李姓一户	
			卞姓一户	毕姓一户	
			孙姓十户	计　一三一户	

2 月 27 日

家庭制度概况

提问人　内田智雄
应答者　杨凤海（农民，59 岁）

类别 事项	姓名	性别	嫁娶已未	年龄	省籍	是否识字	住居年数	职业
户长	杨凤海	男	已	58 岁	历城	是	世居	农
妻	路氏	女	已	59 岁	〃	否	〃	农
	张氏	女	已	41 岁	〃	否	〃	农
子	杨京春	男	已	22 岁	〃	是	〃	农

事项 类别	姓名	性别	嫁娶已未	年龄	省籍	是否识字	住居年数	职业
媳	张氏	女	已	25 岁	〃	否	〃	农
子	杨京树	男	未	9 岁	〃	否	〃	农

【姨太太】 张氏是姨太太吗？ ＝是的。

为什么娶张氏呢？ ＝因为没有孩子。

什么时候娶的呢？ ＝自己 34 岁时，女的是 18 岁。

张氏是哪里人？ ＝泰安。

能够娶到她的缘由是什么？ ＝我年轻的时候在泰安做事。

做什么呢？ ＝土地管理。

谁的土地呢？ ＝亲戚的。

土地有多少呢？ ＝50 亩左右。

你在泰安时多大年纪呢？ ＝不在那里，在算盘庄。距离西营镇 18 里，距此处 80 里。祖父的姐姐在算盘庄。在姐姐家进行土地管理。从泰安带来张氏，在路家庄结婚。

在算盘庄大概几年呢？ ＝从 16 岁到 35 岁。祖父的姐姐去世后回来。

你家在路家庄吗？ ＝是的。

和张氏有什么关系而娶她呢？ ＝父亲是兄弟二人，只有自己一个儿子。路氏是伯父介绍的，张氏是自己的父母介绍的。

路氏是哪里的人呢？ ＝沙河。

娶张氏时，向路氏请求同意了吗？ ＝与路氏结婚时，已经定下了还会另娶一个。

当时定下是张氏了吗？ ＝不一定。路氏是在 3 岁就定下了。

娶路氏时，是怎样和她讲还要再娶一个的道理？ ＝就说因为伯父没有孩子。

娶张氏的时候出钱了吗？ ＝没有。

伯父在哪里呢？ ＝17 岁时在路家庄被车轧死了，也没有伯母。在历城娶亲，泰安送亲。

娶亲是指？ ＝男方去女方那里，娶她过来。

送亲呢？ ＝女方来男方这里。

有多少田地呢？ ＝10 亩地。

路氏在娶张氏时同意吗？ ＝当然，现在关系也很好。

路氏的孩子呢？ ＝三女一子。

男孩子的名字呢？ ＝杨京春。

张氏呢？ ＝一子，杨京树。

京春继承伯父的吗？ ＝是的，京树是继承我的后代。

继承是指什么？ ＝（答案不明确。）

为什么没有兼祧呢？ ＝因为娶了路氏后，好几年没有孩子。

一个男人娶了两个妻子叫作什么呢？ ＝不清楚。叫作纳妾。

不叫借种吗？ ＝叫作纳宠，不叫借种。

您家房子是什么样的？ ＝

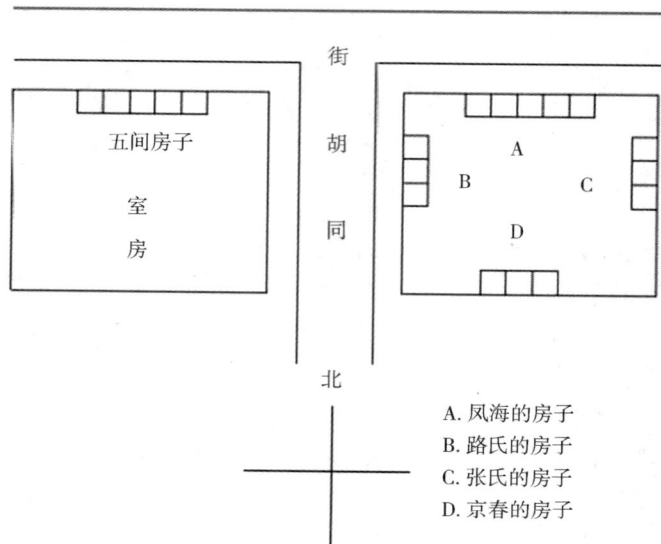

五间房子
室
房

街
胡
同

北

A
B　　C
D

A. 凤海的房子
B. 路氏的房子
C. 张氏的房子
D. 京春的房子

京树在哪里？ ＝和自己一起睡。

为什么路氏 3 间，张氏 2 间呢？ ＝张氏的 1 间是厕所。

现在不和妻妾一起住吗？ ＝不。

你年轻时怎么睡呢？ ＝每两天平均睡。

去妻妾那边住呢？ ＝是的。

这样妻妾间没有纷争吗？ ＝没有。

西边的家是伯父的家吗？ ＝前面是空家，放粮食等。

京春和京树分家了吗？ ＝现在没有；将来也不分。

假如要分家时，要怎么分呢？ ＝平均分。

【养老地、养老粮】为了维持自己生存，养老地的分配比例是？ ＝自己留四五亩，从孩子们那里拿粮食。

从孩子们那里拿的粮食叫什么呢？ ＝养老粮。

田地全部由孩子们管，还有其他的分家方法吗？ ＝没有。

【轮流管饭】会轮流管饭吗？ ＝会，只是三餐而已。

哪个是最好的呢？ ＝轮流管饭。

为什么呢？ ＝因为给吃好的，才是孝顺的孩子。

如果孝顺，养老地就给最好的吗？ ＝是的。

分家好不好呢？　＝不好。

你叫路氏什么呢？　＝京春娘，张氏是京树娘。

【妻和妾】村里的人称路氏什么呢？　＝因辈分不同而不同。

张氏呢？　＝一样。

路氏和张氏都是妻子吗？　＝是的，因为一子两不绝，是平头。

京春叫张氏什么呢？　＝娘，京树也叫娘。

没有区别吗？　＝是的。

村里的人不叫张氏姨太太吗？　＝不叫，因为一子两不绝。

你叫京春的妻子什么呢？　＝儿妻。

对于京春来说，张氏和路氏都是母亲吗？　＝是的。

妻子的张氏和儿子妻子的张氏不是同族的吗？　＝不是。

一般的姨太太是给钱后带来的吗？　＝是的。娶妻时也是，如果没有田地的人不给钱，对方不会来。

要给多少呢？　＝有两三亩地的人给 300 元左右。有四五十亩地的人纳妾时（因男子的年龄而不同），年轻人给五六百元。

你娶张氏时，是经过媒人吗？　＝是的，娶妻如合，非媒不德（《诗经》）。

婚礼也是一样的吗？　＝是的。

妻子路氏也出席吗？　＝是的。

【家长】在你之后，谁是家长？　＝京春，和母亲商量后决定的。

妻子不能成为家长吗？　＝现在外面的事自己做，内务是妻子管。因为是女人，所以不能成为家长。

孩子小的时候，妻子可以成为家长吗？　＝可以。

孩子到几岁就可以成为家长了呢？　＝不一定。

你去世后，如果要分家，怎么分呢？　＝平均分。

两位妻子要怎么办呢？　＝分开、在一起都可以，是兄弟二人的问题。

作为家长，最重要的事情是什么呢？　＝向县里交粮食和税金，称作封粮（钱）。

那其次呢？　＝管理生活必需的费用，人手不足时雇人，饲养家畜。

祭祀祖先呢？　＝这也是必要的，寒食、七月十五、十月一日、十二月末。除夕迎回祖灵，正月三日或者六日送走。

家长和当长一样吗？　＝一样。

【族长】和杨同族的有几家呢？　＝二十几家。

族长呢？　＝杨顺（71 岁）。

什么样的人才能成为族长呢？　＝辈分大的。

族长一般被叫作什么呢？　＝爷爷，一般不叫族长。

杨姓之前是从哪里来的呢？　＝河北的枣强到杨家屯（距离此处二里），又从杨家屯来到路家庄。

为什么从枣强来到山东呢？　＝明朝朱洪武在山东要饭时，他去要过饭的人家都死了。于是谁都不给朱米了。朱成为皇帝后，要来把山东的人全部杀掉，山东人就都去了枣强。山东人移居到枣强后，枣强的人太多了，因此皇帝就命令枣强的人再移居到山东。仍留在山东的山东人，遭遇了红头苍蝇，据说人碰触到这种苍蝇就会死去。由于富家人晚上睡得早，因苍蝇而死的人最多；贫穷的人晚上还在劳作，苍蝇怕光就不刺他们，因此贫穷的人都没有死。

杨是从杨家屯移到路家庄的吗？ ＝从枣强来到杨家屯，五辈后移到路家庄。

路家庄最古老的姓氏是什么呢？ ＝徐和宿。很早时有赵、李、路姓，但现在没人了。最多的是陈姓，五十几户。

【家谱】杨有家谱吗？ ＝有，是手写的。

在路家庄有家谱的是哪些？ ＝陈、邢、孙、宿、徐。

【家庙】有家庙吗？ ＝没有，在杨家屯有。

有同族的人全部集合的情况吗？ ＝正月拜年时。

没有全部集中到一个地方吗？ ＝没有。

杨姓和杨家屯有什么关系呢？ ＝杨家屯是发源地。寒食或十月一日去那边，因为有家庙。

杨家屯的杨姓有几户呢？ ＝几百家，从杨家屯转移到路家庄是十四代。

杨家屯的杨姓是同族吗？ ＝是的。

杨家屯杨姓不能嫁娶路家庄杨姓的道理是？ ＝同姓不嫁娶。

【坟】杨家屯的杨姓是同宗吗？ ＝是的，坟虽然在杨家屯，现在路家庄的人死后会埋在路家庄。

是两村各有族长的意思吗？ ＝是的。

路家庄的杨姓坟墓大概有多少呢？ ＝不知道。

坟是分开埋的，还是都在一处呢？ ＝一开始是在一处，现在分开了。祖坟。

【公坟地】坟周围有土地吗？ ＝种植高粱、粟。

那是谁来耕作呢？ ＝杨姓的穷人来耕种，每年出 4 元。交给族长用来祭祀祖先。

亩数大概是多少呢？ ＝卖给其他人，祖坟是四分地。

四分地 4 元是哪个姓的呢？ ＝是外部的土地。

坟周围的土地叫作什么呢？ ＝公茔地。

此外卖掉的土地叫作什么呢？ ＝没有名字。

不叫作护茔地吗？ ＝如果是杨姓的田地，是这样称呼，但已经卖了。

为什么要卖那样的田地呢？ ＝分给杨姓。

原来有多少呢？ ＝十亩。

分时要怎么分呢？ ＝这是祖父、父亲辈时的事情，不知道。

假如今年分要怎么分呢？ ＝既然已经卖了，就不能分了。

拥有公茔地最多的是哪个姓氏？ ＝陈姓，三亩。

没有护茔地吗？ ＝都没有。

卖护茔地的不仅限于同族吧？ ＝开始要问杨姓，他们中没人买的话，就卖给他姓。

自己所有的土地也是一样的吗？ ＝一样。

卖给同族的话，买回来时会方便吧？ ＝并不是这样。

公茔地每年都是同样的人耕种吗？　=交替，自己不愿耕种时。

有几个耕作人一起时怎么办？　=给最贫穷的人耕种。

这是由谁决定的呢？　=族人商量后决定的。一开始是 2 元，现在是 4 元了。借给族中最贫穷的人。

2 月 28 日

家族制度概况

提问者　　内田智雄

应答者　　杨凤海

【祭祖】按照族谱所说，杨家屯、路家庄、殷家庄的人以前共同祭祀祖先，现在如何呢？　=只有十月一日去杨家屯的家庙祭祀。

那是各自自由地祭祀呢，还是大家集中在一起祭祀呢？　=派代表来祭祀。

由什么样的人代表呢？　=在族长旁边的不忙的人，或者是年老的人来祭祀。一村有三四个人。

是三个庄里有 3 名族长吗？　=是的。

有什么样的祭祀呢？　=供纸、香和酒菜。

然后集合 9 人左右？　=是的。

杨家屯的人不应该更多吗？　=杨家屯的人全部参加。

这个祭祀有特别的名称吗？　=祭祖。

这个祭祀的负责人是谁？　=没有。

三庄的辈分大的需要特别关照吗？　=是的。

杨家屯的公茔地大概有多少？　=8 分地。

殷家庄呢？　=不知道。

其他的姓也是这样的吗？　=是的。

路家庄哪些姓多呢？　=宿、徐、邢、陈。

通常三庄的族长会合时，会一起吃饭吗？　=没有，除夕那天会见面。

【拜年聚集】以什么理由集合呢？　=因为把祖先迎回到家里了，第二天要拜年。

那是哪里的家呢？　=我的家。把祖先迎回到自己家。

那时杨家屯和殷家屯的族长来吗？　=不来，路家庄的二十几户会聚集。

族谱只有你家有吗？　=是的。

拜年时大家都是坐着吗？　=坐着。

顺序呢？　=先进来的人先坐。

不会因为是族长所以要坐上等位置吗？　=按照辈分坐，没有座位时，辈分小的站着。

男女都可以去拜年吗？　=是的。

【阴亲】去世后的男女合葬，称为什么呢？＝阴亲，没有其他名称。

阴亲较为普遍吗？＝很少。

在什么样的家进行呢？＝不分贫富。

如果是这样，应该较为普遍吧？＝较为普遍，太穷的不搞。

需要钱吗？＝需要花费五六十元。做衣服。女方的食物需要三四十元。

能告诉我们阴亲的顺序吗？＝男方死了。于是给他寻找妻子。如果有妹妹，就代替去世的哥哥行结婚之礼。妹妹拿着一只雄鸡，在自己家中让鸡和女的牌位结婚。把牌位放到轿子里，把它从女方家中带过来。

雄鸡是什么意思呢？＝白色的雄鸡，去世男人的灵魂寄宿在鸡中。

没有妹妹怎么办呢？＝姐姐，哥哥，弟弟不行。没有妹妹的话，同族的妹妹来做也可以。

为什么父母不做呢？＝不可以，因为父母的辈分不同。

那妹妹就是相当于媒人吗？＝鸡本身不能完成仪式，需要妹妹来帮助。

妹妹不是媒人吗？＝妹妹不是媒人。由其他的男人或女人来当媒人。没有进行阴亲的被称作孤坟。

妹妹承担什么样的角色呢？＝鸡代替的是男人，妹妹仅仅是拿着。

为什么不是妹妹就不可以呢？＝妹妹比去世的人年纪小。如果去世后的男人的灵魂寄宿在男人身上，那个男人会生病。

媒人做什么事情呢？＝仅仅是谈话。结婚时给媒人食物和酒。女的牌位是红色的，男的是白色。用白色的牌位包裹住女的红色牌位（白套红），村外称为坡，把男女的尸体放在那里。然后把白套红带到天地的神前面（与活人的婚礼相同）。结束后把牌位带回家中（屋内的仪式与活人的婚礼相同）。只是不穿礼服，把牌位放到衣物上来代替。埋葬停放在坡上的尸体，烧掉牌位。

阴亲需要写婚书吗？＝和活着时一样。

什么年龄都可以吗？＝婚书里面不写年龄。

男女的年龄多少都可以吗？＝都可以。

也不需要门当户对吗？＝是的。

结了阴亲后，亲戚呢？＝和活着一样。

在村里举行阴亲的有几户呢？＝很少。

阴亲的结婚典礼有很多人参加吗？＝媒人、兄弟、姐妹。仅仅是辈分小的参加，辈分大的不行。四邻同族也可以。仅仅是辈分大的不可以。进屋后，父母和其他辈大的不行。因为辈分大的会伤心。辈分小的人，因为是结婚所以可以。女的衣服（放在牌位下）称为凤冠霞帔。将其放在椅子上，上面放牌位。

去迎女的牌位时，需要带着男的牌位吗？＝不去，由媒人去。抬着轿子去。迎女的牌位时，把尸体也带来，棺材称为斗子。尸体不带到家里，放在坡上。去迎女的牌位时，把凤冠霞帔放到椅子上，装入轿子中。然后带到对方那里，赠给女方的父母。父母是长辈，所以由代理者受理，将其放在牌位上，装入轿子中带回去。不准备凤冠霞帔，出钱借也可以。有以此为买卖的人家。

在哪里呢？　＝在裴家营、侯家庄。

【寄葬】未婚男女的尸体可以埋在祖坟吗？　＝不可以，父母去世后可以埋，埋在坟头。在坡里暂时埋叫作寄葬。

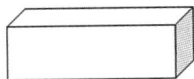

上面形状的坟叫作寿坟，财主去世之前买的棺材埋放在那里。

风水不好不埋在祖坟而葬在别处的坟是什么形状的呢？　＝和上面形状一样。

【寿坟】同寿坟有什么不一样的吗？　＝下面形状的称为丘子，因为风水不好。孤坟盖上土之后，和通常的坟一样。寿坟埋进土里后，虽然和通常的坟一样，但是头的地方是平的。

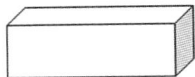

这里有寿坟吗？　＝有，在路家庄。

隔开一个吗？　＝在坟地中稍微有间隔。

【抱头坟】这种形状叫作什么呢？　＝抱头坟（怀中抱子）。

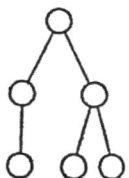

杨姓有这样的坟吗？　＝有的，如果幼儿死后，父母还没去世，不能埋在祖坟

这种形状叫作一字葬吗？　＝不叫。

【排骨葬】不叫作排骨葬吗？　＝一个人有多个妻子时这样叫，呈如下形状：

有两个妻子的时候是称为夹骨葬的形状

听说这个地方的夹骨葬是这样的？　＝不是。这样的形状乱了。

4　2　　夫妻　3

这里有人字葬吗？＝没有。

男孩的名字是谁取呢？＝祖父母、父母、或者老师。

女人基本不识字吧？＝是的。

乳名是谁起的呢？＝祖父母、父母、老师。

【资料 2】家谱序、分单、族谱序

　　济南宿氏家谱序

　　古史有表、图有牒、家有谱、所以别世孙、惇宗盟、昭先世之令名、使后世子孙、知水之源、木之本、赞承诸业世引之而勿替、我

　　宿氏始祖四川嘉定府夹江县人、于明初迁山东莱郡掖邑、占籍西关社而居、三世祖迁于省东乡江家庄、四世祖迁于张马庄、族大支繁、处世各殊、或明农、或服卖、各勤其事、皆可以自托而立、于是惟各淑其身、勿坠厥家声、是之谓念祖亢宗、予祖宗亦永有令闻、于是乎、年湮代远、宗谱不修、何以稽先世、而维系乎族党、此谱修成、使脉络条析、而不相紊、同宗各藏一帙、均知支分派别、皆吾祖宗之一体、于此则当聊之以行相龠相保相固、勿漠然陌路相

　　视、是则修谱之至意也、凡我同宗、愿共勉旃毋怠

　　宣统元年岁次己酉仲春上澣　　　　　　　　吉旦

　　　　　　　十八世孙　　　梦兰谨识

　　　　　　　　　　　　恺

　　　　　　　十七八世孙　　增玉校阅

　　　　　　　　　　梦　　章

　　　　　　　十九世孙　　　忠　　魁

　　忠厚传家远诗书继世长　自忠字十九世起至二十九世

　　始祖原籍四川嘉定府夹江县迁居山东莱郡掖邑西关

<pre>
                    始
                    祖
                    讳
                    善
                    甫
                    二
                    世
                    讳
                    均
                    玉
         ┌───────────┼───────────┐
         友   友   友
         诚   谊   谅
         │   ┌─┼─┐   ┌─┐
        ┌┴┐   旺 福 信   茉 敏
        能 贤   干
</pre>

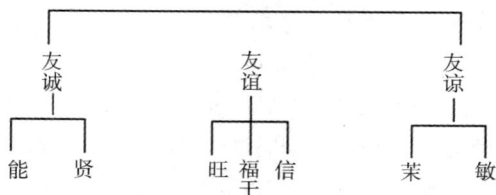

迁居张马庄　祖居江家庄

三世祖迁于省东江家庄四世祖迁于闵孝二里张马庄

　　　分　单

立分单人邢明德兄弟四位二明道三明善四镜因家事紧扰支度不足兄弟四人商议分居各▲于是邀请亲友族人街谊将家中说（所）有之宅田物业器皿像具打配均匀按四分均批拈阄为度任命所推家中所久陈荣轩债洋贰百伍拾元除西院子一所归邢明德办理又缺梁王庄债洋壹百二拾元除山查杭地贰分有余地归四分均分债归四分均还又缺外债壹百二拾元除大车一辆骡子壹头归明善办理此系兄弟四位情愿自分之后永无反悔恐后无凭立分单为证

燦

族人　邢光昇

明贵

街谊　庶霖

继尚

代笔　邢明杰

立

民国二十六年正月二十四日

邢明善应分西宅东院应分地基与西院应分一半屋

各随地基地基应分车道地应分北二段、山查杭地

应分北二段刀把地四分贴东边

所分器皿家具有分单可评

西园子所有石头西宅西宅东院西院二分均分

杨氏族谱序

［前略］

吾杨氏自枣强迁发以来迄今已十有一世矣、第一世始祖讳重阳、迁历城杨家屯居焉来自何年已不可考、历第四世、五世、分为八支居本庄者［中略］（杨家屯、路家庄、殷家庄）、每逢祭之节、三庄咸集、各展欢心、一以妥先灵、一以睦族人、诚盛举也［下略］

大清嘉庆二十三年四月弗吉堂书

2 月 27 日

租佃概况

提问人　本田悦郎

应答者　杨景林（甲长，26 岁）

第一保是什么村呢？＝裴家村。

哪些保构成一个团呢，遵照县里命令等一起的工作吗？＝（？）[1]

从县里来的命令要求几个保集中呢？＝一保一保是独立的。

人口呢？＝大约 600 人。

村的总面积呢？＝大约 4 顷。（？）

不务农，做买卖的家有几户呢？＝4 户。

那 4 户是做什么工作的呢？＝饮食店 1 户，卖馒头 1 户，卖烟草 2 户。

【土地种类】土地的种类是什么呢？＝水田少，大约 20 亩左右。土地分为两种，有井的土地是"好地"，没有的是"坏地"。

好地是叫作园地吗？＝是的。

全部是一样的吗？＝园地不过是种菜的土地。

水田以外的土地是旱地吗？＝是的。

【作物】主要种植什么作物呢？＝主要是麦子、高粱、谷子、豆子，其他的很少。

【灌溉】村里有河，用于灌溉吗？＝从去年开始干涸了，不能用了。但以前也没有用于灌溉。

灌溉用水是怎样的呢？＝挖井取水。名称叫作"井"，也叫作"土井"，一般叫"井"。

村里大概有几口井呢？＝大约 50 口左右，专门用于灌溉。

有井的人都在村中有很多土地吗？＝也不是。

对于每年的作物来说，降雨量怎么样呢？＝两三年前经常下雨，近年来少了。

水田的水呢？＝之前是使用泉水。近年水变少了，水田渐渐变为了旱地。

【土地所有】村里拥有土地数量最多的人有几亩呢？＝40 亩（小亩），村里有 2 户。

在村内有多少亩的人最多呢？＝七八亩左右（小亩）最多，大约有 40 户。（？）

之后多的是几亩呢？＝20 亩左右，这大概三四户。

之后呢？＝10 亩左右，六七户左右。（？）

有几乎没有土地的人吗？＝2 户，这个人做木匠，没有耕作土地。

前述的买卖人等 4 户怎么样呢？＝有土地。每户一两亩左右，一边耕地一边做买卖。

只有一两亩的土地的人很多吗？＝30 户左右。（？）

【长工、短工】这些人仅仅靠这些来生活吗，其他做什么呢？＝做长工或者短工，做短工的居多。村内也有 20 户以上的。

有打长工的人吗？＝没有，来本村的长工都是外村人，（？）

来村里的长工有几人呢？＝6 个人左右。

长工在什么家里呢？＝在村里有很多土地的人家。

那个家的都不务农，是做长工吗？＝也不全是，因为自己工作不足，这样的家在本村没有，几乎都是自己在耕种。

上述有一两亩地的人有借他人的地来耕种吗？＝仅仅有两三户。

【租地的】称作什么呢？＝叫作"租地的"，不叫"租地户"。

---

[1]　译者注：原文如此。

村内的土地都是民地吗？没有旗地什么的吗？＝没有旗地或者庙地，都是民地。过去就是这样。事变以前庙地是五六亩左右，卖给百姓。

【典地】通常村民结婚或者葬礼费用要怎么做？＝借钱，然后返还。

在村里借钱的人多吗？＝没有人经常带钱，所以这种人很多。

借钱的情况下，要担保土地吗？＝要，金额少的情况下不需要。少的情况是 10 元、20 元左右，100 元左右必须要担保才能借。

担保土地叫什么呢？＝"典地"。

村民大体上都有典地吗？＝是的。

出典地是被称作什么呢？＝一般叫"出典"。接受的一方叫作"受典"，一般不用叫作"典人家地"。

【座典座租】知道座典座租吗？＝知道，在村里也有。

这也和典地一样吗？＝这个少一点。

座典座租的别名呢？＝没有，大家都理解这个名字。

【典契】出典时写的凭据叫什么呢？＝"典契"。

典契写有几张呢，由谁保管呢？＝一张，代笔人是谁都可以，由受典者拿着，出典者做后交给受典者。

典的时候中介人叫什么呢？＝"中间人"或者"介绍人"。

典契必须要写一些什么呢？＝[1]

```
立典契人某因手乏今将自己庄北地一段大亩○亩
情愿出典于某人名下耕种言明价大洋○○元许种
三年「当在青苗不许赎回」恐后无凭立典为证

民国　年　月　日
　　　　　　　代字　○○○
　　　　　　　中人　○○○
　　　　　　　　　　○○○
```

这个"当在青苗不许赎回"在哪里都有吗？＝是的。

【典期】期间通常是 3 年吗？＝契约大概都是 3 年，实际有 2 年或者 4 年结束的。

---

[1]　译者注：此处为合同契约文本，所以保持原文文字结构。

三年之内可以赎回吗？＝可以，根据受典人的情况赎回。

出典人三年之内的第二年想要赎回不可以吗，三年之内的时候受典者可以赎回吗？＝是的。

受典者在期限内许可主要是什么理由呢？＝原因之一是出典者和受典者关系很好，加上受典者需要急用钱时。

【座典座租】典地成为座租时需要写新的契约书吗？＝这个情况下上述的"耕粮"改为"座典座租"。

典契之外要另外做吗？＝不需要，只要一张。写入消去典契耕种。"座典座租"下面写"每年租粮○○斗"。

【滞纳】租粮滞纳的情况下不写入怎么办吗？＝没有写入，这种情况下收回土地。

因为滞纳交纳土地叫作什么呢？＝"把地收回去"。

不叫作回地吗？＝"回地"是出典，把典地"赎回"。

【摊款的负担】关于村里的摊款座租人要负担的意思不需要写入契吗？＝典的情况，承典者一般以每年每亩 4 元左右的价格交给出典者，大约全部摊款是 10 元左右。但这个负担额是一定的。

受出典者的负担分配是什么，通常是六对四吗？＝不一定。

什么样的比例多呢？＝折半的情况多；其次是六对四。

座租的情况呢？＝不一定，仅仅是出典人一方有。

【钱粮】这个 4 元是指钱粮吗？＝是的，"钱粮"。

这个"钱粮"写入典契吗？＝是的，"不许回赎"下面写"每年钱粮○○元"。

这个是在哪个典契里呢？＝通常都有。其中也有没有的。

去年钱粮每亩是多少呢？＝去年是 4 元，事变之前是一亩 10 吊（约 1 元），今年还不知道。

出典的情况下大概座租很多吗？＝很少。

典中有几分之几呢？＝2% 左右。

【典价】典价现在一亩是多少呢？＝好地的情况下是 100 元，坏地的情况下是 40 元。

借款 100 元的利息是多少呢？＝5 个月算一期，也有 10 个月算一期。5 个月的情况是 100 元一期 15 元，10 个月的情况下是 30 元。

买卖现在一亩多少钱呢？＝好地 200 元，坏地 100 元左右。

上述三户的租地人的地主是路家庄的人吗？＝是的，其中一户把土地借给了外村人。西梁王庄的人借了地。

【租契】租地的情况下文书叫作什么呢？＝"租契"。

租契的样式呢？＝和典契一样。

这附近有佃农多的村吗？＝没有，济南的近郊可能很多吧。

村内座租的人有多少人呢？＝以前有现在没有了（？）[1]。

---

[1]　译者注：原文如此。

立租契人某人因无人耕种今有自己庄北地一段大
亩○○请愿出租于○○人名下耕种凭中说妥每年
租粮○○斗许种五年（或十年）为期恐后无凭立
租契为证

　　　　　　介绍人　○○○　○○○
　　　　　　代字人　○○○

事变之前呢？ ＝有一点。

【分种】有分种吗？ ＝过去有，现在没有。

知道"让给"吗？ ＝（？）。

【转租】"转租"是什么？ ＝（？）。

佃农因某种原因把土地再租给其他人耕种的情况有吗？ ＝这是"转租"，过去是在本村，现在没有了。

这种情况下，第二位佃农是将租粮交纳给谁呢？ ＝可以交纳，也可以交给第一位佃农。

如果地主不知道二次转租时交给谁呢？ ＝不能直接交纳。

【收回土地】契约期间地主能以土地租给他人为理由，收回已租出土地吗？ ＝不能。

地主可否在不通知佃农情况下，把土地卖给他人？ ＝可以。

这种情况下即使佃农抗议也不行吗？ ＝在那种情况下抗议没用。

在本村，通常典的回赎几年最多呢？ ＝大概３年比较多。

【地租折半】地租一亩大概是多少？ ＝通常大概要折半。

那有分种吗？ ＝和"分种"很像（？）。

那么和分种有什么不一样呢？ ＝分种是折半那时的收获量，这种情况下预先定下契约，决定收获量，定下的契约收获量和每年的收获量是没有关系的，即使歉收也要交纳。

（注：应答者起初似乎想说本村有租佃和典地租佃，但他中途警戒起来，否定了这些内容。事实上，本村多实行典地租佃，还是多实行租佃，情况不明。因此，起始部分的土地所有亩数、户数，或者村里有无典地租佃、租佃，与户数相关的回答都很难相信。）

村里有园地吗？ ＝有但是很少，10亩左右（？）。

【收回土地】在本村，地主收回土地的理由是滞纳还是卖地呢，哪一种比较多呢？ ＝一种情况是地主在他乡做生意归来，想自己耕种土地，就从佃农手中收回土地。这种情况下，不能从佃农手中收回土地（？）[1]。

卖地和滞纳哪一方比较多呢？＝多的还是佃农滞纳的情况（？）。

收回土地时，要如何处理滞纳租佃费呢？＝不一定，根据中间人的手段好坏。有一部分是不用交也可以的，也有一起交的。

收回土地的手续呢？＝地主委托中间人，中间人去佃农处传达意思，要求取回契约书，然后撕毁契约书，取回土地。

在村里哪一种比较多呢（上述滞纳处理呢）？＝现在因为没有佃农，所以不明确（？）。

滞纳的地租是土地收回前，还是收回后交呢？＝不知道。

（注：以村里没有佃农为由，非常警惕，避而不答。）

【肥料】使用什么肥料呢？＝"肥田粉"，家畜类、人粪很少，从济南买来使用。

肥料一亩中有多少呢？＝大车七车（？），七车中一半是用土来混合的。

【付现金的租佃】有用现金交纳地租的情况吗？＝有，但是在本村没有。

那个叫作什么呢？＝"租地"。

交纳钱多还是物多呢？＝物多。

【租佃期间】通常租佃连续几年的情况多吗？＝5 年左右。

这是写在文书中的期限吗？＝是的。

即使在写文书的期限到来，通常租佃状态可以持续吗？＝如果到期了想到继续租佃，要另外写新的契约书（？）。

有 10 年或者 20 年租佃同一地主的土地的情况吗？＝本村没有。

佃农在契约期间满时，换地主的很多吗？＝换和不换的差不多（？）。

【摊款分配基准】摊款分配的标准是什么呢？＝土地的亩数。

借来的土地和典地、所有地有什么不一样吗？＝租佃地是由地主负担，典地是出典者负担。

甲有 10 亩自耕地，乙是 10 亩中有 5 亩出典、5 亩自耕，这样的情况如何呢？＝这样的情况下，负担数量是一样的。出典地和没有出典的土地是一样的。

丙把 10 亩土地中的 5 亩出租的情况下呢？＝还是和上述的甲负担一样。

丁的 10 亩中有 5 亩是租别人土地的情况呢？＝那种情况下，仅仅是 5 亩。

摊款是什么呢？＝"摊钱"。

叫作摊工吗？＝是的，没有其他的。

摊工和摊钱的比例标准不一样吗？＝标准按照亩数来定。但是摊工的情况是 2 亩 1 人，典、租佃等与摊款标准一样。

村民日常吃什么？＝红高粱，把糠和高粱混合。

【减免】最近，因战乱、洪水、虫害等使作物受到危害是什么时候？＝前年有虫害，全村的大部分作物都被吃了。

---

[1] 译者注：本页中出现的所有（？）意思不明，原文如此。

那年租地户没有交纳租粮吗？＝当然。

地主免除了吗？＝很多地主都稍微减免了租子，没有一点都不免除的。

那个免除不是第二年交纳的吗？＝不是。

那种情况下，佃农一方要求免除吗？＝都有，因为要求少免除一些，所以全部免除是地主自发的（？）。

那年的租粮如果滞纳，有留到现在的吗？＝没有。

地主去看佃农作物的受害情况吗？＝地主也不是大地主，每天自己也去田里耕种，所以马上就知道。

和前年不一样，受害较轻的情况下怎么办呢？＝受害较轻不免除。

较轻是什么程度呢？＝作物产量的1/10。

只收了高产量一半的情况下呢？＝那种情况，就商量后少交纳一点。

2 月 28 日

租佃概况

提问人　本田悦郎

应答者　杨景林（甲长）、宿艺乡（村长）

【座租】座租当中的租粮纳租期是在几月呢？＝作物收获时交纳。

没有期限吗？＝粟、高粱是十月。

受典人在租粮的纳租期不交吗？＝也有，一般是在十月以前。

座租时，田里种植什么是在契约中决定的吗？＝是的。

【地租的形态】之前种麦子的田地，今年可以种谷子吗？＝可以。

受典者在签订契约时指定作物吗？＝签订时，用哪种作物交纳地租是固定的，在田里种什么都可以。

通常租粮交纳什么？＝粟、麦、豆。

一亩地多少呢？＝好地是5斗，不好地是4斗。或者好地是麦子2斗和豆子2斗，不好地是麦子1斗和豆子1.5斗。

用粟交纳的时候呢，全是交纳5斗吗？＝是的。

用麦子交纳呢？＝一般是麦子和豆子一起交纳。

其他的作物不能当作租粮使用吗？＝不能，这三种最多，所以没有理由。

使用这两种交纳地租方法中的哪一种，是由谁来决定的呢？＝（？）[1]

受典人要求交纳麦子和豆子，佃农交纳了粟的情况下怎么办呢？＝今年按粟交纳的话，来年就是交纳麦子和豆子（？）。

---

[1]　译者注：原文如此。

那么，今年交纳粟的情况下，受典者要求交纳麦子吗？＝不能。

那么契约书第一年交纳多少呢？＝土地有种植的顺序，交纳种植的作物。

在土地上种植什么是出典人的自由吗？＝不是，因为土地是两年三作，按照麦（5—8月）—豆（6—9 月）—粟（3—7 月）的顺序。

然而，种麦子时可以种别的作物吗？＝不种麦子的话，就不能种作物。

高粱呢？＝3—7 月。

那么，出典者可否不种粟种高粱吗？＝只要能交纳粟，种植什么都可以。

租佃费用除粟、豆、麦子之外的吗？＝没有。

佃农必须交纳高粱，受典者怎么做呢？＝不能，交纳高粱的情况很多。佃农不交纳高粱，因为便宜，所以受典者不交纳吧。

座租人可以不种植上述的 3 种作物吗？＝也有种植其他作物的。

哪一种更多呢？＝还是上述的 3 种作物多一点。

比例呢？＝8/10 种，2/10 是其他的作物。

受典者指定作物的情况下，佃农有要求肥料吗？＝没有。

出典者从受典者那里借肥料、农具吗？＝没有。

这附近其他的村子也没有吗？＝应该没有。

【典和座租的期限】典是 3 年，与其相比可以用 5 年的座租吗？＝不可以。

相反的情况下，典 3 年、座租 2 年呢？＝可以。

典 3 年、座租 5 年时，有在 3 年时要交纳典价的情况吗？＝和回赎是一个时间，座租的契约也取消。

出典者大体上是座租的情况多吗？＝很少，受典人自己耕种的情况很多。

【典期】典期几年多呢？＝3 年。

写文书时都是 3 年吗？＝是的，但是不知道什么时候会赎回。

回赎一般是几年呢？＝一般是三四年可以回赎，一二十年也有。

【座租期间】座租的期间（文书的）几年的情况多一些呢？＝5 年。

5 年之外的情况呢？＝有 10 年，通常都是写 5 年。

地主指定作物吗？＝和座租不一样。

租粮的完纳期是什么时候？＝和座租一样，在村里一般麦子是 6 月，粟和豆是 10 月交纳。

麦也可以在 10 月交纳吗？＝不行。

向滞纳者催款要几月去呢？＝1 个月没到就去。

租地有几户呢？＝3—5 户（？）[1]。

座租呢？＝没有，事变后也没有。

【租地期限】租地的期限多少年（文书上的期限）？＝5 年。

有 5 年之外的情况吗？＝也有 10 年的，但普遍都写 5 年。

---

〔1〕 译者注：原文如此。

地主会指定耕作作物吗？ ＝要跟座租的不一样。

租粮的交纳时间是多什么时候？ ＝和座租一样，村里普遍都是六月交麦子，十月交粟和豆。

麦子也能十月交吗？ ＝不能。

晚交的请求要在几月左右递交？ ＝离期限不到一个月的时候提出请求。

租地的有多少户？ ＝315 户。（？）

座租呢？ ＝没有，事变后就没有了。

【钱粮】租地的情况，佃农要负担多少摊钱呢？ ＝一点儿都不出。

在冷水沟的文书中，一亩要负担 20 钱吗？ ＝不知道。

在典里有钱粮吗，在租地也有吗？ ＝租地里没有。钱粮在事变前是 10 吊（约一元）。

事变前租粮是要多少呢？ ＝一亩还是和现在一样。很久之前就是这样了。

【滞纳】座租的情况下，不需要加入滞纳租粮的典价吗？ ＝不需要。不知道不可以，如果滞纳，会收取的。

一般滞纳后会直接交吗？ ＝关系好的情况下滞纳也可，一般只交纳一次。

交纳被称作什么呢？ ＝"不叫种"，"不许种"，不叫作回地。

租地的情况呢？ ＝也是同样。

交纳座租的土地贷给其他人吗？ ＝是的。

这样一来座租变为租地吗？ ＝是的。

那么租地不是很多吗？ ＝不多。

【外村地主的土地】济南的地主的土地没在村里吗？ ＝没有。

有村外的土地吗？ ＝没有。

本村的土地在外村的有吗？ ＝有，胥家庄。陈继云的土地有五六亩。

耕种上述 5 户的租地户中，耕种外村人的土地的人有哪些？ ＝都是本村的人在耕种。

【租地户减少】和事变前相比，租地户变少了吗？ ＝是的，少了 10 户左右。

是为什么呢？ ＝因为生活变困难了，有土地的人收回土地，自己来耕种。

自己耕种有利益吗？ ＝有。

自种的情况下需要费用（长短工、肥料等）吗？ ＝但是，和收获量相比，还是自种利益多。

之前的地主，全都是雇长工、短工劳作的吗？ ＝家中务农的人很多，所以自己做。

【租契】租地时一定要写文书吗？ ＝写。

如果不写就不能租地？ ＝不写就不能租。不能凭口头租地。

座租也是这样吗？ ＝不写文书的话，不能租。

【中人】租地的文书中，中间人在租地户滞纳地租时要怎么办？ ＝中间人去佃农的住处询问原因，催促交纳。

地主直接向租地户催缴吗？ ＝地主不直接去租地户处，先请求中间人。

地主对租地户有抱怨时，无论何事都不直接去地户处吗？ ＝是的，无论何事都不是直接去，先去中间人处。但是在我们村里，没有滞纳。（？）[1]

地主催缴后，租地户仍不交纳的情况，必须由中间人代缴租佃费吗？＝不是由中间人代交，仅仅是需要斡旋。

是中间人选地主还是租地户选呢？＝中间人由租地户一方挑选，也有地主挑选的。

地主是在什么情况下会寻找中间人？＝地主拥有多余的土地，不能亲自耕种。于是找中间人，使其寻找佃农。

地主更需要佃农，还是佃农更需要地主呢？＝是同样数量的。（？）

因为地主就算不打广告，来借土地的人也有很多，不是由佃农来寻找地主吗（一般情况）？＝是的，佃农寻找或许多一些，具体也不清楚。（？）

佃农的中间人有拒绝地主的吗？＝没有。（？）

但是，可以的吧？＝可以。（？）

那种情况下，或者是来寻找佃农的吗？＝虽然是，但是没有那样的情况。

【代字人】代字人一般在村里由谁担任呢？＝不一定，一般庄长写的情况很多。

代字人在写文书期间，把 3 年误写为 5 年，把文书交给对方（地主、受典者），后来知道此事的情况怎么办呢？＝没有实例，如果有，就让中间人证明。

代字人不申辩道歉吗？＝没有，没有写到那里所以不知道。

有争执的时候由中间人证明吗？＝是的。

代字人从当事者那里收礼金吗？＝不收，只是书写而已。没有礼金，因为都是本村的人。

代字人代表中间人在滞纳地租问题上调解地主和佃农之间的矛盾吗？＝没有，只写字。

这次事变后，租地、座租的滞纳地租很多吗？＝没有，本村没有受过匪贼之害。

【收回土地】出典者反对受典者的收回土地（滞纳）要怎么办呢？＝那时拜托中间人来商量。就算商量，如果受典人听不进去，也是没有办法的。

地主方面仅仅是有好恶的情感，把土地贷给其他佃农可以吗？＝不可以，没有正式的理由，在规定的期限内是不可以的。

正式的理由是指什么？＝佃农倦怠以致土地荒废或者卖出或者滞纳。

这些情况在期间会发生吗？＝会的。

那时文书怎么办呢？＝把文书烧了。

由中间人烧吗？＝是的，中间人之外的地主、佃农集合在一起的情况，谁烧都可以。

现在在家里最花钱的是什么呢？＝是春期，粮食缺乏，为了田里需要购入农具、肥料。

什么是最浪费钱的呢？＝结婚典礼、葬礼。

【肥料】其他的呢？＝肥料、农具（除去钱粮不多）。

去年你使用了多少肥料呢？＝去年自己做了六大车的肥料。在其他人那里买的价格

---

[1] 译者注：原文如此。

很高。

大车一车多少钱呢？＝4 元左右（家畜粪）。

买的人很多，自己做的人多吗？＝自己做的人多一些。

去年有几户买呢？＝大约 8 户左右。购入地是新民会、济南（人粪）。

结婚典礼一般要花费多少钱呢？＝大约 500 元左右。

占自己所有财产比例的多少呢？＝（？）[1]

葬礼呢？＝大约二三百元左右。

【卖的作物】村民大多卖什么作物？＝粮食中，通常卖麦子，吃高粱和粟。

在哪里卖呢？＝市场，在王舍人庄的市场卖。

应答者　张玉宝（田赋征收员，张舍庄人）

地　点　县公署

什么时候来到这里的？＝前年冬天。

在家里做什么呢？＝务农，父亲务农。

村有几户呢？＝200 户左右。

多少人呢？＝1000 人左右。

有水田吗？＝没有，都是旱地。

旱地分为好和不好的地，怎么叫呢？＝“山地”——不好地（铁粮地），“下坡地”——好地（锡粮地）。

园地呢？＝没有。

租佃称作什么呢？＝“租地”，也叫“典地”。

村里的租地大概有几户呢？＝（？）[2]

典租佃称作什么呢？＝“座典座租”。

在村里，前两种佃农哪一种多呢？＝座租的多。

比例呢？＝（？）

完全没有土地的人呢？＝没有。

一般是有多少亩呢？＝五六亩最多了。

有最多土地的农户有多少亩呢？＝40 亩。三五户。

30 亩左右呢？＝10 户。20 亩左右的有五六十户左右，10 亩左右是百户左右，5 亩左右是五六十户到 100 户左右，两三亩是二三十户左右（？）

作物需要使用水吗？＝不需要。

井呢？＝没有灌溉用的井，有饮水用井。

主要是种什么作物呢？＝麦子、高粱、粟、豆。

有拥有土地但自己不耕种的农户吗？＝没有。

---

[1]　译者注：原文如此。

[2]　同上。

租地户有多少户呢？ ＝10 户左右。（？）

【文书】租地时必须要写文书吗？ ＝是的，必须写。叫作"文书"。

【中人】中介者叫作什么呢？ ＝"中间人"。不叫作"保人"，"介绍人"也不怎么使用。

中间人做什么事情呢？ ＝地主把土地给佃农的情况下，请中间人来寻找佃农。

有佃农寻找中间人来向地主申请租地的吗？ ＝几乎没有。

【租粮】租粮是要交纳什么作物呢？ ＝通常是麦子和粟，也有豆子，也有高粱。

1 亩大概多少呢？ ＝大概"麦 1 斗，粟 2 斗"，"豆 2 斗，麦 1 斗"或者仅仅 3 斗粟。高粱非常少，使用时用豆和粟代替。

（注：以事务繁忙为理由，拒绝应答）

2 月 27 日

赋税概况

提问人　盐见金五郎

应答者　宿艺卿（路家庄庄长）

【白契】土地买卖时需要写契约书吗？ ＝写白契。

有中介人吗？ ＝有。

一个人吗？ ＝必须是两个人。

中介人叫作什么呢？ ＝中间人。

有其他中介的人吗？ ＝两个中间人之外有代笔的人。

契约书是由代笔人写的吗？ ＝必须由代笔人写。

土地买卖时要测量土地吗？ ＝由四邻、中间人、代笔人、买卖双方参加，中间人和代笔人来测量。

测量时需要什么样的道具吗？ ＝使用 5 尺（1 步）的丈杆。

一定要测量吗？ ＝一定要集合上述的关系人来测量。

契约书写着谁和谁的名字呢？ ＝买卖当事者。一定要写中间人、代笔人、四邻的名字。

契约书要写一份吗？ ＝是的。

由谁来保管呢？ ＝买方保管。

【老契】老契要怎么办呢？ ＝中间人当场烧掉，在买主要求的情况下交给买主。

有由买主保管的情况吗？ ＝因为是无效的，所以没有必要保管。

【拨粮、税契】不交税契仅仅是白税，买主没有必要用老契吗？ ＝因为买主会立刻拨粮，名义会变更，并且经过税契后，老税就没有用了。

拨粮是由谁办手续呢？ ＝买主先直接去县里把契税给里书。

因为要拨粮什么的买主没有什么不便吗？ ＝如果拨粮，里书一定要向县公署申告，不交契税会受到县里的惩罚。

有仅仅发粮没有交契税，然后被罚的例子吗？＝没有。

为什么呢？＝如果拨粮的话，征收处的人立刻会知道，政务警会来村里催促交税契，那时一定会交税契，所以没有被罚的。

只要政务警不来催促就可以不交税契吗？＝一般会自觉性的交税契，稍微晚一些，政务警会来催促。

【土地买回】把土地卖了之后，买主不进行拨粮，也不交税契时，卖主可以把土地买回吗？＝卖后3年内放弃时，有卖主成功买回的例子。

那个例子是之前就有的吗？＝是的，但是这样的例子很少。

买回时的价格和卖时的一样吗？＝因为卖主依然要对那块土地负担费用的，之前的地价减去对土地进行的3年负担的费用，支付剩余的金额就可以了。

那个例子仅限于3年吗？＝作为例子经过3年拨粮和契税都不交，卖主通过当时介绍的中间人来交涉买卖。3年是定例。

四五年或者一两年的情况有吗？＝3年成为了习惯，从过去开始就是这样。

3年内卖主没有能力买回的情况怎么办呢？＝3年内卖主并不是放任不管的。因为理所应当是由卖主负担的，卖主监督买主拨粮及交税，会多加催促。尽管那样买方不采用手续时，卖主负担的费用要向买主催款。买主根据那个要求进行负担支付费用，如果有这样的情况，之前的卖主也有按差额买回的情况。总而言之，根据当事者之间的能力情况而不同，需要经讨论解决。根据问题的不同，有不同的区分方法，3年是作为一种界限的定例沿袭下来的。

【里书】路家庄所管的里书是谁？在哪里居住呢？＝陈庆鸿，在陈家岭庄居住。

陈里书做些什么呢？＝从事农业，是富裕的人。

做庄长的事情吗？＝没有。

什么时候开始做里书的呢？＝66年前开始代做里书。

陈里书是那个地方有势力的人吗？＝并没有势力和名望，通常村里称作先生、总房、里书。

里书更换时，由各村长推荐吗？＝不做里书时，各村长商量后选其他人，向县长通过公文申请。

村长推荐的人，县长认可吗？＝向县长推荐的人是在征收处登记过的。

有县长不认可的情况吗？＝没有这样的例子。

现在里书不想做的情况下，自己找来适合的人可以吗？＝即使那样不能任用，那种情况下，如果各村长认为是合适的，直接向县里申请；如果不合适的话，各村长再推荐人选向县里申请。

【拨粮费】拨粮费是多少呢？＝1亩2元。

这是根据规定确定的事情吗？＝不是根据规定，是村之间的惯例。

事变前价格就是这样吗？＝事变前是1元，事变后也是。

今后价格会涨吗？＝因为里书收县里的"费"，如果有，这个应该还会涨的吧。

里书交纳到县里的是什么"费"呢？＝没有向县里交纳的"费"吧，他们需要生活费、旅费、饭费等，有了那些就有了发粮费。

其他里书有赠物吗？＝路家庄没有。

拨粮时，里书来村里吗？＝一年中，仅 6 月和 12 月来两次。

来了村里做什么呢？＝来村长的住处收集拨粮的用具拨粮。

村长在那时要请客吗？＝用村里的费用来接待。

那时给里书路费吗？＝不给。拨粮结束后，收集拨粮款回去。

【地保、地方】路家庄有地保吗？＝叫作地方或者地保，6 个村子及管辖梁五乡（东梁五庄、西梁五庄、裴家英、路家庄、纸房庄、毛庄）

地保做什么工作呢？＝住在乡公所的西梁五庄，在乡公所和各村之间做"跑腿的"。

"跑腿的"是做什么工作呢？＝催促乡公所和村之间或者乡和区、县之间的，和"公事"及钱粮相关的工作。

是由地保催促田赋吗？＝事变前主要是由地保来做的，但是事变后，政务警做的比较多。但是地保依旧是直接和村相关的，政务警的作用是指挥地保。

地保拿着催粮的账簿吗？＝什么也没有拿。地保是分配串票的。各村长按保甲的顺序来分配给各花户。

地保有固定收入吗？＝由负责的村子支付粮食。比例是根据各村土地亩数，收集后直接支付给地保。

路家庄有几斗呢？＝3 斗（1 斗半是麦子，1 斗半是谷子），6 个村合计 2 名。

地保就可以以此为生了吗？＝合起来是价格 450 元左右，可以保证最低的生活水平。此外还依靠"种地"，不会贫穷。

有其他的收入吗？＝没有。

地保的身份是什么呢？＝"穷人"居多，身份低微。

地保是什么时代开始有的呢？＝前清时代开始的，是"听差的耳目"，也是"跑穷腿儿"。

里书和地保的关系呢？＝没有关系。

里书是什么时候开始的呢？＝"封粮、封银子"的时代就有，年代久远。

里书不需要催粮吗？＝不需要，仅仅是做串票和发粮的工作。

分家时要拨粮吗？＝要"分家均粮"。

那时拨粮费是多少？＝2 元。

【地亩数】村里有"地亩札记"吗？＝叫作"地亩账"。

地亩账有异常时需要更改吗？＝每次都根据串票更改。

是由谁做的呢？＝庄长。

所以村里的银两每年都变吗？＝每年都变。

【钱粮交纳方法】钱粮是由村长交纳还是向县里交纳呢？＝就算是自封投柜，是否委托村长也是村民的自由。

哪一方多呢？＝就算在期限内，县里的督促很急时，村长负责催促，一般是各自在县里自封投柜。但是到期后，"扫柜"时由村长收集纳付。

村长在扫柜时垫付吗？＝有，但是在路家庄垫付的情况极其少。那是各自扫柜时结束纳付。

立土地买卖的契约时，村长干涉吗？＝和村长没有任何关系。

关于契约，村长会给出证明之类的东西吗？＝和村长完全没有关系，重要的是四邻的参与。

你当过代笔人、中间人吗？＝俺当过代笔人，没有当过中间人。

村长成为中间人情况不好吗？＝虽然没有这样的情况，因为没有空闲，所以没有做过。

去年的田赋附加是多少呢？＝1两银子，第一期时正税4元，附税4元8毛，第二期时正税4元，附税是11元8毛8钱，第三期是（漕米）正税6元，附加6元。

1两银子是几亩呢？＝13亩7分。

【摊款】这之外摊款是按亩还是按银子呢？＝按亩数。

去年的摊款中包含什么呢？＝看铁路、本区自卫团、铁路控壕、岗楼、保甲自卫团受训、区公所办公费、乡公所办公费、保安大队、雇治安军、雇警卫队、模范区办公费、爱护区办公费等。除此外，想不起来了。

合起来1亩多少钱呢？＝不低于10元。

这些摊款要如何收集起来呢？＝经过区、公所，传阅"条子"，根据村里的地亩账分配给各户。

由佃农负担吗？＝不负担，因为是根据串票来分配，所以和没有土地的人以及佃农没有关系。

佃农地有几亩呢？按照所有地，1亩换算佃农分配多少呢？＝因为是根据"串票"，所以没有这个事情。

为了增加摊款会有提高地租的起势吗？＝不容易提高，有土地的人负担日益增加。

摊款是全部用钱支付吗？＝是交钱。

有用物品来交摊款的吗？＝去年的三四月左右，马草占了相当的比例，这是接受现金的支付不是摊款。

这之外村里的费用要如何收集呢？＝都是按亩。

村里有摊款的出纳簿吗？＝村里有"管账先生"，是专门管理"本庄流水账"的。路家庄作为自治实验区每月结算一次，向县里申报。

2 月 28 日

赋税概况

提问人　盐见金五郎

应答者　赵一衡（征收处推收股股员）

【推收股】推收股是什么时候出现的呢？＝之前归属于推收处财政科征收处，民国三十年十月变更为征收处的下级部门，分为田赋股、杂税股、税契股、推收股，依然作为推收股留在征收处。

推收股本来的工作是什么呢？＝主要工作是管辖里书，登记异动，指挥监督。

此外还有什么呢？＝掌管推收工作。

推收与里书的工作有什么不同吗？＝各里书按照各自的管辖来推收（过拨），但买主不认识辖区的里书或者离得很远时，则将买卖事实上报给推收股，请其联系里书。此外，如果买主在县衙里有熟人，则将买卖事实写在一张"条子"上交给这个熟人托其转交给推收股，然后由推收股联系管辖的里书。

为什么买主不直接向所管的里书[1]申报？＝大部分是这样做的。向推收股[2]申报后拜托他们联系里书，就是通过在县里工作的熟人拜托推收股寻找里书，或者直接到推收股拜托他们联系里书，这样做比较有保证，工作会早一点进行。

推收股受理这个以后怎么做？＝受理的"条子"会记录在推收簿里，再联系里书。

【推收簿】推收簿是什么样的？＝这样的。

（封面）

民国三十年五月
推收簿
　日　立
推收处
县长

（内容）

交　　　交

第八区东泉沪庄吕凤程名下退微粮官亩四
亩五分发王华亭名下收现住南关朝山街
收发张主任交

柔美约城内大平寺街门牌三十五号本庄张
厚齐名下收

县长交

上栏中的"交"是什么意思？＝表示"条子"已经提交给所管的里书了。

那下面"县长交"的"交"呢？＝表示买主通过熟人见到县长，通过县长提交给了推收股。

一年中，向推收股申报的东西大概有多少？＝这不一定，全年大概有 100 件，因为全县大部分都是直接找里书办理的。

---

〔1〕　译者注：吏胥名。清代州县地方负责登记土地面积、四至等情的书吏，属于义务性职役。

〔2〕　译者注：推收：旧时民间田宅典当买卖时，报请官府办理产权和赋税的过户手续。股：机关团体中的一个部门。

除此之外，推收股里还有什么样的账簿？＝里书姓名簿以及记载着里书管辖范围内其他各个村的面积的账簿（里书经管村庄地数表）。

【里书姓名簿】我想看一下里书姓名簿＝就是这个。

（封面）

民国三十年　　月　　日　立
里书姓名簿　　　　　　　推收处

（内容）

北会清二	北会清一	北会清一
吕信臣 曹西山	张玺廷	清宁区
	领	领
领交 领交	领交	领
交	交	交

上面写的"北会清一"是怎么回事？＝是里分。

下面的"领""领交""交"有什么区别？＝"领交"是名簿做成之初就写在上面的，里书收取"串票〔1〕"（通知单）时写"领"，在串票上记入受持分后再次提交给征收处时会写上"交"，表明已接受。

里书会各自记入受持分的串票吗？＝是这样的，登记完毕后要再次提交盖县印。

是谁给每个花户〔2〕分发串票？＝在征收处统一整理里书提出的东西，然后召集各庄地方分发给各花户。

通过推收股办理过割〔3〕时，过割费是由推收股代收再转交给里书吗？＝里书会找买主直接收取。

在推收股不征收其他的手续费吗？＝一般都是通过县长、主任或者县里工作的熟人，所以在那里没有收过一文手续费。

【里书的更换】里书发生变动时，推收股如何监督？＝因为新里书必须去推收股后才能工作，所以推收股一定知道里书的变动。

更换里书时，推收股会干涉吗？＝只要能做好里书的工作，谁都可以担任。所以事前不会干涉。

---

〔1〕 译者注：旧时缴纳钱粮的收据。

〔2〕 译者注：旧指户口册上的户口。

〔3〕 译者注：旧时田宅买卖、典当或赠与所办的过户或转移产权手续。

事后呢？＝因为里书得到了各村长的认可，所以没有理由反对。

但是不知道新里书能不能胜任工作啊？＝里书通常是该村村民，基本都会赞成。而且更换时必须经过村长同意，没有得到村长认可的人有可能遭到反对。因此，不可能更换成无法胜任工作的人。

必须要得到村长的同意吗？＝因为是村里的事情，所以就算没有村长同意，一般也会商量着更换。

那么，推收股会给新里书颁发任命状之类的吗？＝什么也没有。只在姓名账簿上更改。

知事知道吗？＝知事几乎不参与。只要推收股知道就行。

里书管辖的土地可以在地图上分别表示出来吗？＝因为土地责任不明确，所以很难用地图表示。

里书管辖的村庄地亩数是固定的吗？＝每年都有变动，不是固定的。

墙上贴的下列事项是什么？

注　意

顷　奉

谕饬事项如下

（一）县区村庄之粮不能拨于市区村庄

（二）甲区村庄之粮不能与乙区村庄之粮混合一数

（三）填造通单务须依限完竣不得延误

推收处启　二月一日

（一）是什么情况？＝县区的钱粮不能通过土地买卖移交至市区。

那就意味着要留作外关？＝毕竟作为外关应该为该县保留田赋。

（二）又是指的什么呢？＝为了不与其他区混同，每个区的田赋都被划分明确。

比如什么情况？＝因为里书管辖的各区各村的区域不明确，在上交粮数时要注意不能和别村混同。即为了同时上交几个区村庄的粮数而提前做好区分。

这是为什么而做的区分？＝是为了摊款时明确各区摊款基准而区分的。

为什么会有混同的可能呢？＝因为里书的管辖范围是以人为中心表示在底册上的，土地所在地经常混同在各区各乡各庄，而且按照里分表，里书也多跨甲区、乙区或丙丁区管辖，所以串票的制作也并非和区的划分一致。因此粮数也和区的划分不一致。

应答者　赵载武（征收处税契[1]股员）

【税契手续】税契在哪里办理？征收处的税契股是何时出现于征收处的？＝民国三十

---

〔1〕　译者注：旧时民间不动产买卖典当，在契约成立后，新业主持白契向官署交纳契税的行为。

年十月起，就作为一股存在于征收处了。

在此之前呢？＝一直在财务科。在和征收处不一样的地方。

税契用什么样的纸？＝典契纸、卖契纸及历城县田房卖契约（典契约）。

样式呢？＝卖契纸和典契纸是附带存根和缴查的三联单，卖契约和典契约也是分别附带有存根和报查的三联单。

卖契和典契在哪里发行？＝由省公署发给县使用。

卖契约和典契约呢？＝在县公署印刷使用。

税契时，这些纸的价格是多少？＝卖、典契每张五角，卖典契约每张一角。

卖、典契纸的收入归县所有吗？＝全部上交给省公署，不留在县里。

什么时候上交？＝每月向省里上交一次，当月上交上个月的。

卖、典契约的钱上交给省里吗？＝这是用县的费用印刷强卖的，所以收入归县所有。

卖、典契的缴查何时送去省里？＝每月一次。

卖契的契税是多少？＝买卖价格的 6%。

典契呢？＝典价的 3%。

"减半"期间是什么时候？＝阴历十月到第二年三月的半年间。

"减半"制度是从何时实行的？＝民国初年。

现在也实行减半吗？＝民国三十年十月就撤销了减半制度。

为什么撤销？＝是省公署颁发的命令。

理由是什么？＝税收太少了。

今后不再继续实行减半了吗？＝这个不清楚。

卖契约（或者典契约）为何形式上贴联在"白契[1]"上？＝因为历城一直习惯立"白契"，所以不用官府指定的契约用纸也没问题。

不用官府制定的契约用纸立白契也没问题吗？＝都没有问题。

有不直接用官府指定的契约用纸写相当于私人文件的"白契"的情况吗？＝虽然两种方法都行，但是，实际上多写"白契"，所以受理时，形式上会将官府指定的契约纸贴在白契上。

那么，必须要买官府指定的契约用纸贴联上去吗？＝必须要贴联。

实际上这里的"白契"还有咸丰年间的，为什么现在申请税契呢？＝因为这是农民希望的。

为什么现在突然来申请税契呢？＝即使农民执行买卖或典当，一般直接用"白契"就可以。但是如果要再次买卖或典当的话，不投税，而且仅凭年代久远的文书，买方或成典方对土地就会产生疑点或担心，因此，为了明确产权，土地所有者就会突然申请

---

〔1〕 译者注：中国旧时不动产买卖、典当的契约，未向官府纳税加盖官印的称白契，经官府加盖官印并纳税的称红契。

税契。

对于像前边那样的旧契约，县公署不按照税契章程进行处罚吗？＝虽然章程规定对六个月内未税契的人执行处罚，但是一般农民或是不知道有这样的规定，或是经常有意回避交税，所以县里不能严格执行章程也是实情。针对这一情况，如果农民主动申请税契，我们就对之前的处罚既往不咎了。

所以在民间，买卖或典当但不税契的情况很多吗？＝非常多。

假如县里一年内有一百件产权变动的，税契的百分比是多少？＝大概有 30% 会税契吧。

（去年）一年内的税契件数是多少？＝去年税契金额约 1 万，大概有 1000 件。

不督促税契吗？＝减半制度实行后，人民大多在减半期间税契，过了这个时间就少了。而且这个期间也是土地买卖的旺季。

没用什么督促税契的手段吗？＝派政务警去到各村，让里书制作"推收"名簿，根据名簿彻底调查土地买卖事实，然后政务警再找到直接当事人督促其税契。

里书不直接去督促吗？＝里书只是从"底册"中把名字"腾出来"，不直接干涉。

这样不税契的会被强制拉来这里吗？＝政务警手持"传票"去的话，没有人敢反抗。

传票上怎么写？＝如下图所示。

```
┌─────────────────────────────────────────────────┐
│                                      历城县公署    │
│                                                   │
│              传催事即将某区某庄未投税之各花户立传来县 │
│              速速投税仰警前往火速勿延     为         │
│                                                   │
│         计传                                       │
│    某某    右仰警长准此                             │
│ 民国                                               │
│ 县  年                                             │
│    月                                              │
│    限                                              │
│    日  月                                          │
│    日  日                                          │
│    销  此                                          │
└─────────────────────────────────────────────────┘
```

农民喜欢税契吗？＝因为不得不投税，所以没人喜欢。

税契有什么作用呢？＝我们会保证农民的权利，使这种权利变得真实可靠。

税契时要带"老契[1]"吗？＝税契时不用带，只带新白契就行。

---

[1]　译者注：推测此处是指"老契约"。

买主要老契约吗？＝不要也行，但是为了确认之前契约的真伪，还是要看一下。

如果怀疑契约的真伪，买主会怎么办？＝我们会要求卖主先税契。各村中这种情况很少，但是济南附近很多。

如果老契约是白契呢？＝一般情况下，尽管各村里的老契约是白契，只要确认其真实有效，就直接这样立契了。

老契约必须要交给买主吗？＝由卖主持有，可以不必交给买主。

为什么？＝因为新契约生成以后，它就变成废纸了。

但是，有老契约的话，不是还可以再卖给别人吗？＝确实可以，但是有中人[1]和周围四邻做证，在民间还没有发生过这种不道义的行为。因为济南附近倒是有发生而引发问题，因此在民间，买土地时，如果是白契，我们一定会要求先税契。

从比例来看，要求税契的情况多还是少？＝其实比较少，原因就像我之前说的那样，有四邻和中人做证，民间的土地常年都是互相清楚的。但是四邻关系不明了时，有时会先向县税契确保其产权后，再要求税契。

税契时，需要村长在场吗？＝只须买主本人即可。

县方对受理的税契会进行实地调查吗？＝什么都不做。

亩数和买卖价格相差甚远或对买卖情况存有疑义时，会对申请内容进行审查吗？＝只要没发生记入事项泄露或出现误记等情况，就会受理。但是买卖价格作为实际问题很难调查，而且县内的土地价格是常识，我们很清楚，所以也隐匿不了。

如果确实发生隐匿的事实呢？＝如果本人隐匿，我们会宣布对其进行处罚，这样还不承认的话，就叫村长和地方去调查。

为什么不叫中人？＝因为村长和地方一定会调查中人的。

有这样的例子吗？＝有，但是极少。

处罚是什么？＝征收两倍的契税作为罚金。

罚金属于哪里的收入？＝成为县的杂收入。

被告发的情况呢？＝没发生过这种事。就算有也是由村民间的感情问题引发的，至今没听说过。

补契是怎么回事？＝由村长和四邻在场，代笔人作为"立补契人……"写成文书。只限于地券丢失的情况下进行。

这时，税契怎么办？＝使用"买契"用纸，只是将内容改成"补契"的字样。

税契时使用的账簿有哪些？＝就税契红簿、买典契税缴款簿、契税暂记簿三种。

我想看看这些账簿的样子。＝如图所示。

---

〔1〕　译者注：居间介绍或做证的人。

【税契关系账簿样式】

（封面）　　　　　　　（内容）

契税红簿

中华民国三十一年　月

王恩宽买赵景圣价洋二百五十元　税洋十五元
○○○典○○○价洋○○○元　税洋○○元
一月份共收买契约二十张　价洋○○○○元
价洋○○○○元
税洋○○○元○
○角○分
税洋○○○元
○角○分
纸价洋十元

（封面）　　　　　　　（内容）

买典契税缴费簿

中华民国三十一年月日

会　计

一　交契税洋一百二十一元九毛七分
一　交纸价洋三元
本日共交洋一百二十四元
九角七分
二月十三日

（封面）　　　　　　　（内容）

契税暂记簿

中华民国三十年　月　日

仙台二八里洼　杨松山买张华同　价洋七十元

五角　税洋四元二毛三

○○○○○○○○○○○○○○○○○○○○○○○○○○

这些账簿的使用顺序呢？＝先在契税暂记簿上受理，同时收取契税，登记在契税红簿上，再根据缴款簿每日将现金送至会计处。

受理时开出的收据呢？＝如下图所示。

根　存

据　收

字
第
　号

这个账簿的样式呢？＝如右图所示。

民国三十一年元月　　日

契税收据

2 月 27 日

金融概况

提问者　安藤镇正

应答者　陈殿相（甲长，32 岁）

（应答者陈殿相看起来很认真，属于路家庄村的中坚人物。路家庄共 131 户，耕地 12 余顷（官），人口约 600 人。平均每户耕地不足 10 亩，拥有 40 亩左右的所谓地主也就一两户，佃户也不过一两户。虽说分配比较平均，但是并不算宽裕。现在，婚礼大概需花四五百元，葬礼一般要三五百元。考虑到赋税的负担及其他因素，容易看出农民生活得绝不轻松。）

【地价】土地价格是多少？＝最好的土地每亩（六百步[1]）三百五六十元，中等的每亩二百元左右，下等的一百七八十元。

那是有井的土地吗？＝刚才说的上等土地是有井的，其他的都没井。

去年的价格也和刚才说的一样吗？＝差别不大。

民国二十六七年的地价如何？＝上等地二百多元，中等地百数十元，下等地百余元。

民国二十五年的呢？＝和上面说的一样。

民国十八年的呢？＝那时候我还是孩子，不清楚。

稻田贵吗？＝贵。好的要七八百元。根据土地情况，价格不一。有五六百元的，也有四五百元的。

【土地买卖】土地买卖的多还是少？＝有，但是少。其中卖的多买的少。因为作物少，所以近年卖地的多。

与事变前相比，多了还是少了？＝卖的比事变前增多了，买的比事变前减少了。

这是为什么呢？＝雨水不足，作物收成不好，没有吃的，不得已才卖地。

买地的是哪些人？＝基本是家里有钱，生活比较好的人。

还是百姓，对吧？＝还是百姓多。

买路家庄的地买得多的是哪里人？＝不清楚，也不是固定什么地方的人。

【出典[2]】卖土地的人中，卖地之前出典土地的人多还是少？＝有，但是不多。

那么，比如一个人有十亩地，需要钱的时候，将其中五亩出典后再获取钱的多，还是直接卖的多？＝出典的比较多。

那庄里人向庄内人出典的多，还是向庄外人出典的多？＝两者都有，向本村人出典的

---

〔1〕　译者注：中国旧制长度单位，一步等于五尺。

〔2〕　译者注：出典一般是房屋出典，是指承典人支付房屋典价而占有、使用出典人的房屋，出典人于典期届满时，返还典价赎回房屋或者不回赎而丧失房屋所有权的法律制度。

较多。

同族、亲戚、朋友当中，向谁出典的较多？＝向家人出典的较多，家人不承典时再给别人。

那时，家人和朋友都不承典的话，给谁呢？＝这种情况少。没有这种事。

要是本村的朋友和村外的朋友都不承典呢？＝那时还是出典给本村人，因为近。

谁来决定向谁出典呢？＝不一定。

【中人】要出典时，是自己去找承典人还是拜托谁去找？＝自己不会去，拜托外面的人找。

拜托给谁呢？＝只要是自己认识的，谁都行。

那被拜托的人怎么做呢？＝把这个消息告诉给可能会承典的人。

然后怎么办？＝典价等决定后立字据[1]喝酒。

立字据前不去看土地吗？＝因为大概都了解，所以不看也行。

承典人不了解时也不去看吗？＝一般不会去，因为相信介绍人。所以介绍人不能说谎。

这个介绍人叫什么？＝叫中人或者中见人[2]。

由中人说定这件事后，再立字喝酒，就算完成了吗？＝对，就没有其他事了。

那出典者收回土地时还用中人吗？＝那时中人必须在场。

如果出典五年，而第三年中人死了怎么办？＝但是中人还有孩子吧。他的孩子会继承他的责任。这个孩子必须出来做证。

【典价】典价是怎么决定的？＝这个是不确定的。有钱的人需要换一百元钱时，就会拜托中人告诉承典人。如果承典人说出不起一百元，有时就变成八九十元了。

那地价百元的土地的典价是多少？＝至少七八十元。

【典期】路家庄出典的典期是多少年？＝三五年的都有。一般是三五年。但是一旦有了钱就会收回来。

三五年不到也可以收回吗？＝可以，协商后达成一致就可以。

有不能达成一致的吗？＝有，这时就只能等到期后了。

到期前收回时，要另外支付高于典价的钱吗？＝不需要。

期限为五年时，典价比较高，三年时典价比较低吗？＝没有关系，价格是不确定的。

【座典座租】出典者还耕种出典后的土地吗？＝有的耕种，这叫"座典座租"。

出典三年，出典者在出典一年后耕种土地叫"座典座租"吗？＝不是，这和普通的租地是一样的。

座典座租的多吗？＝有，不多不少。

普通典当的典价和座典座租的典价相比，哪个比较高？＝多少有些不一致，有时后者

---

〔1〕　译者注：原文是"字儿を立て"，根据下一句话可以得知，这儿的"字儿"就是"字"，"字"有合同、契约的意思。

〔2〕　译者注：居中为双方做见证的人，近音词：中间人。

更便宜点，但是差得不多。

【字据】我想看一下字据的样式。

典契范例

　　　　立典契人〇〇〇因为手乏今将自己庄〇地一段〇亩出典于〇〇〇名下永远为业言明价洋〇〇耕种空口无凭立字为证

　　　　　　　　　　中人 〇〇〇

　　　民国 〇年〇月〇日立

　　　　　　△月△日扶洋三十元

　　　（注：以上文字中的"永远为业"应该是本人没文化而写错的。后段中的"△月△日扶洋三十元"是后出借增时要记入的。）

（座典座租的范例）

　　　　立租单人〇〇〇因为年老力衰土地不能耕种今将自庄坡地租于〇〇〇耕种三年每年每亩粮食三斗若是粮食不到中人一面全管恐口无凭立租单为证

　　　　　　　　　　中人 〇〇〇
　　　　　　　　　　代笔 〇〇〇

　　　民国〇年〇月〇日

　　　（注：本例是另一个老人写的，其中的典契部分没有在一起，所以和冷水簿的样本不一样。粮三斗在这里是可能指当场规定谷子还是豆子等之后记入粮食数量。）

座典座租的字据不写在一起吗？ ＝另写两张。

有不立字据的典当吗？ ＝没有，因为担心承典者反悔，所以无论典价多少都要写。

只要有中人，没有字据不是也可以吗？ ＝不可以，如果不立字据中人都不会答应做中人。出现意外情况时就会没有证据。

期限后二十年、三十年，也可以收回典吗？ ＝可以。

五十年也可以吗？ ＝嗯，可以收回。

【退字据】出典期内，字据丢失了怎么办？ ＝那时要写"退字据"。

谁写？ ＝持典契的人写，回地的时候交。

【取钱】土地所有者需要钱时一般怎么做？ ＝工作。急用时取钱。

怎么取钱？ ＝以自己的土地做担保借钱，每月付利息。

取钱还有别的说法吗？ ＝没有。

【指地借钱】你知道指地借钱吗？ ＝和以上说的一样。是同一件事情。

那么，有不指地取钱吗？ ＝有，向关系很好的人借钱时就可以。

取钱时必须立字据吗？ ＝有时不立。如果是关系很好的朋友，有时就不立。一般是要的。

【中见人】取钱时，自己直接去说，还是拜托谁去？ ＝立字据时需要个中间人，还是叫"中见人"。

不立字据时呢？ ＝这就是亲友之间了，什么都不用。

【保钱人】取钱时，除了中见人外，还拜托其他人吗？ ＝不，中见人也叫保钱人，但是有时是两个人。

中见人也叫保钱人吗？ ＝这种时候，中见人也叫保钱人。借钱人还不上钱的时候，中见人替其还钱。

除了中见人，还有其他的保钱人吗？ ＝没有碰到过。立字据时，写中见人还是保钱人？ ＝写中见人。

典当时有几个中见人？ ＝多为两人。

【担保】多少钱？ ＝不按这个标准来，借一百元的话，叫作一两亩地。

那借一百元大概需要多少土地呢？ ＝一般指一分土地每月交二元利息。借五十元有时也指一分地。

土地多少都可以吗？ ＝多少都可以。

一分土地的价格是多少？ ＝好的也就三十元左右。

那不够吧？ ＝需要中见人。

【取钱期限】取钱期限一般是多久？ ＝三五个月。还不起钱的话继续交利息。

没有更长的吗？ ＝也有一两年的。

最多的是多久？ ＝五个月。

也写字据吗？ ＝写。

那么，无论春秋，都是五个月的最多吗？ ＝虽然写着五个月，还不起钱的话，也会变成六个月或一年。

还不起钱的时候怎么办？ ＝继续交利息。

还不起的话，不管三五年都要继续交利息吗？ ＝是的。

如果借钱人连利息都交不起呢？ ＝这时债主就会找中见人，让他想办法。有时也会去耕种借钱人的土地。

【保钱人的责任】什么情况下，保钱人会替借钱人还钱？ ＝借钱人完全还不上钱，连土地也卖了时，就会让保钱人替其还钱。但是只须还本金。

利息也有请求保钱人还的吗？ ＝有。

如果债主要求的话，利息也不得不还吗？ ＝债主硬性要求的话，保钱人就算有困难也必须要还。

有这样的事情吗？ ＝没有，很少。

【债主的耕作】由于借钱人还不起钱，债主就去耕那块地的例子有吗？ ＝有，但是少。

这种情况，还要另立字据吗？ ＝不用。

这不是变成典当了吗？ ＝不是，完全还不上钱时债主可以耕地，如果还不上本金但能还利息时，债主就不能耕地。

那么，一开始本金和利息都还不上，到期后就能马上耕种土地吗？ ＝是的。

这时，债主不用告诉借钱人因为他还不上钱，所以要耕种他的土地这件事吗？ ＝这种时候，保钱人会去找借钱人，告诉他如果他不还钱债主就要耕地了。

借钱人到期还不了钱时，债主请求保钱人代还欠款或者耕地都可以吗？ ＝如果没有土地可以让保钱人垫付，有地就可以耕地。

那耕地也不用提前给保钱人打招呼吗？ ＝就算他不说，保钱人也会告诉他，因为还不上钱，让他耕种土地的。

债主开始耕地后，借钱人只要有钱了，就可以随时要回土地吗？ ＝是的。

这和典当不是一样的吗？ ＝很像，但是不叫典当。

这叫钱无利息地无租价吗？ ＝有这种说法，但是一般不这样说。

那你知道什么时候这样说吗？ ＝前者指先前说的亲友间无息借款的情况，后者指受到好友同情而借款的情况。

保钱人垫付后，对借钱人怎么做呢？ ＝只能等他有钱，别无他法。

垫付时会从债主那收到字据吗？ ＝是的，拿着那个字据再去找借钱人还钱。

村子中，需要钱时，最多使用的是什么方法？典当、取钱还是其他方法？ ＝取钱。

【借钱】借十二十元时也取钱吗？ ＝二三十元时借钱。

借钱要立字据吗？ ＝不立，没有利息，也没有中人。

期限呢？ ＝也没规定。一般是一个月以内。

一个月内还不了钱怎么办？ ＝这时要跟债主商量延期，等有钱了再还。马上要还的话，又去别处借。

从什么人那里借钱？ ＝找和自己关系好的人借。

首先不是去找亲戚吗？ ＝也有，但是也不一定。找能借得了的人。

自家没钱，妻子的娘家有钱时，会去借吗？ ＝会，很多。

相对外人而言，找自家人借的更多吗？ ＝不是，找自家人借钱不好。找妻子的娘家借钱的比较多。

【利息】这种情况没有利息吗？ ＝没有。

取钱的利息是多少？ ＝月利和年利多是三分（本金一百元，一个月的利息就是三元，一年的利息就是三十元）。

借的钱越多利息不是越少吗？ ＝是的，一两百元时利息分别为二分和一分五，三五十元时是三分。

事变前的利息一般是多少？ ＝最高三分。三二十元时是三分，本金越高利息越少，一分五或者二分。

现在最高也是三分吗？ ＝是的。

这和以前一样吗？ ＝民国二十年是最高的，也才二分。

每月五六分有的有吗？ ＝没有，听都没听说过。

【卖青田】有谷子和麦子等作物还未成熟就被卖的情况吗？ ＝没有，没听说过。

【批粮】知道批粮吗？ ＝就是分家时分谷物。（好像不知道）

【请会[1]】知道钱会吗？＝不知道，只知道请会。

村里有吗？＝有，有三四组。

路家庄的一班[2]有多少人？＝最多的有二十四五人，少的有十六人，一般是二十四人。

这个金额是多少，几个月结束？＝有五元的也有十元的。凑够数就会结束。

每几个月一次？＝有两三个月一次的。

一般叫什么？＝还是叫请会吧。

哪些人会请会？＝有困难的人。办婚礼或丧礼急需钱的时候。

这种时候，典当、取钱、请会，哪个用得比较多？＝取钱的多，请会的少。

请会时拜托谁？＝谁都行。

不认识的人也可以吗？＝可以，但是需要有人介绍。

只在家人中进行的有吗？＝有，但是少。如果对方把自己当自家人就会帮忙，但是必须集在一起，不然也筹不到钱。

【请帖】请会时自己去奔波请求吗？还是拜托别人去？＝用自己的名字发请帖。

请会时大概怎么做？＝首先提前和自己知道的人商量，得到同意后发请帖给他。不这样做的话，如果别人不想帮你，就做不了。

会帖样式

某月某日会酌恭候

台光　　　　　　姓名　　　　　鞠躬

席设某处

2 月 28 日

金融概况

提问者　安藤镇正

应答者　陈殿相

【请会】会帖发出后怎么做？＝聚集在发出会帖人处，由他安排大家吃饭。

【会首、会头、会友】这些人叫什么？＝发出请帖者叫会首或者会头。收到的人叫会友。

聚集在会头家中吗？＝是的。

第二次以后也聚在会头家吗？＝聚在用钱人的家中。

---

[1] 集资筹款。

[2] 为完成一定任务而成立的组织。

【会费】每回交的钱叫什么？＝会资（会底钱是一样的）。

十五个人，五元的会怎么办？＝每人带五元。

十六个人的会里也包括会头本人吗？＝是的。

【拔会】如何决定第二次用钱的人？＝给出最高利息的人。比如，如果有人出一元，那其他人只需出四元就可。

这是在第一回决定，还是第二回决定？＝有与上拔下使和现拔现使差不多同时的。

拔会怎么做？＝用三只筷子，每人申告三次利息，给其中出的最高的人使用。会首不可以。

决定下次使用钱的人叫什么？＝没有特别的名字。

【长分、短分】使用过钱的人和没使用过钱的人分别叫什么？＝使用过的叫长分（儿），没用过的叫短分（儿）。

如果是五元的会，会头直到最后也只出五元吗？＝是的。

请客吃饭的钱谁出？＝用钱的人出。

【保人】用过钱的人之后出不起钱了怎么办？＝有保人。

保人从一开始就有吗？＝会友都有保人，但并非一开始就有。只有使用过钱的人才有。

那么，用过钱的人要告诉会头让谁做保人吗？＝会通知会头。为了避免麻烦，也会告诉会友。

第二次用钱的人在第三次会时，他的保人是谁？＝第二次用钱的人当场就要报告。写入会账。会账由会头保管。

保人有几个？＝二人。

让怎样的人做保人？＝只要是会友就行。

不是会友就不行吗？＝是的（有内保和外保，外保非常少，自己人不为自己担保时，不得不拜托外保，拜托非会友的外保不太好。

会头有保人吗？＝没有。

会友的保人是会头的情况有吗？＝会头不能当保人。

会友和保人都不出钱时怎么办？＝这时必须由会头垫付。

决定保人时，立字据吗？＝不立。

【会账】会账什么时候做？＝第一回就做。

会账上怎么写？＝上面会写上会头是谁、会友有哪些、拔会几个月一次、会头多少元等等；还有，第二回开始几月几日谁用多少利息、使用了钱，也会写入其中。

会结束后怎么办？＝全部带来五元钱。最后的人请客。烧掉会账。

有和以上所说的不一样的会吗？＝没有，只有上拔下使和现拔现使。

【女会】有女会吗？＝有，但是做法一样。只是利息不写在筷子上而写在纸上。

女人一般都不会写字吧？＝因为会头大多是男人，所以会头会写字。女人一般都有钱，只有有困难的才会去借。

为什么会有女会呢？＝女人就算钱少（一次一两元也行）也可以，办起来很方便。

果然是在缺钱的时候去做会头啊？ =是的。

女会不就是女人们在一起吃喝玩乐的吗？ =也有这个意思吧。

村子里经常举办女会吗？ =不多，去年办过，现在没有。

聚集在女会的都是老婆婆吗？ =老人也有年轻人也有。

有红白会吗？ =没有。

【请会的目的】请会最多的是为了什么而举行的？ =多是为了结婚或丧事。粮食不足、开始小买卖但本钱不够、缺钱买牲畜等时会办。

【取钱与出典】取钱或典地的原因是什么？ =一样，缺钱时大概都用这些方法。

通过这些方法借到钱后再去还其他欠款的有吗？ =有，不少。

取钱后不能偿还时，出典土地还钱的多吗？ =多。

这时多向债主出典还是向其他人出典？ =向其他人出典的多。

取钱后无法偿还而通过典地来还钱，这种行为叫什么？ =没有特别的名字。

将自己所有的土地出典后还差钱怎么办？ =取钱就行（没地也能取钱）。

如果没有人愿意借钱呢？ =只要努力工作，慢慢还也行。

据你所知，取回出典地的和卖掉土地的，哪个比较多？ =前者较多。

取钱后无法偿还时，出典的多还是卖的多？ =都差不多。

出典者需要更多钱时，可以从承典者那里借更多吗？ =可以，但是土地不算作其中。

【爬堐】那么，二百元的土地，典价为一百元时，后一年可以将典价定为一百二十元吗？ =可以。这叫爬堐。

这时会另立字据吗？ =不会，但是会添写在旧字据里。

比如二百元的土地最多能爬堐多少呢？ =一般最多就是典价，即一百六七十元。

承典者不同意时，也可以爬堐到这么多吗？ =嗯，可以。但是如果承典者不同意，出典者将其收回再出典给别人即可。

【转典】承典者需要钱时怎么办？ =再次将土地出典即可（转典）。

转典可以超越原典的期限和金额吗？ =不可以。需要在原典规定的范围内（同价也可以）。

转典时，写期限吗？ =当时讨论决定。不写期限（以原典期限为根据）。

承典者可以在到期前向出典者赎回吗？ =可以，但是没有钱的话，也不能赎回，还是会转典。

一般情况下，用土地作抵押借钱和只靠中人借钱，哪个比较多？ =前者较多。

小陈你家有几口人？ =六人。父亲、妻子、儿子女儿各一人及孩子的媳妇（儿子16岁，媳妇18岁）。

【结婚费用】你何时结婚的？ =14岁（儿子也是14岁结婚）。

结婚费用大概是多少？ =那时自己还是孩子，不清楚。

你儿子结婚呢？ =五六百元。

这个钱是怎么来的？ =存的一些加上卖粮食所得（现在八百元也不够）。

土地有多少亩？ =五亩（一亩六百步）。

没有另外耕种别人的土地吗？＝只有自己的土地。闲的时候会去做点短工什么的。

【粮食不足】一年的粮食五亩地够吗？＝年份好的话没问题，但像去年那样就不够。

不够的时候怎么办？＝买别人的粮食。

种了哪些作物？＝谷子、麦子、高粱、大豆。

用五亩地能换多少钱？＝好的话大约能有二石[1]。按照去年的行情，大约三百元吧。

五亩大概需要多少税金？＝七八十元（全部土地）。

税金等是用现金吧？＝是的。

这些税金从哪里来呢？＝首先交付全部税金，粮食不足再购买。

买粮食的钱从哪儿来？＝工作所得。还不够的话也会取钱。

你每年都取钱吗？＝最近三四年，每年都取钱。

每年都在还吗？＝在还。

怎么还呢？＝工作了还。去年的钱就劳动到今年春天再还。

如何才能工作挣钱呢？＝有的在村内找事，也有去村外找事的。今后的工作会越来越多，播种、平整地面等等。到了五月份，会间苗。

秋天收割的粮食基本都卖吗？＝不是，只卖一部分，留下一部分自己吃。

粮食在哪儿卖？＝在王舍人庄的集市上卖。有时也去梁王庄。

你母亲何时过世的？＝我十二岁的时候。

你自己去请会过吗？＝没有。

承典过别人的土地吗？＝没有。

一直以来土地就是五亩吗？＝父亲分家之前多点。那时大概有十亩。

【生活杂费】一年之中，衣料及其他日常伙食等杂费开支大概需要多少？＝衣服、鞋子和袜子都自己做。琐碎的生活用品大概需要一百元。（布是买线自己织的）

每年不买农具这些东西吗？＝买，但是并非每年都会买。可以用几年。

五亩地全靠一家人耕种吗？＝是的，有时还会去别人家找活干。

有牲口吗？＝有一匹马。

马是什么时候买的？＝前年。七十元。

这个钱是哪儿来的？＝把之前的卖了再买的。

【典地的赎回】赎回出典地时怎么做？＝没有什么特别的手续。只要带钱去就可以赎回。

谁带钱去？＝和中人一起去。

出典之初，只要典契吗？还是也要地契？＝不交出去，只要典契。

赎回出典地的时期怎么决定？＝田中无作物时，一般的土地要等过了秋天以后，麦地要在撒麦之前。（麦地不过年，春地不过寒＝清明）

【典地的出售】如果出典者不赎回土地，可以将土地卖给其他人吗？＝可以，卖后再赎回也可以。作为出典者，到期后买主也可以赎回土地。

---

〔1〕 地积单位，具体数量各地不一，有以十亩为一石的，也有以一亩为一石的。

这种情况下，土地的价格是多少？ ＝以一百二十元出典的土地以一百五十元卖给第三者时，买主只需向卖主支付三十元即可。然后卖主将老契交给买主。之后买主赎回就好。

本来打算以一百五十元出卖的土地只以一百四十元出典的情况有吗？ ＝有，很少。

这时立的字据和普通典当的字据一样吗？ ＝一样。

期限怎么写？ ＝还是和普通的一样写。

如果期限是三年，三年到了后拿着钱去就能收回吗？ ＝是的。

如果卖了土地，买主不报（拨）粮，三年后又把土地买回来的有吗？ ＝既然买了就必须要报粮。

在王舍人庄或梁王庄卖东西时，不需要得到谁的许可吗？ ＝不需要，随便卖什么。

那里的庄长会向卖东西的人收钱吗？ ＝在那卖粮食必须有官斗[1]测量时撒出的由测量的人拿走。仅此而已，没有人收钱。

【押】押是什么意思？ ＝没有印章时，就在名字下写点什么，这就叫押。

抵押呢？ ＝不知道。

有用牲口或农具借钱，还钱后再取回来的吗？ ＝没有，因为饲料很贵，所以不会那么做。

有双方约定如果不还钱就用牲口抵账来借钱的情况吗？ ＝没有。

一百元出典二亩地时，如果出五十元能收回一亩吗？ ＝商量达成一致后是可以的。如果承典者不同意就不行。

【出典的时节】一般几月出典的比较多？ ＝阴历十月。但是需要钱的时候，随时都行。

田中还有作物时也行吗？ ＝行。典价会比较高。

这时的典价怎么决定？ ＝因为作物价格不能决定，就请求把典价提高一点。

民国三十年阴历十月以三年期限出典后，什么时候可以赎回？ ＝第三年的十月，民国三十三年。

那么，如果期限是三年，承典者也能耕种三年吗？ ＝是的。

那民国三十一年二月出典，何时能赎回？ ＝还是民国三十三年的秋后。

日用品在哪儿买？ ＝集市上买。王舍人庄的集市上什么都有。集市没有的就去店里买。

【赊账】店里能赊账吗？ ＝认识的人可以赊账。

多吗？ ＝多。

你在哪家店赊账？ ＝梁王庄的同义公（杂货铺）。

这钱何时还？ ＝过十天或半个月就还。

不是每年五月、八月、过年时节还吗？ ＝也有，可以还的时候就像前面说的那样还。

---

〔1〕　古代量具"斗"的标准，由官署定制，测量体积的物件。

【资料 1】 路家庄各户地亩数

○邢光灿	5 亩 5 分	刑福五	1 亩 8 分
○邢明武	9 亩 1 分	○邢光振	6 亩 4 分
○邢明道	1 分	○邢光金	8 亩 5 分 6 厘 5 毫
○邢明敬	1 亩 3 分	刑家泉	1 亩 1 分
邢光佐	10 亩	○邢大本	8 亩
○邢正士	17 亩	邢明臣	9 亩 7 分
○邢光锡	11 亩 9 分 9 厘 2 毫	○邢光润	10 亩
○邢光藻	8 亩 6 分	○孙曰文	3 亩 3 分
○邢明云	10 亩 5 分	○孙曰臣	3 亩 3 分
○邢光煜	8 亩 3 分 3 厘	邢明杰	6 亩 6 分 2 厘
邢俊清	7 亩	邢俊齐	10 亩 3 分 4 厘
○邢明善	9 分	○邢洪祥	1 亩 4 分
○邢大文	6 亩 9 分	陈庆化	9 亩 2 分
○邢光生	9 亩 5 分	○邢光迎	17 亩 5 分
邢明动	9 亩 7 分	○邢大生	13 亩
○邢明贵	15 亩	陈继俊	5 亩 5 分
○孙曰武	3 亩 5 分 3 厘	○陈继实	5 分
邢明信	10 亩 2 分	陈庆其	4 亩 2 分
○陈吉化	6 亩 5 分	○陈继河	3 亩 9 分 8 厘 7 毫
邢明文	6 亩 5 分 8 厘	陈庆云	9 亩 4 分 6 厘
○陈厉魁	6 亩 7 分 6 厘 1 毫	○陈殿实	3 亩 3 分
陈春生	2 亩 4 分	陈庆言	5 亩
陈庆同	11 亩 3 分 3 厘 2	陈继之	7 亩 7 分
○陈继生	4 亩	陈继炳	13 亩 2 分 3 厘
陈庆俊	6 亩 6 分	○陈继贵	11 亩 1 分 7 厘 6 毫
○陈继海	4 亩	○陈继厚	3 亩
陈庆林	9 亩 4 分 6 厘	陈继恩	5 亩 5 分
陈庆禄	9 亩 9 厘 4 毫	陈继信	5 亩 5 分
陈殿志	1 亩 6 分	陈梯云	16 亩 7 分
○陈继方	7 亩 5 分	○陈继兰	14 亩 5 分

陈庆振	7 亩	○陈继言	14 亩 7 分
○陈殿心	13 亩 2 分 3 厘	陈庆珠	10 亩 5 厘 6 毫
陈继业	14 亩 5 厘 4 毫	陈庆恩	14 亩 5 分 4 厘
陈继德	11 亩 9 分	杨凤元	5 亩 1 分
陈庆德	14 亩	陈继江	6 亩 5 分 2 厘 6 毫
陈庆斗	1 亩 9 分	陈元金	5 亩 6 分 5 厘
陈殿和	7 亩 3 分 8 厘 8 毫	杨景柏	5 亩 9 分
陈继禄	5 亩 5 分	○宿忠臣	4 亩 1 分 5 厘
○陈继云	19 亩 8 分	宿忠林	2 亩 6 分 1 厘 3 毫
○陈继仁	9 亩 5 分 7 厘	○杨凤池	4 亩 2 分
陈庆元	9 亩 7 分 6 毫	杨景春	11 亩 5 分 5 厘
○陈继荣	1 亩 6 分 8 厘 8 毫	陈继金	15 亩 5 分 2 厘
陈继全	13 亩 2 分 3 厘	杨景太	8 亩
陈继鲁	12 亩 3 分	杨凤义	5 亩 1 分
陈荣泉	6 分	○陈厉明	9 亩 9 分 1 厘 8
陈继孝	2 亩 4 分 8 厘	杨景林	8 亩 2 分 5 厘 4 毫
○陈殿之	7 亩 3 分 6 厘 8 毫	杨凤桐	8 亩 8 分 5 厘 4 毫
陈继魁	16 亩 5 分 8 厘 6 毫	宿忠实	4 亩 8 分 6 厘 9 毫
陈继元	12 亩 6 分	○宿梦刚	1 亩 1 分
○杨景顺	7 亩 3 分 9 厘 6 毫	○陈吉商	4 亩 6 分 3 厘 8 毫
杨景树	11 亩 5 分 5 厘	○陈庆印	13 亩 2 分 6 厘
○杨凤林	8 亩 2 分 1 厘 5 毫	○陈庆武	6 亩 6 分 5 厘 6 毫
杨文忠	1 亩 2 分 6 厘	陈庆喜	5 亩 01 厘
○杨京和	2 亩 7 分 7 厘 5 毫	○陈庆康	5 亩 6 分 8 厘 6 毫
○陈殿公	7 亩 6 分 9 厘 9 毫	○陈吉洪	8 亩 1 分 3 厘
陈元善	8 亩 5 分 2 厘	○陈吉安	1 亩 3 分 9 厘 5 毫
○陈吉富	14 亩 6 分 5 厘	苏清明	1 亩 5 分 3 厘 6 毫
陈庆连	11 亩	○徐元吉	7 亩 5 分
○陈吉顺	13 亩 9 分 9 厘	○冯延庆	5 亩 2 分 9 厘 7 毫
○杨凤槐	7 亩 3 分 7 厘 9 毫	○陈庆文	4 亩 2 分 6 毛
○杨京美	6 亩 3 分 9 厘 9 毫	○陈庆成	5 亩 1 分 4 厘 1 毫

续表

杨洪顺	1 亩 8 分 1 厘 1 毫	陈庆寿	5 亩 6 分 3 厘 2 毫
陈庆和	4 亩 9 分 4 厘 1 毫	○陈殿聪	8 亩 4 分 8 厘 7 毫
○陈吉谋	12 亩 8 分 9 厘 2 毫	○陈吉志	6 亩 9 厘 3 毫
○陈庆章	13 亩	○陈吉礼	3 亩 5 分 9 厘 3 毫
○陈庆福	8 亩 5 分 5 厘 5 毫	徐元湘	8 亩 2 分 4 厘
○徐元千	7 亩 8 分 2 厘 5 毫	○杨广合	3 亩 1 分
○孙长林	6 亩 5 分 6 厘	孙长有	5 亩 9 分 5 厘
杨庆信	2 亩 3 分 5 厘 2 毫	孙元训	3 亩 7 分 5 厘
○孙连武	1 亩 8 分	○杨京容	1 亩 6 分
徐京成	23 亩	○杨京祥	1 亩 4 分
○孙连财	2 亩 7 分 8 厘 5 毫	○杨京贵	3 分 2 厘
陈殿相	13 亩 7 分 8 厘	陈吉能	10 亩 7 分 7 厘 2 毫
○杨广田	3 亩 5 分	邢俊田	6 亩 3 分
○杨京善	4 亩 9 分	孙元洪	3 亩 9 分 1 厘 1 毫
○杨凤才	7 亩 5 分	杨京忠	4 亩 7 分
冯瑞廷	2 亩 2 分	杨京禄	1 亩
张兴堂	7 亩 6 分 1 厘 4 毫	○杨京昌	4 亩 2 分
○徐楚东	9 亩 8 分 4 厘	○陈吉广	10 亩 1 分 9 厘
○陈殿金	8 亩 6 分 5 厘 5 毫	陈庆禄	9 亩 3 分 5 厘
○陈廷心	1 亩 6 分	杨凤祥	8 厘 2 毫
○杨凤贤	2 亩 4 分 1 厘	○徐文光	8 亩 5 分 6 厘 5 毫
○杨广乔	4 分 6 厘	○杨陈士	9 分 2 厘 4 毫
邢明奎	2 亩 7 分	陈殿桐	8 亩 1 分
○陈殿甲	4 亩 5 分	○邢明珍	2 亩 7 分
陈殿忠	11 亩 6 分 8 厘	陈李氏	3 亩
杨洪玉	2 亩 5 分 9 厘 8 毫	邢明南	9 亩 5 分
陈吉旺	8 亩 1 分 1 厘	陈良选	3 亩 1 分 5 厘
杨京经	2 分 4 厘 1 毫		

共计亩数　12 顷 48 亩 4 分 5 厘 6 毛

【资料 2】路家庄户口地亩

户长姓名	年龄	人口数		
杨凤槐	55	大	7	7 亩 5 分 7 厘 9 毫
		小	1	
杨凤林	64	大	5	8 亩 2 分 1 厘 5 毫
		小	2	
杨凤池	64	大	4	4 亩 2 分
杨景顺	48	大	2	7 亩 3 分 9 厘 6 毫
杨景美	27	大	2	6 亩 3 分 9 厘 9 毫
		小	2	
杨景容	34	大	1	1 亩 6 分
杨庆海	22	大	3	
		小	1	
杨长山	52	大	4	
		小	2	
杨京善	41	大	2	4 亩 9 分
		小	1	
杨凤海	57	大	4	
		小	1	
宿梦九	73	大	4	
		小	3	
宿梦兰	71	大	1	
宿忠臣	28	大	3	4 亩 1 分 5 厘
		小	2	
杨京平	24	大	2	
杨凤文	49	大	5	
		小	3	
杨学笃	68	大	7	
		小	5	
宿梦舜	68	大	3	
		小	2	

续表

户长姓名	年龄	人口数		
陈殿明	68	大	4	9 亩 9 分 1 厘 8 毫
		小	1	
宿梦刚	63			1 亩 1 分
杨学贵	71	大	3	
陈殿财	73	大	4	
		小	3	
陈殿奎	45	大	3	6 亩 7 分 6 厘 1 毫
		小	1	
陈殿芝	56	大	5	7 亩 3 分 6 厘 8 毫
		小	5	
陈继庆	62	大	4	
		小	1	
陈殿忠	60	大	11	
		小	5	
陈继荣	56	大	4	1 亩 6 分 8 厘 8 毫
		小	2	
陈继彦	50	大	2	14 亩 7 分
		小	1	
陈继芳	51	大	3	7 亩 5 分
		小	2	
陈继贵	16	大	2	11 亩 1 分 7 厘 6 毫
陈继厚	55	大	1	3 亩
陈继训	41	大	3	
		小	1	
陈继盂	62	大	3	
		小	2	
陈继兰	49	大	5	14 亩 5 分
		小	2	
陈殿乙	70	大	6	
		小	3	

户长姓名	年龄	人口数		
陈继仁	53	大	3	9 亩 5 分 7 厘
陈继云	42	大	3	19 亩 8 分
		小	1	
陈殿甲	75	大	1	4 亩 5 分
陈继富	38	大	2	14 亩 6 分 5 厘
		小	1	
陈继炳	30	大	2	13 亩 2 分 3 厘
		小	4	
陈殿辛	54	大	4	13 亩 2 分 3 厘
		小	1	
陈继芝	25	大	2	6 亩 9 厘 3 毫
		小	2	
陈继丰	59	大	7	
		小	5	
陈继河	47	大	1	3 亩 9 分 8 厘 7 毫
		小	2	
陈继海	56	大	2	4 亩
陈殿实	65	大	1	3 亩 3 分
陈殿志		大	1	1 亩 6 分
		小	2	
陈殿霖	72	大	11	
		小	3	
陈庆库	6	大	2	13 亩
		小	1	
陈继谟	28	大	4	12 亩 8 分 9 厘 2 毫
		小	4	
陈殿功	64	大	3	7 亩 6 分 9 厘 9 毫
		小	1	
陈廷芬	68	大	4	
		小	1	

续表

户长姓名	年龄	人口数		
邢明德	56	大	1	
		小	2	
邢明善	44	大	4	9 分
		小	2	
陈廷鑫	37	大	1	1 亩 6 分
邢光生	52	大	1	9 亩 5 分
		小	1	
卜洪禄	46	大	4	1 亩 4 分
邢光荃	49	大	1	8 亩 5 分 6 厘 5 毫
		小	1	
邢光澡	55	大	1	8 亩 6 分
		小	3	
邢光锡	61	大	4	11 亩 9 分 9 厘 2 毫
邢光镇	58	大	2	6 亩 4 分
		小	1	
陈继能	50	大	4	10 亩 7 分 7 厘 2 毫
		小	2	
陈继实	58	大	5	5 分
陈继圣	64	大	4	4 亩
陈继广	53	大	4	10 亩 1 分 9 厘
		小	1	
陈继亮	53	大	5	亩数
		小	2	
邢大生	72	大	3	13 亩
邢大本	78	大	1	8 亩
邢光莹	36	大	2	17 亩 5 分
		小	3	
邢光玉	62	大	5	8 亩 3 分 3 厘
		小	2	

户长姓名	年龄	人口数		
邢明云	32	大	2	10 亩 5 分
		小	2	
邢光新	58	大	7	
		小	2	
邢明武	25	大	2	9 亩 1 分
		小	2	
邢大文	49	大	4	6 亩 9 分
邢明道	47	大	2	1 分
邢明敬	39	大	1	1 亩 3 分
邢明贵	42	大	3	15 亩
邢光荣	79	大	8	
		小	4	
邢光润	50	大	3	10 亩
		小	1	
邢光灿	61	大	3	5 亩 5 分
邢郑氏	45	小	1	17 亩
孙曰武	48	大	3	3 亩 5 分 3 厘
孙曰文	54	大	3	3 亩 3 分
		小	1	
孙连财	55	大	2	2 亩 7 分 8 厘 5 毫
		小	1	
孙曰臣	42	大	1	3 亩 3 分
		小	2	
任明富	18	大	2	
陈继铭	43	大	3	
孙连武	50			1 亩 8 分
郭实	46	大	1	
		小	1	
孙长林	31	大	2	6 亩 5 分 6 厘
		小	1	

户长姓名	年龄	人口数		
孙长庚	65	大	2	
		小	2	
孙曰功	77			
陈继礼	53	大	3	3 亩 5 分 9 厘 3 毫
陈继安	65	大	2	1 亩 3 分 9 厘 5 毫
		小	1	
陈殿庆	76	大	3	
		小	1	
孙长有	61	大	1	5 亩 9 分 5 厘
孙长超	72	大	2	
		小	1	
陈继洪	51	大	6	8 亩 1 分 2 厘
陈殿祥	66	大	2	
		小	1	
陈殿聪	41	大	3	8 亩 4 分 8 厘 7 毫
		小	1	
陈庆印	20	大	2	13 亩 2 分 6 厘
		小	2	
陈庆成	35	大	2	5 亩 1 分 4 厘 1 毫
陈继舜	51	大	1	13 亩 9 分 9 厘
		小	1	
陈继尚	57	大	4	4 亩 5 分 3 厘 8 毫
陈庆武	42	大	2	5 亩 6 分 5 厘 6 毫
		小	1	
陈庆文	44	大	2	4 亩 2 分 02 毫
		小	1	
陈庆康	31	大	1	5 亩 6 分 8 厘 6 毫
陈庆福	37	大	5	8 亩 5 分 5 厘 5 毫
		小	2	

户长姓名	年龄	人口数		
徐文广	56	大	3	8 亩 5 分 6 厘 5 毫
		小	1	
徐元吉	17	大	2	7 亩 5 分
徐元谦	20	大	2	7 亩 8 分 5 厘 5 毫
冯廷庆	57	大	4	5 亩 2 分 9 厘 7 毫
		小	3	
杨顺	70	大	3	
		小	2	
冯玉俊	42	大	2	
宿梦东		大	2	9 亩 8 分 4 厘
		小	2	
宿京成	60	大	4	23 亩
		小	2	
李春桃	52	大	3	
陈继华	47	大	3	6 亩 5 分
		小	1	
邢明震	34	大	1	2 亩 7 分
陈殿金	30	大	7	8 亩 6 分 5 厘 5 毫
		小	2	
杨明	76	大	2	
杨凤彩	10	大	2	7 亩 5 分
杨景贵	38	大	1	3 分 2 厘
杨凤台	48	大	2	
杨凤茂	53	大	4	
杨陈氏	56			9 分 2 厘 4 毫
毕成连	22			
杨凤贤	31	大	4	2 亩 4 分 1 厘
杨景祥	22	大	1	1 亩 4 分
杨京昌	21	大	1	4 亩 2 分
杨林氏	33			

续表

户长姓名	年龄	人口数		
杨学桥	47	大	6	4 分 6 厘
杨学河	47	大	1	3 亩 1 厘
		小	1	
杨学福	59	大	1	3 亩 5 厘
杨景和	57	大	5	2 亩 7 分 7 厘 5 毫
		小	3	

【资料 3】 董家区梁王乡模范村自治实验村路家庄牲畜报告表

牛　　　39 头
骡　　　27 头
马　　　 3 匹
驴　　　19 只
猪　　　80 头
鸡　　 326 只
狗　　 101 只
猫　　　不详
谨呈

　　　　庄长宿书卿　　　　□　印　　　呈七月三日

【资料 4】 路家庄枪数报告表

甲名	姓名	枪名	数目
第二甲	杨学友	土枪	一支
第二甲	宿梦舜	土枪	一支
第三甲	陈殿和	土枪	一支
第三甲	陈殿忠	土枪	一支
第三甲	陈殿荣	土枪	一支
第三甲	陈殿彦	土枪	一支
第三甲	陈继芳	土枪	一支
第四甲	陈继孟	土枪	一支

续表

甲　名	姓　名	枪　名	数　目
第四甲	陈继恩	土　枪	一　支
第四甲	陈继云	土　枪	一　支
第四甲	陈继富	土　枪	一　支
第五甲	陈继斗	土　枪	一　支
第五甲	陈殿林	土　枪	一　支
第十一甲	冯廷庆	土　枪	一　支
第十一甲	徐文广	土　枪	一　支
第十二甲	宿京成	土　枪	一　支

谨呈

　　　　庄长宿书卿　　　　□　印　　　呈七月五日

【资料5】兹将今年七月份支出花费开列于下

模范村路家庄7月经费

名　　称	支出数目	备　注
乡公所	37800角	此款有区公所费、爱护费、铁路看夫饭费、本区自卫团费、乡公所杂支支出如上数
里书先生	1000角	
修理木器	3090角	本庄方卓[1]十张破坏雇工修理连购材料支出如上数
苦　力	1700角	赴东梧区修路
修理房屋	3071角	本庄修理北屋工料支出如上数
教育费	4500角	教员一名每月35元连杂支同如上数
川　费	1530角	敝庄长赴各处开会十余次支出如上数
福顺居饭铺	3196角	来往行军及营备队来查夜
开本庄指导会	2017角	本庄开会有本区自卫团用饭新民会来开会共支洋2.517除入辅佐官洋5元支出如上数
报　费	300角	
新　民受训生	500角	本庄青年一名赴区受训5天每天1元支出如上数

---

〔1〕　译者注：原文如此，疑为"桌"。

续表

名　称	支出数目	备　注
难民捐	50 角	
本庄杂支	2245 角	
共计洋	61004 角	

路家庄　　　印　谨呈　　七月九日

【资料 6】 梁王乡联保主任路家庄保甲长姓名统系表

<table>
<tr><td></td><td>第一甲　甲长　杨凤霖</td></tr>
<tr><td></td><td>第二甲　甲长　宿梦舜</td></tr>
<tr><td></td><td>第三甲　甲长　陈继荣</td></tr>
<tr><td></td><td>第四甲　甲长　陈继富</td></tr>
<tr><td></td><td>第五甲　甲长　陈继元</td></tr>
<tr><td></td><td>第六甲　甲长　陈殿相</td></tr>
<tr><td>联保主任　赵元明</td><td>第七甲　甲长　邢光莹</td></tr>
<tr><td>保长　　　宿书卿</td><td>第八甲　甲长　邢大文</td></tr>
<tr><td>甲副保长　陈继能</td><td>第九甲　甲长　孙曰文</td></tr>
<tr><td></td><td>第十甲　甲长　陈殿祥</td></tr>
<tr><td></td><td>第十一甲　甲长　陈庆文</td></tr>
<tr><td></td><td>第十二甲　甲长　宿京成</td></tr>
<tr><td></td><td>第十三甲　甲长　杨京和</td></tr>
</table>

【资料 7】 董家区梁王乡路家庄模范村水井户口报告表

姓　名	井　类	地　点	附　记
杨凤美	砖　井	庄南坡	
宿书卿	砖　井	庄西坡	
陈继富	水车井	庄南坡	
陈继能	水车井	庄南坡	
陈继儒	水车井	庄东坡	
陈殿金	砖　井	庄北坡	
杨京和	砖　井	庄西坡	
陈继云	水车井	庄南坡	

姓　名	井　类	地　点	附　记
邢明臣	水车井	庄东坡	
邢京义	砖　井	庄　里	
陈继谟	水车井	庄东坡	
孙曰文	砖　井	庄北坡	
邢大文	砖　井	庄北坡	
陈静齐	砖　井	庄西坡	
邢明云	砖　井	庄东坡	
邢光莹	砖　井	庄东北坡	
陈殿相	砖　井	庄　里	
宿忠林	砖　井	庄南坡	

谨呈

庄长宿书卿　　□ 印　呈七月六日

【附录一】冷水沟庄地亩札表

【附录一】冷水沟庄地亩札表

［附录一］冷水沟庄地亩札表（一）（民国二十九年度）

第一闾长 杜延年		第二闾长 程辰声		第三闾长 杨立荃		第四闾长 李长海	
户主名	地亩数	户主名	地亩数	户主名	地亩数	户主名	地亩数
李鸿儒	7.487	程振声	6.425	李凤顺	5.109	杨汝魁	2.504
心传	14.276	程心山	5.406	李凤增	0.379	杨汝明	4.919
李心恭	20.400	谢长江	3.048	李殿一	15.510	杨立山	1.590
鸿勋	1.388	谢长平	2.533	李凤文	13.060	杨汝林	0.413
李鸿禧	6.735	谢长荣	8.057	兴义	7.874	李凤刚	6.555
李鸿吉	5.926	王春田	1.329	长英		李玉嵩	
李鸿庆	13.600	程淑海	13.468	长俊	19.165	李凤桥	
永春	7.494	徐氏	3.084	玉才	4.318	李凤岭	13.600
刘万宝	0.173	崔维盛	5.200	高蓬鑫	8.431	吉钱	9.218
谢李氏		王春泉	0.375	高宝山	1.872	李凤翔	2.489

第一间长 杜延年		第二间长 程辰声		第三间长 杨立荃		第四间长 李长海	
谢景才	3，594	王春祥	8.257	李凤茂	11.430	凤浩	4.224
兆吉	5.116	张学洪	6.760	凤秀	1.680	李长旺	1.619
谢长福	0.461	张延辉	15.373	李凤三	2.555	李凤才	1.860
谢长海（谢善堂）	0.197	文和堂	1.473	李凤宝	0.533	李嵩	0.350
谢殿福	7.678	张德芳	4.351	李长智	4.415	李希全	1.234
谢殿枢	10.657	广和	10.027	张冬祥	8.333	李凤选	3.129
杜永祥	19.026	张德俊	6.214	杨立祥	1.011	李希武	3.369
谢殿臣	7.432	张延亮	3.411	李凤藻		李凤美	8.099
刘鸿祥	2.865	张学广	17.087	杨汝高	7.175	李兴三	4.147
刘茂成	2.473	张秀兰	13.367	李长泰		李长海	3.370
谢殿栋	1.668	陈全	1.170	杨立业	7.944	李希辰	
谢怀璋	5.758	杨秀全	5.512	汝洲	10.434	李长武	4.972
程光顺	8.355	李长吉	0.717	杨立海		李长文	11.333
谢长宽	5.469	李长平	1.397	杨立本	5.451	李凤占	0.429
程光盛	6.826	李昌庆	0.104	杨义福	15.626	李凤贵	2.592
程光福（克亮）	10.882	李长佑	1.075	杨立成	4.951	李凤山	
杜延录	13.600	李凤熙	7.429	立吉	4.871	兴干	8.664
延福	20.400	李凤福（李健）	0.676	杨润生	10.667	李凤亭	1.569
永才	11.264	张福增	2.961	杨立泉	11.600	德庆堂	10.274
杜延年	20.400	张福莱	0.522	杨立名	14.386	李玉贞	22.580
永华	13.600	李玉儒	3.788	杨立发	12.329	李连鑫	8.943
永善	7.120			杨汝哲	4.160	李凤俊	
杜登洋	70			杨思涛	4.075	李凤材	2.756
杜丙午	12.254			杨立贵	5.587	李玉重	3.713
杨恭修	4.894			李在利	5.050	凤亮	6.931
程德麟（振兴）	11.719						

续表

第一闾长 杜延年		第二闾长 程辰声		第三闾长 杨立荃		第四闾长 李长海	
计	293.277 亩		161.322 亩		239.881 亩		162.243 亩

第五闾长	李凤坤	第六闾长	张延祥	第七闾长	李德符	第八闾长	李宗伦
户主名	地亩数	户主名	地亩数	户主名	地亩数	户主名	地亩数
李元湘	3.930	李长琴	10.987	李长荣	27.200	李维元	11.867
李元贵	7.654	长成（国凤）	6.270	李兴昌	6.778	李发清	10.200
李玉实	7.518	李长溪	16.777	李祥会	27.200	李松亭	10.278
李玉仁	8.281	李兴山	1.266	振西	14.472	李文祥	
李玉珂	8.364	李凤治	11.779	李德符	20.898	杨守志	7.500
辛元	1.049	长顺	680	刘洪儒	4.850	李宗江	14.323
怡安堂	5.821	刘建忠	3.903	贤儒	12.178	李宗沆	733
李长和	624	李玉厚	10.457	刘恩庆	13.879	李延年（进轩）	6.411
李巢云	24.740	李凤襗	11.402	李德春	14.039	李孙氏（延年）	13.671
李明远	12.295	李凤辉	7.563	刘建都	14.800	李宗维	7.264
李连三	18.606	长绥	133	李建庆	10.154	李大本	4.862
李鸣岗	19.078	李玉滋	12.800	李延芳	5.399	李元芳（宗祥）	14.945
李长亭	4.204	长庚	10.509	李宗范	5.885	李凤臣（长禄）	6.871
李凤岩	7.110	李玉柱	14.360	李宗荣	11.469	宗勤	7.683
李凤雷	9.263	李凤泉	2.961	李宗信	15.975	李厚本	6.800
李自善	13.600	张增仕	24.803	李宗普	9.356	李宗伦	13.600
良甫	17.890	增俊	27.200	李宗唐	743	维福	5.471
王玉成	6.217	李凤洲	16.560	李宗和	2,481	李万本	3.647
顾承先	6.397	孝善堂	591	李维范	10.658	宗贤	2.063
李兴邦	18.183	李长盛	12.895	李宗兴	9.816	李宗达	9.099
国用	1.195	李长升	14.302	李宗泽	12.176	维禄	18.672
凤文	2.609	李兴福	292	李润齐	16.622	李元祥	9.213

续表

第五间长	李凤坤	第六间长	张延祥	第七间长	李德符	第八间长	李宗伦
李凤清	1.006	李玉沆		程日栋	2.449	李元祯	2.826
李兴泉	24.643	李凤鸣		李文成	4.920	李贤	12.577
李玉涛	13.610	高名选	9.014	高玉润	27.200	李玉水	1.181
凤海	6.489	文龙	8.933	玉齐	2.972	李玉德	2.391
李凤銮	3.943	高名选	7.092	李文谟	5.733	李凤元（凤学堂）	14.524
李长明	3.253	李长泌	24.400	李宗湘	6.684	李长雨	7.191
李玉清（国宗）	1.368	石亨	8.473	李宗周	8.908	李长春	5.171
（干）	639	李玉泽	7.544	李文臣	10.592	李长增	2.180
李凤鹤	2.426	生符	27.200	李宗侗	11.859	王汝栋	
李邑林（治恭）	324	李凤武	5.126	杨学信			
（岑渔田）	1.810	李长有	33.576	李文和（克让）	4.108		
李长森	2.450			李宗海	12.610		
李长达	1.215			李宗旺	9.736		
李长乐	4.550			李宗尧	12.782		
李玉真	122			李文林	070		
李凤雨	10.498			李盛	6.627		
国龙	6.800			李茂	8.988		
				李宗木	1.230		
				李宪堂	5.300		
	289.624 亩		349.558 亩		410.794 亩		

冷水沟庄地亩札表（二）

第九间长 谢长增		第十间长 刘锡恩		第十一间长 李凤年		第十二间长 李永祥	
户主名	地亩数	户主名	地亩数	户主名	地亩数	户主名	地亩数
张秀山	4.259	谢怀福	13.080	程亭寿	380	程光荣	11.199
张秀全	1.170	谢殿相	9.511	程侯氏	2.250	光照	5.623
李玉崑		谢守刚	11.370	程以箱	3.134	黄贵	2.196

续表

第九间长 谢长增		第十间长 刘锡恩		第十一间长 李凤年		第十二间长 李永祥	
夏庄列	2.258	谢长清	24.078	谢怀坤	1.175	李永苞	27.200
梁玉山	1.218	谢长祥	6.586	谢长有	790	永藩	14.719
李和（玉祥）	4.954	谢自修	5.241	杨立修	5.497	李凤桐	27.200
李长财	15.977	刘锡恩	13.600	刘化忠	9.985	荫轩	13.288
李凤恩	4.293	化春	12.146	杨长海	6.738	李兴仁	27.200
李长润	7.032	化庆	6.439	杨长禄	2.002	永华	14.754
李长彦	4.350	志和堂	4.451	刘嘉祥	25	李永氏	5.596
杨长源	27.200	杨长淮	6.496	刘茂山	5.072	兴让	27.200
长庆	27.200	杨长盛	12.564	西文	2.856	谢长和	768
长华	27.200	厚德堂张	5.846	杜振清	3.249	立山	7.519
慎修	27.200	杨长明	16.128	杜振英	3.249	谢长禄	2.202
恒修	28.612	杨玉厚	3.942	杜殿奎	3.249	谢保田	19.495
潜修	5.204	杨健先	3.362	杜殿杰	3.249	谢保林（景山）	13.600
长渚	3.488	杨长吉（非修）	14.258	杜殿俊	3.249	景海	13.600
李玉升	3.153	杨玉纪	3.350	杜振东	12.328	景祥	13.600
杨长祐	6.164	杨长润	14.713	刘振祥	5.899	景明	8.458
仁修	6.323	刘化东	6.794	庆祥	14.227	谢景泉	38.233
新会堂	2.755	刘化芳	3.157	谢保水	4.527	李凤池	14.664
杨长春	21.058	刘化斌	6.444	谢保河	13.600	李凤林	1.954
杨朝栋	9.046	刘化西	6.992	保云	15.459	李玉阶	7.858
杨兆栋	447	刘化鹏	6.312	王存智	9.070	王阶堂	4.260
杨钧	10.266	杨长亭	12.078	王存义	8.270	谢长华	
镰	20.400	杨长林	11.721	玉珍	11.656	谢长杰	12.395
禪	908	杨好修	12.412	玉林	9.364	谢保圣	7.637
杨宗林	5.506	杨志德堂	1.03	王存让	13.124	杨立崑	7.113
杨宗森	18.386	杨成修	11.283	程光山	4.620	李金秀	100
杨庆云	4.217	刘化南	14.897	谢保玉	1.270	李永禄	
杨汝栋	11.414	刘西鸿	20.926	谢保海	3.787	谢保元	8.249

续表

第九间长 谢长增		第十间长 刘锡恩		第十一间长 李凤年		第十二间长 李永祥	
杨恺	8.230	程德贤	3.088	谢保安	6.188	谢长春	7.287
埥	11.371	振侗	8.182	李玉庚	14.883	谢长荣	2.613
杨堪	13.384	程志忠	5.936	李凤珂	7.633	李永章	12.440
坦		程志漠	2.723	永祺	7.974	李永祥	16.065
谢怀珍	7.131	陈富贵		永礼	6.458	李永芳	14.364
长增	11.296			李凤伦	10.877	李永荃	17.058
谢怀琛	6.372			李玉平	24.210	王存信	2.667
崑山	13.600			王洪英	12.510	王殿荣	7.506
谢长祐	6.869					谢长广	5.230
谢长芳	7.527						
计	397.229 亩		320.215 亩		274.083 亩		443.110 亩

第十三间长 王其贵		第十四间长 任福玉		备注
户主名	地亩数	户主名	地亩数	
王伯兴	27.200	李世佑	15.354	
炳如	5.411	恭臣	2.721	
辛堂	27.200	李世嵩	11.026	
王为善	27.200	任福运（长志）	5.885	
兰臣	27.200	杜延寿	12.049	1. 全庄总计土地（房屋在内）42 顷 97 亩。
所贵	17.938	杜凤山	2.998	2.（ ）内表示新户主，但粮票尚未更名。
李登贵	15.797	任福田	20.400	3. 表中不写姓者并非非户主，仅一户之内土地分在
李登城	284	福申	27.200	数人名下而已。
李福裕	1.387	延寻	11.929	
李殿臣（原厚堂）	555	任福祐	18.084	
李保清	7.970	任福珂	1.680	
登荣	598	任福财	3.641	

第十三闾长 王其贵		第十四闾长 任福玉		备注
李晓山	18.189	任延祥 （延坤）	22.587	
李凤义		任福昌	10.373	
王其祥	1.884	任福祥	6.314	
李登科	25.863	任福东 （长和）	5.868	
李际春	8.666	任福宸	2.789	
登华	6.800	任福恩	7.957	
李兆芳	13.600	任福厚	11.929	
贞祥	6.522	任福祐 （长庚）	20.400	
任延秀	5.167	琪	20.400	
陈福有	8.782	延璋	15.716	1. 全庄总计土地（房屋在内）42 顷 97 亩。
李古文	17.129	任福润		2. （ ）内表示新户主，但粮票尚未更名。
陈福昌	2.400	任福顺 （长林）	11.800	3. 表中不写姓者并非户主，仅一户之内土地分在 数人名下而已。
李登航	20.458	王干云	43.448	
李登岱	2.155	少間	27.200	
谢立信	13.600	慎三	27.200	
长全	3.848	谢立谟	1.647	
李克荣 （长庚）	4.162	谢保玺	14.555	
谢立禄 （长崑）	9.909	谢保球	2.615	
任福盛	652	谢长友	4.325	
		任福升	4.202	
	329.019 亩		393.725 亩	

［附录二］ 山东省历城县张马区冷水沟庄的寺庙碑文

山东省历城县张马区冷水沟庄的寺庙碑文

调查员　山本义三

助　手　郭文山

　　　　达　光

一　关帝庙内的碑文

1.

本庙山门久庆领袖李应华王美李臻不忍坐视募化

本庄善人李应武等兴工重修以壮其一方瞻仰谨将

捐财捐工者姓名各勒石以纪之

永重不朽

李应诏	许配洪	李守名	孔希舜
张君旺	刘登名	李守禄	夏永夏
李坤	王国真	李守旺	刘荣
李征	李片	孔臻	生子京
张君晓	孔思京	赵豹	张凤
李存义	李文学	赵龙	李旺
李宦	李美	王国祥	韩子贵
李实	韩登第	韩敬	李天福
李言	李山	丁一贵	李江
孔思用	李进承	李守	王承恩
冯尚贤	王国孝	张廷	孔希梦
杨岁物	李守福	魏花	
李武臣	张尚义	杨见	
李杰	李爵	程龙子	
李秀	李杲	李光耀	

信女李门刘氏　　　郝门张氏

崇祯三年十一月吉

　　　　木匠　　　王见

　　　　石匠　　　孙邦贵　　孙佐

　　　　住持　　　张贞仙

2.

　　闻之古今建祀立祠者所以表有功于朝廷有德于百姓有光于名节者也以此求之古人

亘七乎难之矣然当太平无事建立功名恩施海内为忠臣悌弟人就或能之若夫天下分崩豪

杰并起上下乱纲纪此时有特起者二介不取一名不苟使奸臣贼子知名分并不素惧大义必

不可┃不永┃┃朽重┃乱膺国家之重任为一方保障后即时艰势阻而节义凛然若日月江河亘万古间
则惟汉寿亭侯关夫子一人而已不受曹贼之封而一心为汉室非有功于朝廷乎除黄巾之害
诛庞兵之□非有德于百姓乎千里寻兄独当一面而猝杀身成仁非有光于名节乎故后之人
思其功念其德想其节天下皆修庙貌而烟祀不绝也吾乡冷水沟村程东江众善人等及此重
修庙祀新制碑记求余为文焉余历下之鄙人也所知者惟大义而已故不揣敬为之记

　　康熙岁次丁亥年孟秋之吉孙叔辩撰并书

　　冷水村居士孙叔辩施庙门地基一方并大杨树一株

　　　　铁　　笔　陶唐兴

　　　　住持道人　夏得亨

（领袖善人乔应魁以下八十二名）氏名略

3.

　　□读史未尝不掩卷叹曰至矣哉关夫子之位神乎威风凛凛侠骨直配乎道义英气□□
刚大更塞于□间若夫欺矣吞魏破黄巾斩六将分两院聚古城功绩之在天垠者□不未表在
人耳目哉吾不其论至寿亭侯之□□□一汉字降汉不降尝一语伟哉此气味传世犹旧也若
技禅教之训焉飞花之主吾虽晋群之□师尚石□□□关夫□之正旦直也兹因济南府历城
县迳东有村曰冷水沟钟寄毓秀之臣地灵人杰之乡在西河之侧居小桥之后旧□庙宇气两
杠□见者□□□心闻者默咸神扬有乡者李崇兴金结□次有庙主谢诸征施财木守输者援
踵□□而为今日之颡也哉予故法俚言以俟系人之庙重新者

　　　　　　山音

大清康熙岁次甲辰丙子庚子咨征之

　　历下邑庠生孔□□沐手撰书

……授绅　阴世宗施舍宅地三厘

会首……

木匠……　　社友……

　　　　　　　　……

4.

山东济	杨文
南府历城县	杜春
城东北	杨同使
冷水沟庄	谷三享
官老爷庙	杨斌
康熙五十二年	程连
十二月造	王彪
金火匠	孙叔辩
李火龙	李高
李龙	李常在

刘贵　　　　汉茂盛

谢在禄　　　张其泰

程三省　　　刘文桂

杨主　　　　杜蒙

刘宝　　　　……不明

5.

关帝庙前孙 贤湾一段

大分二分二里四毫五丝长可贰拾步打横可六步

七分三里五毛自

乾隆十五年十月二十六日

　　　卖于　庙中价钱六千

　　　恐后无凭立此石以志之

　　　　　领袖　程思议

　　　　　　　　刘在鲁

　　　　　　　　谢存敬

　　　　　施财　杨义

　　　　　　　　王三禄

　　　　　　　　张禄

　　　　　　　　孙贤

乾隆二十年六月二十三立

6.

古来创始者承终之感而革

故者鼎新之化即如冷溪一

村

关帝庙山门使当年善始者～人

而善终者无继不将故者倾

圮而焕然一新者安望乎今

有 领袖张禄谢～等

商余重修议于是年五月

二十八日兴工七月初三月告

成鸠工庀材燦然改观等复质

予欲勒堵石永重修世予曰

继往开来诚善正喜其

成因援笔而为之记

　　　谢毓芳撰并丹书

首事（省略刘在汉以下数十人姓名）

乾隆三十七年七月吉日立志石

7.

窃思体为天宗谓帝妙用谓神是易所谓鼓以雷霆
润以风雨者莫非神之为也而其中有为气而至大
至刚制行而光明磊落者莫如山西圣夫子自心切
汉室传来唐宋元明功屡著爵频加至我
盛朝积愈隆而位益尊焉非特邦畿都邑人无弗钦即
乡并闾巷民莫不仰吾乡素号冷溪沟西偏有
圣像奉之久矣有谢韩睿字孔庐者好施人也因心事
默祝乞效灵焉愿将马集所治南北地长可八十八
步二分七厘北横可五步九分五厘南横六步四分
二厘共合大分九分乙厘整其地东至施主西至庙
地北地谢重运南至李大德四至分明为界施庙中
以为灯火之费事未逮而受病笃嘱其妻曰日后事
要成谢李氏贤德人世克夫忠善同归焉命义男
重因求予为又遂略叙其
　　椽笔以志不朽
大清嘉庆元年岁次丙　春仲浣

8.

泰誓有之曰吉人为惟日不足恶人为不善亦惟
日不足因知神道设教抑亦喜吉人而恶恶人也另
山西
关圣武夫子九恶恶之甚严者乎即如癸酉之秋九月
十五日白莲犯关宫庭受厄危在旦夕幸神武圣夫
子大显神威迸退白莲伏法受诛无一漏网由是宫
庭无恙
安然重芝威咸其德而更锡中天大帝之号者此也
吾乡领袖甲午等蓄朴积财整新庙像残者以整有
鸟翼如来出有辉之象鸠工庀材同心协力遂不数
日而告竣焉为原整新庙像之□建碑八庙瞻拜者
去恶心而生善人
　　　　　生负　程映　　撰文
大清嘉庆二十四年岁次己卯六月二十二日吉旦
　　　　　李国信
　　　杜富信……
　　领袖（姓名略）

9.

先贤威神思以立留后世继先人以重修者虽云重

矣仍旧焕然庶几后贤可继传焉

杜宗和

程坤占

谢振清

杨兰

刘志祥

王国安

朱笔谢怀珠

全真刘志平

泥水谢怀庆

彩画程立志

铁笔陈振鸿

光绪九年六月二十四日 吉立

共谢氏施马集地一段大分九分一厘整

南北长可八十八步二分七厘

北横可五步九分

南横可六步四分二厘

10.

关帝庙前后宅基共地三段

南横可十步正

北横可十二步二分八厘

中横可十二步零八厘加可

中长可二十一步四分四厘

二段

南横可四步九分正

北横可五步四分三厘

中长可十三步二分二厘

山门前神道池一段

南横可五步四分三厘

北横可七步三分二厘

中长可十一步正

南段湾一池

南横可五步五分

北横可六步七分三厘五毛 桥口八巾

西有官井一眼

中横可七步九分七厘

中长可二十步正

程廷祥舍墙一堵

　　　首事人　杜宗和（以下十二人）

大清光绪十七年二月十八日　　　　立石

11.

历邑城东闵孝三里冷水沟庄

关圣帝君庙前人屡次重修今拟继

其美将大殿山门刷奖油添

焕然一新但存款不足幸赖

诸君捐助裹成此举谨登其

台冲于左昭兹众来许云

杨蓉	捐钱	五千文
杨铭会	` `	` `
李祥龄	` `	` `
程淑海	` `	` `
李凤嘴	` `	` `
伍福增	` `	` `
杜长清	` `	` `
杜登洋	` `	` `
程德馨	` `	` `

张廷辉　　　付木工　　捐钱　　二千五百文

高长庆　　　` `　　　　　` `

李元芳　　　` `　　　　　` `

程过宸　　　付石工

壬鼎臣　　　付油涂工

民国十六年上浣本校校长　程德麟　谨志

二　三官庙内的碑文

12.

济南府历城县迤东冷水沟李家庄古有三官庙一所

风雨损坏无人修整今有本庄会首　李坤

　　　　　　　　　张君旺　等

　　　　　　　　　李实

施财姓名开其于下

李应光　孔思丹以下（一百八十五名、姓名略）

清泉山人烟霞子路演海

大明天启二年九月吉日立

　　　　黄沐百叩端

　　　　　　书

　　募缘海　大扬全□□□

　　　　木匠　夏晓芳　杨士佃

　　　塑花匠　王大乡　孟若来

　　　　石匠　朱元长　□□□

13.

冷水沟李家庄置香火地记

天地间无往非神游之地凡欲事神者无不建庙为谓
其神有一所楼人有阙□□□福神无穷也历城县迤
东冷水沟李家庄河水之□有三官庙一座神前香火
每常不足今有李臻三及等会议结社

　　　　　李应肇

　　　　　王羡

聚钱数十遂器□□□东西地亩一亩二厘长七十七
步四分东可七步七分西可八步南北地亩一亩二分
长一百二□□□五分北可五步五分中可五步七分
南可六步二分其地府于种地人种所收矣粹□粮八
扒□

火其余者存往修庙供用立直地一束前非李君无以
倡其端非后所□为宗奉祀

　　　　　李应五

　　　　　社友（姓名略）

皇明天启五年 岁次乙丑季冬　　　　　吉日立

14.

三元老爷殿前焚化金银最于不便是以众信个捐资
财建立火池功德无量矣善人姓名开列于后

　　　　　　　李正玺（以下六十名，姓名略）

　　　　泥水匠　苏大有

　　　　石工　　展兴秀　苏安

　　　住持道人张得利 同立

大清康熙二十六年六月　日吉旦

15.

周礼有司中司命等祀司也者谓有官以司之也天地
水三官之名汉李喜年时张陵及子衡于蜀鸣鹤山分
岭部众始着之元魏时寇谦之复为三元之说取三官
而配以首月为之节候故魏书孝文帝纪诏令长至兴
三元立举则三官之称三元昉于拓跋之朝也唐开元

二是二年十月勅正七十月三元日兼宜禁断会昌四
年正月敕三元日各断层三日宋留守训上言三元日
三官各主录人之善恶皆不可以断极刑下有司议行
郑樵通志有三官醮仪一卷祀祠之盛盖自唐宋已然
矣本庄旧有三元宫本知创时考诸碑记自有明洪武
至　国朝雍正重修者已非一次但岁月既多栋宇就
颓村中公议将庙地出租积蓄有年共得京钱四百余
阡鸠工庀材修颓补敝～题孔固黝垩圭新观瞻既肃
凭依斯在登堂奠醴畏敬之心油然生矣　适当勒碣
属予为记予悲绘素家无稽之说致令斯宫有不载祀
典之疑也因据往籍以为之记

　　　　奎文阁典籍李清泉拜撰　　井书
　　首事人　李高（其他三十四人，姓名略）
　　　石工—　泥水匠—　绘素工—
住持道人李永惠　铁笔—　木工—
大清光绪元年岁次乙亥 孟冬下浣　　谷旦

三　玉皇庙内的碑文

16.
济南府历邑城东北冷水沟李家庄创建
玉帝殿宇墙园碑记
盖闻自以来至尊至慈护祐感应者乃
玉帝神通教主也尊者尊其功行慈者普泽愚蒙有祷
必应是乃护庇一方之主哉缘因本庄旧有
宫殿前者
玉帝老爷彼此意欲建阁供奉未成其果今有住持道
人王守江邀化庄乡际有会首善人李化鳌李玉玺
李江王国祥等各发处诚纠随善社一道众积净财
捐工捐食殿宇墙园换然告竣虽则众等工完果满
实乃后世福田祥瑞者
赐进士文林郎原任济南府平原县知县表浩沐手撰文
玉帝教下弟子李化成熏沐丹书
　　　李江 …………
　会首　王国祥…………
　　　李化鳌…………
大清康熙十四年岁次乙卯孟夏　吉旦

17.

大清　山东济南府

历城县闵孝三地方

冷水沟庄玉帝庙

前馨一口敬献

首事善人

李集

李秀

李仁

李丙南

信女

李门蕤氏

李门李氏

李门王氏

嘉庆二十二年　岁次丁丑仲秋

18.　　　　　　　（　　　　　　）

调署历城县正堂加十级随带加二级记录十次全

为出示晓瑜事　案据韩仓庄杨光新等呈称窃昨蒙地方传谕凡有拨粮换丁均不准里书索讨钱文身等阁里感激鸿慈实无既极但身等乡民以农为业过拨换丁诚恐农忙有误惟有仰求恩施饬令里书每年麦秋大秋年终三次下乡所有拨粮身等情愿每大亩给与京钱贰佰文以作里书川费之用至去老换幼兄弟分晳均粮概无钱文则阁里感戴爱及农民之至意已无涯矣身等惟恐日久增价勒索或里书延不下乡为此公叩赏示以便立碑而重永远等情据此查买卖宅地例应随时过割承粮以清粮赋而杜争端该里书专司其事自应按照料则分别推收本不准需索钱文今既据尔等呈请前情自提出于至诚以示体恤之意事尚可行除呈批示外合行出示晓瑜为此示仰阁

邑城乡军民人等知悉自示之后尔等买卖宅房地亩务各随时推过承粮一面照例报税毋得称涉隐混致干究罚倘该里书等不按现定章程额外勒索并有推诿延搁情事许尔等指名具控以凭御索究惩决不宽贷其各恪遵毋违特示

同治十三年十二月初十日　　　　　右谕通知

告示

实贴闵孝三　　　冷水沟

19.

国朝自定鼎以来维正之供地数粮数均载国史邑宰不得多收里书不敢舞弊兹因本庄里书曾年仅弱冠拨退之间串票多有错误以

三圣堂等是证为此里书同阁庄公议凡地亩宅基拨

粮者悉遵

邑侯全公告示每大亩京钱伍佰文以作里书川费之资若有拨外里粮者每大亩京钱壹

阡文若添新丁每丁京钱伍百文凡兄弟分折均粮只有饮撰去老换幼无谕亲厚并无钱文串
票若再错误里书听阁庄公议仍照原票改正此系里书同阁庄公议恐日后再有错误里书情
愿勒石以重久远去

　　　　　　铁笔　　陈振洪
　　　　　　泥水　　王存义
大清光绪十八年巧月上浣　　　谷旦立

20.　　　　　　　　　　~

李霞云　李毓滋
李克会　伍復会
李祥田　李毓忠
李治春　李化本 ｝每人捐钱两缗
李默　　李克义
李克甲　杨义盛

李庆龄
高培基　李凤山 ｝每人捐钱壹缗
张明德

李修业　王佐臣 ｝每人捐钱柒佰伍
程淑海　谢怀曽

李修业　王佐臣 ｝每人捐钱柒佰伍
程淑海　谢復本

　　　　　泥水　　李復本
　　李毓汉　书丹
光绪二十六年菊月上浣　　　谷旦

21.

　　本庄有玉皇殿历有年矣经前人屡次重修岁月迁延风雨剥蚀前面椽~残缺若不修葺
将有倾圮之虞弟子程淑海、程廷辉等目睹心伤不忍坐视意将旧有存款提出记并不敢遂
劝捐聚资鸠工庀材俾损坏之处焕然一新是虽提倡者之功亦捐助者好善乐施之力焉美名
岂能泯乎谨将姓名供列于左以昭来许云

　　张廷辉捐钱六千（以下七十八人的姓名及捐钱数略）
　　善捐资人
　　　　谢长增　李长贵
　　　　刘锡瀛　李宗善
　　　　杜凤山　李宗伦

　　　　李凤坤　　李凤文

　　　　杜延年　　李全孝

　　泥水人

　　　　李树本　　高金声　　张福增

　　　　弟子　　　高荣鑫　　书丹

　　中华民国二十年八月　中浣　谷旦

四　三圣堂内的碑文

22.

　　文言曰积善之家有余庆积不善之家有余殃殃庆之说虽天定之而实非天定之也人之所自取也是以主治者以神道设教无非纳人于礼法之场而生其孝悌忠敬之（内容略）

　　　　首事人……　　住持道人　刘本渊

　　嘉庆四年岁次乙未四月十三日　　吉立

23.

　　庄东大东湖有本庄稻田数十亩每至收割稻时车道不通颇感困难于是大众公议由公中买杨鸿修东西车道地一段大分二分半用洋五十余元此款除每亩捐洋一元外余由公项听补兹将该地可步及捐款人

　　姓名列如下

			任福申
长五百零五步二分			刘洪儒
			李宗伦
			张延梓
东西横可一步四分二厘无毫	发起人		程德麟　撰
			杜凤山
			李长贵　书
			李毓泽
			谢长增
			刘锡恩
	铁笔		程德贤
滩头	李温泉	二元	刘洪儒　一元二毛
	李毓润	二元五毛	谢长山　一元二毛
	李长贵	二元六毛	李毓泽　一元
	张延梓	二元二毛	张冬祥　一元
	刘振祥	二元五毛	张学宽　一元
	杜延年	二元四毛	李毓巧　一元
	杨长源	二元	杨长盛　一元
济南	刘志清	二元	李宗泽　八毛

任延明	二元	李宗寅	八毛
李长溪	二元	李毓贞	七毛
李文汉	一元九毛	李凤崑	六毛五分
李宗伦	一元八毛	刘恩广	三毛
李文富	一元七毛	刘盛庆	三毛
王存让	一元三毛	杨朝栋	二毛

民国二十五年十月下浣　谷旦　立

24.

前人创设历代有之后世修葺理势宜然村之三圣堂历有年所风雨摧残殿宇倾倒不第有碍瞻仰且圣像灵爽亦无所式凭是以阁村善士输力捐资备材诹吉乃不日而成焉用特刊石以冀后世人士勿忘缮完修葺之举是为记

发起人

李长海　杜延年　李宗伦　程振声
谢益三　杨立全　李永祥　李兴全
任福裕　任延明　李凤辈　任福顺
张延梓　于保良　杜凤山　杨云坡
王为善　王慎三　李凤坤　任福申
刘锡恩　李德符

捐洋

王玉林	三元	谢长兴	五元
杜延年	五元	刘庆三	五元
谢星海	五元	李玉泽	十元
杜凤岳	十元	杨长麓	十五元
王其贵	十三元	王子贵	十三元
王焕章	十三元	任福田	十三元
于保良	十五元	任福裕	十元
任德轩	十二元	李凤嘴	二元
李凤桐	二元	李永茂	二元
张延辉	二元	谢长增	二元
任长茂	三元	任福顺	三元
如意法门	三元	李登鳌	三元
李登输	二元	李登科	二元
李保清	二元	任延祥	二元
任福昌	二元	谢保臣	二元
李登航	一元五	李占文	一元五
李永芳	一元五	李永章	一元五
李永荃	一元五	杨祝三	二元

张延梓	二元	杨宗训	二元
杜延福	二元	李凤翔	二元
李永藩	三元		

程德麟	李心恭	李鸿庆
李鸿儒	谢怀璋	杨长盛
谢长山	陈富贵	刘茂相
刘锡洪	刘小蓬	李宗江
杨堪	李兴昌	杨绪会
杨立名	杨宗森	李凤文
谢怀琛	李凤茂	李长海
谢殿枫	李玉贞	李凤群
李长泌	任福真	李凤华
双泉居	李长顺	谢保田
李凤铎	谢长荣	高名选
李长平	李长有	张学广
高金声	程过吉	张德芳
李凤辇	李宗坤	谢长盛
李宗伦	杨家栋	谢长松
谢立禄	李兴全	杨朝栋
李凤池	任福连	李兴邦
杨庆云	李永禄	任福原
李长贵	杨长祐	谢保圣
任福升	李长亮	杨长恭
谢立水	任福栋	李凤崑
任福恩	李登贵	谢立山
任福祥	李际春	程志信
任福润	李登峰	谢景泉
杜凤来	任福盛	谢保安
陈富有	谢长华	杜登贵
李登城	谢立谟	杜振声
谢长庸	任福才	王鸿英
谢王氏	任福宸	刘振祥
李李氏	任福厚	
任福宸	修神像	
武亮	捐料	
武子明	铁笔	

一元

中华民国二十八年夏历十一月下浣　　　立石

五　观音堂的碑文

25.

冷水沟庄于

中华民国二十六年元月

阖庄捐资重修观音堂

   杜凤山

   李长志

   李宗伦

   李凤文

   高保山

   张冬祥

   杨立荃

   李长贵书

   刘玉田

泥水　张福增　　木工　李凤顺

油漆　杨长工　　铁笔　程德贤

（十字□观音堂）

恩　县

村　落　篇

1942 年 5 月 16 日

(华北农村惯行调查资料第 18 辑)

村落篇第 11 号　山东省恩县后夏寨

　　　　调查员　山本义三

　　　　翻　译　隋传绶

5 月 16 日

村落概况

应答者　吴玉衡（保长，37 岁）

　　　　王宝钧（61 岁）

地　点　后夏寨村公所

【保长、牌】小吴是从何时担任保长的？ ＝从事变以后。加上之前当庄长的时间共在职四年了。

当保长之前你做过什么？ ＝事变前本村有庄长，庄长下面有三个牌长[1]，我是其中一个。

牌是什么？ ＝牌从清代以来就有了。牌长主要协助庄长办理公事。村中有公事时，庄长通知牌长，牌长再通知到各花户。

牌的区域是？ ＝村的东部为一牌，中部为二牌，西部为三牌。

从以前就一直是三牌吗？ ＝是的。

保长的受教育程度如何？ ＝自己在本村私塾学习两年，私塾变成小学后再上三年左右。仅此而已。

王先生现在干什么？ ＝在本村当医生。

一直是医生吗？ ＝之前是私塾的教师，先后在临近本村的大霍庄教书四年、王庄二年、门吴庄二年。

---

〔1〕 译者注：旧时地方基层组织"牌"的头领。

王先生的受教育程度呢？＝在私塾学习了二十年左右。

你在王姓中的辈分如何？＝本村王姓分为三支，我属于北街王姓，是同族七户的族长。

属于村里的公职吗？＝不是。

【村名、沿革】村的名称从古至今没有变过吗？＝以前叫后下寨。

村子是何时形成的？＝从很久以前就存在了。据说现村民的祖先是明朝永乐年间迁过来的。

村名有何意义？＝永乐年间，本村南部有明朝卫兵的兵营。据说因为卫兵在本村驻屯（下寨），所以叫了"下寨"。有"前面安营，后面下寨"之说。

现村民的祖先中有营兵吗？＝没有。本村中的没有。邻村的前夏寨有军户[1]（卫兵），还有过军地（卫地）。

本村民的祖先是从哪儿迁来的？＝永乐年间从山西省洪洞县迁移过来的。

后夏寨和前夏寨，哪个更早过来？＝不清楚。

"下寨"是从何时改为"夏寨"的？＝村中从清朝前半期起就一直使用"夏寨"，村里有口康熙年间钟的铭文上也写着"夏寨"。但是不知是何时开始使用"夏"的，可能因为发音一样改过来的吧。

为什么要从山西省洪洞县迁移过来呢？＝不知道什么原因。

最早来本村的人姓什么？＝不清楚。本村祖先从山西省迁来之前，本村中就有韩姓的土著居民（老庄），此后韩姓一直存在，但是近二十年间全部去世了。

从山西省迁来的人中，最古老的姓是什么？＝王姓最老。永乐二年，一个王姓寡妇带着一子移居前夏寨，之后子孙繁衍，其中一个分派迁移到了本村。

迁移时不是多数人一起吗？＝没听说过。

附近村子中，有和本村几乎同时迁过来的吗？＝不清楚。

有原住地相同的村子吗？＝据说这附近的村民都是从山西省洪洞县迁移过来的。

就算原住地相同，现在彼此之间也没什么关系吗？＝没有。

有本村去他处另建新村的吗？＝没有。

户数的变迁＝民国初年约一百户，随后逐渐增加，现在达一百二十七户（加上最近才分家的，户数共计为一百三十户以上）。

村子形成后，发生过什么重大事件吗？＝去年和前年都发生了冰雹灾害，前年与冰雹灾害一起发生的还有棉虫灾害。那种棉虫小得肉眼都看不见，但是会不断长大，仅十几日就吃光了谷物（仅棉花）。民国二十六年发生了水灾（事变那年），那时房屋没有受损，但是低地的作物全被害了。民国二十三年左右发生了蝗虫灾害，蝗虫铺天盖地飞来在土中产卵，五日左右就变成成虫开始靠吃谷物成长，吞噬完所有作物后再飞去别处。虽然挖了壕沟，将蝗虫往沟里驱赶，但是由于数量太多，无济于事。作物全毁了。蝗虫一般都晚上飞来。民国七年遭遇了土匪，头目顾德林（南方人）和其他几个头目来到了本村附近，所

---

〔1〕　译者注：中国古代世代从军、充当军差的人户。

以一到晚上，村民们就逃到城内去了。这时，其他村的很多人就被抓走当人质了。这种情况下，由村里出钱换回人质。刚开始附近几个村打算共同防御，但是完全没用，就开始逃到城内避难了。再之前的事情我就不记得了。

【面积】现在本村的土地面积是多少？ ＝约三十顷。

民国初年的土地面积是多少？ ＝不清楚，但是好像比现在多。

为什么现在减少了？ ＝因为人口增加，生活更加困难，就开始向邻村人出卖土地了。

【边界】本村和邻村有边界吗？ ＝没有。

一直没有吗？ ＝一直没有。

村和村之间没有边界，不会有问题吗？ ＝没有。

本村附近一带有村界吗？ ＝没有。

为什么没有？ ＝因为有本村人在别村拥有土地，也有外村人在本村内部拥有土地的，所以无法划分村界。

土地无论在哪儿都能自由买卖吗？ ＝只要有钱，在哪儿都能买。

就算因为土地买卖难以划分村的区域，大概的界线也没有吗？ ＝和邻村的土地混杂在一起时，一般来说，本村人的土地开始多起来的地方大致就是村界了。

确定边界后，村民都各自看青〔1〕吗？ ＝看青是个人做的，跟边界没关系。

无论卖出的土地在哪儿，土地都属于买主居住的村子吗？ ＝因为向别村人出卖土地时都会过割（过粮），之后名义就会改变，所以和本村完全没关系了。

三十顷本村土地中，也有存在于别村的吗？ ＝是的。

其中最远的是哪里？ ＝基本都是自耕，所以都不太远。远的就是杨小庄东（距离本村二支里）和烟台北（距离本村三支里）。邻村里大多混杂着本村的土地。

名义上是外村人的土地也要摊款吗？ ＝不用。

【土质】本村土地的高低如何？ ＝村北一里的地方有低地。面积二十多顷，其中夹杂着别村人的土地。另外南方二里的地方也有二三十顷低地，这也是和别村人分开持有的。村子正东方也有二顷左右的低地。

低地经常积水吗？ ＝下雨时会积水。平时也不至于像湿地那样。

低地是碱性土质吗？ ＝是的。

土地是什么样子？ ＝多为沙地。村子东边和北边都有沙子堆积成的沙岗子。那些地方几乎都不能种作物。

沙岗子从以前就有吗？ ＝是的。

一般土地呈什么颜色？ ＝因为沙子较多，带点白色。

土地软吗？ ＝软。

土地会根据好坏分等级吗？ ＝被分成好地（黑地）、碱地（白地）、沙地等。

在好地种谷子，每亩可以收成多少？ ＝一亩四斗。较别村的好地少。

本村的好地大概有多少？ ＝二十顷。其他都是碱地和沙地。

---

〔1〕 译者注：守护未成熟的庄稼，直到庄稼成熟并收获到家。

村街所在的地方是怎样的土地？ ＝地势较高，沙子相当多的地方。

【山川、气候、树木】除了沙岗子外，还有哪些高的地方？ ＝没有。

河流呢？ ＝到东边十五支里的县境以内没有河流。

沟呢？ ＝没有。

水池呢？ ＝有三个由于挖土形成的水坑。村街里有一个，村外有两个。都有二亩地的大小。

气候状况怎么样？ ＝阴历三月开始变暖，五月、六月、七月很热，七月下旬开始暑气渐少，变冷是从十月上旬开始的。

何时开始降霜？ ＝九月下旬开始，二月上旬结束。

降雨呢？ ＝去年五月下了一回，六月好像每天都下了，雨水充足，但是春天播种的时候雨水不足。

十年间，发生过几年旱灾？ ＝大概五年。

哪几月风大？ ＝阴历正月、二月、三月、四月。

哪个月降雨多？ ＝六月。

本村在县内属于情况比较好的吗？ ＝土地不好，其他的一般。

有树林吗？ ＝没有树林，但是村街周围和院子里都种着树。还有专门种梨树的田地。

树的种类有哪些？ ＝榆树、洋槐、梨、杨树、柳树、椿树、枣等。

（附记：眺望靠近本村这面的村庄可以发现，周围都被树木覆盖，感觉村子本身像是平原中的一个绿色小岛。那些树木间耸立着长方形的眺望楼台，这是这一带特有的景观。）

【位置】本村距离县城多远？ ＝约五支里。

集市在哪里？ ＝我们去县城南关的集市，大约五支里远的地方。

集市每隔几天开市一次？ ＝每隔一天。

四邻的村子呢？ ＝东邻的村子在小刘庄（距离本村二支里），东南的在孙庄（距离二里），正南的在烟台（距离五里），西南的在丰登庄（距离三里）和前夏寨（靠近本村），正西的在郭杨庄（距离三里），西北的在于官庄（距离二里），正北的在石庄（距离三里），东北的在西关（县城西门外，距离四里）。

【密居制】村民的家是密居吗？ ＝是的。

密居有什么好处？ ＝因为村民离得近，有什么事的话可以互相帮助。而且也方便守护村庄。另外，村里有五口井，现在只有两口井的水能饮用。密居的话，两口井就刚好够用。

密居有不方便的地方吗？ ＝没有。

附近的村庄都是密居吗？ ＝是的。

虽然本村没有围墙，附近的村也没有吗？ ＝附近没有。县南方由于治安不好，用围墙围起来了。

本村内最早建家的地方在哪儿？ ＝几乎都是同时。

5月17日

村落概况　本村人

应答者　马凤翔（地方，38 岁）

地　点　村公所

【地方的经历】你从何时开始做地方？＝去年开始。

之前做什么的？＝在本村北四里的赵庄做学校教员。

你在哪儿学习的？＝在县里的职业学校学了三年。

现在，除了地方以外还有其他工作吗？＝只做地方，协助保长工作。

你是本村人吗？＝是的。

你自己的家和土地有在本村的吗？＝有。

【作物】村里有哪些农作物？＝谷子（谷子）、小麦、落花生、棉花、玉米、大豆、高粱、甘薯等。

村子北部有警备道路，高粱可以种在道路两旁吗？＝不行，警备道路的一里以内不可以种高粱。

水果有哪些？＝梨、杏、桃等。

上面说的那些作物每亩可以产多少？＝谷子每亩产一百二三十斤。地好的话，高粱可以产一百斤左右，一般的产八十斤。棉花三四十斤。因为地不好，风又大，产量不好。

较其他村好吗？＝算比较少的。

土地好的地方能产多少？＝高粱能产一百三十斤，谷子两百斤，棉花六十斤，玉米一百斤，大豆八十斤，小麦八十斤左右。

各种作物何时种植？＝高粱阴历三月中旬，小麦八月，谷子四月初，棉花三月十五左右。

收获时期呢？＝谷子七月收获，高粱七月，小麦四月下旬到五月上旬，棉花八月下旬到九月，玉米九月。

土地的价格呢？＝本村较好的土地每亩五十元，不好的十元左右。

近邻土地的价格呢？＝前夏寨较好的土地一百元，不好的二三十元。

轮作称为什么？＝调换。

作物里哪些拿去卖钱？＝主要贩卖棉花和落花生。

留着自己吃的呢？＝谷子、玉米、高粱、小麦。

在哪儿贩卖？＝县城南关的集市上卖。

【肥料】肥料是什么？＝以土粪为主，还用豆粕（各村有制作豆粕的地方）和落花生的豆粕。县里会配给棉花用的硫铵，但是不适合本村的土地。

自家做的肥料呢？＝只有土粪。其他的都要买。二十斤豆粕四五元左右。

土粪用什么做？ ＝将人粪、畜粪和土混在一起做成。

每亩地大约需要多少土粪？ ＝约两千斤。价格大约二十元。

做不了土粪的家怎么办？ ＝基本都能做，但是没有牲畜和人手的家里就从城内购买。本村只有四五户家境稍宽裕的人家购买。

【役畜、农具】村内的役畜数量是多少？ ＝没有马和骡子。牛四五十匹，驴四五匹。

这些够全村使用吗？ ＝是的，经常不够。

主要的农具是什么？ ＝犁杖、耙、耧、磨、扇车等等。

拥有必要的役畜和农具的农家大概有几户？ ＝只有四五户左右。（附记：根据每户调查结果显示，没有马，骡子三匹，驴八头，牛三十八头，大车十九辆，犁杖三十四个，耙十三个。）

农具在哪儿买？ ＝在南边斜王庄的木匠那或者南关市场买。

除了用于农耕的役畜外，其他家畜的数量呢？ ＝羊十只，猪二三十头，没有家鸭，鸡很少。以前鸡很多，由于前几年的流行病死了不少。

【购买日用品】村内有商店吗？ ＝有四个小铺。

卖些什么？ ＝食物、烟草、杂货。

村民经常去那里买东西吗？ ＝商品很少，所以不太去。

有行脚商吗？ ＝每天有从邻村来卖油和烟草等的行脚商。

村民主要去哪里买东西？ ＝县城。在县城南关隔日（奇数日）就有集市。

村民平均每月去几天集市？ ＝多的十回左右，平均四五回。

走着去集市吗？ ＝是的。

没有自行车吗？ ＝村里只有一台。是棉花收购人的。

【外出务工】外出务工的人大约有多少？ ＝有二三十人。

外出务工叫什么？ ＝出门。

主要去什么地方？ ＝满洲国有十人，去北邻的故城县做篮筐的有五六人。

外出务工人员较以前多了还是少了？ ＝比以前少了。因为不方便把钱从满洲国带回来，所以去的人也减少了。

【长工——抗活】有从别村来本村干活的吗？ ＝有四人（长工）。在本村，长工（雇佣一年）叫作"抗活"，短工叫作"打短"。

主要是自家劳动吗？ ＝一般都是的。

【短工——打短】短工何时较多？ ＝五六月和九月等忙的时候雇佣。本村人和外村人一起雇佣。

本村人做短工的多吗？ ＝本村村民一般都比较贫穷，所以做短工的人较多。

【女性劳动】女性也干活吗？ ＝不是有钱人就得干活。帮助除草、收割等。（附记：调查当日是 5 月 31 日，即阴历四月十七日，小麦开始收割。这时我们多次看到裹足的女子手拿镰刀干活。）

【副业、行商】有哪些副业？ ＝做篮筐和小买卖。

用什么做篮筐？ ＝柳枝。

做成什么东西？ ＝笊篱（笽箩，舀米的工具）和篮筐。

拿去哪里卖？ ＝城内。

何时做副业？ ＝秋天到冬天农闲时做，再拿去城内卖。

做副业的农家有多少户？ ＝七八户。只有穷人家做。

柳枝从哪来？ ＝从县城东边的村子买来。那边有河，生长着柳树。

物品的价格如何？ ＝篮筐五十钱，笊篱十五钱。整个冬天，一个人的纯利润有十元左右。

为什么不扩大呢？ ＝不熟练的话就做不好。而且也有做这行的行脚商，村民也不能广泛做这个。

行脚商卖什么？ ＝落花生、野菜、豆腐等。

全年都有行脚商吗？ ＝秋收后农闲时就有人做。甲长马万年就在卖豆腐。一家四人都在做豆腐。一年（秋到冬）的收入有四十元左右。

豆腐的原材料——豆子从哪来？ ＝因为自家种的不够，就从别人那买来。一斤三十钱左右。

豆腐在哪卖？ ＝一般只在本村内卖。新年时也去别村卖。也去高庄（西五里）卖。

落花生就卖自家产的吗？ ＝是的，在城内卖。

卖野菜的行脚商呢？ ＝在城内买了再到附近村庄卖。

梨、桃怎么卖呢？ ＝一般都从别村买来再去城内卖。去南边夏津县买。

【井】有几口井？ ＝一共有五口公共水井，但是其中只有两口的水可以饮用，其余三口的水不好，什么也做不了。

没有用于灌溉的水井吗？ ＝没有。

今年要打几口灌溉用的水井？ ＝按照县里的规定，要打十三口。

全村人都去那两个井取水饮用吗？ ＝是的，随意挑取。

旱年时，井里的水会变少吗？ ＝会。

那时怎么办呢？ ＝全村民共同将井挖得更深。

在保长的指挥下进行吗？ ＝是的，前年就是。

挖井需要费用吗？ ＝前年买了大框和粗绳，共计五十元左右。

这个费用从哪儿来？ ＝按地亩大小征收。

劳力从哪来？ ＝只给下井的人（四人）每人二元。

挖井时每户都要出人吗？ ＝根据每家的人数决定。每户必须出一人。如果没有成年男子可以不出。有七个以上可以干活的家庭必须出两位。

女人也要吗？ ＝女人、老人、孩子不用挖井。

挖井前，保长如何决定事情？ ＝只有保长和甲长商量行事。

只商量一次就决定吗？ ＝一次就决定。

费用的分担也那时决定吗？ ＝费用等挖完后再商量决定。

商量的地点呢？ ＝办公所（村公所）。

以前挖井是什么时候？ ＝三年前也挖过一次。

【本村人、外乡人】现在，住在本村的都是本村人吗？＝全是本村人。

有住在本村但不是本村的人吗？＝没有（有的话叫外乡人）。

外乡人是什么人？＝外乡来的人。

外乡人有后来变成本村人的吗？＝没有。

最近没有移居到本村来的吗？＝没有。

为什么外村人不来本村？＝来本村生活也不好过。来去是自由的。

【本村人的资格】住在本村但没有土地也算本村人吗？＝所有人都有土地。

小铺也有土地吗？＝有。

有人没有家的吗？＝都有自己的家。

拥有自己的家和土地就算正式的本村人吗？＝是的。

如果一个人从外村移居至此，没有土地和家，那他会被认为是本村人吗？＝没有土地和家的不算本村人。

现在村中，最晚成为本村人的是谁？＝不知道，民国以来没人移居至本村。

去满洲务工了的李盛堂（甲长）的家曾在本村吗？＝是的。

如果要入住本村，需要满足什么条件？＝需要保证人告知保长和甲长，得到他们的同意后才可入住本村。

曾将土地和家转卖出去后，又回来的本村人有吗？＝没有。

新入住本村的人需要向村里交钱和贵重物品吗？＝没这个必要。

新入住的人只要得到保长的同意，马上就能与本村人一样了吗？＝是的。在一般的来往和对村里的事情上没有差别。

【本乡人、异乡人】同住一个村的人叫什么？＝本乡人。没有特别的称呼。

与此相对，外乡的人叫什么？＝异乡人。

因做短工、长工从外村暂时来到本村的人叫异乡人吗？＝是的。

【住房的】没有土地和家，暂时入住本村的人叫什么？＝叫住房的。本村里现在没有。

【世居】长时期住在本村的叫什么？＝叫世居。

世居的人在本村都拥有墓地吗？＝是的。无论多穷都有自己的墓地。

拥有墓地的人都是世居吗？＝是的。

与世代没关系吗？＝没关系。

【向外村人出卖土地】外村人可以自由购买本村的土地吗？＝是的。但是本村人在卖地时会依次与同族、四邻、全体村民商量，如果其中没人买的话再卖给外村人。一般情况下，卖给外村人的价格较高。

不依次询问就卖地的人有吗？＝不可以。这样会上告到县，将土地收回。此时本村人就以相同价格买入。不对卖手罚款。

在本村有这种事例吗？＝在本村没有。离县城较远的地方有。

【乡绅】本村人中，有代代都有财产和名望、备受尊敬的人吗？＝没有。

就算没钱也被尊敬的人呢？＝有。作医生的王葆钧就是这种人。

为什么受到尊敬？＝他父亲曾是秀才。他自己也通过清末东昌府的考试考上了秀才（？）。但是不做官而是当了私塾的教师，十年前回到本村开始当医生了。

这么受尊敬的人叫什么？ ＝只叫先生或者叫秀才。没有钱，所以不叫作绅士。

有钱的绅士有吗？ ＝没有。邻村的前夏寨有两个绅士。李姓（百亩地）和柴姓（百亩地）。有钱的叫作财主。

财主要为村里垫付必要的钱吗？ ＝不会。即使村民有困难，他们也不会出钱。

怎么成为财主的？ ＝家人少，土地多。

财主给村民借钱吗？ ＝因为担心还不上，所以绝对不会借。前年凶年时也是如此。

基本上，拥有百亩以上土地的人就叫财主或者绅士吗？ ＝是的。

本村以前有过财主吗？ ＝王庆昌的祖父王耀光就是。四十年前拥有百亩以上的土地和两个眺望楼。虽然他有钱，在村中却没有势力，因为他不为村里出钱。

这个王氏怎么拥有那么多土地的？ ＝祖先传下来的。

本村人的同族里，有有势力的官僚或商人吗？ ＝没有。

【土地、自己耕作】不耕种自己的土地，而将其借给其他人的有吗？ ＝没有，都是自己耕作。只有吴氏因没有丈夫才分给他人种。

县内的大土地所有者会租佃吗？ ＝有，但少。有钱人不信任贫民，所以不会将田地交出租佃，多为自己雇农耕作。

自己耕作土地的有几户？ ＝全村所有人几乎都自己耕作。

最多的有多少？ ＝王庆昌四十亩，马士信四十亩。

一亩是多少？ ＝二百四十公步。

平均起来，拥有多少土地的人较多？ ＝二十亩左右的人最多。

一家六口人需要多少土地才能满足普通的生活？ ＝有三十亩左右足以。

本村里拥有三十亩土地的农家较少，他们怎么生活呢？ ＝去城内行商（卖水果和野菜），做篮筐当副业或者做短工补贴生活。

【农具、役畜的借用】持有必要的农具和役畜的农家有多少？ ＝四五户左右。

自耕多少土地才能买得起必要的农具和役畜呢？ ＝一百亩左右。（？）

所以，现在的持有者都是以前买的吗？ ＝是的。

役畜经常不够吗？ ＝本村很穷，所以经常不够。

两头牛一天可以耕作多少？ ＝五亩左右。

一头牛、一只驴呢？ ＝一样。

两匹马呢？ ＝七亩左右。

有家里有两头役畜的吗？ ＝没有。

没有这些必须的农具和役畜的农家怎么办？ ＝借别家的。

借进和借出的人每年都是一样的吗？ ＝不一定，关系好的就连续借进或者借出。

有几家人一起出钱买役畜的吗？ ＝没有。

有不愿出借农具的农家吗？ ＝有。

借进的人会还之以礼吗？ ＝中秋节时会送些零食或者水果。不给钱。

饲料怎么办？ ＝这个由持有者承担。借进的人也会去持有者家中做点劳动以示补偿。

对于役畜归还的日期有规定吗？ ＝没有。

【帮忙】劳力不足时怎么办？ ＝一般会雇佣短工。也会找近邻，或者借役畜和农具来协助。后者较多。

协助叫作什么？ ＝叫帮忙。

要给帮忙的人送礼吗？ ＝因为是互相帮助，所以不需要送礼。

雇短工时需要办集市吗？ ＝不用，直接去短工家里雇就好。

【生活费】一户六口人的中等农家一年的生活费是多少？ ＝一千元左右。

要有多少土地才能有一千元的收入？ ＝不做短工也不行商的话，要五十亩左右的土地。

事变以前的生活费是多少？ ＝六百元。

那时需要多少土地？ ＝有四十亩的好地就够了。

自耕一部分，再向他人借出一部分的有吗？ ＝没有。自己都不够。

耕种自己的，再借进别人一部分的呢？ ＝具体有多少不清楚，大约有十户。

没人耕作出典了的土地吗？ ＝没人耕作出典地（这里说"当地"）。

5 月 18 日

村落概况　阶级构成

应答者　吴玉衡（保长，37 岁）
　　　　马万年（甲长，51 岁）
地　点　村公所

【租佃】本村里，十亩以下的自耕农多吗？ ＝多，大概占全村的一半。

这些农家只靠耕作的话，不能满足基本生活吧？ ＝是的，因此做些小买卖或者副业。还有十多户耕作他人的土地。

借他人土地来耕作叫什么？ ＝叫租地。

本村里，租佃很少，附近村中，有租佃多的地方吗？ ＝西边四里的王庄有一个拥有二百亩地的地主王贵禄，他分种了土地。

【二八分种】租佃有哪几种？ ＝经常实行的二八分种。

二八分种是怎样的？ ＝役畜、农具、种子、土粪等都由地主拿出，租佃人只出劳力，收成按照地主八、租佃人二的比例分成。

租佃人才二成，不觉得少吗？ ＝租佃人太贫穷，没办法。

【分种】除此之外，还有什么租佃的类型？ ＝有一种叫分种。这个与二八分种不同，实行五五折半。役畜、农具、种子、土粪等都是自己的。这个只在关系亲密、能相互信任的人之间实行。

本村里，现在租佃的有谁？ ＝马万年、王金祥、吴玉庆、马延祥等。

如果成了小农的话，就想租佃他人的土地吗？ ＝想是想，但是村里土地少，不行。

为什么没人租佃外村人的土地呢？ ＝外村的很多地主有役畜和农具，多雇农自耕。

二八分种时，除了农耕地外，租佃人还去地主家里帮忙做事吗？ ＝不去。只做田里的事情，其他的无关。

除了交纳八成地租外，还交其他的东西吗？ ＝还有作物的茎。这个没有一定的比例。

【雇农】本村的自耕农中，有做短工的吗？ ＝有。长工四人，所有人都做短工。保长有时也会做短工。

有人只雇农耕种吗？ ＝没有。

长工的收入是多少？ ＝一年一百元左右。

长工的伙食呢？ ＝雇主提供。

长工的工资都用钱结算吗？ ＝有时用钱，有时用现成的食材，不一定。

长工一直住在雇主家里吗？ ＝只在新年前后回家一个星期左右。其间，如果家近的话也偶尔回去。

短工每日多少工资？ ＝现金三十钱和一些食材。

有季节雇佣吗？ ＝有，少。

有雇佣同族人的吗？ ＝有短工。

这种情况和雇佣他人不同吗？ ＝同族人的话，只管伙食不给钱。

雇邻居呢？ ＝这也是互相帮助，所以不要钱。要管伙食。

有人一边做雇农或租佃，一边存钱扩大土地吗？ ＝没有。

根据做事能力，雇农有不同的称呼吗？ ＝有。

1. 大伙计（三十一四十岁）能力最好的
2. 二伙计（年龄不定）能力次于大伙计
3. 三伙计（多不到二十岁）能力次于二伙计
4. 小伙计（孩子）能力次于三伙计

根据这些分类，报酬有什么不一样？ ＝长工的话，大伙计的报酬是一百二三十元，二伙计是五六十元，三伙计是二三十元，小伙计是十元。

短工一天工作多长时间？ ＝早上八点到傍晚七点。中午休息一个小时。

最近，本村里做短工的人增加了吗？ ＝去年起，由于生活困难，增加了。收成好的时候没那么困难。

【小店】有多少小铺？ ＝四户。卖茶、杂货的两户，卖豆腐的两户。

本钱是自己的吗？ ＝是自己的，大概十元左右吧。

茶和杂货等在哪买？ ＝从城内买。

小铺有雇工吗？ ＝没有雇工，只有家人照看。

村里人会去小铺买东西吗？ ＝不去城里的人就会去。村中有一半的人都会去小铺买东西。

在小铺买东西贵，还是在城里买贵？ ＝小铺的贵。

赊账和现金购买，哪个比较多？ ＝买者有现金时一般用现金购买，没有的话就赊账。

赊账什么时候还？＝每年有三次（正月、端午节、中秋节）可以还。

村民都可以赊账吗？＝都可以。

有收作物去卖的人吗？＝没有。

【棉花商人】有买棉花的商人吗？＝有。

本村里有几个？＝六个。王葆堂、王文庆、王金贵、李存功、李存忠、李玉亭。

这些人全年都做棉花的买卖吗？＝只在棉花出来时做。

其他的时间做什么？＝自己务农。

他们把在本村买的棉花拿去哪里卖？＝拿去县城直接卖给商人。除此之外，也把少量自家产的拿去市场上贩卖。

去县城哪个商人那里？＝不清楚。

【水果商人】本村还有人购入其他作物在村里卖吗？＝有。

什么东西？＝桑子、杏、桃、梨等。

上述水果都买哪里产的？＝西南的丰庄。

它们都拿去哪里卖？＝城内的南关市场。

不会带很多去卖吧？＝是的，就一个人能担起的量，大概五六十斤。只有穷人做。

本村里，有只做买卖的吗？＝没有。

大家都以种植为主吗？＝是的。

【木匠】有手艺人吗？＝有两三个木匠。

他们一边务农一边做工匠吗？＝是的。

木匠在哪干活？＝等着村民找他们干活。也在自家干。

在自家做什么？＝床、桌子、椅子等。

他们在哪里学习木匠的？＝大约三十年前，有个木匠从河北省南宫县（本县西边）来到本村，本村现在的木匠好像就是跟着他学的。

木匠的报酬是多少？＝每日三餐饭，再付七十钱。

外村人也找本村木匠干活吗？＝是的，不过也就邻村的前夏寨，基本上所有村都有木匠，只有前夏寨没有。

木匠在哪买树？＝城里或者附近村里。

今年村里修的眺望楼就是本村木匠做的吗？＝是的。外村的不过来干活。

木匠有徒弟吗？＝有。三个。一个本村的，两个外村的。

以前木匠从南宫县到本村来时，村里没有异议吗？＝事情很久了，也不是很清楚。因为他们住了很长时间，得到了村民的信任。

有人因为受到村民信赖就去县城办事的吗？＝没有规定谁去。相互拜托。

拜托办事时送礼吗？＝不送。

某个农民去县城办事的话，他会挨个询问周围邻居有没有事吗？＝不会。只是在路上遇到的话，就帮忙代办。

【教员】本村里有教员吗？＝王贵三是本村小学教员。

何时来本村的？＝就是本村人。在城里上过学。

来本村小学几年了？ ＝三年了。

王贵三以前，谁是老师？ ＝陈礼堂。

哪里人？ ＝武城县（恩县的西邻）人。

武城县人为什么来本村当教员？ ＝是本村秀才王葆钧先生的父亲拜托他来的。

陈校长辞去本村教员后回武城了吗？ ＝是的。

现在的王贵三回本村之前在干什么？ ＝在县城西关做老师，往返于学校和村子之间。受本村人委托就回来了。

教师的工资呢？ ＝一年一百二十元，没有伙食费。

事变前的工资如何？ ＝一百五十元左右。因为现在村里困难，所以减少了。

王先生有土地吗？ ＝有十亩左右，拜托叔父在耕种。并未拿出租佃。作为回礼，王先生给叔父供给伙食。

没有官吏和技术人员吗？ ＝没有。

对于村里很多事情，王先生会给出建议吗？ ＝办婚礼或丧事需要写字时，会去拜托他。

教师会出席保长和甲长的会议吗？ ＝不会，这不允许。

村民尊敬王先生吗？ ＝是的。

【乞丐】村里有乞丐吗？ ＝有一人。马金玉（70岁）。

怎么成乞丐的？ ＝他只有四亩沙地，无法耕作。妻子有眼疾，自己也上年纪了，生活无法维持。所以从四年前开始行乞。有个十岁左右的儿子，但是还不能做事。

行乞之前是做什么的？ ＝在天津做苦力。

做苦力没有剩下一些钱吗？ ＝是的。年老才回村。做苦力时还给村里的老母亲寄钱了。

村民会给乞丐一些东西吗？ ＝给些玉米饼（饼子），不给钱。

他会去外村乞讨吗？ ＝也去。外村也是只给些饼子或者甘薯等。

没人拜托他做事吗？ ＝没有，因为年老了。

他有自己的家吗？ ＝有两间房。

村里有贱民吗？ ＝没有。

【外出打工】去满洲务工的人做什么事？ ＝苦力较多，也有买卖人。

他们会寄钱回来吗？ ＝实行汇款管理时才会寄。现在没有。

大概寄多少钱？ ＝五六十元左右。

这些钱是寄给留在村里的家人当生活费的吗？ ＝是的。

有把钱存起来的吗？ ＝一般都用作家人的生活费，没有存款。

去满洲的人中，一直以来，买卖人的情况都要好些吗？ ＝买卖人里也有很多摆摊的，并没有太大利润。

为什么有人去西邻的武城县郑家口做篮筐？ ＝因为那里盛行做篮筐，所以本村人去那学习。

去武城的人会寄钱回来吗？ ＝一年寄约一百元。

从以前就有人去武城吗？ ＝从五年前开始有人去了。去的人都常年住在那里，现在也没回来。

以前没有去附近县城务工的吗？ ＝以前没有。只有去满洲的。

去满洲的人也长年住在满洲吗？ ＝大概十年左右。

【搬迁】本村人有搬迁至别处的吗？ ＝没有。

生活困难也不搬迁吗？ ＝是的。

为什么？ ＝多少有些土地，又有家人。

荒年时，也没人搬迁吗？ ＝从来都没有。

【无业游民】本村有无业游民吗？ ＝现在没有。以前有四五人，十年前都去哈尔滨打工了。

他们在村里时，都做什么？ ＝做生意失败了，就一直无所事事。又讨厌务农，整天只是玩。

他们赌博吗？ ＝平时不赌，做生意亏损后，马上去了满洲。

5 月 20 日

行政组织　理事者

应答者　吴玉衡（保长）
地　点　村公所

【庄长、保长】一直以来，村里的首长叫什么？ ＝现在叫保长，事变前一直叫庄长。

庄长什么开始有的？ ＝以前一直有。

现在也有用庄长这个称呼的吗？ ＝因为现在实行保甲制度，正式的称呼叫保长，但是有人也会用以前的庄长称呼保长。

不叫村长吗？ ＝村长和庄长是同一个意思，但是很少说村长。

一直以来，庄长的名氏和在职时间呢？ ＝现任保长就是我（吴玉衡）。之前王庆龙是庄长，在职一年半。再之前是王宝垣，在职八年。他之前是李侯，在职七八年。

【牌长、甲长】和庄长、保长一起商量村中很多事务的人叫什么？ ＝现在叫甲长。事变前叫牌长。

牌长从何时开始有的？ ＝清朝开始的。

牌长是按照制度设置的吗？ ＝我认为牌长的事情不是县里的命令。是村民自由选举的。

没有间邻制[1]吗？ ＝没有实行。（附记：根据县当局的说法，本县制定了间邻制，但未付出实施。）

处理村中事务的场所叫什么？ ＝保长办公处。以前叫庄长办公处。

---

〔1〕　译者注：据 1930 年 7 月公布的组织法，县的下面设区，在区里设区长，区的下面为"村""里"，设村长、里长，在村里的下面为间（25 家），并设间长，间的下面为邻（5 家），设邻长。

不叫村公所吗？　＝一般不这么说。

村里理事者的称呼是什么？　＝现在叫保长，以前叫庄长。

【联保】有联保吗？　＝六合乡镇长朱长河就是六合乡的联保主任。

六合乡里有几个村？　＝十七个村。

【副庄长】一直以来，本村就只有一个庄长吗？　＝以前只有一个，现在一个保长、一个副保长（刘长贵）。以前别的村也有副庄长。

为什么本村没有副庄长？　＝大村子有副庄长，本村太小了，所以没必要。

有管理两个以上的村的庄长吗？　＝没有，一个庄就一个庄长。

庄长不叫村正吗？　＝两个意思相同，但是不叫村正。

谁当庄长是固定了的吗？　＝没有固定一家代代世袭。

【保长的资格】吴先生是被选举出来的吗？　＝是的。

保长需要具备什么资格？　＝两个条件：人品正直；会做事。财产和识字不作为参考条件。

村里的有钱人不愿被选为村的代表者吗？　＝有这种情况。从以前就是这样。

谁也不想成为庄长吗？　＝本村中，没有人积极地想成为庄长或现在的保长。

【保长的职责】为什么？　＝工作很忙，而且处在县与村之间，责任很重。

作为保长，最麻烦的是什么事？　＝摊款的分摊征收最麻烦。

【选举】现保长选举的时候，全体村民都参加了吗？　＝今年二月，县公署的官员来到本村，集合全体村民参加了选举。

每户的一家之主都来了吗？　＝是的。

如果一家之主有事来不了呢？　＝由二十岁以上的儿子代理。

女人和小孩不行吗？　＝是的，来都不准来。

女户主呢？　＝也不准来。

选举前，村民会就候选人进行商量吗？　＝不商量。

以前选举庄长的时候呢？　＝那时也不提前商量。

以前也是全体村民一起选举吗？　＝是的。

关于候选者，村里的权威人士会私下商量吗？　＝一直没有过。

暂时居住在本村的人有选举权吗？　＝没有。

只有在本村拥有土地、负担摊款的人才有选举权吗？　＝本村人都有土地，所有都有选举权。没有土地的人就没有选举权。

据说本村的乞丐也有土地，他有选举权吗？　＝因为有土地又负担摊款，所以能参加选举。

选举时间呢？　＝今年二月。之前也有过几次。

各保长、庄长的财产如何？　＝吴玉衡（三十亩）、王庆龙（三十亩）、吴玉林（三十亩）、王保垣（五十亩）、李僕（三十亩）。

本年二月的选举，实际集合了多少人？　＝六十人左右。

不参加者都是因为什么原因？　＝不参加也行。

有没事也没来的人吗？ ＝有，不来也可以。

以前选举时怎么样？ ＝大概集合了一半村民。

事变前，庄长选举时，县里的官员也会来吗？ ＝那时也来。

选举在哪进行？ ＝村办公处的院子里。一直在那里。以前那里有学校。

选举采取什么方法？ ＝写上被选举者和自己的名字。

不会写字的人怎么办呢？ ＝今年二月时，不会写字的人就让在场的官员帮自己写。以前就让村民中识字的人代写。

没有推荐决定的吗？ ＝没有。

开箱点票前，完全不知道谁会成为保长或庄长吗？ ＝是的。

你没想到过你今年会再次当选吗？ ＝是的。

何时开箱点票？ ＝投票结束后马上点票。

由县里直接指名候选者的情况有吗？ ＝没有。

点票结果呢？ ＝我自己五十票。其他的十多票是投给副保长刘先生的。

规定票数最多的人是保长，票数第二的是副保长吗？ ＝是的。

被选上的人可以拒绝就任吗？ ＝如果本人重病的话，可以向县里申请解任。得到许可后才可拒绝就任。其他的理由都不行。

本村里有拒绝就任的吗？ ＝没有。

选举结果向哪报告？ ＝一直以来，作为选举监督人员，县、区、镇都会各派一人出席选举，所以当场宣布结果，不用再报告。

庄长的任命书由县里颁发吗？ ＝县里发来委任状。以前一直是委任状。（吴玉恒同吴玉衡）

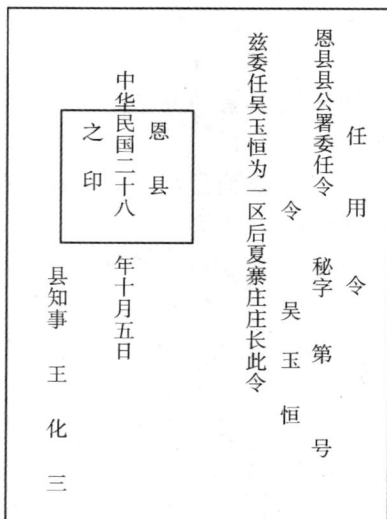

恩县县公署委任令

任　用　令

令　秘字　第　号

兹委任吴玉恒为一区后夏寨庄庄长此令

吴玉恒

中华民国二十八年十月五日

恩县之印

县知事　王化三

【任期、辞职】庄长有任期吗？　＝从来没有任期。

保长有任期吗？　＝年年都会选举保长。

实际中，任期较短的保长是因为什么原因？　＝生病、做坏事、外出等理由。

因生病辞职的人有谁？　＝不清楚。

还有其他理由吗？　＝王庆龙是因为工作做得不好，村民开会自发辞掉了他。王文庆是因为做买卖忙不过来。吴玉林是因为年老。王保垣是因为生病。

如果庄长想辞职，要向何处申请？　＝要向区公所和县公安局两个地方提交辞职书。

会允许吗？　＝会。

如前所述，村民想解雇做不好工作的庄长时，要怎么做？　＝村代表拿着村民的联名呈文去区和县。但是本村没做过这种事。

庄长要辞职的话，直接向县提交申请，不需要和村民商量吗？　＝因为县里马上有官员来选定继任的庄长，所以没问题。

庄长和保长不需要保证人吗？　＝不需要。

有不问村民意见就直接辞退庄长的情况吗？　＝事变前和事变后都在别村发生过，但是本村没有。

那是因为庄长或保长做错事了吗？　＝是的。

【报酬】庄长有报酬吗？　＝什么都没有。

以前呢？　＝也没有。

保长或庄长因村中事务要去县公署等时，也得不到津贴吗？　＝是的。

为村民办事，会得到他们的回礼吗？　＝没有。只是村民会给特别有功的庄长出钱。但是这在附近村里是没有的。

庄长负责土地买卖之后的过户工作吗？　＝不负责，那是派书的工作。

庄长或保长的工作中，会有些杂收入吗？　＝没有。

那么，长时间当保长的话，生活上不会有困难吗？　＝当保长的人都是能过好自家生活的，所以没问题。

【职务】保长有哪些工作？

一、收取田赋、县摊款等提交至县里；

二、商量并决议村中相关事务；

三、职务分配；

四、和学校管理人（马万风）一起管理学校事务；

五、户口调查；

六、植树、修路；

七、村里的警备工作（保甲自卫团的指挥）；

八、宗庙祭祀的司仪（真武庙，三月三日举行）；

九、村内的纷争制裁；

十、接待（招待）工作。

保长负责收取村里全部的税金吗？　＝是的。

不管什么税，保长都有责任收取吗？＝田赋及其摊款等所有都要收取。

村里某人无论如何也交不出税怎么办？＝没办法，只能推迟。

谁向县里申请推迟？＝保长代替本人去。就算推迟，也必须在来年阴历四月三十日之前上交。

到了那时还是没钱怎么办？＝由保长垫付，到秋天再让那人还。

收取利息吗？＝不收取。

听说你昨天向县里交税了，有帮人垫付吗？＝昨天是四月五日，有延迟至四月三十日的，所以没有垫付。

去年，到四月三十日为止，全部交齐了吗？＝是的。

县里委任你做的工作多吗？＝多。

比事变前多吗？＝多很多。

对区和镇里，你要做什么工作？＝要按照区、镇、庄的顺序，依次传达县里的指令和分配摊款。

谁去联络区和镇？＝庄长（保长）自己，但是有时也由地方代理。

催促延迟的税款也按以上的顺序吗？＝那个由县财务署直接来办。

只属于本村的工作有哪些呢？＝修庙、祭祀、控井（挖井）、义坡[1]、管理学校、仲裁等。

除了保长以外，你还有别的职称吗？＝没有。

【权限】保长可以单独决定什么事情？＝任何事都不能独断。保长会和甲长商量。然后甲长再和一甲的人商量。

钱的每笔收支要商量吗？＝是的。特别是钱的事，一定要商量。

对于保长经过这样商量之后决定的事情，本村民还反对吗？＝绝对不会了。

庄长、牌长怎么做？＝还是和刚才的一样，庄长先和牌长商量，牌长再和各牌的人商量。

全体村民聚在一起商量吗？＝如果是非常重大的事情，会击鼓召集村民开会。但是基本没有那种事。

以前，庄长有擅自处理过事情吗？＝没有。

村中修建设施或者举行仪式的时候，庄长都是指挥者吗？＝是的。任何时候都是指挥中心。

怎么指挥呢？＝事前分配每个人的工作及实施整体，统制所有人的任务。

村民婚丧嫁娶时，保长要做什么？＝那时，就算不是同族人，保长也要去帮忙。

像长老一样去村民家吗？＝并非是长老，只是去给村民帮忙。

村民不遵从保长指令时，会给以处罚吗？＝不能随意处罚。要向县里申诉后请求处罚。

---

[1] 译者注：义坡，或同看青类似，农民不聘请看青夫而是亲自守护庄家的机制。另有"公看义坡"一说。

什么时候会向县里申诉？＝不交税，不同意修路，或者勾通匪贼的人。

如果因为村内事务，保长受到村民反对，保长可以将反对的村民告到县里吗？＝不可以。

5 月 21 日

行政组织　理事者

应答者　马凤翔（甲长）
地　点　村公所

【保长的报酬】保长没有政府的报酬吗？＝没有。

以前的庄长也没有吗？＝以前也没有。

从以前就是名誉职位吗？＝是的。

村民会给繁忙的庄长或保长一些礼物吗？＝没有。

就算不用钱回报，有些别的报酬吗？＝帮忙土地买卖或者做分家证明人时，对方私下会给肉（二三斤）或者零食作为谢礼，但是村里不会另发物品。

职位相应的额外报酬也没有吗？＝保长和甲长开会时，会供饭。这也不算额外报酬。

那是用村里的钱开支的吗？＝是的。

平均每月几次？＝二三回左右。

吃的什么？＝就馒头和肉，不喝酒。

你说保长或庄长会帮忙土地买卖，怎么帮呢？＝做双方的中介人。

分家时怎么帮呢？＝那时，他们会和分家当事人及其同族商量，尽量让分家顺利进行。

以前的庄长也插手土地买卖和分家的事吗？＝是的。不仅是现在的保长。

那些时候，必须要庄长做中介或者证明人吗？＝分家时，必须要庄长或者族长在场。但是土地买卖时，庄长只是个临时介绍人，卖契上并不需要他的签名。

以上情况，当事人会送钱当谢礼吗？＝本村的习惯是送相当于土地买卖价格二成的物品当谢礼。其他村里，也有送钱的。

除了这些，保长还有别的收入吗？＝没有。

现保长在生活上有困难吗？＝因为有土地，所以自己能够维持生活。困难的时候也做短工。

保长不是有钱人吗？＝不是，在村里属于一般水平。

保长的同族里，有谁比较富裕吗？＝没有。他的哥哥还没分家，是瓦匠，在附近村干活。

【职务权限】所有事情保长都会和甲长商量后再决定吗？＝与钱相关的事情都会和甲长商量，其他事不用，比如职务分配，保长可以自己决定。（这点和保长昨天说的不一致）

对于保长自己决定的事情，村民会反对吗？＝不会。

为什么？＝一般都是公平处理的。

职务分配是以什么为标准进行的？＝以村民持有土地的多少为标准。

有写明职务分配的东西？＝没有。因为不是长期不变的，所以没必要写。

对于保长擅自做的决定，村民会反对吗？＝从以前到现在都没有过。

保长有责任收齐村里所有的税吗？＝是的。

如果有人交不出税怎么办？＝保长上告县里，请求县里对其进行处罚。

本村有那样的事吗？＝去年马士达滞纳税款，保长上告到县里了。县里来人调查了，但是马士达不能立即上交税款，所以稍微延迟缴纳的。

还有其他的事例吗？＝乞丐老人马金玉去年也滞纳了。

谁为滞纳者垫付？＝经常是保长或庄长垫付。

那是怀着怎样的心情垫付的？＝同情。

这个钱必须要还吧？＝也有实在还不了的。

垫付的钱会收利息吗？＝不收。

不还的话，村民会责难吗？＝因为穷，也没办法。

村民婚丧嫁娶时，保长参加吗？＝不管是谁，保长都要参加并帮忙。

帮助做什么？＝写字、买东西，商量一切事情。

村民会听取保长的意见吗？＝会。

保长可以处罚村民吗？＝小事的话，会打一顿。怎么也不听的话，就上告县里请求县里处罚。

这时会怎样？＝保长上告县里，县警察带当事人到警察署进行询问。

本村有这样的事吗？＝没有。

附近村呢？＝不清楚。

【村代表】保长会代表村子去和别村交涉商谈事情吗？＝会。

什么情况下会去？＝祈雨、防范土匪、修路等。

和别村发生争执时，保长也代表本村吗？＝村之间从来没有过对立关系。

县里的命令都是通过保长下达到村里的吗？＝全部都是。先传达到保长，保长经过甲长传达给甲内的人。

向县和区陈情汇报时，谁代表村子去？＝县的话，由保长直接去，区公所的话，一般就由地方代理保长去。

村民可以不经保长允许直接去县里陈情吗？＝这是不允许的。

如果村民想辞掉保长，谁代表村子去陈情？＝这时的村民代表不确定。但是像本村的话，就会让王葆钧那种有学问、有名望的人做临时代表。

县里承认临时代表吗？＝因为呈文中有村民的联名签名，所以会承认。

前庄长王庆龙被辞退时，谁做了村民代表？＝那时没有村民代表去。因为村民对他已经有了很多不满，他感到没有能力再胜任，就自发向县里申请了辞职。

本村民和外村民发生纷争时，谁仲裁？＝一般就找一个合适的人。如果严重的话，各村保长会出来仲裁。

有那种事例吗？＝本村没有。

别村呢？＝据说在本村西边的西堤下附近（县西较低的地方），由于运河发洪水，使个人所有地的界线变得不清楚了，就发生了土地纷争，这时是由相关的庄长仲裁解决的。

庄长对外部做的决定，村民会反对吗？＝如果这个决定伤害到村民的利益，就会反对。

结果如何？＝决定了的事情不会再改变，利益受损的个人会向县里申告。

这种事在哪发生过？＝还是在西堤下地方的某个村，事变前曾有人向县里申诉过，以此解决。事变后没有这种事。

【保长的辅助者】有协助保长工作的人吗？＝有副保长（一人）、甲长（十三人）、地方（一人）、学校管理员（一人）。

还有从事村中公共事务的人吗？＝有一个看道的人。

【看道的】看道是个什么工作？＝去年，前夏寨、后夏寨、孙庄、铁匠庄、朱匠、石庄、于管庄、芦管庄那个村形成了爱护村，就设置了看道一职。现在只雇了吴玉纲一人。他是本村保长的哥哥，常住本村。

看道的工资呢？＝每月十五元。

工资从爱护村发吗？＝是的。

爱护村的事务所在哪？＝在前夏寨办公所。

爱护村的村长是谁？＝由前夏寨保长王长明兼任。

爱护村的费用如何收集？＝相关各村每月按地亩上交。

去年，一亩地交多少？＝大约一亩一元。

很高，用在什么地方？＝每月在前夏寨开一次爱护村联合会议。那时的接待费很高。

看道要做什么？＝每月去爱护村的区域内巡视一次，如果有破损，马上向前夏寨的保长报告。小破损的话，就自己处理。

道路的修理由爱护村负担吗？＝是的。修理是摊派[1]或兼职。没有异议。

现在的看道是谁任命的？＝爱护村村长。

【副保长】副保长的工作是什么？＝协助保长。经常和保长一起商量事情。

【甲长】甲长的工作呢？＝摊派时，去收齐每甲十户的钱。一般就和保长一起商量村里的事情。

有责任收齐一甲的摊派吗？＝必须由甲长收取。

【地方】地方是什么工作？＝接受保长的命令后联络甲长。不用向村里每家每户去传达。

【学校管理员】学校管理员是谁？＝马万峰。

何时开始担任的？＝去年。

工作是什么？＝修理学校、购买必需品，教师辞职时选定继任者等。

---

〔1〕　译者注：按比例分配，由众人或各方面分担，一般不是自愿的，有强制行为。

这是由谁决定的？ ＝本村保长任命的。

学校费用从哪儿来？ ＝村里摊派。

教师工资呢？ ＝几乎都是儿童每月交的学费。另外，县里给每年四十元的补助。

【首事、牌长、乡保】以前有现在没有的辅助职位有吗？ ＝以前有首事（相当于副保长）一人、牌长（相当于甲长）三人、乡保（相当于地方）一人。

以前的辅助职位和现在的有哪些不同？ ＝和现在一样。

首事、牌长、乡保以前就有吗？ ＝是的。清朝起就有。

以前的首事和庄长相比，首事更有权威吗？ ＝没有。都不是很有钱的人。

以前一牌的户数是固定的吗？ ＝不固定。

牌怎么决定？ ＝牌的区域并不是通过地域决定的，每户选择进入喜欢的牌长所在的牌。因此每牌户数不一，地域上也相互交错着。（附记：关于这点，应答者的言论很难相信）

牌长做什么事情？ ＝协助庄长管理每牌的摊派。

乡保之前是做什么的？ ＝相当于村警察。有犯人了就带去县里。不用像现在这样传达和联络村中事务。但是会干涉庄长的任命。（这点并不明确）

乡保存在到什么时候？ ＝事变之前。

之前是谁？ ＝现保长吴玉衡。

事变前的牌长是谁？ ＝马万同、王有得、张鸿禄三人。

这三个人经济上富裕吗？ ＝以前还行，现在没什么土地。

牌长也是固定一家代代世袭吗？ ＝不是，但是也有父子相继担任的。一般都是有名望、经济上较富足的人。

学校管理员是什么时候开始有的？ ＝开办学校时就有了。（大概三十年前）

以上这些辅助职位都是由庄长自由任命吗？ ＝不能自由任命。

牌长怎么决定的？ ＝由各牌一家之主选举产生。

庄长不能罢免牌长吗？ ＝如果牌长做了不适当的事情，可以自由将其免职。之后马上选举继任的牌长。

村民可以根据自己的喜好自由更换牌吗？ ＝不可以。

那么牌的户数是怎么决定的？ ＝不清楚。

事变前的三牌户数是多少？ ＝记不清楚了。

首事由谁任命？ ＝由村民选举。选举庄长时，票数排名第二的就成为首事。

这些辅助者有村里的权威人士推荐的吗？ ＝没有。

没有世袭吗？ ＝没有。

选举怎么实行？ ＝投票。

辅助者的工资呢？ ＝牌长、甲长、首事都没有。乡保没有钱，但是前后两夏寨一年共同给他五百斤左右的谷子。

现在地方的工资是多少？ ＝我的每月二元，及一年三百斤谷子。

像以前的乡保一样，也从前后两夏寨获得吗？ ＝我的只从本村获得。和前夏寨没关系。

乡保平时做什么？＝平时只是务农。

以上的辅助者必须要得到县的认可吗？＝除副保长以外，其余的不用。

5 月 22 日

行政概况　理事者　协议　会

应答者　马凤翔（地方）

地　点　村公所

【庄长、保长的不正当行为】一直以来，庄长和保长有过职务上的过失吗？＝没有。

附近的村呢？＝距离本村西五里的高庄的保长由于金钱上的不当行为被免职了。

邻村前夏寨呢？＝没有过失或不当行为。

一般，过失或不当行为少吗？还是偶尔有？＝少。

如果保长或庄长有不当行为，怎么办？＝村民会开会，村民代表会申告至县公署。

那时县会怎么做？＝县会查明情况后给以适当处罚。

怎么查明情况？＝命令警察或区公所秘密进行调查。

在村民申告前就被县免职的有吗？＝没有。

有监督保长行为的制度吗？＝镇长和区长监督保长。除此之外没有了。

保长如何对自己的不当行为负责？＝如果被免职的话，还会罚款。

保长或庄长的辅助者发生不当行为时呢？＝保长可以将其罢免，有时也会罚款。

到目前为止有过那样的事吗？＝没有。

【同族和庄长】本村同族中，拥有最多土地的是什么姓？＝王姓。

为什么很多庄长都是王姓？＝事变前，很多庄长都是王姓，因为他们人格高尚、有声望。

王姓人推荐过庄长吗？＝没有。

一般庄长都是出自本村附近最有权威的同族，这是惯常的现象吗？＝没那回事，当庄长的还是人格高尚、有声望的人。

村内开会时，会推荐庄长当会议指导者吗？＝不会。

庄长就算不是同族推荐的，做事时也会有意为同族人考虑吗？＝一般都是。

村民对这种情况没有不满吗？＝一定程度上是有的，但是也没办法。如果做得太过分，也会有不满。

什么情况最容易发生偏袒？＝职务分配及村里摊款的时候。

本村有这样的事例吗？＝没有。

【庄长、保长的社会地位】村民办婚礼或丧礼时会邀请保长（或庄长）吗？＝一般情况下，并非一定要请。但是，按照惯例，保长是要参加葬礼的。贫民希望保长可以参加。

婚礼上，保长和庄长会被安排在好的席位吗？ ＝和有学问的人一样，都安排在最好的席位。

无论是怎样的保长和庄长都会受到一样的待遇吗？ ＝是的。

村民尊敬保长吗？ ＝是的。因为尊敬，所以喜欢他们参加。

保长和庄长会调停家庭内部的纷争吗？ ＝会。

主要是什么场合？ ＝分家时容易起纷争。那时保长就会调停。

那样的事一年中大概有几次？ ＝不确定。

通过保长的调停，家庭纷争大概都能解决吗？ ＝是的。

为什么只要保长和庄长调停，事情就能解决呢？ ＝因为如果把事情闹大申诉到县里的话，就会花很多钱。就算不服保长的调停，也会按照他的指示来解决问题。

村民会私下与保长和庄长商量事情吗？ ＝生活难以维持时会商量。

本村的老人乞丐也会跟保长商量生活的事情吗？ ＝是的。商量时保长会给他一些食物。

还有和保长商量其他事的吗？ ＝拜托保长写信，或者商量土地买卖的事。

写信时，只拜托保长吗？ ＝不是，本村还有其他会写字的人，所以不光只拜托保长。

保长知道村里所有家庭的情况吗？ ＝是的。

作为保长，没有什么特别的利益吗？ ＝没有，没有个人利益。

【办公场所】现在的办公场所是什么时候建成的？ ＝今年正月。

以前呢？ ＝保长或者庄长的家里。以前一直在庄长家里办公。

为什么建了现在的办公所？ ＝县里的命令。

现在的办公所以前是什么？ ＝因为在小学校内，所以以前是教师的寝室。

所以以前就是村里的房子吧？ ＝是的。

保长现在不是也在自己家里办公吗？ ＝也不是。主要还是在办公所，有时在家里。

文件放在哪里？ ＝放在办公所。有时看情况也会带回家。

办公费用从哪来？ ＝村里摊派。笔钱和纸钱等就是这样的。

【商议】和保长一起商议村中事务的人是谁？ ＝副保长和甲长。

以前呢？ ＝以前首事和牌长一起协助庄长。

只在牌里举行的会议有吗？ ＝没有。

甲里的会议呢？ ＝没有。

甲里的人有什么要求时怎么做？ ＝直接告诉甲长，甲长传达给保长。

前几天县里命令挖井，针对此事开会时，谁参加了？ ＝只有保长、副保长、甲长。

商量了什么事情？ ＝职务分配及县里官员的接待费等。

挖井的任务怎么决定？ ＝只要用井的家里的人出力就好。与此无关的不用管。

家里没有合适的男子怎么办？ ＝必须要出人。有的户主不在家时，就由满十岁的孩子去帮忙。他们抱怨很累，这很麻烦。

为什么村里全体人出力？ ＝用井的就只有周围二十多亩土地，除此之外的土地所有人与此无关。

挖多少？ ＝首先挖三口井。

村里的会议叫什么？ ＝商议事。

商议事经常有吗？ ＝不一定。

有定期会议吗？ ＝没有。

开完会后吃饭吗？ ＝一般都是晚饭后进行，所以不吃饭。但是有时也吃。（附记：看了村里的流水账后，发现每月保甲长的会议都花了二十多元。这个应该也包含伙食费，而且先前马凤翔说的也证实了这一点）

除了以上说的商议事务，还有别的会议吗？ ＝没有会议。

本村行商的人多吗，这些人会集会吗？ ＝没有。

【社、会】除了商量事情集合在一起外，还有其他的会吗？ ＝有。有"宗祖会""三三社""阎王会"等。

社和会是一个意思吗？ ＝是的，就说社或者会。

【宗祖会】宗祖会什么时候集会？ ＝正月初二。

做什么？ ＝同族人聚在一起去老坟扫墓。

【三三社】三三社呢？ ＝三月三日聚集在本村真武庙祭祀。

本村民全部都去吗？ ＝所有男人和已婚妇人几乎都去。

聚在一起干什么？ ＝只叩头。

不演戏吗？ ＝民国十五年前演。

演戏是从何处请来的？ ＝雇来从济南来恩县务工的戏班子。

民国十五年左右，雇一天戏班子大概需要多少钱？ ＝二百元左右。

这个费用由村里摊派吗？ ＝是的，只需本村摊派。

以前，其他村的人也会来真武庙祭祀吗？ ＝是的。

他们出钱吗？ ＝不出。

叩头时，谁指挥？ ＝庄长。

【阎王会】其他祭祀的集会呢？ ＝三月二十八日，村民会去位于村东南十六里的津期店的天齐庙朝拜。

这时有负责人吗？ ＝马凤岐、吴玉庆、马起三人。

这个叫什么？ ＝阎王会。

那里有阎王的像吗？ ＝有。

有什么意义吗？ ＝祈求健康。

以前就有阎王会吗？ ＝是的。

其他村也有吗？ ＝有。

天齐庙的祭祀时，会开集市吗？ ＝会，很热闹。

这时的负责人是怎么定的？ ＝想做的人自己申请。他们提供一天自己的大车。

参加者不需要交钱吗？ ＝不需要。

没有各村一起举办阎王会的吗？ ＝没有。

只有青年人参加的集会有吗？ ＝没有。

只有女人呢？ ＝没有。

老年人呢？ ＝没有。

【会议】商量村中事务时，会议发起者是谁？ ＝现在是保长，以前是庄长。

甲长参加所有的会议吗？ ＝是的。

一般村民不能参加会议吗？ ＝可以参加，但是只能听。

一般村民不能发表意见吗 ＝如果是跟自己相关的事情，也可以发表意见。

甲长的代理者也可以出席吗？ ＝甲长有事时，他的儿子参加也行，或者同甲的人代理参加也可。

5 月 23 日

治安维持　义坡

应答者　马万年（甲长）

地　点　县公署

【治安状况】一直以来，村里的治安状况如何？ ＝事变前普遍较好。

民国十年左右，没有什么异常情况吗？ ＝当时，张宗昌的兵来到本村，村民因恐慌逃到城内去了。

之后没有过匪贼的袭击吗？ ＝本村没有，县南方收割时曾经有少数匪贼横行。

张宗昌的兵来的时候，造成损失了吗？ ＝因为到的是西二十里的地方，所以对本村没有造成直接的损失。

前几天，据保长说，民国七年左右，土匪顾德林来过，这和以上的情况有什么区别？ ＝我不记得是张宗昌的兵还是顾德林了。但是那种事只有过一次。

县里有命令设置维持治安的组织吗？ ＝现在设置了保甲自卫团。

【红枪会】以前呢？ ＝没有县里设置的，但是为了自卫，曾经有过红枪会。

【联庄会】县志上出现了联庄会，本村里没有吗？ ＝我认为这和红枪会是一样的，没有专门叫联庄会的。

别村也没有联庄会吗？ ＝没有。

【保甲自卫团】现在的保甲自卫团是何时有的？ ＝去年三月左右。

设置保甲自卫团时，县里官员来过吗？ ＝区公所的来过。

保甲自卫团分为常备和预备吗？ ＝本村没有那么分。

规矩是怎么定的？ ＝县里决定的。

本村的团长是谁？ ＝保长就是团长，甲长是班长。

什么样的人可以成为团员？ ＝十八岁至四十五岁的男子。

现在有几人？ ＝不清楚。

有团员训练吗？ ＝有。

十八岁至四十五岁的人全部作为团员要接受训练吗？＝到目前为止没有训练，二十四日起在郭杨庄镇公所开始训练。预计有三十人参加。

训练每天进行吗？＝每隔一天进行。不知道进行到何时。

保长不去县里训练吗？＝接受过训练，但那是新民会的训练，并非为了保甲的训练。

明天去的三十人是怎么决定的？＝明天要挖井，所以就从与挖井无关的人中选了三十人。

自卫团有报酬吗？＝没有。

去训练时呢？＝没有。

团长都是固定由保长来担任吗？＝是的。

训练时，佩戴什么武器？＝红枪和青龙刀。

现在谁是红枪会的中心？＝红枪会会员。

村里一直都有红枪和刀吗？＝事变前就有了。

自卫团有出动过吗？＝没有。

自卫团的费用呢？＝没有出动过，所以不需要。

【红枪会】你觉得有保甲自卫团更好吗？＝村里几乎不谈及保甲自卫团，大家都说红枪会。

有职业的自卫团吗？＝没有。

非县里命令成立的自卫组织有吗？＝只有红枪会。

【眺望楼】为了维持治安，有哪些设备？＝有三个眺望楼和一个鼓。

眺望楼是谁做的？＝都是个人的东西。王庆昌、王吉昌和马士信的东西。

眺望楼何时有的？＝王庆昌的是事变二三年前建的。当时那家有九十亩左右，所以是为了保卫自家修建的。

马士信的呢？＝民国二十三年左右建的。

修建眺望楼大概需要多少钱？＝八十元到一百元。

眺望楼只是个人修建的吗？＝钱由修建的人负担，但是村民会去帮忙。修建人负责施工人的伙食。

大约多少天能完成？＝每天二十多人的话，二十天左右完成。今年修建的王吉昌的眺望楼比较小，所以三天就好了。

村民是受托去帮忙的吗？＝是的。

受近邻人所托吗？＝全村人都会去帮忙，但是主要是关系好的人。

修眺望楼等时，村民都很愿意去帮忙吗？＝是的。因为是在农闲时修建，所以会去。

别村的眺望楼也是同村人帮忙吗？＝是的。

高度呢？＝王吉昌的是二十五尺。其他的稍微高点。

有必要的时候，村里的权威者也可以登上眺望楼吗？＝只有他们自己家的人才能上去，别人绝对不可以。因为狭窄，也不能上去太多人。

【帮忙】眺望楼又不为村里所用，为什么村民要去帮忙？＝并不是因为是眺望楼才去的，村里有帮忙的习惯。

什么时候帮忙？ ＝耕作、建筑、婚丧等时。

主要还是帮亲友的忙吗？ ＝修建时全体村民都会帮忙。婚丧时，只是跟当事人交好的会去。耕作时，正好有空的话就会帮亲友或者平时借用农具和役畜的人。

【鼓】村里的鼓什么时候用过？ ＝四年前。王文庆当庄长的时候。

在哪做的？ ＝平原县做的。

为了什么做的？ ＝祭祀、新年、匪贼袭击时会击鼓。二支里远的地方也能听到。因为匪贼袭击时，外村人听到鼓声也会来帮忙。

别村也有鼓吗？ ＝有。

与别村同时做的吗？ ＝不是，分开做的。

鼓大概花了多少钱？ ＝二十元左右。

鼓平时不击打吗？ ＝村民们约定平时不击打。

遇到偷作物的贼时呢？ ＝不打。

【看青】看青从以前就有吗？ ＝现在没有。很久以前才有。

【公看义坡】村里各个要处都写着"公看义坡"，是什么意思？ ＝为了给外村人看的，告诉他们本村在实行公看义坡，禁止羊或家禽进入耕地，另外预防偷盗。

看青和义坡有什么不同？ ＝看青是雇人照管作物，义坡是村民义务照管。

本村附近哪个比较多？ ＝几乎都是义坡。

义坡从以前就有吗？ ＝我还是孩子的时候，即三十多年前就有了。

义坡只在一个村里实行吗？ ＝只有本村一村在实行，附近村子都是各自实行的。

义坡只照管本村人的土地吗？ ＝是的。

照管本村人所有的土地吗？ ＝稍微远一点的也会照管到。

义坡实行多长时间？ ＝阴历五月上旬到八月下旬。

每月都有吗？ ＝并非每月。

每天负责公看义坡的人是固定的吗？ ＝不固定。

整个义坡有负责人吗？ ＝没有。

忙的时候不能巡视吗？ ＝不能。

那么，作物会被盗吗？ ＝不会。

有几个村民一起照管的吗？ ＝没有。每个人都要分开照管自己的田地。

那么可以随意巡视自己的土地？ ＝是的，照管好自己的土地，同时也注意别人家的。

公看义坡时如果发现破坏土地者怎么办？ ＝抓起来，但是不会处罚。只是说教一番。

会让他赔偿作物损失吗？ ＝不会。

这样的话，那盗贼会变多吧？ ＝不会。

有个人雇佣看青的吗？ ＝没有。

没有青苗会吗？ ＝没有。

以前也没有吗？ ＝没有。

与义坡有关的规定有吗？ ＝没有。

收割时，村里有特别雇人照管作物的吗？ ＝一收割就马上弄回家了，所以没必要。

那么由于有了义坡，就完全不需要钱了？　＝是的。

叫义坡，有什么特别的事情吗？　＝没有。每个人都自愿实行。

【打更】村里有夜警吗？　＝每晚都有。

叫什么？　＝打更。

一年中每晚都有吗？　＝是的。

从以前就是这样吗？　＝是的。

现在一晚几个人？　＝三十人。九点到十二点十五个人，十二点到五点十五个人，像这样轮流值日。

事变前是几个人？　＝十人左右。

有什么工具？　＝红枪和小钟。

怎么打更？　＝交替不断地在村内巡视，不会停在一个地方。

怎么决定每天打更的人？　＝所有地每十亩出一个人。

十亩以下的不用吗？　＝不用。

二十亩就出二人是吗？　＝是的。

三十亩以上就出三人吗？　＝是的。往上每增加十亩就加一人。

有记载这种分配的账簿吗？　＝有。

叫什么？　＝轮流值日簿。

每天各甲出的人的比例是多少？

第一甲二人　　第二甲二人

第三甲三人　　第四甲三人

第五甲二人　　第六甲二人

第七甲四人　　第八甲二人

第九甲二人　　第十甲一人

第十一甲一人　　第十二甲二人

第十三甲一人

计　一晚　二十七人

打更的人叫什么？　＝叫打更的或者博夫。

有津贴吗？　＝伙食和其他的都要自办。

如果当班的人正好有事怎么办？　＝那时跟甲长说明情况后，不去也行。

不去的话要出钱吗？　＝没必要。

打更时发现可疑的人怎么办？　＝特别可疑的话，就带去办公所。

每晚打更的在哪集合？　＝办公所（村公所）集合。

换班后在哪休息？　＝还是办公所。

村里有关于打更的规定吗？　＝有，写在打更的轮流值日簿上。

能给我看看吗？　＝（轮流值日簿由地方马凤翔保管，我们看见上面记载着二百零八个名字，后面还附记着如下规章。）

博夫的规章

博夫的规章、每到值日不到时、罚洋一元、以作煤油之费、如夜间镇公所来查验、不到、立刻罚洋二元、大家如悉、无论亲后、一律实行、照章办理、概不宽恕、切切此告

后夏寨办公所具

民国三十年十月

以前有关于打更的规定吗？＝没有以前的。

以上规章是谁做的？＝现保长和甲长等商量后决定的。

打更的人知道自己的顺序吗？＝地方每日会通知。

有到了自己的班又不来的情况吗？＝地方会通知，所以没有不来的。

以上规章写到，镇公所查验时不到者要重罚，是为什么？＝因为那个时候必须要好好打更。

去年以来，有因为违反以上规章而被收取罚款的吗？＝有两人。

是谁？＝不能说。

为什么被罚款？＝叫了但是没来。

谁收了罚款？＝保长。

立即交了罚款吗？＝立即交了。

和别村打更的有联络吗？＝没有。

需要联络时怎么办？＝敲击鼓告急。

每十亩出一人是按什么基准决定的？＝以办公所的地亩册为基础计算。

和租佃地的面积有关系吗？＝没有。地亩册上只有所有地。

打更的人年龄上有限制吗？＝老人可以不去。一般年轻人都要去。

拥有十亩地以上的家里没有年轻人怎么办？＝找人代替。

打更的人中，很多都是保甲自卫团的吗？＝大部分是。

治安受到特别担心时怎么办？＝增加博夫，好好保卫村庄。

5 月 26 日

共同关系　社与会

应答者　吴玉林（63 岁）

地　点　吴玉林家

【木匠的徒弟】你以前是做什么的？＝16 岁到 53 岁都是干木匠（木工）的。

在哪学习的木工？＝在县城南十五里的允官屯。

师傅叫什么？＝闵照财。

在那待了几年？ =16 岁后的二十一年间都在师傅那。师傅死后，我就回本村继续做木工。

到师傅那当弟子时，约定的是几年？ = 期限为三年。

这三年间，学艺中的人叫什么？ = 徒弟或者学徒。

徒弟期间，能得钱吗？ = 三年共得二十吊（七八十元）。

【满徒】学徒期结束后叫什么？ = 满徒。

满徒的收入呢？ = 师傅给日薪七十钱，并供伙食。

成为满徒后，有没有约定还必须要在师傅那待多久？ = 没有。

一般留在师傅那的多吗？ = 不一定。马上离开的也有。

你教过徒弟吗？ = 没有。

回本村后都是一个人干活吗？ = 不止一个人。和同门弟子约十人一起在附近村子干活。

【师兄弟】同门弟子叫什么？ = 师兄弟。

这附近有你的师兄弟吗？ = 以前有。

和师兄弟很亲吗？ = 是的。

你独立以后，每年收入大概多少？ = 约二百元以上。

那和在师傅那时没什么变化吧？ = 比当时好一点。

除了木工外，还务农吗？ = 自己的孩子务农。

木工要做些什么？ = 修建房屋，制作桌子、椅子和棺材等。

材料在哪买？ = 主要在城内买。或者砍伐自己的树。

当时，本村里除了你以外，还有别的木工吗？ = 我做的时候没别人了，我不做以后，有一人开始做了。

【老乡亲】本村人也找你干活吗？ = 是的。

给本村人干活收的钱和给外村人干活收的一样吗？ = 不，本村人的话不收工钱。因为是互相帮助。如果我修房子，本村有空的人都会来帮忙的。

这种互相帮助的情况叫什么？ = 老乡亲。

老乡亲是什么意思？ = 这是同村人间的亲密感。

老乡亲还体现在什么事情上？ = 借牛或农具时，忙时需要帮忙时。

共同修井也是老乡亲的体现吗？ = 是的，但是那个时候只是有空者会去。

【信仰、庙】本村人的信仰主要是什么？ = 佛教和道教。

在家会供奉什么吗？ = 各家在进门处供奉天地神。

佛教祭拜什么？ = 信仰南海大师。

有庙吗？ = 本村没有，县城南关有。

南关庙里有庙会吗？ = 没有大的庙会。

读什么经文？ = 龙王真经和节王真经。

本村有什么庙？ = 龙王庙、土地庙、白衣庙、真武庙四个。

都是以前就有的吗？ = 真武庙稍微新点。

什么时候建的？ = 民国十年左右。

大概花了多少钱？ = 记不清楚了，我认为按照现在的物价，大概千元左右。

现在的庙都比较荒废了，为什么？＝事变前，因为政府的命令，被严重损毁了。

以上的一千元是摊派的吗？＝是的。

别村捐款了吗？＝有一点。

别村建庙时，本村也捐款吗？＝经常有这种事。（附记：查看村里流水账后发现，民国二十九年年末，金店捐款大洋五元，这是同村修庙时的捐款。）

【乡社[1]】有本村人加入的会吗？＝叫乡社。

这是出于什么目的的社？＝村民祭祀泰山老母和祈求家庭平安的。

别村也有乡社吗？＝附近村基本都有。

本村有泰山老母的像吗？＝本村没有固定的像和庙。只祭拜泰山老母的画像。

在哪祭拜？＝每月七日聚集在社头[2]马士超那里，马士超虽然死了，还是聚集在他家。

去年呢？＝还是聚在他家。

聚集在他家几年了？＝持续有十年左右了。

为什么十年都在马士超的家里持续乡社呢？＝因为他家大，而且他人格高尚。

【社友】大概多少人聚集在乡社？＝只有社友。

社友现在大概有多少人？＝五十户（附记：实际如后所述，社友有九十人左右。）

怎么才能成为社友？＝每个月出十钱，任何人都能成为社友。

只有本村人吗？＝是的。

女人也可以吗？＝可以。现在有两三个寡妇社友。

会费如何使用？＝祭拜时买烧纸和香。

只买这些吗？＝除每月十钱会费外，另外再收五十钱左右，用于社友的伙食费。

【发驾】每月都要吃饭吗？＝不是。祭拜每三年一次，正月七日举行，这时将泰山老母的画像放在泰山驾（用纸做的架）上，在村东的砂山（砂岗子）下焚烧。这叫"发驾"。完事之后，社友就一起吃饭。

吃什么样的东西？＝馒头和肉菜。

祭拜为什么三年才举行一次？＝这是以前就有的习惯，到处都一样。

其他富裕的村庄也是如此吗？＝有些地方当天也会演戏。

每月聚会时，做什么？＝只是交会费，烧纸焚香做礼拜。

这个乡社是从以前就有的吗？＝从很久以前就有了。

【社头】乡社的负责人是谁？＝叫"社头"。

上交的会费怎么处理？＝由社头保管，但是也以每月三分利息贷款给需要的人。

只能贷给社友吗？＝主要是社友，也有社友之外的村民。

社头马士超什么时候去世的？＝去年。

之后谁成为社头了？＝现保长吴玉衡。

---

〔1〕　译者注：乡社活动内容庞杂，形式多样，主要有结义活动、娱乐活动、集体的祭祀活动。

〔2〕　译者注：在西北和华中一些地区曾指清真寺寺坊管理机构的负责人，相当于现今清真寺民主管理委员会的主任，负责聘任阿訇、筹集经费、管理寺产、办理丧葬、筹划节日宗教活动及其他公益等事宜。

社头都是固定由庄长担任吗？＝没有这种规定。

社头怎么产生？＝社友口头选举产生。

每年选举吗？＝不是，只在前社头辞任后选举继任社头。

社里的钱的收支何时报告？＝不用每年报告。三年一次的发驾后，计算了再报告。

账面由社头拿着吗？＝是的。

向乡社借钱的人大约有多少？＝不清楚，相当多。

【朝山拜顶】从以前开始，本村人去过泰山祭拜吗？＝没有钱，所以去不了。有钱的村庄会去。

实际去的村有吗？＝有城里人和南关的人去。

这叫什么？＝叫"朝山拜顶"。

这个平时也需要出钱吗？＝出钱后第三年登泰山。

朝山拜顶也会贷出存款吗？＝还是会。只要借的人有信用，说都能借。

为什么本村人没有全部加入乡社？＝因为有穷人。

不穷的人基本都加入了吗？＝是的。（附记：也有不穷的人没加入）

在乡社的会上，会讨论村里的事情吗？＝平时不会。三年一次发驾、吃会时会讨论。

【金融】向社里借钱时，只需社头一人就能决定吗？＝是的，不用和其他人商量。

本村乡社和别村乡社共同做过什么吗？＝没有，每个村的独立进行。

有不参加每月聚会的社友吗？＝有，提前上交一年的会费的人不用每月参加。

所以每月聚会的主要目的是为了收取会费吗？＝是的。

想向社里借钱的人要在收取会费时申请吗？＝不一定，什么时候都行。

直接向社头申请吗？＝是的。

如果借款人是社友，就会有亲切感吧？＝因为多半是社友借钱，所以没有那回事。但是村民都很期待发驾。

【宗祖社】除此之外还有什么集会？＝有同族的集会，叫"宗祖社"。

也叫宗祖会吗？＝会和社是一样的。

在本村，什么姓的人有宗祖社？＝只有马姓。

做什么事情？＝正月初二，同族人聚在一起去祖坟扫墓。

同族不在一起吃饭吗？＝不吃。

只扫墓吗？＝是的。

属于这个社的同族会互相帮助吗？＝一般不做别的。

出会费吗？＝因为马姓的事情，我不是很清楚。

以前在宗祖社时一起吃饭吗？＝以前收成好的时候，同族会共同出钱一起吃饭。

什么时候？＝马姓的话，我记得大约是二十年前。

【请会】有钱会吗？＝有，在地方叫作"请会"。

最近有谁做过？＝去年，由马士林、马凤翔、马万年三人发起，各自做了一次。

这个如何成立？＝由缺钱的人发起，到处发帖子劝人。如果有了预定要加入的人，那么请会就成立了。

发起人叫什么？＝叫"会头"。

加入者呢？＝叫"会友"。

一般会友有几个人？＝多的话有十个人左右，不一定。社友的出资额为每人三元（一份），也有五元或十元的。这个也不一定。

一次性付清还是分数次付完？＝一次性付清。

如何决定将这个钱借给谁？＝借给付利息最高的人。（附记：关于这点，吴玉林的话有点奇怪。如后记中实际请会了的马万年和马凤翔所说，并非给利息高的人。）

一次请会上，可以将钱借给两个人吗？＝没有这种事。一次请会收集的钱一般只给一个人。

一次请会的金额总计大概是多少？＝多的有三十元或五十元，有时也超过一百元。

一般借钱的人就是需要钱的会头吗？＝是的。

除发起者外，还有人借钱的吗？＝没有。

一般利息是多少？＝每月二分。（这点和马万年说的也有矛盾）

比一般的利息高还是低？＝就是一般的利息。

为什么向乡社借钱比较高？＝因为乡社的钱是小额，三分就好。

社友只是和会头关系亲密的人吗？＝是的。

请会每年都能办吗？＝是的，需要的时候就能办。

主要在什么样的必要时刻办？＝需要钱交税，筹集商业资本，或办婚礼丧事时等。

借钱时需要保证人吗？＝需要一个。（？）

穷人可以请会借钱吗？＝不可以。没有信用的人不行。

请会有账簿吗？＝有。（？）

你加入过请会吗？＝没有。

劝人加入请会的帖子上写着什么？＝如下所示。

寅占本月初三日社酌候

请

○○○鞠躬
（本人姓名）

5 月 27 日

共同关系　社与会

应答者　马万年（甲长）
地　点　马万年家

【乡社】你是乡社社友吗？＝是的。

每月七日去马士超的家里吗？＝是的。

一般多少人出席？＝七十人左右。

全部社友都出席吗？＝交完一年会费的人可以不去。

提前交完的大概有多少人？＝具体的不清楚，二十多人吧。

每月集会上做什么？＝上交每月的会费。

除此之外呢？＝别无他事。

今年在哪聚集？＝马士超家里。

十年来都是在马士超家里吗？＝是的。

怎么决定马士超做社头的？＝社友口头选举出来的。

你借着乡社的钱吗？＝借着一些。

想从乡社借钱的人要在每月七日例会时申请吗？＝不是，需要时随时可以向社头申请。

【社头】乡社的社头一直都只有一个人吗？＝不是，以前是三个人。直到去年也是马士超、王金贵、吴玉庆三个人，马士超死后就由保长吴玉衡代替了。

有三个社头是因为以前本村被分为三牌的缘故吗？＝不是，因为社头工作麻烦，没有人想一个人担任社头。

三个人商量着处理社的事情吗？＝是的。

【管账先生】乡社里除了社头外，还有其他工作人员吗？＝现在没有，以前马士超当社头时，还有管账先生。

是谁？＝现保长吴玉衡。

他的工作是什么？＝管理社的收支账簿。

现在没有那个必要了吗？＝因为吴玉衡也做着管账的事情，所以不需要。

管账先生的报酬呢？＝没有。

现在的甲长不协助乡社的事情吗？＝与甲长没什么关系。

【会费】社友交纳会费呢？＝截至去年，每月六钱。从今年起，每月十钱。提前交纳一年会费的减免一个月的金额，所以一年只需一元十钱。

有滞纳会费的人吗？＝有几个。

对他们有惩罚吗？＝没有，就算滞纳也不取消社友资格。找时间再交就行。

【发驾】每年会计算收入吗？　=不是每年计算，第三年发驾时计算。

下一次发驾是什么时候？　=民国三十二年。

发驾时怎么做？　=会友聚集在村公所，祭拜泰山娘娘的画像，供奉各种食物（馒头、肉、蔬菜、水果等），焚香叩头。那时也会击打村里的鼓，请来一名道士。

从哪里请来道士？　=从村北的八里庄请一天道士。

道士干什么？　=念经。

只有社友集会吗？　=不是，村里任何人都能来，女人、小孩也可以。

发驾几月举行？　=正月上旬。

叩头结束后干什么？　=将泰山娘娘的画像放在事先做好的纸驾上，搬至村东的砂山附近。

纸驾是什么东西？　=纸驾高一米半，上下各有一个 1.20 米左右的长方形，用高粱的茎做其骨架，将纸贴在上面。画像就张贴在其内侧。

拿纸驾走的人是确定了的吗？　=谁都行。人数为四人。

将纸驾拿到砂山后怎么办？　=放好它后，村民还要叩头。然后焚烧。

谁点火？　=谁都行。

这个完了以后呢？　=当天结束后就解散。

不吃饭吗？　=第二天吃。

吃饭的费用怎么办？　=从存款中减去前一天所用的，剩下的钱就拿来付饭钱。

只有社友吃饭吗？　=是的，社友之外没人来。

地点呢？　=还是在村公所的庭院。

吃的东西呢？　=白菜、肉、馒头（饽饽）等。

那些就足够了吗？　=经常不够。

有酒吗？　=没有。

发驾时，从乡社借过钱的人必须还钱吗？　=是的。

会费的存款和贷款的利息都用于发驾和吃饭吗？　=是的，不会留到以后。

发驾、吃饭时，村民开心吗？　=开心。

乡社不演戏吗？　=没有。

【金融】乡社可以作为金融部门吗？　=虽然不能贷出太多钱，但是小额贷款还是很方便的。借十钱、二十钱的比较多，五元、十元的少。

【三三社】其他村里还有什么会吗？　=有叫三三社的。

做什么呢？　=三月三日瞻仰真武庙的像，将真武的牌位（写着真武爷之位）拿去村北西的砂岗子（砂山）处焚烧。

这大概需要多少钱？　=从全村每户收取十钱。

全部都要出钱吗？　=全部都要出。

大概都出一样多吗？　=有钱的多出点，贫困的出五钱左右。合起来差不多十五元。

这个钱用于什么？　=置办供物和雇佣喇叭。

喇叭从哪儿雇？　=附近的张庄。

三三社每年都有吗？＝是的。

没有吃饭吗？＝没有。

以前演戏吗？＝两年前演过。

村里有几个砂岗子？＝三个。

是个人所有的吗？＝是的，个人所有。

为什么乡社发驾时要去村东的砂岗子？＝因为那是泰山的方向。

为什么真武的牌位要去村西北的砂岗子焚烧呢？＝因为神在西天（上西天），所以在西方烧。

这时全体村民都会参加吗？＝是的。

将牌位拿去焚烧这件事叫什么？＝还是叫发驾。

【太阳社】除三三社以外，还有什么例行的会吗？＝没有。

没有叫太阳社的吗？＝本村没有，旁边的前夏寨有。

怎么做的？＝二月一日早上村民一同观礼日出，日落时焚烧太阳神的画像。

这些事里有什么含义吗？＝不清楚。

其他村有太阳社吗？＝不清楚。

举行太阳社时，前夏寨吃饭吗？＝不吃。

需要的钱呢？＝好像十元左右。由村民出。

三三社和太阳社的钱都由村民按照家庭经济情况随意出吗？＝是的，与地亩无关，金额也不一定。

【请会】你去年请会了吗？＝是的。

为了什么？＝因为儿子结婚需要一百五十元。

请会时先到处发帖子吗？＝是的。

帖子上怎么写？＝现在没有剩余的了。写法没什么变化。

发出多少张？＝因为想得到十六人的同意，所以发了十六张，结果全部同意了。

【社友、会社人】同意的人叫什么？＝叫"社友"或者"会社人"。

当时的会社人是谁？＝本村的吴玉衡、刘长福、刘长贵、李盛堂、吴须交、王文济、马山、马万铜、长万化、吴玉凤及孙庄的耀更义、南关的汉老三、义庄的魏广义、烟台的陈忠化、刘庄的郭汉文、前夏寨的王金楷。

他们与你是什么关系？＝都是朋友。

其他村的人是通过什么关系变成朋友的？＝买卖关系，或者以前我做厨子时的熟人。

每人出了几元？＝十元。

一般出多少算比较多？＝五元。

要自己到处去取钱吗？＝是的，也有送来给我的。

利息呢？＝不用。

有什么回礼吗？＝只是请大家吃了点饭。

请吃饭是何时？＝最初送帖子后，同意的人就在约定的时间集合，然后请他们吃饭。

你请客吃饭大概给每个人花了多少钱？＝二元左右。

有酒吗？＝有。

吃完饭后就去取钱吗？＝也有吃饭时就给我的，吃饭时没给的我再去取。

【还钱方法】借十元钱，要还多少钱？＝只还六元。

那么出资者就会损失四元吗？＝是的，因为是用于结婚，所以可以少还一点。

谁请会都是这样吗？＝是的。

那么，会做些什么来回报会社人的好意吗？＝在他们忙的时候，自己会主动去帮忙。

还钱期限呢？＝五年。

怎么还？＝每年还二三人，第五年还清所有人的。只要在五年之间还完就行。

如果那个时候同意你的人请会的话，你必须要参加吗？＝我觉得一定要参加。

以上的十六人中，到目前为止有人请会的吗？＝没有。

请会在什么必要的时刻进行？＝不一定。

需要生意资本时请会吗？＝有时有。

那种情况下，还钱时也可以少还一点吗？＝不一定，假如借十元，还六元还是八元，或者还全额，这都在最初会社人集合时商量决定。但是一般不会多于借进的钱。

本村的地方马凤翔去年请会时是为了什么？＝他母亲去世，需要钱办丧礼。

每个人出了多少？＝还是十元。

他是怎么还的？＝和我一样，每十元还六元。期限为五年。

（这个问题之后询问了马凤翔，他请会的社友如下）

吕三刚（高庄人）	刘金升（同前）
高凤亭（同前）	闻新荣（牛庄人）
冯同云（同前）	杨荣华（雨生官庄）
孔相臣（孙庄人）	徐兆春（徐庄）
闻金华（李善庄人）	徐鸿魁（同前）
王鸿仪（同前）	马天祥（本村人）
张凤仪（同前）	吴玉庆（同前）
刘鹏举（同前）	吴玉峰（同前）

请会有保证人吗？＝没有。

有借用证吗？＝没有。

今年，本村有请会的人吗？＝今年还没有。

一年中几月请会的比较多？＝秋收后较多。

最初会减去请会的利息交由借方吗？＝因为没有利息，所以不会那样做。

吴玉林说会这样做。＝那不一样。

请会里，借出的人叫什么？借钱的人叫什么？＝叫"社首"。

没有其他做法的请会吗？＝没有。

只出葬礼费用的会有吗？＝没有。

【宗祖社、老坟社】马姓家族祭拜过祖坟吗？＝有。

什么时候？＝正月初二去马姓的老坟。

有马姓三十户全体的族长吗？ ＝没有。

当天以谁为中心呢？ ＝轮流担当老坟社社头。

这种同族的聚集叫什么？ ＝老坟社或者宗祖社。

今年的社头是谁？ ＝马忠怀。去年是马万城。

征收费用吗？ ＝社头从同族各户收取二十钱。马姓有三十户，所以共计六十元左右。

祭拜时怎么做？ ＝全同族的男女老少聚集在社头家中，一起前往老坟。

当天的什么时候？ ＝凌晨。

在老坟做什么？ ＝上供、烧纸钱、焚香、放爆竹。

结束后呢？ ＝马上回家。

回家后做什么吗？ ＝那时，社头会向同族每户发两个馒头。

一起吃饭吗？ ＝不。

本村外的地方还有老坟社吗？ ＝没有，只有马姓有。

除本村以外，还有什么地方有老坟社吗？ ＝是的。

老坟有多远？ ＝距离十支里。

老坟社是出于什么考虑举行的？ ＝只是延续一直以来的习惯。并非是因为同族关系很好。

老坟社上集资的钱有帮过同族有困难的人吗？ ＝没有。

其他族也会在正月初二一齐去老坟祭拜吗？ ＝是的。

【社】为什么这个不叫社？ ＝因为不集资。

人聚集在一起，然后集资的情况都叫社吗？ ＝是的。

【红枪会】村里有为了自卫而成立的会吗？ ＝有。

叫什么？ ＝叫"红枪会"。

【同心会、白吉会】还有其他的名称吗？ ＝本村只叫红枪会，其他地方也叫"同心会"或者"白吉会"。

神是什么？ ＝红枪会拜真武。

本村红枪会是何时形成的？ ＝民国十一年左右。

【在道的】属于红枪会的人叫什么？ ＝在道的。

成为在道的要什么资格？ ＝谁都行。

在道的要出钱吗？ ＝不要。

红枪会里有老师吗？ ＝不清楚。

【联庄会】有过联庄会吗？ ＝和红枪会一样。民国十一年形成的，和红枪会一样，只是称呼不同。

没有会长吗？ ＝没有。

在其他地方，有联庄守护过村子吗？ ＝没有。

那么只是有这个名字而已吗？ ＝是的。

本村的红枪会没有会长吗？ ＝没有，没有指挥者。

本村有接受老师教导后正式加入红枪会的吗？ ＝我觉得只有魏金声一人。民国十三年左右加入的。

老师在哪？＝在东边二百支里左右的地方。

要给老师交钱吗？＝不交。

平时，红枪会做什么？＝什么也不做。

本村里，红枪会有过什么活动吗？＝没有。

在本县其他地方，这样的会在活动着吗？＝县西南第五区有一个黄沙会，据说还有老师。

发生什么事后，本村红枪会和别村类似的会间需要联络时怎么办？＝击打鼓，直到别村人来之前。

红枪会的枪和青龙刀是谁买的？＝个人购买。

村里为这个会出过钱吗？＝没有。

现在，它和保甲自卫团是一起的吗？＝是的，根据县里的命令，有时在区公所有训练。

5 月 29 日

红枪会　乡社　祈雨

应答者　魏金声（甲长）

地　点　村公所

【红枪会】你是红枪会的会员吗？＝不是。

以前呢？＝以前是。

为什么成为会员？＝因为民国十四年有匪贼，村里很多年轻人都成了会员。

【徒弟、壮丁】红枪会的会员叫什么？＝"徒弟"或者"壮丁"。

【老师】有过会长吗？＝刘文新。

哪的人？＝以前在德县东边的德平县。

现在还活着吗？＝去世了。

以前怎么称呼这个人？＝叫"老师"。

附近的会里，也把他当老师吗？＝是的。

怎么才能成为会的徒弟？＝经过老师教导后接受他的信仰就行。

【信仰】信仰什么？＝祖神爷。

这是什么样的神？＝不清楚。

会员总是信奉这个神吗？＝虽然不把画像挂在家里，但是会放牌位供奉着。

要向老师交会费吗？＝不要会费。

老师何时来本村？＝红枪会成立的前一天来住了一晚。

那时的伙食费由会员承担吗？＝是的。

之后呢？　=不来。

【指导者】这个村的红枪会的指导者是谁？　=是当时的庄长王保恒。

附近的红枪会基本也是由庄长担任会长吗？　=是的，会在防卫时，庄长作为一村之长进行指导。

【集会】本村红枪会员时而会聚在一起拜神吗？　=每天傍晚聚在本村马瑞图的家中做礼拜。

持续了多少年？　=从民国十四年到二十八年左右。

为什么要聚在马家？　=因为他家大。

为什么民国二十八年左右取消了？　=因为要花钱，而且由于死亡或外出，会员也减少了。

不是因为事变吗？　=不是。（？）[1]

每天傍晚的礼拜中，什么需要花钱？　=买纸钱或焚香的费用。

现在还有继续在做的村吗？　=前夏寨还在做。

在谁家？　=好像附近的人晚饭后会聚在魏世法、蔡庆连、王树林三家。

本村现存的红枪会员有谁？　=马瑞图、王道圆、王华圆、王延喜、吴玉凤、王文庆、马万岭、李信延、王金三等九人。

除了最初老师来时成为徒弟的人外，有之后成为会员的吗？　=因为前夏寨的蔡庆连会巫术，也有受了他的教导后入会的。

最初，本村有多少人加入了红枪会？　=前、后两夏寨共计有七十人左右。

【不死的信仰】只要信仰就有好处吗？　=可以守护自己的家。

就算打仗也不会死吗？　=只要每天祭拜，打仗也不会死。

现在本村每天傍晚的祭拜已经没有了，本村会员中有去前夏寨的吗？　=本村徒弟去前夏寨的王树林家，王树林因为年纪大了，自己不祭拜了，只提供地方。

【功夫好的】好好信仰的人叫什么？　=叫"功夫好的"。

本村有功夫好的吗？　=没有。

你为什么不继续祭拜呢？　=因为上年纪了。

红枪会员年老了就不祭拜了吗？　=到五十岁左右就不祭拜了。因为每天干活很累。

前夏寨功夫好的有哪些？　=魏庆春、李丙任、蔡庆楷、蔡庆连等。

前夏寨以外的会员和本村会员也有关系吗？　=有，都是一师之徒。

一起祭拜吗？　=没有。

会员去过老师所在的德平县吗？　=以前老师还活着的时候，有人去过，我没去。

前老师死后，有新的老师吗？　=没有。

老师下过命令吗？　=没有。

那么防卫的时候怎么做？　=只是敲鼓联络各村。

每天的祭拜要做几个小时？　=大约三个小时。不唱经文只是默拜。这叫"打坐"。

---

[1]　译者注：原文如此。

【戒律】会员有戒律吗？＝不可图财、骂人、做土匪。另外，一、三、六、九、十五这五天不可与妻子共寝。

【费用】用于会员集会、祭拜的费用从哪来？＝村里出。

会员没有会费吗？＝没有。

听说现在不在本村而在前夏寨祭拜，祭拜的费用怎么办？＝本村每月出一元左右。

【乡社】泰山娘娘是保佑什么的？＝保佑一年平安无事、不生病。

发驾时由社头指挥吗？＝全部都是他们做。吃饭的准备也是。

吃饭的准备在本村进行吗？＝在本村。因为马万年和马山擅长料理，所以主要由他们负责。

【管账先生】乡社的管账先生是谁任命的？＝吴玉衡管账时，家里多有病人，所以自己主动申请无报酬工作。为了消除家人的病痛。

社头马士超会写字吗？＝不会。因此无论如何需要一个管账的。

吴玉衡管账前有管账的吗？＝王庆昌。

乡社什么时候吃饭？＝白天。

【道士】要给发驾时请来的道士多少回礼？＝每日十五钱。还要供他伙食。三天共一元五十钱。

道士念经吗？＝念皇经（泛指道经）。

很长吗？＝从早上三点念到八点。

念经期间，村民干什么？＝跪坐。

念经只一天吗？＝前后三天每天早上三点到八点。

村民跪坐会累吧？＝一家人交替着跪坐。

什么时候吃饭？＝发驾当天白天和第二天白天吃两次。

【会费】报告三年间的会费收入吗？＝第四天吃饭时报告。那天是会费报告日。

会费的存款由谁保管？＝以前是社头马士超。

不存在哪里吗？＝只放在他们家。

会费滞纳者怎么办？＝第三年发驾时，连同利息（每月三分）一起交纳滞纳金。

这时不交的话，就不是会员了吗？＝向别人借钱交。

【同族的土地】你们魏姓同门有几户？＝六户。

有同族持有的土地吗？＝一亩地左右。

这个由谁耕种？＝同族中较贫穷的魏金乡。

耕种这个土地，需要交地租这样的费用吗？＝不交。

【扫墓】什么也不出吗？＝正月初二同族扫墓时，他给墓前买些上供的香和纸钱就行，约二元左右。

每年正月初二例行扫墓吗？＝是的。

谁去祭拜？＝多是同族一起去。

扫墓时，像马姓一样一起出钱吗？＝不是，魏姓不那样做。

扫墓后，一起吃饭吗？＝不。

只是扫墓吗？　＝是的。

魏姓的这种正月里扫墓的集会行为叫什么？　＝没什么名称。

不叫宗祖社吗？　＝宗祖社只有马姓才有，魏姓没有。

应答者　马万年（甲长）

地　点　村公所

【求雨】求雨何时进行过？　＝民国二十八年。

那时没雨吗？　＝当时雨水非常不足。

大约几月求雨？　＝阴历五月左右。

谁提议的？　＝庄长提议的。

庄长和谁商量的？　＝庄长与首事和牌长商量了。

在什么地方进行的？　＝靠近平原县境的张庄。

和其他村一起吗？　＝只有本村。

为什么要去张庄？　＝因为那里有河。

这附近的人都去张庄求雨吗？　＝其他村的不知道，本村从以前就去张庄。

求雨一天就完成了吗？　＝早上八点本村村民集合在本村龙王庙。

大约多少人？　＝本村全体村民。女人也来。

集合之后呢？　＝祭拜本村龙王像，然后将它放置在驾上。

【求雨的队伍】排成队列行至张庄吗？　＝是的。

有仪式的职务分配吗？　＝不会提前决定。当天集合后由村民任意分配。

队伍的顺序呢？　＝按照抬鼓、抬石樽、抬像和求雨的人的顺序。

头上戴柳枝吗？　＝是的。

在本村龙王庙叩头吗？　＝嗯，叩头。

到张庄有多少里？　＝十八里。

行进的顺序呢？　＝本村—铁匠庄—陈庄—梁庄—左庄—军营—庄科—张庄。

回来时的顺序呢？　＝张庄—管庄—大辛庄—刘庄—东关—城内—西关—本村。

队伍里大概加入多少人？　＝大概七八十人同行。

会提前通知途经的村子吗？　＝会，一个人先于队伍向途经的村公所提交帖子。

何时通知张庄？　＝当天。

途经的村子要做什么？　＝该村要准备线香、供物、烧纸，本村龙王像到达后，还要叩头。

进入别村后，该村的人会来抬驾吗？　＝有时会。这叫"来接"，抬驾的人叫"来接的"。

无论哪里的村庄都一样吗？　＝是的。

到达张庄后怎么做？　＝因为那里有船，所以将龙王像放在船上。村民在岸边上供、点香、放爆竹、叩头，还要烧纸。然后往带来的两个石樽内盛一杯水。

谁去取水？　＝抬来的人去。

那时村民就会许愿吗？ ＝村里的老人站在前面朗读求雨的祈愿文。

是什么样的词句？ ＝（应答者的话不详，没有听懂。）

叩头取水后就结束了吗？ ＝是的。

归途上呢？ ＝在东关，同行的人每人吃一斤馒头。

回来之后呢？ ＝两个石樽中放入柳枝，村民一同叩头。

不请道士吗？ ＝不请。

【还愿祭】在此之后，还要做什么吗？ ＝如果五天内下雨，还要进行还愿祭。会请道士并发驾。因为本村贫穷，就吹喇叭，将纸做的龙王像放在纸驾上，然后在村西北焚烧。

不演戏吗？ ＝本村不演。有钱的村子才演。

吃饭呢？ ＝不吃。

这时的费用怎么办？ ＝前前后后都是由村民自愿出钱。这叫"连钱"。前后各三十元，共计只花费六十元。

5 月 30 日

财政　维护治安　防卫　共同

应答者　马凤翔（地方）
地　点　村公所

【村费账簿】本村有记录村费收支的账簿吗？ ＝到去年为止一直都有。但是今年没有。

这个账簿叫什么？ ＝叫"公乡杂费支收账"。

为什么今年不做？ ＝因为今年决定向村民报告收支情况，所以没必要做账簿。

还有其他的原因吗？ ＝因为现在村里买东西全部都必须用现金，所以不能像以前，先赊账将支出记在账簿，然后再计算。（？）

但是有账簿的话清楚些吧？ ＝不用也行。（？）

去年的管账先生是谁？ ＝王庆昌。

你作为地方，清楚村里的收支吗？ ＝不清楚。

【预算、决算】有预算吗？ ＝没有。

以前有吗？ ＝一直没有。

决算呢？ ＝事变前做精算，之后也不做了。

何时精算？ ＝不一定，有时每月都做，有时只在年末。

多数情况下是每月都做吗？ ＝是的。

【收支公示】精算的表叫什么？ ＝叫"清单"。

张贴村收支的清单吗？ ＝贴过，有时由庄长口头说明。现在多为口头说明。

只是口头说明的话，村民不会有不满吗？ ＝没有不满。

村里的收支由县和区等监督吗？ ＝以前和现在都没有。

收支内容需要向区县报告吗？ ＝不用。

【分摊】村费的分摊由谁决定？ ＝保长和甲长聚在一起计算每月必要的支出，再分摊给各甲。

有分摊标准吗？ ＝按照地亩分摊。

以村里的地亩册为基准吗？ ＝是的。

总是以地亩为根据吗？ ＝是的。

地亩册上记载着各户的实际所有土地面积吗？ ＝是的。

租佃人怎么办呢？ ＝由地主全出。

小生意人呢？ ＝也只按照所有地分摊。

不考虑买卖的收支吗？ ＝不考虑。

村民不会反对保长和甲长的分摊决定吗？ ＝因为是按照地亩册决定的，所以没人反对。

保长和甲长如何商量决定？ ＝决定各户的分摊金额，及加上每户分摊金额后的各甲的分摊金额。

地主会将应由自己负担的金额转嫁给租佃人吗？ ＝没有这种情况。

【征收】由谁去征收摊派的金额？ ＝甲长统一收取各甲的分摊额再上交给保长。

以前呢？ ＝由牌长收集各牌的金额后交给庄长。

这事和地方没关系吗？ ＝没有。

关于收集摊款的日期有规定吗？ ＝在需要的前一天收齐。

村民知道村费的用途吗？ ＝甲长收取时会告知村民，所以知道。

【县摊款】村民知道县里下达命令收取的税和摊款的内容吗？ ＝保长告诉甲长，甲长再告诉各户。

保长很清楚县摊款的内容吗？ ＝是的。

县摊款由谁来催交？ ＝县的政务署。

带来什么样的命令书？ ＝收田赋时，政务署会带来每户的串票。收县摊款时，政务署会带来通知书。

通知书上写着什么？ ＝写清事由、每顷土地应分摊的金额、本村分摊的总额及交纳日期。

村摊款的收据会分别发给各户吗？ ＝不会，保长发给各甲长该甲的总额的收据。（附记：实际上，这个收据在甲长家里）

村民中，如果有人不响应交纳村摊款怎么办？ ＝政务署会来人打他。而且，无论如何也要上交。

保长会垫付吗？ ＝不会。

村摊款有过剩余吗？ ＝不会多征收。每月只征收需要的金额。

乡社的存款会临时拿来补足村摊款吗？ ＝乡社的存款每月七日收集后，马上就借出给想借钱的人了，所以没有剩余。

会特别拜托某人捐款吗？ ＝不会。

【支出项目】仅村里的支出有哪些？＝修理学校和庙、公共用井的修理、接待等。

接待费用于什么样的事？＝政务署和警备队来村里时接待使用。

这些都记为流水账吗？＝做流水账时，全部都记着。

村民外出办事时，会给日津贴吗？＝修警备道路的话没有。修理村公所等时会给。

村里挖井时呢？＝只给在井里干活的人。

【收支内容】（从保长处借阅的民国二十九年十月至十二月的公乡杂费支收账上得知，这三个月间，村费的合计如下。另，本账缺少十月以前的。而且，民国三十年的账因为他不想提供，所以中止借阅。）

　　◎民国二十九年十月

　　共化[1]洋（支出合计）281元　　　（细目省略）

　　每项应摊洋（每顷土地的分摊金额）　9.4元

　　（各甲应摊金额省略）

　　◎同　　　　十一月十五日　　　开条

　　共化洋　　　　　　167元

　　每项应摊洋　　　5.53元

　　◎十二月五日县公署的预借

　　十二月初五日县政府预借三十年度上忙丁银、按每顷七元、本乡公同议决、按每顷八元、逃亡庙地在内

　　共化洋　　　　　　248元

　　支借款洋　　　　　224元

　　支下学费洋　　　22.52元

　　支交款洋　　　　2.00元

　　◎同　　　　十二月二十六日　　　开条

　　共化洋　　　　　　248元（不同于上）

　　每项应摊洋　　　8元

（如上，三个月间的村费合计为九百四十四元。平均每顷土地分摊三十元九十三钱。以下，提供同十一月中的支出明细作为村费支出内容的参考）

　　一、应摊郭杨庄自卫团　十月所需（郭杨庄是镇公所所在地）　14.20元

　　二、应摊镇公所　　　　　　　　　　　　　　　　　　　　　51.50元

　　三、为大部队买火头　二八三斤（为县警备队买燃料所出）　9.00元

　　四、为大部队买火头　三〇四斤　　　　　　　　　　　　　10.00元

　　五、为买电线杆洋（买电线杆所出）　　　　　　　　　　　2.50元

　　六、为李支化洋（给警备队的人现金）　　　　　　　　　　15.00元

　　七、为张清范请客洋（给县政务署交钱）　　　　　　　　　31.00元

---

〔1〕　译者注：原文如此，疑为"花"。

八、为徐洪儒请客洋（徐是本村里书，给他钱） 21.00 元

九、为宋传德洋（县公署派去的人，给他钱） 1.50 元

十、为付赵营长礼洋（因他结婚通知了各村，故本村也出钱） 2.00 元

十一、为送火头雇车化洋 2.00 元

十二、为写各户口门牌化洋 6.30 元

十三、为付郭队长礼洋 1.00 元

十四、为第一区十月份伙食洋 9.40 元

共化洋 167.00 元

【各甲的分摊额】（以上支出中，各甲的分摊额如下。各甲的分摊没有在一定时间内收集。一般在十一月交纳，也有到十二月交纳的。其间应该有人垫付。）

第一甲	应摊洋	11.29 元
第二甲	同	10.34 元
第三甲	同	17.53 元
第四甲	同	18.40 元
第五甲	同	12.73 元
第六甲	同	10.90 元
第七甲	同	23.63 元
第八甲	同	9.96 元
第九甲	同	17.42 元
第十甲	同	12.70 元
第十一甲	同	7.10 元
第十二甲	同	7.10 元
第十三甲	同	12.36 元
计		171.46 元

【村财产】村里有什么财产？＝就只有村公所的建筑物和土地、庙基等。

从以前就没有公有地吗？＝没有。

其他村有公有地吗？＝我觉得都没有。

【负债】没有村全体的负债吗？＝没有。

以前呢？＝民国十五年左右有过。

向谁借的？＝城内的商人。

负债的理由是什么？＝因为县摊款没有支出，临时借的。

最近没有那样的负债吗？＝现在没人借给我们。

那时借的金额呢？＝不清楚。

那时是谁商量着去负债的？＝庄长、首事、牌长等。

当时写了借入文书吗？＝当时的庄长已经去世了，所以不知道。

利息呢？＝有，但是不清楚。

担保呢？＝没有。

保证人呢？＝没有。

期限呢？＝一两个月的短期。

应答者　王庆昌、王吉昌

地　点　村公所

【眺望楼】王庆昌家的楼是何时建的？＝民国二十三年左右。

高度大概是多少？＝三十尺左右。

大概花了多少钱？＝不清楚。

你的眺望楼大概花了多少钱？＝六十元左右。

何时建的？＝今年阴历三月。

高度呢？＝二十尺左右。

本村里另外一个眺望楼是谁的？＝马士信的。

何时建的？＝民国二十一年左右。

这附近的村里也有很多楼，大概都是何时建的？＝民国七年左右开始建，民国十二三年渐渐变多了。

事变后建的也多吗？＝有一些。我只知道前夏寨的一个和我自己的，其他村的不清楚。

【建眺望楼的原因】王庆昌是出于什么考虑建眺望楼的？＝因为自己的母亲害怕匪贼而建。

王吉昌呢？＝担心匪贼，自己每天都在楼上睡觉。

在楼上睡觉就放心了吗？＝可以放心。狗一叫，就能从上往下看进行警戒。

王吉昌建楼时，谁来帮忙了？＝同族九户都来了，还有王庆昌、王金乡、王金忠、吾智顺、马达祥、马小会（乳名）、马小祥、王立之、王金镇、田玉恒等。

为什么同族以外的人也来帮忙？＝出于侠义之心。

平时和以上那些人关系好吗？＝都是朋友。

吉昌有农具役畜吗？＝是的，有一套。

借给他们吗？＝大部分都借。

他们为了回礼就来帮忙吗？＝是的。

有不借也来帮忙的人吗？＝王金贵、马小祥、田玉恒三人自己就有农具役畜。

这三人为什么要来帮忙？＝因为关系好。

这附近的楼都是个人所有的吗？＝都是个人所有。

如果来匪贼了，会让其他人进入楼内吗？＝因为楼上只有一间，刚好只够一家人进去，容不下更多人了。

【役畜农具的共有】有几个村民一起凑钱买农具役畜的吗？＝没有。

（附记：根据对各户进行调查发现，确实有共同买牛的。）

同族人一起凑钱买的情况有吗？ ＝没有。

现在有同族共同所有的役畜农具吗？ ＝有。

为什么成为共有的了？ ＝分家时分不开而留下来的。

这种情况多吗？ ＝不太多。

【借用】本村里，没有农具役畜的人怎么办？ ＝借别人的使用。

借他人的使用这种行为叫什么？ ＝没有特别的说法，就叫"借"。

本村里，有几户有一套农具役畜的？ ＝只有四五户。

除此之外的人，多少都要借吗？ ＝是的。

找同族借还是找熟人借？ ＝先找近的同族，同族没有的话，找近邻的熟人借。

借的人这么多，能够顺利借到需要的东西吗？ ＝因为不是临时才去借，所以没有借不到的。

插秧的时期大体上都是固定的吗？ ＝晚一周左右也不要紧。

如果打算晚一周的话，基本能从他人那借到吗？ ＝是的。

吉昌今年借给谁了？ ＝王金乡、王立之、马达祥、马起，每天来借的人很多，我也记不清了。

来借的人之前就会打招呼吗？ ＝不需要提前打招呼，要的时候正好有的话，马上就能拿去用。

他们会给使用费吗？ ＝什么也不给。

借役畜时，饲料谁出？ ＝所有者出。借进的人不需要出。

借进的人将农具损坏了怎么办？ ＝由所有者修理。

又出饲料又要修理破损，不是很不划算吗？ ＝来借的人都是朋友，又穷，没办法。

来借的人会在年末回礼吗？ ＝不来。

完全没有回礼吗？ ＝完全没有。

你农忙的时候，他们帮忙吗？ ＝农忙时不帮忙，建楼等临时有事时会来帮忙。

在这附近，借农具役畜时都没有回礼吗？ ＝是的。

平时不太亲近的人也会来找你借吗？ ＝只要是本村村民，我都借。

因为大家都是世代相识吗？ ＝因为都是同乡。

借牛一天还多少钱这样的事情没有吗？ ＝没有。

【协作农耕】农忙时，大家会互出劳力帮助农作吗？ ＝会，收获时和除草时。

你的地方有这样的例子吗？ ＝我自己家没有。

家里的人年年都互相帮助着农耕吗？ ＝不太有。

【治蝗】本村来过蝗虫吗？ ＝前年来过。

那时村民怎么做的？ ＝村民各自捕捉自己田里的蝗虫放入洞中杀死。

村民有共同消灭过蝗虫吗？ ＝民国以来有五六回。

有治蝗会吗？ ＝没有。

民国以来，村民组成队伍消灭过蝗虫吗？ ＝没有，只是消灭各自田里的蝗虫，不进入他人的田。

【看青】看青怎们做？ ＝只是照看自己的农田。

村里有出钱雇看青的吗？ ＝一直没有。

有和外村一起看青的吗？ ＝没有。

【公看义坡】本村写着公看义坡，是怎么回事？ ＝那是因为去年秋天，县公署下命令让各村联合义坡，所以写在了墙壁上。但是由于村民不同意，就搁置了。

庙里的公看义坡也是去年写的吗？ ＝是的。

其他村的情况如何？ ＝隔壁的前夏寨，每户出一人照看村里的土地。其他村大概都是如此。（？）

为什么只有本村不公看？ ＝本村很穷，全村共同看坡的话，反而作物会因此被偷。

公看义坡也并非很好吗？ ＝对于本村而言，不太好。

村民互相之间不信任吗？ ＝是的。

同族之间也如此吗？ ＝同族也不怎么互相信任。

同族间，有偷作物的吗？ ＝本村很穷，所以同族间也有。

【打更】在打更吗？ ＝是的。

一晚上出几个人？ ＝三十人。他们被分成两组分别主管村东和村西。一组十五个人，其中一人为责任人，再分为每七人一组，分别在九点到十二点、十二点到五点出门巡视。

以前呢？ ＝不怎么打更。治安变乱后就马上开始。

多少岁左右的人打更？ ＝二十岁至四十岁的男子。

打更的会偷东西吗？ ＝七人在一起，所以不会。

打更的顺序是固定的吗？ ＝轮流决定。

轮到自己时就自己出去吗？ ＝不是，地方会去叫。

地方查看出来打更的账面后去叫吗？ ＝是的。

账面由谁保管？ ＝地方。不是账面，是表。（？）

6 月 1 日

财政　牌　社　教育　乡社的收支一览表

应答者　王庆昌

地　点　王庆昌家

【娘娘庙的祭祀】昨天本村人去了东关的娘娘庙吗？ ＝有人去。

主要是女人去吗？ ＝男人更多，女人也去。

今天也去吗？ ＝也去。

今天是阴历几号？ ＝四月十八日。

今天去的人更多吗？ ＝是的。

女人手上拿的笼子是干什么用的？　＝买东西的。

买什么东西？　＝布匹。

不买食物吗？　＝买烧饼、馒头、杏等。

为了这天买东西，平时会存钱吗？　＝是的。

一般人在娘娘祭时要买多少东西？　＝食物一二元。布匹五六元。

平时怎么可以存钱？　＝卖落花生和棉花剩下的钱。

不种这些东西的人怎么办？　＝找别人借。

【借钱】钱的借贷相当多吗？　＝相当多。

向什么人借？　＝主要向朋友和亲戚借，有时也找商人借。

找朋友借要利息吗？　＝期限为半月以上的话，就要。

找商人借的时候呢？　＝没有利息。

为什么？　＝商人买本村人的落花生和棉花时，不会马上付全款，就用这个钱抵利息。

这就和一般的借钱不一样了？　＝是的。

这种商人主要是在县城吗？　＝主要是在村里的商人。

他们的名字呢？　＝马万峰（牛的买卖）、王金第（同）、马兴同（同）、王金增（同）、马春荣（同）。

【牛的买卖】做牛的买卖赚钱吗？　＝赚钱。

在哪买卖？　＝在南邻的高唐县和夏津县买来，在恩县城内卖。在那边以一百五十元买入，除去各种费用后每头有六元左右的利润。一次带回七头左右。

以上五个人一起做买卖吗？　＝各做各的。

他们的营业资金从哪来？　＝最初买的时候好像找财主借的，但是现在已经有熟悉的卖主了，事后付也行。

以上五人是本村拥有现金最多的吗？　＝并非最多的，但是都有很多现金。

【棉花的买卖】除此之外，村民还做什么买卖？　＝王文庆、王金贵、王金城、李存功、王崇之、王金鉴、王保堂等直接从农民处收棉花，用器械剔除其种子后卖给城内的棉花商。

棉花买卖赚钱吗？　＝赚钱。

他们在本村属于有钱人吗？　＝不怎么有钱。

怎么付钱？　＝最初不马上付钱，在城内卖了之后再付。

【小买卖】还有其他的买卖吗？　＝还有一些小买卖，比如在小铺卖烧饼。

【管账】你从何时到何时担任乡社的管账先生？　＝民国九年到民国二十三年。

你的工作是什么？　＝村公所和乡社的管账。

村公所那边的工作呢？　＝将收支记入流水账，另外和庄长一起去城内的银号借一些村里必要的钱。

【从银号借钱】向银号借钱有利息吗？　＝每月三分利。

期限呢？　＝秋收后还。

银号存在到何时？　＝民国二十五六年左右没有了。

之后在哪儿借钱呢？ ＝之后没有借钱的地方了。需要钱的时候就摊派。

摊派就能募集到钱吗？ ＝麦秋、大秋的时候多少能超额募集到一些。

募集的钱由庄长保管吗？ ＝是的。

从银号借钱时，需要担保和保证人吗？ ＝都不要。

写证明书吗？ ＝写借帖。

还是有银号的时候方便些吗？ ＝是的。

为什么银号没有了？ ＝收益不好。

【清单】你管账时，何时做流水账的精算？ ＝五月、八月、十二月三次。三次都要写清单贴在村公所的墙壁上。

还有残存的旧清单吗？ ＝没有。

清单是你写的吗？ ＝是的。

【管账的】你管账时，庄长是谁？ ＝王保恒。

王保恒是你的同族吗？ ＝不是。

是王保恒要你管账的吗？ ＝是的。

管账的报酬呢？ ＝是义务的，所以没报酬。

那么，生活没问题吗？ ＝但是自己家有一顷左右的土地，所以生活没问题。

管账都是由生活没有困难并且有信用的人担任吗？ ＝是的。

你之后还有谁当过管账的？ ＝吴序爵做到了事变前。

你为什么不做了？ ＝因为民国二十五年分家后，家里的活太忙了。

为什么每代都要分家？ ＝一直以来的风俗。

不分家不是更好吗？ ＝虽说如此，不分家就会有很多土地，这样就会被匪贼盯上。而且税也重，也很困扰。

村里的摊款是按照地亩数来征收的吗？ ＝是的。

没有特别减少某人的摊款吗？ ＝没有。

以前由谁来决定？ ＝庄长、牌长。首事只协助庄长。

首事做什么工作？ ＝平时没有工作。

【牌的区分】牌是什么样的？ ＝有三牌。

各牌都有名字吗？ ＝东牌（以自己家西边的道路为界以东）、中牌（东牌以西至南北的村道）、西牌（中牌以西）。

以前就是这么规定的吗？ ＝是的。

【牌长】牌长怎么决定？ ＝各牌的人口头选举产生。

在哪选举？ ＝村公所。

牌长有任期吗？ ＝没有。

口头选举怎么进行？ ＝集合的人向庄长口头提出自己认为合适的人。被选举人数最多的就是牌长。

同族的代表者不能成为牌长吗？ ＝一直到民国十八年，都是同族间先商量出一个合适人选，再由同族的代表者告知给庄长。所以，各牌中有影响力的人推荐的人就会成为牌

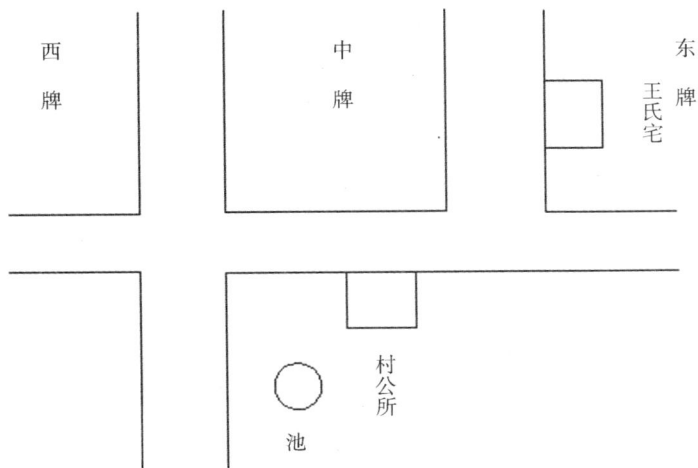

长。之后，变成各牌所有人集合在村公所进行选举了。

各牌有影响力的人都是什么姓？＝东牌的是马姓，中牌的是王姓，西牌的是魏姓。

民国十八年前的牌长分别是谁？＝东牌是马中怀，中牌是王有德，西牌是张万选。

东、中两牌的牌长大概都是马姓和王姓吗？＝是的。

牌是从清朝开始有的吗？＝是的。

其他村呢？＝不一样。

为什么会设置牌？＝以前本村人之间经常发生争执，所以分成三牌以避免纷争。

为什么发生争执？＝因为马姓比较强势，喜欢仗势欺人。

现在各姓之间也有对立吗？＝没有。

现在哪个姓最强？＝还是马姓。

【乡社】你在乡社担任过什么工作？＝管账。

记录每月的收支很忙吗？＝是的。

民国十年左右的社头是谁？＝马士超、李敬廷、王庆昌（自己）三人。我既是社头又是管账的。

每月在哪集合？＝自己家。

从何时起开始去马士超家了？＝民国十六年，我和马士超意见不合，就辞去了社头。之后就开始集合在马士超家了。

每月集在一起做什么？＝就是交会费。

马士超是好人吗？＝有点自大，因此和我意见不合。

社头要做什么事情？＝收集每月的会费，及准备第三年的发驾。

【金融】贷出会费时，由三个社头商量决定吗？＝三人商量，不允许一人独断。

利息是多少？＝每月三分。

这个计算麻烦吗？＝麻烦。

借款和利息都是在第三年一起还吗？＝分期还的人多些。

最高从社里借多少？＝以前一次五元。原则上借款不能超过三年会费的总额。如果以他人的名义借的话，能多借点。

但是，实际上也有借二十元的人，不是吗？ ＝也有这种事。

除此之外，乡社还有哪些规定？ ＝没有了。

本村乡社的社友只有本村人吗？ ＝是的。

会费由谁保管？ ＝社头。但是一般都没有剩余。当时就被借出去了。

借钱的人太多怎么办？ ＝借给早点申请的人。

村里有权威的人经常借吗？ ＝只要是社友都行。

会费都在第三年发驾时使用吗？ ＝全部使用，如果还有剩余就充为饭钱。

以前的乡社的账面还保存着吗？ ＝发驾时烧了。

一家人中有多少人可以成为社友？ ＝只要想加入，谁都能成为社友。

【泰山社】乡社还有别的名称吗？ ＝也叫泰山社。

除乡社以外还有什么社？ ＝碗社、饽饽社、三三社等。

【碗社】碗社是什么？ ＝七个左右的本村人一起出钱成立的。

社头呢？ ＝以前是王庆昌（自己），到去年为止是马士超。他去世后就是马常等人。

社友呢？ ＝马士超、马万同、王孟林、王文德、李敬廷、王立之等（根据之后马万年所说，社友还有更多。）

何时形成的？ ＝清朝起就有了。

你现在是社头吗？ ＝我现在和它没关系。

何时担任过社头？ ＝17 岁到 40 岁。一直到民国二十四年。

【碗社的作用】碗社的作用是什么？ ＝由上述社头、社友出钱购买碗、盘子和筷子等，婚礼或丧礼时借给需要的人。

收取使用费吗？ ＝收。

金额呢？ ＝根据数量而定。

借出去后被损坏了怎么办？ ＝赔钱。

这些东西放在谁家？ ＝以前放在我家，放在马常家。

一年大概能借出多少回？ ＝不一定。

社友出资多少？ ＝最初只需出五元。

分配利润吗？ ＝利润不用现金分摊，新年时每人能得到六元左右的饽饽（馒头）。

社的一年的利润大概是多少？ ＝不一定。多则五十元，少则二十元左右。

其他村也有碗社吗？ ＝有。

给其他村借吗？ ＝借过。那时会联络其他村的碗社，所以不收钱。（？）

本村只有一个碗社吗？ ＝六年前成立了一个新的，现在有两个。（？）

新碗社的社头和社友呢？ ＝社头是王福德，社友有十人左右。

有两个，不会困扰吗？ ＝不会，因为一个不够。

碗社的目的是什么？ ＝为了给村民提供方便和社友的利益。

对穷人也收取使用费吗？ ＝会便宜些。

碗社的社友在乡社也占有重要地位吗？ ＝是的，乡社的三社头都加入了。

有碗社的账面吗？　＝有，保长应该知道。

【馎馎社】馎馎社是什么？　＝每月存入二十钱，然后在小麦便宜时购入，提前存放在馎馎店。新年时让店里做成馒头分给社友。

有社头吗？　＝马春荣。

加入这个社的人呢？　＝我还在社里时，大概有四十人左右。

那些都叫社友吗？　＝是的。

谁都能成为社友吗？　＝是的。

规定了每多少斤麦要做多少个馎馎吗？　＝每一斤麦做一斤馎馎。一般自己做馎馎的时候，一斤麦做一斤二两馎馎。

那就亏了些吧？　＝也不是。

那二两怎么办？　＝馎馎的制作费。是馎馎店的利润。

这个有账面吗？　＝有。

谁拿着？　＝马春荣。

新年时能得到多少馎馎？　＝根据小麦的价格，有所不同。

社的存款借出给社友吗？　＝是的。

社友共同做礼拜吗？　＝不做。

这个社一年就结束了吗？　＝是的，得到馎馎就结束了。

其他村也有这种社吗？　＝有。

应答者　吴玉衡（保长）

【私塾、学校】本村的学校是何时建成的？　＝不清楚，大概四十年前。

以前是私塾吗？　＝是的。

何时变成现在这样的学校的？　＝不清楚。

你一直在村里吗？　＝是的。一直在，但是也忘记那些事了。

以前有多少学生？　＝从现在至二十五年前，我自己上学的时候大概三十人。

现在呢？　＝四十人左右。

一直就是三四十人左右吗？　＝是的。

女孩来学校吗？　＝一个女子也没有。

所以本村的女孩都不识字吗？　＝不识字。

在家也不教吗？　＝不教。

【月酬】以前你上学的时候，需要月酬吗？　＝有钱人要交，没钱的话不交也行。

现在呢？　＝现在也一样，只是有钱的就交。

学生交的钱用在什么地方？　＝老师的工资。

老师的工资是多少？　＝去年大概二百元左右。

二百元里也包含月酬吗？　＝是的。

二百元中，有多少是月酬？　＝全部是月酬。

村里不给老师发工资吗？　＝只在月酬不足时发。

这二三年间，有过月酬不足的时候吗？＝没有。

学校的设备由村里出吗？＝是的。

一年大概花费多少？＝去年大概三十元。

只有本村的孩子来上学吗？＝是的。

附近村子都有学校吗？＝是的。

那些学校的月酬也是老师的工资吗？＝是的。

周日休息吗？＝不休息。

为什么不休息？＝因为学生待在学校比待在家里好。

以前周日也不休息吗？＝是的。

上学从几点到几点？＝早上九点到日落。

现在的学校是何时建成的？＝不清楚，以前就有了。

是村里出钱建的吗？＝是的。

以前这里不是庙吗？＝不是。

【教员】老师由谁雇佣？＝由学校管理员马万凤决定。

现在的老师王贵三就是马万凤决定的吗？＝是的。

从以前就有学校管理员吗？＝是的。

谁选出来的？＝保长和甲长商量决定。以前是庄长和牌长商量。

本村大概有多少人是识字的？＝不清楚，基本上都懂一点。

县里给学校补助吗？＝没有。

其他村有区立、镇立的学校吗？＝没有，都是庄立的。

有今后县里会给补助的说法吗？＝有。

历任老师都是本村人吗？＝不是，也经常请外乡人。

请外乡人时，怎么能知道那个人善恶呢？＝如果是距离本村二十里左右的人，人品大概都清楚。

由本村人推荐吗？＝由本村有权威的人说的话，老师就会来。

王秀才经常推荐吗？＝是的，但是主要由学校管理员决定。

村里怎么给学校出费用？＝通过摊款。

年末会给老师送礼吗？＝五月和八月送礼。给些肉、面条和点心等。

现在的王贵三老师好不好？＝因为是本村人，所以很好。

从以前就没有学田[1]吗？＝没有。

其他村里有学田吗？＝不清楚。

上学要上几年？＝不一定，上得长的也有，早早结束的也有。

学生成绩要张榜吗？＝没有成绩簿。

有开入上一级的学校的学生吗？＝最近没有。

以前有过？＝以前有过少数。现在的地方从这儿毕业后，就进入了县里的职业学校。

---

〔1〕　译者注：学田是指书院和州县官办学校所用的田地，是我国封建社会学校教育的经济支柱。

本村有为村里做了善事而被旌表的人吗？＝没有。

【社会设施】有义仓[1]、义田[2]吗？＝都没有。

荒年时，村里的人互相帮扶吗？＝自己只考虑自己的事情。村里什么也不做。

平时不备荒年之需吗？＝不会。

一直没有吗？＝没有。

【资料】民国三十年度乡社收支一览表

（一）本一览表合计的结果显示，民国三十年度的收支不一致。如果从收入中贷款出去的话，那么收支一致或者收入更多也是理所当然的。但是事实却相反。不知道其中缘由。关于这点，我认为今后有必要对大宗负债者吴玉庆和马士超等的负债情况进行调查。

（二）表中整理的社友八十四号以下八名的保甲编号因没空检查所以暂时空缺。但是，好像还是本村人。

（三）乡社老账里，社友姓名、会费收入及贷款金额记载得很杂乱，所以笔者将其按照保甲番号排列，试着做了一年的合计。交纳金额栏的"其他"相当于借款的偿还。

（四）另外，因为民国三十年是闰年，所以征收了十三个月的会费。一个月六钱。提前交纳全年会费的话，就是十二个月的共七十二钱。

（五）

序号	姓名	保甲序号		交纳金额			社的负债额	备注（会费）
		甲	户	社 费	其 他	合 计		
1	吴玉庆	一	二	0.72 元	0.96 元	1.68 元	24.012 元	提前交清全年会费
2	吴志坤	一	三	0.78 元		0.78 元		分月交纳
3	吴赵氏	一	四	0.72 元		0.72 元		提前交清全年会费
4	吴志瑞	一	五	0.72 元		0.72 元	0.11 元	同
5	吴相合	一	六	0.78 元	1.52 元	2.30 元	1.50 元	分月交纳
6	吴玉衡	一	七	0.78 元	0.046 元	0.826 元	1.60 元	同
7	马 堂	一	八	0.72 元		0.72 元		提前交清全年会费
8	马 和	一	九	0.78 元	0.04 元	0.82 元		分月交纳

---

[1] 译者注：国家组织、以赈灾自助为目的的储备。

[2] 译者注：为赡养族人或贫困者而置的田产。

序号	姓名	保甲序号		交纳金额			社的负债额	备注（会费）
		甲	户	社 费	其 他	合 计		
9	马文三	一	十	0.78 元	0.02 元	0.80 元		同
10	李玉池	二	二	0.72 元		0.72 元		提前交清全年会费
11	吴志有	二	三	0.78 元	0.01 元	0.88 元	0.50 元	分月交纳
12	马万峰	二	四	0.78 元	0.62 元	1.40 元	1.00 元	同
13	马万香	二	五	0.72 元		0.72 元		提前交清全年会费
14	马万庆	二	六	0.76 元		0.76 元	1.50 元	分月交纳
15	吴相中	二	七	0.78 元		0.78 元		同
16	马吉祥	二	九	0.78 元	0.156 元	0.936 元	0.516 元	同
17	马 山	二	十	0.78 元		0.78 元		同
18	马万化	三	二	0.72 元		0.72 元		提前交清全年会费
19	马万岭	三	三	0.78 元		0.78 元		分月交纳
20	马万成	三	三	0.78 元	0.03 元	0.81 元		同
21	马万同	三	四	0.78 元	0.02 元	0.80 元		同
22	马万德	三	五	0.78 元		0.78 元	1.00 元	同
23	马万年	三	五	0.78 元	1.96 元	2.74 元	6.54 元	同
24	马春荣	三	八	0.78 元		0.78 元		同
25	马士信	三	九	0.78 元		0.78 元		同
26	马士礼	三	十	0.72 元		0.72 元		提前交清全年会费
27	王长庆	四	六	0.78 元		0.78 元		分月交纳
28	孟兆云	四	九	0.78 元		0.78 元		同
29	王官之	五	一	0.78 元	0.75 元	1.53 元	3.00 元	同
30	王立之	五	二	0.78 元		0.78 元		同
31	王益三	五	五	0.78 元	1.20 元	1.98 元	1.00 元	同
32	王金三	五	五	0.76 元		0.76 元	1.00 元	同
33	王崇之	五	七	0.78 元		0.78 元		同
34	王守之	五	八	0.78 元		0.78 元		同
35	王孟兰	五	九	0.78 元		0.78 元		同
36	王金第	六	四	0.72 元		0.72 元		提前交清全年会费
37	王金堂	六	五	0.72 元		0.72 元		同

序号	姓名	保甲序号		交纳金额			社的负债额	备注（会费）
		甲	户	社 费	其 他	合 计		
38	王正德	六	七	0.72 元		0.72 元		同
39	王保干	七	三	0.06 元		0.06 元		只交一月社费
40	李存功	七	五	0.78 元	0.02 元	0.80 元		分月交纳
41	李存义	七	六	0.72 元		0.72 元		提前交清全年会费
42	李芳亭	七	八	0.78 元	0.14 元	0.92 元	0.14 元	分月交纳
43	李盛堂	七	九	0.72 元		0.72 元		提前交清全年会费
44	李玉亭	八	一	0.78 元		0.78 元		分月交纳
45	李华亭	八	三	0.72 元		0.72 元		提前交清全年会费
46	魏金生	八	四	0.78 元		0.78 元		分月交纳
47	王清河	八	五	0.70 元		0.70 元		同
48	王清江	八	六	0.72 元		0.72 元		同
49	张洪烈	九	二	0.78 元		0.78 元	0.30 元	同
50	王金增	九	八	0.72 元		0.72 元	7.00 元	提前交清全年会费
51	刘玉田	九	十	0.72 元		0.72 元		分月交纳
52	刘玉兰	九	十	0.78 元		0.78 元		同
53	刘长富	十	一	0.72 元		0.72 元	1.36 元	提前交清全年会费
54	刘长贵	十	二	0.72 元	0.96 元	1.68 元	3.36 元	同
55	田金荣	十	三	0.74 元		0.74 元		分月交纳
56	田金生	十	四	0.74 元		0.74 元		同
57	田金文	十	五	0.78 元	0.062 元	0.842 元	0.30 元	同
58	田振湖	十	六	0.78 元	0.02 元	0.80 元		同
59	王其德	十	八	0.72 元		0.72 元		提前交清全年会费
60	王金生	十	九	0.78 元	0.06 元	0.84 元		分月交纳
61	王福春	十	十	0.78 元		0.78 元		同
62	王金贵	十一	四	0.78 元	0.862 元	1.642 元	2.556 元	同
63	王金祥	十一	五	0.72 元		0.72 元	2.00 元	同
64	马士超	十一	八	0.78 元	4.107 元	4.887 元	19.140 元	同
65	马中玉	十一	九	0.38 元		0.38 元		同（七月后未交）
66	马振芳	十一	九	0.30 元		0.30 元	0.50 元	同（六月后未交）

续表

序号	姓名	保甲序号		交纳金额			社的负债额	备注（会费）
		甲	户	社 费	其 他	合 计		
67	马振岳	十一	九	0.78 元	0.04 元	0.82 元		同
68	吴玉华	十一	十	0.77 元		0.77 元		同
69	吴志成	十一	十	0.72 元		0.72 元		提前交清全年会费
70	吴志顺	十二	一	0.78 元	1.065 元	1.845 元	3.18 元	分月交纳
71	马士林	十二	三	0.78 元	0.58 元	1.36 元	8.50 元	同
72	张万海	十二	四	0.78 元	0.844 元	1.624 元	5.00 元	同
73	马士路	十二	六	0.78 元		0.78 元		同
74	王金庆	十二	九	0.78 元	0.02 元	0.80 元		同
75	马士才	十二	十	0.24 元		0.24 元		同（五月后未交）
76	马士中	十三	一	0.78 元		0.78 元		同
77	马士达	十三	一	0.78 元		0.78 元	0.20 元	同
78	马兴刚	十三	二	0.76 元		0.76 元		同
79	吴玉林	十三	三	0.72 元		0.72 元		提前交清全年会费
80	马 起	十三	四	0.78 元	0.33 元	1.11 元	2.80 元	分月交纳
81	马凤义	十三	四	0.78 元	0.12 元	0.90 元	3.80 元	同
82	吴玉兰	十三	四	0.78 元	0.244 元	1.024 元	1.026 元	同
83	吴玉生	十三	五	0.78 元	0.23 元	1.01 元	0.20 元	同
84	王允之			0.78 元	1.16 元	1.94 元	1.00 元	同
85	王俊合			0.78 元	0.04 元	0.82 元		同
86	王福庆			0.78 元		0.78 元		同
87	王恒德			0.78 元	0.25 元	1.03 元	0.10 元	同
88	王金木			0.76 元		0.76 元		同
89	王金见			0.72 元		0.72 元		提前交清全年会费
90	马金名			0.78 元		0.78 元		分月交纳
91	吴小高						4.50 元	不交会费
	合 计			66.39 元	18.576 元	84.996 元	110.24 元	

6月2日

碗社 饽饽社 赌博

应答者 马万年（甲长）

地 点 村公所

【碗社】与你相关的碗社是何时形成的？ ＝民国二十八年十月。

谁发起的？ ＝以我和马常为中心，我们再去劝社友加入。

社头是谁？ ＝马常和我两个人。

【出资者】出资者有多少人？ ＝二十二人。

（从马万年处借阅的碗社簿上，记载着出资者姓名和金额如下。）

吴玉庆	一元	吴玉衡	一元
马起	一元	马山	二元
马万岭	二元	马万化	二元
马万年	一元	马万峰	一元
范西河	一元	马士才	一元
马常	一元	马士林	一元
吴志成	一元	马振生	一元
马万同	二元	马中信	一元
马春荣	二元	马瑞图	二元
张鸿烈	一元	马振芳	一元
马士超	一元	王金生	一元
总共	大洋	二十八元 整	

是因为之前王庆昌等的碗社没了，才有了你的碗社吗？ ＝是的。

这次好像是以马姓为中心形成的，为什么？ ＝没什么原因。

出资金有一元、二元的区别，为什么？ ＝穷的人就出一元，情况好点的就出二元。

出一元和出二元的利润分配不一样吗？ ＝两者都一样，没什么差别。

【备付器物】用出资金购买什么？ ＝这个写在碗社簿上。主要是买碗，还有盘子、笼子、筷子、账簿等。

（附记：碗社簿的记载如下）

买碗	支洋二十一元
盘费	支洋七毛四分

制笼   三个 ⎫
川盘   二个 ⎬   共洋 六元
花筐   一个
筷子   支洋 一元
共洋   二十八元八毛

以上器物平时都放在哪儿？＝放在马常那儿。

【借出】把东西拿到想要借的人家里去吗？＝是的。社头或者社友随时都能拿去借。

【租赁费】一次多少租赁费？＝按照租借的器物数量而定。

碗社簿上记着每次借出的情况吗？＝是的。

碗社簿写着下面这些内容，是什么意思？

出赁（民国二十九年）

五月七日   王金堂   一元二毛   马常支碗钱二毛
                              范清河支洋一元

六月四日   马万成出碗洋一元四分
                              马士才支洋五毛

（无了黑碗一个合洋一毛）
                              马凤阁支洋六毛四分

九月十七日   小刘庄出碗洋二元   马万年支洋七毛
                              吴玉军支洋七毛
                              吴之成支洋六毛

九月二十七日 马士才出碗六毛   马振芳支洋六毛
              马山出碗一元   马万年支洋五毛
                              张洪烈支洋五毛
                              （后略）

（右上栏写着借东西的人和租赁费，下栏写着从社借用租赁费的社友的姓名和金额。）

没有社友借怎么办？＝诸如"十一月十九日   马凤林出碗   马常存洋一元"，写着存洋云云，保管在社头处。

【社金的借贷】社友可以自由借贷社里的钱吗？＝是的，社里有钱时，跟社头说一下就随时能借。

有利息吗？＝每月二分。

借款何时还？＝年末合着利息一起还。

碗社簿里没有记载各人的年末还债金额，记在其他地方吗？＝没有，不记在账簿也能马上计算出借款和利息。

每年的收益怎么办？＝年末用它买馒头（饽饽）分给社友。

这个正月得到多少？ ＝一斤饽饽。

社友都是本村人吗？ ＝是的。

碗也借给外村人吗？ ＝是的，前年分别借给小刘庄、孙庄一次，去年借给铁匠庄一次。需要时随时能借。

碗社是何时起出现在村里的？ ＝从以前就有了。

村民觉得碗社怎么样？ ＝觉得很方便。

社友有共同的信仰吗？ ＝没有。

社友偶尔集合在一起吗？ ＝不会。

【饽饽社】现在饽饽社的社头是谁？ ＝马春荣。

马春荣好像还很年轻，怎么成为社头的？ ＝这个正月，他变成了发起人，劝诱社友，所以自然而然就成了社头。

以前本村有饽饽社吗？ ＝以前没有。今年开始出现的。

（附记：关于饽饽社的沿革和内容，他的话和昨天王庆昌说的有不一样的地方。等日后查明）

今年为什么提出设立饽饽社？ ＝因为村民越来越穷，感觉到正月买馒头（饽饽）都有困难，所以大家提前凑钱，以免正月为难。

【社友、会费】现在有多少社友？ ＝三十四人。

会费多少？ ＝一会（一口）三元，一人可以申请几个会。

（附记：马春荣保管的账簿上记载着各社友的出资额如下）

社友姓名	出资金额	口数（会数）	社友姓名	出资金额	口数（会数）
马春荣	18元	6会	吴长庆	9元	3
马 起	3元	1	吴士成	3元	1
王少文	9元	3	马振荣	3元	1
魏金台	3元	1	吴长峰	3元	1
马士林	6元	2	长兴刚	6元	2
张洪烈	6元	2	马中信	3元	1
王文清	3元	1	马万年	3元	1
马 常	9元	3	马万香	3元	1
王金贵	6元	2	马振东	3元	1
马万岭	6元	2	马凤义	3元	1
马士信	9元	3	马瑞符	3元	1
马士才	4.5元	1.5	马万成	3元	1
刘长富	3元	1	马万同	3元	1

社友姓名	出资金额	口数（会数）	社友姓名	出资金额	口数（会数）
玉金皆	12 元	4	玉金生	3 元	1
玉清容	3 元	1	马山	6 元	2
马天祥	6 元	2	马士礼	3 元	1
吴门赵氏	3 元	1	他不明	12 元	4
马万峰	3 元	1	计	184.5 元	六十一会半

社费何时收集？＝今年正月早早地收集了。

由谁保管？＝马常和马春荣两个社头保管。

【社金的贷出】从借阅的饽饽社账簿来看，正月十二日之前，社友的借款非常多，为什么？＝因为赌博（叫看牌）。

（账簿中记载的社友负债的例子）

○马万年

（收）　　　　　　　　　　　　　　　　　（欠）

正月初五日　　收洋七元　　　　　　正月初三日　　欠洋九毛

同　初十日　　收洋一元　　　　　　同　初四日　　欠洋一元五毛

同　　　　　　收洋七元　　　　　　同　初六日　　欠洋二元五毛

同　初七日　　欠洋三元

同　初八日　　欠洋十元

同　初九日　　欠洋三元

同　十一日　　欠洋五元

同　十二日　　欠洋八元九毛

　　　　净　　　　欠洋　　二十六元一毛

○王金升

（收）　　　　　　　　　　　　　　　　　（欠）

正月初五日　　收洋四毛　　　　　　正月初三日　　欠洋一元三毛

同　初六日　　收洋一元六毛　　　　同　初四日　　欠洋八毛

同　初九日　　收洋五元五毛　　　　同　初五日　　欠洋一元六毛四分

同　　　　　　收洋二元　　　　　　同　　　　　　欠洋五毛

同　初十日　　收洋九元一毛　　　　同　初七日　　欠洋一元五毛

同　十一日　　收洋五元　　　　　　同　　　　　　欠洋四毛

同　十二日　　收洋二十五元　　　　同　初八日　　欠洋十一元二毛

　　　　　　　　　　　　　　　　　同　初十日　　欠洋五毛

　　　　　　　　　　　　　　　　　同　初十日　　欠洋二十三元

同　十一日　　　欠洋五元
同　十二日　　　欠洋十一元七毛
净　　欠洋　　　　八元九毛四分

（如上记载，正月十二之前，社友频繁借入社费。由于记载各人的收洋欠洋过于繁琐，以下只根据账簿的计算列举出正月十二之前社友的收洋欠洋情况。其中不包含各人的社费交纳额。除此之外，还有借入金额和还款额的抵销。）

社友姓名	正月十二 现在的剩余负债额	社友姓名	正月十二 现在的剩余负债额
马万年	26.10 元	张洪烈	2.50 元
马万科（马士林之子）	（超付 1.13）	吴志有 ×	3.00
王金升	8.94	王俊岭 ×	5.30
马万成	83.60	马文三 ×	31.00
马士才	1.32	吴玉庆	45.60
马兴刚	0.43	李文堂 ×	0.50
刘玉田 ×	2.20	李盛堂 ×	23.80
马春荣	4.80	吴香中 ×	1.50
马万同	22.70	马凤阁 ×	17.22
马凤义	4.70	马会拜 ×	13.12
马士林	19.30	马万岭	20.00
王金祥 ×	2.00	刘长富	7.70
马士礼	0.85	马万香	8.00
李金唐 ×	3.50	合计	262.35
马云拜 ×	2.70		
张洪庆 ×	1.50		
李心亭 ×	0.60		

（注）×印表示不在前面交纳会费的社友名单之列。是否是社友以外的人的负债，有待日后调查。

【赌博】正月可以赌博（看牌）吗？＝历年到正月十五都是允许的。

本村也把看牌当作正月里的乐子吗？＝喜欢的人非常期待。

看牌要用什么道具？＝纸牌。

只有饽饽社的人看牌吗？＝不是，村里所有喜欢的人都会看牌。

博博社的社友都看牌吗？ = 不是全部，也有不看牌的。

看牌多是在哪家进行？ = 不一定，社友多聚在马春荣家。

不是社友也来马春荣家吗？ = 也有人来。

怎么看牌？ = 四人一组，马春荣家一次可以容得下六组左右。

看牌是白天还是晚上进行？ = 早、中、晚连着进行。

为什么账簿上各人的欠洋日期下写着上午、下午、夜？ = 意思是在上午、中午、下午的赌博中输了，然后向社里借钱。

看牌一天的输赢大概是多少？ = 不一定，输得多的能输二十元左右。

【头钱】看牌时要给主人家钱吗？ = 是的，要将赢的一成给那家人。

这个钱叫什么？ = 头钱。

在马春荣家赌博时，头钱就成了他的收入吗？ = 不是，是饽饽社的收入。

今年正月，饽饽社的头钱收入是多少？ = 我觉得有一百元以上。

为什么账簿上没有出现头钱收入？ = 应该是包含在社的收入之内。

十二日现在的贷款合计为三百六十二元多，这个资金是什么钱？ = 除了会费收入，还包含头钱。

看牌输了的人，当场就用现金结算吗？ = 是的。

社友从社里借的钱何时还？ = 年末之前。

利息呢？ = 每月二分。

应该是十二月的何时还？ = 到了十二月以后，就要尽早还清。

年末收集钱后做什么？ = 因为现在的饽饽社是今年成立的，所以还没有处理过会费，但是应该到了十二月中旬就会向城内的饭馆订购饽饽。

昨天王庆昌说，他之前做过的饽饽社在小麦便宜时购入，然后将其托给小铺到年末做成饽饽分发给社友，现在的饽饽社不这样做吗？ = 现在不那样做了。

发饽饽时，是按照社费出资额的多少来决定数量吗？ = 是的，三元一会，按照每会多少的比例分发饽饽。

不分配现金吗？ = 现在没有分配现金的说法。

别村也有饽饽社吗？ = 有。

他们一般是分发饽饽还是现金？ = 不是很清楚，但是好像也有分现金的地方。

【饽饽社的目的】饽饽社主要以分发饽饽为目的还是看牌？ = 目的是为了给社友分发正月所需要的饽饽，看牌不是主要的目的。

除了看牌借钱外，社里的钱在必要时也能借吗？ = 是的，也有人因此借钱。

但是昨天借阅的账簿上好像没有记载这一点？ = 这个应该是蛇头记着的吧。（附记：本来打算向社头马春荣确认这一点，但是他不在，所以没能确认）

计算年末收支，再将饽饽分给社友后，饽饽社就结束了吗？ = 是的，一般情况下，一年结束后再从正月重新开始。

外村的饽饽社也看牌吗？ = 好像基本都看牌。

6月3日

前夏寨庄概况　社

应答者　王长明（前夏寨庄保长，46岁）
地　点　王长明家

（前记为在调查村后夏寨庄的调查内容，作为比较调查，今天将赴邻村前夏寨庄做同村调查，特别是就社的情况。本村近邻后夏寨的西边。）

【前夏寨概况】本村的户数是多少？＝一百一十户。

人口呢？＝约六百人。

和邻村后夏寨相比，哪个历史比较悠久？＝不清楚。

后夏寨有从本村分离出去的吗？＝据说以前本村王姓移居到了后村，其他人没有从本村分离出去的。

村里有多少土地？＝二十八顷。

主要的作物呢？＝棉花、落花生、粟、玉米等，和后夏寨一样。

有人自己不耕种所有地而借给他人的吗？＝没有。

有人借他人土地耕种吗？＝没有。

一个人也没有吗？＝是的。

村有边境吗？＝没有。

保长在职多少年？＝我从十年前担任庄长，变成保甲制度后继续担任保长。

除保长外，还有什么人是与村政相关的？＝副保长一人，甲长十人。和他们商量决定村里的事情。

村里有公有地吗？＝只有庙基和学校用地，其他的没有了。

以前，有惯例从王姓、柴姓等有权威的人中选出乡长吗？＝没有。

【公看义坡】本村有青苗会吗？＝没有。

以前就没有吗？＝是的。

村入口的墙壁上写着公看义坡，现在也在实行吗？＝是的，现在实行着。

从以前就开始公看义坡了吗？＝很久以前没有农作物受害，所以没有义坡的必要性。公看义坡大约是从十年前开始的。

公看义坡是县命令实行的吗？＝不是，村里自发的。

采用什么方法？＝村民去自己地里耕作时，也要照看他人的土地，如果发现小偷就要集合村民抓捕。

除此之外，还有村民义务照看土地的情况吗？＝没有。

【对偷作物之人的罚金】对偷农作物的小偷有惩罚措施吗？＝夜间的小偷罚五元，白天的小偷罚三元。

罚金与被害作物的多少没关系吗？＝没关系，一律是三元或五元。

罚金属于谁的收入？＝发现小偷的人。

抓到过小偷吗？＝没有。（？）

实际上没有小偷吗？＝没有。

只要村民随意注意一下别人的田就够了吗？＝只要那样就行。

【与外村的联络】会联络外村义坡吗？＝直到数年前，前夏寨、后夏寨、管庄、孙庄、铁匠庄还联络着义坡。

怎么联络？＝与别村土地混在一起的人自己联络，如果有小偷的话，就与别村人共同抓捕。

除此之外，没有特别的共同义坡了吗？＝没有。

相关村子会共同出人到处巡视吗？＝不会。

公看义坡要花什么经费吗？＝因为是随意进行，完全无须什么费用。

【打更】有在村街巡夜的吗？＝现在有。

从以前就开始了吗？＝是的。

这叫什么？＝打更。

现在每晚多少人出去打更？＝三十人。

什么样的家庭要出打更的人？＝拥有六亩以上土地的家庭按顺序进行。

五亩以下的不用出人吗？＝没必要。

有记载分配的账簿吗？＝账簿没有，但是有名牌，马上就能知道顺序。

打更有规定吗？＝没有。

有轮到打更又不去的人吗？＝没有这种人。

怎么巡视？＝将三十人分为三组，每组分别在村的东、中、西巡视。

打更的时间呢？＝晚上九点到第二天早上，每组十人又被分为每五人一组，在凌晨一点换班。

全年都要打更吗？＝是的。

收获期忙的时候也要打更吗？＝是的。

和其他村打更的有联系吗？＝不怎么联系。

村里会为了打更出钱吗？＝什么也不出。

【乡社】本村有乡社吗？＝有。

以前就有吗？＝我小时候就有了。

乡社是以什么为目的进行的？＝每三年一次打醮。

什么叫打醮？＝就是念经文祭众神。

祭什么神？＝泰山娘娘。

那么，乡社不叫泰山社吗？＝也叫泰山社。

【社头、社友】社里有社头吗？＝柴金喜和王文先两人是社头。

现在有多少社友？＝我觉得大概有六十人。

【会费】社友交会费吗？＝交，每月十钱。

去年怎么样？＝去年也和今年一样。

社里有账簿吗？＝有，旧的烧了，所以没有。

【借出社金】会费的存款会借给社友吗？＝会。

要利息吗？＝每月三分。

下一次打醮是何时？＝明年。

【发驾】那时做纸驾盛放泰山娘娘的画像去烧吗？＝是的。

这叫什么？＝发驾。

在哪儿发驾？＝村东。

打醮和发驾做几天？＝在正月上旬做三天。

这三天都做什么？＝每天道士要念经，村民要做礼拜，然后在村东烧纸驾。

社友一起吃饭吗？＝三天都一起吃饭。

道士从哪儿请来的？＝就在本村。

三天的打醮和吃饭会花很多钱吧，会费足够吗？＝只用会费的存款。

【太阳社】据后夏寨村民说，本村好像有太阳社，是吗？＝现在没有了，几年前有。

为什么现在没有了？＝因为与此相关的老人渐渐变少了，所以就没做了。

要做什么呢？＝二月一日祭拜太阳。

怎么祭拜？＝当天早晨祭拜太阳从东边升起，那时要烧纸驾。然后一整天都要拜太阳，日落时发驾，祭拜太阳从西边落下。

一天就结束了吗？＝是的。

对参加者有限制吗？＝村民都能参加。

做礼拜、发驾必要的钱谁出？＝由村公所支出。

当日的参加者一起吃饭吗？＝不一起吃饭。

【三三社】本村有三三社吗？＝以前一直有，五年前开始没有了。

在哪儿祭祀？＝本村的真武庙。

怎么祭祀？＝村民集在庙里，向真武的牌位叩头，这时道士还会念经。

发驾吗？＝是的，做纸驾然后在村的西边焚烧。

祭祀时不演戏吗？＝不演戏。

吃饭呢？＝祭祀时，村民们不会一起吃饭。

必要的经费由谁出？＝村公所支出。

【饽饽社】有叫饽饽社的吗？＝没有。

以前呢？＝以前本村也没有。

正月时，必要的饽饽从哪来？＝因为本村分发饽饽，所以感觉不需要饽饽社。

那么，各户随意购买吗？＝是的。

村民在正月里赌博吗？＝是的。

有专门为了赌博的社吗？＝没有。

【碗社】本村有碗社吗？＝有。

只有一社吗？＝是的。

社头是谁？＝柴金喜。

他也兼任乡社的社头吗？＝是的。

他是村里有权威的人吗？＝因为拥有八十亩土地，很有势力，而且也值得信赖。

社友有多少人？＝我不在其中，所以不清楚。我想大概四五人吧。

各人的出资额是多少？＝我不是社友，所以不知道。

什么人成为了社友？＝因为社友要拿着碗去别人家，有时还要帮忙做饭，所以上流人家不会成为社友。多是中流以下的人。

主要是给本村村民借碗吗？＝是的。

使用费多少？＝根据碗数来定。

碗社的收益怎么处置？＝好像用现金分配。

年末会买馒头分给大家吗？＝不这样做。

社友借社里的钱吗？＝不是很清楚，好像没有这样的事。

【关帝庙的祭祀】除此之外，村里还有什么祭祀？＝关帝庙的祭祀。

何时进行？＝阴历六月二十四日。

什么样的祭祀？＝不是很盛大的祭祀，只是请道士念经，村民随意集在一起上供焚香叩头而已。

白天就结束了吗？＝是的，只有保长、甲长比一般村民留到后面做礼拜。

留到后面会吃饭吗？＝不会。（？）

这个祭祀的费用哪来？＝村费开支。

求雨怎么做？＝在关帝庙进行。

不到县东边的河流取水吗？＝本村只在关帝庙做礼拜、读经。

关帝庙的祭祀有什么特别的名字吗？＝没有。

【请会】村民需要钱时，请会吗？＝本村没有。

那需要钱时怎么办？＝自己想办法。

主要有哪些办法？＝出典土地，或者找个人借钱。

将朋友聚在一起，找他们借钱吗？＝不做那样的事。

【红枪会】本村有以前红枪会的会员吗？＝有。

大概多少人？＝三十人左右。

你是会员吗？＝我不是。

那个和现在的保甲自卫团不一样吗？＝不一样。

他们是怎么成为会员的？＝受了老师的教导成为会员。

老师是哪里人？＝从德平县（德县的东边）来的。

和后夏寨的人同时成为会员的吗？＝是的。

会员平时做什么？＝每晚集在一起做礼拜。

会员以相同的信仰聚在一起的吗？＝是的。

本村会员中，信仰特别浓重的是谁？＝以魏庆春、柴金庆、王上林三人为主。

有年轻人新加入信仰的吗？＝少。

保卫村子时，会员是中心人物吗？　=那时也有会员出来，但还是以自卫团为中心的。

【同族】本村主要的姓是什么？　=王姓二十户、柴姓二十户、李姓十七户、刘姓、孙姓、贾姓有若干。

各姓都是同族吗？　=王姓和柴姓是同族。

族里有族长吗？　=不叫族长，叫"大辈"。

【扫墓】大辈要做什么？　=正月初二带领着同族去扫墓（上坟），另外，仲裁同族间的不合。

正月初二扫墓时，同族共同前往的是何姓？　=王姓和柴姓。

同族一同扫墓不叫什么会吗？　=没有特别的名字。

不叫宗祖会吗？　=没有这个名称。

扫墓后，同族一起吃饭吗？　=不。

给同族人发馒头吗？　=不发，只是同族一起扫墓。

扫墓时必需的香和纸钱共同购买吗？　=因为各自带着，所以没必要共同出钱。

同族间的人尤其互相帮助吗？　=不是。

【牌】本村以前被分为牌吗？　=被分为了三牌。

三牌分别叫什么？　=东牌、中牌、西牌。

这是根据村街的区域划分的吗？　=是的。

各牌有牌长吗？　=有。

牌长的工作呢？　=协助乡长征收各牌的摊款。

相当于现在的甲长吗？　=是的。

牌长怎么选出来的？　=牌的各户口头选举。

牌从何时有的？　=很久以前就有了，具体时间我不是很清楚。

家　族　篇

1942 年 5—6 月

(华北农村惯行调查资料第 71 辑)

家族篇第 10 号　山东省恩县后夏寨
　　　　调查员　内田智雄
　　　　翻　译　达光、张庆普、隋傅绥、杨立勋

5 月 17 日

村庙　年度节庆　同族的坟

应答者　王贵三（35 岁，教师）
　　　　王金堂（44 岁，农民）
　　　　魏继平（75 岁，农民）

【村庙】这个村里有几个庙？ ＝四个。

叫什么？ ＝镇武[1]庙、菩萨庙、土地庙，以前还有龙王庙，现在只剩下残骸了。

龙王庙什么时候没有的？ ＝二年前。

因为没有修理吗？ ＝是的。

庙的修理在村里进行吗？ ＝是的。

费用从简，人力就是村里的人吗？ ＝费用从简，雇人修理。

【镇武庙】镇武庙的祭日是何时？ ＝三月三日。

有哪些活动？ ＝用纸做神轿，其中安置神像，过午在村中游行，村民都要出来迎接祭拜。

放入什么神？ ＝镇武大帝。

镇武大帝是什么神？ ＝平安神。

还知道更详细的吗？ ＝不知道。生病时就会去祭拜。

村中游行有什么意义？ ＝为了给神供奉大量的香火。

---

〔1〕　译者注：原文如此。疑为"真武"，指汉族神话传说中的北方之神，属于道教神灵体系。

这样的话，和以前去庙里朝拜没什么不同啊？＝村里人上午去朝拜，村中游行主要在下午。

是为了村里的平安才村中游行的吗？＝是的。

抬神轿的是什么人？＝没规定，任何人都行。

【菩萨庙】菩萨庙的祭日呢？＝二月十九日，一年一次。

有哪些活动？＝也做神轿，但是不游行，村中的女善人会来念经。

村里有道士吗？＝没有。

只有女人念经吗？＝是的。

男人不朝拜吗？＝不朝拜。

为什么？＝菩萨只有女的。

观音菩萨是什么样的佛？＝是慈悲之神，把人类当作自己的孩子，救人类于不幸之中。

【土地庙和城隍庙】土地庙的祭日呢？＝人死就会去报庙。没有特别的祭日。

土地神是什么样的神？＝收灵魂的神。

土地的神为什么是收灵魂的神呢？＝收走灵魂送去城隍庙。

哪里的城隍庙？＝城内。

城隍庙只县里有一个吗？＝是的。土地神每村有一个。

土地神和城隍神有什么关系？＝城隍神命令土地神去取人命，取不回就是土地神的责任。

所以土地神就是取人命的坏神吗？＝是的。

城隍神也是坏神吗？＝神不分善恶，由于职务的原因也没办法。

土地神的任务只有这个吗？＝是的。

【五谷神】不是五谷神吗？＝不是。

没有五谷神吗？＝没有。龙王降雨的话，五谷就会丰收。

像中国这样以农为本的国家，为什么没有五谷神呢？＝东关有五谷庙，那里有五谷神。

五谷神是五个人吗？＝一个。

叫什么？＝五谷娘娘。

为什么村里没有，而在城内？＝五谷庙在县内的东关有一个。原因不清楚。

【祈雨和龙王】龙王只是请雨的神吗？＝是的，大旱时就会拜龙王请雨。

怎么做？＝早中晚各一回。发三封文书（烧）。

文书怎么写？＝

求

龙王爷爷神灵、现今天旱日久不雨、众人等求神灵气、如三日以外五日以内降下大雨、修醮三天、诚心还愿读吗？ ＝不读。

请雨的司祭是谁？ ＝没有规定一定要是谁。

不是村长或者辈分大的人吗？ ＝不一定，品行好的人会成为发起人。

只发三通文书吗？ ＝取水。

去哪？ ＝张庄，有二十里。

为什么去张庄？ ＝本来是去赵王河（县志里叫马颊河），但现在都说去张庄。

大概几个人去？ ＝人数没有限制。敲着铜锣打着鼓去。

一般是几个人？ ＝七八十人。

水用什么取来？ ＝罐子。

只有水吗？鱼等呢？ ＝罐子中插入柳条。

回来后怎么办？ ＝将罐子放在神像前，五日以内，不管下不下雨都要将神像放回原位。

念经吗？ ＝下雨的话就会念经，不下雨也不会还愿，所以不念。

【龙王庙】没有龙王庙的祭日吗？ ＝六月二十三日。

这和请雨不是同一天吗？ ＝是的。

请雨叫什么？ ＝祈雨。

六月二十三日做什么事情？ ＝上供、烧香、烧表。

烧表是什么？ ＝烧黄表，不写什么字。

有固定负责庙里祭祀活动的人吗？ ＝没固定。

【村庙的祭祀】那么，任何庙的祭祀都是由品行好的人随意弄一下吗？ ＝是的。

所以祭日也要工作，不做吃的，不穿晴衣吗？ ＝是的。

【城隍庙】城隍庙不是县城的守护神吗？ ＝是监督村里的土地神的神。

【村庙的信仰】村里四个庙中，哪个是村里人最信仰的？ ＝都一样。

那么为什么不修缮龙王庙，而任其破败？ ＝因为家家生活都很困难，没有闲情来修缮。

【村的来历】这个村很久以前是从哪里来的？ ＝山西洪洞县。

什么时候的事情？ ＝不知道。

你知道为什么要过来吗？ ＝很久以前，红头苍蝇杀死了所有山东人，所以从山西过来了。

【村内姓氏】村里最老的姓是什么？ ＝韩。现在没有子孙了。

仅次于韩的呢？ ＝张、王、李、赵都是一起迁过来的。

所以韩是在他们之前就来了是吗？ ＝韩叫老庄，不是从别处来的。

韩姓有坟吗？ ＝有，在村南。

没有人去祭拜吗？ ＝没有。

那些坟的土地归谁所有？ ＝除了坟，周围的土地都被卖了，刘姓所有的。

韩姓何时消失的？ ＝十四五年前。

都死完了还是搬走了？ ＝死完了。

【关于村名】这个村以前就叫后夏寨吗？ ＝是的。

以前，夏不是写作下字吗？ ＝以前两个字是一样的，所以写哪个都行。

意思完全不一样吧？ ＝因为音相同。

庭院的钟上有下字，这个不正确吗？

（大清国山东东昌府高唐州恩县城西南二乡九图后下寨，乾隆五十年四月二十日造。白衣堂前铸钟一口重二百斤。）

钟上的白衣堂是指观音堂吗？ ＝是的。

为什么有夏寨的寨字？ ＝不知道是什么时候，有兵队在这里驻屯过，因此有前面安营、后面下寨的说法。

是什么意思？ ＝先安兵营后置寨。

既然有过兵营，县内有叫营和屯的吗？ ＝寨也有兵营的意思。

村里有营、屯、寨，有什么不同吗？ ＝没什么区别。

先前看见了土地庙，钟铭上有玉皇庙，那个是哪里的钟？ ＝以前土地庙东边有总神庙，没有玉皇庙。

那个铭文上写着康熙二十年、恩县夏寨。 ＝那是总神庙的钟。

【宅神】每家都供奉着宅神吗？ ＝有些家有，有些没有。

宅神是什么神？ ＝保佑一家平安的神。

真正的名字是什么？ ＝不知道。

还有其他名字吗？ ＝没有。

【灶神】在哪里供奉灶神？ ＝每家都有。

这是什么神？ ＝厨房之神。

仅此而已吗？ ＝仅此而已。

年末到天上向玉皇报告人的善恶的不是这个神吗？ ＝除此之外，还是注视着一家人善恶的神。

【年度节庆、一月——拜年】正月初一做什么？ ＝过春节。要拜年。正月初一只给本村人拜年。二日以后去给远方亲戚拜年。

不去族长家里拜年吗？ ＝正月初一去。

怎么拜年？ ＝先向祖先叩头，按辈分顺序叩头。

祖先就是家谱吗？ ＝是家谱。没有家谱的就拜神主。

就在自己家里进行吗？ ＝是的。

在哪里按照辈分顺序叩头？ ＝同族家里。

那是挨家挨户的意思吗？ ＝是的。

挨家挨户按照辈分顺序去拜年的意思吗？ ＝并非一定如此。一家人时也按照这家的辈分叩头。

这时，比自己辈分小的人怎么做？ ＝向比自己辈分大的人叩头，辈分小的人向自己叩头。

同族人一起去给族长拜年吗？ ＝不是，各去各的。

拜年时，同辈怎么做？＝向年长的人叩头，晚辈给自己叩头。

【放灯】十五日元宵做什么？＝晚上放灯。各自放灯，也有人拎着灯笼上街去耍。

做什么吃的？＝白天吃饺子，晚上和平时一样，不做汤圆。

放灯是什么意思？＝不知道。

十六日做什么？＝什么也不做。十六日以后年就过完了。

你知道走百病吗？＝知道。城内有走百病，城外没有。就是散步可以祛除病害。

【打囤】二十五日干什么？＝打囤。从灶里取灰撒在庭院里，描绘成囤和梯子的形状，中间撒些粮食让鸡去吃。意为祈祷丰年。

除了打囤，还有其他名字吗？＝没有。

不叫填仓吗？＝不这么叫。

不吃枣糕吗？＝不吃。

吃面条吗？＝不吃。

你知道铁绳子这个词吗？＝以前有，现在没有了。因为没有制钱了。

你知道棉花叶这个词吗？＝不知道。

什么时候吃枣糕？＝早晨。

没什么寓意吗？＝没有。

这个月还有其他活动吗？＝没有。

大家都有皇历吗？＝有些家没有，有些家有。

相信皇历下栏写的忌嫁娶、忌开仓等凶吉吗？＝相信。结婚等时就要按照这个选吉日。

【二月——打双囤】二月有些什么活动？＝二月初二打双囤。打两层囤。

是什么寓意？＝和打囤时的方法一样，还是祈祷丰年。

还有其他的吗？＝没有。

二月初一呢？＝这个村没有。初一各村庄有接送太阳之举动（县志俗上如此记载）。

【寒食节】有寒食节吗？＝上坟祭祖。清明节的两天前。

【清明节】清明节怎么过？＝午后上坟祭祖。

所以寒食和清明要上坟两次吗？＝虽说寒食上坟，但是实际只有清明节去。听说过先清明后寒食或者先寒食后清明，但是寒食不在传统节日之列，所以不清楚。

清明节做什么？＝只是午后上坟。

会取柳枝插在门上吗？＝现在不这么做。此前的不清楚。

秋千呢？＝没有。

嫁出去的女儿不回娘家吗？＝最近，父母去世了会回来，不然不回。

最近是指一年以内吗？＝是的。

是为了上坟回来的吗？＝是的。

一个人回吗？丈夫回吗？＝一个人回。

大概待几日？＝有当天就回的，也有过二三天回的。

应答者 王保钧（医生）

清明节时，同族聚齐了去上坟吗？ ＝各自去。

【同族坟地——祖茔地】同族的坟地在同一个地方吗？ ＝在一个地方。

现在也有尸骨埋在里面吗？ ＝是的。

同族坟地叫什么？ ＝祖茔地。

不叫老坟、祖坟吗？ ＝也可以叫老坟或者祖坟。

有多少同族有祖坟？ ＝刘、马、王、李、吴、魏。

没有祖坟的同族呢？ ＝没有。

【坟的形式】大家按照辈分站在一起吗？ ＝是的。

什么样的排列形式？

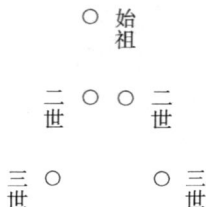

```
              ○ 始
                祖

        二 ○ ○ 二
        世       世

    三 ○      ○ 三
    世          世
```

如果始祖有三个孩子，长子有两个孩子，次子有一个，三子有两个的话，怎样埋？

```
        ○ 始
          祖


            ○ ○ ○
    ○ ○ ○ ○ 长 次 三
```

前面是携子抱孙葬、后面是昭穆葬。

王姓祖坟是什么形式？ ＝携子抱孙葬。

这附近有昭穆葬吗？ ＝没有，这村只有携子抱孙葬。

先前所说的抱孙葬是二世二人、三世二人，如果是二世三人、三世四人怎么办？ ＝（好像不知道）

【清明节的聚餐】清明节时，同族一起聚餐吗？ ＝不会。

【同族共有地——祖茔地的租佃】同族共同所有的土地或钱有吗？ ＝就是祖茔地。

祖茔地周围不耕作吗？ ＝耕作。

那是谁的所有地？ ＝同族共同所有。

王姓有多少亩？ ＝一亩。

这个地现在怎么样？ ＝种着松树。

哪里在耕作？ ＝全部不耕作。

哪个同族拥有可以耕作的共有地？　＝李、吴、田。

李姓、吴姓、田姓的共有地有多少？　＝李姓的不足一亩，吴姓大概三亩，田姓一亩左右。

最多的是什么姓？　＝马姓。有三四亩。

这些土地都怎么使用着的？　＝提供烧纸等的费用。

由同族人租佃吗？　＝是的。

什么样的人租佃？　＝同族中的贫穷者。

地租免费吗？　＝是的，不收地租，但是要买烧纸、香、表、金银箔等。

【同族的聚餐】同族用这些钱聚餐吗？　＝大的同族新年聚餐，小的不会。正月初二上坟后聚餐。叫伙饭。

村里有聚餐的同族吗？　＝马姓。

清明节不聚餐吗？　＝不聚餐。

【祖茔地】在这附近，有谁拥有很多族茔地的耕地吗？　＝没有。

【家会】家会不叫马家会或者王家会吗？　＝不这么叫。

5 月 18 日

祈雨　街坊之辈　同族　同族的坟　年度节庆

应答者　马凤翔（38 岁，农民）

【地方】你在村里担任什么吗？　＝帮办（和地方一样）

地方是做什么的？　＝村里有事时，告知给各户。

何时开始做的？　＝去年（民国三十年）。

之前是谁？　＝马士林。

他做了多长时间？　＝五六年。

什么样的人会成为地方？　＝必须要懂一些字。

村长任命的吗？　＝村长任命。

村长更换时，地方也换吗？　＝有时换有时不换。

月工资多少？　＝二元。

之前的地方是什么样的？　＝官员来村里找人时，给他们指路。

什么是花户？　＝就是村里的人户。

这里有村副吗？　＝有，副保长刘长贵。

以前的地方不是要和村正、副商量事情吗？　＝只是传达。

【祈雨】听说祈雨要去张庄，每户必须出一人吗？　＝每户出一人二人都行。

祈雨时，这个地方的村子全部在张庄集合吗？　＝因为这个村属于六合乡，所以一乡祈雨时二十七个村都会聚集起来。有时只有一个村祈雨。

全乡祈雨时，也去张庄吗？　＝是的，有时去张庄，有时也去夏家口。夏家口在张庄南边二三里。

为什么换地方？ ＝因为河有深浅，去深的地方。

这附近的村子单独祈雨时也去上面说的地方吗？ ＝是的。

其他乡去哪里？ ＝不一定。也有去刘宁口的。总之要去离河近的地方。

如果祈雨后不降雨怎么办？ ＝不还愿。

会反复祈雨吗？ ＝如果不降雨，就该本地人受灾了。

若是有可能要受饥荒的话，就不该说这种话吧？ ＝这是以前的习惯，没办法。五日后，就算下雨也不还愿。

祈雨过后，一般都会下雨吗？ ＝不一定。祈雨时赤脚去取水。

每年祈雨的时间是固定的吗？ ＝如果不是大旱，不会祈雨。

县长知道祈雨的事情吗？ ＝知道。县长和顾问都赤脚。尽管如此，也没下雨。

县长怎么看待求雨这件事？ ＝赞美。

【老庄】昨天听到"老庄"一词，是什么意思？ ＝乡里的意思。

从别处来的人叫什么？ ＝附住或者寄住。

昨天，韩姓被叫作老庄，那从外地迁来的李、王姓叫什么？ ＝现在也变成老庄了。

这个村里有从外面迁来的人吗？ ＝没有。

【拜年和辈分】无论是否是同族，拜年都从近且方便的地方去吗？ ＝是的，两天以后按照顺序去拜年。

不先去给族长拜年吗？ ＝不一定，首先去族长那里。首先去同族那里寒暄几句，再去其他村里人那。

给村里人拜年也要按照辈分叩头吗？ ＝是的。

街坊的辈分

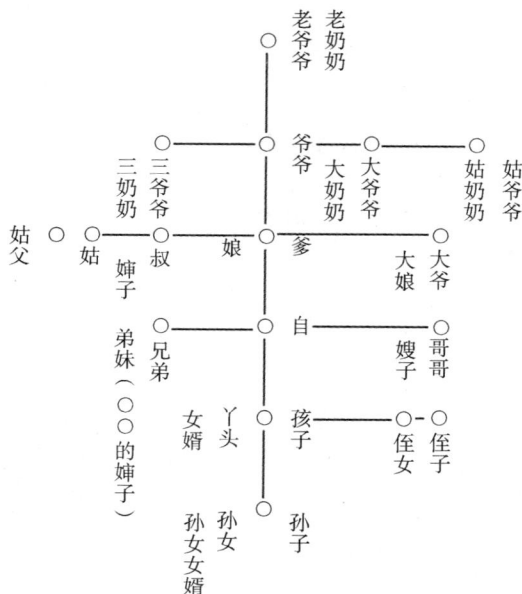

【街坊的辈分】这样村里人的辈分就清楚了吧？　＝是的。

有街坊的辈分吗？　＝有。

同族的辈分和街坊的辈分是一样的吗？　＝是的。

平时都在用吗？　＝在用。

你怎么称呼村长（吴玉衡）、老师（王贵三）、医生（王葆钧）的？　＝叫叔、兄弟、表哥（因为都是亲戚）。

街坊的辈分通过言传记住的吗？　＝从小按照父亲的称呼就记住了。

不对女人使用吗？　＝使用。

叫论辈吗？　＝叫按辈或论辈。

同辈人根据年龄的大小，叫哥哥、弟弟吗？　＝是的。

年龄比自己小但辈分在上的人很多吗？　＝有很多。

村内人之间，结婚的多吗？　＝不太多。

因为结婚，街坊的辈分会变乱吗？　＝因为我的弟弟和我同学王梦兰的女儿结婚了，所以我的辈分就下降了一级，之前我和王一直以兄弟相称，现在我要叫他叔，他叫我侄子了。

街坊的辈分还有什么说法？　＝没有。一般不叫街坊的辈分。

【院里】同族一般叫什么？　＝院里。

【同族的住所】村里，同族间的住所都集在一起吗？　＝不是。

【同族的分派】同族中，没有东院、西院的说法吗？　＝不说。

【同辈和名】同族中，同辈的人不用同一个字吗？　＝不一定。

那辈分不是就不清楚了吗？　＝如果同族迁去别村，辈分也会变得不清楚。

【乳名】所有孩子都有乳名吧？　＝有，一般叫小名。

【大号】凤翔、凤梧不叫学名吗？　＝叫大号，不叫学名。

除了大号外，还有别的叫法吗？　＝叫名字。和大号一样。

大号由谁取？　＝多找老师取。

进学校后再取吗？　＝是的，七岁左右，时间不一定。

老师根据什么取呢？　＝取吉利的字。比如凤翔、凤梧、凤翯等带凤的，这叫占凤字。

这里名字多为两个字还是一个字？　＝多为两个字。

【同辈和名】一家中，同辈必须取同一个字吗？　＝是的。

同族间呢？　＝关系近的同族取同一个字，远的就比较乱。

就算是村中同族，远的话也会乱吗？　＝不一样。

【祖茔地】祖茔地还叫什么？　＝老坟、祖坟。

祖产是什么？　＝没有。

老坟不是祖产吗？　＝是祖产。

老坟里可以耕作的地方叫什么？　＝坟田、祖田。

叫坟田、祖田吗？　＝叫，坟田是个人的坟所在的田，祖田是同族的坟所在的田。

【一家子、院里】同族叫一家子吗？　＝是的。

哪个用得最多？ ＝院里。

【祖茔地的租佃】祖田的租佃是轮流吗，还是交给贫困者？ ＝交给贫困者。

每年都是同一个人吗？ ＝不一定。

从以前就是这样规定的吗？ ＝是的。

第三年、第四年也不换人吗，或者不换成更贫困的人吗？ ＝换。

这个由谁决定？ ＝同族全体商量决定。

同族全体有聚在一起的时候吗？ ＝正月初二。

在哪里聚？ ＝有家谱的家里。

【家谱】家谱在怎样的人家里？ ＝家族轮流。

按照什么顺序？ ＝根据每家胡同的排列。胡同也叫混同，不是大街。

不按照辈分来吗？ ＝不，按家按户。

【祖茔地的租佃】正月初二决定祖田租佃人的更换吗？ ＝是的。

除了正月初二，还有其他日子吗？ ＝没有。

正月初二的上坟叫什么？ ＝送爷爷娘娘。正月里祖先的坟归家，初二再把灵送回坟里。

【坟的形式】你知道坟的排列方法吗？ ＝我只知道自己家的，不知道祖坟的。自己家有四辈，老坟有三个坟。

你们家的坟是怎么排列的？

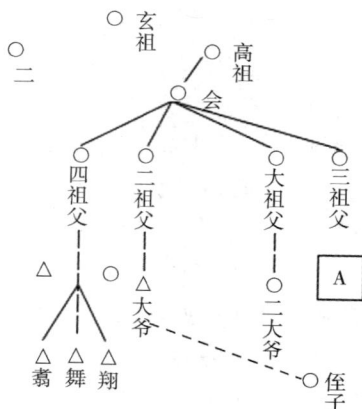

（图下方的文字：坟的中心叫明堂；这种形式叫排葬。）

A 那里应该埋着父亲，但是因为没有土地就埋在了现在的地方。侄子守祖（顶缺）二大爷。由于侄子的父亲死于他乡，所以 A 和二大爷的下面谁都没埋。

【风水先生】这个村里有风水先生吗？ ＝没有，刘贤庄有，埋坟时会请风水先生来占卜。叫刘振革。

人死了，一定要请风水先生来看一下吗？ ＝一次看四五个，不知道在哪挖墓时就找他占卜。

只要是风水先生占卜的，也会埋在祖坟以外的地方吗？　＝是的。

【年度节庆、五月——端阳节】端阳节时做什么？　＝因为是人节，所以吃肉、饺子、馒头等。还吃粽子，挂荷包。

挂荷包有什么寓意？　＝为了驱走毒虫。然后将艾叶挂在门的正中上方。

人不戴在头上吗？　＝女子编发时会编入艾叶。说是"五端午不带艾，死了变个土拉块"。

小孩会在手上缠着五色绳索吗？　＝是的，男女一直缠到十几岁。

五月还做什么吗？　＝没有了。

【夏至】夏至呢？　＝有时是五月，有时是六月。

【六月——神节】六月有吗？　＝没有。六月二十四日是神节。

这是什么日子？　＝雨节。关羽磨刀的日子，会下雨。

六月二十四日没下雨的话，关羽就没磨刀吗？　＝是的。

六月二十四日经常下雨吗？　＝不一定，六月雨很多。

因为雨水过多，有祈祷雨停的祭祀吗？　＝有。这时一般都说将棒杆垂放在入口，雨就停。其中寓意不明白。

这时会去关帝庙吗？　＝不去，村里没有庙。

中元节做什么？　＝没听说过。

【八月——中秋节】中秋节呢？　＝八月十五日，人节。祭拜月亮，晚上供上月饼、西瓜、葡萄。

【九月——重阳节】重阳节＝九月九日。

什么也不做吗？　＝什么也不做。

【十月——鬼节】十月初一呢？　＝鬼节。上坟祭祖，不送寒衣[1]。

【十二月——腊八】十二月八日呢？　＝腊八。喝腊八粥。

县志上记载说，有善心的富人家会发粥，这边有吗？　＝本村的富家刘长富在做。

只有这一家吗？　＝是的。

什么样的人会去？　＝附近村里贫困的人。

大概多少？　＝二三十人。

村里人一个也不去？　＝三五个人。

刘家大概有多少土地？　＝全村的有钱人一起出力，在刘家做粥分发出去。

村里人把这叫什么？　＝做粥的地方叫粥场，也叫刘家佛堂。这叫放粥。

刘家佛堂是什么意思？　＝刘长富的父亲已经去世了，但是他生前给村里人看病，不断念经。因此叫佛堂。

因为刘的父亲是行好的，所以叫佛堂吗？　＝现在也有佛堂。有四五个女神，全是裹足的神。

那不是类似于家庙吗？　＝不一样。

---

〔1〕　译者注：因这一天祭奠先亡之人，谓之送寒衣，又称为寒衣节。

【过小年】十月二十三日[1]是什么日子？ ＝过小年。灶神上西天的日子。

这一天做什么呢？ ＝糖瓜祀灶。把张贴在墙上的灶神取下来烧掉。那时要说上天言好事，不要说坏事，然后将糖瓜送入神口烧掉。

【请神】十二月三十一日[2]呢？ ＝请神。

要做什么？ ＝傍晚烧香，去祖先的坟墓附近祈求爷爷奶奶回家过年。然后就迎接着祖先的神灵回家。烧香、拿出供物，十二点时面朝财神在的方向，请财神回家过年。

为什么不去迎接？ ＝不知道。

无论坟有多近，也不到那去吗？ ＝不去。

除夕不睡觉吗？ ＝是的，既有精神也有福。

【一月——拜年】春节怎么过？ ＝过了十二点就在自家拜年。

从何时去拜年？ ＝黎明时。

从近邻开始吗？ ＝是的。

【正月的娱乐】正月里赌博吗？ ＝是的，有麻雀、竹牌（牌九）、双六、纸牌。

赌钱吗？ ＝赌钱。也不一定，一次二十钱到一元。

赌博一天的话，输赢也不少吧？ ＝最多五六十元，城内更多，四五百元。

玩到什么时候？ ＝十五日左右。

女人也加入男人吗？ ＝女人在女人间玩，很少加入男人们。

女人不仅和家里人玩，也和村里其他人玩吗？ ＝是的。

女人赌博的钱怎么出？ ＝丈夫出。

这是为了娱乐还是赚钱？ ＝娱乐。

被县公署知道了，没问题吗？ ＝抓到的话，会被罚款。十五日之前，官员也玩，所以县公署不管。

【在门】你知道在门？ ＝行好的自己祈祷转世后下辈子也能幸福。

在门有什么特别的意思吗？ ＝一般人不能做，只有成为在门的才能祈祷。

这个村里有吗？ ＝有，但是不知道是谁。

那个不是很多人以讲或社的形式一起进行吗？ ＝一般就二三十人，不是在门的不能看。

男的多还是女的多？ ＝女的多。

念经吗？ ＝讲理说法。

拜什么神？ ＝没有神。

这种在县内到处都有吗？ ＝三个村里大概有一个，这个团队叫门头。

门头是什么意思？ ＝有个说法叫"五门六道"，门头是其中一个门。

大家凑钱一起吃饭吗？ ＝不知道。

除此之外，还有什么宗教性的结社吗？ ＝这不是一个团体。

比如生病的时候，大家会聚在一起拜神吗？ ＝没有这种事。

---

〔1〕 译者注：原文如此。应为十二月二十三（农历）。

〔2〕 译者注：原文如此。应为十二月三十（农历）。

5 月 20 日

祈雨　同族的集会　同族的辈分和街坊的辈分

应答者　马凤翔

【祈雨】祈雨和柳有什么关系？＝按照以前的风俗习惯，将柳放入坛中有避旱的意思。人一戴帽子，就会有阴，唤来凉风，所以戴柳编织的帽子寓意天要下雨。

祈雨时，家长必须参加吗？＝不是，尽量去很多人。

一年中，孩子最开心的是什么时候？＝新年。

大人最开心的时候呢？＝正月里没有事的时候。

女人也一样吗？＝是的。

其次，开心的时候是何时？＝端午节、中秋节。

【村内姓氏】村里最新的姓是什么？＝不知道。

那么，村内诸姓的人大概都是同时来的吗？＝不知道。

村里有对这事很了解的人吗？＝没有。

【家谱】没有写下来的家谱吗？＝没有。

【祖茔地的租佃】由同族人耕作祖茔地这件事叫什么？＝白种、白种户。

【家谱社】家谱社是什么？＝同族人凑钱后分别于正月初二、清明节、十月初一去坟上供。

有祖茔地的就没必要凑钱了吧？＝没必要。

有祖茔地的也叫家谱社吗？＝是的。

不聚餐吗？＝正月初二聚餐。

什么样的人会参加？＝同族人全部参加。

此时大家都带着钱去吗？＝是的。

多少钱？＝二十钱左右。

一家一个人吗？＝一个人。

不管是谁都行吗？＝是的。

女人参加吗？＝不参加。

白种地要交租佃费吗？＝不交。

家谱社里没有基金吗？＝没有。

十月初一是什么日子？＝鬼节。为了缅怀先祖。

村里正月初二聚餐的是什么姓的人？＝马、王、吴。只有同族人很多的姓，只有一家、两家的话不会聚餐。

正月初二做什么？＝送神聚餐，决定每家的聚餐分摊额后凑钱，然后去拜年。

这叫马家谱社吗？＝是的。

马姓聚餐时，聚在谁家？ ＝轮流。

有什么好吃的？ ＝馒头、白菜、猪肉。

20 钱够吗？ ＝够了。

那时，谁坐上席？ ＝所有人按辈分坐。

【祈雨和村落联合】祈雨分为每个村分别进行和全乡一起进行两种吗？ ＝没有全乡一起的，附近村一起。

一个村祈雨和近邻村一起祈雨时有何区别？ ＝同心的村子一起举行。

为什么有时联合，有时只有一村？ ＝近邻村如果同心的话，就一起，不是的话，就单独进行。

祈雨时，必须和近邻村商量吗？ ＝是的。

商量后不同心的话，就单独进行吗？ ＝是的。

什么时候近邻村同心或者不同心呢？ ＝下雨后还愿时，单独进行的话，需要很多钱，每家负担就会变重。

既然如此，为什么近邻村拒绝联合祈雨呢？ ＝是否一起祈雨要先商量，如果有人反对就算了。

为什么祈雨时要去赵王河？ ＝因为赵王河住着龙王。

井里不也住着龙王吗？ ＝赵王河的水浅，要是取不到龙王所住的深处的水，就取井里的水。离赵王河较远的村子就取井里的水。

祈雨前，会先去赵王河看水的深浅吗？ ＝不去，因为很近。

虽说近，也有些距离吧？ ＝15 里。

祈雨的队伍行至赵王河后，如果没水又回来吗？ ＝赵王河有像井一样的地方，那里肯定有漂水。

前面说的取井水是什么意思？ ＝这个村不取井水。

【花户】花户 ＝除甲长外的 9 家叫花户。

不是 9 户的每一户叫花户吗？ ＝是的。

那么，甲长家也是一户，叫花户吗？ ＝叫。

村中的每户都叫花户吗？ ＝是的。

全村有 127 户，那么就有 127 个花户吗？ ＝是的。

花户的花是什么意思？ ＝详细的意思。

因为每家每户挨在一起形成一甲一村，就像花瓣在一起形成花一样，所以叫花吗？ ＝是的。

【族长和辈分】像张（四家）、魏（六家）、刘（四家）这种户数很少的姓里，也叫族长吗？ ＝是的。

村中辈分最高的是谁？ ＝马中亭。

是马姓的族长吗？ ＝是的，70 岁左右。

你怎么称呼马中亭？ ＝曾祖。

这是马姓同族中辈分最高的吗？ ＝村中最高的。

还有比这个人年长的吗？ ＝80 岁左右，马凤林。

仅次于马中亭的辈分的是谁？ ＝马万庆、万年、万香。

同族以外，还有谁？ ＝刘长富、长贵。

怎么称呼万庆、万年等人？ ＝祖父。

怎么称呼刘长富、刘长贵？ ＝叔父。村内辈分因结婚而乱了，所以不明确。

马凤翔的同族家长名及关系（以下三段表示与相关人物的街坊的辈分）

同族27家	魏金声	吴玉恒	李圣堂
会祖——马中信	祖 父	祖 父	祖 父
——马中亭	``	``	``
——马吴刚	``	`	``
祖父——马万峰	叔 父	叔 父	叔 父
——马万香	``	``	``
——马万庆	``	``	``
——马士信	祖 父	祖 父	祖 父
——马士礼	``	``	``
——马士林	叔 父	叔 父	叔 父
——马士路	``	``	``
——马士亭	``	``	``
——马万成	``	``	``
——马万同	``	``	``
——马万年	``	``	``
祖母——马谭氏	叔母	×	×
伯父——马 玉	兄	兄	兄
父 ——马 堂	兄	兄	兄
叔父——马 和	弟	``	``
——马 山	兄	``	``
——马 常	``	``	``
——马振东	弟	弟	弟
——马云祥	兄	兄	``
——马 起	``	``	兄
——马天祥	弟	弟	弟
——马振芳	弟	``	``
兄 ——马凤岐	侄子	孙	×
——马凤林	``	兄	伯父
自己——马凤翔			

还有马金玉，我们把他当作同族，叫他祖父。其实他并非同族，据说以前姓麻。

麻金玉家为什么变成了马姓的同族？ ＝因为以前本村只有一家姓麻，村里人都欺负他们。

什么时候的事？＝不知道。

坟怎么办呢？＝一直就和马姓的坟地不一样。

马金玉来马家谱社吗？＝不来。

只是名改为马姓了吗？＝是的。

【街坊的辈分】平常村里不使用街坊的辈分吗？＝长辈叫晚辈时称呼名字，晚辈叫长辈时要用街坊的辈分。

除了不叫名，还有什么称呼方法？＝叫小名。

【小名、学名、儒名】你的小名叫什么？＝西海。

为什么叫西海？＝不知道。

谁取的？＝母亲。

母亲识字吗？＝不识字。

除了小名、学名外，还有什么名？＝还有儒名。我的小名叫西海，学名叫凤翔，儒名叫翔霄。

儒名是何时由谁取的？＝学校的老师，19 岁时。

学名呢？＝祖父，10 岁左右。

几岁进入学校？＝9 岁。

补遗　魏金声（56 岁）同族的家长名及同族关系（括号内表示与马凤翔、李圣堂、村长的关系）

	马凤翔	李圣堂	村长
叔父——魏吉平	（祖父）	（祖）	（叔）
叔父——魏吉周	（祖父）	（祖）	（叔）
弟　——魏金城	（叔父）	（叔）	（兄）
孙　——魏嘉谟	（侄子）	（弟）	（孙）
孙妻——魏刘氏	（侄妻）	伯母	（姪媳）
魏金梦	（叔父）	（祖）	（兄）

根据街坊辈分，马凤翔称魏金声为叔，金声称马堂为兄，同辈间根据父亲的年龄称呼伯或叔，以自己的年纪为基准对自己和同辈称兄或弟。前记的马姓同族的家长名中，魏金声对马士信和马士礼采用了祖父的称呼（作为同族，对与马士信、马士礼同辈的马万峰等九人采用了叔父的称呼），据说是因为连父亲那辈都不知道的以前的姻亲关系而采用了高一辈的称呼。五服以内的人就称作五服以内的人，没有别的称呼。

5 月 21 日

同族的集会　坟地　家长　街坊的辈分

应答者　吴玉恒（37 岁，村长）

【祖坟—宗社】你知"宗社"吗？＝就是祠堂。

祠堂是什么？ ＝盛放各自先祖的名的地方。

有祠堂吗？ ＝没有。

所以这里也没有宗社吗？ ＝是的。

同族祭拜祖坟的会不叫宗社吗？ ＝吴家全体正月初二去上老坟，结束后再去自己家的坟。

自己家的坟叫什么？ ＝自己个人家里的坟。

不叫祖坟吗？ ＝同族的坟。

和老坟一样吗？ ＝和祖坟一样。

正月初二同族一起上祖坟聚餐不叫宗社吗？ ＝叫宗子社。吴家不聚餐。扫墓结束后接待拜年的人。

同族所有人聚齐后去上坟吗？ ＝全部聚齐后去。

在哪集合？ ＝有家谱的人家里。

家谱是轮流的吗？ ＝是的。

不是按照辈分而是挨家挨户来吗？ ＝不按辈分，不将家谱放在同族中的贫困者和没有北房的人那。

不轮流给贫困者是什么意思？ ＝因为正月没有给家谱的供品。

有规定土地几亩以下不参加轮流放家谱吗？ ＝只是不轮流给没有北房的人，与亩数无关。

你的同族中，有人没有北房吗？ ＝全部有。

所以没有不参加轮流的家吗？ ＝有北房但是没有供物的也不行。从祖坟地得来的钱用来置供物。

供物不是全从祖坟地来吗？ ＝烧纸用祖坟地得来的钱，供物由轮流的家里出。

烧纸分别在正月初二、十月初一、清明节进行三次，都是从祖坟地得来的钱支付吗？ ＝不是，只有正月初二烧纸。

【祖坟地的租佃】祖坟地有多少个？ ＝20多个。

祖坟地周围可以耕作的土地有多少亩？ ＝不足 2 亩。

种着什么？ ＝不一定，每年分别种高粱、麦子、苞米等。

可以耕作的土地叫什么？ ＝祖地。

现在是谁在租佃？ ＝吴玉庆。

从几年前开始的？ ＝祖坟修好之处就开始了。（关于祖地建好的时间，正如所说）

吴姓何时来这个村的？ ＝不知道。

坟有多少辈？ ＝十一辈。

假如每人活 40 年，共 400 年，也就是明朝。 ＝更早。

所以玉庆从 400 多年前就开始租佃吗？ ＝5 年前开始，之前是吴玉琢的叔父。

由同族中的贫困者租佃吗？ ＝是的。

不是每多少年就换一次吗？＝没规定。

租佃祖地叫什么？＝不知道。

祖坟地不足二亩，一年的收入大概是多少？＝20 元左右。

普通的二亩土地有多少收入？＝60 元左右。

祖地比普通土地差吗？＝祖坟地全部只有二亩左右。

那有 20 多个坟的话，可以耕作的土地就只有一亩左右了吧？＝是的。

所以一亩地有 20 元的收入吗？＝谷子 100 斤，丰年时 200 斤。

买了烧纸、爆竹、线香等后还剩多少？＝十元左右。

剩下的 10 元就成为耕作者的收入吗？＝如果是丰年的话，有 20 元左右，一般就 10 元左右。

为什么祖地的耕种由吴玉琢的叔父变成了玉庆？＝因为玉庆更穷。

【祭拜祖坟】你知道吴族家的社吗？＝知道，就是指同族聚在一起去祭拜祖坟。

到了祖坟后，会排队吗？＝不排。

不是族长站在最前面叩头吗？＝族长先供线香，然后各自上香。

族长是谁？＝吴志德。是玉庆的叔父，和吴玉庆一起住。

玉庆家不是最穷的吗？＝人多耕地少。

有多少亩？＝15 亩。

家里几口人？＝6 人。父亲、哥哥、本人、妻子、儿子、儿媳妇。

吴志德在哪？＝给玉庆租佃，他一个人生活。

同一个院子里吗？＝在同一个院子里。（保甲簿上写着附户）

【家长】玉庆家里有父亲，父亲还是家长吗？＝年老了，不能当家长了。

家内外的事都是玉庆做吗？＝是的。

哥哥呢？＝什么也不做。54 岁。

哪里不好吗？＝没有。

为什么不成为家长？＝哥哥说自己不干，让弟弟干。

父亲多少岁？＝70 几岁。

玉庆呢？＝四五六岁。

在其他地方，家长是一家的长辈，另外有个当家的，这边不是这样吗？＝这个村里年老的人不能当家长。

年轻人当了家长，那老人就没有实权了吧？＝是的。

这边都是这样吗？＝近邻村都是这样。

这和中国一直以来的习惯矛盾吧？＝是玉庆的命令。

这不是下克上吗？＝因为哥哥不合适。

不仅是哥哥，父亲也是啊？＝父亲随便。

父亲随便的话，那和家长意见不合时怎么办？＝服从有理由的一方。

谁来判断谁有理由？　＝服从真理。

谁来判断谁是真理？　＝四邻判断。

同族不出面吗？　＝四邻。

有儿子时，母亲会成为家长吗？　＝会。

母亲做家长做到儿子几岁为止？　＝十七八岁。

【街坊的辈分】叫街坊的辈吗？　＝叫。

街坊的辈还叫什么？　＝乡间辈。

晚辈对长辈使用街坊的辈，长辈对晚辈不怎么用吗？　＝是的。

怎么称呼马凤翔？　＝我叫叔父。

魏金声呢？　＝叫哥哥。

根据什么决定叫哥哥还是弟弟？　＝从以前就开始这么叫。

不是根据自己的年龄决定的吗？　＝是的。

不是根据父亲的年龄吗？　＝根据自己同辈人的年龄。

女人也叫街坊的辈吗？　＝叫。

坟的辈与街坊的辈没关系吗？　＝没关系。

【移居者和街坊的辈分】对于从外村移居至本村的人也是用街坊的辈吗？　＝不。

为什么？　＝一直都不。

这四五十年间，有移居至此的吗？　＝没有。

【村里的诉讼】这个村里有过起诉吗？　＝没有。

为什么没有诉讼？　＝起了纷争后，甲长和乡长（村长）会出面说话。

知道诉讼的手续吗？　＝不知道。

表兄弟是什么？　＝父亲的姊妹的孩子。

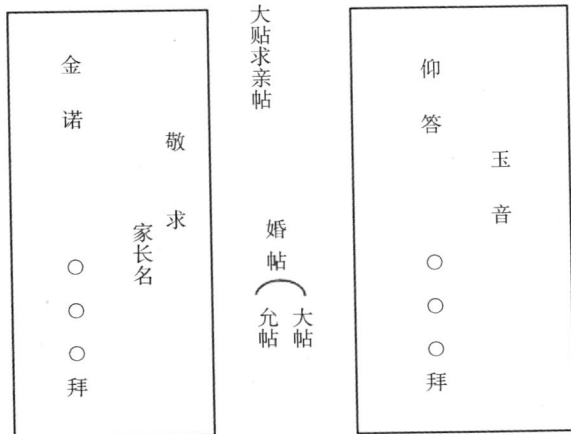

大贴求亲帖

金诺　敬求　家长名　○○○拜

婚帖〔允帖　大帖〕

仰答　玉音　○○○拜

亲戚的称呼

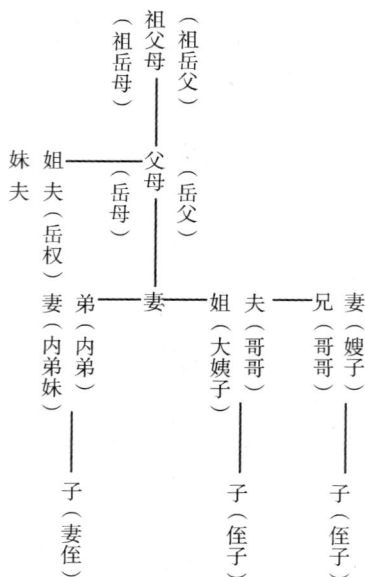

5 月 22 日

结婚　同族

应答者　吴玉恒

【结婚】这个村里一年有多少次结婚？ ＝不一定。

今年有多少？ ＝没有。

去年呢？ ＝两家。

你知道前年的吗？ ＝一家。

其中有村内的结婚吗？ ＝没有。

去年的两家是谁从哪里娶来的？ ＝吴姓从孙庄娶来的。吴姓从叶庄娶来的。

【村内结婚】村内结婚的很少吗？ ＝少。

【爱好——门当户对】为什么少？ ＝如果感情融洽就结婚，但是很少。

爱好是什么？ ＝同辈可以结婚，但是不是的话就不能。男方父亲和女方父亲同意的话，让他们结婚。

也就是说村内的家庭感情不融洽吗？ ＝爱好是指男女双方家庭之间的同心。

和门当户对一样吗？ ＝一样。

那么就是说村内没有门当户对的家庭吗？ ＝少。

门当户对是怎么回事？ ＝财产大约一样。

根据这个村的地亩册来看，大家都相差不多。＝不是一样的。

【结婚和辈分】不是同辈但结婚了的有吗？＝没有。

以前有吧？＝没有。

马凤梧和王梦兰的女儿结婚，凤梧的辈分不就变低了一级吗？＝是的。

必须是同辈才能结婚，这是原则吗？＝不是，门当户对就能结婚。

村内结婚的话，要看是否是同辈吗？＝没关系。

【爱好】只要关系融洽就可以吗？＝是的。

所谓爱好，就是只要财产一样就可以是吗？＝是的。

父母的善恶、兄弟的好坏不作为考虑条件吗？＝要考虑。

这也归入爱好吗？＝是的。

村内的结婚非常少吗？＝是的。

10 年一次或者 5 年一次吗？＝不一定。

【恋爱结婚】村内，有年轻人因为相互喜欢而结婚的吗？＝没有。

如果相互喜欢怎么办？＝必须家长允许。

【订婚】大概多少岁订婚？＝不一样。

大概多少岁订婚的多些？＝十八九岁。男女一样。

过几年结婚呢？＝两三个月到两年之内。

其他地方，六七岁定婚，男子比女子小三四岁。这边呢？＝这边不是。男子比女子大四五岁。

（根据户口簿记载，女方多大三四岁，因为村长的回答不得要领，所以就没问了。）

应答者　王庆昌（农民）

【家人】王庆昌（43 岁）　　　　民国三十一年

　　　　朱氏（妻子 42 岁）

　　　　小凤（女儿 5 岁）

　　　　小兰（女儿 15 岁）

小兰结婚了吗？＝没有。

【同族和同姓】听说王姓里有王和汪，怎么回事？＝有，有这样的说法。

你知道以前王姓有几家，汪姓有几家吗？＝不知道。

现在和汪是同族吗？＝不是同族。王姓同族分为 4 个。

王姓的四个同族叫什么？＝没有谱书，所以不明白。

族长一人吗？但根据户口簿，有 47 家。＝辈分大的 4 人。

这四人中，辈分最大的叫什么？＝王俊岭。

作为同族，你一般怎么称呼王俊岭？＝叔父。

不叫族长吗？＝叫。

王姓的家不是聚在村中的西边、东边、或者南边吗？＝分为中、西、西北，西北 7 家，西边没有，中部有 7 家。

这不叫中院、西院吗？ ＝东胡同、西胡同。西北分为前院和后院——老王家。

不叫东胡同、西胡同、西北胡同吗？ ＝不叫西北胡同。这些地方都是王家。西北的南边和北边根据西街的南北分别被称为前院和后院。

【结婚】小兰要嫁入哪里？ ＝闵庄，崔洪福的家。

他儿子几岁？ ＝22 岁。

何时订婚的？ ＝今年正月。

媒人是哪里人？ ＝郭杨庄的朱玉德。妻子的哥哥。

何时结婚？ ＝今年内。

嫁妆准备好了吗？ ＝还没完全好。

准备给多少钱？ ＝一分钱都不给。

崔家有几亩地？ ＝二十五六亩。

你家呢？ ＝26 亩。

打算准备多少嫁妆呢？ ＝如果是丰年的话，就多准备点。

（因为农民家里有病人，不能站着应答。本来打算问这位农民关于分家的事情，只好中止了。想问问这个农民的兄弟分家的事情，让他到村公所来，结果也没来。）

5 月 24 日

分家　同族　埋葬　结婚

应答者　王庆昌

【分家】你和谁分了家？ ＝王德昌（二哥），王洪昌（长兄）。

有女儿吗？ ＝没有。

何时分家？ ＝民国 25 年。

为何分家？ ＝有父母离世后就分家的风俗。

父母何时离世？ ＝父亲于 30 年前（13 岁时）离世，母亲于民国 23 年离世。

分家之后由洪昌当家的吗？ ＝是这样。

分家由谁提出？ ＝洪昌。大家均赞成。

有三兄弟的情况下，对于分家，存在两人赞成、而一人反对的情况吗？ ＝有两人赞成的话，另外一人即使反对也没用。

分家时，会同妻子商量各种事宜吗？ ＝商量。

【分财】分家前有多少（土地）？ ＝90 亩左右。

这些土地是如何分配的？ ＝大概每人 26 亩。因为 90 亩土地中还有当地。

"当地"是什么？ ＝典当的意思。有 12 亩。

这十二亩地如何处理的？ ＝一亩 17 元。

何时赎回的？ ＝分家之前。

分家时分钱了吗？＝当时生活艰难。母亲离世，大哥的两个妻子也去世，（我的）妻子死后我又结了婚。另外二哥的妻子也于民国 20 年去世。

【分家前的住所】分家前的房子是什么样子的？＝分为 3 处。

为何分为 3 处？＝祖先传下来的。

家人住在何处？＝一起住在现在为庆昌所有的房子里。

【分家的原因】分家的原因哪些居多？＝兄弟不和、妯娌不和、生活困难。其他倒没有。

这一带，孩子长大后父母会分给他们吗？＝不会。

【分家后的住所】分家后兄弟三人的房子大小是差不多的吗？＝大哥的房子是 4 间，二哥的是 9 间，我的房子是 3 间。分家前全部住在二哥的房子里。大哥的房子大概值 40 元，二哥的房子是炼瓦厂大概值 300 元，我的房子大概值 30 元。分家前，三人一起住在二哥家。

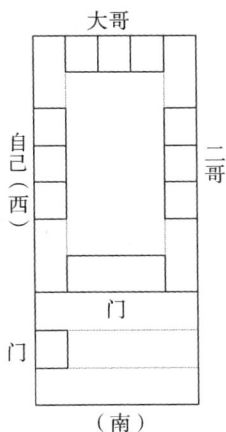

分家时，东房的三间卖了。以 120 元卖的。

120 元是怎么处理的呢？＝作为二哥所得。现在二哥住在大哥那里，二哥的西房作为我所有。

【分家的抓阄】三人分家时采取了抓阄的形式吗？＝是的。

分家时是如何操作的呢？＝同族的叔叔（王俊财）、叔叔（王俊和）、大哥（王金堂）、乡长（王清龙）来了（舅父如果有的话肯定要来，只是没有），大家一起吃饭后，商量分家的办法，然后抓阄，写分单。

抓阄如何进行？＝一般是用衣服包着，大哥先抓。也有用碗盖着来抓的。阄上写有房子、土地、家具等。

抓阄时没有敬拜天地吗？＝没有，抓阄是在家里进行的。

分家在夜晚进行吗？＝白天。

抓阄时，家里人全部要聚齐吗？＝全部聚齐。一分家，第二天早上就各自做饭。

【分家和族长】分家时，族长不出面吗？＝不出面。虽说是同族，走得却不近。

【分家单】写好分家单后还要干什么？＝就结束了。

分家单上写有王俊财、王俊和、王俊士的名字，分家的时候三个人都来了吗？＝来了的。

【分家后的共同财产】分单上的"牛半头"是什么意思？＝和哥哥共同使用。

牛在谁的家里呢？＝在我家里。喂养是两个人共同分担。

　　　　立分单人王庆昌因不欲同居今邀同乡族人应分老宅子一段西瓦房三间瓦门楼一座土楼一座北平房三间牛半头家东宝地十一亩家北地七亩半家西北地七亩家西地一亩半杨小庄地三亩家北地三亩永无反悔恐后无凭立字收据

　　　　民国二十五年五月二十七日

　　　　族人王俊和王俊财王俊士　乡人　刘长富王金堂　　同立

二哥没有分到牛，又分到了什么？＝半亩多的土地。

分家时，牛大概值多少钱？＝一头五六十元。

半亩地大概值多少钱？＝大概值 30 元。

【分家和村长】当时，刘长富是村长吗？＝当时村长不在，由他代替前来。

刘长富作为村长的代理来的吗？＝因为他在村里的人品不错。

要是村长在的话，村长的名字也会写上去吗？＝会写。

村里有人分家，村长一定会出面吗？＝会出面。

【同族、同姓】为什么王金堂会是乡人呢？＝是朋友，并非同族。

是邻居吗？＝不是。

王金堂不是同族，是因为以前姓汪吗？＝不是这样。

那么，还有不是同族的王姓家族吗？＝村里有 4 家。

这之外，还有汪姓人家吗？＝是的。

根据保甲簿，王姓人家有 47 家，其中只有 4 家不是同族，是吗？＝同族共有 9 家。王姓人家的同族分为 4 个。

这五十家很久以前是同族吗？＝不知道。

【分家和家谱】有家谱吗？＝有，有老祖宗。并未写上去。（注：老祖宗或即家谱）

老祖宗是轮流保管的吗？＝分家时，分到老宅子的人可以拥有。分家时，我分到了老祖宗，但因为二哥家人多，就让给了他。

老祖宗也是在分家时以抓阄的形式分吗？＝是的。

为什么把老祖宗让给了二哥？＝因为关系好，二哥想要老祖宗。

分家时，不须把老祖宗分给长子的吗？＝不须，分给得到老宅子的人。

什么时候祭拜老祖宗？＝过年时，仅一次。

祭拜时，九家的人全部聚在一起吗？＝九家共有四个老祖宗，大家依次前往拜祭老祖宗。

应答者　马凤翔

老祖宗的管理办法是？＝兄弟三人各自拥有新家谱，旧老祖宗轮流管理。王庆昌没有老祖宗。

【族长的职务】有关同族事宜，族长要做哪些事情？＝结婚、葬礼、分家时与人商议。

你分家时商议过吗？＝没有。

分家时，会写上族长的名字吗？＝不写。

只有商议吗？＝是的。

结婚时，族长需要做什么？＝就男女双方的年龄、财产进行商议。

举行葬礼的时候呢？＝有关钱的事情。

会给族长拜年吗？＝会的，在街上碰头后，一起前往。

拜年的顺序是？＝一起拜。

会按辈分站立、磕头吗？＝磕头是大家一起的，称呼即对族长的叫法各不相同。（王庆昌拿来了家谱）

应答者　王庆昌

【祖坟】同族九家的坟墓是在一起的吗？＝在一起。

一般有哪些叫法？＝祖坟、老坟、坟茔。

坟墓以怎样的形式安葬呢？＝现在只有四代的坟墓，之前的在前夏寨。

王姓来自前夏寨吗？＝不知道。

【寄埋】前妻的坟墓是？＝丈夫死前不会埋进祖坟。

埋在祖坟之外的地方，这叫作什么？＝寄埋。一起埋进祖坟叫作合葬，也有夫妻采取挟骨葬的形式。左边为前妻。自家的是大兆墓葬，为人形，不叫人字葬。家谱上，七世有两人，其中一人过继。因此，高祖一人，八代一人，九代有四人，其中一人埋入新坟。

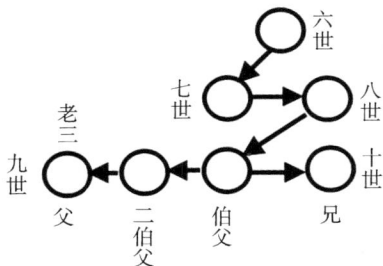

六世——不明（不知墓中所葬为谁）

七世——德修

八世——耀先（有四子）

九世——俊杰、俊修（无记载）

俊生（有三子，洪昌、德昌、庆昌）

十世——言昌（俊杰之子）

【坟的形式】这一带有昭墓葬吗？＝（大概三人说有）不知道。

领子葬是什么意思？＝李姓家族的坟墓。

【未婚者的埋葬】尚未结婚的小孩死后葬在哪里？＝若是 15 岁以上，则葬入老坟。有 15 岁成人的说法。

未嫁的女孩怎么办？＝若订了婚，则葬入订婚男方的老坟中。

如果没有订婚呢？＝葬到茔地以外。若妻子先于丈夫去世，则合葬在祖坟中。

【阴亲】（对阴亲作说明之后）这一带有吗？＝有的。将未婚男性葬入祖坟时，向对方求得 10 岁以上的女孩进行合葬。谓之"阴亲"。

【丘子】丘子是什么？＝未婚女性死后，葬在祖坟之外以等待男性（合葬）。

【葬礼】人死之后如何处理？＝首先将尸体搬至屋外，家人穿上丧服哭丧，去土地庙祭拜（上庙），回来后坐在入棺的一侧（守灵）哭泣。早上、中午、下午各哭一回。早中晚拜三次庙。上庙是为了祈求死者复生。第三日亲戚来串丧。若是年轻的死者，串丧完毕即入土；若是年老的死者，则在家中停放一两个月。若没有长久停放，则会招致不幸。第三日向亲戚通知出殡的日期。

土地庙是供奉什么神的？＝土地爷爷。死之后的地方（注：地方为官职名）。地方将魂灵带着城隍庙。

出殡当天如何进行？＝早上，亲戚们聚集起来，共出丧钱。

然后呢？＝一起吃饭，正午过后出殡。

【丘子】丘子一定是女性的吗？＝也有是男性的。要是没钱的话，则是与女子结为阴亲后合葬之用。

【阴亲】除取阴亲之外，还有别的说法吗？称为鬼婚、阴婚、冥婚等吗？＝娶阴亲。

娶阴亲时有什么礼节？＝和一般的礼节一样，只是由男方出钱。

祖坟里面，男性尸体旁边只能埋女性尸体吗？＝是这样。

（举很多例子进行询问）？＝结阴亲的时候，挑选比死者小一辈的孩子作为过继子，身着丧服乘轿去迎接死者的灵牌，伴着尸体来进行合葬。

那有什么含义呢？＝人情金。

【葬礼】葬礼队伍的顺序是怎样的？＝喇叭—孝子—棺材—女孝子—旗子。

埋葬晚辈的时候，长辈会到场吗？＝不会。若为同辈，哥哥死的时候弟弟只着帽与鞋、即孝帽与白鞋送到村外。

为何长辈和同辈不去呢？＝是风俗。

埋葬之后怎么办？＝稍微哭一会儿，将灵牌插在坟上就回家。

埋葬的时候亲戚们要做些什么？＝只有孝子到坟前去，其他人不出村外。

抬棺木的是谁？＝请人。根据距离远近租金也不相同。第七天谓之"头七"，接着是二七、三七、四七、五七，到五七则去上坟。第 100 天谓之"烧百日"。五七、三七的时候亲戚会来，带着烧纸去上坟。一七到五七则是为父母守孝，脱掉孝衣（脱孝）。

守孝？＝父母——3 年、伯叔父母——1 年、祖父母——1 年或半年、曾祖父——无、外祖父母——100 天、舅舅——57。

【订婚、结婚】多大年纪订婚？ ＝10 岁。女大男小。

结婚大概是多少岁的时候？ ＝娶亲大概是男方 14 岁、女方 17 岁。

有同村人结婚吗？ ＝有的。

街坊不同辈也可以吗？ ＝不同辈不行。

为什么？ ＝因为这样会搅乱街坊的辈分。

求婚贴是什么时候交换？ ＝订婚的时候。

【葬礼】有人去世时，门口会挂纸钱吗？ ＝会挂，挂纸骨突。

知道"成殓"吗？ ＝入殓。

"送三"呢？ ＝不知道。

【结婚】女方嫁过来的前一天要做什么呢？ ＝什么都不做。

新郎会去迎接女方吗？ ＝娶妻。

如何选定结婚的吉日呢？ ＝问有学问的人。好日子。

只选一天作为结婚的日子吗？ ＝只选一天。

嫁入的女子会到坟地去吗？ ＝第二天（拜坟）。

回门是什么时候？ ＝第三天。

和新郎一起吗？ ＝是的。

会在娘家住宿吗？ ＝不会。

5 月 25 日

同族　分家　妾　过继

应答者　李新廷（56 岁，农民）

【同族】李姓同族有多少家？ ＝6 家。

有非同族的李姓人家吗？ ＝2 家。

同族的李氏姓名为？ ＝李玉廷、李芳廷、李进心、李怀廷、李化廷（恩悬纪庄）、李圣堂。

非同族的李氏姓名为？ ＝李存义、李存功、李振都。

李金堂是？ ＝分家了，是我的儿子。同族有 7 家。

以前的李姓人家都出自一家吗？ ＝是一家。

现在还作为同族有来往吗？ ＝没有。

【家谱】有家谱吗？ ＝没有，也叫家堂祖图、老家祖祖。

老家祖祖里面记录了所有李氏吗？ ＝是的。

既然记有姓名，正月里会一起去拜祭老家祖祖吗？ ＝每家都有，正月里一起去拜、互相拜。

李存义、李存功、李振都会于正月里去拜李玉廷的老家祖祖吗？ ＝会拜。

有结婚和丧事的时候怎么办？ ＝结婚和丧事的时候没有区别。

李玉廷如何称呼李存义？ ＝同姓，不是一家人。

互相拜家谱，一起举办结婚和丧事，不是一家人吗？ ＝是重礼仪的缘故。

【族长】你这边的族长是谁？ ＝李玉廷，我的哥哥。

李存义那边的族长是？ ＝李存功。

李存功那边的族长是？ ＝他自己。

【同族的坟地】三李的坟地是一起的吗？ ＝李存义、李存功是一起的。李振都是另外的，李玉廷那边是一起的。

你的祖坟周围是谁的土地？ ＝2 亩。

是谁的？ ＝李进心的是一亩，五家的是一亩。

坟地周围不是六家共同拥有的吗？ ＝李进心的祖先和其他五家的祖先并不相同，李进心那边是一家，另一边分成了 5 家。

坟地周围是用于耕作的吧？ ＝是的。

那样的耕作地称为什么？ ＝坟道。5 家的有 6 亩，进心大概有 10 亩。

由同族共有，租给穷困同族耕种，由他们买烧纸等，有这样的土地吗？ ＝没有。

那样的土地称为什么？ ＝坟道地。有人们经过的小道。

祖坟地是？ ＝说的是有坟的地方。

没人去的西、东、北面的土地也叫坟道地吗？ ＝叫。

这个村子里拥有坟道地最多的姓氏是？ ＝马姓，有三亩左右。

坟田、祖田是？ ＝坟道地和坟田是一个意思，坟田就是有坟的地方。

祖坟地和祖田是一样的吗？ ＝一样。（关于坟形，这个风水先生并不知道，没再提问）

【分家】你为什么要分家？ ＝因为儿子老用钱。

李新廷	李金堂（振唐）	39
妻于氏	妻柴氏	36
女利个	子连辰	13
男洪沌	次子连群	11

大概多少年前分家的？ ＝20 年前。

儿子结婚了吗？ ＝15 岁结的婚。

分家前有多少田地？ ＝140 亩。

分家时分了多少？ ＝儿子 31 亩，110 亩。

洪沌长大了的话怎么分？ ＝给弟弟 31 亩。

你的养老地有？ ＝现在有 45 亩。

你是说把其中的 31 亩分给洪沌吗？ ＝是的。

你的养老地就是？ ＝14 亩。

什么时候让洪沌分家？ ＝我死后。

分家后，田地变少了吗？ ＝因为向人借的钱没还。

两个女孩子出嫁时，45 亩的田地，你为她们准备了多少？ ＝大概一人两亩，一亩大概 60 元。

【分家后父母的养老办法】有 20 亩土地，父母和两个儿子的情况下，一般分家时能拿多少养老地？ ＝10 亩。

除养老地外，还有其他分家的办法吗？ ＝粮食。

这是说，子女们拿粮食给父母吗？ ＝是的。

除此之外还有分家的办法吗？ ＝（没有回答）

有没有轮流管饭？ ＝有。

是怎么一回事？ ＝有两个儿子的话，就是长子半月、然后次子半月来照顾父母。

三种办法中哪一个最好？ ＝养老地。

为什么？ ＝即使儿子不孝顺，也可以耕种自己的土地。

【分家】分家，是父母生前多一点，还是死后多一点？ ＝父亲死后。

母亲去世而父亲健在，父亲去世而母亲健在，哪种情况下分家更多？ ＝没了父亲的情况下。

那是为什么？ ＝只有母亲的话，儿子就不会听她的话。

分家时，兄弟一定是抓阄来分吗？ ＝是的。

没有其他可能？ ＝没有。

在财产的分配上，有按父母命令执行的吗？ ＝没有。

为什么？ ＝不平等不行。

父母平等来分也不行吗？ ＝儿子孝顺的话还行，不孝顺就不会遵从。

没有父母来分的先例吗？ ＝没有。

【遗言】分家之后，父母在去世前留下养老地的分配办法，有这种情况吗？ ＝有。

是写下来还是口述？ ＝口述。

你能不能因为长子用钱多而给洪沌多分一点养老地呢？ ＝不能。

【姜】本村有人养姨太太的吗？ ＝王金堂。（王金堂 42、43 岁，姜 16 岁，妻 52 岁）

为什么有小姜呢？ ＝因为没儿子。

从哪个村庄娶过来的呢？ ＝前夏寨。

谁做的媒人？ ＝不知道。

姜的家里是做什么的？ ＝油房。

出了多少钱？ ＝不知道。

一般是要出钱的吧？ ＝要出四五百元。

16 岁左右能生孩子吗？ ＝金堂不想要 16 岁左右的，是她妻子办的。

金堂那里有多少田地？ ＝30 亩左右。

【挖井】挖井时哪些人会来帮忙？ ＝田地四邻的人。

应答者 王金堂（44 岁）

【姜】家里有几口人？ ＝三口，妻刘氏（52 岁），二夫人魏氏（17 岁）

有孩子吗？ ＝没有。

什么时候娶的魏氏？ ＝前年。

从哪儿？ ＝前夏寨。

家里是干什么的？ ＝农业。

因为没有孩子而娶的吗？ ＝是的。

娶二夫人时，妻子的意见是？ ＝赞成。

有媒人吗？ ＝有，是王孟德（前夏寨）。

娶二夫人时，是谁先提出的呢？ ＝妻子。

夫人是哪里人？ ＝李行屯的人。

外面把二夫人叫作什么？ ＝姨太太、二房。

给钱了的吗？ ＝没给。

交换了大贴的吗？ ＝交换了的。

这是什么时候的事？ ＝前年五月，结婚是五月。

娶二夫人时，和人商量过吗？ ＝商量了。

谁和谁商量过？ ＝王福禄、王命中、王金增。

【服丧】和族长商量过吗？ ＝死了，所以穿着白鞋。堂叔父王其德。

什么时候去世的？ ＝去年十月。

白鞋要穿到什么时候？ ＝一年。

这谓之什么？ ＝功服（三年——重服，两年——期服，五年开外是总服）。

【同族】你有多少家同族？ ＝祖父有三个儿子，那三人有四个儿子。

近处的同族有几家？ ＝七家。

远处的呢？ ＝四家。

远远近近都算进来，共有？ ＝十六家。

五服以内有七家是吧？ ＝是的。

婚礼丧事有来往的是什么范围？ ＝只有五服以内的。

拜年时会在一起吗？ ＝是的。

【族长】族长是谁？ ＝死了。现在是王福禄。

【同姓不同宗】村中同族里，有多少人是族长？ ＝王振德、王保田，四个姓王的不是一家。

以前是一家吗？ ＝不是的。

【妻与妾】夫人在家里忙什么？ ＝纺线。

二夫人呢？ ＝针线。

饭食谁来做？ ＝二夫人。

家里的打扫是？ ＝我来做。

两个人在一起，有没有麻烦事？ ＝比较随便。

你的妻子把二夫人当成孩子疼爱吗？ ＝没有。

不会因为这而烦恼吗？ ＝随便，我才是当家人。

要是生不了孩子，怎么办？＝命中注定了，没法子。

【过继子】要是生不了，会招过继子吗？＝会。

这边会写过继子单吗？＝会写。

最近，有人收过继子吗？＝没有。

现在有当了家长的过继子吗？＝没有。

过继子是从哪儿找到的？＝只要喜欢，谁都可以。

从近亲到远的（都可以）吗？＝是的。

你家里分家了吗？＝就我一个。

【娶妾的年纪】妻子未能怀子而娶妾，男方一般是多少岁？＝过四十。

【同族】卖田地时得首先问同族吗？＝不问。

只有同族会公用农具吗？＝不是的。

【同族坟地】同族的坟周围可耕作的土地叫什么？＝坟地。

王家有多少？＝一亩半。

现在被用来干什么？＝没干什么，只有一亩半，坟太多。

有免地租借给同族穷人的土地吗？＝没有。

坟地里大概有多少坟？＝十四五个。有四辈人。

有更古老的坟吗？＝石家洼有。

为什么石家洼会有？＝有两里多长。那边埋不下就来这头了。

村中姓王的人会去拜祭石家洼的人吗？＝十六家。

凑齐了去？＝是的。

族长最先上供吗？＝是的。

【给族长拜年】正月初二，十六户人家一起往王福禄家去给他拜年吗？＝分头去。

【同族集会】村中王氏有一起会餐、商谈的吗？＝没有。

【同姓】王姓分成了四支吗？＝分了。

5 月 26 日

同族坟地　家长　结婚　埋葬

应答者　李盛堂（42 岁）、魏鸿钧（30 岁）

【家庭】魏金声（56 岁）

妻　　郭氏（48 岁）

嫂　　刘氏（62 岁）

子　　洪钧（30 岁）

妻　　耿氏（34 岁）

次子　洪德（23 岁）——满洲鞍山

三子　洪训（16 岁）

四子　洪信（9 岁）——城内学校

【同族】魏氏同族有多少家？＝六家。魏吉平、吉周（祖父）、金海、金成（叔伯父）、嘉木（侄子）

族长是谁？＝吉周。比吉平年长。

族长要做些什么？＝什么都不做。

【祖坟】六家祖坟是一起的吗？＝是的。

正月初二一起去拜祖坟吗？＝去拜。

那个时候，族长也什么都不做吗？＝初二买来香、纸，族长在前面带着大家去拜。

这被称为什么？＝没有名字。因为族长更清楚祖坟的并方，所以站在前面。

坟的并方是什么？＝坟的排法。

坟地里共有多少辈？＝不清楚。有六七十个。一亩。小坟。

起坟是指？＝本指从祖坟里把坟迁出藏至别处，现在是说在祖坟之外另外挖坟埋葬。

祖坟周围有同族共同的土地吗？＝坟地、祖茔地。

坟采取怎样的排列方法呢？＝带子上堂葬。（注：原稿即"带子上堂葬"）

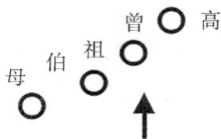

【同族坟地的租佃】坟地现在用于干什么？＝由我在耕种。

那些耕地有多少亩？＝五亩。

地租是多少？＝我自己的土地，所以没有地租。

祖坟有多大？＝一亩左右，坟太多，难得耕作。

坟和坟之间不可以耕种吗？＝可以。自己在耕种，不出地租。

种什么？＝谷子。

能收获多少？＝三四十斤。

换作钱的话是多少？＝五六元。

那块土地谁来耕种？＝轮流。

今年是你吗？＝是我。去年是吉平，前年是我。新年（正月）初二决定时，富有的人抽到的就会让给困难的人。

你有多少田地？＝不足二十一亩。

谁的田地最多？＝嘉木（四十亩）、第二多的是我，其余四家均有十来亩。

如果让的话，那就是嘉木家来让吗？＝不一定。前年是金海让给我的。金海年老了，耕种不了。

正月和清明节时，不买纸和线香可以吗？＝正月初二两元、清明节一元。交给族长后，族长来买。

有修理坟的义务吗？　＝有。

【同族会餐】正月初二会餐吗？　＝不会餐，坟多的同族才会会餐。只有马氏。

【同族扫墓】同族一起扫墓被称为什么？　＝没有称谓。初二六点起床在吉周家外面碰头。之后各自拜各自的坟去。

会供奉馒头吗？　＝不会，在家里供奉。肉、菜、馒头等。

【家谱】有家谱吗？　＝谱布。

外面称之为什么？　＝家堂祖子。没有谱书。本村没有。

【魏姓的来历】知道魏姓是从哪里、何时传来的吗？　＝不知道。王姓是山西洪洞县。

有从外面山西来的吗？　＝只有王姓。

【家谱社、宗社】有家谱社的说法吗？　＝不这么说。

宗社是？　＝一起去拜祖坟。不怎么用。

【同族坟地的租佃】轮流耕作坟地是怎样一个顺序？　＝不一定，既不是按辈分也不是按街。

要在正月初二决定吗？　＝是的。

那是在族长家里吗？　＝先去拜祖坟，再去拜各自的坟，然后聚在族长家里商量。不在其他地方商量。

什么时候聚在族长家里？　＝六点去祖坟的话，就是八点。

若出现两人同时想耕种的话怎么办？　＝抽签。

知道坟地周围可耕作的土地是如何形成的吗？　＝不知道。

知道田里大概有多少坟地吗？　＝不知道。

李姓有吗？　＝有，有一亩。

那是在耕作吗？　＝种的松树。

（指了指松树）这叫什么？　＝松树，也叫柏树。

松和柏不是一样的吧？　＝不叫松叶、柏叶，叫松柏叶。长的时候叫松，砍伐之后成了木材则叫柏。

【街坊的辈分】"乡辈间"是什么意思？　＝村里人互相称呼的意思。

和街坊辈分是一样的吗？　＝一样。

哪一个更常用？　＝乡间辈。一般对别人称呼乡村爷们，对对方就称呼爷们。

爷们是？　＝对于平辈、晚辈，上辈的人将侄子、孙子等总称为爷们。

【家长】家里的事情全部由谁来做？　＝我来做。

家长是谁？　＝父亲。

家里的会计是？　＝我来做。父亲年老，做起来很麻烦，三四年前开始由我来做。

父母的零用钱由你来给吗？　＝是的。

这样一来你不就是家里最大的了？　＝替父亲代劳。

这里，父亲年老了的话就由孩子们来做吗？　＝可以说都是这样。

一般几岁开始做？　＝不一定，因人而定，取决于父亲和儿子的年龄。

有儿子的话，母亲是成不了家长的吗？＝成不了。也有没了父亲之后，母亲来主持家务的。那称之为当家的。我是现在的当家的。父亲是老当家的，我是小当家的。

【结婚、订婚】你多少岁时结的婚？＝13 岁。

订婚是什么时候？＝12 岁。

订婚的事情，你知道吗？＝不知道。

什么时候知道的？＝订婚后过了一个月左右，父亲告诉我的。

认识对方的女子吗？＝不认识。耿家堂，西北五里。

妻子一般大几岁？＝两三岁，三四岁。

全部由父母做主，你没有不觉得不可以吗？＝在农村不能不服从的。

现在订婚的年轻人也是这么想的吗？＝是的。

一般多少岁结婚？＝十七八岁。

对于结婚不能不服从吗？＝因为是父母的命令。

也有因为是父母的命令吧，会不会觉得父母不会选错人呢？＝当然也有这个原因。

结婚的时候才见到妻子吗？＝是的。

在这样的婚姻中，有因为对方容貌不佳啊、不喜欢啊而离婚的吗？＝两三个村子里没有一家是这样的。

【结婚的费用】有十亩地左右的人家，结婚要花多少钱？＝现在的话一百元。以前也就十元、二十元的样子。

二十亩的呢？＝一百七八十元（以前五六十元）。三十亩的话，有一百五六十元的，三百左右的也有。

最近村子里结婚最气派的是谁家？＝这个村子里都差不多。事变后，物价高涨，太奢侈的婚结不起。

大概多少钱？＝有钱人花个两百左右，穷人七八十。其中也有不用钱的。

不用钱是指？＝雇个轿子把女方接过来就行了。

【婚礼请客】结婚时请不请客？＝请。

在哪里？＝在自家院子里搭棚请客。

你家请了哪些人？＝村里管事的人、同族、亲戚、乡亲（同村有来往的人）、媒人（一人）。

村里管事的人是指？＝乡长、甲长（全部）。

被请到的人会带钱去吗？＝随礼或叫上人情。

随礼是指？＝送钱。四十钱、六十钱、一元。

办丧事的时候有这种情况吗？＝一样的，办丧事的时候会另出金银箔等。

上人情是指？＝和随礼一样的，互相赠予。你给我，我给你。

【婚礼仪式】婚礼的顺序是？＝男方首先挑选吉日。写好娶帖送去对方（送娶），送娶子帖会提前个把月通知对方。

娶帖

谨遵宪书大吉祥
择于本月十九日大吉昌
三相不用〇〇〇（蛇、鸡、牛）
上轿宜向正南方

（用两张红纸写好，一张贴在自己家里，一张送女方家去。"三相不用"是指，上面所记鸡、蛇、牛（因女子年龄而不同）和女子性情不和之意）

当天清晨（六点），新郎带着轿子一顶、大车三辆（两辆带幌子，一辆不带）前往女方家迎娶。轿子里乘童子一名压轿，带幌大车一辆乘有新郎和陪娶的人，另一辆乘有娶媒客（老太太）一人，不带幌的大车上则载有吹鼓手。吹鼓手不会在没人的地方的吹奏。到女方家后，女方同族出来迎接新郎，稍作歇息。此后，新郎一人对着女方祖先三叩首，对着女方父母二叩首，将一把椅子放至新娘所坐炕边，新娘一坐上椅子，相轿的（新娘的兄弟）两个人将其搬至轿子，新娘进入轿子（上轿），女方家出大车一辆载着相轿的，压轿的和娶媒客一道，再加上送女婆一名，共乘一辆大车。到男方家后在入口处下轿，送女婆和娶媒婆来到两旁，和新娘一道进屋。地面铺有苇席，因为新娘走路时不可以沾土。新娘来到棚子里供奉祖先的灵台前站好，和新郎一起拜天地。完了以后，新娘入洞房，在炕上坐下。

拜天地时谁会出席？ ＝新娘和新郎两人。其余人就在一旁看着。

新郎拜女方家的祖先的灵牌，有什么含义吗？ ＝向祖先报告结婚之意。

以上这些礼仪结束会是什么时候？ ＝因远近而不同。

一般是什么时候？ ＝九点钟的样子。中午请客。新娘一整天什么都不吃东西。

不会吃一些带子孙满堂的含义的东西吗？ ＝晌午女方家会送来菜、果子、饺子之类的东西，新郎吃了之后，剩下的会由平辈和晚辈争着吃，谓之"喜果子"。表达相互庆贺之意。长辈不吃。平辈的已婚者也会吃。

请客的席位有定好的吗？ ＝方桌居多，长辈坐上座。

请客的桌子朝南面吗？ ＝是的。

入座顺序是？ ＝朝南的话，北边坐长辈，东边次之，西边再次之，北边最下。根据街坊的辈分。

同族的人呢？ ＝同族和村里人都会来，所以不取决于同族辈分，而取决于街坊辈分。

同族、村里人和亲戚，会不会分开坐在不同桌子上？ ＝不分，混在一起坐。

座次按辈分来吗？ ＝是的。

亲戚怎么办？ ＝上午有一次、拜天地后的宴会。那是新娘的兄弟、送女婆、娶媒客、陪亲人等的宴会。

这些人会出席中午的宴会吗？＝在那之前就回去了。其余的人出席。谓之"出席"。

这样一来，中午的宴会就不按辈分了吗？＝邻村的人不知道辈分。分就按年龄，本村的同族和村里人就按辈分。

宴会结束后怎么办？＝各回各家。两点左右结束。

新郎和新娘做些什么？＝家里人把棚子拆了，借的东西还回去，东西整理好。晚上九点钟的时候，新郎新娘原房[1]。

原房是指？＝两个人回去睡觉。当天中午会有闹新房。比新郎岁数小的同辈和晚辈们送新娘东西啊、讲笑话啊什么的。晚上有听房，九点钟的时候新郎端着蜡烛一进房里，岁数小的同辈和晚辈们就会去听。原房前，全子女（有男、孩女孩的女人）会铺上布垫。老妇人的话什么都不会做，也不说什么，同辈及以下的人则把草啊什么的塞进布垫，搞恶作剧。这也叫闹房。

前面说的这些事情仅限于同辈和晚辈吗？＝是的。

岁数小的同辈的话，不分结没结婚吧？＝不分。

第二天会做什么？＝新娘清早起床给公公婆婆磕头，道"昨天辛苦了"。公公婆婆会教导她说，"你既已是这个家里的人了，就得守这个家的规矩"。然后就做早饭。做好饭后就进自己房里和新郎一起吃饭，然后由公婆引着到同族家里叩喜头去。

同族的人什么都不用做吗？＝十钱、二十钱、三十钱、五十钱地给。不兴给东西。

只去同族家吗？＝是的。

去同族家的话是按辈分吗？＝从近的开始。

去不去祭坟？＝中午过后去。那时候和新郎、公婆一起乘车去。

扫墓之后干什么？＝没事了。

什么时候回（新娘自己）家？＝第九天。娘家派车过来接，新娘的母亲会来。回娘家（不叫回门）。

新郎不去吗？＝不去，过年的时候去。

什么时候回去？＝当天回。

【生子、娘家】生小孩了，娘家要做什么？＝买点心、鸡蛋等送过来。把生了小孩的事情告诉娘家，谓之"报喜"。

送不送米？＝生小孩的第三天把鸡蛋、点心一道送来。有钱的人家还会给小孩做衣服送来。

无论男孩女孩，贺礼是一样的吗？＝一样。

在新郎家生孩子吗？＝是的。

【按辈】村里、家里的日常生活和特殊活动中，最讲究辈分的是什么？＝拜年、丧事、结婚。

过年的时候是怎么样的？＝从家里的长辈开始一一拜年。

---

〔1〕　译者注：原文如此，疑为"圆房"。

丧事的时候呢？　=长辈去世了的话，哭丧、穿孝服，晚辈死的话，就不兴。

【幼儿的埋葬】小孩子夭折的话怎么办？　=埋到沙丘，不埋进祖坟。

从几岁起是埋进祖坟的？　=十岁以上埋进祖坟。

十岁以上的女孩呢？　=一样。

【阴亲】有阴亲吗？　=有。

一定会结阴亲吗？　=因为人死以后必须守祖，所以一定会结阴亲。

【寄埋、丘子】在结阴亲前会暂时埋在其他地方吗？　=是的。

埋在怎样的地方？　=旱田中哪里都可以。

是不是叫角地？　=小孩子死了的话，哪里都可以。妻子死了的话，埋在旱地角落的路旁，丈夫死后，一起埋进祖坟。

埋在旱地角落里，称之为什么？　=寄埋。

这边有丘子吗？　=夫妇有一人先死的话，另一人死之前就会丘。

那么就和寄埋一样了吗？　=寄埋是要出殡的，丘不用。

这么说，不是夫妇就不可以埋进祖坟了吗？　=不是的。男女也是可以的。

【父子意见不同】和父亲意见不同的话，你会怎么办？　=父亲的意见正确的话，就听父亲的。孩子的意见正确的话，就必须听孩子的。

虽然这么说，可是各自都会认为自己是正确的吧？　=如果孩子认为父亲的意见正确，就会按那个来。

如果孩子认为自己的意见正确呢？　=会去听父亲的。

这里，父亲和儿子是老当家和小当家的关系吗？　=父与子的关系。

如果是老当家和小当家的关系呢？　=那也离不开亲子关系。

【家族成员的特有财产】本村除了家族财产外，有人拥有私人财产吗？　=有，贴己。

谁啊？　=不知道。

什么时候能够拥有呢？　=新娘从娘家得到的东西。

家庭的财产被称为什么？　=家产。

【当家】家里的事情，你是正式以父亲的名义来办的吗？　=是的。

5 月 30 日

村的治安维持　社　里书　结婚　埋葬　家长　同族

应答者　洪毓秀（67 岁，北关，前恩县财政科长）

杨永清（70 岁，五里庄，清生己面科寸廉方正）

【民团】在如今的甲保制之前是什么制度？　=没有明确的制度。村里由民团来维护治安。

【牌、闾邻制】没有牌吗？　=有乡长，有的地方有副（乡长）有的地方没有，下面就有牌长，家数不定。有三条街就叫三牌，乡上面有里，里有正副之分，相当于现在的镇。全县三十六里。

这里有间邻制吗？＝民国二十年的时候，县里有间邻制的计划，没有实施到村里来。当时全县共二十六万人，打算按人口划分间邻。

不是以家为单位吗（"周礼"所言是怎样的）？＝以家为单位。

牌是从什么时候到什么时候的？＝现在的甲长也叫牌长。里长取消了，改称镇长。

间邻制没有展开？＝是的。

牌是从什么时候开始的？＝牌长是自然形成的，县村之间的公文书里没有记入牌长。现在牌长仍然存在。

牌长是管理一条街吗？＝是的。

那么相当于现在的什么？＝和现在的甲长不同，村民把甲长叫作牌长。

牌长是自然形成的，这句话是什么意思？＝乡长由县里指定，但由于乡长一个人做不来，所以出现了牌长。

形成牌的目的是什么？＝辅助乡长处理事务。

和维持治安有关吗？＝当然有关，重要的目的就是辅助乡长。

【民团】你说村里有民团，民团是什么？＝那也是因为有必要而自发组织起来的。治安好的地方没有。

称为○○民团吗？＝二长十一团民团。城东北○○个村民团，或者也叫自卫团。

参加民团的都是什么样的人？＝由村里公选，送至县公署，那样的人多有参军的经历。

人数为多少？＝不一定，有五十来人的也有百来人的。没有太大的。城内也有人民自卫团。

那有多少人？＝给薪俸的只有数人。但可以动员形成各自的自卫团。

没有级别吗？＝没有。

【村、庄】本县村少而庄处于绝对多数，这是为什么？＝庄和村是一样的。庄村一样。祈村一个。城东五里内有十三个村，谓之"五里十三村"，十三村均可称为庄。

其他县，叫○家庄的很多，叫○村的却非常少？＝这没有调查的价值。

很久以前，村和庄在赋税和差役等方面上有差异吗？＝不知道。称○家庄的，住在那里的是土地的开创者，而称○家村的。

是由多种姓氏杂居而形成的吗？＝不知道。

【社——会社】这边有社的说法吗？＝用集合、集社来指人的集合。人们为了烧香而集合的时候，称之为会社。

现在也叫会社吗？＝有。村里每月各出一元，凑二十元左右烧香或者做什么好事。

【天齐庙社、泰山社、馒馒社】有什么样的？＝泰山社、阎王社。城正南二十里一个叫津期店的地方有个天齐庙，三月二十八日去天齐庙社的女人特别多。

泰山社就是男人更多。每月攒下四十钱，到年底买来馒头上供。这就是馒馒社（五里庄）。乡社乃香社之误。

还有其他的吗？＝想不起来。

始皇本纪里有祈祷齐地八神一说，可不可以认为天齐来。

自于此？＝不知道。

天齐是指？＝祭祀封神演义里的殷村大将黄飞虎，即东岳大帝。

能否认为这和祈求比干是相对的呢？＝由于向纣尽忠，因为纣而为武成王所杀。

北关那里祈求昭烈帝有何含义？＝有元碑。为了恢复汉室。只要这个庙还在，人们就不会忘记曹操的罪行。

【三三社】有没有个叫三三社的？＝王母娘娘的蟠桃会，王母娘娘的生日。

叫三三社吗？＝叫。一般是三月三日。

社多为宗教性质的结社吗？＝这么说不大准确。信仰的团体。

【太阳社】太阳社是指？＝二月二日。太阳的生日。那天太阳升起时全村人都来迎接，太阳落山时，会烧纸人、纸马、舆[1]来送行。

【泰山社】泰山社是什么？＝四月十八日。去给泰山娘娘（碧霞元君）进香。从正月开始至四月十八日期间。

是否也有不去泰山而在本地进行的？＝三年一次。也有不去的。那种情况下就办坐山会。有钱的就拉戏班子，没钱的就烧御舆。

【阎王社】阎王社是？＝现在没有了，清朝时是六班在祈祷。

六班是？＝头壮、二壮、头决、二决、头皂、二皂。

头壮、二壮是？＝壮是民间的人，从事钱粮、传唤等。

头决、二决是？＝逮捕。

皂？＝刑罚。

【天齐庙社】天齐庙社有怎样的利益？＝庙里有香火会，老妇人们每年都要去一次。

香社不只泰山社有吧？＝专指泰山社。

【社与村、泰山社】泰山社和馍馍社等是以村为单位进行吗？还是两三个村一起进行呢？＝以村为单位，但如果村里没有的话，就加入其他村子。

城里也有吗？＝城里没有，是加入村子的。

为什么城里没有？＝城里商人居多，没有空闲。社并非由于信仰，而是去泰山游玩。

大概有多少钱可以去泰山？＝花五六天，一人二十元。因物价高低而定。

【请会】除了这样的社，还有作为地区管辖的社吗？＝有请会。在钱的方面互相帮助。

这是社吗？＝六爻社，算上主人称作"七贤社"。六个人出百元，最初由请会人使用，两次之后则抽签。每人十六元六（无尽）。

【字纸社】进香什么的会有吗？＝没有。其他叫字纸社的有。由知识阶级分子出资雇人拾起写有文字的纸烧掉。敬惜字纸之意。这是在向文昌帝君祷告。

知道管理地区的社吗？＝不知道。

【派书】这里把里书叫作派书吗？＝叫派书。

---

〔1〕　译者注：用于祭祀的轿子。

派书是什么意思？　＝担任过割和钱粮发票的制作。

"派书"的"派"是什么意思？　＝不大清楚，不是委派的意思。

派书是世袭的吗？　＝也有世袭的，也有卖给别人的。

现在有九十多人，以前很少吧？　＝不清楚。

出卖权利的事情不多吧？　＝有直接卖的，也有雇人干的。

派书是何时开始有的？　＝不知道，地亩册相当旧了。

是代代传递下来的吗？　＝地亩册旧了的话，就会换成新的，所以没有很旧的。可能一开始是县里的地亩册，拿来记录过割等的吧。

没有把派书还回去吗？　＝是的。

可以认为，由于自己不能在县公署记载地亩，所以将其委任给土地的有势者，这就是如今发展成让派书承担税务的原因吗？　＝吏、户、礼、兵、刑、工，六房的户部分为六柜存放，将全县分为六份，一柜存放其中一份。

我想知道为何派书如此之多，你知道吗？　＝派书是作为副业来做的。

可是有担任了三十村的人啊？　＝那样也不能作为生计。所以每年都要从各村收一次粮食。

派书一般都很穷吗？　＝有钱人不会当派书的。没什么钱的人才当。

坦率说，我以为派书立于农民和县公署之间，能得到相当一笔利益的？　＝没什么大的利益。

县公署应该不知道派书的地亩册里记载了多少啊？　＝如果有黑地的话是有可能的。

【结婚年龄】这一带的男女多少岁时结婚？　＝有钱人家 13、14 岁结婚，一般人家 15、16、17 岁。贫穷人家就难说了。女孩比男孩大 3、4 岁以上。

为何女孩要大一些？　＝第一，太小了家务活，即刺织、做饭不会，第二是不懂事理。

13、14 岁结婚，多少岁生小孩？　＝17、18 岁。

订婚大概是在多少岁？　＝结婚两三年前。

为什么？　＝因为女孩太小了什么都不会，在家里多少学一点再嫁出去。一订婚就嫁的也有。

既然女孩结婚的年龄是一定的，那么我觉得期间应该准备的、特别是订婚和两三年的时间都没有必要啊？　＝因为别人在催。

【订婚后毁约——退婚】订婚之后，往往有没有毁约的情况？　＝订婚后须经半月以上，因为需要修房子、做衣服等。有是有，很少。

会因为什么理由毁约？　＝停止订婚谓之"退婚"。被媒人糊弄的时候。原因为女方居多男方很少。媒人告诉女方男方家里田地多，后来才知道很少。

【求亲帖】男方会给女方钱吗？　＝订婚约时，让媒人给女方捎去小帖（求亲帖）。女方同意的话就把允婚帖交给媒人。给求婚帖时不给钱，但有给腕环、钗子、簪子等的（压帖首饰）。那和聘礼不一样。

媒人带求亲帖去时一般是能谈成的吗？　＝是的。

【柬帖】结婚时拿婚书去吗？　＝有柬帖。有传大柬。

大束？ ＝

（男）久慕名门 愿结朱陈 敬求金诺 恭候佳音
（女）久仰名门 攀援无因 冰人传语 谨遵台音
男（赤纸）

全　　福

久慕名门　　　愿结朱陈

敬求金诺　　　恭候佳音

右　　敬

○○姓老亲家大人阁下惠存

眷姻弟○○○鞠躬

时　　在

中华民国○年　月　日谷旦

光　　前

女（赤）

全　　福

久仰名门　　　攀援无因

冰人传语　　　谨遵台音

右　　敬

○○姓老亲家大人阁下惠存

眷姻弟○○○鞠躬

中华民国○年　月谷旦

金　　玉

束帖上应避免单数的字，每次写二字。由长辈给晚辈则写上"眷姻待生"，由晚辈给长辈则写上"眷姻晚"，两辈以下则写上"再晚"，同辈则写上"○○兄弟"。

这要多少天返还？＝即日。

倘若没有即日返还？＝没有不是即日返还的。

【订婚对象死亡】订婚中，男方死了该怎么办？＝有作为望门寡守节的。

一般是怎么做的？＝不守节的居多。办丧事时，来男方家送殡，然后就那样不回去的也有。

【阴亲】这一带有阴亲吗？＝有。

如何执行呢？＝若男方先死，则由男方父母去死了女孩的家里，口头商量，进行合葬。

若女方先死呢？＝男方父母用新棺木将女孩一同进行合葬。

是说女孩一死，马上结阴亲吗？＝祖坟里是不放孤坟的。

暂时埋在其他地方，这叫什么？＝寄埋。

男女年龄没有关系吗？＝没有。女孩死了二十年后再结阴亲的也有。

只叫阴亲吗？ ＝冥婚。也叫说死媳妇。

从多少岁开始结阴亲？ ＝男女都是 10 岁后。

结阴亲后，作为亲戚来往吗？ ＝来往。

本县阴亲是普遍存在的吗？ ＝存在。

洪先生收到过讣闻吗？ ＝收到过。

【坟的形式】这里的坟是怎么排列的？ ＝我家的（杨）坟是大。

昭穆葬。坟谱上有大昭穆葬。只有两个坟。

```
                     祖
                     ①
                          ②
                          父
              ③
              子
                     ④
                     孙
       ⑤
       曾
       孙              东
                       北
                      ╱
                  西
                  南
                  向
```

左昭又穆吗？ ＝是的。

洪先生家的坟是怎样的？ ＝由于我家是回教，也不看风水，什么都不做。

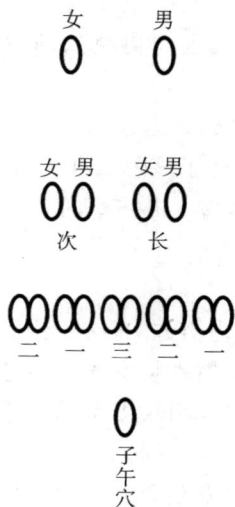

```
         女   男
         〇   〇

      女 男   女 男
      〇〇   〇〇
       次     长

    〇〇 〇〇〇 〇〇
    二 一 三 二 一

         〇
         子
         午
         穴
```

辈分很清晰吗？ ＝是的。

这样排列的坟叫什么？ ＝排葬或排骨葬。

"携子抱孙"是什么样的埋葬方法？ ＝和昭穆葬一样。子和子一起、孙和孙一起埋葬。

【家庙】这一带有拥有家庙的同族吗？ ＝东关的雷氏。两三间的家庙。小北门的曹氏。曹氏有三四家。

自古以来多吗？ ＝不多。北三里北站有个徐家家庙。七八间。

【族产】有拥有族产的同族吗？ ＝刚提到的这些家，家里有祭田吧。

知道有多少亩吗？ ＝不知道。

【同族村】县里只有同族的村多吗？ ＝耿家堂，有百来家。

同族的村子很少吧？ ＝很少。

【家长】家长由一家辈分大的担任，这是原则吗？ ＝是的。

后夏寨有年轻人握权，这种情况多吗？ ＝我家也是这样。（两人均如是说）

零用由孩子们给吗？ ＝是的。

家里的事情基本上都交给孩子们了吗？ ＝是的。

孩子多大年龄？ ＝（洪）50岁，（杨）51岁。

家里的事情一般不会商量吗？ ＝大事会商量。

什么事？ ＝给子孙订婚的事情。

其余的呢？ ＝和家庭有关的大事。

多大起开始这样了？ ＝（洪）二十五六岁，（杨）二十几岁。

【分家】分家采取均分吗？ ＝是的。

分家多由于家庭不和吗？ ＝是的。

和你年轻时候比，分家变多了还是变少了？ ＝最近变多了。

有没有自从事变后变得格外多了呢？ ＝没有关系。

【同族】杨氏同族有多少家？ ＝十一家。

有族长以外的负责人吗？ ＝没有。

【祖坟地的租佃】坟地周围有同族共同的土地吗？ ＝有，三四亩。

如何管理的呢？ ＝分为四支，每支出一人进行管理。

管理的人被称作什么？ ＝没有称谓。

谁在耕作？ ＝借给别人了。

地租如何计算？ ＝一亩苞米八十斤。

如何处理？ ＝用于购买祭祀祖先的祭品。

按一亩八十斤算，三亩有多少钱？ ＝四十元左右。

买祭品要花多少钱？ ＝二十几元。

【同族会餐】剩下的钱怎么办？ ＝交税金也不够。一起吃公饭。公饭是另外摊钱的。

何时吃公饭？ ＝正月初二。

【街坊的辈分】在你村子里，街坊有辈分吗？ ＝有的。

称之为什么？ ＝没有名称。

村里有多少家？ ＝四十家。

四十家的辈分全都有吗？ ＝有。

【祖坟地】在祖坟周围，同族共有的土地，叫作什么？ ＝老坟地。祖坟。不叫护莹地。

老坟地是如何形成的？ ＝刚来村子的时候，祖先们是埋在同一块墓地的，因为分家有了各自的坟地，因此用于埋葬的土地就多了起来。

洪先生有祖坟地吗？ ＝四亩。

如何管理的？ ＝由清真寺在管理。

那是怎么样的情况？ ＝寺里有阿訇在管理。以读经作为谢礼。一周念一次。

【县内的回教徒】县内有多少回教徒？ ＝县志上有记载。

城内有多少？ ＝北关有七八十家聚在一起。

还有其他的吗？ ＝没有。

姓氏都不一样吗？ ＝是的。

【城内街坊的辈分】城内的街坊有辈分吗？ ＝有。仅限于有来往的人家。

那是如何决定的呢？ ＝例如，我父亲和另一个人是世交的话，那人家里的儿子就和我同辈。

6 月 1 日

过继　同族　结婚　家长

应答者　王金三（37 岁，农民）、王振德

【家庭】第五甲第五户

王益三（40 岁）

杨　氏（妻　41 岁）

金　三（弟　37 岁）

周　氏（弟妻　31 岁）

　　　第五甲第六户

王连之（80 岁，盲人）

马　氏（母　已故）

【过继子】何时成为连之的过继子的？ ＝去年三月。

和连之是什么关系？ ＝亲大爷。

连之有多少土地？ ＝六亩。

你家呢？ ＝二十五亩。

过继子的话是谁先说的？ ＝连之。

什么时候开始的？ ＝去年三月。

有谁做了中间人吗？ ＝没有。

【未分家的弟兄】你现在住的房子，过去是谁的？ ＝也是我的。

不是哥哥分给你的吗？ ＝还没有分家，共有。

将来会分家吗？ ＝我觉得不分最好。

为什么？ ＝和哥哥一起耕种更好，哥哥做买卖而我种地。

哥哥和家里的收入如何分配？ ＝我只是种地，缺钱时就找哥哥拿。是哥哥在当家，攒到钱了就给哥哥。

你在从事哪些农耕？ ＝棉花、花生、高粱、谷子、粟子。

棉花和花生是自己去卖吗？ ＝是自己。

卖得的钱全部交给哥哥吗？ ＝是的。

这样不是很麻烦吗？ ＝因为需要钱的时候就得找哥哥要。

哥哥有给脸色看，或者不给的情况吗 ＝没有。

（对太太）你没有不满吗？ ＝哥哥偶尔会给我们钱，哪里都没有这么好的哥哥。

【过继子】要是王连之有很多田地了，你会成为他家一员吗？ ＝要是有了很多田地，我就会租来种。我还和现在一样。

是不是过继子，不就不清不楚了？ ＝与其说是过继子，倒不如说是照管。

为何不写过继单？ ＝成了连之的过继子的话，仅仅六亩地，吃饭都成问题。大爷死后，六亩地会分给兄弟。

这就不是过继子了吧？ ＝照管。

连之有几个侄子？ ＝两个。

【同族与同姓】你有多少同族？ ＝只有三家。

都有谁？ ＝王德胜（城里，父亲的表兄）、王允之（？）、王从之。

有多少人家以连之为族长？ ＝十家。（列举名字有十一家）

村里的王姓人家曾经是一家人吗？ ＝不是。

（对王德胜）你一家人是？ ＝正德、福德、怀德、金亭，四家。

名德之人与你同辈吗？ ＝是的。

接下来是？ ＝金。

再接着是？ ＝文。

福字是？ ＝在德的下面。金才是正宗的，福是弄错的。

村里姓王的有多少？ ＝王庆昌、王葆钧、王振德、王连之。

带清字的有？ ＝连之一家。除刚才列举的人之外还有七家。清缘、清和、清江、清林、清云、汉臣、清龙、中春。

带清字的不都是一家吧？ ＝其他带清的和王庆昌同族。

【祖坟地、同族的扫墓】（对王金三）有祖坟地吗？ ＝一亩二。

在耕作什么？ ＝没有耕作。

正月初二、同族聚齐扫墓吗？ ＝十七家。

谁来代理族长？ ＝我在做。代替连之拿很多烧纸去。

为什么？ ＝只有香和纸是代连之拿去的。

族长站在前面拜吗？ ＝连之和同辈年长的人代替族长拜。王立之。

一起吃饭吗？ ＝不吃。

在坟地周围，有同族共有的地吗？ ＝没有。

（对王振德）你有吗？ ＝没有。也不吃饭。

一起去拜坟吗？ ＝拜，我站在九家前面。

【同姓】王姓分成了四支吗？ ＝是的。

其他两个王姓的族长是？ ＝王俊岭、王葆田。

应答者　田金芩（55 岁）
　　　　　张洪烈（37 岁）

【同族、祖坟地】田姓有几家同族？ ＝四家。

族长是谁？ ＝父亲田振湖。

祖坟地有几亩？ ＝没有祖坟地、埋在自家地里。

四家是分开的吗？ ＝是的。

【结婚】娶新娘时，男方会给女方家里钱吗？ ＝不给。

给媒人钱吗？ ＝不给。

只是在嫁入时提供饭食吗？ ＝是的。

【结婚对象的条件】娶新娘时，男方首先提出的条件是什么？ ＝能劳动。

女方的条件是？ ＝忠实、会劳动的人。

女方能劳动，指的是什么？ ＝做饭、缝补、孝顺。

【爱好——门当户对】结婚时会提什么爱好吗？ ＝不提。

门当户对是指？ ＝穷人娶穷人家的新娘，有钱人娶有钱人家的新娘。

【社】村里有多少名字里带什么社的？ ＝乡社。三三社是镇武的生日，并非集会。

有家谱社吗？ ＝只有马家有。

社是什么意思？ ＝很多人聚集起来，出点钱做好事。

马家有社头吗？ ＝没有。

【分家与祖坟】分家时祖坟要分吗？ ＝不分。

有人分吗？ ＝没有。

【生育】生男孩好，还是生女孩好？ ＝男孩。

【祖坟、同族】张家有祖坟吗？ ＝没有。

坟是怎么办的？ ＝各自埋葬。

有多少家同族？ ＝五家。张洪儒、张振声、张万海（已故）、张洪烈、还有一家去了山西大同。

族长是？ ＝张洪儒。按万—洪—振的顺序。

有老坟吗？ ＝没有。

姓张的五家何时分的家？ ＝祖父。

祖父以前的老坟是有的吧？ ＝祖父的时候来的村子。

坟有几辈？ ＝只有两辈。

五家有多少亩？ ＝我想东边三家共计二十亩左右，西边两家有六十亩左右。

【家族成员的特有财产】这一带有不属于家族财产而是家族成员专有的财产吗？ ＝没有。

新娘用带来的钱买地，或者不用，作为自己的钱放着，有这样的钱吗？ ＝没有。

【小当家】小当家一定由长子担任吗？ ＝看能力。

一般是长子吗？ ＝是的。

【家长的顺序】叔父比作为长子的父亲年小的情况下，父亲死后由谁当家长呢？ ＝侄子有能力的话就会当家长。

事实上由谁来当才对？ ＝叔父。

有侄子当家长的例子吗？ ＝有。

有叔父比侄子年小的家庭吗？ ＝没有。

【过继】弟弟有儿子而哥哥无子时，谁来后继？ ＝弟弟的儿子过继给哥哥。弟弟的儿子生了儿子后再过继给弟弟。

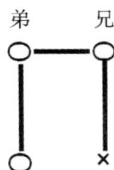

弟弟的儿子只有一个儿子的话，怎么办？ ＝这种情况下继续在哥哥那边。

这样的话弟弟不就没有后代了？ ＝是的。

为什么只有哥哥才有后代呢？ ＝弟弟的儿子给哥哥，生了儿子就给弟弟，哥哥就无后了。

只会过继一次吗？ ＝是的。有两个孙子时就一人一个。

有两个孙子时，一定是长子给哥哥，次男给弟弟吗？ ＝一定是这样。

【兼桃】兄弟只有一人有儿子时，将这个儿子作为兄弟二人之子，有这种情况吗？ ＝有的，不过本村没有。

把一个儿子作为二人之子，被叫作什么？ ＝一子两不绝。

本村没有吗？ ＝没有。

不把这叫作兼桃吗？ ＝不叫。

兄弟三人中只有一人有子时，让此人同三位妻子生子，有这种情况吗？ ＝没有。

【街坊的辈分】（对张）你知道村里街坊的辈分吗？ ＝不知道。

【侄子与叔父分家】哥哥去世，儿子和叔父分家时田地如何分配？ ＝一人一半。

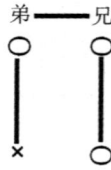

```
        弟 ———— 兄
        ○        ○
        │        │
        ×        ○
```

【资料1】后夏寨村公所备附保甲簿抄本

吴 姓	十六家	徐 姓	一家
马 姓	三十家	魏 姓	六家
王 姓	四十七家	刘 姓	四家
李 姓	九家	赵 姓	一家
张 姓	四家	田 姓	四家
孟 姓	一家		

（民国三十一年七月十一日调查）

人数表

甲	姓名	大口	小口
第一甲	吴玉秀 共计	三	五
	吴玉庆 共计	二	五
	吴赵氏 共计	二	
	吴志坤 共计	一	二
	吴志端 共计	二	
	吴香河 共计	二	二
	吴玉恒 共计	五	一
	马和堂 共计	八	一
	马文三 共计	三	
第二甲	马凤岐 共计	四	一
	李玉池 共计	三	二
	吴志有 共计	四	
	马万香 共计	三	二
	马万峯 共计	一	二
	马万庆 共计	三	二
	吴香中 共计	二	一
	马金玉 共计	三	一
	马吉祥 共计	七	二
	马山 共计	三	一
第三甲	马长 共计	二	一
	马中亭 共计	四	
	马万成 共计	三	一
	马万同 共计	八	三
	马根东 共计	二	三
	马万年 共计	五	二
	马中信 共计	五	八
	马凤林 共计	八	三
	马瑞图 共计	五	三
第四甲	王庆昌 共计	三	一
	王俊河 共计	八	一
第五甲	王洪昌 共计	五	
	王德昌 共计	三	
	王俊有 共计	一	八
	王谭氏 共计	一	
	王长丽 共计	三	七
	王观芝 共计		
第六甲	王立芝 共计		
	王昃芝 共计		
	王玄芝 共计		
	王益三 共计		
	王莲芝 共计		
第七甲	王怀德 共计		
	王金廷 共计		
	王福禄 共计		
	王金弟 共计		
	王金堂 共计		
	王振德 共计		
	位嘉谟 共计		
	王保割 共计		
	王保均 共计		

续表

第一横行（上）

| 小大 二八 口 | 小大 二四 口 | 小大 二 口 | 小大 三四 口 | 小大 八一 口 | 小大 四 口 | 小大 一四 口 | 小大 四 口 | 小大 二 口 | 小大 四 口 | 小大 一四 口 | 小大 一五 口 | 小大 二 口 | 小大 一四 口 | 小大 一三 口 | 小大 二三 口 | 小大 三四 口 |

李劳建 共计　　李存功 共计　　李金堂 共计　王福德 共计　位吉 共计　王正德 共计　　李振都 共计　王孟兰 共计　王守芝 共计　王崇芝 共计　　王贵三 共计　孟贵有 共计　　王陵三 共计　王吉昌 共计

第二横行

田玉美 共计　刘长贵割 共计　刘长富割 共计　第十甲　位吉周 共计　位刘氏 共计　位金城 共计　张振声 共计　张洪儒 共计　王清荣 共计　第九甲　王清江 共计　王清河 共计　位金声 共计　李廷 共计　李进心 共计　李玉廷 共计　第八甲　王保田 共计　王保善 共计　王保干 共计　王葆干 共计

第三横行

王金生 共计　王其德 共计　王金谟 共计　刘玉田 共计　王金鑑 共计　王金增 共计　王金中 共计　王清云 共计　王清池 共计　王清林 共计　赵凤岭 共计　李新廷 共计　徐存功 共计　李存义 共计　李圣堂 共计　第十一甲

第四横行（下）

马起 共计　吴玉林 共计　马与刚 共计　马士中 共计　第十三甲　马士岁 共计　马士路 共计　马云庆 共计　王金庆 共计　张荣祥 共计　张洪烈 共计　张万海　马士林—王清江—一七　王福禄—王金堂—一七　吴玉琛—王保均—六　吴志顺—王庆昌—九　第十二甲　王金祥 共计　王金贵 共计　王俊士 共计　王金城 共计　刘刘氏 共计　第十一甲　田金 共计　田金文 共计　田金升 共计

续表

吴志义 共计	吴玉珍 共计	吴玉兰 共计	共计
小一口 大四口 一三口	小四口 大八口	小三口	小四口 大八口

吴志诚 共计	马振芳 共计	马士超 共计	王金香 共计	王福春 共计
小一口 大三口 二五口	小二口 大四口	小四口 大五口 一三口	小一口 大三口 二四口	小三口 大三口 ○口

【资料2】 分单

立分单人王金銮因不欲同居今邀同乡族人 同议

三枝、应分家西松小庄地三亩七分、西北四亩半、二亩

应还陈庄大洋五十元、每年奉养母亲豆子麦子小米各五十斤、每股奉养母亲做饭五天、烧柴薪五天、永勿反悔、如有反悔、罚洋一百元、恐后无凭立分单存据

　　　　　　　　　　　　刘长富

　　　　　乡族人　　王其德　　同立

　　　　　　　　　　王正德

中华民国二十六年十一月十八日

民国三十一年十一月十八日

立分单人吴崐峰因父母年老高迈、清愿[1]不叫父母费心劳神、各立一业今邀亲族人等将房舍土产用器等件同众请愿均分

吴玉峰应分西宅一段计宅一亩三分二厘五毛

上代北房五间西房二间楼门一间

东棚三间、应分土产家东地一段计二亩二分二厘

家东地一段、计地二亩三分零四毛

家东坟地东边一段计地三亩零三厘三毛

家东红金条地东边一段、计地一亩三分零五毛

家南桁子东边一段、家北地一段、计地六亩九分三厘五毛

家东桁子一段、计地一亩二分零一毛、家东当地一段、计地五亩

作价子一百三十元、应分用器木槽一个、节子一个

大红二口、青骡子一头合洋一百元、自今以后、无有反悔、若有争竞等情分家人承管恐后无凭、立分单为证

---

[1]　译者注：原文如此，不作改动，下同。

开给东宅子九厘五毛作为伙道用内开

　　　　　马春旭

分家人　吴玉庆

　　　　吴玉恒

　　　　吴序爵　立

中华民国二十九年三月初七日

　　立单人　吴　魁有子二人不能操心请亲族人将产业钱债一概均分吴志　应分西宅五分五厘二毛五丝北房三间西房两间门楼一间西棚子两间西宅南头伙道东宅南头伙道各一步往来不许阻隔东南坟地一亩六分家东地东边二亩三分　毛五丝家东北地二亩三分一厘二毫家北地五亩二分七厘二毫西边家南桁子一亩六分　厘　毫家西地三亩五分一厘一毫二人情愿并无反悔如有反悔者罚白银五十两入官公用

　　西宅　典盛　成

　　　　　　　典　盛　　　　成

长活十步零二分　乡亲马登云　族人吴　元

横活十三步　　　　　士　太　　　凤祥

　　　　　　　　　　　　　　　　　志富

光绪二十一年正月吉日　　　　　　立

　　立分单人张洪业因兄弟二人不欲同居今邀同乡族人共同商酌将一切家产均配清楚同众应分西房三间大门一座榆树二株家南一段计地二亩宅千一暂时不分二人伙居此是两家情愿各无反悔以后不许争竞家产如有争竞乡谊族人为证恐后无凭立单为证

　　　　　　　　　马万同　　　　　张洪儒

　　　　乡谊　刘长贵　　族人　吴玉衡

　　　　　　　马万年　　　　　吴玉庆

　　　　　　　马万峰

民国二十八年七月十九日　　　　　　　　立

【资料3】未刊恩县志（摘录）

俗　尚

　　鸡鸣即起、举家凤兴盥漱陈、醴焚香祀神祭祖先辈、长幼序辈、亲友各谊门、交错以遍日拜年、　与其亲师长、皆先期、酒醴日节仪士商新年互延、谓之请春酒、市肆不张、藉以稍息焉

　　元宵、门户皆设灯、以祈年顺、灯彩燃放花爆欢游达旦夕至于　鼓奏管弦、各

色、跳舞小剧、均为农商庆贺新年之乐

妇女呼伴出游、走各神宇、名曰走百病、老者或登城、或上高崖、曰不腰疼

谓之慎仓、曰明用灰画仓、中置五谷小许、以砖盖之、至日将出、如去砖、令鸡鸣食之、是日也、晨食黄米 曰不打滑、吃干饭曰谷穗坚实、吃枣枣糕谓扬风糕、亦有吃面条者、谓之钱绳子、取串前之意、中置白菜叶、谓棉花叶、希丰收棉花之意也

各村庄有接送太阳之举动、此亦寅宾出日、寅钱纳且之遗

用灰画套圈困、名曰打双困
清明节前二日、为寒食节、登先珑祭奠、清明取柳枝插门、为秋千戏女新适人者、归礼于家
端阳节相馈角黍、插艾于门、男女戴艾叶、曰去疾、幼者系五色索于项腕谓不为虫所 云

曝衣书、谓可防虫

俗谓关公诞辰、午时村中各户、持纸香供牲醴、至关帝庙前叩首、老妇尤多、谓关帝灵圣、足以护国安民云
中元祭、先在黄昏、仪如正旦然、折麻谷字献、盖告檐事成也
中秋、以瓜果相馈送至晚、向月设瓜果、焚香拜祝、各相聚乐、飞觞玩月、重阳、以花杆相馈、亦迎女也、文人骚客以登高吟咏为雅事

以彩纸为裳衣、焚于先珑、曰送寒衣

以五色豆和五谷作粥曰腊八粥、富有慈善之家、于是晨为粥、以食饿者曰放饭

夜设饴糖黍糕于灶上、妇女率儿童焚香拜祭、曰祀灶除夕、设冥衣神主陈馔易门神树桃符、以除不祥、儿童放纸爆以取乐
每过新年、乡中有一种恶意、即赌博是也、女戏叶子、男门竹牌、相聚为昼、夜之欢、官府例不禁止、习高旧矣、今县府严为禁止、始渐消灭去此外尚有陋习、所谓在门者、谓中有明眼人、能知阴间一切诸事、如父母逝后而明眼能知在阴间事、或受罪或享福、皆得其详、如有罪、子孙等叩首焚香纸、上供以乞之、谓阎王如 宥云

农 谚

东虹读若/绛无露、西虹雨、南虹出来摸、北虹出来杀皇帝

此言东虹主晴、西虹主雨、南虹主大雨、北虹主大乱、亦经验之词

一年雨个春、豆子贵其金

此就夏历言之、谓每逢有雨个立春之年、亚豆类木必丰收、价必昂贵也

云彩往南雨连绵、云彩往北一阵黑、云彩往东一阵风、云彩往西放牛儿郎披 衣

按此歌验之、率多奇中、可知父老经验之词不可忽也

八月十五云遮月、正月十五雪打灯

言今年八月十五阴天、来年正月十五日必然下雪、此亦父老经验之词也

庄稼老头生的怪、越贵越不卖

此言乡里农夫所寸粮食价越涨越不肯卖、事若可怪、而不知此正农夫耕三必须余一、耕九必须余三之好榜样、万不可因灾象已呈、粮价猛涨、遽将存粮贫贵卖出、致后日再枭他人更贵者也

小满花、不归家

言过小满节、再种棉花、则为时已晚、必不能收成也

立冬麦子不倒股、不如土里

言种麦子至晚不待过霜降、若至立冬再种、即不能倒股、虽种亦不能丰收矣

头伏罗（注：原稿为"羅"）卜、二伏芽、三伏种麦

言必各按节气种樋、始能希望丰收也

立秋十八日、寸草结子粒

言立秋十八日后、禾稼皆将成熟、其不结子者、无秋收之望矣

早 阴、晚 晴、半夜子到不了明

子水鸟、早畏鸣主阴、晚上鸣主晴、半夜鸣不待天明就要下雨、屡试不爽、亦关历有得之言

燕子锁天、下满了湾

言当阴天之时、燕子高飞入云中、立下大雨

不怕初一下、就怕初二阴

言初二阴天主上半月多阴雨、初一日虽下雨、亦无碍也、下半月着十六、

一亩园、十亩田

此言种园之利、厚于种田十倍力田亩这不可不知也

童 谣

小老鼠上谷穗、下来没有气、大老鼠哭、小老鼠叫、一群蛤蟆来吊孝、　　　都跑了

此教小兔练习语言之词、然亦寓有非其族类、不足现共患难之意

风来咧、雨来咧、和尚背着鼓来咧 幺鼓花鼓、　　二十五

此谣据老年人言、由来已久、不得其解、未敢臆断

挂笤板、唱刘海穿着花布衫、谁启的、娘做的、想起娘来怪厚的、谁铰的、娘铰的、想起娘来怪巧的

此教小兔所穿之衣背母所作、母之厚恩不可忘也、唐孟郊诗、慈母手中线，游子身上衣、亦即此意也天

老天爷下大雨、收了麦子供养你、你吃面、我吃皮、剩下麦糖　小

此兔童祈雨祷祝之词

下雨咧、放炮咧、王八载着草咧、也叫摘咧、不摘咧、一把掌给他打歪咧

此乡闻祈雨时、小兔所唱纸歌也、言既成心祈雨、此不怕雨淋、既怕雨淋必非诚心祈雨、凡心不诚者、人人得而击之、亦恶同仇之亦

山老、兔长、娶了媳妇忘了娘、老娘背到山涧里、媳妇背到炕头上

此言人之不孝、深恶而痛绝之词也

小鸟小、老鸟老、小鸟本是老鸟抱、小鸟小鸟你今长大了、老鸟谁养你的老

此教孝之词也、立意恩、而词、则含不尽、古人之、温柔敦厚诗教世即此之谓　为子女者、富即为猛省

婚　礼

女子于归前一起、先以 资衣服器皿、送至 家、谓之送嫁妆、及吉期 来亲迎、三日先拜翁姑、即诣家庙祖茔以吉成礼、男婚女嫁之期、大概在二十岁前、亦有十三四岁娶妻二十余岁者、贫寒之家、亦有三十余岁、娶十五六岁之妻者、皆有特殊原因、非普通例也、子女订婚、均赖媒妁之言父母主之、男女不得参议、近则开放、亦梢变旧习、成婚礼节、新旧不一乡市亦殊、普通农民、则设筵以疑亲友、轿迎新妇以归交拜田地、即日成婚、士商之家、多参用新式礼仪、亦设绍介人、及双方家长及定婚约约成即婚亦甚单简也

送　礼

世族大家、每年端阳中秋新年三节前数日、差人与女家送礼、礼物之丰啬与家境相称、送谢礼于他人者、亦多在节前、至于乡村农家、不在三节前而在麦秋后、合家蒸馒首其母亲身送至女家、俗谓之送　姨姑　妹亦有相送者、中秋则送月饼、新年前亦有送饮食品者

庆　吊

吉礼则庆有贺仪、凶礼则吊有奠仪有赗仪

按古礼赠死者衣服曰襚

车马曰赗

钱财曰赙

丧　礼

初丧悬纸钱一挂于门、谓之招魂（按死者年岁一岁纸一张）、俗谓之纸骨哭、第

二日成殓、三日孝子及亲族人等、均诣土地、谓之送三、亦有延请僧道　经者、然必有余之家、非普通也、三七后择日安葬、家道稍裕者礼请点主管一人、必齿德爵学、兼优而未任文武官吏者、俗谓官吏之笔有杀人点殊之不利、故不宣也　后士官一人、遣奠安王等、大宾数人并礼相四人、且须名列胶庠或中学以上毕业者、方孚乡望然亦有招僧道诵经、谓之免罪者、至发丧期间、亲族人等、止至丧葬费用、虽各称家有无、然总之厚为孝、少亡者不出三七即葬葬亦不古正穴贫家死即葬、甚有不出三日者

祈　雨

每过天旱人民之间有祈雨者编柳枝为轿　关帝像人皆端柳树条为圈戴在头上大吹大鼓喧天行香各村各户门前均　柳枝于门前或　内如有五日内雨足郡演戏谢神或请　僧　打

租　佃　篇

1942 年 7 月

（华北农村惯行调查资料第 81 辑）

租佃篇第 14 号　山东省恩县后夏寨
　　　调查员　本田悦郎
　　　翻　译　杨公为

5 月 20 日

农作概况　租佃概况

应答者　李胜堂（甲长）
你家在从事什么买卖吗？＝农业。
【水利】这附近，耕作会用到水吗？＝不用。
有没有水井和河流？＝两个都没有。
对于耕作来说，雨水充足吗？＝不足。

应答者　李新亭
去年怎么样？＝略为不足，春天持续干旱。
有过洪水吗？＝有过，事变那年，民国二十六年。
当时的收成如何？＝下了一个月的雨，全村颗粒无收。
有没有因为干旱而没有收成的？＝民国九年就是如此。
这附近有河流吗？＝没有，自古以来就没有。本村附近一带都是山丘。
【根据土质划分的耕地种类】本村的土地有好坏之别吗？＝有的、西边是碱性地，北边是比较低的地，东边的土地是黑泥，是好地。
碱性地被叫作什么？＝咸地。
更低的土地被叫作什么？＝洼地。
收成最多的土地被叫作什么？＝黑地。
最少的呢？＝咸地。
收成介于黑地和沙地的土地被叫作？＝白地，是收成一般的土地。

此外还有收入一般的土地吗？ ＝没有。

不叫上地、中地、下地吗？ ＝不叫。

【耕地面积】刚才提到的土地中，哪种的面积最大？ ＝咸地，其次是沙地，黑地最少。

咸地大概有多少？ ＝十亩左右。

沙地呢？ ＝十亩左右。

黑地呢？ ＝四亩左右。

【根据作物划分的耕地种类】这些土地都叫作旱地吗？ ＝是的。

没有水田？ ＝没有，附近都没有，以前就没有。

有园地吗？ ＝没有。

村民们的蔬菜是怎么办的？ ＝去集市买。

一点也不种？ ＝从以前开始就不种。

哪个村种得多？ ＝城门以南、姚家园子村。

为什么这个村子种得多？ ＝因为有黑泥、有水井。

【水井】本村又有黑地，要是挖了井如何？ ＝黑泥倒是能从井里挖出来，村民没钱挖不了水井。

挖一口水井要花多少钱？ ＝光炼瓦的话要三千片，大概要六七百元。

【村子面积】本村土地大概有多少顷？ ＝有没有三十顷左右啊。

【村子人口】村里人口有？ ＝一百二十七户。

【村民生计】有从事农业之外的人家吗？ ＝有做烟草、茶的小买卖的。有两家卖烧饼，两家卖茶，两家卖烟草。

还有吗？ ＝没了。

有没有根本不种地的人？ ＝没有，大家至少也有两三亩。

刚才说的做小买卖的人呢？ ＝每个人都有。

农闲时节，村民主要是干什么？ ＝去卖鸡蛋啊、杏啊、桃子。

有其他补贴家用的事情吗？ ＝没有其他的。

有木匠吗？ ＝有三个，他们也从事农业。

有拥有很多土地，却完全不从事农业的人吗？ ＝没有。

有自己不种，请长短工来做的人吗？ ＝没有。

有把自己的地给别人种的人吗？ ＝有。

【村民拥有的土地】村里拥有最多土地的人是谁？ ＝拥有三十亩左右的有七八户，拥有四十亩左右的有两户（？）

有二十亩左右的呢？ ＝有二十户左右（？）拥有七八亩、十亩左右土地的最多，三十户。

【荒地】村里有一点收成都没有、闲置的土地吗？ ＝有，四亩左右。根本没人种。

为什么不种呢？ ＝树太多，想种也种不了。

有种不了的沙地吗？ ＝有。

刚说的那四亩土地，每年都不会种吗？＝是的，只是等树长大了就卖到城里去。

【作物的种类】本村作物有哪些种类？＝黄米、谷子、高粱、豆子、麦子、棉花、花生、地瓜、棒子（苞米）。

其中哪些种得多？＝谷子和高粱。

其次种得多的呢？＝花生。

其次有哪些？＝棉花、麦子、豆子、苞米、黄米、地瓜。

【轮作】你知道轮作吗？＝知道，叫轮种，或叫轮看（多用）。

怎么个轮作法？＝

高　粱　—　麦—豆　　子—谷子、高　粱
三—八月　八月中旬　翌年六月　翌年三月
　　　　　—翌年五　—九　　—八月

黄　米　棉　花　　花　　生
三—七月　三—十月　　三—九月

地　瓜　棒　子
六—十月　五—十月

【间作】你知道间作吗？＝知道。

是什么呢？＝排种。

排种都有哪些？＝谷子和高粱。

【耕地收成】三种土地一亩收成多少。

	谷子	高粱	花生	棉花	麦子
沙地（碱地）	140 斤	100 斤	150 斤	30 斤	30 斤
白地	150 斤	100 斤	200 斤	40 斤	50 斤
黑地	160 斤	120 斤	200 斤	100 斤	100 斤
	豆子	苞米	黄米	地瓜	
沙地	30 斤	40 斤	40 斤	400 斤	
白地	40 斤	60 斤	60 斤	400 斤	
黑地	80 斤	100 斤	80 斤		

（黑地是雨越下收成越多，白地是雨越多收成越少。沙地是雨越下收成越少。）

【作物价格】这些作物今年的卖价如何（每百斤）？＝

	现在	收货时	事变前
谷子	17元	12~13元	4元
高粱	25元	约15元	5元
花生	27元	22元	3元
棉花	60元	约40元	4元50钱
麦子	40元	约20元	7元
豆子	24元	17元	4元
苞米	24元	13元	3元
黄米	17元	12元	4元
地瓜	7元	4元	1元

应答者　马万年

【肥料】村民使用何种肥料？＝只有人粪。

猪和其他家畜的粪呢？＝用。

肥料都是自己做的吗？还是买呢？＝基本上都是自己做，也有人买。

买什么？＝人粪，从城里买。

肥料的量会因作物种类不同而不同吗？＝一样。

一亩用多少？＝一千斤（车一台）。

肥料的土和粪的混合是怎么样的？＝一半对一半。

黑地也要施肥吗？＝此地少施些就可以。

普通黑地一般施多少肥料？＝一亩五百斤。

白地呢？＝一千斤。

沙地呢？＝和白地一样。

施肥量会因人而异吗？＝是的，有钱人家施得多。

村里想购买肥料的人有聚集起来购买肥料吗？＝只有两三户要买，所以没这样。

【家畜】家畜都有哪些？＝鸡、猪、牛、驴。

一般的村民都拥有牛或驴吗？＝不，二十亩左右的人养小牛，三十亩以上的人养大牛。

驴呢？＝全村只有三头。

【役畜的共同购入——伙买】一共有多少头牛？＝估计四十头吧。穷人三户五户地结成对，共买一头牛。

共同购入牛被叫作什么？＝伙买。

购入时，大家出一样多的钱吗？＝例如说三个人的话，两个人出钱买，一个人承担饲养费。

哪种更多？＝平均出钱更多。

【伙买役畜的饲养、使用】这种情况下，牛的饲养费用如何？＝每人各在自家饲养十天。

牛的使用如何分配呢？＝忙的时候自由使用。

三个人都很忙怎么办？＝三个人合起来帮其中一人。

怎么个帮法？其他两人来帮其中一人耕作，忙完后再去帮其他人？＝是的。

一人单独使用，另两人不予帮助，按顺序循环，有没有这种情况？＝没有，因为一忙大家都忙，这样耕作就来不及了。

【伙种】你知道伙种吗？＝这是自己在耕作时其他人来帮忙，跟牛或驴没有关系。

伙买和伙种有碰到一起过吗？＝有。（？）[1]

【伙买】哪些人之间会进行伙买呢？同族、熟人还是同村的？＝关系近的。

关系近的话，和其他村民也能伙买了吗？＝可以。

伙买的牛，会规定使用方法吗？＝不规定

例如说有什么方法？＝不限于伙买的人，所有人可以自由把牛借给其他人。

除了刚说的外，伙买人还有其他使用方法吗？＝娶亲的时候也可以用牛。（？）

例如说五个人伙买的，五个人都会去帮助其中一人耕作吗？＝一般是一人使用，一个人不够时其他人就会来帮忙。

【借用农具——家伙】村民都有必要的农具吗？＝有的人有，有的人没有。没有的就借。

从不借别人农具的人家有多少户？＝三四户。

其他人都要借农具进行耕作吗？＝是的。

借农具这件事情叫作什么？＝家伙。家伙就是农具的意思。

主要借哪些农具？＝犁、耙、耧。

借一天需要支付多少租金？＝不要钱。

没有要租金的吗？＝没有。

也有为了借给别人而持有农具的人吗？＝有，很少。

本村有多少户？＝一户。

【共同购买农具——搭伙买】有共同购买农具进行使用的吗？＝叫搭伙买。

搭伙买农具，一般多少户搭伙居多？＝多为两三户。

伙买多为多少人进行？＝两户。。

伙买人数较多时是多少户？＝三户。

搭伙买呢？＝这也是两三户，没有三户一起买的，因为使用时易出问题。

【租佃形态】从别人借土地来播种作物谓之什么？＝分种。

没有其他办法吗？＝没有，分种是拥有土地的人没能力种，就让别人种，收成折半，谓之"大份子"。

你知道租地吗？＝知道，甲来种乙的土地，将一部分收成交给乙，剩余的由甲拥有。

本村人一般知道"租地"这个词吗？＝知道，租地的话，一年得交纳一定收成的。

把收成交给地主是在收获前还是收获后？＝收获后。

---

[1]　译者注：原文如此，下同。

不给收成给钱呢？＝不能给钱。

你知道"卖马不离槽"的说法吗？＝不知道。

你知道从同一租地人持续租地的情况吗？＝谓之"当地"。

有这种事情吗？＝可以是可以，这儿没有。

【分种及其文书】分种时写的文书被叫作什么？＝文书。

分种时一定要写文书吗？＝一定要写，作为凭据。

多少份？＝一份。

谁拿着？＝种地的人写了交给地主。

分种的内容有？＝写上所有者名、地亩数、粮食数量、交纳日期、保证人（一人）、契约期限（三年）。（后面给出租地文书的手写参照）

会写上如果不能交纳粮食该怎么办吗？＝会写上这种情况下，由保证人替本人交纳。

保证人被叫作什么？＝保人。没有其他叫法。

说合人是？＝就保人。（？）

【分种期限】分种期限多为几年？＝多为三年。

这也会写上文书吗？＝是的，文书上写的期限。

有一年、四年的吗？＝有，不过三年最多。

有十年以上的吗？＝最长的是五年。

【分种原因】地主分种多为什么原因？＝地主年老，或者家中没有男丁的情况下。

【租地及其文书】租地时一定会写文书吗？＝会写。

文书被叫作什么？＝文书。

租地的内容有？＝所有者姓名、土地亩数、粮食数量、柴火数量、交纳日期（秋）、不能交纳时由保人代为交纳、保人、契约期限。

柴火是？＝交给地主的高粱谷和棉花秆。

【租地地租的交纳日期】交纳日期一般是什么时候？＝阴历十月。收获粮食后必须马上交纳，柴火稍微晚一点也可以，年前都行。

【保人代纳】保人必须代纳吗？＝是的。

保人拒绝代纳时怎么办？＝保人不能拒绝代纳。

【租地期限】租地期限约为几年？＝多为三年。

最长为几年？＝三年内收成好的话再续约。

【保人数量】有两三个保人的情况吗？＝就一个。

【分种地租】分种时交纳的粮食被叫作什么？＝叫作大分。

分种时，有用钱代为交纳的吗？＝没有。

【交纳】什么时候之前交纳是可以的？＝一收获就交纳。

地主会指定期限吗？＝没有这回事，交纳时把地主叫来，称好粮食给他。

分种不给柴火吗？＝柴火[1]也对半。

---

〔1〕　译者注：原文此处即为"柴火"。

交纳时地主来取吗？ ＝租的人运过去。（？）

【指定分种作物】地主分给别人种的土地，会指定作物种类吗？ ＝租地人自由决定。

【分种佃户的称谓】分种时，租佃人被叫作什么？ ＝没有特别的叫法。

【其他作物的交纳】分种时，租佃人种的是谷子，可以用高粱交纳吗？ ＝可以，用什么交纳都可以。（？）

这样的话交纳时如何决定谷物的数量呢？ ＝这种情况下，按与一半收成等价来交纳其他作物就可以了，地主不知道租佃人在分种地里实际种的什么。

怎么一个情况？ ＝写分种文书时，写上了种棉花或谷物的承诺的。（？）

这样还是可以种植其他作物吗？ ＝即使文书上写了种谷子或棉花，租佃人种什么都可以。

那么文书上写谷物名有什么意义？ ＝即使文书上写了，租佃人种什么都是可以的，只不过要交纳和文书上所写作物价格相当的作物。

那么文书中所写谷物量的价格以什么时候为标准呢？ ＝用交纳时的价格进行换算。

5 月 21 日

地租

应答者 马万年（甲长）

地 点 村办公室

【租地与分种的地租】一般租地的地租和分种的地租不一样吗？ ＝租地是按每亩六十斤或五十斤向地主交纳粮食，分种是交纳收成的一半。

【租地人】租地的人叫什么？ ＝租地人。地主是叫地东家。

【租地人所得】与六十斤、五十斤相对，租地人能分到多少粮食？ ＝能剩四十斤左右。

一般，一亩地里租地人和地东家的分配比例是多少？ ＝谓之“二八份子”。（？）

【二八份子】二八份子是如何进行的？ ＝耕种地需要的农具、马、种子和肥料等一概由地主提供，租地人只是负责出劳力来耕种作物，收成的 8/10 交给地东家，租地人拿 2/10。

在这附近，除了分种以外，都是二八份子吗？ ＝租地和二八分不一样。

【与租地的区别】怎么不一样？ ＝租地是劳力、农具、种子和肥料都由租地户负担，六十斤收成大约 6/10 交给地东家，租地户拿 4/10。

采取二八份子时，佃户还是叫租地人吗？ ＝叫种份子。其他情况下的佃户不叫种份子。

【租地、二八份子、分种户数】本村里，份子和租地哪个更多？ ＝租地更多。

采取份子的人家有多少？ ＝两户。

租地呢？ ＝四户。

分种的人有？＝两户。

以前三者哪一个更多？＝分种、其次是租地，其次是份子。

这附近，有份子多的村子吗？＝没有。

秦庄、王庄怎么样？＝秦庄不清楚，王庄大概有三个人。

县里份子多的村子呢？＝不知道。

【份子、租地的地租】份子可以用钱代替粮食进行交纳吗？＝不行，种份子地的人都是穷人，没钱交付。

租地的时候呢？＝也是粮食。因为文书上写了是粮食，就必须交纳约定的作物。

【份子的文书】份子的时候写文书吗？＝份子时不写文书。

【分种、份子的期限】分种的期限多为多少年？＝按每年收成来定，好的话来年可以续约。

本村分种期限较长的是多少年？＝三年。

一般份子几年居多？＝一般四五年。

份子持续较长的是？＝持续五年左右的、算长的。

【交纳份子期】二八份子有提前交纳的吗？＝是收获后。

【指定份子作物】份子的时候，地东家有指定作物吗？＝地东家会指定。

如果违反指定，随意种其他作物会怎么样？＝不可以，必须按地东家的指定。

【租地形态与地主、佃户的利害】地东家和租佃人，哪一方更想要二八份子？＝地东家。

地主希望采取份子，而佃户更希望采取分种、租地吗？＝穷人是更想要份子。

这三种方法中，哪一个对佃户更有利？＝租地更有利。

哪一个对地主更有利呢？＝租地。（？）

份子没有利益吗？＝份子。（？）

为什么？＝虽然说双方都有利益，但是二八份子的利益最大。

【指定作物】那其他情况下是怎样的？＝佃户自由决定。

【租地、分种与借贷地主的种子、农具】租地时，可以向地主借作物种子吗？＝没借过，可以倒是可以。

农具呢？＝不向地主借，可以从其他人借到，一般是不借的。

分种的时候呢？＝不借。

【地租的交纳与作物】份子的时候，粮食是必须交纳地主指定的作物吗？＝是的。（？）

交纳指定以外的作物会怎么样？地主会怎么办？＝还是必须交纳指定作物，地主是不收的。

租地的情况下，可以交纳文书以外的作物吗？＝可以，不过必须和文书中的作物价格相当。

这个价格是约定时的价格，还是交纳时的价格？＝交纳时的价格。

收获时的价格吗？＝收获时，十月份价格。

可是收获时的价格是一年之中最低的啊？　＝还是按十月份的价格来。

这样一来，对佃户来说不就划不来了吗？　＝都一样。

分种时，也可以交纳耕种以外的作物吗？　＝不可以，交纳耕种作物的一半。

租地的情况下，粮食的价格有高有底，交纳和文书中谷物相当的其他谷物时，是地主来进行计算吗？　＝双方商量，定一个价格。

【份子中借贷地主的肥料、农具与牲畜】份子的情况下，肥料是佃户要多少地主都会给吗？　＝佃户只会要所需的肥料。

肥料量由地主指定吗？　＝是的。

需要指定以上的肥料怎么办？　＝无论如何也不会给的。

借农具有数量和物品的限制吗？　＝没有，可自由使用。

农具损坏的情况下，由哪一方来承担修理费？　＝地主承担。

再大的修理费也是？　＝都是地主承担。

由地主指定使用何种肥料吗？　＝地主。由他买来，这边负责干活就行了。

牲畜也是找地主借的吗？　＝是的。

用于耕作时，牲畜的饲料由谁承担？　＝还是地主。

分种、租地的情况下，地主会限制农具、肥料的使用吗？　＝这些和地主没有关系。

【歉收与地租减免】因歉收而导致收成减少的情况下，能够得到粮食的减免吗？　＝这种情况下也是只将收成进行二八分。

一点收成也没有的情况下呢？　＝什么都不交。

租地的情况下呢？　＝因歉收而导致收成减少时，需要交纳约定数量的一半。

租地时，完全没收到粮食呢？　＝交纳地主吃的一部分就可以了。

只交纳吃的一部分是指？　＝租地时，佃户大概会耕种五六亩地。一亩的话，给二十斤左右，两亩的话，给四十斤左右就可以了。

地主家里人多时，只交纳吃的一部分是指？　＝租地时，地主家人不会多，都很少。

地主家人数为一人和三人的情况下，怎么办？　＝无论是三个人还是一个人，同样都是给二十斤。

【减额标准】收成不好时，虽说只用交纳（文书中）约定量的一半，但这是在收成有多不好的情况下呢？　＝水灾、干旱的时候。

一般一亩可以收获一百四十斤谷子的地里，因歉收只收获了七十斤的情况下怎么办？　＝必须按约定交纳（大约六十斤）。

只能收获四十斤的情况下是？　＝二十斤。

这个二十斤，是按什么标准得出的呢？　＝交纳收成的一半。

这种情况下，按约定的十比六的比例，将四十斤的6/10交给地主，4/10归佃户所有，是这样吗？　＝不是，是收成的一半。

因歉收收获八十斤的情况下是？　＝按约定交纳全额（六十斤）、八十斤的时候也是全额。

那么，一般产一百四十斤，因歉收减产多少斤的情况下会折半呢？　＝约定向地主交六十斤的情况下，收成只有四十斤的话，交纳一半就可以了。

就是说，因歉收导致收成在须按约定交纳量之下时是对半分，在之上时就按照约定的比例进行分配，是这个意思吗？　＝在约定量之下时对半分，在约定量以上，即使只是超过了一点点，也必须全额交纳。

如果在收获了比约定量（六十斤）多五斤的情况下也是全额交纳的话，那么佃户就只能拿到五斤了吗？　＝是的，五斤。作为补偿，丰收之时，交纳约定量（六十斤）后，剩余的都归佃户所得。

> 立租契人马吴氏因耕种不便今将自己家东南北地
> 一段计地五亩今将吴玉恒言定租于马万年名下
> 为业每年每亩粮食九十斤麦子五十斤豆子五十斤谷
> 子一百五十斤棒子二百斤柴五百斤三年为满不准租
> 于别人恐后无凭立字为证
> 以后如遇淹旱灾虫之时获得粮柴二
> 人均分不准争竞
> 民国三十一年二月初一日　立

【交纳地租】不能用文书所写种类之外的作物进行交纳吗？　＝必须用文书所写种类之外的作物卖得钱后，购买文书所规定的作物进行交纳。

例如说，不能直接用不是文书规定的棉花进行交纳吗？　＝不能。

只用文书中所写作物的一种谷物进行交纳，可以吗？　＝不可以。

必须按照文书所写的进行交纳吗？　＝是的。

不能变更文书中所写作物的斤两吗？　＝是的。

【保人】吴玉恒是保人吗？　＝是的。

即使文书中没写由保人代为交纳，还是会交纳的对吗？　＝是的。

"粮柴"是指？　＝粮食和柴火。

【歉收与地租减免】"以后……争竞"的意思是，在歉收的情况下，无论收成多少，总是折半交纳吗？　＝就像前面说过的，意思是，收成不超过约定量的情况下进行折半交纳。

可是文书里不是没有写收获多少时进行折半吗？　＝保人站在中间，根据当时的收成决定是否折半。（？）

【减额标准】那么，约定量为四百五十斤时，收获多少时才会毫无怨言地进行折半呢？　＝收获四百五十斤以上时会毫无怨言地全额交纳，收获四百斤、三百斤左右时，由保人决定交纳量，所以未必会折半。两百斤以下时，就按文书中所述进行折半。

这个意思是说，二百斤即是约定量的一半以下了吗？＝是的（？），非歉收时期和未受灾时，全部收成只有五百斤，佃户的份额为五十斤。发生歉收的时候，有连折半的一百斤都拿不到的情况。（？）

【租佃地产量】一般，这五亩地能有多少收成？＝去年只有六百斤，去年每亩应交纳六十斤，共交纳了三百斤。

【歉收与份子、分种的地租】采取份子的情况下，歉收时是怎么样的？＝不论收获多少，均按二八分配。

地主连自己的肥料钱都拿不回来的情况下怎么办？＝没法子，还是二八分配。

分种的情况下如何？＝不按收成，一律折半。

【分种地主验看】地主如何知道本年度分到了多少？＝收获时，两个人查看从地里拿来打场[1]的作物。

在那之前，地主会查看立木吗？＝收获时地主会到地里去看。

这时保人会去吗？＝不去，对半分的时候也不会来。

【地租延期交纳】佃户能够提出延期交纳粮食吗？＝不，不能。

【租地、份子地主验看】租地、份子的情况下，收获时地主来看吗？＝是的，都会来。

前面所说的文书上，写有交纳日期吗？＝各种作物的收获时节是不一定的。

收获时，佃户必须提前通知地主吗？＝会通知。

【延期交纳】从来没有提出延期交纳粮食的情况吗？＝收获后必须马上交纳，不过，例如说种植棉花发生这种迟交的状况，是由于必须用棉花卖得的钱购买文书中所规定谷物来进行交纳，这样地主可以稍微等一等，棉花的话可以等大概两个月。

有将交纳延期至第二年的情况吗？＝没有。

不是有贫困、无力交纳的人吗？＝即使再穷、不吃饭，也不能不向地主交纳。

有没有哪个地方有就无力交纳的数额同地主进行协商，换算成钱后借钱进行交纳的呢？＝绝对没有这种可能。

【本地的租佃关系】本地想要租地的人多吗？＝不多。

那么，佃户不是很难找到地主？＝和地主关系不近、或者不是亲戚的话，是不会租地的。地主不讲信用的话，是不会借地给你的。

那么，又穷又没有熟人或亲戚有地的话怎么办？＝这种情况下就借不到地，所以必须考虑做小买卖，或者当短工去。

和地主是同村的情况下会怎么样？＝大家都认识，所以能够借到地。

若找到一个好保人的话，不是也能够从既非熟人又非亲戚的外村地主那里借到地吗？＝仍然借不到。

有地主找佃户的情况吗？＝有，地主会在熟人或亲戚中寻找佃户。

---

〔1〕　谷物收割后在禾场等处进行脱粒的活动。

找地主借地不是特别困难吗？ = 本村地主也少，借地的人也少。

即使借不到地，还是能维持生活的吧？ = 大家都有地的，即使出现食物短缺的情况，首先也不是考虑借地，而是做其他的买卖、短工。

【滞纳地租减免】有对拖欠多年的欠款进行减免的例子吗？ = 没有这种事，没有拖欠的。

【滞纳与收回租佃地】拖延的情况下，地主会马上没收地吗？ = 如果不能按期交纳，就会辞去佃户。

即使契约书上写的是三年，也会辞退吗？ = 即使文书上写了，不按期交纳的话也会辞退。

大概拖延多长时间的话，就会被辞退？ = 保人在中间调停可以延期一个月左右，继续拖延下去，就会被辞退。

在这种情况下，地主一方会进行通知吗？ = 会通知保人和佃户。

地主的保人和佃户的保人，是两个人吗？ = 是一个人。由地主一方来找保人。

辞退的时候，如何处理文书？ = 保人从地主那里拿走。

文书一开始不是佃户写了之后交给地主的吗？ = （没有回答）

在继续租地的过程中，文书是放在地主那里的吗？ = 是的。

【保人代纳地租】刚才所说的拖延的情况下，保人会给佃户代交地租吗？ = 没有保人给代交的情况。不过倒有把未交地租给保人，然后中止租地的情况。

那么，当佃户无力交纳地租时，不是所有保人都会代交，是吗？ = 是的。

5 月 22 日

租地契约　保人　地主佃户的身份关系

应答者　魏金声（甲长）
地　点　村办公室

【租佃原因】这附近，将地进行分种的理由，哪种居多？ = 一般是老人或没有男丁的情况下。

采取二八份子时呢？ = 也是由于老人没有劳力或者在从事其他工作，无暇务农的情况。

进行租地时呢？ = 老人没有劳力。

有没有其他的理由呢？ = 没有。

有没有因为租地、分种或份子有利可图而进行的呢？ = 没有。（？）

本村进行地出租的人大概拥有多少亩呢？ = 大概十亩。

【租地期限】租地期限多为几年？ = 不一定。

一般是？ = 两年居多。

【收回租佃地的原因】多在什么样的情况下中止租地？＝佃户交得少、有意见的时候。对佃户有意见是指？＝不能按期交纳。

例如说，多会因为什么事情和地主意见不合？＝不能按期交纳地租，或把地租用于生计。

【地主、佃户所希望的租佃形式】从佃户的角度来看，三种方法中，多希望采取哪一种？＝佃户想要二八份子，地主想要租地。

为什么佃户会想要二八份子呢？＝因为佃户都是穷人，只出劳力的话就可以耕种了。

地主想要租地是因为？＝因为这样一来，地主能够从事其他事务，将地里的事情全部交给佃户。

为什么双方都不希望采取二八份子呢？＝（？）

【租佃地的收回与佃户的对策】地主中止租地时，有佃户提出耕作少量地的吗？＝有，这种情况下会托村里有名望的人向地主提出，不会直接提出。

这种情况下，会拜托保人吗？＝未能按期交纳粮食，保人没有面子、没信用可言。

在这种情况下，有由保人交纳地租，让佃户继续耕种的吗？＝有。

【保人代交地租】佃户迟交或无力交纳时，保人一定得代交地租吗？＝责任是有的，但一般没有代交，而是由保人提出希望能再稍微推迟一点。

什么情况下，保人多会代交？＝佃户过于贫穷，连地租都用于吃饭的时候。

这种情况下，佃户会依靠保人来代交地租吗？＝佃户一方拜托保人进行代交。（？）

如果不去拜托保人，保人会给代交吗？＝不去求保人的话，（保人给代纳之后）佃户就得通过打短工、做买卖，挣钱来还给保人。

代交时，保人会向佃户要借条吗？＝不要。

【地主要求代交】地租迟交或无力交纳时，地主会要求保人代交吗？＝有这种情况。

这种情况下，保人能够拒绝地主的要求吗？＝不能拒绝。

为什么？＝因为站在保人的立场上，是有代交的责任的。

地租迟交或无力交纳时，地东家常会要求保人进行代交吗？＝是的。

【租佃契约的延续】契约到期时，如果佃户一方没有做出失信于地主之类的事情，在不打招呼的情况下能够继续租地吗？＝在这种情况下，必须再写一份文书。

在这种情况下，不重新制作文书，而是更改原文书中有关期限的说明文字，有这样的事情吗？＝有的。

哪一种更多呢？＝多是更改（使用旧文书）。

二八份子的情况下，也是这样吗？＝不一定。

保人还是以前的那个人，还是重新找一个？＝还是以前的人，已经和保人建立起了信用。

制作新文书时，如何处理以前的文书？＝烧掉，地主和佃户一起。（保人在场或不在场都可以）

在本村，一开始的契约到期后，是续约的居多还是换人的居多？＝续约的居多。

虽然佃户一方希望预约，但地主不让续约的情况多吗？＝多。（？）

【到期前收回租佃地】本村里，在约定没有到期之前，中止租地的情况多吗？ ＝多为到期后被要求中止。（？）

也有在到期之前被要求中止租地的吗？ ＝有的。

这是在什么情况下？ ＝因为没有按时交纳粮食而被迫中止。

被迫中止租地的情况下，没有交纳的地租怎么办？ ＝还是得交。

交纳未交纳的地租后再中止租地吗？ ＝地租迟交的情况下，是先交了再中止。

【佃户对地主的从属关系】本村中，佃户都会去参加地主家里的婚葬吗？ ＝办丧事的时候带烧纸（二三钱）去，结婚的时候带钱去（一二元）。

佃户必须得去地主家吗？ ＝没这个说法，但大家都会去。

地主在外村的情况下也去吗？ ＝去。

地主并非亲戚或熟人时也去吗？ ＝去。

地主一方盖房子、修理房子的时候是怎么样的？ ＝去。

在这种情况下，地主会为佃户的劳动支付工资吗？ ＝不给，只供饭。

地主一方不说让来的情况下也是如此吗？ ＝即使没有接到通知也会去。

一名地主有多名佃户的情况下，大家都会去吗？ ＝大家都去的时候也有，不都去的时候也有。

佃户做了团子什么的时候，会给地主拿去吗？ ＝不会。

除刚才所说的外，什么情况下佃户会去地主家进行问候？ ＝正月、五月节、中秋节等。

【二八份子佃户的从属关系】在这几个方面，二八份子的佃户和租地人是一样的吗？ ＝一样。

可是，由于参与份子的人既得到了农具、肥料等，得到的好处又比租地人多，在前面提到的几个方面，不是需要多为地主干点活吗？ ＝虽说二八份子可以得到各种东西，不过也需要交纳更多地租，因此并没有比租地得到更多的好处，也不需要特别多做点什么。

份子的情况下，除了实行份子的地外，佃户还需要帮助地主进行耕作吗？ ＝只是耕种约定的地，不用耕种其他的地。

以前，二八份子会比租地、分种更多吗？ ＝不会更多。

村民向外村地主借地的情况多吗？ ＝多向本村人借地。

二八份子的佃户会无偿去帮助地主做房子、饲养家畜吗？ ＝会去。（？）

一年大概去多少次？ ＝地主饲养家畜时有去帮忙的，一年大概十口左右。

地主去外地时，有免费为地主拉大车的吗？ ＝有。

租地的佃户也做同样的事情吗？ ＝租地的佃户不帮这种忙。

那么，与租地的佃户相比，份子的佃户会给地主帮更多的忙吗？ ＝更多。

份子的佃户一般会给地主帮什么样的忙？ ＝地主家的修缮，或者帮忙做其他的小事。

帮忙做其他的小事是指？ ＝修理炕、运土、修屋顶、出粪等。

这些情况下，都是无偿劳动吗？ ＝是的，无偿。

（注：昨天，农民开始显出动摇的神色，今天这个倾向更加明显，感觉治安不是很稳

定。前天，国民党的政治工作队员来本村分派摊款，明天即来征收，所以我申请明天离开农民这里前往县公署。这是出于对我方安全和对村民责任的考虑。中止提问，前往县公署）

（注：当租地人无力交纳粮食时，存在由保人向地主代纳粮食的情况，但并非必须代纳。并且在这种情况下，保人不会为租地人全额代纳粮食（？）。只有在租地人多多少少、多为交纳一半以上的粮食以后（？），剩余的部分才由保人代纳。多为保人自发地进行代纳，但由于保人需要维持自己在地主面前的面子、信用，也有半强制性（？）地进行代纳的情况。另外，也有地东家直接要求保人进行代纳的（？），保人无法拒绝地东家的命令（？）。这时则存在保人全额代纳粮食的情况（？）。在问答期间，从来往的农民口中了解到以上这些情况。当时未能将农民的话全部记下，故作为后记附上。）

5 月 23 日

保人　座价　租地权　租地的摊款

【保人代纳地租】代纳地租的保人和租地人关系如何？＝和佃户是亲戚或朋友。

不是亲戚或友人关系的话，保人不会进行代纳吗？＝不代纳。

在这种情况下，如果地东家请求保人代纳怎么办？＝那么无论是否是亲戚或朋友关系，都必须代纳。（？）

地东家不提出代纳请求时也是如此吗？＝地东家向保人提出请求时，由保人代纳。地主没有提出时，保人则会向地主提出延期交纳。

地东家没有请求保人进行交纳，也不同意延期的情况下怎么办？＝在这种情况下，由保人向地主提出延期，在这期间，如果租地人仍然无法交纳粮食，则由保人代纳。

这样一来，保人就必须承担代纳的风险，不就没有人乐意当保人了吗？＝没有人喜欢当保人。当保人是迫不得已的，租地人过于贫困，感到可怜，是不得己的。

【地主、佃户与保人】有由地主一方推选保人的吗？＝没有。

没有吗？＝由佃户找保人。

地主可以对佃户找到的保人提出拒绝吗？＝有的。

有由地主向佃户指定保人的吗？＝没有。

佃户推选的保人，即便地东家不认识也可以吗？＝不认识不行。

地东家认识保人的话，即使是外村人也没有关系吗？＝可以。

【保人的资格】没地的人也可以成为保人吗？＝这不行。

为什么？＝因为没有地就没有信用。

即使没有地，但是有钱的话？＝可以。

【代纳地租的返还】租地人不还钱给代纳地租的保人也可以吗？＝不行。

可是，要是能还的话，不就能够交粮了吗？＝通过打短工等方式，一年或半年后还。

进行交纳的时候，地主是把收条开在佃户的名义下还是保人的名义下？　＝开在保人的名义下。

这么一来，地主若是再向租地人要地租，怎么办？　＝这时由保人出面作证。

保人会将收条作为证据，要求租地人偿还地租吗？会把收条交给佃户吗？　＝保人不会把收条交给佃户。

佃户偿还地租以后，保人会把收条交给佃户吗？　＝这个时候保人会烧掉收条。

【份子、分种的保人】采取份子时也有保人吗？　＝有。

分种呢？　＝也是一样。

【滞纳地租的免除】地主免除拖欠多年的地租，要求佃户返还地，有这种情况吗？　＝有。

【作价】地主会要求佃户就拖欠多年的地租写借条吗？　＝有。（？）

这种情况下的借条是怎么样的？　＝写上两年或三年后还，请再等一等。

这个滞纳价格叫作价吗？　＝叫作价。

能麻烦你对作价稍作说明吗？　＝将未交纳的粮食换作钱，约定两年或三年后还。

这种时候所写文书叫什么？　＝凭据。（？）

其他情况下写的凭据和作价的凭据，名字不一样吧？　＝一样。内容不同。

作价也有写进租地的文书里面的吧？　＝有。

通过谷物换算得出的作价价格是滞纳时的价格吗？　＝滞纳时的粮食价格。

【二八份子、分种与作价】二八份子的文书里也会写入作价吗？　＝这种时候不写。

为什么？　＝收获时马上和地主分配粮食，所以不需要作价。

可是，因为水灾等的歉收而没有收成时，不会指定作价吗？　＝这种情况下，将收获到的粮食进行二八分配。

这样一来，采取份子的情况下没有作价吗？　＝没有。

可是，采取份子时，如果将收成都用于吃饭，无力向地主交纳的话？　＝收获时，地主会进行严格监督，干不了这种事情。

分种的情况下如何？　＝也和份子一样在地主的监督下进行分配，没有这种事情。只有租地的时候会有。

【不换算成钱的作价】有不将作价换算成钱的粮食作物吗？　＝有。

哪一种多一些？　＝换算成钱的情况更多。

【支付作价】虽然契约到期但还有作价的情况下怎么办？　＝（？）

可以在租地关系结束之后支付作价吗？　＝这个不行，必须在租地结束之前支付。

存在作价却无力支付，而租地契约到期的情况下，如何决定租地期限？　＝无力支付作价的情况下，中止租地，将作价的支付进行延期。（？）

作价的支付期限比租地文书上的租地期限更长也没关系吗？　＝作价必须在租地期限内进行支付。

作价也会写上支付期限吗？　＝不写期限，但必须在租地期限内支付。

【卖马不离槽】卖马不离槽？　＝不知道。

【转租】转租？　＝不知道。

【期限内租地出售与租佃权】地主要出售尚在租地期限内的地时，怎么办？＝出售的情况下，不能租地。

在这种情况下，佃户的租地期限怎么办？＝不能进行租地。

地主将租地当出的情况下呢？＝辞退佃户。

租地期限未满的情况下也是如此吗？＝是的。

【留有作物情况下的出售】出售的地上还留有租地人所种作物的情况下，怎么办？＝这种时候不能卖。

可是，出售租地不是地主的自由吗？怎么办？＝地里留有作物的情况下，地主不可以不打招呼就卖了，春天和地里没有作物的时候可以卖。

一般地主在出售地时，会通知佃户吗？＝通知，即使地里没有作物也会通知。

地主在出售地时，有买下地里作物的情况吗？＝有。

【期限内的收回租佃地】在什么情况下，地主会没收租地？＝没有按契约交纳粮食的时候，不能按期交纳的时候。

地主能够以转贷为理由没收地吗？＝能够。（？）

这种时候，如果佃户坚持契约尚未到期怎么办？＝如果佃户有不服从的理由的话，是可以的。只有转贷的理由不行，必须有正当的理由。

例如说一般有什么理由？＝地主托佃户修理房屋却没有来或者不给地里浇水。

采取二八份子的时候，即使地主没有正当的理由，佃户在任何时候都必须服从要求、返还地吗？＝是的，可以被要求中止契约。（？）

那么，分种和租地的情况下有所不同吗？＝（？）

一般来说，即使没有正当理由，地主也可以在文书规定的期限之内中止契约吗？＝不可以，二八份子和租地的情况下，没有正当的理由是不行的。（？）

只凭入当的理由可以从佃户没收地吗？＝看佃户的性情。如果是性情好的人，地主可以以出典为理由中止租地，如果是性情不好的人也会反对。（？）

地主希望由自己耕种而要求佃户返还地的情况下，一般佃户会在契约到期前返还吗？＝如果地主有正当的理由，例如说由于生活困难，佃户会在文书规定期限之前中止租地。

【租佃地的摊款】村里的费用是按所有地亩数进行征收吗？＝是的。

同样是一亩地，租地和所有地的分配额是一样的吗？＝租地人不予承担，由地主承担。

份子地是？＝也是地主，分种也是地主。

今年一亩分派了多少钱？＝三元六十钱。

去年是多少？＝六元五十钱。

这会分多少回进行征收？＝四五回。

第一回是？＝阴历三月。第二回是在六月，第三回是在八月，第四回是九月，第五回是十月。年末一回。

今年有多少回？＝四回，总计一亩四元左右。

村里把分摊费用叫什么？＝摊款项。（?）

摊款项中包含哪些费用？＝银子钱、兵花费、自卫团费、爱护村费、政务警花费、学校费。（?）

摊款项每年分配多少回、什么时候分配呢？＝大秋、麦秋时节凑齐后交给地方、保正。

叫大秋摊款项、麦秋摊款项吗？＝是的。

可是，去年是有六次的，这是怎么回事？＝大秋、麦秋摊款项交给地方和派书（?），其他的不是交给这两个人。（?）

5 月 27 日

养老地　下等租地

应答者　王福禄

村里有庙地吗？＝没有。（?）

村公会地呢？＝没有。（?）

村里的卫地呢？＝没有。

除民地之外，还有哪些地？＝没有。

【养老地】知道养老地吗？＝知道。

本村儿子分家时，父亲会分到养老地吗？＝是的。

能够分到所有地的几成？＝三十亩地的话，三亩左右。

例如有三十亩地的情况下，如果有两个儿子，该怎么分配？＝每个儿子是十二亩，六亩作为养老地。

【养老地的耕作】养老地一般由谁耕种？＝儿子。

儿子没有空闲的时候怎么办？＝儿子请长工、短工进行耕种。

在这种时候，父亲可以拿到收成的几成？＝全部都是自己的，不给儿子。

一点都不给儿子，这不是不合情理吗？＝因为是养老地。

孩子分家时，父亲一般会去谁家？＝轮流去。

住在一起时，父亲和孩子一起吃饭吗？＝这种情况下，将自己的粮食给孩子。

不是一般不会和孩子一起吃饭吗？＝一起吃。（?）

这样一来，不是对其他儿子不公平吗？＝轮流的缘故。

儿子不想耕作养老地的情况下，怎么办？＝会种的。（?）

一般会如何分配养老地的收成？＝不分。

有把养老地租给别人耕种的人吗？＝没有。

【荒地的租种】租种荒地和租种好地不一样吗？＝（?）

租种荒地需要交纳粮食吗？＝不需要。

期限多为几年？　＝本村没有租种荒地的人。

本村的荒地，耕种了也收获不了吗？　＝肥料又贵，施了也没用。

【沙地的租种】租种沙地一般多为几年？　＝没有租种沙地的佃户。

即使有人出租沙地，也没人愿意租种吗？　＝是的。

【黑地、白地的租种】佃户乐意要什么样的地？　＝黑地。

黑地纳粮也高，白地不是更有利吗？　＝没有租种白地的佃户。

本村佃户租种的都是黑地吗？　＝黑地（？），不，白地、黑地都有。

沙地的佃户呢？　＝没有。

白地和黑地一亩能收获多少粮食？　＝黑地不知道，白地的好地能收一百斤，不好的地能收六十斤。

任何谷物都是这样吗？　＝谷子、苞米。

5 月 28 日

租地的赋税　押租钱　定钱　租地与同族关系

应答者　李进廷

【租地的田赋、摊款】租地人不必承担村里费用的分派吗？　＝不用。

田赋怎么办？　＝由地主交。

可是，租地人不是将能换成田赋的作物交给地主的吗？　＝佃户不用交纳。

佃户只用交纳地租吗？　＝是的。

除地租外，要交摊款给地主吗？　＝不交。

二八份子是什么情况？　＝也是由地主来交。

这样一来，除粮食外，地的田赋、摊款，佃户都不用交纳吗？　＝是的。

出租十亩、自己耕作十亩的情况下，这个人的摊款分配额是一样的吗？　＝是的。

出典地是怎么样的？　＝由承典者承担。

【摊工】摊工的分配标准是怎么样的？　＝按所有地亩数。

这是自己的地的情况、还是租地的情况？　＝自己的地，仅限于地主。

如果是租的怎么办？　＝不用承担。

去年有多少次摊工？　＝七十次。

多少亩摊一个人？　＝十亩一人，十三亩作十亩算，也是一人，十五亩以上及二十亩为两人。

没有自己的地、租地来种的人，摊款和摊工都不用承担吗？　＝什么都不用承担。

【押租钱、定钱】知道押租钱吗？　＝知道，租地时佃户向地主交纳一半粮食的钱款。

知道粮钱吗？　＝（？）

知道定钱吗？　＝就是码钱，约定进行租地时，为防止再次出租给他人而向地主支付的钱款。

一亩大概需要支付多少码钱？ ＝大概两三元。

押租钱是一亩多少？ ＝每亩五十斤，任何谷物均可。

本地将押租钱叫什么？ ＝叫"先上一半"。

和事变前相比，先上一半变多了吗？ ＝和之前一样。

进行分种时，先上一半是怎么样的？ ＝分种时不需要。

【月粮】进行份子时也要先上一半吗？ ＝这种情况下，由地主给佃户月粮，没有先上一半。

月粮是指？ ＝佃户家穷，地主每月给一斗粮食（吃的谷物都很贵）。收获后，佃户还给地主。

【押租钱、定钱】先上一半只是租地的时候才有吗？ ＝是的。

码钱呢？ ＝仅限于租地。

租地时，大家都会先上一半吗？ ＝一般来说是这样，收成不好的地居多。

收成好的黑地不兴这个吗？ ＝有，但很少。

为什么收成不好的地多兴先上一半呢？ ＝因为春天和秋天的粮食价格不同（？）不对，是因为收获得少的缘故。

先上一半的情况下，秋收之时粮食是全额交纳的吗？ ＝交剩下的一半。

码钱在哪些地较多？ ＝没有地的区别。

在什么情况下进行？ ＝在签订契约前收取码钱的情况下，佃户就不能将地转租给其他人了。

租地时，大家都会交纳码钱吗？ ＝大家都这样。

同族的情况下呢？ ＝不需要。

亲戚的情况下呢？ ＝不需要。

先上一半在同族和亲戚的情况下是怎么回事？ ＝不需要。

保人靠得住的情况下是什么情况？ ＝不需要，押租钱和码钱都不需要。

【租地与同族、亲戚的关系】佃户因亲戚人手不够而去给亲戚耕种的情况下，亲戚会给点什么作为谢礼吗？ ＝会送东西，送点心、衣服、供面、一点钱、猪肉等等。

这种情况下，会给粮食作为谢礼吗？ ＝不会给。

同族、亲戚之间会进行份子吗？ ＝在贫穷的佃户之间进行。

为什么？ ＝因为再多的劳力穷人都会出的缘故。（？）

在同族、亲戚之外的人之间也会进行分种吗？ ＝会进行。

哪种情况更多？ ＝同族间进行的更多。

同族和亲戚相比？ ＝同族更多。

同族、亲戚和外人之间，哪种情况下进行租地的更多？ ＝外人之间和同族之间是一样的。

分种时，有必要先和同族打招呼吗？ ＝没有必要，给外人也可以。

亲戚之间也有份子吗？ ＝有。

租地多是租给外村人吗？＝租给本村的居多。

亲戚来帮忙耕种租地时，会有人将粮食作为谢礼送给亲戚吗？＝有。

在这种情况下，双方会规定帮助耕种的时间吗？＝不规定时间。

【二八份子与三七份子】份子有二八和三七，都有哪些比例的份子呢？＝只有二八和三七两种。

什么情况下会进行三七呢？＝二八是地主给佃户管饭，三七是佃户自己带饭。

【二八份子中对地主的从属关系】二八是一整年里每天都在地主家吃饭吗？＝只有两个月。

什么时候？＝阴历三四月。

为什么其他月份没有呢？＝三四月时，佃户给地主整修房屋、搬运肥料、运土、照看地等，什么都干。

这时会睡在地主家吗？＝外村人的话，会睡在地主家，本村人就睡自己家。

那个时候，一整天都要给地主帮忙吗？＝是的，一整天劳动。

期间需要耕种份子之外的地吗？＝只有份子地，不耕种其他地。

除了三四月，其余时间还要给地主帮忙吗？＝只管种地，可以不来地主家。

份子的佃户都会向地主借农具、牲畜吗？＝是的，会借。

进行三七份子的情况下，要在三四月去地主家帮忙吗？＝不去也不打紧，只管种地。

以前和现在，三七和二八哪个多一点？＝从以前开始一直是二八更多，现在也是二八更多。

过去，二八份子的佃户在契约期间，一直都是睡在地主家的吗？＝外村人一年之中，从三月到十月都在地主家。

那这个人的家人怎么办？＝家人都会过来。

到现在，外村的二八份子佃户的家人，从三月到十月都是在地主家睡觉、吃饭的吗？＝是的，外村的人到现在都是如此。

饭食是给整个家庭的吗？＝是的，吃的粮食在收获之后须全部返还。

【租佃关系中份子的比重】现在，份子和分种哪一个更多？＝二八份子更多。（？）

二八份子有多少户？＝本村有一家三七的，没有给外村人份子地的。

5 月 29 日

租地的赋税　租地期限　二八份子

应答者　王中春

【租地的田赋、摊款】王在春的六亩地是从什么时候开始租的？＝约莫十年前。

需要交纳什么呢？＝每亩八十斤的谷物、田赋和村里的摊款，以及耕作的肥料都是我出的。

除每亩八十斤外，还需交纳田赋吗？ ＝去年六亩地共交纳银子十二元（一亩二元）。

去年的六亩地分摊了多少摊款？ ＝村里的摊款、田赋、粮食合计起来，每亩约交纳七元。

粮食交给谁？ ＝交给村长。

这是作为村里的费用吗？ ＝不知道，不同于交给地主的。

田赋、摊款、粮食分别由谁征收？ ＝由甲长统一征收。

统一征收这些款项谓之什么？ ＝谓之摊米、摊钱、封银子。

自己所有的地和刚才说的六亩地，金额有差别吗？ ＝一样。

摊米、摊钱不由地主，而由佃户承担吗？ ＝不一定，地主承担的也有，佃户承担的也有。（？）

这是在约定租地时就定下了的吗？ ＝双方协商决定。（？）

佃户不承担的情况下，地主会通知佃户吗？ ＝地主通知。

摊米由地主承担、摊钱由佃户承担，有这样的情况吗？ ＝没有。

【分种的情况】大份子是指？ ＝分种。

这种情况下怎么办？ ＝由地主承担。

不奇怪吗？分种和租地不一样吗？ ＝分种时是折半交纳的，所以佃户不予承担，租地时需要承担，不过向地主交纳的粮食也变少了。

那么，如果地主不承担摊米钱，那么你的六亩地每亩需交纳多少粮食呢？ ＝一亩地交纳一百斤的谷物和一百斤的柴火。

分种是对半分的，那么摊米、摊钱不是也应该对半分吗？ ＝分种时，肥料和耕种全部由佃户承担，所以不用交纳。

【份子的情况】二八份子的情况下是？ ＝地主。

三七份子时呢？ ＝地主。（？）

【租地摊米】对佃户来说，由哪一方承担摊米更有利呢？ ＝不承担摊米更有利。

多由哪一方承担？ ＝多由地主承担。

王在春（在满洲）的地的摊米钱要交纳给谁？ ＝本村的王文庆。

谁在耕种这个地主的地？ ＝马王香五亩。

这也由马王香承担摊米钱吗？ ＝一样。

王文庆和王在春是什么关系？ ＝朋友。

【租佃契约期限】租地时，一般是约定多少年？ ＝只有三年的契约，多在三年内中止。

分种是？ ＝不一定，根据每年的情况决定来年是否继续。

每年都要决定来年是否耕作吗？ ＝是的，根据每年的情况。

租地时怎么样？ ＝这种情况下因为是三年的契约，不能每年决定，根据三年的情况来决定。

二八份子是什么情况？ ＝和分种一样，按每年的情况。

二八份子的是谁？ ＝王金城。去年，种了王其德的五亩地。

应答者　王福春

【二八份子】一亩能收获多少？＝五亩地，高粱四十斤、谷子三十斤、芝麻三十斤，没有柴火。

给地主的粮食是？＝二八分。

给多少年？＝两年。

去年给地主帮了哪些忙？＝没有去。（？）

种份子地时，如果地主有什么事，不是必须得去帮忙吗？＝不去，地主那边缺少劳力时会帮忙，一般不帮忙。我没有去，地主住在城里，因此我不去。

本村地主住在外村时，二八份子是什么情况？＝本村没有这种情况，地少的缘故。地多的村里有得月粮的。

去年，你是从地主家获得种子和肥料的吗？＝是的，全部是地主给的。

收获的时候，地主会来吗？＝是的，来之后双方进行二八分配。

【租佃养老地】有让儿子把养老地租出去的吗？＝这种不叫租地，租金要一分不少地交给父母。

分种呢？＝没有。

【租佃申请】会有地主拜托佃户租地的情况吗？＝没有，地主不会直接提出，由佃户一方托有信用的保人来提出。

应答者　马万年

【租地增减】去年和今年相比，佃户的数目有变化吗？＝一样。

大份子、二八份子呢？＝一样。

和事变前相比怎么样？＝一样。

事变前，二八份子有多少户？＝（？）

【借用农具、牲畜】借农具会以什么作为谢礼呢？＝送点心、馒头、糕点。

几月份的时候呢？＝阴历正月、八月。

送几回？＝两回。

借牲畜和借农具送的礼物是一样的吗？＝一样。

借牲畜时，饲料由谁出呢？＝牛的饲料由主人出，因为借的人很穷，什么都没有。

5 月 30 日

收获时的地主和佃户　保人　和同族的租地关系　租佃与作物　地租

应答者　吴玉衡（村长）

【租佃地的村费】村费由地主和租地人的哪一方承担呢？视情况而定吗？＝由地主交纳。

借王在春的地的人是自己承担的，这是什么情况？ ＝由于王在春一直不在村里，故由佃户代纳。本村里，负担村费的租地人只有他一人。

有规定村里的村费由谁交纳的吗？ ＝规定由地主交纳。

应答者　马士才

【收获时地主的到场监督】租地收获时，地主会到场吗？ ＝不到场也可以，只要按照约定每亩交纳一百斤粮食和一百斤柴火就可以了。

大份子的时候呢？ ＝收获时，地主到佃户这里来分粮食。

大份子的时候，一天之内收割不完，持续两三天的情况下，地主每天都来看吗？ ＝两三天都会来。

开始收获的那天不来，只是在收获结束的那天才来，有这种情况吗？ ＝也有这种情况，也有只在收获结束的那天过来分粮食的。

这样一来，地主就不知道前几天有多少收成了，怎么办？ ＝即使在这种情况下，也没有佃户会瞒着地主把粮食藏起来。

本村在大份子的情况下，收获时地主从头到尾都在监督吗？ ＝都是这样。

【大份子时保人的到场监督】进行大份子时，有保人代替地主到场的吗？ ＝本村没有。

【大份子的保人】大份子的保人需要做什么？ ＝同情贫穷的佃户，向地主提出借地。

其他的呢？ ＝（？）

这样一来，一旦合约定下来，保人就和佃户没有关系了吗？ ＝收获时，佃户无力交纳粮食时，保人有代纳的责任。

【佃户给地主、保人的好处】代纳有什么叫法？ ＝"替拿粮食"或"填上"，多用后者。佃户将粮食全额交纳给地主时，佃户会把保人和地主叫来请他们吃饭。

大份子时也是如此吗？ ＝大份子会请。

租地是什么情况？ ＝收成好的情况下由佃户请。

租地时不一定会经常请吗？ ＝大份子时，如果收成不好就不会请客。

请吃饭的费用由佃户承担吗？ ＝是这样。

有地主请佃户吃饭的吗？ ＝没有。

达成租地合约时会请吃饭吗？ ＝不会。

达成合约时，佃户会请保人、地主吃饭吗？ ＝不请。

只有收成好时才会请客吗？ ＝是这样。

【保人到场监督】大份子收获时，保人会代替地主到地里拿走地主应得的份额吗？ ＝不会。

租地的时候是什么情况？ ＝租地只要交纳粮食就可以了，因此没有必要来看。

【份子的收成处理——无须监督】二八份子、三七份子的情况下是怎么样的？ ＝这种情况下收获是在地主家进行的，因此地主没有必要来查看。

也就是说，二八份子时，收成是搬往地主家的吗？ ＝搬往地主家。

收获时，佃户不会把地里的作物搬到自己家去吗？ ＝是这样。

【保人】这种情况下，保人会到场吗？ ＝二八份子时保人不会到场。

地主一方会说不用保人来吗？ ＝地主会告诉佃户，"你只要出劳力就可以了"，所以不需要保人到场。

那么，就不需要制定合约的介绍人了吗？ ＝二八份子的佃户都是穷人，因此地主不会在粮食上动手脚。

不需要商量的介绍人吗？ ＝二八份子是地主一方来寻找佃户，故不需要。

在这种情况下，地主并不直接去找佃户而是托介绍人去找，有这种情况吗？ ＝没有这种情况。

只是在大份子和租地的情况下才需要保人吗？ ＝是的。

在这两种情况下，佃户不直接去而是由保人将粮食运至地主家，有这种情况吗？ ＝没有。

有话要对地主说时，佃户不直接去找地主，而是托保人转达，有这种情况吗？ ＝没有。

【保人代纳】大份子时，有保人代替地主交纳粮食的吗？ ＝没有。

租地时有这种情况，这是为什么呢？ ＝租地时也是等佃户收割好后，去问地主是他来取粮食，还是这边给送过去。

租地时，佃户无力交纳时，保人会代纳吧？ ＝有代纳的情况。

大份子的时候是什么情况呢？ ＝不代纳，收获后马上分粮食，没有由保人代纳的。

租地的保人必须代纳的话，那么和大份子的保人相比不就吃亏了？ ＝是的。

【租地、大份子的保人资格】那么当租地的保人比大份子更难吗？有什么条件吗？ ＝租地时需要有信用的保人，大份子的话谁都可以当。

没有地的人能够当佃户的保人吗？ ＝拥有地的老实人。

大份子的保人是没有地也可以当的吗？ ＝没有也可以。

本村有没有地而当了保人的吗？ ＝没有。

大份子是什么情况？ ＝没有地也可以当保人，本村人都有地，没有刚说的那种人。

虽说租地的保人是需要拥有地的，需要拥有多少呢？ ＝有十亩的老实人就可以。

例如在有十亩租地的情况下，保人只拥有五亩地也可以当吗？ ＝是老实人的话就可以。

通常在有十亩租地的情况下，没有十亩以上的地就当不了保人，有这种情况吗？ ＝地根本不重要，保人的人品才是关键。

租地、大份子的情况下，多是让什么样的人当自己的保人呢？ ＝即使不是亲戚、朋友，人品好的话就行。

能够托这种没有关系的人当自己的保人吗？ ＝也有佃户和地主之间直接商量、分种的情况。

租地时不能这样吧？ ＝租地时必须要保人。

本村多拜托什么样的人当租地的保人？ ＝什么人都行，人品好就行。

可是，能够托不认识的人吗？＝本村人都认识，因此谁都可以。

找租地的保人时，托朋友和托亲戚、兄弟，哪一种居多？＝更多的是托人品好的本村人。

既不是朋友也不是亲戚的人也可以吗？＝如果是自己的兄弟、亲戚，地主一方多不信任，因此多是托其他人品好的人。

在这种情况下，亲戚、兄弟和两者都不是的其他人品好的人，哪一种多一点？＝还是托村里人品好的人多一点。

例如说什么样的人可以担任呢？＝村长、副村长。

现在的村长、副村长有担任吗？＝担任了很多。我的保人是马士信。

【和同族、亲戚的租佃关系】从兄弟、亲戚、同族那里租地时，也需要这样人品好的保人吗？＝租亲戚、兄弟的地时不需要保人。

同族的时候怎么办？＝（？）不需要保人。

从兄弟、亲戚租地，和从同族租地，哪个更好？＝从同族租地。

同族和外人比的话哪个更好？＝同族更好。

外村人和本村相比呢？＝本村。

同兄弟、亲戚相比，为什么从同族租地更方便呢？＝同族的话不交粮食也可以，不不，还是必须交粮。

分种是什么情况？＝分种的话兄弟、亲戚和同族都一样。租地时从兄弟那里租更方便。

在什么样的情况下更方便呢？＝与把地租给别人相比，土地租给兄弟种，动手脚的情况更少。即使糊弄一下，由于是兄弟，也比别人要好。

租地人是怎么认为的呢？＝还是租兄弟的地更好。

在什么情况下更好呢？＝兄弟嘛，多拿一点粮食也不打紧。

【大份子中其他作物的交纳】大份子时，将作为地租的谷子折半的话，可以交纳和折半金额相当的高粱吗？＝可以。

有这样的例子吗？＝有。

【大份子作物】大份子地上多种哪些作物？＝谷子、高粱、麦子等都会有。

在大份子地上，有和自家地里不一样、尤其种得多的作物吗？＝粮食少的时候也是均分，因此什么作物都可以。

【租地作物】租地的地上是什么情况？＝谷子、高粱、麦子等等，什么都可以。

什么作物种得更多？＝花生种得多，因为价高的缘故，很多人种花生卖了之后，买来粮食交纳。

【地主指定作物】大份子和租地的时候，地主会指定所种作物吗？＝大份子时是双方协商，租地的情况下，佃户可以自由决定。

【大份子作物】最近，大份子多种什么作物？＝多种谷子和高粱。

【租地的地租】租地的情况下，多是交纳什么粮食？＝一般是一亩地交纳百斤柴火和百斤谷子。

【指定交纳作物】在这种时候，有没有只是指定粮食百斤的情况？＝没有，会指出谷物名。

可是不应该只有谷子吧？＝也有其他作物，很少。

其他的作物是指？＝高粱、豆子。

【柴火】租地时，柴火也是一并拿走吗？＝通常是这样。

大份子的时候是？＝将柴火对半分。

租地时，有不交柴火的情况吗？＝有。

交柴火和不交柴火有什么分别？＝不交柴火时，每亩地多交十斤粮食。

【黑地、白地的地租】前面所说的地租额度是什么地的？＝黑地、好地。

白地是什么情况？＝六十斤粮食和六十斤柴火。粮食一般就是谷子。

无论种植什么作物都要交柴火吗？＝是的。

柴火会根据作物的种类不同而不同吗？＝例如，种植柴火少的作物时，就要买柴火来交。

这里的作物有哪些？＝山药、花生、谷子。

是其他作物的柴火也不要紧吗？＝不要紧。

【地租的决定】地租是在约定租地时决定的吗？＝是的。

那个时候会指定作物种类吗？＝规定谷子五十斤的情况下，高粱的话就是五十四斤，因为价格更低的缘故。

【交纳其他作物】文书中规定谷子的情况下，交高粱也可以吗？＝可以。

文书上写有谷子五十斤的时候，如果换作高粱的话，可以在不和地主商量的情况下交纳五十四斤吗？＝和地主商量，得到同意后交纳和五十斤谷子的时价相当的高粱。

【延期交付】在交付期的十月先交纳一半，两三个月后再交纳一半，有这样的情况吗？＝有。

在这种情况下，需要特别征得地主的许可吗？＝是的。

有第二年十月再交纳一半的情况吗？＝有，很少。

在这种情况下，也要征得地主的许可吗？＝是的。

一般地主会同意吗？＝不会同意。

不同意的话怎么办？＝必须当时交纳。

地主不同意又不交纳的话，会怎么样？＝必须卖了其他粮食，用卖得的钱买来约定的粮食进行交纳。

【拖延地租】不这样的话，地主会怎么办？＝来年就不再租地了。

不让租地了的话，余下的没有交纳的地租怎么办？＝这种情况下，佃户会将实情告诉保人，托保人去求情。

未交纳的地租怎么办？＝由于已经不能继续耕种，所以由保人进行说合，交纳剩余的一半地租后，请求得到地主同意。

这种情况下，地主会同意吗？＝不会同意。（若真的太贫穷的话，也会不得已而同意）

同意是指？＝免除地租。

　　不同意的话，未纳地租怎么办？ ＝还是拜托保人代交。

　　在这种情况下，会通过地主一方让佃户写借帖吗？ ＝不写。

　　【作价、地租的现金缴纳】知道作价吗？ ＝规定每亩交纳粮食（六元）和柴火（四元）的情况下，地主不收取粮食和柴火而是收取十元。

　　将未交纳的粮食折价成借款，不是将这称作作价吗？ ＝是这样。

　　将交纳的作物折价成钱款后进行收取，这也叫作价吗？ ＝一开始租地时，就约定以钱款交纳地租的事情谓之"作价"。

　　你有过作价吗？ ＝三年前有过作价，用十元代替粮食交纳了地租。

　　租地时，用钱来交地租是叫作价吗？ ＝是的。

　　有多少家采取作价的形式？ ＝（？）

　　作价时，是收货前交纳还是收获后交纳？ ＝收获后。

　　在没有发生拖延、未纳地租的情况下，按时交纳地租时也有进行作价的吗？ ＝有。

　　以作价交纳地租的租地叫什么？ ＝没有作价租地的说法，还是叫租地。

　　作价租地和粮食租地的文书的写法也不一样吗？ ＝一样。

　　在这种情况下，文书中的地租额度不是写谷子百斤，而是写上"钱××"吗？ ＝写上每亩十元。

　　黑地的作价租地一亩要多少地租？ ＝二十元左右〔最上等的地〕。白地十元左右，没人租沙地。

　　租地仅限于白地和黑地两种吗？ ＝是的。

　　沙地之中有一点点可以耕种的地吗？ ＝可以耕种，但是没有人租。

　　大份子有作价吗？ ＝没有，因为是将收成对半分的缘故。

　　租地的文书中写有地租谷子百斤，不能按时交纳时，将谷子折价成对于地主的借款，这个借款在尚未还清的情况下叫什么？ ＝不叫作价而叫欠钱。

　　这仅限于租地的时候吗？其他时候也是这么叫吗？ ＝其他时候也是这么叫。

　　在这种情况下写的文书叫什么？ ＝叫借帖。

　　例如，今年的地租（谷子）先拖欠着，待到第二年将两年的一起交纳，在这种情况下，之前的钱款是叫作价吗？ ＝作价。（？）

　　两年后交纳所欠地租时，用粮食交纳的话？ ＝将前年所欠地租叫"欠粮食"。（？）

　　欠钱和作价有什么区别？ ＝一般的借钱也叫欠钱，作价是把未交纳的粮食换算成钱。（？）

　　在农村，所欠地租都会换算成作价吗？ ＝（也有）用粮食交纳的。用粮食交纳叫还粮食，用钱交纳的话叫作价。

　　应答者　王金声

　　作价是指？ ＝将拖欠的粮食折算成钱款。

　　租地的时候，约定用钱来交纳地租不叫作价吧？ ＝是的，不叫作价。（？）

6月2日

租地纷争　地租　租地权

应答者　马常

【地租的上调与佃户的对策】佃户反对地主上调地租时会怎么做？＝由于佃户都很贫穷，要是地主上调地租的话，大家就都租不起地了。要是在耕种之前是可以反对的，要是已经开始耕种了就不能上调了，须到了第二年再进行交涉。

佃户们可以针对地主的地租上调提出中止的意见吗？＝（?）

耕种之前是指签订租地合约之后的时间吗？＝一旦签订了合约，地主一方就不能再提出上调地租。

佃户一方如何？＝即使提出中止意见也得不到地主的同意。

有针对地主上调地租提出中止意见的吗？＝地主要上调地租时，须拜托保人决定地租额度。对佃户有损害的话，佃户就不再耕种，佃户觉得有利的话，就会继续耕种。

佃户直接和地主进行交涉得以减免地租，有这种情况吗？＝可以。

在这种情况下，保人会一起去吗？＝自己去也可以，和保人一起去也可以。

在这种情况下，有和其他佃户一起去的吗？＝没有，不能这样。

例如说，其他佃户出于同情，和该佃户一起去，有这种情况吗？＝有，可以。

佃户们一起去交涉，和甲长、村长一起去交涉，哪种情况更多？＝佃户们一起去交涉的情况更多。

佃户一个人去交涉，和佃户们一起去交涉，哪种情况更多？＝一个人去的情况更多。

同一个地主的佃户们几个人一起去找地主商量减免地租，有这种情况吗？＝有一起去的。多是各自单独去。

可是，和单独去相比，似乎大家一起去更方便吧？＝人多面子重，如果其中一人通过交涉能够得到地租下调的话，地主当然也会给其他人减免。

给一个人减免地租的话，其他人不说什么也会给他们减免吗？＝一样的。

可以，合约不是各是各的吗？＝一旦听说减免了一个人的地租，其他人马上也会要求减免的。

【因歉收减免地租】到现在为止，有佃户像这样提出要求而得到减免地租的吗？＝两三年前发生旱灾的时候，每亩百斤的纳粮减免到了五十斤。（?）

有减免一半的吗？＝有。（?）

这是在租地的情况下吗？＝是的，分种时不会有问题。

【未纳地租与地主收回农具】佃户因歉收无力交纳全额地租的时候，地主可以没收佃户的牛和农具吗？＝没有，不能这样。

例如说，往年收获二百五十斤、地租一百斤的情况下，由于歉收收获了一百五十斤，只能交纳六十斤的时候怎么办？ ＝地主不能没收农具。

【期限内收回租地的纷争】地主要在三年契约到期前没收地而遭到佃户的反对，导致发生纷争，有这样的情况吗？ ＝佃户即使想提出诉讼也没有钱，没办法，只能中止租地。

在这种情况下双方互不相让的话，村长和甲长会在中间进行调解吗？ ＝也有，同村的话会有。本村有过这样的纷争，保人插手让佃户得以继续耕种。

有实际例子吗？ ＝刘士存的十六亩地，我和他签下每亩交纳六元地租，期限为三年的约定，第二年地主毁约要中止租地，我认为应该是可以租种三年，不同意。交涉的结果是，第三年按每亩纳粮二十斤来耕种。当时调解的人是保人马瑞圆（同族）。

和之前的一亩六元相比，二十斤是怎么一个情况？ ＝一开始租地是交钱的，第三年是交粮食。当时的粮食价格很高。

那个时候，地主是怎么认为的？ ＝他说第二年除了交钱，还要交纳二十斤粮食、二十斤柴火。

那个时候你是怎么说的？ ＝我按地主说的做的。（？）

为什么没有反对呢？ ＝即使反对也没有诉讼的费用，和地主争的话，他就不让继续耕种了。

你觉得这种情况下的诉讼费用大概要多少？ ＝没有时间，两百元以上。

【租佃纠纷】到现在为止，地主和佃户的纷争有演变成诉讼的吗？ ＝有纷争，没有诉讼。

多是为哪些事发生纷争？ ＝地租调高了。多是地主由于负担加重而要调高地租而导致纷争。

有地主以暴力威胁佃户的吗？ ＝有，在这种时候佃户就不再租地了。

在这种情况下，村长和甲长会进行调解吗？ ＝不一定。

【土质与地租】地租因地的好坏而不同吗？ ＝不同。

一亩需要多少地租？ ＝

黑地最好地

	一亩总收成	租金	
		粮食	柴火
高粱	200 斤	100 斤	50 斤
谷子	300 斤	100 斤	50 斤

黑地最差地

高粱	70 斤	50 斤	30 斤
谷子	〃	〃	〃

白地最好地

	白地	最好地	
高粱	100 斤	80 斤	50 斤
谷子	"	"	"

应答者　（交替）

【租佃契约的期限】租地、大份子、二八份子的情况下，有附加期限后进行租种的吗？＝没有。

最初约定了三年的租地期限的情况下，每年还会就地租的增减进行协商吗？＝最初写在文书上的金额不可以更改。

附加期限时，出于轮种的理由而将期限定为三年的吗？＝是的。

轮种不是两年就结束了吗？＝三年结束。（？）

有借五年的吗？＝没有五年的。

两年呢？＝不一定。（？）

地主在本村和在城里，两种情况的地租是一样的吗？＝一样。

地在佃户家附近和在很远的地方，这两种情况呢？＝一样。（？）

三种租地方式的契约期限有什么特征吗？＝三年居多。（？）

【用现金缴纳地租】用现金缴纳地租谓之什么？＝（？）

把这叫作价吗？＝作价。

二八份子时可以作价吗？＝不可以。

大份子的时候呢？＝不可以。

种份子地时，交纳和一半谷物相当的钱款？＝可以。

这和纳粮，哪种情况更多？＝纳粮。

在什么情况下交钱呢？＝佃户很穷，没有足够的粮食，纳粮的部分就用钱代付。

一般不足的部分会用钱代付吗？＝（？）

应答者　马常

【父亲亡故与儿子续租】地租了五年、十年时，如果父亲亡故的话，儿子可以不打招呼就继续耕种吗？＝通知地主后继续耕种。

通知时，儿子要拜托地主把地继续租给自己吗？＝是这样。

重新写文书吗？＝可以不用重新写。

儿子可凭父亲的文书继续耕种吗？＝可以。

村民一般是怎么做的？＝凭父亲的文书耕种。

要把文书中父亲的名字改成自己的名字吗？＝可以不改，父亲的名字就可以了。

可以不和地主打招呼就继续耕种吗？＝不可以，必须通知。

【租地权的转让】一开始约定了五年，到了第三年后可以将余下两年转让给其他人吗？＝没有转让的，不想种的时候就还给地主。

可以转租租地吗？ ＝不可以。

可以将租地作为担保转让给借钱的人吗？ ＝没有这种事情。

【租地的出售、典当与租地权】在出售租地时，地主需要通知佃户、并得到佃户的同意吗？ ＝会和佃户商量。

可以不商量就出售吗？ ＝也行。

在这种情况下，佃户可以凭借前地主的文书在买主手下继续耕种吗？ ＝不可以。

一旦出售，租地也会与此同时中止吗？ ＝必须中止，不能继续耕种。

典当的情况下呢？ ＝和出售一样，不能继续耕种。

一般典当的时候会中止租地吗？ ＝会中止。

文书所规定期限未满时怎么办？ ＝这种情况下也没有办法。

不会向地主提出抗议吗？ ＝不会。

【长有作物的地出售、典当】地里还有作物怎么办？ ＝有也可以出售和典当。

地里的作物怎么办？ ＝地主出钱把作物买下来。

作物的价格是如何决定的？ ＝落花生的话，就按落花生的价格。

作物没有成熟的话呢？ ＝只需支付种子钱和肥料钱。

长到何种程度时就以谷物的价格进行收购呢？ ＝马上就可以收割的话，就得给很多钱。

和收获时一样的价格吗？ ＝由地主决定。

决定价格时，地邻和保人会到场吗？ ＝即使保人不来，也由地主决定。

同时也会支付劳动费吗？ ＝这也是由地主决定。

佃户可以对地主决定的价格提出不满吗？ ＝地主一般都比佃户有钱，对于其凭着良心制定的价格，佃户不会表示不满。

即使价格太低也没有办法吗？ ＝不会太低。

当年的地租怎么办？ ＝地已为买主所有，因此不必交纳地租。

地主不买地里的作物的情况下，怎么办？ ＝这种时候会向地主提出抗议。地主一般都会买。

购买地里作物的是地的买主吗？ ＝之前的地主。

【租佃地的作物指定】租地里的作物一般是通过和地主商量决定的吗？ ＝租地时不会商量，二八份子、大份子是通过商量决定的。

种份子地时，通过商量决定的作物多是什么？ ＝多是高粱和谷子，因为这是地主不可缺少的食物。

【租佃地的建筑】契约到期时，如何处理佃户在租地里建造的建筑？ ＝没有这种事情。

【地租的拖欠】拖欠地租时，地主会没收其家产吗？ ＝佃户都会交地租给地主的。

【租佃地的田赋、摊款】村里的摊款该由谁承担？ ＝地主。佃户丝毫不用承担。

田赋呢？ ＝地东家。

作为村费征收的粮食用在什么地方了？ ＝没钱，所以征收粮食。

大家都可以用粮食代纳田赋和摊款吗？ ＝也可以用粮食交。

注：根据户别概况调查表，我尝试针对佃户户数做了各种摘记，如下表所示。

下表中关于数字真假存在多处疑问。

下表中，三七份子被划分为分种的一种，村民将此称为份子，将一般的分种称为大分子以示区别。三七是指收成的分配比例。去年尚有一家二八份子，今年就没有了。

地主关系是指地主和佃户的关系，仅记为同村的地方不仅表示地主和佃户同村，而且还意味着双方没有亲戚、同族等特殊关系。

| 户主 | 职业 | 家庭 | | 自家劳动力 | 被雇劳动力 | 家畜 | 所有亩数 | 出典地 | 承典地 | 自耕地 | 租地 | | 经营地 | 地主关系 | 继续年数 |
		男	女								亩数	形态			
吴玉庆	农	4	2	3	1		15	5		10	5	分种	15	同村亲戚	2
马万香	〃	2	2	？	？	羊三	17			17	5	租地	22	同村	3
马增祥	〃	2	2	1	1		9	2		7	8	〃	15	同村亲戚	2
马常	〃	3	3	2		牛一	7		3	10	8	〃	18	同村	2
马万年	〃	2	2	2			6.7			6.7	8	分种	14.7	同村兄弟	
王孟三	〃	2	2	1		牛一	17			17	7	租地	24	同村亲戚	2
王中春	〃	3	1	3	1	牛一	6		3	9	8.5	租地分种	17.5	同村同族	165
王金贵	小买卖	2	2	1		驴一	2			2	6	分种	8	同村	4
王金香	农	3	3	3			2			2	13	〃	15	同村	4
吴志顺	〃	2	2	2	1		7			7	2	〃	9	同村	4
王金庆	〃	5	3	？	1		8			8	5	分种租地	13	同村义母	？
马支才	〃	3	4	3			17			17	8	租地	25	外村	3
李芳廷	〃	3	1	？						2.7	7	三七分种	18.7	同村同族	4

土地买卖篇

1942 年 5—6 月

（华北农村惯行调查资料第 79 辑）

土地买卖篇第 10 号　农村金融及贸易篇第 11 号
山东省恩县后夏寨
　　　　　调查员　杉浦贯一、杉之原舜一
　　　　　翻　译　达光、孙希中

　　本辑是在总结包含概况和个别调查的地买卖关系及贸易关系有关事项的基础上进行记录的原本。由于分开记录有不适当之处，因此我们决定照原样收录。

5 月 20 日

祖茔地的耕作　处理　宗社

调查员　杉浦贯一
翻　译　达光
应答者　魏金声（第八甲甲长，56 岁）
地　点　后夏寨庄公所
本村有多少户魏姓人家？＝六户。

都是同族吗？＝是的。

都有谁？和你是什么关系？＝

○金声

○继平（五服以内、族家叔叔）

○继周（五服叔叔）（族长）

○金成（五服弟弟）

○家谟（金海同族的孙子）

○金海（五服之外的哥哥）

【祖茔地与耕作】有公有地吗？＝有一亩祖茔地。

在耕作吗？＝是的，继平在耕种，因为同族里数他最穷。这边一般都是由同族中最穷的人耕种。

他从什么时候开始耕种的？ ＝民国七八年。不过他得在过年和清明节的时候给坟墓覆土。

有请客吗？ ＝地多的人会请客，这块墓地地少，因此不请客。再就是一般是在正月初二请客。

【祖茔地的处理】可以卖掉这块地吗？ ＝由于不是个人拥有的地，因此不能卖。说点题外话，正月初二扫墓的时候，烧纸、烧香的钱都是从这块地出的。

有五亩祖茔地的时候，可以出售其中一部分吗？ ＝一亩也不能卖。可以让同族里比较穷困的人来耕种，卖坟地的事情听都没听过。其他村也是如此。

【耕作人的替换】怎么替换耕种人？ ＝正月初二会去扫墓，在那一天商量替换的事情。替换的条件是要比现在的耕种人更加贫穷。

由族长提出来吗？ ＝族长会说，他已经穷得吃不起饭了，从今年开始由他来耕种，你就别种了。

族长不说的话怎么办？ ＝这个意见也可以由同族提出来。出现了特别贫穷的人的话，由谁来说都可以。同族里出了穷困的人是很不体面的，为了避免出现这种人，大家会相互帮助。

【公有地文书的保管与税金】祖茔地的文书由谁来保管？ ＝放在耕种人那里。替换耕种人的话，文书也会易主。

耕种人替换了的话，后者会去前者那里拿吗？ ＝前者送去后者那里，要说为什么，因为税金是由耕种的人交纳的。

摊款也是得交到村长那里吗？ ＝可以不和村长打招呼，但是得交到甲长那里，要说为什么，因为摊款的时候是由甲长收钱的。

如果只是交纳税金的话，我倒是觉得文书没有易主的必要？ ＝不是这个原因，耕作人持有文书是一种习惯罢了。

【耕作的文书】这个文书是什么样子的？ ＝这是老文书。之前有提过，文书是在耕种的时候写下的。不知道文书叫什么名字。

这份文书里写有期限等各种各样的条件吗？ ＝是的，最短两年，最长五六年。没有写钱的事情，不过要在过年的时候出五六元用作烧纸钱等等。

【期限与替换】即使出了更贫困的人，只要没到期限就不可以替换耕种人吧？ ＝只要有同族好言劝说，一般是可以转让的。

可是，如果转让之后，生活上出问题了，怎么办？ ＝反正条件好的人一定得转让出去。例如，前者是青年人、后者是老年人的话，青年人总能生活下去的。

如果双方条件大体相同，一方以文书未到期限为由不愿相让以致无法解决，有这种情况吗？ ＝村里没有这样的事情，如果有的话，只能两个人一起耕种了。

【替换决定与族长】在这种情况下，族长的话最有分量吗？ ＝族长可以决定由同族们商量着来解决。只有族长发话没用。

【耕作文书的制定与保管】耕种祖茔地的时候，文书是谁写了交给谁？ ＝会写字的人写之后交给族长，由族长保管。

【老契交接】之前耕种的人将文书交给族长，族长再转交给新耕种人，是这样吗？　＝不，直接给耕种的人就行了。

事情说定之后，过几天再交接老文书呢？　＝正月初二写下新文书，如果老文书太旧、字都看不清的话，不给也可以。

老文书若是丢失了那就没有办法了，然而看不清字的话也是得交出来的吧？　＝老文书是放在族长那里的，替换耕种人的话，新文书是同族人一起写了交给耕种人的。有没有老文书并不打紧，只需知道地和亩数。

【税的承担与名义】祖茔地的税金由谁交纳？　＝耕种的人承担。村长到族长那里去收税金，族长就到耕种人那里去收。

耕种人没有交纳税金和摊款的话，族长会代纳吗？　＝同族人一起代纳，因为让族长一个人承担是过意不去的。

同族人均分吗？还是有钱人多出一些呢？　＝有钱人稍微多出一点。

这会算作耕种人的借款吗？　＝算借款，不过过后不还也可以。

毫无疑问不会写欠条了吧？　＝是的。

过后会让他用粮食还吗？　＝如果耕种人拿得出来的话，有良心的话谁都会拿出来，怎么都得拿出来的，同族也一定会帮忙的。这种事情实际上只是偶尔才有而已。得是祖坟地才行，怎么说也是共同的地。一般的地同族不会代纳的。

【祖茔地的典当】祖茔地可以典当吗？　＝想当也不行，要说为什么，因为是同族全体所有的。你需要钱别人不需要钱，想当的话就当自己的地。

本村的同族一定有祖坟地吗？　＝有。

【族家的社——宗社】有个叫魏家会的吗？　＝有，正月初二扫墓之后进行会餐，这谓之"族家的社"或"宗社"。

这个费用是从祖茔地里出吗？　＝一般是由同族承担。可以说耕种人基本上不会出。本村的马家的祖茔地有两亩（二十家），耕种人出几分钱，此外大部分费用都有同族拿出来。

【庙地】庙地有多少亩？　＝四十九亩。

（注：村公所制作的地亩册中有对庙地的记载）

【庙地的出售、典当】庙地可以出售吗？　＝不得已的情况下可以。

庙地可以典当吗？　＝是的，如村里的地亩册所记载的，有几个人典当了。这是为了支付学校的费用（例如先生的月薪）而典当的。

只典当了一次吗？　＝是的。

这是什么时候的事？　＝已经耕种了四年了。

【处理的决定手续】典当的时候，会聚集村里的哪些人来决定呢？　＝乡长、副乡长、十三个甲长一同协商。

以谁的名义来典当庙地呢？　＝乡长副乡长。也会写甲长的名字。

普通村民不会参与协商吗？　＝是的。

【庙地的租佃】典当前是谁在耕种？　＝不知道。（问马万年后）张万户耕种了五亩

（两块地），也就是马万年现在在耕种的地。

张万户在租种庙地吗？ ＝是的，每年向学校交纳租子。

准确来讲是交给村公所吧？ ＝是的。

租子是交钱吧？ ＝是的。

交纳粮食呢？ ＝谓之"分种"。

买卖庙地　指地借钱　典

应答者　李盛堂

【买卖庙地】庙地可以出售吧？ ＝是的，非常困难的时候可以出售。

乡长、副乡长、甲长一同协商就可以了吗？ ＝是的，契约书里也会写上这些人的名字。

祖茔地不能卖，还有其他不能卖的地吗？ ＝其他就没有了。

【军地】有卫地吗？ ＝没有。前夏寨有，谓之"军地"。

【派书】管辖本村的派书是谁？ ＝乡长知道是谁，是个城里人。

【借帖、指地借钱】以地为担保来借钱，谓之什么？ ＝谓之"借帖"。

不叫指地借钱吗？ ＝也这么说。

【当地—活契】典当地叫什么？ ＝当地。这谓之"活契"，卖地则谓之"死契"。

指地借钱一亩地大概能借多少？ ＝一亩大概二十元。

【土地好坏与地价】卖地八九十元左右，不怎么好的地就是五十元左右。此外，也有将差地过割给别人的

最好的地叫什么？ ＝黑地。

五十元的地是？ ＝白沙地。白地比白沙地又次一些，用作棉花的种植。

最差的沙地叫？ ＝"少窝"。

【指地借钱的比例】黑地也是一亩只能借到二十元吗？ ＝不是，可以借到地价的一半。

【利息、期限】利息多少？ ＝每月三分。期限一般是满一年，到期即还帖。

利息会算入本钱吗？ ＝不会，没有这种事。城里倒是有这种情况，借钱给人后，别人不支付每个月的利息的话就告到官厅，将借钱的人抓紧警察局的拘留所，支付了利息就可以放出来。银号或许会干这种事吧，不过现在没有。

农民之间有这种不讲情面的事情吗？ ＝没有，不知道以前有没有。

指地借钱与执行办法

应答者　魏金声

【指地借钱的本息支付方法】指地借钱时，每月都要支付利息吗？ ＝不是，期限为一年，到期后必须同时支付本金和利息。

从城里借钱时会有月利。现在找城里借钱的话，有五分的利率，更高的也有八分的。

【高利贷与担保】本村人找城里的谁来借钱？ ＝以前是银号，现在是大商店。

不凭地担保的话，就不给借吧？ ＝是这样，没有保证的缘故。

以地为担保和以人为担保，利率不一样吗？ ＝不会，是一样的。

以地为担保后，还会要求有保证人吗？ ＝一般来说，指地借钱的话也需要保证人。因为只凭地的话没有保证，有保人的话更保险。

【除担保土地外仍需保人的理由】只凭地没有保证的意思是？ ＝有把地买了的，再就是有把地卖了跑路的。

如果地被卖了，债主会采取什么办法？ ＝到期不还的话就会要保人还，要是卖给第三方就没办法了，不过有借的人发起请会给债主还钱的，如果发起不了请会的话，就会把地卖给第三方。

【不履行债务时的处置——出当】债主会对买主说明这是指地借钱的地，现在由自己在耕种吗？ ＝也有这种情况。债主向保人提出要求，保人则要求承借方通过将地卖给第三方来筹钱，或者将地出当给债主。

【打官司、调停】保人和借的人都还不起钱时怎么办？ ＝如果有地的话，就打官司。再就是有这样的例子。如果真没有办法的话，可以拜托乡长进行说合，就说如果债主愿意雇佣的话就替他劳动一年（长工），如果地主不愿雇佣的话就去其他地方打工，挣钱来还给他。有不还钱而是去债主那里劳动的情况。

有地的话会打官司吗？ ＝是的，又不还钱，有地又不种，借的人太狡猾了，所以要打官司。

【打官司前的自救】可以不打官司就随意没收地吗？ ＝可以，村里有这样的人。例如乡长说借人钱不还的话就得给债主耕种，借的人如果不听的话，除了打官司就没有办法了。

若是把地卖给第三方了怎么办？ ＝还有保人，不通知保人就不对。再就是，借的人有房子的话就把房子拆了卖木材。

这里的拆房子是指拆借的人的房子吗？ ＝是的。

有拆保人房子的吗？ ＝借钱的人是厉害人的话，也会干得出来。

可是，首先是拆借的人的房子吧？ ＝是的，借的人还不了的话就去找保人。借钱的人还不了，你就得还。不还的话，就把你的财产没收。

这些事情有打官司的必要吗？ ＝在这种情况下不会打官司，借的人同意了之后才会拆房子。不同意的话，债主就会打官司，或者借的人会去请乡长给说合。有房子的话，也可以打官司。拆房子的话，就有一百元以上了。

5 月 21 日

买卖地的原因　中人　手续实例　死地活口　税契

应答者　魏金声

【所有地】所有地共有？ ＝二十亩八分。

分别是多少亩？ ＝五块（位于村西），即十亩半、五亩、两亩半、一亩半、半亩。

十亩半的地是什么时候得到的？ ＝祖传的，其余四块地都是祖传的。

【卖地】买卖过地吗？ ＝民国二十五年一次性将八亩地卖给了前夏寨的李长年。卖了两百四十元，因为是白地很便宜。

【借安葬费】为什么要卖地？ ＝民国二十五年父母先后去世，借钱办了丧事，到了秋天把地卖了还钱。

丧事的花费是？ ＝父亲一百六十元，母亲一百四十元。

借了多少钱？ ＝父亲去世时借了一百四十元，母亲去世时借了一百二十元。

跟谁借的？ ＝两次都是从银号借的。期限一年、月利二分五厘，六月和十月借的，十二月中旬就还了。

是指地借钱吗？ ＝是的。

【是否需要保人】借钱时谁做的中人？ ＝我以前做过买卖，认识银号的人，因此没有找保人。

其他农民需要保人吗？ ＝有很多地的话，就不需要保人。

不请中人也可以吗？ ＝并不需要介绍人，介绍人就是保人。

【卖地与中人】卖地时需要中人吗？ ＝是的，必须要。我当时找的是马万年。本来是要写草契的，那一次没写而是口头约定的。我去马万年那里对他说，我得还钱打算把地卖了，你给我当个中人吧。他问我是不是真要卖，我回答说要卖，然后他就找买主去了。

【中人交涉】他先是去找你的同族吗？ ＝不是，在找中人之前，我先去找了同族、四邻，问他们买不买，他们说不买了才去托中人找其他的买主。当时每亩地我要六十元，可是对方只出三十元，我由于急需钱迫不得已卖了。中人回来说成了，然后买主就开始准备打地，在通知了地的四邻、卖主和中人后就打地。

【交涉成立后的手续】多少天后进行丈量？ ＝长则一个月，短则半个月。要问为什么会拖长，因为需要做各种各样的准备（钱、找丈量先生）（当地时的丈量先生叫算地先生）。

【定钱领取与通知】中人从买主那里拿到定钱吗？ ＝是的，买主给五元。之后收取差额。

是叫定钱吗？ ＝是的。

有其他叫法吗？ ＝没有。

会把收取五元的事情写下来吗？ ＝不会。

中人说成了，把得到的五元交给你的话，买卖就实打实的定下了吗？ ＝当时把得到了五元因此买卖已经下来了的事情同族和四邻都说了。

谁来说呢？卖主还是中人？ ＝中人说的，我没有说的必要，不过也可以说。

不说的话会有什么问题吗？ ＝"打不了地不能算成"，由于同族和四邻可能会买，不通知的话，可能会起争端。

【写草契】草契怎么写？ ＝将收取五元定钱的事情写在草契上，"收地价五元"，这份草契是要交给买主的。

草契上会写买主的姓名吗？＝可以不写，买主拿着草契就可以了。

【丈量时的到场人】丈量时哪些人会到场？＝四邻、算地先生、中人、卖主、买主。

同族和乡长不来吗？＝不来。

【卖地与族长】你卖地的时候和族长商量过吗？＝族长无权干涉这件事情，我的地的事情，谁都无权干涉。

【四邻到场的必要】四邻的作用是？＝为了证明确实进行了丈量而到场。

如果四邻不来的话，之后会有意见吗？＝四邻必须到场。

通知了四邻还是不来怎么办？＝无论如何，四邻必须来。不来的话，打地、写文书都没法进行，算地先生也不给写文书。

四邻长期不在的情况下呢？＝但是他家里总有人在的，把那个人叫来。再就是，即使家人一起搬到其他地方，也会有人管理地，没有妨碍。

需要支付给四邻钱吗？＝只是买主会请客，不给钱。

【丈量与老契不符】老契的亩数和测量的结果不符合时，怎么办？＝没有办法，有不足的话就扒去，有多的部分的话就加上来。如果老契上写有八亩，而测量结果只有七亩五分，那么只能算过割七亩五分，故出现了"空粮"，即有粮无地。

【有地无粮】有地无粮的地是指？＝即黑地里有很多沙地。

【丈量增加的情况——补粮】若文书上写有八亩，而丈量结果是八亩五分的话，只能过割八亩地吗？＝必须去派书那里补粮，让派书知道了的话，会很麻烦，得去提前办理手续。

【丈量的谢礼】给算地先生的报酬是？＝不要钱，送礼。

【算地先生】本村有多少位算地先生？＝一个，王金堂。也有其他人，不过不怎么干。

【当中人】本村有多少人经常当中人？＝不确定，虽说也有人专门将算地作为职业不过本村没有。

【职业中人与佣钱】给中人的报酬是？＝不专门做中人的话不给钱，送礼。职业中人的话谓之"两分佣"，每一百元支付两元。酬谢金谓之"佣钱"。

【费用承担】算地先生、中人的礼由谁承担？＝买主。

卖主什么费用都不用支付吗？＝给中人送过礼，因为关系很好他没要，其他的费用我就没有出了。

一般情况下，卖主除了给中人送礼外，其他的都不需要吗？＝是的。买主也给中人送礼。

在你这个情况中，中人是你找到的，因此买主不送礼也可以，是这样吗？＝不管怎样对方是借中人的帮助才买到物产，所以必须得送礼。

【写文书】在哪里写文书？＝打地完之后会在买主家里开宴席，在那之后就写文书。

【老契的处理】你的文书是如何处理的？＝给买主也不顶事，所以我烧了。

你的文书有什么叫法吗？＝老契、老文书、旧契。

新写的文书叫什么？＝新文书。

没有把老文书交给买主的吗？＝从来没有。

有人继续保存老文书吗？＝有，不过没法用了。

为什么要留下来？＝人的心理使然，不清楚。

娶妻时想显摆自家有很多地，因此留了下来，你在哪儿听到过这种事情吗？＝确实有这种情况。

有凭着老文书再去借钱的吗？＝本村大家都知道情况，行不通，不过如果拿到外村的话，说不定能借到钱。人世间各种各样稀奇古怪的都有，说不定也有这种事情。

【同母亲与家人商量卖地】卖地时如果母亲尚在的话，必须得和母亲商量吗？＝是的，如果有弟兄的话，必须得和弟兄商量。

文书里会写上"奉母命"吗？＝（魏没有回答），在这种情况下不会写"奉母命"而是以母亲的名义卖出。（李盛堂的回答）

【关于地契】（我们说想看着地的文书（地券）提各种各样的问题，把你的文书给我们看一下，他虽不情愿还是从家里拿来了。如下文所示即为白契）

立補契人魏金声因失迷地契一段计地六分四厘三毫其地南至魏长春北至魏吉平东至魏长春西至祖家四至分明恐口无凭立文为证

长活（阔）登 六步二分

其地六分四厘三毫

南

横活四步二分

北

民国二十九年三月十四日 立

立当契人魏刘氏因手中不便今将庄西南北地一段计地六分八厘二毫价洋十元又专当于魏金声名下为业其地价永不高落不准专（转）当他人死地活口恐口无凭立文存证

长活登十四步五分

南　　　　四步五分

横活

北　　　　五步　正

此地前在位清伦家当十元中人王立汉田地未付粮将地退于魏金声

马士林　李存公

中保人吴玉恒　王维道　因卖于魏清伦南头二亩八分地未付粮

刘长富　王道远

民国二十九年三月十四日 立

（注：我们留意到补契和当契并不在两页纸上，而是在一页纸上右边写着补契左边写着当契。另外，本文书为白契。）

魏刘氏和你的关系是？＝同族侄子之妻。家里只有一个人。

　　你从刘氏那里通过典当获得地是指？＝刘氏于民国二十五年将六分地卖给魏清伦，然而没有过割。我于民国二十九年开始担任村中的办公人，才知道这件已经出售却没有进行过割的事情。和魏刘氏商量以后，决定由我出钱赎回她的地并典当给自己。然而由于刘氏孤身一人，死后丧费由我出，由此将这块地算作我所有，这是和刘氏商量的结果。成为我所有之后，则由我来补契。

　　【死地活口】死地活口的意思是？＝死地是虽说是典当出去，实际上已经卖了的意思。活口是刘氏同意赎回田地，而其他人不认可赎回的意思。也就是说，对其他人来说是地的买卖，但对刘氏来说是地的典当。（村长的回答）

　　为什么要补契？＝对我来说是地的买卖，因此进行了补契。

　　这是怎样的一块地？＝祖坟地的一部分。祖先分家时将其中一部分分出来，后来分给了刘氏。

　　必须补契吗？＝不补契的话，往后可能会发生争端。

　　和谁之间？＝同族当中。

　　魏清伦持有买契吗？＝是的，清伦买了二亩八分地，其中坟地有六分八厘二毛。

　　能够赎是由于是坟地吗？＝是的。

　　清伦是同族吗？＝不，不是同族。

　　【坟地出售、典当、赎回经过】本来祖坟地是不能卖的，为什么卖了呢？＝刘氏没有钱，说无论如何都要卖掉，我们想劝都劝不了。当时我们手头没钱。

　　买回来花了多少钱？＝我花了十元买回来的。

　　清伦说了什么吗？＝对方不同意赎回，六个中人在中间说合，总算赎回来了。

　　这份文书是在六个中人面前写下的吗？＝是的。

　　注：二亩八分地和六分八厘二毛地中间葬有坟墓。六分八厘是坟地，而二亩八分是耕地。耕地是卖出去了，而坟地则典当出去了。金声想把卖了的地赎回来，没有得到同意，最终只赎回了坟地。

　　魏金声是哪个村的人？＝前夏寨。

　　六个中人都是本村人吗？＝是的。

　　最开始是谁去找清伦交涉的？＝刘氏。表示自己生活困难，只想赎回六分坟地。

　　刘氏回来后和你说了什么？＝对方同意赎回坟地了，你赎回来后就可以给坟墓覆土了，你一定要赎回来。

　　你原本是想全部赎回来吗？＝是的，我去找清伦，对他说四年都没有过割，因此刘氏希望我能赎回来，你就同意了吧。可是对方不同意，这才找的中人。

　　中人是六个人一起去的吗？＝是的。

　　首先去了前夏寨谁的家？＝清伦那里。

　　你一起去了吗？＝没有，六个中人回来后对我说，对方已经同意了，你去赎吧。

　　刘氏一开始去的时候，不是说已经可以赎回坟地了吗？＝中人说的是两亩没同意，六分同意了。

　　刘氏把两亩地卖了多少钱？＝七八十元。

她希望你用多少钱买回来？ ＝不论多少钱，对方都没同意还回来。

这块地是在昨天所问的祖坟地的里面吗？ ＝不是，那旁边有地，不过是别的地。

【卖价交付与中人】买地钱是在写文书之后交吗？还是请客之前？ ＝写下文书之后。

直接当面交给卖主吗？ ＝交给中人，中人交给卖主。

【税契——印契】这边有税契吗？ ＝叫印契，但也有人不兴印契。

办理印契的文书谓之"红契"吗？ ＝是的。

不办印契的文书是？ ＝白头文书。

叫白契吗？ ＝不叫。

如果想给你刚才拿来白头文书办理印契，可以拿到县里去吗？ ＝可以。

不办理印契是因为没有必要吗？ ＝因为需要花钱，所以大家不喜欢印契。

本村是办理印契的人更多，还是不办理印契的人更多？ ＝五家人会有三四家不办印契（？），有钱人会办理印契。

【印契的作用与四邻】不办印契的话会有什么问题吗？ ＝不办印契的文书一点作用都没有。

什么时候？ ＝打地的时候就没用。打地的时候，如果文书没有印契的话，就没法让四邻相信自己土地的准确亩数，如果四邻都是白头文书而自己的是红契，还可以占一点四邻的地。

丈量的时候，四邻一定要把合家文书拿来吗？ ＝是的。

对同一块地既有白头文书又有红契，因而导致争端，有这种情况吗？ ＝没有这种情况。

【担保文书与红契】将地作为担保借钱时，白头文书有不好的地方吗？ ＝只要有地和文书，就可以借到钱，和文书的红白无关。

从银号借钱的时候，有什么不大好的吗？ ＝同样可以借。

银号一定会来实地考察土地吗？ ＝要是有熟人打招呼的话，不看也可以。

【祖茔地的买卖与买回】如果有人将祖茔地卖给其他人了的话，同族人还可以买回来吗？ ＝买不回来。

刘氏卖给清论的两亩是祖茔地吗？ ＝不是，在祖茔地旁边。六分二厘地当中有十四座坟。

【坟地的分割与当出】分家时把这样一块地分了，不要紧吗？ ＝祖坟地比这更大，只分了其中一部分。

有坟的地也可以分吗？ ＝可以。

分到刘氏名下的六分地可以典当出去吗？ ＝既然祖茔地已经分到自己名下了，出当就没有问题。

【按红契买卖】有红契的情况下，在将地卖给同族时，可以不写新契、直接将红契交给对方吗？ ＝分家的兄弟之间没有问题，其他人就不行了。

兄弟的儿子和叔父之间可以吗？ ＝可以，终究只要是三服五服以内的近亲就没问题。

在上述情况中，大家一般会写新文书吗？ ＝不写，没有必要。

白契的情况下如何？　＝那也一样。

【同族间的出当与当契】将地租给很亲的同族时，需要写当契吗？　＝要写，一定要写。

【五服内外与卖契、是否需要中人】将地卖给五服以外的同族时，要写新文书吗？　＝必须得写。和一般的文书一样。

将地卖给五服以内的同族时，需要中人吗？　＝中人是必要的，但是不用写文书。

中人由同族担任吗？　＝不是，谁都可以。

【是否需要丈量】需要打地吗？　＝不要。

为什么？　＝本来就是一家人，知根知底，所以不打地也可以。

5 月 22 日

应答者　李盛堂（42 岁）

【去满洲务工】什么时候去的满洲？　＝18 岁时去了满洲（26 岁时回来过一次，在家里逗留了二十来天），三年前回村。

为什么要去满洲？　＝本村有个姓马的亲戚在满洲贩卖牲口。我们在哈尔滨以北七十里、一个叫 furuho[1] 的地方一起做生意，我负责牲口的贩卖工作。

你去满洲的时候，身上有带本钱吗？　＝带了三十来元。

【土地增减】你十八岁时和现在相比，哪个时候的日子过得更好？　＝当时父亲还在，有三十来亩地，而现在只剩下十来亩地了。

你知道是什么时候卖的吗？　＝我去满洲不在家的时候，哥哥卖的。

在父亲死后吗？　＝是的，父亲十年前死的，活着的时候没有卖过地。

【卖地原因】你哥哥为什么要卖地呢？　＝用于父亲治病的医药费和丧事费。

丧事花了多少钱？　＝哥哥说大概花了一百元。当时我没从满洲回来。

你现在是和哥哥一起生活吗？　＝是的，没有分家。

共有多少块地？　＝四块。六亩（村西）、三亩（村西北）、三亩（村西北）、三亩（村北）。

先买权　买卖租地

应答者　马万年（51 岁）

【土地先买权】出售土地时，得先卖给同族吗？　＝首先会依次询问同族、四邻，其次才是卖给谁都可以。

出典人叫什么？　＝当地的。

承典人呢？　＝当主。

---

〔1〕　译者注：原文为日语假名，汉字不详，译文中改为假名的罗马字注音。

【出典地买卖与先买顺序】出售出典地的时候，是按什么顺序？＝按同族、四邻、当主的顺序。要问为什么的话，因为同族就是一家人，而四邻的土地是紧挨着的，若交给当主耕种的话，也和他自己的地不在一起，因此有了这样一个顺序。

为什么得先问问当主呢？＝只是起通知的作用。举个例子，我一说想卖地，当主就会让我先问问同族和四邻。出同样钱的话，先是同族，其次是四邻，然后才是当主，这是这里的风俗。

【当期内的买卖】当期为五年的情况下，在第三年的时候可以卖给别人吗？＝是的，可以。赎回来就可以了。

没到期也可以吗？＝总之只要把当价还了就可以了。即使是五年的当期，在第一年就可以赎回。当地会有中人，你和中人说想把地卖了的话，中人就会去找当主说，当地的想把地卖了，他的同族和四邻都不要，你要吗？你要是不要的话就卖给别人了。

即使不是卖给第三方，也可以在当期内赎回吗？＝可以赎回。

【当期的意义】这么一来，当期还有什么意义？＝当地的时候，期限不是很要紧的。想在期限内赎回的话就去找保人，保人把当地的想要把地赎回来的意思传达给当主，当主说他还能从其他人那里当到地，也就同意了。

有非得按期限来的当主吗？＝我长这么大就没听说过。

【赎回时间】一年当中，哪些时候可以赎地？＝十月一日到来年的清明节。

会因作物而有所不同吗？＝当主会提前问当地的今年是否要赎地，如果当地的说要赎的话，当主就不种作物，等他来赎。如果到了十月还说不赎，一旦当主种上作物，那么到来年清明节都是赎不回来的。

【出当情况下的买卖】不赎回来而是收取地价同当价的差额进行出售，然后由买主拿出当价赎回土地，可以吗？＝肯定不能这样，村里迄今为止也没有这种事情。还是像刚才说的，在同一个价格下，如果同族或四邻说要买的话，其他人就肯定不会买了。

【先买时间——丈量前后】丈量土地并立契之后，同族和四邻还可以买吗？＝丈量的时候四邻也会到场，因此只要写了文书的话，就不会出现这种问题。对于同族，也是会在订好价格后再问他们是否要买，如果不买就请人来量地了，因此也不存在这个问题。

【先买与中人】因和同族关系不好而没有去问，会怎么样？＝即使关系不好也得去问，保人肯定会去一趟同族家里的。

保人是指？＝买地卖地的时候叫中人，借钱的时候叫保人。

借钱的时候有中人吗？＝不是，叫保人。

【画押】会在卖契上画押吗？＝不画。

【租地买卖与佃户】卖地时有和佃户商量的必要吗？＝佃户租种一年就交纳一年的粮食，因此卖不卖地由地主自己决定。佃户没有租种就不用交粮。

【家族、同族】你父亲是？＝马中庆。

父亲有多少兄弟？＝六个，父亲排行老四。

中符—万仓（死）、万德（渡满）

中禹—万套（死）

中魁—万田（死）○万成

中庆—○万年

中和—万庆—○香峰

中玉—○万海

你父亲在时和现在相比，哪个阶段过得更好？＝父亲分家前过得更好，从分家后到现在没什么变化。

【分家与土地】分家时，父亲分到了多少地？＝兄弟六人有两人过继给了别人。四个人分家，一人分到了十六七亩。

买卖过土地吗？＝卖过地。

什么时候？卖给谁了？＝父亲在的时候把七亩地卖给了马士超，这是三十七八年前的事了。

多少钱？＝三十吊。

马士超是同族吗？＝是的，是当家的。

你现在有多少地？＝十二亩，两亩（南北）、一亩（西北），西北的地是岗子（即沙岗）。

5 月 23 日

派书　过割　同族间的买卖　买卖时间、原因　典（当）　找价　死地活口

应答者　马凤祥

地　点　县公署

【过割】土地在买卖之后就会进行过割吗？＝是的。

过割有哪些叫法？＝过割或过粮、拨粮。

【派书】你所在的村子是在哪个派书那里过割呢？＝城里一个叫徐鸿儒的派书。

【过割时间与单子】买卖土地以后，过多少天进行过割？＝如果是在秋天买卖的话，直接进行过割。如果是在春天买卖的话，春天不能过割，只能等到秋天。

为什么？＝如果是在春天，所有单子已经写好了。如果是在秋天，可以根据买卖情况写单。

一年有几次单子？＝二月和八月。

春天过割的话，还可以赶上八月的单子啊？＝在八月，买主将应纳的银子交给卖主，由卖主交纳。

这有什么叫法吗？＝没有特别的叫法。这边的习惯就是按年份来算，所以是不能分开的。

去过割的话，派书会受理吗？ ＝春天不给过割。从十月起到来年的寒食节都可以过割。

【过割钱】过割钱是多少？ ＝面子大的话，一亩一元。没面子的话，就是两三元不等。

有因为过割钱过高而不进行过割的吗？ ＝有，买卖双方是好朋友的情况下，买主把钱交给卖主，由卖主去交纳就可以了。

这样持续几年？ ＝即使过割钱太高，一般农民也会进行过割。因为如果不过割的话，到以后对方说你没有卖地给他就麻烦了。买卖双方是好朋友的话，不过割也能安心。

【拨粮单儿】过割条是什么样子的？ ＝谓之"拨粮单儿"。

> 后夏寨
> 某○○开地○○亩
> 前夏寨
> 某○○收地○○亩

【同族间的买卖与过割】不进行过割的是同族关系吧？ ＝若是同族之间的话，也有进行过割的。

在什么情况下同族会进行过割？ ＝同族关系很好的情况下，进行过割的话反而不好。不过两三年之后会进行过割。

【不过割的情况——兄弟】兄弟之间呢？ ＝十家有九家不会过割，过再多年也不会过割。卖给外姓人的话，也有当时不过割而后来过割的。走得不近的同族还是会过割。

兄弟之间，即使是到了下一代也不会过割吗？ ＝是的。

到了孙子那一带呢？ ＝到了孙子那一带也肯定不会过割。只要不是卖给外姓人，或者是卖给同族间走得不近的人，都不会进行过割。

纳税须以卖主的名义，这样会很麻烦吧？ ＝父亲留下的十亩地，名义上都是父亲的，分家后一人分得五亩，如果弟弟将自己的五亩地卖给哥哥的话，哥哥交十亩地的税就可以了。

【不是祖产的情况】出售不是分家时分到的，而是分家之后得到的土地，又是什么情况？ ＝需要过割。如果文书是以父亲的名义写的话，不分割也可以。如果是以个人名义的话，就必须进行分割。

在这种情况下，需要重新写文书吗？ ＝如果是祖产的话，可以不写。如果不是祖产，例如说弟弟卖给哥哥，那么弟弟可以将个人名义下的文书交给哥哥，或者是重新写一份文书。

哪一种居多？ ＝很少有重新写的。

特殊情况下，如果弟弟是有红契的话还会写新文书吗？ ＝如果哥哥想拿着白契去县官署加盖印契的话，就得以自己的名义重新写一份文书。

【同族间土地耕作权赠与名义】弟弟将白契交给哥哥，之后弟弟的孩子会因否定父亲的这项土地买卖（以文书名为父亲的名字为理由）而发生纷争吗？＝没有这种情况，倒是有弟弟的孩子太穷了，出于同情而给地的。

给地是指不要钱的吗？＝是的。弟弟去世后，孩子家人众多、无法过活时，哥哥经同族说合而给侄子地。

这种时候要写文书吗？＝不写，只是给地，既不写文书也不会把自己的文书交给侄子。等将来侄子的日子过好了以后，就会把地还回来。

那块地的田赋由谁交呢？＝耕种人，即侄子以叔父的名义来交。

是侄子去县里交还是叔父去？＝以前是以叔父的名义去县里交纳，现在交给村长就可以了。（事变后）

这种地是算作叔父的还是算作侄子的？＝算作侄子的。

【受赠土地的返还】要是侄子日子过好了，叔父想要他还回来的时候，还需要说合人吗？＝是的，要是叔父日子过差了、而侄子过好了，则由说合人在中间沟通。

叔父的日子还是一如既往的殷实，而侄子的生活只是稍微过得好了一些呢？＝这种情况下不会要他还。

不过割吗？＝叔父将来也可能会过差的，因此不会过割。

【纷争时的定夺与辈分】将来，叔父和侄子之间发生纷争的话，谁会赢？＝侄子赢不了。

为什么？＝都是同族，叔父过穷了的话，侄子坐视不管也不好。

叔父没有过穷却让侄子还地呢？＝叔父赢。

为什么？＝因为叔父辈分更高。

是因为叔父拿着文书、并且没有过割吗？＝不是的。

地是由侄子在耕种的，这样不是对侄子更有利吗？＝也不是这个问题。

交田赋的时间更长的一方会更有利吗？＝也不是这个原因。

既然如此，那为什么叔父能赢呢？＝因为侄子就像自己的孩子，都是晚辈。

【受赠土地的处理期限】侄子可以把受赠的地卖掉吗？＝这是万万不可的。

【相反的情况】侄子为了帮助叔父而给叔父地，有这种情况吗？＝有的。

要进行过割吗？＝不过割，倒是有由侄子交纳田赋的。

叔父的日子过好了以后，可以把地要回来吗？＝要是侄子的日子还能过得去，是不会要回来的。

叔父去世，土地由其子女继承后会怎么样？＝如果对方日子比自己过得好，好好谈一下是可以要回来的。对方日子没自己过得好，就不能要回来。

【红契交付的买卖——朋友之间】在朋友之间，即使不过割的话，也要写新文书吗？＝也有不写文书而把旧文书交给对方的，这是感情问题，不过肯定得是红契了。

将来一定会进行过割吗？＝只要手头有钱，想过割的话什么时候都可以。

【过割与买卖的效力】魏刘氏将地卖给魏清伦后，因为没有进行过割，魏金声才会以此为由要求买回来吗？＝也有这种情况，一旦打起官司就会是买主赢。

如果魏金声以没有过割，只是出当为由而要求买回呢？＝这是不合情理的，买主给卖主一点钱就可以了。

卖家为一百元的话，大概会给多少呢？　＝不一定。即使打了官司肯定也是卖主输，因此没有人会打官司。

若是没有进行过割，买主会被强行要求拿出十元或二十元吗？　＝是的，买主为了不打官司就会给钱，赢是肯定会赢，但如果打起了官司就得花钱，所以会尽量避免打官司。

魏金声呢？　＝他肯定拿到了钱吧，拿到多少就不知道了。

【进行买卖的时期】买卖是从几月到几月？　＝从十月份到来年的清明节。

有不在这个时间段进行买卖的吗？　＝有，不过得是特殊情况。例如说，匪贼绑架了人质，急需钱就会便宜卖出。

是卖给同族吗？　＝不一定，总之是卖给有钱的人。

【买卖与买回、追价】如果是卖给同族的话，之后还可以买回来吗？　＝如果是出当的话，还可以买回来。卖的话，就买不回来了。

卖的时候过于便宜，之后能够进行追价吗？　＝不可以。

【出售长有作物的土地】地里还长有作物怎么办？　＝同土地一起卖。

只卖地，作物由卖主进行收割，有这种情况吗？　＝有，但很少。

会把作物写进文书吗？　＝写上"青苗在内"。

卖长有麦子的土地的话，就会写上麦子吗？　＝要写，还是写上"青苗在内"。

有在收获之前把地里作物卖掉的吗？　＝没有。

【当地时期】出当也有时间限制吗？　＝一般是十月到来年三月，但是有特殊情况的话，也有人进行出当或者指地借钱。

【出当长有作物的土地】出当长有作物的土地的话，到时候由谁来收获？　＝要主[1]、或者叫要地的。这不光是指出当这件事情，也用来指买主本身。

出典者是叫？　＝当户、当地的。

魏金声作为承佃者，也是叫当主吗？　＝不这么说。

本来是由要主来收获，不过有由当地一方来收获的吗？　＝有是有，很少。

【由出典者耕作的情况】由当地一方进行耕种而进行出当，有这种情况吗？　＝有，这谓之"租地"。

这种事情是多还是少？　＝十起出当的话，大概会有一起吧。我从去年起把四亩地当给马士达了，现在是由我租种。

是因为你们是族家才可以这样吗？　＝不不，普通人也可以。

【买卖的原因】多出于什么原因进行买卖？　＝缺钱用却又不能指地借钱或出当，或者达不到自己的金额要求，就会卖地。

本村去年共有几家土地买卖？　＝两家。

为什么？　＝是为了进行诉讼。

---

〔1〕　指承典者。

为婚丧呢？＝为丧事的较多，为结婚的就很少。

两家分别是？＝王清林、王汉臣。

是什么诉讼？＝过继与家产争端。

除婚丧、诉讼之外，还能想起其他原因吗？＝生活困难，没有其他借钱办法。

【缺钱用时，处理土地的顺序】卖地之前，首先是指地借钱或当地吗？＝首先是指地借钱，其次是当地，这样不行了才会卖地。

【村内当地的比例】村里的三十一顷土地中，出当的土地有？＝五顷。

【出当对象】出当给谁呢？＝其他村，前夏寨、郭杨庄、孙庄、西关。

本村的呢？＝有出典给本村的，不过没有算进那五顷之中，我估计有两三顷吧。三十一顷土地当中，实际耕种的为二十六顷。

【村民的承典】由本村人承典的外村地有？＝十亩左右。石庄一个叫石的家伙给本村某人当了五亩，另外五亩就不知道了。

事变之前，耕种的土地有多少亩？＝和现在一模一样。

【出当常见的理由】民国之后，什么时候土地交易开始频繁起来？＝是有的。民国九年，谷物的收成由于虫害、雹害、霜害而减产至十之一二，因此很多人将地当给了外村人。

事变的时候呢？＝四年前，谷物的收成由于虫灾减产至只有十分之三，村民便将地当给了外村人。

你说"出典"说得多一些，卖是很少的吗？＝年成好的时候还可以赎回来，所以多是出当。

【买卖原因的比重】婚丧和自然灾害，哪个会成为买卖的理由？＝多因为灾害。

不仅是出当，买卖也是如此吗？＝是的，多是因为灾害。

即使出当也不会这么简单地卖掉吧？＝是的。

【续当】续当的话会续多少年？＝五年。

续十年以上的？＝很少。

一般是多少年？＝两三年。

【到期前的赎回】在到期之前可以赎回来吗？＝看面子，也有赎不回来的。

【找价与条件】可以在这种情况下提高当钱吗？＝可以的，谓之"找价"。

可以找价多少回？＝一年一回，还得是地价上涨的时候。不过也不是非得找价，对方不答应的话，也可以当给其他人。

【提高当钱与买卖】土地出当之后，也对地价进行了借增，这样一来，双方会谈到这块地的买卖吗？＝会的，有钱人提高当钱的话就会让金额尽量接近卖价，这样一来，将来就可以让对方把地卖给自己。

【买卖当地与文书】可以在不进行丈量的情况下把地卖出去吗？＝量地、写文书都不能少。

【长期典当与赎回】土地出当时间太长，以致出典者去世后，其子女无法赎回土地，有这种情况吗？＝还有中人，可以赎回。

一出典就可以换成红契吗？ ＝当契不能加盖印契。

【死地活口】文书里会写上土地卖出之后还能够赎回的条件吗？ ＝一旦立了当契，就会和卖地同等看待，不过只有出典人才能赎回。这与卖契没什么不同。这种情况下价格会更高，也会在文书中加上"死地活口"的字样。。

为什么会这样？ ＝卖主只有这块地的时候，买主出于可怜，将来若是有钱的话，就会同意赎回。但是这种情况下买主多为穷人，也就赎不回来了。

【买主处理土地的限制】买主可以把地卖给别人吗？ ＝要地的不能卖，当地的可以把地赎回来以后再卖掉。

过多少年要地的都不能卖吗？ ＝是的。

当地的人死了之后呢？ ＝有子女的话，子女可以赎回来。

当地一方由于穷困无力赎回怎么办？ ＝一直等到他能够赎回。

【死地活口】死地活口只存在于祖坟地吗？ ＝个人的坟墓也可以。

一般的地呢？ ＝当然也可以。

有在立了卖契之后赎地的吗？ ＝没有。

指地借钱的时候有死地活口这种情况吗？ ＝利息是会支付的，如果还不起本金的话，对方就会把地拿去耕种，所以不会有这种情况。

5 月 27 日

个别调查（以下大体为户别访问调查）

应答者　吴玉琳（三甲三户）

地　点　吴玉琳家

有兄弟几人？ ＝就我一个，四代都是一个人，没有分家。

什么时候开始当家的？ ＝大约在三十年前，父亲去世后就由我来当家了。

【所有地】那个时候有多少地？ ＝荒地三十亩，宅地一亩，房子三间，城地十五亩。三十年来没有买卖过土地。

【写地契的理由与对应土地】土地是之前就有的，为什么又重新写了地契呢？ ＝由于革命军要来，县公署命令各户加盖印契，当时就把旧文书烧了。不过说回来，旧文书（未加盖印契）也太旧，根本没法用，就烧掉又写了新文书。之前加盖印契的文书我还留着。

（1）二亩二分三厘一毛（祖产、坐落、后夏寨家东南半里）好地倒是好地，只是地势较低，一下雨就积水

这是祖宗留下的地吗？ ＝是的。

这种地叫什么？ ＝祖产。

去年种的作物是？ ＝棉花，收成是一亩八十斤。

立卖契的人张荣荣，买主吴玉琳，价格三十五元（民国二十六年四月　印契）。

（2）二亩三分一厘（祖遗、坐落、后夏寨家南一里）

"家南"即"庄南"的意思，这里的地同碱地类似，但属好地（民国二十六年　印契）。

这里所种作物是？＝高粱，一亩六十斤，水有点不足，故收成有限。

卖主玉作相，买主吴香明，价格三十五元。

为什么还附有价格？＝为了收取税金，县公署会按土地作价。

吴香明是？＝祖父。

（3）四亩五分二厘（祖遗、坐落、庄东一里半）（民国二十六年　印契）

所种作物是？＝玉米，一亩七十斤，收成也好。这块地也不是坏地。

卖主刘天培、买主吴勇。

吴勇是谁？＝我的曾祖父。

照旧文书的样子写上买主和卖主的名字吗？＝也有这种情况。如果有人改名了，就得去找派书，又花钱又麻烦。不过毕竟还是有改名的，按现在来说，得向派书交纳五元。

（4）三亩（祖遗、坐落、家东半里）

所种作物是？＝这里是碱性地带，只要有雨下就可以耕种。红金条能够在那里自然生长，可当柴火烧，一亩能有百来斤。

卖主金玉今、买主玉裕昆堂（自家堂名）。

这也是有旧文书的。没有文书就得补契，由于之前的文书没有交税契，因此这一次交了。（民国十八年　印契）

（6）三亩七分四厘四毛（祖产、坐落、庄东半里）

和（5）中所提到的地邻接的碱地，作物是种了的，有没有收成就不知道了，得看是否有雨下。

去年所种作物是？＝种了麦子不过没有收成，因为去年雨太少。今年我打算种红薯。

卖主李振甲、买主吴香明（曾祖父）、立契日为同治八年三月初十，价格为白银五两五钱。

这些地至今为止，有出当或者出租的吗？＝我们家有做木匠的，生活还过得去，没有出当的必要。

是在民国三年加盖印契的啊？＝多方催促，就加盖了。

（7）四亩（祖遗、坐落、庄东半里）

是与刚才的地相连的碱地，不过可以耕种，作物为谷子，收成为一亩八十斤（民国三年　印契）。

卖主马凤鸣、买主吴香明。

价、银四两三钱，立契日、同治五年正月初十。

（8）二亩二分八厘五毛（祖遗、坐落、庄西北一里半）

这块地是岗子（文书上写有"上代杂树具全"），无法种植作物，倒是可以种树，不过由于治安不好，容易被盗，就荒弃在那里。

立契日、同治三年正月十四日，卖主田凤魁、买主吴米卜。

吴米卜是谁？＝写错了，应该是吴朴。是二曾祖父。（民国三年　印契）

（9）五亩三分五厘（祖遗、坐落、庄东半里）

这是一块碱地，和刚才所说的地在同一个地方。这块地种不成作物，也砍不到柴火。为什么要买这块地呢？因为当时魏振海的老父亲去了，在我这儿赊账打了口棺材，他家很穷，付不起这个钱，就把地卖给了我。

花了多少钱？＝棺材是十吊钱（按一两对两吊半兑换），这已经是让过了的价钱，不过粮由我来出，我还是亏了的。其余的碱地都是出于这样的原因买的，当时祖父还在世，不过这块地是由我代祖父买的（代理之意）。

立契日民国十二年（实际日期），卖主魏振海、买主吴玉麟（本人），价格白银四十二两（仅为估价）

实际花了多少两？＝八十吊。

（10）一亩二分四厘七毛（祖遗、宅基）

立契日同治三年正　月　　日，卖主马体本、买主吴香明，价格五两（民国四年三月　印契）。

祖父有兄弟几人？＝就香明一个。

曾祖父呢？＝吴勇、吴朴，我是吴朴的后代。

吴朴家里有谁？＝吴玉珍（与我同辈）。

你家族长是谁？＝吴香中（五服以内），若是和我一支的话，族长就是吴志德（五服以内）。

【木匠——木制品交易】你家里既做棺木又做木匠，有在你这里赊账的吗？＝不多，做好的东西拿到城里集市去卖，都是现金交易的。要是在村里卖的话，就只收木材钱。只有买的人太穷了才会赊给他，不过这种情况很少。

一般是只做棺材吗？＝不是的，很多东西都做，例如说椅子、桌子等等。也做建房子要用的材木。

木材到哪里买？＝到县城的集市去买。

【请会之外的金融办法】你加入过请会吗？＝没加入过，没那个必要。一般缺钱用的人才会加请会。

买木材的时候，有临时向人挪借过钱吗？＝有啊，当时向村里手头有钱的人十元五元地借过，不过这种情况是极少的。

下面抄录吴玉琳所持有的两三封文书。

【资料 1】　地契

立卖契人马体本因无银使用今将自己宅基二段计地一亩二分四厘七毫此宅上在北

北房三间过道门一座猪圈院墙俱是其宅四至北至卖主东至马登贵西至马伦元马登桂　轮元　四

至分明今同中人马进财说合卖于吴香明名下修居为业言明价银共五两正其银当日交足
外无欠少随契过割恐口无凭立文存证

　　二乡九图后夏寨马友名下粮地一亩二分四厘七毛

　　本里本庄吴香明名下收

　　同治三年正月　日　立

　　其宅长活二十步零八分

　　南横活　十一步六分五厘

　　北横活　十二步一分二厘

　　东南角一段　北头路街地

　　长活六步正　长活二步

　　横活三步四分　东西活十步〇三分六厘

　　立卖契人魏振海因一时不便今将自己家东南北地一段计地五亩三分五厘五毫其地
四至南至买　主西至买主北至庙地东至孙云祥四至分明今讬中人马士英李敬亭说合卖手吴玉
　　　　姚金声
麟名下为业言明共银四十二两其银当日交足外无欠少随契过割恐口无凭立文为证

　　二乡九图后夏寨魏继汤开吴玉麟收地五亩三分五厘五毫

　　长活四十四步　分

　　坟活二十八步　分五厘

　　中华民国十二年正月十二日　立

　　立卖契人田凤魁因无银使用今将自己家西北南北街一段上代杂树具全计地二亩二
分八厘五毛其地四至北至马体本南至卖主东至王得荣西至王玉成四至分明今同中人王
玉祥说合卖于吴朴名下为业言明价银共价银三两正其银当日交足外无欠少随契过割恐
后无凭立文存证

　　二乡九图后下寨田凤魁耕地二亩二分八厘五毛本村吴香魁名下收

　　同治三年正月十四日　立

　　（面积省略）

应答者　魏金声

【关于地契】你把文书给我看看？＝治安不好，我藏到墙缝中了。

你把每块地都给我说一下？＝如下

（1）十亩　坐落、庄西十里

这块地什么时候得到的？＝祖宗传下来的。

所种作物是？＝十亩地中，三亩是碱地（种了黍子）、谷子四亩、高粱三亩。

（2）四面　村西三里

是祖产吗？＝是的。

所种作物是？＝落花生，一亩百斤，这块地还行。

（3）二亩　村西三里

所种作物是？＝棉花，一亩二三十斤，这是沙地。

（4）两亩半　有沙岗的地方会有坑

坐落在？＝出村西直走。

所种作物是？＝没种东西。

（5）两亩三分　村西二里

这是块墓地，大概有一亩是可以耕种的。

是祖茔地吗？＝是我个人的墓地。

（6）八分　村西二里，和（5）所说的墓地相连

从刘氏承典来的，没有耕种，除去刘氏的八分地，剩下的都是我在耕种。

宅基有？＝一亩八分（祖产）。

应答者　马凤祥
地　点　马堂宅

（1）四分五厘五毛　宅基

民国二十四年，卖主马起（同族叔父）、买主马堂（父），父亲无力操持家事，故而由我当家，价钱是二十元。

是因为没有地券才又写了文书，还是即使有地券也要再写一份？＝把白头文书拿到城里换成红契。买卖土地的时候，首先要写白头文书，然后再用官给用纸来办理印契的手续。

（2）二亩四分三厘五毛（祖产、坐落、庄北约百米）

民国二十四年以官给用纸加盖印契，卖主马克（关系不明，亦为本家），买主马堂，价钱为五十元。

所种作物是？＝也是沙岗地，种植山药，大约收到了九百斤。

（3）三亩八分一厘八毛六丝（祖产、坐落、庄东一里）

民国二十六年用官给用纸补契（马唐＝马堂名下），这块地前面以两百元出当给了马士达。

原因是？＝因为灾害。春天干旱，夏天水又过多，导致棉虫泛滥。

（4）八亩〇六厘一毛（祖产、坐落、庄北一里）

民国二十六年补契，价钱为六十元（马唐名下）。

这块地也于十九年前以一百八十元出当给本村的马中亭，去年赎了回来后，又以四百五十元出当给西关的朱义堂。是先拿到四百五十元后，才从马中亭那里赎回来的。

马中亭提出过找价吗？＝一百二十元（前面）。再就是他不同意增价，我就当给了西关。

（5）三亩二分三厘　毛（祖产、坐落、庄南一里）

卖主陈岳（本村人），买主马摈（祖先），价钱为七两。

所种作物是？＝前面当给吴玉田，去年仍以一百元的价格赎回，没有种植作物。

（6）五亩（祖产、坐落、自己家东——意同庄东——一里）

卖主岳宽（或为本村人，曾经岳姓全部改为姓为赵。本村有一户赵姓人家，岳宽为其祖先）买主马廷（祖先）。

乾隆五十四年立契，民国四年加盖印契。

所种作物是？＝谷子，一亩能收到百来斤，这一带沙地居多。

（7）七分六厘五毛（祖产、坐落、自己家后——即位于自家后面之意）

卖主马栋，买主马廷，白银一两，乾隆五十九年三月二十一日立契（凭官给用纸加盖印契）。

（8）二亩（坐落、庄正东一里）

卖主马登山，买主马香（曾祖父），价钱为白银十二两。

所种作物为？＝红薯，一亩能收获三百斤。

光绪三十四年立契，同年加盖印契（官给用纸）

（9）六分二厘五毛（祖产——现为自家宅基）

民国二十四年正月十二日，以马凤梧（子）的名义进行补契（但未加盖印契）。

【典租佃】你有租佃地吗？＝我有三亩八分地出当给别人耕种，报酬为粮食四百斤、薪柴四百斤。

出让租佃的地呢？＝没有。

【请会】你参加过请会吗？＝参加过，十二个人、一人十元，每年分两次返还。迄今为止返还了六次，再还六次就可以了。

【资料2】地契

　　　立卖契人岳宽因为无银使用今将自己家东南北地一段计地五亩其地南至刘北至大道西至王兴印东至马扶四至分明今同中人吴烈说合卖于马廷名下耕种永远为业言定价银共银二十七两其银当日交足无欠少随契过割恐后无凭立文有证

　　二乡九图后夏寨岳有宽开地五亩于本里本庄马似就名下收

　　乾隆五十四年十一月　日　立

　　文人　岳宽

　　中人　吴烈

　　　立卖文人陈岳因为无钱使用今将夏寨家东南北地一段计地三亩二分三厘九毫其地南至大道北至马士智刘豫震东至刘武震西至陈自通四至分明今同中人马之琦说合卖于马摈名下为业言定价银共银七两整其银当日交足外无欠少随契过割恐后无凭立文存证

　　三乡八图郝家庙陈岳开地三亩二分三厘九毛

　　三乡九图后夏寨马摈收

　　嘉庆九年二月二十五日　立

　　文人　陈　岳

中人　马之琦

恩　县　契　纸

立绝卖马栋因一时之手今将自己家后南北宅
地　亩七分六厘五毫其地东至马之善西至买
主南至故北至刘应成四至分明同中人吴法说
合情愿卖于马廷名下永远为业言明时值每亩
纹粮共价银费两上带杂树恐后无凭立契存照
二乡九图本庄马廷收地
乡　图本庄马九开七分六厘五毛干

乾隆五十九年三月二十一日

说　合　人　吴法
立卖契人　马栋

长活　六十八步
横活　二步七分
中活　二活同

买地之户许其查照原置文契地亩原粮树木推
收如该户尚有别地着该置主即于此卖契注明
坐落并照空粮买主外带者亦于此契内注明带
空粮数空免致目后争控

注：税头税尾并未附在一起，理由不明。

父亲有几个弟兄？ ＝没有，就一个人。

祖父呢？ ＝有四个，士泰、士安、士杰、士庆。士庆是我的祖父。

【分家】分家时各自分到了几亩？ ＝十二亩。

什么时候分的家？ ＝约莫八十年前。

祖父离世时，你父亲手头有多少地？ ＝和现在一样。

【财产增减】祖父的财产怎么还增加了？ ＝老人家在本村做家畜的贩卖，积攒起来的。

你父亲有买卖过土地吗？ ＝没有。

最近开始当地的原因是？ ＝凤祥的弟弟做生意亏了，再就是碰上了灾害。

做生意是指？ ＝做批发生意，到德县买了回来恩县卖。在城里开店，亏了两百多元。

【同族与族长】村里有多少家同族？ ＝估计有三十家，分为三支，我属于第三支。

族长的名字是？ ＝第一支是马士信，比中廷辈分要低。第二支是马中廷，第三支是马与刚，他俩同辈，中廷更年长一些。扫墓是所有人一起去。

扫墓的时候由谁来指挥？ ＝没有指挥。

5 月 28 日

应答者　马文三（一甲十户）

兄弟有？ ＝就我一个。

父亲是？＝马凤举（死于十年前）。

父亲的弟兄有？＝兄弟二人，另一个是凤起（兄）。

分家了吗？＝二十几年前。

分家前的地有？＝各约二十五亩。

现在有多少亩？＝和父亲在世的时候一样，没有买卖过。

【关于地契】

（1）一亩九分零毫九七丝（祖产、家东一里有余）

立契宣统二年、卖主马体本、买主马里香（曾祖父）、价银十二两、契尾一张、银头（？）一张、民国三年买契一张。

所种作物为？＝豆子（六十斤）。

（2）三分七厘五毫（祖产、宅基）

立契咸丰四年、契尾一张、民国四年买契一张、卖主吴河、买主马香、价银一两。

（3）六分二厘五毫（祖产、宅基——然文书中并未明确指出对应地皮）

立契日宣统二年、契尾一张、民国三年卖契一张、卖主马体本、买主马香、银六两。

（4）二亩零三厘一毛（祖产、坐落、庄东北半里）

立契日光绪三十四年、卖主马福龙、买主马香、银十二两（官给用纸）、民国三年卖契。

所种作物是？＝芝麻一亩、黍子一亩半。

（5）九分五厘八毫（祖产、坐落、庄正东半里）

光绪三十四年、卖主马文魁、买主马香、价银六两（官给用纸）、买契一张（民国三年）。

所种作物是？＝玉米（前年当给别人，今年才赎回来，因此没有种东西）。

当给了谁？＝马万峰，一百二十元。

出当的原因是？＝干旱、棉虫。

当期是？＝文书里写了三年，不过想赎回来的话什么时候都可以。

（6）三亩（祖产、坐落、庄东半里）

立契民国二年、卖主赵门杨氏、买主马王、价银十八两、契尾（民国二年）一张。

（7）十一亩四分五厘七毫（祖产、坐落、家东一里）

立契道光二十五年、卖主刘天驷、买主马香、价十七两、白头文书、民国二十六年以官给用纸补契、价二百二十元。

所种作物为？＝地瓜三亩四斤、玉米两亩六十斤、落花生三亩五十斤、谷子三亩二百九十斤、豆子一亩四十斤。

此外还有土地？＝有五亩岗子地，没写文书。

岗子地所种作物为？＝就种了两三棵小树，什么都没收到。

【当、借钱】会偶尔出当土地吗？＝父亲去世后只当了一次。

借钱呢？＝有时候会借。

找谁借的呢？＝去年找雷庄的林氏借了五十元，雷庄和我有姻亲关系（母亲的）。

利息是？＝三分。

期限为？＝没有。

文书呢？＝没有。

有借过粮食吗？＝没借过。

【请会】想借钱的时候，还有什么办法吗？＝可以去请会，不过从乡社只能借到一两元而已。

你发起过请会吗？＝没有。

你有参加过别人发起的请会吗？＝没有。

现在本村有多少个请会？＝三四个。

应答者　吴玉秀（一甲十户）

兄弟几人？＝就我一个。

你父亲是？＝吴志兴。

父亲有兄弟几人？＝只有父亲一个。

你祖父是？＝不知道叫什么。

你父亲何时去世的？＝十八九年前。

【土地关系】那个时候你家大概有多少土地？＝二十一亩。

现在有多少亩？＝二十亩。

另外一亩卖给谁了？＝马万庆。

什么时候卖的？＝前年春天（二月还是三月）。

价钱为？＝算上地里的树，一共十元。

【未过割的卖地】丈量过吗？＝到现在还没有过割，没有丈量。

有写白头文书吗？＝没有丈量，也就还没写。

之前有当给他吗？＝直接卖给他的。

为什么要卖啊？＝生活困难。

你前年生活尤其困难，有什么原因吗？＝太不好过了。

和父亲在世的时候相比，哪个时期过得更好？＝都一样。

不是因婚丧嫁娶而卖地的吗？＝不是这样的。

这不能算卖地吧？＝给钱了的，是卖地。

把钱还给他就可以不卖了吧？＝卖都卖了，这样是不行的。

田赋怎么办？＝我去找他拿。

你有催过他过割吗？＝有催过，他不过割。

【关于地券】

（1）九分七厘六毛五丝（祖产、庄西北半里）

立契宣统二年、卖主吴江、买主吴志兴、凭官契加盖印契。

此地已卖与马万发，然文书并未交付。

（2）三亩一分六厘四毛（祖产、坐落、庄东一里）

立契日同治十年、卖主王考成、买主吴朴、银五两无钱、契尾一张、民国三年加盖印契。

所种作物为？　＝红薯一亩，豆子两亩。

收成为？　＝没算过，不知道。

（3）四亩六分一厘（祖产、坐落庄东、同方才所说土地相连）

立契日道光十年、卖主王作梁、买主吴猛、价银六两八厘、契尾一张。

所种作物为？　＝落花生两亩、豆子两亩。

（4）二分五厘（祖产、宅基，宅基一段同树木相连，作二分五厘记入文书）

立契道光七年、卖主吴江吴天祥、买主吴勇、价钱三十文、契尾一张。

（5）一亩九分四厘（祖产、坐落、庄东半里）

立契日道光二年、道光年间所立契尾一张、民国三年所立卖契一张、卖主李兴、买主吴有、价钱七千。

所种作物为？　＝谷子、两百斤。

族长是？　＝吴志德（同族叔伯辈）。

同族共有几户？　＝十户左右。

没有别的文书了吗？　＝是的。没有红契了，白契还有。

（6）七分五厘二毛（祖产、自家空地一亩）

立契同治十二年、卖主吴凤占、买主吴朴、白头文书。

怎么没有印契啊？　＝没人来催我。

（7）三亩四分七厘九毛（祖产、坐落、庄南）

立契日道光七年、卖主吴珍、买主吴勇。

这块地在哪儿？　＝这是只有文书，没地。

这块地要交田赋吗？　＝不晓得。

（8）四亩六分一厘（庄东）

这是一份后来加盖印契了的白头文书（前文提到过）。立契日道光二十年。

（9）二亩〇分五厘四毛（庄东一里）

民国二十六年补契，先是给白头文书补契，后又以官给用纸补契。

所种作物为？　＝谷子，两百斤。

只有土地而没有文书，有这种情况吗？　＝两亩的岗子地。

在哪儿？　＝庄东半里。

所种作物为？　＝只有下了雨才会有收成，去年种两亩棉花，收了二十斤。

立补契人吴志新因旧契失迷今邀同四邻丈量清楚家东南南北地一段计地二亩零五厘四毛六丝其他四至南至马与刚北至吴玉崐东至吴志有四至吴玉声四至分明恐后无凭立契为证

长活　一百三十一步五分

横活　三步七分五后一二活同

民国二十六年二月初五日

应答者　吴志坤（一甲三户）

【土地】族长是谁？ ＝吴志德。

和你是什么关系？ ＝同族兄长。

你有几个兄弟？ ＝没有，就我一个人。

你父亲是谁？ ＝吴香成。

你父亲的弟兄是？ ＝就父亲一个人。

父亲是何时离世的？ ＝三十几年前。

当时有多少地？ ＝八亩。

现在呢？ ＝一样，没有买卖过土地。

同族有多少户？ ＝大概是十户。

有文书吗？ ＝没有。

（1）五亩（出庄北就是，地很一般）

所种作物为？ ＝谷子两亩、豆子一亩、黍子一亩、稷一亩。

（2）三亩（庄东南半里，碱地）

作物为？ ＝高粱。

出典过土地吗？ ＝没有。

租种过吗？ ＝没有。

八亩地能够维持生存吗？ ＝我还打短工。

【借钱】你有借钱吗？ ＝从城里的商店借了三四十元。

利息为？ ＝三分。

期限为？ ＝秋天还。

什么时候借的？ ＝一个月前。

有保人吗？ ＝没必要，秋天还的话，不需要保人。

是指地借钱吗？ ＝不是。

有文书吗？ ＝没有，地是亲戚借的。

亲戚是？ ＝舅叔伯。

你发起过请会吗？ ＝没发起过。

从乡社借过钱吗？ ＝没借过。

应答者　马万年（三甲六户）

族长是？ ＝马中亭（同族叔父）。

有几个兄弟？ ＝就我一个。

你父亲是？ ＝马中清。

父亲有几个兄弟？ ＝六个。

【分家】六个人分家了吗？ ＝有两个过继了出去，剩下四个分了家。

四个人分别为

1. 马中富——万德（渡满）、万仓（死）
2. 马中魁——万成（当家）、万田（死）
3. 马中玉——万海（哈尔滨）
4. 马中清——万年（当家）

过继的时候给地了吗？　＝没给。

什么时候分的家？　＝四十三年前。

每人大概分得几亩？　＝不清楚。

民国初年父亲还有地吗？　＝十二亩。

现在有几亩？　＝一样的。

【当地】你买卖过地吗？　＝出当过，没有买卖过。

什么时候？卖给谁了？　＝七年前以一百二十元将四亩地出当给王金庆，到现在还没有赎回来。

提出过找价吗？　＝没有。

把文书给我看看？　＝十二亩地总共就一张文书，父亲死后我也不知道放哪儿了。

是在这里面当了四亩吗？　＝是的，剩下八亩地中，两亩八分是好地，六亩二分是岗子地。

所种作物为？　＝谷子，两亩六分，收得两百六十斤。

还有耕种别的地吗？　＝有分种，是嫂子的八亩地。哥哥去了满洲，不在家。

你有借钱吗？　＝没借过。

【请会】你发起过请会吗？　＝去年，我们十二个人凑了一百六十元。

【同族的土地】万德有几亩地？　＝算上宅地，有十五亩。

万成呢？　＝十二亩半（算上两亩岗子地）。

万海呢？　＝他的两个儿子都在家里，大概有三十亩。

两个儿子没有分家吗？　＝分了，马振芳和马振岳，一人十五亩。

【同族、族长】你有多少家同族？　＝近的有八家，算上远一点的，一共有三十家。

这些同族的族长是谁？　＝马中亭。

近的同族的族长是谁？　＝马中亭。

所有同族共分成了几支？　＝老三支。

第一支的族长是？　＝马士信。

第二支呢？　＝马与刚。

第三支呢？　＝马中亭。

【借钱对象】假设你现在想借一百元，你会找谁？　＝找朋友。

朋友也没钱呢？　＝朋友会帮忙找能够借钱的人。

你不想找同族借吗？　＝都没钱啊，不想找他们。

应答者　王俊友（四甲四户）

族长是？　＝王俊岭。

兄弟有几人？＝俊订（死）和我两个。

那个兄弟是什么时候死的？＝四十年前。

你父亲是谁？＝玉先（三十年前过世）。

【分家及土地】当时有多少地？＝四十多亩。

现在呢？＝在那之后，我就和嫂子分了家（父亲死后），每人分得二十二亩。现在有四十九亩。

这是什么时候的事？＝三十年那会儿，父亲离世两三年后。

嫂子有孩子吗？＝有，幼名小更（死），现在为小更之妻王谭氏（所有地为十五亩）。

【买地】分家后买过地吗？＝买过。

什么时候买的？＝十年前以每亩三十一元向林新亭（本村人）买得十亩八分地，八年前以每亩四十元向李玉亭买得八亩七分地，十二年前以每亩三十元向吴志端买得三亩地。

【当地】现在还有资金的借贷吗？＝没有，有当地。

什么时候？当给谁了？＝去年以每亩五十元将五亩地当给前夏寨的李同修。

出当的原因是？＝儿子被匪贼拐跑了。

其余的呢？＝以同等价格当给周玉亭五亩、马士福五亩。

王惠氏两亩、一亩五十元。

王文成两亩半、一亩一百。

王立庆三亩、一亩一百一十元。

文成？＝立庆、俊海为同族，其余人均为前夏寨的。

应答者　王吉昌（四甲四户）

族长是？＝王俊岭。

有几个弟兄？＝就我一个。

父亲是谁？＝王俊才。

父亲的兄弟为？＝俊杰、俊秀、俊升、俊才。

什么时候分的家？＝五十一年前。

【土地关系】各分得土地多少？＝每人一百亩左右。

父亲什么时候过的世？＝三年前。

三十年之前有多少亩地？＝六十亩。

还有四十亩地跑哪儿去了？＝父亲生活铺张浪费，地也越来越少。

现在有多少亩？＝大概只有六十亩，却要纳八十亩的粮。

为什么？＝沙岗、宅地，合起来还有二十亩。

【卖地】你父亲卖了多少地？＝二十亩左右。

最近有卖地吗？＝去年年末以每亩一百元将两亩三分卖给了本村的刘王兰。

【当地】出典地呢？＝去年年末以每亩五十元将三亩地当给王金成。

有借钱贷钱吗？＝没有。

粮食呢？＝也没有。

【借粮——副业】本村有借粮食的吗？＝没有。因为本村人都缺粮，没人借给你。

粮食不够的话去哪儿买？＝到城里的集市上去买：

会去城里卖点什么吗？＝不卖粮，卖点棉花、落花生。

棉花和落花生，哪个卖得多？＝落花生接近多一倍。

有向城里借钱吗？＝城里没了钱庄，想借也没得借。

什么时候没的？＝民国二十五年都还有的。

为什么没了？＝不清楚。

有钱庄的时候，另外有赁屋吗？＝三十年前有赁屋，那之后就没了。（谓之"当铺"）

【动产担保】把农具、牲口借给对方用，以此来借钱，有这种情况吗？＝没有。

5 月 29 日

应答者　王官之（43 岁）

有几个兄弟？＝两个，哥哥死了（王德之）。

你父亲是？＝恩春，另外一个名字我忘了。

分家了吗？＝没有。

祖父是什么人？＝记不得了。

祖父叫什么？＝禄庆。

父亲什么时候离世的？＝在我 9 岁的时候。

族长是？＝王连之。

同族有多少户人家？＝九家。

你二十岁的时候，家里有多少地？＝不知道。

【土地关系】现在呢？＝十七亩，其中有空粮的（即有粮无地）。

（1）一亩九分七厘（兄长所买、坐落、家北二里）

立契民国十三年、卖主王兴春（老族长）、买主王德之（兄）、价银十五两、民国十三年买契一张。

还有文书呢？＝没了（被雨淋湿了）。

所种作物是？＝高粱。

（2）三亩半（庄西一里、祖产）

去年以一百二十元当给了前夏寨的柴清贵。

所种作物为？＝又不是我在种，不知道。

（3）三亩（庄北一里、祖产）

自己在耕种。

所种作物为？＝豆子。

（4）五亩（庄北半里、岗子、祖产）

没人耕种。

（5）五亩（空粮）

买卖过土地吗？＝没有。

【当地】出当的原因是？＝前年受了虫灾。

【借钱】借钱的原因是？＝去年冬天找城里的王德盛借了五十元，利息两分，期限三年，因为是同族，也就没有押地。

所谓的同族是？＝五服以内。

五服之外也可以吗？＝（可以，）因为祖先是一样的嘛。

【利息】迄今为止付了多少利息？＝二十元。

每月都要付吗？＝一年一次。

去年冬天借钱的话，不是得今年冬天付利息吗？＝到年关还有一个月的时候，就得把整年的利益都给付了。

利息为两分的话，不是只有十元吗？＝付了十元利息后，还有十元是还别的钱。

【借主】王德盛在城里干什么？＝派书（没在县公署办公）。

他把借钱当成营生了吗？＝有时候会借。

本村找他借钱的人多吗？＝不清楚。

你一共种了多少地？＝十二亩（算上岗子），岗子没种作物，也算进来了。

应答者　王立之（五甲二户，53 岁）

有几个兄弟？＝就我一个。

父亲呢？＝一个（怀春）。

祖父呢？＝没印象了。

【土地关系】民国初年，你有多少地？＝二十七亩。

迄今为止有买卖过土地吗？＝没有，现在也是二十七亩。

出当过吗？＝没有。

（1）七亩〇分〇厘二毛（祖产、庄西一里）

立契日民国二十六年、加盖印契（官给用纸）。

所种作物为？＝落花生三亩三百斤、棉花四亩二百斤。

（2）二亩一分八厘二毛（祖产、坐落、家西北一里）

立契日民国二十四年、卖主王暮春、买主王怀春、印契官给用纸。

所种作物为？＝山药一亩，四百斤。

（3）四亩八分八厘一毛（坐落、家西一里、同方才所言两亩位于一处）

立契同治七年、卖主魏门赵氏、买主王顺庆。

所种作物为？＝豆子，一百八十斤。

还有别的文书吗？＝剩下的就都是白头了。

（4）八分七厘八毛（祖产、位于自家后面、文书如是记述）

立契光绪五年、卖主至春、明春、买主王顺庆（白契，然宣统年间另以官纸加盖印契，民国三年买契一张）。

所种作物为？ ＝没有作物，是块荒地。

（5）四亩三分九毛（祖产、坐落、家东北半里）

立契光绪九年、卖主马板、买主王顺庆

所种作物为？ ＝谷子（三亩多、三百斤），黄米半亩（五十斤）。

还有别的文书吗？ ＝没有了。

（6）七亩（岗子、无文书、位于庄北半里）

有租佃吗？ ＝没有。

有借钱吗？ ＝没有。

应答者　王崇芝（五甲七户）

族长是？ ＝连芝。

什么时候分的家？ ＝二十年前，和外甥分了家。外甥是小学的先生。长兄荣芝，二兄宗芝，三弟就是我。

各有二十亩地吗？ ＝是的。

父亲有几个兄弟？ ＝就父亲一人（杏春）。

祖父呢？ ＝一个人（多庆）。

父亲什么时候去世的？ ＝二十年前。父亲死后就分了家。

【买地】你买卖过土地吗？ ＝民国二十五年以每亩二十五元向王云芝买了八亩。

是先当后卖吗？ ＝不是，直接买的。

卖给你的原因是？ ＝因为有特别需要钱的地方吧。

此外还有吗？ ＝没有了。

当过土地吗？ ＝外甥有，我没有。

（1）四亩四分二厘（坐落、庄北半里）

立契民国二十六年、卖主王玉春、买主王有庆

有庆是谁？ ＝因多庆出生得晚，就把有庆过继到我们家来。后来多庆出生，因为和有庆是亲兄弟，就把旧文书给了我们，另外也一起把加盖印契的白头文书给了我们。白头文书上所写的云芝是有庆的孙子，崇芝是多庆的孙子。

【兄弟间的买卖与是否新写文书】必须得写白头文书吧？ ＝不写也可以，我还是写了。

这种时候需要丈量吗？ ＝是的，民国二十五年卖给我，去年丈量过后就过割给我了。

自民国二十五年之后就由你耕种吗？ ＝是的。

白契是什么时候写的？ ＝民国三十年。

红契是什么时候交付的？ ＝民国二十九年。

什么时候过割的？ ＝去年春天。

是你要求交付红契的吗？ ＝地都卖给我了，留在手里也没什么用，就给我了。

还没丈量就给你了，这不大合情理吧？ ＝是兄弟嘛，一家人没关系。

是写白头文书的居多，还是不写的居多？ ＝写的居多，其实不写也可以，取决于兄弟之间的感情。

【不写文书时的丈量、中人】不写文书时也一定要量地吗？＝不量也可以。

要是写的话就得量吗？＝是的。

卖地之后，多年都未写文书，也没有过割，在这种情况下还可以买回来吗？＝不可以这样。

这样没有证据啊？＝还有中人。

中人不会要求进行丈量并写文书吗？＝中人会说要写，不过买卖主不一定要听他的。

都是找关系近的人当中人吗？＝不一定。

（以下均为老红契）

（2）九亩、家北半里

（3）十亩、滦地、家北一里

（4）十三亩、庙西

（5）八亩、家北半里（私人所有）

（6）六亩、家西二里

（7）十亩、家西头、墓地（贵三同我的墓地，文书由我保管）

分家单上有写是两人的共同墓地吗？＝分家的时候没有写分家单。

这样不就没有证据了？＝我们关系好，没事。

还有其他的吗？＝刚才所说的这些地，有一半是外甥的，文书由我保管。

（8）三亩、家西三里

（9）十亩、家后半里、岗子

存在没有文书却有土地的情况吗？＝没有，都是写了文书的。

【无分单的土地与共同耕作】是和外甥一起耕作吗？＝是的。

收成的分配方法是？＝在收获之前，各划去一半土地。

实际上是谁在耕作？＝我干的多一些。

贵三是教书先生，应该干不了农活啊？＝他雇了短工。

贵三一年雇多少天的短工呢？＝没有定数。

种子和肥料是各出一半吗？＝是的。

农具和牲畜是用谁的？＝伙买的。

买的时候是各出一半钱吗？＝是的。

耕作的时候，是各耕作各自的土地吗？＝是的，我只耕作我那一半，收获我那一半。

两人地之间有界线吗？＝没有，靠数田埂子。

刚才你说，在收获之前各自划去一半土地，这是为什么？＝意思就是收获自己所耕种的那一半。

以后会补写分家单吗？＝土地分得清楚明白，以后也不会写。

到了孩子、孙子那一代，不会有麻烦吗？＝已经把地分清楚了，关系好，没有写分家单的必要。

你借过钱吗？＝没有。

【作物交易】你会把哪些作物卖到城里去？＝棉花和落花生。

一年能卖多少棉花？＝三百六十斤，落花生能卖个一千多斤左右。

一百斤棉花有多少棉花种？＝两百斤。

一百斤种能值多少钱？＝十五元。

棉花是卖给城里的哪位？＝福合公。

每年都是卖给他？＝是的，基本上每年都是，不过要是有别的买主的话，也会卖给别人。

有去集市卖过吗？＝没去过。

若是零卖的话，得去哪儿？＝上集市，不取种。

卖给福合公的时候要向牙行交钱吗？＝一百元交四元。

上集市去卖呢？＝一百元交两元。

5 月 30 日

过继　（养老女婿）　同族间的租佃　同族间的买卖与先买、过割　补契

应答者　王益三（五甲五户，40 岁）
*　　　　（弟弟王金山代答）*

族长是？＝王连芝。

有几个兄弟？＝两个，益三和弟弟金三一起住。

你父亲是？＝焕芝，有一个兄弟，先死，没有分家，父亲死于民国十五年。

当时有多少地？＝十四亩。现在有二十五亩。

【过继】你祖父是？＝参枝（过继给外祖父），兄弟三人，焕芝为长兄。荣芝娶亲的时候，因为女方家无男丁，就过继了过去。

在祖父那代分家的吗？＝是的。

土地是怎么分的？你知道吗？＝没有分土地。

荣芝过继的时候，给过他地吗？＝当时总共只有五亩地，过继的时候说是不要。

外祖父有多少地？＝三十亩，外祖父不在本村（洞子头）。

　　　1. 焕芝—益三
风春—2. 荣芝
　　　3. 参枝

【养老女婿】荣芝过继到哪里去了？＝北关。这谓之"养老女婿"。

【买地】地是找谁买的？＝民国二十五年以每亩二十六元从叔父连芝那儿买了五亩，民国二十一年以每亩二十元向王廷干（当家远门兄弟的叔父）买了五亩。

【同族间的租佃】你有找王德生借地吗？＝有租地。

什么时候租的？＝去年。

租了多少地？＝七亩。

王德生和你是什么关系？ ＝叔伯叔父。

从什么时候开始的？ ＝去年开始耕作。

【将滞纳地租等同于借款】一亩须付粮食？ ＝去年说的是每亩给一百斤，后来用钱结的款。

什么时候交粮？ ＝秋收之后。

去年都没什么收成，你没有给粮吧？ ＝是的，我自己的粮食都不够了。

德生是怎么算的？ ＝按粮食的价格进行换算，等同成借款了。

写了证明书吗？ ＝他是我叔父，就没写。

你们约定了利息吗？ ＝若是今年秋收之后就给的话，可以不付利息。

秋收之后给粮吗？ ＝给钱。

迄今为止一次利息都没给过吗？ ＝没给过。

如果今年秋收之后仍然给不了地租的话，就得支付利息了吗？ ＝是这样。

利息是多少？ ＝三分。

明确说过了的吗？ ＝是的，我们兄弟二人一起和叔父说好了的。

户别调查里写有期限两年，这是什么意思？ ＝去年的地租和今年的一共两年。

当时有借钱吗？ ＝没有。

现在所耕作的土地一共有三十二亩是吗？ ＝是的。

粮食百斤是指谷子吗？ ＝是的，是谷子。

可以不给稻秆（可作燃料）吗？ ＝是的。

【有无租单】租地的时候有写证明书吗？ ＝都是"一家人家"，没必要写。

【同族间的买卖——先当后买】王廷干是先当后买吗？ ＝是的。

什么时候承典的？ ＝三四年前。

一亩多少钱？ ＝十五元。

有找价吗？ ＝没有。

王廷干是本村人吗？ ＝是的。

【同族先买】连芝的五亩地是先当后买的吗？ ＝连芝卖的时候卖给了远门的兄弟，我去交涉之后给收回来了。

卖给谁了？ ＝王从芝，是远门兄弟，和我血缘近一些。

连芝以什么价格卖给从芝的？ ＝一亩二十四元。

打地了吗？ ＝是的。

写文书了吗？ ＝没写，打地后正要写的时候，我去给买了回来。

你从谁那儿听到的？ ＝我从外面回来的路上听到的。

丈量的那天你知道吗？ ＝当时我不在家，不知道。

是你买的还是你哥哥买的？ ＝我的地其实是我叔母的，叔母欠外人钱，由我代她还，那块地则归我所有。连芝妻子过世的时候，他为了筹备丧费才借钱的，后来为了还钱就把地卖了。我出钱把欠款还了，土地则归我所有。

写文书了吗？ ＝连芝把他的文书给了我，没有专门写新文书，写新文书又要再花钱。

打地了吗？　＝我们离得近，远的话才会测量、打地，这么近没有必要。

从芝不会感到气愤吗？　＝不会，我和连芝是很亲的同族，理所当然的啊。

四邻说过什么吗？　＝一方面我是才听说这项买卖；另一方面我和卖主是很亲的同族，大家不会有什么闲话。要是我一开始就知道的话，兴许会被说闲话。

【请客】给四邻请客了吗？　＝我请的客。

也叫从芝来了的吗？　＝是的，向他赔罪、请客。

当时直接把钱交给他了吗？　＝是的。

你拿到收据了吗？　＝当时叔父有七十元的借款，我当时就出了，还有三十元没有当场给，后来叔父偶尔缺钱的时候就会来找我拿。

给七十元是在请客之后还是在请客之前？　＝请客的时候。

其他人也看到了吗？　＝是的，大家都看到了。

什么时候把文书给你的？　＝半年之后。

【中人的作用】是你要求的，还是连芝主动给的？　＝通过四邻向连芝提出的。

不好直接开口吧？　＝是的，因为他是我叔父。

是托中人说的，还是托四邻说的？　＝当时的中人也是四邻。

一般都是通过中人吗？　＝是的。

通过中人向叔父提出之后，叔父马上就同意把文书给你了吗？　＝马上就给我了。

通过中人给你的，还是叔父直接给你的？　＝我和四邻一起去找叔父，叔父当场给我的。

有写收取文书的收据吗？　＝没有。

是红契还是白契？　＝白契。

这块地是你的还是你哥哥的？　＝我们没有分家，虽说是我赎回来的，但也算这个家的。

是用你的钱买的，还是用你哥哥的钱买的？　＝一起出的。

你赎回来的时候，哥哥知道吗？　＝后来知道的。

你和哥哥说的时候，哥哥有说什么吗？　＝很高兴。

为什么？　＝因为（让）这块地“没落到外边儿”。

当时有七十元的现金吗？　＝把粮食卖了，找亲戚借了钱，不过没有利息。

卖了多少粮食？　＝四百斤。

卖了多少钱？　＝四十元。

找哪个亲戚借的钱？　＝李金海（姑父，祖父女儿所嫁丈夫）。

借了多少钱？　＝三十元。

打地几天前你知道连芝把地卖给从芝这件事的？　＝打地前一天。

粮食卖给了谁？　＝南关集市。

李金海住在哪儿？　＝陈叶庄。

什么时候去找的李金海？　＝打地那天早上托人去找的他。

托谁去的？　＝王云芝（远亲叔父）。

从芝也是本村人吗？ ＝是的。

【先买通知】打地是什么时候进行的？ ＝吃完早饭后，云芝还没回来的时候，我告诉从芝我要买地，如果我凑不到钱的话就让他买。

因为从芝以二十六元买的，所以你也以每亩二十六元的价格买回来吗？ ＝当时我说要买地，先代连芝还了七十元，剩下的一部分作为小用钱则慢慢还给他。

平均下来一亩值多少钱？ ＝我还了七十元的借款，剩下的部分连芝说他不要了，我就没给。算上当时给四邻请客的费用，每亩花了二十元。

【请客与参加人】请客花了多少钱？ ＝二十元，连芝没钱，我又给了他十元。

在哪儿给的？ ＝在我家。

菜从哪儿买来的？ ＝到八里庄的集市上买的。（八里庄集市现在没有了）

谁去买的？ ＝我的第三个叔父（死）去买的。

带了多少钱去买的？ ＝我给了叔父三十元，实际上花了十八元五十钱。

叔父说花了十八元五十钱吗？ ＝是的，我就说给他二十元，剩下的就不要了。

叔父参加了请客吗？ ＝参加了，叔父名叫参芝。

此外，还有哪些和你关系近的人来了的？ ＝震芝。

还有呢？ ＝四邻（六人）。

除了四邻呢？ ＝连芝和从芝也来了。

还有呢？ ＝再就没有了。

请客花了二十元，是当天告诉连芝的，还是之后告诉他的？ ＝还了七十元之后，我把请客的二十元也算在连芝名下。

原本应该由谁请客的？ ＝由我请客，连芝收钱。

由卖主出钱吗？ ＝卖给王从芝的时候是按一亩二十四元算的，我是按一亩二十元算的。我代卖主支付七十元借款之后，又给了他十元，由于是我出钱请的客，连芝就说剩下二十元他不要了。

后来二十元是什么时候支付的？ ＝卖是在民国二十五年正月，支付是在当年十二月。

【文书交换】什么时候拿到白契的？ ＝九月份。

【卖价交涉】在当时，一亩二十元不会有问题吗？ ＝当时对方说，这块地如果是卖给别人，能卖个百二十元，卖给你的话虽说是损失了四十元，我和你又不是什么外人，就算了。

当时是谁去找连芝交涉的？ ＝参芝和我（金三）一起去说的。

这是什么时候的事？ ＝八月份。

当时你直接提出要白契吗？ ＝这是在那之后一个月的事情。参芝从城里回来就去了连芝家。连芝说自己算了一下账，那块地能值个一百元，然而事实上只拿到了用作返还钱款的七十元，再算上请客的二十元，就只剩下十元，他说我说了这十元年末的时候再给的。这是八月份的事情，到了九月我就托四邻去说了白契的事情。

对方马上就同意吗？ ＝马上就给我了。

通过四邻给的，还是直接给你的？ ＝九月份，我和四邻一起去找连芝，他就给我了。

【过割、印契】有过割吗？＝没有，我们走得近，不需要过割。

加盖印契了吗？＝以前是有红契的，写了白契之后就把红契搞丢了。白契是照着红契写的，打地的时候是带着白契去测量的。几年一过，红契都搞丢了。

这块地打地的时候还有红契吗？＝好久以前就没了。

【红契丢失与白契】临摹的白契还剩多少？＝红契还是明朝或清朝的东西，当时临摹成白契之后，有什么需要就拿白契来用。几年一过，也忘了红契是放哪儿了。

【补契手续】要是红契和白契都不见了怎么办？＝补契。补契的时候，就让四邻先打地，剩下的就算自己的了。

打地的时候，四邻是带红契来，还是带白契来？＝多是带白契，也有带红契的。

多是带白契的原因是？＝红契都是很久远的东西，带出来可能会弄破。

可以要求带红契来吗？＝可以。

要是对方说红契、白契都一样呢？＝如果土地的亩数能够吻合的话也可以，如果吻合不了就得拿红契来了。

要是没红契，拿不出来怎么办？＝这种时候就参照四邻的红契打地。

应答者　魏继平（六甲八户，75 岁）
　　　　（长子金台代答）

你家族共有多少户？＝八家，都是远支。

近处的有几户？＝没有，就我一家。

八家人里，辈分最高的是谁？＝是我。

你父亲是谁？＝忠。

父亲有几个兄弟？＝一个。

你有几个兄弟？＝就我一个。

【土地关系】你五十岁的时候有多少地？＝记不清楚了。

现在呢？＝十二亩半。

实际耕种的有多少亩？＝六七亩。

其余的是？＝宅子、岗子。

有出当的吗？＝没有。

借贷呢？＝没有。

六七亩地，日子能过得去吗？＝几个儿子中，一个在打短工，一个去了满洲，一个不能劳动（呆傻儿）。

【祖茔地】有两亩祖茔地吗？＝是的。

祖茔地能够耕种吗？＝能种。

祖茔地里面，有八户人家的坟墓吗？＝是的，中间有十二口坟。

【补契】补契要花钱吗？＝不用花钱，不过得请四邻吃饭。

四邻都得叫来吗？＝是的。

会把代笔的人叫来吗？＝会叫中人来。

在这种情况下，中人需要做的是什么？ ＝担任代笔的工作。

（1）三亩九分八厘五毛（坐落、庄西半里）

民国二十六年补契（白契）。

（2）三亩（庄西北一里）

有文书吗？ ＝没有。

（3）四亩（岗子、庄西村住宅地外）

有文书吗？ ＝没有。

二亩二分四厘（宅子）、民国二十六年补契（白契）。

（4）二亩（祖茔地、坐落庄西与（1）邻接）

【祖茔地的耕种】有文书吗？ ＝没有，由同族里比较贫困的人耕种。

耕种祖茔地的时候，同族人有写证明书吗？ ＝由八户里面最贫困的那一户耕种，这一户过得好一点了，再让给更贫困的人家，也不写文书什么的。

这块地耕种了多少年了？ ＝三年。

之前是谁在耕种？ ＝魏金声。

他住的房子挺不错的啊，很穷吗？ ＝房子是不错，不过没什么财产，还是很穷的。以前真的是很穷，如今自己做棺木卖，日子才好了起来。

他耕种了多少年？ ＝不知道。

今后可以一直由你耕种下去吗？ ＝不可以，要是有日子更过不去的，就转让给他。

大年初二吃集体饭时，需要出粮食吗？ ＝需要买扫墓用的烧纸和线香。

【失迷字】

　　立补契人魏吉平因为自己庄西南北地一段文契失迷今邀同庄长四邻将地丈量清楚计地

　　王梦林

　　三亩八分八厘五毫其地东至王金木西至魏振海南至魏金声北至田金声四至分明

　　田敬心

　　今同庄长四邻立此补契恐后无凭立补契为证

　　民国二十六年三月　日　立

应答者　王正德（六甲七户，53 岁）

族长是？ ＝王振德辈分最高。

王振德和你是什么关系？ ＝叔伯的兄长。

你父亲是？ ＝王芝。

振德的父亲是？ ＝不知道叫什么，是我父亲的兄长。

你父亲有几个兄弟？ ＝三个，王尊、王芳、王芝。

分家了吗？ ＝这是以前的事情了，以前的人都不在了，我也不知道。

你父亲是什么时候过世的？＝我七八岁的时候。

【土地关系】二十年前，你家里有多少地？＝没印象了。

现在有多少亩？＝二十八亩。

有土地出当吗？＝没有。

有借贷吗？＝没有。

佃耕呢？＝也没有。

（1）八亩四分四厘八毛（祖产、坐落、家西半里）

立契光绪二十年、卖主赵云田、买主王玉芳、契尾一张、民国四年买契一张。

所种作物是？＝谷子、高粱。

（2）四亩五分一厘四毛（祖产、坐落、家西一里）

民国二十六年补契（官给用纸）。

所种作物是？＝去年是谷子和落花生，今年种棉花。

（3）二亩三分零九毛（祖产、坐落、家北）

【祖茔地】这上面还记了祖茔地，属于谁家的？＝老王家的。

有进行耕作吗？＝是的。

多少亩可以耕作？＝两亩左右。

里面的墓是你家的，还是王姓同族的？＝老王家的。

有多少坟？＝有很多。

到清明节的时候，一般有多少家会去扫墓？＝同族人都去，十几家。

在所有家庭中，谁的辈分最高？＝没有辈分很高的人。

【祖茔地的买卖】祖茔地不可以卖吧？＝坟不可以卖，坟地可以卖。

还有别的文书吗？＝没有。（？）

还有多少块地？＝不知道。

你实际上在耕种的地有多少？＝二十六亩。

还有哪些地？＝（没有回答）

自己实际耕种的地都不知道吗？＝家北四亩多，家东四亩六分。

这都有文书吗？＝没有。

【祖茔地的地契】

立文契人祖茔地家西北干家官庄家东南北祖莹一段计地二亩三分零九毛其他东至南至干长荣北至干长春西至王玉宏祖莹地其地王大才名下为业失迷文契现丈量长横活恐后无凭捕立契存证

卅七元三亩

王大才种东边长活一百八十零八分

北横活三步零二厘

南横活三步一分

光绪二年正月吉日　王大才　立

6月1日

金融方法　借情钱　借帖　保人　利息　借粮食　当　指地借钱　请会

调查员　杉之原舜一
翻　译　孙希中
应答者　吴玉琳（63 岁）
地　点　后夏寨庄公所

【职业】现在靠干什么生活？＝年轻的时候做木匠，现在没做事，几个孩子也是普通百姓。

【耕地】有多少耕地？＝三十六亩半，其中十五亩为白地，无法耕种，还有两亩为岗子沙地，也无法耕种。三十六亩半均为我所有，其中还包括一亩宅地。

此外有从别人那里借地来耕种的吗？＝没有。

【家族】家里有几口人？＝九个，我和老伴两个，儿子和媳妇两个，再就是孙女儿、孙子，孙子也结了婚，还有两个重孙。

【作物】主要种植哪些作物？＝谷子、棉花、高粱、麦子、落花生。

其中去年（前面秋收后到去年秋收前）卖的是哪些作物？＝只卖了落花生，其余几样光自家吃都不够。

【出售作物】落花生大概卖了多少？＝一亩两百斤，共计一千多斤。

全部都卖了吗？＝全部卖了。

卖了多少钱？＝两百元上下。

【购买粮食】自己生产的粮食不够的话，去年有买粮食吃吗？＝有买，法城里买了红高粱、棒子。

一共花了多少钱？＝合计一千来斤，换算成钱的话大概有两百元。仅凭手头这点地产的粮食还不够吃，所以就把价钱更高的落花生种了约五亩，把落花生卖了之后买粮食回来。

【副业】除一般老百姓会做的营生外，你家里有做点东西去卖，或者到外地干活来弄钱的？＝到夏天的时候，我就去县城的集市、陈仓屯的集市买些麦秆帽子到城里去卖，八月份就去济南批些老百姓戴的帽子，等到了冬天就卖到城里去。我儿子也弄些蔬菜在城里卖。就是这些。

按你刚才说的这些营生，一年，就说去年吧，弄到了多少钱？＝两百元左右。

【借钱】每年还能剩点钱吗？＝剩不了，有剩下的我早就成有钱人了。

会不够吗？＝有的年份也会不够。

不够的话怎么办？＝找四邻借。

找四邻借的话，太多也借不到吧？＝只借一点钱的话，五天之内就得还。

一般能从四邻那儿借到多少？＝两三百元。

这两三百元一般会用在哪些地方？＝大概借个两三百元去镇上买二三十斤粮食，这样过个一天就又没有了，然后就想各种各样的办法，挑点蔬菜去镇里卖，或者批一些帽子回来卖。

借钱主要都是为了买粮食吗？＝通常都是这样，再就是县里摊钱下来的时候也会借。

【筹措资金】买蔬菜和帽子的钱哪里来？＝蔬菜的话是跟别人约好先借，卖到钱了就还。帽子的话是先向别人借点钱，买回来去卖。

买帽子的钱是从哪儿借来的？＝不定，亲戚、四邻，谁有钱就找谁借。

【同姓之间】和你同姓的人家共有多少户？＝十五户。

都发自同一个祖先吗？＝是的。

借钱的时候，会不会先去找同姓借？＝这倒未必。

【谢礼】从四邻那儿借个两三元，还的时候需要给点谢礼吗？＝两三元的话不会给什么谢礼，都是互相借来借去，不要谢礼。

【还钱期限】借钱的时候会规定什么时候还吗？＝一般借的时候都会说明还钱期限，然后再借。

一般会规定几天之内还吗？＝一般是五天左右。超过时间了的话，就会对贷主说明暂时没钱，不是很急的话，就延长个两三天。如果急需用钱的话，就会去找别人借来还。

【同四邻的交涉】四邻之间借两三元钱的时候，是直接去说吗？＝是的，不需要别人插入。

去借出售的蔬菜时，是直接说吗？＝是的，同样不需要别人搭桥。

【借蔬菜】一般是找谁借蔬菜？＝找四邻或者同姓借。

借的时候会商定蔬菜的价钱吗？＝会，商定了再借。

这钱是在去卖菜的当天就还吗？＝这不一定，要是那个时候蔬菜卖得、进账多就当天还，卖不得的话就会延期还。

不可能老是延下去吧？＝延期也就是五来天，没什么大不了的。

若是延期的话，还钱的时候会稍微多给一点吧？＝不会多给，都是乡里乡亲才会借钱的。

【需要多一点钱的时候】也有不只要两三元的情况的吧？＝会有。

这种情况下怎么办？＝一人两三元地借。

在这种情况下，五六天之内都还上的话，还是不好办的吧？＝难办是难办，不过为了讲信用，就会从其他地方再借钱来还。

不采取这种办法，而是一口气从某户人家借到一大笔钱、而且也不定期限，有没有这种情况？＝没有。

可是本村是有这种情况的吧？＝本村没有。

主要会在什么时候需要大笔钱？＝买牲口，买家具，还有买衣服跟买粮食的时候。

【筹措婚丧费】结婚、办丧事的时候怎么办？＝办丧事一般不会借钱，而是用卖地的钱来充当。没钱结婚的话就结不成婚。借钱后非常有自信能够马上还的话，也会借钱结婚。没这个自信，也就不结婚了。

办丧事的时候都不兴借钱，而是卖地吗？ ＝到那个时候，没有时间立马去卖地，而是先借钱用着，事后就卖地还钱。

【借钱与卖地】到那个时候，是承诺先借钱，然后卖地还钱之后再借钱吗？ ＝大家都是这么承诺的。

办完丧事后立马就卖地吗？ ＝立马就卖。

也有把地卖给贷主的吗？ ＝很少，借钱之后又把地卖给别人，这样不大合情理。

为什么不合情理啊？ ＝别人就会骂贷主以低价把别人的地给买了。

有没有一口气就从一个人就借上百元、两百元的？ ＝我们村没有这种大户，也没这种事情。

【借情钱】一般把从四邻借两三元叫作什么？ ＝谓之"借情钱"。

【有无利息】应该有借钱得付利息的吧？ ＝现在人们在借情钱时倾向于不要利息，因为要是算利息的话，就得按一年来算，借出的人也不安心，不喜欢。有个说法是，借情不过月，利息不过年。

基本上没有支付利息来借钱的吗？ ＝有倒是有，极少。

支付利息来借贷钱叫什么？ ＝谓之"借钱"。

利息有什么叫法？ ＝行息。

【利息的高低】利息大概为多少？ ＝一般为每月两分。规定行息为每月两分，不过一般都不是按月算而是按年算。

本村有过的最高的利息为多少？ ＝每月三分。在我们村，借的钱少的时候利息就高，金额大的时候利息就低下来了。

【支付利息】利息是什么时候支付的？ ＝和本金（本儿）一起还。

有没有借钱时先把利息从本金里扣掉的？ ＝没有。

【借帖】借钱时要写证明书吗？ ＝要写。

这个证明书叫什么？ ＝通常叫作借帖。

【是否要借帖】有借钱时不写借帖的吗？ ＝有，一般写借帖都是因为贷主难以相信对方（例如对方太穷，贷主心存疑虑）。能够信任，或者是亲戚之间，也有不写借帖的。

贷主能够信任，或者是亲戚的时候，有写借帖的吗？ ＝也有写的。

写不写借帖有个大致的规定吗？ ＝没有。

金额非常大时，有不写借帖的吗？ ＝没有。

大概金额达到多少时一定会写借帖？ ＝大概是一百元以上吧。

【金额与期限】一百元以上的时候，即使是能够信任的人或是亲友，也会写借帖吗？ ＝一般会写，不写的情况很少，借两三个月的话，就是这么个情况。要是借一年的话都会写的。

同姓之间也写吗？ ＝写。

【保人】金额达到一百元左右时，借的人是直接和贷主商量吗？ ＝这种时候借的人不会直接去，而是托其他人去，这谓之"找保人"。

保人由借主来找吗？＝是的。

保人需要干什么？＝保人站在中间进行联系、沟通。到期没还钱的时候，贷主也不找借主，而是托保人来督促还钱，这种时候保人就在中间斡旋。

【保人垫钱】借主还不了钱的时候，会找人代自己还钱吗？＝会的。

代借主还钱有什么叫法吗？＝谓之"保人垫钱"。

代借主还钱的人有什么称谓吗？＝保人。

有不给借主还钱的保人吗？＝这样的话，就算不上保人了。

【喜士明人】不要求代替借主还钱，只是在借主还不上钱的时候，站在贷主和借主中间进行斡旋，有这种人吗？＝有的。

这种人有什么称谓吗？＝谓之"喜士明人"。

借帖上会写上喜士明人的名字吗？＝不写，一开始是没有这个人的，只是在发生什么的时候才会请他来进行交涉。

【说合人】有一开始就找好这种在还不上钱时，有责任进入中间进行斡旋的人的吗？＝有。

这种人叫作什么？＝谓之"说合人"。

即使借帖上没名字，说合人也必须得在还不上钱时进行沟通吗？＝是的。

有说合人的时候还要找保人吗？＝不需要。

为什么不需要？＝找说合人之后，说合人同样能在两者中间进行沟通，因此没有必要另外找保人。

借主还不上钱的时候，说合人也有责任代还吗？＝没有。

【保人与中人】保人有这种责任吗？＝有。

证明书上会写保人的名字吗？＝会写。

没有中人的说法吗？＝买卖土地的时候有说。

借钱的时候不这么说吗？＝不这么说，只说保人。

有没有把保人称作"代还保人"的叫法？＝不这么说。

一般来说，说合人会在后头成为保人吗？＝是的。

有说合人不同于保人的先例吗？＝没有。还不上钱，产生问题的时候就找说合人。

村子里有保人借钱的吗？＝有。

【是否需要保人】一般借钱的时候都会找保人吗？＝有找也有不找的。

什么情况下会找？＝把很多钱借给穷人时。

亲友之间借钱时也会找保人吗？＝不会找。

再多的钱也不找吗？＝是的。

还款期限特别长也不找吗？＝是的。

什么时候不找保人？＝对方为人正直、讲信用，贷主相信即使不找保人对方也能还钱的话，就不会找。

金额大、期限长也是这样吗？＝是的。

【利息与借贷金额】一般借多少钱就需要加利息？ ＝一百元以上。

村子里有一口气就能拿出一百元借给别人的人吗？ ＝有。

有很多吗？ ＝很少。

【小额借款】一个人从多个人五元、十元的借，凑出一百元，有这样的例子吗？ ＝没有凑一百的，凑三十元的倒有。

从别人五元、十元地借，凑成一百元的时候，需要支付利息吗？ ＝不需要。

【有无利息与期限】借五元、十元的时候，还钱期限一般为多少？ ＝十天以内还。

有没有将还钱期限约定半年或一年的先例？ ＝没有。

为什么？ ＝没有利息的话也不能借太长时间。

加利息的话，时间长点也可以吗？ ＝这种情况下有一年的契约。

算利息的时候，有借两年、三年的吗？ ＝没有。

算利息一般是要借多长时间？ ＝一年。

【短期有利息的贷款】有比这更短的吗？ ＝有，有两三个月的。

两三个月也有算利息的吗？ ＝有的，多为商人使用。

【利息计算】利息为每月分别计算吗？ ＝不是的，到期之后和本金一起还。

借一百块、每月利息三分的话，一年能有多少利息？ ＝三十六元。

将第一个月的本息共一百零三元作为第二个月的本金算利，有这种情况吗？ ＝没有。

没有按这种方式借钱的吗？ ＝没有。

【借粮食】有借粮食的吗？ ＝有。

借粮食的时候，有像借钱还利这样的例子吗？ ＝没有。

借很多粮食也是这样吗？ ＝一般来说不会借很多，多是一百斤以下，一般借五斤、十斤、二十斤的较多。

过多长时间还？ ＝贷主急的话尽可能两三天之内还，要是不急就等到秋收之后再还。

【借钱还粮】有借钱之后用粮谷来还的吗？ ＝有这种情况，还的时候用粮食的价格进行换算。

在这种时候，利息也是换算成粮食吗？ ＝是的。

借钱还粮的例子多吗？ ＝不多。

这种借法有什么特别的叫法吗？ ＝没有。

有借粮还钱的吗？ ＝没有，自古以来就没有。

【贷主】村子里没有谁一定能多贷点钱吗？ ＝不一定。

【无力还钱与子女偿还】还不上钱时，最终会怎么办？ ＝没有这种事情。

想还又没钱的话，不就还不了了吗？ ＝自己真的太穷的话，则请保人介入调解，自己这一代还不了，最终由子女去还。这种情况是有的，不过很少。

父亲的欠款，子女可以不还吗？ ＝不可以。

父亲的欠款必须由子女偿还吗？ ＝是的。

【土地担保】还不上钱的时候，贷主把借主的土地拿去耕种，有这种情况吗？ ＝没有，借主提出来的话倒是可以。

借主会提出来吗？　＝会的，托中人提出来。

提出把地卖给贷主吗？　＝是卖还是当，不一定。

【当】"当"是怎么个当法？　＝先把土地交给对方，等有了钱就去赎回来。

【典——租地】是叫"当"而不是叫"典"吗？　＝"典"是租地的，和"当"不一样。

"典"具体是怎么回事？　＝有地但没有劳力，就收取地租把地租给别人，等一年到期之后就把地收回来。

租地是什么意思？　＝和典地一样的。

村子里，"租"和"典"用哪个多一些？　＝用"租"更多。

本村没有"典"的说法吗？　＝也有这么说的。

如果把"典"说成"租"的话，别人都能明白吗？　＝是的。

【关于当】通过出当土地来借钱，有什么说法吗？　＝谓之"当地钱"。

【当主】通过接受当地来贷钱出去的人叫什么？　＝谓之"当主"。

不叫当地人吗？　＝不这么说。

通过当地来借钱的人叫什么？　＝谓之"立当契人"。

【当的期限】立当契人还钱给当主的期限为多少年？　＝以前是过三年之后，现在为一年。

为什么缩成一年了？　＝写的时候是写三年，不过一般多在一年之后就赎回来了。把地当出去的话，当主就没地耕种，也不好办，贷主渐渐也同意一年就让赎回了。

什么时候开始变成一年的？　＝民国初年的时候变的。

【赎回】一旦当出之后，是赎不回来的更多，还是能够赎回来的更多？　＝能够赎回来的更多。

【当地钱】当地钱一般为地价的多少？　＝一百元的地的话，七十元左右。

【找钱】如果说是以七十元借的话，之后可以调高到八十元吗？　＝可以，这谓之"找价"。

【指地借钱】借钱的时候，通过向贷主做出不能还钱时将土地交给对方耕种的承诺来借钱，有这种例子吗？　＝有的，谓之"指地借钱"。

指地借钱的例子多吗？　＝很少。

指地借钱同出当相比，哪个更多一些？　＝出当更多一些。

【当租佃】立当契人将当给贷主的土地再借回来耕种，有这样的例子吗？　＝有，这种时候就得出地租。

这种情况有什么特别的叫法吗？　＝没有。

这种情况多吗？　＝很少。

哪里的人家会采取这种方式？你知道吗？　＝我们村里没有，不知道。

【作为金融手段的卖、当】集中借钱的时候，是直接把地卖了的更多，还是当出去的更多？　＝当出去的更多，因为一旦卖出去就再也拿不回来了。

【押】你知道"押"这个词吗？　＝不知道。

有把房子当出去，像指地借钱一样借钱的例子吗？＝没有。

有把建房子的土地当出去的吗？＝没有。

【不适合担保的土地】有不用来当地或指地借钱的土地吗？＝有。

是什么土地？＝我的土地都可以，只有什么都长不了的土地才不行。

【动产担保】有把农具、牲畜、农具或衣服押给贷主来借钱的吗？＝没有。

【附买回约款的买卖】？＝卖地的时候，可以约定日后再用这笔钱把地买回来吗？＝不可以。

【卖青田】有在收获农作物之前就那样把地卖了的吗？＝没有。

约定收获之后就马上把地交给买主，然后提前把地卖掉。有这种情况吗？＝没有。

【做工还钱】借钱之后，不还钱而是到贷主家去做工，有这种情况吗？＝没有，自古以来就没有。

【请会】几个人每月各出一点钱凑齐来，然后每月通过抽签决定能够使用这笔钱的人，做过这种事吗？＝没有。

你知道钱会或者合会的说法吗？＝不知道，我倒是知道请会或者请钱会。

这是用来干什么的呢？＝例如说现在有个人家里死了人，急需用钱，就拜托亲友们凑一点钱来帮助那个人。

出钱的人仅限于本村人吗？＝不限制。

这笔钱要算利息吗？＝不算。

有还钱期限吗？＝不定，有一年还的，也有两三年还的，再就是也有不是一次还清，而是分多次还的。

凑起来的钱全部要还吗？＝是的，不算利息，但是还钱的时候要请凑钱的人吃饭。

无论遇到什么困难都能发起请会吗？＝能。

请客是遇到困难的人前去请别人参加吗？＝是的。

【保人】还有别的人会给予关照吗？＝那是肯定有的。

那个人有什么称谓吗？＝谓之"保人"。

保人会给予什么样的关照？＝加入请会的亲友人数很少时，就会找亲友的亲友，或说是一个人（甲）的亲友（乙）加入。在这种情况下甲就是相对于乙的保人，当事人还不了钱的时候就会代替当事人把钱还给乙。

算是亲友的时候就没有保人一说了吧？＝没有。

加入请会的人所出的金额都是一样的吗？＝是一样的。

一般一人出多少钱？＝一般有三元、五元、十元的。

【借情钱】请会之外，还有几个人凑一点钱来帮助别人的事情吗？＝有，在这种情况下每个人出的钱就不一定了。

有什么叫法吗？＝谓之"借情钱"。

有几个人聚在一起凑钱借给别人的吗？＝这个和借情钱是一样的。

村民们需要钱用时有哪些办法？＝去找亲友。

【平安会】此外还有从什么会里借钱的吗？＝有个以每月三分利息两三元地放债[1]的平安会。

【转当】有当主把当得的土地再次出当给别人来借钱的吗？＝本村就有，有个叫马起的人把当得的地又当给了别人。

指地借钱的人用得到的土地再次指地借钱，有这种例子吗？＝没有。

有当主把地让给别人的吗？＝没有，地主不会同意的。

当主把当得的土地再次出当给别人来借钱，有什么叫法吗？＝谓之"转当"。

有春耕贷款吗？＝没有。

6月2日

调查员　杉浦贯一
翻　译　达光
应答者　李存功（七甲五户）

【分家】有兄弟几人？＝五人。

分家了吗？＝前年分的家。兄弟五人：1. 存功（七亩）；2. 存惠（六、八亩）；3. 存信（三亩）；4. 存忠（六亩）；5. 存德（四亩四分）。

住在一起吗？＝李存功搬家了，其余四个人住在一起。

四个人的户口是一样的吗？＝五个人都是同一个门牌，家虽然分了，可门牌没变。

土地的文书是怎么处理的？＝文书都分给各个人了，同一份文书的地是没有分的。

你父亲是谁？＝李克明（死于十几年前）。

父亲有几个兄弟？＝李贵与李富（存功为李贵之子）。还没分家，李富就死了。

父亲去世的时候有几亩地？＝二十亩左右。

五个兄弟当中，有谁出当土地了吗？＝没有。

存功有借贷吗？＝没有，存惠、存德都没有。

辈分最高的是？＝李存功，此外本村虽还有李姓人家却并非同族。李存义是同族（远亲同族）。

【坟地】有祖坟吗？＝有。

是共有坟地吗？＝是的，但没有坟地。

李存义也会一起来祭坟吗？＝是的。

还有人会一起去祭坟吗？＝没有了。

【买地】在父亲去世后，你有买卖过土地吗？＝父亲在世的时候从李新亭买了九亩（每亩二十几元），四五年前从官庄的汉国笃买了四亩（一亩二十几元）。没有卖过地。

【地契】李贵之契如下：

---

[1] 参考村落的调查。没有利息为"贷"，有利息则为"放"。

立文约人李开运因为无银使用今将自己宅地半所其地六分东至南至卖主北至王虎
山西至道四至分明同中人魏我旺说合卖于毛进才名下为业言明价银共银一两六钱二分
上至青天下至黄泉当日交足外无欠少随契过割恐后无凭立此存照

乾隆十三年十月二十四日立 文人 李开运
　　　　　　中人　魏我旺
　　　　　　　　　吴与凤

长活十四步八分四厘
横活九步七分
二乡九图后下寨李美刑六分地
本庄辛名毛进才收

应答者　王葆堂（七甲四户，34 岁，由侄子道远代答，葆田之子 58 岁）

【分家】什么时候和王葆堂分的家？＝民国八年。父亲有兄弟三人：1. 葆田；2. 葆堂；3. 葆善。

你的户口属于？＝王葆田。

住在一个院子里吗？＝三家住在同一个地方、同一道门。

每人分得多少土地？＝一共有九十五亩，分成四份，祖父母占一份，父亲和叔伯们占三份，祖父同葆堂（五十三亩）住在一起。葆田和葆善各有二十一亩。

为什么和葆堂住在一起？＝我不清楚。

现在有多少亩？＝五十三亩。

【养老地】祖父母去世了吗？＝是的，祖父母去世后，就把养老地分给我家了。

其他弟兄没有怨言吗？＝办丧事的钱是我出的，他们没有怨言。

【买地】买卖过土地吗？＝去年以一百七十二元找张振清买了两亩（带白契）。此外，民国二十五年，以二百九十一元找李新亭买了十亩。

有出当的吗？＝没有。

贷借呢？＝也没有。

【白契的名义】为什么是以道远的名义买的（王葆钧同王葆堂是堂兄弟）？＝写上年轻人的名字好保存一些。（白契）

葆田和葆堂如今仍然有二十亩左右吗？＝是的。

应答者　王葆钧（七甲二户，61 岁，化远 32 岁代答）

父亲有兄弟几人？＝三人，长兄葆钧，二哥葆祯，三弟葆干。

什么时候分的家？＝不知道。

祖父？＝王绥荣（兄弟三人）：1. 绥纾；2. 绥贵（分家）；3. 绥荣。

你的兄弟是？＝就我一个。

【土地】你十岁的时候有多少地？＝十几亩。

现在有？＝三十六亩。

怎么增加了？　=买的。

【买——回赎】什么时候买的？　=以前就是我的地，只是把当给别人的地赎回来而已。

从谁那儿赎回来的？　=去年从马万花那儿赎了五亩（两百元），五年前从李玉池那儿赎了两亩（五十元）。

这两百元是借来的，还是卖粮食卖来的？　=卖落花生筹来的。

买卖过土地吗？　=没有。

借贷过钱吗？　=没有。

【医业】当医生也有赊账的吧？　=都是马上付钱，没有赊账。

应答者　魏嘉谟（七甲一户，30岁，妻子代答）

魏金声和你是什么关系？　=同族祖父。

兄弟几人？　=就嘉谟一人。

父亲是？　=迺训（二十七八年前去世）。

什么时候结婚的？　=嘉谟十三四岁的时候。

【土地关系】当时有多少土地？　=不清楚。

现在有多少亩？　=四十几亩。

【当】有出当土地吗？　=七八亩。

什么时候出当给谁的？　=五六年前将六七亩地出当给前夏寨的魏清伦（典价不明）。

魏清伦是谁？　=不是同族。

六七年前为什么要出典？　=因为生活很困难。

这块地在很远的地方吗？　=庄西三里处。

【借钱】有借贷吗？　=大概有四百元的借款，丈夫没和我说是从谁那里借的。

【卖契】

　　　立卖契人孙万祥因无钱使用今将西南南北地一段计地四亩九分六厘其地东至姚凤林西至刘俊杰南至买主北至大道北　朱炳耀　四至分明今同中人　朱槐枝　说合卖于邵祥林名孔昭礼　李万年下为业言明共价纹银八两正其银当日交足外无欠少恐后无凭立文存证

　　　　　　　　　　太
　　朱庄孙两佃　　开
　　二乡九图　　　　　　　　　地四亩九分六厘
　　后夏寨文村堂
　　光绪十三年立
　　东　长活百三十六步五分
　　西　长活乙百二十五步正
　　南　横活九步正
　　中　横活八步八分

北　横活九步三分

朱天墀	朱天墀	徐克忠	
		姚凤林	孙万祥

（注：契尾一张、民国四年买契一张）

邵祥林是谁？ ＝是本村人，死绝了。

你怎么有他名义下的文书？ ＝他把文书（红契）借给我了。

应答者　李存义（七甲六户，42 岁）

谁辈分高一些？ ＝存功，我是存功的同族弟弟。

你父亲是？ ＝李荣（独子），死于三十七年前。

祖父是谁？ ＝李克勤。

三十年前有多少地？ ＝二十六亩，现在也一样。

【先当后卖】有出当土地吗？ ＝去年以每亩三十元卖给了李存德，今年以每亩五十元卖了三亩给王庆昌，前面卖给李存信一亩六分，以每亩三十元卖的。

卖给存信地的时候有写新文书吗？ ＝什么都没写，把红契交给他就行了。

白头文书都没写吗？ ＝是的。

什么时候？ ＝这属于先当后卖，当契烧了，红契给了他。

【当地关系】什么时候出当的？ ＝二十年前以五十吊钱出当的。

五十吊换算是多少钱？ ＝拿到三十元，把地卖了。五十吊是多少钱，没算过。

怎么没有赎回来？ ＝因为没钱。

为什么要卖这块地？ ＝因为日子过得太艰难。

【卖地关系】卖地的时候有丈量吗？ ＝没有，把文书交给他了，没有量的必要。

过割是？ ＝没有过割，粮食由存信给我。

在这种情况下，如果有了钱，能拿回来吗？ ＝卖都卖了，拿不回来了。

卖地的时候首先会考虑同族吗？ ＝是的。

【借钱】借钱的时候首先是找谁？ ＝同族有的话就找同族借，没有就去找别人。

【借粮】兄弟之间会相互借粮吗？ ＝粮食不够的话会借。

也可以找其他人借吗？ ＝找别人是借不来的。

存义和存功这种堂兄弟关系呢？ ＝借可以借，之后再还。

【利息】在这种时候要算利息吗？ ＝是的。

找别人借时要算利息吗？ ＝不算，借多少还多少。

借钱的时候呢？ ＝五六天比较短的时间的话，不要利息。

【借粮期限】要是借粮借了一年，怎么办？ ＝这样是不行的，顶多十天左右。

五六天以上的话要加息吗？　＝我不清楚。

应答者　李芳廷（七甲八户，58 岁）

【同族、分家】同族之间，谁的辈分最高？　＝芳廷。

兄弟有？　＝两个。

分家了吗？　＝吃饭是单独吃，倒是没有明确分家。

父亲是？　＝文秀（兄），弟弟是文举。

他们分家了吗？　＝分了，文举住在西院。

父亲什么时候去世的？　＝十几年前死的。

当时有多少地？　＝十三亩。

现在呢？　＝一样的，没有买卖过。

父亲分家的时候，每人分到了多少？　＝叔父作为过继子搬到西院，什么都没给他，和分家是不一样的。

叔父的户口是怎么个情况？　＝叔父去世了，他的儿子叫李景廷。

有借钱吗？　＝没有。

出当呢？　＝没有。

同族共有多少家？　＝六家。

李圣堂是谁？　＝李景廷的儿子。

李新廷呢？　＝远房堂兄弟。

李玉廷呢？　＝一样。

李进心呢？　＝同族侄子。

李华廷呢？　＝同族堂兄弟。

有祖坟地吗？　＝有，约一亩。

应答者　李玉廷（八甲一户，其子代答）

玉廷有几个兄弟？　＝只有父亲一个。

玉廷的父亲有几个兄弟？　＝也只有一个，名叫李文彬。

玉廷的父亲是何时去世的？　＝十二年前。

当时有多少地？　＝二十几亩。

现在呢？　＝十五亩。

【当】怎么变多了？　＝去年以两百元给王葆堂当了五亩。

为什么出当了啊？　＝为了还我结婚时的欠债，再就是谋生活费。

什么时候结的婚？　＝十八年前。

找谁借的钱？　＝我不知道（叔父晓得）。

有买卖过土地吗？　＝没有。

【地契】

　　立卖契文人马宗礼因一时手乏今将自己家西北南北地一段计地四亩九分九厘二毛其地东至于长龙西至李登明于长海北至马振邦南至王耀先四至分明今讬中人王木铎说合卖于李登云名下耕种为业言明共价银五两其银当日交足无欠随契过割恐后无凭立文存证

　　马有珍开地四段九分九厘二毛

　　二乡九图回后夏寨

　　李登云名下收

　　光绪五年十月吉日　文人　马宗礼

　　（注：长横活步省略之）

应答者　李进心（八甲二户，50 岁）

有几个兄弟？＝只有我一个。

父亲是？＝凤亭（死于十四年前）。

祖父是？＝李文举。

本村有多少近亲同族？＝没有，五服以外的有七家。

在你父亲去世时，家里有多少地？＝二十三亩，和现在一样，没有买卖过。

出当呢？＝没有，租佃也没有。

【地契】

　　立文契人王立家因无钱使用今将自己家西南北地一段计地一亩九分九厘三毛其地东至马夫吉西至买主南至道北至朱喜四至分明今同中人魏我兴说合卖于李子仁名下为业言明价银每亩一两共银一两九钱一分其银当日交足外无欠少随地过割恐后无凭立文存证

　　二乡九图后下寨王与家开地一亩九分九厘三毛于本里本庄李养时名下收

　　乾隆二十七年十一月 日 立文契人　王立家

　　　　　　　中　　人　魏我兴

　　（注：长横活省略）

应答者　王清林（八甲八户，69 岁）

兄弟有几人？＝就我一个。

父亲是谁？＝思增。

父亲的兄弟呢？＝只有父亲一个。

父亲什么时候去世的？＝四十年前。

当时有多少地？＝和现在一样，二十一亩，至今没有土地买卖。

有出当吗？＝没有。

所有地都是自己在耕种吗？＝是的。

借贷呢？＝没有。

族长是？　＝清云（五服以外）。

五服以内的近亲同族都有谁？　＝王清和王清江。

【地契】

　　　立卖契人王王氏口称王登元门西有自己站脚地又称王登元东瓦房北头牲口栅后又有一条二人相为争执族人王作良王作伟王万山说合曲为周全难以论真向孙王钦将此宅书画与王登元名下为业前头一块北至买主东至买主南至大道西至伙道后头一块北至卖主东至卖主南至买主四至分明前后折算共地一分作钱十吊其钱同族人王万山等当日交足外无欠少随契过割自此一后东宅于西宅无事西宅于东宅亦无事不但宅基算明分清丸一切等物两家并无粘连日后谁有返回之意罚白银一百两入官充公恐后无凭同族人王万山王作良公主文契存照

　　　于本里本庄　王悦开地一分王登元名下收

　　　道光十四年六月初四日立

　　　（注：白契）

应答者　王清荣（九甲一户，57 岁）

族长是谁？　＝清云。

兄弟有？　＝就我一个。

父亲是谁？　＝思友，本来有个弟弟，小的时候死了。

父亲是什么时候去世的？　＝四十六七年前。

【土地】和父亲在的时候相比，现在的土地是变多还是减少了呢？　＝变多了。

什么时候买的？　＝三年前以每亩三十四元找王云之买的。

王云之为什么把地卖给了你？　＝不知道。

还买了其他地吗？　＝没有了。

现在一共多少亩？　＝四十三亩。

有出当土地吗？　＝没有。

借贷呢？　＝也没有。

【地契】

　　　立卖契人王金铎今将自己宅基一段计宅七分三厘一毫二丝上带西土房两间杂树俱全今同中人王芬魏懋德说合卖于王璞名下居住为业言明共宅价京钱三十七千九百文其宅东至伙道西至张迎祥北至卖主南至王墨[1]四至分明将钱同众交足遂契过割恐后无凭立文为据

　　　本庄本里王思彦开

　　　本庄本里王思收禹收

---

[1]　译者注：原文"墨"为金字旁。

　　咸丰二年十一月廿二日

　　长活十九步七分四厘

　　横活八步五分七厘

　　伙道长活十九步七分四厘

　　横活一步四分

　　伙道四股均分

　　每名应分二厘八毫八丝

6 月 3 日

借金　期间　利息　贷主　借帖　自家债务　借粮　作物贸易　挂卖　指地借钱　保人

应答者　马凤祥

【小额借贷】要借两三元的小钱时怎么办？ ＝找方便的人，例如说找做生意、手头有点钱的人借。

【贷主】做什么买卖的？ ＝例如说卖烧饼、点心和杂货（落花生、烟草等）。

村里有几户（在做买卖的）？ ＝四个人，王金堂、马士禄、孟兆云、马张氏（马世超之妻）。

这些人只有多少地？ ＝王氏有二十几亩，马氏有五六亩，孟氏有四亩，马张氏有二十几亩。

【借钱的情况】找这几个人借钱的都是些什么人？ ＝也不一定，急需钱的时候，就会找他们融通一下，有钱人手头紧时也会找他们借。

有钱人去借的话会不会没有面子？ ＝有钱人手头只有十元的大票子，没有两元或三元时就会去借，之后把钱打散了就还给他们。

农民当中，有从这些人手里借不到钱的吗？ ＝有，如果和贷主关系不好，或者没什么信用的话，就借不到。

什么时候还？ ＝三五天。

当事人约定就好，不需要别人介入吗？ ＝是的，例如说，朋友或亲戚办红白喜事，没钱送礼的话就借两三元，两三天后就还。

礼品是什么？ ＝一般是送现金。

【金额与利息】一般送多少钱？ ＝一元或两元，最多的是五元。

没利息吗？ ＝没有，都是乡里乡亲，有钱的话那么放着也不会变多，借出去的话还能联络一下感情。

【较大金额的借款】要借上十元的时候找谁借？ ＝十元钱会找朋友借。朋友有钱的话，就直接借得到，不过一般都不会有。没有的话，就托朋友或者朋友的朋友帮忙借。还是没有的话，就找城里的商铺去借。

找朋友借的时候要算利息吗？＝要是找朋友借的话，不会算利息，不过要是找朋友的朋友借的话，四五天之内还也不要利息，时间太长的话就得算利息了。找城里的商铺借肯定是要支付利息的。

【期限与利息】找朋友的朋友借的话，多久算时间长的？＝一个月以上。我们这里的情况一般是一个月以内都不要利息。

利息是多少？＝每月三分。

十元钱借四十天的话，有多少利息？＝两个月算六十钱，一个月超两三天的话算一个月。若在十天以内，则支付上月利息就好。若超过十天，则也有算作半月的，也有算作整个月的。这些在借钱的时候都会定好。

【从商铺借钱】怎么从城里的商铺借钱？直接去吗？＝要是有认识的商店的话，就直接去，没有的话则托熟人去。

利息为？＝刚才说过。

可以不写文书吗？＝要是有朋友的话，不写也可以，朋友给你当保人。你还不上的时候，就得由朋友还。

自己直接去呢？＝自己能去借来，多半是因为对方信任你。

【期限、利息】利息、期限这些事情口头约定就可以了吗？＝直接去借的话，不用商量利息，还的时候按照惯例支付利息，对方都认识你了，有时候也会少收一点，当然绝不会多要你的。期限是借主说什么时候卖粮食还钱就是什么时候。

找城里商店借的话是会记账的吧？＝是的。

借的人也要按印吗？＝不用，借的人不会看那个账本，也不会按印。

找兄弟借的话又是怎么样的呢？＝如果兄弟家里有钱的话，肯定可以借出来。

【借主顺序】一般是先找谁借？＝两三元的话，就找村里的商店借。十元的话，多会找村里的好友借。

不是一般找兄弟或同族借吗？＝如果有钱的话肯定能借，没钱的话就找村里的有钱人借。并不是说他是同族就找他借，关键是谁有钱就找谁借。

【同贷主的关系与利息】找朋友借的时候，可以过两三个月再还吗？＝或两个月不还也可以，不过要是不能按约定时间还钱的话，就得提前说明理由。朋友之所以不要利息，是出于平时互相帮助的关系。

成为朋友是通过个人，还是通过村里？＝只要说两个人之前有一起共事，知道对方的性情、人格，这样就可以成为朋友。

姓氏不同的话，不容易成为朋友吗？＝不会，谁都可以，辈分不同也可以。

【找姻亲借钱】为什么村子里很多人找姻亲借钱啊？＝因为找姻亲好借，所以借的情况也多。一般就是估计谁手里有钱，就去找他借。

【有无利息】找姻亲借的时候有利息吗？＝直接从姻亲借的话是不要利息的，要是姻亲也没钱，而是帮忙找别人借的话，就得要利息了。

同族之间，找五服以内的人借钱有要利息的吗？＝有的，但不是一定会要。这取决于平时感情的亲疏。

【金额、利息与文书】借上五十元的话，利息怎么算？ ＝三分。

借上五十元的话，一般是必须要支付利息的吧？ ＝一般是要的，要是关系非常好的话不给也可以，给的话也不会要。拖一年都可以。

借五十元的话一般都会写文书吧？ ＝一般会写"借帖"。也有例外，也有不写的。

【借帖】借帖上必须得写上保人吗？ ＝得写，在这种情况下介绍人就会充当保人的角色。

村里人借五十元左右的时候是找本村的多，还是找城里的多？ ＝找城里的多。

"借帖"

　　　　某人△△△因一时不便今揭到

　　　　某人△△△大洋若干元言明行息三分利息

　　　　许至几月本利归还恐后无凭立帖为证

　　　　　　　　保人 △△△担负完全责任

　　　　中华民国卅一年　　月　　日　具

你家里的家长是？ ＝父亲。

当家的是？ ＝我。

【家庭借款与名义】你借钱的时候，借帖是以谁的名义写的？ ＝以自己的名义写，红白喜事送礼的时候，则以父亲的名义来写。

理由是？ ＝父亲年老，不能当家，因此有责任的事情都是我来担。

不是当家人的话，借钱的时候怎么写借帖？ ＝以家长的名义或当家人的名义来写。以家庭成员的名义是借不来的，而且家庭成员借钱的话，家长不承担任何责任。当家的借钱的话就是借生活费、肥料钱等。

【家庭的借款】家庭成员借钱的时候是凭个人信用吗？ ＝是的。

本村有吗？ ＝兴许有。

【父拉子还】家长或当家的去世后，借款怎么办？ ＝"父拉子还，理之当然"。

哥哥借的话，由弟弟来还也是理所当然的吗？ ＝没分家的话，肯定得还。

如何判断是否分家了？根据分家单吗？ ＝要是分家了的话，谁都会知道的。

即使分了家，父亲的借款也由子女来还吗？ ＝是的。

由哥哥还还是由弟弟还？ ＝兄弟二人一起还。

兄弟没有分家的话，借款怎么还？ ＝由两人共同承担，分家了的话就把债务平分。

【分家与债务】贷主会要求全额还款吗？ ＝分家的时候会请贷主来，当场说清楚由谁来还。

贷主会当场要求双方全额还款吗？ ＝要是分家的时候不平分债务的话，就会估算一下，让承担债务的人可以多分一点土地，这样一来债务则由他承担，另外一个人不用承担。

　　分家的时候，债主必须得到场吗？ ＝因为之前是写了借帖的，因此债主不来不行。例如说兄弟两人，哥哥借了钱而弟弟不知道，这种情况下就得请贷主来，把事情说清楚。

　　弟弟借了钱而哥哥不知道呢？ ＝除非是以个人名义借钱，不然哥哥（家长）都会知道的。

　　【借钱与兄弟】哥哥借钱和弟弟借钱，情形不一样吗？ ＝哥哥给家里借钱的话，弟弟不会不知道的。怎么说哥哥也是给这个家借钱，应该和弟弟商量一下。刚才所说的是，弟弟怀疑哥哥由于关系不好要分家，就以家庭的名义给自己借钱用，在这种情况下就会请贷主过来商谈。

　　【债务均分】要是分家的话财产也平分了，贷主的担保就变少了吧？ ＝也有损失的，不过借款是平均分配的，也有没有多大损失的。

　　兄弟分家之后，如何承担父亲的借款？ ＝均分承担。

　　原则上是均分，不过分家的时候，由于财产有多有少，就请贷主过来进行适当的分配，有这种情况吗？ ＝还是分家当天进行均分，不过也有在估算财产之后，就债务的返还进行商谈的。

　　【养老地的处理】除了丧事费用外，还有以养老地为担保借下其他债务的吗？ ＝办完丧事后，剩下的钱用来还款。不够的话，由兄弟二人补，有多余的话两个人平分。

　　【当铺】典当的店铺以前叫作什么？ ＝当铺。

　　当铺还在的时候，你当过哪些东西？ ＝衣服、首饰。

　　农具呢？ ＝当不了。

　　为什么？ ＝价格太便宜，别人不给当。

　　现在没当铺了，怎么办？ ＝现在没有当东西借钱的，都是卖鸡蛋等来挣钱。

　　【动产担保】可以把衣服、首饰当给个人吗？ ＝没有这种事情。

　　村民之间有买卖吗？ ＝是的，这个有。卖的时候就拿到集市上去。

　　地主和租户之间能够像朋友一样相互贷借吗？ ＝有钱的话，就会给融通的。

　　【粮食借贷】有粮食的借贷吗？ ＝村子里本来粮食就不够，很少。

　　借粮食的时候是多少天后还？ ＝秋收之后。

　　粮食最短缺的是几月份？ ＝四五六月份。

　　这种时候算利息吗？ ＝不算。

　　不是同族或朋友的话，也不会借给你吧？ ＝是的，也有吃粮还钱的，这个情况比较多。

　　是一开始就说好的吗？ ＝是的。

　　粮食的价格是按什么时候的？ ＝按现在的价格。借的时候粮食价格更高，秋天粮食更便宜。每年有两三家会借上二三十斤的玉米、粟，都是不要利息的。

　　【棉花、落花生的交易】城里人卖棉花、落花生的买主都是固定的吗？ ＝这也不一定，落花生是卖给城里的油号（有五六家），棉花是卖给城里的花绒行（有二三十家）。也有人把棉花卖给村里的轧房。

　　村里的轧房是谁的？ ＝王崇之、王文庆、王葆堂、李存功、李玉亭、李存忠。

【贸易场所、买主】集市、城里和村里，棉花在哪个地方卖得多一些？ ＝上集市卖得最多，其次是卖给轧房，花绒行不要带籽的棉花。

刚才六户人家都有剥种的机器吧？ ＝是的，都有轧车子。

上集市能卖高价钱吗？ ＝价格上倒没有差别，只是轧房不是给现金（两三天后支付），农民们上集市把棉花卖掉，然后就可以买些生活用品。

【轧房的交易与税】卖给轧房需要纳税吗？ ＝要纳税，城里来人收税，轧房有账本的，根据账本收税。在我们村，棉花和花绒是不一样的，收税也是分开的。

城里来收税的人是找轧房收吗？ ＝是的。

【集市上的交易】集市上卖又是怎么样的呢？ ＝不收钱，而是拿棉花，不会专门称量，就那么拿走。上集市多是卖个两三斤，收税的人会找卖主拿。

只有把棉花卖给轧房时才会卖上百斤的吗？ ＝二十斤、三十斤就算最多了，卖给轧房的时候会有一百斤以上的。

【先卖棉花等】有棉花地的人会不会约定将来把棉花卖给轧房，以此找轧房借钱？ ＝没有，因为如果碰上天灾棉花就收不回来，但是如果手头有钱的话，找谁都能买得到棉花。

可以像这样找油号借钱吗？ ＝不可以。

【赊账】本村人买日用品会赊账吗？ ＝相互认识的话会有，去不认识的店里就赊不到了。

期限为？ ＝因金额而不同，一元、两元的话十天、二十天之内还。赊结婚用的东西的时候，也有托保人说合之后秋天再还的。

在这种情况下，有因还不上钱而导致土地被收走的吗？ ＝有，例如说借的金额为七八十元，土地只能值五十元，还不上钱的话也有土地被收走的。这也是我听来的，并非亲眼看到，感觉这种事情很少。

赊账的情况很多吗？ ＝不多，很少，赊账是每天上城里做小买卖，大家都认识的情况下才有。我当地之前买过石碱、袜子和手巾等。

【银号、乡社】迄今为止，还有其他的金融办法吗？ ＝以前是找银号借，再就是找乡社借点小钱。

【棉花改进会】春耕时有找新民会贷款吗？ ＝有找棉花改进会借过一两元钱。

【找绅士借钱】借过七八十元吗？ ＝一般的老百姓借不了，得找村里的绅士借。

绅士是谁？ ＝例如说找认得的县长的绅士就借得了，再就是镇长、村长之类的人就借得了。

除借帖外，还有其他叫法吗？ ＝没有，大家都叫借帖，没有别的叫法。

借粮食有什么叫法？ ＝就叫借粮食。

【预扣利息】有借八十元而在借帖上写一百元的吗？ ＝没有，我们村没有。

【找银号借钱】找银号借呢？ ＝和一般的借帖一样，不还本金的话每月支付利息就可以了，和一般的一样。

【支付利息】村民之间也是每月支付利息吗？ ＝村民之间过一年再还的居多，不过城里多是为每月支付。

【借粮与延期】有"借粮食还钱"的说法吗？＝有，一般叫作"延粮"。借的是粮食，还的也是粮食的话谓之"借粮"，不过得是很亲的人之间才行。

【指地借钱与借帖】指地借钱与借帖的利息是一样的吗？＝一样，人格还行、信用不够的情况下就会指地。

一般多少元以上会指地借钱？＝一两百。

最少是多少？＝五六十元。

指地借钱的期限为多少？＝一年到三年，再多就没有了。

一般大家借钱都是借一年吗？＝也有三年的，基本上大家都是借一年以下，而且秋收之后就会还。

指地借钱的话，是满三年的秋收之后，还是不到三年的秋收之后？＝满三年。

一般借钱也是满一年吗？＝一般也是满一年，秋收之后把作物卖了就还钱。

【偿还与利息】在期限之内还的话，利息就是按月算的是吗？＝是的，不按年算。

【写了借帖却无力偿还的情况】事先写了借帖，结果却无力还债，怎么办？＝还利息就行了。

利息都还不了的话怎么办？＝不会的。

成了寡妇，还不上钱，怎么办？＝延期还。

延期以后怎么办？＝要是有地的话就卖地，地也没有的话还有保人，就去求保人。

充当保人的都是借主的同族或亲友吗？＝不一定。

【保人的责任】本金和利息都由保人承担吗？＝只承担本金。

为什么？＝借主请客，保人代为偿还本金，出于面子关系只还本金。这也得是借主确实没有办法了，才会代还。

保人有钱，但借主一文钱都没有的话，也能借到钱吗？＝能，但是借主一文钱都没有的话，也就没人乐意当保人了，还是得稍微有点钱。

【保人同借主的关系】保人代替借主偿还本金之后，会要求借主还吗？＝除了等借主将来日子过得好一点，别无他法。

保人代付本金的时候，会和借主之间写新的文书吗？＝不会，之前的借帖不还给借主，由保人保存就可以了。

这个利息是怎么办的？＝保人不会要求利息。

【多个保人、连环保证】保人有两个以上的吗？＝有，没有特殊的叫法。此外还有连环保证，甲要借钱，乙给甲当保人，但是如果贷主不信任乙的话，因为贷主相信丙，乙就再找丙来当保人。在这种情况下，乙给甲做担保，丙又给乙做担保，谓之"连环保证"，不过我们村里没有这种事。

有两个保人的话，贷主就可以要求两个人全额还款了吗？＝可以是可以，一般为两个人平均分担。

借主有两个的吗？＝没有。

没有分家的兄弟借钱呢？＝以其中一个人的名义借。

应答者　王庆昌（四甲一户，43 岁）

俊岭和你是什么关系？ ＝远族叔父。

走得近的有哪几家？ ＝吉昌、德昌、洪昌、庆昌。

你父亲是？ ＝春生。

父亲的兄弟为？ ＝春杰、春秀、春生、春才。

【分家】什么时候分的家？ ＝五十年前。

当时有多少地？ ＝一人分了一亩。

你什么时候分的家？ ＝民国二十五年：1. 洪昌；2. 德昌；3. 庆昌。吉昌的父亲是春才。

【土地】你分家的时候分到了多少地？ ＝一人三十亩。

土地的买卖？ ＝二十五年前以每亩三十吊钱卖给前夏寨的李邦杰六亩半，二十年前以每亩五十吊钱卖给同人五亩。再就没有了（父亲于二十五年前去世）。

【借钱与卖地】兄弟三人商量之后卖的吗？ ＝和兄弟、母亲商量之后卖的。有父亲的医药费和丧事费，家畜也死了。

找谁借的钱？ ＝找耿家堂村的耿子龄借的。

【借款与出当】现在有出典吗？ ＝前年以每亩两百元出典三亩地给了郭杨庄的朱种，以此还上了借款。

找谁借的钱？ ＝为了支付自己的医药费和妻子的丧费，找郭杨庄的朱借了一百三十元，把地当给他的时候只拿到了七十元。

一开始找朱借了多少钱？ ＝第一次借了五十，第二次借了三十，第三次借了五十，第四次借了七十。

什么时候借的？ ＝记不清了。

其余的借款呢？ ＝去年托周全庄的丁鸿思找城里借了一百五十元，利息是四分。

是指地借钱吗？ ＝是写借帖。

找谁借的？ ＝找城里商店借的，店名我忘了。

去年几月份？ ＝五月。

利息是什么时候支付？ ＝每年一次。

年利还是月利？ ＝年利。

得付多少？ ＝每月六元。

这不是月利吗？ ＝我刚才是说每年付一次，是年利，事实上是按月支付的。

应答者　王洪昌（四甲二户）

【出当】有出典土地吗？ ＝去年以一百九十五元出当了三亩地给前夏寨的陈希伦。

为什么出当了？ ＝我和儿媳妇病了。

【借钱】病了之后找谁借钱呢？ ＝三年前找刘王庄的王廷珍借了一百三十元，这笔钱现在都没还。

利息为？ ＝三分。

期限为？ ＝没有期限。

还借了别的钱吗？ ＝没有。

保人是？ ＝没有保人。是儿媳妇的父亲，所以没要保人。

【买地】土地的买卖？ ＝民国二十二年从王廷干那儿买了四亩地，这是块祖坟地，王廷干是同族弟弟。我把共有地买下来了，文书上写的是七十元。

6月4日

指地借钱　当　期限　利息　担保与还债　先买权　典租佃　当与租　破产　作物的交易

应答者　马万年、吴顺交

【指地借钱与当地】指地借钱的人多吗？ ＝不多。

本村有多少人？ ＝不清楚。

与指地借钱相比，当地的更多吗？ ＝是的，当地的更多。

为什么当地的更多？ ＝愿意指地借钱的人很少，当地的话，贷主可以有地耕种，愿意借的人也更多。

【指地借钱与地价】指地借钱的时候，能够借到地价的多少？ ＝现在一亩地是三十元，想借五十元的话就得押两亩地。

很奇怪啊，押六十元的两亩地却只能借到五十元？ ＝总之指地只是一种担保，和地价的多少没有关系。

【当地与地价、卖价】当地能借到地价的多少？ ＝三十元的地的话，估计能借到四十元。

地价和卖价，怎么不一样？ ＝地价就是当价的意思，现在一亩好地能够卖到六十元。

当价为三十元，能够借到四十元，为什么？ ＝就是四十元的地只能借到三十元的意思。

四十元的意思，就是卖的话能够卖到四十元吗？ ＝是的。

【指地与地契】指地借钱的时候需要交文书吗？ ＝不需要。

【指地期限】指地借钱的期限为？ ＝春天借的话秋天还。

【借帖的期限】如果借帖上写有五月借款，期限为一年，那么也得在秋天还吗？ ＝一般不会写一年，而是写上春天借秋天还的字样。

【利息的计算】这个利息是怎么办的？按月算吗？ ＝是的，按月算。

利息两分，五月十五日借，十月十五日还的话，借一百元需要支付多少利息？ ＝支付四个月加二十天的利息就可以了，九元三十几钱。

不把五月当成一个月吗？ ＝不当一个月。

这样满打满算的话，村内村外都一样吗？ ＝一样。

有不按整数算的方法吗？ ＝没有。

【不适合担保的地】有不适用于指地借钱的土地吗？ ＝坟地。

可以耕作的坟地呢？ ＝共有坟地（祖坟地）不能当，自己私人的可以。

土地上有树木、房子的话，也能用于担保吗？ ＝（无法回答）

【指地的转担保】可以把指地借钱的土地再次用于指地借钱吗？ ＝可以。

以一百元指地借钱的地能够再次以一百五十元进行指地借钱吗？ ＝不行，必须是一百元。

一百元以内呢？ ＝也不行，必须得是一百元。

得一开始就通知借主吗？ ＝随便。

要重新写借帖吗？ ＝是的。

为什么非得是一百元？ ＝总之还是按照先前的价格来。

【延期】还是支付利息的话，能够推迟到秋天以后再还吗？ ＝可以。

就可以第二年秋天还吗？ ＝是的。

需要改借帖吗？ ＝也有重新写借帖的，也有不写的。

【转担保与重担保】第一个借主将本利一并还齐之后，第二个借主只付利息不还本金，可以吗？ ＝不可以。我刚才说的是，如果是自己的土地的话，则可以通过指地再从别人借钱，不能用别人的土地来指地借钱。

【指地却无力还债的情况】无力偿还本利的时候，怎么办？ ＝土地交由贷主耕种。

这种情况下需要立当契吗？ ＝是的。

要是拒绝写当契的话怎么办？ ＝不能拒绝。

【指地的非公示性】将地用于指地的事情，村民们都知道吗？ ＝有人知道，也有人不知道。

买下那块地的时候，人们会知道那块地是用于指地借钱的吗？ ＝知道的人也有，不知道的人也有。

【担保土地的买卖】要是被不知道的人买了怎么办？ ＝这种地不能卖。

卖了以后，从卖得的钱里拿出一部分还债也是可以的吧？ ＝是的，这样是可以的。

【先买权的有无】出售进行指地借钱的土地时，贷主拥有先买权吗？ ＝没有，谁出钱多就卖给谁，和贷主没有关系。

【当地】出当土地有什么叫法吗？ ＝谓之"当地"。

你知道村子里有多少当地吗？ ＝不知道。

【先当后买】先当后买和直接出售，哪个多一些？ ＝前者多一些。

【找价】将出当进行借增的叫作什么？ ＝找价。

有没有一年两次的？ ＝没有这种事情。

找价的月份是固定的吗？ ＝从正月到清明节之前。

正月以前呢？ ＝不能。

为什么？ ＝因为没有这种先例。

【当契】一定要写当契吗？ ＝是的。

父子之间，或者兄弟之间又是如何？　＝兄弟之间肯定要写，父子的话不写也行。

【父子之间的当】分家了的父子呢？　＝本村只有一家，他们是写了的。

为什么写了？　＝那个父亲想把地当给别人，儿子不同意，父亲就说当给儿子也可以，不过得写文书。

那位父亲是认为不写文书就赎不回来了吗？　＝父亲把地当给别人，儿子又赎了回来，因此父亲又让儿子重新写了份文书。

他是认为不写文书的话，那块地就被儿子抢走了吗？　＝是的。

要写的话，父子关系就恶化了啊？　＝是的。

是谁家？　＝王吉昌和王俊才（父）。

王俊才把地当给了谁？　＝当给前夏寨的柴清泗，当十年。

他们是什么时候分的家？　＝我不知道。

王吉昌没经父亲同意就赎回来了吗？　＝得到父亲允许之后赎回来的。

【当与老契】当地的时候要交老契吗？　＝不用，重新写文书。

【土地之外的典当】除土地之外，还有当其他东西的吗？　＝没有。

农具、家畜呢？　＝没有。

地基一般当几年？　＝不一定。

有实际的例子吗？　＝我不知道。

【期限内的赎回】可以在到期之前赎回吗？　＝可以。

为什么？　＝因为要地的允许在期限之内赎回。

那么为什么还要写当契三年？　＝因为以前写年份写习惯了。

【当价减额】赎回来的时候可以将当价减少一点吗？　＝如果要地的允许的话，也可以。

期限为三年，在一年之内赎回呢？　＝这不行。到期之后才可以说这种话。

【长期出当】当一个二三十年的话，当地不就像是贷主的地一样了？　＝没有当这么长时间的。

李存信把李存义的地都拿了二十多年了，那是怎么回事？　＝他们是同族，才可以当这么长。

【无期限的当】有没有没写期限的当契？　＝有。

有当地并且支付利息的吗？　＝没有。

【出当者的耕作——租地】土地由出当的人耕种，有这种情况吗？　＝没有实际的例子，村里可能会有。

这叫作什么？　＝谓之"租地"。

【承当者的土地使用】承典者可以在地里挖土吗？　＝不行。

可以在地里埋坟吗？　＝不行。

【当地的担保】当地的钱粮由谁出？　＝耕种的人。

摊款人是？　＝耕种的人。

【当地的先买权】出售当地的时候，要地的拥有先买权吗？　＝是的，但也得按同族、四邻、本村人、要地的这样一个顺序来。

要地的和本村人相比？ ＝卖给出钱多的人，出钱一样多的话谁都可以。

【租与当】租地时间为三年，第一年的时候就给出当了，怎么办？ ＝可以出当，佃户干涉不了。

【债权担保】可以以借条为担保借钱吗？ ＝没有这种事情。

【抗伙还债】有在借钱之后，在还上之前去人家家里劳动的吗？ ＝有，具体例子我一时想不起来。

长工还是短工？ ＝长工。

这种事情有什么叫法吗？ ＝谓之"抗伙还债"。

【无期限、无利借贷——借情】有不定期限借钱给别人的吗？ ＝两三元的话可以，十元就不行了。

这种借钱有什么叫法吗？ ＝谓之"借情"，没有利息。

【借帖期限】借帖当中，期限最长的是？ ＝一年。

【短期借贷】有早上借晚上就得还的吗？ ＝有。

大概是多少钱？ ＝十元以内。

有利息吗？ ＝没有利息。

要是当天还不了怎么办？ ＝还不了的话，和贷主说一声就可以了。

要是过半个月、一个月之后还是还不了，怎么办？ ＝和贷主说清楚什么时候还就可以了。

【保人与谢礼】会给保人送点谢礼吗？ ＝不送，也不请客。

这是因为朋友之间的情谊吗？ ＝是的。

因为有同族这层关系在，才会担任保人的吗？ ＝是的。

【分期偿还】借一百元之后，可以分多次偿还吗？ ＝可以。

有从开始就这样约定的吗？ ＝没有。

【偿还借粮】如果借了粮食，必须用粮食偿还吗？ ＝是的。

有借粮还钱的吗？ ＝这也是有的，不过非常少。

【债务与货币价值】事变之前借了五十元，可以用现在的联银券偿还五十元吗？ ＝可以。

有连续借贷二十年、三十年的吗？ ＝没有。

【前往偿还债务】借款是借的人去还，还是贷的人来拿？ ＝借的人去还。

【作物的征收】收获的时候，贷主可以扣押作物吗？ ＝可以。

可以随便拿走吗？ ＝和保人一起去找借主商量，让他同意。

这个时候，村长或甲长会来吗？ ＝不来。

【还破账】贷主有很多钱，但借主没那么多时，怎么办？ ＝还破账。如果是一百元还八十元就可以了，如果是五十元还四十元就可以了。贷主把大家都聚起来商量、决定。

之后有钱了也可以不还吗？ ＝视情况而定。如果提前说之后要还的话，就一定得还。要是当时算清了，之后就可以不用还。

有具体例子吗？ ＝实际上是有的，到底是谁，名字我忘了。

【半夜出逃】有因还不上钱而从村子逃走的吗？＝有。

最近五年约有多少人？＝我们村没有。

【有无时效】借款过了好几年都没收回来的情况下，有没有过多少年之后就不用偿还了的？＝没有这回事，都得还。

这样一来，利息就相当高了吧？＝还本钱就可以了。

【棉花与落花生】整个村子能收多少斤棉花？＝不知道。

落花生呢？＝不知道。

今年棉花是多少钱？＝一斤一元。

落花生呢？＝一百斤二十元。

有一起卖棉花或落花生的吗？＝没有，都是个人在卖。

落花生和其他作物种在一起吗？＝没有。

几月种？＝三月种，八月底收。

有十亩地的话，一般会种多少落花生？＝两三亩。

那样的话，种几亩棉花？＝种的话就大概种一亩，也有不种的。

一亩能产多少落花生？＝好的话两百斤。

棉花呢？＝好的话七八十斤，一般的有四五十斤。

一斤有多少两？＝十六两。

【落花生的交易】落花生是上集市卖的多，还是卖到油房的多？＝卖到油房的多。

【秤子——包行】需要中介人吗？＝有秤子（称量的人），这谓之"包行"。

手续费为？＝一百元交三元，这是找买主收的，和农民没有关系。

农民会请包行吃饭吗？＝不请。

【运送】用什么把落花生运送到城里的油房去？＝大车。

没有大车的人怎么办？＝挑过去，或者是借大车。

有推车吗？＝赶集的时候是用平车，或者是用红车、小车。不过卖到油房的时候不用小车。

农民中间，谁家都有平车或小车吗？＝不是的，红车三辆、平车一辆，这是我个人拥有的。

谁家有大车？＝王庆昌、吴玉琳（玉生、玉珍、卜伙），此外还有十几辆。

【车、牲畜的借与】借的时候要给钱吗？＝不用。

有做短工吗？＝有做短工的，也有不做的，不做也会借给你。都是朋友，别人借给你了，你就得给别人帮忙。

牲畜呢？＝这也借。我有车也有牛，但还缺的时候会借别人的牛。

【油房采购】油房会来人收作物吗？＝也有过来的。

价格更低吗？＝是的。

哪种方式更多？＝油房来收。

【付钱】什么时候会给钱？＝十日以内。集市上是给现金的，油房不给现金。

这钱是农民自己去拿吗？＝不一定。

【油房的采购时间、采购量】到了落花生的收获季节，油房从各农户依次买走吗？　＝从一个人大概能买到两百斤，一次能买走一千三四百斤左右。

【选择出售时间】按照农民人数划分，有收获之后立即出售和等待涨价时机再出售两种吧？　＝是的。

大概有多少家能够等到涨价时节？　＝王吉昌的五百斤是等涨价以后再卖的，其他的就没有了。

除棉花、落花生以外，还有专门用于出售的作物吗？　＝本身粮食就少，其他的就没有了。

【购买粮食】粮食不够的人从哪儿买？　＝集市。

有去邻村买的吗？　＝没有，离城里也近，去城里买。

【购买日用品】农民的日用品是在哪里买的？　＝城里或者是集市。

农具呢？　＝有从集市上买的，也有等锻冶屋转到村里来的时候托他们做的。

【行商人】行商人都有哪些？　＝有卖蔬菜的，卖醋和酱油、烧饼、点心、茶叶、糖、豆腐、针线、馒头、小鸡等的。还有占卜的人，修补茶碗的人和卖钵的人等。

【种子】有来卖种子的人吗？　＝只有来卖萝卜种子的。

其他的作物种子上哪里去买？　＝自己留了的，不用买。

【肥料】肥料呢？　＝上城里去买，也有人不买。

不买的人是怎么办的？　＝就用自己平时储存下来的。

买的人和不买的人，哪个更多？　＝不买的人更多，整个村子只有三家买。

是因为他们的地多吗？　＝因为他们有钱。

【物物交换】有没有物物交换？　＝用棉花种子换油。

这是在哪里换？　＝村子里。

谁来换？　＝卖油的人和村里的人。

按什么比例换？　＝一斤棉花种子兑二两油。

有自己在家剥棉花种的吗？　＝我们家要用四五斤棉花，就用那些剥下的种子换油。

蔴子是什么？　＝一种柴火。

【共同购入品】有几家共同购买的东西吗？　＝牛、大车、碾子、磨。

小车呢？　＝个人买。

如果是五个人一起买的话，出的钱都得是一样的吗？　＝是的，均分。

共同购买的东西放在哪里？　＝放在其中一人的家里。

【共同使用】牛是怎么办的？　＝在每个人的家里放十天、半个月或一个月，轮流使用。

买的时候决定的吗？　＝买之后决定的。

定为十天之后，这十天其他人就用不了吗？　＝只是规定谁来喂饲料，用都是自由的。

共同购买的几个人得是关系相当好吧？　＝是的，得是朋友之间。

【交易上的不便】在农村，有什么交易上的不便之处吗？　＝不上城里去买的话，在外面什么都买不到，很不方便。

事变前和事变后比较的话，怎么样？　＝事变之前城里没有集市，很不方便，事变之后集市移到了城里，更方便了。

事变前集市在哪里？ ＝八里庄。

【物价带来的影响】物价上涨，会感到为难吗？ ＝是的，日子更苦了。

日子更苦了，借钱有没有增多？ ＝没有大的变化，因为农作物也涨价了。举例子来说的话，事变前落花生是每一百斤值三元钱，现在就有二十五六元了。

【借钱的原因】借钱的原因之中，是疾病、婚礼等临时情况居多，还是给一家人买粮食居多？ ＝多是借作生活费。

【负债户数】村子里大概有多少人借了钱？ ＝差不多有百分之八十。

过于贫困的人是不是就借不到钱了？ ＝是的。

这样的家庭有几户？ ＝马士达和马金玉。金玉有八十岁了，孩子才十几岁，养的人都没有，所有地也都是沙岗，过着乞丐一样的生活。

马士达呢？ ＝有时候会到其他村去，去干什么就不知道了，多半是讨吃的去了。

【富裕农家】有多少家完全不用借钱的？ ＝二十家左右。

用借帖最多能借到多少钱？ ＝上百元。

有卖出高价粮，买回低价粮的人吗？ ＝没有。

村里有贷钱的人吗？ ＝没有。

有承典的人吗？ ＝这个有。

6月6日

应答者　魏鸿钧（魏金声之子）

地　点　县公署

【祖坟地的耕作】祖坟地由谁在耕种？ ＝吉平。

从什么时候开始的？ ＝从前年开始。

再之前是谁？ ＝是我。

几年更换一次？ ＝没有特别的规定，想耕种就耕种。

想耕种的话，要和谁说？ ＝和继平、和族长说都可以。

族长是？ ＝吉周。

要是对方不同意的话怎么办？ ＝不同意的话，也可以由对方耕种。

当　找价　回赎　当与卖　当与指地借钱　转当　借款利息　土地买卖　红契原端　养老地买卖　补契　定钱　先买权　典地买卖　房子买卖

应答者　马凤祥

【当契与中人】出典的时候要写证明书吗？ ＝是的，要写当契。

必须要中人吗？＝是的。

【父子间】父亲把地出典给儿子的时候也是一样的吗？＝在这种情况下不需要中人。

【兄弟间】分家的兄弟之间又是怎么样的？＝要是刚分家的话，不要。要是已经分家很久了的话，还是要的。

在这种情况下需要写证明书吗？＝很少有刚分家就当地的，如果要当地的话，肯定得写。

父子之间也要写证明书吗？＝如果有的话，应该就不用写了。

【当与印契】以前当地的时候有加盖印契吗？＝没有。

【假装当】立当契的时候，有在文书里写上允许回赎的吗？＝没有。

有没有写的是租契，实际上是出当的？＝没有，租地不写文书。

【当房子】有出当房子的吗？＝城里很多，我们村没有。

有出当农具、家畜吗？＝没有。

【典当期限】当期一般为多少年？＝三年。

若是续当呢？＝十年是最长的。

【续当】当的时间一长，不就成了要地的了？＝没有写卖契，什么时候都可以赎回来。

【当契数量】要写多少张当契？＝一般是出典人写一份交给对方，也有写两份，各持一份的。

若是只写一张的话，时间一长，想赎回来的时候又没了证据，不会引发麻烦吗？＝还有中人。

要是中人死了呢？＝这边还有土地的卖契，不要紧。

【回赎与中人】想赎回来的时候，是直接说、还是通过中人提出来？＝通过中人。

【给中人的谢礼】怎么给中人手续费？＝请客。

有成三破二的说法吗？＝这是做买卖的情况，当的时候没有。

出当的时候由谁请客？＝要地的人。

回赎的时候是谁？＝回赎的人。

【找价】想找价的时候也是通过中人吗？＝是的。

请客吗？＝不请客。

找价时要写在当契里吗？＝是的。

高价大洋若干元

"高价"的"高"是什么意思？＝就是抬高的意思。

用土话说就是找价吗？＝是的。

为什么不写上找价呢？＝因为从要地的一方来讲就是抬价了。

【部分赎回】出当五亩，可以从中赎回三亩吗？＝一般是不行的，要是有面子的话，也有赎出来的。

五亩是一百元的话，赎三亩地的话，给六十元就可以了吗？＝是的，文书也得重新写。

地价上涨之后，可以无偿赎回一部分土地吗？＝可以，也需要新写文书。

【到期前的赎回】可以在到期之前赎回来吗？＝面子大的话，能够赎回来，我们村一般赎得回来。

关系不好就不行了吗？＝是的。

【当与卖】要是在当期之内把地卖给别人了，怎么办？＝在这种情况下可以赎回来。

【承典者先买】关系不好也可以赎回来吗？＝在这种情况下，若是承典人不要的话，也可以卖给其他人。承典人要的话，就得卖给承典人。

要是同族和承典人出同样多的钱呢？＝必须得卖给承典人。

超过当契之后怎么办？＝可以随便卖了。

【同族与承典人】在当期之内，相比同族而言，得优先卖给承典人的理由是？＝因为承典人可以不允许你赎回来。实际上，若价格相同，或者稍微少一点的话，也是卖给了同族，不是卖给承典人。

要是不允许赎回来怎么办？＝不会不让你赎回来的，这关系到面子问题。

【押当不押卖】把地卖给别人之后也不是一定能够赎回，而是取决于面子是吧？＝是的。

押当不押卖，有这种情况吗？＝没有这种说法。

【回赎请求】要地的会提出希望出典人赎回去吗？＝有是有，不过赎不赎回就是出当人的自由了。

【当价占地价的比例】卖价为一百元话，当价为？＝高的话有七成。

最低的有？＝两三成。

一般为五六成吗？＝是的。

【指地借钱与卖价】指地借钱的时候为？＝多的时候能借到和当价一样的钱。

一般为？＝八十元左右。

为什么指地借钱还借得多一些？＝因为如果不还钱的话，就可以把地占为己有。

没收土地之后就拿不到利息了吧？＝正是如此。

这不就和当一样了？＝耕种的话，获利比利息还要高。

【当与指地借钱的比较】当比指地借钱更有利吗？＝对地主来说的话，只有当没人愿意指地借钱的时候才会当地。曾经托保人从银行借钱的更多一些，指地的更少，约占十分之一二的样子。银号指地借钱的时候甚至能借到和地价一样的金额，一般为六七成。

银行接受当地吗？＝不接受。

【当地的负担】当地的田赋由谁负担？＝耕种的人。

直接交给甲长吗？＝先给出当的人。

要是没给田赋的话，怎么办？＝文书上都写了的，不会有错（粮随地走）。

包括粮杂派的所有负担吗？＝是的。

有例外吗？＝没有。

拖欠的时候由谁催促？＝出地人催促。

【转当】实际上有转当的吗？＝有。

需要通知出地人吗？＝一般会和出地人商量，问他要不要赎回来，不赎的话就当出去了。

【当期内的转当与回赎】当期内也是如此吗？ ＝也要通知。当契写的是三年，实际上人们多在一两年的时候就赎回去了。

需要重新写当契吗？ ＝最开始要地的那个人写文书给后来要地的那个人。

【转当契】文书是什么样子的？ ＝文书和当契一样，只不过是要口头告诉要地的转当一事。

写上是自己的土地吗？ ＝正是如此。

【转当与负担】粮食怎么办？ ＝耕种的人依次给送过去。粮食多是自己去拿，也有给送过来的。

【转当价】转当的当价有什么限制吗？ ＝不定，可以用比一开始更高的价格转当出去。

最开始出地的人来赎地，但由于转当价格过高无法赎回的时候呢？ ＝转当的人把自己的地当出去或者是卖了来筹钱。

要是没地怎么办？ ＝不会没地的。

【转当期限】如果最开始的当契为一年，可不可以把转当期限设为三年？ ＝不行，转当契上会写上"钱到赎回"，不写期限。

【转当与先买权】转当土地的所有者想卖地时，谁拥有先买权？ ＝同族、四邻。

若在期限之内呢？ ＝同族、四邻。

要是关系不怎么好呢？ ＝那就赎不回来了，只有等。

转当的时候，两个要地的当中，谁拥有先买权？ ＝我认为应该是前头那个。

【借钱的利息】借钱的利息一般是多少？ ＝三分。

是年利更多还是月利更多？ ＝月利。

采取支付年利的时候，即使只过了半年也要算一年的利息吗？ ＝没有年利，没有这种事情。

【高利、利息的高低】利息最高的是？ ＝八分（城里）、五分（村里）。

采取五分利的时候，本金为？ ＝高利息都是有急用的时候（要是筹不到钱就解决不了事情）收的。

一般来讲，是不是有本金越高利息越低的趋势？ ＝是的，从五十、一百到两百、五百，利息都是三分。再往上跑利息就低下来了。

两三元呢？ ＝没有利息。

【预扣利息】有没有在急用的时候，借五百元，但文书上会写七百元的情况？ ＝没有。

有借五十元，写六十元的吗？ ＝没有，的确是有利息很高的，但没有这种事情。

【保人的手续费】保人的手续费是？ ＝没有。

【利息支付时间】利息是在之前支付还是在之后支付？ ＝秋天一次性支付，把粮食换成钱之后就还。

【红契与白契】以红契卖地和以白契卖地，手续费会不一样吗？ ＝总之白契很难保证信用。

信用难以得到保证的时候，怎么办？ ＝红契有实打实的证据，白契没有。但如果买主和卖主是朋友的话，即使白契不是税契也不要紧。

有没有卖主不给白契加盖印契就不买的？　=没有这种事情。

即使是朋友之间，有后来因为关系闹僵而出问题的吗？　=没有这种事情，要是朋友关系闹僵的话，买主就会尽快去加盖印契。

【老契的交接——红契原端】不过割也是因为这种原因吗？　=关系特别好的话，不过割也可以。关系好的话，把红契（老文书）交给对方，不写新文书也可以，这谓之"红契原端"。

【这种情况下的买卖手续】在这种情况下需不需要量地？　=因为这还牵涉四邻，所以必须得量。

必须得写白头文书吗？　=不是的，是如果没有红契的话，就必须得写白头文书。

红契中所记土地的四至是通过口头承认吗？　=把四邻的文书和这份红契放在一起看。如果四邻的都是红契，而只有你的是白头文书的时候，你就不能对四邻提要求，因为你没有红契。丈量的时候，红契能够起到作用，白头文书半点用都没有。

【兄长不在时的土地买卖】哥哥去满洲打工去了的话，如果弟弟想卖地该怎么办？　=如果知道哥哥的住所的话，可以通过信件商量。如果不知道的话，就不用商量了。如果哥哥同意的话就没有问题，如果哥哥不同意，则可以把地进行出当，或者让哥哥给寄点钱回来。

哥哥不同意，但由于急需钱就卖了，怎么办？　=哥哥回来之后，兄弟两人肯定要争。

买主和哥哥之间呢？　=如果可能会引发争端的话，买主就不会买。

万一买了该怎么办？　=和买主没有关系，责任应该由弟弟承担。

【税契与买回】会买回来吗？　=要是买主加盖了税契就买不回来了，要是还没有加盖税契，兄弟两个打官司。如果哥哥赢了，兴许就可以找买主买回来。总之加盖税契之后，可以免除日后的一切纷争。

【正当理由与手续】在这种情况下，如果能够得到族长或村长的同意，买主就安全了吧？　=通常情况下，如果没有正当理由，族长等人是不会让你卖的，如果卖地是有正当理由的话，哥哥回来之后即使有牢骚，也是弟弟赢。

如果文书上没有族长或村长的同意，会不会就买不了？　=是的，这种情况下多半是买不了的，为了作为将来的一个证明，肯定是要写上的。

【文书上的证明】我看过村里各种各样的文书，好像没有看到有写过？　=因为基本上不会有这种事情。分家单上经常会写，因为分家的人之家经常起争端。"经村保长族人等合同议决如有意外之事大像努力干犯勿庸本主交涉理由[1]。"

【养老地的买卖与名义】可以卖养老地吗？　=父母死后可以卖，活着的时候不能卖。

父母死后，以谁的名义来卖呢？如果还有分家兄弟的话，怎么办？　=兄弟两人商量之后，以哥哥的名义卖，或者填上兄弟两人的名字。

可以把所有兄弟的名字都写上去吗？　=可以是可以，一般不会。兄弟之间商量不好的

---

〔1〕　译者注：原文如此。

话，就不能卖。能够卖的话，写谁的名字都可以。

【养老地文书的保管】父母活着的时候，养老地的文书由谁保管？＝父母。

【死后的分配】去世之后呢？＝两人平分文书。

只有一张文书的话，不就分不了了吗？＝在这种情况下，可以把地分给哥哥，同时给弟弟一部分钱。

这样解决不了的时候怎么办？＝两人平分，到县公署重新写两份文书。事实上，土地由两人平分、文书由哥哥保管的情况居多。

【分配与补契】写两份是什么意思？＝就是补契。

有红契也要补契吗？＝是的。

有红契的话，可以只补一份吗？＝既然把土地分成了两份，就应该是各补各的契。

在这种情况下会写什么证明书吗？＝什么都不写。

不过割吗？＝可以不过割。

不应该是写白头文书、立卖契吗？＝补契就可以了，要是关系好的话，文书由哥哥保管，什么都不用写。

【养老地的买卖与子女】父母可以出售养老地吗？＝可以，本来是不需要和子女商量，不过要钱的时候会和子女商量，子女拿不出来才会卖地。

【分家后子女的土地买卖与父母】父母和子女分家之后，父母可以卖子女的土地吗？＝不能只卖一个人的，要卖就把两个人的一起卖掉。

以谁的名义来卖？＝以父亲的名义。

父亲去世了的话，可以以母亲的名义卖吗？＝可以。

还是写上奉母命，以子女的名义来卖呢？＝不兴写奉母命这种东西。

丈量的时候，父母必须得到场吗？＝是的。

不到场的话就没有效力吗？＝不到场也可以。

弟弟卖地的话，已经分家的哥哥可以不用去吧？＝是的。

族长肯定是不会到场的吧？＝是的。

【定钱】定金有什么叫法吗？＝也叫定钱，也叫定码，把这个拿出来，卖主就非卖不可了。

买主呢？＝定钱少了的话不买也可以。

卖主把定钱还给他也不行吗？＝不行。

【不能买卖的情形与原因】无论如何都不行吗？＝若是有理由的话，例如说你把地卖了，后来父母知道后不同意，有这种理由的话也行。

双倍返还定钱呢？＝不行。

量地之前是可以的吧？＝没有合适的理由的话，不行。

感觉这对卖主和买主太不一样，很不公平？＝买主没有合适的理由的话，就必须得买，但是如果买主没钱的话，这种理由也能说得通。

【定钱与先买权】给了定钱之后，同族又要买的时候怎么办？＝一开始就要和同族商量，同族不买的话才会再问别人，没有同族后买的道理。因为某种原因同族不知道卖地的事情的话，把定钱还给别人之后再卖给同族就可以了。对四邻也是如此。

这样就是说，一般首先是找同族、四邻商量，然后才是找外人商量卖地的事情，是吗？　＝是的。

【先买权的顺序】为什么四邻也要先卖给他们？　＝是这么一个习惯，理由我也不知道。

从古至今同族、四邻的先买权就是同等的吗？　＝同等，形成了近族（五服以内）、四邻、远族这样一个顺序。

要是已经写了文书怎么办？　＝那就没办法了。

【先买时期】丈量完了之后，只要没写文书都是可以的吗？　＝这就要看在丈量之后、写文书之前的这段时间里，想来买地的人怎么说了。近族不在家的话则以书信通知，回复不要的时候才卖。或者是也有直接擅自卖掉的，自己生活困难就卖了，之后即使近族说要买的话，就说买方是已经定好了的，已经不能再买了。

【给中人的手续费】中人的手续费是怎么给的？　＝也有给钱的，不过很少，多是送礼。

成交金额为一百元的话，要给多少？　＝成三破五，很少有中人拿钱的。

【买卖的各种费用】打地钱是？　＝买主出。

费用是多少？　＝只有请客的费用。

文书由谁来写？　＝多由打地先生写。

【请客】请客的时候哪些人会来？　＝先生、中人、买主、卖主、四邻。

是打地当日请客吗？　＝当日请，也有第二天请的。

【地钱交付】有没有只给一部分地钱，剩下一部分过几天再给的？　＝商量决定。

一般准备不够钱，就不打地是吗？　＝是的，因此文书上会写"当日交足"。

只给一部分钱的时候会写文书吗？　＝依个人信用而不同。

【部分支付与耕作】买五百元的土地只交了三百元，还有两百元没给的时候，耕作的季节到了，那么这块地该由谁耕作呢？　＝这种事情很少，如果中人进行说合的话，则由买主进行耕种。

只支付一部分钱的情况很少啊？　＝基本上没有。

【典地的买卖】卖出典地的时候有必要先告诉承典人吗？　＝大抵都是承典人不同意找价了才会提出要卖给别人。

卖了地之后，要在承典人到场的情况下给钱吗？　＝拿到钱之后，用那笔钱去赎地。

【不能赎回与中人的责任】不去赎地，而是把钱私吞了，是不是会造成麻烦？　＝中人也在，中人不会允许这种事情的。

即使中人不同意还是私吞了，就会打官司吗？　＝中人和卖主打官司。

不是要地的（承典人）和卖主打官司吗？　＝和要地的没有关系，买地的人没法种地就和中人说，然后中人就会和卖主打官司。

不是买主和卖主打官司吗？　＝是中人和两边直接接触的，所以由中人来打官司。

买主也可以打官司吧？　＝要地的会向中人要地种。

不是也可以直接和卖主打官司的吗？是他们直接进行买卖的啊？　＝这不是卖主同买主

的问题，而是中人同卖主、中人同买主的问题，地钱也是交给中人的。再者，也有买主连卖主都不认识的。

打官司的费用由谁出？ ＝之后由卖主承担，可以说几乎没有这种事情。

【指地借钱与保人】指地借钱也是这种情况吗？ ＝借钱的保人和卖主打官司。

可以要求对方将其他的土地用作指地借钱吗？ ＝这倒可以。

【房基地的买卖】房基有什么叫法吗？ ＝房基地。

房子也算在内吗？ ＝这和房子各是各的。

【房子的买卖与基地】卖上面有房子的土地时，必须得连同房子一起卖吗？ ＝有只卖房子的，也有房子同基地一起卖的。同族之间的话，有只卖基地不卖房子的，以后等房子垮了再收地。例如说只买地不买房子的时候，如果买主想快点收地的话，就在卖主的其他土地上给卖主建一个同等规模的房子，这样就可以把房子和土地一起收走了。

【分别所有与买卖】有具体的例子吗？ ＝有两人分家之后，房子由哥哥所有，而房基由弟弟所有的事情。

哥哥可以只卖房子吗？ ＝可以，弟弟不要的话就可以卖给别人。只要房子不倒，弟弟就拿不到地。

【家与土地分离的分单上的例子】文书由谁保管？ ＝现在是由弟弟保管，分家单上也写得很清楚，应分空宅一所应分老宅一所上带房子两间。

"空宅"是只有地基没有房子的意思，"老宅"的话是既有基地又有房子。

现有基地两所，其中一所为空宅，另一所有六间房子，若兄弟二人分家，则每人分得一所宅基和三间房子。直到房屋毁坏，分到空宅的弟弟都可以住在位于哥哥宅基的三间房子里。如果哥哥在空宅上给弟弟重新建造房屋，弟弟则搬出哥哥的宅基，老房子归哥哥所有。

不仅仅是在分家的时候，我现在也只买下了四分地基，没有买房子。那之后，卖主住了四五年就死了，其同族将房子拆了之后换得丧费。因此地就是我的了。

【房子的买卖与使用】房子卖给别人之后，别人可以住进来吗？ ＝那个人可以住，但不会让别人住。

可以让已经和那个人分家了的兄弟住吗？ ＝也不行。

【只卖房子的含义】可以只卖房子不卖地基吗？ ＝可以，买房子的人把房子拆了之后把材料拿走，不能住。

【分离买卖的记入】只卖地基不卖房子的时候，文书怎么写？ ＝所卖宅基一所计地若干原有房几间不带。

只卖房子的时候怎么写？ ＝卖房几间不带宅基。

【树木】要是地基上还有树木怎么办？ ＝要是卖的话，就在文书中写清楚。

【只买卖地基】只买地基不买房子，让对方住进来的话，岂不是便宜了很多？ ＝是的，并且卖的人上了年纪快死了，又没有孩子，死了之后可以把宅基收走的情况下，就会这么买。

要是孩子从其他地方回来，住很长时间的话，怎么办？　＝没有这种事情，如果有的话就想其他的办法，即使孩子有一丝希望回来的话，也不会卖那块地基。

会有土地或房子比一开始看到的坏得多，有很多问题的情况吗？　＝不会卖，买之前买主会详细地进行调查，因此不会有这种事情。

【土地买卖与公示】买卖土地的时候，除了税契、过割之外，还有让村民们知道的办法吗？　＝会尽量不让别人知道。治安不好，让匪贼知道你有钱了，就会被绑去做人质的。

甲长或村长还要摊款，有必要告诉他们吗？　＝向收款的甲长申请变更摊款对象就可以了。

赋　税　篇

1942 年 6 月

（华北农村惯行调查资料 80 辑）

赋税篇第 14 号　山东省恩县后夏寨

　　　调查员　本田悦郎

　　　翻　译　杨公为

6 月 3 日

省税　商会　屠宰场　田赋附捐

应答者　沈联萱（财政科长）

地　点　财政科

【省税】本县代征的省税有？＝田赋附捐（临时）、田赋省附捐杂税（牲畜税、屠宰税、牙税、油税、营业税、研究牌照税）八种。

【商会的职责】商会代征？＝由于催促营业税，各人自己带去征收处。

商会催促，而且统一代收，就一并带去县里。＝仅限催促时。

如有代替本人带去商会的情况？＝如有，就不必一并带去。

【田赋与摊款】田赋正税是否属于省税？＝属于。附捐及临时附捐属于县税。

不仅是省税附加税，独立的县税有哪些？＝有前面的两种。

这和河北省相同将摊税统一？＝就是这样

在这之前的一年，二十九年是如何？＝？[1]

当时经常摊款是怎样？＝只有临时附捐。

【财政科的组织】财政科现在的职务是如何？＝资料和二十年前一样。田赋征收处是独立部门，要向财政科报告。

除此之外，财政科监督？＝县金库

【包税人】前面叙述的税种中包税人代征的有？＝牙税和油税两种。屠宰税在屠宰场

---

[1]　译者注：原文如此。

进行征收。牲畜税在家畜市场代为征收。

【县内集市的征收员】全县共有多少集市？ ＝有三个，分别在城内、旧城、张官寺镇。县里的征收员有时征收。

　　长官寺集牲畜税

　　主任　王锡三

　　司票　王恩三

　　税丁　李骁皋

　　　　　王怀三

　　旧城集牲畜税

　　主任　张林森

　　司票　周贵俊

　　税丁　徐梦落

　　　　　张文西

【屠宰场和屠宰税征收】屠宰场有多少？ ＝只有北关一个。全县并不都在这里屠宰，在远点的地方就由屠宰场的员工，屠宰场的场长兼职建设科长，由检查员一人，事务员二人合计三人一起去各村征收。

　　屠宰场主任　商孝忠

　　检查员　　　宋家麟

　　事务员　　　高玉亭

　　　　　　　　唐曾敏

　　屠　手　　　林凤舟

　　　　　　　　林作舟

这三人承担这项工作是否有困难？ ＝三区、五区就去取，一区、二区、四区、六区就过来交。但是三区、五区来城里不方便，就可以通知屠手。作为县里的工作人员屠手只有两人，但全县的屠手数量众多。由建设科管理，大约有五十人。

【征收烟酒税】烟酒税如何征收？ ＝在赋税征收所征收。

在这种情况下，每个商店是否需要各自去缴纳？ ＝是，政税警会催促。

纳税通知书由谁带去？ ＝由省里的财政厅来，然后县里传递给商务会，再由商务会传给各商家。

【商务会的参加者】没有参加商务会的商家如何做？ ＝在恩县资本额在 500 元以上、营业额在 1000 元以上的，就有资格加入商务会。

是否是算强制加入？ ＝每年财务科的工作人员调查之后强制使其加入。

现在，县里没有参加商务会的商户是否资产额在 500 元以下、营业额在 1000 元以下？ ＝是的。

营业额是否指一年的？ ＝一年。

这些资本营业额是否要通知对方？ ＝这些工作人员会去调查。

多少次？ ＝正式的是一次，普通就是临时的，开店闭店都会有调查。

有针对开闭店以外事务的临时调查吗？ ＝普通的情况下也会临时过来。

商户账簿是否统一？ ＝不一定，随意。

记录方式是否有统一的格式？ ＝不一定。

在不一定的情况下，营业额没有写上，会如何？ ＝会合计账面的营业额和店里的商品额。

店里的商品如果都卖光了，是否账目就明确了？ ＝店内商品大多都明确了。

但是根据年份的不同是否有不同？ ＝要与商务会联系，城内无大店，随时会进行检查，不可匿报。

【商捐】与农民的田赋附捐相对应的，商捐如何？ ＝无。

这样一来，有如田赋附捐一样的拨款是否由商人负担？ ＝商人无附捐，但有命令他们要负担营业税附捐，估计要在来年实行。

如此一来，商人是否不需要负担县的经费？ ＝是，只需农民负担，而且同其他县相比，恩县的商店较少。

【县对商会的监督】商会自身的经费征收如何算？ ＝这与县无关，由他们自行开会，自行征收。

这项征收是否非加入者就不实行？ ＝不实行。

对于商会经费的征收别的县是否有监督权？ ＝县里的建设科和秘书处有监督权，而且商会所有的事务都是这样。财政科不仅管理营业税，而且直接受建设科的监督。

【省税与留支】三税，牲畜以及契税不属于省的指定税，与这有关的县的留支如何？ ＝牲畜为百分之十，契税的百分之五作为县的留支。但是百分之五是去年征收处收纳的，不作为今年的留支。

为何不作为留支？ ＝省里的命令不作为留支。

省税中有留支的吗？ ＝只有牲畜两税。

【田赋的特别附捐】田赋的临时附捐在事变后每年是否都有？ ＝每年都有，数额不一定。收入不足时，设置临时捐税（去年，由于省公署的命令附捐应该超过田赋的数额，设置了特别临时捐税）。

事变之后，有特别附捐的年份？ ＝仅去年。

这个特别附捐是否有省的许可？ ＝有。

那么，附捐不足的时候，县何时有征收这项的权限？ ＝县的预算书决定之后，送交至省，根据省的承认与否，来征收特别附捐，提出预算书的时候，在县里先要写好特别附捐书。

田赋附捐是否一样？ ＝根据每年的预算书来确定许可与否。参考县里以前的支出额，根据这个来决定预算，向省里提出，得到许可，进行征收。

临时附捐是否一样？ ＝一样。

【资料1】恩县县公署造送民国三十一年烟酒牌照税庄名清册稿

　　恩县县公署造送民国三十一年烟酒牌照税花名清册
　　共计　丙级牌照　三户

　　　　　丁级牌照　　　十三户

　　　　　戊级牌照　　　五十八户

　　　每季税额　　　　　九十四元

　　　全年税额　　　　　三百七十六元

　　　均来自民国三十一年至十二月末为止一年期分四季缴纳证明

【资料 2】 恩县县公署造送民国三十一年酒类牌照税花名清册

　　　共计　甲级牌照　　　五户

　　　　　丙级牌照　　　十六户

　　　　　丁级牌照　　　五户

　　　　　戊级牌照　　　七户

　　　每季税额　　　　　一百二十一元

　　　全年税额　　　　　四百八十四元

　　　均来自民国三十一年至十二月末为止一年期分四季缴纳证明

【资料 3】 民国三十一年度烟酒类牌照税花名地址

　　　（根据县公署保存账簿的调查员统计）

　　　城内（并旧城）　十五户（烟）九户（酒）

东关	一户	一户
西关	一户	
南关	二户	三户
北关	二户	二户
官庄	一户	
乾庄	一户	
刘王庄	三户	一户
李方寺	一户	
张西班寺	一户	
四女寺	一户	一户
张官寺	一户	一户
王果铺	一户	一户
徐官屯	一户	
张庄	一户	
刘宁口	一户	
津斯店	一户	
陈屯	一户	

雷 集	一 户	
常 安 集	一 户	
祇 庄	一 户	
虢 庄	一 户	
王 庄	三 户	
刘 庄	二 户	一 户
阁 庄	二 户	
宋 庄	二 户	
徐 庄	一 户	
草 屯	一 户	一 户
夏 庄	一 户	
牛 庄	二 户	
乔 庄	一 户	
陈 屯	二 户	
苏 留 庄	二 户	一 户
张 世 庄	一 户	
李 古 寺	一 户	
西 王 屯	一 户	
滕 庄	一 户	一 户
沙 窝 屯	一 户	一 户
大 屯	一 户	
革 王 庄	一 户	一 户
金 庄	一 户	
许 庄	一 户	
耿 庄	一 户	
赵 庄	一 户	
张 庄	一 户	
杨 庄	一 户	
八 里 庄		二 户
贾 庄		一 户
杻 庄		一 户
小 河 庄		一 户
李 官 屯		一 户
东 王 屯		一 户
善 户 庄		一 户

（计七十二户）（计三十三户）

6 月 4 日

县预算的构成　教育基金　学田

应答人　沈联萱（财政科长）
地　点　财政科

【预算的构成】预算的构成是以民国二十九年十月左右为界，和河北省一样发生变化了吗？＝是否没有大的改革？[1]

以前的各款项是否也是统收统支？＝事变前是这样，事变后教育科独立，其他科是统收统支。

【教育科的预算】教育科独立是指它的经费费用是从何而来？＝来自其他科的收入自由支配。

它的财源数量是否固定？＝是。

那么教育科独立的意思是？＝教育科直接根据省教育厅的指令提出预算，获得其许可，款项不需直接交给教育科，由财政科受理。（？）

这样一来，是否和其他科一样，建设科获得秘书、知事、顾问的承认，进行支款，没有保管金钱的权利？＝教育科有保管金钱的权利。例如，教育款产管理委管理金钱。教育科长兼职其委员长。

除此之外，教育科管理的金钱？＝无。

但是财政科有无管理金钱的权利？＝有管理县里金库的权利，财政科只是支配这项？

【建设科的预算】建设科？＝没有。

但是科长对于牲屠税的征收如何做？＝虽没权利，由屠宰场场长（科长）征收，每月向征收处缴纳，征收处上交给县的金库。

【秘书处】秘书处如何做？＝无。

在县里，金钱的出纳，保管的机关怎么做？＝无？

只是出纳如何？＝只有征收处。

【会计】会计怎么样？＝只有秘书处的一位科员（王冲宵）保管月薪。

【县岁入预算】二十八年和之后的税种是否有变动？＝无。

现在的田赋附捐是否有变化？＝二十八年以来一直有，三十年增加了临时附捐和特别临时附捐。

县岁入预算每年都很简单，是否有更加详细的记录？＝有“山东县恩县造送民国三十一年度县地方岁入岁出概算书”。

这其中的第二款附捐有详情吗？＝看下面的正杂税款底簿。

---

〔1〕　译者注：原文如此。

【资料4】正杂税款底簿（自民国二十八年至民国三十一年）

（财政科长职）

田赋

额征二十七年三期

九千四百八十七石六斗五升

五六九二五元九角

每亩征收牌征粮三分八毛一经一忽每亩派征米七合二

八一抄捐七六麦七粟斗三十二亩四分七厘

征粮一两一顷三十七亩二分征米一石

除汽车路免洋七十九元三角

历年民欠五千六百五十五元一角

四月二十日开征十月底截

征完洋五万一千一百九十一元五角

留支三厘洋一千五百三十五元七十五钱

张　　收摊抵一万一千八百二十元

张　塾斛　一千元

五月一日　　　批解五千元

　廿三日　　　批解七千元

六月廿三日　　批解五千元

七月十四日　　批解一万元

九月十五日　　批解一万六百七十八元四角三分

十月一日　　　批解五百十一元九角二分

额征二十八年一期田赋

八万二千三百一元五角

除汽车路免征一百十元八角四分

秋灾免洋一万零三百八十三元七角三分

五月三十日开征十月底截

征完洋六万四千六百三十六元三角

八月廿三日　　批解三千元

七月廿四日　　批解五千元

九月五日　　　批解五千元

十月二日　　　批解八千元

十一月一日　　王批余四万三千八百九十七元六角一分

　　　　　　　共余八万二千八百九十七元二角一分

额征二十八年第一期

洋五千一百四十八元五角

除汽车路免洋一元

秋灾免洋一千九百一十九元八角三分

民欠洋三百二十元三角七分

五月二十日开征十月底截

征完洋二千九百七元五角留支八七元二三 实二千八

百二十元二角七分

十一月一日 批解洋二千八百二十元二角七分

额征廿八年二期县田赋

八万二千三百一元五角

除汽车路占地免洋一百一十元八角四分

秋灾免征洋八万二千九百七十二元五角五分

民欠洋一千九百一十八元八角一分

十月廿日开征十二月廿九日截

征完洋一万七千二百九十九元五角留支之百三十五元一角八分

十二月廿九日 批解二期洋五千元

十二月廿九日 批解二期洋一万一千七百八十元五角一分

额征二八年二期田赋

洋五千一百四十八元五角

除汽车路免洋一元

秋灾免征洋四千五百七十五元四角七分九厘

民欠洋五十八元八角二分一厘

十月二十日十二月廿九日

征完洋五百一十五元四角留支百三十五元四角六分

十二分廿九日 批解洋四百九十九元九角四分

额征廿八年三期田赋

五万八千九百二十五元九角

除汽车路占地十九元三角

秋灾免征洋二万九千六百六十一元七角三分七厘

民欠洋二千七百八元四角六分三厘

十月廿五日一月末止

征完洋二万四千四百七十六元四角留支七百三十四元二角九分

十二月廿九日 批解洋二千元

一月三十一日 批解洋一万元

二月廿七日 批解洋一万一千七百四十二元一角一分

二十九年县田赋（一期）

八万二千三百零一元五角

除汽车路征洋一百十元八角四分

民欠洋八千二百二元二分

征完一期洋五万五千三百五十二元六角留支千六百六十元五角七分

五月十一日　　批解洋一万元

六月六日　　　批解洋一万元

七月卅一日　　批解洋二万元

九月十日　　　批解洋一万三千六百九十二元三分

征完麦收启征一期洋一万三千八百九十八元五角留支四百十六元九角六分

十月二十日　　批解一万三千四百八十一元五角四分

征完秋买启征一期洋四千七百三十七元五角五分留支百四十二元一角三分

十一月十六日　批解洋四千五百九十五元四角二分

二十九年一期并卫田赋

洋五千一百四十八元五角

除汽车路占地免洋一元

民欠洋五百十二元二角九分

征完一期

洋一千七百十三元六角留支百三五一元四角一分

九月十日　　批解洋一千六百六十二元一角九分

征完秋收启征一期

洋一千三百九十九元八角五分留支百三四二元

十一月十六日　　批解洋一千三百五十七元八角五分

额征二期县田赋

征八万二千三百一元五角

除汽车路占地免洋一百一十元八角四分

民欠洋八千一百四十七元六角六分

征完二期县

洋七万四千四十三元留支百三 二千二百二十一元九分

十月三十日　　　批解洋二万元

十一月六日　　　批解洋三万元

十一月十八日　　批解洋一万五千元

十二月廿一日　　批解洋六千八百二十一元七角一分

额征二期洋卫

洋五千一百四十八元五角

除汽车路占地免征洋一元

民欠洋五百零九元二角

征完洋四千六百三十八元三角留支百三十九元一角五分

十二月廿一日　　批解洋四千四百九十九元一角五分

额征三期田赋

洋五万六千九百二十五元九角

除汽车路占地免征洋七十九元三角

民欠洋五千六百三十五元一角

招米八千五百三十五石二斗五升

征完洋五万一千二百十一元五角　留支百三千五百三十六元三角五分

十一月廿一日　　批解洋一万元

十二月廿七日　　批解洋二万元

元月十日　　　　批解洋一万九千六百七十五元一角五分

三十年分额征一期县田赋

八万二千三百零一元五角

除汽车路顺水渠占地免洋百十元零八角四分

民欠洋八千一百四十三元六角六分

征完洋七万四千零四七元　留支百三二千二百二十元四角一分

四月廿一日　　批解洋一万元

五分三日　　　批解洋三万元

六月三十日　　批解洋二万一千八百二十五元五角九

六月十九日　　批解洋一万元

额征并卫

洋五千百四十八月

除汽车路免征洋一元

民欠洋五百零九元五角

征完洋四千六百三十九元　留支百三十九元一角七分

六月十九日　批解洋四千四百九十九元八角三分

额征二期田赋

八万二千三百零一元五角

除汽车顺水渠占地免洋一百十元八角四分

秋灾免征洋八百五十六元二角一分

民欠洋八千一百四十三元四角五分

征完洋七万三千九十一元

九月廿七日　　批解洋一万元

十月廿九日　　批解洋二万六千元

十一月廿九日　批解洋三万元

十二月三十日　批解洋四千九百九十五元二角七分

额征二期并卫田赋

五千一百四十八元五角　留支二千一百九十五元七角三分

除汽车路免征洋一元

逃亡民欠洋五百零八元五角

实征完四千六百三十九元

十二月三十日 批解洋四千四百九十九元八角三分

留支洋一百三十九元一角七分

额征三期

洋五万六千九百二十五元九角

除汽车路顺水渠免洋七十九元三角

秋灾免洋五百八十九元六角三分五厘

民欠洋五千六百二十元九角六分五厘

实应征洋五万六百三十二元

十一月廿九日　批解洋一万元

十二月三十日　批解洋二万九千一百一十三元四分

留支洋一千五百一十八元九角六分

田赋赋税

征完二七年三期正税五万一千一百九十一元五角（一毛八五）

合附税九千三百六十八元零四分

征完二八年一期正税六万四千六百三十六元五角　合附

税三万一千八百七十元一角五分

并卫正税二千九百零七元五角　合附税一千四百五十三元七角五分

二期正税一万七千八百一四元九角　合附税一万六千四百七十八元七角八分

三期正税二万四千四百七十六元四角折四千七十九石四斗每石二元（合附税八千
一百五十八元八角）

二九年一期正税五万七千零六十六元二角九毛四分五合附捐洋五万三千九百二十
七元五角七分

二九年麦收启征一期征税一万五千四百二十元三角九毛四分五合附捐洋一万四千
五百七十二元一毛九

二九年麦收启征二期正税六千一百三十七元四角九毛四分五合附捐洋七万三千五
百二二元二角三分

契税

一月一千一百一十二元 二月一千九百三十三元 三月一千三百三十五元 四月二千
九百七十六元 五月十一元 六月四一元 上半年九千二百零八元

七月六元 八月五元 九月十六元 十月九元 十一月百五十五元 十二月百五十二元
下半年四百九十四元

全年九千九百零二元

二八年十二月以前无收数

二八年十二月收契九十一元五角纸价二十三元

二十九年五月十一日　批解十二月分税八十四元一角八分

留支百八元办公费百二十九元三角二分

批解一二三月纸价四百六十五元

十二月二十一日　批解五月份契税二百四十二元一角

批解五月份纸价三十一元五角

留支五月份百八洋二十一元零五分

二九年十、十一两月契税二十八元六角八分　十二月廿一日元批解十二月契税二六元三角九分

留支百八　二十二元九角又收纸价两元　批解十一月纸价两元

三十年一月收税　四百七十一元二角七分　留支三十七元七角又收百九元五角

二月份收税八千三百九十九元六角　留支六百八十一元六角又收纸价三千七百四十四元五角

三四五月份无收数　六月十九日批解一二月契税八千一百五十六元九角三分

批解一二月纸价三千八百九十四元

牲畜税

办完二八年上半年牲畜税一千六百元　证卖十元　骡马中每头一元　驴三角　驹均折半

二八年七月二四日　批解春季税洋七百六十元

留支五百　洋四十元

批解证费十元

十一月一日　批解夏季洋七百六十元

留支洋四十元

额征二八年度税洋三千三百元

二九年一月八日　批解一期洋税七百八十三元七角五分

留支五百　四十一元二角五分

批解证费二十元

五月十一日　批解洋七百八十三元七角五分

留支四十一元二角五分

八月二日　批解三期税洋七百八十三元七角五分

额征二九年度税洋三千四百元　三十年下半年税洋一千七百元

三十年一月十日　批解三期税洋一千六百一十五元

留支洋八十五元

批解洋证费洋五元

六月十九日　批解三四期洋一千六百十五

留支百三洋八十五元

十月廿九日　批解洋八百零七元五角

留支洋四十二元五角

十二月三十日　批解冬季洋八百零七元五角

留支百五洋四十二元五角

屠宰税

牛一头一元　猪羊每头二角

额征二八年上半年税洋一千一百六十元证费洋十元

额征二八年度税洋二千四百七十元

牲证费洋十五元　二九年一月八日批解

七月　批解春季洋五百五十一元

留支百五　洋二十九元

批解证费十元

十一月一日　批解夏季洋五百五十一元

留支百五洋二九元

二九年一月八批解一期洋五百八十六元六角二分

留支百五洋三十元八角八分

五月十一日　批解二期洋五百八十六元八角二分

留支百五洋三十元八角八分

二九年八月二日

批解三期五百八十元六角二分

留支百五洋三十元八角八分

十月二四日　批解四期洋五百八十六元六角二分

留支百五洋三十元八角八分

额征二九年度税收二千五百元

三十年下半年税洋一千二百五十元

三十年六月一日　批解一二期税洋一千一百八十七元五角

留支五百洋六十二元五角

批解证费洋十五元

六月十九日　批解三四期洋一千一百八十七元五角

留支洋六十二元五角

十月二九日　批解洋五百九十三元七角五分

留支洋三十一元二角五分

十二月三十日　批解冬季洋五百九十三元七角五分

留支百五洋三十一元二角五分

油税

张任办完二八年上半年税洋三百八十二元

本　办完二八村上半年税洋五百三十四元

共征完税洋九百一十六元留支百五洋四十五元八角

二九年元月八日批解洋百五零七元三角

张任以二八年十二月经费批洋二百一十三元

四月二日批解张任二八年洋一百四十九元九角

办完二八年度税洋一千九百六十六元

廿九年一月八日批解一期洋四百六十六元九角二分

留支百五洋二十四元五角八分

五月十一日批解二期洋四百六十六元九角二分

留支百五洋二十四元五角八分

八月二日批解三期洋四百六十六元九角二分

留支百五洋二十四元五角八分

十二月四日批解四期洋四百六十六元九角二分

留支百五洋二十四元五角八分

额征二九年度税洋二千零二十四元

三十年下半年税一千零十二元

三十年元月十日　批解一二期税洋九百六十一元四角

留支百五洋五十元零六角

六月十九日　批解三四期洋九百六十一元四角

留支百五洋五十元零六角

十月二三十日　批解秋季洋四百八十元零七角

留支洋百五洋二十五元三角

额征三一年度税洋二千零七十二元

四月二八日批解五百一十八元

牙税

办完牙纪十七户证费五年一千零八十元每年牙税五百九十元

自二八年九月起至三二年六月末日

二八年十月二日批解证费一千零二十六元

二九年一月八日批解证费五十四元

征完二八年夏秋季税二百九十五元留支百五洋十四元七角五分

二九年一月八日批解夏季洋一百四十元一角二分

十月八日批解秋季洋一百四十元一角二分

征完二八年冬季税洋一百四十七元五角

五月十一日批解冬季洋一百三十九元六角五分

九月十日批解冬季洋四角七分

留支百五洋七元三角八分

八月二日批解春秋季洋一百四十元零一角二分

征完夏季洋一百四十二元五角　留支百五洋七元一角三分

十二月四日批解夏季洋一百三十五元三角七分

征完冬季洋二百八十五元留支百五洋十四元二角五分

三十年元月十日批解秋冬季洋二百七十元零七角五分

留支洋十四元二角五分

六月十九日批解春夏季洋二百七十元零七角五分

留支百五洋十四元二角五分

十月二九日批解秋季洋一百三十五元 三角七分

留支洋七元一角三分

三十一年四月二八日批解春季洋一百四十二元五角

烟酒牌照税

办完二八年份全年税额洋六百七十二元留支八厘征费

七月二四日批解春季洋一百六十八元留支十元零八分

十一月一日批解夏季洋一百六十八元内留支十元零八分

二九年一月八日批解秋季洋一百五十七元九角二分

留支洋十元零八分

办完二九年春夏季牌照税二百八十三元

征起春夏季洋二百八十三元

留支百六洋十六元九角八分

二十九年十月二十四日实解洋二百六十六元零二分

办完二九年度　酒牌照税六百三十六元

征完二九年秋季冬季洋三百十八元 留支百六洋一九元零八分

三十年元月十日批解秋季洋二百九十八元九角二分

六月十九日批解春夏季洋二百九十八元九角二分

留支百六洋十九元零八分

十月二九日批解秋季洋一百四十九元四角六分

留支百六洋九元五角四分

十二月三十日批解冬季洋一百四十九元四角六分

留支百六洋九元四角五分

办完三十一年度税洋八百六十元

四月二七日批解二百一十五元

营业税

办完征税商号十家自二八年一月一日起至年底止准留支百分之十

额征营业税洋八十四元 征起二八年份税洋八十四元

留支百十洋八元四角

二八年十一月一日　解过洋三十七元八角

二九年一月八日　解过洋三十七元八角

办完二九年分商号五三家全年税额四百六十六元五角

征起上半年税洋二百三十三元四角六分

留支百十公费二十三元四角六分

二九年十月二四日实解洋二百一十元零一角一分

办完二九年度商号六十一户全年税额五百零五角二分

征完秋冬季税洋二百五十一元四角六分 留支百十洋二五元一角五分

三十年元月十日批解秋冬季洋二百二六元三角一分

六月十九日批解春秋季洋二百二十六元三角一分

留支百十洋二十五元一角五分

十月二十九日批解秋季洋一百一十三元一角六分

留支百十洋二元五角七分

十二月三十日批解冬季洋一百一十三元一角六分

留支百十洋十二元五角七分

办完三十一年度税洋一千三百四十三元九角

四月二十七日　解三百三十五元九角八分

旧通售收买所接前兑换所剩余七千三百三十一元

领五欠资金共八万元

回旧通货及余金八万七千二百四十六元二角八分

欠还资金六十四元七角二分

结余　县公署二九年度经费结余四十元

汽车路　全县　地十八顷十九亩六分七厘　四十七村庄

教育资金　基金四千五百元月利一分全年息洋四十六元

电话附捐　二九年二期附收电话捐洋七千零二元一角二分

二九年度三期米八千五百三十五石二斗五升五角合电话附捐洋四千二百六十七元六角二分

前款开支架设电话用具一万一千二百四十八元四角另外余洋二十一元三角四分

转二期每两八角津贴洋一万五千五百六十元二角六分

电话捐三十年二期捐洋

前款呈在省署

训令准由三十年度每两加征六角于二期田赋一次征齐前数

华文大阪每日半日刊自二九年四月起每月十份刊费二元二角

学田地　全数共六顷六十九亩一分八厘全年租金二千八百七十八元

普济堂　全数共地二顷十亩　全年租价四百十元

义仓地　共地田顷四十七亩四分三厘八毫年租九百七十二元四角四分

文昌地　全数共地九亩全年租洋二十二元

二十九年十二月五日呈奉

增编警备一小队省署付警备字四八一号训令准每两加捐一角八分三

【资料5】恩县三十一年度地方岁入岁出预算附总说明

山东省各县三十一年度地方预算总说明

一　各县本年度预算范围以田赋附捐杂捐公款公产省交付金杂项收入田赋临时附捐为限自三十一年一月一日年度开始起各县征收岁入各款经费均应以此次核定数目

为准

二　各县县知事秘书科长警察所长警备队大队附奉给均按叙俸数目由省交付金内实支仍归入各该机关经费项下报销

三　各县县公署低级职员如核准进级加俸后实支俸给超过预算者其超俸得由县地方预备费项下补发

四　各县县公署临时费（即政警服装费）分两季动支夏季支占全年总额三分之一冬季支三分之二于五月及十一两月份支发

五　各县赋税征收处之组织及经费悉依本预算办理

六　各县赋税征收处临时费关于串票印刷费应分期按照实需数目编造临时支出预算书呈准动用契约纸印刷费及推收费应事先编造预算书呈准动用解费应按月照定额开支列报如无解款月份示得动支预备费应按需要情形将全年度总额撙节匀配遇有动用应事先编造临时支出预算书呈经核准再行动支

七　各县宣传班之编制及经费悉依本预算办理

八　全县警察所警备队之编制悉依本预算办理不得超过其因地方财政困难现在编制实有人数不足预算人数之县份在财政收入未充裕之时不得扩增所有经费应按实有人数支领余款悉数作为经费结余

九　各县警备队兵器修理及补充弹药费剿匪赏恤费医药费讨伐费密探费均应由警备队预备项下开支但应随时呈准再行动不得视为例支

十　各县建设经费教育经费之开支悉依本预算办理其临时费用应先行呈报再行动支如有余款悉数作为节余非经呈准不得挪用

十一　各县区公所经费悉依本预算办理定额之外绝对禁止摊敛其区公所未经成立者不得开支余款悉数作为节余至各乡镇公所经费应由各乡镇依照区乡镇指导要纲编造乡镇预算遵章收支自三十一年度起凡乡镇费用不列地方预算案内概不得动支县款

十二　各县自治训练费受训旅费年终加俸赏金均须事先呈经核准再行动支

十三　各县情报纸笔邮费应按月照规定由县地方预备费项下开支

十四　各县春秋两丁祀孔春秋两戊祀武应由县地方预备费项下开支准须于事先编列预算呈经核准再行撙节动用

十五　各县如领用汽车者得雇用汽车司机一名月薪四十五元津贴五元所需汽油每月以两百元为范围撙节购用款由县地方预备费项下开支

十六　关于建设教育警备之临时开支应呈请由建设教育警备各项预备费项下开支不得动用县地方预备费

十七　各县遇有临时必要开支动用县地方预备费数在一百元以上者必须事先编造临时预算呈经核准再行开支其数在一百元以下者得提交县政会议议决动支

十八　各县人民团体如农会教育会妇人会等经费应由各该团体自筹不得由县款支给补助至各县类似报业性质之刊物所需经费应由主办者自行担任概不得由县款开支

十九　各县原呈概算所列款项凡经本预算核定及总说明内声叙或未经专案呈准者均在削除之列

二十　各县岁出各经费凡本年度预算比较上年度增加者如警察所警备队建设教育附属机关及学校扩充机构或增设人员均应由县知事体察地方财政状况酌量办理如财政困难得缓至下半年度再行别缓急逐渐实施并须将扩增情形先行具报核准再行开支

恩县三十一年度县地方岁入岁出预算总表

岁入经常门

田赋附捐　　二十万零五千九百九十八元

杂捐　　　　一百七十一元

公款　　　　八百五十六元

公产　　　　二千一百三十六元

省交付金　　二万零二百七十三元

杂项收入　　三千元

合计　　　　二十三万二千四百三十四元

岁入临时门

田赋临时附捐　　七十二万零二百六十六元

合计　　　　　七十二万零二百六十六元

以上经临两项共岁入九十五万两千七百元

岁出经常门

县公署经费　　　五万四千六百八十四元

赋税征收处经费　八千六百八十八元

宣传班经费　　　五千二百二十元

警察所经费　　　一十五万二千三百四十元

警备队经费　　　三十万零五千八百八十元

建设经费　　　　二万四千四百八十四元

教育经费　　　　一十六万零五百一十二元

区公所经费　　　一万二千五百二十八元

县地方预备费　　四万六千零五十三元

合计　　　　　　七十七万零三百八十九元

岁出临时门

县公署临时费　　　一千一百三十元

赋税征收处临时费　二千三百一十元

警察所临时费　　　二万零三百五十

警备队临时费　　　三万四千一百五十元

建设临时费　　　　五万四千九百六十八元

教育临时费　　　　二万零七百九十三元

自治训练费　　　　一千二百元

受训旅费　　　　　二千元

新民会补助费 　　　　四千八百元
年终加俸及赏金 　　　四万零六百元
合计 　　　　　　　　一十八万二千三百一十一元
以上经临两项共岁出九十五万二千七百元收支比较适合

恩县三十一年度县地方岁入[1]经常预算书　岁入经常门

| 科　目 | 三十一年度县预算数 | 三十年度预算数 | 比　较 | | 备　注 |
			增	减	
田赋附捐	205998	206622		624	
第一项　田赋附捐	205998				全县实际征收丁银三万八千七百二十四两，每两征附捐四元；漕米八千五百一十七石，每石征附捐六元，金额年共计如上数。
第二款　杂捐	171				
第一项　杂捐	171				牙纪附捐金额年共计如上数。
第三款　公款	856				
第一项　公款	856				教育基金四千五百元，月息一分五；地方公款三百九十元零六角，月息一分。金额年共计如上数。
第四款　公产	2136	2532		396	
第一项　公产	2136				学田地租二千一百元，文昌地租三十六元，全年共计如上数。
第五款　省公付金	20273	17592	2681		
第一项　省交付金	17310				全年共计如上数
第二项　征收处省补助费	3063				全年共计如上数
第六款　杂项收入	3000		3000		

---

[1] 年收入。

续表

科　目	三十一年度 县预算数	三十年度 预算数	比　较 增	比　较 减	备　注
第一项　杂项收入	3000				串票费、元契约费、元推收 费，金额年共计如上数。
总计	232434	227773	4661		

恩县三十一年度县地方岁入临时预算书　岁入临时门

科　目	三十一年 度预算数	三十年度 预算数	比　较 增	比　较 减	备　注
田赋临时附捐	720266	116640	603626		
第一项　田赋临时 附捐	720266				全县实征收丁银三万八千七 百二十四两，每两征临时附 捐十八元六角，全年共计如 上数。
总　数	720266	116640	603626		

恩县三十一年度县地方岁出经常预算数　岁出经常门

科　目	三十一年度 县预算数	三十年度 预算数	比　较 增	比　较 减	备　注
第一款县公署经费	54684	18390	6294		
第一项俸禄费	44532				县知事一人月支三百元； 秘书二人月各支一百四十元； 科长三人月各支一百三十元 （以上各人的俸禄是由省交 付金下按叙俸数实付），翻译 一人月支七十元；金库主任 一人月支六十元；技术员三 人月各支七十五元；视学员 三人月各支五十五元；科员 七人月各支五十五元；办事 员一人月支四十元；政务警 长一人月支四十元；雇员六 人月各支三十元；警目三人 月各支十九元；政务警三十

科　目	三十一年度县预算数	三十年度预算数	比　较		备　注
			增	减	
第一项俸禄费	44532				五名月各支十八元；夫役六人月各支十七元；此外县知事、秘书、科长六人每月支津贴十元（由省支付）。翻译、金库、主任、技术员等五人月各支津贴十元；视学员、科员、办事员、政务警长、催员共二十八人月各支津贴五元；警目、政警、夫役共四十四名月各支津贴三元，全年共计如上数。
第二项　办公费	3672				文具、邮电消耗、杂文等，全年共计如上数。
第三项　设备费	960				修缮月支二十元、购置月支六十元，全年共计如上数。
第四项　特别费	5520				特别办公费月支二百一十元；特别费月支一百元；旅费月支五十元，全年共计如上数。
赋税征收处经费	8688		8688		
第一项　俸禄费	8448				主任一人月支六十元；征收员二十人月各支二十五元；勤务两人月各支十四元；此外津贴方面主任一人月支十元；征收员二十人月各支津贴五元；勤务两人月各支津贴三元，全年共计如上数。
第一项　办公费	240				月支二十二元，全年共计如上数。
第三款　宣传班经费	5220		5220		

续表

科　目	三十一年度县预算数	三十年度预算数	比　较		备　注
			增	减	
第一项　俸禄费	3420				宣传班长一人月支一百元；宣传员两人平均月各支五十五元；雇员一人月支三十元；夫役一人月支十七元；宣传班长津贴月支十元；宣传员二人和雇员一人月各支津贴五元；夫役一人月支津贴三元，全年共计如上数。
第二项　特别工作费	1800				文具月支十五元；宣传工作费月支八十元；旅费月支四十元；杂费月支十五元，月共计一百五十元，全年共计如上数。
第四款　警察所经费	152340	79297	73043		
总所经费	18774				
第一项　俸禄费	16380				所长一人月支一百五十元（由省交付金下按叙俸数实付）；督察长一人月支六十五元；系长四人月各支六十五元；所员八人月各支五十五元；事务员一人月支四十五元；文书四人月各支四十元。所长一人月支津贴十元（由省交付金项下支付）；督察长一人和系长四人月各支津贴十元；所员、督察员、课员、事务员、文书共十五人月各支津贴五元，全年共计如上数。
第二项　办公费	864				总所办公费月支七十二元，全年共计如上数。
第三项　特别费	1500				囚粮月支二十五元；旅费月支一百元，全年共计如上数。

科　目	三十一年度县预算数	三十年度预算数	比　较		备　注
			增	减	
分所经费	68796				分所有六处，新设的有三处。
第一项　俸禄费	65556				分所长六人月各支六十五元；分所员三十三人月各支五十元；文书六人月各支四十五元；一等警长六人月各支二十七元；二等警长六人月各支二十五元；三等警长六人月各支二十三元；一等警十八人月各支二十二元；二等警三十六人月各支二十一元五角；三等警一百零八人月各支二十一元；分所长六人月各支津贴十元；分所员六人和文书六人月各支津贴五元；长警共一百八十人月各支津贴三元，全年共计如上数。
第二项　办公费	2700				分所六处月各支三十七元五角，全年共计如上数。
第三项　特别费	540				旧有分所三处月支囚粮各十五元，全年共计如上数。
分驻所经费	42912				分驻所有六处，新设两处
第一项　俸禄费	42048				三等警官六人月各支四十五元；文书六人月各支三十五元；一等警长六人月各支二十七元；二等警长六人月各支二十五元；一等警十二人月各支二十二元；二等警二十四人月各支二十一元五角；三等警七十二人月各支二十一元；警官文书共十二人月各支津贴五元；长警共一百二十人月各支津贴三元，全年共计如上数。

续表

科　目	三十一年度县预算数	三十年度预算数	比　较		备　注
			增	减	
第二项　办公费	864				分驻所六处，月支十二元，全年共计如上数。
派出所经费	12288				派出所四处，新设无
第一项　饷项	2904				一等警长四人月各支二十七元；一等警四人月各支二十二元；二等警八人月各支二十一元五角；三等警二十四人月各支二十一元；长警共四十人月各支津贴三元；全年共计如上数。
第二项　办公费	300				派出所四处月各支八元，全年共计如上数。
"剿共班"经费	9600				
第一项　俸禄费	5940				副班长一人月支四十元；班员十五人月各支二十五元；副班长和班员共十六人月各支津贴五元，全年共计如上数。
第二项　办公费	300				纸墨邮电月支二百五十元，全年共计如上数。
第三项　情报工作员	3000				情报工作费月支二百五十元，全年共计如上数。
第四项　赏给费	360				赏给费月支三十元，全年共计如上数。
第五款　警备队经费	305880	118935			
大队部经费	10572				

续表

科　目	三十一年度县预算数	三十年度预算数	比　较		备　注
			增	减	
第一项　俸禄	8772				中校大队长由县知事担任，不另支付薪水；大队副一人月支一百三十元（由省交付金下按叙俸数实付）；上尉文书兼任军需一人月支七十元；上士司号一人月支二十七元；中士司号二人月各支二十三元；号兵一人传事兵四人看护二人共七人月各支二十二元；伙夫一人马夫二人共三人月各支十九元；乘马两匹月各支马干三十元；中尉以上官佐二人月各支津贴十元；士兵十四人月各支津贴三元。全年共计如上数。
第二项　办公费	720				办公费月支六十元，全年共计如上数。
第三项　特别费	1080				大队长特别办公费月支四十元；旅费月支五十元；一般用作领运兵器、弹药。全年共计如上数。
中队经费	192480				五中队
第一项　俸禄	187680				上尉中队长五人月各支九十元；中尉小队长五人月支七十元；少尉小队长五人月各支五十元；准尉司务长五人月各支三十五元；上士司书五人月各支二十七元；中士司号五人中士班长十五人共计二十人月各支二十五元；下士班长三十人月各支二十三元；看护五人传事兵二十五人上等兵九十人共计一百二十人月各支二十二元；一

续表

科　目	三十一年度县预算数	三十年度预算数	比　较		备　注
			增	减	
第一项　俸禄	187680				等兵一百八十人月各支二十一元五角；二等兵一百八十人月各支二十一元；伙夫三十人月各支十九元；中尉以上官佐十人月各支津贴五元；士兵五百七十人月各支津贴三元，全年共计如上数。
第二项　办公费	3000				每中队月支办公费五十元，五中队全年共计如上数。
第三项　特别费	1800				中队长每人月支特别办公费三十元，五中队全年共计如上数。
骑兵中队	48828				
第一项　俸禄	47868				上尉队长一人月支九十元；中尉小队长一人月支七十元；少尉小队长月支五十元；上士司书一人月支二十七元；中士班长二人月支二十五元；下士班长四人月各支二十三元；上等兵十二人月各支二十二元；一等兵二十四人月各支二十一元；乘马七十四月各支马干三十元；中尉以上二人月各支津贴十元；少尉一人月支津贴五元；士兵六十七人月各支津贴三元。全年共计如上数。
第二项　办公费	600				月支五十元，全年共计如上数。
第三项　特别费	360				中队长特别办公费月支三十元，全年共计如上数。
警备队预备费	54000				

科　目	三十一年度 县预算数	三十年度 预算数	比　较		备　注
			增	减	
第一项　警备队预 备费	54000				中队年支兵器修理以及医药、 药费五千四百元；医疗药费 九百元；奖赏体恤费九百元； 讨伐费一千三百五十元；密 探费四百五十元，共计九千 元，六中队合计如上数。
第六款　建设经费	24484	30918		6434	
第一项　　建设事 业费	4860				电话事务所经费主任一人月 各支五十五元；管理员一人 月支四十元，津贴五元；总 分所练习生三人月各支三十 五元；巡线士四人月各支二 十五元，津贴各五元；夫役 一人月支十七元，津贴三元； 办公费月支四十元。共计四 百零五元，全年共计如上数。
第二项　实业事 业费	19624				1. 苗经费管理员一人月支三 十五，津贴五元；长工六人 月各支二十一元，津贴各三 元；作业费年支三千二百九 十二元。2. 农业指导经费： 日系农业指导员一人月支二 百元，津贴十元，共二百一 十元。3. 合作办事员经费： 合作办事员一人月支五十元， 津贴五元，共五十五元。 4. 度量衡检定员经费：度量 衡检定员一人月支四十元， 津贴五元，共四十五元。5. 新民工厂经费：厂长一人由 建设科技术员兼任，不另外 支付薪酬，月支津贴十元； 事务员一人月支四十元，津 贴五元；工师一人月支五十 五元，津贴五元；工从十人月

科　目	三十一年度县预算数	三十年度预算数	比　较		备　注
			增	减	
第二项　实业事业费	19624				支伙食费二十元；办公费月支三十元。月计三百四十五元。6. 屠宰场经费：场长一人由建设科长或者技术员兼任，不付薪酬，月支津贴十元；检查员一人月支六十元，津贴十元；事务员二人月支四十元，津贴五元；屠手二人月各支二十五元，津贴三元；办公费三十元，月计二百五十六元。7. 牲畜场经费：场长一人由建设科技术员兼任，不付薪酬，月支津贴十元；管理员一人月支五十元，津贴五元；牧夫二人月各支二十元，津贴各三元；饲料员月支八十元。8. 产量技术员经费：产量技术员一人月支六十元，津贴十元，月计七十元。以上各款全年共计如上数。
第七款　教育经常费	160512	48565	3947		
第一项　教育款产管理委员会经费	1092				该会经费月需九十一元，全年共计如上数。
第二项　学校经费	104220				中心小学有六处，月共支三千零九十元；分校十二处，月共支二千七百六十元；女子小学月支五百一十五元；县立小学三校月共支一千三百六十五元；师范讲习所月支九百五十五元。全年共计如上数。

科　目	三十一年度县预算数	三十年度预算数	比　较		备　注
			增	减	
第三项　社会教育经费	25200				图书馆月支一百七十元；教育馆月支三百一十元；体育馆月支一百元；陈列馆所六处月共支三百六十元；新民学校六处月共支七百八十元；学生书籍费年支三百六十元；社会教育事业活动费月需二百五十元，全年共计如上数。
第四项　学校补助费	30000				区乡村的小学有五处，月共支二千五百元，全年共计如上数。
第八款　区公所经费	12528	9648	2880		
第一项　俸禄费	5328				全县六区每区助理员一人月支三十元；雇员一人月支二十五元；区丁二人每人月支九元五角，全年共计如上数。
第二项　办公费	4320				全县六区每区每月办公费六十元，全年共计如上数。
第三项　特别办公费	2880				全县六区每区每月办公费六十元，全年共计如上数。
第九款　县地方预备费	46053	20650	25403		
第一项　县地方预备费	46053				县地方一切临时开支均由本款支付，全年共计如上数。
总　计	770389	344412	425967		

恩县三十一年度县地方岁出临时预算书　岁出临时门

科　目	三十一年县预算数	三十年度预算数	比　　较		备　注
			增	减	
第一款　县公署临时费	1140		1140		
第一项　政警服装费	1140				警目三人，政警三十五人，每人每年支三十元，共计如上数。
第二款　赋税征收处临时费	2310		2310		全年共计如上数。
第一项　串票印刷费	1500				全年共计如上数。
第二项　推收费	80				全年共计如上数。
第三项　契约印刷费	50				全年共计如上数。
第四项　解费	180				全年共计如上数。
第五项　预备费	500				印刷征册账簿以及冬季炭炉、修缮房屋添置木器等均由此费用承担。全年共计如上数。
第三款　警察所临时费	20350		20350		
第一项　服装费	20350				
第四款　警备队临时费	34150		34150		
第一项　警备队服装费	34150				每人每年服装费五十元。夏季支十七元（单服一套七元五角；制帽一顶九角；含一付九角；子弹带二条二元六角；水壶一个二元；饭包一个二元二角；布腰带一条七角），冬季支三十三元（棉服一套十六元；棉衣一件十五元二角；帽子一顶九角；含一付九角）全队官佐士兵夫共六百八十三人，合计约如上数。

科　目	三十一年县预算数	三十年度预算数	比　较		备　注
			增	减	
第五款　建设临时费	54968		54968		
第一项　建设事业费	13000				（1）电话增修费四千元（2）道路费三千元（3）水利费二千元（4）桥梁涵洞费四千元，以上各款全年共计如上数。
第二项　实业事业费	1800				造林费一千五百元；合作事业费三百元，全年共计如上数。
第三项　建设预备费	40168				关于经征处指定的各种科目以外的需要买用时都由此经费支付。
第六款　教育临时费	20793		20793		
第一项　教育临时费	1380				观学旅费年支二百四十元；学田丁银年支三百六十元；学生货费年支七百八十元，全年共计如上数。
第二项　教育预备费	19413				各学校各教育机关一切临时费用由此经费支出。
第七款　自治训练费	1200		1200		
第一项　自治训练费	1200				自治团以及自治人员等的短期训练费用本款支出，共计如上数。
第八款　受训旅费	2000		2000		
第一项　受训旅费	2000				职员受训旅费均由此款支出，全年共计如上数。
第九款　新民会辅助费	4800		4800		

续表

科　目	三十一年县预算数	三十年度预算数	比　较		备　注
			增	减	
第一项　新民会辅助费	4800				全年共计如上数。
第十款　年终加俸以及奖金	40600		40600		
第一项　年终加俸以及奖金	40600				县公署及地方各机关、学校各级职员、警长士兵夫役年终加俸及奖金等均由本款支出，全年共计如上数。
总　计	182311			182311	

【资料 6】 恩县地方岁入预算书（中华民国三十年度）

三十年一月一日起至三十年十二月三十一日截止

科　目	本年度概算数	上年度预算数	比　较		说　明
			增	减	
第一款　田赋附捐	206622 元	191214 元	15408		
第一项　田赋附捐	206622				全县实征丁银三万八千八百八十两，每两带征附捐四元；漕米八千五百一十七石，每石带征六元，共收如上数。
第二款　牙捐	171	171			牙纪附捐全年共计如上数。
第三款　公款	856	856			
第一项　公款	856				教育基金四千五百元，月息一分五，地方公款三百九十元零六角，发商生息[1]，月息一分，全年共计如上数。

---

　〔1〕　译者注：清代创始以"生息本银"放债形式的官府信用。本银由官府拨给，贷出时叫"发商生息"。

科　目	本年度概算数	上年度预算数	比较		说　明
			增	减	
第四款　公产	2532	3353		821	
第一项　公产	2532				旧济堂地两项十亩四百一十元；文昌地九亩二十二元；学田租二千二百元，全年共收如上数。
第五款　省补助费	17592		17592		
第一项　省补助费	17592				
第六款　田赋临时附捐	116640		116640		
第一项　田赋临时附捐	116640				全县丁银三万八千八百八十两，每两带征临时附捐一元，此外有临时特别附捐两元，全年共计如上数。
总　计	344413	195600	148813		

恩县地方岁出预算书　（中华民国三十年度）三十年一月一日起至三十年十二月三十一日截止

科　目	本年度概算数	上年度预算数	比较		说　明
			增	减	
第一款　县公署经费	36390	9720	26670		
第一项　俸禄	31656				县知事一人月支二百六十元；秘书月各支一百元；科长三人月各支九十元；技术员二人月各支八十元；视学员二人月各支五十五元；科员六人月各支五十五元；办事员八人月各支四十元；警长一人月支四十元；雇员六人月各支三十元；夫役五人月各支十四元；警目二人月各支十六元；警察十五人月各支

续表

科　目	本年度概算数	上年度预算数	比　较		说　明
			增	减	
第一项　俸禄	31656				十五元；县知事月支津贴十元；秘书、科长、技术员共七人月各支津贴五元；夫役、警目、警察共三十二人月各支津贴三元。全年共计如上数。
第二项　旅费	480				旅费月支四十元，全年共计如上数。
第三项　办公费	3444				办公费月支二百八十七元，全年共计如上数。
第四项　服装费	810				警目二人警察二十五人，年各支三十元，全年共计如上数。
第二款　警察所经费	79297	40162	39135		
总所经费	15300				
第一项　俸禄	13440				所长一人月支一百一十元；督察长一人月支五十五元；系长四人月各支五十五元；督察员一人月支四十五元；训练员一人月支四十五元；所员八人月各支四十五元；事务员二人月各支三十五元；文书三人月各支三十五元；所长月支津贴十元；督察长、系长、督察员、训练员、所员、事务员、文书等二十人月各支津贴五元。全年共计如上数。
第二项　办公费	720				办公费月支六十元，全年共计如上数。
第三项　囚粮	300				囚粮月支二十五元，全年共计如上数。

科　目	本年度概算数	上年度预算数	比　较		说　明
			增	减	
第四项　服装费	840				警官二十一人，年各支四十元，全年共计如上数。
城区第一分所经费	12387				
第一项　俸禄	10428				分所长一人月支五十五元；所员一人月支四十元；文书一人月支三十五元；一等警长一人月支二十四元；二等警长一人月支二十二元；三等警长二人月各支二十二元；一等警士六人月各支十九元；二等警士六人月各支十八元五角；三等警士十五人月各支十八元；女警二人月各支二十二元；警官三人月各支津贴五元；警士三十三人月各支津贴三元，全年共计如上数。
第二项　办公费	504				办公费月支四十元，全年共计如上数。
第三项　囚粮	180				囚粮月支十五元，全年共计如上数。
第四项　服装费	1275				警官三人年各支四十元；警士三十三人年各支三十五元，全年共计如上数。
滕庄第二分所经费	11717				
第一项　俸禄	9828				分所长一人月支五十五元；所员一人月支四十元；文书一人月支三十五元；一等警长一人月支二十四元；二等警长一人月支二十二元；三等警长二人月各支二十二元；

续表

科　目	本年度县预算数	上年度预算数	比　较		说　明
			增	减	
第一项　俸禄	9828				一等警士六人月各支十九元；二等警士六人月各支十八元五角；三等警士十五人月各支十八元；警官三人月各支津贴五元；警士三十一人月各支津贴三元，全年共计如上数。
第二项　办公费	504				办公费月支四十二元，全年共计如上数。
第三项　囚粮	180				囚粮月支十五元，全年共计如上数
第四项　服装费	1205				警官三人年各支四十元；警士三十一人年各支三十五元，全年共计如上数。
刘王庄第三分所经费	11717				
津期店第一分驻所经费	7044				
第一项　俸禄	6144				警官一人月支三十五元；文书一人月支三十元；一等警长一人月支二十四元；二等警长一人月支二十二元；一等警士四人月各支十九元；二等警士六人月各支十八元五角；三等警士八人月各支十八元；警官文书二人月各支津贴五元；警长二十人月各支津贴三元，全年共计如上数。
第二项　办公费	120				办公费月支十元，全年共计如上数。

续表

科　目	本年度县预算数	上年度预算数	比　较		说　明
			增	减	
第三项　服装费	780				警官二人年各支四十元；警士二十人年各支三十五元，全年共计如上数。
王果铺第一分所第二分驻所经费	7044				与津期店第一分驻所相同
四女寺第二分所第一分驻所经费	7044				与津期店第一分驻所相同
蒿城第三分所第一分驻所经费	7044				与津期店第一分驻所相同
第三款　警备队经费	118945	67433	51512		
大队部以及甲种两中队经费	71552				
第一项　俸禄	61920				大队长由县知事兼任，不付薪酬；上尉大队长一人月支八十元；上尉中队长二人各支八十元；中尉文书兼军需一人月支六十元；中尉中队长二人月各支六十元；少尉中队长四人月各支四十元；上士司书三人月各支二十四元；大队部乘马二匹月支马干二十元；中士班长六人月各支二十二元；下士班长十二人月各支二十元；传事兵三人月各支十八元；上等兵三十六人月各支十九元；一等兵七十二人月各支十八元五角；二等兵七十二人月各支十八元；伙夫和马夫各一人月各支十六元；中尉以上官佐六人月各支津贴十元；少尉四人月各支津贴五元；士兵二百零六人月各支津贴三元，全年共计如上数。

续表

科　目	本年度县预算数	上年度预算数	比　较		说　明
			增	减	
第二项　事务费	1152				大队部月支三十六元以及两中队月各支三十元，全年共计如上数。
第三项　办公费	840				大队部月支三十元以及两中队月各支二十元，全年共计如上数。
第四项　服装费	7640				官佐十一人年各支四十元；士兵二百零四人年各支三十五元；伙夫马夫两人年各支三十元，全年共计如上数。
骑兵中队经费	36623				
第一项　俸禄	33768				上尉中队长一人月支八十元；中尉中队长一人月支六十元；少尉中队长一人月支四十元；上士司书一人月支二十四元；中士班长三人月各支二十二元；下士班长三人月各支二十元；上等兵十二人月各支十九元；一等兵二十四人月各支十八元五角；二等兵十八人月各支十八元；马六十四匹月各支二十元；中尉以上二人月各支津贴十元；少尉一人月支津贴五元；士兵六十一人月各支津贴三元，全年共计如上数。
第二项　事务费	360				事务费月支三十元，全年共计如上数。
第三项　办公费	240				办公费月支二十元，全年共计如上数。

科　目	本年度概算数	上年度预算数	比　较		说　明
			增	减	
第四项　服装费	2255				官佐三人年各支四十元，士兵六十一人年各支三十五元，全年共计如上数。
增编小队经费	10770				
第一项　俸禄	9420				少尉小队长一人月支四十元；上士司书一人月支二十四元；中士班长一人月支二十二元；下士班长二人月各支二十元；上等兵六人月各支十九元；一等兵十二人月各支十八元五角；二等兵十二人月各支十八元；官长一人月支津贴五元；士兵三十四人月各支津贴三元，全年共计如上数。
第二项　事务费	120				事务费月支十元，全年共计如上数。
第三项　服装费	1230				官长一人年支四十元；士兵三十四人年支三十五元，全年共计如上数。
第四款　建设经费	30918	19112	11806		
第一项　建设事业费	17764				电话事务所经费二千九百六十四元；电话增修费二千六百元；抽换电杆一千元；道路费五千七百元；水利费二千元；桥梁费三千五百元；全年共计如上数。
第二项　实业事业费	11238				苗圃经费一千四百二十八元；造林费一千五百元；日系农业指导员经费二千四百元；牧畜事业费五千九百一十元，共计如上数。

科　目	本年度概算数	上年度预算数	比　较		说　明
			增	减	
第三项　建设预备费	1916				一切建设临时开支均由本款支出，全年共计如上数。
第五款　教育经费	48565	31276	17289		
第一项　教育款产管理费员会经费	948				全年八百五十二元，津贴九十六元，共计如上数。
第二项　学校教育费	23424				完全小学两所九千一百六十八元；初级小学六所一万四千二百五十六元，全年共计如上数。
第三项　社会教育经费	11280				新民教育支二千四百元；民教事业费四百八十元；体育场一千二百元；新民学校六所七千二百元，全年共计如上数。
第四项　学校补助费	5000				全年共计如上数。
第五项　教育预备费	7913				各学校各学校、社会教育机关、冬季炭炉费、贫困生补助、视学旅费、学田丁银以及其他教育临时用费全年共计如上数。
第六款　自治经费	9648				
第一项　区公所经费	5328				全县六区每区月支七十四元，全年共计如上数。
第二项　乡镇公所经费	4320				全县三十六个乡镇，每乡镇月各支十元，全年共计如上数。
第七款　县地方预备费	20650	18249	2401		

续表

科 目	本年度县预算数	上年度预算数	比 较		说 明
			增	减	
第一项 县地方预备费	20650				县地方一切临时开支均由本款支出，全年共计如上数。
总 计	544413	195600	148813		

恩县地方岁入概算书（中华民国二十九年度）二十九年一月一日起至二十九年十二月三十一日止。

科 目	本年度概算数	上年度概算数	比 较		说 明
			增	减	
第一款 田赋附捐	191214 元				
第一项 田赋附捐	191214				本县实征地丁银三万九千三百二十五两，每两征附捐三元七角八分；漕米八千五百一十七石，每石代征五元，全年共计如上数。
第二款 杂捐	177				
第一项 杂捐	177				牙行附捐全年共计如上数。
第三款 公款	856				
第一项 公款	856				教育基金四千五百元；地方公款三百九十元零六角，全年共计如上数。
第四款 公产	3353				
第一项 公产	3353				普济堂、西华、文昌地学田租赁全年约收如上数。
总 计	195600				

恩县地方岁出概算书　　（中华民国二十九年度）二十九年一月一日起至二十九年十二月三十一日止。

科　目	本年度概算数	上年度概算数	比　较		说　明
			增	减	
第一款　建设科经费	5100 元				
第一项　俸禄	4500				科长一人月支八十元；科员一人月支五十元；技术员二人月各支七十元；办事员二人月各支三十五元；雇员一人月支三十五元；夫役一人月支十元，全年共计如上数。
第二项　事务费	600				文具、邮电、修苗够买消耗杂支等月支五十元，全年共计如上数。
第二款　教育科经费	4620				
第一项　俸禄	4020				科长一人月支八十元；科员一人月支五十元；视学员二人月各支五十元；办事员二人月各支三十五元；雇员一人月支二十五元，夫役一人月支十元，全年共计如上数。
第二项　事务费	600				文具、邮电、修苗够买消耗杂支等月支五十元，全年共计如上数。
第三款　警察所经费	40162				
第一项　俸禄	29088				所长一人月支一百元；分所长三人月各支五十元；系长四人月各支五十元；总分所一等警官七人月各支四十元；二等警官八人月各支三十五元；三等警官四人月各支三

科　目	本年度概算数	上年度概算数	比　较		说　明
			增	减	
第一项　俸禄	29088				十元；一等警长九人月各支十七元；二等警长八人月各支十五元；三等警长七人月各支十三元；一等警士十六人月各支十元；二等警士二十八人月各支九元五角；三等警士五十六人月各支九元，全年共计如上数。
第二项　事务费	1860				总所事务费月支五十元，三分所月支三十五元，全年共计如上数。
第三项　囚粮	840				总所月需囚粮二十五元，三分所各需十五元，全年共计如上数。
第四项　服装费	3910				总分所警官二十七人年各支服装费三十元，长官一百二十四人年各支三十五元，全年共计如上数。
第五项　津贴	4464				总分所长警二百二十四人，各支津贴三元，全年共计如上数。
第四款　警备队经费	67433				
第一项　俸禄	48420				大队长由县知事兼任，不支付薪酬；上尉大队长一人月支六十元；中尉文书兼军需一人月支四十元；上士司书一人月支十七元；传事兵三人月各支十一元；仕夫和马夫各一人月各支九元；乘马两匹月各支马干七元；上尉中队长二人月各支六十元；

科　目	本年度概算数	上年度概算数	比　较		说　明
			增	减	
第一项　俸禄	48420				中尉队长二人月各支四十元；少尉队长四人月各支三十元；上士司书二人月各支十七元；中士班长六人月各支十五元；下士班长三人月各支十三元；官兵五十四人月各支十一元；马共六十匹月各支马干七元。全年共计如上数。
第二项　事务费	1260				大队部月支三十元，两中队以及监兵中队月各支二十五元，全年共计如上数。
第三项　办公费	1080				大队部月支三十元，两中队以及监兵中队月各支二十元，全年共计如上数。
第四项　服装费	7085				官长十四人年各支服装费三十元；士兵二百六十五人年各支二十五元；伙夫和马夫各一人年各支二十元，全年共计如上数。
第五项　津贴	9588				士兵二百六十五人月各支津贴三元；伙夫和马夫各一人月各支二元，全年共计如上数。
第五款　建设经费	19112				
第一项　建设事业费	1368				电话事务所年支如上数。
第二项　实业事业费	744				苗圃经费年支如上数。
第三项　建设预备费	17000				修理电话、桥梁、公路、河等一切临时费用开支均由此款支出，全年共计约如上数。

科 目	本年度概算数	上年度概算数	比 较		说 明
			增	减	
第六款 教育经费	31276				
第一项 学校经费	19111				完全小学两所年共支七千二百六十元；初级小学六所年共支一万零一百五十八元；新民小学年支一千六百九十三元。共支如上数。
第二项 社会教育经费	3578				新民教育年支二千五百零二元；新民体育年支一千零七十六元，共计如上数。
第三项 教育款产管理委员会经费	780				月支经费六十五元，全年共计如上数。
第四项 教育预备费	7807				关于教育的一切临时开支，全年共计如上数。
第七款 自治经费	9648				
第一项 区公所经费	5328				全县六区每区月支七十四元，全年共计如上数。
第二项 乡镇公所经费	4320				全县三十六个乡镇，每乡镇月支十元，全年共计如上数。
第八款 县地方预备费	18249				
第一项 县地方预备费	18249				预算外各项临时支出，全年共计约如上数。
总 计	195600				

【资料 7】恩县二十八年度收支县地方预算表（二等县）（自民国二十八年一月一日起至十二月末止）

（单元：元）

科　　目	核定预算数	原编概算数	比较		备　　考
			增	减	
收入部分					
地丁附捐	116699	157312		40613	（一）
漕米附捐	18126	34068		15942	（二）
杂　捐	252	252			（三）
公　款	856	856			（四）
公　产	3353	3353			（五）
总　计	139286	195841		56555	
支出部分					
县公署建设科经费	4296	4296			（六）
教育科经费	3936	3936			（七）
警务局经费	13888	13888			（八）
保卫团经费	63316	63316			（九）
建设经费	13364	22164		8800	（十）
教育经费	18654	37308		18654	（十一）
自治经费	9648	9648			（十二）
县地方预算费	12184	41285		29101	（十三）
总　计	139286	195841		56555	

备注栏

一　该县地丁四万〇九百四十七两每两带征附捐二元八角五分共征如上数

二　该县漕米九〇六三石每石带征附捐二元全年共征如上数

三　牙行附捐全年共收如上数

四　教育基金生息以及地方公款生息全年共收如上数

五　普济堂地租苇湾地租文昌地租学田地租全年共收如上数

六　该科年支薪工三八七六元事务费四二〇元共计如上数

七　该科年支薪工三五七六元事务费四二〇元共计如上数

八　该局官佐警夫共计六十七员名年支薪饷一钱一九九八八元事务费六〇〇元囚粮费三〇〇元服装费一〇〇〇元共计如上数

九　该团官佐兵夫三百三十三员名（团长由县知事兼不另支薪）年支薪饷五六〇四〇元事务费九六〇元服装费六三一六元共计如上数

十　建设经费巡线土工资年支一八〇元苗圃长工工资三八四元电话修理费二〇〇〇元道路费四七五〇元苗试验费一〇〇〇元共计如上数

十一　教育经费完全小学经费四一四六元初级小学经费八九二八元新民小学经费四八六元新民教育会馆九四四元新民体育场四〇〇元教育补助费三三七五〇元共计如上数

十二　该县六区品经费七四元年支五三二八元三十六乡镇每乡镇一二〇元年支四三二〇元全年如上数

十三　该县各项临时必要开支全年约如上数

恩县二十八年度县地方预算说明

一　查该县原呈预算全年度支出共为一九五八四一元除原有公款公产摊捐抵补外该县　每地丁一两带征附捐四元漕米每石带征附捐四元惟所定附捐捐率过重民力恐艰负荷兹经酌为核减全年度核定为一三九二八六元（比较原预算计减五六五五五元）按该县县地丁四〇九四七两每两应准带征附捐二元八角五分计征一一六六九元漕米九〇六三石每石应准带征附捐二元计征一八一二六元连同公款公产

【资料8】公款公产

山东省恩县造送民国三十一年度县地方岁入岁出概算书
岁入经常门

科　目	三十一年度概算数	三十年度概算数
第一款　田赋附捐	205999	206622
第一项　田赋附捐		
第一节　一、二期田赋附捐	154896	155520
第二节　三期田赋附捐	51102	51102
第二款　杂捐	171	171
第一节　牙税附捐	171	171
第三款　公款	856	856
第一节　教育基金生息	810	810
第二节　公款生息	46	46
第四款　公产	2136	2532
第一节　学田租金	2100	2100
第二节　文昌地租	36	22

续表

科　目	三十一年度概算数	三十年度概算数
第三节　普济堂地租	无	410
第五款　省交付金	20106	17592
第一项　省交付金	17210	17592
第二项　征收处补助费	2896	无
第六款　杂项收入	3000	无
第一节　串票费	2800	无
第二节　契约费	100	无
第三节　推收费	100	无
合计	232267	227773

【教育基金】想知道资料8第三款第一节教育基金的由来？＝事变前，为了办理教育而筹集的资金，八百一十元是，原金额，详细的我不知道。

本金的用途是？＝借给商人，收取利息，只将利息用于教育。

什么时候使用呢？＝教育上需要的时候。

【教育款产管理委员会】去年是怎么样的？＝具体事项是由"教育款产管理委员会"负责的，所以不知道。

这个委员会是管理什么？＝关于县内学校职员的工资、学校的经费、设备等方面。（？）

管理基金的种类有？＝只有教育基金和学田租金两个。

【公款生息、文昌地租、普济堂地租】其他的公款产呢？＝由财务科管理。有公款生息、文昌地租、普济堂地租（只有这个堂地租今年免租）。贫民救济是县自身受省的命令，被要求这块土地用作救济贫民，所以这个没有放入预算中。

很奇怪，那么贫民救济的钱是从哪里支出呢？＝以前普济堂的土地的租金是县自由使用，今年省命令这块土地用来救济贫民，所以就不算是县的收入了。

但是免地租很奇怪吧？＝不免除。

那么只是限制了钱的使用用途，和之前并没有什么变化啊？＝是的，依旧还是财务科管理。

财务科有没有关于前面所讲的地租的底册？＝是征收所的普济堂租户人名册。

公款呢？＝教育科管理。

这样的话，不就是三个都是教育科管理了吗？＝是的。

前面所述的委员会不管理吗？＝是的，委员会直接管理，委员会设在县城公署内。

文昌、普济的地的由来您知道吗？＝征收所的底册里有。（？）

每年都会换耕种者吗？＝不是，根据每年的收成。

耕作者要制作文书后交接吗？＝财政科会颁发给耕作者证明书，叫"租地执照"。

样式呢？ ＝如下所示。

【资料9】租地执照

根　　存

恩县县公署为存查今立据　区　乡　庄民
承　地坐落　乡指　庄计地　段
年组价国币　元　角　分　上下两忙缴纳
亩　分　厘　毫　丝言定每　亩每
上忙不得过国历十一月　如有逾期不交或者缴纳
不足事情发生　立即将原地追回　另行招租　倘若
该地被人侵占　原租户应该负全部责任　除制给租
契外　并合行留据存查

中华民国　年　月　日

义字　第六十号

契　　租

恩县县公署为发给租契事今立此据　区
乡镇　庄民　承租本县　地坐落　乡镇
庄计地　段共　亩　分　厘　毫
年给价国币　元　角　分　上下两忙缴纳
丝言定每　亩每
上忙不得过国历十一月　如有逾期不交或者缴纳不
足事情发生　立即将原地追回　另行招租　倘若该地
被人侵占　原租户应该负全部责任
恐后无凭　合行发给租契为据

右给租户

中长活　中横活
中华民国　年　月　日

【学田】学田是什么？＝村长作为担保人，将学田借给贫困者，现在的基金是两千元左右。以前多一些，是四千五百五十元，但是事变后证据都没了。事变前，学田是借给教员的，也借给普通的商人和农民。借了的人一直没有还。借的时间是事变前七八年的期间，没有借十年以上的人。一个人的限制是五十元到六十元。

借不了千元。借的人要写"借状"作为契约书，并且需要担保人，保人必须是商铺。利息一年两次，阳历七月和年末。现在借的人中没有农民，学校的职员比较多。学田向任何村的人都开放，可以借给土地所在的村民。县内一区有很多，六百九十亩一分八，扩展到全县。

【资料 10】民国二十九年教育息金收簿（摘录）

（第四股）（教育款产管理委员会藏）
借教育基金者名

孙桂芳	一区	徐官屯	200 元	月息一分五厘
耿甲春	一区	耿家堂	200	收礼金、二十八年分五十四元、二十九年七月到三十年十二月五十四元
马鸿儒	一区		600	
陈良才	一区	大挂庄	350	
祁由德	二区	乐庄	100	
马仕弘	二区	北马庄	100	
董芳荷	二区		200	七十二元　　十八元（三月十七日）
贾鸿渐	二区	贾庄	50	二十八年七月缴清
李文广	二区	贾庄	50	自三十年十二月十八日
马士弘	二区	北马庄	200	
崔万选	二区	代家口	100	
宋孚	一区	宋家口	50	十八元　　九元（三月十八日）
展序平	一区	庄科	150	二十七元（二十八年）
杨英茂	六区	石堂	200	
刘明波	五区	桥庄	150	
李希尧	二区	大杨庄	150	二十七元（二十八年）
戴芳亭	五区	桥庄	100	
李永勋	四区	沙篱屯	200	
崔万选	二区	代家口	100	
典广远	五区	桥庄	100	
马正印	二区	马区	300	
宋洋文	二区		100	三十六元（二十八、九年）　　六元（二十七下半年）　　三十元（三十一年一

月）三年息金

袁福泉	二区	袁家庄	250	
房明志	一区	大辛庄	200	100元（三十年）
朱延龄	四区	沙篱屯	600	108元（二十八年）　270元（二十八年七月至三十年五月）　三十一年一月纳
孙登山	二区	小屯	100	
冯玉云	二区	果铺	100	
李朝祥	二区	大杨屯	100	36元（二十七年）　18元（二十八、九年）　18元（三十年）
张振声	一区	周庄	100	
张学颜	二区	马庄铺	100	36元（二十八、九年）　9元（二十七年）　30元（三十一年纳，三十年息金）
王鉴堂	二区	伯刘庄	100	
孟庆马	二区	王里铺	100	
胥可斌	二区	大正月庄	100	
刘子元	东关	刘庄	100	
宋佩玉	二区	宋家口	200	36元（二十八年）　36元（二月纳、二十九年分）
孙玉田	五区	代史	500	
郭青岑	一区	大洞子头	500	
徐文奎	一区	两生官屯	100	18元（二十八年）
郭文灿	一区	大掛庄	200	
宋士明	二区	宋家口	100	
杨羡樵	二区	大杨庄	150	
崔德文	二区	代家口	50	
宋祥其	二区	宋家口	100	36元（二十八年一月至二十九年十二月）
王金榜	?	?	36元	
李文广			50元（自三十一年一月一日）	

【资料11】民国二十九年学田租金收簿（摘录）

（第七股）（教育款产管理委员会藏）

一区杨王庄自三十年租种　庙基八亩六分八厘六毫

王雨山　二元一角租地二十四亩

　　　一月十二日收租洋五十元零四角（三十年清租金）

一区阎庄

阎实善　　四元八角租地四亩
　　　　收洋十九元二角　　二十八年
　　　　收洋十九元二角　　二十九年
　　　　收洋九元六角　　　二十七年下半年
一区阎庄
阎长喜　　四元六角租地六亩四分三厘
　　　　收洋二十九元五角八分　二十八年
　　　　收洋二十九元五角八分　二十九年
　　　　收洋十四元八角　　　　二十七年下半年
十、二十七、收洋二十九元五角（三十年租金）
一区阎庄　　自三十年改租阎长峰
阎实善　　四元八角租地四亩
　　　　收洋十九元二角　　二十八年
　　　　收洋十九元二角　　二十九年
　　　　收洋九元六角　　　二十七年下半年
一区许桥
至二十八年起　二十七年旧许日福
许珩　　　　　五元一角八分租地十一亩
十月四日收洋三十元（未清三十年租金）
一区许桥
许百常　　五元二角租地十二亩
　　　　收洋一百二十四元八角
　　　　收洋三十一元二角（二十七年七月至二十九年十二月）
　　　　十月七日收洋六十二元（三十年清租金）
一区白佛寺　　自三十年租地七亩九分七厘
刘建堂　　五元一角八分租地
　　　　收洋二百元
　　　　十月十日收洋四十一元（三十年清租金）
一区白佛寺　　自三十年租地
刘传贤　　五元一角八分十五亩九分三厘
一区白佛寺　　自三十年租地
刘铭　　三十五元一角八分七亩九分五厘
　　　　十月二十七日收洋四十一元（三十年租金）
六区夏家口
王厚蒙　　二元六角　　租地八亩九分　　每年二十三元一角四分
　　　　收洋四十六元二角八分
　　　　收洋十一元五角七分（二十七年六月至二十九年十二月清）

二月九日收洋二十三元一角四分（三十年租地）

一区许桥

许珩　五元一角八分租地五亩
　　　　自三十年改租李功甫

李永勋　　二元七角　　租地十八亩五分五厘
　　　　　　收洋二十五元五分

四区沙篱屯

李功甫　二元　　租地五十五亩八分九厘
　　　　　三十一年一、九、收洋五十元
　　　　　二、二十五、收洋六十一元七角八分（三十年租金清）

四区沙篱屯

李永俭　　二元一角　　租地五亩　　移于李平邦店下
　　　　　　四月二十九、收洋三十六元五角
　　　　　　自三十年租于李功甫

贾金才　　五元一角　　租地四亩五分二厘
　　　　　　收洋十一元五角三分
　　　　　　自三十年改于李功甫

李宗尧　　四元八角　　租地九亩零八厘
　　　　　　收洋二十一元七角九分
　　　　　　自三十年改于李功甫

于登吉　　五元五角　　租地四亩 分
　　　　　　收洋十三元二角三分
　　　　　　自三十年改于李功甫

于登林　　六元　　租地十八亩九分三厘
　　　　　　收洋五十六元七角九分

一区大辛庄

房金志　　五元六角　　租地十七亩
　　　　　　收洋九十五元二角
　　　　　　收洋九十五元二角
　　　　　　三月十七日收洋四十七元六角
　　　　　　十一月十七日收洋九十五元二角（三十年清）

六区元官屯

王志功　　五元七角　　租地八亩八分五厘（此人不在家，应改租）

一区赵庄

赵宪章　　四元二角　　租地十亩
　　　　　　收洋二十一元
　　　　　　收洋四十二元

欠洋二元册一年收洋四十元（三十年租金）

自民国三十年租种　二十七年下半年至二十九年由于高升负责

于登祥　　四元九角　　租地九亩一分二厘

三十一年一月、八月收于登洋四十四元六角（三十年清租金）

四区王立屯

刘永庆　　三元五角　　租地九亩零八厘

收洋一百一十一元（二十七年至三十年十二月）

一区洞子头

郭维三　　三元四角　　租地十五亩

收洋二十五角

收洋五十一元

收洋五十一元（二十九年全年租金）

四区河沟

刘肇元　　三元一角　　租地十亩八分七厘

十二、二十、收洋一百元（二十八年至三十年租金）

四区河沟

刘肇元　　三元二角　　租地十亩一分二厘

十二月二十、收洋一百元（二十八年至三十年租金）

六区郭庄

徐敬山　　四元一角　　租地十八亩

收洋一百十元七角

十、十三、收洋一百四十七元六角（二十九年一月至三十年十二月）

六区纪庄

马根杯　　二元一角　　租地二十亩七分四厘

十一、五收洋四十三元五角五分（三十年租金）

一区李行屯

阎金鉴　　二元　　租地二十三亩

收洋四十八元

十、二十七、收洋六十九元（二十七年七月至二十八年十二月）

十、二十七、收洋四十六元（三十年租金）

一区李行屯

刘东祥　　二元　　　三角租地十亩

收洋二十元

十、二十八、收洋三十元（二十七年七月至二十八年十二月）

一区李行屯

刘凤来　　二元　　租地十亩

收洋二十元

十、二十八、收洋三十元（二十七年七月至二十八年十二月）

十、三十、收洋二十元（三十年清租金）

六区十里铺

张毓萱　　二元　　租地九亩九分三厘

收洋二十三元八角三分　　二十八年

二月八日收洋二十四元（二十九年租金）

一区李行屯

阎玉阑　　二元　　租地四亩

收洋八元

十、二十八、收洋十二元（二十七年七月至二十八年十二月）

十、二十七、收洋八元（三十年租金）

一区李行屯

张凤义　　二元　租地三亩

收洋六元

十、二十八、收洋九元（二十七年七月至二十八年十二月）

十、三十一日收洋六元（三十年租金）

一区阎庄

阎实华　　四元五角　　租地十一亩八分三厘

收洋五十二元三角四分　　　二十八年

收洋五十二元三角四分　　　二十九年

收洋二十六元一角七分　　　二十七年下半年

十、二十七、收洋五十二元三角四分（三十年租金）

一区榆林

王福阑　　二元九角　　租地六亩九分

收洋二十元

收洋二十元

十、五、收洋二十元（三十年租金）

一区北站

徐鸿声　　三元　　租地七亩

收洋十三元五角（二十七年全年及二十八年上半年）

收洋九元（二十七年六月至二十九年十二月清）

收洋十八元

十、二十八、收洋二十一元（三十年租金）

二区马家铺

杜维周　　四元一角　　租地九亩二分八厘

收洋十八元九角九分

收洋十八元九角九分

収洋十八元九角九分

収洋十八元九角九分

収洋三十七元九角八分

収洋三十七元九角八分（三十年的租金）

一区东关

孙长胜　　八元三角租地十二亩五分九厘

収洋六十六元七角四分　　二十八年

三月十九日収洋六十六元七角四分　　二十九年

収洋六十六元七角四分（三十年租金）

一区掷庄

程实和　　三元八角　　租地三亩七分二厘

収洋十九元三角二分

一区掷庄

程实和　　四元八角　　租地三亩

十、二十七、収洋二十六元九角（三十年租金）

程实和　　四元七角　　租地二亩

収洋五十七元五角三分

二区于庄

孙明文　　三元八角　　租地十二亩

収洋三十七元八角　　二十七年一月至二十八年七月

収洋三十七元八角　　二十八年七月至二十九年十二月

十、二十五、収洋四十二元（三十年租金）

六区马官屯

李阴昌　　四元五角　　租地十五亩一分八厘

収洋六十八元三角二分

収洋一百零二元四角八分（二十八年七月至二十九年十二月租金）

十、二十六日収洋六十八元三角二分（三十年租金）

一区耿庄

冯言忠　　三元八角五分　　租地四亩五分

収洋三十四元八角八分

十、二十八、収洋十七元三角（三十年租金）

一区耿庄

冯熹　　三元六角五分　　租地五亩

収洋二十七元三角九分

収洋十八元二角（二十九年租金）

十、二十七、収洋十八元二角（三十年租金）

一区掷庄

程实和　　二元五角　　租地三亩五分

收洋十三元一角三分

十、二十七收洋八元七角五分（三十年租金）

二区霍家楼

霍佩玉　　二元五角　　租地四亩

收洋十五元（二十七年全年以及二十八年上半年）

收洋十元

收洋五元

十二、八、收洋十元（三十年租金）

四区沙篱屯

李平邦　　二元　　租地六亩七分三厘（二十八、九年租金免收因天灾）

十、二十八、收租洋七十八元五角八分（三十年租金）

四区赵庄

李见邦　　二元　　租地十四亩三分三厘

二十九、九年租金免收（因天灾）

十、二十八、收租洋二十八元六角六分（三十年租金）

四区沙篱屯

郭鸿儒　　三元三角　　租地六亩五分五厘

收洋十元八角一分

三十一年一月八、收洋六十四元八角五分（三十年租金）

四区沙篱屯

张奎彪　　三元二角　　租地十三亩二分三厘

十、二十四、收洋二十九元四分（三十年租地）

四区沙篱屯

王庆华　　二元一角五分　　租地五亩八分八厘

收洋十四元六分

十二、八收洋二十八元三角四分（二十八年至三十年十二月）

一区张庄

张彦生　　二元三角　　租地二十三亩二分五厘

十、二十七、收洋三十六元八角（余十四亩五分，每亩按租价二分之一交）此收款是三十年的

四区沙篱屯

孙文林　　二元一角　　租地六十八亩二分二厘

三月二十日收二十九年洋一百四十三元三角

十月二十七日收洋一百四十三元三角（三十年租金）

三十一年二月四、收洋一百四十三元三角（二十八年租金）

六区夏家口

　　王廷魁　　一元六角　　租地八亩

　　　　　　　收洋二十三元五角（二十七年六月至二十九年十二月）

　一区付家店

　　王青坤　　二元六角　　　租地二亩八分

　　　　　　　收洋十元九角二分

　　　　　　　三十一年收洋十四元五角六分

　三区王贤屯

　　刘丙仁　　二元　　　租地四亩

　　　　　　　收洋十二元　　二十七年下半年

　　　　　　　收洋八元　　　二十八年二十九年

　　　　　　　十、二十二日收洋八元（三十年租金）

　一区阎庄

　　阎士信　　二元七角　　　租地五亩

　　　　　　　收洋二十七元

　　　　　　　收洋十三元五角

　　　　　　　十、二十七、收洋十三元五角（三十年租金）

　　　　　　　征收处收洋一千九百九十七元五角

6 月 5 日

公款公产　省交付金　串票　契纸

应答者　财政科长沈联萱
地　点　恩县县公署

　　【义仓地租】公产中包含了义仓地租吗？＝这是为农民准备的，算是慈善事业，所以没有列入预算。是由秘书管理。

　　在民国二十八年的预算中出现了，这是为什么？＝之前的确有，但是二十九年省里发来命令要将此作为慈善事业。如果将此款列入预算的话，会被当作其他的用费。

　　省的命令是说从预算中除掉吗？＝命令中说不要算入预算，专门用作贫民救济。

　　【教育科管理的公产】想再问一下，教育科管理的公产有？＝三个，教育基金、公款、学田租金。

　　财务科管理的是？＝两个，文昌地租和普济堂地租。

　　义仓地、普济堂地租的使用决定是怎么样的？＝县政会议中决定。百元以内的可以由县决定，百元以上的必须要省公署的许可。

　　【省交付金】第五款省交付金的详细内容是？＝薪俸、事务费、旅费这三个。（？）

【资料12】 省交付金用途明细

> 每月名额省交付金国币一千一百七十九元
>
> 县知事　　　　月支奉薪　二百八十元
>
> 秘书　　　　　一百三十元
>
> 秘书　　　　　一百三十元
>
> 财政科长　　　一百二十元
>
> 建设科长　　　一百一十元
>
> 教育科长　　　一百三十元
>
> 县警务队分附　一百三十元
>
> 警察所长　　　一百四十元

省里送过来的名目呢？＝司法经费。（？）

可以给我看一下相关文书吗？＝三十一年开始，县长、秘书、各科长、警察所长、大队附的月薪是由省里提供。此外，从省里每月会发二十四元的"口粮"费用于贫民救济。

【省税附加】契税里没有附加吗？＝没有。牲畜税、屠宰税、油税、酒税、营业税都没有。

附加的有什么？＝只有牙行一个。

以前开始省税中有附加税的只有这一个吗？＝二十八年开始就是只有这个。

【省交付金名目】省交付金的名目是？＝（？）

那么征解费、行政司法补助费是在哪个里面？＝（？）

没有征解费？＝（？）

【资料13】 恩县征收处征解费用途分配表

期　名	留支解费数	留支征费数	应支附捐津贴	征收处共支证收费津贴数	征收处每人均支数	备　注
一　期	944	1416	300	1716	5363	
二　期	944	1416	300	1716	4363	
三　期	614	921	300	1221	3813	
合　计	2502	3753	300	4653	14539	

附记

一　查征收处全年共支征收费及津贴国币四千六百五十三元按职员夫役共三十二人计每人每年年均支洋一百四十五元三角九分证明

二　县知事应留全年解费二千五百零二元除十次派员赴省解款每次按照四十元共四百元尚余二千一百零二元

预算表的省交付金的数额中没有上边的辅助金和征解费？＝没有，这些在省预算里，没算入县的预算。（？）

会有那么愚蠢的事吗？那不是县的收入吗？＝这是省公署的命令，叫"专款请领"。

那么有省命令书吗？＝（？）

省里送过来的金额的名目是什么？＝省款经费、司法经费。

其他呢？＝（？）

这份文件（三十年十二月份经费支付预算书稿）中并没有写用省交付金干什么，或者是使用其他金什么的，无法证明不是吗？总之应该要有写了省交付金明细的东西吧？＝（？）省交付金的名下会送到县里，作为明细，写了县知事以下各科长的支给额（月薪）。（注：科长貌似在回避关于省交付金明细方面的事情，所以没有得到满意的答案）

那么，交付金附属的公文书呢？＝（？）

去年省辅助费的明细？＝（？）

【溢征提奖】这里有溢征提奖吗？＝有。

【征解费】征解费呢？＝没有，今年开始没有的。

【司法补助费】司法辅助费呢？＝因为是从高等法院直接送到审察处，所以不知道。

但是知事难道不是担任了审察处的长官代理吗？＝（？）

【行政补助费】行政辅助费呢？＝没有。

事变后，省交付金每年会变换吗？＝民国二十八年、二十九年是叫作省款费，分给秘书科、财政科、县知事了。三十年叫作省辅助金，分为办公费、事务费、俸给、旅费。三十一年叫作省交付金，分为知事秘书、各科长、警备队附、警察所长的俸给。

省有没有限制这个交付金的使用用途？＝有指定。

用途被指定后如何将交付的东西列出县的预算？＝省的命令。（？）

但是，这不是和您所说的关于普济堂、义仓地的内容相矛盾吗？＝（？）

是指定了使用用途对吧？＝指定了月薪。（？）

【征解费和溢征提奖】那么预算表中有的征收处辅助费是什么性质的费用？＝表示省会辅助征收处一年经费的三分之一。

那个钱是从省税里拨出的吗？＝省里送过来的。

那么还有其他溢征提奖吗？＝有。

是关于什么税？＝田赋和契税两种。

比率呢？＝不一定。（？）

征解费是针对全部的省税吗？＝三十年以前是的，今年因为征收处成立，所以没了，是百分之三。将来也不会有。

公文书是省里发来的吗？＝征收处正式成立前是作为征解费给的，成立后经费的三分之一变成由县承担。

【串票】第六款串票费是如何征收的？＝交纳田赋时，把串票发给农民。一共有二十八万枚，费用相当大，从纳税者那里一枚征收一钱。

【串票】谁给串票呢？＝政务警从征收处那里拿，然后发给农民。

一年几次？＝三次。一期田赋是二月，二期是八月，三期是九月。

串票上有写税额吗？＝有。征收处的人写，也就是派书写。

财务科跟串票没有什么关系吗？＝财务科监督。

征收处就此要向财务科提交什么报告吗？＝每年都是一定的。串票的数和征册的数。

买卖和典都要？＝是的。

【契纸】契纸是如何发给村民的？＝将契纸分给各区公所，买卖者从各区公所处购入，一枚十五钱。

推收费呢？＝土地买卖时，买主将过割手续费交给派书。

区公所的契纸是由谁保管？＝区长。

代金呢？＝由县征收处第一股的赵东樟带过来。

一年拿几次？＝每月交一次，但是没有买卖的时候不交。

契纸是谁发给各区长？＝征收处第一股分配。

推收费是由谁拿到哪里去？＝过割时交到征收处。

【过割】村里没有进行过割吗？＝村内不能自由进行过割。

什么股？＝征收处管理土地的股执行。

【资料 14】 恩县征收处征收田赋串票费用途分配表

期名	实用串票数	每张印刷费数	共收串票实数	实印串票数	每张印刷费数	共支印刷费数	印刷册流水簿张数	共支印刷费数	串票运费数	笔墨费数
第一期	92,000	一分	92000	20000	五厘	55000	14000	14000	28000	3000
第二期	92000	一分	92000	110000	五厘	55000	14000	14000	28000	3000
第三期	83000	一分	83000	97000	五厘	48500	12000	12000	24000	4500
合计			267000	13700		158500	40000	40000	80000	10500

附记　经查各期串票数费除开支印刷费以及运费、笔墨费外，并无结余。

6月7日

地方　田赋之外的征收方法　派书　牙纪

应答者　地方
地　点　县公署

【地方的职务】地方需要做什么事情？ ＝村里的要事由村长向甲长传达。

县和村的传达呢？ ＝也做。

是什么样的事情呢？ ＝田赋征收处的政务警将串票传达给村长，地方要催促田赋纳税。

那种情况下催促是谁的命令？ ＝征收处给政务警，政务警向村长，村长向地方发布命令。

【田赋的征收】串票是谁发？ ＝串票不是直接给村民，只有钱是由村长收集，然后将村民全部的钱和串票拿到征收处。

县里来的田赋附捐呢？ ＝附捐和田赋一样。

受领证叫什么？ ＝叫"附捐收据"。

关于田赋串票，村长要从村民那里收集几次？ ＝每期一次，一年三次。第一期三月，第二期七月，第三期十月。

【村费的征收】村费一年收几次？ ＝七八次。

每年没有决定次数吗？ ＝是的。

村费和串票的钱是一起收吗？ ＝分开的。

收村费的时候是叫什么？ ＝"摊花费"。

【田赋的征收】串票呢？ ＝"银粮钱"。

一、二、三期一样？ ＝是的。

【田赋附捐的征收】附捐和田赋是一起吗？ ＝不一定。

去年附捐收了几次？ ＝三次，和田赋的时间不一样。

从村民那里收了几次？ ＝三次。

每年都不是固定的吗？ ＝不一定。

收集串票的钱的时候要开会吗？ ＝会。出席者是地方、村长、甲长。

其他人不能参加吗？ ＝不能。

附捐时候呢？ ＝也开会。

【田赋附捐的基准——所有地、租种地、出当地】收集附捐时候的基准是？ ＝所有地的亩数。

地亩数和所有、当、租地是怎么样的？ ＝所有地亩数。

租种地十亩、所有地十亩的时候呢？ ＝只用所有地十亩的。

这是以前就决定下来的吗？＝是的。

以前，租种地和所有地一样都要负担不是吗？＝不是的。

出当地呢？＝承典者请求。

请求什么？＝承典者向出典者交出地，出典者接收。

这个时候，出典者也要负担一部分吗？＝全部是承典者负担。

出典者耕种的时候也是吗？＝是的。

出典者耕种的时候叫什么？＝"当契地"。

不是叫作典作租吗？＝不是。

一般当地是谁耕种？＝承典者。

出典者耕种的时候谁负担？＝还是承典者。

出典者耕种的时候叫什么？＝"租地"。

不叫典租地吗？＝不叫。

和租地是一样的吗？＝是的。

那种情况下租地的期限怎么定？＝典地有期限，租地没有期限。

【租地的期限】一般租地都有期限，和这个有什么不同吗？＝和一般的租地一样。

当三年，租五年可以吗？＝出典者不赎回的话，五年也可以。

租地文书上可以写五年吗？＝不能。

【县摊款征收方法】临时县里征收钱的话，那个时候要从农民那里收集吗？＝是的。

提前从农民那里收集，然后要交的时候再从里面拿出来的事有吗？＝没有。

麦秋和大秋两次是不是比其他时候收集的规模要大？＝不是。

两次收集的钱叫什么？＝"打麦子""打壳子"。

【粮食的代纳】村民没有钱，用粮食纳税的情况下怎么办？＝村长将粮食卖掉再缴纳。

村民用粮食缴纳的情况下，价格是按照什么时候的价呢？＝当时的价格。

村民一般用粮食缴纳的情况多吗？＝用现金的比较多。

如果现金是十人的话，粮食的有多少人？＝二三人吧。

【佃户不负担摊款】租种的人呢？＝地主缴纳。

最近摊款较多，让租种人负担一部分摊款的情况没有吗？＝没有。

【村长向县统一缴纳】上面命令下来的钱要过多少日交到谁那里去？＝日期不一定。甲长交给村长，村长拿到县征收处。

以前村民是一人一人拿去的吗？＝是的。

什么时候开始是由村长收集后交纳的？＝事变后县决定的。

【契纸】契纸是去哪里买？＝去县公署。

区公所没有吗？＝没有。征收处前身是粮房，多少钱一张不知道。

【土地买卖的手续】卖土地时要怎么样？＝买手和卖手去派书那里，请求更名，一般交给派书二三元左右。

卖契的手续呢？＝先写白契，拿到征收处，让那边写红契，再拿回来。

全县的农民都要去县里？＝是的，全部都来县里，区公所不能办理。

【派书】一个村里有一个派书？＝一个派书管理几个村。

派书是普通的老百姓吗？＝不干农活。

后夏寨的派书是哪里的人？＝徐庄的人，住在城内。

谁都可以成为派书吗？＝派书的职位需要用钱买。

现在大概是多少钱？＝三百元到五百元左右。

他们拿着证明书吗？＝（？）

【地方】地方是受谁的命令？＝农民的选举。

需要征收处的许可吗？＝需要村长的许可。

地方是受谁的命令工作？＝村长。

有没有直接受征收处的命令办事？＝没有。

【政务警】地方会将政务警的要事传达给村民吗？＝村长不在的时候。

有过副村长代替村长的时候吗？＝有。

副村长和地方谁更多接触村长的工作？＝副村长。

地方有没有听从派书的命令工作过？＝没有。

【村里的屠宰】村里杀牛的时候是怎么样的？＝通知屠宰场，交税金，然后可以自由屠宰。

通知屠宰场后对方会有谁拿过来吗？＝不会，屠宰者拿去。

一头牛大概多少钱？＝不知道。

【牛的买卖和牙纪】买卖牛的时候是怎么样的？＝买卖的时候拿到集市上去，向牲畜税的税局交纳四元的税金。

集市在哪里？＝一、三、五在南关有一个。刘庄、旧城其他有十处。

后夏寨的人要去哪里？＝南关。

牛的中介人住在村里吗？＝从别人那里买来然后卖掉。

村里有牙纪吗？＝有。马万峰和马和二人正在做牙纪。

牙纪持有证明书吗？＝没有。

牙纪要收取牲畜税吗？＝不。

这样说来，前述两人不是牙纪吧？＝是牙纪。

无法收集串票和附加的钱的时候怎么办？＝通知。

村长、甲长会不会垫付呢？＝不会。

【资料 15】恩县田赋征收处里书姓名住址清册

林锡镛	署西街	46 岁	共计 24 个村庄	备注
王振刚	苏留庄	30 岁	共计 1 个村庄	
孟繁昌	署西街	30 岁	共计 2 个村庄	
陈宝贞	旧城	42 岁	共计 2 个村庄	

卢善承	署西街	23 岁	共计 5 个村庄	备注
王英春	祝 庄	29 岁	共计 0 个村庄	
姜清准	付家楼	46 岁	共计 0 个村庄	
陈子重	胡 庄	27 岁	共计 0 个村庄	
袭东坡	张 庄	35 岁	共计 7 个村庄	
万振铎	杨 楼	26 岁	共计 33 个村庄	
王老才	管 庄	36 岁	共计 1 个村庄	
刘宝三	署 街	20 岁	共计 9 个村庄	
徐光斗	肖 牌	62 岁	共计 1 个村庄	
陈云亭	署前街	46 岁	共计 9 个村庄	
万登峰	藤 庄	36 岁	共计 8 个村庄	
郭学文	署前街	46 岁	共计 16 个村庄	
金怀民	老金庄	26 岁	共计 6 个村庄	
陈和轩	署 西	41 岁	共计 14 个村庄	
张佃壁	署东街	50 岁	共计 2 个村庄	
赵荣度	赵 庄	40 岁	共计 1 个村庄	
陈荣度	署前街	55 岁	共计 20 个村庄	
万茂竹	朱 庄	49 岁	共计 5 个村庄	
荣清河	署西街	56 岁	共计 9 个村庄	
万方桂	小北关	40 岁	共计 14 个村庄	
耿吉圣	耿 堂	20 岁	共计 15 个村庄	
宋度田	宋 口	56 岁	共计 7 个村庄	
任润昌	东王庄	40 岁	共计 1 个村庄	
张金凌	署西街	30 岁	共计 2 个村庄	
万父德	刘官屯	45 岁	共计 7 个村庄	
王长度	卜官屯	55 岁	共计 5 个村庄	
邱宝成	韩 庄	35 岁	共计 7 个村庄	
刘敬亭	署西街	30 岁	共计 2 个村庄	
万善训	马言庄	36 岁	共计 1 个村庄	
郭振刚	大洞子头	44 岁	共计 7 个村庄	
杨洪彬	大杨庄	42 岁	共计 8 个村庄	

冯德明	榆　林	47 岁	共计 8 个村庄	备注
霍玉寺	东　屯	41 岁	共计 1 个村庄	
王兰福	双　庙	40 岁	共计 5 个村庄	
孙省三	孙石庄	23 岁	共计 9 个村庄	
展东昌	西　关	42 岁	共计 4 个村庄	
雷清洪	雷　庄	28 岁	共计 2 个村庄	
徐明达	署东街	21 岁	共计 11 个村庄	
王万青	王　庄	32 岁	共计 1 个村庄	
陈宝度	署前街	52 岁	共计 2 个村庄	
张德礼	韩家窑	54 岁	共计 3 个村庄	
王中亭	大邢王庄	30 岁	共计 1 个村庄	
王宪勃	署　前	41 岁	共计 4 个村庄	
司英杰	署　西	25 岁	共计 6 个村庄	
王镇华	王虎庄	35 岁	共计 17 个村庄	
丁香肃	梁　庄	40 岁	共计 6 个村庄	
胡树藩	大北关	31 岁	共计 8 个村庄	
万玉峰	署东街	40 岁	共计 10 个村庄	
万太昌	张　庄	21 岁	共计 9 个村庄	
张子凌	邱王庄	56 岁	共计 6 个村庄	
闵宪章	万善屯	54 岁	共计 9 个村庄	
黄实林	黄　庄	20 岁	共计 6 个村庄	
陈中亭	署前街	30 岁	共计 2 个村庄	
张占彩	卫　寨	39 岁	共计 6 个村庄	
杨洪儒	杨　庄	38 岁	共计 16 个村庄	
未石亭	西　关	25 岁	共计 1 个村庄	
石万春	石　庄	48 岁	共计 3 个村庄	
马虎臣	署前街	88 岁	共计 2 个村庄	
徐贞祥	大　屯	19 岁	共计 6 个村庄	
杨永名	五里庄	19 岁	共计 1 个村庄	
赵种德	赵　庄	51 岁	共计 1 个村庄	
王兰州	双　庙	46 岁	共计 6 个村庄	

刘德芳	刘　　庄	38 岁	共计 9 个村庄	备注
刘金是	道　　口	32 岁	共计 18 个村庄	
杨海峰	管　　庄	52 岁	共计 1 个村庄	
展良田	署前街	44 岁	共计 1 个村庄	
展芳田	署前街	58 岁	共计 7 个村庄	
刘升堂	刘河沟	30 岁	共计 4 个村庄	
瞿朝干	河　　沟	50 岁	共计 1 个村庄	
孙化儒	杨诗庄	50 岁	共计 1 个村庄	
罗希彦	罗　　庄	25 岁	共计 1 个村庄	
万省三	五里长屯	36 岁	共计 4 个村庄	
张云春	孙官屯	47 岁	共计 4 个村庄	
练子石	署前街	29 岁	共计 5 个村庄	
宋范义	宋　　口	40 岁	共计 15 个村庄	
宋清海	署西街	55 岁	共计 2 个村庄	
刘润珍	怀王庄	36 岁	共计 1 个村庄	
赵清泉	署南街	37 岁	共计 2 个村庄	
刘申堂	王泉铺	50 岁	共计 3 个村庄	
耿太昌	耿　　庄	35 岁	共计 15 个村庄	
管汗文	管　　庄	45 岁	共计 8 个村庄	
杨国清	大杨庄	31 岁	共计 5 个村庄	
唐洪恩	唐　　庄	55 岁	共计 2 个村庄	
孙化行	卜官屯	50 岁	共计 2 个村庄	
刘玉深	署前街	32 岁	共计 16 个村庄	
孙父林	沙官屯	51 岁	共计 1 个村庄	
合　　计			569 个村庄	

民国三十年六月

【资料 16】 土地所有调查表

所有地	户数
无所有	1554
1—5 亩	12557

续表

所有地	户数
5—10 亩	12008
10—30 亩	17187
30—50 亩	5119
50—100 亩	1507
100 亩以上	296

全县面积

　　356800 亩

全区农作地

　　300739 亩

官有地

　　100067 亩 24

学田数

　　669 亩 18

植金

　　287800

基金数

　　455500

基金利息

　　810 元

【资料 17】 恩县土地调查表

地亩种类	亩　　数	弓步大小	折合市亩	科　　则	备注
成熟一例大粮地	一万三千二十九顷四十八亩四分七厘	四尺八寸	九分二厘	银三分八毫一丝一忽米七合二勺八抄一般	
成熟荒田地	四十五顷三十七亩一分一厘四毫	四尺八寸	九分二厘	一分八厘八毫米无	
相熟更名地	四十五顷九十一亩七分四厘一毫	四尺八寸	九分二厘	一钱二厘九毫米无	
河滩籽粒地	十四顷十八亩八分八厘四毫	四尺八寸	九分二厘	银四分五厘米无	

地亩种类	亩　数	弓步大小	折合市亩	科　则	备注
学田地	五十亩	四尺八寸	九分二厘	银九分 米无	
学田地	五十亩	四尺八寸	九分二厘	银一钱 米无	
学田地	一顷	四尺八寸	九分二厘	银八分二厘八毫 米无	
并卫正上地	十五顷五十三亩三分七厘七毫	四尺八寸	九分二厘	银三分六厘八毫 米无	
并卫正次地	八十五顷二十亩六分七厘四毫	四尺八寸	九分二厘	银二分六厘二毫 米无	
并卫正下地	五十八顷八十二亩八厘七毫	四尺八寸	九分二厘	银二分五厘一毫 米无	
并正卫无租次地	四十六亩九炳四分六厘八毫	四尺八寸	九分二厘	银二分四厘五毫 米无	
并正卫有租下地	四十七顷六十亩二分一厘四毫	四尺八寸	九分二厘	银二分 米无	
并正卫军饷地	四十五亩八分八厘八毫	四尺八寸	九分二厘	银三分 米无	
并正卫河滩地	十顷十二亩五分二厘五毫	四尺八寸	九分二厘	银四分五厘 米无	
并正卫动运地	六顷三十八亩六分三厘	四尺八寸	九分二厘	银三分五厘 米无	
并左卫上地	十八顷二十亩七分五厘八毫	四尺八寸	九分二厘	银四分二厘九毫 米无	
并左卫次地	二百八十顷五十四亩一分九厘一毫	四尺八寸	九分二厘	银二分九厘 米无	
并左卫下地	三百三十四顷五十亩八分六厘三毫	四尺八寸	九分二厘	银二分四厘五毫 米无	
并左卫租上地	八十五亩一分九厘	四尺八寸	九分二厘	银三分八厘五毫 米无	

地亩种类	亩　■	弓　■　■	折■市亩	■　■　■	备■
并■卫次地	■■亩■■　亩■■　■毫	■尺八寸	九分■■	■■分■■　■■	
并■卫　■　地	■■　顷■■　亩一分八■九毫	■尺八寸	九分■■	■■分■■　■■	
■计	一万■千■百九■顷■■九毫	■尺八寸	九分■■		

　　说明　　一　查本县共地一万四千二百九十七顷○七厘九毫又河滩赁基房十三间额征金全年地丁银四万三千七百二十五两漕米九千四百八十七石六斗四升九合八勺登明

　　　資料　　恩■■■■■■■　　　　　　派■■■

地亩等■	每亩■年■征■	■■征■■	省税■	■县附捐■	■计
■熟一例■粮地	三分八■八毫	一分■■毫忽	■分一■毫■丝	一■一分一■毫■丝	一■■分三■一毫■丝
■熟荒田地	一分八■八毫	九■■毫	三分■■■毫	■分■■八毫■丝	一■■■■毫■丝
■熟更■地	一钱■■九毫■丝	■分一■■毫■丝	■■■　八毫■丝	三■■分一■毫■丝	■　■分■■毫八丝
■滩籽粒地	■分■	■分■■毫	九分	一■■分■■毫■丝	■■分■■毫■丝
■滩赁■地	每■一钱	■分	■■	三■分一■	■分一■
学田地	九分	■分■	一■八分	三■分九毫	■■■九毫
学田地	一钱	■分	■■	三■分一■	■分一■
学田地	八分■■八毫	■分一■■毫	一■■分■毫	■■九分八九毫	■■分■■毫
并卫正上地	三分■■八毫■丝	一分八■■毫■丝■忽	■分三■■毫	一■三分三■三丝	■■■■毫三丝
并卫正次地	■分■■毫■丝	一分三■一毫一丝	■分三■■毫■丝	九分■■■毫■丝	一■■分■■九丝

续表

地亩等级	每亩全年派征银数	二期应征银数	应纳省税数	应纳县附捐数	合 计
并卫正下地	二分五厘一毫一丝	一分二厘五毫五丝五忽	五分二毫二丝	九分六毫五丝	一角四分八厘七毫
并正卫无租次地	二分四厘五毫五丝	一分二厘二毫七丝五忽	四分九厘一毫	八分八厘六毫三丝	一角三分七厘七毫三丝
并正卫有下地	二分二厘	一分一厘	四分四厘	七分九厘四毫二丝	一角二分三厘四毫二丝
并正卫军饷地	三分	一分五厘	六分	一角八厘三毫	一角六分八厘三毫
并正卫河滩地	四分五厘	二分二里五毫	九分	一角六分三厘四毫五丝	二角五分三厘四毫五丝
并正卫动运地	三分五厘	一分七厘五毫	七分	一角二分六厘三毫五丝	一角九分六厘三毫五丝
并左卫上地	四分三厘九毫九丝	二分二厘四毫九丝五忽	八分五角九毫八丝	一角五分五厘一毫九丝	三角四分一厘一毫一丝
并左卫租次地	二分九厘一丝	一分四厘五毫五忽	五分八厘二丝	一角五厘五丝	一角六分三厘七丝
并左卫下地	二分四厘五毫五丝	一分二厘二毫七丝五忽	四分九厘一毫	八分八厘六毫三丝	一角三丝七厘七毫三丝
并左卫租上地	三分八厘五毫二丝	一分九厘二毫六丝	七分七厘四丝	一角三分九厘六丝	二角一分六厘一毫
并左卫次地	二分六厘	一分三厘	五分二厘	九分三厘八毫六丝	一角四分五厘八毫六丝
并左卫租下地	二分二厘	一分一厘	四分四厘	七分九厘四毫二丝	一角二分三厘四毫二丝

附记

一 本县各项地亩派征赋税科则以及应纳省县各项税捐备列于上记本期丁银一两应纳省税四元县地方附捐七元二角二分仰合邑人民查照各该地亩等则务将应完本年二期田赋正附税捐依限完纳清楚以凭报解

【资料 19】恩县田赋概数一览表

区	地亩数	银粮米石	第一、二期	第三期	合计数目	占全县比例
第一区	2362.12	7257.20 1704.34	14514.40 14514.40	10226.04	39254.84	16.52%
第二区	2122.65	6617.76 1509.53	13235.52 13235.52	9057.18	35528.22	14.84%
第三区	2432.81	7303.05 1346.24	14606.10 14606.10	8077.44	37289.64	17.01%
第四区	2652.18	8068.71 1541.63	16137.47 16137.42	9249.78	41524.62	18.63%
第五区	2431.98	7390.50 1755.56	14781 14781	10533.36	40095.36	17%
第六区	2295.27	7087.78 1630.34	14175.56 14175.56	9782.04	38133.16	16%
合　计	14297	43725 9487.64	87450 87450	56925.84	231825.84	100%

计　开

恩县全境地共有一万四千二百九十七顷

除汽车路、顺水渠共十八顷十九亩六分七厘（四十七村）

除民欠地共一千六百四十二顷八十一亩

实征地一万二千六百三十六顷（一顷是一百亩）

恩县三十年度概算通知增加临时附捐收入及用途数目表

	摘　要	合　计	备　注		摘　要	合　计	备　注
二元临时特别附捐收入数	全年丁银两数	38880 两		一元临时附捐收入数	全年丁银两数	38880 元	
	附捐捐率	每两 200			附捐捐率	每两 100	
	全年收入数	77760 元			全年收入数	38880 元	

续表

摘　要	小　计	合　计	备　注		摘　要	小　计	合　计	备　注
警察所增加饷额	4560 元				县公署增加职员俸禄	900 元		
警察所官佐警长津贴	5280 元	38832 元			县公署政警夫役加饷服装	1806 元		
警察所扩编增加经费	28992 元				县公署人员津贴	3612 元		
警备队增加饷额	22800 元				建设经费增加	11158 元		
警备队官佐兵夫津贴	10876 元	38928 元			建设人员夫役津贴	648 元		
警备队扩编增加经费	5256 元				教育经费增加	13172 元		
总计	77760 元	77760 元			教育人员夫役津贴	4740 元		
					县地方预备费增加	2544 元		
					动支预备费人员夫役津贴	300 元		
					总计	38880 元	38880 元	

左列："二元临时特别附捐支配用途数"；右列："一元临时附捐支配用途数"

【资料 20】 恩县田赋征收处职员姓名一览表

职　别	姓　名	备注
主　任	锡铺林	
征收股长	赵秉璋	
征收股员	胡春芳	一　本处职员各有专职，每期开征后需雇佣临时征收员十名，便于办公。
征收股员	马应振	
司记股长	刘玉池	
司记股员	孙省三	
司记股员	罗希额	

续表

职　别	姓　名	备　注
司记股员	陈子重	
司记股员	万登峰	
司记股员	杨鸿儒	
制串股长	王振华	
制串股员	陈和轩	
制串股员	雷清淇	
制串股员	刘敬亭	一　本处职员各有专职，每期开征后需雇佣临时征收员十名，便于办公。
挂销股长	王应选	
挂销股员	宋庆田	
挂销股员	刘德符	
对串股长	刘玉宝	
对串股员	万得仁	
对串股员	刘德善	
对串股员	万声唐	

【资料21】　事变以前赋税概况　（未刊恩县县杂志草稿摘录）

恩县县杂志卷四

财赋志

田赋（地丁　漕米　附加）杂税（契税　印花税　烟酒税　牙行税　牲畜税屠宰税　商店营业税　油类营业税）杂捐　公债　监课　公产　预算（中略）

民国成立自元年秋间改组县公署实行公费之后所有丁漕陋规悉豫革除而征收标准仍治清制三年春始两为元每征国币二元二角内一元八角为国家税四角为省地方税漕粮一项四年冬亦改征银元每石征国币六元嗣于十一年春省地方财政困艰　预征一年丁漕原定分作十年偿还如无地方多故偿还之举竟成画饼以后军阀勃兴任意共求十四年至十六年之间不但丁漕正供逐年　增且于正供之外加征附捐名目繁多概艰收举计地丁赋每两征及八元漕粮每石亦征八元一律提前并征甚至乙年甲征供应频繁不　终日吾民　威力之下备尝征敛之苦效死不得莫可告语先哲苛政猛于虎之言十七年五月一日国民革命军甫到济南突遭五三之变军事倥偬急于等款以本年丁漕多半提前征完不得不豫借十八年丁漕用资救济地丁每两仍按照四元开征内两元二角解国家税一元八角为省地方税十八年济案解决财政局着手整顿定田赋订田赋章程以后渐入常轨从此地丁每两四元之数

遂经颁及例入预算矣近年以来改革尤多举凡试办田赋征收处规定报灾手续严禁各种陋规整顿花户粮名均为荦荦大端我恩地多齿斥素号贫苦所幸近才地产改进已具规模瞻望前途无限之明可为恩民庆也作赋税志

田赋（地丁　漕米　附加）

（中略）

地丁

国家对地之生产税田赋即古粟米之征犹唐代之租制也对人取税曰丁税即古力役之征犹唐代之庸制也清代虽并丁于赋而我恩又与他县情形不同在地有县地卫戌之地也明始屯兵于县给田若干设官统制谓之军田输粮造船以运京师曰运丁合田丁若干成为一屯清代因之故恩之卫地属德州驻防之城守之官有二曰千总曰守备阶级不同卫门分立给称千总曰正堂守备曰在堂故有正卫屯地与在卫屯地之分属于千总者曰正卫屯地犹正堂之卫戌屯垦地也属守备所管理者曰在卫屯地犹在堂地卫戌屯垦地也此卫地之大致情形也

（中略）

县地（大粮地　荒田地　额外更名地　河滩籽粒地　河滩赁基房　学田地）

县地即县有之土地然我恩情形特殊地之种类不一兹按类区分如下

大粮地

大粮地则各县普通地亩之称恩邑地本硗薄名为大粮地实则不及他县矣征额相同名义同而地之生产固大不同也据明万历志载恩地有一三二八五顷六七亩（中略）复按清雍正志载以全县大粮地一律作成熟地计一三〇一八顷九七亩（中略）共征银三六一八二两三钱（中略）根据以上各数统计实有成熟一例大粮地一三〇一六顷六二亩每亩征银三分零八毫一丝一忽二织六沙二尘五渺三埃计共征银四〇一〇五两五钱北为现在大粮地实征之地丁银数也

荒田地

沙河两岸原多荒唐陈公堤畔亦复如之以人稠地稀乃行垦荒故昔之无人顾及者今亦成村矣乃至现在已成地二三九顷三七亩（中略）每亩现征银一分八厘八毫（中略）共计实征银四五〇两〇四分（中略）

额外更地名

民既逃亡后占有例须更以便于起征然逃者先报来者必更故是地现有此额外更名地四五顷九一亩此项田地（中略）因粮重于大粮地三倍有奇故无附加（中略）焉（中略）每亩征粮一钱〇二厘九毫（中略）共计征银四七二两五钱（下略）

河滩籽粒地

运河两岸沙滩曰河滩原本无人顾乃后乃有所开植然因水来地淹故收获无常政府为体恤民艰起见故至今地方无附捐焉计地一四顷一八亩（中略）每亩仅征银四分五厘共征银六十三两八钱（下略）

河滩赁基房

当运河之建设也遇有沙滩则有浅铺建筑房屋以居浅夫故在邑之四女寺一带计有河滩赁基房一三间每间原征收银一钱共征银一两三钱

学田地

恩邑清时旧有士子膏火之学田一顷坐落城北十里铺者五十亩每亩征银九分其他五十亩久已失踪因卷宗遗失佃户匿而不报以至失业但粮仍存每亩征银一钱共在前清此项地则由儒学报解学政支给寒士膏火今则并入五科矣共计征银九两五钱

以上各项大粮地

共计　一三三一七顷一〇亩（下略）

共应征银四一一〇二两八钱五分（下略）

此为县地所有之正供也

卫地（正卫屯地、在卫屯地）

卫地者德州城守卫所管之钱粮地也（中略）光绪二十八年德州之城守卫官次第裁撤其粮始并于县由县专设卫柜以征收此卫地之粮仍代解国库

正卫屯地

德之城守卫有千总与守备二职各立卫署各征其他之粮（下略）

计有上地　　十六项五一亩
　　　　　　每亩征银　三分六厘（下略）
　　　　　　共征银　　六十两八钱（下略）

次地　　　　三十项四六亩
　　　　　　每亩征银　二分六厘（下略）
　　　　　　共征银　　七十九两八钱

下地　　　　五一项五六亩
　　　　　　每亩征银　二分五厘（下略）
　　　　　　共征银　　一二九两三钱（下略）

无租次地

卫地者本有赋有租原为屯垦地亦若干年后再纳租者不意驻军被裁判则成为始终无祀地也此项无租次地

二二顷二亩

每亩征银二分四厘（下略）

共征银五四两（下略）

有租下地

地虽成租而收获无常故云下地此项地亩计有

四七顷六〇亩（下略）

每亩征银二分二厘

共征银一〇四两七钱（下略）

△军饷地

军饷截旷所积存之购置地故有是名计地产

四五亩 （下略）

每亩征银三分

共征银一两三钱

△河滩地

北卫地中之河滩地也与普通河滩地有别或系驻军所新垦也地计

四顷一二亩 （下略）

每亩征银四分五厘

共征银十八两五钱 （下略）

△买地

买地非卫之官地系屯军后自买之地故与前者有别计地

二四顷六亩 （下略）

每亩征银二分四厘

共征银五九两 （下略）

△饷运地

运输军饷则用是租以作旅费之谓也计地

六顷三十八亩 （下略）

每亩征银三分五厘

共征银二二两三钱 （下略）

以上正卫屯地计有地

二〇四顷三亩 （下略）

共征银五三〇两二钱 （下略）

左卫屯地

（前略）其地分上次下三等但有无租为有租之分而此仅云租上地或租下地者疑有阙文地 （下略）

△上地	十八顷十九亩 （下略）	
	每亩征银四分二厘 （下略）	
	共征银七八两二钱 （下略）	
△次地	三三六顷七亩 （下略）	
	每亩征银　二分九厘 （下略）	
	共征银　　九七五两一钱 （下略）	
△下地	三四四顷二二亩 （下略）	

（十二年除汽车路压占地　十七亩 （下略）现有地三四四顷五亩 （下略）

	每亩征银　　二分四厘 （下略）	
	共征银　　　八四四两七钱 （下略）	

△租上地　　　八五亩、每亩三分八厘　　共三两二钱

△租次地　　　十五顷三二亩、每亩二分六厘　　共三十九两八钱

△租下地　　　四六顷四七亩（十七年、豁除顺水渠压占地十一亩租地四六顷三五亩）每亩二分二厘共征一〇一两九钱

以上正卫在卫各地除豁免不计共九六四顷〇三亩统计征银 二五七三两四钱

全县县卫内地总计

一四二八一顷一三亩

总计征银

四三六七六两三钱

历年实征银　八四〇〇三三两

显示征银　　四一二二〇两

民缺　　　　一一八七两（民国二十一年县长增征民缺）

征收之情形

查恩县征收地丁银两向例所谓银号钱号之别纳银在三钱以上者作为银号征收三钱以下者作为钱号征收钱号每正银一两收京钱五千文至清光绪二十二年经山东巡抚李秉衡奏明定章每两改收京钱四千八百文而银号每正银一两连一四耗银并加重火耗解费及书吏试笔饭食等项共收库平银一两四钱随同市价银钱两便至二十七年因各县征价不一屡有争持复经山东巡抚袁世凯奏明定章每定章每正银一两统按京钱四千八百文列为定案而征收银号钱号之名自此泯矣及至民国五年全国改两为元乃奉财政厅转奉财政部令每正银一两折征国币二元二角内以一元八角为国税以四角为省税此为折征国币之始十八年复奉财政厅令每正银一两征国税二元二角省税一元八角十九年奉令将正银一两折征国币四元改名为地丁正税二十四年春复奏厅令丁漕统名为田赋上忙改为田赋第一期下忙改为田赋第二期漕米改为田赋第三期至今仍旧焉

民国留支项下

征解费

民国二十三年以前准由县长从报解之正款内留支征解费百分之三自是年下忙起改设征收处奉令将征收费取消留百分之一、二即每收洋一百洋留支解费洋一元二角计共留支洋二千六百一十四元三角一分八厘

证收费

田赋征收处于二十三年下忙成立因该处工作繁简不一开支互易一二七八等月每月支洋四百三十七元三四五六九十十一十二等月每月支洋六百六十一元全年共计支洋七千零三十六元此项前系由正款内存留开支自征收处成立后改为按月请领

县政府经费

民国元年九月奉山东布政使司兼管漕仓事务王颁布县俸给行政费每月支洋八百五十六元嗣以政务日繁县府内佐治人员屡有增加故开支亦日加多至十九年将预算追加而现在县政府每月经费支洋一千二百五十一元此二等县之定制全省一律也全年连同警服费二百零四元共支洋一万五千二百一十六元其分配数目除办公费月支一百三十二元归县长指用外余均按现任公务人员俸给分配于个人焉

司法经费

民国二十二年一月县法院裁撤复设承审处全年经费共支洋三千二百零四元其分配开支数目除办公费购置费全年支洋二百二十八元外余亦按组织人员分配之

模范监狱及看守所经费全年统计共留支洋四千八百二十四元

内计管狱员兼看守所长一员月薪四十五元全年计五百四十元

看守一等一名月支十元二等九名各支洋八元全年共计支洋九百八十四元

办公费月支洋十三元全年共计支洋一百五十六元

囚衣戒具费月支洋十四元全年共计支洋一百六十八元

医药费月支洋十四元全年共计支洋九十六元

囚粮囚额八十名每月支三元月支洋二百四十元全年共计支洋二千八百八十元

孤贫口粮全年共计支洋三百四十四元六角五分但此向系钱码按日计算大建月每月支洋二十九元二角七分小建月每月支洋二十八元三角三分二月平均支洋二十六元四角四分值闰月加支洋九角五分因系钱折故有零奇也

以上各款民国以来均系由应解款内按照领款手续备具请款凭单抵解留支自二十三年下忙起改为按月具领不准留支

典礼费

民国元年奉山东布政使司兼管漕仓事务主颁布行政费内载典礼费全年共计支洋八十元于春秋两季祀孔时分支二年春奉令改支二元四角三分七厘十七年春废止祀典此费遂停

法院经费

民国十七年七月县法院成立每月支洋二百元十八年七月添增检查处每月支洋六百元全年共计支洋九千六百元二十一年十二月县法院取消归并县政府内经费遂停

以上总共留支三万五千零七元九角六分八厘

附加

恩县在昔田赋以外原无附加拳匪乱后秉国政者鉴于国势临危不能支持急急变法以图自强于是新政繁兴在任需款如添设警团学校之类地方官吏点金无术乃于田赋正供之外附加捐钱几文附加之名自此始矣

清宣统元年知县任鸿孙以奉命创设学校筹办警团每地一亩加征京钱六文

民国元年以新政日多不敷开支县知事于书云请准改为每征银一两加征京钱八十四文

五年县知事朱是复改每亩加征京钱二十六文

七年县知事沈鸿飞呈准改每征正银一元加征附捐洋一角五分

八年县知事沈鸿飞呈准省署每地一亩加征警备附捐京钱六十文

九年警备附捐改为每正银一元加征京钱八百八十六文

同年呈准每正银一元加征教育附捐京钱一百一十九文

十一年县知事徐毅呈准每正银一元加征义务教育捐五十九文

十四年县知事吴福森呈准教育附捐改为每亩收洋五厘七毫

警备附捐每亩收洋二分三厘一毫实业及义务教育附捐每亩各收洋一厘五毫三丝

十七年县知事傅恩德呈准每地一亩加征警学附捐洋一分五厘

十八年县长刘毓漳呈准将以前名项附捐各目化零　改每征正银两加征附捐至二元八角

二十年度经财政厅核定每征正银一两加收洋二元六角四分三厘

二十一年度经财政厅核定每征正银一两加收洋二元六角二分

二十二年度经财政厅核定每征正银一两加收洋二元六角

二十三年度经财政厅核定每征正银一两加收洋二元五角七分

合县县卫地丁除更名地河滩地不加征附捐并民欠不计外全年共收县地方附捐洋一十万零二千七百二十三元

漕米附加之数目

民国七年县知事沈鸿飞呈准每征漕米一石加征附捐洋九角内分学款六成费四成

十八年县长刘毓漳呈准每征漕米一石外加收附捐一元一角

全年统计漕米附捐共收洋九千六百一十五元

地丁漕米两项全年统计共征收附捐洋一十万二千三百三十八元

契税　印花税　烟酒税　牙行税　牲畜税　屠宰税

杂税

商店营业税　油类营业税

税以杂名因非正供也然杂税之名不自今始如契税牲畜牙行皆肇自前清也印花烟酒油类屠宰以及商店营业税皆始于民国也且商店营业税为近来废除筐金之抵补税至若验契等则属于临时之一不能以杂税例也又盐课为国家正供且关外债虽非田赋性属正供故另列之也

契税

田房契税为前清国家正项之杂税民国成立后援例续办民初照卖价百抽收三分六厘典则半之契尾契纸每张五百文后则将卖契改为九分继增至十二分至十七年乃正式规定凡山东省属各县卖房契约发行规则人民典卖田房成立契约时须向契约纸发行所购买县政府印制之典卖田房契约纸此纸每张定价铜元十枚订立契约方为合法典卖之凭证契约订立后照章六个月限内赴县政府纳税不得借口购用契约纸故意稽延又契税系按地价现在地价分为上中下三等上地每亩价洋四十元中三十元下二十元交纳税款卖契纳价百元纳契税三元外加纸价洋五角注册费一角县附捐二角此纸系财政厅印发之契纸俗名契尾与县政府印制之典卖田房契约纸不同每税价百元县长留支办公费八元此现时即契纳税

之大概情形兹将财政部本年修正改订之契约办法四项列下俾人民交纳契税百以遵循焉

财政部修政改订契约办法　系民国二十四年财政厅令县

遵

（甲）正税附率及契约纸费

一　契税正税税率以卖六典三为最高限度其在限度以上者缩减为卖六典三在限度以下者悉仍照旧

二　契税附加以正税半数为原则其在半数以上者缩减至正税之半未达正税半数者悉仍其旧

三　契纸费每张五角卖典一律

（乙）稽核方法

一　推收应与契税同时办理一面纳税一面办理推收

二　契纸应规定划一式样推收过户及应纳田赋正附税额均于契内载明所有过户印单可即废除

三　为预防各县征收人员征多报少改契舞弊情事应于契纸缴查骑缝处贴契税凭证以资稽核

（丙）稽查办法

一　咨行司法行政部通行全国各级法院及兼理司法之县政府举凡审理民刑诉讼时过有未经过契税之契纸应交由征税机关分别补税倘有循纵情弊由高级长官依法惩戒之

二　咨行司法行政部将法院登记不动产条例订明买卖典质之权利应以实契税之红契为证明方法未税之白契应交由征税机关分别补税后再进行登记

（丁）处罚及免罚标准

一　逾期及短匿之契约分别处以递加罚金惟罚金最高额不得超过应纳税额其有特殊情形者并得免罚

按此经财政厅规定逾限文契一经查出或被告发处以应纳税额五成之罚金例如应纳税洋十元者罚五元匿写契价者除补短交者外照应纳税额的全数科罚

二　未税白契定期准预投税免罚

印花税

印花票税本为东西各国固有之国家税税金之数目註在票面依其证据之大小使在法律上受相当之保障效力然在我国至民国二年始创而行之当时受贴之种类有限其在各县原甚微末例由省立之总局自县摊派亦无定额至民国八年我恩始由知事沈鸿飞在地亩项下每月派销三百元固已失印花税之原旨矣因票无所用点者又将发县之票以低价售于通商巨埠之商号至十一年总局又以各埠之收入减少于票面印就县各以示限制则各县已发之票成为废纸不能向外推销至十五年张宗昌氏督鲁山东　印印花向各县摊派而我恩遂达八百三十元邑人姚振铎等赴省请求实贴实销始允准饬财政厅会同印花税局设售销而我恩人民如释重负矣至二十二年三月以销数无多不敷开支复归县政府派销每月额定五百元而摊派之苦又如前矣至二十五年冬财政部乃将全国印花大加整理以实销实贴为原则特于是年十月底将各省经征印花税机关及旧存之印花一例限期掉换结束至十一月一

日起另制现行之印花税票与烟酒税局归并以节开支而在各县之销花无多者完全委托邮局代售人民无摊派之苦而无积花贱售之弊矣兹将其颁布之法则及税率与施行细则分别照录于下（下略）

公产

公产者一邑之公共产业也在昔仅有学田与义仓今则庙产学款加多不过庙产多为区有亦划入教育款内也

县有公款息金

经古课基金二六〇两四钱全年利息洋四七元此款向按月利一分发商生息全年得息银三一两二钱（中略）合洋如上数此系前清书院考课时以之作为奖金用也

学款基金　　三五〇〇元全年息洋六三〇元此款向按月利一分五厘发商生息得息如前数。

县有公产租金

学堂学田地共六百五十余亩全年租洋一千六百八十元因肥饶不一租价不等

普济堂地共二百一十一亩余全年租洋四百一十七元

义仓地四顷五十七亩余全年租洋九百九十三元内有空粮十五亩零一厘查此款系专案存储备用不列入预算

城内马场湾华地全年租洋四十三元

县有田地

县有学田分散在各村肥饶不一优者田每亩笔租四元一角低者仅及一元然皆为最少数普通则在二元以外也业经教育厅列为专案存在五科兹将其他地点租价亩数列表于下原各租户原含有时间性故未列入又属近圣小学者尚有八亩八分九厘五毫在　口未经勘丈者尚有王贤屯之四亩掷庄之三亩七分二厘表庄之十一亩六分三厘小董庄之二十三亩二分四厘因其租价未详故未列入焉

坐落村庄	亩　数	每亩租赁	合计租赁
于庄东北	3370	2100	7077
于庄东北	2359	2100	4953
十里铺	9933	2400	23836
马庄铺	9292	2500	23230
八里庄	5000	1000	5000
夏家口	6000	2000	12000
张　庄	10000	2100	21000
张　庄	6430	2400	15432
付家庙北	2700	2500	6750
北站西	3974	2500	9935

坐落村庄	亩　数	每亩租赁	合计租赁
北站西	2797	2500	6992
北站西	2224	2800	9027
北站西	5000	1600	8000
沙篙屯	9080	2300	20884
于庄东	2956	2100	6207
于庄东	2210	2100	4461
于庄东	800	2100	1960
榆　林	174	2800	487
榆　林	2047	2800	5731
榆　林	2070	2800	5797
赵　庄	24990	3400	84966
元官屯	8950	2300	20585
王打卦庄	17000	2900	49300
许家桥	5033	3000	15099
许家桥	5000	3000	25000
小杨庄	10800	2500	27000
梨行屯	23000	2800	64400
梨行屯	4000	2500	10000
耿　庄	23057	1900	24808
耿　庄	8125	3000	24375
耿　庄	6211	2300	14285
耿　庄	3720	2300	8556
白佛寺	31864	3160	100690
纪　庄	20935	2100	43963
沙篙屯	73683	3300	243152
沙篙屯	13280	3200	42496
沙篙屯	5677	2800	15896
沙篙屯	18900	2300	42470
沙篙屯	4517	2300	10389
沙篙屯	4806	2300	10533

续表

坐落村庄	亩　数	每亩租赁	合计租赁
梨行屯	3000	2800	8400
梨行屯	10742	2800	30077
梨行屯	4000	2800	2200
小霍庄	4000	2500	10000
王立屯	9475	3000	28425
王立屯	10865	2100	23816
王立屯	10188	2100	21394
王立屯	9070	3100	28117
王立屯	32947	3100	102135
王立屯	6548	3100	20298
王立屯	18930	2300	43539
王立屯	14328	3400	48715
阎　庄	5000	2100	10500
张　庄	13247	2100	27818
马官屯	15182	2000	31364
小绪庄	12705	2100	26680
大辛庄	23445	3000	70335
郭　庄	18000	4100	73800
榆　林	1000	2800	28000
榆林南	713	2800	19964
沙篙屯	6730	2300	15479

以上总共学田六百三十五亩九分七厘七毫四忽，共租洋一千七百七十二元六角七分一厘，有奇。

普济堂地一览表

坐落村庄	亩　数	坐落村庄	亩　数
傅　庄	5570	小　庄	5987
高　庄	11046	展　庄	24027
霍　庄	23947	仁德庄	4727
康家寺	18894	小郭庄	13000
前魏寨	24200	后夏寨	16500

坐落村庄	亩　数	坐落村庄	亩　数
杨　庄	7457	张世庄	7000
李　庄	19300	王　庄	3000
县城东北	10067	许　桥	17127

以上共计二百一十亩八分四厘九毫

义仓地一览表

坐落村庄	亩　数	坐落村庄	亩　数
马良庄	12488	旧城	28705
杨诗庄	20337	四女寺	201245
蔡庄	3000	大胥庄	16939
后宋家口	1296	程庄	17789
于庄	6688	十里铺	1670
王泉铺	2130	薄庄	1229
小胥庄	10977	马庄铺	8428
东屯	10066	徐官屯	45865
津期店	32189	卧虎庄	10308
南关外模范林占地	7000	四女寺知县博恩德占地	3725

以上共有义仓地四百四十二亩七厘四毫

　　以上各项地以亩为单位银以元为小数点以下为小数文昌地一段计地九亩在城东南里许文昌阁前百碑可考

　　城北苗圃一处计地五十亩系旧学田

　　城南苗圃一处计地三十六亩　民国二十三年新购民地

　　农事试验场一处计地十余亩

　　师范讲习所校舍一处计地二亩六分余　民国二十三年新购在南门里路西火神庙后

　　（恩县县志卷之四财赋志草稿）

　　预算岁入岁出

　　我恩在民国二十年前地方财政无所谓预算用则取之有则存之无则借贷之亏则于下年度加征之以至征无常数用无标准流于紊乱无法勾稽自二十年后经前财政厅长袁家普首先厘定全省预算继办各县预算于上年度内计划下年度之所需由政务会议通过以规定之列为定额只许节除余以备急需不许不足以免年亏因此年有定费收有定额用有常度莫

能更之兹将最近全县之岁入岁出而条列于之以备将来之变迁焉

地方财政岁入岁出预算数

岁入项下

岁入者全县一年之收入也先有收入后始支出兹将最近全年所收各项条列于下

地丁附捐洋十万零二千七百二十三元

漕米附捐洋九千六百一十五元

各行纪捐洋一千七百五十五元

屠宰捐民国二十三年十二月奉令取消

牲畜捐洋六十元

集捐二十三年十二月奉令取消

地基捐二十三年十二月奉令取消

契纸捐洋三百元

经古课银利息洋四十七元

学疑基金利息洋一千五百三十元　　学款基金向为三千五百元现增放五千元共八千五百元故得息如上数

学田地租洋一千六百八十元

普济堂地租洋四百一十七元

苇湾地租洋四十三元

以上各款全年共收入大洋一十一万八千一百七十七元

岁出项下

岁出者全年之支出数也既有收入自须支出兹将岁出各项条列于下

经常门

公安局经费洋一万零零六十八元

民团经费洋三万三千八百七十元　　查民团于二十四年四月六日奉令裁撤闻此疑半数提省半数留县训练联庄会会员

财务行政费洋三千三百三十六元

教育行政费洋四千五百七十二元

教育事业费洋三万九千四百八十六元

建设行政费洋二千九百六十八元

自治经费　　查本县六区区公所于二十三年奉令裁撤二十四年无此项支出

联庄会经费洋一千六百八十元

合作社指导员度量衡检定员经费洋一千七百元

雨量气候测站员经费洋三百六十元

地方财政监察委员会经费洋一百四十元

农工费洋一千元

电话水利等项建设费洋三千六百元

临时门

建设费洋三千元

预备费洋一万二千二百九十七元

以上经临两项共支出大洋一十一万八千一百七十七元

【资料22—1】民国二十五年度恩县地方岁出经常门预算书

二十五年七月一日起至二十六年六月三十日止

内政费

科　目	二十五年度预算数	二十四年度预算数	比　较		备　注
			增	减	
第一款　保安队总费	10764 元	10764 元			本款是原有公安局经费
总队经费	10764 元				
第一项　俸禄费	9228 元				
第一目　奉薪	2700 元				
第一节　队长俸禄	1200 元				队长一人月支一百元，全年共计如上数。
第二节　事务长薪水	360 元				事务长一人月支三十元，全年共计如上数。
第三节　文书薪水	360 元				文书一人月支三十元，全年共计如上数。
第四节　分队长薪水	780 元				二级分队长一人月支三十五元，三级分队长一人月支三十元，全年共计如上数。
第二目　饷项	5952 元				
第一节　班长饷项	540 元				班长三名月各支十五元，全年共计如上数。
第二节　警士饷项	4356 元				一等警六人月各支九元；二等警十人月各支八元五角；三等二十八人月各支八元，全年共计如上数。
第三节　骑警饷项	576 元				监兵六人月各支八元，全年共计如上数。

续表

科　目	二十五年度预算数	二十四年度预算数	比　较 增	比　较 减	备　注
第四节　伙夫饷项	480 元				伙夫五人月各支八元，全年共计如上数。
第三目　马干	576 元				
第一节　马干	576 元				骑马六匹月各支马干八元，全年共计如上数。
第二项　公费	192 元				
第一目　文具	192 元				
第一节　文具	24 元				纸张、油墨、簿册等费用全年共计如上数。
第二目　邮电	24 元				
第一节　邮电	24 元				邮电费全年共计如上数。
第三目　消耗	240 元				
第一节　消耗	240 元				灯油、茶水、薪炭等全年共计如上数。
第三项　购置费	24 元				
第一目　器具	12 元				
第一节　器具	12 元				全年共计如上数。
第二目　图书	12 元				
第一节　图书	12 元				全年共计如上数。
第四项　囚粮	300 元				
第一目　囚粮	300 元				
第一节　囚粮	300 元				月需囚粮二十五元，全年共计如上数。
第五项　服装费	756 元				
第一目　服装费	756 元				
第一节　服装费	756 元				官警兵夫五十八人各人服装费十二元，伙夫五名各服装费十二元，全年共计如上数。

科　目	二十五年度预算数	二十四年度预算数	比　较		备　注
			增	减	
第二款　训练联庄会员经费	31500 元				
训练处经费	300 元				
第一项　俸禄费					
第一目　薪水					
第一节　主任薪水					主任一人，县长兼任，不另支薪。
第二节　文体会计薪水					文体会计各一人，由县职员兼任，不另付薪。
第二目　饷费					
第一节　传事兵饷					传事兵二人由县府政务警充当，不另支薪。
第二项　公费	360 元				
第一目　公费	360 元				
第一节　公费	360 元				县调训处公费月支十元，主任特别公费月支二十元（即旧有联庄会总会经费），全年共计如上数。
第二目　区队长公费	1440 元				
第一节　区队长公费	1440 元				全县六区每区设队长一员月各支公费二十元（即旧有联庄会总会经费），全年共计如上数。
第三款　调训官兵薪饷服装费	4050 元	4050 元			
第一项调训官兵薪饷服装费	4050 元				
第一目　官兵薪饷	3642 元				
第一节　调训官长薪水	360 元				调训官长一人月支三十元，全年共计如上数。

续表

| 科　目 | 二十五年度预算数 | 二十四年度预算数 | 比　较 | | 备　注 |
			增	减	
第二节　调训士兵饷项	3282 元				上兵三十四人，月支九元五角者一人，月支八元者三十三人。全年共计如上数。
第四款　乡镇公所经费	4320 元				
第一项　乡镇公所经费	4320 元				
第一目　乡镇公所经费	4320 元				
第一节　乡镇公所经费	4320 元				全县三十六乡镇，每乡镇月支公费十元，全年共计如上数。
合计	50634 元	52818 元		2184 元	
财务费					
第一款　财务行政费	3336 元			3336 元	本款本年度并入省政方概算县政府经费开支。
第二款　地方财政监察委员会经费	240 元	240 元			
第一项　俸给费	96 元				
第一目　薪水					
第一节　委员薪水					委员十一人均为义务职，不另支薪。
第二节　事务员薪水					由县政府职员兼任，不另支薪。
第三节　录事薪水					由县政府职员兼任，不另支薪。
第二目　工资	96 元				
第一节　勤务工资	96 元				勤务一人月支八元，全年共计如上数。
队部经费	29700 元				
第一项　俸给费	23976 元				

续表

科　目	二十五年度预算数	二十四年度预算数	比　　较		备　　注
			增	减	
第一目　薪饷津贴	5496 元				
第一节　队长奉薪	3600 元				队长二人月各支八十元，分队长四人月各支三十五元，全年共计如上数。
第二节　司书薪水	432 元				司书二人月各支十八元，全年共计如上数。
第三节　兵夫饷	888 元				传事兵四人月各支八元；伙夫六人月各支七元，全年共计如上数。
第四节　班长津贴	576 元				班长二十四人由会员选当，月各支津贴二元，全年共计如上数。
第二目　伙食费	18480 元				
第一节　会员伙食费	18480 元				会员三百八十五人，月各支四元，全年共计如上数。
第二项　公费	572 元				
第一目　公费	288 元				
第一节　公费	288 元				全年共计如上数。
第二目　消耗	284 元				
第一节　消耗	284 元				煤炭灯油全年列支于上数。
第三项　特别费	388 元				
第一目　警业费	240 元				
第一节　警业费	240 元				全年列支如上数。
第二目　擦枪费	148 元				
第四项　服装费	4764 元				
第一目　服装费	4764 元				
第一节　服装费	4764 元				兵夫共三百九十七人每人每期服装费三元，全年共计如上数。

续表

科　目	二十五年度预算数	二十四年度预算数	比　较		备　注
			增	减	
区队长公费	1440 元				
第一项　区队长公费	1440 元				
第二项　公费	144 元				
第一节　公费	144 元				文具、邮电、消耗、杂费等全年共计如上数。
第三款　地方款产保管委员会经费	240 元			240 元	
第一项　俸给费	96 元				
第一目　薪水					
第一节　委员薪水					委员九人均义务职不另支薪。
第二节　事务员薪水					由县政府职员兼任，不另支薪
第三节　录事薪水					由县政府职员兼任，不另支薪
第二目　工资	96 元				
第一节　勤务工资	96 元				勤务一人月支八元，全年共计如上数。
第二项　公费	144 元				
第一目　公费	144 元				文具、邮电、消耗、杂费等全年共计如上数。
第一节　公费	144 元				
合计	480 元	3576 元		3096 元	
教育费					
第一款　教育行政费		4572 元		4572 元	本款本年度并入省政方概算县政府经费开支。
第二款　教育事业费		26498 元	39488 元	12988 元	教育临时费上年度并列本款，特揭列出临时门教育费第一款。
第一项　学校经费		22532 元			

科　目	二十五年度预算数	二十四年度预算数	比　较		备　　注
			增	减	
第一目　小学		12512 元			
第一节　近圣书院小学		2454 元			高级三班校长兼教员一人月支三十元；高级教员三人月共支六十元；科任教员一人月支二十元；初级教员二人月共支三十二元；事务员一人月共支十六元；工友三人月共支二十一元；公用设备月支二十二元，冬季炭火费四十二元，全年共计如上数。
第二节　旧城镇小学		2184 元			高级二班校长兼教员一人月支二十八元；高级教员二人月共支四十元；科任教员二人月各支二十元；初级三班教员三人月各支十八元；工友三人月共支二十一元；公用设备等费月支二十二元；冬季炭费三十六元，全年共计如上数。
第三节　四女寺小学	1778 元				高级一班校长兼教员一人月支二十八元；高级教员一人月支二十二元；初级三班教员三人月共支四十八元；工友二人月共支十四元；公用设备等费月支十六元；冬季炭费二十六元，全年共计如上数。
第四节　苏留庄小学	1524 元				高级一班校长兼教员一人月支二十六元；高级教员一人月支二十元；科任教员一人月支二十元；初级二班教员二人月共支三十二元；工友二人月共支十四元；公用设备等费月支十三元；冬季炭费二十四元，全年共计如上数。

续表

科　目	二十五年度预算数	二十四年度预算数	比　较		备　注
			增	减	
第五节　乐庄小学	1524 元				高级一班校长兼教员一人月支二十六元；高级教员一人月支二十元；科任教员一人月支二十元；初级二班教员三人月共支三十二元；工友二人月共支十四元；公用设备等费月支十三元；冬季炭费二十四元，全年共计如上数。
第六节　徐庄小学	1524 元				高级一班校长兼教员一人月支二十六元；高级教员一人月支二十元；科任教员一人月支二十元；初级二班教员月共支三十二元；工友二人月共支十四元；公用设备等费月支十三元；冬季炭费二十四元，全年共计如上数。
第七节　城内博爱街女子小学	1524 元				高级一班校长兼教员一人月支二十六元；高级教员一人月支二十元；科任教员一人月支二十元；初级二班教员一人月支三十二元；工友二人月共支十四元；公用设备等费月支十三元；冬季炭费二十四元，全年共计如上数。
第二目　初级小学	4580 元				
第一节　南关初级小学	542 元				学生二班校长兼教员一人月支十八元；教员一人月支十六元；公共设备等费用月支十元（工费在内），冬季炭费十四元，全年共计如上数。

科　目	二十五年度预算数	二十四年度预算数	比　较		备　注
			增	减	
第二节　良民庄小学	542 元				学生二班校长兼教员一人月支十八元；教员一人月支十六元；公共设备等费用月支十元（工费在内），冬季炭费十四元，全年共计如上数。
第三节　大兴庄初级小学	542 元				学生二班校长兼教员一人月支十八元；教员一人月支十六元；公共设备等费用月支十元（工费在内），冬季炭费十四元，全年共计如上数。
第四节　滕庄初级小学	542 元				学生二班校长兼教员一人月支十八元；教员一人月支十六元；公共设备等费用月支十元（工费在内），冬季炭费十四元，全年共计如上数。
第五节　王庄初级小学					学生二班校长兼教员一人月支十八元；教员一人月支十六元；公共设备等费用月支十元（工费在内），冬季炭费十四元，全年共计如上数。
第六节　孟王庄初级小学					学生三班校长兼教员一人月支十八元；教员二人月共支三十二元；公共设备等费用月支十四元（工费在内），冬季炭费十八元，全年共计如上数。
第七节　代家口初级小学					学生二班校长兼教员一人月支十八元；教员一人月支十六元；公共设备等费用月支十元（工费在内），冬季炭费十四元，全年共计如上数。

续表

科　目	二十五年度预算数	二十四年度预算数	比　较		备　注
			增	减	
第八节　北关初级小学					学生二班校长兼教员一人月支十八元；教员一人月支十六元；公共设备等费用月支十元（工费在内），冬季炭费十四元，全年共计如上数。
第三目　其他学校		5400 元			
第一节　师范讲习所		3400 元			学生二班校长兼教员一人月支四十元；职员一人月支二十五元；专任教员二人月共支六十元；科任教员一人月支二十元；附小一班级任教员一人月支二十元；工友2三人月共支二十一元；公共设备等费用月支六十元；冬季炭费二十八元；学生津贴每人月支五角，十个月共计四百元，全年共计如上数。
第二节　职业补习学校		2000 元			农业科学生一班级校长兼教员一人月支二十八元；科任教员二人月共支五十元；实会助理员二人月共支二十四元；工友二人月共支十四元；公共设备等费用月支十五元；冬季炭费二十八元；实习费四百元，全年共计如上数。
第二项　社会教育经费		3966 元			
第一目　民众教育辅导费		520 元			
第一节　民众教育辅导费		520 元			民众教育辅导员一人月支四十元；视导旅费每年约四十元，全年共计如上数。

续表

科 目	二十五年度预算数	二十四年度预算数	比　较		备 注
			增	减	
第二目　民众图书馆		636 元			
第一节　民众图书馆		636 元			管理员二人月支二十元；工友一人月支七元；办公费月支六元；购置费全年约二百四十元，共计如上数
第三目　民众学校		1650 元			
第一节　民众学校		1650 元			民众学校五十五班开办费和经常费全年共计如上数。
第四目　民教事业费		176 元			
第一节　民教事业费	176 元				临时举办的民教事业用费，专案批准后由本款支付。
第五目　协助费	984 元				
第一节　民教辅导区协助费	984 元				协助第一民众教育辅导区经费，全年共计如上数。
合计	26489 元	44058 元		17560 元	
建设实业费					
第一款　建设行政费		2608 元			本款本年度并入省地方概算县政府经费内开支故列。
第二款　合作社指导员度量衡检定经费		1520 元			
第三款　雨量气候测站员经费		360 元			
第四款　农工费		1000 元			
第五款　电话水利等项建设费		4140 元			
第六款　建设实业费	2742 元				
第一项　建设事业费	1776 元				
第一目　电话经费	1272 元				

科　目	二十五年度预算数	二十四年度预算数	比　较		备　注
			增	减	
第一节　电话事务所经费	1272 元				主任一人月支三十元；管理员一人月支二十元；练习生一人月支十二元；巡线夫二人月各支十元；办公费十四元；旅费月支十二元，全年共计如上数。
第二目　水利专员摊款	360 元				
第一节　水利专员摊款	360 元				水利专员摊款薪俸月支二十五元；测生工费月摊五元，全年共计如上数。
第三目　工务生工资	144 元				
第一节　工务生工资	144 元				工务生一人月支十二元，全年共计如上数。
第二项　实业事务费	966 元				
第一目　苗经费	288 元				
第一节　苗经费	288 元				长工三人月支八元，全年共计如上数。
第二目　造林经费	228 元				
第一节　造林经费	228 元				长工一人月支八元；看林夫三人中，一人月支五元，二人月支三元，全年共计如上数。
第三目　农场费	450 元				
第一节　区农场摊款	450 元				区农场摊款全年共计如上数。
合　计	2742 元	9628 元		6886 元	

【资料22—2】民国二十五年度恩县地方岁出临时门预算书

二十五年七月一日起至二十六年六月三十日止

教育费

科　目	二十五年度预算数	二十四年度预算数	比　较		备　注
			增	减	
第一款　教育临时费	13438 元		13438 元		
第一项　开办费	500 元				
第一目　学校开办费	500 元				
第一节　学校开办费	500 元				全年共计如上数。
第二项　辅助费	6724 元				
第一目　乡村初小辅助费	6364 元				
第一节　乡村初小辅助费	6364 元				全年共计如上数。
第二目　其他辅助费	360 元				
第一节　旅费	360 元				师范生举行参观旅费全年共计如上数。
第三项　贷费	2542 元				
第一目　学生贷款	2542 元				
第一节　学生贷款	2542 元				全年共计如上数。
第四项　预备费	3672 元				
第一目　预备费	3672 元				
第一节　预备费	3672 元				各学校各教育机关一切临时开支全年共计如上数。
合计	13438 元		13438 元		
建设实业费					
第一款　建设费		3000 元			
第二款　抽换电费				910 元	
第三款　建设实业临时费	6676 元		6676 元		

科　目	二十五年度预算数	二十四年度预算数	比　较 增	比　较 减	备　注
第一项　建设临时费	3910 元				
第一目　道路费	600 元				
第一节　道路费	600 元				全年共计如上数。
第二目　电话费	1450 元				
第一节　电话增修费	540 元				全年共计如上数。
第二节　抽换电费	910 元				全年共计如上数。
第三目　水利费	760 元				
第一节　水利费	760 元				全年共计如上数。
第四目　建设辅助费	1100 元				
第一节　建设辅助费	1100 元				全年共计如上数。
第二项　实业临时费	2766 元				
第一目　苗费	312 元				
第一节　苗费	312 元				约需短工三百七十五个，每工四角，加上肥料六十元，种子十五元，扩充费八十七元，全年共计如上数。
第二目　造林费	272 元				
第一节　造林费	272 元				约需短工三百个，每个工四角，加上杂支一百五十元，全年共计如上数。
第三目　农林推广费	464 元				
第一节　农林推广费	464 元				全年共计如上数。
第四目　工场补助费	750 元				
第一节　工厂补助费	750 元				全年共计如上数。
第五目　合作事业补助费	238 元				
第一节　合作补助费	238 元				
第六目　度量衡事业补助费	730 元				

科 目	二十五年度预算数	二十四年度预算数	比 较 增	比 较 减	备 注
第一节 度量衡事业补助费	730 元				
合 计	6676 元	3910 元	2766 元		
协助费					
第一款 协助费	13164 元		13164 元		
第一项 协助费	13164 元				
第一目 协助县政府经费	12084 元				
第一节 协助县政府经费	360 元				全年共计如上数。
第二目 账务分会经费	360 元				
第一节 账务分会经费	360 元				月支补助费三十元,全年共计如上数。
第三目 新生活运动促进分会经费	240 元				
第一节 新生活运动促进分会经费	240 元				月支补助费二十元,全年共计如上数。
第四目 国术馆经费	480 元				
第一节 国术馆经费	480 元				月支补助费四十元,全年共计如上数。
合 计	13164 元		13164 元		
抚恤费					
第一款 剿匪赏恤费	2000 元		2000 元		
第一项 剿匪赏恤费	2000 元				
第一目 剿匪赏恤费	2000 元				联庄会员剿匪赏恤费全年约如上数。
第一节 剿匪赏恤费	2000 元				
合 计	2000 元		2000 元		

科　目	二十五年度预算数	二十四年度预算数	比　较		备　注
			增	减	
预备费					
第一款　预备费	5942 元	7135 元		1192 元	本款本年度除别项协助费一千零八十元，赏恤费二千元，另款编列文童子军指导员全年薪水三百六十元并入县政府经费开支外，其他需要经地方预备项下开支，各费用仍旧照原案，由本县项下开支。
第一项　预备费	5942 元				
合　计	5942 元	7135 元		1192 元	

山东省恩县后夏寨户籍调查表

山东省恩县后夏寨户籍调查表（1942 年 5—6 月调查）

序号	保甲号码	家长、姓名、年龄	家人年龄	家中人数	族长姓名	分家	
						世代	取得亩数、分家人数等
	甲户						
1	1—1	吴玉芳 55	妻 46，子 16	3	吴志德		
2	1—2	吴志德 74	弟 72，侄 47，（次侄玉庆）	6	本人吴志德	本人一代，四十年前	15，0　与弟弟分家
	1—2	吴玉庆 45	次侄媳 41，孙 15				15，0　与哥哥分家
3	1—3	吴志坤 56	妻 56	2	吴志德	亡夫一代，三十年前	
4	1—4	吴赵氏 65		1	吴香中		5　与两个弟弟分家
5	1—5	吴志端 38	妻 43	2	吴志端	本人一代，十年前	2，7　兄弟二人不分家
6	1—6	吴香合 51	兄 53，嫂 48，妻 26，子 9，女 6	6		祖父一代	
7	1—7	吴玉刚 45	兄 48，弟 35，弟媳 31，侄女 13，10，8，侄子 6	8	吴香中	祖父一代	兄弟三人
8	1—8	马凤祥 36	父 59，母 61，妻 42，子 18，女 15，弟 26，弟媳 19，侄 3，弟 33	10	马中亭		13，0　100 年前四人
9	1—9	马和 47	妻 46，子 14，10，女 17	5	马中亭		
10	1—10	马文三 30	祖父 74，祖母 77，母 51，妻 23，子 2，女 12	7	马文三	父一代	25，0　20 年前 2 人
11	2—1	马凤岐 54	妻 59，子 37，子媳 40，孙 9	5	马凤岐	本人一代	28，0　20 年前 2 人
12	2—2	李玉池 41		5	李来松	本人一代	3，0　8 年前 3 人
13	2—3	吴志有 47	妻 43，子 18，10，女 7	3	吴香中	本人一代	（未分家，兄弟三人）
14	2—4	马万峰 41	妻 38，女 13	4	马中亭	本人一代	5，0　15 年前三人
			妻 37，女 11，8，子 6				
15	2—5	马万香 46	妻 48，子 16，儿媳 21	4	马万香		
16	2—6	马振声 23	父 51，妻 25，女 4，弟 20	5	马振声	父一代	
17	2—7	吴香中 72	妻 56，子 27，儿媳 32，孙女 3，次子 15，次儿媳 17，嫂 63	8	本人	父一代	5，0 / 5，0　荒地 4，0 / 40 年前 3 人
18	2—8	马范合 35	父 69，母 48，妻 21，孙 6	5	马中亭		
19	2—9	马增祥 37	母 64，弟 35，弟媳 26，侄 4	5	马兴刚		

买 卖		现所有亩数	典 当		金 钱 贷 借 关 系	附 注
亩数	买 方		亩数	典当有关事项		
		21.0				妻赵氏
		18.0				
		15.0			借现金200元利息3分外村人借出	同居、次侄媳徐氏
						月利息3分，以下相同
		10.0			——30元由城内借出	妻李氏
		23.0			——50元由刘借出	
		11.0	5.5	出典　马中信		
		？	5.5	承典　吴赵氏		妻赵氏
3.0	民20年吴香贵买	27.0	10.0	外村石承典200元	借210元利息3分城内借出	嫂陈氏、妻董氏
5.0	去年吴赵氏买			本村马士达承典200元		弟媳张氏
		43.0	4.0	朱义堂承典400元	借帖100利息3分外村甘借出	母孔氏、妻谭氏、弟媳王氏
		7.0				
		21.0	5.0	出典　本村李玉贵	（指3亩地）	妻魏氏
		25.0			借100元利息3分外村雷	祖母刘氏、母李氏、妻王氏
		28.0			借70元利息3分外村姚	10 父和兄弟、妻姚氏、子媳徐氏
		3.0				
4.0	民8年马山买	13.0	宅地	本村马和承典40元	借20元陈营村李	妻郁氏
		35.0			借12日元利息2分马玉香	
					——10日元利息3分马瑞	妻马氏
					——5日元　　　　村长	妻王氏
5.0	15年前卖给西关朱	15.0				妻纪氏、子媳郭氏
6.0	13年前卖给官庄于	20.0			借2000元无利息、城内某	父和14,15和兄弟、农具役畜分3等分、妻陈氏
		27.0			迁居还账	妻石氏、子媳杨氏、次子媳马氏、嫂刘氏
2.0	民20年本村王买	19.0				母李氏、妻马氏
		13.0				母谭氏、弟媳孙氏

续表

序号	保甲号码	家长、姓名、年龄	家人年龄	家中人数	族长姓名	分家	
						世代	取得亩数、分家人数等
20	2—10	马山 57	妻 47，子 14，弟 46，弟媳 37，侄 10，侄女 4	7	马中亭	祖父一代	100 年前 2 人
21	3—1	马常 48	妻 43，子 19，5，女 15，2	6	没有	父亲一代	50 年前
22	3—1	马中亭 68	妻 73，子 44，儿媳 36，子 41，儿媳 37，孙 17，孙媳 23，孙 13，9，4，孙女 12，10，3	14	本人	本人一代	22，0　33 年前 2 人
23	3—3	马万成 48		2	马中亭	父亲一代	20，0　40 年前 4 人
24	3—4	马万同 48	妻 53	7	马中亭	父亲一代	22，0　40 年前 4 人
			妻 43，嫂 56，子 15，儿媳 20，孙 5，2				
25	3—5	马万德 62	妻 57，嫂 54，过继子 24	4	马中亭	父亲一代	20，0　40 年前 4 人
26	3—6	马万年 49	妻 56，子 27，儿媳 17	4	同	父亲一代本人一代	20，0　40 年前 4 人
27	3—7	马中信 45	母 81，妻 51，子 13，11	5	同		40 年前 2 人
28	3—8	马凤林 79	妻 54，子 35，儿媳 35，孙女 15，12，7，4，孙 2，子 24，儿媳 25	11	同	本人一代	（不分家，兄死亡）
29	3—9	马士信 66	妻 68，子 34，儿媳 36，孙女 10，2，孙 5	7	同		23，0　40 年前 2 人
30	3—10	马士礼 75	次子 12	2	同	同	23，0　40 年前和马士信分家
		马瑞符 35	子 13，儿媳 18	3	同	同	13，0 去年和弟瑞和分家
31	4—1	王庆昌 41	妻 40，女 17，7	4	王俊岭	同	30，0　民国 25 年 3 人
32	4—2	王洪昌 48	子 31，女 17，儿媳 30，孙 9，2，孙女 5	7	同	同	30，0　同
33	4—3	王德昌 44	妻 30，子 14，10，女 4	5	同	同	25，0　同
34	4—4	王吉昌 57	妻 56，子 28，儿媳 30，孙 11，4，2	7	同	父亲一代	36，0（与祖父 45 亩分家）
35	4—5	王俊友 52		4	同	本人一代	22，0　20 年前 2 人呢
36	4—6	王谭氏 49	妻 45，子 10，女 18	1	同	父亲一代	15，0　20 年前亡夫和俊友分家，有房子
37	4—7	王俊岭 68	子 52，儿媳 28，子 37，孙 7	5	本人	父亲一代	30，0　60 年前 5 人
38	4—8	王俊和 62	妻 60，子 33，儿媳 34，孙女 6	5	王俊岭	本人一代	40 年前与弟俊祥分家（同居？）

买　　卖		现所有	典　　当		金 钱 贷 借 关 系	附　　注
亩数	买　　方	亩数	亩数	典当有关事项		
4.0	民 8 年卖给本村吴	?				妻张氏、弟媳赵氏
2.0	民 20 年卖给官庄于					
10.0	———城内车					
8.0	———外村洪					
		7.0	3.0	王保堂承典 240 元		
8.0	民 8 年他村买	30.0				妻申氏
						妻王氏、子媳吴氏、子媳徐氏、孙媳平氏（王氏?）
5.0	民 25 年卖给马增祥	19.5	7.0	出典 600 元给马万同		妻朱氏、（母张氏—死亡）
		40.0	7.0	马万成承典 600 元		妻? 嫂刘氏、子媳陈氏
		15.0				妻王氏、嫂夏氏
		7.0				妻魏氏、子媳?
3.0	民初年父亲代	25.0				母徐氏、妻李氏
		43.0	6.0	出典 300 元给王文清	借 160 元请会（16 人）	妻梁氏、子媳赵氏、子媳陈氏
			3.0	吴至诚承典 160 元		
2.0	民 23 马士礼买	49.0	6.0	马起承典 350 元		妻刘氏、子媳徐氏
3.0	民 24 年卖给他村	9.0	4.0	出典 200 元给长子瑞符		分家时得到其余 14 间房子，和次子同居
		13.0	4.0	父和弟承典 200 元		子媳王氏
		30.0	2.7	出典 200 元给朱穗德	贷150 元利息4 分给周金庄于	妻朱氏
		30.0	3.0	——95 元给陈希伦	刘王庄王借出 130 元	子媳王氏
		25.0			借 70 元	妻王氏
2.0	本年卖给刘玉兰	36.0	3.0	出典给王金声		子廷灵继承祖父的 45.0 亩地、吉昌和廷灵分居，妻刘氏、子媳王氏
10.0	民十二年李信亭买	64.0	26.0	出典给王文庆其 5 人		
8.0	一七年李玉亭买	16.0				妻邱氏
3.0	一四年吴志端买					
5.0	40 年前卖出	24.0	10.0	出典 43 年前		子媳姚氏
		29.0	6.0	前年出典 115 元给吴志祥		
			2.0	——王尚翔承典 80 元		
			2.5	——王俊友——100 元		妻刘氏、子媳刘氏

续表

序号	保甲号码	家长、姓名、年龄	家人年龄	家中人数	族长姓名	分家 世代	分家 取得亩数、分家人数等
39	4—9	王俊祥 54	子 31，29，儿媳 19，女 22	5	同	同	因为贫穷未分家
40	4—10	孟兆生 33	母 68，兄 44，妻 29，子 11，女 8	6	本人		22,0　民国 11 年与叔父崇芝分家
41	5—1	王费三 33	妻 38，女 12	3	王连芝	本人一代	
42	5—2	王观之 41	妻 32，子 8，5	4	同		
		王立之 51	妻 53，子 20，儿媳 30，孙 3	5	同		弟弟一人死亡，未分家
43	5—3	王林之 58		1	同		父亲两兄弟未分家，本人也未分家
44	5—4	王允之 45	妻 47，子 23，儿媳 21，孙 4，嫂 56	6	同		未分家，祖父、父、本人各一人
45	5—5	王盆三 38	妻 39，弟 35，弟媳 29	4	同	父亲一代	5,0　30 年前 2 人（一人过继）
46	5—6	王连之 75		1	本人		本人未分家，父 6,0　4 人
47	5—7	王崇之 45	妻 48，嫂 50，子 10，女 18	5	王连之	本人一代	20,0　3 人
48	5—8	王守之 45	妻 42，女 15	3	同		未分家，本人、父亲各一人　本人未分家
49	5—9	王孟枘 36	妻 44，子 17,14，弟 28	5	同		未分家，因为父亲和兄弟的死亡
50	5—10	李振都 23	母 52，妻 25，子 10	4	没有	父亲一代	
51	6—1	王金亭 46	母 70，妻 45，子 18	4	本人 1 户		未分家，本人、父亲各一人
52	6—2	王怀德 49	母 80，妻 52，子 25，儿媳 30，子 14	6	本人		未分家，本人一人，父亲两兄弟也未分家
53	6—3	王福禄 57	母 80，妻 59，子 41，孙 8	5	没有		未分家，父亲 22,0　兄弟 3 人
54	6—4	王金弟 37	妻 43，女 14,7,5　子 10，嫂 57，侄 22,18，侄媳 26，侄子 4	10	王玉和	本人一代	19,0　与兄 2 人
55	6—5	王金堂 42	妻 50，二妻？	3	没有	父亲一代	22,0　2 人（祖父三人分家）
56	6—6	王振德 53	妻 57	2	本人	本人一代	17,0　2 人（父未分家）
57	6—7	王正德 50	妻？，子 14,12，儿媳 22，嫂 49，侄媳 32	7	王振德		未分家
58	6—8	魏继平 74	妻 61，子 41,24,15，儿媳 38,19，孙 12，孙女 6,2	10	本人		未分家
59	6—9	王福德 45	妻 25	2	没有		未分家
60	6—10	李金唐 37	妻 34，子 11,9	2	李玉廷	本人一代	31,0　民国 20 年 2 人
61	7—1	魏嘉谟 27	母 52，妻 34，子 5，女 3，曾祖父 75	6	魏吉平		
62	7—2	王保钧 59	母 68，妻 62，子 30，儿媳 35，孙女 12,7，孙 5，弟 44，弟媳 49，侄 12	11	本人	本人一代	13,0　11 年前 2 人

买 卖		现所有	典 当		金 钱 贷 借 关 系	附 注
亩数	买 方	亩数	亩数	典当有关事项		
		15.9	2.5	——100 元		子媳郭氏
		4.7				母高氏、妻曲氏
		22.0	3.0	出典 240 元给王保堂		妻谭氏
		17.0				妻柴氏
		27.0				妻石氏、子媳朱氏
		15.0	2.0	出典75元给本村徐照有		妻朱氏、子媳郭氏、嫂孙氏
		30.0	4.0	——65 元给西关朱		妻杨氏、弟媳周氏
		17.0			贷 100 元利息 2 分王德生 2 年	（姊母马氏死亡）
		6.0				
8.0	民二十八年王云之买	28.0				妻王氏、嫂朱氏
		15.0	2.0	王孟栏承典 80 元		妻石氏
		11.0	2.0	出典 100 元给王文庆		妻邱氏
1.5	卖给王富春		2.0	—— 80 元给王守之		
		5.0				母马氏、妻徐氏
		16.0				母于氏、妻张氏
		12.7				母李氏、妻石氏、子媳杨氏
		22.0				母王氏、妻谭氏
		15.0				妻张氏、嫂郑氏、侄媳韩氏
1.0	民二十一年刘玉芳买	22.0				妻刘氏、二妻魏氏
		17.0				妻孙氏
		28.0				妻杨氏、子媳王氏、嫂马氏、侄媳石氏
		12.5（含旗产 2.0）				妻张氏、子媳王氏、子媳吴氏
		10.0				妻王氏
		10.0			石庄石氏借出 20 元利息 3 分	妻柴氏
8.0	民二十五年卖给王金见				石庄孙 ——25 元无利息	
8.0	一二十八年一给刘金斗	45.0			本村王 ——10 元利息 3 分	母王氏、妻张氏
3.0	一十八年—— 刘——	35.0				母马氏、妻张氏、子媳张氏、弟媳耿氏
2.0	一二十年—— 李——				本村人借出 80 元利息 3 分	

序号	保甲号码	家长 姓名 年龄	家人年龄	家中人数	族长姓名	分家 世代	分家 取得亩数、分家人数等
63	7—3	王保干 30	妻30，子9，5，女2	5	王保钧本人		
64	7—4	王保田 72	妻72，弟56，弟媳58，侄32侄媳36，孙6，侄女3，7，侄42，侄媳26，侄21，侄媳23，弟53	14		本代父亲代	13.0 3 人分家
65	7—5	李存功 43	母66，妻29，女5，弟38，弟媳20，弟30，弟媳24，侄女8，弟25，弟媳21	11	本人	本代	7.0　5 人分家（同居？）
66	7—6	李存义	？	？	李存功本人		
67	7—7	徐兆友 46	妻37，嫂67，女8，3，子6	6			
68	7—8	李芳廷 58	子21，弟53，弟媳37	4	本人	祖父代	2 人分家
69	7—9	李圣堂 40	母66，兄44，嫂34，弟25，弟媳26，侄女6	7	李芳廷	祖父代	2 人分家
70	7—10	李新廷 60	妻55，女14，11，子9	5	李芳廷	本代	45.0　10 年钱琼31
71	8—1	李玉廷 58	妻61，子28，子媳32，孙女9	5	本人		
72	8—2	李进心 50	母80，妻53，子17，8，6，女12，嫂25	8	李玉廷		
73	8—3	李华廷 35	妻27，女10，弟28，妹14	6	李玉廷		
74	8—4	魏金声 54	妻46，嫂60，子28，21，16，7	7	魏吉周		
75	8—5	王清和 67	妻54，子25	3	王清云		
76	8—6	王清江 61	妻54，子28，子媳18	4	王清云	本代	6.0　23 年前 2 人
77	8—7	赵凤岭 38	妻30，女5，2	4	没有	本代	6.0　23 年前 2 人
78	8—8	王清林 67	妻63，子29	3	王清云		
79	8—9	王汉巨 30	父55，母53，妻19，妹20	5	王清云		
80	8—10	王清云 68	妻45	2	本人	未分家	
81	9—1	王清荣 55	妻51，子24，子媳26，孙2，次子17，子媳19，女9	8	王清龙		
82	9—2	张洪儒 56	妻55，子41，子媳38，孙女14，10，7，孙5	8	本人	未分家	

买　卖		现所有亩数	典　当		金钱贷借关系	附　注
亩数	买　方		亩数	典当有关事项		
		15，0			借80元给外村人，利息三分。	妻宋氏
		70，0				妻孙氏、弟媳王氏、侄媳徐氏、侄媳朱氏、侄媳朱氏
		7，0				五人亩数不一样，母谭氏、妻谭氏、弟媳贾氏、弟媳李氏、弟媳孙氏
		26，0				
		8，0	2，0	承典70元给王村之		妻李氏、嫂王氏
		13，7				弟媳王氏
		22，0				母陈氏、嫂马氏、弟媳张氏
		45，0			借50元给城内六个月，利息3分	妻于氏
		20，0				妻高氏、儿媳姜氏
		23，0				母刘氏、妻刘氏、嫂赵氏
		12，0				妻石氏
		28，0				妻郭氏、嫂刘氏
		7，0				妻孙氏
		13，0				妻王氏、儿媳张氏
2，5	卖给吴王凤	16，2				妻王氏
		21，0				妻柴氏
		22，7				母姚氏、妻张氏
		7，0				妻韩氏
		43，0				妻刘氏、儿媳陈氏、儿媳赵氏
		43，0	3，5 3，0 3，0 3，0 2，5	出典70元给刘玉田 出典60元给刘玉国 出典50元给王富春　}三年 出典70元给王金富 出典40元给徐兆友		妻于氏、儿媳王氏

续表

序号	保甲号码	家长 姓名 年龄	家人年龄	家中人数	族长姓名	分家 世代	取得亩数、分家人数等
83	9—3	张振声 55	母80，妻52，女10	4	张洪禄	未分家	
84	9—4	魏金城 44	妻23，子7	3	魏吉周	未分家	
85	9—5	魏刘氏 72	?	?	魏吉周		
86	9—6	魏吉周 73	妻53，子13，子媳21	4	本人	未分家	
87	9—7	王金钟 57	妻57，子31，子媳35，子28,26	6	王金禄	本代	2人民国7年分家
88	9—8	王金增 44	妻49，子9，女12 母56，妻25，弟28，弟媳29，	4	王金禄	未分家	8.5　兄弟2人（同居?）
89	9—9	王金鉴 31	弟18，弟媳19，妹15，侄9，附户马士德76，媳58	11	王金禄	本代	
90	9—10	刘玉兰 43	伯母71，妻44，子24，子媳28，孙女7,6，孙2，弟媳29，侄27	11	刘长贵		
91	10—1	刘长福 ?	?	?	刘长贵	父亲代	22.0　3人
92	10—2	刘长贵 55	妻58，弟53，弟媳43，侄20，侄14	6	本人	本代	22.0　长隆10.0（分家） 长贵，长友22.0（同居）
93	10—3	田金荣 68	子44，子媳50，孙女15,2	5	田振湖	本代	22.0　22年前3人
94	10—4	田金声 50	妻55，子26,22	4	田振湖	父亲代	4.0　60年前3人
95	10—5	田金文 63	妻57，子27，子媳22，子22	5	田振湖	父亲代	6.0　20年前3人
96	10—6	田振湖 80	子53. 子媳33	3	本人		
97	10—7	王刘氏 60		1	王福禄	丈夫代	5.0　30年前3人
98	10—8	王金谟 41	母65，妻25，女3	4	王金禄		
99	10—9	王金生 44	母60	2	王连之		
100	10—10	王中春 58	弟56,52，弟媳46	4	本人	未分家	
101	11—1	孟兆公	不详	?	?		
102	11—2	刘刘氏 66	子媳41	2	刘长贵	丈夫代	7.5　40年前3人
103	11—3	王金城 39	妻44，子22，子媳19	4	王振德	本代	12.0　民国12年3人
104	11—4	王俊士 61	妻41，女12,6，子8,3，弟55	7	本人	父亲代	3人分家
105	11—5	王金贵 50	妻49，子19，女10	4	王振德	本代	民国12年3人
106	11—6	王金祥 46	妻41，子14，女5,3	5	王振德		
107	11—7	王金香 45	妻45，子19,15，女9,6	6	王振德	本代	民国12年3人

买　　卖		现所有亩数	典　　当		金钱贷借关系	附　　注
亩数	买　　方		亩数	典当有关事项		
2,0 2,5 21,5 1,5	民国 29 年卖给王保当 民国 29 年卖给李存心 民国 29 年卖给张洪庆 民初卖给马万化	56				母马氏、妻孙氏
		16,4				妻杨氏、（母耿氏死亡）
		?				
		11,0				妻柴氏、儿媳姚氏
		28,5				妻王氏、儿媳郑氏
		16,5	5,0 1,0	出典 80 元给王金江 ⎫ 出典 30 元给王金忠 ⎭ 三年		妻张氏
		8,5				养老地 8,5，母马氏、妻?、弟媳孟氏、附户媳管氏
		39,0				伯母李氏、妻孙氏、儿媳孙氏、弟媳张氏
		25,0				
		22,0				妻孙氏、弟媳雷氏
		27,0				儿媳孙氏
2,8	10 多年前王买	20,0				妻李氏
10,9	10 多年前王买	20,0			借 200 元给外村人，利息三分	用利息增值、妻韩氏、儿媳石氏
1,8	20 年前李买					
		33.3				子媳王氏
		10.6	4.0	向王金监出典 400 元		因丈夫死亡出典
		30.0				50 年前有 86.0，母孙氏、妻孔氏
3.5	赠与叔父	20.0				母首氏，妻刘氏死亡
7.0	5 年前 200 元卖给李	6.0	3.0	向张法儒承典 120 元	借亲戚 80 元，无利息	弟媳孟氏
		?				妻王氏
6.0	10 年前 180 元卖给马	12.0				因丈夫死亡卖地
						子媳陈氏
6.0	10 年前王赎回	6.0				12 亩中含承典地 6 亩 妻孔氏　子媳孙氏
		23.0			城内借 40 元，利息 12 元	妻杨氏
10.0	10 年前的前夏寨王	2.0				妻栗氏
		12.0	4.0	去年向夏寨王出典		妻祁氏
3.0	5 年前 90 元卖给柴				借王崇之 180 元，无利息	因生活苦、蝗虫等卖地
10.0	5 年前 380 元卖给柴	2.0				妻栗氏

续表

序号	保甲编码	家长 姓名 年龄	家人年龄	家中人数	族长姓名	分家	
						世代	取得亩数、分家人数等
108	11—8	马张氏 53	子6，女14	3	马士林	丈夫代	4.0　40年前2人
109	11—9	马振芳 29	父49，母51，妻31，子10，弟27，弟媳29，侄10，侄女3	9	马中亭	本代	10.0　6年前2人
110	11—10	吴志诚 64	弟49，子28，子媳26，次媳21 孙8，孙女9	7	吴香中	本代	志诚、至平没有分家 志顺在20年前分家
111	12—1	吴志顺 44	妻47，子21，女9，6	5	吴香中	本代	7.0　兄弟6人自己一人分家
112	12—2	吴玉琢 21	妻14	2	吴香中	未分家	父亲，兄弟共三人
113	12—3	马士林 58	妻50，子22，15，女13	5	马兴刚	未分家	弟弟是叔父过继的
114	12—4	张杨氏 58	子22	2	张洪业	丈夫代	5.0　3人分家
115	12—5	张洪烈 35	妻30，兄44，嫂25，侄5，侄女5	6	张洪业	本代	5.5　3年前2人
116	12—6	马士路 65	妻61，子29，子媳28，孙女9，3	6	马兴刚	父亲代	6.0　3人
117	12—7	马士亭 71	子41，子媳27，子33	4	马兴刚		
118	12—8	马云祥 44	母67，妻36，女10	4	马兴刚		2.5　8年前母亲2.5亩其他 老宅，弟弟福庆4.5（同居?）
119	12—9	王金庆 50	妻46，弟40，弟媳31，子10，侄8，1，母68	8	王俊岭	本代	
120	12—10	马士才 45	母67，妻40，子20，18	5	马兴刚	父亲代	10.0　50年前3人，亩数不一样
121	13—1	马士达 77	妻51，子18，女11，弟70，弟媳61	6	马兴刚	本代	6.0　30年前2人
122	13—2	马兴刚 53	妻27，女5，3	4	本人	本代	6.0　数十年前3人，不一样
123	13—3	吴玉林 61	妻69，子44，子媳31，孙女20，11，孙26，孙媳30，曾孙7，11，曾孙女4	11	吴志德	未分家	
				8	吴兴刚	未分家	
124	13—4	马起 50	妻55，母76，子33，子媳22，子25，23，女15	14	吴香中	本代	8.0　民国21年4人
125	13—5	吴玉兰 55	妻33，女10，弟47，弟媳42，侄13，8，侄女18，弟39，弟媳37，侄女17，15，8，侄5		吴香中	本代	8.0　民国21年4人
126	13—6	吴玉珍 58	妻44，女11	3	吴香中	本代	14.0　3年前长子14.0，次子
127	13—7	吴志义 57	妻61，子37，子媳40，孙15，孙媳20，孙9，子26，子媳29，孙女7，孙4	11			24.0　（现同居?）自分养老地14.0亩

注：本表格是根据庄公所、保甲簿在各户籍上记载事项的，且是按照户籍调查上补录土地买卖、典当及租借等事项的原书制作而成的。另外，虽然原书上也有家族名称，但是附注里母亲、嫁女等人除了姓氏之外其余都省略了。（安藤）

买 卖		现所有亩数	典 当		金钱贷借关系	附 注
亩数	买 方		亩数	典当有关事项		
7.0	27 年前马万年处买入	11.0	2.0	向马出典 120 元	借马士父 10 元 借城内吴服 10 元	因葬礼挂卖（夫死亡）
		10.0				
分家前 20.0		10.0				母杨氏、妻郭氏、弟媳李氏 子媳张氏、次媳刘氏
		7.0				妻董氏
3.0	15 年前赎回	13.0	9.0	出典	借亲戚 10 元	妻田氏
		12.0			借乡社 20 元，三分利息 3 年	妻魏氏
		5.5			借 60 元	夫、侄死亡
2.0	10 年前马士林处	11.0	2.0	从王梦德承典 130 元		妻雷氏、嫂徐氏
		9.6			借外村人 40 元，4分利息	妻王氏、子媳杨氏
		3.0	3.0	今年向孙庄姚出典 60 元		子媳于氏
2.0	民国 10 年卖给马士超	1.2				2 亩是先当后卖，找死，6.0 亩相同
6.0	卖给 30 年卖给王金三				借 260 元指地	妻朱氏、弟媳刘氏。母朱氏
6.0	去年通过买入赎回	8.0			借刘士纯 100 元，3 分利息，1 年	母陈氏、妻侯氏
		20.0				
3.0	4 年前来自北关杨处	6.0				妻吴氏、弟媳王氏
2.0	吴兴中处赎回	17.0				妻韩氏
4.0	吴兴春处赎回					
		36.5				妻杨氏、子媳孟氏、孙媳李氏
			6.0	向马兴钢出典 400 元		妻刘氏、母荣氏、子媳吴氏
		42.5	9.0	向马春龙出典 500 元		
			4.0	向马万乡出典 300 元		
			2.0	向朱慧兰出典 41 元		
		8.0				妻马氏、弟媳刘氏、弟媳王氏
						妻冯氏
		8.0				妻马氏、子媳张氏、孙媳张氏、子媳赵氏
		23.0	5.0	向本村人出典 130 元		

山東省歷城縣全境區域圖

恩縣詳細地域圖

译者后记

参加中国农村研究院院长、长江学者徐勇教授和社科处原处长、人文社会科学高等研究院石挺常务副院长共同发起和促成的满铁农村调查翻译出版工作，是我和我的 13 人的日语教师翻译团队组成以来所做的最大的项目，也是我们所遇到的最大的挑战，但同时也是我们所从事的最有跨学科学术意义和未来指向的世纪工程。

在此，我想用几个关键词说明一下保证我们完成翻译工作的人员组织基础：石挺常务副院长是中国农村研究院与外院日语系、徐勇教授和我之间的"媒人"，而邓大才教授则是在我们中间做具体工作和多方协调的"调度"，另外还有学校领导和科研处等相关部门的指导和资金支持等方面的"促成"，更有我的教师团队和我的研究生全体、以及我的高年级本科生优秀骨干的积极"参与"与"投入"，不能不提的还有日籍教授石桥一纪这位日语母语"顾问"等等，这一切都缺一不可地保证了翻译工作的阶段性顺利进行。

翻译工作的难度超过了我们的想象，不仅是与现代日语有着很大语法和词语环境不同的明治与昭和前期的日语问题，更有俚语方言、外来语、少数民族发音的模拟词汇等等非当时当地人无法理解和明白的词汇与用法的大量出现，特别是调查资料的影印版年代久远，字迹模糊无法辨认、度量衡标准与制度无法统一、随意性强等不一而足。因一个单词一个地名或人名多方查找、开会研究、多语种同时辨认，一个星期无法进展的尴尬困苦经常出现。

团队的女同事偏多，她们为了每个人每期几十万字的翻译，废寝忘食、子女难顾、家庭出现矛盾的情况也此起彼伏，不言自明，这与她们繁重的教学科研工作是同时进行的；研究生和部分本科生们不但有繁多的科目学习以及大量的作业和研究报告等，还要在频繁的课外活动、集体行动的同时担任初步的翻译和资料核实工作，许多同学苦不堪言。当然，尤其要指出的是，个别教师和同学住进医院还在病床上校对译稿，令人动容。

凡此种种，困难重重，但我们团队教师和学生共 70 多人，严肃认真、不分昼夜、同心协力、共同奋斗，仍然按时初步完成了阶段性的满铁农村的调查的惯行部分的翻译工作。我们已经从最初的项目型、任务型变成了我们自己的一种事业追求。各小组的教师和同学积极参加每次日译汉翻译培训活动，互通信息，举一反三，交流心得体会。教师翻译、指导、校对，严肃认真，一丝不苟，学生忠实践行教师的翻译理念和翻译方针，学习教师的翻译方法和技巧，协助教师的校译工作。作为整个项目的主译我感到无比的欣慰，同时向团队的每一位教师和同学表示衷心的谢意！

具体各翻译小组的成员构成情况如下：

第一小组：李俄宪，王思璇，汤俊峰，郑萌，胡晓晓，李亚芬，林智丹

第二小组：尹仙花，万珺，徐金晶，聂咸昌，林子愉，李思琦

第三小组：吕卫清，高歌，董春玲，阚旭琴，李晨，倪丽畅

第四小组：娜仁图雅，马倩，项莹莹，隋玲梅，李龙，刘琦

第五小组：汉娜，张红，姚晓静，陈晨，姜俊芳，郭新梅

第六小组：李雪芬，谢芬，卢珊珊，张佳凤，吕佳琳，王登林

第七小组：李莹，赵晓婧，王珂，万卫平，张勇，谭鹤

第八小组：金英丹，宋兰奇，李倩，陈佳桂，黎智，杨佩瑶

第九小组：王霞，朱璐瑶，戴思佳，贾茹，齐锦轩，廖珍珍

最后，谨在此向中国社会科学出版社的赵剑英社长表示感谢！向认真负责的责任编辑冯春凤女士谨致谢意！向中国农村研究院的满铁农村调查编辑团队的教师和同学们表示感谢！

李俄宪

2015 年 12 月 6 日

编者后记

满铁农村调查的翻译和出版是徐勇教授、石挺处长多年来关心、关注、领导并尽力促成的重大工程。十多年前，石挺处长在担任华中师范大学社科处长时就安排专门的经费资助满铁调查的翻译和资料收集，并亲自协调中国农村研究院和外语学院日语系的协作，共同编辑、翻译与出版。经过2014年的试出版，我们决定，先翻译和出版满铁的惯行调查资料。这才有了《满铁农村调查·惯行卷》译稿的问世。

在满铁翻译和出版过程中，我们形成了一个流程，由中国农村研究院负责总体设计规划、编辑，并寻找翻译文本；由外语学院李俄宪副院长带领团队翻译；最后由中国农村研究院负责统稿、校订、制作图表与目录等工作。

《满铁农村调查·惯行卷》的日文版为《中国农村惯行调查》（六卷本），由岩波书店于1952—1958年出版。为了本书的版权，我们请教了华中师范大学法学院的刘华教授，向她咨询版权问题，并联系了岩波书店，确认该书的著作权保护期已满，可以在中国翻译出版发行。本卷译稿完成后，中国农村研究院的张利明、冯秀成两位博士生对译稿进行了第一轮校订，随后邓大才教授进行了第二轮校订，最后张晶晶老师重点参考邓大才教授校订的稿件，对照原书，进行了第三轮校订。这三轮校订的内容包括订正错误、查缺补漏、规范用词、润色语句、理顺逻辑、统一格式等。中国农村研究院基地班的尹超、陈婧、黄丹丹三位同学参与了全书图片、表格的制作。河南大学文学院的硕士生米亚运同学协助整理了本卷的民间契约、政府案卷等繁体汉字内容。

本书的内容以访谈形式为主，并收录了当时官方及民间的部分文献资料，文中大量的对话及冗长的文献往往使读者不得要领。为了方便读者阅读并理解其调查者的意图，邓大才教授撰写了导读——《惯行与治理》之一、之二、之三。

满铁农村调查第4卷能够出版，还要感谢中国社会科学出版社及赵剑英社长给予的大力支持。同时要感谢出版社的冯春凤女士，是她的精心安排促成了本书的顺利出版。在此我们代表编辑翻译委员会向为本书翻译和出版做出贡献的各位领导、专家、同学表示感谢！

邓大才

2016年9月25日